FOCLÓIR SCOILE

FOCLÓIR SCOILE

ENGLISH-IRISH/IRISH-ENGLISH DICTIONARY

AN GÚM

Brainse na bhFoilseachán

AN ROINN OIDEACHAIS AGUS EOLAÍOCHTA

ISBN 1-85791-121-0

Datapage International Tta a chuir suas an cló.

Arna fhoilsiú i gcomhar le hOifig an tSoláthair
Arna chlóbhualadh i bPoblacht na hÉireann ag
Criterion Press Teo.

AN GÚM, 44 Sráid Uí Chonaill Uachtarach,
Baile Átha Cliath 1.

CONTENTS

ABBREVIATIONS & SIGNS

a	adjective	npl	nominative plural/noun plural
adj	adjectival		
adv	adverb	nsg	nominative singular
art	article	num	numerical
aut	autonomous	p	past
aux	auxiliary	part	participle
comp	comparative	pl	plural
cond	conditional	poss	possessive
conj	conjunction	pref	prefix
def	definite	prep	preposition
dem	demonstrative	pres	present
dep	dependent	pron	pronoun, pronominal
ds	dative singular	rel	relative
f	feminine	R.P.	Received Pronunciation
fpl	feminine plural	s	substantive
fut	future	sg	singular
gpl	genitive plural	spl	substantive plural
gs	genitive singular	sth	something
gsf	genitive singular feminine	subj	subjunctive
gsm	genitive singular masculine	suff	suffix
hab	habitual	v	verb
indecl	indeclinable	var	variant
int	interjection	vb	verbal
interr	interrogative	vi	verb intransitive
I.P.A.	International Phonetic Alphabet	vide	see
		vn	verbal noun
lit	literary	voc	vocative
m	masculine	vt	verb transitive
mpl	masculine plural	vt & i	verb transitive and intransitive
n	noun	1,2,3,4	1st, 2nd, 3rd, 4th declension
neg	negative		

- indicates repetition of headword as far as following letter

~ (1) indicates repetition of headword in its entirety
(2) in phonetic description, indicates that different pronunciations given are interchangeable. But see †.

† indicates a further note in the phonetic appendix *pp.* 412 *ff*

PREFACE

The aim of this dictionary is to meet the ordinary needs of school-goers and of the general public. It comprises a wide and useful modern vocabulary in both Irish and English.

It was felt that mere word-lists would not achieve the dictionary's aim, given the greatly differing characters of the two languages involved, and consequently a good sprinkling of exemplary phrases occur throughout the work.

The Irish/English section has been abstracted from *Foclóir Gaeilge – Béarla* (ed. N. Ó Dónaill *et al*), and supplemented by a number of new terms which have since come into being, mainly as a result of the work of the Terminology Committee (An Coiste Téarmaíochta).

This section also carries basic grammatical data, and for the first time ever in a work of this nature, each headword is accompanied by a phonetic description. An account of the phonetic system used is to be found on pp. xi ff.

Grammatical detail is sparser in the English/Irish section, and users are referred to the Irish/English section for further elucidation.

Geographical names, languages, etc. are to be found in separate appendices.

Punctuation

Commas are used in both sections to separate words with the same or similar meaning, or where specific meanings have been flagged; a semicolon separates various shades of meaning within the same entry. It should be noted, however, that semantic ranges in the two languages do not always correspond exactly.

In sample phrases, a comma indicates interchangeability, e.g. *tá cleas, dóigh, dul, air = tá cleas air/tá dóigh air/tá dul air*, while a semicolon generally serves to separate alternative meanings of the same phrase. More rarely, a semicolon may serve to separate two different constructions one of which already contains commas.

The colon is used to cross-reference irregular Irish grammatical forms to the appropriate headwords, e.g. **mná** mna: **bean.**

Grammar and Spelling

Official standardised spelling and grammar are used for Irish forms throughout. No alternative spellings have been admitted, and alternative grammatical forms have been minimised.

For English, British standard spelling is employed. Users should check under alternative spellings where these are current, e.g. brier/briar, gipsy/gypsy.

The Noun in Irish

The abbreviations *m*1, *f*2, *m*3, *f*3, *m*4 & *f*4 indicate that a noun is declined like:

	nsg	*gs*	*npl*	*gpl*
*m*1	bád	báid	báid	bád
	bacach	bacaigh	bacaigh	bacach
	peann	pinn	pinn	peann
	beithíoch	beithígh	beithígh	beithíoch
	páipéar	páipéir	páipéir	páipéar
*f*2	beach	beiche	beacha	beach
	bos	boise	bosa	bos
	scornach	scornaí	scornacha	scornach
	eaglais	eaglaise	eaglaisí	eaglaisí
*m*3	cainteoir	cainteora	cainteoirí	cainteoirí
	gnólacht	gnólachta	gnólachtaí	gnólachtaí
	tincéir	tincéara	tincéirí	tincéirí
*f*3	admháil	admhála	admhálacha	admhálacha
	beannacht	beannachta	beannachtaí	beannachtaí
	ban-ab	ban-aba	ban-abaí	ban-abaí
*m*4	bata	bata	bataí	bataí
	féirín	féirín	féiríní	féiríní
	císte	císte	cístí	cístí
	rúnaí	rúnaí	rúnaithe	rúnaithe
	ordú	ordaithe	orduithe	orduithe
	cruinniú	cruinnithe	cruinnithe	cruinnithe
*f*4	bearna	bearna	bearnaí	bearnaí
	comhairle	comhairle	comhairlí	comhairlí

Where nouns are not declined entirely according to any of the above patterns, (e.g. nouns traditionally assigned to the 5th declension, nouns with irregular plurals, etc.) the irregular forms are given.

The Adjective in Irish

The abbreviation *a*1 indicates that an adjective is declined like:

	gsm	*gsf & comp*	*npl*	*gpl*
1. bán	báin	báine	bána	bán
2. glic	glic	glice	glice	glic
3. cleasach	cleasaigh	cleasaí	cleasacha	cleasach

The abbreviation *a*2 indicates that an adjective is declined like:

gsm	*gsf & comp*	*npl*	*gpl*
misniúil	misniúla	misniúla	misniúil

However, with nouns whose gen. pl. is identical with their nom. pl., adjectives of type *a*1 and *a*2 are represented in the gen. pl. by the nom. pl. forms shown above.

Adjectives designated *a*3 do not change in form. Departures from the above patterns are noted in the dictionary.

The Verb

Verbs are entered under the root, i.e. the 2nd sg imperative. For those verbs which are conjugated like *mol, bris, sábháil, tíolaic, cráigh, léigh, figh, beannaigh, cruinnigh,* no grammatical data has been given under the headword. A table of regular verbs can be found on pp. 517 ff.

In the case of syncopated verbs, conjugated like *ceangail, díbir,* etc., the 3rd sg pres has been given as a guide.

A table of the irregular verbs appears on pp. 523 ff.

The Verbal Noun

Regular vns, i.e. those ending in -(*e*)*adh*, (*i*)*ú*, and those like *sábháil* and *crá*, are not given as such, but may appear in separate entries as nouns.

Irregular vns are only included under the verb where they are not listed separately as nouns, or where such listing would separate them unduly from the parent verb.

Whereas some verbal nouns have two genitives according to whether the noun function or the verbal function predominates, only the nominal genitive appears here.

Participles and Verbal Adjectives

These only appear as headwords where they function as adjectives.

Foireann

Iad seo a leanas a chuir an foclóir seo in eagar sa Ghúm:

Annraoi Ó Liatháin nach maireann (Eagarthóir); Máire Nic Mhaoláin (Eagarthóir);

Eilís Ní Bhrádaigh, Máire Ní Ící agus Seán Ó Briain (Eagarthóirí Cúnta).

Eagarthóir Foghraíochta: an Dr Dónall P. Ó Baoill (I.T.É.).

PHONETIC PREFACE
Preparation of Pronunciation Guide

Since this is the first dictionary of Irish to contain a comprehensive guide to pronunciation it is necessary to outline briefly how such a system of pronunciation was devised and developed. The Department of Education decided that for the benefit of those unfamiliar with Irish pronunciation each headword in this dictionary should be accompanied by an indication as to how the word is to be pronounced. Institiúid Teangeolaíochta Éireann was asked to assist in providing this guide and an advisory committee was set up by the Institiúid to steer the work. The members of the committee were as follows:

Dr. Dónall P. Ó Baoill (I.T.É.) (Chairman); Tomás Ó Domhnalláin (Director I.T.É.); Dr. Niall Ó Dónaill (An Gúm, Dept. of Education); Pádraig Ó Maoileoin (An Gúm, Dept. of Education); Dr. Éamonn Ó hÓgáin (An Gúm, Dept. of Education); Annraoi Ó Liatháin (An Gúm, Dept. of Education); Éamonn Ó Tuathail (Gaeleagras); Prof. Tomás De Bhaldraithe (University College, Dublin); Prof. Máirtín Ó Murchú (Trinity College, Dublin); Seán Ó Dubháin (Dept. of Education); Liam Budhlaeir (R.T.É.) and Seán Ó Lúing (Translation Dept., Leinster House)

At its first meeting, the committee agreed that its main objective should be the formulation of a satisfactory system of phonetic notation, and that where possible only a single recommended pronunciation should accompany each headword.

Since there are various ways of pronouncing Irish correctly, it was necessary to agree on a 'neutral' or 'core' pronunciation which would encompass all the essential sound contrasts and stress rules of Irish. To this end a subcommittee of three was appointed to devise such a pronunciation system. The members of the subcommittee were: Dr. Dónall P. Ó Baoill (Chairman), Éamonn Ó Tuathail and Pádraig Ó Maoileoin, all native speakers of Irish. The subcommittee referred their recommendations to the advisory committee over a period, and these were approved, with minor alterations, by the advisory committee. Once the principles were agreed work commenced on fixing the pronunciation of the headwords, of which there are about 16,000 in the Irish/English section of the dictionary. A thesaurus of rules and examples was compiled covering various aspects of Irish pronunciation including the basic sounds, stress patterns, deletion and assimilation of particular sounds, and word inflection. This work was carried out by Dónall P. Ó Baoill (I.T.É.) and Seán Ó Briain (An Gúm).

The committee later decided that an essential feature of the work would be the publication of a sample tape (to accompany the dictionary), the examples on the tape being illustrated by three native speakers, representing the three main dialects. Institiúid Teangeolaíochta Éireann will also publish a more detailed and technical account (with a more comprehensive tape) of the general principles, rules and recommendations on which the pronunciation given in the dictionary is based.

Outline of the Pronunciation Guide

The system of pronunciation proposed here contains all the essential contrasts found in the three main dialects. It does not correspond in every detail to any one dialect but contains a core common to them all. It is hoped that this core dialect will assist the teaching and learning of spoken Irish at a basic and intermediate level, and that the system will serve as a guide to Irish pronunciation for those involved in lecturing, broadcasting and in the media generally. For those already fluent in Irish, this core dialect is not meant to displace their existing dialect but is intended as an alternative medium for use in more formal contexts. The sound transcription used in the dictionary is explained briefly below.

THE VOWELS

It was agreed that a vowel system containing five long vowels, five corresponding short vowels and a neutral vowel would suffice to cover all the contrasts found in Irish. Long and short vowels must be distinguished because replacing one by the other can change the meaning of a word. When /:/ is placed after a vowel it denotes that the vowel is long. The eleven elements of the vowel system are listed below.

Symbol used in Dictionary	I.P.A. Symbol	Irish Examples	Nearest English Equivalent
i	i	duine, im, sin	sit
i:	i:	buí, naoi, sín	me
e	e	ceist,te	set
e:	e:	mé, tae	say
a	a	bean, mac	bat
a:	a:	ard, tá	far
o	o	obair, seo	son
o:	o:	ceol, mór	more
u	u	dubh, tiubh	book
u:	u:	siúl, tú	who
ə	ə	mála, míle	about

THE DIPHTHONGS:

In the core system of pronunciation found in this dictionary there are *four contrasting diphthongs*. They are as follows:

Symbol used in Dictionary	I.P.A. Symbol	Irish Examples	Nearest English Equivalent
ai	ai	radharc,	I
au	au	leabhar,	cow
iə	iə	bia, pian	pianist
uə	uə	fuar, suas	fluent

THE CONSONANTS:

It was agreed that a consonant system containing thirty-six consonants would suffice to cover all the contrasts found in Irish. With the exception of /h/ and /d'z'/, Irish can be regarded as having two sets of consonant sounds. One set contains seventeen *broad* consonants, the other set contains the corresponding seventeen *slender* consonants. More technically, the terms *velarised* and *palatalised* are used for *broad* and *slender* respectively. Broad and slender consonants must be distinguished because replacing one by the other can change the meaning of a word. In written Irish, broad consonants are preceded or followed by 'A', 'O' or 'U'. Slender consonants are preceded or followed by 'I' or 'E'.Thus Irish has a slender /b'/ as in *beo* 'alive' /b'o:/ and a broad /b/ as in *bó* 'cow' /bo:/ and it is the type of 'b' used that distinguishes *beo* from *bó*. The same can be said for the pair *cead* 'permission', /k'ad/, and *cad*? 'what?', /kad/, where the two words are distinguished by the 'c' sounds used. The other fifteen pairs can be similarly distinguished.

In the notation used in this dictionary broad consonants are left unmarked and the slender consonants are marked by placing /'/ after them. The I.P.A. equivalents for all the consonants are given on the chart below for those familiar with that notation. Although English words are given as an illustration for some of the consonants appearing on the left-hand side of the chart below it should be stressed that Irish broad and slender b,c,d, etc. are pronounced differently from the neutral b,c,d, etc. of English. Readers unfamiliar with the distinction between broad and slender consonants are referred to the accompanying cassette and separate illustrative text.

Symbol used in Dictionary	I.P.A.	Irish Examples	Nearest English Equivalent
b'	bj	bí, beo /b'i:/,/b'o:/	be, beauty
b	ƀ	bán, buí /ba:n/,/bi:/	—
k'	c	cé, cead /k'e:/,/k'ad/	key, came
k	k	cad /kad/	cot
d'	dj	deo /d'o:/	—
d	đ	dó /do:/	—
f'	fj	fíon, fiú /f'i:n/,/f'u:/	feet, few
f	ƒ	faoin /fi:n/	—
g'	ɟ	gé, óige /g'e:/,/o:g'ə/	gay, egg
g	g	Gaeil, óga /ge:l'/,/o:gə/	fog
h	h	hata, thit /hatə/,/hit'/	hat
l'	lj	leon, míle /l'o:n/,/m'i:l'ə/	live
l	ł	lón, mála /lo:n/,/ma:lə/	mill (R.P.)
m'	mj	mé, mín /m'e:/,/m'i:n'/	may, me
m	ɱ	maoin, mór /mi:n'/,/mo:r/	—

n′	nj	ainm, ní /an′əm′/,/n′i:/	canyon
n	n̪	anam, naoi /anəm/,/ni:/	—
p′	pj	peaca /p′akə/	piece
p	p̪	paca /pakə/	—
r′	rj	fuair /fuər′/	—
r	ᵲ	fuar /fuər/	—
s′	ʃj	cáis /ka:s′/	she
s	s̪	cás /ka:s/	—
t′	tj	teacht /t′axt/	—
t	t̪	tacht /taxt/	—
v′	vj	bhí /v′i:/	very
v	β/w	vóta /vo:tə/	wore
w	w	wigwam /ˈwig,wam/	wigwam
z′	ʒj	xileafón /ˈz′il′ə,fo:n/	pleasure
z	z̪	zú /zu:/	—
ŋ′	ŋ̟	loingeas /loŋ′g′əs/	sing
ŋ	ŋ	longa /loŋgə/	long
γ′	j	dhíol /γ′i:l/	yes
γ	γ	dhá /γa:/	Spanish 'Agua'
x′	ç	cheol /x′o:l/	Hugh; German 'Ich'
x	x	loch /lox/	German 'Bach'
d′z′	djʒj	jab /d′z′ab/	job

It should be noted that r is usually broad at the beginning of a word or syllable, even when followed by a slender vowel, e.g.

réasúnta re:su:ntə

saolré 'si:lre:

TRANSCRIPTION OF SOUNDS

The sound transcription used in the dictionary (and in the I.P.A. equivalents given in the chart above) is referred to generally by linguists as a 'broad transcription'. The use of a broad transciption means that any vowel or consonant symbol permits a range of possible pronunciations, recognising the fact that a particular word can be pronounced correctly in different ways by different people. Thus the Irish word *bád* 'boat' /ba:d/ may be pronounced [bæ:d], [ba:d] or [bɑ:d]. We have illustrated as much as possible of this type of variation on the tape accompanying this dictionary, to which the reader is referred for further examples.

WORD STRESS

The stress pattern to be assigned to Irish words in this dictionary is governed by the following conventions:

(a) Most words have the main or primary stress on the first syllable, all other syllables being unstressed. In such cases stress is not marked:

Examples:	bádóir	'boatman'	/ba:do:r'/
	capall	'horse'	/kapəl/
	aicsean	'action'	/ak's'ən/

(b) When the main or primary stress falls on a second or following syllable and all other syllables in the word are unstressed, then a /'/is placed before the syllable bearing the main stress.

| Examples: | amach | 'out' | /ə'max/ |
| | tobac | 'tobacco' | /tə'bak/ |

(c) Compound words and many recent loanwords from English have different degrees of stress showing various combinations of primary and secondary stress. Secondary stress is shown by placing /ˌ/ before the relevant syllable.

Examples:

(a) Words with two primary stresses

| drochobair | 'bad/evil work' | /'drox'obər'/ |
| ró-ard | 'too high/tall' | /'ro:'a:rd/ |

(b) Words with primary and secondary stress (in that order)

| bunscoil | 'primary school' | /'bunˌskol'/ |
| búmaraing | 'boomerang' | /'bu:məˌraŋ'/ |

(c) Words with secondary and primary stress (in that order)

| dodhéanta | 'impossible' | /ˌdo'γ'e:ntə/ |

(See also phonetic appendix pp 412 ff.)

A

aback *adv, I was taken* ∼ baineadh siar, stad, stangadh, asam
abandon *vt* tréig, tabhair do dhroim le
abandonment *n* tréigean
abase *vt* uiríslígh
abashed *a* corrabhuaiseach, náireach
abate *vt & i* lagaigh, maolaigh, tráigh, *to* ∼ *the rent* maitheamh a thabhairt sa chíos
abatement *n* laghdú, lascaine, maolú
abattoir *n* seamlas
abbess *n* ban-ab, máthairab
abbey *n* mainistir
abbot *n* ab
abbreviation *n* giorrú, nod
abdicate *vt & i* tabhair suas, éirigh as
abdomen *n* bolg
abduct *vt* fuadaigh
abduction *n* fuadach
abductor *n* fuadaitheoir
aberration *n* earráid, iomrall, saofacht, mearbhall, *mental* ∼ saochan céille
abet *vt* neartaigh le
abettor *n* neartaitheoir
abeyance *n, in* ∼ ar fionraí
abhor *vt* gráinigh, *to* ∼ *sth* fuath a bheith agat ar rud
abide *vt & i* cónaigh; fulaing, *to* ∼ *by one's promise* cloí, seasamh, le do ghealltanas; fanacht ar d'fhocal
ability *n* cumas, ábaltacht, inniúlacht
abject *a* cloíte, meata, lodartha
ablative *n & a* ochslaíoch
ablaze *adv & a, the house is* ∼ tá an teach ar dearglasadh, faoi bharr lasrach, ina aon chaor amháin, ∼ *with light* faoi shoilse
able *a* ábalta, cumasach, inniúil, infheidhme, ∼ *to do sth* in ann, in acmhainn, in inmhe, rud a dhéanamh, *she is well* ∼ *for her work* tá sí os cionn a buille
abnormal *a* mínormálta, sonraíoch, as an ngnáth
abnormality *n* mínormáltacht, sonraíocht, ainspiantacht
aboard *adv* ar bord
abode *n* áitreabh, áras, baile
abolish *vt, to* ∼ *sth* rud a chur ar ceal
abolition *n* cealú, cur ar ceal
abominable *a* adhfhuafar, gráiniúil
aboriginal *a* bundúchasach
aborigine *n* bundúchasach
abortion *n* ginmhilleadh; breith anabaí; mairfeacht
abound *vi, to* ∼ *in* bheith lán, bheith ag cur thar maoil, le
abounding *a* flúirseach, raidhsiúil
about *adv & prep, walking* ∼ ag siúl thart, ∼ *the place* timpeall na háite, *round* ∼ máguaird, *round* ∼ *here* thart faoi seo, ∼ *one hundred*

tuairim is céad, ∼ *Christmas* faoi, um, Nollaig, ∼ *to do sth* ar tí, ar shéala, rud a dhéanamh, *anxious* ∼ *sth* imníoch faoi rud, *she was* ∼ *to leave* bhí sí ar tí, ar hob, imeacht
above *adv & prep* lastuas, ∼ *the door* os cionn an dorais, *the water was* ∼ *their knees* bhí an t-uisce thar a nglúine orthu, *the rooms* ∼ na seomraí thuas
abrasion *n* scríobadh, scráib
abrasive *a* scríobach
abreast *adv* bonn ar aon, ∼ *of each other* ar comhrian le chéile
abridgement *n* coimre, giorrú
abroad *adv* ar an gcoigríoch, thar lear, *at home and* ∼ i mbaile is i gcéin, *from* ∼ ón iasacht, *the story got* ∼ d'éirigh an scéal amach
abrogate *vt* aisghair
abrupt *a* giorraisc, grod
abscess *n* easpa
abscond *vi* éalaigh, teith
absence *n* éagmais, easpa; neamhláithreacht
absent *a* neamhláithreach, as láthair *vt, to* ∼ *oneself* fanacht as láthair
absentee *n* neamhláithrí *a* neamhchónaitheach
absinth *n* apsaint
absolute *a* absalóideach, iomlán, dearbh-, ∼ *power* lánchumhacht, *to refuse* ∼ *ly* diúltú glan, ∼ *ly certain* lánchinnte, lándearfa
absolution *n* aspalóid
absolve *vt* éigiontaigh, saor, *to* ∼ *a person from an obligation* duine a scaoileadh ó dhualgas, *to* ∼ *a person from a sin* aspalóid a thabhairt do dhuine i bpeaca
absorb *vt* súigh; tóg
absorbed *a,* ∼ *in sth* báite, gafa, i rud
absorbent *a* súiteach, óltach
abstain *vi* staon, *to* ∼ *from meat* tréanas a dhéanamh
abstainer *n* staonaire
abstention *n* staonadh
abstinence *n* tréanas
abstract[1] *n* achomaireacht, coimriú *a* teibí
abstract[2] *vt* bain as
absurd *a* áiféiseach, díchéillí, míréasúnta
absurdity *n* áiféis, míréasún
abundance *n* fairsinge, flúirse, raidhse, tréan
abundant *a* fairsing, flúirseach, líonmhar, raidhsiúil
abuse *n* drochíde, masla, *drug* ∼ mí-úsáid drugaí, *to give* ∼ *to a person* duine a chur as a ainm, *verbal* ∼ íde béil, sciolladh teanga *vt* díbligh, ídigh, maslaigh, scól
abusive *a* maslach, spídiúil
abysmal *a* duibheagánach, ∼ *ignorance* deargaineolas
abyss *n* aibhéis, duibheagán, domhain

academic *a* acadúil
academy *n* acadamh
accelerate *vt & i* luasghéaraigh, luathaigh
acceleration *n* luasghéarú, luathú
accelerator *n* luasaire
accent *n* blas, canúint, tuin; aiceann, *length* ~ síneadh fada *vt* aiceannaigh
accept *vt* faomh, glac, *to* ~*sth* toiliú le rud, *to* ~ *a person's apology* leithscéal duine a ghabháil
acceptable *a* inghlactha
access *n* cead isteach; rochtain, teacht
accessible *a* soghluaiste, inaimsithe
accessory *n* gabhálas; cúlpháirtí *pl* oiriúintí, trealamh
accidence *n* deilbhíocht
accident *n* taisme, timpiste, tionóisc
accidental *a* taismeach, timpisteach
acclaim *n* gairm, *with one* ~ d'aon gháir *vt* gair
acclamation *n* gáir mholta
acclimatize *vt* clíomaigh
accommodate *vt, to* ~ *a person* cóir a chur ar dhuine; oiriúntas a dhéanamh le duine
accommodation *n* cóiríocht, iostas, lóistín
accompaniment *n* coimhdeacht, comóradh, tionlacan
accompanist *n* tionlacaí
accompany *vt* comóir, tionlaic
accomplice *n* comhchoirí
accomplish *vt* críochnaigh, déan, *to* ~ *sth* rud a chur i gcrích
accomplished *a* críochnaithe, déanta; rianta; ildánach, tréitheach, saoithiúil
accord[1] *n* comhréir, *of one* ~ ar aon intinn, *in* ~ *with* ar aon aigne le, *of his own* ~ dá thoil féin, uaidh féin
accord[2] *vt & i, to* ~ *with sth* bheith ag teacht le rud, *to* ~ *a person a welcome* fáilte a fhearadh roimh dhuine, *the privilege which was* ~*ed us* an phribhléid a deonaíodh dúinn
accordance *n* comhréireacht, *in* ~ *with your instructions* de réir mar a d'ordaigh tú
according *adv,* ~ *to the experts* dar leis na heolaithe, ~ *to his means* ar feadh a acmhainne, ~ *to size* de réir méide, ~*ly* dá réir sin, *he acted* ~*ly* rinne sé amhlaidh
accordion *n* cairdín
accost *vt, to* ~ *a person* bleid a bhualadh ar dhuine, forrán a chur ar dhuine, caidéis a chur ar dhuine, *she* ~*ed me* chaintigh sí mé
account *n* cuntas, tuairisc, tuarascáil, cur síos, *bank* ~ cuntas bainc, *to take sth into* ~ rud a chur san áireamh, *to turn sth to* ~ rud a chur chun tairbhe, *it is of no* ~ ní fiú biorán é, *working on his own* ~ ag obair ar chion a láimhe féin, ar a chonlán féin, *on* ~ *of* de bharr, ar son, as ucht, de dhroim, toisc, *on that* ~ mar gheall air sin *vi,* ~ *for sth* cuntas a thabhairt i rud; rud a mhíniú

accountable *a* freagrach
accountancy *n* cuntasóireacht
accountant *n* cuntasóir, *turf* ~ geallghlacadóir
accredit *vt* creidiúnaigh
accumulate *vt & i* bailigh, cruinnigh, tiomsaigh, carn
accumulative *a* tiomsaitheach, carnach
accuracy *n* beachtas, cruinneas, grinneas
accurate *a* beacht, cruinn, grinn
accursed *a* mallaithe, *to be* ~ bheith faoi chrann smola
accusation *n* cúiseamh, gearán, éileamh
accusative *n & a* áinsíoch, cuspóireach
accuse *vt* ciontaigh, cúisigh, gearán, iomardaigh, *he was* ~*d of stealing* cuireadh gadaíocht ina leith, *you* ~*d me of lying* chas tú bréag liom, chuir tú bréag orm
accused *n, the* ~ an cúisí
accuser *n* cúiseoir
accustomed *a* gnáth-, gnách, ~ *to sth* cleachtach, taithíoch, ar rud, *to be, become,* ~ *to sth* rud a chleachtadh, tú féin a chló le rud
ace *n* aon
ache *n* pian, tinneas *vi, my head* ~ *s* tá pian i mo cheann
achieve *vt, to* ~ *sth* rud a chur i gcrích, *to* ~ *a purpose* cuspóir a shroicheadh, a bhaint amach
achievement *n* éacht, gníomh, gníomhaíocht; gnóthú
acid *n* aigéad, searbh *a* aigéadach, searbh
acknowledge *vt* admhaigh; aithin, *to* ~ *a salute* cúirtéis a fhreagairt
acknowledgement *n* admháil
acolyte *n* acalaí, cléireach
acorn *n* dearcán
acoustics *npl* fuaimíocht, fuaimeolaíocht
acquaint *vt, to* ~ *a person with sth* rud a chur in iúl do dhuine, *to become* ~*ed with a person* aithne a chur ar dhuine
acquaintance *n* aithne, aitheantas, eolas, ~*s* lucht aitheantais
acquiesce *vi* toiligh, aontaigh
acquire *vt* faigh, *to* ~ *money* airgead a chruinniú
acquisition *n* fáil; éadáil, prae
acquit *vt* saor
acre *n* acra
acreage *n* acraíocht
acrid *a* garg, searbhánta
acrimonious *a* searbh, searbhasach
acrimony *n* searbhas
acrobat *n* cleasaí, gleacaí
across *adv & prep* thar, trasna, ~ *to England* anonn go Sasana, *gone* ~ imithe sall
act *n* acht; beart, gníomh, *Acts of the Apostles* Gníomhartha na nAspal, ~ *of contrition* gníomh dólais, ~ *of parliament* acht parlaiminte *vt & i* feidhmigh, gníomhaigh, oibrigh, *to* ~ *justly* an chóir a imirt, *to* ~ *the part of Hamlet* páirt Hamlet a dhéanamh

acting *n* aisteoireacht *a* gníomhach
action *n* aicsean, gníomh, beart, oibriú; caingean, *in* ~ ar obair, i mbun oibre
activate *vt* gníomhachtaigh
activator *n* músclóir
active *a* gníomhach, beo, lúfar, tapúil
activity *n* gníomhaíocht, obair, luadar, luail *pl* imeachtaí
actor *n* aisteoir
actress *n* ban-aisteoir
actual *a* dearbh-, fíor-, ~ *sin* peaca gnímh
actually *adv* go cinnte, déanta na fírinne
actuary *n* achtúire
acute *a* géar; géarintinneach
adamant *a* dobhogtha, daingean
Adam's apple *n* úll na brád
adapt *vt* athchóirigh, oiriúnaigh
adaptable *a* solúbtha
adaptation *n* oiriúnú
add *vt & i* suimigh, *to* ~ *sth to sth* rud a chur le rud eile
addendum *n* aguisín
addict *n* andúileach
addicted *a*, ~ *to drink* ligthe ar an ól, tugtha don ól, luiteach leis an ól
addiction *n* andúilíocht
addition *n* suimiú; agús, aguisín, *in* ~ *to* mar aon le, de bhreis ar, i dteannta
additive *n* breiseán
address *n* seoladh; agallamh, aitheasc, dileagra; teacht i láthair *vt* seol, *to* ~ *the crowd* labhairt leis an slua
adenoids *npl* adanóidí
adequate *a* sásúil, leor-, *it is* ~ *for our needs* tá riar ár gcáis ann
adhere *vi* greamaigh (de); ~ *to* lean de, seas le, taobhaigh le, cloígh le
adhesive *n* greamachán *a* greamaitheach
adjacent *a*, ~ *to* in aice le, cóngarach do
adjective *n* aidiacht
adjoin *vt*, *his lands* ~ *mine* tá sé ag críochantacht liom
adjoining *a* tadhlach, teorantach, buailte ar
adjourn *vt & i*, *to* ~ *a meeting* cruinniú a chur ar atráth, *to* ~ *to a place* aistriú go dtí áit
adjudge *vt* breithnigh
adjudicate *vt & i* breithnigh, *to* ~ *in a competition* moltóireacht a dhéanamh ar chomórtas
adjudicator *n* moltóir
adjust *vt* ceartaigh, coigeartaigh, feistigh, socraigh
adjustable *a* inathraithe, inchoigeartaithe
adjustment *n* ceartú, coigeartú, socrú
adjutant *n* aidiúnach
administer *vt* riar, *to* ~ *the sacraments to a person* na sacraimintí a thabhairt do dhuine
administration *n* riar, riarachán, reachtas
administrative *a* riarthach, ~ *officer* oifigeach riaracháin

administrator *n* reachtaire ; riarthóir
admirable *a* fónta, inmholta
admiral *n* aimiréal, *red* ~ aimiréal dearg
admiralty *n* aimiréalacht
admiration *n* mórmheas
admire *vt*, *to* ~ *a person* ardmheas a bheith agat ar dhuine
admissible *a* inghlactha
admission *n* admháil; cead isteach
admit *vt* admhaigh, géill; lig isteach
adobe *n* adóib
adolescent *n & a* inmheach
adopt *vt* uchtaigh, *to* ~ *a habit* béas a tharraingt chugat féin
adopted *a*, ~ *child* uchtleanbh
adoption *n* uchtú
adoration *n* adhradh
adore *vt* adhair
adorn *vt* deasaigh, maisigh, oirnigh
adornment *n* maise, maisiúchán
adrenalin *n* aidréanailín
adrift *adv* ar fán, ar fuaidreamh, *to go* ~ imeacht san fheacht, le sruth
adroit *a* aclaí, deaslámhach
adult *n* duine fásta *a* fásta, *of* ~ *age* in aois duine
adulterate *vt* truaillmheasc
adulterous *a* adhaltrach
adultery *n* adhaltranas
advance *n* dul ar aghaidh, dul chun cinn; ionsaí; airleacan, réamhíocaíocht, ~ *copy* réamhchóip, *in* ~ roimh ré *vt & i* cuir chun cinn, réimnigh, téigh chun tosaigh, *to* ~ *a person money* airgead a thabhairt ar airleacan do dhuine, *to* ~ *upon a place* ionsaí a dhéanamh ar áit, áit a ionsaí
advantage *n* bua, brabús, buntáiste, sochar, *to get the* ~ *of a person* an ceann is fearr a fháil ar dhuine
advantageous *a* buntáisteach, sochrach
Advent *n* Aidbhint
adventure *n* eachtra, fiontar
adventurer *n* eachtránaí; fiontraí
adventurous *a* eachtrúil, misniúil, tionscantach
adverb *n* dobhriathar
adversary *n* céile comhraic, namhaid; an tÁibhirseoir
adversity *n* anachain, cruáil
advertise *vt & i* fógair
advertisement *n* fógra, fógraíocht
advice *n* comhairle, moladh
advisable *a* inmholta
advise *vt* comhairligh, mol
advocate *n* abhcóide *vt* mol; tacaigh le
aerate *vt* aeraigh
aerial *n* aeróg *a* aerga
aerodrome *n* aeradróm
aerodynamics *npl* aeraidinimic
aeronautics *npl* aerloingseoireacht
aeroplane *n* eitleán

aerosol *n* aerasól
aesthetic *a* aeistéitiúil
aesthetics *npl* aeistéitic
afar *adv* amuigh, i gcéin
affable *a* fáilí, lách, solabhartha
affair *n* dáil, scéal, rud *pl* gnóthaí, cúrsaí, *foreign* ~*s* gnóthaí eachtracha
affect *vt* cuir isteach ar, goill ar, téigh i bhfeidhm ar, *his health is* ~*ed* tá an tsláinte ag imirt air
affectation *n* forcamás, gotha *pl* geáitsí
affection *n* ceanúlacht, cion, dáimh, gean, gnaoi
affectionate *a* ceanúil, bách, geanúil, grámhar, muirneach
affidavit *n* mionnscríbhinn
affiliate *vt & i* comhcheangail
affinity *n* dúchas; gaolmhaireacht; col
affirm *vt* cruthaigh, deimhnigh
affirmation *n* dearbhú, deimhniú
affirmative *a* dearfach, deimhniúil
affix *vt* greamaigh do, *to* ~ *a stamp to a letter* stampa a chur ar litir
afflict *vt* goill ar, caith ar
affliction *n* angar, léan, diachair, dobrón, doilíos, galar
affluence *n* deisiúlacht
affluent *n* craobh-abhainn *a* deisiúil, saibhir
afford *vt, he can* ~ *to buy it* is acmhainn dó, tá sé de ghustal aige, é a cheannach
afforestation *n* coillteoireacht
affront *n* easonóir, tarcaisne *vt* easonóraigh, tarcaisnigh
afloat *adv* ar snámh
afoot *adv* ar cois, ar bun, *there is mischief* ~ tá an urchóid ina suí
aforesaid *a* réamhráite
afraid *a* eaglach, faiteach, *he became* ~ tháinig eagla, faitíos, air, *I am* ~ *that* is eagal liom, is baolach, go, *I am* ~ *of it* tá eagla orm roimhe
afresh *adv* as an nua, go húrnua
after *prep & a & adv, to walk* ~ *a person* siúl i ndiaidh duine, *one* ~ *another* i ndiaidh a chéile, *three days* ~ *that* trí lá ina dhiaidh sin, ~ *three* tar éis a trí, ~ *his death* tar éis a bháis, ~ *all* tar éis an tsaoil, *the day* ~ an lá dár gcionn, *the day* ~ *tomorrow* anóirthear, amanathar, arú amárach
after-birth *n* slánú
after-care *n* iarchúram
after-effects *npl* deasca, fuíoll, iarsmaí, iarmhairt
aftergrass *n* athfhéar, cluain
afternoon *n* iarnóin, tráthnóna
afterthought *n* athsmaoineamh
afterwards *adv* ina dhiaidh sin, tar (a) éis sin
again *adv* arís, athuair, fós, *as much* ~ *a* oiread eile, *all over* ~ go húrnua
against *prep* in aghaidh, i gcoinne, in éadan, faoi
agate *n* agáit

age *n* aois, ré, *twenty years of* ~ fiche bliain d'aois, ~*s ago* na cianta cairbreacha ó shin, *the golden* ~ an ré órga *vt & i* críon, aosaigh
aged *a* aosta, críonna, sean, *a child* ~ *seven* páiste i gceann a sheacht mbliana d'aois
agency *n* gníomhaireacht; oibriú, *by the* ~ *of a person* ar idirghabháil duine
agenda *n* clár oibre
agent *n* feidhmeannach, gníomhaire, ionadaí
aggravate *vt* géaraigh ar; saighid faoi, *don't* ~ *it* ná cuir in olcas é
aggregate *n & a* comhiomlán
aggression *n* ionsaí; boirbe
aggressive *a* borb, ionsaitheach
aggressor *a* ionsaitheoir
agile *a* aclaí, lúfar, oscartha
agility *n* aclaíocht, lúfaireacht, lúth
agitate *vt* iomluaigh; suaith, gríosaigh, oibrigh
agitated *a* oibrithe, tógtha, suaite, *the sea was* ~ bhí coipeadh san fharraige; bhí an fharraige corraithe
agitation *n* oibriú, suaitheadh, coipeadh, corraíl
agitator *n* gríosóir, suaiteoir
agnostic *a* agnóisí *a* agnóisíoch
ago *adv, a year* ~ bliain ó shin, *a year* ~ *next Monday* bliain go Luan seo chugainn, *a month* ~ *last Monday* mí is an Luan seo caite, *long* ~ fadó, *a little while* ~ ar ball beag, ó chianaibh
agonizing *a* coscrach, léanmhar, cráite
agony *n* céasadh, léan, pianpháis
agrarian *a* talúntais
agree *vt & i* aontaigh, réitigh, toilIigh, *the food didn't* ~ *with us* níor fhóir an bia dúinn, *to* ~ *on a price* luach a shocrú
agreeable *a* deonach, toilteanach; cineálta, suairc, fáilí, pléisiúrtha
agreement *n* comhaontú, réiteach, socrú, *to be in* ~ *with a person* bheith ar aon intinn le duine
agricultural *a* talmhaíoch, ~ *land* talamh curaíochta, ~ *college* coláiste talmhaíochta, *the A* ~ *Institute* an Foras Talúntais
agriculture *n* talmhaíocht
ahead *adv, to walk* ~ *of a person* siúl roimh dhuine, *go* ~ ar aghaidh leat, buail ar aghaidh, *he is* ~ *of us* tá sé chun tosaigh orainn, *summer lies* ~ tá an samhradh dár gcionn, romhainn
aid *n* cabhair, cúnamh, fortacht *vt* cabhraigh le, cuidigh le, fóir ar
ail *vt & i, what* ~*s you?* cad tá ort? ~*ing* ag éileamh, ag ceisneamh
ailing *a* breoite
ailment *n* casaoid, easláinte, gearán
aim *n* aidhm, cuspóir; aimsiú, amas, *he has a good* ~ tá urchar maith aige *vt & i* aimsigh, deasaigh, dírigh, pointeáil
aimless *a* fánach
air¹ *n* aer, *putting on* ~*s* ag déanamh geáitsí *vt* aeráil

air² *n* fonn, aer
air-conditioned *a* aeroiriúnaithe
aircraft *n* aerárthach
air-force *n* aerfhórsa
air-hostess *n* aeróstach
air-lock *n* aerbhac
airman *n* eitleoir
airport *n* aerfort
air-tight *a* aerdhíonach
airy *a* aerach, spéiriúil; alluaiceach
aisle *n* taobhroinn; pasáiste
ajar *a* ar faonoscailt, ar leathoscailt
alacrity *n* éascaíocht, líofacht
alarm *n* aláram, rabhadh, scaoll, ~ *signal* rabhchán, *to raise the* ~ gáir a thógáil
alarm-clock *n* clog aláraim
alas *int* mo bhrón, faraor, monuar, mo léan, mo dhíth
alb *n* ailb
albatross *n* albatras
albino *n* ailbíneach, bánaí, dall bán *a* ailbíneach, bán
album *n* albam
alchemy *n* ailceimic
alcohol *n* alcól; deoch mheisciúil
alcoholic *n & a* alcólach
alcove *n* cailleach, almóir
alder *n* fearnóg
alderman *n* bardasach
ale *n* coirm, leann
alert *n, on the* ~ san airdeall, ar aire *a* airdeallach, braiteach
alga *n* alga
algebra *n* ailgéabar
alias *n* ainm bréige
alibi *n* ailibí
alien *n & a* coimhthíoch, eachtrannach
alienate *vt, to* ~ *one person from another* duine a chur in aghaidh duine eile, teacht idir dhaoine
alight *vi* ísligh, tuirling
align *vt* ailínigh
alike *a, they are* ~ tá siad cosúil le chéile, is ionann le chéile iad
alimentary *a,* ~ *canal* conair an bhia
alimony *n* ailiúnas
alive *a* beo, i do bheatha
alkaline *a* alcaileach
all *n* an uile, ~ *of them* iad go léir, ~ *of our people* iomlán ár ndaoine, ár muintir uile, *that is* ~ *I have* níl agam ach é; sin a bhfuil agam; sin an méid atá agam, *when* ~ *is said and done* i ndeireadh na dála, *for* ~ *I know* ar scáth a bhfuil a fhios agamsa, ~ *dressed-up* gafa gléasta, *after* ~ tar éis an tsaoil *a & adv,* ~ *day* an lá ar fad, ~ *over the place* ar fud na háite, ~ *the time* i rith an ama, *from* ~ *directions* as gach aird, ~ *right* ceart go leor
allay *vt* maolaigh

allegation *n* líomhain
allege *vt* líomhain
allegiance *n* dílseacht, géillsine
allegorical *a* fáthchiallach
allegory *n* fáthscéal
allergic *a* ailléirgeach
allergy *n* ailléirge
alleviate *vt* éadromaigh, maolaigh
alley *n* caolsráid, scabhat, *(ball-)* ~ pinniúr
alliance *n* comhaontas
alligator *n* ailigéadar
alliteration *n* uaim
allocate *vt,* ~ *(to)* riar (ar), dáil (ar)
allot *vt* dáil ar, leag amach, *what has been* ~ *ted for us* an rud atá geallta, daite, dúinn
allotment *n* áirithe; dáileacht; cuibhreann
all-out *a & adv* dólámhach, *to make an* ~ *effort* do chroídhícheall a dhéanamh
allow *vt* ceadaigh, lamháil, leomh; admhaigh, ~ *him to speak* lig dó labhairt
allowance *n* ciondáil, lacáiste, lamháltas, liúntas, logha, ~ *for error* lamháil earráide
alloy *n* cóimhiotal
all-round *a* ilbheartach, cuimsitheach
allude *vi, to* ~ *to sth* tagairt do rud
allure *vt* cealg, meall
alluring *a* cealgach, meallacach
allusion *n* tagairt
ally *n* comhghuaillí *vt* snaidhm (*to* le), ceangail (*to* de), *to* ~ *oneself with a person, group* dul i leith duine, grúpa
almanac *n* almanag
almighty *a* uilechumhachtach
almond *n* almóinn
almost *adv* beagnach, nach mór, *I* ~ *fell* is beag nár thit mé, dóbair dom titim, ~ *every day* bunús gach aon lá, ~ *finished* ionann is réidh
alms *n* almsa, déirc
aloe *n* aló
aloft *adv* in airde, lastuas
alone *a & adv, not* ~ *that* ní hamháin sin, *he lives* ~ cónaíonn sé leis féin, *I am* ~ tá mé i m'aonar, *let him* ~ ná bac leis, lig dó
along *prep & adv, to be* ~ *with a person* bheith i bhfochair, i dteannta, in éineacht le, duine, ~ *by the river* cois abhann, ~ *the road* feadh an bhóthair, ~ *with that* ina aice sin, ina cheann sin, lena chois sin, *he was walking* ~ bhí sé ag siúl roimhe
alongside *prep & adv* cois, ~ *the quay* buailte suas leis an gcé
aloof *a* deoranta, coimhthíoch
aloud *adv, say it* ~ abair amach, os ard, é
alphabet *n* aibítir
already *adv* cheana (féin)
Alsatian *n & a* Alsáiseach
also *adv* fosta, freisin, leis
altar *n* altóir

altar-boy *n* cléireach
altar-bread *n* abhlann
alter *vt & i* athraigh
alteration *n* athrach, athrú
alternate *a* gach dara, gach re *vt & i* malartaigh, *to* ~ (*with each other*) sealaíocht, uainíocht, a dhéanamh (ar a chéile)
alternating *n* sealaíocht *a* iomlaoideach ~ *heat and cold* teas agus fuacht (faoi seach)
alternative *n* athrach, malairt, *I have no* ~ níl an dara rogha agam; níl aon dul as agam *a*, ~ *road* bealach eile
although *conj* bíodh (is) go, cé go
altitude *n* airde
altogether *adv* ar fad, go hiomlán, go léir; in éineacht
aluminium *n* alúmanam
always *adv* riamh; i gcónaí, i dtólamh, go buan, ar fad, go brách, choíche
amalgamate *vt & i* cónaisc, cumaisc
amateur *n & a* amaitéarach
amaze *vt, to* ~ *a person* alltacht, ionadh, a chur ar dhuine
amazement *n* alltacht, ionadh
amazing *a* iontach
ambassador *n* ambasadóir
amber *n* ómra *a* ómrach
ambiguity *n* athbhrí, débhríocht
ambiguous *a* athbhríoch, débhríoch
ambition *n* glóirmhian, uaillmhian, scóip
ambitious *a* aidhmeannach, glóirmhianach, uaillmhianach, *he is* ~ tá a shúil ard
ambulance *n* otharcharr
ambush *n* luíochán, oirchill *vt, to* ~ *a person* luíochán a chur ar dhuine, luí roimh dhuine
amen *int* áiméan
amenable *a* sochomhairleach, soghluaiste
amend *vt* ceartaigh, leasaigh
amendment *n* ceartú, leasú, leasúchán
amends *npl, to make* ~ *for an injury* éagóir a chúiteamh, leorghníomh a dhéanamh in éagóir
amenities *npl* áiseanna, saoráidí; taitneamhachtaí
amethyst *n* aimitis
amiable *a* geanúil, lách, grámhar
amicable *a* cairdiúil, carthanach
ammonia *n* amóinia
ammunition *n* armlón, lón cogaidh, muinisean
amnesia *n* aimnéise
amnesty *n* pardún ginearálta, ollmhaithiúnas
among *prep* ar fud, idir, i measc, trí
amoral *a* dímhorálta
amount *n* cuid, méid, oiread, suim, *large* ~ *of money* lear, moll, cuimse, airgid *vi, it* ~*ed to five pounds* bhí cúig phunt ann san iomlán, *it* ~*s to the same thing* is ionann an cás, is é an dá mhar a chéile é
ampère *n* aimpéar
amphibian *n & a* débheathach

ample *a* fairsing, fras
amplifier *n* aimplitheoir
amplify *vt* aimpligh; fairsingigh, méadaigh
amputate *vt* bain, teasc
amulet *n* briocht
amuse *vt, to* ~ *a person* siamsa a dhéanamh do dhuine, *amusing oneself* ag déanamh spraoi, ag déanamh spóirt
amusement *n* caitheamh aimsire, siamsa
amusing *a* greannmhar, spórtúil
anachronism *n* iomrall aimsire
anaemia *n* anaemacht
anaemic *a* anaemach
anaesthetic *n & a* ainéistéiseach
anagram *n* anagram
analogy *n* analach
analyse *vt* anailísigh; miondealaigh
analysis *n* anailís, anailísiú; miondealú
anarchist *n* ainrialaí
anarchy *n* ainriail, anlathas
anatomy *n* anatamaíocht
ancestor *n* sinsear
ancestral *a* athartha, sinsearach
anchor *n* ancaire
anchorage *n* acarsóid, ród
ancient *n* seanduine, duine aosta *a* ársa, seanda
and *conj* agus, is
anecdote *n* scéilín, staróg
aneurin *n* ainéirin
anew *adv* as an nua, as úire
angel *n* aingeal
angel-fish *n* cat mara; bráthair
angelic *a* ainglí
angelus *n* Fáilte an Aingil, ~ *bell* clog an aingil
anger *n* fearg, olc, colg *vt, to* ~ *a person* fearg a chur ar dhuine
angina *n* aingine (chléibh)
angle *n* cúinne, cearn; uillinn
angler *n* duánaí
Anglican *n & a* Anglacánach
anglicism *n* béarlachas
anglicization *n* galldachas
angling *n* duántacht
angora *n* angóra
angry *a* feargach, colgach, *to get* ~ *with a person* borradh, spriúchadh, chuig duine
anguish *n* buairt, crá, pianpháis, léan
angular *a* uilleach, beannach, corránach
animal *n* ainmhí, beithíoch, míol *a* ainmhíoch
animate *vt* beoigh
animated *a* anamúil, beoga
animation *n* beochan, beocht, spionnadh
animosity *n* fuath, naimhdeas, nimh
aniseed *n* síol ainíse
ankle *n* caol na coise, murnán, rúitín
annalist *n* annálaí
annals *npl* annála

annex n, (building) forteach vt, to ~ sth to sth else rud a nascadh, a chur (mar aguisín), le rud eile, the province was ~ed to the empire gabhadh an cúige isteach san impireacht
annihilate vt díothaigh, neamhnigh
anniversary n, the ~ of his birth cothrom an lae a rugadh é
announce vt & i craol, fógair
announcement n fógra
announcer n bolscaire, fógróir
annoy vt ciap, cráigh, griog, don't ~ me about it ná bí liom mar gheall air
annoyance n ciapadh, griogadh, dóiteacht, iarghnó
annoying a ciapach, dóiteach
annual n, (plant) bliantóg, (yearbook) bliainiris a bliantúil
annuity n anáid, blianacht
annul vt neamhnigh, cealaigh
annulment n neamhniú
annunciation n, the A ~ Teachtaireacht an Aingil, A ~ Day Lá Fhéile Muire san Earrach
anoint vt olaigh, ung, he was ~ed cuireadh an ola air
anomalous a aimhrialta
anomaly n aimhrialtacht
anorak n anarac
another a & pron eile, duine eile, ~ day athlá
answer n freagra, back ~ aisfhreagra vt & i freagair, to ~ back aisfhreagra a thabhairt ar dhuine
answerable a freagrach
ant n seangán
antagonism n eascairdeas
antagonist n céile comhraic
antagonize vt, to ~ a person duine a chur sa droim ort
Antarctic n & a Antartach
ante- pref réamh-
antecedent n réamhtheachtaí a réamhtheachtach
antechamber n forsheomra
antenna n aintéine, adharcán
anthem n aintiún, national ~ amhrán náisiúnta
ant-hill n nead seangán
anthology n díolaim, ~ of verse duanaire, díolaim dána
anthracite n antraicít
anthrax n antrasc
anthropoid n & a antrapóideach
anthropology n antraipeolaíocht
anti- pref frith-
antibiotic n & a frithbheathach, antaibheathach
anticipate vt, to ~ sth bheith ag súil, ag feitheamh, le rud, to ~ a person dul, teacht, roimh dhuine, to ~ a result toradh a dhéanamh amach roimh ré
anticipation n réamhghabháil, súil, feitheamh, in ~ of death in oirchill an bháis
anticlimax n frithbhuaic

anticlockwise a & adv tuathal, tuathalach
antics npl geáitsí
anticyclone n frithchioclón
antidote n frithnimh, nimhíoc
antiquarian n ársaitheoir
antique n, pl seandachtaí a ársa, seanda
antiquity n seandacht; seaniarsma; an seansaol
antiseptic n frithsheipteán, antaiseipteán a frithsheipteach, antaiseipteach
antler n beann
anus n anas, áthán, timpireacht
anvil n inneoin
anxiety n imní, sníomh, buairt
anxious a imníoch, cúramach, scimeach, buartha, to be ~ to do sth fonn a bheith ort rud a dhéanamh
any a & pron & adv, have you ~ money? an bhfuil aon airgead agat? take ~ one of them tóg ceann ar bith acu, he is not ~ better today níl sé pioc níos fearr inniu
anybody n aon duine, duine ar bith
anyhow adv & conj cibé, pé scéal é; ar dhóigh ar bith, ar chuma ar bith
anyone n aon duine, duine ar bith
anything n rud ar bith, aon rud, aon cheo, dada
anyway adv ar aon chaoi, ar aon nós
anywhere adv (in) áit ar bith, aon áit
apart adv ar leithligh, they are a mile ~ tá siad míle ó chéile, tá míle eatarthu, a person ~ duine ar leith, ~ from that lasmuigh de, diomaite de, sin, it fell ~ thit sé as a chéile
apartheid n cinedheighilt
apartment n árasán
apathetic a fuar, patuar, marbh, suanach
apathy n fuarchúis, patuaire, fuarthé
ape n ápa
aperitif n greadóg
aperture n cró, poll
apex n barr, buaic, rinn
aphid n aifid
aphoristic a nathach
apiary n beachlann
apiece adv, they cost me a shilling ~ scilling an ceann a thug mé orthu, he gave them a shilling ~ thug sé scilling an duine dóibh
apocalypse n apacailipsis
apocalyptic a apacailipteach
apocryphal a apacrafúil
apogee n apaigí, barrchéim
apologetic a leithscéalach
apologetics npl díonchruthú
apologize vi, to ~ to a person (do) leithscéal a ghabháil le duine
apology n leithscéal
apoplexy n apaipléis
apostate n séantóir
apostle n aspal
apostolate n aspalacht

apostolical *a* aspalda
apostrophe *n* uaschamóg
apothecary *n* poitigéir
appal *vt* scanraigh
appalling *a* scáfar, scanrúil
apparatus *n* fearas, gaireas, gléasra, sáslach
apparel *n* culaith, éadach, feisteas
apparent *a* dealraitheach, follasach, ~*ly* de réir dealraimh, de réir cosúlachta; is cosúil (go)
apparition *n* taispeánadh; cruth, taibhse, taise
appeal *n* achainí; achomharc; tarraingteacht *vt* achainigh (*to* ar); achomharc, *it* ~*ed to me* thaitin sé liom
appear *vi* taibhsigh; láithrigh, nocht, taispeáin, *it* ~*s to me that* feictear dom go, samhlaítear dom go, *it* ~*s that* is cosúil go, dealraíonn sé go, *the ship* ~*ed on the horizon* nocht an long ag bun na spéire, *to* ~ *for a person* bheith i láthair in ionad duine, ar son duine
appearance *n* gné, cruth, cló, deilbh, cuma; araí; cosúlacht, dealramh, fíor, *facial* ~ dreach, *good* ~ slacht, *to all* ~*s* de réir cosúlachta, *keeping up* ~*s* ag seasamh na honóra, *to make an* ~ teacht ar an láthair
appease *vt* ceansaigh, *to* ~ *a child* baint faoi leanbh
appeasement *n* ceansú
appellant *n* achomharcóir
append *vt*, ~ *to* cuir le
appendage *n* géagán
appendicitis *n* aipindicíteas
appendix *n* aguisín; aipindic
appertain *vi*, *to* ~ *to* baint le, gabháil le
appetite *n* goile; dúil
appetizer *n* greadóg
appetizing *a* blasta
applaud *vt* mol os ard, *his speech was* ~*ed* tógadh gáir mholta, buaileadh bosa, nuair a labhair sé
applause *n* bualadh bos
apple *n* úll, *Adam's* ~ úll na brád, ~ *charlotte* úllóg
appliance *n* fearas, gléas
applicable *a* fóirsteanach, ~ *to* infheidhme maidir le; bainteach le
applicant *n* iarratasóir
application *n* iarratas; feidhmiú; dúthracht
apply *vt & i*, *to* ~ *a poultice to a wound* ceirín a chur le cneá, *to* ~ *for a job* cur isteach ar phost, *he applied himself to his work* chrom sé ar a chuid oibre, *this applies to my case* tá feidhm aige seo i mo chás-sa
appoint *vt* ceap; ainmnigh, socraigh
appointed *a* ceaptha, ~ *day* sprioclá, ceannlá
appointment *n* coinne; ceapachán
apportion *vt* cionroinn
apportionment *n* cionroinnt, dáileadh
apposite *a* ceart, cothrom; oiriúnach (*to* do)
appraisal *n* luacháil, meastóireacht

appraise *vt* luacháil, meas
appreciable *a* inmheasta, suntasach
appreciate *vt & i* meas, (*of value*) ardaigh, éirigh, *I* ~ *that*, is mór agam sin; tuigim é sin go maith, *he* ~*s music* tá ciall cheart do cheol aige
appreciation *n* léirthuiscint, tuiscint, meas; ardú (luacha)
appreciative *a* léirthuisceanach, fabhrach
apprehend *vt* meabhraigh, tabhair faoi deara, *to* ~ *a person* duine a ghabháil
apprehension *n* tuiscint; eagla, faitíos
apprehensive *a* eaglach, faiteach
apprentice *n* printíseach
apprenticeship *n* printíseacht
approach *n* teacht; ionsaí; bealach *vt & i* taobhaigh; tar (i leith); ionsaigh, *to* ~ *a person* dul chuig duine; druidim le duine, *he* ~*ed me* tháinig sé a fhad liom, *the time is* ~*ing* tá an uair buailte linn
approachable *a* sochaideartha; insroichte
approbation *n* toiliú, ceadú; dea-mheas, *on* ~ ar triail
appropriate *a* feiliúnach, iomchuí *vt* dílsigh, leithreasaigh
appropriation *n* dílsiú, leithreasú
approval *n* ceadú; dea-mheas, *I hope it will meet with your* ~ tá súil agam go mbeidh tú sásta leis, *goods on* ~ earraí ar triail
approve *vt* faomh, ceadaigh, aontaigh le; formheas, *I wouldn't* ~ *of it* ní mholfainn é; ní thabharfainn mo bheannacht dó
approvingly *adv* go sásta, go moltach
approximate *a* gar-, neas-
approximately *adv*, *a year* ~ amuigh agus istigh ar bhliain, amach is isteach le bliain, timpeall is bliain
approximation *n* garmheastachán
apricot *n* aibreog
April *n* Aibreán
apron *n* naprún, *workman's* ~ práiscín
apropos *adv*, ~ *of that* dála an scéil sin, maidir leis sin
apt *a* cóir, tráthúil; aibí, cliste, *he is* ~ *to cause a quarrel* is furasta leis achrann a thógáil
aptitude *n* éirim, *he has an* ~ *for learning* tá mianach an léinn ann, *she has a natural* ~ *for music* tá dúchas an cheoil inti
aquarium *n* uisceadán
Aquarius *n* an tUisceadóir
aqueduct *n* uiscerian
aquiline *a* iolarach
arable *a* arúil, ~ *land* ithir, míntír
arbitrary *a* aondeonach; ar togradh
arbitrate *vt & i* réitigh, *to* ~ eadráin a dhéanamh (*between* idir)
arbitrator *n* eadránaí, réiteoir
arbutus *n* caithne
arc *n* stua

arcade *n* stuara
arch[1] *n* áirse; stua *vt & i, the cat* ~*ed its back* chuir an cat cruit air féin, *it* ~*es at the east end* tá stua sa cheann thoir de
arch-[2] *pref* ard-
archaeologist *n* seandálaí
archaic *n* ársa, seanda
archbishop *n* ardeaspag
arched *a* droimneach, dronnach, stuach
archer *n* boghdóir, saighdeoir
archery *n* boghdóireacht, saighdeoireacht
archipelago *n* oileánrach
architect *n* ailtire
architecture *n* ailtireacht
archives *npl* cartlann
archivist *n* cartlannaí
archway *n* póirse, súil (droichid)
Arctic *n & a* Artach
ardent *a* díbhirceach, teasaí, díograiseach
ardour *n* díbhirce, díograis
arduous *a* dian, ~ *journey* turas maslach
area *n* achar; limistéar, ceantar
arena *n* airéine; láthair na teagmhála
arguable *a* inargóinte, ináitithe
argue *vt & i* áitigh, conspóid, *they were arguing back and forth* bhí siad ag cur is ag cúiteamh, ag allagar
argument *n* aighneas, argóint, conspóid, díospóireacht
argumentative *a* aighneasach, conspóideach, ~ *person* conspóidí
aria *n* áiria
arid *a* loiscneach; tur, tirim
Aries *n* an Reithe
arise *vi* éirigh; tar, tarlaigh, *a storm arose* tháinig sé ina stoirm, *arising from that* dá bharr sin, *the question arose* tháinig sé i gceist
aristocracy *n* uasaicme; uaslathas
aristocrat *n* uaslathaí, uasal
aristocratic *a* uasaicmeach, uaslathach
arithmetic *n* uimhríocht, áireamh
arithmetical *a* uimhríochtúil
ark *n* áirc
arm[1] *n* lámh, sciathán, géag, arm, *heraldic* ~*s* armas, ~ *of the sea* loch, ascaill mhara, ~ *in* ~ uillinn ar uillinn, *under his* ~ faoina ascaill aige, *she was carrying the child in her* ~*s* bhí an leanbh ina baclainn aici, *to carry sth over one's* ~ rud a iompar ar do chuisle, ar bhacán do láimhe
arm[2] *vt & i* armáil, *to* ~ dul faoi arm
armada *n* armáid
armament *n* armáil
armchair *n* cathaoir uilleann
armed *a* armach, *fully* ~ faoi iomlán airm
armful *n* asclán, uchtóg, ~ *of hay* gabháil féir, ~ *of turf* baclainn mhóna
armour *n* armúr, plátáil *vt* plátáil

armoured *a* armúrtha
armourer *n* armadóir
armoury *n* armlann
armpit *n* ascaill
arms *npl* arm, *feat of* ~ gaisce, *coat of* ~ armas
army *n* arm; slua
aroma *n* dea-bholadh
aromatic *a* spíosrach; cumhra
around *adv & prep* máguaird, timpeall, fá dtaobh de, *they stood* ~ *him* sheas siad ina thimpeall, thart air, ~ *Christmas* faoi Nollaig, i dtrátha na Nollag
arouse *vt* spreag; dúisigh, múscail
arraign *vt* díotchúisigh
arrange *vt* cóirigh, eagraigh, leag amach, réitigh, socraigh
arrangement *n* eagar, feisteas, leagan amach, ord; oirniú, socrú; cóiriú
array *n* eagar, cóiriú, inneall *vt* gléas, ordaigh; innill
arrears *n* riaráiste, *he is in* ~ *with the work* tá sé chun deiridh leis an obair
arrest *n* gabháil; cosc, *under* ~ gafa *vt* gabh; coisc, stop
arrival *n* teacht
arrive *vi* ráinigh, tar, *when I* ~*d home* nuair a shroich mé an baile, nuair a bhain mé an baile amach
arrogance *n* díomas, bródúlacht, sotal, uabhar
arrogant *a* díomasach, uaibhreach, sotalach, bródúil
arrow *n* saighead
arrowroot *n* ararút
arsenic *n* arsanaic
arson *n* coirloscadh
art *n* dán, ealaín, *the fine* ~*s* na míndána
artefact *n* déantán
arterial *a* artaireach
artery *n* artaire
artesian *a* airtéiseach
artful *a* ealaíonta, géar, glic
arthritis *n* airtríteas
artichoke *n* bliosán
article *n* alt; airteagal, ~ *of clothing* ball éadaigh, ~ *of faith* bunalt creidimh
articulate *a* altach; glinn, sothuigthe *vt* alt, *to* ~ *sth* rud a chur in alt a chéile
articulated *a* altach, in alt a chéile
articulation *n* urlabhraíocht
artificial *a* saorga, tacair
artillery *n* airtléire
artisan *n* ceardaí
artist *n* ealaíontóir
artistic *a* ealaíonta
artistry *n* ceardúlacht, ealaín
as *adv & conj* chomh; fearacht, mar; faoi mar, *as white as snow* chomh geal le sneachta, *as well* (*as*) chomh maith (le), *as far as* fad le, a fhad le,

as *long as* fad (is) a, a fhad (is) a, *as if he were angry* faoi mar a bheadh fearg air, *just as I was leaving* (go) díreach agus mé ag imeacht, *as it is, we must pay* mar atá an scéal caithfimid íoc, *as a matter of fact* déanta na fírinne, *as a token of peace* mar chomhartha síochána, *as you are right* ós agat atá an ceart, *as it were* mar a déarfá, *as usual* mar is gnách, *as yet* go dtí seo, *as for, as regards* mar le, maidir le, *such as* mar shampla

asbestos *n* aispeist

ascend *vt & i* ardaigh, téigh suas, tóg, *to ~ the throne* teacht i gcoróin

ascendancy *n* cinseal, *the A ~* an Chinsealacht

ascendant *a* ardaitheach, cinsealach

ascension *n*, *A ~ Thursday* Déardaoin Deascabh-ála

ascent *n* éirí; bealach suas, *~ of hill* tógáil cnoic

ascertain *vt* fionn, cinntigh

ascetic *n* aiséiteach *a* aiséitiúil, diantréanach

asceticism *n* diantréanas

ascribe *vt*, *to ~ to* cur ar, cur i leith, *a poem ~d to Colm Cille* dán a fhágtar ar Cholm Cille

aseptic *a* aiseipteach

ash[1] *n*, (*tree*) fuinseog, *mountain ~* caorthann

ash[2] *n*, *~es* luaith(reach); gríosach, *A ~ Wednesday* Céadaoin an Luaithrigh

ashamed *a*, *to be ~* náire a bheith ort, *he is ~* tá ceann faoi, ceann síos, air

ash-bin *n* bosca luatha; bosca bruscair

ashore *adv* istír, *to go ~* dul i dtír

ash-pit *n* clais luatha

ash-tray *n* luaithreadán

ashy *a* luaithriúil

aside *n* seachfhocal *adv* i leataobh, *cast ~* caite i gcúil coicíse, caite i gcártaí, *leave it ~* fág uait é

ask *vt & i* fiafraigh, iarr, *~ him* cuir ceist air, *to ~ a person to lunch* cuireadh chun lóin a thabhairt do dhuine, *they were ~ing for you* bhí siad ag cur do thuairisce, do d'fhiafraí, *to ~ the way* eolas an bhealaigh a chur

askance *adv*, *he looked ~ at me* d'amharc sé orm le heireaball a shúil; shaobh sé a shúile orm; d'amharc sé go hamhrasach orm

askew *adv & a* ar sceabha, ar fiar

asleep *adv & a*, *he is ~* tá sé ina chodladh, *my foot is ~* tá codladh grifín i mo chos

asparagus *n* asparagas, lus súgach

aspect *n* aghaidh, dreach, gné

aspen *n* crann creathach

aspersion *n* spíd, *to cast ~s on a person* drochmheas a chaitheamh ar dhuine

asphalt *n* asfalt

asphyxia *n* lánmhúchadh, aisfiosce

asphyxiate *vt & i* múch, plúch, tacht, *they ~d* plúchadh iad

aspirate *vt* análaigh; séimhigh

aspiration *a* análú; dréim; séimhiú

aspire *vi*, *to ~ to* bheith ag dúil, ag dréim, le

aspirin *n* aspairín

ass *n* asal

assail *vt* ionsaigh

assailant *n* ionsaitheoir

assassinate *vt* feallmharaigh

assassination *n* feallmharú

assault *n* ionsaí *vt* ionsaigh

assemble *vt & i* cruinnigh, comóir, tiomsaigh, tionóil, *to ~ machinery* innealra a chóimeáil

assembly *n* aonach, comóradh, dáil, tiomsú, tionól, *~ line* líne chóimeála

assent *n* aontú *vi* aontaigh

assert *vt* dearbhaigh, *he ~ed himself* chuir sé é féin i gcion, in iúl, i gcéill, i bhfáth

assertion *n* dearbhú, maíomh; teanntás

assertive *a* teanntásach, ceannasach, treallúsach

assess *vt* measúnaigh

assessment *n* measúnacht, measúnú; cáinmheas

assessor *n* meastóir; measúnóir

asset *n* áirge, sócmhainn, *he is a great ~ to them* is mór an cúnamh dóibh é

assiduous *a* dúthrachtach

assign *vt* tabhair (do), ceap, leag amach; sann, *the place has been ~ed to him* tá an áit luaite leis

assignation *n* dáileadh maoine; ainmniú; coinne

assignment *n* sannadh; tabhairt; tasc

assimilate *vt & i* comhshamhlaigh, *to ~ food* bia a shú (isteach)

assist *vt & i* cabhraigh, cuidigh, *to ~ a person* cuidiú le duine, *to ~ at a ceremony* bheith páirteach i gceiliúradh; bheith i láthair ag searmanas

assistance *n* cabhair, cuidiú, cúnamh

assistant *n* cúntóir, *shop ~* buachaill, cailín, siopa *a*, *~ master* fomháistir, *~ teacher* múinteoir cúnta

associate *n* comhpháirtí, *~(s)* páirtí *a* comh-, comhlach *vt & i* comhlachtaigh, *to ~ with a person* caidreamh, comhluadar, a dhéanamh le duine ; taithí le duine

association *n* caidreamh, páirt(íocht); comhaltas, comhlachas, cumann, *~ of ideas* comhcheangal smaointe

assonance *n* comhfhuaim

assorted *a* measctha

assortment *n* ilchumasc

assume *vt* gabh, glac, *to ~ authority* údarás a ghabháil, *let us ~ that you are right* abraimis go bhfuil an ceart agat, *don't ~ you can do as you please here* ná tuig, ná tóg, go bhfuil cead do chinn anseo agat

assumed *a*, *~ name* ainm bréige

assumption *n* deastógáil (na Maighdine Muire), *Feast of the A ~* Lá Fhéile Muire san Fhómhar, *~ of authority* gabháil údaráis, *on the ~ that* ar an mbun go

assurance n cinnteacht; dearbhú, deimhin; árachas; teann(tás), to speak with ~ labhairt go ceannasach

assure vt cinntigh, dearbhaigh, deimhnigh, I ~ you geallaim duit, go deimhin duit

assured a ceannasach, teann(tásach), ~ly go dearfa, go deimhin

asterisk n réiltín

astern adv, to go ~ dul chun deiridh; druidim siar

asteroid n & a astaróideach

asthma n múchadh, plúchadh

asthmatic a gearranálach, múchtach

astonish vt, to ~ a person alltacht, ionadh, a chur ar dhuine

astonishing a iontach, uafásach

astonishment n iontas; alltacht

astound vt, to ~ a person alltacht, uafás, a chur ar dhuine

astounding a, it is most ~ is mór an t-uafás é

astral a réaltach

astray adv amú, ar fán, ar strae, to go ~ dul ar seachrán, to lead a person ~ duine a bhaint dá threoir, duine a shaobhadh, duine a chur ar a aimhleas, to be ~ bheith ar mearbhall

astride adv ar scaradh gabhail (ar)

astringent n fuilchoscach a fuilchoscach; géar, borb

astrologer n astralaí

astrological n astralaíoch

astrology n astralaíocht

astronaut n spásaire

astronomer n réalteolaí

astronomy n réalteolaíocht

astute a géarchúiseach, praitinniúil

astuteness n géarchúis, praitinniúlacht, gliceas

asunder adv, to tear sth ~ rud a stróiceadh ó chéile, it fell ~ thit sé as a chéile

asylum n dídean, tearmann; teach gealt, gealtlann

asymmetric n neamhshiméadrach

at prep ag, ar, chun, faoi, le, um, at work ag obair, at home ag baile, sa bhaile, at school ar scoil, at six o'clock ag, ar, a sé a chlog, at a pound a bag ar phunt an mála, at present faoi láthair, at Christmas faoi, um, Nollaig, laughing at us ag gáire fúinn, at night san oíche, istoíche, whistling at us ag feadaíl linn, looking at you ag breathnú ort, good at games maith chuig cluichí, at all ar chor ar bith, in aon chor, at any rate ar aon chor

atavism n athdhúchas

atavistic a athdhúchasach

atheism n aindiachas

atheist n aindiachaí

athlete n lúithnire, lúthchleasaí

athletic n lúfar

athleticism n lúithnireacht

athletics npl lúthchleasa, cleasa lúith, lúthchleasaíocht

athwart a & adv trasna, ar fiarlaoid

Atlantic n & a Atlantach

atlas n atlas

atmosphere n aerbhrat, atmaisféar

atmospheric(al) a atmaisféarach

atmospherics npl aerthormán

atom n adamh

atomic a adamhach

atomize vt adamhaigh

atone vi, to ~ for a fault leorghníomh, cúiteamh, a dhéanamh i gcoir; íoc as coir

atonement n leorghníomh, sásamh, in ~ for our sins in íoc ár bpeacaí

atrocious a uafásach

atrocity n gníomh uafáis

attach vt greamaigh (to de), ceangail (to as), he ~ed great importance to that ba ríthábhachtach leis é sin

attached a, the condition ~ to it an coinníoll a ghabh(ann) leis, to be ~ to a person bheith ceanúil, leanúnach, ar dhuine

attachment n greamú, ceangal; forbhall, ball breise; leanúnachas

attack n amas, drochiarraidh, ruathar, fogha, ionsaí; ráig, taom vt ionsaigh, to ~ a person tabhairt faoi dhuine

attacker n ionsaitheoir

attain vt & i bain amach, sroich, to ~ to perfection teacht chun foirfeachta, to ~ a certain age aois áirithe a shlánú

attainable a so-aimsithe

attainment n gnóthú, sroicheadh

attempt n iarracht, iarraidh, ionsaí, at the first ~ ar an gcéad ásc, ar an gcéad fháscadh, he made no ~ to leave níor iarr sé imeacht vt, I ~ed it d'fhéach mé leis, thug mé faoi

attend vt & i freastail, friotháil, to ~ Mass Aifreann a éisteacht, ~ing to the house i mbun an tí, I have many things to ~ to is iomaí rud ar m'aire

attendance n freastal, tinreamh; giollacht

attendant n freastalaí, friothálaí; giolla, timire, ~s lucht coimhdeachta a coimhdeach

attention n aird, suntas; aire, friotháil, to pay ~ to a person éisteacht le duine, pay no ~ to it ná cuir aon nath ann, ná tóg ceann ar bith dó

attentive a aireach, feifeach

attenuate vt & i caolaigh

attested a dearbhaithe

attic n áiléar

attire n feisteas, cóir éadaigh, gléasadh vt deasaigh, gléas

attitude n mana, dearcadh, aigne, fighting ~ goic throda, gothaí troda

attorney n aturnae

Attorney-General n Ard-Aighne

attract vt tarraing, meall, they are ~ed to one another tá siad tógtha le chéile

attraction n imtharraingt, tarraingt
attractive a tarraingteach
attribute n airí, cáilíocht vt, to ~ sth to a person rud a chur i leith duine; rud a fhágáil, a leagan, ar dhuine
auburn a órdhonn
auction n ceant vt ceantáil
auctioneer n ceantálaí
audacious n dána, teanntásach
audacity n dánacht, teanntás, I wouldn't have the ~ (to) ní bheadh sé d'éadan orm
audible a inchloiste
audience n éisteacht; lucht éisteachta, lucht féachana
audio-visual a, ~ aids, áiseanna closamhairc
audit n iniúchadh vt iniúch
audition n, ~ of musician triail ar cheoltóir
auditor n iniúchóir; reachtaire
auditorium n halla éisteachta
auger n tarathar
augment vt méadaigh
August n Lúnasa
aunt n aintín
auricle n cluaisín
auspices npl, under the ~ of faoi choimirce
auspicious a fabhrach; rathúil
austere a géar, dian
austerity n géire, déine
authentic a barántúil, údarach
authenticate vt deimhnigh; fíoraigh
authenticity n údaracht
author n scríbhneoir, údar
authoritative a údarásach
authority n ceannas, forlámhas, cumhacht; barántas; údarás, he is an ~ on the subject tá sé ina údar air, I have it on good ~ tá údar, urra, maith agam leis, the authorities na húdaráis
authorize vt údaraigh
auto- pref féin-, uath-
autobiography n dírbheathaisnéis
autocracy n uathlathas
autocratic a uathlathach
autograph n síniú vt sínigh
automatic a uathoibríoch, uath-fheidhmeach
automation n uathoibriú
automaton n uathoibreán
automobile n gluaisteán
autonomous a féinrialaitheach, uathrialach, ~ verb briathar saor
autonomy n féinriail
autumn n fómhar
autumnal a fómharach
auxiliary a cúntach
avail n, of no ~ gan éifeacht, to work to no ~ saothar in aisce a dhéanamh vt & i, to ~ oneself of sth leas a bhaint as rud, it ~s him little is beag an éadáil dó é
available a infhaighte; ar fáil, le fáil

avalanche n maidhm shléibhe; maidhm shneachta
avarice n saint
avaricious a santach
avenge vt, to ~ a crime on a person coir a agairt ar dhuine, to ~ oneself díoltas, sásamh, a bhaint amach
avenger n díoltach
avenue n aibhinne, ascaill
average n meán a cothrom, meánach, meán-
averse a, to be ~ to doing sth dochma a bheith ort rud a dhéanamh, he wouldn't be ~ to a little drop ní dhiúltódh sé braon beag
aversion n col, dochma, drogall, it is his pet ~ is é púca na n-adharc aige é
avert vt, to ~ anger fearg a iompú, to ~ danger contúirt a choinneáil uait, a chosaint
aviary n éanlann
aviation n eitlíocht
avid a cíocrach, ~ for sth scafa chun ruda
avoid vt seachain, teith ó
avoidance n seachaint
await vt fan le, fair
awake vt & i dúisigh, múscail a, to be ~ bheith i do dhúiseacht, he is wide ~ tá sé ina lán-dúiseacht, níl néal air
awaken vt & i múscail, dúisigh
awakening n múscailt
award n moladh, duais vt, to ~ a prize to a person duais a thabhairt do dhuine
aware a meabhrach, braiteach, I am ~ of it is feasach dom é, I became ~ of a smell mhothaigh mé boladh, to make a person ~ of sth rud a chur ar a shúile do dhuine
awareness n meabhraíocht
away adv ar shiúl, he went ~ d'imigh sé (leis), he took it ~ thug sé leis é, work ~ oibrigh leat, do it right ~ déan láithreach é, far ~ i bhfad ó bhaile, ~ from home as baile, he kept ~ from them d'fhan sé glan orthu, amach uathu, to do ~ with sth deireadh a chur le rud, if you get ~ with it má ritheann leat
awe n uafás, uamhan
awful a uafásach, millteanach, scanrúil, he is an ~ liar is deamhanta an bréagadóir é, the weather was ~ bhí léan ar an aimsir
awfully adv go huafásach, I am ~ sorry tá brón an domhain orm
awhile adv nóiméad, ar feadh nóiméid, wait ~ fan go fóill
awkward a anásta, amscaí, ciotógach, driopásach, tútach, míshásta, ~ person amlóir
awkwardness n ciotaí, tútachas
awl n meana
awning n scáthbhrat
awry a & adv cam; ar fiar; cearr, it is all ~ tá sé bunoscionn
axe n tua
axiom n aicsím, soiléirse
axis n ais

B

babble *n* cabaireacht, (*of stream*) crónán *vt & i*, *babbling* ag cabaireacht; ag crónán, ag plobaireacht, *to* ~ *a secret* rún a scileadh, a sceitheadh
baboon *n* babún
baby *n* babaí, leanbh, leanbán, ~ *seal* éan róin
babyish *a* bábánta, leanbaí
babysitter *n* feighlí páistí
bachelor *n* baitsiléir; buachaill
bacillus *n* bachaillín
back *n* cúl, droim, muin; cúlaí, ~ *to front* taobh thiar aniar, droim ar ais *adv & a* siar, ar gcúl, ar ais, ~ *there* thiar ansin, ~ *and front* thiar agus abhus, ~ *door* doras cúil, ~ *legs* cosa deiridh *vt & i* cúlaigh, baiceáil; tacaigh le, *to* ~ *a horse* geall a chur ar chapall, *to* ~ *up a person* seasamh le duine, *to* ~ *down* tarraingt siar
back-band *n* dromán
backbiter *n* cúlchainteoir, creimire
backbiting *n* cúlchaint, athchaint, athiomrá
backbone *n* cnámh droma, slat droma
backer *n* cúl taca; gealltóir
backfire *vi* cúltort
backgammon *n* táiplis mhór
background *n* cúlra; cúlionad, *in the* ~ ar an gcúlráid
backing *n* tacaíocht, cúl taca; cúlú
backlash *n* fritonn
backlog *n* riaráiste
backside *n* tóin, tiarpa
backward *a* cúthail, cúlánta, cúlráideach, iargúlta, ~ *place* iargúil
backwards *adv* ar gcúl, siar, *they were moving* ~ bhí siad ag dul i ndiaidh a gcúil, ar lorg a gcúil
backwater *n* marbhuisce, uisce cúil; áit cúl le faobhar
bacon *n* bagún
bacteria *npl* baictéir
bacterial *a* baictéarach
bacteriology *n* baictéareolaíocht
bad *n, to go to the* ~ dul i ndonas, imeacht chun an diabhail *a* dona, olc, mí-, ain-, an-, droch-, ~ *egg* ubh ghlugair, *it's not* ~ níl caill air
badge *n* suaitheantas
badger *n* broc
badly *adv* go dona, ~ *off* ar míchaoi
badminton *n* badmantan
badness *n* donacht, olcas
baffle *vt, to* ~ *a person* duine a mhearú, a chur i sáinn, *a case that* ~ *d the doctors* cás a chuaigh thar scil na ndochtúirí, *it is baffling me* tá sé ag dul sa mhuileann orm, tá sé ag déanamh mearbhaill dom
bag *n* mála, bolg, ~ *s under the eyes* sprochaillí faoi na súile *vt* baig, cuir i mála(í)

baggage *n* bagáiste
baggy *a* máilíneach
bagpipe *n* píb (mhála), *playing the* ~ *s* ag píobaireacht
bail¹ *n* bannaí, *to go* ~ *for a person* dul i mbannaí ar dhuine *vt, to* ~ *a person out* dul i mbannaí ar dhuine
bail² *vt* taom, taosc
bailiff *n* báille, maor
bait *n* baoite *vt* baoiteáil
bake *vt & i* bruith, beirigh, bácáil
bakelite *n* bácailít
baker *n* báicéir
bakery *n* bácús, teach báicéireachta
baking *n* báicéireacht, bruith, ~ *powder* púdar bácála
balance *n* cóimheá; meá, scálaí, ainsiléad; cothrom, cothromaíocht; comhardú; fuílleach, *in the* ~ idir dhá cheann na meá *vt* meáigh; cothromaigh; comhardaigh
balanced *a* cothrom
balcony *n* balcóin, grianán
bald *a* maol, lom, plaiteach, ~ *head* plait, blagaid
balderdash *n* seafóid, raiméis
bale¹ *n* corna, burla *vt* corn, burláil
bale² *vi, to* ~ *out of a plane* dul i muinín an pharaisiúit
baleful *a*, ~ *eye, glance* súil mhillteach
baler *n* burlaire
balk *n* bac, balc *vt & i* bac, ob, *to* ~ *at sth* loiceadh ó, roimh, rud
ball¹ *n* liathróid, meall; lúbán; peil; sliotar, ~ *of thread* ceirtlín snátha
ball² *n* damhsa
ballad *n* bailéad
ball-alley *n* pinniúr
ballast *n* ballasta
ball-bearings *npl* grán iompair
ballerina *n* rinceoir bailé
ballet *n* bailé
ballistics *npl* balaistíocht
balloon *n* balún, éadromán
ballot *n* ballóid, páipéar vótála
ball-point *a*, ~ *pen* peann gránbhiorach
balm *n* balsam, íocshláinte
balmy *a* cumhra; sámh
balsam *n* balsam; íocshláinte
baluster *n* balastar
balustrade *n* balastráid
bamboo *n* bambú
bamboozle *vt, to* ~ *a person* an dubh a chur ina gheal ar dhuine, ball séire a dhéanamh de dhuine
ban *n* cosc, toirmeasc *vt* coisc, toirmisc
banal *a* seanchaite, leamh
banana *n* banana

band *n* banda, crios, fleasc; banna, buíon, díorma, cipe, baicle *vi, to* ~ *together* cruinniú le chéile, teacht le chéile
bandage *n* bindealán, buadán, bréid, fáisceán *vt, to* ~ *sth* buadán, bindealán, a chur ar rud
bandit *n* tóraí, meirleach
banditry *n* meirleachas
bandy[1] *a* bórach, gabhlach
bandy[2] *vt, to* ~ *words* bheith ag beachtaíocht, ag stangaireacht
bane *n, they were the* ~ *of my life* fuair mé mo chéasadh leo
bang *n & vt & i* plab, pléasc
bangle *n* bráisléad
banish *vt* díbir, ruaig
banishment *n* díbirt, deoraíocht, ionnarbadh
banister *n* balastar, ~*s* ráillí
banjo *n* bainseo
bank[1] *n* banc; bruach, port; múr; oitir *vt & i* bancáil, *to* ~ *up a fire* tine a choigilt
bank[2] *n* banc, ~ *account* cuntas bainc *vt, to* ~ *money* airgead a chur sa bhanc, *to* ~ *on sth* talamh slán a dhéanamh de rud, bheith ag brath ar rud
banker *n* baincéir
banking *n* baincéireacht
bankrupt *n* clisiúnach, féimheach
bankruptcy *n* clisiúnas, féimheacht
banner *n* meirge
bannock *n* bonnóg
banns *npl* bannaí pósta
banquet *n* féasta, fleá, cóisir
banshee *n* bean sí, badhbh chaointe
bantam *n* bantam, circín
banter *n* greanntaíocht, nathaíocht *vi, you are only* ~*ing with me* níl sibh ach ag eagnaíocht orm
baptism *n* baiste(adh)
baptismal *a* baistí, ~ *font* umar baiste
baptize *vt* baist
bar *n* barra, maide; beár, *colour* ~ cneaschol *vt* bac, coisc, toirmisc
barb *n* friofac, frídín; goineog
barbarian *n & a* barbarach
barbaric *a* barbartha
barbarism *n* barbarachas
barbarity *n* barbarthacht, danarthacht
barbarous *a* barbartha, danartha
barbecue *n* fulacht
barbed *n* deilgneach, frídíneach; nimheanta, ~ *wire* sreang dheilgneach
barber *n* bearbóir
barbiturate *n* barbatúráit
bard *n* bard
bare *a* lom, nocht, maol; dealbh *vt* lom, nocht, *he was baring his teeth at me* bhí sé ag scamhadh na bhfiacla chugam; chuir sé scaimh, draid, air féin liom

bareback *adv, to ride a horse* ~ capall a mharcaíocht droimnocht
barefaced *a, it is a* ~ *lie* is í an bhréag is cruthanta í
barefooted *a* cosnochta
bareheaded *a* ceann-nochta
barely *adv* ar éigean, *he is* ~ *a year old* is beag má tá sé, níl ann ach go bhfuil sé, bliain d'aois, *he* ~ *managed to do it* chuaigh sé rite leis é a dhéanamh
bargain *n* conradh, margadh, sladmhargadh *vi,* ~*ing with a person* ag margáil le duine, *to* ~ *over sth* margáil a dhéanamh faoi rud
barge[1] *n* báirse, bád canála *vi, to* ~ *into a person* greadadh in éadan duine, *to* ~ *into a conversation* do ladar a chur i gcomhrá, do gheab a chur isteach
barge[2] *n* báirseach
baritone *n* baratón
bark[1] *n* glam, tafann, amhastrach, *his* ~ *is worse than his bite* is troime a bhagairt ná a bhuille *vi,* ~*ing* ag amhastrach, ag tafann
bark[2] *n* coirt, rúsc, snamh
barley *n* eorna
barley-sugar *n* eornóg
barmaid *n* cailín tábhairne
barmbrack *n* bairín breac
barn *n* scioból
barnacle *n* giúrann, ~ *goose* gé ghiúrainn, cadhan
barometer *n* baraiméadar
baron *n* barún
barony *n* barúntacht
barracks *npl* beairic
barrage *n* baráiste
barred *a,* ~ *gate* sparra
barrel *n* bairille
barren *a* aimrid, seasc; creagach, gortach
barrenness *n* aimride, dísc, seascacht; creagacht
barricade *n* baracáid
barrier *n* bac, fál, sparra, constaic
barring *prep,* ~ *accidents* amach ó thimpistí
barrister *n* abhcóide
barrow *n* bara
barter *n* babhtáil, malairt *vt & i* babhtáil, malartaigh
basalt *n* basalt
base[1] *n* bonn, bun, trácht, foras, dúshraith; bunáit *vt* bunaigh, *it is* ~*d on fact* tá bunús fírinne leis
base[2] *a* suarach, lábúrtha, táiriúil, cloíte, díblí
baseless *a,* ~ *rumour* ráfla gan bhunús, ráfla gan údar
basement *n* íoslach
bash *vt & i* basc, rúisc, *they were* ~*ing away at each other* bhí siad ag stealladh leo ar a chéile
bashful *a* cúthail, cotúil, cúlánta
bashfulness *n* cotadh, scáth
bashing *n* bascadh, stealladh, smiotadh
basic *a* bunúsach, bunata, bun-

basilica *n* baisleac
basin *n* báisín, mias, (*river*) ~ abhantrach, (*canal*) ~ duga
basis *n* bonn, bunús, dúshraith
bask *vi*, ~ *ing in the sun* ag grianaíocht, *to* ~ grianadh a thabhairt duit féin
basket *n* bascaed, ciseán, cliabh
basketball *n* cispheil
basketry *n* caoladóireacht
basking-shark *n* seoltóir, liamhán gréine
bass[1] *n*, (*fish*) bas gheal, doingean
bass[2] *n*, (*voice*) dordghuth *a* dordánach
bassoon *n* basún
bastard *n* bastard, páiste gréine
baste[1] *vt*, *to* ~ *meat* feoil a bhealú
baste[2] *vt* creimneáil, *to* ~ *cloth* gúshnáithe a chur in éadach
bastion *n* urdhún
bat[1] *n* ialtóg, sciathán leathair, leadhbóg leathair
bat[2] *n* slacán, slis *vt* & *i* slac
batch *n* dol, baisc
bath *n* folcadán; folcadh, fothragadh *vt* folc
bathe *vt* & *i* folc, fothraig, ionnail, *to* ~ *a wound* cneá a ní, ~ *d in sweat* báite le hallas
bathing *n*, *sea* ~ folcadh sáile
bathos *n* turnamh; leimhe
bathroom *n* seomra folctha
batik *n* baitíc
baton *n* bata, *conductor's* ~ baitín
batsman *n* slacaí
battalion *n* cath(lán)
batten *n* bráicín, haiste, sparra *vt*, *to* ~ *down the hatches* na haistí a theannadh, a dhaingniú, a sparradh
batter *n* fuidreamh *vt* batráil, tuargain
battering *n* greadadh, tuargaint, plancadh
battering-ram *n* reithe cogaidh
battery *n* bataire, cadhnra
battle *n* cath, comhrac, gleo, ~ *of words* briatharchath *vt* & *i* troid, *battling against the wind* ag streachailt in éadan na gaoithe
battle-axe *n* sáfach, tua chatha
battle-cry *n* rosc catha
battle-dress *n* cathéide
battlefield *n* páirc an áir, machaire an chatha
battlements *n* forbhallaí, táibhle
bawdy *a* gáirsiúil, graosta
bawl *n* béic *vt* & *i* béic, *he* ~ *ed* lig sé goldar as
bawn *n* bábhún
bay[1] *n* bá, cuan, camas; cuas
bay[2] *n*, (*tree*) labhras
bay[3] *n* glam *vi* glam, ~ *ing* ag glamaíl, ag tafann
bayonet *n* beaignit
bazaar *n* basár
be *vi*, *to* ~ *big* bheith mór, ~ *it long or short* (pé) fada gearr é, ~ *it good or bad* bíodh sé maith nó olc, *he is tired* tá tuirse air, *she is a nurse* is banaltra í

beach *n* trá, *stony, pebbly*, ~ duirling *vt*, *to* ~ *a boat* rith cladaigh a thabhairt do bhád; bád a tharraingt aníos as an bhfarraige
beachcomber *n* tonn bháite; fear raice, tráiteoir
beacon *n* rabhchán
bead *n* coirnín, cloichín, cloch; mónóg, súilín, ~ *s of sweat* drithlíní, drúchtíní, allais, *Rosary* ~ *s* paidrín, coróin Mhuire
beagle *n* gadhar, pocadán
beak *n* gob, gulba
beaker *n* eascra
beam *n* bíoma, balc, maide, giarsa, sail, crann; léas (solais), *the* ~ *in one's own eye* an tsail i do shúil féin *vt* & *i* spalp, *the sun was* ~ *ing* bhí an ghrian ag soilsiú, ag taitneamh, *he was* ~ *ing with delight* bhí aoibh air
bean *n* pónaire
bear[1] *n* béar, *the Great B* ~ an tSeisreach, an Camchéachta, an Béar Mór
bear[2] *vt* & *i* iompair, foighnigh, fulaing; seas; beir, *she bore a child* rugadh leanbh di, *he* ~ *s himself well* is breá an t-imeacht atá faoi, *the leagan atá* air, *to* ~ *the cost* an costas a sheasamh, ~ *that in mind* cuimhnigh air sin, *to* ~ *out the story* de dhearbhú an scéil
bearable *a* sofhulaingthe
beard *n* féasóg, meigeall, ulcha *vt* greannaigh, *to* ~ *a person* dúshlán duine a thabhairt
bearded *a* colgach; ulchach, féasógach
bearer *n* iompróir, seachadóir
bearing *n* iompar, imeacht, leagan, méin, (*mechanical*) imthaca, *compass* ~ treo-uillinn, *to take* ~ *s* comharthaí, marcanna, a thógáil (ar áit), *he lost his* ~ *s* chuaigh sé as a eolas
beast *n* beithíoch, ainmhí; péist
beat *n* buille, (*of police, etc*) *on the* ~ ar stádar *vt* & *i* buail, greasáil, liúr, léirigh, gleadhair, cnag, sáraigh, cáith, *we were well* ~ *en* buadh glan orainn; cniogadh muid, ~ *it!* buail an bóthar! gread leat!
beater *n* buailteoir
beatific *a* beannaitheach
beatify *vt* beannaigh
beating *n* bualadh, liúradh, plancadh, *he got a* ~ fuair sé leadradh
beatitude *n* beannaitheacht, *the eight* ~ *s* na hocht mbeannacht
beautiful *a* álainn, dathúil, dóighiúil, gnaíúil, maisiúil, sciamhach, ~ *woman* spéirbhean
beautify *vt* maisigh, breáthaigh
beauty *n* áilleacht, breáthacht, gnaoi, maise, scéimh
beaver *n* béabhar
becalmed *a* gan chóir, ar díth chórach
because *conj* & *adv* de bhrí, mar, arae, toisc, as siocair, cionn is (go), óir, ~ *of that* mar gheall air sin, dá bharr sin

beck *n, you are at his* ~ *and call* níl aige ach fead a ligean, sméideadh, ort
beckon *vt & i* sméid, bagair
become *vt & i* éirigh, téigh chun, téigh i; feil, oir (do), *to* ~ *tired* éirí tuirseach, *the weather is becoming settled* tá an aimsir ag socrú, *he became a priest* rinneadh sagart de, *she became a Catholic* d'iompaigh sí ina Caitliceach, *the blue* ~*s you better* is fearr a oireann an gorm duit, *it would ill* ~ *me* b'olc an mhaise dom é
becoming *a* feiliúnach, maisiúil, *he acted in a* ~ *manner* ba mhaith an mhaise dó é
bed *n* leaba, nead; grinneall; ceap bláthanna, *to go to* ~ dul a luí *vt* leabaigh, *to* ~ *down the horses* easair a chur faoi na capaill, *to* ~ *(out) plants* plandaí a chur amuigh
bed-clothes *n* éadach leapa
bedding *n* cuilce, leapachas, cóir leapa; easair, sop
bedeck *vt* oirnigh, gléas
bedlam *n* ruaille buaille
bedraggled *a* aimlithe, sraoilleach, ~ *person* maidrín lathaí, sraoill
bed-ridden *a* cróilí
bedroom *n* seomra leapa, seomra codlata
bedside *n* colbha (leapa)
bedsore *n* anacair leapa
bedspread *n* scaraoid leapa
bedstead *n* stoc leapa
bedtime *n* am luí
bee *n* beach, *queen* ~ cráinbheach
beech *n* fáibhile, feá
beef *n* mairteoil, ~ *cattle* mairt
beefburger *n* martbhorgaire
beef-tea *n* súram mairteola
beehive *n* coirceog, ~ *hut* clochán (coirceogach)
beekeeper *n* beachaire
beer *n* beoir, leann
beestings *n* bainne buí, maothal, nús
beet *n* biatas
beetle[1] *n* builtín, tuairgnín, slis, farcha, smíste *vt* slis
beetle[2] *n* ciaróg, daol, *water* ~ doirb
beetroot *n* meacan biatais, biatas
befall *vt & i* tit amach, éirigh do, *it befell (that)* tharla (go)
befit *vt* oir (do), *as* ~*s the occasion* mar is cuí don ócáid, *as* ~*s a king* mar is dual do rí
before *prep* roimh; os comhair, os coinne, *the year* ~ *last* arú anuraidh *adv, never* ~ *riamh roimhe conj* sula, ~ *I bought the book* sular cheannaigh mé an leabhar
beforehand *adv* cheana, roimh ré
befriend *vt, to* ~ *a person* éirí cairdiúil le duine; duine a ghlacadh faoi do choimirce
beg *vt & i* achainigh, impigh, ~*ging* ag déircínteacht, ag bacachas, ag iarraidh do choda, *I* ~ *your pardon* gabhaim pardún agat
beget *vt & i* gin, tuismigh; tosaigh

beggar *n* bacach, fear (bean) déirce, bochtán; sirtheoir *vt* creach, *they* ~*ed him* chuir siad ar an déirc é, chuir siad an mála aniar air
beggary *n* dealús, *to be reduced to* ~ bheith, dul, ar an déirc
begging *n* impí; déircínteacht *a* geocúil, iarratach, impíoch
begin *vt & i* tosaigh, tionscain, ~ *the story* bain an ceann den scéal
beginner *n* núiosach, tionscnóir, tosaitheoir
beginning *n* tosach, tús, *in the* ~ ar dtús, ó thús, i dtosach báire
begonia *n* beagóinia
begrudge *vt* maígh, *I don't* ~ *it to you* ní mór liom duit é, *to* ~ *sth to a person* rud a mhaíomh ar dhuine
beguile *vt* meall, bréag, cealg, *she* ~*d him* chuir sí an chluain air, *to* ~ *the time for us* le cian a thógáil dínn
beguiling *a* cealgach, mealltach, cluanach, meabhlach
behalf *n, on* ~ *of* ar son, i leith, as ucht, thar ceann
behave *vi, to* ~ *well* tú féin a iompar go maith, *she knows how to* ~ tá fios a béas aici
behaviour *n* iompar, béasa, *good* ~ múineadh, *bad* ~ drochiompar
behead *vt* dícheann
behest *n* ordú, iarratas, *at your* ~ ar ordú uaitse
behind *adv* thiar, *to fall* ~ dul chun deiridh, titim siar *prep* laistiar, ~ *my back* ar chúl mo chinn, ~ *the hill* taobh thiar den chnoc, *the people who are* ~ *him* an dream atá ar a chúl *n* tóin
behindhand *a, to be* ~ *with sth* bheith ar deireadh, chun deiridh, le rud
behold *vt* féach, dearc
beholden *a, to be* ~ *to a person* bheith faoi chomaoin ag duine, *I won't be* ~ *to you for it* ní bheidh sé le maíomh agat orm
beholder *n* féachadóir; dearcadóir
beige *n* béas
being *n* beith; neach, *earthly* ~ gin shaolta, dúil chré
belated *a* mall, deireanach
belch *n* brúcht, ~ *of smoke* calc toite *vt & i* brúcht
beleaguer *vt* imshuigh, *to* ~ *a town* léigear a dhéanamh ar bhaile
belfry *n* clogás, cloigtheach
belie *vt* sáraigh, bréagnaigh, *they* ~ *their appearance* níl siad ag teacht lena gcosúlacht
belief *n* creideamh; tuairim
believe *vt & i* creid, *I don't* ~ *in ghosts*, ní ghéillim do thaibhsí, ní thugaim isteach do thaibhsí, ~ *it or not* tuig é nó ná tuig
believer *n* creidmheach
belittle *vt* díspeag, tarcaisnigh, *to* ~ *sth* a bheag a dhéanamh de rud, caitheamh anuas ar rud
bell *n* clog, cloigín; gligín

bellicose *a* cogúil, trodach
belligerent *n* & *a* cogaíoch
bellow *n* búir, géim, glam, búireach *vt* & *i* bladhair, búir, géim
bellows *npl* boilg
bell-tower *n* clogás
belly *n* bolg, tarr
belly-band *n* tarrghad
belong *vi*, *it* ~*s to me* is liomsa é, *he* ~*s to the society* tá sé ina bhall den chumann
belongings *npl* giuirléidí, traipisí, trucailí
beloved *n* searc, grá geal *a* ionúin, muirneach, dil, grách
below *adv* thíos, laistíos, *as stated* ~ mar atá ráite thíos *prep* faoi, faoi bhun, taobh thíos de
belt *n* crios, beilt *vt* timpeallaigh, crioslaigh, *to* ~ *a person* greasáil a thabhairt do dhuine
bemoan *vt* & *i* éagaoin, cásaigh, *he was* ~*ing his plight* bhí sé ag déanamh trua dó féin
bemuse *vt* dall, caoch, *to* ~ *a person* mearbhall a chur ar dhuine, duine a chur trí chéile
bench *n* binse, forma
bend *n* lúb, fiar, filleadh, coradh, cam; camas *vt* & *i* claon, crom, fiar; fill, lúb, *to* ~ *one's knee* do ghlúin a fheacadh
beneath *adv* thíos, laistíos *prep* faoi, faoi bhun
Benedictine *n* & *a* Beinidicteach
Benediction *n* Beannacht (na Naomh-Shacraiminte)
benefactor *n* pátrún, tíolacthóir
benefice *n* beinifís
beneficial *a* sochrach, tairbheach
beneficiary *n* tairbhí
benefit *n* tairbhe, buntáiste, leas, gnóthachan, sochar, brabach *vt* & *i* tairbhigh, fóin, *to* ~ *by sth* bheith buaite le rud
benevolent *a* dea-mhéineach
benign *a* caoin, lách; neamhdhíobhálach
benighted *a* aineolach; dorcha
bent[1] *n* claonadh; féith, dúchas, *to have a* ~ *for sth* luí a bheith agat le rud
bent[2] *a* cam, cuar, fiar, ~ (*down*) claon, crom, sleabhctha, *to be* ~ *on mischief* drochfhuadar a bheith fút
benzine *n* beinsín
bequeath *vt* oidhrigh (*to* ar), tiomnaigh, uachtaigh, *to* ~ *sth* rud a fhágáil le huacht
bequest *n* tiomnacht
berate *vt* liobair
bereavement *n* bás, *to sympathize with a person on his* ~ a thrioblóid a chásamh le duine
beret *n* bairéad
berry *n* caor, sméar
berserk *a*, *to go* ~ dul ar dásacht, dul le báiní, dul as do chraiceann
berth *n*, *ship's* ~ leaba, beart (loinge) *vt* & *i* calaigh, feistigh, *the ship* ~*ed along the quay* shín an long leis an gcé

beseech *vt* guigh, impigh (ar), achair (ar), éigh (ar)
beset *vt* ionsaigh, ~*ting sin* leannán peaca
beside *prep* le hais, in aice, cois, i bhfarradh le, *he was* ~ *himself* (*with anger*) bhí sé ag dul as a chraiceann, níor fhan néal aige
besides *adv* lena chois sin, freisin *prep* diomaite de, seachas, le cois, fara
besiege *vt* imshuigh, imdhruid, *to* ~ *a place* léigear a dhéanamh ar áit
besmear *vt* sram, smear
besom *n* scuab, scuabán
besotted *a*, *he is* ~ *with her* tá sé splanctha ina diaidh, tá sé sa chéill is aigeantaí aici
bespatter *vt* draoibeáil, scaird ar
bespeak *vt*, *to* ~ *sth* focal a chur ar rud
best *n* rogha, togha, *the* ~ *of men* scoth na bhfear, *it is* ~ *for you* is é do bhuaic é, *at their* ~ i mbarr a maitheasa, *to do one's* ~ do dhícheall a dhéanamh, *to the* ~ *of my knowledge* ar feadh m'eolais *adv*, *you know* ~ agatsa is fearr a fhios *a*, ~ *man* vaidhtéir, finné fir *vt*, *to* ~ *a person* duine a bharraíocht
bestial *a* brúidiúil
bestiality *n* béistiúlacht
bestir *vt*, ~ *yourself* corraigh thú féin, déan imní anois
bestow *vt* bronn, tíolaic
bestrew *vt* scaip, croith, ~*n with* breac, greagnaithe, le
bestride *vt*, *to* ~ *sth* dul, bheith, ar scaradh gabhail ar rud
bet *n* geall *vt* & *i*, *to* ~ geall a chur, *I* ~ *he was there* gabhaim orm go raibh sé ann
betake *vt*, *to* ~ *oneself to a place* áit a thabhairt ort féin
betoken *vt* comharthaigh, tuar
betray *vt* braith, feall (ar), sceith ar
betrayal *n* feall, meabhlú, brath, brathadóireacht
betrayer *n* brathadóir, feallaire
betrothal *n* dáil
better[1] *comp a* & *adv*, *he is a* ~ *driver than I am* is fearr de thiománaí é ná mise, *to get* ~ dul i bhfeabhas, feabhsú; bisiú, biseach a fháil, *there is nothing* ~ *to be had* níl níos fearr le fáil, níl a shárú le fáil, *he slept* ~ *last night* chodail sé níos fearr aréir, *they don't know any* ~ níl fios a mhalairte acu, *you had* ~ *stay* b'fhearr duit fanacht, ~ *still* agus rud is fearr arís *n*, *you are the* ~ *for it* is fearrde thú é, *to get the* ~ *of a person* bua a fháil ar dhuine, an ceann is fearr a fháil ar dhuine, duine a shárú, *the country has changed for the* ~ tháinig feabhas ar an tír
better[2] *vt* & *i* feabhsaigh, *to* ~ *a feat* gaisce a shárú, *he is trying to* ~ *himself* tá sé ag iarraidh é féin a chur chun tosaigh
betterment *n* feabhsú
betting *n* geallchur; cearrbhachas

between *prep* idir, ~ *fields* idir pháirceanna, ~ *Dublin and Cork* idir Baile Átha Cliath agus Corcaigh, *to be betwixt and* ~ bheith idir eatarthu
bevel *n & vt* beibheal
beverage *n* deoch
bevy *n* scata, foireann
bewail *vt* caígh, caoin, cásaigh
beware *vt & i* seachain, coimhéad, fainic, faichill, ~ *of him* fainic thú féin air
bewilder *vt* mearaigh
bewildered *a* mearbhlach, ar mearaí
bewilderment *n* meadhrán, mearbhall, trí chéile, mearaí
bewitch *vt* cronaigh, mothaigh, ciorraigh, *to* ~ *a person* duine a chur faoi dhraíocht
bewitched *a, the place is* ~ tá draíocht ar an áit
bewitching *a* draíochtach, meallacach
beyond *adv* ansiúd, thall *prep* thar, lastall de, taobh thall de, ~ *measure* thar meán, as cuimse, ~ *the bridge* lastall den droichead, ~ *compare* os cionn comórtais
bias *n* fiar; laofacht, ~ *binding* fiarchumhdach
biased *a* laofa, claonta, leataobhach, leatromach, ~ *judgment* claonbhreith
bib *n* bibe; bráidín
Bible *n* Bíobla
biblical *a* bíobalta
bibliography *n* leabhareolaíocht
bicarbonate *n* décharbónáit
bicentenary *n* comóradh dhá chéad bliain
biceps *n* bicéips
bicker *vi,* ~ *ing* ag cnádánacht, ag spallaíocht
bicycle *n* rothar
bid *n* tairiscint; amas, iarraidh, *(cards)* glao *vt, to* ~ *farewell to a person* slán a chur le duine, slán a fhágáil ag duine; ceiliúradh de dhuine, *to* ~ *a person do sth* aithint ar dhuine rud a dhéanamh
biddable *a,* ~ *child* páiste soghluaiste
bidder *n* tairgeoir
bide *vt & i* cónaigh, *to* ~ *one's time* fanacht le cóir
biennial *n* débhliantóg *a* débhliantúil
bier *n* árach, cróchar, eileatram
big *a* mór, *to grow* ~ *ger* dul i méid, fás, *the* ~ *gest one* an ceann is mó
bigamy *n* biogamacht, déchéileachas
bigot *n* biogóid
bigotry *n* biogóideacht
bigwig *n* boc mór, bodach mór
bike *n* rothar
bilateral *a* déshleasach, déthaobhach
bilberry *n* fraochán
bile *n* domlas
bilge *n, (of ship)* ruma
bilge-water *n* bodharuisce
bilingual *a* dátheangach
bilingualism *n* dátheangachas
bilious *a* domlasta

biliousness *n* domlastacht
bill[1] *n* bille
bill[2] *n* gob
billet *n* billéad
billhook *n* bileog, halbard
billiards *npl* billéardaí
billion *n & a* billiún
billow *n* brúcht farraige, tonn *vi* tonn, *the sail was* ~ *ing* bhí an seol ag plucadh amach
billy-goat *n* poc(aide) gabhair, pocán (gabhair)
bin *n* araid, gabhdán, *litter* ~ bosca bruscair
binary *a* dénártha
bind *vt* ceangail, cuibhrigh; fáisc, naisc, snaidhm, táthaigh; fuaigh, *he is bound to come* is cinnte go dtiocfaidh sé, *I'm not bound to do that* níl ceangal orm a leithéid a dhéanamh
binder *n* fáisceán; ceanglóir (arbhair)
binding *n* banna, ceangal, cuibhreach, nascadh *a* ceangailteach; oibleagáideach
bindweed *n* ialus
binge *n* babhta óil, ragús óil
bingo *n* biongó
binoculars *npl* déshúiligh, gloiní
bio- *pref* bith-
biographer *n* beathaisnéisí
biography *n* beathaisnéis, beatha
biology *n* bitheolaíocht
biped *n & a* déchosach
birch *n* beith, *silver* ~ beith gheal
bird *n* éan, *pl* éanlaith, *lone* ~ leathéan
bird-cage *n* éanadán
biretta *n* bairéad
birth *n* breith, saolú, gin, *she gave* ~ *to a son* rugadh, saolaíodh, mac di
birth-certificate *n* teastas beireatais
birthday *n* lá breithe
birthmark *n* ball broinne
birthrate *n* ráta beireatais
birthright *n* ceart folaíochta, dúchas
biscuit *n* briosca *a* donnbhuí
bisect *vt* déroinn
bishop *n* easpag
bishopric *n* easpagóideacht; suí easpaig
bison *n* bíosún
bit[1] *n* blúire, píosa, mír, giota, greim, pioc, *the tiniest* ~ oiread na fríde, *it is broken in* ~ *s* tá sé ina bhrus, ina smionagar, ina smidiríní *adv, a* ~ *soon* buille luath, *she is a* ~ *deaf* tá allaíre bheag uirthi, *you are not one* ~ *better off* níl tú a dhath, pioc, níos fearr as
bit[2] *n* béalbhach; béalmhír
bitch *n* soith, bitseach
bite *n* greim, plaic, sclamh; cealg, *(fishing)* broideadh *vt* cailg; ith, miotaigh, *to* ~ *sth* greim a bhaint as rud, *to* ~ *a person's head off* an tsrón a bhaint de dhuine
biting *a* goimhiúil, faobhrach, nimhneach, ~ *wind* gaoth bhiorach, gaoth pholltach, *it is* ~ *ly cold* tá ribe fuar air

bitter *a* searbh, gangaideach; feanntach, dóite, *weeping* ~*ly* ag gol go garg, go goirt, *to the* ~ *end* go bun an angair

bittern *n* bonnán (buí, léana)

bitterness *n* searbhas, seirfean, nimh, goirteamas, gangaid

bitumen *n* biotúman

bizarre *a* aisteach, aduain, deoranta

blab *vt & i, he* ~*bed out the secret* sceith sé, spalp sé, an rún

blabber *n* béal gan scáth, sceithire

black *n & a* dubh

Black-and-Tan *n* Dúchrónach

blackberry *n* sméar (dubh)

blackbird *n* lon (dubh), (*female*) ~ céirseach

blackboard *n* clár dubh

blacken *vt & i* dubhaigh

black-faced *a*, ~ *sheep* caora chrosach, caora bhrocach

blackguard *n* bligeard, scabhaitéir

black-haired *a* dubh

blackhead *n* goirín dubh

blackleg *n* ceathrú dhubh, ceathrú ghorm

blackmail *n & vt* dúmhál

blackness *n* dubh, duibhe

black-out *n* lánmhúchadh (soilse); támhnéal

blacksmith *n* gabha (dubh)

blackthorn *n* draighean, draighneán (donn); maide draighin

bladder *n* éadromán, lamhnán

blade *n* seamaide, gas, brobh, ribe (féir); lann, faobhar; lián, *corn in the* ~ geamhar

blaeberry *n* fraochán

blame *n* milleán, locht, cion, *I got the* ~ *for it* leagadh ormsa é *vt* ciontaigh, cáin, lochtaigh, *who would* ~ *you for it* cé a thógfadh ort é, cé a bheadh ina dhiaidh ort, *you are to* ~ *for it* is tú is ciontaí leis, tusa faoi deara é

blameless *a* neamhlochtach, saor ó locht, saor ó cháineadh

blanch *vt & i* bánaigh, tuar, *she* ~*ed* d'iompaigh an lí bhán uirthi

blancmange *n* bánghlóthach

bland *a* maránta; plásánta; leamh

blandishment *n* láinteacht, plámás

blank *n* spás folamh, bearna; cartús caoch *a* bán, folamh; caoch

blanket *n* blaincéad, pluid, súsa

blare *n*, ~ *of trumpet* búir, scol, trumpa, ~ *of light* scaladh, dallrú, solais *vt & i* búir; dallraigh, scal

blarney *n* bladar, béal bán

blaspheme *vt & i* maslaigh; diamhaslaigh; eascainigh

blasphemy *n* diamhasla, blaisféim

blast *n* rois, soinneán, bleaist; cuaifeach, séideán, *hot* ~ gal, ~ *of trumpet* blosc trumpa *vt & i* bleaisteáil, séid, ~*ing with dynamite* ag réabadh le dinimít, ~*ed oats* coirce caoch

blast-off *n* imeacht (de bhlosc); adhaint (inneall roicéid) *vi* imigh (d'urchar, ar nós roicéid)

blatant *a* mínáireach, lom-, dearg-, ~ *injustice* éagóir fhollasach

blaze[1] *n* bladhmann, lasair, laom; dóiteán, tine, *go to* ~*s* téigh i dtigh diabhail *vi* bladhm, scal, las, *he* ~*d up* spréach sé

blaze[2] *n* scead, ceannainne

blazer *n* bléasar

blazing *a* bladhmannach, gleadhrach, laomtha

blazon *n* armas *vt, to* ~ *forth sth* rud a fhógairt go hard, rud a reic go poiblí

bleach *n* tuarthóir; bléitse *vt & i* tuar, bánaigh, *to* ~ *clothes* (*in sun*) éadaí a chur ar tuar

bleaching-green *n* tuairín

bleak *a* dealbh, dearóil, sceirdiúil

bleary *a* sramach, brachaí, geamhchaoch

bleat *vi, a goat* ~*ing* gabhar ag meigeallach, *a sheep* ~*ing* caora ag méileach

bleed *vt & i* fuiligh, *to* ~ fuil a chur

blemish *n* ainimh, máchail, smál, breall

blend *n* cumasc *vt & i* cumaisc

blender *n* cumascóir

bless *vt* beannaigh, coisric, *God* ~ *him* bail ó Dhia air, ~ *my soul!* Dia le m'anam!

blessed *a* beannaithe, naofa

blessing *n* beannacht, coisreacan; suáilce

blight *n* smol, *potato* ~ dubh na bprátaí, (an) dúchan *vt* dubhaigh, smol; mill

blind[1] *a* dall, caoch, ~ *drunk* caoch, ar stealladh na ngrás *vt & i* dall, caoch, dallraigh

blind[2] *n* dallóg

blindfold *n* púicín *vt, to* ~ *a person* púicín a chur ar dhuine

blindman's buff *n* dalladh púicín

blindness *n* daille, caoiche

blink *n* sméideadh, faiteadh súl; ciorrú *vt & i, to* ~ *an eye* súil a bhobáil, *to* ~ *a person* duine a chiorrú

blinkers *npl* púicín, léaróga

bliss *n* aoibhneas

blissful *a* aoibhinn

blister *n* clog, léas, balscóid, spuaic *vt & i* clog, bolg

blistered *a* clogach, spuaiceach

blizzard *n* síobadh sneachta

bloat *vt & i* at, ~*ed with drink* séidte ag an ól

blob *n* daba

block *n* bloc, ceap, staic, ~ *of flats* áraslann, ceap árasán *vt* coisc, stop, bac

blockade *n* longbhac; imshuí *vt* stop, bac

blockage *n* caochaíl; bac

blockhead *n* dundarlán, cloigeann maide, ceann cipín

blonde *n* bean fhionn, cailín fionn *a* foltbhuí, fionn

blood *n* fuil, cró, folracht; folaíocht

bloodhound *n* madra fola

bloodless *a* neamhfholach

bloodshed *n* doirteadh fola
bloodshot *a* sreangach, ~ *eye* sreangshúil
bloodthirsty *a* fuilteach
blood-vessel *n* fuileadán
bloody *a* fuilteach, dearg
bloom *n* bláth, snua, snas, *in* ~ faoi bhláth *vi* bláthaigh
blooming *a* bláfar, faoi bhláth, *the whole* ~ *lot of them* an t-iomlán dearg acu
blossom *n* bláth, plúr *vi* bláthaigh
blot *n* smál, teimheal *vt* smear, salaigh, (*of ink*) súigh, triomaigh, ~ *out* folaigh, díothaigh
blotch *n* balscóid, smál, gríos
blotting-paper *n* páipéar súite
blouse *n* blús
blow[1] *n* buille, béim, clabhta, cnag, flíp, leadhb
blow[2] *vt & i* séid, sead, ~ *away* síob, *to* ~ *up a rock* carraig a phléascadh, ~ *out the candle* múch an choinneal
blowpipe *n* séideadán
blowy *a* gaofar
blubber *n* blonag *vi*, ~ *ing* ag pusaireacht (ghoil), ag plobaireacht
bludgeon *n* smachtín, cleith
blue *n & a* gorm, *the blues* gruaim, lionn dubh
bluebell *n* cloigín gorm *pl* coinnle corra
bluebottle *n*, (*fly*) cuil ghorm; (*flower*) gormán
bluff *n* cur i gcéill *vt*, ~ *ing people* ag cur madraí ar fhuinneoga, ag cur dallamullóg ar dhaoine
blunder *n* botún, meancóg, tuaiplis *vi*, *to* ~ botún a dhéanamh
blunderbuss *n* mothar
blundering *a* breallach, tuaiplisiúil
blunt *a* maol; neamhbhalbh *vt & i* maolaigh
blur *n* smál, ceo *vt & i* smálaigh, doiléirigh
blurt *vt & i*, *he* ~ *ed out the secret* sceith, spalp, sé amach an rún
blush *n* luisne, lasadh *vi* dearg, las, luisnigh
bluster *n* stolladh (gaoithe); stoirm; gaotaireacht *vi*, *to* ~ callán a thógáil
blustery *a* stamhlaí, callánach, séideánach
boa *n* bua-chrapaire, *feather* ~ muince chleití
boar *n* collach, torc
board *n* clár, bord, *kneading* ~ losaid, ~ *and lodging* bia agus leaba, *on* ~ *ship* ar bord loinge *vt & i* bordáil, *to* ~ *in a house* bheith ar lóistín i dteach
boarder *n* lóistéir
boarding-house *n* teach lóistín
boarding-school *n* scoil chónaithe
boast *n* maíomh *vi* maígh
boaster *n* bladhmaire, gaiscíoch
boastful *a* bladhmannach, maíteach, mórálach, mórtasach, gaisciúil
boat *n* bád, árthach *vi*, ~ *ing* ag bádóireacht
boat-hook *n* duán báid
boatman *n* bádóir
boatswain *n* bósan

bob *vt & i* bobáil, sciot; damhsaigh
bobbin *n* eiteán
bodice *n* cabhail, cabhaileog
bodily *a* corpartha, ~ *strength* neart coirp *adv*, *he was thrown in* ~ caitheadh isteach é idir cheann is chosa, idir chorp chleite is sciathán
bodkin *n* bóidicín, meana
body *n* corp, cabhail, colainn; corpán; comhlacht; tathag, ~ *of people* dream, drong, *heavenly bodies* reanna neimhe
bodyguard *n* garda cosanta
bog *n* portach, móinteán, corrach, criathrach *vt*, *to get* ~ *ged down* dul in abar
bogberry *n* mónóg
bog-cotton *n* ceannbhán, canach
bog-deal *n* giúis
bogey[1] *n* bógaí
bogey[2] *n* taibhse
bogged *a*, ~ *down* in abar
boggy *a*, ~ *ground* abar, seascann, bogach, móinteach, puiteach
bog-hole *n* poll móna, caochpholl
bog-myrtle *n* raideog
boil[1] *n* neascóid
boil[2] *n*, *to bring sth to the* ~ fiuchadh a bhaint as rud *vt & i* beirigh, fiuch, bruith, coip, *to* ~ *down sth* rud a laghdú, rud a choimriú
boiler *n* coire, gaileadán
boisterous *a* gleoiréiseach, spleodrach
bold *a* dána, dalba; teann, buannúil, coráistiúil, *to make* ~ *with a person* teanntás a dhéanamh ar dhuine
boldness *n* dánacht, dalbacht; coráiste, misneach
bollard *n* mullard
Bolshevik *n & a* Boilséiveach
bolster *n* babhstar, bolastar, adhairt *vt*, *to* ~ *up* dul i dtacaíocht ar
bolt *n* bolta, sparra; saighead, splanc, *like a* ~ *from the blue* d'urchar neimhe, mar splanc *vt & i* boltáil, *to* ~ *food* bia a alpadh, *the horse* ~ *ed* d'imigh an capall chun scaoill, *he* ~ *ed out of the room* sciurd sé amach as an seomra
bomb *n* buama *vt & i* buamáil
bombast *n* bladhmann, scaothaireacht
bombastic *a* bladhmannach, bastallach, mórfhoclach
bomber *n* buamadóir; eitleán buamála
bond *n* banna; ceangal, nasc, cuing, snaidhm; géibheann *vt* naisc, táthaigh
bondage *n* braighdeanas, daoirse
bondholder *n* bannóir
bone *n* cnámh *vt* díchnámhaigh
bonesetter *n* fear cnámh
bonfire *n* tine chnámh
bonham *n* banbh
bonnet *n* boinéad, caidhp
bonny *a* dóighiúil, dathúil
bonus *n* bónas

bony *a* cnámhach
boo *n* faíreach *vt, to* ~ *a person* faíreach a dhéanamh faoi dhuine
booby *n* bobarún
booby-trap *n* bobghaiste
book *n* leabhar *vt, to* ~ *a seat* suíochán a chur in áirithe, focal a chur ar shuíochán
bookcase *n* leabhragán
book-end *n* leabharthaca
booking-office *n* oifig ticéad
book-keeping *n* cuntasóireacht; leabharchoimeád
booklet *n* leabhrán
bookmaker *n* geallghlacadóir
booley *n* buaile
boom¹ *n* bumaile
boom² *n* tormán, búireach, bonnán *vi*, ~*ing* ag búireach
boom³ *n* buacacht, borradh (trádála), *there is a* ~ *in cattle* tá ráchairt mhór ar an eallach *vi, trade is* ~*ing* tá borradh faoin trádáil
boomerang *n* búmaraing
boon¹ *n* fabhar, comaoin, buntáiste
boon² *a*, ~ *companion* comrádaí suáilceach
boor *n* búr, daoi
boorish *a* amhlánta, búrúil
boost *vt* treisigh, *to* ~ *a person's reputation* cur le clú duine
booster *n* breisvoltaire; treiseoir
boot¹ *n* bróg, (*top-*)~ buatais
boot² *n, and a pound to* ~ agus punt mar bhreis
booth *n* both, stainnín
bootlace *n* (barr)iall
bootmaker *n* gréasaí
bootpolish *n* snasán, smearadh bróg
booty *n* creach, slad
booze *n* deoch mheisciúil, *to be on the* ~ bheith ar an ól *vi, boozing* ag druncaeireacht
boracic *n* bórásach
borax *n* bórás
border *n* ciumhais, imeall, eochair; imeallbhord; críoch, teorainn *vt & i*, ~*ing my land* ag críochantacht liom, sa chríoch agam, ~*ing on* ag bordáil ar
bore¹ *n*, (*of gun, pipe, etc*) cró *vt* toll, poll
bore² *n* leadránaí, liostachán *vt* tuirsigh, *I am* ~*d with the work* tá mé bréan, cortha, den obair
boredom *n* leamhthuirse, bailitheacht
boreen *n* bóithrín
bore-hole *n* poll tóraíochta
boring *a* tuirsiúil, leadránach
born *a, the day he was* ~ an lá a rugadh, a saolaíodh, é, ~ *liar* bréagadóir cruthanta
borough *n* buirg
borrow *vt & i, to* ~ *sth* rud a fháil ar iasacht
borrower *n* iasachtaí
borrowing *n* iasacht; focal iasachta *a, the* ~ *days* laethanta na riabhaí

bosom *n* brollach, cliabh, ucht *a*, ~*friend* cara cléibh, cara cnis
boss¹ *n* bocóid, mol
boss² *n* saoiste, máistir *vt, to* ~ *people about* saoistíocht a dhéanamh ar dhaoine
bossy *a* tiarnúil
botanic *a*, ~ *garden* luibhghairdín, *National B* ~ *Gardens* Garraí na Lus
botanist *n* luibheolaí
botany *n* luibheolaíocht
botch *n* praiseach *vt, to* ~ *sth* abláil, ball séire, praiseach, a dhéanamh de rud, *to* ~ *up sth* cóiriú maolscríobach a dhéanamh ar rud
both *pron & conj & a*, ~ *of us* an bheirt againn, sinn araon, *on* ~ *sides* ar an dá thaobh, ~ *men and women* idir fhir agus mhná
bother *n* crá, buairt *vt & i, don't let that* ~ *you* ná cuireadh sin mairg, aon tinneas, ort, *don't* ~ *me* ná buair, bodhraigh, mé, *don't* ~ ná bac, ~ *you!* bodhrú ort!
bottle *n* buidéal *vt* buidéalaigh, *to* ~ *up one's anger* d'fhearg a bhrú fút, a chosc
bottleneck *n* caolas, scrogall
bottom *n* bun, íochtar, grinneall, tóin, *baby's* ~ geadán linbh, *to get to the* ~ *of sth* fios fátha ruda a fháil, *from the* ~ *of my heart* ó mo chroí amach *a* íochtarach, ~ *teeth* draid íochtair
bottomless *a*, ~ *pit* poll duibheagáin
bough *n* craobh, géag
boulder *n* bollán, moghlaeir, carball
bounce *n* boc, preab *vt & i* bocáil, preab; scinn
bouncing *n* preabaireacht *a* léimneach, ~ *baby* preabaire linbh
bound¹ *n* abhóg, léim, spreang, *at a* ~ de gheit, glanoscartha *vi* léim
bound² *n, out of* ~*s* thar teorainn; toirmiscthe *vt* teorannaigh, ciorclaigh, timpeallaigh
bound³ *a, the ship was* ~ *for Ireland* bhí an long ag triall ar Éirinn
boundary *n* críoch, fóir, teorainn
boundless *a* dochuimsithe, as miosúr
bountiful *a* fairsing, fial, flaithiúil
bounty *n* fairsinge, féile; fordheontas, dearlacadh, deolchaire
bouquet *n* pósae
bourgeois *a* meánaicmeach, buirgéiseach
bout *n* babhta, dreas; ráig, taom, poc
boutique *n* siopa; siopa éadaigh faiseanta
bovine *a* buaibheach, ~ *animal* beithíoch
bow¹ *n* bogha; cuan; cuach(óg)
bow² *n*, ~*s of boat* gualainn báid, ceann báid
bow³ *n* umhlú *vt & i* claon; sléacht, umhlaigh, *to* ~ *the knee* glúin a fheacadh
bowed *a* crom, ceanníseal
bowels *npl* inní, ionathar
bower *n* grianán; lúibín coille
bow-knot *n* cuach(óg), snaidhm lúibe
bowl¹ *n* babhla, cuach, ~ *of lamp* bolg lampa

bowl² *n* bolla, *game of* ~*s* cluiche bollaí *vt & i* babhláil, bolláil

bow-legged *a* bórach, gabhlach

bowler¹ *n*, (*sports*) babhlálaí

bowler² *n*, (*hat*) babhlaer

bowman *n* boghdóir, saighdeoir

box¹ *n* bosca; stalla

box² *vt*, *to* ~ *the compass* an compás a bhocsáil

box³ *n* cluaisín *vt & i* dornáil, *to* ~ *a person's ear* cluaisín a thabhairt do dhuine

boxer *n* dornálaí

boxing *n* dornáil, dornálaíocht

box-office *n* oifig ticéad

boxty *n* bacstaí

boxwood *n* (crann) bosca

boy *n* buachaill, garsún, gasúr, ~ *scout* gasóg

boycott *n* baghcat *vt* baghcatáil

boyfriend *n* stócach, buachaill

boyhood *n* óige, leanbaíocht

boyo *n* buachaill báire, diúlach

brace *n* snaidhm, teanntán; ceannrópa; cuing; péire *pl* guailleáin, gealais *vt* snaidhm; neartaigh, úraigh

bracelet *n* bráisléad

braces *npl* gealais, guailleáin

bracing *a* folláin, neartaitheach, athbhríoch

bracken *n* raithneach

bracket *n* brac, lúibín, *income* ~ réim ioncaim *vt*, *to* ~ *words* focail a chur idir lúibíní, *to* ~ (*people*) *together* (daoine) a chur ar aon chéim

brackish *a*, ~ *water* uisce goirt, mearsháile, breac-sháile

bradawl *n* bradmheana

brag *n* braig, maíomh *vi* maígh, braigeáil, *to* ~ *about sth* maíomh as rud, ~*ging* ag mustar, ag déanamh mórtais

braggart *n* bladhmaire, buaileam sciath, *he is only a* ~ níl ann ach an tsiollóg

braid *n* dual, trilseán; bréad, órshnáithe *vt* trilsigh, dual

braided *a* trilseach

braille *n* braille

brain *n* inchinn, *he has* ~*s* tá eagna chinn aige

brain-wave *n* smaoineamh intleachtach

brainy *a* intleachtach, éirimiúil

braird *n* geamhar

braise *vt* galstobh

brake *n* coscán; bráca *vt* coisc

bramble *n* dris(eog), sceach

bran *n* bran (mór)

branch *n* craobh, géag, brainse, gabhal, gasra *vi* craobhaigh, géagaigh, (*of road*), *to* ~ *off* imeacht (ó); gabhlú

branching *a* craobhach, géagach, gabhlach

branchline *n* craobhlíne

brand *n* breo; branda, lorg, marc *vt* brandáil, creach

brandish *vt* beartaigh, bagair, croith

brand-new *a* úrnua, amach as an bpíosa

brandy *n* branda

brass *n* prás *a*, *I haven't a* ~ *farthing* níl cianóg rua agam

brassière *n* cíochbheart

brassy *a* prásach; soibealta

brat *n* dailtín, raispín

bravado *n* gaisce, laochas, *to do sth out of* ~ rud a dhéanamh as dúshlán

brave *a* cróga, calma, misniúil *vt*, *he* ~*d the sea* thug sé dúshlán na farraige

bravery *n* calmacht, crógacht

bravo *int* mo cheol thú, Dia (go deo) leat, (mo) sheacht mh'anam thú

brawl *n* racán, scliúchas

brawn *n* arrachtas; toirceoil

brawny *a* féitheogach

bray *n* béic, búir *vi*, ~*ing* ag grágáil, ag búiríl

brazen *a* prásach; dána, *he is* ~ is air atá an aghaidh

brazier *n* prásaí; ciseán tine

breach *n* bearna, scoilt, ~ *of covenant* sárú cúnaint *vt* bearnaigh, bris

bread *n* arán

breadth *n* leithead, fairsinge, *along its* ~ ar a thrasna

break *n* briseadh, scoilt, maidhm, *at* ~ *of day* le hamhscarthanach, le fáinne, an lae; leis an maidneachan *vt & i* bris, réab, *day is* ~*ing* tá an lá ag gealadh, ag briseadh, ~ *apart* scoilt, scoith, *the meeting broke up* scoir an cruinniú, *the car broke down* chlis an carr

breakdown *n* cliseadh

breaker *n* maidhm thoinne *pl* bristeacha

breakfast *n* bricfeasta, céadphroinn

breakwater *n* bábhún, tonnchosc

bream *n* bran; deargán

breast *n* brollach, ucht, broinne, cíoch, *to make a clean* ~ *of sth* faoistin ghlan a dhéanamh i rud

breastplate *n* lúireach, scaball; uchtach

breath *n* anáil, dé, smid, ~ *of wind* puth ghaoithe, aer (beag) gaoithe, smeámh

breathe *vt & i* análaigh, tarraing anáil, *he is still breathing* tá an dé, an anáil, ann

breathing *n* análú

breathless *a* as anáil, séidte, *she arrived* ~ tháinig sí agus a hanáil i mbarr a goib aici, agus ga seá inti

breech *n* craos (gunna)

breeches *npl* bríste

breed *n* pór, síolrach, sliocht, *animal of good* ~ ainmhí cineálta *vt & i* póraigh, síolraigh, *they were bred in poverty* fáisceadh, fuineadh, as an mbochtaineacht iad

breeder *n* síolraitheoir, tógálaí, ~ *reactor* imoibreoir pórúcháin

breeding *n* pórú; folaíocht; oilteanas, múineadh

breeze *n* leoithne, feothan

breezy *a* feothanach; pléascánta
breviary *n* portús
brevity *n* giorra, gontacht, achomaireacht
brew *n* bríbhéireacht, grúdaireacht *vt & i* grúdaigh, *there is a storm* ~*ing* tá sé ag tolgadh stoirme
brewer *n* bríbhéir, grúdaire
brewery *n* grúdlann
briar *n* dris(eog)
bribe *n* breab *vt* breab, ceannaigh
bribery *n* breabaireacht
brick *n* bríce
bricklayer *n* bríceadóir
bridal *n* bainis *a*, ~ *party* lucht bainise, ~ *gown* culaith brídí
bride *n* brídeach, an cailín óg
bridegroom *n* grúm, an fear óg
bridesmaid *n* cailín coimhdeachta
bridge[1] *n* droichead, ~ *of nose* caol na sróine
bridge[2] *n* beiriste
bridle *n* srian, araí *vt* srian, coisc
bridle-bit *n* béalbhach
brief *n* coimre; mionteagasc, ~*s* brístíní *a* achomair, gairid *vt* coimrigh, *to* ~ *a person* duine a chur ar an eolas, (mion)treoir a thabhairt do dhuine
briefcase *n* mála cáipéisí
briefly *adv* go haicearrach, go hachomair; i mbeagán focal
brigade *n* briogáid
brigadier *n* briogáidire
brigand *n* tóraí, robálaí
bright *a* geal, fionn, glan, glé, lonrach
brighten *vt & i* geal, soilsigh
brightness *n* gile, loinnir, lonradh, soilse
brilliance *n* loinnir, laomthacht, niamh
brilliant *a* lonrach, gléigeal, laomtha
brim *n* béal (gloine), duilleog (hata), *full to the* ~ lán go béal, go buinne (béil) *vi*, ~*ming over* ag cur thar maoil
brimstone *n* bromastún, ruibhchloch
brindled *a* riabhach
brine *n* sáile
bring *vt* tabhair, beir, *to* ~ *sth about* tús a chur le rud, rud a údarú, *what brought about his death* an rud a thug a bhás, *to* ~ *forth* tuismigh, *where I was brought up* an áit ar tógadh mé
brink *n* bruach
briquette *n* brícín
brisk *a* briosc, géar, ~ *fire* greadóg thine
bristle *n* guaire, ribe, colg *vi*, *he* ~*d* tháinig colg, cochall, air; d'éirigh sé colgach
bristly *a* guaireach, ribeach, mosach, colgach
brittle *a* briosc, sceiteach, sobhriste
broach *vt* bróitseáil, *to* ~ *a subject* an ceann a bhaint de scéal; scéal a bhogadh, a tharraingt anuas (le duine)
broad *a* fairsing, leathan, leitheadach; clárach

broadcast *n* craoladh, craobhscaoileadh *vt & i* craobhscaoil, craol; scaip
broadcaster *n* craoltóir, craobhscaoilteoir
broadcasting *n* craolachán, scaipeadh
broaden *vt & i* fairsingigh, leathnaigh
broad-minded *a* leathanaigeanta
broadsheet *n* mórbhileog
brocade *n* broicéad
broccoli *n* brocailí
brochure *n* bróisiúr
brogue *n* barróg; tuin chainte
broil *vt & i* gríosc
broke *a* briste, sportha
broken *a* briste; bristeach
broker *n* bróicéir
bromide *n* bróimíd
bronchial *a* broncach, ~ *tubes* píobáin
bronchitis *n* broincíteas
bronze *n* cré-umha, umha *a* cré-umhaí, umhaí
brooch *n* bróiste, dealg
brood *n* ál, éillín *vi*, *to* ~ luí ar fáir; dul, bheith, ar gor, *to* ~ *over sth* gor a dhéanamh ar rud
brooding *a*, ~ *hen* cearc ghoir, cearc fáire
brook *n* sruthán
broom *n* scuab; giolcach shléibhe
brose *n* bróis
broth *n* anraith, brat
brothel *n* drúthlann
brother *n* deartháir; bráthair
brotherhood *n* bráithreachas, comhaltas
brother-in-law *n* deartháir céile
brotherly *a* bráithriúil
brow *n* fabhra, mala, ~ *of hill* grua cnoic
brown *n & a* donn *vt & i* donnaigh
browse *vi*, *to* ~ bheith ag iníor, *to* ~ *among books* bheith ag piocadh trí leabhair
brucellosis *n* brúsalóis
bruise *n* brú, ball gorm, ballbhrú *vt* brúigh, ballbhrúigh
brunt *n*, *we had to bear the* ~ *of the fight* bhí luí na troda orainn, *take the* ~ *of sth* trom ruda a iompar, a sheasamh
brush *n* scuab, bruis, *fox's* ~ scoth sionnaigh *vt* scuab, *to* ~ *up on sth* athstaidéar a dhéanamh ar rud, an mheirg a bhaint de rud
brushwood *n* crannlach, casarnach, scrobarnach
brusque *a* giorraisc, gairgeach
brutal *a* brúidiúil, *he was* ~*ly treated* tugadh íde ghránna dó
brutality *n* brúidiúlacht
brute *n* brúid, ainmhí
brutishness *n* brúidiúlacht
bubble *n* bolgán, boilgeog, súil *vi*, *bubbling* ag boilgearnach, ag fiuchadh, ag plobarnach
bubonic *a* búbónach
buccaneer *n* bucainéir
buck *n* fiaphoc, poc; boc *vt & i*, *to* ~ *a person up* uchtach a thabhairt do dhuine, ~ *up* bíodh uchtach agat, croith suas thú féin

bucket *n* buicéad
buckle *n* búcla *vt & i* búcláil; leacaigh, lúb
buckler *n* cruinnsciath
bucolic *n & a* búcólach
bud *n* bachlóg *vi* bachlaigh
Buddhism *n* Búdachas
budge *vi* bog, corraigh, *he wouldn't* ~ *an inch* ní ghéillfeadh sé orlach, níorbh fhéidir bogadh ná sá a bhaint as, *without budging* gan corraí
budgerigar *n* budragár
budget *n* cáinaisnéis, buiséad *vt & i* buiséad
buff *vt & i* slíob
buffalo *n* buabhall
buffer *n* maolaire, ~ *state* stát eadrána
buffet[1] *n* leidhce *vt* tuairteáil, tolg
buffet[2] *n* cuntar bia; proinn fhéinseirbhíse
buffoon *n* abhlóir, óinmhid
bug *n* aithid, fríd; gaireas cúléisteachta
bugbear *n* púca na n-adharc
bugle *n* buabhall, stoc
bugler *n* buabhallaí
build *n* cruth, déanamh, *of the same* ~ *as* ar aon déanamh le *vt & i* tóg, déan, ~ *up* neartaigh; éirigh
builder *n* tógálaí, foirgneoir
building *n* áras, foirgneamh; foirgníocht
built-up *a*, ~ *area* limistéar faoi fhoirgnimh
bulb *n* bleib, (*light-*) ~ bolgán, bulba
bulbous *a* bleibeach
bulge *n* boilsc; bolg, pluc *vt & i* boilscigh, pluc, bolg
bulging *a* boilsceannach, bolgach
bulk *n* bulc, téagar, toirt; trom, *in* ~ ar an mórchóir
bulkhead *n* bulcaid
bulky *n* toirtiúil, téagartha
bull[1] *n* tarbh
bull[2] *n*, (*papal*) ~ bulla
bulldog *n* tarbhghadhar, bulladóir
bulldozer *n* ollscartaire
bullet *n* piléar
bulletin *n*, *news* ~ ráiteas nuachta
bullfight *n* tarbhchomhrac
bullfinch *n* corcrán coille
bullion *n* buillean
bullock *n* bullán, bológ
bull's-eye *n* súil sprice
bully *n* tíoránach, bulaí, maistín *vt* ansmachtaigh
bulrush *n* bogshifín; coigeal na mban sí
bulwark *n* bábhún; claí cosanta
bum[1] *n* tóin, geadán
bum[2] *n* drabhlásaí, leoiste, geocach, *on the* ~ ar an drabhlás
bumble-bee *n* bumbóg
bump *n* tuairt; cnapán; uchtóg *vt & i* gread, buail, ~*ing against each other* ag tuairteáil a chéile, *to* ~ *into a person* bualadh le duine (de thaisme); bualadh faoi dhuine

bumper *n* tuairteoir, cosantóir, maolaire; gloine lán
bumpkin *n* cábóg
bumptious *a* stráisiúnta, postúil
bumpy *a* cnapánach, tuairteálach
bun *n* borróg, (*of hair*) cocán
bunch *n* scoth, dos, dornán, triopall
bundle *n* beart, burla, cual
bung *n* bundallán, piollaire, plocóid *vt, to* ~ *up a pipe* píopa a chalcadh, a stopadh
bungalow *n* bungaló
bungle *vt, to* ~ *sth* praiseach, ball séire, a dhéanamh de rud
bungling *n* fútráil, útamáil *a* ciotach
bunion *n* buinneán, pachaille
bunting *n* stiallbhratacha
buoy *n* baoi, bulla
buoyancy *n* buacacht, snámhacht
buoyant *a* buacach, snámhach
bur *n* cnádán, leadán
burden *n* ualach, eire, muirear *vt* ualaigh, *to be* ~*ed* bheith faoi ualach
burdensome *a* trom
burdock *n* leadán liosta
bureau *n* oifig; biúró
bureaucracy *n* maorlathas
bureaucratic *a* maorlathach
burger *n* borgaire
burgess *n* buirgéiseach
burglar *n* buirgléir
burglary *n* buirgléireacht
burgle *vt, to* ~ *a house* buirgléireacht a dhéanamh ar theach
burgundy *n* burgúin
burial *n* adhlacadh, cur
burlesque *n* scigaithris
burly *a* téagartha, tacúil
burn *n* dó, ball dóite *vt & i* dóigh, bruith, loisc
burner *n* dóire, dóiteoir
burning *n* dó, loscadh *a* dóiteach, loiscneach
burnish *vt* niamhghlan, slíob, líomh
burrow *n* uachais, poll *vt & i* tochail, poll
bursar *n* sparánaí
bursary *n* sparánacht
burse *n* bursa
burst *n* brúcht, rois, maidhm, ~ *of light* scal, ~ *of speed* fáscadh reatha *vt & i* pléasc, maidhm, bris, ~ *forth* scaird, scal, brúcht, *I* ~ *out laughing* d'imigh an gáire orm
bury *vt* adhlaic, cuir, *buried* faoi chré
bus *n* bus
bush *n* tor, tom, dos, sceach; mongach; díthreabh
bushel *n* buiséal
bushy *a* dosach, mothallach, ~ *top, tail* scothán
business *n* gnó, ~ *enterprise* gnóthas
businessman *n* fear gnó
bust *n* bráid; busta
bustle *n* fuadar, griothalán, driopás *vi* fuirsigh, fuaidrigh

busy *a* broidiúil, cruógach, fuadrach, gnóthach, cúramach *vt, to* ~ *oneself with sth* bheith ag gabháil do rud
busybody *n* bumbóg, socadán
but *conj & prep* ach, ~ *for that* murach sin, ach ab é sin, *who knows* ~ *that they were stolen* cá bhfios ná gur goideadh iad
butane *n* bútán
butcher *n* búistéir
butchery *n* búistéireacht
butler *n* buitléir
butt[1] *n* bun, stoc, buta
butt[2] *n* sprioc, ~ *of ridicule* ceap magaidh, dóigh mhagaidh
butt[3] *n* buta (fíona)
butt[4] *n* poc *vt & i* pocáil, *he* ~*ed him with his head* thug sé sonc dá cheann dó, *to* ~ *into the conversation* do ladar a chur sa chomhrá
butter *n* im *vt, to* ~ *bread* im a chur ar arán, *to* ~ *a person up* duine a chuimilt
buttercup *n* cam an ime
butter-fingered *a* sliopach
butterfly *n* féileacán
buttermilk *n* bláthach
butterscotch *n* imreog
buttery *n* butrach
buttocks *npl* mása, tiarpa
button *n* cnaipe
button-hole *n* lúbóg, polláire, poll cnaipe
buttress *n* taca, *flying* ~ taca crochta *vt, to* ~ *a wall* taca a chur le balla

buxom *a,* ~ *woman* sodóg
buy *vt & i* ceannaigh
buyer *n* ceannaitheoir, ceannaí
buzz *n* dordán, seabhrán, ~ *of talk* sioscadh cainte *vi* dord
buzzard *n* clamhán
buzzer *n* adharc, dordánaí
by *prep* le, de réir, cois, láimh le, ~ *the side of the road* ar leataobh an bhóthair, ~ *morning* faoi mhaidin, *six* ~ *seven* a sé faoi a seacht, ~ *right* ó cheart, ~ *heavens* dar fia, *I know her* ~ *her walk* aithním as a siúl í *adv* thart, *the money she put* ~ an t-airgead a chuir sí i leataobh, ~ *and* ~ ar ball beag, ~ *the way* dála an scéil, *north* ~ *west* ó thuaidh lámh siar
by-election *n* fothoghchán
bygone *n, let* ~*s be* ~*s* fág na seanchairteacha i do dhiaidh, fág marbh é mar scéal *a* caite, thart
by-law *n* fodhlí
bypass *n* seachród, seach-chonair *vt* seachain, timpeallaigh
by-product *n* fotháirge, seachtháirge
byre *n* bóitheach
by-road *n* fobhóthar, seachród
by-stander *n* féachadóir
by-way *n* fobhealach
byword *n* seanfhocal, nathán, *he has become a* ~ tá sé ina sceith bhéil

C

cab *n* cab
cabbage *n* cabáiste, cál
cabin *n* bothán, cábán
cabinet *n* caibinéad, ~ *minister* aire rialtais
cable *n* cábla
cablegram *n* cáblagram
cable-stitch *n* cor na péiste, casadh an tobac, lapa na circe
cache *n* taisce, gnáthóg, folachán
cackle *n* grág (circe) *vi, cackling* ag grágáil, ag scolgarnach
cactus *n* cachtas
caddie *n* giolla
cadet *n* dalta (airm); sóisear
cadge *vt & i, to* ~ *money from people* airgead a dhiúgaireacht ar dhaoine, *cadging* ag súmaireacht, ag siolpaireacht
café *n* caife
cafeteria *n* caifitéire
caffeine *n* caiféin
cage *n* éanadán, cás; cliabhán
cairn *n* carn; leacht
cajoler *n* bréagadóir, plámásaí

cake *n* cáca, císte *vt & i* calc, stolp, ~*d with mud* faoi dhraoib
calamitous *a* tubaisteach, púrach
calamity *n* anachain, liach, matalang, tubaiste; cat mara
calcify *vt & i* cailcigh
calcium *n* cailciam
calculate *vt & i* comhair, ríomh; meas
calculation *n* comhaireamh, ríomhaireacht
calculator *n* áireamhán
calculus *n* calcalas
calendar *n* féilire, caileandar
calf[1] *n* lao, gamhain, *seal* ~ éan róin
calf[2] *n* colpa
calibre *n* mianach
calico *n* ceaileacó
call *n* glao(ch), gairm, scairt; scol; cuairt; call, gá *vt & i* glaoigh, gair, scairt, ~ *after* ainmnigh as, *he is* ~*ed John* Seán atá air, *she* ~*ed me a fool* thug sí amadán orm, *to* ~ *on a person* dul ar cuairt chuig duine; glaoch, beannú, isteach chuig duine

caller *n* cuairteoir

calling *n* ceird, gairm; scairteach

callous *a* cranrach, fadharcánach; fuarchroíoch

callow *a* glas

callus *n* creagán, bonnbhualadh, bonnleac

calm *n* calm, ciúnas *a* ciúin, téiglí, socair, (*of weather*) cneasta, soineanta, *the sea is dead* ~ tá an fharraige ina clár *vt & i* ciúnaigh, sáimhrigh, suaimhnigh, ~ *down* ! lig fút!

calorie *n* calra

calumny *n* béadán

calve *vi, the cow* ~*d* rug an bhó

Calvinism *n* Cailvíneachas

calyx *n* cailís

camber *n* dronn, dromán, cuaire

cambric *n* cáimric

camel *n* camall

camera *n* ceamara, *in* ~ i gcúirt iata

camogie *n* camógaíocht, ~ *stick* camóg

camomile *n* camán meall

camouflage *n* duaithníocht *vt* duaithnigh

camp *n* campa, longfort *vi* campáil

campaign *n* feachtas *vi, to* ~ dul ar feachtas; cogadh a chur (*against* ar)

camper *n* campálaí

camphor *n* camfar

campus *n* campas

can[1] *n* canna, ceaintín *vt* cannaigh, stánaigh

can[2] *aux v, I* ~ *do it* féadaim, is féidir liom, tig liom, é a dhéanamh, *he* ~ *swim*, tá snámh aige, *do the best you* ~ *with it* déan do dhícheall leis, *how* ~ *you tell* cá bhfios duit, *I would do it if I could* dhéanfainn é dá bhféadfainn, *I couldn't do it* chinn orm, chuaigh díom, é a dhéanamh; ní bhfaighinn (ó mo chroí) é a dhéanamh

canal *n* canáil

canary *n* canáraí

cancel *vt* cealaigh, scrios, *it was* ~ *led* cuireadh ar ceal é

cancellation *n* cealúchán, cealú

cancer *n* ailse, *C* ~ an Portán

candid *a* díreach, oscailteach, neamhbhalbh

candidate *n* iarrthóir

candle *n* coinneal

candlemas *n, C* ~ *Day* Lá Fhéile Muire na gCoinneal

candlestick *n* coinnleoir

candour *n* oscailteacht

candy *n* candaí

cane *n* cána, slat; giolcach *vt* sciúr, *to* ~ *a person* an tslat a thabhairt do dhuine

canine *a,* ~ *tooth* géarán

canister *n* ceanastar

canker *n* cancar

canned *a* stánaithe; ar na cannaí

cannibal *n & a* canablach

cannon *n* canóin

cannon-ball *n* caor ordanáis

canoe *n* canú, báidín, crann snámha

canon *n* canónach *a,* ~ *law* dlí canónta

canonical *a* canónta

canonization *n* canónú

canonize *vt* canónaigh

canopy *n* ceannbhrat, forscáth, ~ (*of bed*) téastar

cant *n* béarlagair, ~ *word,* ~ *phrase* leathfhocal, nath

cantankerous *a* agóideach, cancrach

canteen *n* bialann, ceaintín

canter *n* gearrshodar, bogshodar

canticle *n* caintic

canvas *n* canbhás; anairt (bheag), bréid

canvass *n & vt* canbhasáil

cap *n* bairéad, caipín *vt , to* ~ *sth off* an dlaoi mhullaigh a chur ar rud, *and to* ~ *all* mar bharr ar an scéal

capability *n* cumas, acmhainn

capable *a* ábalta, cumasach, *to be* ~ *of sth* rud a bheith ionat, bheith inniúil ar rud

capacious *a* luchtmhar

capacity *n* acmhainn, cumas, lucht, toilleadh, *filled to* ~ lomlán, *in the* ~ *of a secretary* i bhfeidhm, i gcáil, rúnaí

cape[1] *n* cába

cape[2] *n* rinn (tíre), ceann tíre

caper *n* ceáfar, ealaín *vt & i* rad, ~ *ing about* ag ceáfráil, ag pramsáil thart

capillary *n* ribeadán *a* ribeadach

capital *n* rachmas, caipiteal; príomhchathair *a* ceann-, príomh-, ~ *sum* bunairgead, ~ *punishment* pionós báis

capitalism *n* caipitleachas

capitalist *n* caipitlí; rachmasaí

capitation *n* ceannsraith

capitulate *vi* géill

caprice *n* fíbín, treall; ceáfar

capricious *a* galamaisíoch, meonúil, taghdach, treallach

Capricorn *n* an Gabhar

capsize *vt & i* iompaigh, tiontaigh (béal faoi)

capstan *n* tochard

capsule *n* capsúl; cochall

captain *n* captaen

caption *n* ceannteideal; foscríbhinn

captious *a* bastallach, beachtaíoch, breithghreamannach

captivate *vt* meall, *to* ~ *a person* cluain a chur ar dhuine, duine a chur faoi dhraíocht

captivating *a* meallacach

captive *n* braighdeanach, cime, géibheannach, geimhleach *a* geimhleach

captivity *n* braighdeanas, géibheann

capture *n* gabháil *vt* gabh

Capuchin *n & a* Caipisíneach

car *n* carr, gluaisteán

carafe *n* caraf

caramel *n* caramal

caravan *n* carbhán
caraway *n* ainís, cearbhas
carbine *n* cairbín
carbohydrate *n* carbaihiodráit
carbolic *a* carbólach
carbon *n* carbón
carboniferous *a* carbónmhar
carbuncle *n* carrmhogal; bun ribe
carburettor *n* carbradóir
carcass *n* conablach, ablach, ~ *of beef* mart
card[1] *n* cárta
card[2] *vt & i* cardáil
cardboard *n* cairtchlár
cardiac *a* cairdiach
cardigan *n* cairdeagan
cardinal *n* cairdinéal *a* cairdinéalta, príomh-, ~ *number* bunuimhir
card-index *n* treorán cártaí
care *n* aire, faichill, cúram; imní, buairt, *take* ~ *not to fall* fainic is ná tit *vi, to* ~ *for a person* aire a thabhairt do dhuine; cion a bheith agat ar dhuine, *I don't* ~ *is* cuma liom, *I don't* ~ *for it* ní maith liom é, *if you* ~ *to* má thograíonn tú; más maith leat, ~ *of* faoi chúram
career *n* cúrsa, réim; slí bheatha, ~ *guidance* gairmthreoir
carefree *a* neamhbhuartha, aerach
careful *a* aireach, faichilleach, cúramach, *be* ~ *not to fall* fainic is ná tit
careless *a* míchúramach
caress *n* muirniú *vt* muirnigh, ~*ing* ag muirnéis
caretaker *n* airíoch
careworn *a* ciaptha, cráite
cargo *n* lasta, lucht, ládáil
cargo-boat *n* bád tráchta, bád lastais
caricature *n* caracatúr; scigphictiúr
caries *n* cáiréas
carillon *n* clogra
carman *n* carraeir
Carmelite *n & a* Cairmilíteach
carnage *n* eirleach, ár
carnal *a* collaí
carnation *n* coróineach
carnival *n* carnabhal
carnivore *n* carnabhóir, feoiliteoir
carnivorous *a* feoiliteach
carol *n* carúl
carousal, carouse *n* carbhas, drabhlás
carp[1] *n* carbán
carp[2] *vi,* ~*ing* ag tormas, ag cámas
car-park *n* carrchlós
carpenter *n* siúinéir, saor adhmaid
carpentry *n* adhmadóireacht, siúinéireacht
carpet *n* cairpéad, brat urláir
carrageen *n,* ~ *(moss)* carraigín
carriage *n* carráiste, cóiste; carraeireacht, iompar, imeacht
carrier *n* carraeir, iompróir

carrion *n* ablach
carrion-crow *n* badhbh, feannóg charrach
carrot *n* cairéad, meacan dearg
carry *vt* iompair, ~ *one* tabhair leat a haon, *to* ~ *on working* leanúint (ort) ag obair, *he carries on a business* tá gnó ar siúl aige, *to* ~ *out a scheme* scéim a chur i bhfeidhm, *she carries herself well* is breá an t-imeacht atá fúithi, *to* ~ *sth off* rud a bhreith, a chrochadh, leat; rud a éirí leat
carry-on *n, his* ~ *a* gheáitsí, *such* ~ *a* leithéid d'obair, d'ealaín
cart *n* cairt, trucail *vt* iompair, ~ *it away* croch, ardaigh, leat é
cartel *n* cairtéal
Carthusian *n & a* Cartúiseach
cartilage *n* loingeán
cartography *n* cartagrafaíocht
carton *n* cartán
cartoon *n* cartún
cartridge *n* cartús
cartwheel *n* roth cairte; rothalchleas
carve *vt* gearr; grean, snoigh
carver *n* scian feola; snoíodóir
carving *n* snoí(odóireacht)
carving-knife *n* scian feola
cascade *n* eas, scairdeán, slaod
case[1] *n* cás, cúis; tuiseal, *in any* ~ ar aon chaoi, ar scor ar bith, *just in* ~ ar eagla na heagla, *as in my own* ~ mo dhála féin, *in* ~ *I tell a lie* leisce na bréige
case[2] *n* cás, bosca, faighin, truaill *vt* cásáil
cash *n* airgead (tirim) *vt* bris
cashier *n* airgeadóir
cashmere *n* caismír
cash-register *n* scipéad cláraithe
casing *n* cásáil
cask *n* buta, casca, leastar
casserole *n* casaról
cassette *n* caiséad
cassock *n* casóg
cast *n* caitheamh, teilgean, urchar; fiarshúil; beart; buille (dorú), cor, dol; múnla; foireann (dráma) *vt* caith, cuir, diúraic, teilg
castanet *n* castainéad
castle *n* caisleán
cast-off *a* athchaite, ~ *suit* culaith athláimhe
castor *n* rothán, *pepper* ~ piobarán
castor-oil *n* ola ricne
castrate *vt* coill, spoch, gearr
castration *n* coilleadh, spochadh
casual *a* neamhthuairimeach; neamhchúiseach, *(of clothes)* neamhfhoirmiúil, ~ *conversation* comhrá fánach, ~ *employment* breac-fhostaíocht, ~ *worker* oibrí ócáideach
casualty *n* taismeach
cat *n* cat
catacomb *n* catacóm
catalogue *n* catalóg *vt* cláraigh

catalyst *n* catalaíoch
catapult *n* crann tabhaill
cataract *n* eas; fionn
catarrh *n* réama, catarra
catastrophe *n* tubaiste, matalang
catch *n* gabháil; laiste, ~ *in breath* snag anála, ~ *of fish* dol, gabháil, éisc, *there's the* ~ sin é an buille, *he's a good* ~ is maith an dóigh mná é *vt & i* beir (ar), fostaigh, gabh, ceap, *to* ~ *in sth* dul i ngreim, i bhfostú, i rud, ~ *me (doing such a thing)* baol orm (a leithéid a dhéanamh), *I caught a cold* tholg, ghlac, mé slaghdán, *I caught up with him* tháinig mé suas leis
catching *a* tógálach
catchword *n* leathfhocal, mana
catechism *n* caiticeasma, an Teagasc Críostaí
category *n* rangú; aicme
cater *vi*, *to* ~ *for a person* riar ar dhuine, soláthar do dhuine, freastal ar dhuine
caterer *n* lónadóir
catering *n* lónadóireacht
caterpillar *n* bolb, péist chabáiste
catgut *n* caolán
cathedral *n* ardeaglais
cathode *n* catóid
Catholic *n & a* Caitliceach
Catholicism *n* Caitliceachas
catkin *n* caitín
cattle *n* eallach, airnéis, bólacht
caubeen *n* cáibín
caul *n* caipín sonais, scairt
cauldron *n* coire
cauliflower *n* cóilis
caulk *vt & i* calc
cause *n* ábhar, cúis, fáth, cionsiocair, údar; caingean, *you are the* ~ *of it yourself* tú féin faoi deara é, tú féin is ciontaí leis *vt*, *to* ~ *trouble* trioblóid a tharraingt, *what* ~ *d the trouble* an rud faoi deara an trioblóid
causeway *n* cabhsa, tóchar, ciseach
caustic *n & a* loiscneach
cauterize *vt* poncloisc
caution *n* faichill, fainic *vt*, *to* ~ *a person about sth* rabhadh a thabhairt do dhuine faoi rud, duine a chur ar a fhaichill ar rud
cautious *a* faichilleach, airdeallach, aireach
cavalcade *n* marcshlua
cavalry *n* eachra, marcra, marcshlua
cave *n* pluais, uaimh *vi*, *to* ~ *in* titim isteach
cavernous *a* cuasach
caviar *n* caibheár
cavity *n* bléin, coguas, cuas
cawing *n* grágaíl
cease *vt & i* scoir, stad, staon
cease-fire *n* sos lámhaigh
cedar *n* céadar
cede *vt* dílsigh, géill
ceiling *n* síleáil

celandine *n*, *lesser* ~ grán arcáin, *greater* ~ garra bhuí
celebrate *vt & i* ceiliúir, comóir, *to* ~ *Mass* an tAifreann a léamh, a cheiliúradh, a rá, *to* ~ *Easter* an Cháisc a dhéanamh
celebrated *a* cáiliúil
celebration *n* ceiliúradh, comóradh
celebrity *n* duine cáiliúil, duine mór le rá
celery *n* soilire
celestial *a* neamhaí
celibacy *n* aontumha
celibate *a* aontumha, gan phósadh
cell *n* cill, cillín, *honeycomb* ~ cuinneog mheala
cellar *n* siléar
cellist *n* dordveidhleadóir
cello *n* dordveidhil
cellophane *n* ceallafán
celluloid *n* ceallalóid
cellulose *n* ceallalós
Celt *n* Ceilteach
Celtic *n* Ceiltis *a* Ceilteach
cement *n* stroighin, suimint *vt* stroighnigh; táthaigh
cemetery *n* reilig
censer *n* túiseán
censor *n* cinsire *vt*, *it is* ~ *ed* tá sé coiscthe ag an gcinsire; tá sé scrúdaithe ag an gcinsire
censorial *a* cinsiriúil
censorious *a* cáinteach, lochtaitheach
censorship *n* cinsireacht
censure *n* cáineadh, tromaíocht *vt & i* cáin
census *n* daonáireamh, móráireamh
cent *n* ceint, *he hasn't a red* ~ níl cianóg rua aige, *per* ~ faoin gcéad, sa chéad
centenary *n* (comóradh) céad bliain
centigrade *n* ceinteagrád *a* ceinteagrádach
centilitre *n* ceintilítear
centimetre *n* ceintiméadar
centipede *n* céadchosach
central *a* lárnach, *the C* ~ *Bank of Ireland* Banc Ceannais na hÉireann, *the C* ~ *Criminal Court* an Phríomh-Chúirt Choiriúil
centralize *vt* láraigh
centre *n* lár, croí, ceartlár; lárionad *vt* meánaigh
centre-forward *n* lárthosaí
centrifugal *a* lártheifeach
century *n* céad, *the twentieth* ~ an fichiú haois
ceramic *a* criaga
ceramics *npl* criadóireacht; earraí criaga
cereal *n* arbhar, gránach *a* gránach
cerebral *a* ceirbreach
cerebrum *n* ceirbream
ceremonial *a* deasghnách
ceremony *n* deasghnáth, searmanas
cerise *a* silíneach
certain *a* cinnte, dearfa, deimhin, *a* ~ *person* duine áirithe, *make* ~ cinntigh
certainty *n* áirithe, cinnteacht

certificate *n* teastas, teistiméireacht, *leaving* ~ ardteistiméireacht

certify *vt* deimhnigh

cess *n, bad* ~ *to you* marbhfháisc ort, greadadh chugat

cessation *n* staonadh, stopadh, faill, scor, ~ (*of rain*) turadh

cesspool *n* bréanlach

chafed *a* oigheartha

chaff *n* cáith, lóchán *vt, to* ~ *a person* séideadh faoi dhuine

chaffinch *n* rí rua

chain *n* slabhra; sraith *a* slabhrúil

chair *n* cathaoir; ollúnacht

chairman *n* cathaoirleach

chalet *n* sealla

chalice *n* cailís

chalk *n* cailc *vt* marcáil le cailc

challenge *n* dúshlán *vt, to* ~ *a person* dúshlán duine a thabhairt, *you should* ~ *her on that statement* ba cheart duit an chaint sin a iomardú uirthi

challenger *n* fear (bean) dúshláin

chamber *n* seomra, *underground* ~ uaimh, ~ *of commerce* cumann lucht tráchtála, ~ *music* ceol aireagail

chamberlain *n* seomradóir

chamber-pot *n* fualán

chameleon *n* caimileon

chamois-leather *n* seamaí

champagne *n* seaimpéin

champion *n* gaiscíoch, cíoná, curadh; crann taca *vt, to* ~ *a person* ceart a sheasamh do dhuine

championship *n* craobh; craobhchluiche

chance *n* seans; áiméar, faill; cinniúint, fortún, *by* ~ de thaisme, *now is your* ~ anois d'am, anois an t-am agat *vt & i* seansáil; teagmhaigh, tarlaigh *a* cinniúnach, teagmhasach

chancel *n* córlann

chancellor *n* seansailéir

chandelier *n* crann solais, coinnleoir craobhach

change *n* athrach, athrú; claochlú; briseadh, sóinseáil, ~ *of air* malairt spéire *vt & i* malartaigh, athraigh, claochlaigh, bris, *she* ~*d colour* d'iompaigh a lí uirthi

changeable *a* athraitheach, inathraithe, claochlaitheach

changeling *n* fágálach, iarlais, síofra

channel *n* bealach, cainéal; caidhséar, silteán; coigeal, clais; cuisle uisce, *North C* ~ Sruth na Maoile, *English C* ~ Muir nIocht *vt & i* clasaigh; seol

channelled *a* clasach, cuisleach

chant *n* coigeadal, dord, *plain, Gregorian,* ~ cantaireacht eaglasta *vt & i* can

chanting *n* cantain, cantaireacht

chaos *n* anord, *it is in* ~ níl tús ná deireadh air; tá sé ina chíor thuathail ar fad

chaotic *a* anordúil, trí chéile

chap[1] *n* diúlach

chap[2] *n* gág, méirscre

chapel *n* séipéal, teach pobail, eaglais

chaperon *n* bean choimhdeachta *vt, to* ~ *a person* coimhdeacht a dhéanamh ar dhuine

chaplain *n* séiplíneach

chapped *a* gágach

chapter *n* caibidil

char[1] *vi, to go out charring* glantachán tí a dhéanamh (ar phá lae)

char[2] *vt* dúloisc, gualaigh

character *n* carachtar, meon; (*in play*) pearsa

characteristic *n* airí, tréith; sonra, saintréith *a* sain-, tréitheach

characterization *n* carachtracht, tréithriú

characterize *vt* tréithrigh

charcoal *n* fioghual, gualach

charge *n* cúis, cúiseamh; íoc, táille, muirear; lán(án); séirse, ruathar, *in* ~ (*of*) i gceannas (ar), os cionn, *in the* ~ *of* faoi chúram, *free of* ~ saor in aisce *vt* cúisigh; luchtaigh; stang, lódáil, *he* ~*d me a pound for them* bhain sé punt díom orthu, *to* ~ *at a person* ruathar ionsaithe a thabhairt faoi dhuine

charger *n* capall cogaidh

chariot *n* carbad

charioteer *n* ara

charitable *a* carthanach, Críostúil; déirceach

charity *n* carthanacht, déirc, grá (dia); carthanas, *Christian* ~ Críostúlacht

charm *n* briocht, draíocht, ortha, geasróg; caithis, meallacacht *vt & i* meall, cuir faoi dhraíocht

charming *a* gleoite, meallacach, aoibhinn

charnel-house *n* ula

chart *n* cairt; graf

charter *n* cairt *vt* cairtfhostaigh

chary *a* faichilleach (*of* ar), drogallach (*of* roimh)

chase[1] *n* tóir, ruaig; fiach, seilg *vt & i* ruaig; fiach, seilg, cluich

chase[2] *vt* cabhair

chasm *n* duibheagán, aibhéis, gáibéal

chassis *n* fráma, creat, ~ *of cart* carra cairte

chaste *a* geanasach, geanmnaí, íon, glan

chastened *a* múinte, maslaithe, smachtaithe

chastise *vt* ceartaigh, cúr, smachtaigh, *to* ~ *a person* múineadh, smacht, a chur ar dhuine

chastisement *n* ceartú, múineadh, smachtú

chastity *n* geanas, geanmnaíocht

chasuble *n* casal

chat *n* comhrá *vi,* ~*ting* ag comhrá

chattels *npl* airnéis

chatter *n* durdam, geab, spruschaint; gliogar *vi,* ~*ing* ag geabaireacht, ag seinm, (*teeth*) ag cnagadh, ag greadadh

chatterbox *n* geabaire

chatty *a* cainteach

chauffeur *n* gíománach, tiománaí

chauvinism *n* seobhaineachas
cheap *a* saor; suarach, táir
cheapen *vt & i* saoirsigh, ísligh
cheapness *n* saoirse; suarachas
cheat *n* caimiléir, séitéir *vt & i, to* ~ *a person* calaois, caimiléireacht, a dhéanamh ar dhuine, ~*ing* ag séitéireacht
check *n* srian, cosc; seiceáil; seic *vt & i* srian, bac, ceansaigh, coisc; seiceáil; (*chess*) sáinnigh, ~ *in* (*at airport, etc*) sínigh isteach
checked *a*, (*of cloth*) páircíneach
checkmate *n* marbhsháinn
checkout *n*, (*in supermarket*) ~ *counter* cuntar amach
check-up *n* seiceáil
cheddar *n*, ~ (*cheese*) céadar
cheek *n* leiceann, grua, (*round*) ~ pluc, *lower* ~ giall, *such* ~ a leithéid d'éadan, de shotal
cheeky *a* soibealta, sotalach, dalba, ~ *fellow* dailtín
cheep *n & vi* gíog, míog
cheer *n* gáir; meanma *vt & i, to* ~ gáir (mholta, mhaíte) a ligean, ~ *up* bíodh misneach agat, *to* ~ *a person up* duine a mhisniú
cheerful *a* croíúil, meanmnach, misniúil, suairc; suáilceach
cheerfulness *n* croíúlacht, aigne, somheanma, suairceas, subhachas
cheerio *int* beannacht leat; slán agat
cheerless *a* duairc, gruama
cheese *n* cáis
cheeseburger *n* cáisbhorgaire
cheetah *n* síota
chef *n* príomhchócaire
chemical *n* ceimiceán *a* ceimiceach
chemist *n* ceimiceoir; poitigéir
chemistry *n* ceimic
cheque *n* seic
chequered *a* eangach, seicear
cherish *vt* caomhnaigh, muirnigh
cherry *n* silín
cherub *n* ceiribín
chess *n* ficheall
chess-player *n* ficheallaí
chest *n* araid, cófra, ciste; cliabh(rach), ucht
chestnut *n*, (*spanish, sweet,*) ~ castán, (*horse*) ~ cnó capaill *a* donnrua, dúrua
chevron *n* rachtán
chew *vt & i* cogain, *to* ~ *over sth* machnamh fada, marana, a dhéanamh ar rud
chewing-gum *n* guma coganta
chic *a* faiseanta
chicanery *n* lúbaireacht
chick *n* éan (circe)
chicken *n* sicín, circeoil; eireog
chicken-pox *n* deilgneach
chickweed *n* fliodh
chicory *n* siocaire

chief *n* flaith, taoiseach, cíoná, ceann urra *a* ard-, ceann-, príomh-
chiefly *adv* go háirithe, go mór mór, go príomha
chieftain *n* ceann fine
chiffon *n* sreabhann
chilblain *n* fochma, fuachtán
child *n* gasúr, leanbh, páiste; duine clainne, *having no* ~*ren* gan chlann, *their* ~*ren's* ~*ren* sliocht a sleachta
childbirth *n* breith clainne, luí seoil
childhood *n* leanbaíocht, óige, *second* ~ an aois leanbaí
childish *a* leanbaí, páistiúil
childishness *n* leanbaíocht, páistiúlacht
childlike *a* leanbaí, páistiúil
chill *n* fuacht *a* fuar *vt & i* fuaraigh
chilly *a* féithuar
chime *n* clogra; cling *vt & i* cling
chimera *n* ciméara
chimney *n* simléar
chimney-sweep *n* glantóir simléar
chimpanzee *n* simpeansaí
chin *n* smig
china *n* gréithe poircealláin; poirceallán
chink *n* gág
chintz *n* sions
chin-wagging *n* cabaireacht
chip *n* scealpóg, scolb, slis, (*potato*) ~*s* sceallóga (prátaí) *vt & i* smiot, scealp, snoigh
chipped *a* mantach, scealptha
chiropodist *n* coslia
chiropody *n* cosliacht
chirp *n* bíog, gíog *vi* gíog, *to* ~ bíog a ligean asat
chirping *n* bíogarnach, giolcadh
chisel *n & vt & i* siséal
chivalrous *a* ridiriúil; cúirtéiseach
chivalry *n* niachas, ridireacht; cúirtéis
chive *n* síobhas
chloride *n* clóiríd
chlorinate *vt* clóirínigh
chlorine *n* clóirín
chloroform *n* clóraform
chocolate *n* seacláid
choice *n* rogha, roghnú, toghadh; scoth, plúr, togha *a* scothúil, tofa
choir *n* córlann; claisceadal, cór
choke *n* tachtaire *vt & i* sclog, tacht, caoch, calc
choking *n* píopáil, tachtadh; caochadh *a* tachtach, múchtach
cholera *n* calar
cholesterol *n* colaistéaról
choose *vt & i* roghnaigh, togair, togh
chop *n*, (*of sea*) briota, cuilithín; *lamb* ~ gríscín uaineola *vt* gearr, mionghearr, smiot, *to* ~ *down a tree* crann a leagan
chopper¹ *n* scoiltire
chopper² *n* héileacaptar

choppy a, ~ wave briota, ~ sea clagfharraige, farraige shalach
choral a córúil, ~ singing claisceadal
chord n corda
choreography n cóiréagrafaíocht
chores npl, doing ~ ag timireacht, ag dioscaireacht
chorography n córagrafaíocht
chorus n cór; curfá, loinneog
chough n cág cosdearg
chrism n criosma
Christ n Críost
christen vt baist
christening n baisteadh; bainis bhaiste
Christian n Críostaí a Críostaí, Críostúil, ~ charity Críostúlacht
Christianity n Críostaíocht
Christmas n Nollaig, ~ Eve Oíche Nollag
chromatic a crómatach
chrome n cróm
chromium n cróimiam
chronic a ainsealach, leannánta, to become ~ dul in ainseal, daingniú
chronicle n croinic
chronicler n croiniceoir
chronological a cróineolaíoch, in ~ order de réir dátaí
chrysanthemum n órscoth
chubby a plucach
chuck vt, he was ~ed out caitheadh amach é, he ~ed it up d'éirigh sé as; chaith sé in aer é
chuckle n maolgháire vi, chuckling ag sclogadh gáire
chum n comrádaí, compánach
chunk n alpán, canta, dabhaid, smután, slaimice
church n eaglais, séipéal, teach pobail, medieval, protestant, ~ teampall, C ~ of Ireland Eaglais na hÉireann vt coisric
churchman n eaglaiseach, pearsa eaglaise
churchyard n cill, reilig
churl n aitheach, bodach, búr
churlish a doicheallach, tútach, bodúil, daoithiúil
churn n cuigeann, cuinneog vt & i maistrigh; coip, ~ing about ag únfairt, to ~ butter cuigeann a dhéanamh
churn-dash n loine
churning n cuigeann, maistreadh
chute n fánán, sleamhnán
chutney n seatnaí
ciborium n cuach abhlann, cuach altóra
cicatrize vt & i cneasaigh
cider n ceirtlis
cigar n todóg
cigarette n toitín
cincture n crios, sursaing
cinder n cnámhóg ghuail
cine-camera n cinecheamara
cinema n cineama, pictiúrlann
cinnamon n cainéal

cipher n rúnscríbhinn; náid; figiúr
circle n ciorcal, fáinne vt & i ciorclaigh, circling round ag fáinneáil, ag guairdeall, timpeall
circuit n timpeall, cuairt, imchuairt; ciorcad, C ~ Court Cúirt Chuarda
circuitous a timpeallach
circular n ciorclán, imlitir a ciorclach
circularize vt ciorclán, imlitir, a chur chuig daoine
circulate vt & i imigh (thart), to ~ a rumour ráfla a chur sa siúl
circulating a rothánach
circulation n cúrsaíocht; imshruthú; díol, scaipeadh, there is counterfeit money in ~ tá airgead bréige ag imeacht, sa timpeall
circumcise vt timpeallghearr
circumcision n imghearradh, timpeallghearradh
circumference n compás, timpeall, imlíne
circumscribe vt imscríobh; cuimsigh
circumspect a aireach, faichilleach
circumstance n cúinse, cúrsa, in the ~s agus an scéal mar atá, in any, under no, ~s ar aon chúinse, the ~s of the case tosca, dálaí, an cháis, they are in good ~s tá deis, dóigh, mhaith orthu
circumstantial a imthoisceach
circumvent vt timpeallaigh; sáraigh
circus n sorcas
cirrhosis n cioróis
Cistercian n & a Cistéirseach
cistern n sistéal
citadel n daingean
citation n toghairm, téacs, sliocht; aitheasc
cite vt luaigh
citizen n cathróir, saoránach, the Irish C ~ Army an tArm Cathartha
citizenship n cathróireacht, saoránacht
citric a citreach
citrus n citreas
city n cathair
civic a cathartha, C ~ Guard Garda Síochána
civil a cathartha; sibhialta, ~ war cogadh cathartha, the ~ service an státseirbhís
civilian n & a sibhialtach
civility n sibhialtacht, solabharthacht, cuntanós
civilization n sibhialtacht
civilize vt, to ~ people daoine a thabhairt chun sibhialtachta, chun míne
claim n ceart, teideal, éileamh, ceartas vt éiligh; maígh
claimant n éilitheoir
clairvoyance n fiosaíocht
clam n breallach
clamber vi dreap
clammy a sramach, greamaitheach, tais
clamour n callán, gleo vi, to ~ for something rud a éileamh go gáróideach
clamp n clampa; teanntán, (of oar) claba, ~ of turf clampa móna vt & i clampaigh

clan *n* clann; treibh

clandestine *a* folaitheach

clap *n* bualadh (bos), ~ *of thunder* plimp thoirní, rois toirní *vt & i,* ~*ping* ag bualadh bos, *to* ~ *a person in jail* duine a chaitheamh, a ropadh isteach, i bpríosún, *to* ~ *eyes on something* súil a leagan ar rud

clapper *n,* ~ *of bell* teanga cloig, ~ *of mill* clabaire

clapping *n,* ~ *of hands* bualadh bos, ~ *of wings* bualadh, greadadh, sciathán

claret *n* cláiréad

clarification *n* léiriú, soiléiriú

clarify *vt* soiléirigh, (*of fat*) gléghlan

clarinet *n* cláirnéid

clarion *n* galltrumpa, ~ *call* géim galltrumpa

clarity *n* glaine, glinne, soiléireacht

clash *n* easontas, achrann, ~ *of swords* coigeadal claimhte *vi, they are* ~*ing* tá siad ag teacht salach ar a chéile

clasp *n* claspa, nasc; greim, diurnú *vt* dún; fáisc, diurnaigh

class *n* aicme, cineál, grád; rang, *the working* ~ an lucht oibre *vt* rangaigh, grádaigh

classic *n & a* clasaiceach

classical *a* clasaiceach

classification *n* aicmiú, rangú

classify *vt* aicmigh, rangaigh

clatter *n* clagarnach, gleadhradh, ~ *of feet* gliogram, trup, cos *vi,* ~*ing* ag clagarnach

clause *n* clásal; agús

claustrophobia *n* clástrafóibe, uamhan clóis

clavicle *n* dealrachán, cnámh smiolgadáin

claw *n* crág, crúb, crobh; ionga, leadán, ordóg (gliomaigh) *vt & i* glám, crágáil, crúbáil; crúcáil, *the cat would* ~ *you* chuirfeadh an cat a leadáin ionat

claw-hammer *n* casúr cluasach, casúr ladhrach

clay *n* cré, créafóg, *modelling* ~ marla, *heavy* ~ moirt

clean *a & vt & i* glan *adv, I* ~ *forgot it* rinne mé dearmad glan de

cleaner *n* glantóir

cleaning *n* glanadh, glantóireacht

cleanliness *n* glanachar, glaineacht

cleanness *n* glaine

cleanse *vt* glan, nigh; úraigh

clear *a* glan, glé, geal, glinn, solasmhar; follas, léir, soiléir, ~ *profit* brabach glan, *stay* ~ *of it* fan glan air, *to be* ~ *about sth* bheith cruinn faoi, ar, rud *vt & i* glan; réitigh, *to* ~ *a jump, debts,* léim, fiacha, a ghlanadh, *the sky is* ~*ing* tá an spéir ag gealadh, ~ *out* bánaigh, díláithrigh; cart, ~ *off* ! croch leat! glan leat! gread leat!

clearance *n* bánú; díláithriú; cur as seilbh; glanadh amach; réiteach, (*of field*) gortghlanadh; ceantáil

clear-cut *a* glan, soiléir; greanta

clearing *n,* (*level space*) réiteach, plásóg, (*of weather*) breacadh, gealadh

clearness *n* cruinneas, léire; gléine, glaine

clearway *n* glanbhealach

cleat *n* cléata, (*of oar*) claba, cluas

cleavage *n* deighilt, scoilt

cleave[1] *vt* scoilt; dealaigh

cleave[2] *vi,* ~ *to* cloígh le, greamaigh de

cleaver *n* scoiltire; ~*s* garbhlus

clef *n* eochair

cleft *n* gnás, gág, scailp, siúnta *a* scailpeach, *he is in a* ~ *stick* tá sé i sáinn

clematis *n* gabhrán

clemency *n* trócaire, daonnacht

clement *a* trócaireach; séimh, soineanta

clench *vt & i* dún, druid; greamaigh

clenched *a,* ~ *fist* dorn druidte

clergy *n* cléir

clergyman *n* eaglaiseach, pearsa eaglaise

clerical *a* cléiriúil, ~ *student* ábhar sagairt, ~ *work* obair chléireachais

clerk *n* cléireach

clever *a* aibí, cliste, gasta, glic

cliché *n* sean-nath

clicking *n,* (*sound*) smeachaíl

client *n* cliant

clientele *n* cliantacht

cliff *n* aill, binn

climate *n* aeráid, clíoma

climatic *a* aeráideach, clíomach

climax *n* dígeann, forchéim, barrchéim, buaic

climb *n* dreapadh *vt & i* dreap, tóg, *to* ~ *down* tuirlingt, teacht anuas; géilleadh

climber *n* dreapadóir

climbing *n* dreapadóireacht

clinch *vt, to* ~ *a bargain* margadh a cheangal

cling *vi,* ~ *to* ceangail de, greamaigh de; lean de; cloígh le

clinic *n* clinic

clinical *a* cliniciúil

clink *n & vt & i* cling

clip[1] *n* fáiscín *vt* fáisc, ceangail le chéile

clip[2] *vt* bearr, sciot

clipper *n* lomthóir; ~*s* deimheas

clique *n* aicme, baicle, drong

cloak *n* brat, clóca, fallaing *vt, to* ~ *sth* rud a chur faoi chlóic

cloakroom *n* seomra cótaí; seomra bagáiste

clock[1] *n* clog, *one o'* ~ a haon a chlog *vt & i, to* ~ *a runner* am reathaí a choinneáil, *to* ~ *in, out* am tagtha, am imeachta, a mharcáil

clock[2] *vi, to* ~ gor a dhéanamh

clock[3] *n* daol

clocking *a,* ~*hen* cearc ghoir, cearc ar gor

clockwise *adv, to go* ~ dul deiseal

clockwork *n, like* ~ bonn ar aon

clod *n* scraithín, dairt, torpa

clodhopper *n* cábóg

clog *n* bróg adhmaid, paitín *vt & i* calc, tacht, caoch

cloister *n* clabhstra; mainistir, clochar

close¹ *n* clós

close² *n* críoch, deireadh, *to bring sth to a* ~ an clabhsúr a chur ar rud *a* dlúth; druidte; meirbh, ~ *relationship* gaol gairid, ~ *to* cóngarach do, deas do *vt & i* druid, dún, iaigh, *to* ~ *the subject* ceann a chur ar an scéal *adv, to draw* ~ *to a person* dlúthú, druidim, le duine, ~ *by* in aice láithreach; láimh le

closed *a* druidte, dúnta, iata

close-fisted *a* lámhiata, ceachartha

close-fitting *a* luiteach

closely *adv*, ~ *related* gar i ngaol, ~ *woven* fite go dlúth, *to examine sth* ~ rud a fhéachaint go grinn

closeness *n* deiseacht, gaire; dlús, tiús; rúnmhaireacht; meirbhe

closet *n* clóiséad, póirse

closure *n* clabhsúr, iamh, dúnadh

clot *n*, ~ *of blood* cnapán, téachtán, fola *vi* téacht

cloth *n* éadach, bréid; ceirt, *men of the* ~ an chléir

clothe *vt* éidigh, cuir éadach ar, feistigh

clothes *npl* éadach, feisteas; ceirteacha, balcaisí

clothes-hanger *n* crochadán

clothes-horse *n* cnagadán, cliath éadaí

clothier *n* éadaitheoir

clothing *n* éadach, éide

cloud *n* néal, scamall, smál, ~ *of dust* ceo deannaigh, ~*s of smoke* bús deataigh, calcanna toite *vt & i* dorchaigh, diamhraigh, *to* ~ *the issue* an scéal a dhéanamh doiléir

cloudburst *n* maidhm bháistí

clouded *a* ceoch, scamallach, néalmhar

cloudy *a* néaltach, scamallach, ceoch; modartha

clout *n* balcais, ceirt, giobal; boiseog, clabhta, langaire *vt* clabhtáil

clove *n* clóbh, tacóid ghaoithe, ~ *of garlic* ionga gairleoige

clover *n* seamair

clown *n* áilteoir; fear grinn; cábóg

cloying *a* ceasúil, oiltiúil

club *n* lorga, smachtín; triuf; club *vi, to* ~ *together* dul i bpáirt le chéile, airgead a bhailiú i bpáirt le chéile

club-footed *a* crúbach

clucking *n* gocarsach

clue *n* leid

clump *n* tor, tom; garrán

clumsy *a* anásta, ciotach, ciotrúnta, tútach; míshásta; místuama

cluster *n* crobhaing, mogall, (*of houses*) gráig, cloigín *vt & i* cruinnigh, bailigh le chéile

clutch¹ *n* éillín, líne, ál

clutch² *n* greim, glám, (*of engine*) crág, *to get sth in one's* ~*es* do chrúcaí a chur i rud *vt & i* glám, ~(*at*) crúcáil (ar), *to* ~ *sth to oneself* rud a fháscadh chugat

clutter *n* tranglam *vt* truncáil

co- *pref* comh-

coach *n* cóiste; traenálaí *vt* traenáil

coachman *n* cóisteoir, gíománach

coadjutor *n* cóidiútar

coagulate *vt & i* téacht

coal *n* gual, (*live*) ~ aibhleog, smeachóid

coalesce *vi* comhtháthaigh, táthaigh

coalfield *n* gualcheantar

coal-fish *n* glasán, crothóg dhubh

coalition *n*, ~ *government* comhrialtas

coal-mine *n* mianach guail

coarse *a* garbh, borb, barbartha, madrúil

coast *n* cósta

coastal *a* cósta

coastguard *n* garda cósta, vaidhtéir

coastline *n* líne an chósta

coat *n* casóg, cóta, ~ *of arms* armas *vt* coirtigh, screamhaigh

coat-hanger *n* crochadán

coating *n* brat, scraith, scim, coirt, screamh

coax *vt* bréag, meall

cob *n* gearrchapall; gandal eala

cobalt *n* cóbalt

cobbler *n* gréasaí, caibléir; caibléireog

cobblestone *n* cloch dhuirlinge

cobweb *n* líon, téad, damháin alla

cocaine *n* cócaon

cock¹ *n* coileach; buacaire, (*of gun*) bainteoir; goic, maig *vt, to* ~ *one's hat* goic a chur ar do hata

cock² *n*, ~ *of hay* coca (féir) *vt*, ~*ing hay* ag cocadh féir

cockade *n* cnota, curca

cockatoo *n* cocatú

cock-crow *n* glao coinligh, *at* ~ le gairm na gcoileach

cockle *n* ruacan

cockpit *n* láthair comhraic; cábán píolóta

cockroach *n* ciaróg dhubh

cockscomb *n* cíor coiligh

cocksure *a* stradúsach, diongbháilte

cocktail *n* manglam

cocky *a* cocach, sotalach

cocoa *n* cócó

coconut *n* cnó cócó

cocoon *n* cocún

cod *n* trosc

code *n* cód

codicil *n* codaisíl

codify *vt* códaigh

codling *n* coidlín

coerce *vt* comhéignigh, *he was* ~*d into doing it* cuireadh d'iallach air é a dhéanamh

coercion *n* comhéigean

co-existence *n* comhbheith; réiteach

coffee *n* caife

coffer *n* ciste, cófra

coffin *n* cónra

cog *n,* (*of wheel*) fiacail
cogent *a* áititheach, éifeachtach
cogitate *vi* cogain, machnaigh, meabhraigh
cognac *n* coinneac
cognate *a* gaolmhar
cohabit *vi* caidrigh (le), cumaisc (le), *to* ~ bheith, dul, in aontíos
cohabitation *n* aontíos, céileachas
coherent *a* comhtháite, leanúnach, cruinn
cohesion *n* comhghreamú, comhtháthú
cohesive *a* comhghreamaitheach, comhtháite
coil *n* corna, lúb(án) *vt* corn, dual
coiled *a* lúbánach
coin *n* bonn, píosa; mona *vt, to* ~ *money* airgead a bhualadh; saibhreas a charnadh, *to* ~ *a word* focal a chumadh
coinage *n* mona
coincide *vi* comhtharlaigh
coincidence *n* comhtharlú
coition *n* comhriachtain
coke *n* cóc
colander *n* síothlán, stráinín
colcannon *n* cál ceannann
cold *n* fuacht; slaghdán *a* fuar; dearóil, ~ *wind* gaoth bhioranta
cold-blooded *a* danartha, beartaithe, *to do sth* ~*ly* rud a dhéanamh as fuil fhuar
cold-cream *n* fuarungadh
coldness *n* fuaire; doicheall
colic *n* coiliceam
collaborate *vi* comhoibrigh (le)
collaborator *n* comhoibrí
collapse *n* titim; cliseadh *vi* tit, *he* ~*d* thit sé i mbun a chos, *the wall* ~*d* thug, sceith, an balla
collapsible *a* infhillte
collar *n* bóna, coiléar; muince
collar-bone *n* cnámh smiolgadáin, dealrachán, branra brád
collate *vt* cóimheas
collateral *a* comhthaobhach
collation *n* cóimheas; colláid
colleague *n* comhghleacaí, comhalta
collect *vt & i* bailigh, cruinnigh, cnuasaigh
collection *n* bailiúchán, cnuasach, díolaim, teaglaim
collective *a* comhchoiteann, tiomsaitheach, ~ *noun* cnuasainm
collector *n* bailitheoir
college *n* coláiste
collegiate *a* coláisteach
collide *vi, they* ~*d* bhuail siad faoi chéile
collie *n* madra caorach, sípéir
colliery *n* mianach guail
collision *n* imbhualadh
colloquial *a* comhráiteach, ~ *speech* caint na ndaoine
colloquialism *a* canúnachas; caint, abairt, neamhfhoirmiúil

collusion *n* claonpháirteachas
colon[1] *n* drólann
colon[2] *n* idirstad
colonel *n* coirnéal
colonial *a* coilíneach
colonist *n* coilíneach
colonize *vt* coilínigh
colonnade *n* colúnáid
colony *n* coilíneacht
colossal *a* ábhalmhór
colour *n* dath, lí, snua, ~ *bar* cneaschol *vt & i* dathaigh
coloured *a* daite
colourful *a* dathannach, dathúil
colt *n* bromach
coltsfoot *n* sponc
column *n* colún
columnist *n* colúnaí
coma *n* cóma, támhnéal
comb *n* cíor, raca; cuircín, círín *vt & i* cíor(láil), spíon
combat *n* comhrac *vt & i* comhraic
combatant *n* comhraiceoir, trodaí
combination *n* comhcheangal, cumasc; teaglaim
combine *n,* ~ (*harvester*) comhbhuainteoir *vt & i* comhcheangail, cumaisc, aontaigh
combustible *a* indóite
combustion *n* dó
come *vi* tar, *she is coming* tá sí ag teacht, *here he* ~*s* seo chugainn é, ~ *along* téana ort, ~ *in* bí istigh, *where do you* ~ *from* cad as duit, ~ *what may* cibé ar bith céard a tharlós, *the total* ~*s to two pounds* dhá phunt an t-iomlán, *to* ~ *to* teacht chugat féin, *it came about in this way* tharla sé ar an gcaoi seo, *to* ~ *in useful for sth* fónamh le haghaidh ruda
comedian *n* fuirseoir
comedy *n* coiméide
comely *a* córach, dathúil, gnaíúil, leacanta
comet *n* réalta (an) eireaball, cóiméad
comfort *n* cluthaireacht, compord, sáile, só; sólás, fortacht *vt, to* ~ *a person* sólás a thabhairt do dhuine
comfortable *a* cluthar, compordach, seascair, sócúlach
comforter *n* sólásaí
comforting *a* compordach, *it is very* ~ is mór an sólás é
comic *n* fuirseoir *a* barrúil, greannmhar, ~ *paper* greannán
comical *a* ait, greannmhar
coming *n* teacht *a, the* ~ *year* an bhliain seo chugainn, an bhliain atá romhainn, *the* ~ *generations* na glúine a thiocfas inár ndiaidh
comma *n* camóg
command *n* ordú, foláireamh; ceannas, ceannasaíocht *vt* ordaigh, *to* ~ *a person to do sth* aithint ar dhuine rud a dhéanamh

commandant *n* ceannfort
commander *n* ceannasaí, ceannfort
commanding *a* ceannasach, ~ *voice* glór údarásach
commandment *n* aithne
commemorate *vt*, *to* ~ *a person* duine a chomóradh; duine a chuimhneamh
commemoration *n* cuimhneachán; searmanas cuimhneacháin
commence *vt* & *i* tosaigh
commencement *n* tosú, tús
commend *vt* mol, tiomnaigh
commendable *a* inmholta
commendation *n* moladh
commensurate *a* comhchuimseach (le)
comment *n* plé, trácht; nóta, tuairisc, *I have no* ~ *to make on it* níl rud ar bith le rá agam faoi *vt* & *i* pléigh, trácht (*on* ar)
commentary *n* gluais; tráchtaireacht
commentator *n* tráchtaire
commerce *n* tráchtáil, trádáil
commercial *a* trádálach, ~*firm* gnólacht, cuideachta, comhlacht (gnó)
commiserate *vi*, *she* ~*d with us on his death* chásaigh sí a bhás linn, rinne sí comhbhrón linn faoina bhás
commissar *n* coimeasár
commissariat *n* lónroinn
commission *n* coimisiún *vt* coimisiúnaigh, *he was* ~*ed* tugadh coimisiún dó
commissioned *a*, ~ *officer* oifigeach coimisiúnta
commissioner *n* coimisinéir
commit *vt*, ~ (*to prison*) cuir (i bpríosún), ~ *to memory*, cuir de ghlanmheabhair, meabhraigh, *to* ~ *a crime* coir a dhéanamh
commitment *n*, *financial* ~ geall airgeadais
committee *n* coiste
commodity *n* earra, tráchtearra
commodore *n* comadóir
common *n* coimín; coiteann *a* coiteann, coitianta; comónta, gnáth-, ~ *sense* ciall, *the C* ~ *Market* an Cómhargadh
commonage *n* coimíneacht
commonalty *n* coitiantacht
commonplace *a* síorghnách, gnách
commonwealth *n* comhlathas
commotion *n* caismirt, clampar, ruaille buaille, hurlamaboc
communal *a* comhchoiteann
commune *n* común
communicant *n* comaoineoir
communicate *vt* & *i*, *to* ~ *sth to a person* rud a chur in iúl do dhuine, *to* ~ *with a person* scéala a chur chuig duine, teagmháil le duine, *they* ~*d by letter* scríobhaidís chuig a chéile, (*of sacrament*), *to* ~ comaoineach(a) a ghlacadh
communication *n* cumarsáid, teagmháil
Communion *n* Comaoineach, *the* ~ *of Saints* Comaoin na Naomh

communiqué *n* scéala, ráiteas (oifigiúil)
communism *n* cumannachas
communist *n* cumannaí *a* cumannach
community *n* comhphobal, pobal, *plant* ~ cumann plandaí, ~ *school* pobalscoil
commute *vt* & *i* iomalartaigh, *to* ~ *by car* comaitéireacht a dhéanamh i gcarr; dul ag obair sa charr
commuter *n* comaitéir
compact *a* conláisteach, dlúth
compactness *n* conláiste, dlús
companion *n* compánach, comrádaí
companionable *a* comhluadrach, so-ranna
companionship *n* cumann, cuibhreann, cuideachta
company *n* buíon, foireann, (*of army*) complacht; comhlacht; cuallacht, cumann; comhluadar, cuideachta, cuibhreann, *to be in a person's* ~ bheith i dteannta, i bhfochair, duine
comparable *a*, *to be* ~ *to* bheith inchomórtais, inchurtha, le
comparative *a* comparáideach, ~ *degree* breischéim
compare *n*, *it is beyond* ~ níl a shárú ann *vt* & *i* cóimheas, *he can't* ~ *with you* níl aon bhreith aige ort, níl sé inchurtha leat, *to* ~ *things* rudaí a chur i gcomórtas, i gcomparáid, le chéile; rudaí a shamhlú le chéile, ~*d with* le hais, le taobh, seachas, ~*d to formerly* i bhfarradh (is) mar a bhí
comparison *n* cóimheas, comórtas, comparáid; samhail
compartment *n* urrann
compass *n*, ~, *pair of* ~*es* compás
compassion *n* taise, trua, trócaire, bá
compassionate *a* tais, trócaireach
compatibility *n* comhoiriúnacht
compatible *a* comhoiriúnach (*with* do)
compatriot *n* comhthíreach
compel *vt*, *to* ~ *a person to do sth* iallach a chur ar dhuine rud a dhéanamh, *I was* ~*led to go* cuireadh d'fhiacha orm dul, b'éigean dom dul, *you are not* ~*led to do it* níl caitheamh ar bith ort é a dhéanamh, ní gá duit é a dhéanamh
compensate *vt* cúitigh, cíosaigh
compensating *a* cúiteach
compensation *n* cúiteamh, éiric; cothromú, comhardú
compensator *n* cúititheoir
compère *n* aíochtóir, fear (an) tí
compete *vi*, *to* ~ *with a person* dul in iomaíocht le duine
competence *n* éifeacht, inniúlacht
competent *a* fearastúil, ábalta, cumasach, éifeachtach
competition *n* coimhlint, iomaíocht; comórtas
competitive *a* iomaíoch, ~ *examination* scrúdú comórtais
competitor *n* iomaitheoir

compilation *n* díolaim, tiomsú
compile *vt* teaglamaigh, tiomsaigh, cuir le chéile
complacent *a* bogásach; sámh
complain *vt & i* casaoid, éagaoin, éiligh, gearán
complainant *n* éilitheoir
complaining *n* casaoid, ceasacht, cnáimhseáil *a* casaoideach, gearánach
complaint *n* casaoid, clamhsán, éileamh, gearán, *I have no cause for* ~ ní gearánta dom
complement *n* comhlánú, líon *vt* comhlánaigh
complementary *a* comhlántach
complete *a* críochnaithe, déanta, foirfe, iomlán, slán, ~ *fool* amadán cruthanta *vt* críochnaigh, cuir i gcrích, slánaigh
completely *adv* go hiomlán, amach is amach, scun scan
completion *n* comhlíonadh, críoch
complex *n* coimpléasc *a* coimpléascach, casta
complexion *n* gné, snua, lí, cneas
complexity *n* castacht
compliance *n* géilleadh
compliant *a* géilliúil, umhal
complicate *vt, to* ~ *matters* cúrsaí a chur trí chéile, a chur in achrann
complicated *a* casta, cas
complication *n* fadhb, deacracht; seachghalar
complicity *n* comhpháirteachas
compliment *n* comaoin, *with* ~ *s* le dea-mhéin *vt, to* ~ *a person* duine a mholadh
complimentary *a* moltach, ~ *copy* cóip dhea-mhéine
compline *n* coimpléid
comply *vi, to* ~ *with* déanamh de réir, géilleadh do
component *a*, ~ *part* ball, comhpháirt
compose *vt* comhshuigh; cum, ceap, déan
composed *a* suaimhneach, socair, ~ *of* déanta, comhdhéanta, as
composer *n* ceapadóir, cumadóir
composite *a* ilchodach
composition *n* aiste; cumadóireacht, ceapadóireacht, cumadh; comhdhéanamh; dréacht, saothar
compositor *n* cló-eagraí
compost *n* múirín
composure *n* neamhchúis
compound *n* comhdhúil; cumasc *a* ilchodach, ~ *fracture* briseadh créachtach, ~ *word* comhfhocal, ~ *interest* ús iolraithe *vt & i* cumaisc
comprehend *vt* cuimsigh; tuig
comprehensible *a* sothuigthe
comprehension *n* tuiscint
comprehensive *a* cuimsitheach, uileghabhálach
compress *n* adhartán, comhbhrúiteán *vt* comhbhrúigh, dlúthaigh
compressed *a* dlúite
compressor *n* comhbhrúiteoir
comprise *vt* cuimsigh

compromise *n* comhghéilleadh, comhréiteach *vt & i* comhréitigh, *he* ~ *d himself* tharraing sé amhras air féin
comptometer *n* áirmhéadar
compulsion *n* éigean, foréigean, iallach, caitheamh
compulsory *a* éigeantach
compunction *n* scrupall
computation *n* ríomhaireacht
compute *vt* ríomh
computer *n* ríomhaire
computerization *n* ríomhairiúchán
comrade *n* comrádaí
comradeship *n* comrádaíocht
conacre *n* conacra, talamh reachtais
concave *a* cuasach
conceal *vt* ceil, folaigh
concealment *n* ceilt, folach
concede *vt* géill, lig le
conceit *n* leithead, postúlacht, stráice
conceited *a* leitheadach, postúil, stróúil, suimiúil
conceivable *a, every* ~ *thing* gach rud dá bhféadfá cuimhneamh air
conceive *vt & i* gin; coincheap, ceap, cuimhnigh, samhlaigh, *she* ~ *d* ghabh sí
concentrate *vt & i* comhchruinnigh; tiubhaigh, *to* ~ *on a subject* d'intinn a dhíriú ar ábhar
concentration *n* comhchruinniú; dianmhachnamh; tiúchan, ~ *camp* sluachampa géibhinn
concentric *a* comhlárnach
concept *n* coincheap, smaoineamh
conception *n* cuimhneamh; coimpeart, giniúint, gabháil (gine), *the Immaculate C* ~ Giniúint Mhuire gan Smál
concern *n* cásmhaireacht, imní, *business* ~ gnóthas, *they are no* ~ *of mine* ní cás liom, orm, iad, *vt, it doesn't* ~ *you* ní bhaineann sé duit; ní de do chúram é, *the people* ~ *ed* na daoine atá i gceist, *as far as I am* ~ *ed* i dtaca liomsa de
concerned *a* cásmhar, imníoch, *to be* ~ *about sth* bheith i gcás faoi rud, *you needn't be* ~ *about it* ná bíodh ceist ort faoi, *as far as that is* ~ sa dóigh sin de, i dtaca le sin de
concerning *prep* fá dtaobh de, faoi, mar gheall ar
concert *n* ceolchoirm, coirm cheoil
concerted *a, by* ~ *effort* d'aon lámh
concertina *n* consairtín
concerto *n* coinséartó
concession *n* lamháltas, logha
conciliation *n* eadráin, ~ *board* bord réitigh
conciliator *n* réiteoir
conciliatory *a* síochánta
concise *a* achomair, comair
conclude *vt & i* críochnaigh, *concluding that* ag déanamh go, *he* ~ *d that I was right* rinne sé amach go raibh an ceart agam
conclusion *n* críoch, deireadh, *do not jump to* ~ *s* ná déan deimhin de do bharúil
conclusive *a* críochnaitheach; cinntitheach

concoct *vt, to* ~ *a story* scéal a chumadh
concoction *n* comhbhruith; cumadóireacht
concomitance *n* coimhdeacht
concord *n* comhaontas, teacht le chéile
concordat *n* concordáid
concourse *n* comhthionól, slua
concrete *n* coincréit *a* coincréiteach, nithiúil
concupiscence *n* miangas
concur *vi* aontaigh (le), bheith ar aon intinn (le duine)
concurrently *adv* i gcomhthráth
concussion *n* comhshuaitheadh
condemn *vt* cáin, damnaigh; daor, teilg
condemnation *n* cáineadh, damnú; daoradh
condemned *a* cáinte; daortha, ~ *person* daor
condensation *n* comhdhlúthú
condense *vt & i* comhdhlúthaigh
condescend *vi* deonaigh, crom
condescending *a* deonach
condiment *n* anlann, tarsann
condition *n* caoi, cruth, dóigh, staid; coinníoll, acht, cuntar
conditional *n & a* coinníollach
condolence *n* cásamh, comhbhrón
condominium *n* comhthiarnas; áraslann
condone *vt* maith; leomh, lig le
conducive *a* fabhrach (chun), *it is* ~ *to good health* cuidíonn sé le sláinte an duine
conduct *n* béasa, iompar; stiúradh *vt* riar, rith, stiúir; seol; comóir, *to* ~ *oneself properly* tú féin a iompar mar is ceart
conductor *n* stiúrthóir; seoltóir
conduit *n* seoladán
cone *n* buaircín; coirceog, cón
confection *n* sócamas; ullmhóid; (foirgneamh, etc) straibhéiseach
confectioner *n* sólaisteoir
confectionery *n* milseogra, sócamais
confederation *n* cónaidhm
confer *vt & i* tabhair, (*of degree*) bronn, *to* ~ *with a person* dul i gcomhairle le duine
conference *n* comhdháil
confess *vt & i* admhaigh, *to* ~ *one's sins* faoistin a dhéanamh, do pheacaí a admháil, *to* ~ *a person* duine a éisteacht, faoistin a thabhairt do dhuine
confession *n* faoistin, ~ *box* bosca an éistigh
confessor *n* athair faoistine, anamchara
confidant(e) *n* rúnchara
confide *vt & i, to* ~ *in a person* do rún a ligean, a thaobhú, le duine, *he* ~ *d to me* (*that*) dúirt sé i gcogar liom (go)
confidence *n* dánacht, urrús; muinín, iontaoibh, *in* ~ faoi rún
confident *a* dána, teann, urrúsach, dóchasach; muiníneach
confidential *a* rúnda
configuration *n* cumraíocht, imchruth

confine *vt, to be* ~ *d to bed* bheith ag coinneáil na leapa, ~ *d space* áit chúng, cúngach, ~ *d competition* comórtas teoranta
confinement *n* braighdeanas, géibheann; luí seoil
confines *npl, within the* ~ *of the place* faoi iamh na háite
confirm *vt* cinntigh, deimhnigh; cuir faoi lámh easpaig, cóineartaigh
confirmation *n* cinntiú, dearbhú, deimhniú; dul faoi lámh easpaig, cóineartú
confiscate *vt* coigistigh
confiscation *n* coigistíocht
confiteor *n, the C* ~ an Fhaoistin Choiteann
conflagration *n* dóiteán, tine
conflict *n* caismirt, cath, deabhaidh, *in* ~ i dtreis *vi, their interests* ~ tá siad ag teacht salach ar a chéile
confluence *n, the* ~ *of two streams* bun, comhrac, cumar, dhá uisce
conform *vi,* ~ *to, with, sth* freagair do rud, déan de réir ruda
confound *vt, to* ~ *a person* duine a mhearú; duine a chur trí chéile, ~ *him!* droch-chríoch air!
confraternity *n* comhbhráithreachas
confront *vt, to* ~ *a person* aghaidh a thabhairt ar dhuine, *to be* ~ *ed by dangers* guaiseacha a bheith romhat, i do bhealach
confrontation *n* comhfhorrántas; (daoine) aghaidh a thabhairt ar a chéile
confuse *vt* mearaigh, suaith, cuir trí chéile, *he got* ~ *d* tháinig mearbhall air, *to* ~ *sth with sth else* rud a mheascadh le rud eile
confused *a* mearbhlach, scaipeach; bunoscionn, trí chéile
confusing *a* suaiteach, mearbhlach
confusion *n* mearbhall, mearú, suaitheadh; cíor thuathail, tranglam; (cur) trí chéile, dallamullóg
congeal *vt & i* téacht; oighrigh, reoigh, sioc
congenial *a* cóimheonach
congenital *a* comhbheirthe, ó bhroinn
conger *n,* ~ (*eel*) concar
congested *a* plúchta, ~ *area* ceantar cúng
congestion *n* cúngach, *traffic* ~ brú, plódú, tráchta
conglomeration *n* cumasc, meascán; comhcheirtleán
congratulate *vt, to* ~ *a person on sth* rud a mhaireachtáil, a threaslú, do dhuine; comhghairdeas a dhéanamh le duine faoi rud
congratulation *n* comhghairdeas, tréaslú, ~ *s!* go maire tú i bhfad, molaim thú
congregate *vt & i* comhchruinnigh, bailigh
congregation *n* pobal, tréad; tionól
congress *n* comhdháil
conic *a* cónach
conical *a* coirceogach
conifer *n* cónaiféar, buaircíneach
coniferous *a* buaircíneach

conjecture *n* meath-thuairim *vt & i* tuairimigh, *conjecturing* ag tuairimíocht
conjugal *a*, ~ *rights* cearta pósta
conjugate *vt* réimnigh
conjugation *n* réimniú
conjunction *n* cónasc, *in* ~ *with* in éineacht le
conjunctivitis *n* toinníteas
conjure *vt & i, to* ~ asarlaíocht a dhéanamh, *to* ~ *up memories* seanchuimhní a mhúscailt
conjurer *n* asarlaí, doilfeoir
conjuring *n*, ~ (*tricks*) cleasa asarlaíochta
Connacht *n* Connachta, Cúige Chonnacht *a* Connachtach
connect *vt* cónaisc, ceangail, *all* ~*ed with you* gach a mbaineann leat, *the two words are* ~*ed* tá gaol idir an dá fhocal
connecting *a* ceangailteach, cónascach
connection *n* baint; cónasc, *in* ~ *with* mar gheall ar, maidir le
connivance *n* cúlchead
connive *vi*, *he* ~*d at the injustice* dhún sé a shúile ar an éagóir
connoisseur *n* eolaí
connotation *n* cuimsiú; fochiall, seach-chiall
conquer *vt & i* buaigh (ar), cloígh
conqueror *n* cloíteoir, gabhálaí, *William the C* ~ Liam Concaire
conquest *n* concas, gabháltas
conscience *n* coinsias
conscientious *a* coinsiasach
conscious *a* comhfhiosach, meabhrach, *to be* ~ *of sth* mothú a bheith agat ar rud, rud a bhrath
consciousness *n* meabhraíocht, mothú, *she regained* ~ tháinig an mheabhair ar ais chuici
conscript *n & a* coinscríofach *vt* coinscríobh
conscription *n* coinscríobh
consecrate *vt* coisric
consecration *n* coisreacan, sácráil
consecutive *a* leantach, *three* ~ *days* trí lá as a chéile
consensus *n* comhaontú (barúla, tola)
consent *n* deoin, aontú, toil, toiliú *vi* deonaigh, toiligh
consequence *n* iarmhairt, iarsma, *in* ~ *of* de dheasca, *of no* ~ gan tábhacht, gan aird
consequential *a* iarmhartach
consequently *adv & conj* dá bharr sin
conservation *n* caomhnú
conservationist *n* caomhnóir
conservatism *n* coimeádachas
conservative *n & a* coimeádach
conservator *n* coimeádaí
conservatory *n* teach gloine
conserve *vt* caomhnaigh, *to* ~ *one's strength* do neart a choigilt
consider *vt* cuimhnigh, síl, smaoinigh; dearc; meas, *all things* ~*ed* i dtaca le holc

considerable *a* suimiúil, ~ *amount* suim mhaith, *I had* ~ *difficulty with it* bhí a lán dá dhua agam; ní gan dua a rinne mé é
considerate *a* dearcach, tuisceanach
consideration *n* dearcadh, tuiscint; comaoin, *to take sth into* ~ rud a chur san áireamh
considering *prep & conj*, ~ *that* nuair a, ráite (go), ~ *how dear they were* agus a dhaoire a bhí siad
consign *vt* coinsínigh, *to* ~ *sth to a person's care* rud a fhágáil i gcúram duine
consignment *n* coinsíneacht; lastas
consist *vi, it* ~*s of* is éard atá ann
consistency *n* comhsheasmhacht; dlús, raimhre
consistent *a* comhsheasmhach; de réir a chéile, ~ *with* i gcomhréir le; ag teacht le
consolation *n* sólás, ~ *prize* duais aitheantais
console *vt, to* ~ *a person* sólás a thabhairt do dhuine
consolidate *vt & i* daingnigh
consoling *a* sólásach
consonance *n* comhfhuaim
consonant *n* consan
consort *n* comrádaí; céile *vi, to* ~ *with a person* taithí le duine
conspicuous *a* feiceálach
conspiracy *n* comhcheilg, plota
conspirator *n* comhchealgaire
conspire *vi, to* ~ *against a person* comhcheilg a bheartú in aghaidh duine, plota a dhéanamh ar dhuine
constable *n* constábla
constabulary *n* constáblacht
constancy *n* diongbháil, dílse, seasmhacht, síoraíocht
constant *a* bith-, gnáth-, cónaitheach, buan, síoraí; diongbháilte, seasmhach
constantly *adv* go buan, de shíor
constellation *n* réaltbhuíon
consternation *n* anbhá, corrabhuais
constipated *a* iata, crua sa chorp
constipation *n* iatacht, ceangailteacht (coirp)
constituency *n* dáilcheantar, toghlach
constituent *n* comhábhar; toghthóir *a*, ~ *college* comhcholáiste
constitute *vt* comhdhéan; ceap, bunaigh, reachtaigh
constitution *n* bunreacht; comhdhéanamh, *physical* ~ coimpléasc
constitutional *a* bunreachtúil
constraint *n* iallach
constrict *vt* cúngaigh; crap, craplaigh
constriction *n* cúngú; snaidhm
construct *vt* déan, tóg
construction *n* déanamh, tógáil; leagan, dul; construáil, léamh
constructive *a* éifeachtach, tairbheach, cuidiúil, cúntach
construe *vt* construáil

consul *n* consal

consult *vt & i, to* ~ *with a person* dul i gcomhairle le duine, *he* ~*ed me about it* cheadaigh sé liom é

consultant *n* comhairleoir; lia comhairleach

consultation *n* comhairle, *in* ~ i ndáil chomhairle

consultative *a* comhairleach

consume *vt* caith, ith, tomhail, díscigh, ídigh

consumer *n* caiteoir, tomhaltóir

consummate *a, a* ~ *artist* ealaíontóir cruthanta *vt, to* ~ *a marriage* pósadh a chríochnú, a chur i gcrích

consumption *n* caitheamh, tomhailt; eitinn, créachta

contact *n* tadhall, teagmháil *vt* teagmhaigh (le)

contagious *a,* ~ *disease* galar tadhaill

contain *vt, it* ~*s a gallon* coinníonn, tógann, sé galún; tá galún ann, *to* ~ *a flood* tuile a chosc, a smachtú, *he couldn't* ~ *himself for rage* bhí sé ag dul as a chrann cumhachta, ag dul as a chraiceann le fearg

container *n* árthach, soitheach, gabhdán; coimeádán

contaminate *vt* truailligh, éilligh

contamination *n* truailliú

contemplate *vt & i* machnaigh, meabhraigh

contemplation *n* machnamh, marana; rinnfheitheamh

contemplative *a* machnamhach, smaointeach, ~ *order* ord rinnfheithimh

contemporary *n, our contemporaries* lucht ár gcomhaimsire, lucht ár linne *a* comhaimseartha, ~ *with* in aon aimsir, i gcomhaimsir, le

contempt *n* dímheas, drochmheas, tarcaisne

contemptuous *a* drochmheasúil, tarcaisneach, díomasach

contend *vt & i* spairn (le); maígh, éiligh, *to* ~ *with a person for an honour* bheith ag dréim le duine faoi onóir

content[1] *n* lucht, ~*s* lán, *table of* ~*s* clár (ábhair), *lead* ~ cion luaidhe

content[2] *a* sásta *vt* sásaigh

contention *n* caismirt, cointinn, iomarbhá; maíomh, *bone of* ~ cnámh spairne

contentious *a* cointinneach, imreasach

contentment *n* sástacht, soilíos

contest *n* báire, coimhlint; comhlann, gleic; comórtas *vt* conspóid, troid

contestant *n* coimhlinteoir, (*of will, etc*) conspóidí

context *n* comhthéacs

contiguous *a* teorantach

continent *n* ilchríoch, mór-roinn

continental *a* ilchríochach, mór-roinneach

contingency *n* teagmhas

contingent[1] *n, (army)* meitheal

contingent[2] *a* teagmhasach

continual *a* cónaitheach, buan, síoraí

continually *adv* de shíor

continuation *n* leanúint

continue *vt & i* lean, mair, ~ (*talking*) lean ort (ag caint), *to be* ~*d* ar leanúint

continuity *n* leanúnachas

continuous *a* leanúnach

contorted *a* freangach, casta

contortion *n* freanga, riastradh, ~ *of face* straíñc, cár

contour *n* comhrian *a* comhrianach *vt* comhrianaigh

contraband *n* contrabhanna *a* contrabhannach

contraception *n* frithghiniúint

contraceptive *n & a* frithghiniúnach

contract *n* conradh *vt & i* conraigh; crap; tóg, tolg

contraction *n* crapadh, giorrú; nod; tolgadh

contractor *n* conraitheoir

contradict *vt* bréagnaigh, cros, trasnaigh, ~ *ing one another* ag sárú a chéile

contradiction *n* bréagnú, frisnéis, trasnáil

contradictory *a* bréagnaitheach, frisnéiseach

contralto *n* contralt

contraption *n* acra, gléas

contrariness *n* contráil(teacht); ciotrúntacht

contrary *n* contráil, *quite the* ~ a mhalairt ar fad, a mhilleadh sin *a* contráilte, contrártha; crosta, ciotrúnta

contrast *n* codarsnacht, contrárthacht *vt* frithshuigh

contrasting *a* codarsnach

contravene *vt* bris, sáraigh

contravention *n* sárú

contribute *vt & i, (money, etc)* tabhair, íoc, *to* ~ *to the din* cur leis an ngleo, méadú ar an ngleo

contribution *n* síntiús; ranníocaíocht; cion

contributor *n* ranníocóir; síntiúsóir; scríbhneoir, colúnaí (nuachtáin)

contributory *a* ranníocach

contrite *a* croíbhrúite, doilíosach, aithríoch

contrition *n* croíbhrú, doilíos, *act of* ~ gníomh dóláis

contrivance *n* beartú, cumadh; gaireas, inneall

contrive *vt* beartaigh, seiftigh, (*of story, etc*) figh, cum, ceap

contrived *a* tacair

control *n* smacht, urlámhas; stiúir, stiúradh; srian, (*device*) rialaitheoir, *to lose* ~ *of oneself* dul as do chrann cumhachta, guaim ort féin a chailleadh *vt & i* ceansaigh, smachtaigh; rialaigh, stiúir

controlled *a* srianta; rialaithe

controller *n* ceannasaí, stiúrthóir

controversial *a* conspóideach

controversialist *n* conspóidí

controversy *n* conspóid, iomarbhá

contuse *vt* brúigh

conundrum *n* cruacheist, dubhfhocal

convalesce *vi* téarnaigh, *convalescing* ar fainnéirí

convalescence *n* fainnéirí, téarnamh

convalescent *n & a* téarnamhach, ~ *home* teach téarnaimh

convector *n*, ~ *heater* téitheoir comhiompair

convene *vt & i* comóir, tionóil, cruinnigh

convenience *n* áisiúlacht; áis, gar, *at your* ~ ar do chaoithiúlacht, *public* ~ leithreas poiblí

convenient *a* áisiúil, caoithiúil, ~ *to* cóngarach do

convent *n* clochar, coinbhint

convention *n* coinbhinsiún; gnás; comhdháil, dáil, *National* ~ Ard-Fheis, *(social)* ~*s* comhghnás

conventional *a* coinbhinsiúnach, comhghnásach

converge *vi* cruinnigh

conversant *a* taithíoch *(with* ar)

conversation *n* comhrá

conversational *a* comhráiteach

converse[1] *vi*, *to* ~ *with a person* comhrá a dhéanamh le duine

converse[2] *n* contrárthacht, glanmhalairt *a* contrártha

conversion *n* malartú; iompú, tiontú

convert *n* iompaitheach *vt* iompaigh, tiontaigh, athraigh, *to* ~ *a try* úd a shlánú

convertible *a* inathraithe, inmhalartaithe

convex *a* dronnach

convey *vt* iompair, tabhair, beir; tíolaic

conveyance *n* iompar; cóir thaistil

conveyor-belt *n* crios iompair

convict *n* daoránach *vt* ciontaigh, daor, teilg

conviction *n* ciontú, daoradh, daorbhreith; creideamh

convince *vt*, *to* ~ *a person of sth* rud a áitiú ar dhuine, *he is firmly* ~ *of it* tá sé suite, dearfa, de

convivial *a*, ~ *company* cuideachta mheidhreach, shuairc

conviviality *n* fleáchas, meidhir

convocation *n* comhghairm, gairm scoile

convolvulus *n* ialus

convoy *n* conbhua, tionlacan *vt* tionlaic, comóir

convulse *vt*, ~*d with laughter* sna trithí gáire

convulsion *n* tritheamh

coo *vi* durdáil

cook *n* cócaire *vt & i* cócaráil, *(by boiling)* beirigh, bruith, ~*ing* ag cócaireacht

cooker *n* bruthaire, cócaireán

cooking *n* cócaireacht

cool *a* fionnuar; fuaraigeanta; fuarchúiseach, ~ *place* fuarthan *vt & i* fuaraigh, téigh i bhfuaire

cool-headed *a* fuaraigeanta

coolness *n* fionnuaire; fuarthan; fuarchúis

coop *n* cúb, bothán, púirín *vt & i* cúb

cooper *n* cúipéir

co-operate *vi* comhoibrigh

co-operation *n* comhar, comhoibriú, cur le chéile

co-operative *a* comhoibríoch, ~ *society* comharchumann

co-opt *vt* comhthogh

co-ordinate *vt* comhordaigh

co-ordination *n* comheagar, comhordú

cope[1] *n*, *(vestment*) cóip

cope[2] *vi* déileáil, *to* ~ *with sth* ceart a bhaint de rud, *to* ~ *with life* an saol a bharraíocht

copier *n* gléas cóipeála

coping *n* cóipeáil; vuinsciú

copious *a* faíoch, *weeping* ~*ly* ag caí go fras

copper *n* copar, umha; pingin (rua) *a* crónbhuí, ar dhath an chopair

copula *n* copail

copulate *vi* cúpláil

copulation *n* comhriachtain, cúpláil

copy *n* cóip, macasamhail *vt* athscríobh, cóipeáil

copy-book *n* cóipleabhar

copyist *n* cóipeálaí, scríobhaí

copyright *n* cóipcheart

coquetry *n* cluanaireacht

coracle *n* curach, naomhóg

coral *n* coiréal *a* coiréalach

corbel *n & vt* coirbéal

cord *n* corda, sreangán, suaithne, *the spinal* ~ snáithe an droma

cordial *n* coirdial *a* croíúil

cordiality *n* croíúlacht

cordon *n* tródam

corduroy *n* corda an rí

core *n* croí, corplár

cork *n* corc *vt* corcáil

corkscrew *n* corcscriú

cormorant *n* broigheall, cailleach dhubh

corn[1] *n* arbhar

corn[2] *n*, *(on foot)* fadharcán

corncrake *n* traonach, gearr goirt

cornea *n* coirne

corned *a* saillte

corner *a* coirnéal, clúid, cúil, cúinne, binn; cearn, ~ *(-kick)* cúinneach, *in a tight* ~ i gcúngach *vt* sáinnigh, teanntaigh

cornet *n* coirnéad, *(ice-cream)* ~ coirnín (uachtair reoite)

cornflakes *npl* calóga arbhair

cornflour *n* gránphlúr

cornflower *n* gormán

cornucopia *n* corn na bhfuíoll

corona *n* coróin

coronary *a* corónach

coronation *n* corónú

coroner *n* cróinéir

coronet *n* coróinéad

corporal[1] *n* ceannaire

corporal[2] *a* corpartha

corporate *a* corparáideach, ~ *body* corparáid

corporation *n* bardas; cuallacht

corporeal *a* corpartha

corps *n* cór

corpse *n* corp(án), marbhán

corpulent *a* corpanta, beathaithe, ramhar

corpuscle *n* coirpín

correct *a* ceart, fíor *vt* ceartaigh, beachtaigh

correction *n* ceartú(chán)
corrective *a* ceartaitheach
corrector *n* ceartaitheoir
correspond *vi* comhfhreagair, *to* ~ *to sth* freagairt do rud
correspondence *n* comhfhreagras; comhfhreagracht
correspondent *n* comhfhreagraí, tuairisceoir
corresponding *a* comhfhreagrach, *at the* ~ *time* cothrom na haimsire sin
corridor *n* dorchla, pasáiste
corroborate *vt* comhthacaigh (le)
corroboration *n* comhthacaíocht
corrode *vt & i* cnaígh, creim, ith
corrosion *n* cnaí, creimeadh
corrosive *a* creimneach
corrugated *a* rocach, iomaireach
corrupt *a* lofa, truaillí; fiar *vt & i* morg, truailligh, lobh; breab, saobh
corruption *n* morgadh, lobhadh, truailliú; breabaireacht
corset *n* cóirséad
cortège *n* sochraid
cortisone *n* cortasón
corvette *n* coirbhéad
cosiness *n* seascaireacht, teolaíocht
cosmetic *n* cosmaid *a* cosmaideach
cosmic *a* cosmach
cosmopolitan *n & a* iltíreach
cosmos *n* cosmas
cosset *vt, to* ~ *a person* peataireacht a dhéanamh ar dhuine
cost *n* costas, *at all* ~*s* ar ais nó ar éigean *vt & i* cosain; costáil, *how much did it* ~ cá mhéad a bhí air
costly *a* costasach, daor; luachmhar
costume *n* culaith, feisteas
cosy *n*, (*tea*) ~ púic (tae) *a* seascair, teolaí
cot *n* cliabhán
cottage *n* iostán, teachín
cotton *n* cadás
cotton-grass *n* ceannbhán (móna)
cotton-wool *n* flocas cadáis, olann chadáis
couch *n* tolg
couch-grass *n* broimfhéar
cough *n* casacht *vi, to* ~ casacht a dhéanamh, ~*ing* ag casacht, ag casachtach
could: can²
coulter *n* coltar
council *n* bord, comhairle
councillor *n* comhairleoir
counsel *n* abhcóide; comhairle *vt* comhairligh
counsellor *n* comhairleoir, cunsailéir
count¹ *n* cunta
count² *n* comhaireamh, cuntas *vt & i* áirigh, comhair, cuntais, ríomh
countenance *n* cuntanós, gnúis *vt, to* ~ *sth* cúinse a thabhairt do rud
counter¹ *n* clár, cuntar; ríomhaire

counter² *pref* frith-, ath-
counteract *vt* frithbheartaigh
counteraction *n* frithghníomh
counterbalance *n* cóimheáchan *vt* cothromaigh
counterfeit *a*, ~ *money* airgead bréige, airgead falsa *vt* góchum
counterfoil *n* comhdhuille
countermand *vt, to* ~ *an order* freasordú a thabhairt
counterpart *n* leathbhreac, leithéid, macasamhail
counterpoint *n* cuntraphointe
countess *n* cuntaois
countless *a* do-áirithe, dí-áirithe, ~ *hundreds* na céadta dubha
country *n* tír, dúiche; tuath
countryman *n* fear tíre, fear tuaithe; tuathánach
countryside *n* taobh tíre, tuath, tír
county *n* contae
coup *n* éacht, gaisce
couple *n* cúpla, dís; cuingir; lánúin *vt & i* cuingrigh, cúpláil
couplet *n* leathrann
coupling *n* cúpláil; cúplán
coupon *n* cúpón
courage *n* misneach, sprid, uchtach, sracadh
courageous *a* misniúil, spridiúil, uchtúil
courier *n* teachtaire
course *n* imeacht, seoladh, cúrsa; cur, ciseal, sraith; cuairt; cúrsáil; lorg, rian, *in the* ~ *of* i gcaitheamh, i rith, *in due* ~ i gceann na haimsire, in am agus i dtráth, *of* ~ ar ndóigh *vt & i* cúrsáil
coursing *a* cúrsach, snítheach *n* cúrsáil (giorria, etc)
court *n* cúirt; (*in street names*) clós *vt & i*, ~ *ing* ag cúirtéireacht, ag suirí (le)
courteous *a* cúirtéiseach, síodúil, sibhialta
courtesy *n* cúirtéis
courtier *n* cúirteoir
courting *n* cúirtéireacht, suirí
court-martial *n* armchúirt *vt, to* ~ *a person* armchúirt a chur ar dhuine
courtship *n* suirí
courtyard *n* cúirt
cousin *n*, *first* ~ col ceathrair, col ceathar, *second* ~ col seisir
cove *n* camas, cuas, cuainín
covenant *n* coinníoll, cúnant
covenanter *n* cúnantóir
cover *n* clúdach, cumhdach; didean; scáth *vt* clúdaigh, cumhdaigh, folaigh, *to* ~ *the expenses* na costais a ghlanadh, ~*d with* brata, foirgthe, breac, le
coverage *n* tuairisciú
covering *n* brat; súsa; díon; clúdach, clúid, folach; truaill
coverlet *n* súisín
covert *n* cluthair, scairt *a* ceilteach; folaitheach

covet *vt* santaigh
covetous *a* santach, antlásach
covetousness *n* saint, antlás
cow¹ *n* bó
cow² *vt* smachtaigh, cloígh
coward *n* cladhaire, meatachán
cowardice *n* claidhreacht, meatacht
cowardly *a* cladhartha, meata
cowboy *n* buachaill bó
cow-dung *n* bualtrach
cower *vi* cúb
cowherd *n* buachaill bó
cowhouse *n* bóitheach
cowl *n* cochall
cowlick *n* deiseálan, lióg
cowslip *n* bainne bó bleachtáin
coxwain *n* liagóir
coy *a* leamhnáireach
crab *n* portán
crab-apple *n* fia-úll
crack *n* bloscadh, cnag, craic; gág, méirscre, scoilt *vt & i* scoilt; blosc, *to* ~ *a nut* cnó a chnagadh
cracked *a* gágach, scoilte; craiceáilte
cracker *n* pléascóg
cracking *n* cnagadh, ~ *sound* cnag, cnagarnach, blosc
crackle *n* brioscarnach, cnagarnach *vi, crackling* ag brioscarnach, ag cnagarnach
cradle *n* cliabhán
craft *n* ceardaíocht, ceird, ealaín, *sailing* ~ árthach seoil
craftiness *n* gliceas, lúbaireacht
craftsman *n* ceardaí, ealaíontóir, saor
craftsmanship *n* ceardaíocht, saoirseacht
craftwork *n* ceardaíocht
crafty *a* cleasach, glic, ~ *person* cleasaí, draíodóir, lúbaire
crag *n* creig
craggy *a* creagach
cram *vt & i* ding, sac, pulc, plódaigh
cramp *n* crampa, (*in wrist*) tálach *vt* crap, cúngaigh (ar)
cramped *a* craptha; cúng
cranberry *n* mónóg
crane¹ *n* corr
crane² *n* craein, crann tógála, (*fire*) ~ croch *vt, to* ~ *one's neck* dúid a chur ort féin
crane-fly *n* galán, snáthadán (cogaidh)
cranium *n* cráiniam, blaosc an chinn
crank *n* cromán; cancrán
crank-shaft *n* cromfhearsaid
cranky *a* cantalach, cancrach
crannog *n* crannóg
crape *n* sípris
crash *n* plimp, tuairt, imbhualadh, brúscán; (*financial*) tobthitim *vt & i* pléasc, tuairteáil, *he* ~ *ed into me* bhuail sé fúm
crate *n* cis, cliathbhosca

crater *n* cráitéar
cravat *n* carbhat
crave *vt* tothlaigh
craving *n* andúil, miangas, mearadh, ~ *for tobacco* gabhair thobac, dúil sa tobac
craw *n* spochán, prócar
crawfish *n* piardóg
crawl *n* crágshnámh *vi* snámh, *to* ~ *on one's hands and knees* dul ar do cheithre boinn, do cheithre croibh; dul ag lámhacán, *the place is* ~ *ing with them* tá an áit beo, foirgthe, leo
crawling *n* lámhacán; snámhaíocht *a* snámhach; míolach
crayon *n* crián
craze *n* gabhair, mearadh
crazed *a* ar mearaí, néaltraithe
craziness *n* gealtachas, mearaí
crazy *a* craiceáilte, ~ *about her* splanctha ina diaidh, ~ *for sth* ar gabhair, scafa, chun ruda
creak *vi* díosc
creaking *n* díoscán
creaky *a* díoscánach
cream *a* uachtar (bainne), (*face*) ~ ungadh (éadain), ~ *of tartar* gealtartar *a* bánbhuí *vt* coip
cream-coloured *a* bánbhuí, buíbhán
creamery *n* uachtarlann
creamy *a* uachtarúil; cúránach
crease *n* filltín, roc *vt & i* roc
creased *a* rocach
create *vt* cruthaigh, *to* ~ *discord* easaontas a tharraingt, iaróg a thógáil
creation *n* cruthú; na dúile
creative *a* cruthaitheach
creator *n* cruthaitheoir, *the C* ~ an Dúileamh
creature *n* créatúr, dúil
crèche *n* naíolann
credence *n* creidiúint, *to give* ~ *to sth* géilleadh do rud
credentials *npl* dintiúir; teastais
credibility *n* inchreidteacht
credible *a* creidte, inchreidte
credit *n* creidiúint; cairde, creidmheas, *the* ~ *side* taobh an tsochair *vt* creid
creditable *a* creidiúnach; sochreidte
creditor *n* creidiúnaí
credulous *a* saonta, géilliúil
creed *n* cré; creideamh
creek *n* casla, crompán, góilín, cuaisín; sruthán
creel *n* cliabh, cléibhín
creep *vi* snámh, téaltaigh, *it made my flesh* ~ chuir sé fionnachrith orm, chuir sé cáithníní ag rith ar mo chraiceann, (*of child, etc*) ~ *ing* ag lámhacán
creeper *n*, (*plant*) athair, (*child, etc*) lámhacánaí
creeping *n*, (*as of child*) lámhacán; snámhaíocht *a* snámhach, ~ *plant* athair
creepy *a*, ~ *feeling* driuch fionnaidh, ~ *place* áit uaigneach, áit aerachtúil, áit iarmhaireach

cremate vt créam
cremation n créamadh
crematorium n créamatóiriam
crepe n sípris; créip, ~ de chine síprisín
crescent n corrán a, ~ moon gealach dheirceach
cress n biolar, Indian ~ gleorán
cresset n cam, slige
crest n círín, cnota, cuircín, buaic; suaitheantas, ~ of wave droim toinne
crested a círíneach, cuircíneach, curcach, starraiceach
crestfallen a maolchluasach
cretonne n creiteon
crevice n gág, méirscre, dreapa
crew n criú, foireann
crib n beithilín, mainséar
crick n, ~ in the neck claon adhairte
cricket¹ n criogar (iarta), urchuil
cricket² n cruicéad
crier n callaire, reacaire; caointeoir; caointeachán
crime n coir
criminal n coirpeach a coiriúil
crimson n corcairdhearg a craorag, corcairdhearg
cringe vi cúb, lútáil
crinkle n roicín, filltín vt, to ~ paper páipéar a chrapadh, a rocadh
crinkled a rocach
cripple n cláiríneach, mairtíneach vt craplaigh, martraigh
crippling a crapallach
crisis n drochuair; géarchéim, (in sickness) aothú
crisp n, (potato) ~s brioscáin (phrátaí) a briosc
crispness n brisce
criss-cross a cliathach
criterion n critéar, slat tomhais
critic n criticeoir, léirmheastóir
critical a beachtaíoch, breithiúnach, criticiúil; géibheannach
criticism n beachtaíocht, criticeas, léirmheas (tóireacht)
criticize vt lochtaigh, beachtaigh (ar)
critique n critic, léirmheas
croak n grág
croaking n grágáil
crochet n cróise vt & i cróiseáil
crock¹ n próca
crock² n, (of car, etc) seanghliogar, seanchreatlach
crockery n gréithe
crocodile n crogall, ~ tears deora bréagacha, gol na súl tirim
crocus n cróch
cromlech n cromleac
crook n bacán, crúca; bachall, camóg, (person) caimiléir, cneámhaire
crooked a cam, lúbach; bachallach, he is ~ by nature tá an fiar, an claon, ann
crookedness n caime; caimiléireacht, camastaíl, lúbaireacht

croon n crónán, drantán
crooner n crónánaí, duanaire, drantánaí
crop n barr; eagán, (of whip) cos vt bearr, sciot
crop-eared a maolchluasach
croquet n cróice
croquette n cróicéad, millín
cross¹ n cros, croch a crosta, cantalach, drochmhúinte, mallaithe, oilbhéasach vt & i cros, crosáil, trasnaigh, it ~ed my mind rith sé liom
cross² pref cros-, tras-, trasna
cross-bar n trasnán, barra trasna
crossbill n camghob
crossed a crosach
cross-examine vt, to ~ a person ceastóireacht a chur ar dhuine, duine a chroscheistiú
crossing n crosaire; trasnáil; pasáiste
cross-piece n cros, trasnán
crossroad (s) n crosaire, crosbhóthar
crossways, crosswise adv & a crosach, trasnánach; fiarthrasna
crossword n, ~ (puzzle) crosfhocal
crotch n gabhal
crotchet n croisín
crotchety a coilgneach, teidheach
crouch n gúnga vi, they ~ed behind the rock chrom siad i gcúl na carraige
crouched a gúngach; ar do chromada, she was ~ over the fire bhí cruit uirthi, bhí sí crom, os cionn na tine
croup n tochtán
crow n préachán, caróg vi glaoigh, scairt
crow-bar n gró, ringear
crowd n slua vt & i plódaigh
crowfoot n crobh préacháin
crown n coróin; mol, (of head) baithis, mullach vt corónaigh
crow's-foot n fáirbre (faoi shúil)
crow's-nest n crannóg
crozier n bachall
crubeen n crúibín (muice)
crucial a géibheannach
crucible n breogán
crucifix n cros chéasta, croch chéasta
crucifixion n céasadh, the C~ íobairt na Croiche
crucify vt céas
crude a tútach, garbh, ~ oil amhola
cruel a cruálach, géar, danartha, ainiochtach
cruelty n cruálacht
cruet n cruibhéad
cruise n & vi cúrsáil
cruiser n cúrsóir
crumb n sprúille, ~s bruar, bruscar, grabhróga (aráin)
crumble vt & i mionaigh, sceith
crumpet n crompóg
crumple vt & i, ~ up leacaigh, crap

crunch *n* brioscarnach, cnag(arnach) *vt & i* cnag
crupper *n* tiarach
crusade *n* crosáid
crush *n* brú, pulcadh *vt* basc, brúigh, meil, *to ~ sth to bits* bruar, smionagar, a dhéanamh de rud
crushed *a* brúite, meilte
crusher *n* meilteoir
crust *n* crústa; carr, screamh(óg) *vi* scarbháil
crustacean *n & a* crústach
crusty *a*, (*of person*) meirgeach, (*of bread, etc*) faoi chrústa
crutch *n* croisín, maide croise
crux *n* fadhb, *the ~ of the question* croí na ceiste
cry *n* glao, gáir, éamh; geoin, uaill *vt & i* caoin, goil; gáir, ~ *out* éigh, glaoigh, ~ *off* éirigh as
cry-baby *n* caointeachán (linbh)
crying *n* caoineadh, gol
crypt *n* lusca
cryptic *a* diamhair, rúnda
crystal *n* criostal *a* gloiní
crystal-clear *a* gléghlan, gléigeal
crystallize *vt & i* criostalaigh
cub *n* coileán
cube *n* ciúb, dísle *vt* ciúbaigh
cubic *a* ciúbach
cubicle *n* cubhachail
cubism *n* ciúbachas
cubit *n* banlámh
cuckold *n* cocól
cuckoo *n* cuach
cuckoo-pint *n* cluas chaoin
cucumber *n* cúcamar
cud *n* cíor
cuddle *n* croídín, gráin *vt & i* muirnigh, *cuddling* ag gráinteacht
cudgel *n* lorga, cleith, smachtín, smíste
cue[1] *n* leid
cue[2] *n* cleathóg (billéardaí)
cuff *n* cufa
cuff-link *n* lúibín cufa
cul-de-sac *n* caochshráid
culinary *a* cisteanach, ~ *herb* luibh chócaireachta
cull *vt* pioc, togh; bain
culmination *n* rinn, buaic
culpable *a* ciontach, lochtach, incháinte
culprit *n* ciontach
cult *n* cultas
cultivate *vt* saothraigh
cultivated *a*, ~ *speech* caint oilte, caint chultúrtha, ~ *land* talamh briste, curaíocht
cultivation *n* míntíreachas, saothrú
cultural *a* cultúrtha
culture *n* cultúr, béascna
cultured *a* cultúrtha
culvert *n* lintéar, tóchar
cumbersome *a* anásta, liopasta, míshásta
cumulative *a* carnach

cumulus *n* cumalas, néal carnach
cunning *n* gliceas, meang *a* glic, sionnachúil, lúbach
cup *n* cupán; corn
cupboard *n* cupard, prios
cur *n* maistín
curate *n* séiplíneach, sagart óg, cóidiútar
curative *a* íceach, *it has ~ powers* tá leigheas ann
curator *n* coimeádaí (iarsmalainne)
curb *n & vt* srian
curdle *vi*, *the milk ~d* bhris an bainne
curds *npl* gruth
cure *n* íoc, leigheas; leasú *vt & i* íoc, leigheas; leasaigh, saill, buígh
curfew *n* cuirfiú
curio *n* deismireán
curiosity *n* fiosracht; ábhar iontais; rud annamh, rud neamhghnách
curious *a* fiosrach, fiafraitheach, caidéiseach; aisteach, greannmhar, ait
curl *n* coirnín, cuach *vt*, *to ~ hair* coirníní a chur i ngruaig, *he ~ed (himself) up* chuach sé é féin; chuir sé a cheann ina lúb, ina chamas
curled *a* camarsach, dualach, cuachach
curler *n* catóir
curlew *n* crotach, cuirliún
curly *a* cas, catach, camarsach
curly-haired *a* catach
currach *n* curach, naomhóg
currant *n* cuirín
currency *n* airgeadra; cúrsaíocht
current *n* feacht, sruth *a i* gcúrsaíocht, sa rith; láithreach, ~ *account* cuntas reatha, *to be ~* rith, bheith ag imeacht, bheith san imeacht
curriculum *n* curaclam
curry[1] *n* curaí
curry[2] *vt*, *to ~ a horse* capall a chíoradh, *to ~ favour* fabhar a lorg, bheith ag tláithínteacht
curse *n* eascaine, mallacht, mionn mór, cristín *vt & i* eascainigh, mallaigh
cursive *a* reathach
cursory *a* srac-
curt *a* gearr, giorraisc
curtail *vt* ciorraigh
curtain *n* cuirtín, brat
curtsy *n* umhlú *vi* umhlaigh
curvature *n* cuaire
curve *n* cuar, cuan *vt & i* cuar
curved *a* corr(-), cuar
cushion *n* cúisín, adhartán
custard *n* custard
custodian *n* coimeádaí
custody *n* coimeád, coinneáil, *in ~* faoi choinneáil
custom *n* gnás, nós; custaiméireacht, ~*s and excise* custam agus mál
customary *a* gnách, gnáth-, iondúil, *it was ~ with them* bhí sé de nós acu

customer *n* custaiméir, *he's a tricky* ~ tá an ealaín ann, is iomaí lúb ann

cut *n* slisne; gearradh *vt & i* scor; bearr; gearr, ciorraigh; snoigh, *to* ~ *turf* móin a bhaint, ~ *off from* scartha, scoite, amach ó, ~ *the cards* bris na cártaí, *it* ~ *him to the quick* ghoin sé an beo ann

cute *a* glic, cleasach

cuticle *n* cúitineach

cutlery *n* cuitléireacht, sceanra

cutlet *n* gearrthóg

cutter *n* bainteoir; gearrthóir; snoíodóir

cutting *n* gearradh; caidhséar; gearrthóg; snoí(odóireacht), ~*s* sceanairt, scotháin *a* faobhrach, ~ *remark* focal géar, goineog

cuttlefish *n* cudal (sceitheach)

cyanide *n* ciainíd

cycle *n* timthriall; rothar, *life* ~ saolré *vi* rothaigh

cycling *n* rothaíocht

cyclist *n* rothaí

cyclone *n* cioclón

cygnet *n* éan eala

cylinder *n* sorcóir

cymbal *n* ciombal

cynic *n* cinicí

cynical *a* ciniciúil

cynicism *n* ciniceas

cynosure *n* craobh aonaigh, *she is the* ~ *of every eye* tá sí ina scáthán súl, tá sí ina lán súl ag gach aon

cypress *n* cufróg

cyst *n* cist, úithín

czar *n* sár

D

dab¹ *n* daba, smearadh *vt, to* ~ *sth* boiseog bheag a thabhairt do rud, *to* ~ *sth on sth* smearadh beag de rud a chur ar rud

dab² *n & a, he is a* ~ (*hand*) *at farming* scoth feirmeora is ea é

dabble *vt & i, to* ~ *sth* uisce a chroitheadh ar rud; rud a thumadh in uisce, *dabbling in water* ag slaparnach, *dabbling in* (*some pursuit*) ag gliocsáil, ag spallaíocht, ag suirí, le (rud)

dabchick *n* lapairín

dad(dy) *n* daid, daidí

daddy-longlegs *n* galán, snáthadán, Pilib an gheataire

daffodil *n* lus an chromchinn

daft *a* néaltraithe, ar mearaí, *a* ~ *scheme* plean buile

dagger *n* miodóg

dahlia *n* dáilia

daily *a* laethúil

dainty *a* cúirialta; beadaí

dairy *n* déirí

dairying *n* déiríocht

dais *n* dás

daisy *n* nóinín

dally *vi*, ~*ing* ag moilleadóireacht; ag spallaíocht, ag suirí

dam *n* damba *vt* dambáil, iaigh

damage *n* damáiste, díobháil, dochar, lot *pl* damáistí *vt* mill, loit, *to* ~ *sth* dochar, díobháil, a dhéanamh do rud

damaging *a* damáisteach, loiteach

damask *n* síoda damascach *a* damascach

damn *n, I don't care a* ~ is cuma liom sa tubaiste, sa riach, sa donas, *it isn't worth a* ~ ní fiú biorán é *vt* damnaigh, ~ *it!* damnú air! mallacht Dé air!

damnable *a* damanta, mallaithe

damnation *n* damnú

damned *a* damanta

damp *n* taisleach *a* tais, sramach *vt* taisrigh, *to* ~ *down* maolú

damper *n* maolaire, clabhar, sathaoide

dampness *n* taise, fliche

damson *n* daimsín

dance *n* damhsa, rince; céilí *vt & i* damhsaigh, rinc

dancer *n* rinceoir, damhsóir

dandelion *n* caisearbhán

dander *n, he got his* ~ *up* d'éirigh coilichín, cochall, air

dandle *vt, to* ~ *a child in one's arms* sac salainn a dhéanamh le leanbh, páiste a luascadh (ar do ghlúin)

dandruff *n* sail chnis

dandy *n* gaige *a* gleoite, breá

Dane *n* Danmhargach, (*historical*), *the Danes* na Danair, na Lochlannaigh

danger *n* baol, contúirt, dainséar, gábh, guais

dangerous *a* baolach, contúirteach, gáifeach, dainséarach

dangle *vt & i* luasc, *to* ~ *sth* rud a choinneáil, a chur, ar bogarnach

dank *a* múscánta, múisciúil

dapper *a* pioctha, sciobalta, bagánta

dapple *vt & i* breac

dappled *a* breac, sliogánach

dare *vt & i* leomh, *he* ~*d me to do it* thug sé mo dhúshlán é a dhéanamh, *how* ~ *you* nach dána an mhaise duit é, *I didn't* ~ *do it* ní bhfuair mé ó mo mhisneach é a dhéanamh

daring *n* dánacht, dásacht *a* dána, dásachtach

dark *n* dorchadas, diamhair, dubh *a* dorcha, dubh, doilbh, ~ *blue* dúghorm

darken vt & i dorchaigh, dubhaigh, gruamaigh
darkness n dorchacht, dorchadas; dubh, duifean
darling n ansacht, searc, leannán, muirnín, *my* ~ a stór, a rún, a ghrá mo chroí *a* muirneach
darn n dearnáil, cliath vt, *to* ~ *a stocking* cliath a chur ar stoca, stoca a dhearnáil
dart n dairt, ga, sá, siota; geábh, sciuird vt & i teilg, rop; scinn, sciurd
dartboard n dairtchlár
dash n fogha, sciuird, seáp; taoscán, scaird, steall; dais vt & i buail; scinn, sciurd, *he was* ~*ed to the ground* treascraíodh go talamh é, *I'd* ~ *out his brains* steallfainn an inchinn as, *to* ~ *off* lascadh leat
dashboard n painéal ionstraimí
dashing a scóipiúil, rábach, ~ *fellow* rábaire
data npl dálaí, ~ *processing* próiseáil sonraí
date[1] n dáta, *to have a* ~ *with a person* coinne a bheith agat le duine, *to be up to* ~ *with one's work* bheith bord ar bhord le do chuid oibre vt dátaigh
date[2] n dáta
dative n & a tabharthach
daub n dóib, daba, smearadh vt & i dóibeáil, smear
daughter n iníon
daughter-in-law n banchliamhain, bean mhic
dawdle vi snámh, *to* ~ bheith ag moilleadóireacht, ag righneáil
dawdler n moilleadóir, righneálaí, snámhaí
dawn n breacadh an lae, camhaoir, maidneachan vi bánaigh, láigh, *the day is* ~*ing* tá sé ag maidneachan, tá ball bán ar an lá, tá an lá ag gealadh, *it* ~*ed on me that* rith sé chugam go
day n lá, *New Year's D* ~ Lá Caille, *St Patrick's D* ~ Lá Fhéile Pádraig
daybreak n camhaoir, breacadh an lae, fáinne an lae
daydream n taibhreamh (na súl oscailte)
daylight n solas an lae
daze n dallachar; néal, speabhraídí vt caoch, dall, *to be* ~*d* bheith ar mearbhall
dazzle vt caoch, dall, dallraigh
dazzling a dallraitheach
deacon n deagánach
dead n, *the* ~ slua na marbh a marbh, neamhbheo, ~ *end* ceann caoch, *to be in* ~ *earnest* bheith lom dáiríre, *the sea is* ~ *calm* tá an fharraige ina báinté, ina clár, ina léinseach
deaden vt bodhraigh, múch, maolaigh
deadlock n sáinn
deadly a marfach
dead-nettle n caochneantóg
deaf a bodhar, ~ *person* bodhrán
deafen vt bodhraigh
deafening a bodhraitheach
deafness n bodhaire, allaíre
deal[1] n, *a great* ~ an-chuid, an dúrud, lear mór adv, *he is a great* ~ *wiser than you* tá i bhfad níos mó céille aige ná mar atá agatsa, is críonna go mór fada é ná thusa
deal[2] n margadh; beart (gnó) vt & i dáil, roinn; déileáil, pléigh le, *to* ~ *in a shop* custaiméireacht a dhéanamh i siopa, *hard (easy) to* ~ *with* do-ranna (so-ranna), *let me* ~ *with it* fág fúmsa é
deal[3] n déil, giúis
dealer n mangaire, déileálaí, ceannaí; fear ranna, *cattle* ~ grásaeir
dean n déan
dear a ionúin, dil, caomh, dílis; daor, costasach, *my* ~ *man* a dhuine chóir, *he ran for* ~ *life* rith sé lena anam, i dtánaiste a anama n, *my* ~ a chuid, a ghrá, a thaisce
dearness n ionúine, ansacht; daoire
death n bás, éag, *to put a person to* ~ duine a bhású
death-rate n mortlaíocht, ráta báis, básmhaireacht
death-trap n sáinn bháis
debar vt coisc, toirmisc
debase vt truailligh, ísligh
debate n díospóireacht vt pléigh, *let us* ~ *it* cuirimis faoi chaibidil é
debauchery n drabhlás
debenture n bintiúr
debilitate vt díbligh, lagaigh
debilitated a díblí, éalangach
debility n díblíocht, éineart
debit n dochar vt féichiúnaigh, *to* ~ *an account with a sum of money* suim (airgid) a chur do dhochar cuntais
debris n bruscar, smionagar
debt n fiach
debtor n féichiúnaí, fiachóir
decade n deich mbliana; deichniúr
decadent a meata
decamp vi, *he* ~*ed* thug sé do na boinn é
decanter n teisteán
decapitate vt dícheann
decay n dreo, feo, lofacht, meath, éagruth vi lobh, meath, dreoigh, feoigh, téigh i léig
decayed a lofa, dreoite, críon, éagruthach
decease n éag, bás
deceased n marbh a, *the* ~ *man* an fear nach maireann, an marbhán
deceit n bréagadóireacht, calaois, cealg, feall, lúbaireacht
deceitful a calaoiseach, cluanach, fealltach, claon, *she is* ~ *at heart* tá lúb ina croí
deceive vt meall, cealg, *to* ~ *a person* cluain a chur ar dhuine, *unless I'm* ~*d* mura bhfuil dul amú, breall, orm
deceiver n cluanaire, feallaire, mealltóir
December n mí na Nollag
decency n cuibheas, fiúntas, náire
decent a cneasta, cóir, cuibhiúil, fiúntach, dóighiúil, gnaíúil

decentralize *vt* díláraigh
deception *n* cluain, mealladh; dallamullóg
deceptive *a* mealltach, meabhlach
decibel *n* deicibeil
decide *vt & i* beartaigh, socraigh, cinn, *to ~ to do sth* cinneadh ar rud a dhéanamh, *we failed to ~ the issue* chuaigh an chúis ó réiteach orainn
decided *a* daingean, diongbháilte; cinnte
deciduous *a* duillsilteach
decigram *n* deiceagram
decimal *n* deachúil *a* deachúlach
decimalize *vt* deachúlaigh
decimeter *n* deiciméadar
decipher *vt* imscaoil
decision *n* cinneadh, breith, comhairle
decisive *a* diongbháilte, cinntitheach
deck¹ *n* deic, bord, *top ~ of bus* uachtar bus
deck² *vt* gléas, cóirigh
deck-chair *n* cathaoir dheice
declaim *vt & i*, *he is ~ ing* tá sé ag cur de, ag fógairt, ag reacaireacht, *~ ing a poem* ag gabháil dáin, ag reic dáin
declaration *n* dearbhú, fógairt
declare *vt & i* fógair, dearbhaigh, *I solemnly ~ (that)* fágaim le huacht (go), fágaim le Dia (go)
declension *n* díochlaonadh
decline *n* meath, titim, turnamh, dul i léig, ísliú *vt & i* tit, tráigh, claon, meathlaigh, téigh ar gcúl, cnaígh, speal; ob, diúltaigh; díochlaon
declivity *n* fána; ísleán
decode *vt* díchódaigh
decompose *vt & i* morg, lobh; dianscaoil
decorate *vt* maisigh, gréasaigh, ornáidigh
decoration *n* maisiúchán; suaitheantas
decorative *a* maisiúil, ornáideach, *~ work, pattern* gréas
decorator *n* maisitheoir
decorous *a* cuibhiúil
decrease *n* laghdú, maolú *vt & i* laghdaigh, maolaigh
decree *n* acht, forógra *vt* achtaigh, reachtaigh, *unless God has ~ d otherwise* mura bhfuil ag Dia
decrepit *a* díblí, cranda
dedicate *vt* tiomnaigh, tíolaic, toirbhir; coisric
dedication *n* tiomnú, toirbhirt; coisreacan
deduce *vt* asbheir, tuig as, *to ~ sth from sth* tátal a bhaint as rud
deduct *vt* bain de, bain as
deduction *n* tátal; laghdú, asbhaint
deed *n* gníomh, beart; cairt, gníomhas
deep *n* doimhneacht, duibheagán, domhain *a* domhain, duibheagánach; toll, trom, *an inch ~* orlach ar doimhneacht, *~ sleep* toirchim suain
deepen *vt & i* doimhnigh; tromaigh
deep-freeze *n* domhainreo *vt* íosreoigh
deer *n* fia
deface *vt* mill
defalcation *n* cúbláil

defamatory *a* aithiseach, clúmhillteach
defame *vt* aithisigh, *to ~ a person* droch-chlú, míchlú, a chur ar dhuine; clú duine a mhilleadh, a bhaint de
default *n* loiceadh, faillí *vi*, *to ~ on payment* loiceadh ar íocaíocht
defaulter *n* faillitheoir, loiceach
defeat *n* díomua, briseadh, treascairt, coscairt *vt* bris ar, buaigh ar, buail, cloígh
defeatism *n* díomuachas
defect *n* máchail, éalang, éasc, locht *vi* iompaigh (le dream, etc, eile)
defection *n* tréigean; iompú
defective *a* éalangach, lochtach, uireasach, easpach
defence *n* cosaint, seasamh
defend *vt* cosain, *~ yourself* cuir ar do shon féin, *to ~ one's rights* do cheart a sheasamh
defendant *n* cosantóir
defender *n* cosantóir
defensive *n*, *to stand on the ~* dul faoi do sciath *a* cosantach
defer¹ *vt & i* cuir siar, iarchuir, *deferred payment* iaríocaíocht
defer² *vi*, *to ~ to a person* géilleadh do dhuine
deference *n* urraim
deferential *a* urramach
defiance *n* easumhlaíocht, greannú, *in ~ of me* de m'ainneoin, thar mo chrosadh
defiant *a* dúshlánach
deficiency *n* easnamh, uireasa, easpa, *mental ~* éalang mheabhrach
deficient *a* easnamhach, uireasach, easpach, díothach
deficit *n* easnamh
defile¹ *n* scabhat
defile² *vt* salaigh, truailligh, éilligh
define *vt* sainigh, sainmhínigh, sonraigh
definite *a* cinnte, dearfa
definition *n* sainmhíniú, sainiú
definitive *a* cinnteach, deifnídeach
deflate *vi & i* díbholg, traoith, ísligh, *to ~ sth* an ghaoth, an t-aer, a ligean as rud
deflation *n* díbholgadh, ísliú; díbhoilsciú
deflect *vt* sraon, claon
deform *vt* díchum
deformed *a* míchumtha, éagruthach; easpach
deformity *n* míchuma, éagruth; cithréim
defraud *vt*, *to ~ a person* calaois a dhéanamh ar dhuine
defray *vt*, *to ~ the cost of sth* costas ruda a íoc
defrost *vt* díshioc
deft *a* deaslámhach, aclaí
defunct *a* marbh, caillte, as feidhm
defy *vt* greannaigh, *to ~ a person* dúshlán duine a thabhairt, éirí chuig duine
degenerate¹ *n* meatachán *a* meata, trochailte
degenerate² *vi* meathlaigh

degradation *n* táireadh, easonórú

degrade *vt* táir, ísligh, *to* ~ *an official* oifigeach a bhriseadh, a ísliú i gcéim

degrading *a* tarcaisneach, táireach, maslach

degree *n* céim, grád, *by* ~ *s* de réir a chéile, diaidh ar ndiaidh, i leaba a chéile

dehydrate *vt* díhiodráitigh

de-ice *vt* dí-oighrigh

deign *vi, to* ~ *to do sth* deonú rud a dhéanamh, *he did not* ~ *to give me an answer* níorbh fhiú leis mé a fhreagairt

deity *n* dia

dejected *a* atuirseach, duaiseach, gruama, meirtneach

dejection *n* gruaim, atuirse, domheanma, lagmhisneach

delay *n* moill, fuireach, faillí *vt & i* moilligh, righnigh, *to* ~ *a person* moill, stró, a chur ar dhuine

delegate[1] *n* toscaire

delegate[2] *vt, to* ~ *responsibility, authority, to a person* cúram, údarás, a thiomnú do dhuine

delegation *n* tiomnú; toscaireacht; dealagáideacht

delete *vt* scrios, bain amach

delf *n* gréithe; deilf

deliberate *a* d'aon turas; fadbheartach, righin *vi, to* ~ *over, on, a question* machnamh, do mharana, a dhéanamh ar rud

deliberately *adv* d'aon ghnó, d'aon turas

deliberation *n* machnamh, *the* ~ *s of an assembly* díospóireachtaí comhdhála

delicacy *n* fineáltacht, míne; leiceacht *pl* sócamais, sólaistí, ollmhaitheasaí

delicate *a* fineálta, caoin, mín; leice; cáiréiseach, íogair, ~ *person* leidhce, breoiteachán, padhsán

delicious *a* caithiseach, so-bhlasta, sóúil

delight *n* aoibhneas, taitneamh, áineas, gliondar, lúcháir *vt & i, to* ~ *in sth* aoibhneas a bhaint as rud, *he was* ~ *ed to do it* bhí áthas air é a dhéanamh, *it* ~ *s the eye* chuirfeadh sé maise ar do shúile

delightful *a* aoibhinn, gleoite, caithiseach, álainn

delinquency *n* ciontacht, ciontóireacht

delinquent *n* ciontóir

delirious *a* rámhailleach

delirium *n* speabhraídí, rámhaille

deliver *vt* fuascail, saor, sábháil, tarrtháil; seachaid; saolaigh, *to* ~ *a speech* óráid a thabhairt

deliverance *n* fuascailt, saoradh, tarrtháil, teasargan

delivery *n* tabhairt, toirbhirt; seachadadh; saolú, breith

delta *n* deilt

delude *vt* meall, *to* ~ *a person* púicín, dallamullóg, a chur ar dhuine

deluge *n* díle, tulca *vt* báigh

delusion *n* siabhrán, seachrán, ciméara

demand *n* éileamh, iarraidh, ~ *for sth* ráchairt, glaoch, tarraingt, imeacht, ceannach, ar rud, *the* ~ *s of the case* riachtanais an cháis *vt* iarr, éiligh

demarcation *n* críochadóireacht, críochú

demean *vt* suaraigh, táir, *to* ~ *oneself* a bheag a dhéanamh díot féin, tú féin a ísliú

demented *a* néaltraithe

demesne *n* diméin

demobilization *n* díshlógadh

democracy *n* daonlathas

democrat *n* daonlathaí

democratic *a* daonlathach

demolish *vt* leag, treascair, díláithrigh

demolition *n* leagan, treascairt

demon *n* deamhan

demonstrate *vt & i* taispeáin, léirigh; léirsigh

demonstration *n* taispeáint, tabhairt amach; léirsiú

demonstrative *a* taispeántach

demonstrator *n* léiritheoir; léirsitheoir

demoralize *vt* domheanmnaigh

demur *n, to make no* ~ gan cur i gcoinne rud ar bith *vi* easaontaigh

demure *a* bláfar, náireach, modhúil

den *n* gnáthóg, pluais, prochóg, brocais, scailp

denial *n* diúltú, éaradh; bréagnú, séanadh

denigrate *vt, to* ~ *a person* smál a chur ar chlú duine, clú duine a mhilleadh

denim *n* deinim

denomination *n* ainmniú; sainchreideamh

denominational *a* sainchreidmheach

denote *vt* comharthaigh

denounce *vt* cáin

dense *a* dlúth, tiubh, trom; dúr, ~ *mass* bró, calc

density *n* dlús, tiús; dúire

dent *n* brú, ding *vt* ding, leacaigh, *to* ~ *sth* log a chur i rud

dental *a* déadach

dentist *n* fiaclóir

dentistry *n* fiaclóireacht

denture *n* déadchíor

denude *vt* nocht, lom, lomair

denunciation *n* cáineadh, díbliú

deny *vt* séan; diúltaigh, éar, éimigh, *to* ~ *a person his right* a cheart a cheilt ar dhuine

deodorant *n & a* díbholaíoch

depart *vi* imigh, téigh, éalaigh

department *n* roinn, ~ *store* siopa ilranna

departmental *a* rannach

departure *n* imeacht, dul

depend *vi*, ~ *on* seas ar, taobhaigh le, *her life* ~ *s on it* tá a beo i ngeall air, ~ *ing on charity* ag brath ar an déirc, i muinín na déirce, taobh le déirc

dependable *a* fónta, muiníneach, tairiseach

dependant *n* cleithiúnaí *pl* cosmhuintir

dependence *n* tuilleamaí, spleáchas, cleithiúnas; brath, muinín

dependency *n* spleáchríoch
dependent *a* cleithiúnach, spleách, ~ *on a person* i dtuilleamaí duine; taobh le, i gcleith le, duine
depict *vt* léirigh, *to* ~ *sth* íomhá a dhéanamh de rud; cuntas, cur síos, a thabhairt ar rud
deplete *vt* ídigh, laghdaigh, folmhaigh
deplorable *a* cásmhar, truamhéalach, ainnis
deplore *vt* cásaigh, éagaoin, *we* ~ *the deed* is saoth linn an gníomh
deploy *vt & i* imscar, scaip, leathnaigh amach
depopulate *vt* dídhaoinigh, bánaigh
deport *vt, to* ~ *a person* duine a dhíbirt thar tír amach
deportment *n* iompar
depose *vt* athrígh; bris, cuir as oifig
deposit *n* taisce; éarlais; sil-leagan, deascán; screamh *vt* taisc, cuir síos, leag anuas, sil-leag
depositor *n* taisceoir
depot *n* príomháras; stór, *goods* ~ iosta earraí
deprave *vt* truailligh, saobh, táir
depravity *n* truaillíocht; saofacht, duáilceas
deprecate *vt, to* ~ *sth* cur in aghaidh ruda, rud a cháineadh
depreciate *vt & i, the car* ~ *d* thit luach an chairr, *to* ~ *sth* luach ruda a ísliú
depreciation *n* títim luacha, dímheas
depress *vt* íslígh, maolaigh, *to* ~ *a person* domheanma a chur ar dhuine
depressed *a* lionndubhach, domheanmnach, *to be* ~ néal a bheith anuas ort
depression *n* ísliú; ísleán; lagbhrú; dochma, néal, lionn dubh, do-mheanma
deprivation *n* angar; díth, díothacht
deprive *vt, to* ~ *a person of sth* rud a bhaint de dhuine, a choinneáil ó dhuine
depth *n* doimhneacht, grinneall; grúnta, ~*s of the sea* duibheagán, domhain, na farraige, ~ *of winter* dúluachair, dúlaíocht, an gheimhridh, *out of his* ~ *in the water* thar a bhaint, thar a fhoras, san uisce
deputation *n* toscaireacht
deputize *vi, to* ~ *for a person* gníomhú thar ceann duine
deputy *n* toscaire, ionadaí, fear ionaid, *Dáil* ~ teachta Dála *a* leas-
derail *vt, the train was* ~*ed* cuireadh an traein de na ráillí
deranged *a* seachránach, siabhránach, néaltraithe
derangement *n* saobhadh céille, seachrán, mearú, siabhrán
derelict *a* tréigthe, maol
deride *vt, to* ~ *a person* fonóid a dhéanamh faoi dhuine
derision *n* fachnaoid, fonóid, magadh, scige
derisive *a* fonóideach, magúil, scigiúil
derivation *n* díorthú, fréamhú, bunús
derivative *n* díorthach, fréamhaí *a* díorthach

derive *vt & i* díorthaigh, *to* ~ *pleasure, information, from sth* taitneamh, eolas, a bhaint as rud, *that word is* ~*d from Latin* ón Laidin a tháinig an focal sin
dermatitis *n* deirmitíteas
derogatory *a* díobhálach, dímheasúil
descend *vt & i* tuirling, téigh síos, tar anuas; tit, *to be* ~*ed from* síolrú ó
descendant *n, one of his* ~*s* duine dá shliocht *pl* sliocht, clann
descent *n* tuirlingt, turnamh, ísliú; folaíocht, ginealach
describe *vt* inis, *to* ~ *sth* cur síos ar rud, tuarascáil a thabhairt ar rud
description *n* cur síos, cuntas, tuarascáil; comharthaí sóirt
descriptive *a* tuairisciúil
desecrate *vt, to* ~ *a church* eaglais a thruaiḷliú
desert[1] *n* tuillteanas, *he got his* ~*s* fuair sé a raibh tuillte aige, an rud ab airí air
desert[2] *n* gaineamhlach, fásach
desert[3] *vt* tréig, fág
deserted *a* tréigthe; bán(aithe), ~ *place* fásach
deserter *n* tréigtheoir
desertion *n* tréigean
deserve *vt* tuill, tabhaigh, *you richly* ~ *it* is maith a shaothraigh tú é; is maith an díol, an airí, an oidhe, ort é
deserving *a* tuillteanach, *to be* ~ *of pity* bheith i do dhíol trua
design *n* scéim, rún; dearadh, patrún, gréas *vt* ceap, cum, dear
designate *vt* ainmnigh
designedly *adv* d'aon turas, d'aon ghnó
designer *n* dearthóir
designing *a* aidhmeannach, beartach, ealaíonta
desirable *a* inmhianaithe, meallacach
desire *n* mian, dúil, fonn, toil *vt* mianaigh, santaigh, *to* ~ *sth* bheith ag tnúth le rud, dúil a chur i rud
desirous *a* fonnmhar, dúilmhear, miangasach
desist *vi* scoir, staon, lig de, *to* ~ *from work* ligean as obair
desk *n* deasc
desolate *a* fiánta, dearóil
despair *n* éadóchas *vi, to* ~ dul, titim, in éadóchas, *to* ~ *of sth* deireadh dúile a bhaint de rud
desperate *a* dochrach, éadóchasach, doleigheasta; ainscianta, millteach
desperation *n* éadóchas, *it drove him to* ~ chuir sé i mbarr a chéille é
despicable *a* suarach, táir
despise *vt* dispeag, *to* ~ *a person* drochmheas a bheith agat ar dhuine
despite *n & prep* d'ainneoin, in ainneoin, *in your* ~ ar neamhchead duit
despoil *vt* creach, lomair
despondent *a* dubhach, lagmhisniúil

despot *n* aintiarna
despotism *n* forlámhas, tíorántacht
dessert *n* milseog
destination *n* ceann cúrsa, ceann scríbe, ceann sprice
destine *vt* ceap, cinn, *I was ~d to be unlucky* tá de chrann orm bheith mí-ámharach, *he was ~d never to see her again* ní raibh sé i ndán dó í a fheiceáil go brách arís
destiny *n* cinniúint, oidhe
destitute *a* díothach, dealbh, *to be ~* bheith ar an anás
destitution *n* dealús
destroy *vt* mill, scrios
destroyer *n* díothóir, loitiméir, (*ship*) scriostóir
destruction *n* millteanas, (léir)scrios, díothú, argain, eirleach
destructive *a* millteach, scriosach
desultory *a* treallach, taghdach
detach *vt* scoir, scaoil, dícheangail
detachment *n* scaradh, dealú; díorma
detail *n* sonra; ponc, mionphointe *vt, to ~ sth* mionchuntas a thabhairt ar rud, *to ~ a person for duty* duine a cheapadh, a shonrú, le haghaidh dualgais
detain *vt* coinnigh, coimeád, *I won't ~ you* ní chuirfidh mé moill ort
detect *vt* fionn, faigh amach; tabhair faoi deara, braith
detection *n* bleachtaireacht, lorgaireacht
detective *n* bleachtaire, lorgaire, *~ story* scéal bleachtaireachta
détente *n* éideannas
detention *n* coimeád, coinneáil
deter *vt, nothing would ~ him* ní choiscfeadh an saol é
detergent *n* glantach, glantóir *a* glantach
deteriorate *vt & i* meath, meathlaigh, claochlaigh
deterioration *n* meathlú, claochlú, trochlú
determinant *n* cinntitheach
determination *n* diongbháilteacht, daingne; cinneadh
determine *vt & i* beartaigh, cinn, socraigh
determined *a* daingean, storrúil, *he is ~ to do it* tá sé tiomanta é a dhéanamh, tá sé leagtha ar é a dhéanamh
deterrent *n* cosc; iombhagairt
detest *vt* gráinigh, fuathaigh, *I ~ it* is fuath liom é, tá an dearg-ghráin agam air
detestable *a* fuafar, gráiniúil
detonate *vt & i* maidhm
detonator *n* maidhmitheoir
detour *n* timpeall, cor bealaigh
detract *vi, to ~ from a person's credit, reputation* baint ó chreidiúint, ó chlú, duine
detraction *n* spíd
detriment *n* aimhleas, dochar
detrimental *n* aimhleasach, díobhálach

deuce[1] *n* dó, (*tennis*) dias
deuce[2] *n* diach, *go to the ~* téigh sa diabhal, *~ take it* don riach é
devaluation *n* díluacháil
devalue *vt* díluacháil
devastation *n* slad, léirscrios
develop *vt & i* forbair, saothraigh; caithrigh; réal, *trouble ~ed* d'éirigh achrann
development *n* fás, forbairt, forás, saothrú
deviate *vi, to ~ from sth* claonadh, dialladh, ó rud
deviation *n* claonadh, diall
device *n* gaireas, áis, inleog, inneall, sás; seift
devil *n* diabhal; an tÁibhirseoir, an tAinspiorad, *~ a bit!* dheamhan a dhath! (ná) don diabhal é!
devilish *a* diabhalta, diabhlaí
devilment *n* diabhlaíocht, drochobair, millteanas
devious *a* cas, timpeallach, lúbach
devise *vt* ceap, cum, seiftigh
devoid *a, ~ of sth* in éagmais, ar easpa, ruda, *~ of sense* easpach i gcéill
devolution *n* déabhlóid, tiomnú (oibre, cumhachta)
devolve *vt & i, to ~ duties* cúraimí a leagan ar dhaoine, *the legacy ~d on him* is air a thit an oidhreacht
devote *vt* toirbhir do, tabhair do, *to ~ oneself to sth* do dhúthracht a chaitheamh le rud
devoted *a* díograiseach, dúthrachtach, *~ to learning* tugtha don léann, *she is ~ to him* tá sí doirte dó, tá a hanam istigh ann
devotion *n* cráifeacht, deabhóid; dúthracht
devour *vt* slog, alp
devout *a* cráifeach, deabhóideach, caoindúthrachtach, urnaitheach
dew *n* drúcht
dewdrop *n* drúcht, drúchtín
dewlap *n* sprochaille
dexterity *n* deaslámhaí, clisteacht
dexterous *a* deaslámhach, deisealach, cliste, oirbheartach
diabetes *n* diaibéiteas
diabetic *n & a* diaibéiteach
diabolic *a* diabhlaí
diadem *n* mionn
diagnose *vt* fáthmheas
diagnosis *n* fáthmheas, diagnóis
diagonal *n* trasnán *a* fiar, trasnánach, *~ly* fiarthrasna, ar fiarlaoid
diagram *n* léaráid
dial *n* diail, (*of clock*) aghaidh, éadan *vt & i* diailigh
dialect *n* canúint
dialogue *n* agallamh beirte
diameter *n* lárlíne, trastomhas
diamond *n* diamant, (*of cards*) muileata
diaphanous *a* trédhearcach, sreabhnach
diaphragm *n* scairt
diarrhoea *n* buinneach, scuaid

diary *n* dialann, cín lae

dibble *n* stibhín

dice *npl, to play* ~ díslí a imirt, *to cast* ~ *for sth* rud a chur ar dhíslí

dickens *n, let them go to the* ~ bíodh an donas, an diabhal, acu

dictaphone *n* deachtafón

dictate *vt & i* deachtaigh

dictation *n* deachtú

dictator *n* deachtóir

dictatorial *a* údarásach

diction *n* urlabhra

dictionary *n* foclóir

didactic *a* teagascach

die¹ *n* dísle, *to cast dice for sth* rud a chur ar dhíslí, *the* ~ *is cast*, tá na díslí caite, tá an crann curtha

die² *vi* básaigh, éag, *he* ~*d young* cailleadh go hóg é, *to* ~ *out* dul i léig, díobhadh, *to* ~ *bás a* fháil, *dying to do sth* ar bís chun rud a dhéanamh, (*of sounds, etc*) *to* ~ *away* maolú, dul i léig, *the wind* ~*d down* shíothlaigh an ghaoth, chuaigh an ghaoth in éag

die-hard *n* duine dígeanta *a* dígeanta

diesel *n* díosal

diet *n* aiste bia, *milk* ~ réim bhainne

dietician *n* bia-eolaí

differ *n* difear, difríocht *vi* difrigh, *they* ~ *greatly* is mór eatarthu, *they* ~ *about it* tá easaontas eatarthu ina thaobh

difference *n* difear, difríocht, éagsúlacht

different *a* éagsúil, difriúil, *it is* ~ *with you, in your case* ní hamhlaidh duitse é, *a* ~ *story altogether* scéal eile ar fad

differential *n & a* difreálach

differentiate *vt & i, to* ~ *between things* rudaí a idirdhealú, aithint idir rudaí, dealú idir rudaí

difficult *a* deacair, crua, duaisiúil, doiligh, ~ *situation*, cúngach

difficulty *n* deacracht, dua, duainéis, fadhb, cúngach, *I got into difficulties* rug céim orm; chuaigh mé in abar

diffident *a* cúthail, náireach, seachantach, *I was* ~ *about speaking to him* ba leasc liom labhairt leis

diffuse *a* spréite; lag, (*of style*) fadálach *vt & i* réscaip, spréigh, leath

dig *n* tochaltán, *a* ~ *in the ribs* sonc sna heasnacha, *to have a* ~ *at a person* sáiteán, goineog, a thabhairt do dhuine *vt & i* tochail, rómhair, bain, *they dug themselves in* thalmhaigh siad, *to* ~ *one's heels in* do chosa a chur i dtaca

digest¹ *n* achoimre

digest² *vt* díleáigh

digestion *n* díleá; goile

digestive *a* díleách

digger *n* tochaltóir, bainteoir

digit *n* figiúr; méar

digital *a*, ~ *computer* ríomhaire luibhneach

dignified *a* díniteach, maorga, mómhar

dignify *vt* uaisligh

dignity *n* dínit, gradam, stát, maorgacht, mómhaireacht

digress *vi, to* ~ *from sth* dul ar seachmall, i leataobh, ó rud; scéal eile a tharraingt ort

digression *n* iomlaoid chomhrá, scéal thairis

digs *n* lóistín

dike *n* díog; claí

dilapidated *a* ainriochtach, díblí, trochailte

dilation *n* leathadh

dilatory *a* fadálach, leadránach, leisciúil

dilemma *n, in a* ~ idir dhá thine Bhealtaine, in adharc gabhair

diligent *a* dícheallach, dúthrachtach, dlúsúil

dilute *vt* caolaigh, tanaigh, lagaigh *a* caol

dim *a* doiléir, ~ *light* lagsholas, geamhsholas *vt & i* maolaigh, lagaigh, *to* ~ *a light* solas a ísliú, *her sight is* ~*ming* tá an radharc ag leathadh uirthi

dimension *n* toise, buntomhas, trácht

diminish *vt & i* laghdaigh, maolaigh ar, bain ó

diminution *n* laghdú, ísliú, díspeagadh

diminutive *n* díspeagadh *a* mion, bídeach

dimmer *n* maolaitheoir

dimple *n* tobairín, loigín

din *n* fothram, callán, trup, gleo *vt, he was* ~*ning the story into my ears* bhí mo chluasa bodhraithe aige leis an scéal

dine *vi, to* ~ dinnéar a ithe; béile a chaitheamh

dinge *n* ding, claig *vt* leacaigh

dinghy *n* dionga

dingy *a* modartha, salach, suarach

dining-room *n* proinnseomra, seomra bia

dinner *n* dinnéar

dinosaur *n* dineasár

dint *n* ding, gleann, *by* ~ *of hard work* le teann, le tréan, le neart, oibre *vt* ding

diocese *n* deoise, fairche

dioxide *n* dé-ocsaíd

dip *n* tumadh, snámh; fána, claonadh; dip *vt & i* tum, íslígh, *the road* ~*s there* tá fána sa bhóthar ansin

diphtheria *n* diftéire

diphthong *n* défhoghar

diploma *n* dioplóma, teastas

diplomacy *n* taidhleoireacht

diplomat *n* taidhleoir

dipsomania *n* diopsamáine

dire *a* tubaisteach, uafásach, *to be in* ~ *straits* bheith i ndoghrainn, sa chúngach, san fhaopach

direct *a* díreach *vt* seol, treoraigh, stiúir, dírigh

direction *n* treoir; seoladh; treo, aird, bealach, *under a person's* ~ faoi stiúir duine, *to ask for* ~*s to a place* eolas áite a chur, *to give* ~*s* eolas an bhealaigh a dhéanamh (do dhuine)

directive *n* treoir *a* treorach

directly *adv* lom díreach, ar an bpointe boise

director *n* stiúrthóir

directory *n* eolaire, eolaí

dirge *n* tuireamh, marbhna

dirt *n* salachar

dirty *a* salach, cáidheach, broghach, ~ *place* brocais *vt & i* salaigh

disability *n* díomua, míchumas; ainimh, cithréim

disable *vt* martraigh, ciorraigh

disabled *a* cróilí, míchumasach, ~ *person* duine míchumasaithe

disadvantage *n* míbhuntáiste, *to take a person at a* ~ éalang, éasc, an lom, a fháil ar dhuine

disagree *vi*, *to* ~ *with a person* easaontú le duine, gan bheith ag réiteach le duine, *the climate* ~ *d with him* ghoill an aeráid air, chuaigh an aeráid go dona dó

disagreeable *a* míthaitneamhach, gránna; cnádánach

disagreement *n* easaontas, achrann

disappear *vi*, *to* ~ dul as amharc, dul ar ceal

disappearance *n* dul ar ceal, dul as

disappoint *vt* meall, *to be* ~ *ed* díomá a bheith ort, *to* ~ *a person* díomá a chur ar dhuine, mealladh a bhaint as duine

disappointment *n* díomá, mealladh

disapproval *n* dímheas, míthaitneamh

disapprove *vt & i*, *to* ~ *of sth* drochbharúil a bheith agat de rud; cur in aghaidh ruda, *to* ~ *a bill* diúltú do bhille

disarm *vt* dí-armáil

disarmament *n* dí-armáil

disarrange *vt* míchóirigh, *to* ~ *things* rudaí a chur as eagar, a chur trí chéile, a chur in aimhréidh

disarray *n* mí-eagar, mí-ordú, scaipeadh

disaster *n* tubaiste, matalang

disastrous *a* tubaisteach

disbelief *n* díchreideamh

disc *n* ceirnín; teasc, diosca

discarded *a* caite i gcártaí, caite i dtraipisí

discern *vt* aithin, *to* ~ *sth clearly* rud a thabhairt i ngrinneas

discerning *a* tuisceanach, géarchúiseach, grinn

discernment *n* géarchúis, grinneas, léargas

discharge *n* folmhú, scaoileadh; urscaoileadh; sceith, sileadh, ~ *of duty* comhall, comhlíonadh, dualgais *vt & i* díluchtaigh, folmhaigh; scaoil; sceith; urscaoil

disciple *n* deisceabal

disciplinarian *n* smachtaí

discipline *n* riailbhéas, smacht, disciplín *vt* smachtaigh

disclose *vt* nocht, foilsigh, taispeáin

disclosure *n* foilsiú, nochtadh

discoloration *n* mílí, tréigean datha, ruaimneacht

discolour *vt & i* ruaimnigh

discomfort *n* míchompord, anacair, anó, deacracht, dócúl

disconcert *vt*, *to* ~ *a person* duine a bhaint, a chur, dá threoir; cur as do dhuine, stangadh a bhaint as duine

disconnect *vt* scoir, scaoil; díchónaisc

disconnected *a* scoite; scaipeach

disconsolate *a* dólásach, dobrónach

discontent *n* míshásamh, duainéis

discontinue *vt & i* scoir, stop, éirigh as

discord *n* easaontas, imreas

discount *n* lascaine, lacáiste, lamháil *vt* lascainigh, *to* ~ *sth* neamhshuim a dhéanamh de rud

discourage *vt*, *to* ~ *a person* drochmhisneach a chur ar dhuine, *to* ~ *a plan* cur in aghaidh scéime

discouragement *n* drochmhisneach

discourse *n* caint, agallamh, trácht

discourteous *a* míchúirtéiseach, mímhúinte

discover *vt* fionn, faigh amach

discoverer *n* fionnachtaí, aimsitheoir

discovery *n* fionnachtain

discredit *n* míchreidiúint, drochtheist *vt*, *to* ~ *a person* drochtheist a chur ar dhuine

discreditable *a* náireach, míchlúiteach

discreet *a* discréideach, fothainiúil, rúnmhar

discrepancy *n* neamhréiteach

discretion *n* discréid, fothain, *I leave it to your* (*own*) ~ fágaim fút féin, faoi do chomhairle féin, é

discriminate *vt & i*, *to* ~ *between things* aithint idir rudaí; idirdhealú a dhéanamh idir rudaí, *to* ~ *in favour of a person* fabhar a dhéanamh do dhuine, *to* ~ *against a person* leatrom a dhéanamh ar dhuine

discriminating *a* géarchúiseach, grinn; leatromach

discrimination *n* idirdhealú; leithcheal; géarchúis, breithiúnas

discuss *vt* pléigh, trácht, *to* ~ *a matter* scéal a chur trí chéile, a shuaitheadh, a chaibidil

discussion *n* díospóireacht, iomrá, cur trí chéile, plé, cíoradh

disdain *n* drochmheas, scorn *vt*, *to* ~ *sth* seanbhlas a bheith agat ar rud, tormas a fháil ar rud

disdainful *a* dímheasúil, díomasach

disease *n* galar, aicíd

diseased *a* aicídeach, galrach

disembark *vt & i*, *to* ~ dul i dtír, *to* ~ *passengers* paisinéirí a chur i dtír

disengage *vt & i* scaoil, *to* ~ *sth* rud a bhaint as fostú

disentangle *vt* réitigh, scaoil, *to* ~ *sth* rud a bhaint as fostú

disfavour *n* mífhabhar

disfigure *vt* máchailigh

disfigurement *n* ainimh, éagruth, máchail, míghnaoi

disgrace *n* náire, smál, aithis *vt* náirigh, *you* ~ *d me* thug sibh mo náire

disgraceful *a* náireach

disgruntled *a* míshásta

disguise *n* bréagríocht *vt* ceil

disgust *n* déistin, samhnas, masmas, seanbhlas *vt*, *the place* ~ *ed me* chuir an áit gráin, casadh aigne, múisc, orm

disgusting *a* déistineach, samhnasach

dish *n* mias, *to wash the* ~ *es* na soithí a ní *vt*, *to* ~ (*up*) *meat* feoil a riar

dish-cloth *n* éadach soithí

dishearten *vt*, *to* ~ *a person* beaguchtach, drochmhisneach, a chur ar dhuine; a chroí a bhaint de dhuine

dishevelled *a* aimhréidh, stoithneach, ~ *hair* glib, larcán, mothall

dishonest *a* éigneasta, mí-ionraic, mímhacánta, cam

dishonesty *n* caimiléireacht, mí-ionracas, camastaíl

dishonour *n* easonóir *vt* easonóraigh, maslaigh; sáraigh, *to* ~ *a cheque* seic a obadh

dishonourable *a* easonórach, náireach, suarach

dishwasher *n* miasníteoir

disillusion *n* oscailt súl, ciall cheannaithe *vt*, *to* ~ *a person* a shúile a dhéanamh do dhuine, an dalladh púicín a bhaint de dhuine

disinfect *vt* díghalraigh, dífhabhtaigh

disinfectant *n* díghalrán, dífhabhtán

disinherit *vt*, *to* ~ *a person* duine a chur as oidhreacht

disintegrate *vt & i* coscair, mionaigh, dí-scaoil, sceith

disintegration *n* coscairt, mionú, díscaoileadh

disinterested *a* neamh-fhéinchúiseach

disjointed *a* curtha as alt; scaipthe

dislike *n* col, míthaitneamh, míghnaoi *vt*, *he* ~ *s you* ní thaitníonn tú leis, ní maith leis thú

dislocate *vt*, *to* ~ *sth* rud a chur as áit, as alt, as ionad

dislodge *vt* asáitigh, scaoil; ruaig

disloyal *a* mídhílis, mídhlisteanach

dismal *a* dubh, dubhach, duairc, gruama

dismantle *vt* bain anuas, díchóimeáil

dismay *n* anbhá, uafás

dismiss *vt* scoir, dífhostaigh, *to* ~ *a person* duine a bhriseadh (as a phost); (*bata is*) bóthar a thabhairt do dhuine, *to* ~ *sth from one's thoughts* rud a chaitheamh as do cheann

dismissal *n* briseadh, scor

dismount *vi*, *to* ~ *from a horse* tuirlingt, turnamh, de chapall

disobedience *n* easumhlaíocht, aimhriar

disobedient *a* easumhal, easurramach

disobey *vt*, *to* ~ *a person* bheith easumhal do dhuine, míréir duine a dhéanamh

disobliging *a* drocháiseach, beagmhaitheasach, neamhaitheach

disorder *n* tranglam; mí-ordú, mí-eagar; ainriail, *in* ~ bunoscionn

disorderly *a* mí-ordúil, mírialta, clamprach

disorganize *vt* cuir trí chéile, cuir as eagar

disown *vt* séan

disparage *vt* tarcaisnigh, rith síos, spídigh

disparagement *n* spídiúchán, cámas

disparity *n* difríocht

dispassionate *a* fuaraigeanta

dispatch *n* seoladh, cur amach; dithneas, *official* ~ *es* tuairiscí oifigiúla *vt* seol, cuir chun siúil

dispel *vt* scaip, scaoil, díchuir

dispensary *n* íoclann

dispensation *n* dispeansáid, diosmaid

dispense *vt* dáil, riar, *to* ~ *a prescription* oideas (dochtúra) a ullmhú, *to* ~ *a person from sth* duine a shaoradh ó rud, *to* ~ *with sth* déanamh in éagmais ruda, teacht gan rud

dispenser *n* roinnteoir, *detergent* ~ rannóir glantaigh

dispersal *n* scaipeadh, bánú

disperse *vt & i* scaip, scaoil, díchuir; spréigh

dispirited *a* marbhintinneach, domheanmnach, meirtneach

displace *vt* díláithrigh, bris, *to* ~ *a person* áit, post, duine a ghlacadh

displaced *a*, ~ *person* díláithreach

display *n* taispeántas, tabhairt amach; seó, mustar, suaitheantas *vt* taispeáin

displease *vt*, *to* ~ *a person* diomú, míshásamh, a chur ar dhuine

displeasure *n* diomú, míshásamh

disposable *a* indiúscartha

disposal *n* cur de láimh, diúscairt, (*of troops, etc*) srathnú

dispose *vt* srathnaigh, *to* ~ *of a matter* gnó a shocrú, a chur i gcrích, a chur de láimh, *to be favourably* ~ *d towards a person* bheith fabhrach, báúil, le duine

disposition *n* aigne, intinn, méin, meon, cáilíocht, *evil* ~ droch-chroí

dispossess *vt* díshealbhaigh, *to* ~ *a person* duine a chur as a sheilbh

disproportionate *a* díréireach, éaguimseach

disprove *vt* bréagnaigh

dispute *n* conspóid, díospóireacht; caingean *vt & i* pléadáil, pléigh, *to* ~ *with a person about sth* argóint a dhéanamh le duine faoi rud

disqualify *vt* dícháiligh

disquiet *n* callóid, míshuaimhneas *vt* buair

disregard *n* neamhshuim; seanbhlas *vt*, *to* ~ *sth* neamhshuim, neamhiontas, a dhéanamh de rud

disrepair *n*, *in* ~ ó threoir, ar mhíghléas

disreputable *a* míchlúiteach

disrepute *n* míchlú, droch-cháil

disrespect *n* easurraim, dímheas

disrespectful *a* easurramach, dímheasúil

disrupt *vt* bris, réab, *to* ~ *a meeting* cur isteach ar chruinniú, cíor thuathail a dhéanamh de chruinniú, cruinniú a chur trí chéile

dissatisfaction *n* míshásamh, diomú

dissatisfied *a* míshásta, diomúch
dissect *vt* diosc; mionscrúdaigh
dissection *n* díoscadh
dissembler *n* slusaí
disseminate *vt* craobhscaoil, scaip, síolaigh
dissemination *n* craobhscaoileadh, scaipeadh
dissension *n* easaontas; siosma
dissent *n* easaontas *vi* easaontaigh
dissenter *n* easaontóir
dissertation *n* tráchtas
dissimulation *n* cluain, slíomadóireacht
dissipate *vt & i* scaip, leáigh
dissipated *a* drabhlásach
dissipation *n* scaipeadh; drabhlás, ragairne
dissociate *vt, to* ~ *oneself from a question* tú féin a dhealú, a scaradh, ó cheist
dissolute *a* ainrianta, réiciúil, scaoilteach
dissolution *n* leá, scaoileadh; lánscor (parlaiminte)
dissolve *vt & i* leáigh, tuaslaig; scaoil, díscaoil; lánscoir
dissuade *vt, to* ~ *a person from doing sth* áitiú ar dhuine gan rud a dhéanamh
distance *n* achar, fad, *in the* ~ i gcéin, i bhfad uait
distant *a* cianda; coimhthíoch, eascairdiúil, ~ *relationship, kinship* gaol i bhfad amach, fréamh ghaoil, ~ *thunder* toirneach bhodhar, *it is a mile* ~ *from here* tá sé míle slí as seo
distaste *n* déistin, drochbhlas, *to take a* ~ *to sth* col a ghlacadh le rud
distasteful *a* déistineach
distemper *n* leamhaol; conslaod
distend *vt & i* teann, sín, borr, bolg
distil *vt & i* driog
distiller *n* stiléir, driogaire
distillery *n* drioglann
distinct *a* leithleach, éagsúil; soiléir, glinn, *two* ~ *cases* dhá chás ar leith
distinction *n* idirdhealú; gradam, céimíocht, oirirceas
distinctive *a* sainiúil, suntasach, suaithinseach
distinguish *vt & i* idirdhealaigh, sonraigh, *to* ~ *one thing from another* rud a aithint thar rud eile, aithint idir rudaí
distinguished *a* céimiúil, oirirc, dearscnaitheach
distort *vt* cam, fiar, díchum, *to* ~ *the truth* an fhírinne a chur as a riocht
distortion *n* díchumadh, fiaradh, saobhadh
distract *vt* mearaigh, *to* ~ *a person's attention from sth* aire, intinn, duine a bhaint de rud
distracted *a* seachránach, ar mearaí, néaltraithe
distraction *n* caitheamh aimsire; saobhnós, seachrán
distress *n* angar, gátar, crá, broid, duais, trioblóid, cruachás *vt* cráigh, *it* ~ *ed me* ghoill sé orm
distressing *a* anróiteach, coscrach, diachrach, doiligh, duaisiúil
distribute *vt* dáil, riar, roinn
distribution *n* dáileadh, riar, roinnt

distributive *a* roinnteach
district *n* ceantar, dúiche, líomatáiste, limistéar *a* ceantrach
distrust *n* drochamhras, drochiontaoibh, mímhuinín *vt, to* ~ *a person* drochamhras a bheith agat ar dhuine
distrustful *a* amhrasach, drochiontaobhach
disturb *vt* cuir isteach ar, corraigh, suaith
disturbance *n* suaitheadh, anbhuain, cur isteach; callán, iaróg
disuse *n, to fall into* ~ dul as feidhm, dul ar ceal
ditch *n* clais, díog, sconsa; claí
dither *n, to be in a* ~ bheith i gcás idir dhá chomhairle *vi, to* ~ bheith ann as
ditto *n* an (rud) céanna
ditty *n* lúibín, rabhcán
divan *n* dibheán
dive *n* onfais, tumadh *vi* tum
diver *n* onfaiseoir, tumadóir
diverge *vi* scar; eisréimnigh; difrigh
diverse *a* éagsúil, ilghnéitheach, il-
diversion *n* malairt bealaigh, atreorú (tráchta); siamsa, spórt
diversity *n* ilíocht, ilghnéitheacht
divert *vt* claon, *to* ~ *traffic* an trácht a chur ar mhalairt slí, *to* ~ *a person's attention* aigne duine a bhaint, a tharraingt, de rud, *to* ~ *the listeners* siamsa a dhéanamh don lucht éisteachta
divide *vt & i* roinn, deighil, dealaigh, scar, scoilt; dáil
dividend *n* díbhinn
divider *n* roinnteoir
divination *n* fáistine
divine *n* diagaire; eaglaiseach *a* diaga; sárálainn
diviner *n, water* ~ aimsitheoir uisce, collóir
divinity *n* dia; diagacht
divisible *a* inroinnte
division *n* roinnt, dáileadh; deighilt, dealú; easaontas; rannán
divisive *a* deighilteach
divorce *n* colscaradh; idirscaradh
divot *n* scraithín
divulge *vt* sceith, foilsigh
dizziness *n* meadhrán, mearbhall, míobhán
dizzy *a* mearbhlach, meadhránach, *I'm getting* ~ tá mo cheann ag éadromú
do *vt & i* déan, *to* ~ *a problem* fadhb a réiteach, a fhuascailt, *to have done with* bheith réidh le, *it won't* ~ ní dhéanfaidh sé cúis, an gnó, *how do you* ~ conas taoi, cén chaoi a bhfuil tú, cad é mar atá tú, *to* ~ *away with it* deireadh a chur leis, é a chealú; é a mharú, *to* ~ *up sth* rud a dheisiú, a athchóiriú, *to* ~ *without sth* teacht gan rud, déanamh d'uireasa ruda, *doing shopping* ag siopadóireacht *aux v, does he come* an dtagann sé, *did you break it* ar bhris tú é
docile *a* macánta, ceansa, sochomhairleach

dock¹ *n* copóg
dock² *n* duga *vi, the boat* ~*ed* tháinig an bád chun duga, chun cé
dock³ *n, (of court)* gabhann (cúirte)
dock⁴ *vt* sciot
docker *n* dugaire
docket *n* duillín
dockyard *n* longlann
doctor *n* dochtúir
doctorate *n* dochtúireacht
doctrine *n* teagasc, foirceadal
document *n* cáipéis, doiciméad
documentary *n* clár faisnéise *a* cáipéiseach, doiciméadach
dodge *n* ealaín, cleas, cor *vt & i* seachain, *to* ~ *a person* cor a thabhairt do dhuine, *dodging about* ag coraíocht
dodger *n* cleasaí, lúbaire
doe *n* eilit
dog *n* madra, gadhar *vt, he is* ~*ged by ill-luck* tá an mí-ádh ag siúl leis
dog-eared *a* catach
dog-fish *n* fíogach
dogged *a* righin, seasmhach, buan
dogma *n* dogma
dogmatic *a* dogmach; ceartaiseach
dogrose *n* feirdhris, conrós
dole *n* deol *vt, to* ~ *out sth* rud a roinnt (go gortach)
doleful *a* acaointeach, duairc, gruama
doll *n* bábóg, áilleagán *vt, to* ~ *oneself up* tú féin a ghléasadh go péacach
dollar *n* dollar
dolour *n* dólás
dolphin *n* deilf
domain *n* fearann(as), tiarnas; réimse
domestic *a,* ~ *animals* ainmhithe clóis, ~ *life* saol an teaghlaigh, ~ *economy* tíos, eacnamaíocht bhaile, ~ *trade* tráchtáil intíre
domesticate *vt* ceansaigh, clóigh
domicile *n* áitreabh; sainchónaí
dominance *n* cinseal, treise
dominant *a* ceannasach
dominate *vt & i, to* ~ *(over) a person* smacht a choinneáil ar dhuine, an lámh in uachtar a fháil ar dhuine
domination *n* forlámhas, ceannas, tiarnas
domineering *a* máistriúil, mursanta, tiarnúil
Dominican *n & a* Doiminiceach
dominion *n* tiarnas *pl* críocha (stáit)
donate *vt* bronn
donation *n* síntiús, tabhartas, deonachán
done *a* déanta, críochnaithe, réidh; caite, spíonta
donkey *n* asal
donor *n* deontóir, bronntóir, tabharthóir
doodling *n* breacaireacht

doom *n* daorbhreith; oidhe, treascairt *vt* daor, *attempt which is* ~*ed to failure* iarracht nach bhfuil aon fhorás, rath, i ndán di
doomsday *n* Lá an Bhrátha, Lá an Luain, *till* ~ go brách na breithe
door *n* doras, *at death's* ~ i mbéal(a) báis, in ursain an bháis
door-keeper *n* doirseoir
door-knob *n* murlán
door-man *n* doirseoir
door-post *n* ursain
door-step *n* leac an dorais
dope *n* druga, deoch shuain *vt, to* ~ *a person* druga a thabhairt do dhuine
dormant *a* codlatach, suanach
dormitory *n* suanlios, dórtúr
dormouse *n* dallóg fhéir, luch chodlamáin
dose *n* deoch leighis; dáileog *vt, to* ~ *an animal* deoch leighis, druga, a thabhairt d'ainmhí
dot *n* ponc, pointe *vt* poncaigh, breac
dotage *n* leanbaíocht, an aois leanbaí
dote *n* peata, muirnín *vi, they* ~ *on him* tá siad leáite anuas air
double *n* dúbailt; cosúlacht *a* dúbailte, ~ *chin* sprochaille, preiceall, athsmig *vt & i* dúbail
double-cross *n* feall *vt* feall (ar)
double-dealing *n* lúbaireacht
doubt *n* amhras, dabht *vt & i* bheith in amhras, amhras a bheith ort (faoi rud)
doubtful *a* amhrasach
doubtless *adv* gan amhras, go cinnte
dough *n* taos
doughnut *n* taoschnó
dour *a* dúr, dochma, duasmánta
dove *n* colm, colúr, fearán
dovetail *a,* ~ *joint* déadalt *vt & i, the two schemes* ~ luíonn an dá scéim le chéile, *to* ~ *two schemes* dhá scéim a fhí ina chéile, a chur in alt a chéile
dowdy *a* seanfhaiseanta, modartha, leamh
dowel *n* stang, dual *vt* stang
down¹ *n* clúmh
down² *adv* síos, thíos, anuas, *to go* ~ dul síos, *to fall* ~ *a cliff* titim le haill, *put it* ~ fág síos é, ~ *below* thíos, *to come* ~ teacht anuas, *my father is* ~ *on me* tá m'athair anuas orm, sa bhuaic orm *vt, to* ~ *a person* duine a leagan; an ceann is fearr a fháil ar dhuine, *to* ~ *tools* dul ar stailc; scor den obair
downcast *a* dubhach, gruama, *he is* ~ tá ceann faoi air
downfall *n* duartan, díle bháistí; titim, treascairt, turnamh
downhearted *a* dochma, gruama, domheanmnach, tromchroíoch
downpour *n* duartan, bailc, rilleadh, stealladh

downright *a* críochnaithe, cruthanta; díreach; scun scan, neamhbhalbh, ~ *lie* dubhéitheach, deargbhréag, ~ *fool* amadán amach is amach

downstairs *adv* thíos (an) staighre, *to go* ~ dul síos (an) staighre

downstream *adv* le sruth

down-trodden *a* brúite faoi chois, in íochtar

downward *a, to go the* ~ *path* imeacht le fána *adv*, ~*s* síos; (rith, titim) le fána

downy *a* clúmhach

dowry *n* spré, crodh

doze *n* sámhán, támh (chodlata) *vi, I* ~*d off* thit néal orm, *dozing* ag míogarnach chodlata, ag néalfartach

dozen *n* dosaen

drab *a* gan dath, leamh; lachna, riabhach

draft *n* dréacht *vt* dréachtaigh

drag *n* sracadh, tarraingt *vt* tarraing, srac, streachail, slaod

dragon *n* dragan

dragonfly *n* snáthaid mhór

dragoon *n* dragún

drain *n* draein, léata, sconsa, lintéar *vt & i* taosc, díscigh, draenáil, sil, síothlaigh; diúg, diurnaigh, síolp

drainage *n* draenáil, taoscadh

drain-pipe *n* gáitéar

drake *n* bardal

dram *n* dram

drama *n* dráma; drámaíocht

dramatic *a* drámata

dramatist *n* drámadóir

dramatize *vt* drámaigh

drape *n* cuirtín *vt* fallaingigh

draper *n* éadaitheoir

drapery *n* éadaitheoireacht; éadaí; cuirtíní

drastic *a* géar, antoisceach, ~ *measures* dianbhearta

draught *n* tarraingt; cor éisc, dol éisc; deoch, slogóg; (*of ship*) snámh; (*of wind*) siorradh, séideadh, *drink it at one* ~ ól dá dhroim é

draughts *npl* táiplis (bheag)

draughtsman *n* líinitheoir

draw *vt & i* tarraing; meall; bain; línigh, dear, *they are* ~*ing away from us* tá siad ag druidim, ag breith, uainn, *to* ~ *near to* druidim le, tarraingt ar, teannadh le, *to* ~ *up a document* meamram a dhréachtú *n, (sport)* cluiche cothrom

drawback *n* cur siar, díomua, míbhuntáiste

drawbridge *n* droichead tógála

drawer *m* tarraingeoir; líinitheoir; tarraiceán; *pl* drár

drawing *n* líníocht, tarraingeoireacht; tarraingt

drawing-pin *n* tacóid ordóige

drawl *n* caint neamhaí *vt, to* ~ *out a word* tarraingt, fad, a bhaint as focal

dread *n* imeagla, uamhan *vt, to* ~ *sth* uamhan, eagla do chroí, a bheith ort roimh rud

dreadful *a* uafar, uamhnach, millteanach, tubaisteach

dream *n* taibhreamh, brionglóid, bruadar, aisling *vt & i* taibhrigh, *I wouldn't* ~ *of such a thing* ní chuimhneoinn ar a leithéid

dreamer *n* aislingeach

dreary *a* duairc, dearóil, leamh

dredge *n* dreidire *vt & i* dreideáil

dredger *n* dreidire

dregs *npl* deasca, moirt, gríodán, dríodar, *to drink sth to the* ~ rud a dhiúgadh, a dhiurnú

drench *n* droinse, purgóid *vt* báigh, folc, *I was* ~*ed* bhí mé i mo líbín báite, *to* ~ *an animal* droinse a thabhairt d'ainmhí

drenching *n* fliuchadh, folcadh, fothragadh, *she got a* ~ fliuchadh go craiceann í

dress *n* éadach, éide, feisteas; gúna, culaith *vt & i* éidigh, gléas, cóirigh, feistigh; leasaigh, *get* ~*ed* cuir umat

dresser *n* drisiúr

dressing *n* cóiriú, deasú, *salad* ~ anlann sailéid

dressing-down *n* scalladh teanga, léiriú

dressing-gown *n* fallaing sheomra

dressmaker *n* gúnadóir, maintín

dressmaking *n* gúnadóireacht, maintíneacht

dribble *n* priosla, prislín, ronna

drift *n* síobadh; muc shneachta, ráth; éirim, treo *vi* síob, *to let things* ~ do mhaidí a ligean le sruth, *to* ~ dul le sruth; imeacht gan treoir, *the boat is* ~*ing on shore* tá an bád ag titim ar an gcladach, ~*ing north* ag caitheamh ó thuaidh

drifting *n,* ~ *of snow* carnadh, síobadh, sneachta

drill *n* druil, druilire *vt & i* druileáil

drink *n* deoch, ól, ólachán, *strong* ~ biotáille, deoch bhorb *vt & i* ól, *they were* ~*ing in his words* bhí siad ag slogadh isteach a chuid cainte

drinker *n* óltóir; pótaire

drinking *n* ólachán

drip *n* sileadh, braon *vi* sil

drip-dry *a* siltriomaíoch *vt* siltriomaigh

dripping *n* geir (rósta), ionmhar *a* silteach, braonach, *to be* ~ *wet*, bheith i do líbín báite

drisheen *n* drisín

drive *n* marcaíocht (i gcarr); tiomáint; ruaigeadh; treallús, (*street name*) céide, (*cards*) imchluiche *vt & i* dreasaigh, tiomáin, seol, bagair, *to* ~ *a person out, away* duine a ruaigeadh, a dhíbirt, *it is driving snow* tá sé ag síobadh sneachta

drivel *n* raiméis, seafóid, amaidí chainte

driver *n* tiománaí

drive-in *a* (banc, etc) carrsheirbhíse

drizzle *n* brádán, ceobhrán *vi, drizzling* ag brádán, ag ceobhrán

droll *a* barrúil, aisteach, greannmhar

dromedary *n* dromadaire

drone *n, (bee)* ladrann; dordán, crónán, geoin *vi, droning* ag dordán, ag geonaíl

droop *n* sleabhac, fána *vi* sil, tit, sleabhac

drop *n* braon, deoir, greagán; titim *vt & i* sil, tit, ísligh, lig síos, *I dropped it* thit sé uaim, *to ~ a stitch* lúb a ligean ar lár, *to ~ in* bualadh isteach, beannú isteach, *to ~ off to sleep* titim i do chodladh
dropsy *n* íorpais
dross *n* cacamas, sail
drought *n* triomach; spalladh
drover *n* seoltóir
drown *vt & i* báigh
drowning *n* bá
drowsiness *n* codlatacht, míogarnach, múisiam, suanmhaireacht
drowsy *a* codlatach, néalmhar, suanmhar
drubbing *n* clárú, drubáil, greadadh
drudge *n* sclábhaí *vi, to ~* sclábhaíocht a dhéanamh
drudgery *n* tiaráil, callóid, sclábhaíocht
drug *n* druga *vt* drugáil
drug-addict *n* andúileach drugaí
druggist *n* drugadóir
druid *n* draoi
drum *n* druma
drummer *n* drumadóir
drunk *a* ólta(ch), ar meisce, *blind ~* caoch, ar na stártha
drunkard *n* meisceoir, pótaire, druncaeir
drunkenness *n* meisce, póit
dry *a* tirim, tur; seasc, *to run, go, ~* dul i ndísc *vt & i* triomaigh, *the well dried up* thráigh an tobar
dryer *n* triomadóir
dryness *n* triomacht, tuire; dísc, seascacht
dual *a* déach, dúbailte, *~ number*, uimhir dhéidhe, *~ carriageway* débhealach
dubious *a* amhrasach; éidearfa
duchess *n* bandiúc
duchy *n* diúcacht
duck *n* ceart, cóir; dleacht, *to give him his ~* lena cheart (féin) a thabhairt dó *pl* dleachtanna, táillí *a* iníoctha, cóir, *~ east* soir díreach, *what is ~ to her* an rud atá dlite di, an rud is dual di, *~ to bad weather* de dheasca, de bharr, drochaimsire
duckling *n* lachín, éan lachan
duct *n* ducht, feadán
dud *n* (rud, etc) gan mhaith *a* dona, gan mhaith
dudeen *n* dúidín
duds *npl* ceirteacha, balcaisí
due *n* ceart, cóir; dleacht, *to give him his ~* lena cheart (féin) a thabhairt dó *pl* dleachtanna, táillí *a* iníoctha, cóir, *~ east* soir díreach, *what is ~ to her* an rud atá dlite di, an rud is dual di, *~ to bad weather* de dheasca, de bharr, drochaimsire
duel *n* comhrac aonair
duet *n* díséad
duffel *n* dufal
duke *n* diúc
dull *a* dúr, marbhánta, dobhránta, spadánta, tur; leamh; balbh, bodhar; gruama, smúitiúil, scamallach *vt & i* maolaigh, múch
dullness *n* daille, dúire, mallachar; bodhaire; bómántacht

dulse *n* duileasc
duly *adv* go cuí, mar ba chóir, in am trátha, go poncúil
dumb *a* balbh, *~ person* balbhán
dumbfounded *a, I was ~* baineadh an anáil díom; rinneadh stangaire, staic, díom
dumbness *n* bailbhe
dummy *n* balbhán; gobán; ríochtán
dump *n* carn fuíligh; taisce lón cogaidh *vt* dumpáil
dumpling *n* domplagán; úllagán
dumps *npl, it would put you in the ~* chuirfeadh sé lionn dubh ort
dun *n* odhar, riabhach, lachna
dunce *n* dallarán, daoi, dunsa
dune *n* dumhach, méile
dung *n* aoileach, bualtrach, cac
dungaree *n* dungairí
dung-beetle *n* priompallán
dungeon *n* doinsiún
dunghill *n* carn aoiligh, otrach
dunlin *n* breacóg, circín trá
dunnock *n* donnóg
duplicate *n* macasamhail, dúblach *a* dúblach *vt* dúbail, *to ~ a document* macasamhail, cóip, a dhéanamh de cháipéis
duplication *n* dúbailt
duplicator *n* gléas cóipeála
duplicity *n* caimiléireacht, camastaíl, lúbaireacht, cealg
durability *n* buanfas, caitheamh, teilgean, teacht aniar
durable *a* buanfasach, láidir, dochaite, *it is really ~* tá seasamh maith ann
duration *n* feadh, fad, achar, *for the ~ of the war* i gcaitheamh, i rith, an chogaidh; fad a mhair, a mhairfidh, an cogadh
during *prep, ~ the day* ar feadh, i rith, i gcaitheamh, an lae, *~ that time* lena linn sin, *~ the war* in aimsir an chogaidh
dusk *n* crónachan, cróntráth, clapsholas
dust *n* deannach, luaithreach, smúit; cré *vt, to ~ furniture* an deannach a ghlanadh de throscán
dustbin *n* bosca bruscair
duster *n* ceirt chuimilte, ceirt deannaigh
dusty *a* deannachúil, smúrach
dutiable *a* indleachta
dutiful *a* umhal
duty *n* dualgas, ceart; cúram, (*tax*) dleacht, *on ~* ar diúité, ar dualgas
dwarf *n* abhac *a* cranda, abhcach *vt* crandaigh
dwell *vi* cónaigh, *he let his thoughts ~ on it* luigh a aigne air
dwelling *n* cónaí, teach, áitreabh
dwindle *vi* mionaigh, leáigh, tanaigh, *their numbers ~d* laghdaigh ar a líon
dye *n* dath *vt* dathaigh
dyer *n* dathadóir

dynamic *a* dinimiciúil; fuinniúil *npl* dinimic
dynamite *n* dinimít
dynamo *n* dineamó

dynasty *n* ríshliocht, ríora
dysentery *n* dinnireacht
dyspepsia *n* mídhíleá, dispeipse

E

each *a* gach *pron*, *they got a shilling* ~ fuair siad scilling an duine, *at a pound* ~ ar phunt an ceann, *you are like* ~ *other* tá sibh cosúil le chéile, *praising* ~ *other* ag moladh a chéile
eager *a* díocasach, cíocrach, faobhrach, fonnmhar, ~ *for work* rite, scafa, chun oibre
eagerness *n* cíocras, fonn, díograis, flosc, scóip
eagle *n* iolar
ear *n* cluas; dias, craobh
ear-drum *n* tiompán
earl *n* iarla
earldom *n* iarlacht
early *a* moch, luath, ~ *riser* mochóirí, *my earliest recollection* an chuimhne is faide siar i mo cheann
ear-mark *n* comhartha cluaise; clib chluaise *vt*, *to* ~ *funds* (*for sth*) suim airgid a chur i leataobh, in áirithe, (do rud)
earn *vt* tuill, saothraigh, cosain, gnóthaigh, tabhaigh
earner *n* saothraí
earnest[1] *n* éarlais
earnest[2] *a* dícheallach, dáiríre, dúthrachtach, *to be in* ~ *about sth* bheith dáiríre faoi rud, *to set about sth in* ~ luí isteach ar rud
earnestness *n* dúthracht, dáiríre(acht)
earnings *npl* saothrú, tuilleamh; pá, tuarastal
ear-ring *n* fáinne cluaise
earshot *n* raon cluas, *within* ~ *of me* i, ar, m'éisteacht, *out of* ~ as éisteacht
earth *n* talamh, cré, úir, ithir, créafóg, *the E* ~ an Domhan *vt*, (*potatoes*) sluaistrigh, lánaigh, fódaigh, (*electricity*) talmhaigh
earthen *a*, ~ *pot* pota cré
earthenware *n* cré-earraí *a* gréithreach
earthly *a* saolta, domhanda, talmhaí
earth-nut *n* cúlarán
earthquake *n* crith talún
earthworm *n* péist talún, cuiteog, agaill
earwig *n* gailseach, ceilpeadóir
ease *n* suaimhneas, faoiseamh; sáile, só, sáimhríocht; saoráid; (*of movement*) éascaíocht, *to be at one's* ~ bheith ar do shuaimhneas, ar do shocracht, ar do chompord, (*military*) *at* ~ ar áis *vt & i* maolaigh, bog, *to* ~ *off* ligean as, *the rain* ~*d off* tháinig uaineadh, sámhnas, beag
easel *n* tacas
easily *adv* go furasta, go héasca, go saoráideach

easiness *n* fusacht, éascaíocht; saoráidí
east *n* oirthear, *from the* ~, anoir, *to the* ~, soir *adv & a*, *the* ~ *wind*, an ghaoth anoir, *the* ~ *coast* an cósta thoir, *to go* ~ dul soir, ~ *of* taobh thoir de; soir ó, lastoir de
Easter *n* Cáisc
easterly *a & adv*, ~ *wind* gaoth anoir, *in an* ~ *direction* soir, *the* ~ *part* an taobh thoir
eastern *a* oirthearach, ~ *part* oirthear
eastwards *adv* soir
easy *a* éasca, furasta, socair, réidh, *take it* ~ tóg (go) bog é, fóill ort
easy-chair *n* cathaoir bhog, cathaoir shócúil
easy-going *a* réchúiseach, sámh, sochma, sómasach
eat *vt & i* ith, caith
eatable *a* inite
eatables *npl* tomhaltas
eaves *npl* bundlaoi, sceimheal, cleitín, urla tí
eavesdrop *vi*, *to* ~ bheith ag cúléisteacht, ag dúdaireacht, ag cluasaíocht
ebb *n* aife, trá *vi* tráigh
ebb-tide *n* aife, taoide thrá
ebony *n* éabann
eccentric *n* duine corr, duine ait, éan corr *a* corr, earráideach
eccentricity *n* corrmhéin, earráid, iompar ait
ecclesiastic *n* eaglaiseach
ecclesiastical *a* eaglasta
echo *n* macalla, allabhair *vt & i* aithris, *to* ~ *through the glen* macalla a bhaint as an ngleann, *to* ~ *the colour of the carpet* freagairt do dhath an bhrait urláir
eclipse *n* urú *vt* uraigh
ecology *n* éiceolaíocht
economic *a* eacnamaíoch, geilleagrach
economical *a* tíosach, barainneach
economics *npl* eacnamaíocht
economist *n* eacnamaí
economize *vi*, *to* ~ *on sth* tíos a dhéanamh ar rud; rud a choigilt, a spáráil, *to* ~ bheith spárálach, tíosach
economy *n* eacnamaíocht, geilleagar; barainneacht, *domestic* ~ eacnamaíocht bhaile, teaghlachas, tíos
ecstasy *n* eacstais, néal áthais, sceitimíní
ecstatic *a* eacstaiseach, *I was* ~ *over it* chuir sé eiteoga ar mo chroí, tháinig sciatháin orm leis
ecumenism *n* éacúiméineachas
eczema *n* eachma

eddy *n* guairneán, cuilithe

Eden *n, the Garden of* ~, Gairdín Pharthais

edge *n* faobhar, béal; ciumhais, bruach, imeall, fóir, *to keep a person on* ~ duine a choinneáil ar binb, ar tinneall *vt & i, to* ~ *sth* faobhar a chur ar rud, *to* ~ *one's way in* caolú isteach

edging *n* ciumhais

edible *a* inchaite, inite

edict *n* forógra

edifice *n* foirgneamh

edify *vt, to* ~ *a person* dea-shampla a thabhairt do dhuine; duine a mhisniú, a spreagadh

edit *vt, to* ~ *a book* leabhar a chur in eagar

edition *n* eagrán, uimhir

editor *n* eagarthóir, fear eagair

editorial *n* eagarfhocal, príomhalt

educate *vt* oil, *to be* ~*d* oideachas a bheith agat, ort

education *n* oideachas, scolaíocht, léann

educationalist *n* oideachasóir

educator *n* oideoir

eel *n* eascann

eerie *a* diamhair, uaigneach, aerachtúil, ~ *feeling* diamhair, uaigneas, ~ *place* áit aduain

efface *vt* cuimil de, glan de; scrios amach, *he* ~*d himself* rinne sé a bheag de féin; sheachnaíodh sé aghaidh an phobail

effect *n* éifeacht, toradh, *to take* ~ dul i gcion, oibriú, *to use sth to good* ~ éifeacht a bhaint as rud, *since the order came into* ~ ó tháinig an t-ordú i bhfeidhm *npl* trealamh, airnéis, éifeachtaí, *sound* ~*s*, seachghlórtha, *stage* ~*s* imeartas stáitse *vt* feidhmigh, *to* ~ *sth* rud a chur i gcrích

effective *a* éifeachtach, cumasach

effectual *a* éifeachtúil

effeminate *a* baineanda, baineann; piteogach

effervescent *a* broidearnúil, coipeach, súilíneach

efficacious *a* éifeachtach, bríomhar

efficacy *n* suáilce, éifeacht

efficiency *n* éifeachtacht, feidhmiúlacht

efficient *a* éifeachtach, feidhmiúil, cumasach

effigy *n* samhail

effluent *n* eisilteach

effort *n* iarracht, saothar, feidhm, *it cost me an all-out* ~ chuir sé chun mo dhíchill mé

effortless *a* gan stró, gan saothar

effortlessly *adv* gan stró, go héasca

effrontery *n* dánacht, éadan

effusion *n* doirteadh

effusive *a* doirteach, pléascánta, ~ *thanks* tulcaí buíochais, ~*ly thankful* buíoch beannachtach

egg¹ *n* ubh

egg² *vt, to* ~ *a person on (to do sth)* duine a ghríosú, a spreagadh (le rud a dhéanamh)

eggbeater *n* buailteoir uibhe

egg-cup *n* ubhchupán

eggshell *n* blaosc uibhe

egoism *n* féinspéiseachas, leithleachas

egoist *n* féinspéisí

egotism *n* féinspéis, leithleachas

eider-down *n* fannchlúmh

eight *n & a* ocht, ~ *persons* ochtar

eighteen *n & a* ocht déag, ~ *towns* ocht mbaile dhéag

eighteenth *n & a, the* ~ *day* an t-ochtú lá déag, *one* ~ an t-ochtú cuid déag

eighth *n & a* ochtú

eightieth *n & a* ochtódú

eighty *n & a* ochtó

either *a, on* ~ *side* ar gach aon taobh, ar an dá thaobh *pron* ceachtar, ~ *of the two* ceachtar den bheirt, *I don't believe* ~ *of you* ní chreidim ceachtar agaibh *adv, it is not here* ~ níl sé anseo ach oiread, ach chomh beag

eject *vt* díchuir, cuir amach, caith amach

eke *vt, to* ~ *out* teacht i gcabhair ar; fadú le, cur le, *to* ~ *out an existence* an snáithe a choinneáil faoin bhfiacail, greim do bhéil a bhaint amach

elaborate *a* casta, (*of work*) greanta, ~ *pattern* gréas saothraithe *vt & i* mionsaothraigh, maisigh, *to* ~ *on sth* rud a fhairsingiú, a mhíniú; cur le rud

elaboration *n* mionsaothrú; fairsingiú

elapse *vi,* (*of time*) imigh

elastic *n* leaistic *a* leaisteach, athscinmeach; sobhogtha, scaoilte

elasticity *n* leaisteachas, athscinmeacht; tabhairt

elated *a* scleondrach, stróúil, *she was* ~ *at the news* tháinig sciatháin uirthi leis an scéala; bhí néal áthais uirthi nuair a chuala sí an scéala

elation *n* scóip, scleondar, éirí croí, bród, stró

elbow *n* uillinn *vt & i* soncáil, guailleáil, *to* ~ *a person* an uillinn a thabhairt do dhuine

elder¹ *n* trom

elder² *n* seanóir, sinsear *a, the* ~ *son* an mac is sine

elderly *a* scothaosta, cnagaosta, bunaosta

eldest *a, his* ~ *son* an mac is sine aige

elect *n, the* ~ na fíréin *a* tofa *vt & i* togh; togair, roghnaigh, cinn

election *n* toghadh; toghchán

electioneering *n* toghchánaíocht

electorate *n* toghthóireacht; toghthóirí

electric(al) *a* leictreach

electrician *n* leictreoir

electricity *n* leictreachas, aibhléis

electrification *n* leictriú

electrocute *vt* maraigh le leictreachas

electron *n* leictreon

electronic *a* leictreonach

electronics *npl* leictreonaic

elegance *n* galántacht, greantacht

elegant *a* greanta, galánta, ealaíonta, maisiúil, cuanna

elegy *n* caoineadh, marbhna, tuireamh

element *n* gné; dúil, eilimint, *the* ~*s* an dúlra; an tsíon, ~*s of learning* uraiceacht an léinn

elemental *a* dúileach, ceathartha, eiliminteach

elementary *a* bunúsach, bun-

elephant *n* eilifint

elevate *vt* ardaigh, tóg, uaisligh

elevation *n* ardú, ~ *above sea-level* airde os cionn na farraige

elevator *n* ardaitheoir

eleven *n & a* aon déag, ~ *persons* aon duine dhéag

eleventh *n & a, the* ~ *man* an t-aonú fear déag, *one* ~ an t-aonú cuid déag

elf *n* síogaí, síofra, lucharachán

elicit *vt, to* ~ *information from a person* eolas a bhaint, a phiocadh, as duine

eligible *a*, ~ *for sth* i dteideal ruda, inroghnaithe, incheaptha; inphósta, ~ *bachelor* dóigh mhaith mná

eliminate *vt* díbir, díothaigh, díobh

elimination *n* díothú

elision *n*, ~ *of vowel* bá guta

elixir *n* éilicsir

Elizabethan *n & a* Eilíseach

elk *n* fia mór, eilc

elm *n* leamhán

elocution *n* deaslabhra

elongate *vt & i* fadaigh, sín

elope *vi* éalaigh

elopement *n* éalú, imeacht

eloquence *n* solabharthacht

eloquent *a* deaslabhartha, solabhartha, soilbhir

else *a & adv* eile, *anything* ~ aon rud eile, *who* ~ cé eile, *or* ~ *he fell* sin nó thit sé

elsewhere *adv* i mball eile, in áit eile

elucidate *vt* léirigh, réitigh, mínigh, soiléirigh

elucidation *n* léiriú, soiléiriú

elude *vt* seachain, éalaigh ó, *I* ~*d him neatly* thug mé an cor gearr dó

elusive *a* éalaitheach, do-aimsithe, seachantach

emaciated *a* creatach, sclotrach, snoite, trua, ~ *person* séacla

emaciation *n* snoiteacht

emanate *vi, to* ~ *from* teacht ó, eisileadh ó

emancipate *vt* fuascail, saor

emancipation *n* fuascailt, saoirse

embalm *vt* balsamaigh, cumhraigh

embankment *n* ráth, port, móta, claí

embargo *n* longbhac; lánchosc

embark *vt & i* cuir ar bord, téigh ar bord, *to* ~ *on a scheme* tabhairt faoi, tosú ar, scéim

embarkation *n* dul ar bord, ~ *of passengers* tógáil paisinéirí ar bord

embarrass *vt, to* ~ *a person* cotadh, aiféaltas, náire, a chur ar dhuine

embarrassment *n* aiféaltas, leisce, scáth, náire

embassy *n* ambasáid

embed *vt* leabaigh, *the nail is* ~*ded in it* tá an tairne istigh go domhain ann

embellish *vt* maisigh, breáthaigh, ornáidigh

embellishment *n* dathú, maise, maisiúchán

ember *n* sméaróid, smeachóid, smól, gríosach

ember-days *npl* cátaoir

embezzle *vt & i* cúigleáil

embezzlement *n* cúigleáil

embitter *vt* searbhaigh

embittered *a* searbh

emblem *n* comhartha, suaitheantas

embodiment *n* ionchollú; pearsantú, *the* ~ *of a gentleman* corp an duine uasail

embody *vt* inchollaigh, cuir isteach, *to* ~ *an idea* foirm a thabhairt do smaoineamh

emboss *vt* cabhair

embossed *a* cabhraíoch, bocóideach

embrace *n* barróg *vt* diurnaigh, cuach, *to* ~ *a person* barróg a bhreith ar dhuine, cion croí a dhéanamh le duine, *to* ~ *a way of life, a religion* dul le gairm bheatha, le creideamh

embroider *vt & i* bróidnigh, gréasaigh, *to* ~ *a story* scéal a dhathú

embroidered *a* gréasta

embroidery *n* bróidnéireacht, gréas

embryo *n* suth, gin

embryonic *a* suthach

emend *vt* coigeartaigh, leasaigh

emerald *n* smaragaid

emerge *vi* nocht, tar amach, ~ *from* éirigh as, ó

emergency *n* éigeandáil, géarchéim, práinn

emery *n* éimear

emetic *n* purgóid aisig, aiseag

emigrant *n* imirceach, eisimirceach

emigrate *vi, to* ~ dul thar lear, dul ar imirce

emigration *n* imirce, eisimirce

eminence *n* mullach, ard; ardchéimíocht, oirirceas, *his E*~ a Shoilse, a Oirirceas

eminent *a* dearscnaitheach, oirirc, oirní, ~ *person* saoi

emit *vt* lig, séid, *to* ~ *fumes* múch a dhéanamh, *to* ~ *a shout* scairt a chur, a ligean, asat

emotion *n* mothúchán, tocht

emotional *a* maoithneach; luchtmhar; rachtúil, tochtmhar

emotive *a* corraitheach, íogair

emperor *n* impire

emphasis *n* béim, teann, treise

emphasize *vt* aibhsigh, *to* ~ *a word* meáchan, béim, a chur ar fhocal

emphatic *a* teann, diongbháilte

empire *n* impireacht

empirical *a* turgnamhach, eimpíreach

employ *vt* fostaigh, *to* ~ *technical terms* úsáid a bhaint as téarmaí teicniúla

employee *n* fostaí

employer *n* fostóir

employment *n* fostaíocht, obair; úsáid

empower *vt* cumasaigh, cumhachtaigh

empress *n* banimpire

emptiness *n* foilmhe, folús, folúntas

empty *a* folamh; dealbh, ∼ *statement* focal gan cur leis *vt & i* folmhaigh, bánaigh; doirt, *the hall emptied* bánaíodh an halla

emulate *vt, to try to* ∼ *a person* dul ag dréim le duine, dul in iomaíocht le duine

emulation *n* iomaíocht, formad, éad

emulsion *n* eibleacht

enable *vt* cumasaigh, *to* ∼ *a person to do sth* rud a chur ar chumas duine

enact *vt* achtaigh, reachtaigh, rith

enactment *n* acht, rith (bille)

enamel *n & vt* cruan

enamoured *a*, ∼ *of sth* tógtha le rud, geallmhar ar rud

encamp *vt & i* campáil, *to* ∼ dul i gcampa, long-fort a dhéanamh

encampment *n* foslongfort, campa

encase *vt* cumhdaigh, clúdaigh, cásáil

enchant *vt, to* ∼ *a person* draíocht a chur ar dhuine, duine a chur faoi gheasa

enchanter *n* draíodóir

enchanting *a* aoibhinn, draíochtach, mealltach

encircle *vt* ciorclaigh, timpeallaigh, fáinnigh, *to* ∼ *them* teacht mórthimpeall orthu

enclave *n* iamhchríoch

enclose *vt* iaigh, fálaigh, loc, crioslaigh, ∼*d herewith* istigh leis seo, faoi iamh

enclosure *n* iamh; garraí, gabhann, cró, buaile, fail, clós; (*document, etc*) iatán

encompass *vt* iaigh, imdhruid, crioslaigh, timpeallaigh

encore *n* athghairm, ∼! arís!

encounter *n* teagmháil; comhrac *vt* teagmhaigh (le), buail le

encourage *vt* misnigh, spreag, *to* ∼ *a person* uchtach a thabhairt do dhuine

encouragement *n* misniú, spreagadh, ugach

encroach *vi, to* ∼ *on a person* cúngú ar dhuine, teacht thar teorainn ar dhuine

encroachment *n* cúngú

encrust *vt* coirtigh, screamhaigh; cumhdaigh, ∼*ed with jewels* greagnaithe le seoda

encumber *vt* ualaigh, *to be* ∼*ed with sth* muirín ruda a bheith ort

encumbrance *n* ualach, muirín, muirear, trillín

encyclical *n* imlitir

encyclopaedia *n* ciclipéid

end *n* deireadh, críoch, bun, earr, foirceann, *in the* ∼ faoi dheireadh, faoi dheoidh, *from one* ∼ *of the country to the other* ó cheann ceann na tíre, *journey's* ∼ ceann cúrsa, ∼ *to* ∼ as a chéile *vt & i* críochnaigh

endanger *vt, to* ∼ *a person* duine a chur i mbaol, i gcontúirt, i nguais

endear *vt, he* ∼*ed himself to me* thuill sé mo ghean; d'éirigh mé ceanúil air

endearment *n* muirnéis; focal ceana

endeavour *n* dícheall, iarracht *vi, to* ∼ *to do sth* iarracht a thabhairt ar rud a dhéanamh, bheith ag dréim le rud a dhéanamh

endemic *a* eindéimeach

ending *n* deireadh, críoch

endless *n* éigríochta, síoraí

endorse *vt* droimscríobh, formhuinigh

endow *vt* cumhdaigh, maoinigh, dearlaic, *he was* ∼*ed with great talents* bhronn Dia buanna móra air, bhí sé tréitheach thar na bearta

endowment *n* maoineas; dearlaic, pribhléid

endurable *a* sofhulaingthe

endurance *n* fulaingt, buaine, seasamh, acmhainn

endure *vt & i* fulaing, foighnigh, iompair; seas, mair, lean

enduring *a* buan, marthanach; fadfhulangach

enemy *n* namhaid, eascara

energetic *a* bríomhar, fuinniúil

energy *n* fuinneamh, brí, spreacadh, cumhacht, sú

enervate *vt* lagbhríoch, marbhánta, meata *vt* lagaigh, meirbhligh, cloígh

enervation *n* lagbhrí, éineart; meirbhliú

enfold *vt* infhill, gabh

enforce *vt* feidhmigh, *to* ∼ *the law* an dlí a chur i bhfeidhm

enforcement *n* feidhmiú, cur i bhfeidhm

enfranchise *vt, to* ∼ *a person* guthaíocht, an vóta, a thabhairt do dhuine

engage *vt & i* geall; fostaigh; greamaigh, *to* ∼ dul i ngreim, *to* ∼ *to do sth* dul i mbannaí ar rud a dhéanamh, *to* ∼ *a room* seomra a chur in áirithe, *she is* ∼*d to him* tá sí geallta dó, luaite leis, *to be* ∼*d in sth* bheith i mbun ruda, bheith ag plé le rud, rud a bheith idir lámha agat, *to* ∼ *in politics* dul i bpolaitíocht, *to* ∼ *combat* cath a thabhairt

engagement *n* gealltanas pósta; fostú; (*of battle*) bualadh, cath, coimheascar

engender *vt* tuismigh, gin

engine *n* inneall

engineer *n* innealtóir *vt* beartaigh, *to* ∼ *a scheme* scéim a chur ar bun, a inleadh

engineering *n* innealtóireacht

English *n*, (*language*) Béarla; *the* ∼ na Sasanaigh *a* Sasanach; gallda

engrave *vt* grean, rionn, grábháil

engraver *n* greanadóir

engraving *n* greanadh; greanadóireacht

engross *vt, he is* ∼*ed in the book* tá sé sáite, go domhain, sa leabhar, ∼*ed in work* gafa in obair

engulf *vt* slog, báigh, ∼*ed in flames* ar bharr lasrach

enhance *vt, to* ∼ *the appearance of sth* gnaoi, barr maise, a chur ar rud

enigma *n* dubhfhocal, dúthomhas; diamhair

enigmatic(al) *a* dothuigthe

enjoy *vt, to* ~ *sth* pléisiúr, taitneamh, aoibhneas, a bhaint as rud

enjoyable *a* pléisiúrtha, suáilceach, sultmhar, taitneamhach

enjoyment *n* taitneamh, pléisiúr, sult, aoibhneas

enlarge *vt* méadaigh, fairsingigh, aibhsigh

enlargement *n* méadú; pictiúr (*etc*) méadaithe

enlighten *vt* soilsigh, sorchaigh, *to* ~ *a person on sth* léargas a thabhairt do dhuine ar rud, duine a chur ar an eolas faoi rud

enlightenment *n* soilsiú, léargas, tuiscint

enlist *vt & i* liostáil

enliven *vt* beoigh, gríosaigh

enmity *n* naimhdeas, eascairdeas, faltanas, mioscais

enormous *a* ábhalmhór, millteanach

enough *n & a & adv* dóthain, sáith, go leor, *I have had* ~ *of it* tá mé sách, dóthanach, de, *that is* ~ is leor sin; ní beag sin, ~ *for a week* díol, riar, seachtaine, ~ *money* (*for my needs*) mo sháith airgid, *his suit is good* ~ tá a sháith de chulaith air, *strong* ~ sách láidir, láidir go leor

enrage *vt, to* ~ *a person* fearg a chur ar dhuine ; duine a chur ar buile, le cuthach

enrich *vt* saibhrigh, *to* ~ *the soil* leas a dhéanamh don talamh

enrol *vt & i* cláraigh, rollaigh

enrolment *n* clárú

enshrine *vt* cumhdaigh

ensign *n* meirge; meirgire

enslave *vt* daor, *to* ~ *a person* duine a chur, a choinneáil, i ndaoirse

enslavement *n* daoradh; daoirse, braighdeanas

ensue *vi* lean

ensure *vt* áirithigh, cinntigh

entail *vt, it* ~*s trouble* tá trioblóid leis; tá trioblóid ag gabháil, ag roinnt, leis, *what would it* ~ cad a bheadh i gceist leis

entangle *vt* cuir in aimhréidh, *to get* ~*d* dul in aimhréidh, i bhfostú, in achrann; dul ceangailte, gafa, (i rud)

entanglement *n* achrann, aimhréidh, fostú

enter *vt & i* tar isteach, téigh isteach, iontráil, *to* ~ *for an examination* dul isteach ar scrúdú, *to* ~ *a name on a list* ainm a chur ar liosta

enteritis *n* eintríteas

enterprise *n* fiontar; treallús, gustal

enterprising *a* fiontrach, tionscantach, treallúsach, borrúil, gustalach

entertain *vt, to* ~ *a person* sult, spórt, siamsa, a dhéanamh do dhuine, *you* ~*ed me well* chaith sibh go maith liom

entertainer *n* oirfideach; óstach

entertaining *a* oirfideach; saoithiúil

entertainment *n* oirfide, siamsa, aeraíocht; óstaíocht

enthral *vt, to* ~ *a person* duine a chur faoi dhraíocht; duine a chur faoi dhaoirse

enthusiasm *n* díograis, díocas

enthusiast *n* díograiseoir

enthusiastic *a* díograiseach, díocasach, fonnmhar

entice *vt* bréag, meall

enticement *n* mealladh

entire *a* iomlán, gan roinnt, *his* ~ *family* a theaghlach go huile, go léir

entirely *adv* go léir, go huile (agus go hiomlán)

entirety *n* iomláine, *in its* ~ ina iomlán

entitle *vt, that* ~*d him to it* thug sin ceart dó air, *to be* ~*d to do sth* é a bheith de cheart agat rud a dhéanamh, *I am* ~ *d to it* tá mé ina theideal, dlitear dom é

entity *n, political* ~ slánaonad polaitiúil

entomology *n* feithideolaíocht

entrails *npl* ionathar, inní

entrance[1] *n* doras, bealach isteach, béal, ~ *fee* táille iontrála

entrance[2] *vt, to be* ~*d with sth* draíocht a bheith ort le rud, bheith faoi dhraíocht ag rud

entrant *n* iarrthóir; iontrálaí

entreat *vt* impigh, achainigh, agair

entreaty *n* impí, guí, achainí

entrée *n* idirchúrsa; cead isteach

entrench *vt, to* ~ *oneself* talmhú, áit bonn a ghabháil; daingniú

entrepreneur *n* gnó-eagraí

entrust *vt* tiomnaigh, *to* ~ *a person with sth* cúram ruda a chur ar dhuine; rud a thaobhú le duine

entry *n* dul isteach, iontráil, cead isteach

entwine *vt & i* infhill, snaidhm, figh

enumerate *vt* ríomh, áirigh, liostaigh

enumeration *n* áireamh, ríomh, cuntas

enunciate *vt* fógair; fuaimnigh

enunciation *n* fuaimniú

envelop *vt* imchlúdaigh, fill

envelope *n* clúdach (litreach)

enviable *a* inmhaíte

envious *a* éadmhar, tnúthach, *to be* ~ *of one another* bheith ag tnúth, ag éad, le chéile

environment *n* timpeallacht; imshaol

environs *npl* purláin, ceantar máguaird

envoy *n* toscaire, teachta; ceangal

envy *n* éad, formad, tnúth *vt* maígh, tnúth, *I don't* ~ *him the life he leads* ní mhaím a shaol air, níl mé ag tnúth a dhóighe dó

epaulette *n* guailleog

ephemeral *a* gearrshaolach

epic *n* eipic *a* eipiciúil

epicentre *n* airmheán

epicure *n* beadaí

epidemic *n* eipidéim *a* eipidéimeach

epigram *n* burdún, nath

epilepsy *n* titeamas, an tinneas beannaithe

epilogue *n* iarfhocal

Epiphany n Lá Nollag Beag
episcopal a easpagóideach
episode n eipeasóid; eachtra
epistle n eipistil, litir
epitaph n feartlaoi
epithet n buafhocal
epitome n gearrinsint, achoimre
equable a cothrom, (of temperament) réchúiseach
equal n diongbháil; macasamhail, leithéid, cómhaith a comhionann, ionann, cothrom vt, to ~ sth bheith cothrom, comhionann, le rud
equality n ionannas
equalization n ionannú, cothromú, comhardú
equalize vt & i cothromaigh, ionannaigh
equanimity n sáimhe, soineantacht
equate vt comhardaigh, ionannaigh
equation n cothromóid
equator n meánchiorcal, crios na cruinne
equatorial a meánchriosach, meánchiorclach
equestrian n marcach a eachrach
equilibrium n cothromaíocht, cóimheá
equinox n cónocht
equip vt feistigh, trealmhaigh, gléas, innill, he is ~ped to work tá gléas oibre air
equipment n trealamh, acmhainn, culaith, airnéis, gléasra, fearas
equitable a cóir, féaráilte, cothrom
equitation n eachaíocht
equity n cóir, cothroime, cothrom
equivalent n coibhéis, comhard; leithéid a coibhéiseach, ~ to ar comhbhrí le, cothrom le
equivocal a déchiallach
era n ré; réimeas
eradicate vt díothaigh, to ~ sth rud a bhaint ó fhréamh
erase vt scrios, glan amach
eraser n scriosán
erect a díreach, colgdhíreach vt cuir suas, ardaigh, tóg, fadaigh
erection n cur suas, ardú, crochadh, tógáil
ermine n eirmín
erode vt creim, caith
erosion n creimeadh
erotic a anghrách
err vi, to ~ earráid a dhéanamh, dul amú
errand n teachtaireacht; toisc
errand-boy n teachtaire, timire; péitse
erratic a earráideach, mearbhlach; spadhrúil, guagach
erroneous a earráideach, lochtach, mícheart
error n earráid, dearmad, iomrall, mearbhall, seachrán
erudite a léannta
erupt vi brúcht, maidhm
eruption n maidhm, brúcht(adh), sceith, bruth
erysipelas n ruachtach
escalator n staighre beo
escapade n ráig, eachtra

escape n éalú, téarnamh, teitheadh, he made his ~ rug sé na cosa, na sála, leis vt & i éalaigh, imigh, to ~ pursuit éalú ón tóir, the word ~d my lips scinn an focal uaim, he ~d with his life thug sé a bheo leis, to ~ from danger teacht as contúirt
escapism n éalúchas
eschew vt seachain
escort n coimhdire vt comóir, tionlaic
esker n eiscir
especially adv go speisialta, go háirithe, go mór mór
espionage n spiaireacht
esplanade n asplanád
espousal n pósadh; cleamhnas
espouse vt pós, to ~ a cause taobhú le cúis
essay n iarracht; aiste vt & i tairg, triail, féach
essence n eisint, bunbhrí, bunús; úscra
essential n riachtanas, buntréith a riachtanach, the ~ truth an fhírinne bhunaidh
establish vt bunaigh, tionscain, cuir ar bun, to ~ sth rud a chur ar suíochán
establishment n bunú, fothú, suíomh; tionscnamh, bunaíocht; foras
estate n eastát; dúiche; maoin, seilbh; dínit, céim
esteem n meas, cion, urraim, gradam vt to ~ a person meas a bheith agat ar dhuine, held in ~ faoi ghradam, faoi mheas
estimate n meastachán vt meas, meáigh, tomhais
estimation n breith, meas, in her own ~ dar léi féin
estrangement n eascairdeas, titim amach
estuary n inbhear, gaoth
etch vt eitseáil
etching n eitseáil
eternal a síoraí, suthain, síor-
eternity n síoraíocht
ether n éitear
ethereal a aerga; neamhshaolta; tanaí, éadrom
ethical a eiticiúil
ethics npl eitic
ethnic(al) a eitneach, ciníoch
etiquette n dea-bhéas, béasaíocht
etymology n sanasaíocht
eucalyptus n eoclaip
Eucharist n Eocairist, Corp Chríost
eulogize vt adhmhol
eulogy n adhmholadh, moladh, dréacht molta
eunuch n coillteán
euphemism n sofhriotal
euphoria n meidhréis, éirí croí
euthanasia n eotanáis
evacuate vt aslonnaigh; folmhaigh
evacuation n aslonnú; folmhú; fearadh
evade vt seachain, to ~ the pursuit éalú, imeacht, ón tóir, I ~d him thug mé cor na crothóige, an cor gearr, dó
evaluate vt luacháil, meas
evangelic(al) a soiscéalach
evangelist n soiscéalaí

evaporate *vt & i* galaigh

evaporation *n* galú

evasion *n* éalú, seachaint, teitheadh; cur ó dhoras

evasive *a* seachantach

eve *n* bigil, *Christmas E* ~ Oíche Nollag

even *a* cothrom, réidh, *to get* ~ *with a person* sásamh a bhaint as duine, an comhar a dhíol le duine *adv* (fiú) amháin, ~ *though he understands me* i ndiaidh, tar éis, bíodh, go dtuigeann sé mé, ~ *at that time* an uair sin féin, ~ *so* mar sin féin, dá mba ea féin *vt* cothromaigh

evening *n* tráthnóna

evensong *n* easparta

event *n* eachtra, ócáid, ~*s of the day* imeachtaí an lae, *after the* ~ i ndiaidh an ama, *at all* ~*s* ar aon slí, ar chaoi ar bith, *in the* ~ *of* i gcás go

eventful *a* eachtrúil

eventually *adv* faoi dheireadh, i bhfad na haimsire, ar deireadh

ever *adv* riamh, *for* ~ choíche, go deo, go brách; de shíor; abú; bith-, síor-, ~ *so much better* go mór fada níos fearr

evergreen *n* crann síorghlas *a* síorghlas

everlasting *a* síoraí, suthain, marthanach

evermore *adv* feasta, go brách

every *a* gach, gach uile, ~ *other*, *every second*, *day* gach re lá

everybody *pron* gach (aon) duine, gach uile dhuine, cách, an saol mór

everyday *a* gnách, coitianta

everyone *pron* gach (aon) duine, gach uile dhuine, cách

everything *pron* gach (aon) rud, gach uile shórt

everywhere *adv* gach (uile) áit, i ngach treo, i ngach treo baill; ar fud an bhaill

evict *vt* díshealbhaigh

eviction *n* díshealbhú

evidence *n* fianaise, cruthúnas

evident *a* follasach, soiléir

evil *n* olc, urchóid, an drochrud *a* olc, mí-, ~ *deed* drochbheart, ~ *spirit* ainsprid

evince *vt* taispeáin, léirigh; cruthaigh

evocative *a* dúisitheach, allabhrach

evoke *vt* dúisigh, spreag

evolution *n* éabhlóid

evolve *vt & i*, (*of scheme, etc*) ceap, beartaigh; tarlaigh, fabhraigh

ewe *n* caora, fóisc

ex- *pref* ath-, iar-

exacerbate *vt* géaraigh

exact *a* beacht, cruinn, pointeáilte *vt* toibhigh

exacting *a* dian, trom, crua

exactitude *n* beachtaíocht, cruinneas

exactly *adv* go baileach, go beacht, go díreach, cothrom, glan

exactness *n* beachtas, cruinneas, pointeáilteacht

exaggerate *vt & i*, *to* ~ *sth* áibhéil a dhéanamh (ar rud); dathadóireacht a dhéanamh (ar scéal, etc)

exaggerated *a* áibhéalta, áiféiseach, gáifeach

exaggeration *n* áibhéil, áiféis, scailéathan, dathadóireacht

exalt *vt* ardaigh, mór, uaisligh

examination *n* scrúdú, cíoradh, breathnú

examine *vt* breathnaigh, ceistigh, iniúch, scrúdaigh, cíor

examinee *n* iarrthóir

examiner *n* iniúchóir, scrúdaitheoir

example *n* sampla, solaoid, eiseamláir, *to take* ~ *by a person* patrún a thógáil le duine, *take this for* ~ a leithéid seo

exasperate *vt* mearaigh, spadhar, *he became* ~*d* tháinig cuthach air

exasperation *n* mearú

excavate *vt* tochail

excavation *n* tochailt, tochaltán; mianadóireacht

excavator *n* tochaltóir

exceed *vt* gabh thar, téigh thar, *to* ~ *authority* údarás a shárú

exceedingly *adv* go feillbhinn, as cuimse, ~ *cold* an-fhuar go deo, ~ *good* thar barr, thar a bheith maith, rímhaith, sármhaith

excel *vt* sáraigh, *she* ~ *led them* rug sí barr orthu, bhuail sí amach iad

excellence *n* breáthacht, feabhas

excellency *n*, *his E* ~ a Shoilse

excellent *a* sármhaith, dearscnaitheach, breá, thar cionn, ar fheabhas, thar barr, ~ *ly* go feillbhinn, go seoigh

except *vt* fág amach *prep* ach amháin, cé is moite (de), díomaite de

exception *n* eisceacht

exceptional *a* eisceachtúil; iomadúil, ~ *ly cold* as cuimse fuar

excerpt *n* sliocht

excess *n* iomarca, barraíocht, farasbarr; ceas; ainmheasarthacht

excessive *a* iomarcach, iomadúil, neamh-mheasartha, an-, ró-

exchange *n* malartú, iomlaoid, babhtáil, *stock* ~ stocmhalartán *vt* malartaigh, babhtáil

exchangeable *a* malartach, inmhalartaithe

exchequer *n* státchiste

excise[1] *n* mál

excise[2] *vt* teasc

excitable *a* sochorraithe, sceidealach, drithleach

excitation *n* griogadh, spreagadh; gríosú

excite *vt* spreag; oibrigh, tóg, mearaigh, *to be* ~ *d* (*over sth*) sceitimíní, sciatháin, a bheith ort (le rud)

excitement *n* sceitimíní, lionrith, corraí, sleondar, ardú, éirí croí

exciting *a* corraitheach

exclaim *vi* scread, gáir

exclamation *n* agall, ~ *mark* comhartha uaillbhreasa

exclude *vt* eisiaigh, fág as, *to* ~ *a person from sharing in sth* leithcheal a dhéanamh ar dhuine faoi rud
exclusion *n* eisiamh, leithcheal, ~ *order* ordú eisiata
exclusive *a* eisiach, tofa
excommunication *n* coinnealbhá
excrement *n* cac
excrescence *n* sprochaille, fáisín
excrete *vt* eisfhear; cac
excruciating *a* cráite, céasta
excursion *n* saorthuras
excusable *a* inleithscéil
excuse *n* leithscéal *vt*, ~ *me* gabh mo leithscéal, *to* ~ *a person* leithscéal duine a ghabháil; dul ar leithscéal duine, *I'll* ~ *you that remark* ligfidh mé leat an focal sin
execute *vt* feidhmigh, comhlíon, oibrigh; básaigh, *to* ~ *a piece of music* píosa ceoil a sheinm
execution *n* feidhmiú; bású, cur chun báis
executioner *n* básadóir
executive *n* feidhmeannach; coiste gnó *a* feidhmitheach, ~ *officer* oifigeach feidhmiúcháin
executor *n* seiceadóir
exemplar *n* eiseamláir
exemplary *a* dea-shamplach, eiseamláireach, deismir
exemplify *vt* eiseamláirigh, *to* ~ *sth* rud a léiriú le samplaí, sampla de rud a thabhairt
exempt *vt* saor, *he was* ~ *ed from the obligation* saoradh ar an dualgas é, ~ *them from responsibility* lig as freagracht iad *a* saor (ó, ar), díolúin, slán
exemption *n* saoirse, díolúine
exercise *n* oibriú, feidhmiú; imirt, úsáid; cleachtadh; aclaíocht, iomlua, lúthaíocht; ceacht; cóipleabhar, leabhar cleachta *vt & i* oibrigh, feidhmigh, imir; aclaigh, suaith, *to* ~ *a power* cumhacht a fheidhmiú
exert *vt*, *to* ~ *oneself at sth* saothar, stró, dua, a chur ort féin le rud, *to* ~ *influence on a person* anáil a chur faoi dhuine
exertion *n* saothar, stró, fáscadh, luain
ex-guard *n* iargharda
exhale *vt & i* easanálaigh
exhaust *n*, (*apparatus*) súiteoir; sceithphíopa *vt* folmhaigh, spíon, tnáith, sáraigh, traoch; ídigh
exhausted *a* cloíte, marbh, sáraithe, traochta; ídithe, rite, sportha
exhaustion *n* traochadh, cloíteacht, suaiteacht
exhaustive *a* uileghabhálach, iomlán, cuimsitheach
exhibit *vt* taispeáin, léirigh
exhibition *n* taispeántas
exhilarate *vt* meidhrigh
exhilaration *n* meadhrán, éirí croí
exhort *vt* aitheasc, spreag, gríosaigh
exhume *vt* dí-adhlaic
exigency *n* géarghá, céim, cruóg, práinn
exile *n* deoraí; deoraíocht, ionnarbadh *vt* díbir

exist *vi*, *to* ~ bheith ann
existence *n* beith, marthain
existentialism *n* eiseachas
exit *n* dul amach; doras amach, bealach amach
exodus *n* imeacht, imirce
exonerate *vt* saor
exoneration *n* saoradh, ~ *from blame* saoradh ó mhilleán
exorbitant *a* iomarcach, as compás, as cuimse
exorcize *vt*, *to* ~ *a demon* deamhan a dhíbirt
exotic *a* andúchasach, coimhthíoch
expand *vt & i* craobhaigh, leath, forbair, fás
expanse *n* fairsinge, réileán, leathan, leithead
expansion *n* borradh, fairsingiú, leathadh
expansive *a* forleitheadach, fairsing, leathan, (*of person*) pléascánta
expatriate *n* díbeartach, imirceach *vt* díbir
expect *vt* braith, fair, *to* ~ *that* coinne, súil, a bheith agat (go), *to* ~ *help* bheith ag dréim le cabhair, *I'd never* ~ *it of him* ní shamhlóinn leis é, ~ *ing a baby* ag súil le duine clainne
expectancy *n* tnúthán, *life* ~ ionchas saoil
expectant *a* tnúthánach; feifeach, ~ *mother* bean a bheadh le haghaidh clainne
expectation *n* tnúth, dóchas, dóigh, dréim, dúil, súil, brath
expectorate *vi* seiligh, *expectorating* ag sprochailleacht, ag cáithíl
expedient *n* seift, oirbheart *a* caoithiúil, oiriúnach
expedition *n* eachtra; sluaíocht; turas; éascaíocht, dlús
expel *vt* díbir, cuir amach, díchuir
expend *vt* caith, ídigh
expenditure *n* caiteachas
expense *n* costas, dola
expensive *a* costasach, daor
experience *n* taithí, cleachtadh; eachtra; ciall cheannaithe *vt* foghlaim, taithigh, téigh trí
experienced *a* cleachta, seanchríonna, *he is* ~ *in the business* tá seantaithí aige ar an ngnó
experiment *n* turgnamh, tástáil *vt & i* triail, tástáil
experimental *a* trialach, turgnamhach
expert *n* eolaí, saineolaí, saoi, údar *a* saineolach, oilte
expiate *vt*, *to* ~ *sth* leorghníomh, cúiteamh, a dhéanamh i rud; sásamh a thabhairt i rud
expiation *n* peannaid, sásamh, leorghníomh
expire *vi* easanálaigh; síothlaigh, éag, stiúg
explain *vt* mínigh, léirigh, ciallaigh
explanation *n* míniú(chán), *to give an* ~ *for sth* fáth a chur le rud; leithscéal a thabhairt faoi rud
explanatory *a* mínitheach
expletive *n* eascaine; focal le cois
explode *vt & i* pléasc, blosc
exploit *n* éacht, oirbheart *vt*, *to* ~ *a person* teacht i dtír ar dhuine
exploration *n* taiscéalaíocht
explore *vt & i* taiscéal

explorer *n* taiscéalaí

explosion *n* pléasc, maidhm, bloscadh

explosive *n & a* pléascach

export *n* onnmhaire, easpórtáil *vt* easpórtáil, onnmhairigh

exporter *n* easpórtálaí, onnmhaireoir

expose *vt* foilsigh, nocht, *the rocks are* ~*d* tá na carraigeacha leis, ag freagairt

expostulate *vi, to* ~ *with a person about sth* rud a agairt, a iomardú, ar dhuine

exposure *n* nochtadh; aimliú, fuacht

expound *vt* ceartaigh, léirmhínigh

express *n* traein luais *a* suite, cinnte, sainráite *vt* sloinn, *to* ~ *sth in speech* rud a chur i gcaint, friotal a chur ar rud, *he* ~*ed his gratitude to us* chuir sé a bhuíochas in iúl dúinn

expression *n* friotal, teilgean cainte, leagan cainte, rá; dreach, *pleasant* ~ aoibh

expressive *a* lán de bhrí, tromchiallach

expressly *adv* go cinnte, *to state* ~ sainiú

expulsion *n* díbirt, ruaigeadh, ionnarbadh

expurgate *vt* coill, scag, spoch

exquisite *a* fíormhaith, fíorálainn

extant *a* ar marthain, ar fáil, amuigh

extempore *adv* gan ullmhú, de mhaoil do mhainge

extend *vt & i* sín, searr, fadaigh, fairsingigh, leathnaigh

extension *n* fadú, síneadh, méadú; folíne

extensive *a* fairsing, leathan

extent *n* fairsinge, fad, méid, achar, líomatáiste, ~ *of vision* feadh do radhairc

extenuate *vt, to* ~ *an offence* maolú ar choir

extenuating *a* maolaitheach

extenuation *n* maolú

exterior *n* an taobh amuigh *a* seachtrach

exterminate *vt* díothaigh, díscigh

extern *n* eachtrach

external *a* seachtrach, eachtrach, for-

extinct *a* díobhaí, rite, *to become* ~ dul in éag, díobhadh

extinction *n* díobhadh, dul ar ceal

extinguish *vt* múch, cuir as, díobh

extinguisher *n, fire* ~ múchtóir dóiteáin

extol *vt* adhmhol, mór

extort *vt* srac, *to* ~ *money from a person* airgead a bhaint de dhuine

extortion *n* sracadh, cíos dubh

extra *n* breis, tuilleadh *a,* ~ *person* duine sa bhreis, ~ *cost* costas breise, costas le cois, *to add sth* ~ *to sth* farasbarr a chur ar rud *adv* thar an gcoitiantacht

extract *n* súram, úscra; (*passage*) sliocht *vt* bain as, tarraing as, *to* ~ *a tooth* fiacail a bhaint amach, a stoitheadh

extraction *n* úscadh; stoitheadh, tarraingt

extractor *n, dust* ~ súire deannaigh

extradite *vt* eiseachaid

extradition *n* eiseachadadh

extramural *a* seachtrach

extraneous *a* coimhthíoch, cuideáin

extraordinary *a* neamhghnách, éachtach, suaithní, ~ *meeting* cruinniú urghnách

extravagance *n* anchaitheamh, rabairne, diomailt; stró, taibhseacht; áibhéil

extravagant *a* caifeach, diomailteach, rabairneach; taibhseach; áibhéalach ~ *talk* áibhéil, scaothaireacht

extreme *n* foirceann, dígeann *a* antoisceach, millteach, for-, ~ *unction* an ola dhéanach

extremely *adv* as cuimse, iontach, diabhalta, an-, fíor-

extremist *n* antoisceach

extremity *n* foirceann, bun, deireadh, ceann, earr

extricate *vt* fuascail, tarraing as

extrovert *n & a* eisdíritheach

exuberant *a* pléascánta, spleodrach, teaspúil

exude *vt & i* úsc, cuir (amach)

exult *vi, to* ~ lúcháir, gairdeas, a dhéanamh

exultation *n* lúcháir, mórtas

eye *n* súil, ~ *of needle* cró snáthaide *vt* féach ar, iniúch, dearc ar

eyeball *n* mogall súile

eyebrow *n* mala, braoi

eyelash *n* fabhra

eyelet *n* súilín

eyelid *n* caipín na súile

eyesight *n* radharc na súl

eyesore *n* rud gránna

eyetooth *n* géarán

eyewash *n, that's all* ~ níl ansin ach seafóid

eyewitness *n* finné súl

F

fable *n* fabhalscéal, finscéal

fabric *n* fabraic, uige, éadach

fabricate *vt* cum

fabrication *n* cumadóireacht, *it is only a* ~ níl ann ach scéal a cumadh

fabulous *a* fabhlach; dochreidte, iontach

facade *n* aghaidh

face *n* aghaidh, éadan, gnúis, *to pull a wry* ~ gnúis a chur ort féin, *on the* ~ *of the earth* ar dhromchla, ar dhreach, an domhain, ~ *to* ~ aghaidh ar aghaidh *vt & i* tabhair aghaidh ar, *they* ~ *east* tá a n-aghaidh soir

facet *n* grua; taobh, gné

facetious *a* magúil, greannmhar

facial *a*, ~ *nerve* néaróg éadain, ~ *neuralgia* daitheacha cinn

facile *a* réidh, saoráideach, bog

facilitate *vt, to* ~ *a person* áis a thabhairt do dhuine, an bealach a réiteach do dhuine

facility *n* áis, deis, saoráid, gléas

facing *n* fásáil, (*of turf clamp*) fóir *prep* ar aghaidh, ~ *the wall* aghaidh le balla, ~ *the sun* ar dheis, ar dheisiúr, na gréine

fact *n* fíric, fíoras, *the* ~ *is* (*that*) is é an chaoi a bhfuil sé (go), is é an cás (go), is é fírinne an scéil (go), is amhlaidh atá sé (go), *as a matter of* ~ déanta na fírinne

faction *n* faicsean, drong, campa

factor *n* toisc; fachtóir

factory *n* monarcha

factual *a* fíor, fírinneach, fíorasach

faculty *n* acmhainn, cumas, bua, (*academic*) ~, dámh, *he is in possession of all his faculties* tá a chiall is a chéadfaí aige

fad *n* toighis, teidhe

fade *vt & i* sleabhac, (*of colour, material*) tréig, teilg, ceiliúir, *he is fading away* tá sé ag dul as, ag leá den saol, (*cinema*) *to* ~ *one scene into another* dhá radharc a mheascadh ina chéile

fag *n* tuirse; toitín *vi, to be* ~ *ged* bheith traochta, tnáite, cloíte

fail *vt & i* teip, loic, *don't* ~ *me* ná clis, ná feall, orm, *I* ~ *ed to do it* chinn orm é a dhéanamh, *her courage* ~ *ed her* thug an misneach uirthi

failing *n* laige, locht, fágáil *prep*, ~ *sth* in éagmais ruda

failure *n* cliseadh, meath, teip; fealladh, loiceadh

faint *n* fanntais, laige *a* fann, lag, *I haven't the* ~ *est idea* dheamhan a fhios agam, níl tuairim faoin spéir agam, ~ *smile* leamhgháire *vi, to* ~ titim i laige, titim i bhfanntais

faintness *n* lagar, meirfean, éadroime

fair¹ *n* aonach

fair² *a* breá, caomh; bán, fionn; cothrom, féaráilte; measartha, cuibheasach, réasúnta; soineanta, ~ *play* cothrom (na Féinne), ~ *maid* bruinneall, ainnir, ~ *weather* soineann

fair-green *n* faiche aonaigh

fair-ground *n* páirc aonaigh

fair-haired *a* fionn, bán

fairly *adv* bun-, cuibheasach, measartha, *to act* ~ *towards a person* cothrom na Féinne, an chóir, a dhéanamh le duine

fairness *n* finne; gile; ceart, cóir, cothroime

fairway *n* mínleach

fairy *n* síóg, ~ *mound* sí, ~ *fort* lios

fairy-tale *n* síscéal

faith *n* creideamh; muinín

faithful *a* dílis, dlisteanach, leanúnach *npl, the* ~ na fíréin

faithless *a* mídhílis, fealltach

fake *n* rud bréige *vt* falsaigh

falcon *n* fabhcún, seabhac

fall *n* titim, tuisle, ísliú, leagan; fána, ~ *of rain* duartan báistí *vi* tit, ísligh, *they fell out with each other* bhris siad amach le chéile, d'éirigh eatarthu, *she fell sick* buaileadh breoite í, *to* ~ *foul of a person* teacht salach ar dhuine

fallacy *n* fallás

fallible *a* inearráide

fall-out *n* astitim; radachur

fallow *n* branar *a*, ~ *ground* talamh bán; talamh dearg

false *a* bréagach, falsa; mídhílis; saorga, tacair, ~ *name* ainm bréige

falsehood *n* bréag, éitheach, gó

falseness *n* bréige, falsacht; mídhílse

falsetto *n* cuachaí; cuach *a* cuachach

falsify *vt* falsaigh

falter *vi* tuisligh, *his voice* ~ *ed* tháinig snag ina ghlór

fame *n* clú, cáil, teist, *their* ~ *spread* chuaigh a ngáir i bhfad

familiar *a* teanntásach; taithíoch, eolach, (*ar with*); aithnidiúil, *to be* ~ *with a subject* eolas maith a bheith agat ar ábhar

familiarity *n* eolas, teanntás, taithíocht

familiarize *vt, to* ~ *a person with sth* cleachtadh, taithí, a thabhairt do dhuine ar rud

family *n* clann, muintir, fine, teaghlach; cúram, muirear; líon tí, ~ *name* sloinne, ~ *rosary* paidrín páirteach

famine *n* gorta, *the Great F* ~ an Droch-Shaol

famished *a, to be* ~ bheith leata, stiúgtha, leis an ocras

famous *a* cáiliúil, iomráiteach, clúiteach

fan¹ *n* fean, gaothrán *vt & i* gaothraigh, *to* ~ *a quarrel* séideadh faoi aighneas, *to* ~ *out* spré amach

fan² *n* móidín *pl* lucht leanúna

fanatic *n* fanaiceach

fanatical *a* fanaiceach

fanciful *a* meonúil, samhalta; rámhailleach

fancy *n* samhlú, nóisean *vt & i* ceap, samhlaigh, *to* ~ *sth* taitneamh a thabhairt do rud, *he fancies himself* tá sé ag éirí aniar as féin

fang *n* starrfhiacail, (*of serpent*) goineog

fanlight *n* feanléas

fantastic *a* fantaiseach; iontach, thar cionn

fantasy *n* samhlaíocht; fantaisíocht

far *adv* i bhfad, ~ *off* i gcéin, *to go too* ~ *with sth* dul rófhada, dul thar fóir, le rud, *as* ~ *as* fad le, a fhad le, go dtí, *as* ~ *as the eye could, can, see* feadh do radhairc, *as* ~ *as I know* go bhfios

dom, ~ *to the east* amach thoir, ~ *out to sea* go hard i bhfarraige, *it is* ~ *better than* tá sé i bhfad níos fearr ná, ~ *back*, ~ *behind* i bhfad ar gcúl *a*, *on the* ~ *side* thall, *from the* ~ *side* anall, *to the* ~ *side* anonn, ~ *country* tír i gcéin
farce *n* fronsa
fare *n* táille; cóir (bia) *vi* taistil, triall
farewell *n* slán, beannacht, *to bid* ~ *to a person* slán a chur le duine, slán a fhágáil ag duine; ceiliúradh de dhuine
far-fetched *a* áiféiseach, áibhéalach, dochreidte
farm *n* feirm, fearann *vt*, *to* ~ *land* talamh a shaothrú, *to* ~ *sth out* rud a léasú
farmer *n* feirmeoir, talmhaí
farming *n* feirmeoireacht
farmyard *n* clós feirme; otrann, ~ *manure* aoileach
far-reaching *a* forleathan, scóipiúil, cuimsitheach
farrier *n* crúdóir
far-seeing *a* dearcach, fadbhreathnaitheach, fadcheannach
fart *n* broim, tuthóg *vi* broim
farther *adv* níos faide, níos sia *a*, *the* ~ *end of the room* an taobh thall den seomra
fascinate *vt*, *to* ~ *a person* duine a mhealladh, a chur faoi dhraíocht
fascination *n* mealladh, draíocht
fascism *n* faisisteachas
fascist *n* faisistí *a* faisisteach
fashion *n* déanamh, dóigh, modh; faisean *vt* deilbhigh, múnlaigh, ceap
fashionable *a* faiseanta
fast[1] *n* céalacan, troscadh, carghas *vi* troisc, staon ó
fast[2] *a* docht, doscaoilte; tapa, gasta, sciobtha, *to be* ~ *asleep* bheith i do chnap codlata, i do thoirchim suain
fasten *vt & i* ceangail, greamaigh, feistigh, naisc, dún
fastener *n* dúntóir, fáiscín
fastening *n* dúnadh, daingniú
fastidious *a* éisealach, meonúil, cáiréiseach, beadaí; nósúil
fasting *n* troscadh *a* troscach, ar céalacan, i do throscadh
fat *n* blonag, geir, olar, saill, méathras; méith *a* ramhar, méith, olartha, beathaithe, feolmhar, *getting* ~ ag ramhrú, ag titim chun feola
fatal *a* cinniúnach, marfach
fatalism *n* cinniúnachas
fatality *n* timpiste mharfach, bás, tubaiste
fate *n* cinniúint, dán, fortún *vt*, *what is* ~*d for one* an rud atá daite, i ndán, geallta, duit, *he is* ~*d to misfortune* is dual dó an mí-ádh
fateful *a* cinniúnach
father *n* athair
father-in-law *n* athair céile
fatherland *n* athartha, tír dhúchais
fatherly *a* aithriúil

fathom *n* feá *vt*, *to* ~ *a mystery* dul amach ar rún
fatigue *n* tuirse, scíth *vt* tuirsigh, traoch, cloígh
fatness *n* raimhre, méithe
fatten *vt & i* ramhraigh
fattening *a* beathaitheach, *potatoes are* ~ tá ramhrú sna prátaí
fatty *a* geireach, sailleach, úscach
fatuous *a* baothánta, amadánta
fault *n* locht, cion; éasc, cáim, fabht, *it is his own* ~ is é a chionta féin é; air féin an locht *vt* lochtaigh
faultless *a* gan locht, gan cháim
faulty *a* fabhtach, lochtach
favour *n* fabhar, lé; gar, soilíos, comaoin, áis, *to be in* ~ *of sth* bheith i leith, ar son, ruda *vt* fabhraigh do, *to* ~ *a certain opinion* taobhú le tuairim áirithe, *she didn't* ~ *me with an answer* níor dheonaigh sí mé a fhreagairt
favourable *a* fabhrach, cóiriúil, ~ *wind* cóir (ghaoithe)
favourite *n* peata, leanbh geal; buachaill bán, cailín bán; leannán *a*, *my* ~ *author* an t-údar is fearr liom
favouritism *n* fabhar, fabhraíocht
fawn[1] *n* oisín, lao eilite
fawn[2] *vi*, ~ *ing on a person* ag lútáil ar dhuine, ag lí duine
fawning *n* lúitéis, lústar *a* lúitéiseach
fear *n* eagla, faitíos, scáth, *no* ~! ní baol! *for* ~ *that* ar eagla go, *for* ~ *of angering him* leisce fearg a chur air *vt & i*, *to* ~ *sth* eagla, faitíos, a bheith ort roimh rud, *I* ~ *(that)* is eagal liom (go)
fearful *a* scanrúil, uafar; eaglach, faiteach
fearless *a* neamheaglach
feasibility *n* féidearthacht
feasible *a* indéanta, féideartha
feast *n* féasta, fleá; saoire, féile *vt & i*, *to* ~ fleá, féasta, a chaitheamh, *to* ~ *a person* fleá a thabhairt do dhuine, *to* ~ *one's eyes on sth* lán na súl a bhaint as rud
feat *n* éacht, gaisce, gníomh, cleas
feather *n* cleite, eite *pl* cluimhreach, clúmh, *birds of a* ~ bráithre aon cheirde *vt & i* cleitigh; slis, (*of hens*) ~ *ing (out)* ag cur na cluimhrí, ag dul sa chleiteach
feathery *a* clúmhach
feature *n* éagasc, tréith; gné; (*newspaper article*) sainalt, (*film*) príomhscannán *pl*, (*of face*) ceannaithe *vt* sonraigh, léirigh, *to* ~ *a piece of news* tosaíocht a thabhairt do phíosa nuachta
February *n* Feabhra
federal *a* cónascach, feidearálach, ~ *state* stát cónaidhme
federation *n* cónaidhm, cónascadh
fee *n* táille
feeble *a* fann, tréith, lag, éidreorach

feed *n* cothú, beathú, sáith *vt & i* ith; beathaigh, biathaigh, cothaigh, *they* ~ *on fish*, maireann siad ar iasc, *to be fed up with sth* bheith bréan, bailithe, dubh dóite, de rud
feedback *n* aischothú, (*information*) aiseolas
feel *n* mothú *vt & i* mothaigh, airigh, braith, *to* ~ *a pulse* cuisle a fhéachaint, *if you* ~ *like doing it* má tá fonn ort é a dhéanamh, *I* ~ *for him* tá trua agam dó, tuigim dó, *I* ~ *certain that* is dearbh liom go
feeler *n* adharcán
feeling *n* mothú(chán), brath, meabhair; arann, *I have no* ~ *in my leg* tá mo chos bodhar *a* goilliúnach, mothálach
feign *vt, he* ~*ed tiredness* lig sé tuirse air féin
feint *n* amas bréige *vi, to* ~ amas bréige a thabhairt
feline *a* catúil, féilíneach
fell *vt* treascair, leag, *to* ~ *a tree* béim a bhaint as crann, crann a leagan
fellow *n* páirtí, comhghleacaí; mac, diúlach; ánra, ~ *of university* comhalta d'ollscoil
fellowship *n* páirtíocht, muintearas; cuallacht, cumann; comhaltacht; ánracht
felon *n* feileon
felony *n* feileonacht
felt *n* feilt
female *n* baineannach, bean *a* baineann, ban-
feminine *a* banda, banúil; baininscneach
feminist *n* feiminí
fence *n* pionsa; claí, fál, sconsa *vt & i* fálaigh, *to* ~ *with a person* pionsóireacht a dhéanamh le duine
fencing *n* pionsóireacht; claíochán; claítheoireacht
fend *vt & i, to* ~ *off a blow* buille a chosc, tú féin a chosaint ar bhuille, *to* ~ *for oneself* déanamh as duit féin, bheith ar do chonlán féin
fender *n* fiondar
Fenian *n* Fínín *a,* ~ *lore* fiannaíocht
Fenianism *n* Fíníneachas
ferment *n* gabháil, coipeadh *vt & i* coip, oibrigh
fermentation *n* coipeadh, brachadh, oibriú
fern *n* raithneach
ferocious *a* fíochmhar
ferocity *n* fíochmhaire, dásacht
ferret *n* firéad *vt & i* fiach le firéad, *to* ~ *out sth* bheith ag póirseáil go bhfaighfeá rud
ferrule *n* bianna
ferry *n* caladh, faradh; bád farantóireachta, peireadh *vt & i, to* ~ *across the river* dul trasna na habhann (i mbád farantóireachta), *to* ~ *the car across the river* an carr a chur thar an abhainn
ferryman *n* farantóir
fertile *a* torthúil, méiniúil, méith, síolmhar
fertility *n* torthúlacht, méithe
fertilize *vt* leasaigh; toirchigh
fertilizer *n* leasachán, aoileach

fervent *a* díograiseach, dúthrachtach, *it is my* ~ *wish (that)* is é mo ghuí (go)
fervour *n* díograis, dúthracht, faghairt
fester *vi, to* ~ ábhrú, lobhadh; ábhar, angadh, braon, a dhéanamh; olc a bhailiú
festival *n* féile, saoire, feis, *music* ~ fleá cheoil
festive *a* féiltiúil; scléipeach
festivity *n* fleáchas, siamsa, scléip
festoon *n* triopall *vt, to* ~ *a room* seomra a mhaisiú (le triopaill)
fetch *vt, to go to* ~ *sth* dul faoi choinne ruda, *to* ~ *the priest* dul faoi dhéin an tsagairt
fetid *a* bréan
fetish *n* feitis
fetlock *n* rúitín
fetter *n* laincis, cuibhreach, geimheal, crapall, urchall *vt* cuibhrigh
fettle *n* staid, *to be in fine* ~ bheith go buacach
feud *n* fíoch, faltanas
feudal *a* feodach
feudalism *n* feodachas
fever *n* fiabhras
feverish *a* fiabhrasach, teasaí
few *a & n* beag, tearc, *in a* ~ *words* i mbeagán focal, *a* ~ *persons* cúpla duine, ~ *came* is beag a tháinig, *there are* ~ *nicer places* is beag áit is deise, *during the past* ~ *years* le blianta beaga anuas, *getting* ~*er every day* ag dul i laghad in aghaidh an lae, *he has* ~*er debts* is lú na fiacha atá air
fewness *n* laghad, teirce
fiasco *n* praiseach
fib *n* sceireog, caimseog
Fianna *npl* Fiann
fibre *n* snáithín, *it is in the very* ~ *of his being* tá sé fite fuaite ann, tá sé de dhlúth is d'inneach ann
fibrous *a* snáithíneach, sreangánach
fickle *a* guagach, luaineach, ~ *mind* intinn luath
fiction *n* ficsean, cumadóireacht, finscéalaíocht
fictitious *a* finscéalach, cumtha
fiddle *n* fidil *vi, to* ~ seinm ar an bhfidil, *fiddling with sth* ag méaraíocht ar, le, rud
fiddler *n* fidléir
fidelity *n* dílse, fíre
fidget *n,* (*of person*) fústaire, *to have the* ~*s* tinneas na circe a bheith ort *vi, to* ~ fútráil; bheith corrthónach, giongach
fidgety *a* giongach, corrthónach
field *n* páirc, gort, cuibhreann, garraí, *the* ~ *of battle* machaire an chatha, ~ *of vision* réim, réimse, radhairc *vt, to* ~ *a ball* liathróid a cheapadh
fieldfare *n* sacán
fieldwork *n* obair allamuigh
fiend *n* deamhan
fiendish *a* deamhanta, diabhlaí
fierce *a* fíochmhar, fiata, borb, fraochta

fiery *a* lasánta, faghartha, teasaí, ~ *horse* capall bruite
fife *n* fíf
fifteen *n* & *a* cúig déag, ~ *persons* cúig dhuine dhéag
fifteenth *n* & *a*, *the* ~ *day* an cúigiú lá déag, *one* ~ an cúigiú cuid déag
fifth *n* & *a* cúigiú
fiftieth *n* & *a* caogadú
fifty *n* & *a* caoga
fig *n* fige
fight *n* troid, gleo, bruíon, bualadh, comhrac *vt* & *i* troid, comhraic, bruíon
fighter *n* trodaí
fighting *n* troid, bruíon *a* trodach
fig-tree *n* crann figí
figurative *a* fáthchiallach, fáthach
figure *n* cruth, fíor, deilbh; figiúr, uimhir, *he is a fine* ~ *of a man* is breá an phearsa fir é *vt* & *i* fíoraigh; uimhrigh, *his name* ~ *s on the list* luaitear a ainm ar an liosta, *to* ~ *out the expenses* an costas a áireamh, a dhéanamh amach
filament *n* snáithín, ribe, filiméad
filch *vt* goid
file¹ *n* comhad, trodán *vt* comhdaigh
file² *n* líomhán, raspa *vt* líomh
file³ *n* scuaidrín, sraoillín, *single* ~ treas singil *vi*, *to* ~ *off* imeacht duine i ndiaidh duine
filial *a* macúil
filigree *n* fíolagrán, órghréas
fill *n* sáith, dóthain; lán *vt* & *i* líon, luchtaigh
filler *n* líontóir
fillet *n* filléad, fleasc *vt* filléadaigh, díchnámhaigh
filling *n* líonadh, luchtú; táthán, lánán
filling-station *n* stáisiún peitril
film *n* sceo, scamall, brat, coirt; pictiúr, scannán *vt* scannánaigh
filmstrip *n* stiallscannán
filter *n* scagaire, síothlán *vt* & *i* scag, síothlaigh, snigh
filth *n* bréantas, salachar, fochall; gáirsiúlacht
filthy *a* broghach, cáidheach, bréan; graosta, ~ *place* bréanlach, ~ *talk* gáirsiúlacht chainte
fin *n* eite, colg, eithre
final *n*, (*sport*) cluiche ceannais, craobhchluiche *a* críochnaitheach, déanach, deireanach, *the* ~ *blow* an buille scoir, ~*ly* i ndeireadh na dála, i ndeireadh báire, sa deireadh thiar
finance *n* airgeadas *vt* maoinigh
financial *a* airgeadúil, ~ *year* bliain airgeadais
financier *n* airgeadaí
finch *n* glasán
find *n* fionnachtain, éadáil, fríth *vt* faigh, aimsigh, fionn, *it can't be found* níl fáil air, *to* ~ *out about sth* eolas a fháil i dtaobh ruda, *to* ~ *a person out* dul amach ar dhuine, breith amuigh ar dhuine

finding *n* fáil; fríth, *the* ~*s of a committee* cinneadh coiste
fine¹ *n* fíneáil, cáin *vt* fíneáil, cáin, *I was* ~*d ten pounds* gearradh deich bpunt orm
fine² *a* mín, caol, fíneálta; breá, uasal
fineness *n* fíneáltacht, míne; breáthacht
finery *n* galántas, breá breá, éadaí breátha
finger *n* méar *vt* méaraigh
fingering *n* méaraíocht, méirínteacht
finger-print *n* méarlorg
finicky *a* beadaí, cáiréiseach
finish *n* críoch, deireadh; slacht, snas *vt* & *i* críochnaigh, *to* ~ *sth* deireadh a chur le rud, *to have* ~*ed with the work* bheith réidh leis an obair
finished *a* déanta, réidh, críochnaithe; slachtmhar, snasta
finite *a* teoranta, foirceanta
fiord *n* fiord
fir *n* giúis
fire *n* tine, dóiteán; daighear, lasair; faghairt, spréach, teasaíocht; lámhach, *to go on* ~ dul trí thine *vt* & *i* loisc; caith, scaoil, *to* ~ *sth* tine a thabhairt do rud, a chur le rud; (*pottery*) bácáil
fire-alarm *n* aláram dóiteáin
fire-arm *n* arm tine
fireball *n* caor thine
firebrand *n* aithinne, breo
fire-brigade *n* briogáid dóiteáin
fire-fighting *n* múchadh dóiteán
fire-fly *n* lampróg
fire-guard *n* sciath thine
fire-lighter *n* adhantaí
fire-place *n* teallach, tinteán
fire-proof *a* dódhíonach
fire-wood *n* connadh, brosna
firework *n* tine ealaíne
firm¹ *n* comhlacht, gnólacht
firm² *a* daingean, seasmhach, teann *vt* & *i* cruaigh, daingnigh, teann
firmness *n* daingne, diongbháilteacht, seasmhacht
first *a* céad, aonú, *the* ~ *man, woman* an chéad fhear, bhean, *the* ~ *people* na chéad daoine, ~ *aid* garchabhair, ~ *cousin* col ceathrair, *James the* ~ Séamas a hAon *adv*, ~, *at* ~ i dtosach, ar dtús; a chéaduair, *the person who spoke* ~ an té is túisce a labhair ar an chéad duine, rud, etc, *from* ~ *to last* ó thús deireadh
first-rate *a* thar barr, ar fheabhas, den chéad scoth
firth *n* inbhear, caolsáile
fiscal *a* fioscach
fish *n* iasc, breac *vt* & *i* iasc, ~*ing* ag iascaireacht, ag iascach
fisherman *n* iascaire
fishery *n* iascaireacht, iascach; inbhear éisc
fish-finger *n* méaróg éisc
fish-hook *n* duán
fishing *n* iascaireacht, iascach
fishing-ground *n* bráite, meá

fishing-line n dorú, ruaim
fishing-rod n slat iascaigh
fishmonger n ceannaí éisc
fishy a iascúil; amhrasach, ~ *story* scéal gan dath
fission n scoilteadh
fissure n scoilt, gág, méirscre, scailp
fist n dorn, dóid, *to make a good* ~ *of sth* lámh mhaith a dhéanamh ar rud
fisticuffs npl, *to engage in* ~ *with a person* dul ar na doirne, sna lámha, le duine
fit[1] n racht, ragús, taom, tallann, tritheamh, néal, spadhar
fit[2] n tomhas, feiliúint
fit[3] a feiliúnach, fóirsteanach, oiriúnach, cuí; infheidhme; ábalta; fiteáilte, ~ *for* inniúil ar, chun, do, *they are* ~ *to kill each other* tá siad i riocht a chéile a mharú vt & i oir, oiriúnaigh, feil; toill; feistigh, ~ *out* trealmhaigh, gléas, *to* ~ *in with sth* teacht le, réiteach le, freagairt do, rud
fitful a taomach, tallannach, guagach, míshuaimhneach, ~ *sleep* codladh corrach
fitness n feiliúnacht, oiriúnacht, cuibheas; infheidhmeacht, *physical* ~ corpacmhainn
fitter n feisteoir
fittings npl feistiú, feisteas, cóiríocht, fearas, ~ *of clothes* cumadh éadaigh a cuí, oiriúnach, feiliúnach, fóirsteanach, diongbháilte
five n & a cúig, ~ *persons* cúigear, ~ *of trumps* cíoná, na (cúig) méara
fix n sáinn, ponc, teannta, cruachás, *in a* ~ san fhaopach vt & i cinn, daingnigh, socraigh, greamaigh; deisigh, ~ *sth up* rud a réiteach; dóigh a chur ar rud
fixation n grinniú, buanú; fosú
fixative n buanaitheoir
fixedly adv go daingean, go seasta
fixity n, ~ *of tenure* buanseilbh
fixture n fearas do-aistrithe; (*sport*) coinne
fizz n sioscadh; seaimpéin vi siosc
fizzle n sioscadh, coipeadh vi spréach, siosc, *to* ~ *out* dul ar neamhní, imeacht mar ghal soip, síothlú
flabbergast vt, *he was* ~ed fágadh ina stangaire é, baineadh stangadh as
flabby a feolmhar, liobarnach, séidte, lodartha, ~ *person* plobaire
flag[1] n, (*plant*) feileastram
flag[2] n bratach, meirge
flag[3] n leac vt, *to* ~ *a path* leaca a chur síos ar chosán
flag[4] vi sleabhac, lagaigh, *his interest* ~ged mhaolaigh ar a spéis
flagon n flagún
flagrant a scannalach, mínáireach
flail n súiste vt & i súisteáil
flair n bua, tallann

flake n, (*of snow*) lubhóg, calóg; screamhóg, cáithnín vi scealp, scil
flaky a calógach, lubhógach; sceitheach; craiceáilte
flamboyant a gáifeach, taibhseach
flame n bladhm, daighear, lasair, *in* ~s trí thine, ar aon bharr lasrach
flaming a bladhmach, lasánta
flamingo n lasairéan
flange n feire, sceimheal, buinne
flank n cliathán, taobh, eite, maothán vt, *to* ~ *sth* rud a chur taobh le rud eile; bheith taobh le rud; cliathán ruda a chosaint
flannel n báinín, flainín
flap n liopa, plapa; slapar vt & i, *to* ~ *wings* sciatháin a ghreadadh, a bhualadh, *the sail was* ~ing bhí an seol ag bratail
flare n bladhm, ~ *of skirt* spré sciorta vi las; spréigh, *to* ~ *up at a person* splancadh, spriúchadh, ar dhuine
flash n laom, lasán, scal, ~ *of lightning* splanc (thintrí), saighneán vt & i scal, splanc, *his eyes* ~ed anger tháinig bior ar a shúile
flash-back n iardhearcadh
flash-lamp n laomlampa
flash-point n bladhmphointe
flashy a spiagaí, gáifeach, taibhseach
flask n flaigín, fleasc
flat[1] n árasán
flat[2] n réileán a cothrom, clárach; leamh; rodta, ~ *refusal* lomdhiúltú, droimdhiúltú
flat-fish n leadhbóg, leathóg
flat-footed a spágach
flatness n cothroime; leimhe, liostacht
flatten vt & i leacaigh, leath, cláraigh; maolaigh, treascair, *to* ~ *a person* smíste a dhéanamh de dhuine, duine a shíneadh
flatter vt & i bladair, *to* ~ *a person* plámás, béal bán, a dhéanamh le duine
flatterer n cluanaire, lústaire, plámásaí, slíomadóir
flattery n bladar, plámás, milseacht, béal bán, cluanaireacht, tláithínteacht
flatulence n gaoth, gaofaireacht
flaunt vt & i, *to* ~ bratail, bheith ar foluain, *to* ~ *one's wealth* gaisce a dhéanamh as do chuid saibhris, *to* ~ *opinions* tuairimí a fhógairt os ard
flautist n fliúiteadóir
flavour n blas vt blaistigh, leasaigh, spíosraigh
flavouring n leasú, blastán, spíosra
flaw n éalang, éasc, fabht, locht, lúb ar lár
flawless a gan éalang, gan cháim
flax n líon
flaxen a, (*of hair*) buíbhán
flax-seed n ros, roisne
flay vt feann, scean, sclamh
flea n dreancaid
flea-bite n greim dreancaide; faic na fríde
fleck n dúradán vt breac

fledged a, fully ~, (of bird) faoi lán cluimhrí, he is a fully ~ doctor tá sé ina dhochtúir déanta
fledgling n gearrcach, scallamán
flee vt & i teith, they fled the country theith siad as an tír
fleece n lomra vt lomair, to ~ a person feannadh a thabhairt do dhuine, duine a chreachadh
fleecy a ollach, lomrach, clúmhach
fleet[1] n cabhlach, flít, loingeas
fleet[2] a luath, mear, gasta, sciobtha
fleeting a neamhbhuan, duthain, ~ visit cuairt reatha, sciuird
flesh n feoil; colainn
fleshy a feolmhar; brúidiúlach
flex[1] n fleisc
flex[2] vt aclaigh
flexible a aclaí, solúbtha
flick n & vt smeach
flicker n preabadh, eitilt, faiteadh vi eitil, geit, léim, preab
flight n eitilt; teitheadh, ~ of stairs dul, rith, staighre, to put the enemy to ~ an ruaig, maidhm chatha, a chur ar an namhaid
flighty a aerach, giodamach, geiteach, scinnideach
flimsy a scagach, éadrom, tanaí; neamh-fhuaimintiúil, ~ excuse leithscéal agus a thóin leis, agus a leathbhéal faoi
flinch vi loic, clis; creathnaigh
fling n caitheamh, teilgean, to have one's ~ ceol a bhaint as an saol, do chos a chroitheadh vt & i rad, caith, teilg
flint n breochloch
flip n flíp, smeach vt & i smeach
flippant a éadrom, deiliúsach, soibealta
flipper n lapa
flirt n cliúsaí vi, ~ing ag súgradh, ag spallaíocht, ag radaireacht
flit vi éalaigh, aistrigh, eitil anseo is ansiúd
float n snámhán, bulla, baoi, éadromán; slaod; (vehicle) flóta vt & i snámh, to ~ a ship long a chur ar snámh, ~ing around ag foluain thart
flock[1] n flocas
flock[2] n tréad, sealbhán, (birds) ealta; scata, scuaine vi tiomsaigh, to ~ together, bailiú, cruinniú, le chéile
floe n oighearshlaod, grúm
flog vt lasc, sciúrsáil, léas
flood n tuile, díle, rabharta, ~s of tears frasa deor vt & i tuil, líon, báigh
flood-light n tuilsolas vt tuilsoilsigh
floor n urlár vt, to ~ a house urlár a chur síos i dteach, to ~ a person duine a shíneadh, a leagan ar lár; duine a chur ina thost
flop n plab, pleist; cliseadh, teip adv, to fall ~ titim de phlab, de phleist, it went ~ theip air vi, he ~ped into the water chuaigh sé de phleist san uisce, it ~ed theip air, ~ing about ag lapadán
flora n flóra

floral a bláthach
florid a lasánta; ornáideach
florist n bláthadóir
floss n flas
flotilla n mionchabhlach
flotsam n snámhraic
flounce[1] n flúinse, triopall
flounce[2] vi pramsáil
flounder[1] n leadhbóg, leith
flounder[2] vi iomlaisc, ~ing ag onfais
flour n plúr
flourish n ornáidíocht, (of speech, lettering) ciúta, geáitse, gotha vi, to ~ fás go maith; bheith faoi réim, faoi bhláth; teacht i dtreis
flourishing a rafar, faoi mhaise
floury a, (of potatoes, etc) plúrach, gáiriteach
flout vt, to ~ authority bheith beag beann ar údarás
flow n sní, rith, feacht, sruth, sreabh vi snigh, rith, sruthaigh, tál, (hair, etc) slaod
flower n bláth, pósae, plúr, scoth vi bláthaigh
flower-bed n ceapach bláthanna
flowery a bláthach; ornáideach
flowing a snítheach, sruthach; scuabach, éasca, líofa, silteach, craobhach, géagach
flu n fliú
fluctuation n iomlaoid, luaineacht
flue n múchán, púir
fluency n éascaíocht, líofacht
fluent a líofa, éasca, solabhartha, she speaks ~ German tá an Ghearmáinis ar a toil aici
fluff n bruth, clúmhach
fluffy a clúmhach
fluid n sreabhán, lionn a silteach, sreabhach; líofa, éasca, faíoch
fluke[1] n amhantar, taisme, seans
fluke[2] n leith
fluke(worm) n cruimh phucháin
fluorescent a fluaraiseach
fluoridation n fluairídiú
fluoride n fluairíd
flurry n cuaifeach, cleitearnach; flústar, driopás vt buair, suaith, mearaigh
flush n sruthlú; luisne, deargadh vt & i sruthlaigh; las, dearg, ruaimnigh
flushed a lasánta, círíneach, luisniúil
fluster n imní, driopás vt & i mearaigh, suaith, she got ~ed tháinig corrabhuais uirthi
flute n fliúit, feadóg mhór
flute-player n fliúiteadóir
flutter n eitilt; flústar, foilsceadh vi eitil, gaothraigh, ~ing around ag cleitearnach thart
flux n flosc
fly n cuil(eog), the ~ in the ointment an breac sa bhainne vt & i eitil, to ~ the Atlantic an tAtlantach a thrasnú ar an aer, ~ing about ag foluain thart, to ~ from danger teitheadh ó chontúirt, to ~ into a rage spriúchadh, dul le báiní

fly-blown *a* finiúch
flyer *n* eitleoir
flying *n* eitilt; eitleoireacht *a* eitleach, foluaineach, ~ *visit* sciuird, geábh
fly-leaf *n* fordhuilleog
flyover *n* uasbhealach
fly-weight *n* cuilmheáchan
foal *n* searrach
foam *n* cúr, uanán, coipeadh, sobal *vi* coip, *he was* ~ *ing at the mouth* bhí cúr lena bhéal
fob *vt, to* ~ *sth off on a person* rud a bhualadh, a chur, ar dhuine
focal *a* fócasach; cuimsitheach
focus *n* fócas, *to bring sth into* ~ rud a thabhairt i ngrinneas, chun cruinnis *vt & i* fócasaigh, dírigh, cruinnigh (ar)
fodder *n* fodar, farae
foe *n* namhaid
foetus *n* gin, suth, féatas
fog *n* ceo
foggy *a* ceomhar, ciachmhar
foible *n* laige, éasc
foil[1] *n* scragall
foil[2] *n* pionsa maol
foil[3] *vt, to* ~ *an attempt* iarracht a chur ar neamhní, a bhacadh, a thoirmeasc
foist *vt, to* ~ *sth on a person* rud a chur, a bhualadh, ar dhuine
fold[1] *n* loca, cró, banrach
fold[2] *n* filleadh, pléata *vt & i* fill, dúbail, lúb
folder *n* fillteán
folding *a* fillteach, infhillte
foliage *n* duilliúr
folio *n* fóilió, débhileog; uimhir
folk *n* muintir, aos, ~ *music* ceol tíre
folklore *n* béaloideas
folk-school *n* daonscoil
follicle *n* folacail
follow *vt & i* lean, *it* ~*s from that* (*that*) fágann sin (go), *to* ~ *a trade* dul le ceird
follower *n* leantóir, leanúnaí, dílseánach *pl* lucht leanúna, cosa; clann
following *n* leanúint; lucht leanúna *a, on the* ~ *day* lá arna mhárach, an lá dár gcionn, an lá ina dhiaidh sin, *the* ~ *matters* na nithe seo a leanas
folly *n* amaidí, baois, díth céille, míchiall
foment *vt, to* ~ *strife* bruíon a chothú
Fomorian *n* Fomhórach
fond *a* muirneach; geallmhar, ceanúil (ar), *he is* ~ *of money* tá dúil san airgead aige
fondle *vt* muirnigh, cuimil, *to* ~ *a child* peataireacht, bánaí, a dhéanamh le leanbh
fondness *n* caithis, dúil, gean
font *n* umar; foinse
food *n* bia, beatha, lón
fool *n* amadán, pleidhce, breall, (*woman*) óinseach, *to make a* ~ *of a person* baileabhair a dhéanamh de dhuine, *vt & i to* ~ *a person* duine

a mhealladh, a chur amú, ~ *ing around* ag pleidhcíocht, ag amaidí, *I was only* ~ *ing* ní raibh mé ach ag magadh
foolery *n* amadántacht, pleidhcíocht
foolhardy *a* baothdhána, meargánta
foolish *a* amaideach, baothánta, díchéillí, ~ *woman* amaid, óinseach, ~ *person* amlóir, amadán, ~ *talk* gliogar, brilléis, amaidí chainte
foolishness *n* amadántacht, leibideacht
foolproof *a*, (*of device*) doloicthe
foolscap *n* leathphraitinn
foot *n* cos, troigh; cos-slua, *at the* ~ *of a hill* cois cnoic, ag bun cnoic *vt & i, to* ~ *the bill* an t-éileamh a íoc, *to* ~ *turf* móin a ghróigeadh, a chnuchairt
football *n* peil
footballer *n* peileadóir
footbridge *n* ciseach, droichead coisithe
foothills *npl* bunchnoic
foothold *n* greim coise, teannta, bonn
footing *n* bonn, foras; (*of turf*) cnuchairt, gróigeadh, *on equal* ~ ar aon bhonn
footlight *n* bruachsholas
footman *n* bonnaire
footnote *n* fonóta
footpath *n* cosán
footprint *n* lorg, rian (coise)
foot-soldier *n* troitheach *pl* cos
footstep *n* coiscéim
footwear *n* coisbheart
fop *n* gaige
foppish *a* gaigiúil
for *prep* ar, do, chun, i gcomhair, faoi choinne, le haghaidh, *to substitute one thing* ~ *another* rud a chur in ionad ruda, *wait* ~ *a week* fan go ceann seachtaine, *it is heavy* ~ *her* tá sé trom aici, ~ *one hundred pounds* ar chéad punt, *good* ~ *evil* maith thar ceann an oilc, *thank you* ~ *your kindness* go raibh maith agat as ucht do chineáltais, ~ *example* mar shampla, ~ *your own sake* mar mhaithe leat féin, ~ *or against him* ina leith nó ina éadan *conj* mar, óir
forage *n* foráiste *vi* siortaigh, ransaigh, *to* ~ *for food* bia a sheilg, dul ar thóir bia
forbear *vt & i* srian, staon ó
forbearance *n* fadfhulaingt, foighne
forbid *vt* cros (ar), toirmisc, *God* ~! nár lige Dia! *I am forbidden to do it* tá sé coiscthe, crosta, orm
forbidding *a*, ~ *aspect* dreach diúltach, cuma dhúr
force *n* fórsa, neart, foréigean; brí, éifeacht, fuinneamh, *the* (*defence*) ~*s* na fórsaí (cosanta) *vt* fórsáil, éignigh, *to* ~ *a person to do sth* iallach a chur ar dhuine rud a dhéanamh, tabhairt ar dhuine rud a dhéanamh
forceful *a* fórsúil, feidhmiúil, bríomhar, éifeachtach, gonta, teann
forceps *n* teanchair

forcible *a* fórsúil, foréigneach, láidir, ~ *seizure* forghabháil

ford *n* áth *vt, to* ~ *a river* abhainn a thrasnú ar áth, an t-áth a ghabháil

fore *n* tosach *a* tosaigh, réamh-

forearm *n* rí, cuisle, bacán láimhe

forebode *vt* tuar

foreboding *a* drochthuar, mana, *I had a* ~ *of it* bhí sé á thuar, á thaibhsiú, dom

forecast *n* réamhaisnéis *vt* tuar, *to* ~ *sth* fáistine a dhéanamh faoi rud

forecourt *n* urlios

forefinger *n* corrmhéar

forefront *n, in the* ~ ar thús cadhnaíochta

foregoing *a* réamhráite, *the* ~ *stanza* an rann sin romhainn

foreground *n* tulra

forehead *n* clár éadain, éadan

foreign *a* coimhthíoch, allúrach, gallda, eachtrannach, ~ *country*, tír iasachta

foreigner *n* coimhthíoch, eachtrannach, allúrach, gall

foreland *n* rinn, ceann tíre

foreleg *n* cos tosaigh

forelock *n* glib, urla

foreman *n* maor, saoiste, fear ceannais

foremost *a, in the* ~ *rank* sa rang is airde, sa chéad áit, *head* ~ i ndiaidh, ar lorg, do chinn *adv, first and* ~ i dtosach báire, ar an gcéad dul síos

forenoon *n, in the* ~ roimh nóin

forensic *a,* ~ *medicine* dlí-eolaíocht mhíochaine

forerunner *n* réamhtheachtaire

forsee *vt* tuar, *to* ~ *difficulties* coinne a bheith agat le deacrachtaí, teacht roimh dheacrachtaí

foreshadow *vt* tuar

foreshore *n* cladach, urthrá

foreskin *n* forchraiceann

foresight *n* fadbhreathnaitheacht, dearcadh, fadcheann

forest *n* foraois, coill

forestall *vt, to* ~ *a person* tosach a bhaint de dhuine, dul roimh dhuine

forester *n* foraoiseoir

forestry *n* foraoiseacht

foretaste *n* réamhbhlas

foretell *vt & i* réamhaithris, tuar, tairngir, *it has been foretold*, ta sé sa tairngreacht

forever *adv* choíche, i gcónaí, go brách, go deo

forewarn *vt, to* ~ *a person* foláireamh, rabhadh, forógra, a thabhairt do dhuine

foreword *n* brollach

forfeit *n* éiric, fíneáil, pionós *vt, to* ~ *a right* ceart a chailleadh, a ligean ar ceal

forge[1] *n* ceárta *vt & i* gaibhnigh; falsaigh, *forging metal* ag gaibhneacht, *to* ~ *money* airgead a bhrionnú

forge[2] *vt, to* ~ *ahead* treabhadh leat, réabadh chun cinn

forger *n* falsaitheoir

forgery *n* brionnú; scríbhinn (etc.) fhalsa

forget *vt & i* dearmad, *to* ~ *sth* rud a ligean i ndearmad, dearmad a dhéanamh de rud, *I forgot*! mo dhearmad!

forgetful *a* dearmadach; faillitheach

forgetfulness *n* dearmad, díchuimhne, neamhmheabhair

forgivable *a* inmhaite

forgive *vt* maith, logh, *to* ~ *a person sth* rud a mhaitheamh do dhuine, maithiúnas a thabhairt do dhuine i rud

forgiveness *n* maithiúnas

fork *n* forc, gabhlóg, píce; gabhal, ladhar *vt & i* forcáil, píceáil

forked *a* gabhlach, gabhlánach, ladhrach

forlorn *a* dearóil, ainnis, tréigthe

form *n* cuma, fíor, cruth, cumraíocht, riocht, cló; gné; leaba dhearg; (*document*) foirm, (*bench*) forma, ~ *of speech* modh cainte *vt & i* cruthaigh, cruinnigh, déan, deilbhigh, múnlaigh, cum

formal *a* foirmiúil, nósmhar; ardnósach

formality *n* foirmiúlacht, nósmhaireacht; deasghnáth

format *n* formáid, cruth

formation *n* déanmhas, múnlú, cumadh; eagar, fíor, *granite* ~ foirmiú eibhir

formative *a* foirmitheach

former *a,* ~ *times* an seansaol, *I prefer the* ~ *method* is fearr liom an chéad mhodh

formerly *adv* roimhe seo, lá den saol, tráth

formidable *a* scanrúil, treallúsach, diongbháilte

formless *a* éagruthach

formula *n* foirmle

formulate *vt, to* ~ *sth* rud a chur i bhfocail, a fhoirmiú

forsake *vt* tréig, fág

fort *n* dún, daingean; ráth, caiseal, cathair, *fairy* ~ lios

forth *adv, he stretched* ~ *his hand* shín sé amach a lámh, *from then* ~ ó shin i leith, *from this time* ~ as seo amach, *waving back and* ~ ag croitheadh anonn is anall, *and so* ~ agus mar sin de, agus dá réir sin

forthcoming *a, help is* ~ tá cabhair chugainn

forthright *a* neamhbhalbh, díreach

fortieth *n & a* daicheadú

fortification *n* daingniú *npl* daingean, dúnfort, oibreacha cosanta

fortify *vt* daingnigh, neartaigh, treisigh

fortitude *n* buanseasmhacht, misneach, neart

fortnight *n* coicís

fortnightly *n* coicíseán *a* coicísiúil

fortress *n* daingean, dún

fortuitous *a* teagmhasach

fortunate *a* ádhúil, ámharach, rathúil, sona

fortunately *adv* go tráthúil, ar an dea-uair, ar ámharaí an tsaoil

fortune *n* cinniúint, fortún, seans, *good* ~ ádh, sonas; (*money*) saibhreas; spré, *to tell a person his* ~ fios a dhéanamh do dhuine; a fhortún a insint, a léamh, do dhuine

fortune-teller *n* bean feasa, bean chrosach

forty *n & a* daichead, ceathracha

forum *n* fóram

forward *n* tosaí *a* chun tosaigh, (*of movement, etc*) chun cinn, ar aghaidh; (*of person*) dána, dalba, teanntásach, urrúsach *adv* ar aghaidh, *from this day* ~ ón lá seo amach, *to go* ~ dul chun tosaigh *vt, to* ~ *a policy* beartas a chur chun cinn, *to* ~ *sth to a person* rud a sheoladh chuig duine

forwardness *n* dánacht, dalbacht, teanntás, treallús

fossil *n* iontaise *a* iontaiseach

fossilize *vt & i* iontaisigh

foster *vt* altramaigh, oil, *to* ~ *friendship* muintearas a chothú

fosterage *n* altram, daltachas

foster-child *n* dalta

foster-father *n* athair altrama; oide

foster-mother *n* máthair altrama; buime

foul *n*, (*sport*) calaois *a* bréan, gráiniúil, salach, ~ *weather* doineann, ~ *play* imirt cháidheach; coir *vt* salaigh; tacht

found *vt* bunaigh

foundation *n* bunú, fothú, fódú, (*of building*) bonn, dúshraith, (*institution*) foras, fondúireacht

foundation-stone *n* bunchloch

founder[1] *n* bunaitheoir, fondúir

founder[2] *vt & i* trochlaigh, teip; tit, *the ship* ~*ed* chuaigh an long faoi loch, go tóin poill

foundling *n* leanbh tréigthe

foundry *n* teilgcheárta

fountain *n* fuarán, foinse; scairdeán uisce

fountain-pen *n* peann tobair

four *n* ceathair *a*, ~ *persons* ceathrar, ~ *pounds* ceithre phunt

fourteen *n* ceathair déag *a*, ~ *towns* ceithre bhaile dhéag

fourteenth *n & a, the* ~ *day* an ceathrú lá déag, *one* ~ an ceathrú cuid déag

fourth *n & a* ceathrú

fowl *n* éan; éanlaith, *domestic* ~ éanlaith chlóis

fowler *n* foghlaeir

fox *n* sionnach, madra rua

foxglove *n* lus mór, méaracán dearg

foxy *a* glic, slim, sionnachúil, (*of hair*) rua

foyer *n* forhalla

fracas *n* racán, ropadh, scliúchas

fraction *n* codán

fractious *a* crosta, cantalach

fracture *n* briseadh (cnáimhe); scoilt *vt & i* bris, scoilt

fragile *a* sobhriste, leochaileach, lag

fragment *n* blogh, blúire, ruainne, mír *pl* bruscán, smionagar, bruar, grabhar *vt & i* roinn, deighil, scoilt, bris

fragmentation *n* ilroinnt; mionú

fragrance *n* cumhracht

fragrant *a* cumhra

frail *a* leochaileach, lag

frailty *n* laige

frame *n* deilbh; cabhail, creatlach, (*of structure*) cás, cliabh, cliathach, creat, crann, *winding* ~ glinne, *picture* ~ fráma pictiúir *vt* frámaigh, deilbhigh, beartaigh, ceap, *to* ~ *one's thoughts* do smaointe a chur in eagar, *to* ~ *a person* beartú go gciontófaí duine go héagórach

framework *n* creat, creatlach, fráma; cnámha (scéil); córas

franchise *n* ceart vótála

Franciscan *n & a* Proinsiasach

frank[1] *a* oscailteach, macánta, díreach

frank[2] *vt* frainceáil

frantic *a* ar buile, ar mire, fraochta

fraternal *a* bráithriúil

fraternity *n* bráithreachas

fraternize *vi, to* ~ *with a person* cairdeasaíocht a dhéanamh le duine

fratricide *n* fionaíl; fionaíolach

fraud *n* calaois, camastaíl

fraudulent *a* calaoiseach, cam

fraught *a*, ~ *with* luchtaithe le, lán le, *it was* ~ *with danger* bhí baol ag roinnt leis

fray[1] *n* achrann, imreas, treas

fray[2] *vt & i* scamh, sceith

freak *n* spreang, nóisean, spadhar, tallann; an-chúinse

freakish *a* taghdach, corr; anchumtha

freckle *n* bricín (gréine) *pl* breicneach

freckled *a* breicneach, bricíneach

free *a* saor; scaoilte, ar ligean, (*style, etc*) éasca, réidh; deonach; flaithiúil, ~ *ticket* ticéad in aisce, *he is* ~ *to go* tá a cheann leis, tá cead a chos aige *vt* saor, scaoil, réitigh

freedom *n* saoirse; saoráid

freehold *n* saorsheilbh

freelance *n*, ~ *journalist* iriseoir neamhspleách

freemason *n* máisiún

freeway *n* saorbhealach

freeze *vt & i* reoigh, sioc, oighrigh, cuisnigh, téacht, *it is freezing* tá sé ag cur seaca, ag sioc

freezer *n* reoiteoir

freight *n* lasta, lucht *vt* lastáil, luchtaigh

frenzied *a* fiánta, néaltraithe, ar buile

frenzy *n* buile, mire, straidhn, báiní

frequency *n* minicíocht

frequent *a* iomadúil, minic *vt* gnáthaigh, taithigh, cleacht, lonnaigh

frequently *adv* go minic

fresco *n* freascó

fresh *a* úr, friseáilte, nua; cumhra; naíonda, ~ *water* fionnuisce

freshen *vt & i* úraigh; cumhraigh; breoigh, géaraigh

freshness *n* úire; cumhracht; fionnuaire

fret *n* crá, ciapadh *vt & i* creim, cnaígh; cráigh, ciap, buair, *don't* ~ ná bíodh imní ort

fretful *a* aingí, cráite, cantalach, imníoch

fretwork *n* crinnghréas

friar *n* bráthair

fricassée *n* pothrais

friction *n* cuimilt; imreas, easaontas

Friday *n* Aoine, *he will come on* ~ tiocfaidh sé Dé hAoine

friend *n* cara

friendliness *n* cairdiúlacht, carthanacht, muintearas

friendly *a* cairdiúil, muinteartha, lách

friendship *n* cairdeas, muintearas

frieze *n* bréid; fríos

frigate *n* frigéad

fright *n* scanradh, scaoll, eagla, geit, scéin

frighten *vt* scanraigh

frightful *a* scanrúil, scáfar, uafásach, creathnach

frigid *a* fuar, reomhar, (*of person*) fuaránta, fuarchúiseach

frill *n* rufa *npl* froigisí *vt, to* ~ *sth* rufaí a chur ar rud

fringe *n* glib; frainse, scothóga, ciumhais, ~ *of city* bruach cathrach

frisk *vt & i* meidhrigh; cuardaigh, siortaigh, ~ *ing* ag damhsa, ag rinceáil

frisky *a* meidhreach, ceáfrach, macnasach, rancásach

fritter[1] *n* friochtóg

fritter[2] *vt* meil, smiot, caith

frivolous *a* éadrom, aerach; éaganta

frizz *n* caisne *vt & i* caisnigh

frock *n* gúna

frog *n* frog, loscann

frogman *n* frogaire

frog-spawn *n* sceith fhroig, glóthach fhroig

frolic *n* súgradh, macnas *vi* pramsáil, rad, ~ *ing* ag macnas, ag princeam, ag pocléimneach

frolicsome *a* aerach, meidhreach, macnasach, rancásach

from *prep* ó, as, de

front *n* aghaidh, éadan, brollach, tosach, *in* ~ *of sth* ar aghaidh, os comhair, ar cheann, ruda; roimh rud, *a* ~ *wheel* roth tosaigh *vt & i, to* ~ *upon sth* aghaidh a thabhairt ar rud, *to* ~ *a building* aghaidh, éadan, a chur ar fhoirgneamh, *to* ~ *a programme* clár a chur i láthair

frontage *n* éadanas, colbha (bóthair); éadan (foirgnimh)

frontal *a*, ~ *bone* cnámh (an) éadain, ~ *attack* ionsaí i leith an tosaigh

frontier *n* teorainn, imeallchríoch

frontispiece *n* tulmhaisiú

frost *n* sioc(án), reo, cuisne, *black* ~ sioc dubh

frostbite *n* dó seaca

frosty *a* reoch, reoiteach, cuisneach, siocúil

froth *n* cúr, uanán, coipeadh, sobal

frown *n* grainc, gruig, púic, místá *vi, to* ~ grainc, púic, gnúis, a chur ort féin, *he* ~ *ed at me* bhí muc ar gach mala aige chugam

frozen *a* reoite

frugal *a* coigilteach, spárálach, tíosach; lom, gann

frugality *n* cruinneas, spárálacht, tíosaíocht

fruit *n* toradh, *the forbidden* ~ úll na haithne *vi* torthaigh

fruiterer *n* torthóir

fruitful *a* torthúil, suthach

fruition *n*, *the scheme is coming to* ~ tá an scéim ag teacht i gcrích

fruitless *a* éadairbheach, neamaitheach, ~ *efforts* saothar in aisce

frustrate *vt* sáraigh, bac

frustration *n* teacht trasna, sárú

fry[1] *n* gilidín, stuifín

fry[2] *n* friochadh *vt & i* frioch

frying-pan *n* friochtán

fuchsia *n* deora Dé, fiúise

fuddle *vt & i, he is* ~ *d with drink* tá mearbhall dí air, *it* ~ *d my brain* chuir sé meascán mearaí orm

fuel *n* connadh, breosla *vt* breoslaigh

fugitive *n* teifeach, éalaitheach *a* éalaitheach; díomuan, duthain

fulcrum *n* buthal

fulfil *vt* comhlíon, comhaill; fíoraigh, cuir i gcrích, *to* ~ *a promise* cur le gealltanas

fulfilment *n* comhall, comhlíonadh; fíorú, cur i gcrích

full *n* líon, líonadh *a* lán, iomlán; sách *vt, to* ~ *cloth* éadach a ramhrú

full-back *n* lánchúlaí

full-blown *a* spréite; déanta, críochnaithe

full-bred *a* folúil

full-dress *a*, ~ *rehearsal* réamhléiriú lánfheistithe

fuller *n* úcaire, toicneálaí

full-forward *n* lántosaí

full-length *a* lánfhada

fullness *n* iomláine, dlús, flúirse, ~ *of time* ionú

full-time *a* lánaimseartha

fully-fledged *a* déanta, críochnaithe

fulsome *a* úisiúil, samhnasach, déistineach

fumble *vi, to* ~ *with sth* bheith ag útamáil, ag gíotáil, le rud, *what are you fumbling at* cad é an driopás atá ort

fumbler *n* útamálaí

fume *n, pl* múch *vi, fuming with anger* ar gail, ag coipeadh, le fearg

fun *n* greann, sult, aiteas, spraoi; cuideachta

function *n* feidhm, feidhmeannas, (*social occasion*) tabhairt amach, ceiliúradh *vi* feidhmigh, oibrigh

functional *a* feidhmiúil

functionary *n* feidhmeannach

fund *n* ciste
fundament *n* bundún
fundamental *a* bunúsach, fuaimintiúil
funeral *n* sochraid, tórramh
fungicide *n* fungaicíd
fungus *n* fungas
funicular *a* cáblach
funk *n* critheagla, faitíos; meatachán *vt & i* loic
funnel *n* fóiséad, tonnadóir
funny *a* greannmhar, barrúil, ait, ~ *story* scéal grinn
fur *n* fionnadh, clúmh; cóta fionnaidh; coirt, screamh *vt & i* screamhaigh, *the boiler* ~*red* tháinig coirt ar an gcoire
furbish *vt* sciomair, sciúr, líomh, *to* ~ (*up*) *sth* snas a chur ar rud
furious *a* fraochta, fíochmhar, ainscianta, *to be* ~ bheith ar buile, le báiní
furl *vt* fill, corn
furlong *n* staid
furnace *n* foirnéis, sorn; bruithneach
furnish *vt* soláthair, cuir ar fáil, gléas, trealmhaigh
furnishings *npl* feisteas, troscán
furniture *n* troscán, trioc, *article of* ~ ball troscáin
furrier *n* fionnadóir
furrow *n* clais, eitre, iomaire *vt* treabh, eitrigh, riastráil
furry *a* clúmhach, fionnaitheach
further *adv* a thuilleadh, níos mó, *don't let the case* go *any* ~ ná lig an cás níos sia, *he* ~ *states that* deir sé fós go *a*, ~ *enquiry* tuilleadh fiosrúcháin, *one or two* ~ *points* pointe nó dhó eile *vt* cuir chun cinn, oibrigh ar mhaithe le
furthermore *adv* fós, rud eile de
furtive *a* fáilí, ~ *deed* gníomh folaigh, *to go* ~*ly* téaltú leat
furtiveness *n* gliúcaíocht, ganfhiosaíocht
fury *n* dásacht, fíoch, fraoch, fearg, cuthach, binb, straidhn
furze *n* aiteann
fuse *n* fiús; aidhnín *vt & i* comhleáigh, comhtháthaigh, cumaisc, *the light has* ~*d* tá cliste ar an bhfiús
fuselage *n* cabhail
fusion *n* comhleá, comhtháthú, cumasc
fuss *n* fústar, fuirseadh, griothalán, *to make a* ~ *of a person* adhnua a dhéanamh de dhuine *vi* fuirsigh, fuaidrigh
fussy *a* fuadrach, fústrach; imníoch; cáiréiseach, beadaí
futile *a* éadairbheach, fánach, gan éifeacht, in aisce
futility *n* éadairbhe
future *n* todhchaí, (*grammar*) fáistineach, *in* ~ as seo amach, feasta, *in the* ~ ar ball, amach anseo *a*, *at some* ~ *date* lá is faide anonn
fuzz *n* clúmhach
fuzzy *a* clúmhach; doiléir

G

gab *n* geab, cabaireacht
gabardine *n* gabairdín
gabble *n* glagaireacht *vt & i*, *gabbling* ag cabaireacht, ag glagaireacht, *he* ~*d off the poem* dúirt sé an dán de rúid
gable *n* binn, pinniúr
gad *vi*, ~*ding about* ag imeacht le haer an tsaoil, ag scódaíocht, *the cows are* ~*ding* tá fíbín ar na ba, tá na ba ag aoibheall
gadfly *n* creabhar
gadget *n* giuirléid, gaireas
Gaelic *n* Gaeilge *a* Gaelach
Gaelicize *vt* Gaelaigh
gaff *n* ga, geaf, camóg, cleith *vt* gathaigh, geafáil
gag *n* gobán, (*joke*) ciúta *vt & i*, *to* ~ *a person* glas béil a chur ar dhuine
gaiety *n* meidhir, scléip, aeracht
gaily *adv* go haerach, go péacach
gain *n* brabach, éadáil, tairbhe, sochar *vt & i* gnóthaigh, buaigh, beir, *to* ~ *by sth* bheith beirthe, buaiteach, le rud, *you have little to* ~ *by it* is beag an gnóthachan, an éadáil, duit é, *to* ~ *weight* dul i dtroime
gainful *a* éadálach, tairbheach, sochrach
gainsay *vt* bréagnaigh, sáraigh, *he can't be gainsaid* níl dul thar a fhocal, ina choinne
gait *n* siúl, coisíocht, imeacht
gaiter *n* loirgneán
gala *n* mórthaispeántas, ~ *day* lá croídhílis
galaxy *n* réaltra; Bealach na Bó Finne
gale[1] *n* gála, anfa, stoirm
gale[2] *n*, (*rent*) gála, ~ *day* ceannlá an chíosa
gall *n* domlas
gallant *n* gaige; cliúsaí, banaí *a* curata; galánta
gallantry *n* curatacht, crógacht; galántacht
gall-bladder *n* máilín domlais
galleon *n* gaileon
gallery *n* áiléar, gailearaí, lochta, *art* ~ dánlann
galley *n* rámhlong, long fhada; cistin ar bord loinge; gaille
gallivant *vi*, ~*ing* ag pléireacht, ag ceáfráil
gallon *n* galún
gallop *n*, *at a* ~ ar cosa in airde *vi*, *he* ~*ed away* d'imigh sé leis ar cosa in airde
gallowglass *n* gallóglach
gallows *n* croch

galoshes *npl* galóisí

galvanize *vt* galbhánaigh, sincigh

gamble *n* cluiche gill *vt & i, to* ~ *sth* rud a chur i ngeall, *gambling* ag cearrbhachas, ag imirt; ag dul sa seans (le rud)

gambler *n* gealltóir; cearrbhach

gambolling *n* aoibheall, princeam

game[1] *n* cluiche, báire; ealaín; géim, seilg *a* géimiúil

game[2] *a, (of leg)* gambach

gamekeeper *n* maor seilge

gamester *n* cearrbhach

gaming *n* cearrbhachas; cluichíocht

gammon *n* gambún

gamut *n* scála, réimse

gander *n* gandal

gang *n* buíon, baicle; drong; complacht

ganger *n* saoiste

gangrene *n* morgadh

gangrenous *a* morgthach

gangster *n* amhas, áibhirseoir, bithiúnach

gangway *n* clord; pasáiste

gannet *n* gainéad

gansey *n* geansaí

gaol *n* príosún

gaoler *n* séiléir

gap *n* bearna, mant; séanas, *(mountain pass)* bearnas, mám, scabhat

gape *vi* leath, *to* ~ *at a person* stánadh (go béaloscailte) ar dhuine

garage *n* garáiste

garbage *n* truflais, miodamas, cosamar

garble *vt, you* ~*d the story* chuir tú leathbhreall ar an scéal

garden *n* gairdín, garraí

gardener *n* garraíodóir

gardening *n* garraíodóireacht

gargantuan *a* ábhalmhór

gargle *n* craosfholcadh *vt & i* craosfholc

gargoyle *n* geargáil

garish *a* gairéadach, scéiniúil, gáifeach

garland *n* bláthfhleasc

garlic *n* gairleog

garment *n* ball éadaigh

garnish *n* maisiúchán *vt* maisigh

garret *n* gairéad

garrison *n* garastún, barda *vt, to* ~ *a town* garastún a chur i mbaile

garrulous *a* cabach, cainteach, geabanta

garter *n* gairtéar

gas *n* gás, *bottled* ~ gás buidéalaithe *vt* gásaigh

gash *n* créacht, *vt* créachtaigh; clasaigh

gasket *n* gaiscéad

gasometer *n* gásaiméadar

gasp *n* cnead, díogarnach, smeach, *at one's last* ~ ar an dé deiridh, i ndeireadh na feide, i ndeireadh na péice *vi* sclog, *to* ~ cnead a ligean

gastric *a* gastrach, ~ *fever* fiabhras goile

gastritis *n* gaistríteas

gate *n* geata

gate-crasher *n* stocaire

gather *n* cruinniú, clupaid *vt & i* bailigh, cruinnigh, cnuasaigh, pioc, bain, soláthair, *to* ~ *in the harvest* an fómhar a tharlú

gathered *a* cruinn, *(of cloth)* clupaideach

gathering *n* bailiúchán; tionól, cruinniú; cnuasach, baint; díolaim, *(of wound)* boirbeáil, tolgadh

gaudy *a* gairéadach, scéiniúil, taibhseach, spiagaí

gauge *n* tomhas; leithead, *(instrument)* tomhsaire, méadar *vt* tomhais; rianaigh

gaunt *a* lom, tarraingthe, creatach

gauntlet *n* iarndóid; lámhainn fhada, *to throw down the* ~ dúshlán a chur (faoi dhuine)

gauze *n* uige

gawky *a* amscaí, dúdach, gúngach

gay *a* aerach, aigeanta, meidhreach, suairc, barrúil, *to lead the* ~ *life* imeacht le haer an tsaoil

gaze *n* dearcadh, féachaint *vi, to* ~ *at* stánadh ar

gazelle *n* gasail

gazeteer *n* clár áiteanna

gear *n* culaith, trealamh, fearas, gléasra; giar

gel *vi* glóthaigh, téacht

gelatine *n* geilitín

geld *vt* coill, *to* ~ *a calf* gamhain a ghearradh

gelding *n* gearrán

gelignite *n* geilignít

gem *n* seoid, cloch luachmhar

Gemini *npl* an Cúpla

gender *n* inscne; cineál

gene *n* géin

genealogist *n* sloinnteoir

genealogy *n* ginealach, ginealas

general *n, (person)* ginearál *a* coiteann, ginearálta, forleathan, gnáth, *in* ~ *i* gcoitinne, ~ *election* olltoghchán

generality *n* coitinne, coitiantacht, ginearáltacht

generalization *n* ginearálú

generalize *vt & i, to* ~ *from sth* teoiric ghinearálta a bhaint as rud, *its use has been* ~*d* tá sé in úsáid go forleitheadach anois

generate *vt* gin

generation *n* giniúint; glúin, ginealach, líne

generator *n* gineadóir

generic *a* aicmeach, cineálach, géineasach

generosity *n* féile, flaithiúlacht, toirbheartas, fairsinge, fiúntas, mórchroí

generous *a* fial, flaithiúil, fiúntach, dóighiúil, dúthrachtach

Genesis *n* Geiniseas

genetic *a* géiniteach

genetics *n* géineolaíocht

genial *a* caoin, séimh; suáilceach, lách

genitals *npl* baill ghiniúna

genitive *n & a* ginideach

genius *n* ginias; bua, ardéirim, *(person)* saoi; duine sáréirimiúil

genocide *n* díothú cine
genteel *a* galánta, caoinbhéasach
gentile *n* & *a* gintlí
gentility *n* galántacht, uaisleacht; míne; dea-bhéasa
gentle *a* caoin, caomh, ceansa, mánla, mín, séimh, ~ *slope* fána réidh
gentleman *n* duine uasal
gentleness *n* caoine, caoimhe, ceansacht, mánlacht, modhúlacht, tlás
gentry *n, the* ~ na huaisle, na maithe móra
genuflect *vi* sléacht, umhlaigh
genuflection *n* umhlú, feacadh glúine, sléachtadh
genuine *a* dílis, dleathach, fíréanach, fíor-
genus *n* géineas, cineál, aicme
geographical *a* geografach
geography *n* tíreolaíocht, geografaíocht
geology *n* geolaíocht
geometric *a* céimseatúil, geoiméadrach
geometry *n* céimseata
Georgian *a* Seoirseach
geranium *n* geiréiniam
germ *n* frídín, ginidín, bitheog
germinate *vt* & *i* gin, péac
gestation *n* iompar (clainne)
gesticulate *vi* gotháil, *gesticulating* ag déanamh geáitsí, ag comharthaíocht
gesture *n* geáitse, gotha
get *vt* & *i* faigh, bain amach, *to* ~ *tired, hot* éirí tuirseach, te, ~ *ting cool* ag dul i bhfuaire, *I got thirsty* bhuail tart mé, *it can't be got* níl fáil air, níl sé ar fáil, *to* ~ *about* dul ó áit go háit, *to* ~ *across a river* abhainn a thrasnú; abhainn a chur díot, *to* ~ *sth measured* rud a fháil tomhaiste, rud a chur á thomhas, *to* ~ *away* imeacht, éalú, *don't let him* ~ *away with it* ná lig leis é, *to* ~ *back* dul ar gcúl; filleadh, *to* ~ *down* tuirlingt, *getting on for three o'clock* ag tarraingt ar a trí a chlog, *getting on well* ag tarraingt go maith (le chéile), *to* ~ *on* dul in airde ar; dul chun cinn, *to* ~ *over a sickness* tinneas a chur díot, *to* ~ *up* éirí, *to* ~ *the better of a person* duine a shárú, a bharraíocht, *to* ~ *out of control* imeacht ó smacht
geyser *n* géasar
ghastly *a* urghránna, uafásach, scanrúil
ghetto *n* geiteo
ghost *n* taibhse, scáil, sprid
ghostly *a* taibhsiúil
giant *n* fathach, arracht *a* mór-, ábhalmhór
gibberish *n* brilléis, gliogaireacht, gibiris
gibe *n* focal fonóide, goineog *vt* & *i, to* ~ *(at) a person* fonóid, magadh, a dhéanamh faoi dhuine
giblets *npl* gipis
giddiness *n* éadroime, meadhrán, mearbhall; éagantacht, giodam
giddy *a* meadhránach, mearbhlach; gogaideach, éaganta, éadrom, aertha, alluaiceach

gift *n* bronntanas, tabhartas, féirín; tíolacadh, bua, tallann
gifted *a* tréitheach, éirimiúil
gigantic *a* ábhalmhór
giggle *n* scige, sciotaíl *vi, to* ~ sciotaíl, scigireacht, a dhéanamh
gild *vt* óraigh
gill[1] *n* geolbhach; sprochaille
gill[2] *n* ceathrú pionta
gillie *n* giolla
gilt *n* órú *a* órnite
gilt-edged *a* órchiumhsach, ~ *securities* sárurrúis
gimlet *n* gimléad, ~ *eyes* súile bioracha
gin[1] *n* gaiste; unlas
gin[2] *n* biotáille Ghinéive
ginger *n* sinséar
gingerly *adv* go cáiréiseach
giraffe *n* sioráf
gird *vt* timpeallaigh, fáisc (umat, ort)
girder *n* cearchaill, giarsa
girdle *n* crios, sursaing *vt* crioslaigh
girl *n* cailín, girseach, gearrchaile
girth *n* giorta, tarrghad; coimpléasc; leithead
gist *n* éirim, brí
give *vt* & *i* tabhair; toirbhir, *to* ~ *a whistle, a shout* fead, gáir, a ligean, *to* ~ *a person away* sceitheadh ar dhuine, *to* ~ *in to* géilleadh do, *to* ~ *up* éirí as, géilleadh, ~ *over that bad habit* tréig an drochnós sin, ~*n to* ligthe ar, tugtha do, *to* ~ *out* tabhairt amach; dáil, roinn
giver *n* tabharthóir, bronntóir
gizzard *n* eagaois
glacial *a* oighreach
glacier *n* oighearshruth
glad *a* áthasach, lúcháireach, gliondrach, subhach, *you'll be* ~ *of it yet* tiocfaidh an lá ort a mbeidh tú buíoch de Dhia as, *I'm* ~ *it is done* is maith liom, tá áthas orm, go bhfuil sé déanta
gladden *vt, to* ~ *a person's heart* áthas, ríméad, a chur ar dhuine; croí duine a ghealadh
gladiator *n* gliaire
gladiolus *n* glaidiólas
gladly *adv* go fonnmhar, le fonn
gladness *n* áthas, gliondar, gile, lúcháir, subhachas
glamorous *a* luisiúil, mealltach, péacach
glance *n* sracfhéachaint, buille súl, spléachadh, silleadh, *at a* ~ ar leagan na súl *vi* scinn; sill, *to* ~ *at sth* sracfhéachaint a thabhairt ar rud, súil a chaitheamh ar rud
gland *n* faireog
glare *n* spalpadh (gréine), dallrú; scéin *vi, to* ~ *at a person* súil fhiata, súil nimhneach, a thabhairt ar dhuine
glaring *a*, (*of light, colour*) dallraitheach; scéiniúil, spiagaí, (*of fact, etc*) sofheicthe
glass *n* gloine *pl*, (*spectacles*) spéaclaí, gloiní *a*, ~ *case* cás gloine
glassy *a* gloiní

glaze n gléas vt & i gloinigh, glónraigh

glazier n gloineadóir

gleam n léas, drithle, gealán, scáil

glean vt & i conlaigh, diasraigh, deasc

gleaning n conlán, díolaim, tacar pl diasra, deascán, cnuasach, piocarsach

glee n gliondar, meidhir

glen n gleann

glib a geabanta, líofa

glide n sleamhnú, foluain vi snámh, snigh, scinn, sleamhnaigh

glider n faoileoir

glimmer n díogarnach (sholais), breacsholas, léas vi drithligh

glimpse n spléachadh

glint n drithle, faghairt vi glinnigh, drithligh

glistening n glioscarnach

glittering n glioscarnach a drithleach

gloaming n cróntráth, clapsholas

gloat vi, to ∼ over a person an bhinnbharraíocht a bheith agat ar dhuine

global a domhanda

globe n cruinneog, meall, (of lamp) gloine

globular a comhchruinn, cruinneogach

globule n cruinnín, súilín

gloom n dochma, duairceas, dubhachas, gruaim, smúit

gloomy a duairc, doilbhir, gruama, dubhach, néalmhar

glorify vt glóirigh, mór

glorious a glórmhar, ∼ weather aoibhneas, aimsir ghléigeal

glory n glóir vi, to ∼ in sth ollás a dhéanamh as rud, le rud

gloss[1] n gléas, snas vt snasaigh, to ∼ over sth (an) plána mín a chur ar rud

gloss[2] n gluais, sanas

glossary n gluais, sanasán

glossy a snasta, gléasta

glottis n glotas

glove n lámhainn, miotóg

glow n deirge, luisne, breo, gríos vi breoigh, luisnigh

glower vi, to ∼ at a person drochfhéachaint, súil fhiata, a thabhairt ar dhuine

glowing a dearg, luisniúil, caordhearg, breoch, gríosach

glow-worm n lampróg

glucose n glúcós

glue n gliú, glae vt gliúáil, his eyes were ∼ d to it bhí a shúile greamaithe ann

glum a gruama, duairc, dodach, púiciúil

glut n brúcht, anlucht vt anluchtaigh, to ∼ oneself with food brúcht a ithe, ceas a chur ort féin ag ithe

glutton n craosaire, suthaire

gluttonous a craosach

gnarled a cnapánach, dualach, fadharcánach

gnashing n díoscán (fiacla)

gnat n corrmhíol

gnaw vt & i cnaigh, creim

go n imeacht, dul; gó; gus, anam, to have a ∼ at sth tabhairt faoi rud, triail a bhaint as rud, iarraidh a thabhairt ar rud vi téigh, imigh, gabh, gluais, ∼ ing on ar siúl, to ∼ about sth cur chuig rud, it is ∼ ing to snow tá sneachta air, the young ones ∼ ing nowadays an t-aos óg atá suas anois

goad n brod, spor vt broid, prioc, ∼ ing one another ag sporadh ar a chéile

go-ahead a fiontrach, treallúsach

goal n sprioc, cuspóir, marc; (sport) cúl, báire

goalkeeper n cúl báire

goat n gabhar

goatee n meigeall

gobble[1] vt & i alp, slog, plac, gobbling ag slaimiceáil

gobble[2] vi, (of turkey, etc) gogail

go-between n teagmhálaí, idirghabhálaí

goblet n cuach

goblin n gruagach, bocánach

God n Dia

godchild n leanbh baistí, cara Críost

goddess n bandia

godfather n athair baistí, cara Críost

godless a aindiaga

godliness n diagantacht, cráifeacht

godly a diaga; diaganta, cráifeach

godmother n máthair bhaistí, cara Críost

godsend n éadáil, tíolacadh, cabhair ó Dhia

godspeed n, I wish you ∼ go soirbhí Dia duit

goggle vi, (of eyes) bolg, leath, he ∼ d with amazement sheas an dá shúil ina cheann

goggle-eyed a bolgshúileach

goggles npl gloiní cosanta

going n dul, imeacht, to get ∼ properly breith ar do ghreamanna

goitre n ainglis

gold n ór

goldcrest n cíorbhuí, dreoilín ceannbhuí

golden a órga, buí

goldfinch n lasair choille

goldfish n iasc órga

goldsmith n órcheardaí, gabha óir

golf n galf

golf-course n machaire gailf, galfchúrsa

golfer n galfaire

gombeenism n gaimbíneachas

gone adv ar shiúl, imithe

gong n gang

good n maith, maitheas, leas, tairbhe npl earraí, maoin, airnéis, for the ∼ of ar mhaithe le a maith, fónta, tairbheach, dea-, G ∼ Friday Aoine an Chéasta

good-bye n & int slán, beannacht (leat, agat), to bid ∼ to a person slán a chur le duine; slán a fhágáil ag duine; ceiliúradh de dhuine

good-for-nothing *n* spreasán (de dhuine) *a* spreasánta, beagmhaitheasach
good-looking *a* dathúil, dóighiúil
good-morning *n* & *int* mora duit (ar maidin); Dia duit
good-natured *n* nádúrtha, lách, oineachúil
goodness *n* maith, maitheas *int* a thiarcais! *for* ~ sake! i gcuntas Dé!
good-night *n* & *int* oíche mhaith; slán codlata
goodwill *n* dea-mhéin, dea-thoil, dúthracht; cáilmheas
goose *n* gé
gooseberry *n* spíonán
goose-flesh *n* cáithníní, driuch, fionnachrith
goose-grass *n* garbhlus
gore¹ *n* folracht, cró, fuil
gore² *vt* adharcáil, poll
gorge *n* craosán, scornach, ailt, *to make a person's* ~ *rise* cradhscal, masmas, a chur ar dhuine *vt* & *i* pulc, *to* ~ *oneself* craos a dhéanamh, forlíonadh a dhéanamh ort féin
gorgeous *a* taibhseach, suaithinseach, álainn
gorilla *n* goraille
gorse *n* aiteann
gory *a* crólinnteach, fuilteach
gosling *n* góislín, éan gé
gospel *n* soiscéal
gossamer *n* téada an phúca, bréidíní *a* tanaí, éadrom, sreabhach
gossip *n*, (*person*) cara Críost; cardálaí, cúlchainteoir; (*talk*) béadán, cadráil, luaidreán, míghreann, cúlchaint *vi*, *to* ~ *about a person* bheith ag cúlchaint ar dhuine
gossipy *a* cluinteach
Gothic *a* Gotach
gourmet *n* eolaí bia agus dí, beadaí
gout *n* gúta
govern *vt* rialaigh, stiúir, smachtaigh
government *n* rialtas; rialú
governor *n* gobharnóir
gown *n* gúna, fallaing
grab *n* sciob, glám *vt* & *i* cúbláil, sciob, glám, *to* ~ *at sth* áladh a thabhairt ar rud, glám a thabhairt faoi rud, *to* ~ *at a chance* do dheis a thapú
grabber *n* cúblálaí, grabálaí
grace *n* grásta; spéiriúlacht, *in the state of* ~ ar staid na ngrást, ~ *before meals* altú roimh bhia, *days of* ~ laethanta breise, *a year's* ~ spás, cairde, bliana *vt* maisigh, breáthaigh
graceful *a* mómhar; ealaíonta, seolta, spéiriúil
gracious *a* grástúil, mánla
gradation *n* réimniú, grádú
grade *n* grád, céim, rang; grádán *vt* rangaigh, céimnigh, réimnigh, grádaigh
gradient *n* grádán
gradual *a* céimseach, ~ *ly* de réir a chéile, diaidh ar ndiaidh

graduate *n* céimí *vt* & *i* grádaigh, céimnigh, *to* ~ (*from university*) céim a bhaint amach
graduation *n*, (*of student*) baint amach céime; bronnadh céime; céimniú
graft¹ *n* beangán, nódú *vt* nódaigh
graft² *n* cúbláil, breabaireacht
grain *n* gráinne; arbhar, grán; snáithe, *against the* ~ in aghaidh dula, in aghaidh stoith *vt* gráinnigh
graip *n* graeipe
gram *n* gram
grammar *n* gramadach; graiméar
grammatical *a* gramadúil
gramophone *n* gramafón
granary *n* gráinseach
grand *a* mór; breá; galánta, ardnósach
grandad *n* daideo
grandchildren *npl* clann clainne
grand-daughter *n* gariníon
grandeur *n* maorgacht, uaisleacht
grandfather *n* seanathair, athair mór, athair críonna
grandma *n* mamó, móraí
grandmother *n* seanmháthair, máthair mhór, máthair chríonna
grandson *n* garmhac
grandstand *n* (an) seastán mór
granite *n* eibhear
granny *n* mamó, móraí
grant *n* deonú, bronnadh, lamháil, tíolacadh; deontas *vt* deonaigh, tabhair, lamháil, bronn, *to take sth for* ~*ed* talamh slán, dóigh, a dhéanamh de rud, ~*ed you saw her* bíodh is go bhfaca tú í
granulate *vt* & *i* gránaigh
granulated *a* gráinneach
grape *n* fíonchaor, caor fíniúna
grapefruit *n* seadóg
graph *n* & *vt* & *i* graf
grapnel *n* graiféad
grapple *vt* & *i*, ~ *with* láimhsigh, greamaigh, *to* ~ *with sth* dul i ngleic, ag coraíocht, le rud
grasp *n* greim, glac; tuiscint *vt* & *i* forghabh, glac, greamaigh, *to* ~ *an opportunity* do dheis a thapú
grasping *a* greamaitheach; docht (faoi airgead), santach
grass *n* féar
grasshopper *n* dreoilín teaspaigh
grasslands *npl* féarthailte
grassy *a* féarmhar
grate¹ *n* gráta
grate² *vt* & *i* grátáil; adhain, scríob; díosc
grateful *a* buíoch
grater *n* scríobán, *cheese* ~ grátálaí cáise
gratification *n* sásamh
gratify *vt* sásaigh
grating¹ *n* grátáil, gril

grating² *n* díoscán *a* díoscánach

gratis *a* & *adv* in aisce, saor

gratitude *n* buíochas

gratuitous *a* saor, in aisce, ~ *insult* masla gan tuilleamh

gratuity *n* deolchaire, síneadh láimhe; luach dráir

grave¹ *n* uaigh, feart, leacht, *in the* ~ san úir, ag tabhairt an fhéir, faoin bhfód

grave² *a* tromchúiseach, tromaí

gravel *n* gairbhéal, grean

graven *a* greanta

gravestone *n* leac uaighe

graveyard *n* reilig

gravitate *vi* imtharraing (ar *towards*, timpeall *around*), *to* ~ *towards a person* druidim i dtreo duine

gravitation *n* domhantarraingt, imtharraingt; tarraingt

gravity *n* tromchúis; imtharraingt, domhantarraingt, *centre of* ~ meáchanlár

gravy *n* súlach

graze¹ *vt* & *i*, *to put cattle out to* ~ beithígh a chur ar féarach, *grazing the fields* ag ithe na bpáirceanna

graze² *vt* & *i* scríob, gránaigh

grazier *n* grásaeir

grazing *n* innilt, iníor; féarach

grease *n* smearadh, gréisc, bealadh, olar *vt* smear, bealaigh, gréisc

grease-paint *n* gréisclí

greaseproof *a* gréiscdhíonach

greasy *a* gréisceach, bealaithe, olartha

great *a* mór, ábhalmhór, éifeachtach, mór-, oll-, *a* ~ *game* an-chluiche

great-aunt *n* seanaintín

greatcoat *n* cóta mór

great-grandfather *n* sin-seanathair, garathair

grebe *n* foitheach, *little* ~ laipirín

greed *n* saint, cíocras, ampla, airc

greedy *a* santach, cíocrach, amplach, ~ *eater* alpaire, craosaire

green¹ *n* báinseach, plásóg, faiche, réileán

green² *n* & *a* glas, uaine; núiosach

greengage *n* glasphluma

greengrocer *n*, ~*'s shop* siopa glasraí

greenhorn *n* núiosach

greenhouse *n* teach gloine

greet *vt* beannaigh (do)

greeting *n* beannú, beannacht, ceiliúr

gregarious *a* tréadúil, caidreamhach

Gregorian *a* Greagórach, ~ *chant* cantaireacht eaglasta

grenade *n* gránáid

grenadier *n* gránádóir

grey *n* glas, liath *a* glas, liath, brocach

greyhound *n* cú

grid *n* greille, eangach

griddle *n* grideall

grief *n* brón, dobrón, léan, méala, danaid

grievance *n* ábhar gearáin, casaoid

grieve *vt* & *i* buair, goill (ar), cráigh, *don't* ~ *over that* ná cuireadh sin buairt, mairg, ort; ná bíodh rud ort faoi

grievous *a* danaideach, léanmhar; trom

grill *n* greille; gríl; gríoscadh, gríscín *vt* & *i* grioll, gríosc

grille *n* grátáil, greille

grillroom *n* gríosclann

grilse *n* griolsa, maighreán

grim *a* dúr, dúranta, duaiseach

grimace *n* grainc, gramhas, strabhas, scaimh *vi*, *to* ~ cár, draid, gramhas, strainc, a chur ort féin

grime *n* smúr, smúit

grimy *a* brocach, smúrach, crosach

grin *n* straois, gramhas, draidgháire, drannadh *vi* drann, *to* ~ cár, straois, a chur ort féin; draidgháire a dhéanamh

grind *n* tiaráil, fuirseadh *vt* & *i* líomh; meil, cogain, *to* ~ *one's teeth* díoscán a bhaint as do chuid fiacla

grinder *n* meilteoir

grindstone *n* cloch fhaobhair, cloch líofa, *he has his nose to the* ~ tá sé faoi dhaoirse na gcorr

grip *n* greim; doirnín, *in the* ~ *of a cold* gafa ag slaghdán, *to come to* ~*s with a person* dul i ngleic le duine, breith isteach ar dhuine *vt* & *i* greamaigh, fostaigh

gripes *npl* coiliceam, treighid *vt* & *i*, *to gripe a person* coiliceam, treighid, a chur ar dhuine, *to gripe (at sth)* bheith ag síorchasaoid, ag canrán, (faoi rud)

gripping *a* greamaitheach

grisly *a* arrachtach, anchúinseach, scanrúil

grist *n* bleathach, *bringing* ~ *to one's own mill*, ag cur abhrais ar do choigeal féin, ag tochras ar do cheirtlín féin

gristle *n* loingeán

grit *n* grean, smúdar; gus, sracadh

grizzled *a* bricliath

groan *n* cnead, ochlán, osna *vi* éagnaigh, cnead

grocer *n* grósaeir

grocery *n* grósaeireacht

grog *n* grag

groggy *a* barrthuisleach, *I felt* ~ bhí na cosa ag tabhairt fúm, bhí na hioscaidí ag lúbadh fúm

groin *n* bléin

groom *n* eachaire, grúmaeir; grúm, an fear óg

grooming *n* piocthacht; grúmaeireacht

groomsman *n* finné fir, vaidhtéir

groove *n* clais, eang, eitre, feire *vt* clasaigh, eitrigh

grope *vt* & *i*, *groping* ag smúrthacht, ag útamáil, ag méaraíocht, ag dornásc, *groping one's way along* ag brath (na slí) romhat

gross *n* grósa *a* otair; garbh, brúidiúlach, ~ *profit* ollbhrabús, ~ *ignorance* dubh-ainbhios, ~ *national product* olltáirgeacht náisiúnta

grotesque *n* arracht, torathar *a* anchúinseach, ainspianta, ~ *appearance* cuma shonraíoch

grotto *n* uaimh

ground[1] *n* talamh, lár; foras, *to stand one's* ~ an fód a sheasamh, *there are* ~*s for supposing that* tá bunús leis an tuairim go *vt & i* fódaigh, suigh, *to be well*~*ed in a subject* buneolas maith ar ábhar a bheith agat

ground[2] *a* greanta; líofa, ~ *rice* rís mheilte

groundsel *n* grúnlas

group *n* gasra, dream, drong, grúpa *vt & i* grúpáil, rangaigh, cruinnigh

grouse[1] *n* cearc fhraoigh

grouse[2] *n* cnáimhseáil, canrán *vi* gearán, *to* ~ cnáimhseáil a dhéanamh

grove *n* garrán, doire

grovel *vi* lútáil

grow *vt & i* fás, méadaigh, borr, *to* ~ *big* éirí mór, *when she grew up* nuair a tháinig ann di, nuair a tháinig sí i méadaíocht, *to* ~ *worse, strong* dul i ndonas, i neart

growl *n* dorr, grúscán, drantán *vi* drantaigh

grown-up *n* duine fásta *a* críonna, fásta

growth *n* fás, forás, forbairt, borradh, méadú

grub *n* cruimh

grub-axe *n* grafán

grubby *a* smeartha, brocach

grudge *n* fala, faltanas, olc *vt, to* ~ *a person sth* rud a mhaíomh ar dhuine, rud a thnúth do dhuine

grudgingly *adv* go doicheallach

gruel *n* praiseach, brachán lom

gruff *a* gairgeach, giorraisc, dorrga, grusach

grumble *n* clamhsán, cnáimhseáil, ceasacht, casaoid *vi* ceasnaigh, gearán, *to* ~ casaoid, clamhsán, canrán, a dhéanamh

grumbler *n* cnáimhseálaí, clamhsánaí

grumpy *a* cantalach

grunt *n* gnúsacht, griotháil *vi* griotháil, ~*ing* ag gnúsachtach

guarantee *n* barántas, urra, ráthaíocht, slánaíocht *vt* ráthaigh, *I'll* ~ *you he was there* gabhaim orm go raibh sé ann

guarantor *n* urra

guard *n* garda, cosaint, faire, *to put a person on his* ~ (*against sth*) duine a chur ar a fhaichill (ar rud), *to take a person off* ~ duine a fháil ar faill *vt & i* gardáil, coimhéad, cosain, *to* ~ *oneself against sth* tú féin a sheachaint, a fhaichill, ar rud

guarded *a* faichilleach, cúramach, ~ *answer* freagra seachantach

guardian *n* caomhnóir, coimirceoir

guerilla *n* treallchogaí, guairille *a* guairilleach, ~ *warfare* treallchogaíocht

guess *n* tomhas, *random* ~ buille faoi thuairim, *have a* ~ caith do chrann tomhais *vt & i* tomhais, tuairimigh

guess-work *n* tuairimíocht

guest *n* aoi, *to be someone's invited* ~ bheith ar cuireadh ag duine

guest-house *n* teach aíochta, aíochtlann

guffaw *n* scolgháire, scairt gháire *vi, to* ~ scolfairt a dhéanamh, scairt gháire a ligean asat

guidance *n* treoir, stiúradh, giollacht

guide *n* treoraí, ceannaire; treoir; eolaí, *girl* ~ banóglach *vt* treoraigh, dírigh, giollaigh, stiúir

guild *n* cuallacht, gild

guile *n* cealg, meang, lúbaireacht, calaois

guileless *a* soineanta; ionraic, macánta

guillemot *n* foracha

guillotine *n* gilitín

guilt *n* ciontacht

guilty *a* ciontach, coireach

guinea *n* gine

guinea-hen *n* cearc ghuine

guinea-pig *n* muc ghuine

guise *n* riocht, gné

guitar *n* giotár

gulf *n* murascaill

gull *n* faoileán, *black-backed* ~ droimneach, *black-headed* ~ sléibhín *vt, to* ~ *a person* bob a bhualadh ar dhuine

gullet *n* craos, píobán réidh; slogaide

gullible *a* boigéiseach, saonta, mothaolach

gully *n* feadán, clais; lintéar

gulp *n* slog(óg) *vt & i* slog, *he* ~*ed* tháinig tocht air

gum[1] *n* drandal, carball

gum[2] *n* guma; sram (i súil) *vt & i* greamaigh, sram, ramhraigh

gumboil *n* liag dhrandail

gumption *n* ciall, meabhraíocht; spriolladh, gus

gun *n* gunna

gun-fire *n* lámhach, scaoileadh gunnaí

gunner *n* gunnadóir

gunwale *n* gunail, béalbhach, slat bhéil, slat bhoird

gurgle *n* glothar, glugar *vi, gurgling* ag plobarnach

gush *n* caise, scaird, steall, sconna *vi* scaird, scinn, séid

gushing *a,* (*of water*) caiseach, scairdeach, (*of person*) scailéathanach, maoithneach

gusset *n* asclán, eang, guiséad

gust *n* séideán, síob, siota, *great* ~*s of wind* réablacha gaoithe

gusto *n, to do sth with* ~ rud a dhéanamh le fonn, le flosc

gut *n* inne, putóg, stéig *vt, to* ~ *sth* an t-ionathar a bhaint as rud

gutta-percha *n* guma peirce

gutter *n* gáitéar, clais, lintéar

guttersnipe *n* maidrín lathaí

guttural *a* scornúil

guy[1] *n* fear bréige, (*of person*) ceann, diúlach *vt, to* ~ *a person* fonóid, magadh, a dhéanamh faoi dhuine

guy² *n* cuibhreach *vt* cuibhrigh
guzzle *vt & i* plac, alp, slog, *guzzling* ag suthaireacht
gymnasium *n* giomnáisiam
gymnast *n* gleacaí

gymnastics *n* gleacaíocht
gynaecologist *n* lia ban
gypsum *n* gipseam
gypsy *n* giofóg
gyrate *vi* cas, rothlaigh

H

haberdashery *n* mionéadach, mionearraí
habit *n* béas, cleachtadh, gnás, nós; aibíd
habitable *a* ináitrithe
habitat *n* gnáthóg
habitation *n* teach, áitreabh, áras
habitual *a* gnách, rialta, *past* ~ *tense* aimsir ghnáthchaite
habitué *n* gnáthóir, taithitheoir
hack¹ *n*, (*of person*) úspaire, tiarálaí
hack² *vt & i* ciorraigh, leadair, ~ *ing* ag spreotáil
hackle *n*, *his* ~ *s are up* tá cochall, ribe, círín troda, air
hackneyed *a* seanchaite
hacksaw *n* sábh miotail
haddock *n* cadóg
haemophilia *n* haemaifilia
haemorrhage *n* rith fola
haemorrhoids *npl* fíocas
haft *n* cos, feirc, urla
hag *n* cailleach
haggard¹ *n* iothlainn
haggard² *a* snoite, tarraingthe
haggle *vi*, *haggling over the price of sth* ag margáil, ag ocastóireacht, ag stangaireacht, faoi phraghas ruda
hagiography *n* naomhsheanchas
hail¹ *n* cloch shneachta *vi*, *it's* ~ *ing* tá sé ag cur cloch sneachta
hail² *n*, *the Hail Mary* an tÁivé Máiria *vt* glaoigh ar, scairt le
hailstone *n* cloch shneachta
hair *n* clúmh, fionnadh; folt, gruaig, (*single*) ~ ribe
hairdresser *n* gruagaire
hairdressing *n* bearbóireacht, gruagaireacht
hairy *a* clúmhach, fionnaitheach, gruagach, ribeach
hake *n* colmóir
halberd *n* halbard
hale *a* breabhsánta, seamhrach, bagánta, folláin
half *n & a* leath, ~ *day* leathlá, *an hour and a* ~ uair go leith
half-back *n* leathchúlaí
half-forward *n* leath-thosaí
half-one *n*, (*of spirits*) leathcheann
half-wit *n* leathdhuine, leathcheann
halibut *n* haileabó

hall *n* halla
hallmark *n* sainmharc
hallowed *a* beannaithe, naofa
Halloween *n* Oíche Shamhna
hallucination *n* mearú súl, speabhraíd
halo *n* lios, fáinne, luan, *there is a* ~ *round the moon* tá garraí, bogha, ar an ngealach
halt *n & vt & i* stad, stop *a* bacach
halter *n* adhastar, ceanrach
halve *vt, to* ~ *sth* dhá leath a dhéanamh de rud; rud a bhriseadh, a roinnt, ina dhá leath
halyard *n* háilléar
ham *n* liamhás; más
hamburger *n* martbhorgaire
hamlet *n* gráig
hammer *n* casúr, ord, ceapord *vt & i* tuargain, buail, gread
hammock *n* ámóg, leaba luascáin
hamper¹ *n* cis, amparán
hamper² *vt* bac
hamstring *vt* speir
hand *n* lámh, crobh, glac, *clapping* ~ *s* ag bualadh bos *vt* seachaid, toirbhir, *to* ~ *sth to a person* rud a shíneadh chuig duine, rud a thabhairt do dhuine
hand-bag *n* mála láimhe
handball *n* liathróid láimhe
handbook *n* lámhleabhar
hand-clasp *n* greim láimhe
handcuffs *npl* dornaisc, glais lámh
handful *n* bos(lach), dornán, glac, mám, crág, slám
handicap *n* cis *vt* cis, cuir cis ar
handicapped *a*, ~ *child* páiste éislinneach
handicraft *n* lámhcheird
handkerchief *n* ciarsúr; naipcín póca
handle *n* cluas, cos, lámh, doirnín, sáfach, hanla *vt* ionramháil, láimhseáil, láimhsigh, ainligh
handler *n* lámhadóir
handling *n* ionramháil; glacaireacht, láimhdeachas
handsome *a* dóighiúil, dathúil, breá, feiceálach, ~ *woman* stuaire (mná)
handwoven *a* lámhfhite
handwriting *n* scríbhneoireacht, *I recognised her* ~ d'aithin mé a lámh
handy *a* acrach, áiseach, áisiúil, sásta, deaslámhach

hang *n*, *to get the* ~ *of sth* teacht isteach ar rud *vt & i* croch, ~*ing on the wall* ar crochadh ar an mballa, *he hung his head* chrom sé a cheann, *her hair* ~*ing down her back* a cuid gruaige siar síos léi, ag sileadh lena droim, ~*ing around* ag fáinneáil timpeall
hangar *n* haingear
hanger *n* crochadán, croch
hanger-on *n* baoiteálaí, stocaire, *pl* cosmhuintir
hangman *n* crochadóir
hangover *n* póit
hank *n* íorna, giomhán, rothán
hankering *n*, *a* ~ *after sth* caitheamh i ndiaidh ruda, dúil i rud
haphazard *a* fánach
happen *vi* tarlaigh, teagmhaigh, *what* ~*ed* cad a thit amach, *what* ~*ed to him* cad a bhain dó, cad a d'éirigh dó, cad a d'imigh air, *if I* ~ *to be there again* má chastar ann arís mé
happiness *n* séan, sonas, suáilceas
happy *a* séanmhar, sona, sonasach, meidhreach
harass *vt* ciap, cráigh
harassment *n* ciapadh, cluicheadh, crá
harbinger *n* réamhtheachtaire
harbour *n* calafort, caladh, cuan, port *vt* caomhnaigh, *to* ~ *revenge* díoltas a chothú
hard *a* crua, dian, docht, dúr; deacair, doiligh; cadránta, ~ *cash* airgead tirim
harden *vt & i* cruaigh, cranraigh, scarbháil, stalc, stolp, *to* ~ *one's heart* do chroí a chúngú, a dhúnadh
hardly *adv* ar éigean, *he is* ~ *likely to do it* is beag an baol air é a dhéanamh, *I* ~ *believe it* is olc a chreidim é
hardness *n* cruas, déine; doichte
hardship *n* anró, cruatan, deacair, dochma
hardware *n* crua-earraí, iarnra
hard-wearing *a* dochaite, *that cloth is* ~ tá caitheamh maith san éadach sin
hard-working *a* dícheallach, saothrach
hardy *a* crua, cróga, miotalach; cuisneach
hare *n* giorria, míol buí
hare-lip *n* bearna mhíl, gnás, séanas
hark *vi*, *to* ~ *back to sth* teacht ar ais ar rud
harlot *n* meirdreach, striapach
harm *n* damáiste, díobháil, urchóid, dochar, olc, aimhleas, *it is no* ~ *to say* ní miste a rá (go) *vt* máchailigh, *to* ~ *sth* díobháil, dochar, a dhéanamh do rud
harmful *a* díobhálach, dochrach, aimhleasach, olc, urchóideach
harmless *a* neamhurchóideach
harmonic *a* armónach
harmonious *a* oirfideach, siansach; sítheach
harmonium *n* armóin
harmonize *vt & i* armónaigh, *to* ~ *with sth* teacht, cur, réiteach, le rud

harmony *n* armóin, comhcheol; teacht le chéile, comhréiteach
harness *n* táclaí, úim *vt* gléas, úim
harp *n* cláirseach, cruit *vi* seinn ar chláirseach, *to* ~ *on sth* seamsán a dhéanamh de rud
harpist *n* cláirseoir, cruitire
harpoon *n* muirgha, harpún
harrier *n* gadhar fiaigh
harrow *n* bráca, cliath fhuirste *vt & i* fuirsigh
harrowing *a* coscrach, léanmhar
harsh *a* gairgeach, garbh, garg; trom, ~ *weather* garbhshíon
harvest *n* fómhar, *to do the* ~ *work* an fómhar a dhéanamh *vt & i* bain, sábháil
hash *n*, *to make a* ~ *of sth* praiseach a dhéanamh de rud
hashish *n* haisis
hasp *n* haspa, lúbán
haste *n* deabhadh, deifir, dithneas, driopás
hasten *vt & i* brostaigh, deifrigh, luathaigh
hasty *a* araiciseach, grodfhoclach, luathintinneach, teasaí, tobann, ~ *deed* gníomh grod
hat *n* hata
hatch¹ *n* haiste
hatch² *vt & i* gor, *to* ~ *eggs* gor a dhéanamh ar uibheacha, ~*ing a plot* ag cothú ceilge, ~*ing from an egg* ag teacht as ubh
hatchery *n* gorlann
hatchet *n* tua, *let us bury the* ~ caithimis an chloch as ár muinchille
hate *n* fuath, gráin *vt* fuathaigh, gráinigh, tabhair fuath do
hateful *a* fuafar, gráiniúil
hatred *n* fuath, gráin, mioscais
haughty *a* uaibhreach, móiréiseach, toirtéiseach, teidealach
haul *n* tarraingt, ~ *of fish* cor éisc *vt* tarlaigh, tarraing, *to* ~ *in a sail* seol a lomadh
haulage *n* iompar, carraeireacht, tarlú
haunch *n* ceathrú, gorún, leis
haunt *n* gnás, gnáthóg *vt* gnáthaigh, lonnaigh, taithigh
haunted *a*, ~ *house* teach siúil
have *vt*, *I* ~ *it* tá sé agam, *to* ~ *a meal* béile a chaitheamh, tráth bia a dhéanamh, *I don't* ~ *to work* níl orm obair a dhéanamh, *he had to go* b'éigean dó imeacht *aux vb*, *you* ~ *arrived* tháinig tú, tá tú tagtha, *she had gone by the time I arrived* bhí sí imithe faoi ar tháinig mise
haversack *n* mála lóin
havoc *n* ár, millteanas, eirleach, sléacht, *he will wreak* ~ déanfaidh sé gríosach
haw *n* sceachóir
hawk *n* seabhac
hawker *n* mangaire
hawthorn *n* sceach (gheal)
hay *n* féar (tirim), ~ *fever* slaghdán teaspaigh
hazard *n* baol, contúirt, guais

hazardous *a* baolach, contúirteach, guaiseach

haze *n* ceo, ceobhrán, *heat* ~ ceo bruithne, ró samh

hazel *n* coll

hazelnut *n* cnó coill, cnó gaelach

hazy *a* smúránta; doiléir, ~ *recollection* meathchuimhne, mearchuimhne

he *pron* sé, seisean; é, eisean, ~ *came* tháinig sé, ~ *was beaten* buaileadh é, ~ *is a doctor* is dochtúir é, ~ *who knows* an té a bhfuil a fhios aige

head *n* ceann, cloigeann; uachtarán, ~ *of cabbage* tor cabáiste, ~ *of hair* cúl (gruaige), folt (gruaige), *at the* ~ *of the men* ar cheann na bhfear *a,* ~ *office* príomhoifig *vt, to* ~ *off a cow* bó a cheapadh, *to* ~ *the list* bheith ar bharr an liosta, ~*ing for the fair* ag tarraingt ar an aonach, *to* ~ *for a place* déanamh, díriú, ar áit

headache *n* tinneas cinn

head-gear *n* ceannbheart

heading *n* ceannteideal

headland *n* ceann tíre, rinn; cinnfhearann

headlight *n* ceannsolas

headline *n* ceannlíne

headlong *adv* ceann ar aghaidh, *he fell* ~ thit sé i ndiaidh a chinn

headmaster *n* ardmháistir

headmistress *n* ardmháistreás

headquarters *npl* ceannáras, ceanncheathrú

headscarf, head-square *n* binneog, caifirín

headstone *n* cloch chinn, liag

headstrong *a* ceanndána, ardintinneach, dalba

heal *vt & i* cneasaigh, íoc, leigheas, slánaigh

health *n* sláinte, folláine

healthy *a* folláin, sláintiúil, slán

heap *n* carn, cnap, cual, cnocán, moll, ~*s of money* na múrtha airgid *vt* carn, cnap

hear *vt & i* cluin, clois, airigh, mothaigh, *to* ~ *confession* faoistin a éisteacht, a thabhairt

hearer *n* éisteoir

hearing *n* éisteacht, cloisteáil, cluinstin, clos

hearsay *n* clostrácht, scéal scéil

hearse *n* cóiste na marbh, eileatram

heart *n* croí; hart, *take* ~ glac misneach, *off by* ~ de ghlanmheabhair

heart-broken *a* croíbhriste

heartburn *n* daigh chroí

hearten *vt* misnigh, *to* ~ *a person* a chroí a thabhairt do dhuine

hearth *n* teallach, tinteán

heartrending *a* coscrach

heart-scald *n* crá croí, greadadh croí

hearty *a* croíúil; seamhrach, bagánta, breabhsánta, ~ *welcome* fíorchaoin fáilte

heat *n* teas; bruithean, brothall, teocht; éastras, dáir, láth, adhall *vt & i* téigh, breoigh, gor

heated *a* téite, ~ *arguments* argóintí teasaí

heater *n* téitheoir

heath *n* fraoch; móin, móinteach

heathen *n* págánach *a* págánta

heather *n* fraoch

heating *n* téamh, *central* ~ téamh lárnach

heat-wave *n* tonn teasa, tonn teaspaigh

heave *n* tarraingt, urróg *vt & i* caith, tarraing, teilg; at, bolg, *to* ~ *a sigh* osna a ligean

heaven *n* neamh, na flaithis

heavenly *a* neamhaí; aoibhinn, ~ *body* rinn neimhe

heavy *a* trom, ~ *work* obair mhaslach, ~ *with sleep* marbh le codladh

heavyweight *n* trom-mheáchan

heckle *vt & i* trasnaigh

hectare *n* heicteár

hectogram *n* heicteagram

hectometre *n* heictiméadar

hedge *n* fál *vt & i, to* ~ *in a piece of ground* cuibhreann talaimh a fhálú, *to* ~ *about sth* dul ar chúl scéithe le rud

hedgehog *n* gráinneog

hedge-school *n* scoil ghairid, scoil scairte

hedge-sparrow *n* donnóg

hedonism *n* héadónachas

heed *n* aird, aire *vt, don't* ~ *him* ná tabhair aird air, ná héist leis

heedless *a* neamhairdiúil, neamh-aireach

heel *n* sáil

hefty *a* scafánta, urrúnta

he-goat *n* pocán

heifer *n* bearach, seafaid, bodóg

height *n* airde; ard, *at the* ~ *of his career* i mbarr a réime

heighten *vt* ardaigh, *to* ~ *colour* dath a aibhsiú

heinous *a* gráiniúil, uafásach

heir *n* comharba, oidhre

heirloom *n* séad fine

helicopter *n* héileacaptar

hell *n* ifreann, *to* ~ *with them* bíodh an diabhal acu

hellish *a* ifreanda

helm *n* halmadóir, *to be at the* ~ bheith ar an stiúir

helmet *n* cafarr, clogad, ceannbheart

helmsman *n* fear stiúrach

help *n* cabhair, cuidiú, cúnamh, fóirithint *vt* cabhraigh le, cuidigh le, fóir ar, *I can't* ~ *it* níl neart agam air, *God* ~ *us* go bhfóire Dia orainn, chí Dia sinn

helper *n* cuiditheoir, cúntóir

helpful *a* cabhrach, cuidiúil, cúntach

helpless *a* dímríoch, éidreorach, ~ *little creature* créatúr beag fágtha

hem *n* fáithim *vt, to* ~ *cloth* fáithim a chur le héadach, *to* ~ *a person in* duine a theanntú, a sháinniú

hemisphere *n* leathchruinne, leathsféar

hemline *n* fáithimlíne

hemp *n* cnáib

hen *n* cearc
hence *adv* as seo, *a year* ~ bliain ó inniu
henceforth *adv* as seo amach, feasta
hen-harrier *n* cromán na gcearc
heptagon *n* heipteagán
her *poss a,* ~ *head* a ceann, ~ *father* a hathair, ~ *hair* a cuid gruaige, ~ *town* an baile seo aicise *pron* í, ise, *with* ~ léi, *without* ~ gan í, *against* ~ ina coinne, *the likes of* ~ a leithéid(í) *praising* ~ á moladh
herald *n* aralt, bolscaire
heraldry *n* araltas
herb *n* luibh, lus
herbaceous *a* luibheach, lusach
herbage *n* luibhre, lusra
herbalist *n* luibheolaí
herbivorous *a* luibhiteach
herd *n* sealbhán, tréad; cuingir; slua, *common* ~ daoscarshlua *vt* aoirigh, ~ *ing cows* ag buachailleacht bó
herdsman *n* aoire, tréadaí
here *adv* anseo; abhus, *from* ~ *to Derry* ó, as, seo go Doire, ~ *he comes* seo chugainn é
hereditary *a* dúchasach, oidhreachtúil, ~ *right* dúchas, ~ *land* dúiche; tír dhúchais
heredity *n* dúchas, oidhreacht
heresy *n* eiriceacht
heretic *n* eiriceach
heretical *a* eiriciúil
heritage *n* oidhreacht; dúchas
hermetic *a* heirméiteach
hermit *n* díthreabhach, aonarán
hermitage *n* díseart, díthreabh
hernia *n* maidhm sheicne
hero *n* curadh, gaiscíoch, laoch
heroic *a* curata, cróga, gaisciúil, laochta
heroin *n* hearóin
heroine *n* banlaoch
heroism *n* crógacht, curatacht, gaisciúlacht, laochas
heron *n* corr éisc
herpes *n* deir
herring *n* scadán
hers *pron, it is* ~ is léi é, *that one is* ~ sin é a ceannsa; is léise an ceann sin, *a friend of* ~ cara léi, di, dá cuid, *that son of* ~ an mac sin aici
herself *pron* ise; sí, í, féin; bean an tí, *feeding* ~, á cothú féin
hesitant *a* éideimhin, stadach
hesitate *vi* moilligh, *to* ~ bheith idir dhá chomhairle, bheith i ngalar na gcás
heterogeneous *a* ilchineálach, ilghnéitheach
hew *vt* gearr, snoigh, teasc
hewer *n* tuadóir
hexagon *n* heicseagán
hibernate *vi* geimhrigh
hibernation *n* geimhriú
hiccup *n* fail, snag

hickory *n* hicearaí
hidden *a* folaitheach, faoi cheilt, i bhfolach
hide[1] *n* craiceann, seithe; leathar
hide[2] *vt & i* ceil, folaigh, cuir i bhfolach, téigh i bhfolach
hide-and-seek *n* folach bíog, folach cruach
hide-bound *a* cúng
hideous *a* fuafar, urghránna, míofar
hierarchy *n* cliarlathas
high *a* ard, *a foot* ~ troigh ar airde, ~ *speed* mórluas, ~ *pressure* ardbhrú, ~ *colour* dath aibhseach, ~ *tide* lán mara, barr taoide, *in* ~ *spirits* lán d'anam, *it is* ~ *time for me to go* is mithid dom imeacht, *he has a* ~ *opinion of himself* tá sé mór as féin
highland *n* ardchríoch, *H* ~ *s of Scotland* Garbhchríocha na hAlban
highlight *n* cuid suntais *vt, to* ~ *sth* suntas a tharraingt ar rud
highness *n, his H* ~ a Mhórgacht
high-pitched *a* callánach, géar, ~ *note* scol
high-spirited *a* aigeanta, anamúil, meanmnach, spridiúil
highway *n* mórbhealach, bóthar mór, ~ *robbery* éirí slí
highwayman *n* ropaire (bóthair)
hijack *vt* fuadaigh
hijacker *n* fuadaitheoir
hiking *n* fánaíocht, siúl de chois
hilarious *a* scléipeach, gleoiréiseach
hilarity *n* scléip, meidhir
hill *n* cnoc, tulach
hillclimbing *n* cnocadóireacht
hillock *n* cnocán, tulán, mullán, ard, maoileann
hilly *a* cnocánach
hilt *n* dornchla, feirc
him *pron* é, eisean, *with* ~ leis, *without* ~ gan é, *against* ~ ina choinne, *the likes of* ~ a leithéid(í), *beating* ~ á bhualadh
himself *pron* eisean; sé, é, féin; fear an tí, *feeding* ~ á chothú féin
hind[1] *a,* ~ *legs* cosa deiridh
hind[2] *n* eilit
hinder *vt* bac, toirmisc, coisc, *to* ~ *a person from doing sth* rud a bhacadh ar dhuine
hindquarters *npl* tiarach, tóin
hindrance *n* bac, cosc, éaradh, moill
hindsight *n* iarghaois
hinge *n* inse, lúdrach, tuisle *vi, to* ~ *on sth* bheith ag brath ar rud éigin
hinny *n* ráineach
hint *n* leid, nod, leathfhocal, *the slightest* ~ gaoth an fhocail *vi, to* ~ *to a person that* leid a thabhairt do dhuine go
hinterland *n* cúlchríoch
hip[1] *n* cromán, corróg
hip[2] *n* mogóir
hippodrome *n* hipeadróm

hippopotamus *n* dobhareach
hire *n* pá, tuarastal; fostú *vt* fostaigh, *to* ~ *out sth* rud a ligean ar cíos, ~ *d* (*for a season*) in aimsir, ar aimsir
hire-purchase *n* fruilcheannach
his *poss a*, ~ *head* a cheann, ~ *father* a athair, ~ *town* an baile seo aigesean, ~ *hair* a chuid gruaige *pron*, *it is* ~ is leis é, *that one is* ~ sin é a cheannsan; is leis-sean an ceann sin, *a friend of* ~ cara leis, dó, dá chuid, *that son of* ~ an mac sin aige
hiss *n* siosarnach *vi*, ~ *ing* ag siosarnach, ag feadaíl
historian *n* staraí
historical *a* stairiúil
history *n* stair, oireas
histrionic *a* stáitsiúil; drámata; gáifeach
hit *n* aimsiú, buille *vt* aimsigh, buail, smiot, *to* ~ *it off with a person* teacht le duine, réiteach le duine, *to* ~ *on sth* teacht ar rud; rud a aimsiú
hitch *n* tarraingt, brú tobann; cor; bac, *without a* ~ gan tuisle *vt*, *to* ~ *up sth* tarraingt bheag aníos a thabhairt do rud, *to* ~ *sth on to sth* rud a cheangal de rud (le lúb, le crúca); rud a nascadh ar rud
hitch-hiker *n* síobaire
hitch-hiking *n* síobaireacht
hither *adv* anall, i leith
hitherto *adv* go dtí seo, go nuige seo
hive *n* coirceog
hives *npl* aodh thochais
hoard *n* ceallamán, taisce *vt* taisc
hoarding *n* clár fógraí(ochta)
hoar-frost *n* cuisne, glasreo, sioc liath, sioc bán
hoarse *a* ciachánach, piachánach, slóchtach, píobtha
hoarseness *n* ciach, piachán, slócht
hoax *n* bob, mealladh, cleas
hob *n* bac, iarta
hobble *n* glaicín, laincis *vt* & *i*, *to* ~ *a horse* glaicín, laincis, a chur ar chapall, *hobbling along* ag bacadradh
hobby-horse *n* capall maide
hobgoblin *n* púca, bocánach
hockey *n* haca
hod *n* adac
hoe *n* grafán *vt*, *to* ~ *a garden* gairdín a ghrafadh
hogget *n* uascán
hogshead *n* oigiséad
hoist *vt* ardaigh, *to* ~ *a sail* seol a chrochadh
hold¹ *n* greim *vt* & *i* coimeád, coinnigh, *to* ~ *fast to sth* greamú de rud, *if the weather* ~ *s up* má sheasann an aimsir, *to* ~ *a meeting* cruinniú a thionól
hold² *n* bolg, broinn (loinge)
hold-all *n* glac a bhfaighir
holder *n* sealbhóir
holding *n* gabháltas *a*, ~ *company* cuideachta shealbhaíochta

hole *n* & *vt* & *i* poll
holiday *n* lá saoire, *to go on* ~ *s* dul ar (laethanta) saoire
holiness *n* naofacht
hollow *n* cabha, log, cuas, *wooded* ~ fothair, ailt *a* cuasach, toll, cuachach, ~ *land* logán, *he beat me* ~ bhuail sé caoch mé
holly *n* cuileann
holocaust *n* uileloscadh
holster *n* curra
holy *a* beannaithe, naofa, ~ *water* uisce coisreacain, *H* ~ *Week* an tSeachtain Mhór
homage *n* ómós, urraim
home *n* baile, *to go* ~ dul abhaile, *at* ~ sa bhaile
homeland *n* tír dhúchais
homeless *a*, ~ *person* díthreabhach
homely *a* tíriúil
home-made *a*, ~ *bread* arán baile
homesick *a* cumhach
homespun *n* báinín, bréidín, éadach baile, (*grey*) ~ ceanneasna, *undyed* ~ glas caorach *a* de dhéantús baile; simplí, lom
homestead *n* áitreabh
homewards *adv* abhaile
homework *n* obair thinteáin; obair bhaile
homicide *n* dúnbhású, dúnmharú; dúnbhásaí
homily *n* aitheasc, seanmóir
homogeneous *a* aonchineálach
homosexual *n* & *a* homaighnéasach
honest *a* cóir, ionraic, macánta, cneasta
honesty *n* ionracas, macántacht, cneastacht
honey *n* mil
honeycomb *n* cíor mheala *vt* criathraigh, ~ *ed with sth* foirgthe le rud
honeymoon *n* mí na meala
honeysuckle *n* féithleann, táthfhéithleann
honorary *a* onórach, ~ *secretary* rúnaí oinigh
honour *n* clú, oineach, onóir; ómós, urraim; creidiúint *vt* oirmhinnigh, onóraigh
honourable *a* ionraic, onórach, uasal
hood *n* cochall, húda
hoodwink *vt*, *to* ~ *a person* dallamullóg, púicín, a chur ar dhuine
hoof *n* crúb
hook *n* cromóg, crúca, croch, *fishing* ~ duán, *reaping* ~ corrán, ~ *and eye* lúb is corrán *vt* crúcáil
hooked *a* corránach, cromógach, crúcach
hooker *n* húicéir
hooligan *n* amhas
hoop *n* cuar; buinne, fonsa, lúbán, roithleán, rollóir
hoot *n* scréach, ~ *of horn* séideadh adhairce, *to* ~ *a person* faíreach a dhéanamh faoi dhuine
hooter *n* bonnán
hop¹ *n* leannlus
hop² *n* abhóg, preab, truslóg, ~ *of ball* léim liathróide *vt* & *i* léim, preab

hope *n* dóchas, dúil, súil, dóigh *vi, to* ~ *for sth* bheith ag súil,· ag dúil, le rud
hopeful *a* dóchasach, misniúil
hopeless *a* éadóchasach, *to give it up as* ~ deireadh dúile a bhaint de
horizon *n* bun na spéire, fíor na spéire, imeall na spéire, léaslíne
horizontal *a* cothrománach
hormone *n* hormón
horn *n* adharc, beann; buabhall, corn *vt* adharcáil
hornpipe *n* cornphíopa
horny *a* cranrach, adharcach, rosach
horoscope *n* tuismeá
horrible *a* fuafar, uafásach, urghránna, millteanach
horrid *a* gránna, fuafar
horrify *vt, to* ~ *a person* déistin, uafás, a chur ar dhuine
horror *n* gráin, uafás
horse *n* capall, each, beithíoch, gearrán, ~ *and foot* cos agus each
horseback *n, on* ~ ar dhroim capaill
horse-chestnut *n* cnó capaill
horsefly *n* creabhar
horse-mackerel *n* bolmán, gabhar
horseman *n* marcach *pl* marcra, marcshlua, eachra
horse-power *n* each-chumhacht
horse-shoe *n* crú capaill
horticulture *n* gairneoireacht
hose *n* osáin, stocaí; píobán
hosiery *n* góiséireacht, osánacht
hospitable *a* fial, flaithiúil, tíosach
hospital *n* ospidéal, otharlann
hospitality *n* aíocht, féile, oineach
host[1] *n* slua, sochaí
host[2] *n* óstach, tíosach
host[3] *n* abhlann
hostage *n* brá, giall
hostel *n* brú, iostas
hostess *n* banóstach
hostile *a* eascairdiúil, naimhdeach
hostility *n* eascairdeas, naimhdeas
hosting *n* slógadh, teaglaim slua
hot *a* te, bruithneach, ~ *weather* aimsir bhrothallach, ~ *temper* teasaíocht
hotchpotch *n* manglam, prácás
hotel *n* óstlann
hotelier *n* óstlannaí
hotfoot *adv, to go off* ~ imeacht bog te
hot-headed *a* teasaí
hough *n* speir, seir *vt* speir
hound *n* cú *vt, to* ~ *a person* bheith sa droimruaig ar dhuine; coinneáil i ndiaidh duine
hour *n* uair, *this* ~ *of the day* an tráth seo den lá, *at the* ~ *of seven* ar a seacht a chlog
house *n* teach, áras, *to set up* ~ dul i dtíos
household *n* líon tí, muintir an tí, teaghlach
householder *n* fear (an) tí, sealbhóir tí, tíosach
housekeeper *n* bean tí, tíosach

housekeeping *n* teaghlachas, tíos
housewife *n* bean tí, ~ *thread* gúshnáithe
housing *n* tithíocht
hovel *n* bráca, cró, prochóg
hover *vi* ainligh, ~ *ing* ag foluain, ag guairdeall
hovercraft *n* árthach foluaineach
how *adv* cén chaoi, cad é mar, conas, ~ *much money have you* cén méid airgid atá agat, ~ *many* cá mhéad, ~ *long* cá fhad, ~ *sharply she spoke* a ghéire a labhair sí, ~ *tall she is!* chomh hard léi!
however *adv* áfach, ámh, arae, má tá, ~ *high the mountain* dá airde an sliabh, is cuma cé chomh hard leis an sliabh
howl *n* glam, uaill, uallfairt *vi* glam, ~ *ing* ag uallfartach
howsoever *adv* cibé ar domhan é
hub *n* mol, imleacán
hubbub *n* rírá
huckster *n* mangaire, ocastóir
huddle *n* gróigeadh, ~ *of houses* moll tithe *vt & i* gróig, ~ *d in the chimney-corner* cuachta sa chlúid
hue *n* imir, scáil
huff *n* spuaic, stuaic *vt & i, to* ~ dul chun staince, *to* ~ *a man (in draughts)* fear a fhuadach
huffy *a* stainceach, stuacach
hug *n* barróg, cuach *vt, to* ~ *a person* barróg a bhreith ar dhuine
huge *a* ollmhór, ~ *person, thing* fámaire, piarda
Huguenot *n & a* Úgónach
hulk *n* creatlach, conablach
hull *n* cabhail, colainn (loinge); mogall, crotal *vt & i* scillig
hum *n* crónán, dordán, monabhar, geoin, sian *vt & i* dord, ~ *ming to himself* ag crónán dó féin, ~ *ming an air* ag drantán ceoil
human *a* daonna, duineata, ~ *being* daonnaí, duine, ~ *race* an cine daonna, síol Éabha
humane *a* Críostúil, daonnachtúil, daonna
humanism *n* daonnachas
humanist *n* daonnachtaí
humanity *n* daonnacht, duiniúlacht; nádúr daonna; an cine daonna, *the humanities* an sruithléann
humble *a* uiríseal, umhal, íochtarach, suarach *vt* íslígh, uiríslígh, umhlaigh
humbug *n* cur i gcéill *vt, to* ~ *a person* dallach dubh a chur ar dhuine
humdrum *a* liosta, síorghnách
humid *a* tais
humidity *n* taise
humiliate *vt* náirigh, uiríslígh, méalaigh
humiliation *n* céim síos, uirísliú, méalú
humility *n* uirísle, umhlaíocht
hummock *n* tortóg, tulán
humorous *a* greannmhar, saoithiúil, ~ *story* scéal grinn

humour *n* lionn; greann, *he is in a good* ~ tá aoibh mhaith, giúmar maith, air, *out of* ~ as giúmar, *they are in* ~ *for talking* tá fonn cainte orthu *vt, to* ~ *a person* duine a ionramháil, a ghiúmaráil
hump *n* cruit, dronn
humpbacked *a* cruiteach
humus *n* húmas
hunch *n* cruit, dronn, dioc, gúnga, *to have a* ~ *that* tuaileas a bheith agat go *vt, to* ~ *one's shoulders* na guaillí a chruinniú; dronn a chur ort féin
hunchback *n* cruiteachán
hunched *a* dronnach, gúngach; cuachta, sleabhctha, *she was* ~ *over the fire* bhí dronn uirthi os cionn na tine
hundred *n & a* céad
hundredth *n & a* céadú
hundredweight *n* céad (meáchain)
hunger *n* ocras, gorta
hungry *a* ocrach, amplach, gortach, ~ *person* amplóir, *I am* ~ tá ocras orm
hunk *n* canta, dabhaid, stiall, slaimice
hunkers *npl, on one's* ~ ar do chorraghiob, ar do ghogaide, ar do ghlúine beaga
hunt *n* fiach, seilg, tóir *vt & i* fiach, seilg
hunter *n* fiagaí, sealgaire
hurdle *n* cliath
hurdle-race *n* cliathrás
hurl *vt & i* rad, teilg; iomáin
hurler *n* iománaí
hurley *n* camán; iománaíocht
hurling *n* iomáin, iománaíocht, ~ *ball* sliotar
hurrah *int* hura
hurricane *n* hairicín
hurried *a* deifreach, dithneasach, fuadrach
hurry *n* broid, deabhadh, deifir, driopás, práinn *vt & i* déan deifir, brostaigh, deifrigh, ~ *off home* fáisc ort abhaile

hurt *n* díobháil, dochar, gortú, lot *vt* gortaigh, loit, *the blow* ~ *him* ghoill an buille air
hurtful *a* díobhálach, dochrach, iarógach, nimhneach, ~ *remark* focal goilliúnach, focal urchóideach
husband *n* fear (céile)
husbandry *n* fearas, *animal* ~ riar stoic
hush *n* ciúnas, tost
husk *n* crotal, faighneog, mogall *vt & i* scillig, scil
huskiness *n* ciachán, piachán, slócht
husky *a* ciachánach, piachánach, slóchtach
hussy *n* scubaid, toice
hustle *n* brú, driopás, fuadar *vt & i* deifrigh, *to* ~ *a person* duine a bhrú, a thuairteáil
hut *n* bothán, púirín, bráca
hyacinth *n* bú, *wild* ~*s* coinnle corra
hybrid *n* hibrid *a* hibrideach, cros-síolrach
hydrant *n* béal tuile, hiodrant
hydraulic *a* hiodrálach
hydraulics *npl* hiodrálaic
hydro-electric *a* hidrileictreach
hydrogen *n* hidrigin
hyena *n* hiéana
hygiene *n* sláinteachas
hygienic *a* sláinteach
hymn *n* iomann
hyphen *n* fleiscín
hypnosis *n* hiopnóis
hypnotist *n* hiopnóisí
hypnotize *vt* hiopnóisigh
hypocrisy *n* béalchrábhadh, fimíneacht
hypocrite *n* fiméneach
hypocritical *a* fiméneach, fuarchráifeach
hypodermic *a* hipideirmeach
hypothesis *n* hipitéis
hypothetical *a* hipitéiseach
hysteria *n* histéire
hysterical *a* histéireach, taomach

I

I *pron* mé, mise, *vide inflected vb forms*
ice *n* oighear, *(sheet of)* ~ leac oighir *vt & i* oighrigh
iceberg *n* cnoc oighir
icebreaker *n* bristeoir oighir
ice-cream *n* reoiteog; uachtar reoite
icicle *n* bior seaca, coinlín reo, reodóg
icing *n* reoán
iconoclasm *n* íolbhriseadh
icy *a* oighreata
idea *n* barúil, smaoineamh; idé, *it is a good* ~ is maith an cuimhneamh é, *I have no* ~ níl tuairim agam
ideal *n* barrshamhail, idéal *a* idéalach

idealism *n* idéalachas
idealist *n* idéalaí
identical *a* comhionann, ionann, *they are* ~ is mar a chéile iad
identification *n* aitheantas
identify *vt* sainaithin; ionannaigh (le), *he identified himself with the party* thug sé le fios go raibh dlúthbhaint aige leis an bpáirtí
identity *n* aithne, ionannas, céannacht
ideology *n* idé-eolaíocht
idiocy *n* amaideacht
idiom *n* cor cainte, teilgean cainte, titim cainte
idiosyncrasy *n* leithleachas; aisteachas
idiot *n* amaid, amadán

idle *a* díomhaoin, falsa, ~ *talk* baothchaint *vi*, **idling** ag falsacht, ag stangaireacht, *to* ~ díomhaointeas a dhéanamh, (*of engine*) réchasadh
idleness *n* díomhaointeas, neamh-aistear
idler *n* leiciméir, leisceoir, ríste
idol *n* dia bréige, íol
idolatry *n* íoladhradh
if *conj* dá, má, ~ *not* mura, murach, ~ *I hadn't fallen* dá mbeinn gan titim
igloo *n* ioglú
igneous *a* adhantach, ~ *rock* bruthcharraig
ignite *vt & i* adhain
ignition *n* adhaint
ignoble *a* anuasal, táir
ignominious *a* aithiseach, náireach
ignominy *n* aithis, náire
ignoramus *n* ainbhiosán
ignorance *n* ainbhios, aineolas
ignorant *a* ainbhiosach, aineolach; mímhúinte, garbh, ~ *person* ainbhiosán, daoi, *to be* ~ *of sth* bheith dall ar rud
ignore *vt, to* ~ *sth* rud a scaoileadh thart, neamhiontas a dhéanamh de rud, ~ *him* ná tóg ceann ar bith dó
ill *n* díobháil, dochar, olc *a* breoite, dona, tinn, ain-, ~ *luck* drochrath, mí-ádh, ~ *humour* míchéadfa, ~ *repute* míchlú
ill-disposed *a* drochaigeanta, *to be* ~ *towards a person* droch-chroí a bheith agat do dhuine
ill-effect *n* iarsma, deasca
illegal *a* aindleathach, mídhleathach, neamhdhlíthiúil
illegible *a* doléite
illegitimate *a* mídhlisteanach, ~ *child* leanbh tabhartha, páiste gréine
ill-fated *a* mí-ámharach, cinniúnach
ill-gotten *a* bradach, ~ *gains* drochéadáil
ill-health *n* easláinte, breoiteacht
illicit *a* aindleathach
illiteracy *n* neamhlitearthacht
illiterate *a* neamhliteartha
ill-mannered *a* drochbhéasach, drochmhúinte, ~ *fellow* gíománach
ill-natured *a* droch-chroíoch
illness *n* breoiteacht, tinneas, galar
illogical *a* míloighciúil
ill-tempered *a* droch-araíonach, taghdach
ill-treat *vt* íospair, *to* ~ *a person* mí-úsáid, drochíde, íospairt, a thabhairt do dhuine
illuminate *vt* soilsigh, dealraigh; maisigh
illumination *n* soilsiú; maisiú
ill-usage *n* drochbhail, drochíde, íospairt, oidhe
illusion *n* seachmall, dul amú, ~*s* speabhraídí
illusionist *n* doilfeoir
illusory *a* meabhlach
illustrate *vt* léirigh, taispeáin; maisigh

illustration *n* eiseamláir, léiriú; léaráid, pictiúr; tarraingeoireacht
illustrious *a* oirirc, dearscnaitheach
ill-will *n* drochaigne, droch-chroí, olc
image *n* dealbh, íomhá, samhail, fíor, *he is the very* ~ *of his father* níl aon oidhre ar a athair ach é, is é a athair ina chruth daonna é, shílfeá gur anuas dá athair a gearradh é
imagery *n* íomháineachas, samhlaoidí
imaginary *a* samhailteach, taibhriúil
imagination *n* samhlaíocht
imaginative *a* samhlaíoch; fileata
imagine *vt & i* samhlaigh, *he* ~*s things* bíonn rudaí á dtaibhreamh dó
imbecile *n* amadán, amaid, leathdhuine *a* amaideach, éigiallta
imitate *vt, to* ~ *a person* aithris a dhéanamh ar dhuine
imitation *n* aithris, ~ *marble* marmar tacair
imitative *a* aithriseach
immaculate *a* gan smál, gan teimheal
immaterial *a* neamhábhartha, gan substaint, *it's* ~ *to me* is cuma liom faoi
immature *a* anabaí, neamhaibí, glas
immaturity *n* anabaíocht, neamhinmhe
immeasurable *a* domheasta, dothomhaiste, as cuimse, as miosúr
immediate *a* láithreach
immediately *adv* caol díreach, láithreach bonn, ar an toirt
immemorial *a, from time* ~ riamh anall
immense *a* aibhseach, ollmhór, ábhal
immerse *vt* báigh, tum, *to be* ~*d in one's work* bheith sáite i do chuid oibre
immersion *n* bá, folcadh, fothragadh, ~ *heater* téitheoir tumtha
immigrant *n & a* inimirceach
immigration *n* inimirce
imminent *a, war was* ~ bhí cogadh ag bagairt; bhí baol cogaidh ann
immobile *a* doghluaiste; gan chorraí
immoderate *a* ainmheasartha, míchuibheasach
immodest *a* mígheanasach, truaillí, mínáireach
immodesty *n* mígheanas, díth náire
immoral *a* mímhorálta, droch-
immorality *n* mímhoráltacht
immortal *a* neamhbhásmhar, do-mharaithe, bithbheo
immortality *n* do-mharaitheacht, neamhbhásmhaireacht
immovable *a* do-ghluaiste, do-bhogtha, dochorraithe
immune *a* imdhíonach, ~ *from* saor ó
immunity *n* díolúine, saoirse; imdhíonacht
immunization *n* imdhíonadh
immunize *vt* imdhíon
immutable *a* do-athraithe
imp *n* crosdiabhal

impact *n* turraing; imbhualadh; éifeacht, tionchar
impair *vt* loit, máchailigh, lagaigh
impalpable *a* domhothaithe, do-bhraite
impart *vt, to* ~ *information to* eolas a thabhairt do
impartial *a* neamhchlaon, cothrom
impartiality *n* neamhchlaontacht, cothroime
impassable *a* doshiúlta, dothrasnaithe
impassive *a* neamh-mhothaitheach, ~ *countenance* gnúis shocair
impatience *n* mífhoighne, beophianadh; bruith laidhre
impatient *a* mífhoighneach, ar bís
impeccable *a* gan locht, gan smál, gan cháim
impecunious *a* dealbh
impede *vt* bac, coisc, toirmisc
impediment *n* bacainn, constaic, ~ *to marriage* col (pósta), ~ *of speech* stad (i gcaint)
impel *vt* tiomáin, gríosaigh, spreag
impending *a*, ~ *war* an cogadh a bhí, atá, ag bagairt
impenetrable *a* dophollta, daingean
impenitent *n & a* neamhaithríoch
imperative *a* práinneach; ordaitheach
imperceptible *a* do-bhraite, formhothaithe
imperfect *a* neamhfhoirfe, ~ *tense* aimsir ghnáthchaite
imperfection *n* neamhfhoirfeacht; locht, máchail
imperial *a* impiriúil
imperialism *n* impiriúlachas
imperialist *n* impiriúlaí
imperious *a* anúdarásach, máistriúil, tiarnúil
impermanent *a* neamhbhuan, duthain
impermeable *a* díonach; neamhscagach
impersonal *a* neamhphearsanta
impersonate *vt* pearsanaigh
impersonation *n* pearsanú
impertinence *n* deiliús, soibealtacht
impertinent *a* deiliúsach, tagrach, ~ *talk* gearr-chaint
impervious *a* neamh-thréscaoilteach, *person* ~ *to reason* duine nach n-éistfeadh le réasún
impetuous *a* tobann, spadhrúil, ~ *rush* séirse
impetus *n* fuinneamh, fórsa
impinge *vi, to* ~ *on sth* teagmháil le rud, *to* ~ *on one's mind* dul i bhfeidhm ar d'intinn, *to* ~ *on a person* dul thar teorainn ar dhuine, cúngú ar dhuine
impish *a* rógánta
implacable *a* doshásta
implement *n* acra, gléas, uirlis, giuirléid *vt, to* ~ *sth* rud a chur i gcrích, i bhfeidhm
implicate *vt, to* ~ *a person in a crime* ainm duine a lua le coir, *without implicating anyone* gan aon duine a tharraingt isteach ann, *to be* ~ *d in sth* bheith, dul, ceangailte i rud
implicit *a* intuigthe, ~ *faith* creideamh iomlán, diongbháilte
implied *a* intuigthe

implore *vt* achainigh, impigh, guigh
imply *vt* ciallaigh, *to* ~ *sth* rud a thabhairt le tuiscint
import *n* allmhaire, iompórtáil; brí, ciall *vt* allmhairigh, iompórtáil; ciallaigh
importance *n* tábhacht, tromchúis, mórluachacht
important *a* tábhachtach, tromchúiseach, mórluachach
importer *n* allmhaireoir, iompórtálaí
importunate *a* éilitheach, achainíoch, iarratach, sirtheach
importune *vt & i* sir, *importuning* ag déircínteacht, ag achainí
impose *vt & i, to* ~ *a tax on sth* cáin a chur, a leagan, ar rud, *to* ~ *a penalty on a person* pionós a ghearradh ar dhuine, *she* ~ *d her will on them* chuir sí a toil i bhfeidhm orthu, *he is imposing on you* ag dul, ag gabháil, ort atá sé
imposing *a* maorga
impossible *a* dodhéanta
impotence *n* éagumas
impotent *a* éagumasach
impoverish *vt* bochtaigh, lomair
impracticable *a* dodhéanta, neamhphraiticiúil
imprecation *n* eascaine, mallacht
impregnable *a* do-ghafa
impregnate *vt* toirchigh; líon, cumaisc le, ~ *ed with* lán de, ar maos le
impress *vt, to* ~ *a seal on sth* séala a bhrú ar rud, *to* ~ *sth on a person* rud a chur ina luí, i gcion, ar dhuine, *to* ~ *a person* dul i bhfeidhm ar dhuine
impression *n* cló; múnla; lorg, rian, imprisean, *I get the* ~ *from him (that)* braithim air (go)
impressionable *a* sochomhairleach
impressionism *n* impriseanachas
impressive *a* taibhseach, suntasach
imprest *n* óinchiste
imprint *n* cló, lorg
imprison *vt, to* ~ *a person* duine a chur i bpríosún
imprisonment *n* príosúnú; príosúnacht, *a year's* ~ príosún bliana
improbable *a* andóch, neamhchosúil, neamhdhóchúil, *what would be most* ~ *of all* an rud ab éadóiche ar fad, *I think it* ~ ní dóigh liom é
improper *a* míchuí
impropriety *n* éaguibheas, míbhéasaíocht
improve *vt & i* bisigh, feabhsaigh, leasaigh
improvement *n* biseach, feabhas
improvident *a* éigríonna, míbharainneach, doscaí
improvise *vt & i* seiftigh
imprudence *n* éigríonnacht; místuaim
imprudent *a* éigríonna, místuama
impudence *n* aisfhreagra; sotal, deiliús
impudent *a* deiliúsach, sotalach, ~ *fellow* dailtín
impulse *n* ríog, abhóg, gluaiseacht, spreang, taghd, tallann

impulsive *a* luathintinneach, ríogach, tobann, taghdach, tallannach
impure *a* mígheanmnaí; neamhghlan, salach
impurity *n* mígheanmnaíocht; salachar
impute *vt, to* ~ *sth to a person* rud a leagan ar dhuine, rud a chur i leith duine
in *prep* i, sa, sna, ~ *Cork* i gCorcaigh, ~ *heaven* ar neamh, *in honour (of)* in onóir, *in the kitchen* sa chistin, ~ *the spring* san earrach, ~ *flower* faoi bhláth, *in the guards* sna gardaí, *in Irish* i nGaeilge, *as Gaeilge*
inability *n* míchumas, neamhacmhainn
inaccessible *a* do-aimsithe, aistreánach, ionadach
inaccuracy *n* míchruinneas, neamhbheaichte
inaccurate *a* míchruinn, neamhbheacht
inactive *a* neamhghníomhach, meathbheo, míthapa, támhach
inactivity *n* neamhghníomhaíocht, támh
inadequate *a* uireasach
inadmissible *a* neamhcheadaithe
inadvertent *a* neamh-aireach
inane *a* leamh, éaganta, folamh
inanimate *a* neamhbheo
inappropriate *a* mí-oiriúnach, neamhfhóirsteanach, míchuí
inarticulate *a* dothuigthe, balbh
inasmuch *conj*, ~ *as* sa mhéid go
inattentive *a* neamhairdiúil, neamh-aireach
inaudible *a* dochloiste
inaugurate *vt* oirnigh, *to* ~ *a person as king* rí a ghairm de dhuine; duine a oirniú ina rí
inauguration *n* oirniú
inborn *a* inbheirthe, dúchasach
inbreeding *n* insíolrú, ionphórú
in-calf *a* ionlao
incantation *n* ortha, briocht
incapable *a* éagumasach, míchumasach, neamhábalta
incapacitate *vt, to* ~ *a person* a chumas a bhaint de dhuine, duine a chur ó chumas
incarnation *n* ioncholló
incautious *a* neamhairdeallach, neamhfhaichilleach
incendiary *a* loiscneach
incense [1] *n* túis *vt* túisigh
incense [2] *vt* gríosaigh, *to* ~ *a person* olc, fearg, a chur ar dhuine
incentive *n* spreagadh, dreasacht
incessant *a* buan, síoraí, ~ *ly* gan staonadh
incest *n* ciorrú coil
incestuous *a* colach
inch *n* orlach
incident *n* eachtra, teagmhas
incidental *a* teagmhasach, ~ *expenses* fochostais
incinerate *vt* dóigh, loisc
incinerator *n* loisceoir
incision *n* gearradh
incisive *a* géar, gonta, *an* ~ *man* fear a bhfuil gearradh ann

incisor *n* clárfhiacail
incite *vt* dreasaigh, spreag, gríosaigh, saighid; fadaigh (faoi dhuine), séid (faoi dhuine)
incitement *n* gríosú, dreasú, saighdeadh, tathant, ~ *to anger* cothú feirge
incivility *n* daoithiúlacht, drochmhúineadh, neamhshibhialtacht
inclement *a* anróiteach, doineanta; garg
inclination *n* toil, claon(adh), éirim, leagan, ~ *to laugh* fonn gáire
incline *n* claon, fána, mala *vt & i* claon, luigh, diall, *to* ~ *one's head* goic, maig, a chur ort féin; do cheann a chlaonadh
inclined *a* claon, ~ *to obesity* claonta chun raimhre
include *vt* áirigh, cuimsigh, cuir san áireamh, folaigh, *it* ~ *s the rent* tá an cíos istigh leis
inclusive *a* cuimsitheach
incoherence *n* scaipeacht
incoherent *a* scaipeach, ~ *speech* caint scaipthe
income *n* fáltas, ioncam, teacht isteach
incoming *a*, ~ *letters* litreacha isteach
incomparable *a*, *he is* ~ níl duine ar bith inchomórtais, inchurtha, leis
incompatible *a* neamhfhreagrach (do)
incompetent *a* neamhinniúil, neamhéifeachtach
incomplete *a* bearnach, easnamhach, neamhiomlán
incomprehensible *a* dothuigthe
inconceivable *a* doshamhlaithe, dosmaoinimh
inconclusive *a* éiginntitheach
incongruous *a* mífhreagrach, neamhréireach
inconsiderate *a* antuisceanach
inconsistent *a* neamhfhreagrach, neamhréireach
inconspicuous *a* neamhfheiceálach, neamhshuntasach
inconstant *a* luaineach, neamhsheasmhach, mídhílis
incontrovertible *a* dobhréagnaithe, doshéanta
inconvenience *n* ciotaí, míchóngar *vt, to* ~ *a person* cur as do dhuine, cur isteach ar dhuine, ciotaí a dhéanamh do dhuine
inconvenient *a* aistreánach, ciotach, mí-áisiúil
incorporate *vt & i* corpraigh, ionchorpraigh, *to* ~ *sth in sth* rud a chur isteach i rud eile
incorrect *a* mícheart, earráideach
incorrigible *a* domhúinte, doleasaithe
incorruptible *a* dothruaillithe; dobhreabtha, ionraic
increase *n* ardú, breis, méadú, ~ *in a family* biseach ar theaghlach *vt & i* ardaigh, fás, méadaigh, *to* ~ *speed* géarú ar luas
incredible *a* dochreidte
incredulous *a* díchreidmheach
increment *n* ardú, breis
incriminate *vt* ionchoirigh, ciontaigh
incubate *vt* gor
incubator *n* goradán
incumbent *a*, *it is* ~ *on me* dlitear díom é

incur *vt, to* ~ *expense over sth* costas a dhéanamh le rud, *to* ~ *a fine* dul faoi fhíneáil, *to* ~ *shame* náire a fháil

incurable *a* doleigheasta, ó leigheas

incursion *n* ionradh

indebted *a, to be* ~ *to a person* éileamh a bheith ag duine ort, bheith faoi chomaoin ag duine

indecent *a* mígheanasach, ~ *assault* drochiarraidh

indecision *n* éiginnteacht

indecisive *a* éiginntitheach

indeed *adv* go dearfa, leoga, go deimhin, ~! ambaiste

indefatigable *a* dochlóite, dothuirsithe

indefensible *a* dochosanta

indefinite *a* éiginnte, neamhchinnte

indelible *a* doscriosta

indelicate *a* míbhéasach, mínáireach, garbh

indemnify *vt* cúitigh, slánaigh

indemnity *n* comha, cúiteamh, slánaíocht

indent *vt* eangaigh

independence *n* neamhspleáchas, saoirse

independent *a* neamhspleách, saor; ar an neamhacra, ar an neamhthuilleamaí

indescribable *a* do-inste, *it was* ~ níl léamh ná scríobh air

indestructible *a* doscriosta

index *n* clár, treoir, innéacs, séan, ~ *finger* corrmhéar *vt & i* innéacsaigh, cláraigh

indicate *vt* léirigh, taispeáin, *he* ~*d (that)* thug sé le fios (go)

indication *n* comhartha, leid

indicative *n & a* táscach

indicator *n* táscaire, treoir, ~ *of barometer* snáthaid baraiméadair

indict *vt* díotáil

indictment *n* díotáil

indifference *n* fuarchúis, neamhshuim

indifferent *a* neamhshuimiúil, fuar, neamhspéisiúil, patuar, *to be* ~ *to sth* bheith ar nós cuma liom faoi rud; bheith réidh, neamhshuimiúil, i rud

indigenous *a* dúchasach

indigestible *a* dodhíleáite, ceasúil

indigestion *n* mídhíleá, tinneas bhéal an ghoile

indignant *a* feargach, uaibhreach

indignation *n* fearg, seirfean, uabhar

indignity *n* easonóir, masla

indirect *a* indíreach, neamhdhíreach, timpeallach

indiscreet *a* béalscaoilte, mídhiscréideach, ~ *person* béal gan chaomhnú, béal gan scáth

indiscretion *n* earráid; mídhiscréid, sceithireacht

indiscriminate *a* gan idirdhealú; as éadan

indiscriminately *adv* as éadan

indispensable *a* éigeantach, riachtanach, *it is* ~ níl teacht gan é, dá uireasa

indisposed *a* meath-thinn, *to be* ~ *to doing sth* dochma a bheith ort rud a dhéanamh

indisputable *a* dobhréagnaithe, doshéanta

indistinct *a* doiléir, míshoiléir

indistinguishable *a* do-aitheanta, *they are* ~ *from one another* ní féidir aithint eatarthu, ní féidir iad a aithint ó chéile

individual *n* duine aonair, neach *a* leithleach, ~ *skills* scileanna aonair

indivisible *a* dodhealaithe, doroinnte

indoctrination *n* síolteagasc

indolent *a* falsa, leisciúil

indomitable *a* dochlóite

indoor *a*, ~ *work* obair istigh

indoors *adv* istigh, laistigh, taobh istigh

induce *vt & i* meall, tarraing; spreag; ionduchtaigh, *he* ~*d me to do it* chuir sé ina luí orm, bhain sé orm, é a dhéanamh

inducement *n* mealladh, tarraingt; spreagadh

induction *n* insealbhú; ionduchtú

indulge *vt & i* sásaigh, *to* ~ *in a practice* bheith tugtha do chleachtadh, *to* ~ *in drink* luí isteach ar an ól, dul le hól

indulgence *n* boige, boigéis; logha

indulgent *a* bog, boigéiseach

industrial *a* tionsclaíoch

industrialist *n* tionsclaí

industrialize *vt* tionsclaigh

industrious *a* dícheallach, dlúsúil, treallúsach, tionsclach, ~ *person* soláthraí maith

industry *n* tionscal; dícheall

inebriated *a* ar meisce

inedible *a* dochaite, do-ite

ineffective *a* neamhéifeachtach, neamhbhríoch

inefficiency *n* neamhinniúlacht, mí-éifeacht

inefficient *a* neamhinniúil, mí-éifeachtach

inept *a* maolchúiseach

inequality *n* éagothroime, míchothrom, neamhionannas, leatrom

inequitable *a* éagothrom

inequity *n* éagóir, éagothroime

inert *a* marbhánta, spadánta, támhach, ~ *gas* gás támh

inertia *n* marbhántacht, spadántacht, táimhe

inevitable *a* dosheachanta

inexact *a* míchruinn, neamhbheacht

inexcusable *a* doleithscéil

inexhaustible *a* do-ídithe, dochaite; dochlóite

inexpensive *a* neamhchostasach, saor

inexperience *n* ainchleachtadh, aineolas, easpa taithí, núíosacht

inexperienced *a* glas, éigríonna, aineolach, neamhchleachtach

inexplicable *a* domhínithe

inextricable *a* dofhuascailte, doréitithe, casta

infallible *a* do-earráide

infamous *a* míchlúiteach

infancy *n* naíonacht

infant *n* babaí, bunóc, naíonán

infanticide *n* naímharú

infantry *n* cos-slua

infatuation *n* mearghrá, saobhnós

infect *vt* galraigh

infection *n* galrú, ionfhabhtú

infectious *a* tógálach, ionfhabhtaíoch

infer *vt, to* ~ *sth from sth* rud a thuiscint as rud eile, tátal a bhaint as rud, *to* ~ *(that)* cur i gcéill (go)

inference *n* tátal

inferior *n* íochtarán, mionduine, fodhuine *a* íochtarach; lagmheasartha, íos-, ~ *stuff* dramhaíl

inferiority *n* íochtaránacht, ísleacht

infernal *a* ifreanda

infertile *a* neamhthorthúil, aimrid, seasc

infested *a*, ~ *with* foirgthe le

infidel *n* ainchreidmheach

infidelity *n* ainchreideamh; mídhílseacht

infiltrate *vt & i* insíothlaigh; sil, sleamhnaigh, téaltaigh, (isteach i)

infiltration *n* insíothlú, téaltú

infinite *a* éigríochta, infinideach, gan foirceann

infinitive *n & a* infinideach

infinity *n* dochuimseacht, éigríoch, infinideacht

infirm *a* cróilí, easlán, breoite

infirmary *n* otharlann

infirmity *n* cróilí, easláinte

inflame *vt & i* adhain, gríosaigh, las, séid

inflammable *a* inlasta, so-adhainte

inflammation *n* dó, gor, lasadh, gríosú, ~ *of wound* athlasadh, séideadh, cneá

inflate *vt* séid, teann, líon le haer, *to* ~ *currency* airgeadra a bhoilsciú

inflation *n* séideadh, teannadh; boilsciú

inflect *vt* infhill

inflexible *a* dolúbtha, docht

inflexion *n* athchasadh, infhilleadh

inflict *vt, to* ~ *death on a person* an bás a imirt ar dhuine, *to* ~ *a penalty on a person* pionós a ghearradh, a chur, ar dhuine

influence *n* anáil, fabhar, comhairle, tionchar, cumhacht, *evil* ~*s* na greamanna dubha *vt, to* ~ *a person* d'anáil a chur faoi dhuine, dul i gcion ar dhuine

influential *a* ceannasach, tábhachtach, éifeachtach

influenza *n* fliú

influx *n* sní isteach, ~ *of people into a place* tarraingt daoine ar áit, plódú isteach in áit

inform *vt & i, to* ~ *on a person* scéala a dhéanamh ar dhuine, duine a bhrath, insint ar dhuine, sceitheadh ar dhuine, *to* ~ *a person of sth* rud a insint, a chur in iúl, do dhuine

informal *a* neamhfhoirmiúil

informant *n* faisnéiseoir

information *n* eolas, faisnéis

informative *a* faisnéiseach

informer *n* brathadóir, spiaire

infrastructure *n* bonneagar

infringe *vt* bris, sáraigh

infringement *n* briseadh, sárú

infuriate *vt* cuir le buile, mearaigh, *to become* ~*d* spréachadh

ingenious *a* glic, intleachtach

ingenuity *n* beartaíocht, gliceas, stuaim

ingratiating *a* plásánta, slítheánta, tláithíneach

ingratitude *n* míbhuíochas

ingredient *n* comhábhar, táthchuid

ingrown *a* ionfhásta, ~ *nail* ionga i bhfeoil

inhabit *vt* áitrigh, cónaigh i

inhabitant *n* áitreabhach, áitritheoir

inhale *vt & i* ionanálaigh

inherent *a* dúchasach, nádúrtha

inherit *vt, to* ~ *sth* rud a fháil le hoidhreacht, rud a bheith agat ó dhúchas, teacht in oidhreacht ruda

inheritance *n* oidhreacht

inhibit *vt, to* ~ *a person from doing sth* rud a chrosadh ar dhuine, duine a chosc ar rud a dhéanamh

inhibition *n* cosc, urchoilleadh

inhospitable *a* doicheallach

inhuman *a* mídhaonna

inhumanity *n* mídhaonnacht, danarthacht

iniquity *n* míghníomh, urchóid

initial *n* iniseal, túslitir *a* tionscantach, *the* ~ *work* an obair thosaigh

initiate *n* rúnpháirtí *a* rúnpháirteach *vt* tionscain, cuir tús le

initiation *n* tionscnamh

initiative *n* tosú, tionscnamh, *to do sth on one's own* ~ rud a dhéanamh ar do chonlán féin, as do stuaim féin

inject *vt* insteall, cuir isteach (i)

injection *n* instealladh

injunction *n* ordú, urghaire

injure *vt* gortaigh, loit, *to* ~ *a person* dochar, díobháil, a dhéanamh do dhuine

injurious *a* díobhálach, dochrach

injury *n* díobháil, damáiste, dochar, gortú, lot; éagóir

injustice *n* éagóir

ink *n* dúch

inkling *n* leid, gaoth an fhocail

ink-well *n* dúchán

inlaid *a* iontlaise

inland *a* intíre

inlet *n* gaoth, góilín, inbhear; ionraon

inmate *n* áitritheoir, cónaitheoir

inn *n* (teach) ósta

innards *npl* inní

innate *a* dúchasach, inbheirthe, ~ *character* nádúr, dúchas

inner *a* inmheánach, *the* ~ *room* an seomra istigh

innings *npl* deis istigh, dreas istigh

innkeeper *n* óstóir

innocence *n* neamhchiontacht; soineantacht

innocent *n, the Holy I* ~*s* an Naomh-Mhacra *a* neamhchiontach, naíonda, soineanta

innocuous *a* neamhdhochrach, neamhdhíobhálach
innovation *n* nuacht, nuáil
innovator *n* nuálaí
innuendo *n* leath-thagairt, leathfhocal
innumerable *a* dí-áirithe, gan chuntas
inoculate *vt* galraigh, ionaclaigh
inoculation *n* galrú, ionaclú
inoffensive *a* macánta, neamhurchóideach
inoperative *a* neamhoibríoch
inopportune *a* míthráthúil, ~ *moment* antráth
inordinate *a* ainmheasartha, iomarcach, as cuimse
input *n* ionchur
inquest *n* ionchoisne, *coroner's* ~ coiste cróinéara
inquire *vt & i* fiafraigh, fiosraigh, *to* ~ *for a person* tuairisc, cuntas, duine a chur; duine a chásamh
inquiry *n* ceist, fiafraí, fiosrúchán
inquisition *n* cúistiúnacht, ionchoisne, fiosrúchán
inquisitive *a* fiosrach, caidéiseach, srónach
inquisitor *n* cúistiúnaí
inroad *n* ionruathar; cúngú, creimeadh
insane *a*, *to be* ~ bheith as do mheabhair, mearadh a bheith ort
insanitary *a* mífholláin, míshláintiúil
insanity *n* gealtacht, mearadh
insatiable *a* doriartha, doshásta, craosach
inscribe *vt* inscríobh, *to* ~ *sth on stone* rud a ghreanadh i gcloch
inscription *n* inscríbhinn, scríbhinn
insect *n* feithid, míol
insecticide *n* feithidicíd
insecure *a* éadaingean, neamhdhiongbháilte; i gcontúirt
insecurity *n* éadaingne; guais
inseminate *vt* inseamhnaigh
insemination *n* inseamhnú
insensitive *a* dúr; neamh-mhothálach, gan mhothú
inseparable *a* doscaoilte, do-scartha
insert *vt* ionsáigh, *to* ~ *a notice* fógra a chur isteach
insertion *n* cur isteach, ionsá
inside *n*, *the* ~ *of sth* an taobh istigh de rud *a* istigh, laistigh
insidious *a* cleasach, slim, cealgach
insight *n* léargas, léiriúchán
insignia *npl* suaitheantais
insignificant *a* neamhbhríoch, neamhthábhachtach, suarach, gan aird
insincere *a* éigneasta, ~ *praise* moladh bréige, bealadh taobh amuigh de ghob
insinuate *vt*, *to* ~ *sth* rud a thabhairt le tuiscint, a chur i dtuiscint, a chur i gcéill, *to* ~ *oneself into office* sleamhnú isteach i bpost, post a fháil le lúbaireacht
insinuation *n* leathfhocal, leid
insipid *a* leamh, gan bhlas, gan dath
insist *vi*, *to* ~ *on a point* seasamh ar phointe, *he* ~ *ed that it was so* dhearbhaigh sé gurbh amhlaidh a bhí

insistence *n* seasamh, ~ *on one's rights* ceartaiseacht
insistent *a* seasmhach, teann, ceartaiseach
insole *n* bonn istigh
insolence *n* mínós, sotal
insolent *a* mínósach, sotalach, prapanta
insoluble *a* doréitithe; dothuaslagtha
insolvent *a* dócmhainneach, neamhacmhainneach
insomnia *n* neamhchodladh
inspect *vt* iniúch, scrúdaigh
inspection *n* cigireacht, iniúchadh, scrúdú
inspector *n* cigire
inspiration *n* inspioráid
inspire *vt* spreag, dúisigh, múscail
instability *n* guagacht, míshocracht
install *vt* insealbhaigh; cuir isteach, *to* ~ *oneself in a place* cur fút in áit
installation *n* insealbhú; cur isteach, feistiú, ~*s* feistiúchán, fearais
instalment *n* glasíoc, *to pay sth in* ~*s* rud a íoc ina ghálaí
instance *n*, *in the first* ~ sa chéad chás, ar an gcéad ásc, ar an gcéad dul síos, *for* ~ cuir(eam) i gcás, mar shampla
instant *n* meandar, nóiméad *a* láithreach, ~ *tea* tae ar an toirt
instantly *adv* láithreach bonn, ar an toirt, ar iompú boise
instead *adv*, ~ *of* in áit, in ionad, i leaba
instep *n* bráid (coise), droim (coise), trácht
instigate *vt* spreag, brostaigh, gríosaigh
instigation *n* brostú, gríosú, spreagadh, *at the* ~ *of a person* ar sheoladh duine
instil *vt* insil, *to* ~ *love in their hearts* grá a chur isteach ina gcroí, *to* ~ *an idea into a person* smaoineamh a chur ina luí ar dhuine
instinct *n* dúchas, instinn
instinctive *a* dúchasach, instinneach
institute *n* foras, institiúid *vt* bunaigh, tionscain
institution *n* foras; tionscnamh
instruct *vt* múin, teagasc, foghlaim, deachtaigh
instruction *n* múineadh, teagasc, foghlaim
instructive *a* oiliúnach
instructor *n* teagascóir
instrument *n* gléas, ionstraim, uirlis *vt* ionstraimigh
instrumental *a* ionstraimeach, ~ *music* ceol uirlise
instrumentalist *n* ionstraimí
insubordinate *a* easumhal, neamhghéilliúil
insubordination *a* easumhlaíocht, neamhghéilleadh
insufferable *a* dofhulaingthe; peannaideach
insufficient *a* easnamhach, neamhleor
insular *a* oileánach; cúng
insularity *n* oileánachas
insulate *vt* insligh, teasdíon
insulation *n* insliú, teasdíonadh
insulator *n* inslitheoir
insulin *n* inslin

insult *n* achasán, masla, tarcaisne *vt* maslaigh, tarcaisnigh

insulting *a* maslach, tarcaisneach

insuperable *a* dosháraithe, dochloíte

insurance *n* árachas

insure *vt* árachaigh, cuir árachas ar

insurgent *n & a* ceannairceach

insurmountable *a* dosháraithe

insurrection *n* ceannairc, éirí amach

intact *a* iomlán, slán

intangible *a* do-bhraite, doláimhsithe

integrate *vt* comhtháthaigh, iomlánaigh, aontaigh

integration *n* comhtháthú, iomlánú

integrity *n* ionracas, macántacht; iomláine

intellect *n* intleacht, meabhair, éirim (aigne)

intellectual *a* intleachtach

intelligence *n* eagna (chinn), éirim (aigne), intleacht, meabhair chinn, ~ *officer* oifigeach faisnéise

intelligent *a* éirimiúil, intleachtach, meabhrach

intemperate *a* ainmheasartha; meisciúil

intend *vt*, *I* ~ *to do sth* tá mé ag brath (ar) rud a dhéanamh; tá sé ar aigne, ar intinn, agam rud a dhéanamh, *if you* ~ *to go away* má tá fút imeacht, *más leat imeacht*

intense *a* dian, díochra, tréan, géar, ain-, fíor-, ~ *hatred* dearg-ghráin, ~ *sorrow* dobrón, *working* ~ *ly* ag obair ar dalladh

intensify *vt & i* géaraigh, neartaigh

intensity *n* déine, neart, tréine

intensive *a* tréan, ~ *care* dianchúram

intent *n* intinn, rún *a*, ~ *on sth* leagtha amach ar rud, ~ *on the book* sáite, go domhain, sa leabhar

intention *n* aigne, intinn, rún

intentional *a* intinneach, toiliúil

intentionally *adv* d'aon ghnó, d'aon turas

intercede *vi*, *to* ~ *for a person* idirghuí a dhéanamh ar son duine

intercept *vt*, *to* ~ *a person* teacht roimh dhuine, *to* ~ *a letter* litir a stopadh

intercession *n* idirghuí

interchange *n* cómhalartú *vt* cómhalartaigh

intercourse *n* caidreamh, teagmháil, *sexual* ~ comhriachtain

interdenominational *a* idirchreidmheach

interdict *n* urghaire

interest[1] *n* spéis, suim, *it is in your* ~ is é do leas é, *to have a person's* ~*s at heart* bheith ar mhaithe le duine *vt*, *it doesn't* ~ *him* níl spéis, suim, aige ann; ní chuireann sé aon spéis ann

interest[2] *n* ús

interesting *a* inspéise, spéisiúil, suimiúil

interfere *vi*, *to* ~ *with a person* baint le duine, cur isteach ar dhuine, *to* ~ *in a conversation* do ladar, do gheab, a chur isteach (i gcomhrá)

interference *n* cur isteach; trasnaíocht

interim *n*, *in the* ~ idir an dá linn *a* eatramhach

interior *n* an taobh istigh *a* inmheánach; intíre

interjection *n* intriacht

interlaced *a* dualach

interloper *n* socadán

interlude *n* eadarlúid; idircheol

intermediary *n* idirghabhálaí *a* idirghabhálach

intermediate *a* idirmheánach, meánach, ~ *certificate* meánteistiméireacht

interminable *a* gan deireadh, síoraí

intermission *n* idirlinn

intermittent *a* eatramhach, treallach

intermittently *adv* gach re seal

intern *vt* imtheorannaigh

internal *a* inmheánach; intíre

international *a* idirnáisiúnta

internee *n* imtheorannaí

internment *n* imtheorannú

interpret *vt* ciallaigh, mínigh, léigh ar

interpretation *n* ciall, míniú, léamh

interpreter *n* teangaire, fear teanga, teanga labhartha

interprovincial *a* idirchúigeach

interrogate *vt* ceistigh

interrogation *n* ceastóireacht, ceistiú

interrogative *n & a* ceisteach

interrupt *vt* trasnaigh, *to* ~ *a person* cur, briseadh, isteach ar dhuine; teacht roimh dhuine

interruption *n* cur isteach, trasnáil

intersect *vt & i* trasnaigh

intersection *n* trasnú; crosbhealach

intertwine *vt & i* dual, figh, ~*d* snaidhmthe ina chéile

interval *n* eatramh, idirlinn, aga, sos, spás

intervene *vi*, *to* ~ eadráin, idirghabháil, a dhéanamh; do ladar, focal, a chur isteach

intervention *n* eadráin, idirghabháil, teasargan

interview *n* agallamh *vt*, *to* ~ *a person* agallamh a chur ar dhuine

intestate *a* díthiomnach

intestine *n* putóg, stéig, *small* ~ caolán, stéig bheag, ~*s* inní, ionathar, drólanna

intimacy *n* caidreamh, taithíocht

intimate[1] *a* taithíoch, *to be* ~ *with a person* bheith mór le duine, ~ *friends* dlúthchairde

intimate[2] *vt*, *to* ~ *sth to a person* rud a chur in iúl do dhuine

intimidate *vt* imeaglaigh, scanraigh, bagair ar

into *prep* i, isteach i, *to divide sth* ~ *parts* rud a roinnt ina chodanna

intolerable *a* dofhulaingthe

intolerance *n* éadulaingt

intolerant *a* éadulangach, droch-araíonach

intoxicated *a* ar meisce, ólta

intoxicating *a* meisciúil

intoxication *n* meisce

intractable *a* diúnasach, doriartha

intransitive *a* neamh-aistreach

intrepid *a* neamheaglach, gan scáth gan eagla

intricate *a* achrannach, aimhréidh, casta
intrigue *n* plota, cealg, uisce faoi thalaṁh *vt & i, to*
~ *against a person* bheith i gcealg duine, *it* ~*d*
me mhúscail sé spéis ionam
intriguer *n* scéiméir
introduce *vt, to* ~ *people to each other* daoine a
chur in aithne dá chéile, *to* ~ *a subject* scéal a
tharraingt anuas, *to* ~ *a custom* gnás a thionsc-
namh, nós a thabhairt isteach
introduction *n* cur in aithne; tabhairt isteach, tion-
scnamh; réamhrá
introit *n* iontróid
introspection *n* inbhreathnú
introspective *a* inbhreathnaitheach
introvert *n* indíritheoir
intrude *vi, to* ~ *on a person* brú ar dhuine, cur
isteach ar dhuine
intuition *n* iomas
intuitive *a* iomasach
inundate *vt* báigh
invade *vt, to* ~ *a country* ionradh a dhéanamh ar
thír
invader *n* gabhálaí, ionróir
invalid[1] *n* easlán, breoiteachán, othar *a* easlán
invalid[2] *a* neamhbhailí
invalidate *vt* neamhbhailigh, *to* ~ *sth* rud a chur ó
bhailíocht
invaluable *a* fíorluachmhar, *it is* ~ níl ceannach
air
invariable *a* do-athraithe
invasion *n* gabháltas, ionradh, imruathar
invective *n* sciolladóireacht, spídiúchán
invent *vt* ceap, cum, fionn
invention *n* aireagán, cumadh, fionnachtain;
cumadóireacht
inventor *n* ceapadóir, cumadóir
inventory *n* fardal, liosta
inverse *n* inbhéarta *a* inbhéartach
invest *vt* infheistigh, suncáil; cóirigh; insealbhaigh
investigate *vt* scrúdaigh, taighd, fiosraigh
investigation *n* scrúdú, taighde, fiosrú
investment *n* infheistíocht; insealbhú
inveterate *a* seanbhunaithe, daingean
invidious *a* leatromach, cointinneach; éadmhar;
fuafar; díobhálach, ~ *task* cúram gan
bhuíochas
invigorate *vt* beoigh, láidrigh
invincible *a* dochloíte
invisible *a* dofheicthe
invitation *n* cuireadh
invite *vt, to* ~ *a person* cuireadh a thabhairt do
dhuine, cuireadh a chur ar dhuine
invoice *n* sonrasc
invoke *vt* guigh, gair, glaoigh ar, toghair, dúisigh
involuntary *a* ainneonach, éadoilteanach
involve *vt, to be* ~*d in sth* baint a bheith agat le
rud, *it* ~*s expense* tá costas ag baint, ag roinnt,
ag gabháil, leis

involved *a* aimhréidh, casta
invulnerable *a* doghonta
iodine *n* iaidín
iota *n* dada, pioc
irascible *a* colgach, lasánta
irate *a* confach, feargach
iridescent *a* ildathach, néamhanda
iris *n* feileastram, ireas; imreasc (na súile)
Irish *n* Gaeilge *a* Éireannach, Gaelach
irksome *a* liosta, tuirsiúil, leadránach
iron *n* iarann *a* iarnaí, iarn- *vt* iarnáil, smúdáil,
preasáil, *to* ~ *cloth* an t-iarann a chur ar éadach
ironic(al) *a* íorónta
ironing *n* iarnáil, smúdáil
ironmonger *n* iarnmhangaire, iarnóir
irony *n* íoróin
irradiation *n* ionradaíocht
irrational *a* aingiallta, éigiallta, neamhréasúnach
irreconcilable *a* doréitithe, do-aontaithe
irrefutable *a* dobhréagnaithe, dochloíte,
dosháraithe
irregular *a* mírialta, neamhrialta; fánach
irrelevant *a* neamhábhartha, nach mbaineann le
hábhar
irreparable *a* doleasaithe
irresistible *a* dochloíte
irrespective *adv,* ~ *of* gan baint le, gan bacadh le
irresponsible *a* neamhfhreagrach, meargánta
irreverence *n* easurraim
irreverent *a* easurramach, mí-ómósach
irrigate *vt* uiscigh
irrigation *n* uisciú
irritable *a* colgach, meirgeach, gairgeach, lasánta
irritate *vt* griog, greannaigh, *to* ~ *a person* fearg,
colg, a chur ar dhuine
irritation *n* fearg; greadfach; griog
Islam *n* Ioslamachas
island *n* oileán, inis, *traffic* ~ port (coisithe)
islander *n* oileánach
isolate *vt* aonraigh, leithlisigh
isolated *a* aonarach, iargúlta, ionadach, scoite
amach, *in an* ~ *place* ar an iargúil
isolation *n* aonrú, iargúltacht, ~ *hospital* ospidéal
leithlise
isosceles *a* comhchosach
issue *n* iarmhairt, iarmhar, sliocht; eagrán, eisiúint,
ceist, *without* ~ díobhaí, ~ *of blood* sileadh
fola, *at* ~ i dtreis, i gceist *vt & i* cuir amach,
eisigh, tabhair amach
isthmus *n* caol talún, cuing, muineál tíre
it *pron* sé, sí; seisean, sise; é, í; eisean, ise, ~
happened tharla sé, ~ *was discussed* pléadh é, *is*
~ *an animal* an ainmhí é, ~ *is the best cow* is í
an bhó is fearr í, *with* ~ leis, léi, *without* ~ gan
é, í, *against* ~(*m*) ina choinne, (*f*) ina coinne,
the likes of ~ a leithéid(í)
italics *npl* cló iodálach

itch *n* tochas, *to be* ~*ing to do sth* bheith ar gor, ar bís, le rud a dhéanamh
itchy *a* tochasach
item *n* mír, pointe, ponc, ~ *of clothing* ball éadaigh
itinerant *n* fear (bean) siúil, siúlóir, *the* ~*s* an lucht siúil
itinerary *n* cúrsa taistil

its *poss a,* ~*(m) head* a cheann, ~*(f) head* a ceann, ~*(m) tail* a eireaball, ~*(f) tail* a heireaball
itself *pron* eisean, ise; (sé, é) féin, (sí, í) féin, *feeding* ~ á chothú, á cothú féin, *that* ~ an méid sin féin; fiú an méid sin
ivory *n* eabhar *a* eabhartha
ivy *n* eidhneán

J

jab *n* péac, sonc *vt & i,* ~ *it with the knife* tabhair péac den scian dó, *to* ~ *at a person* péac a thabhairt faoi dhuine
jabber *vi,* ~*ing away in English* ag stealladh, ag spalpadh, Béarla
jack¹ *n* crann ardaithe, seac *vt, to* ~ *up a car* carr a chrochadh le seac
jack² *n* giolla, ~ *of-all-trades* gobán, ilcheardaí, *the* ~ *of spades* an cuireata spéireata
jackal *n* seacál
jackass *n* stail asail
jackdaw *n* cág
jacket *n* casóg, seaicéad
jack-stone *n* méaróg
Jacobite *n & a* Seacaibíteach
jaded *a* tnáite
jag *n* starrán; eang; instealladh; prioc
jagged *a* mantach, spiacánach, fiaclach
jaguar *n* iaguar
jam¹ *n* brú, *traffic* ~ plódú tráchta, *to be in a* ~ bheith i sáinn *vt & i* brúigh, sac, pulc, plódaigh, greamaigh, *to* ~ *a radio station* stáisiún craolacháin a thachtadh
jam² *n* subh
jamb *n* giall, ursain
janitor *n* doirseoir
January *n* Eanáir
jar¹ *n* crúsca, próca, searróg *vi, to* ~ cliotar, díoscán, a dhéanamh; adhaint (*on,* ar)
jar² *n* suaitheadh, croitheadh
jargon *n* béarlagair
jarvey *n* tiománaí
jasmine *n* seasmain
jaundice *n* na buíocháin, an galar buí
jaunt *n* turas
jaunting-car *n* carr cliathánach
jaunty *a* giodamach, aerach
javelin *n* bonsach, sleá, ga
jaw *n* giall
jay *n* scréachóg (choille)
jay-walker *n* coisí fiarlaoideach
jazz *n* snagcheol
jealous *a* éadmhar, *to be* ~ *of a person* bheith ag éad, in éad, le duine

jealousy *n* éad, formad
jeans *npl* bríste géine
jeep *n* jíp
jeer *n* fonóid, magadh, beithé *vt & i, to* ~ *(at) a person* fonóid a dhéanamh faoi dhuine
jeering *n* scigmhagadh, fochaid *a* fonóideach, magúil
jelly *n* glóthach
jelly-fish *n* smugairle róin
jeopardize *vt, to* ~ *sth* rud a chur i nguais, i mbaol
jeopardy *n* guais, priacal
jerk *n* sracadh, urróg *vt* srac
jerkin *n* ionar, seircín
jerky *a* preabach, snagach
jersey *n* geansaí
jest *n* ábhacht, greann, *in* ~ d'aon turas, *vi, to* ~ magadh a dhéanamh
jester *n* abhlóir, óinmhid
Jesuit *n & a* Íosánach
Jesus *n* Íosa
jet¹ *n* scaird, scairdeán, steall, ~ *plane* scairdeitleán
jet² *n* gaing *a* ciardhubh
jetsam *n* muirchur
jettison *vt, to* ~ *a cargo* lasta a chur i bhfarraige
jetty *n* caladh cuain, lamairne
Jew *n* Giúdach, ~*'s harp* trumpa
jewel *n* seoid, geam
jeweller *n* seodóir
jewelry *n* seodra; seodóireacht
Jewish *a* Giúdach
jib¹ *n* seol cinn, jib
jib² *vi* loic, ob, *the horse* ~*bed* chuir an capall stailc suas
jibe *n* sáiteán, goineog
jiffy *n* leathnóiméad, meandar
jig *n* port
jigsaw *n,* ~ *puzzle* míreanna mearaí
jingle *n* gliogar
jinks *npl, high* ~ pléaráca, rancás
job *n* jab, obair, post
jobber *n* giurnálaí, grásaeir, jabaire
jockey *n* eachaí, marcach, jacaí
jocose *a* meidhreach, magúil

jog *n* croitheadh, sonc; bogshodar *vt & i*, *to* ~ bogshodar a dhéanamh, *to* ~ *the memory* an chuimhne a spreagadh

join *vt & i* ceangail, nasc, snaidhm, *to* ~ *things together* rudaí a cheangal le chéile, *to* ~ *the army* dul san arm, *to* ~ *in the game* páirt a ghlacadh sa chluiche

joiner *n* siúinéir

joint[1] *n* alt, siúnta, uaim, *out of* ~ as alt, ~ *of meat* spóla feola *vt* alt, siúntaigh

joint[2] *a* comhpháirteach, comh-

jointly *adv* i bpáirtíocht

joist *n* giarsa

joke *n* magadh, *practical* ~ cleas, bob, *this work is no* ~ ní haon dóithín an obair seo *vi*, *to* ~ *about a person* magadh a dhéanamh faoi dhuine, *I was only joking* ní raibh mé ach ag magadh; ar son grinn, d'aon ghnó, a bhí mé

joker *n* áilteoir, cleasaí, *(cards)* fear na gcrúb

jolly *a* gáiriteach, suairc, suáilceach

jolt *n* croitheadh, turraing *vt & i* croith, tolg

jostle *vt & i* guailleáil, *to* ~ *a person* an ghualainn a thabhairt do dhuine

jot[1] *n* dada, pioc

jot[2] *vt*, *to* ~ *sth down* rud a bhreacadh síos

journal *n* iris, nuachtán, dialann

journalese *n* nuachtánachas

journalism *n* iriseoireacht, nuachtóireacht

journalist *n* iriseoir, nuachtóir

journey *n* aistear, triall, turas *vi* triall, siúil

jovial *a* soilbhir, suairc

jowl *n* geolbhach; preiceall, sprochaille

joy *n* áthas, gairdeas, lúcháir, gliondar, subhachas

joyful *a* áthasach, gairdeach, lúcháireach, aiteasach, suáilceach

jubilant *a* lúcháireach, ollghairdeach, *to be* ~ *about sth* ríméad a bheith ort faoi rud

jubilation *n* ollghairdeas, ollás

jubilee *n* iubhaile; gairdeas

Judaism *n* Giúdachas

judge *n* breitheamh, moltóir *vt* meas, *to* ~ *a case* breith a thabhairt ar chás, *to* ~ *a competition* moltóireacht a dhéanamh ar chomórtas

judgment *n* breith, breithiúnas; meas, moltóireacht, *the Day of J* ~ Lá na Bhrátha, Lá an Luain

judicial *a* breithiúnach, dlíthiúil

judiciary *n* giúistísí

judicious *a* breithiúnach, tuisceanach

judo *n* júdó

jug *n* crúsca

juggernaut *n* arracht

juggle *vt & i*, *to* ~ *(things)* cleasaíocht, cleas na n-úll, a dhéanamh (le rudaí)

juggler *n* lámhchleasaí

juice *n* sú, súlach

juicy *a* súmhar

July *n* Iúil

jumble *n* manglam, meascán *vt* measc, cuir trí chéile

jumble-sale *n* ceantáil mhanglaim

jump *n* léim, preab, abhóg *vt & i* léim, preab, clis, bíog

jumper *n* léimneoir; geansaí

jumping *n* léimneach, preabarnach *a* léimneach, preabach

jumpy *a* cliseach, bíogúil, geiteach, preabach

junction *n* acomhal, gabhal, pointe teagmhála

June *n* Meitheamh

jungle *n* dufair, mothar

junior *n* sóisear *a* sóisearach, beag, *John O'Brien* ~ Seán Óg Ó Briain, ~ *class* bunrang

juniper *n* aiteal

junk *n* mangarae

Jupiter *n* Iúpatar

juridical *a* dlíthiúil

jurisdiction *n* dlínse, urlámhas

jurisprudence *n* dlí-eolaíocht

juror *n* coisteoir, giúróir

jury *n* coiste cúirte, giúiré

just *a* ceart, cóir, fíréanta; dleathach *n*, *the* ~ na fíréin *adv*, ~ *now* anois beag, ~ *then* díreach ansin, *you had only* ~ *left* ní baileach a bhí tú imithe

justice *n* ceart, cóir; giúistís, *district* ~, breithcamh dúiche

justifiable *a* inleithscéil

justification *n* fírinniú; réasún, cosaint

justify *vt* fírinnigh, *to* ~ *an action* cúis a thabhairt le gníomh, gníomh a chosaint

jut *n* gob, rinn *vi* gob amach

jute *n* siúit

juvenile *n* aosánach *a* óg, ~ *delinquent* ógchiontóir

juxtaposition *n*, *in* ~ le hais a chéile

K

kale *n* cál; praiseach

kaleidoscope *n* cailéideascóp

kangaroo *n* cangarú

keel *n* cíle

keeler *n* cíléar, peic

keen[1] *n* caoineadh *vt & i* caoin

keen[2] *a* géar; díocasach, ~ *edge* faobhar, ~ *wind* gaoth ghéar, ~ *eye* súil aibí, súil ghrinn, *to be* ~ *on sth* bheith líofa, geallmhar, ar rud

keenness *n* faobhar, géire; díocas, flosc; géarchúis

keen-witted *a* géarchúiseach
keep[1] *n* daingean
keep[2] *n* coinneáil, cothú *vt & i* coimeád, coinnigh; cumhdaigh; seas, *to* ~ *rules* rialacha a chomhlíonadh, *to* ~ *one's word* cur le d'fhocal, ~ *still* fan socair, *God* ~ *him* slán beo leis, ~ *going!* lean ort! *I kept on working* d'oibrigh mé liom
keeper *n* coimeádaí; maor
keeping *n, to be in* ~ *with* bheith ag cur, ag teacht, le, *to be in safe* ~ bheith ar lámh shábhála
keepsake *n* cuimhneachán, féirín
keg *n* ceaig
kelp *n* ceilp
kennel *n* conchró
kerb *n* colbha
kerchief *n* ciarsúr
kern *n* ceithearnach
kernel *n* eithne, *the* ~ *of the matter* croí an scéil
kerosene *n* ceirisín
kettle *n* citeal, túlán
kettledrum *n* tiompán
key *n* eochair; gléas *a,* ~ *position* eochairionad *vt, to be* ~*ed up* díbhirce a bheith ort
keyboard *n* méarchlár
keynote *n* gléasnóta; bunsmaoineamh
kick *n* cic, radadh, speach *vt & i* ciceáil, rad, spriúch, lasc
kid *n* meannán; meannleathar
kidnap *vt* fuadaigh
kidnapper *n* fuadaitheoir
kidney *n* ára, duán
kill *vt* maraigh, *to* ~ *time* an aimsir a mheilt, *I'll* ~ *you!* beidh d'anam agam!
killer *n* marfóir
kiln *n* áith, tornóg
kilogramme *n* cileagram
kilolitre *n* cililítear
kilometre *n* ciliméadar
kilowatt *n* cileavata
kilt *n* filleadh beag, féileadh beag
kin *n* cine, muintir, gaolta; gaol, coibhneas
kind *n* gné, cine, cineál, saghas, sórt, *pay him back in* ~ tabhair comaoin a láimhe féin dó, *to revert to* ~ filleadh ar do dhúchas *a* carthanach, cineálta, *by* ~ *permission* le caoinchead
kindergarten *n* ciondargairdín, naíscoil
kind-hearted *a* dea-chroíoch
kindle *vt & i* adhain, fadaigh, las, spreag
kindling *n* brosna
kindly *a* cineálta, daonna, muinteartha, nádúrtha
kindness *n* cineáltas, nádúr
kindred *n* gaolta, *my* ~ mo bhunadh (féin), mo mhuintir (féin) *a, to have a* ~ *feeling for a person* do ghaol, do dháimh, a bheith le duine
king *n* rí
kingdom *n* ríocht, flaitheas
kingfisher *n* cruidín

kingly *a* ríúil, ríoga, rí-
kink *n* caisirnín, castainn
kinsfolk *n* gaolta, muintir, bráithre
kinship *n* gaol, cóngas, *close* ~ gaol na gcnámh
kiosk *n* both
kipper *n* scadán leasaithe
kiss *n & vt* póg, ~ *of life* análú tarrthála
kit *n* trealamh
kit-bag *n* trucaid
kitchen *n* cistin; anlann
kite *n* eitleog; préachán na gcearc
kitten *n* piscín, puisín
kittiwake *n* saidhbhéar
kitty *n* carnán, leac, *the* ~ *is exhausted* tá an leac buailte
kleptomania *n* cleipteamáine
knack *n* ciúta, *there is a* ~ *in it* tá cleas, dóigh, dul, air, *to have the* ~ *of doing sth* bheith deas ar rud a dhéanamh
knapsack *n* cnapsac
knave *n* cladhaire, rógaire, *(cards)* cuireata
knead *vt* fuin, suaith
kneading-trough *n* losaid
knee *n* glúin, *up to the* ~*s in water*, go glúine, go hioscaidí, san uisce
knee-cap *n* capán glúine, pláitín glúine *vt, to* ~ *a person* duine a lámhach sa ghlúin
knee-deep *a,* ~ *in water* go hioscaidí, go glúine, san uisce
kneel *vi, to* ~ sléachtadh, do ghlúine a fheacadh, dul ar do ghlúine
knell *n* creill
knickers *npl* brístín
knick-knacks *npl* giuirléidí, gréibhlí
knife *n* scian *vt* scean, sáigh
knight *n* ridire
knit *vt & i* cniotáil, *to* ~ *things together* rudaí a fhuineadh le chéile, *to* ~ *one's brows* na malaí a chruinniú, *the bone is* ~*ting* tá an chnámh ag táthú, ag teacht ina chéile, ag snaidhmeadh
knitting *n* cniotáil
knitting-needle *n* biorán cniotála, dealgán
knob *n* cnapóg, cnoba; murlán
knobby *a* cnapach
knock *n* cnag *vt & i* buail, cnag, *to* ~ *a person down* duine a leagan, a threascairt, *to* ~ *off work* scor den obair
knock-down *a, to get sth at a* ~ *price* rud a fháil ar leath-threascairt
knocker *n, (door* ~*)* boschrann; cnagaire
knot[1] *n* snaidhm, cnota, *(in timber)* alt, cranra, dual, fadhb, ~ *of people* dol daoine *vt* snaidhm
knotty *a* snaidhmeach; cranrach, fadhbach, altach, ~ *question* ceist chasta
know *vt & i* aithin, *I* ~ *him* tá aithne agam air, *I* ~ *the place* is eol dom an áit; tá eolas agam ar an áit, *I* ~ *he's there* tá a fhios agam go bhfuil sé ann, *I* ~ *nothing about the subject* níl aon

chur amach agam air; ní fheadar faic faoi, *as far as I* ~ ar feadh m'eolais, go bhfios dom, *to let her* ~ *sth* rud a chur in iúl di
knowing *a* feasach, eolach

knowledge *n* eolas, fios
knowledgeable *a* eolach, feasach
knuckle *n* alt *vi, to* ~ *under to a person* géilleadh do dhuine, *to* ~ *down to sth* luí isteach ar rud

L

label *n* lipéad
laboratory *n* saotharlann
laborious *a* sclábhúil, trom, saothrach; duaisiúil
labour *n* obair, saothar; dua, duainéis; tinneas clainne, luí seoil; *L* ~ *Court* Cúirt Oibreachais *vt & i* oibrigh, saothraigh, *to* ~ *under a delusion* rud a bheith á shamhlú duit
labourer *n* saothraí; sclábhaí
labour-saving *a* duasheachanta
laburnum *n* beallaí francach
labyrinth *n* cathair ghríobháin
lace *n* (barr)iall; lása *vt, he* ~*d* (*up*) *his shoes* cheangail sé a bhróga
lacerate *vt* stiall, stoll, leadair, sclár
laceration *n* stialladh, stolladh, leadradh, scláradh
lack *n* ceal, díth, uireasa, easpa *vt, he* ~*s* (*for*) *money* tá easpa airgid air
lackadaisical *a* ar nós cuma liom, réagánta
lackey *n* gíománach
lacquer *n* laicear
laconic *a* grusach, beagfhoclach
lacrosse *n* crosógaíocht
lactation *n* lachtadh, tál
lad *n* garsún, buachaill, leaid
ladder *n* dréimire
lade *vt* ládáil
laden *a,* ~ *with fish* faoi ualach éisc
ladle *n* ladar, liach
lady *n* bean uasal; bantiarna
ladybird *n* bóín Dé
lady-killer *n* banaí
ladylike *a* banúil
lag[1] *n* moill, aga moille *vi* moilligh, stang
lag[2] *vt* fálaigh, cumhdaigh
lager *n* lágar
lagoon *n* murlach
laicize *vt* tuathaigh
lair *n* gnáthóg, leaba dhearg, brocais, uachais, fáir
laity *n* tuath, pobal
lake *n* loch, linn
lama *n* láma
lamb *n* uan; uaineoil
lame *a* bacach, ~ *person* bacach
lameness *n* bacaí, céim bhacaí
lament *n* éagaoineadh; caoineadh, marbhna *vt & i* éagaoin, caígh, cásaigh, ~*ing* ag mairgneach, *to* ~ (*for*) *someone* duine a chaoineadh
lamentable *a* cásmhar, diachrach, tubaisteach

laminated *a* bileogach; lannach
lamp *n* lampa; lóchrann; solas
lampoon *n* aoir *vt* aor
lampshade *n* scáthlán lampa
lance *n* lansa, sleá *vt* lansaigh
lancet *n* lansa
land *n* tír; talamh; fearann *vt & i, to* ~ teacht, dul, i dtír, *to* ~ *sth* rud a chur i dtír, *the aeroplane* ~*ed* thuirling an t-eitleán
landing[1] *n* tuirlingt
landing[2] *n* léibheann cheann staighre
landlady *n* bantábhairneoir; bean lóistín
landlocked *a* talamhiata, ~ *harbour* glaschuan
landlord *n* óstóir, tábhairneoir; tiarna talún
landmark *n* sprioc, sainchomhartha tíre
landmine *n* mianach talún
landscape *n* radharc tíre, tírdhreach; tírphictiúr
landslide *n* maidhm thalún, sciorradh talún
lane *n* bóithrín; lána, *ocean* ~ bealach loing-seoireachta
language *n* teanga; urlabhra, *bad* ~ gáirsiúlacht chainte
languid *a* fann, faon, meirbh, marbhánta, mairbh-iteach
languish *vi* sleabhac, cnaígh, *to* ~ *after a person* bheith ag caitheamh i ndiaidh duine, *he is* ~*ing* tá sé imithe i léig, ag imeacht den saol
languor *n* leisce, mairbhití, táimhe
lanolin *n* lanailin
lantern *n* laindéar, lóchrann, ~ *jaw* giall corránach
lanyard *n* láinnéar
lap[1] *n* binn (éadaigh); ucht; filleadh; timpeall, cuairt, *he is in the* ~ *of luxury* tá saol na bhfuíoll aige *vt, to* ~ *sth around sth* rud a fhilleadh, a chasadh, thart ar rud
lap[2] *vt & i, to* ~ (*up*) *milk* bainne a ól suas, a leadhbadh siar, *waves* ~*ping* tonnta ag lapadaíl, ag slaparnach
lapel *n* lipéad, bóna
lapse *n* earráid; dearmad, faillí, ~ *of time* imeacht aimsire *vi* sleamhnaigh, tit, *to* ~ *into apostasy* an creideamh a thréigean, *the policy* ~*d* chuaigh, ligeadh, an polasaí as feidhm
lapsed *a* siar; imithe i léig, tite; ó fheidhm, as dáta
lapwing *n* pilibín míog
larceny *n* gadaíocht, goid
larch *n* learóg
lard *n* blonag

larder *n* lardrús

large *a* fairsing, mór, toirtiúil, fia-, ~ *crowd* slua líonmhar, ~ *amount* moll, lear, *as* ~ *as life* ina steillebheatha *n*, *to set a prisoner at* ~, príosúnach a scaoileadh saor

lark *n* fuiseog

larva *n* larbha

laryngitis *n* laraingíteas

larynx *n* laraing

lascivious *a* drúisiúil

lash *n* lasc; leadhb, stiall *vt & i* stiall, gread, ~*ing rain* ag greadadh báistí, ~ *out* spréach, spriúch, rad

lashings *npl*, ~ *of food* greadadh bia, dalladh bia

lassitude *n* leisce, marbhántacht, lagbhrí

lasso *n* téad ruthaig

last¹ *n* ceap gréasaí

last² *n* deireadh, *at* ~ faoi dheireadh *a* déanach, deireanach, ~ *Tuesday* Dé Máirt seo caite, Dé Máirt seo a chuaigh thart, ~ *night* aréir, ~ *year* anuraidh *vt & i* lean, mair, seas *adv* ar deireadh, ~*ly* ar deireadh (thiar); mar fhocal scoir

lasting *a* buan, marthanach

latch *n* laiste *vt*, *to* ~ *the door* laiste a chur ar an doras

late *a & adv* déanach, deireanach, mall, antráthach, *of* ~ le déanaí, le gairid, ~ *in the day* anonn sa lá, *the* ~*st one* an ceann is deireanaí, ~*r* an amach anseo, ar ball, tráth is faide anonn; ina dhiaidh seo, ina dhiaidh sin, *my* ~ *husband* m'fhear céile tráth, nach maireann

lately *adv* ar na mallaibh, le deireanas, le déanaí

latent *a* folaithe, i bhfolach, ~ *heat* teas folaigh

lateral *a* cliathánach, sleasach, taobhach

lath *n* lata, slis

lathe *n* deil

lather *n* coipeadh, sobal, ~ *of sweat* brat allais

Latin *n*, (*language*) Laidin *a* Laidineach, ~ *America* Meiriceá Laidineach

latitude *n* domhanleithead, leithead, *to allow him* ~ cead a chinn a thabhairt dó

latter *a* déanach, deireanach

lattice *n* laitís; fuinneog laitíse

lattice-work *n* crannail, laitís

laud *vt* mol

laudable *a* inmholta

laudanum *n* ládanam

laudatory *a* moltach

lauds *npl* moltaí

laugh *n* gáire *vi* gáir, déan gáire, ~*ing at me* ag gáire fúm

laughable *a* áiféiseach, amaideach

laughing *n* gáire *a* gáireach, gáiriteach, *it is no* ~ *matter* ní cúrsa magaidh é, ní ábhar gáire ar bith é

laughing-stock *n* ceap magaidh, ealaí mhagaidh, staicín áiféise, paor

laughter *n* gáire

launch¹ *n* lainse

launch² *vt & i* caith, scaoil, teilg; lainseáil, seol, sáigh amach, cuir chun farraige, *to* ~ *out on an enterprise* aghaidh a thabhairt ar ghnó, dul i mbun gnó, *to* ~ *into an invective* cromadh, tosú, ar an sciolladóireacht

launder *vt* nigh, glan

launderette *n* neachtlainnín

laundry *n* neachtlann; níochán

laurel *n* labhras; daifne, ~*s* an chraobh

lava *n* laibhe

lavatory *n* leithreas

lavender *n* labhandar

lavish *a* fial, flaithiúil, raidhsiúil, doscaí *vt*, *to* ~ *money* airgead a chaitheamh go flúirseach, *to* ~ *praise on a person* duine a mholadh go spéir

law *n* dlí, reacht

lawful *a* dleathach, dlíthiúil, dlisteanach, dílis, ~ *right* dleacht, dliteanas

lawless *a* aindlíthiúil, fiáin

lawlessness *n* aindlí

lawn *n* léana, faiche, plásóg

lawn-mower *n* lomaire faiche

lawsuit *n* cúis dlí, caingean

lawyer *n* dlíodóir

lax *a* bog, faillitheach, scaoilte

laxative *n* purgóid *a* scaoilteach

lay¹ *n* laoi

lay² *a* tuata, saolta

lay³ *vt & i* leag, cláraigh, ~ *low* cnag, treascair, cloígh, *to* ~ *eyes on sth* do shúil a luí ar rud, *to* ~ *into the food* luí isteach ar an mbia, *to* ~ *a bet* geall a chur, *to* ~ *the table* an bord a leagan, *the hens are* ~*ing* tá na cearca ag breith, *to* ~ *a ghost* taibhse a dhíbirt, ~ *aside* cuir i leataobh, cuir i dtaisce, *to* ~ *off workers* oibrithe a leagan as obair, a scaoileadh chun bóthair, (*of corpse*) *laid out* os cionn cláir, *laid up with flu* i do luí le fliú

lay-by *n* leataobh

layer *n* brat, scraith; ciseal, sraith; béaróg

layman *n* tuata

layout *n* leagan amach

laze *vi*, *to* ~ *about* bheith ag leisceoireacht, ag imeacht díomhaoin

laziness *n* falsacht, leisce, leisciúlacht, drogall

lazy *a* leisciúil, falsa, leasc; támáilte; díomhaoin, ~ *person* falsóir, leisceoir

lea *n* bán, talamh bán

lead¹ *n* luaidhe

lead² *n* ceannas; treoir; (*for dog*) iall, *to take the* ~ dul i gceannas; dul chun tosaigh *vt & i* treoraigh, giollaigh, *it will* ~ *to contention* tiocfaidh an chointinn as, de, *that road* ~*s to Cork* téann an bóthar sin go Corcaigh, tabharfaidh an bóthar sin go Corcaigh thú

leaden *a* luaidhiúil; trom, spadánta

leader *n* ceannaire, ceannfort; treoraí, ceannródaí; príomhalt

leadership *n* ceannasaíocht; ceannródaíocht

leading *a*, *a* ~ *man* fear mór le rá, ~ *article* príomhalt

leaf *n* duille(og), bileog, *leaves* duilliúr

leaflet *n* duilleachán; bileog eolais

leafy *a* duilleach, bileogach; craobhach

league *n* conradh, léig; sraithchomórtas

leak *n* braon anuas, braon isteach; poll *vt & i, the tank is* ~ *ing* tá an t-umar ag ligean tríd, uaidh, *the news was* ~ *ed* sceitheadh an scéal

lean[1] *a* caol, lom, tanaí, seang, ~ *meat* feoil thrua, *the* ~ *years* na blianta ocracha

lean[2] *vt & i* claon, ~ *out* luigh amach, *to* ~ *on sth for support* taca a bhaint as rud, *he was* ~ *ing against a wall* bhí a thaca, a dhroim, le balla aige

leaning *n* claonadh, luí, lé, leagan *a* claonta

leap *n & vt & i* léim

leap-frog *n* caitheamh cliobóg

leaping *n & a* léimneach

leap-year *n* bliain bhisigh

learn *vt & i* foghlaim, *I have* ~ *ed it* tá sé ar eolas agam

learned *a* foghlamtha, léannta, ~ *person* saoi, éigeas, scoláire

learner *n* foghlaimeoir

learning *n* foghlaim, léann, éigse, saoithiúlacht, scoláireacht

lease *n* léas *vt* léasaigh, *to* ~ *something* rud a thógáil, a ligean, ar léas

leasehold *n* léas-seilbh, léasacht *a* léasach

leash *n* iall

least *n & a, the* ~ an ceann is lú, *the* ~ *doubt* amhras dá laghad, *at* ~ ar a laghad, *it is the* ~ *you might do* is é is lú is gann duit é; is beag an dualgas ort é, *the* ~ *little bit* oiread na fríde, *she wasn't in the* ~ *afraid* ní raibh eagla ná eagla uirthi

leather *n* leathar *a*, ~ *bag* mála leathair

leathery *a* leathrach; rosach, righin

leave *n* cead, saoire, *to take one's* ~ *of a person* slán a fhágáil ag duine, ceiliúradh de dhuine, *by your* ~ i gcead duit *vt & i* fág, imigh, ~ *off!* stad! éirigh as! ~ *out* fág amuigh, fág ar lár, *I was left out* rinneadh leithcheal orm; fágadh as an áireamh mé, ~ *me alone* lig dom, éirigh díom, ~ *it to me* fág fúmsa é, fág ar mo láimhse é

leaven *n* laibhín, deasca, gabháil

lecherous *a* drúisiúil

lectern *n* léachtán

lecture *n* léacht; seanmóir *vt & i, lecturing on history* ag léachtóireacht, ag tabhairt léachtaí, ar an stair, *to* ~ *a person* spraic a chur ar dhuine, liodán a léamh do dhuine

lecturer *n* léachtóir

lectureship *n* léachtóireacht

ledge *n* fargán, laftán, dreapa, frapa, *window* ~ leac fuinneoige

ledger *n* mórleabhar (cuntas)

lee *n, in the* ~ *of the island* faoi fhothain an oileáin

leech *n* súmaire; diúgaire

leek *n* cainneann

leer *n* claonfhéachaint; féachaint dhrúisiúil *vi, to* ~ *at a person* súil mhacnasach a thabhairt ar dhuine

lees *npl* deascadh, díodar, moirt

leeward *n & a & adv* taobh na fothana

leeway *n* ródadh; slí

left *n & a & adv* clé, ~ *hand* lámh chlé, ciotóg, *on the* ~ ar clé, *to turn* ~ casadh faoi chlé

left-handed *a* ciotach, ciotógach

left-hander *n* ciotóg; buille ciotóige

leg *n* cos; osán (bríste)

legacy *n* leagáid; oidhreacht

legal *a* dlíthiúil

legalize *vt, to* ~ *sth* dlí a dhéanamh de rud, rud a fhágáil dleathach

legate *n* leagáid

legation *n* leagáideacht; toscaireacht

legend *n* finscéal, *Ossianic* ~ scéal fiannaíochta

legendary *a* finscéalach

legible *a* inléite, soléite

legion *n* léigiún

legionary *n & a* léigiúnach

legislate *vi* reachtaigh

legislation *n* reachtaíocht

legislative *n* oireachtas, tionól reachtais *a* achtúil, reachtach

legislator *n* reachtóir

legislature *n, the L* ~ an tOireachtas

legitimate *a* dlisteanach

legitimize *vt* dlisteanaigh

Leinster *n* Laighin, Cúige Laighean *a* Laighneach

leisure *n* fóillíocht, *at one's* ~ ar do bhogstróc

leisurely *a* réagánta, sámh, *at a* ~ *pace* ar do bhogstróc

lemon *n* líomóid

lemonade *n* líomanáid

lend *vt & i, to* ~ *sth* rud a thabhairt ar iasacht, *to* ~ *a hand* lámh chúnta a thabhairt

lender *n* iasachtóir

length *n* fad, faide, *at* ~ *he gave his consent* faoi dheireadh thoiligh sé

lengthen *vt & i* fadaigh, *to* ~ *sth* fad a chur le rud

lengthwise *adv* ar a fhad

lengthy *a* fada; leadránach

leniency *n* boige, trócaire

lenient *a* bog, trócaireach

lenite *vt* séimhigh

lenition *n* séimhiú

lens *n* lionsa

Lent *n* Carghas

lentil n lintile, ~s piseánach
Leo n an Leon
leopard n liopard
leper n lobhar
leprechaun n leipreachán, lucharachán
leprosy n lobhra
lesbian n & a leispiach
lesion n lot
less n & a & adv, there is ~ to do here tá níos lú le déanamh anseo, in ~ than an hour faoi bhun uair an chloig, he does ~ work is lú an obair a dhéanann sé, I love him none the ~ for that ní lúide sin mo chion air, I couldn't care ~ is róchuma liom, ~ of your impudence! beagán sotail uait! prep, ~ 10% lúide 10%
-less a neamh-, mí-, a(i)n-
lessen vt & i laghdaigh, maolaigh
lesser a beag, mion, fo-
lesson n ceacht
lest conj ar eagla (go), ar fhaitíos (go); sula, sa dóigh is nach
let vt ceadaigh, lig, scaoil, to ~ a house teach a chur, a shuí, ar cíos, to ~ a person know about sth rud a chur in iúl do dhuine, ~ her go free lig a ceann léi, to ~ go of sth rud a scaoileadh uait, do ghreim a scaoileadh de rud (as virtual aux), ~ us go imímis, ~ no-one speak ná labhraíodh aon duine
lethal a marfach
lethargic a marbhánta, spadánta, támhach, suanach
letter n litir
lettering n litreoireacht
lettuce n leitís
leukaemia n leoicéime
level n cothrom, leibhéal; airde a cothrom, bord ar bhord (le), leibhéalta, réidh; ar comhscór, ~ crossing crosaire comhréidh, one's ~ best do chroídhícheall, ~ place lantán, mínleog, léibheann, plás vt cothromaigh, leag, mínigh, réitigh
level-headed a staidéarach, stuama, he is ~ tá cloigeann cothrom air
lever n luamhán
leveret n patachán (giorria)
levity n éadroime, éagantacht, aeracht
levy n cáin; tobhach vt toibhigh, gearr, to ~ war cogadh a fhearadh
lewd a gáirsiúil, graosta
lewdness n gáirsiúlacht, graostacht
lexicographer n foclóirí
lexicography n foclóireacht
lexicon n foclóir; stór focal, réimse focal
liability n dliteanas; fiachas; freagracht
liable a, he is ~ for what he said tá sé freagrach as an rud a dúirt sé, it is ~ to explode tá baol ann go bpléascfaidh sé, it is ~ to tax dlitear cáin air
liaison n ceangal; caidreamh

liar n bréagadóir, éitheoir, you're a ~ thug tú d'éitheach
libel n leabhal vt leabhlaigh
libellous a leabhlach
liberal n liobrálaí a liobrálach; fairsing, ~ arts saorealaíona
liberalism n liobrálachas
liberality n féile, fairsinge
liberate vt saor, fuascail
liberation n fuascailt, saoradh
liberator n fuascailteoir
liberty n saoirse
Libra n an Mheá
librarian n leabharlannaí
library n leabharlann
libretto n leabhróg
lice npl míolta
licence n cead, ceadúnas; díolúine
license vt ceadúnaigh
licensee n ceadúnaí
licentious a ainrianta, drúisiúil, drabhlásach
lichen n léicean, crotal
lick n lí vt & i ligh, leadhb; buail, léas, to ~ sth into shape cuma agus cruth a chur ar rud
lid n claibín, clár, clúdach
lie¹ n bréag, éitheach, white ~ caimseog, sceireog vi, to ~ bréag a insint, éitheach a thabhairt
lie² n luí, suíomh vi luigh, sín, it lies to the west of us tá sé siar uainn
lieu n, in ~ of in áit, in ionad
lieutenant n leifteanant
life n beatha; anam, beo; saol; beocht; beathaisnéis
lifeboat n bád tarrthála
lifeguard n garda coirp; maor snámha
lifeless a díbheo, marbhánta, gan anam, leamh
lifelike a cruthanta, a ~ portrait portráid dhealraitheach
lifetime n saol, in his ~ lena linn, lena ré, lena lá, lena sholas
lift n ardú, tógáil; ardaitheoir; marcaíocht, síob vt & i ardaigh, tóg, the fog ~ed scaip an ceo, chroch an ceo
ligament n ballnasc, lúitheach
light¹ n solas, léas, loinnir, the Northern Lights na Saighneáin a, ~ blue bánghorm, gorm éadrom vt & i las, adhain, fadaigh, to ~ a pipe píopa a dheargadh
light² a éadrom, to make ~ of sth a bheag, spíor spear, neamhshuim, a dhéanamh de rud, he is ~ on his foot tá sé éasca ar a chos
light³ vi, ~ on tuirling, tar anuas (ar), to ~ on sth tarlú ar rud, teacht ar rud gan choinne
lighten vt & i éadromaigh, laghdaigh, my heart ~ed d'éirigh mo chroí, the rain ~ed mhaolaigh an bháisteach
lighter n lastóir; lictéar
light-headed a aertha, éaganta

light-hearted *a* aerach, aigeanta, suairc, éadrom-chroíoch
lighthouse *n* teach solais
lighting *n* soilsiú, lasadh
lightning *n* tintreach, *flash of* ~ splanc, saighneán, gealán
like[1] *n* leithéid, macasamhail *a* cosúil, *in* ~ *manner* mar an gcéanna, ar an gcuma chéanna *adv*, *as* ~ *as not* chomh dócha lena athrach *prep* amhail, mar, ~ *other people* fearacht, ar nós, cosúil le, daoine eile, ~ *myself* mo dhála féin, *it was* ~ *a feast to them* ba gheall le féasta acu é *conj* (= *as*), *the snow is falling* ~ *in January* tá sé ag cur sneachta faoi mar a bheadh mí Eanáir ann, *it is* ~ *summer* tá sé ina shamhradh
like[2] *vt*, *I* ~ *her* is maith liom í, taitníonn sí liom, *I don't* ~ *it* is beag orm é, *to* ~ *a person* cion, gnaoi, a bheith agat ar dhuine, *anything you* ~ do rogha rud
likeable *a* geanúil; taitneamhach
likelihood *n* dóchúlacht, *there is little* ~ *of her coming* ní dócha go dtiocfaidh sí, is beag an seans go dtiocfaidh sí
likely *a* dealraitheach, dóchúil, *it is* ~ *to happen* is dócha go dtarlóidh sé, *not* ~! beag an baol! *adv* de réir dealraimh, *as* ~ *as not* chomh dócha lena athrach
liken *vt*, *to* ~ *sth to sth else* rud a chur i gcomórtas, a shamhlú, le rud eile
likeness *n* dealramh, cosúlacht, samhail, íomhá
likewise *adv* freisin; mar an gcéanna
liking *n* gnaoi; dúil, taitneamh, *I have a* ~ *for him* tá cion agam air, tá gean agam dó
lilac *n* siringe, líológ *a* liathchorcra
lilt *n* port béil, portaireacht *vi*, ~*ing* ag portaireacht
lily *n* lile
limb *n* géag, brainse
limber *a* aclaí *vt* & *i* aclaigh
limbo *n* liombó
lime[1] *n* & *vt* aol
lime[2] *n* líoma, ~*tree* crann líomaí
lime[3] *n*, ~ *tree* (*tilia*) crann teile
limekiln *n* tiníl, áith aoil, tornóg
limelight *n*, *he likes the* ~ is maith leis an solas a bheith air, a bheith os comhair an phobail
limestone *n* aolchloch
limit *n* críoch, fóir, foirceann, líomatáiste, *he's the* ~ níl aon teorainn leis *vt*, *to* ~ *sth* rud a theorannú, a shrianadh, a chumadh, *he didn't* ~ *himself to that* níor fhan sé air sin, taobh leis sin
limitation *n* teorannú, cinnteacht
limited *a* teoranta
limp[1] *n* céim bhacaí *vi*, *to* ~ céim bhacaí a bheith ionat, ~*ing* ag bacadáil
limp[2] *a* faon, sleabhctha, ~ *thing* leidhce, liobar, pleist

limpet *n* bairneach
limpid *a* glé(igeal), gléineach
linchpin *n* pionna rotha
linden *n* teile
line *n* líne; sreang; ríora, ríshliocht; ruaim, dorú *vt* línigh; líneáil
lineage *n* líne, ginealach; folaíocht
linear *a* líneach
linen *n* líon; líonéadach
liner *n* línéar
linesman *n* fear líne; taobhmhaor
ling[1] *n* langa
ling[2] *n* fraoch (mór)
linger *vi* moilligh, seadaigh
lingering *n* máinneáil, moilleadóireacht, leadrán, righneáil *a* fadálach, leadránach, righin, ~ *eye* mallrosc
linguistics *npl* teangeolaíocht
lining *n* líneáil
link *n* lúb, drol; cónasc, nasc *vt* & *i* cónaisc, cúpláil; ceangail
links *n* muirbheach, dumhcha; galfchúrsa
linnet *n* gleoiseach
linoleum *n* líonóil
linseed *n* ros (lín), ~*oil* ola rois
lint *n* líon; líonolann
lintel *n* fardoras
lion *n* leon
lip *n* liopa, cab, bruas, béal *pl* beola
lip-service *n* béalchrábhadh, béalghrá
lipstick *n* béaldath
liquefy *vt* & *i* leachtaigh
liqueur *n* licéar
liquid *n* leacht *a* leachtach, *it became* ~ d'imigh, d'athraigh, sé ina leacht
liquidate *vt* leachtaigh, scaoil; díothaigh
liquidation *n* leachtú, scaoileadh; díothú
liquidator *n* leachtaitheoir
liquidize *vt* & *i* leachtaigh
liquidizer *n* leachtaitheoir
liquor *n* liocáir; deoch (mheisciúil), biotáille
liquorice *n* liocras
lisp *n* snas *vi*, *to* ~ labhairt go briotach, ~*ing* ag briotaireacht
list[1] *n* liosta, clár *vt* cláraigh, liostaigh
list[2] *n* liosta *vi*, *the boat* ~*ed* thóg an bád liosta
listen *vi* éist
listener *n* éisteoir
listless *a* díbheo, dímríoch, marbhánta, fuaránta
litany *n* liodán
literacy *n* litearthacht
literal *a* litriúil, liteartha
literary *a* liteartha
literate *a* liteartha, *a* ~ *man* fear a bhfuil foghlaim air
literature *n* litríocht
lithe *a* ligthe, scolbánta, leabhair
lithograph *n* & *vt* liteagraf

lithography n liteagrafaíocht
litigant n dlíthí
litmus n litmeas
litre n lítear
litter n árach, eileatram; easair, cosair; bruscar; ál, cuain vt & i easraigh, to ~ a floor with rushes easair úrluachra a chur ar urlár, to ~ a room seomra a chur trí chéile, (of animals), to ~ ál, cuain, a bhreith
little n beag, beagán, a ~ older beagán níos sine, ábhairín níos sine, to make ~ of sth neamhní, a bheag, a dhéanamh de rud, ~ by ~ diaidh ar ndiaidh a beag, mion-, ~ finger, ~ toe, lúidín adv, a ~ too soon pas beag róluath, I ~ thought that is beag a shíl mé go
liturgical a liotúirgeach
liturgy n liotúirge
live[1] a beo
live[2] vi mair, cónaigh, if I ~ más beo dom, as long as I ~ le mo bheo, le mo ré, le mo sholas, where do you ~ cá gcónaíonn tú, cá bhfuil tú i do chónaí
livelihood n slí bheatha, beo, maireachtáil
lively a anamúil, beo, beoga, bíogúil, preabúil, aerach, ~ voice glór briosc
liven vt, to ~ sth up spionnadh, anam, spleodar, a chur i rud
liver n ae, crua-ae
livery n libhré, éide
livestock n beostoc, eallach
livid a glasghnéitheach, he became ~ dhubhaigh agus ghormaigh air
living n beatha, maireachtáil, to earn one's ~ do chuid a shaothrú, do bheatha a thabhairt i dtír a beo, ~ room seomra teaghlaigh, in ~ memory le cuimhne na ndaoine
lizard n earc, laghairt
llama n láma
load n lód, ualach; lasta, lucht, ~s of money an dúrud, na múrtha, airgid vt & i lódáil, ualaigh, (of ship) luchtaigh, lastáil, to ~ a gun gunna a stangadh
loaf[1] n bollóg, builín, bairín
loaf[2] vi, ~ing about ag fálróid thart, ag crochadóireacht (thart)
loafer n liúdramán, scraiste, ríste, crochadóir
loan n iasacht
loath a, I am ~ to go there is leasc liom, tá drogall orm, dul ann
loathe vt, I ~ it is fuath, gráin, liom é
loathing n déistin, gráin, fuath
loathsome a déistineach, gráiniúil, fuafar
lobe n maothán, bog na cluaise; cluaisín
lobby n forsheomra, pasáiste, póirse; brúghrúpa, division ~ pasáiste vótála vt, to ~ a person tacaíocht duine a lorg
lobster n gliomach
lobsterhole n ábhach gliomach, aice gliomach
local a áitiúil, logánta, ~ people muintir na háite

locality n ceantar, dúiche
locate vt aimsigh, suigh
location n láthair, loc, suíomh; aimsiú
locative a, ~ case tuiseal áitreabhach
lock[1] n loca, slám, ~ of hair dlaoi ghruaige, dual gruaige
lock[2] n glas, canal ~ loc canála vt & i, to ~ sth rud a ghlasáil, a chur faoi ghlas, to become ~ed dul i ngreim, greamú, dul i bhfostú
locker n taisceadán
locket n loicéad
lockjaw n glas fiacla, teiteanas
lock-out n frithdhúnadh
locksmith n glasadóir
locomotive n inneall gluaiste, gluaisteoir
locust n lócaiste
lode n lód; síog
lodestone n adhmaint
lodge n lóiste, gate ~ teach geata vt & i lóisteáil, stop, the corn ~d shleabhac an t-arbhar, to ~ in a place bheith ar lóistín in áit, the water ~d there lonnaigh an t-uisce ann, to ~ a complaint against a person gearán a chur isteach ar dhuine
lodgement n lóisteáil, taisceadh
lodger n aoi, lóistéir
lodging n iostas, ~s lóistín, aíocht, óstaíocht, ~ house teach iostais
loft n lochta; áiléar
loftiness n airde, buacacht; uaisle, mórgacht; ard-nósacht
lofty a ard, buacach; ardnósach, ceannasach; mórga, uasal
log n ceap, cearchaill, sail, lomán, maide, ship's ~ leabhar loinge
loganberry n lóganchaor
logarithm n logartam
log-book n turasleabhar, leabhar loinge
loggerheads npl, at ~ in adharca a chéile
logic n loighic
logical a loighciúil
logistics npl loighistic; lóistíocht
loin n luan, ~s leasrach, na háranna
loiter vi, ~ing about ag máinneáil thart
loll vi, ~ing about ag sínteoireacht, ag rístíocht
lollipop n líreacán
lone a aonarach, a ~ person duine aonair; cadhan aonair, caonaí
loneliness n cumha, uaigneas
lonely a uaigneach, aonaránach
loner n éan cuideáin, cadhan aonair, aonarán
lonesome a cumhach, éagmaiseach, uaigneach
long a fada, cian, six feet ~ sé troithe ar fad, a ~ time ago fadó, i bhfad ó shin, this ~ time le cian d'aimsir, le fada anuas, before ~ roimh i bhfad, at ~ last faoi dheireadh thiar adv, it won't be ~ (until) is gearr (go), have you been here ~ an bhfuil tú i bhfad anseo, how ~ cá fhad, as ~ as, a fhad is, as ~ as I live le mo lá vi, ~ing for sth ag tnúth le rud

long-eared *a* cluasach, ~*owl* ceann cait
longevity *n* buaine, fadsaolaí, fad saoil
long-haired *a* fadfholtach, ciabhach, mongach
longing *n* tnúth, dúil *a* tnúthánach; dúilmhear (i *for*)
longitude *n* domhanfhad
long-lived *a* saolach, fadsaolach, cianaosta
longnecked *a* muineálach, dúdach, scrogallach
long-suffering *a* fadfhulangach, foighneach
longwinded *a* fadchainteach, leadránach
look *n* amharc, féachaint; cló, dealramh, *good ~ s* dathúlacht *vi* amharc, breathnaigh, dearc, féach, *you are ~ ing well* tá tú ag breathnú go maith, *he ~ s young* tá cuma na hóige air, *to ~ after sth* féachaint i ndiaidh ruda, chuig rud, ~ *out!* aire duit! fainic! seachain! coimhéad! *to ~ for work* obair a lorg, *to ~ forward to sth* bheith ag súil, ag tnúth, le rud
looking-glass *n* scáthán
look-out *n* crannóg; fear faire
loom[1] *n* seol
loom[2] *vi* taibhsigh, *to ~ large* bheith mórthaibhseach, *danger is ~ ing* tá contúirt ag bagairt, ar do thí
loon *n* lóma
loop *n* lúb, dol, drol *vt & i* lúb
loop-hole *n*, *to find a ~* poll éalaithe, éasc, a aimsiú
loose *a* bog, ar bogadh, scaoilte, liobarnach *vt* bog, scaoil
loosen *vt & i* bog, scaoil
loosestrife *n*, *purple ~* créachtach
loot *n & vt* creach, slad
lop *vt* gearr, scoith, teasc, sciot
lope *n* truslóg *vi*, *to ~ along* imeacht de thruslóga
loppings *npl* craobhach, barraíl, scotháin
lopsided *a* leataobhach, *it is ~* tá leatrom air, tá sé ar sceabha
loquacious *a* geabach, béalach, cainteach
lord *n* tiarna, ~ *mayor* ardmhéara
lordly *a* tiarnúil, uasal, maorga
lore *n* seanchas, *Ossianic, Fenian, ~* Fiannaíocht
lorry *n* leoraí
lose *vt & i* caill, *I lost patience* bhris ar an bhfoighne agam, *to ~ one's way* dul amú, dul ar strae
loser *n* cailliúnaí, fear caillte na himeartha
loss *n* bris; díobháil, easpa, caill(iúint), creach, *to go to ~* dul amú, dul ar díth, dul ó rath
lost *a* caillte
lot *n* lota, *a ~ of people* a lán daoine, mórchuid daoine, *the ~* an t-iomlán, ~*s of money* an t-uafás, an dúrud, airgid, *to cast ~ s for sth* crainn a chaitheamh ar rud, rud a chur ar chrainn, *he's a bad ~* is olc an t-earra é
lotion *n* lóis, ionlach
lottery *n* crannchur
loud *a* ard, glórach; gáifeach

loud-speaker *n* callaire
lough *n* loch
lounge *n* tolglann; seomra suí, seomra caidrimh
louse *n* míol cnis
lousy *a* míolach; suarach
lout *n* bastún, bodach, gamal, búr
lovable *a* geanúil, grámhar
love *n* grá, searc; cion, gean, *my ~!* a ghrá! a ansacht! *in ~ with a person* i ngrá le duine *vt & i* gráigh, *I ~ apples* is breá liom úlla
loveliness *n* áilleacht, scéimh, gleoiteacht
lovely *a* álainn, sciamhach, gnaíúil, gleoite, caomh; aoibhinn
lover *n* leannán
loving *a* geanúil, grámhar, carthanach, *in ~ memory of* i ndilchuimhne ar
low[1] *a* íseal, comónta, lábánta, ~ *tide* lag trá, ~ *pressure* lagbhrú, ~ *spirits* lagmhisneach, domheanma, *in a ~ voice* os íseal, de ghuth íseal, *to be laid ~* bheith ar lár
low[2] *n & vi* géim, búir
lower[1] *a* íochtarach, *the ~ classes* an chosmhuintir, ~ *part* íochtar *vt* leag, ísligh, laghdaigh, maolaigh, lig anuas, stríoc
lower[2] *vi*, ~*ing sky* spéir iata, *to ~ at a person* gruaim a chur i do mhala le duine
lowliness *n* uirísleacht, íochtaránacht, bochtaineacht
lowly *a* uiríseal, íochtarach
lowlying *a* logánach, íochtarach, íseal, ~ *place* ísleán, logán
loy *n* láí
loyal *a* dílis, tairiseach
loyalist *n* dílseoir
loyalty *n* dílse, tairise
lozenge *n* losainn; muileata
lubricant *n* bealadh
lubricate *vt* bealaigh
lubrication *n* bealú
lucid *a* glé, gléineach; meabhrach, *she is perfectly ~* tá a ciall is a céadfaí aici
luck *n* ádh, seans, séan, *as ~ would have it* ar ámharaí an tsaoil, ar an dea-uair
lucky *a* ádhúil, ámharach, séanmhar, *he was ~* bhí an t-ádh leis, air
lucrative *a* brabúsach, éadálach, gnóthachúil
ludicrous *a* áiféiseach, cluichiúil
lug *n* cluas
luggage *n* bagáiste
lugger *n* liúir
lug-worm *n* lugach
lukewarm *a* bog, bogthe, alabhog; patuar; fuarchráifeach
lull *n* eatramh, uaineadh, sámhnas; tost *vt & i* ciúnaigh, *to ~ a child to sleep* leanbh a chealgadh (a chodladh), *the wind has ~ed* tá staonadh ar an ngaoth
lullaby *n* suantraí, seoithín seothó

lumbago *n* lumbágó
lumber *n* trangláil; crainn leagtha, lomáin
luminous *a* lonrach, solasmhar
lump *n* ailp, canta; fadhb, cnap(án); meascán, meall, ~ *sum* cnapshuim *vt, to* ~ *things together* rudaí a chaitheamh ar mhuin mhairc a chéile; rudaí a lua (etc) le chéile amhail is dá mb'ionann iad
lumpy *a* cnap(án)ach, fadharcánach
lunacy *n* gealtachas
lunar *a*, ~ *month* mí ghealaí
lunatic *n* gealt *a*, ~ *behaviour* gealtachas, iompar gan chiall, ~ *asylum* teach na ngealt, gealtlann
lunch *n* lón *vi, to* ~ lón a chaitheamh
lung *n* scamhóg
lunge *n* áladh, fogha, sá *vt & i* sáigh, *he* ~*ed at me* thug sé áladh orm
lupin *n* lúipín
lurch *n* turraing, *in the* ~ san abar, san fhaopach *vi* guailleáil, ~*ing* ag longadán
lure *n* mealladh, tarraingt, cluain *vt, to* ~ *a person* duine a bhréagadh, a mhealladh, a tharraingt
lurid *a* mílítheach, glasghnéitheach; fuafar, scéiniúil, gáifeach; crónbhuí

lurk *vi*, ~*ing in the corner* i bhfolach sa chúinne, ~*ing in the woods* ag déanamh oirchille, luíocháin, sna coillte
luscious *a* súmhar; sáil, ~ *grass* féar borb, féar uaibhreach
lush *a* méith, sóúil, borb, uaibhreach
lust *n* ainmhian, drúis *vi, to* ~ *after a woman* bean a shantú
lustful *a* ainmhianach, drúisiúil
lustre *n* loinnir, lí, niamh, snas
lustrous *a* lonrach, niamhrach
lusty *a* bríomhar, fuinniúil, láidir
lute *n* liúit
Lutheran *n & a* Liútarach
luxuriant *a* uaibhreach; bláfar, buacach, ~ *growth* sáile, fás borb, fásach
luxurious *a* sóch, sóúil, sáil, macnasach
luxury *n* ollmhaitheas, só, sáile
lying *a* bréagach
lymph *n* limfe
lynx *n* lincse
lyre *n* lir
lyric *n* liric
lyrical *a* fileata, liriceach**

M

macadam *n* macadam
macaroni *n* macarón
mace[1] *n* más
mace[2] *n*, *(spice)* maicis
machine *n* inneall, meaisín *vt, to* ~ *cloth* éadach a fhuáil le hinneall fuála
machine-gun *n* meaisínghunna
machinery *n* innealra, sáslach
machinist *n* meaisíneoir
mackerel *n* maicréal, ronnach, murlas
mackintosh *n* cóta báistí
mad *a* dásachtach, ~ *dog* madra dúchais, madra oilc, *he is* ~ tá sé ar buile, as a mheabhair, ar mire, *to go* ~ imeacht le craobhacha, le báiní
madam *n*, *(voc)* a bhean uasal
madman *n* fear buile, gealt
madness *n* buile, mire; dásacht, neamh-mheabhair
magazine *n* armlann; piléarlann; iris, irisleabhar
maggot *n* cruimh
maggoty *a* cruimheach, fíniúch
magic *n* draíocht, *black* ~ an ealaín dhubh
magician *n* draíodóir, draoi
magistrate *n* giúistís
magnanimity *n* móraigeantacht
magnanimous *a* móraigeanta
magnate *n* gróintín, toicí
magnesia *n* maignéis
magnesium *n* maignéisiam

magnet *n* adhmaint, maighnéad
magnetic *a* maighnéadach, adhmainteach
magnetism *n* maighnéadas, adhmainteas
magnetize *vt* maighnéadaigh
magnification *n* formhéadú, móradh
magnificence *n* ollás
magnificent *a* ollásach, taibhseach
magnify *vt* formhéadaigh; mór
magnifying glass *n* gloine formhéadúcháin
magnitude *n* méid, ollmhéid, fairsinge
magpie *n* meaig, snag breac
mahogany *n* mahagaine
maid *n* cailín; cailín aimsire
maiden *n* iníon, maighdean; ainnir, bruinneall, bé, cúileann
maidenhair *n* dúchosach
mail[1] *n* máille
mail[2] *n* post, litreacha *vt* postáil
maim *vt* martraigh, ciorraigh, *he is* ~*ed* tá cithréim air, tá sé ina chláiríneach
main *n* príomhphíopa (uisce, séarachais), *the* ~*s* príomhlíonra, *in the* ~ den chuid is mó, tríd is tríd *a* mór, príomh-, ceann-
mainland *n* míntír, mórthír, tír mór
mainly *adv* go háirithe, go mór mór, den chuid is mó (de)
maintain *vt* coimeád, cothaigh, coinnigh, *I* ~ *(that)* seasaim air (go)

maintenance *n* coimeád, cothú, cothabháil

maize *n* grán buí, arbhar indiach

majestic *a* mórga, státúil

majesty *n* mórgacht, dínit, ríogacht, *His M* ~ a Mhórgacht

major *n* maor (airm) *a* mór-, príomh-, ~ *road* príomhbhóthar

majority *n* móramh, tromlach, bunáite, formhór, mórchuid

make *n* déanamh, déantús *vt & i* déan, ~ *certain* cinntigh, *to* ~ *a bed* leaba a chóiriú, *to* ~ *the tea* an tae a fhliuchadh, *to* ~ *trouble* callóid a chothú, *to* ~ *two hundred pounds a week* dhá chéad punt sa tseachtain a shaothrú, *he won't* ~ *it* ní éireoidh leis, *to* ~ *harbour* cuan a bhualadh, a ghabháil, *to* ~ *a person happy* áthas a chur ar dhuine, *to* ~ *sth known* rud a chur in iúl, *to* ~ *a person do sth* tabhairt ar dhuine rud a dhéanamh, *two and two* ~ *four* a dó agus a dó sin a ceathair, *to* ~ *for Derry* aghaidh a thabhairt ar Dhoire, déanamh ar Dhoire, *to* ~ *away with sth* rud a ghoid, *to* ~ *off* breith as, cur sna cosa, *to* ~ *sth out* meabhair a bhaint as rud, *to* ~ *up one's losses* do bhris a thabhairt isteach, *to* ~ *up to a person for sth* cúiteamh a dhéanamh le duine i rud, *making up to a person* ag fosaíocht, ag tláithínteacht, le duine, *he made a rush at me* thug sé rúid orm

make-believe *n* cur i gcéill

maker *n* déantóir, cumadóir, *our M* ~ an Cruthaitheoir

makeshift *a*, *a* ~ *pen* leithscéal pinn, ainm pinn

make-up *n* smideadh

making *n* déanamh, *the* ~ *s of a leader* ábhar ceannaire

maladministration *n* míriar

malady *n* galar, aicíd

malaria *n* maláire

male *n* fireannach *a* fearga, fireann, ~ *child* páiste fir

malediction *n* drochghuí, mallacht

malefactor *n* coirpeach, meirleach

malevolence *n* drochaigne, naimhdeas, olc

malevolent *a* drochaigeanta, naimhdeach

malformation *n* anchuma

malice *n* mailís, mioscais, mírún, drochintinn

malicious *a* mailíseach, mioscaiseach

malign *a* dochrach, olc *vt*, *to* ~ *a person* béadán a dhéanamh ar dhuine, droch-chlú a chur ar dhuine

malignant *a* ainciseach, mailíseach, urchóideach, ~ *tumour* cnoc ailse

malinger *vi*, *to* ~ tinneas (bréige) a ligean ort féin

mallard *n* mallard

mallet *n* máilléad

malnutrition *n* míchothú

malodorous *a* bréan, tufar

malpractice *n* míchleachtas

malt *n & vt & i* braich

maltreatment *n* ainíde, drochíde, splíontaíocht

mammal *n* mamach, sineach

mammary *a* mamach

mammy *n* mamaí, mam

man *n* fear; duine, *every* ~ cách, *the* ~ *in the moon* Dónall na gealaí *vt*, *to* ~ *a boat* foireann a chur ar bhád

manage *vt & i* ionramháil, láimhseáil, riar, stiúir, rith, *she* ~ *d to do it* d'éirigh léi, chuaigh aici, ráinigh léi, é a dhéanamh

manageable *a* soláimhsithe, sásta

management *n* bainistíocht, riar, ionramháil, láimhseáil

manager *n* bainisteoir

manageress *n* bainistreás

mandarin *n* mandairín

mandate *n* sainordú

mandatory *a* sainordaitheach

mandolin *n* maindilín

mane *n* moing

mange *n* clamh, gearb

mangel *n* meaingeal

manger *n* mainséar

mangle[1] *vt* coscair, leadair, loit

mangle[2] *n* fáisceadán *vt* fáisc

mangy *a* clamhach, carrach

manhandle *vt*, *to* ~ *a person* duine a láimhsiú, a chrágáil

man-hole *n* dúnpholl

manhood *n* feargacht, oirbheart, inmhe, *to grow to* ~ teacht i méadaíocht, *since he reached* ~ ó tháinig ann dó

mania *n* máine

maniac *n & a* máineach

manicure *n* lámh-mhaisiú

manifest *n* lastliosta *a* follasach, sofheicthe *vt* foilsigh, soiléirigh, réal, nocht

manifesto *n* forógra

manifold *n*, *to type a report in* ~ ilchóipeanna de thuarascáil a dhéanamh *a* iomadúil, il-

manipulate *vt* láimhsigh, ionramháil

manipulation *n* láimhsiú, ionramháil, cúbláil

mankind *n* an duine, an cine daonna

manliness *n* fearúlacht; sponc, miotal

manly *a* fearúil, mascalach; misniúil, sponcúil

manmade *a* saorga, de dhéantús duine

mannequin *n* mainicín

manner *n* modh, dóigh, nós, slí *pl* béasa, *it is not* ~ *s* ní den eolas, den mhúineadh, é

mannerism *n* gothaíocht, faisean, dóigh, nósúlacht

mannerly *a* béasach, múinte, modhúil, mómhar

manoeuvre *n* inlíocht; beart, ionramháil *vt & i* innill; beartaigh, ionramháil, ainligh

manor *n* mainéar

manpower *n* daonchumhacht; líon fear

mansion *n* teach mór, caisleán, halla, cúirt, mainteach, *the M* ~ *House* Teach an Ard-Mhéara

manslaughter *n* dúnorgain
mantelpiece *n* matal, clabhar, clár tine
mantle *n* brat, fallaing, cochall
manual *n* lámhleabhar *a*, ~ *labour* obair láimhe
manufacture *n* déantús, déanamh *vt* monaraigh, déan, táirg
manufacturer *n* déantóir, *arms* ~ armadóir
manufacturing *n* déantúsaíocht *a*, ~ *industry* tionscal déantúsaíochta
manure *n* aoileach, leasú
manuscript *n* lámhscríbhinn
many *n* mórán, go leor, a lán, il-, *there aren't so* ~ *of them* níl a oiread sin acu ann *a*, *I was there* ~ *times* is iomaí uair, is minic, a bhí mé ann, ~ *people* a lán daoine, *how* ~ *times* cé mhéad uair, *too* ~ barraíocht, (an) iomarca
map *n* léarscáil, mapa *vt* mapáil, léarscáiligh, *to* ~ *out a route* bealach a leagan amach
maple *n* mailp
mar *vt* mill, loit, máchailigh
marathon *n* maratón
marauder *n* foghlaí, creachadóir
marble *n* marmar, *(toy)* mirlín
march¹ *n* & *vi* máirseáil
March² *n* Márta
mare *n* láir, capall
mare's-tail *n*, *(plant)* colgrach, ~ *s*, *(clouds)* cluimhreach ghabhair
margarine *n* margairín
margin *n* ciumhais, imeall; imeallbhord; lamháil
marginal *a* imeallach
marigold *n* ór Muire
marijuana *n* marachuan
marine *a* muirí
mariner *n* mairnéalach, maraí
marionette *n* máireoigín
marital *a*, ~ *guidance* treoir phósta
maritime *a* muirí
mark¹ *n* marc, sprioc; comhartha; ionad, lorg, rian, *high-water* ~ barr láin (mhara) *vt* marcáil, comharthaigh, ~ *out* rianaigh, sprioc
mark² *n* marg
marker *n* marcálaí; leabhar scóir; rianaire, marcóir; *(tag)* figín
market *n* margadh *vt* margaigh, *to* ~ *sth* rud a chur ar an margadh
marketing *n* margú; margaíocht
marksman *n* aimsitheoir
marl *n* marla
marmalade *n* marmaláid
maroon¹ *n* & *a* marún
maroon² *vt*, *to* ~ *a person* duine a chur ar oileán uaigneach, *they were* ~ *ed by the floods* sháinnigh na tuilte iad
marquee *n* ollphuball
marquis *n* marcas
marriage *n* pósadh; lánúnas
marriageable *a* inphósta

married *a* pósta
marrow *n* smior, smúsach; *vegetable* ~ mearóg
marry *vt* & *i* pós
Mars *n* Mars
marsh *n* riasc, seascann, eanach
marshal¹ *n* marascal
marshal² *vt*, *to* ~ *facts, soldiers* fírící, saighdiúirí, a chur in eagar
marshmallow *n*, *(plant)* leamhach, *(sweet)* leamhachán
marshy *a* riascach, mongach
marsupial *n* & *a* marsúipiach
mart *n* marglann
marten *n*, *pine* ~ cat crainn
martial *a* míleata
martin *n* gabhlán
martyr *n* mairtíreach *vt* martraigh
martyrdom *n* mairtíreacht
marvel *n* iontas *vi*, *to* ~ *at sth* iontas a dhéanamh de rud
marvellous *a* iontach, éachtach
Marxism *n* Marxachas
Marxist *n* & *a* Marxach
marzipan *n* prásóg
mascara *n* mascára
mascot *n* sonóg
masculine *a* fireann, *(grammar)* firinscneach
mash *n* maistreán; brúitín *vt* brúigh
mask *n* masc, aghaidh fidil, púic *vt* masc, folaigh
mason *n* saor; máisiún
masonry *n* saoirseacht chloiche; máisiúnachas
masquerade *n* damhsa masc; cur i gcéill *vi*, *to* ~ *as someone else* dul i riocht duine eile
Mass¹ *n* Aifreann
mass² *n* toirt, meall, dlúimh, mothar; mais, ~ *of people* slua daoine, *the* ~ *es* an pobal, an choitiantacht *a* oll- *vt* & *i* dlúthaigh, cruinnigh, le chéile
massacre *n* sléacht, ár *vt*, *to* ~ *people* ár a dhéanamh ar dhaoine
massage *n* suathaireacht, lámhchuimilt, masáiste *vt* suaith, cuimil
massive *a* tromábhal, oll-
mass-produce *vt* olltáirg
mast *n* crann, seolchrann; cuaille
master *n* máistir, ~ *of ceremonies* reachtaire; fear an tí *vt* smachtaigh, máistrigh, *to* ~ *a language* máistreacht a fháil ar theanga
masterful *a* máistriúil, ceannasach, tiarnúil
masterly *a* máistriúil
masterpiece *n* sárshaothar
mastery *n* máistreacht, tiarnas, ceannsmacht
masticate *vt* cogain
mastiff *n* maistín
mastitis *n* maistíteas
mastoid *n* & *a* mastóideach
mat¹ *n* mata
mat² *a* neamhlonrach
mat³ *vt* & *i*, *to* ~, *become* ~ *ted* éirí stothach

match¹ *n* lasán, cipín solais
match² *n* macasamhail, leathbhreac, comrádaí; cluiche; céile (imeartha, comhraic); cleamhnas, *he met his* ~ casadh fear a dhiongbhála air *vt & i* meaitseáil, *they don't* ~ níl siad ag freagairt dá chéile, ní théann siad le chéile, *they are well* ~ed tá siad inchurtha le chéile, in ann ag a chéile
matchmaker *n* basadóir
mate *n* comrádaí; céile; leathbhádóir, máta, (*of bird*) leathéan *vt & i* pós; céiligh; cúpláil
material¹ *n* ábhar, damhna; mianach; adhmad; éadach, stuif, *building* ~ ábhar tógála
material² *a* ábhartha; saolta; tábhachtach, riachtanach
materialism *n* ábharachas
materialize *vt & i* cruthaigh, taibhsigh, *the scheme* ~d tháinig bun ar an scéim, *a ship* ~d *out of the fog* nocht an long tríd an gceo
maternal *n* máthartha, *on the* ~ *side* ó thaobh na máthar
maternity *n* máithreachas
mathematician *n* matamaiticeoir
mathematics *n* matamaitic
matinée *n* nóinléiriú
mating *n* cúpláil; céiliú; lánúnas
matins *npl* iarmhéirí
matriarch *n* matrarc
matriarchal *a* matrarcach
matriculation *n & a* máithreánach
matrimony *n* pósadh, lánúnas
matron *n* mátrún; bean phósta
matted *a* clibíneach, stothach, ~ *hair, wool* céas
matter *n* ábhar, damhna; gnó, cúrsa, rud, cúis; angadh, anagal, *what is the* ~ céard tá cearr, *for that* ~ i dtaca leis sin de, ach oiread leis sin, *no* ~ is cuma, *what* ~ *but* cén bhrí ach *let the* ~ *rest* fág marbh é mar scéal, *a* ~ *for wonder* cuid iontais, *laughing* ~ cúis gháire *vi*, *it* ~s (*to*) is miste (do), *it doesn't* ~ *where he got it* is cuma cá bhfuair sé é, *it* ~s *little* is beag an ní é, *the thing that* ~s *most* an rud is tábhachtaí
matter-of-fact *a* dáiríre; neafaiseach, *a* ~ *description* cuntas lom
mattress *n* tocht, cuilce
mature *a* aibí, oirbheartach, sean, in inmhe *vt & i* aibigh, aosaigh
maturity *n* aibíocht, inmhe, críonnacht, foirfeacht, oirbheart, méadaíocht
maudlin *a* bogúrach
maul *vt* crágáil, basc
Maundy *n*, ~ *Thursday* Déardaoin Mandála
mausoleum *n* másailéam
maw *n* craos
maxim *n* oideam, riail, mana, nath
maximum *n* uasmhéid *a* uas-, uasta
May¹ *n* Bealtaine, (*bush*) sceach gheal

may² *aux v*, *it* ~ *be true* b'fhéidir gur fíor é, d'fhéadfadh sé a bheith fíor, ~ *God help them* go bhfóire Dia orthu, ~ *we never see him again* nár fheicimid arís é, *that might be* b'fhéidir é; thiocfadh dó; go bhféadfadh!
maybe *adv* b'fhéidir, ~ *it is so* b'fhéidir é
mayonnaise *n* maonáis
mayor *n* méara, *lord* ~ ardmhéara
maze *n* lúbra, cathair ghríobháin
me *pron* mé, mise, *with* ~ liom, *without* ~ gan mé, *against* ~ i mo choinne, *the likes of* ~ mo leithéid(í), *beating* ~ do mo bhualadh
meadow *n* móinéar, cluain, léana, inse
meagre *a* gann, caol, seang, singil
meal¹ *n* béile, tráth bia, proinn, séire
meal² *n* min
mean¹ *n* meán *pl* acmhainn, caoi, dóigh, slí, ~s *test* maointástáil, *by all* ~s! cinnte! *by* ~s *of sth* trí bhíthin ruda, ~s *of transport* cóir iompair, ~s *of livelihood* slí bheatha, gléas beo *a* meánach, meán-
mean² *a* ainnis; íseal, suarach; sprionlaithe, cúng, ceachartha, gortach, ~ *person* cníopaire
mean³ *vt* ciallaigh, *I* ~ *to do it* tá fúm é a dhéanamh, tá rún agam é a dhéanamh, *I don't* ~ *you* ní chugatsa atá mé, ní tú atá mé a rá, *it is not what I* ~ ní hé atá i gceist agam, *I* ~t *it* dáiríre a bhí mé, *what does that word* ~ cad is brí don fhocal sin
meander *n* lúb, casadh *vi*, *to* ~ caismirneach a dhéanamh, *he was* ~ing *along* bhí sé ag fánaíocht leis, *the lecturer* ~ed *on* lean an léachtóir ar aghaidh agus ar aghaidh
meaning *n* ciall, brí, meabhair
meaningful *a*, ~ *speech* caint a bhfuil éifeacht, fuaimint, léi
meanness *n* ainnise, táire, suarachas; cloíteacht, cneámhaireacht; sprionlaitheacht, ceacharthacht, cníopaireacht
meantime *adv* idir an dá linn, san idirlinn
measles *n* bruitíneach, *German* ~ bruitíneach dhearg
measure *n* tomhas, meá, miosúr, líon *vt* tomhais, méáigh
measurement *n* miosúr, toise; caighdeán
meat *n* feoil
mechanic *n* meicneoir
mechanical *a* meicniúil
mechanics *n* meicnic
mechanism *n* meicníocht; sáslach
mechanize *vt* meicnigh
medal *n* bonn
medallion *n* meadáille, mórbhonn
meddle *vi*, *to* ~ *with sth* drannadh le rud, baint le rud, do ladar a chur isteach i rud
media *npl*, *communications* ~ meáin chumarsáide
mediate *vi*, *to* ~ eadráin a dhéanamh
mediation *n* eadráin, idirghabháil

mediator *n* eadránaí, idirghabhálaí
medical *a*, ~ *school, course* scoil, cúrsa, leighis
medicinal *a* leigheasach
medicine *n* leigheas, míochaine, cógas
medieval *a* meánaoiseach, *the* ~ *period* an Mheánaois
mediocre *a* lagmheasartha
meditate *vt & i* machnaigh, meabhraigh
meditation *n* machnamh, meabhrú, rinnfheitheamh
Mediterranean *a* Meánmhuirí, *the* ~ *Sea* an Mheánmhuir
medium *n* meán, *the media* na meáin (chumarsáide), *happy* ~ cothrom cirt *a* meánach, measartha, meán-
medley *n* meascra; prácás
meek *a* ceansa
meet *vt & i, to* ~ *a person* bualadh le duine, casadh ar dhuine, *to go to* ~ *a person* dul in airicis duine, *it will* ~ *the case* déanfaidh sé cúis, *to* ~ *expenses* an costas a sheasamh, *he met with an accident* bhain, tharla, taisme dó
meeting *n* teagmháil; cruinniú, comhdháil
megaphone *n* stoc fógartha
melancholy *n* lionn dubh, cian, doilíos *a* dubhach, cianach, doilbh, duairc, maoithneach
melée *n* coimheascar
mellow *a* méith, (*of taste, sound*) séimh, bog, (*of person*) suairc *vt & i* séimhigh, aosaigh, bog
melodeon *n* bosca ceoil, mileoidean
melodious *a* ceolmhar, binn, siansach
melodrama *n* méaldráma
melodramatic *a* méaldrámata
melody *n* fonn, séis, siansa
melon *n* mealbhacán
melt *vt & i* leáigh
member *n* ball, comhalta, ~ *of parliament* feisire, teachta
membership *n* ballraíocht, comhaltas; baill, comhaltaí
membrane *n* scannán, sreabhann, seicin
memento *n* cuimhneachán, seoid chuimhne
memoirs *npl* cuimhní cinn
memo(randum) *n* meabhrán, meamram
memorial *n* leacht (cuimhneacháin); meabhrachán; dileagra *a* cuimhnitheach
memorize *vt* meabhraigh, cuir de ghlanmheabhair
memory *n* cuimhne, meabhair
menace *n* bagairt, *that boy's a* ~ is mór an crá croí é an gasúr sin
mend *n, on the* ~ ag bisiú *vt & i* deisigh, cóirigh
mendicant *n & a* déirceach
menial *n* giolla, maidrín lathaí *a* uiríseal, táir
meningitis *n* meiningíteas
menstruate *vi* míostraigh
menstruation *n* fuil mhíosta, míostrú
mental *a*, ~ *strain* tuirse intinne, ~ *illness* meabhairghalar
mentality *n* aigne, dearcadh

mention *n* trácht (ar), iomlua, tagairt (do) *vt* luaigh, trácht ar, tagair do, *don't* ~ *it* ná lig thar do bhéal é; ní faic é ! níl a bhuíochas ort
menu *n* biachlár
mercenary *n* amhas *a* santach
merchandise *n* earra(í)
merchant *n* ceannaí
merciful *a* trócaireach, grástúil
merciless *a* éadruach, éadrócaireach, ~ *blow* buille gan ghrásta
mercury *n* mearcair; Mearcair
mercy *n* trócaire, *O God of* ~ a Dhia na nGrást
mere *a* lom, glan, *by* ~ *chance* le barr áidh
merely *adv*, ~ *by thinking about it* gan ach smaoineamh air, *he* ~ *smiled* ní dhearna sé ach meangadh gáire a chur air féin
merge *vt & i* báigh, cumaisc
merger *n* cumasc
meridian *n* fadlíne; buaic
meringue *n* meireang
merit *n* luaíocht, tuillteanas; fiúntas, bua, gnóthachan *vt* tuill, gnóthaigh
merlin *n* meirliún
mermaid *n* murúch, maighdean mhara
merriment *n* meidhir, soilbhreas, scléip
merry *a* meidhreach, greadhnach, intinneach, soilbhir; súgach
merry-go-round *n* áilleagán intreach
mesh *n* mogall, lúb *vt & i* mogallaigh, *to* ~ dul in eang a chéile, dul i ngreim
mesmerize *vt, to* ~ *a person* alltacht a chur ar dhuine, draíocht a imirt ar dhuine
mess *n* praiseach, prácás; cuibhreann, *to make a* ~ *of sth* ciseach a dhéanamh de rud, *the place is in a* ~ tá an áit ina cosair easair, tá an áit trína chéile *vt & i* smeadráil, ~ *ing about with things* ag slaimiceáil, ag únfairt, le rudaí, *to* ~ *up sth* ciseach, praiseach, a dhéanamh de rud, (*of army, etc*) *to* ~ ithe i gcuibhreann
message *n* teachtaireacht, scéala
messenger *n* teachtaire, timire
messer *n* méiseálaí, útamálaí
Messiah *n* Meisias
metabolism *n* meitibileacht
metal *n* miotal
metallic *a* miotalach
metalwork *n* miotalóireacht, gaibhneacht
metamorphosis *n* claochlú, meiteamorfóis
metaphor *n* meafar
metaphorical *a* meafarach
metaphysics *npl* meitifisic
meteor *n* dreige, meitéar
meteorite *n* dreigít, réalta reatha
meteorology *n* meitéareolaíocht
meter *n* méadar
methane *n* meatán
method *n* modh, slí, dóigh, *there is a* ~ *in it* tá dul, cleas, air

methodical *a* críochnúil, slachtmhar, rianúil
Methodist *n & a* Modhach, Meitidisteach
methylated *a* meitileach
meticulous *a* mion(chúiseach), léirsteanach
metre *n* meadaracht; méadar
metric *a* méadrach, ~ *ton* tona
metropolis *n* ardchathair, ceannchathair
metropolitan *a* ceannchathartha, ~ *gallery* dánlann na cathrach
mettle *n* faghairt, mianach, miotal, *man of* ~ *fear* a bhfuil fuil ann, *to put a person on his* ~ duine a chur chun a dhíchill
mettlesome *a* faghartha, miotalach
mewing *n* meamhlach
mews *n* stáblaí
Michaelmas *n* Lá Fhéile Michíl, ~ *daisy* nóinín Mhichíl
microbe *n* bitheog, miocrób
micro-chip *n* micrishlis
microphone *n* micreafón
microscope *n* micreascóp
mid- *pref* idir-, meán-,
midday *n* meán lae
middle *n* lár, meán, inne *a* meánach, lárnach, meán-, *the M* ~ *Ages* an Mheánaois, *the* ~ *class* an mheánaicme
middle-aged *a* meánaosta
middle-class *a* meánaicmeach
middling *a & adv* cuibheasach, measartha, réasúnta, ~ *weather* aimsir bhreac
midge *n* míoltóg
midget *n* draoidín
midlands *npl* lár na tíre
midnight *n* meán oíche
midst *prep, in the* ~ *of* i measc, i lár
midsummer *a*, ~ *Day* Féile Eoin, ~ *Eve* Oíche Sin Seáin
midwife *n* cnáimhseach, bean chabhrach, bean ghlúine
midwifery *n* cnáimhseachas
midwinter *n* dúluachair na bliana, dúlaíocht an gheimhridh
might[1] *n* cumhacht, neart, fórsa
might[2] : **may**
mighty *a* neartmhar, láidir, tréan, mórchumhachtach
migraine *n* mígréin
migrant *n & a* imirceach
migrate *vi, to* ~ imirce a dhéanamh
migration *n* imirce
migratory *a* imirceach, ~ *bird* éan imirce, ~ *labourer* spailpín (fánach)
milch *a*, ~ *cow* loilíoch, bó bhainne
mild *a* séimh, bog, moiglí, cineálta, cneasta, míonla
mildew *n* coincleach, caonach liath, clúmh liath, snas liath
mildness *n* séimhe, míne, boige, cneastacht

mile *n* míle
mileage *n* míleáiste
milestone *n* cloch mhíle
militant *a* míleatach
military *n, the* ~ na saighdiúirí, an t-arm *a* míleata
militate *vi, to* ~ *against sth* dul, oibriú, i gcoinne ruda
militia *n* milíste
milk *n* bainne, bleacht, leamhnacht *vt* crúigh, bligh
milking *n* crú, bleán
milk-tooth *n* diúlfhiacail
milky *a* bainniúil, lachtach, *the M* ~ *Way* Bealach na Bó Finne
mill *n* muileann *vt & i* meil, *a crowd was* ~*ing around* bhí slua ag ruatharach thart, bhí brú bocht ann
millenium *n* an míle bliain; ceann míle bliain
miller *n* muilleoir
millet *n* muiléad
milligram *n* milleagram
millimetre *n* milliméadar
million *n* milliún
millionaire *n* milliúnaí
mill-race *n* sruth muilinn, tarae
millstone *n* bró (mhuilinn)
milometer *n* mílemhéadar
milt *n* lábán
mime *n & vt & i* mím
mimic *n* aithriseoir *vt* aithris, ~*king a person's speech* ag athléamh ar dhuine
mimicry *n* aithris, aithriseoireacht, athmhagadh
minaret *n* miontúr
mince *n* feoil mhionaithe *vt* mionaigh, *he didn't* ~ *his words* níor chuir sé fiacail ann
mincemeat *n* mionra; feoil mhionaithe
mincer *n* miontóir
mind *n* cuimhne, aigne, intinn, meon, meabhair, *to change one's* ~ teacht ar athchomhairle, ar athsmaoineamh *vt & i, to* ~ *your business* aire a thabhairt do do ghnóthaí, do ghnó a choimhéad, *don't* ~ *them* ná bac iad, *do you* ~ an miste leat, *I don't* ~ *is* cuma liom, ~ *your head* fainic, seachain, do cheann, ~*ing the house* i bhfeighil an tí
mine[1] *n* mianach *vt & i, to* ~ *coal* gual a bhaint, *to* ~ *under the earth* tochailt faoi thalamh
mine[2] *pron, it is* ~ *is* liomsa é, *that one is* ~ sin é mo cheannsa; is liomsa an ceann sin, *a friend of* ~ cara liom, dom, de mo chuid, *that son of* ~ an mac sin agam
miner *n* mianadóir
mineral *n* mianra, ~ *waters* uiscí mianraí *a* mianrach
mingle *vt & i* measc, cumaisc, *to* ~ *with the people* dul i measc na ndaoine
mini- *pref* mion-
miniature *n* mionphictiúr, mionsamhail, miondealbh *a* mion-

minimal *a* íosta, íos-
minimize *vt* íoslaghdaigh, *to* ~ *sth* a bheag a dhéanamh de rud
minimum *a* íosta, íos-
mining *n* mianadóireacht
minister *n* aire; ministir *vi* friotháil, freastail (*to* ar)
ministerial *a*, ~ *order* ordú rialtais
ministry *n* aireacht; ministreacht; friotháil, freastal
mink *n* minc
minnow *n* pincín
minor *n* mionúr *a* fo-, mion-; óg
minority *n* mionlach; mionaois
minstrel *n* oirfideach
mint[1] *n* miontas, mismín
mint[2] *n* mionta *vt* múnlaigh, *to* ~ *money* airgead a bhualadh
minus *prep* lúide *n*, (*sign*) míneas
minute[1] *n* nóiméad, ~*s of meeting* miontuairiscí cruinnithe
minute[2] *a* mion, mionchruinn
miracle *n* míorúilt, feart
miraculous *a* míorúilteach
mirage *n* ciméara, mearú súl
mire *n* láib, puiteach, greallach
mirror *n* scáthán *vt*, *the trees were* ~*ed in the water* bhí scáil na gcrann san uisce
mirth *n* greann, meidhir, scléip
mis- *pref* mí-, an-, ain-, droch-
misanthropy *n* míchaidreamhacht
misapprehension *n* míthuiscint
misappropriate *vt* mídhílsigh
misbehave *vi*, *to* ~ bheith dána, dalba, iomlatach
miscalculation *n* mí-áireamh
miscall *vt*, *to* ~ *a person* duine a ghlaoch, a chur, as a ainm
miscarriage *n* mairfeacht, breith anabaí, *to have a* ~ scaradh le duine clainne, ~ *of justice* iomrall ceartais
miscellaneous *a* ilchineálach, éagsúil
miscellany *n* meascra, bolg soláthair
mischance *n* anachain, mísheans, míthapa
mischief *n* drochobair, urchóid mísc; diabhlaíocht, ábhaillí, millteanas, *creating* ~ ag cothú ceilge, ag imreas
mischievous *a* ábhailleach, diabhalta, iomlatach; míscíúil
misconception *n* míthuairim, barúil iomrallach
misconduct *n* mí-iompar
misconstrue *vt*, *to* ~ *sth* míchiall, ciall chontráilte, a bhaint as rud
misdemeanour *n* míghníomh, míbheart
miser *n* sprionlóir, cníopaire
miserable *a* ainnis, anóiteach, ceachartha, suarach, ~ *person* ainniseoir, cráiteachán; sprionlóir, ~ *life* saol céasta
miserly *a* sprionlaithe, cúng, ceachartha, ~ *person* sprionlóir, cníopaire

misery *n* aimléis, ainnise, anró
misfire *vi*, (*of gun, engine*) loic, *the plan* ~*d* chuaigh an plean amú
misfit *n*, (*of person*) éan corr, *the shoes were a* ~ bhí na bróga mí-oiriúnach
misfortune *n* tubaiste, mí-ádh, drochrath, mífhortún, donas, smál
misgiving *n* drochamhras
misguided *a* aimhleasach, ar míthreoir, míchomhairleach
mishap *n* míthapa, timpiste, taisme, óspairt
misinterpret *vt*, *it was* ~*ed* baineadh míchiall, an chiall chontráilte, as
misjudge *vt*, *to* ~ *a person* bheith san éagóir ar dhuine, *to* ~ *a distance* achar a mheas mícheart
mislaid *a* ar bóiléagar, imithe amú
mislay *vt*, *to* ~ *sth* rud a ligean amú, rud a ligean ar bóiléagar
mislead *vt*, *to* ~ *a person* duine a chur amú, ar strae; míchomhairle a chur ar dhuine
misleading *a* míthreorach, mearbhlach
mismanagement *n* míriar
misprint *n* dearmad cló
miss[1] *n*, *M* ~ *O'Brien* Iníon Uí Bhriain
miss[2] *vt* caill, *he* ~*ed the boat* d'imigh an bád air, *don't* ~ *your chance* ná faill[gh do dheis, *I* ~ *them* cronaím iad, airím uaim iad, *they won't be* ~*ed* is cuma ann nó as iad, *his shot* ~*ed* d'fheall an t-urchar air
missal *n* leabhar Aifrinn
missile *n* diúracán; dairt
missing *a* ar iarraidh, ar lár
mission *n* misean; gnó, cúram, cuspóir, tasc
missionary *n* misinéir
missioner *n* misinéir
mist *n* ceo
mistake *n* dearmad, botún, meancóg, míthuiscint *vt & i*, *unless I am* ~*n* mura bhfuil dul amú, breall, orm, *to be* ~*n about sth* míthuiscint, dearmad, a bheith ort faoi rud, *he mistook its meaning* bhain sé an chiall chontráilte as, *I would* ~ *him for yourself* thógfainn i d'amhlachas féin é
mistaken *a* earráideach, mearbhlach, ~ *identity* iomrall aithne
mister : **Mr**
mistletoe *n* drualus
mistress *n* máistreás; leannán (luí)
mistrust *n* drochiontaoibh *vt*, *to* ~ *a person* drochiontaoibh a bheith agat as duine, drochamhras a bheith agat ar dhuine
misty *a* ceobhránach, braonach, smúitiúil
misunderstand *vt*, *to* ~*sth* míthuiscint, barúil chontráilte, a bhaint as rud
misunderstanding *n* míthuiscint
mitch *vi*, ~*ing from school* ag múitseáil ón scoil
mite *n* cianóg; fríd, fíneog
mitigate *vt* maolaigh

mitre *n* bairrín, mítéar
mitten *n* dornóg, miotóg, mitín
mix *n* cumasc; suaitheadh *vt & i* measc, suaith, ~ *together* cumaisc, ~ *it with oil* cuir ola tríd, *to* ~ *with people* dul i lúb chuideachta, comhluadar a dhéanamh le daoine, *to be* ~ *ed up* bheith trí chéile, *he was* ~ *ed up in it* bhí lámh aige ann ar dhóigh éigin
mixed *a* measctha, suaite; ilchineálach
mixer *n* meascthóir, suaiteoir, *he is a good* ~ caidreamhach maith é
mixture *n* cumasc, meascán
moan *n* éagaoin, cnead *vi* éagaoin, *to* ~ cnead a ligean asat
moat *n* móta
mob *n* cóip na sráide, gráscar, gramaisc
mobile *a* soghluaiste
mobility *n* soghluaisteacht, luaineacht
mobilization *n* slógadh
mobilize *vt & i* slóg
mock *a* bréag-, bréige *vt & i*, ~ *ing* ag athmhagadh, *to* ~ *sth* magadh, fonóid, a dhéanamh faoi rud
mockery *n* magadh, scige, *to make a* ~ *of sth* eala mhagaidh, ceap magaidh, a dhéanamh de rud
mocking *n* magadh *a* magúil, aithriseach, scigiúil
mode *n* modh
model *n* samhail; eiseamláir; mainicín, cuspa *vt & i* múnlaigh, ~ *ing* (*clothes*) ag mainicíneacht
moderate *a* measartha, cuibheasach, réasúnta, gearr-, meánach
moderation *n* measarthacht, meánaíocht
modern *a* nua-aimseartha, nua-aoiseach, ~ *Irish* Nua-Ghaeilge
modernization *n* nuachóiriú
modernize *vt* nuachóirigh
modest *a* banúil, modhúil; cúthail, náireach; geanasach; measartha
modesty *n* banúlacht, modhúlacht; geanas; náire; measarthacht
modification *n* mionathrú, modhnú
modify *vt* maolaigh, modhnaigh
modulate *vt & i* modhnaigh
module *n* modúl
mohair *n* móihéar
Mohammedan *n & a* Mahamadach
Mohammedanism *n* Mahamadachas, Ioslamachas
moist *a* maoth, tais
moisten *vt & i* maothaigh, taisrigh
moisture *n* fliuchán, taisleach
molasses *n* molás
mole[1] *n* caochán
mole[2] *n*, (*on skin*) ball dobhráin
molecule *n* móilín
molest *vt*, *to* ~ *a person* díobháil a dhéanamh do dhuine; cur isteach ar dhuine
mollify *vt* suaimhnigh, maolaigh, ceansaigh
mollusc *n* moileasc

molten *a*, (*of metal, lava*) leáite
moment *n* móimint, nóiméad; tábhacht
momentary *a* móimintiúil, gearrshaolach, ~ *pause* moill soicind
momentous *a* tábhachtach
momentum *n* móiminteam
monarch *n* monarc
monarchy *n* monarcacht
monastery *n* mainistir
monastic *a* manachúil
Monday *n* Luan, *he will come on* ~ tiocfaidh sé Dé Luain
monetary *a* airgeadúil, *European M* ~ *System* Córas Airgeadaíochta Eorpach
money *n* airgead; mona
money-lender *n* fear gaimbín
monger *n* mangaire
mongrel *n* bastard madra, bodmhadra
monitor *n* monatóir *vt*, ~ *ing sth* ag déanamh monatóireachta ar rud, ag faireachán ruda
monk *n* manach
monkey *n* moncaí
monkey-puzzle *n* arócar
monkfish *n* bráthair
mono- *pref* aon-, mona(i)-
monogamy *n* aonchéileachas, monagamas
monolith *n* monailit
monologue *n* monalóg
monopolize *vt* monaplaigh, *he* ~ *d the conversation* ghlac sé an comhrá chuige féin
monopoly *n* monaplacht
monosyllable *n* aonsiolla
monotonous *a*, (*of speech*) neamhaí, (*of style*) liosta, (*of view*) leamh
monotony *n* liostacht, ró-ionannas
monsignor *n* moinsíneoir
monsoon *n* monsún
monster *n* arracht, torathar; ollphéist *a* ollmhór
monstrance *n* oisteansóir
monstrous *a* anchúinseach, arrachtach, uafásach
month *n* mí
monthly *a* míosúil, ~ *magazine* míosachán
monument *n* leacht (cuimhneacháin), *national* ~ séadchomhartha náisiúnta
mood *n* giúmar, tiúin, (*grammar*) modh, *if you are in a* ~ *for walking* má tá fonn siúil ort
moody *a* taomach, spadhrúil
moon *n* gealach, ré, *the man in the* ~ Dónall na gealaí *vi*, ~ *ing about* ag starógacht
moonless *a*, ~ *night* oíche ré dorcha, oíche dhuibhré
moonlight *n* solas na gealaí *a*, ~ *night* oíche ré gealaí, oíche ghealaí
moor[1] *n* móinteán, riasc, sliabh, caorán, fraoch
moor[2] *vt* feistigh, múráil
Moor[3] *n* Múrach
mooring *n* múráil, ~ (*s*) feistiú
moorland *n* móinteach, talamh sléibhe

mop n mapa, ~ (of hair) stoth, mothall (gruaige) vt mapáil, ~ping up ag glanadh suas, he ~ped his brow chuimil sé an t-allas dá éadan

mope vi, to ~ bheith i ndroim dubhach; bheith faoi chumha, faoi bhuairt

moped n móipéid

moral n, ~s moráltacht, the ~ of a story múineadh scéil a morálta

morale n meanma, sprid, misneach

morality n moráltacht

morbid a easlán, galrach; duairc, duaiseach

more a & n & adv breis, níos mó, tuilleadh, one ~ ceann amháin eile, as many ~ a oiread eile, ~ than a year corradh agus bliain, ~ than a hundred os cionn céad, ~ than anything else thar rud ar bith eile, what is ~ rud eile de, it is getting ~ and ~ difficult tá sé ag dul i ndeacracht in aghaidh an lae, I respect him all the ~ for it is móide mo mheas air, ~ or less a bheag nó a mhór, once ~ uair amháin eile, you will not see them any ~ ní fheicfidh tú feasta iad, don't do that any ~ ná déan sin níos mó, any ~ than you ach oiread leat féin, ~ often níos minice

moreover adv thairis sin, and ~ agus fós, agus rud eile de

morgue n marbhlann

moribund a díbheo, ag dul in éag

Mormon n & a Mormannach

morning n maidin

morose a duairc, gruama, dochma, duasmánta, modartha

morphia n moirfín

morphine n moirfín

morphology n moirfeolaíocht

Morse a, the M ~ code an aibítir Mhorsach

morsel n giob, goblach, mír, ~ of food greim bia

mortal a básmhár; marfach, ~ sin peaca marfach n daonnaí

mortality n básmhaireacht, mortlaíocht

mortar¹ n moirtéal

mortar² n moirtéar, ~ and pestle moirtéar agus tuairgnín

mortgage n morgáiste vt morgáistigh

mortification n claonmharú; náire croí

mortify vt & i claonmharaigh; morg, I was mortified bhí náire croí, spalladh náire, orm

mortise n moirtís

mortuary n marbhlann

mosaic n mósáic

Moslem n & a Moslamach

mosque n mosc

mosquito n muiscít

moss n caonach, dyer's ~ duileascar (cloch)

moss-stitch n piocadh na circe, double ~ lúb na cruithneachta

most a & n & adv, ~ people formhór na ndaoine, ~ of the time bunús an ama, to make the ~ of sth a mhór, an chuid is fearr, a dhéanamh de rud, at (the) ~ ar a mhéad, ar an taobh amuigh de, the ~ spacious room an seomra is mó spás, it is ~ likely that is é is dóichí (de) go, M ~ Reverend Sár-Oirmhinneach

mostly adv go hiondúil; den chuid is mó de

mote n dúradán, cáithnín

motel n carróstlann

moth n féileacán oíche, (clothes-) ~ leamhan

mothballs npl millíní leamhan

mother n máthair, ~ tongue teanga dhúchais, ~ of pearl néamhann

motherhood n máithreachas

mother-in-law n máthair chéile

motherly a máithriúil

motif n móitíf

motion n gluaiseacht, luail, to set sth in ~ siúl a chur faoi rud, rud a chur sa siúl, to propose a ~ rún a mholadh vt & i, to ~ (to) a person to do sth comhartha a thabhairt do dhuine rud a dhéanamh, sméideadh ar dhuine rud a dhéanamh

motionless a gan chorraí, i do mharbhstad

motivate vt spreag

motivation n spreagadh

motive n réasún

motor n mótar; inneall vi, ~ing ag gluaisteánaíocht; ag imeacht faoi luas

motor-bike n gluaisrothar

motor-boat n mótarbhád

motor-car n gluaisteán, mótar, carr

motor-cycle n gluaisrothar

motoring a gluaisteánaíocht

motorist n gluaisteánaí

motorize vt mótaraigh

motorway n mótarbhealach

mottled a sliogánach

motto n mana

mould¹ n cló, múnla vt fuin, múnlaigh, that environment ~ed his character as an saol sin a fáisceadh é

mould² n múirín, cré, turf ~ smúdar, spruadar, móna vt, (of potatoes) clasaigh, lánaigh

mould³ n, (blue) ~ coincleach, caonach liath

moulder vi, to ~ smúdar a dhéanamh, ~ing in the grave ag dreo san uaigh

moulding n múnla, múnlú; múnláil

mouldy a, ~ smell boladh dreoite, it went ~ tháinig coincleach air

moult n cleiteach vi, to ~ an chluimhreach a chur, bheith sa chleiteach

mound n dumha, leacht, feart; meall, carnán, tulach; dromainn, múr

mount¹ n sliabh, cnoc, ard

mount² n taca, seastán; capall vt & i, to ~ a horse dul sa diallait, the costs ~ed mhéadaigh na costais

mountain n sliabh

mountaineer *n* sléibhteoir
mountaineering *n* sléibhteoireacht
mountainous *a* sléibhtiúil, ∼ *wave* cnoc farraige
mourn *vt & i* caoin
mourner *n* caointeoir; sochraideach
mournful *a* caointeach, léanmhar
mourning *n* brón, dobrón; éide bróin
mouse *n* luch(óg)
moustache *n* croiméal
mouth *n* béal, cab; pus, cár, draid, clab, ∼ *of river* béal, bun, abhann; inbhear, (*opening*) súil
mouthful *n* bolgam, plaic, goblach
mouthpiece *n* béalóg; teanga labhartha
movable *a* aistritheach, inaistrithe
move *n*, (*in game*) beart; *on the* ∼ sa siúl *vt & i* gluais, téigh; bog, corraigh, ∼ *back* cúlaigh, ∼ *close to* druid le; ∼ (*house*) aistrigh
movement *n* gluaiseacht, siúl; luadar, luain, oibriú, corráil; cúis
moving *a* faoi shiúl, siúlach; corraitheach
mow *vt* bain, (*of lawn*) lom, ∼ *down* slaod, treascair
mower *n* buainteoir, inneall bainte; lomaire (faiche); spealadóir
Mr *n*, *Mr O'Mahony* an tUasal Ó Mathúna, Mac Uí Mhathúna
Mrs *n*, *Mrs O'Neill* Bean Uí Néill
much *a & adv & pron* mór, mórán, a lán, *how* ∼ cá mhéad, cé mhéad, ∼ *better* i bhfad níos fearr, *thanks ever so* ∼ go raibh míle maith agat, *so* ∼ *water* an méid sin uisce, *that* ∼ *is done* tá an méid sin déanta, *they made* ∼ *of me* rinne siad cúram, a mhór, díom, *it is not up to* ∼ is furasta (é) a mholadh, *too* ∼ (an) iomarca, barraíocht, *it was too* ∼ *for him* chinn sé air, *so* ∼ an oiread seo, *twice as* ∼ a dhá oiread, *as* ∼ *again* a oiread eile, *as* ∼ *as you wish* an méid is mian leat, *as* ∼ *as to say* (*that*) ionann is a rá (go), ∼ *as they may agree* dá mhéad a aontaíonn siad, *he hasn't* ∼ *sense* níl puinn céille aige
muck *n* aoileach; salachar *vt & i*, *to* ∼ *up a job* praiseach a dhéanamh d'obair, *to* ∼ *about* bheith ag méiseáil thart
mucky *a* salach, glárach
mucous *a* múcasach, smugach
mucus *n* múcas, smuga, ronna
mud *n* clábar, draoib, lathach, puiteach
muddle *n* meascán, trí chéile, prácás *vt & i*, *to* ∼ *a person* meascán mearaí, mearbhall, a chur ar dhuine, *to* ∼ *along* bheith ag streachailt leat
muddy *a* clábarach, draoibeach, lábach, modartha
mudguard *n* pludgharda
muff *n* mufa
muffin *n* bocaire, muifín
muffle *vt*, (*of sound*) múch, báigh, maolaigh, *to* ∼ *oneself up in heavy clothing* tú féin a mhúchadh le héadach trom
muffler *n* muifléad

mug *n* muga
mulberry *n* maoildearg
mule *n* miúil
mullet *n* lannach, milléad
multi- *pref* il-
multicoloured *a* dathannach, ildathach
multidenominational *a* ilchreidmheach
multiple *n* iolraí *a* il-, iolrach
multiplication *n* iolrú, méadú
multiplicity *n* iolracht; iliomad
multiply *vt & i* iolraigh, méadaigh
multi-storeyed *a* ilstórach
multitude *n* drong, slua; iliomad
mumble *n* mungailt *vt & i* mungail, *mumbling the words* ag ithe na bhfocal
mummer *n* cleamaire, geocach
mummy *n*, (*body*) mumaí, seargán
mumps *n* leicneach, plucamas
munch *vt* mungail, ith, cogain
munching *n* mungailt
mundane *a* domhanda, saolta; leamh
municipal *a* cathrach, bardasach, ∼ *authority* bardas
munitions *npl* lón cogaidh
Munster *n* Mumhain, Cúige Mumhan *a* Muimhneach
murder *n* dúnmharú, murdar *vt* dúnmharaigh
murderer *n* dúnmharfóir, murdaróir
murderous *a* marfach; scriosach; uafásach, ∼ *attempt* iarraidh mharfa
murky *a* modartha, smúitiúil, salach
murmur *n* crónán, durdam, monabhar; ceasacht *vt & i*, ∼ *ing* ag monabhar; ag ceasacht
murmuring *n* monabhar; canrán *a* crónánach, dordánach
muscle *n* féith(eog), matán
muscular *a* féitheogach, matánach, lúithneach; láidir
muse¹ *n*, *the nine* ∼*s* na naoi mbéithe
muse² *vi*, *to* ∼ *on*, *about*, *sth* machnamh ar rud
museum *n* iarsmalann, músaem
mush *n* liothrach, práib
mushroom *n* beacán, muisiriún, ∼ *growth* fás aon oíche
mushy *a* práibeach; maoithneach, bogúrach
music *n* ceol, oirfide
musical *a* ceolmhar, oirfideach, binn
musician *n* ceoltóir, oirfideach
musket *n* muscaed
musketeer *n* muscaedóir
muslin *n* muislín
mussel *n* diúilicín, iascán
must¹ *n* coincleach, caonach; dreo
must² *n* úrfhíon
must³ *aux v*, *I* ∼ *go* caithfidh mé imeacht, *do it if you* ∼ déan é más éigean duit, *you* ∼ *be tired* tá ceart agat a bheith tuirseach, ní foláir nó tá tuirse ort, *one* ∼ *have sense* ní mór do dhuine ciall a bheith aige *n* riachtanas

mustard *n* mustard
muster *n* mustar, tóstal, éirí slua *vt & i* tionóil
musty *a*, ~ *smell* seanbholadh, boladh dreoite
mute *n* balbhán *a* balbh
muted *a* maolaithe, bogtha
mutilate *vt* ciorraigh, martraigh, loit
mutilation *n* ciorrú, milleadh
mutineer *n* ceannairceach
mutinous *a* ceannairceach
mutiny *n* ceannairc
mutter *n* canrán; mungailt *vt & i, to* ~ caint a
   chogaint; rud a rá faoi d'fhiacla, faoi d'anáil,
   ~ *ing* ag cnáfairt; ag clamhsán
muttering *n* mungailt; canrán, clamhsán
mutton *n* caoireoil
mutual *a* comh-, cómhalartach, ~ *assistance*
   comhar
muzzle *n*, (*of animal*) pus, soc, (*for animal*)

féasrach, puslach; béal (gunna) *vt, to* ~ *a person*
   gobán a chur i mbéal duine
my *poss a,* ~ *mouth* mo bhéal, ~ *father* m'athair,
   ~ *hair* mo chuid gruaige, ~ *town* an baile seo
   agamsa, ~ *dear sir* a dhuine chóir
myriad *a* do-áirithe
myrrh *n* miorr
myself *pron* mise; (mé) féin, *feeding* ~ do mo
   chothú féin
mysterious *a* mistéireach, rúnda, (rún)diamhair
mystery *n* mistéir, (rún)diamhair, rún, *it's a com-
   plete* ~ *to me* ní thuigim ó thalamh an domhain é
mystic *n* misteach *a* misteach, fáth-
mystical *a* rúndiamhair
mystify *vt* mearaigh
myth *n* miotas
mythical *a* miotasach
mythology *n* déscéalaíocht, miotaseolaíocht
myxomatosis *n* miocsómatóis

N

nab *vt* gabh, *to* ~ *a person* breith ar dhuine, na
   greamanna a chur ar dhuine
nacre *n* néamhann
nag[1] *n* gearrán, clibistín
nag[2] *vt & i, don't* ~ *at me like that* ná bí ag
   caitheamh, ag sá, chugam mar sin, *she is always
   nagging* bíonn sí i gcónaí ag ithe agus ag gearradh
nagging *a* cráiteach, sáiteach, ~ *person* báirseoir
nail *n* ionga; tairne *vt & i* tairneáil
naive *a* soineanta, saonta
naked *a* nocht, lom, *the* ~ *truth* lom na fírinne
nakedness *n* loime, lomnochtacht
name *n* ainm, *christian* ~ ainm baiste, *good* ~ clú
   vt ainmnigh, baist
namely *adv* is é sin, mar atá, eadhon
namesake *n* comhainmneach, *your* ~ fear (bean)
   d'ainm
nap[1] *n* néal, sámhán, támh *vi, to* ~ dreas codlata
   a dhéanamh, néal a ligean as do cheann, *to catch
   a person* ~ *ping* teacht gan fhios ar dhuine, breith
   san fhaill ar dhuine
nap[2] *n*, (*of cloth*) bruth, caitín
nape *n* baic an mhuiníl, cuing an mhuiníl
napkin *n* naipcín
narcissus *n* nairciseas
narcotic *n & a* támhshuanach
narrate *vt & i* aithris, inis, eachtraigh
narration *n* aithris, cuntas, insint, ríomh
narrative *n* scéal, insint *a*, ~ *style* stíl scéalaíochta
narrator *n* scéalaí, aithriseoir
narrow *n* cúng; caolas, caoluisce *a* caol, cúng *vt &
   i* caolaigh, cúngaigh

narrow-minded *a* caolaigeanta, cúngaigeanta
narrowness *n* caoile, cúinge
nasal *a* srónach
nasalization *n* srónaíl
nasturtium *n* gleorán
nation *n* náisiún, cine
national *a* náisiúnach, náisiúnta
nationalism *n* náisiúnachas
nationality *n* náisiúntacht
nationalize *vt* náisiúnaigh
native *n* dúchasach *a* dúchasach, ~ *land* tír
   dhúchais, ~ *place* fód dúchais
nativity *n* saolú, *the Nativity* breith Chríost
natural *a* nádúrtha, *it is* ~ *for her* is é an dú, dual,
   di
naturalist *n* nádúraí
naturalize *vt* eadóirsigh
naturally *adv* ~! gan amhras!
naturalness *n* nádúrthacht
nature *n* nádúr, dúchas; dúlra, *it is in her* ~ *to be
   kind* is dual di a bheith cineálta, *it is against* ~
   tá sé in aghaidh dula
naughty *a* dalba, ábhailleach, iomlatach
nausea *n* masmas, samhnas, déistin, múisc
nauseate *vt & i, it would* ~ *you* chuirfeadh sé
   samhnas, casadh aigne, ort; thiontódh sé do
   ghoile, *she* ~ *d at it* tháinig samhnas, múisc,
   uirthi leis
nauseating *a* déistineach, masmasach, samhnasach,
   múisciúil
nautical *a,* ~ *term* focal farraige, ~ *mile*
   muirmhíle

naval *a*, ~ *forces* (an) slua muirí, fórsaí farraige, ~ *engineer* innealtóir loingis
nave[1] *n* corp eaglaise, meánlann
nave[2] *n* mol, ceap
navel *n* imleacán
navigable *a* inseolta
navigation *n* loingseoireacht
navigator *n* loingseoir
navvy *n* náibhí
navy *n* cabhlach
navy-blue *a* dúghorm
Nazi *n* Naitsí *a* Naitsíoch
Nazism *n* Naitseachas
neap-tide *n* mallmhuir
near *a* & *adv* & *prep* cóngarach (do); gar, gairid, i ngar (do), i ngiorracht (do), in aice (le), *far and* ~ i gcéin is i gcóngar *vt* tarraing ar, druid le, téigh i ngar do
nearby *adv* in aice láimhe, in aice láithreach
nearly *adv* beagnach, nach mór, nach beag, ~ *done* (de) chóir a bheith, i ndáil le bheith, déanta, *I* ~ *fell* is beag nár thit mé, dóbair dom titim, *she is not* ~ *as tall as you* níl sí baol ar chomh hard leatsa
nearness *n* cóngar, aice, foisceacht; sprionlaitheacht, ceacharthacht
neat *a* néata, comair, deismir, innealta, slachtmhar, críochnúil, gasta, *to drink whiskey* ~ fuisce a ól craorag, ar a aghaidh
nebulous *a* néalmhar, ceoch, míshoiléir
necessary *a* riachtanach, *it is not* ~ níl gá, feidhm, leis *npl* riachtanais
necessitate *vt* éiligh, *it* ~ *s careful consideration* caithfear, ní mór, smaoineamh go maith air
necessity *n* riachtanas, gá, éigean
neck *n* muineál, píobán, scrogall, bráid, (*of land*) cuing
necklace *n* muince (bráid)
neckline *n* muineál
necktie *n* carbhat
nectar *n* neachtar
nectarine *n* neachtairín
need *n* riachtanas, díth, gá; cruóg, gátar *vt* & *i*, *to* ~ *sth* bheith i ngá ruda, *I* ~ *it* tá sé de dhíth, de dhíobháil, orm; teastaíonn sé uaim, *I* ~ *hardly say that* ní gá dom, níl feidhm dom, a rá go
needle *n* snáthaid, *knitting* ~ biorán, dealgán (cniotála) *vt, to* ~ *a person* séideadh faoi dhuine, bheith ag sá chuig duine
needless *a* neamhriachtanach, gan ghá, ~ *to say that* ní gá a rá go
needlework *n* obair shnáthaide, fuáil
needy *a* easpach, gátarach, dearóil, *in* ~ *circumstances* ar an gcaolchuid
negation *n* séanadh, diúltú
negative *n* & *a* diúltach

neglect *n* neamhchúram, neamhspéis; faillí, neamart, siléig *vt* & *i* failligh, *to* ~ *sth* faillí, neamart, a dhéanamh i rud; rud a ligean i léig, ar ceal
negligence *n* faillí, dearmad, neamart, siléig, sleamchúis
negligent *a* neamhchúramach, faillitheach, neamartach
negligible *a* suarach, fánach, *a* ~ *amount* méid nach fiú trácht air, nach fiú a chur i suim, nach fiú a bheith leis
negotiable *a* intráchta, inaistrithe, inphléite; sothriallta, insiúil, inseolta
negotiate *vt* & *i* pléigh, socraigh, (*of bill*) aistrigh, *to* ~ *a difficulty* constaic a shárú, *to* ~ *for peace* síocháin a phlé
negro *n* gormach, fear gorm
neigh *n* seitreach *vi, to* ~ seitreach a ligean, a dhéanamh
neighbour *n* comharsa
neighbourhood *n* comharsanacht
neighbourly *a* comharsanúil, *to act in a* ~ *fashion* (*towards*) comharsanacht mhaith a dhéanamh (le)
neither *pron,* ~ *of us spoke* níor labhair ceachtar againn *conj,* ~ *you nor I know* níl a fhios agatsa ná agamsa, *if you don't go* ~ *will I* mura rachaidh tusa ní rachaidh mise ach oiread, ach chomh beag
Neolithic *a* Neoiliteach
neon *n* neon
nephew *n* nia, mac dearthár, mac deirféar
Neptune *n* Neiptiún
nerve *n* néaróg; misneach, dánacht *vt, to* ~ *oneself to do it* do mhisneach a chruinniú chun a dhéanta
nervous *a* scinnideach, geiteach; neirbhíseach, ~ *system* néarchóras, ~ *breakdown* cliseadh
nervousness *n* neirbhís, cearthaí; scinnide
nest *n* nead, *bees'* ~ cuasnóg, *mare's* ~ nead codlamáin airde *vi* neadaigh
nest-egg *n* ubh fáire; cillín, taisce
nestle *vi* neadaigh, *to* ~ *down* tú féin a shoipriú, *to* ~ *up to a person* deasú isteach le duine
nestling *n* scalltán, scallamán, gearrcach
net[1] *n* líon, eangach; éadach mogallach *vt* ceap, dol, lúb, *to* ~ *a ball* an liathróid a chur sa líontán
net[2] *a,* (*of weight, price*) glan *vt, to* ~ *one hundred pounds* (*on transaction*), brabach céad punt a dhéanamh
netting *n* fíodóireacht; líontán, mogalra
nettle *n* neantóg *vt* clip, *to* ~ *a person* duine a chorraí (chun feirge)
network *n* gréasán, líonra, mogalra, eangach
neuralgia *n* néarailge
neuritis *n* néiríteas
neurology *n* néareolaíocht

neurosis *n* néaróis
neurotic *n* & *a* néaróiseach
neuter *n* neodar; seascachán *a* neodrach; seasc *vt* neodraigh, coill
neutral *a* neodrach
neutrality *n* neodracht
neutralize *vt* maraigh, cealaigh, neodraigh
neutron *n* neodrón
never *adv*, *he* ~ *spoke of it* níor labhair sé riamh air, *he will* ~ *come* ní thiocfaidh sé choíche, ~ *again* go deo arís, go brách arís
nevermore *adv* feasta, go brách, go deo deo
nevertheless *adv* ina dhiaidh sin (is uile), ar a shon sin, fós, san am céanna
new *a* nua, úr
newly-wed *a* nuaphósta
newness *n* úire, núíosacht, nua
news *n* nuacht, scéala
newsagency *n* nuachtghníomhaireacht; siopa nuachtán
newsagent *n* nuachtánaí
newsmonger *n* reacaire, burdúnaí
newspaper *n* nuachtán, páipéar nuachta
newt *n* earc luachra
next *a*, *the* ~ *thing* an chéad rud eile, *the* ~ *day* an lá ina dhiaidh sin, an lá dár gcionn, lá arna mhárach, ~ *year* an bhliain seo chugainn, (s)an athbhliain *adv*, *when I* ~ *saw him* nuair a chonaic mé arís é, *when* ~ *he comes* an dara huair a thiocfaidh sé *prep* in aice, le taobh, ~ *to the skin* le cneas, ~ *to me in age* i dtánaiste dom in aois
next-door *a*, ~ *neighbours* comharsana béal dorais
nib *n* gob (pinn)
nibble *n* greim, miota *vt* & *i* creim, miotaigh, pioc, *nibbling at it* ag blaistínteacht air
nice *a* deas, lách, breá; cáiréiseach, beacht
nicety *n* cáiréis, deismíneacht; beaichte; mion-phointe
niche *n* almóir; nideog
nick *n* eang, scolb, *in the* ~ *of time* díreach in am *vt* gearr; gabh; goid, *to* ~ *a stick* eang a chur i maide
nickel *n* nicil
nickname *n* leasainm *vt*, *to* ~ *a person* leasainm a thabhairt ar dhuine
nicotine *n* nicitín
niece *n* neacht, iníon dearthár, iníon deirféar
niggardly *a* gortach, ceachartha, sprionlaithe, cúng
niggle *vi* creim, *niggling* ag mínineacht, ag beach-taíoch
niggling *a* creimneach; mion, fánach; beachtaíoch, mionchúiseach
night *n* oíche, *last* ~ aréir, *at* ~ istoíche
night-dress *n* léine oíche
nightfall *n* crónachan, titim na hoíche, *by* ~ roimh oíche
nightingale *n* filiméala

nightmare *n* tromluí *a* uafásach
night-watchman *n* fairtheoir oíche
nihilism *n* nihileachas
nil *n* neamhní, náid
nimble *a* éasca, lúfar, luaineach
nincompoop *n* gamal, amadán
nine *n* & *a* naoi, ~ *persons* naonúr
ninepins *npl* pionnaí, cibleacháin
nineteen *n* & *a* naoi déag, ~ *persons* naoi nduine dhéag
nineteenth *n* & *a*, *the* ~ *day* an naoú lá déag, *one* ~ an naoú cuid déag
ninetieth *n* & *a* nóchadú
ninety *n* & *a* nócha
ninth *n* & *a* naoú
nip[1] *n* liomóg, scealpóg, sclamh; goimh *vt* & *i*, *to* ~ *a person* miotóg a bhaint as duine, *to* ~ *off sth* rud a theascadh, a scoitheadh, *to* ~ *round to the shop* sciurdadh anonn chun an tsiopa
nip[2] *n*, (*of spirits*) smeachán, deoir
nipple *n* sine
nippy *a* éasca, gasta; goimhiúil, bioranta
nit *n* sniodh, treaghdán
nitrate *n* níotráit
nitrogen *n* nítrigin
no *a*, *he has* ~ *sense* níl ciall ar bith aige, ~ *matter is cuma*, *I had* ~ *money* ní raibh aon airgead agam *adv*, *whether you want it or* ~ bíodh sé uait nó ná bíodh, *say* ~ *more* ná habair a thuilleadh *n*, *say yes or* ~ abair sea nó ní hea, *don't take* ~ *for an answer from him* ná glac diúltú, eiteach, uaidh
nobility *n* uaisleacht, *the* ~ na huaisle
noble *n* & *a* uasal
nobody *pron*, ~ *spoke* níor labhair aon duine, duine ar bith *n* neamhdhuine
nocturnal *a* oíchí, ~ *bird* éan oíche
nocturne *n*, (*music*) nochtraí
nod *n* sméideadh *vt* & *i*, *to* ~ *one's head at a person* do cheann a sméideadh ar dhuine, *he was* ~ *ding asleep* bhí néal ag titim air
node *n* nód
nodule *n* nóidín
noggin *n* naigín, gogán
noise *n* fothram, callán, torann, tormán, trup *vt*, *to* ~ *sth abroad* scéal a reic
noiseless *a* ciúin, balbh, éaglórach
noisy *a* glórach, callánach, torannach, greadhnach
nomad *n* fánaí
nomenclature *n* ainmníocht
nominal *a* ainmniúil
nominally *adv* in ainm a bheith; go hainmniúil
nominate *vt* ainmnigh
nomination *n* ainmniúchán
nominative *n* & *a* ainmneach
nominator *n* moltóir
nominee *n* ainmnitheach
non- *pref* neamh-, mí-, an-, ain-

nonchalance *n* neamhchúis
nonconformist *n & a* neamhaontach
noncommissioned *a* neamhchoimisiúnta
noncommittal *a* neamhcheangailteach
non-denominational *a* neamh-shainchreidmheach
nondescript *a* neamhshuntasach
none *pron* aon duine; aon rud, aon cheann *adv, he is* ~ *the better for his wealth* níl sé a dhath, pioc, níos fearr de bharr a chuid saibhris
nonentity *n* neamhdhuine
non-intoxicating *a* neamh-mheisciúil
nonplus *vt, to* ~ *a person* staic a dhéanamh de dhuine; stad, stangadh, a bhaint as duine
nonsense *n* raiméis, seafóid, amaidí, áiféis, fastaím
nonsensical *a* seafóideach, raiméiseach, amaideach
nook *n* clúid, cúil, cúinne, lúb
noon *n* nóin; eadra
noose *n* sealán, lúb, dol, gaiste
nor *conj* ná
normal *a* normálta, nádúrtha
Norman *n & a* Normannach
north *n* tuaisceart, *in the* ~ *of Ireland* in íochtar Éireann, *from the* ~ aduaidh, *to the* ~ ó thuaidh *adv & a, the* ~ *wind* an ghaoth aduaidh, *the* ~ *coast* an cósta thuaidh, *to go* ~ dul ó thuaidh, ~ *of* taobh thuaidh de; ó thuaidh ó, lastuaidh de
northeast *n* oirthuaisceart *adv* soir ó thuaidh *a* thoir thuaidh, *the* ~ *wind* an ghaoth anoir aduaidh
northerly *a & adv*, ~ *wind* gaoth aduaidh, *in a* ~ *direction* (san aird) ó thuaidh, *the* ~ *part* an taobh ó thuaidh
northern *a* tuaisceartach, *the* ~ *towns* na bailte thuaidh
northwards *adv* ó thuaidh
northwest *n* iarthuaisceart *adv* siar ó thuaidh *a* thiar thuaidh, *the* ~ *wind* an ghaoth aniar aduaidh
nose *n* srón, gaosán, soc *vt & i, to* ~ (*out*) *sth* boladh ruda a chur, *nosing around* ag bolaíocht, ag smúrthacht, thart
nosebag *n* mála cinn
nosedive *n* socthumadh; tobthitim; titim ar do phus
nostalgia *n* cumha
nostalgic *a* cumhach, ~ *visit* cuairt an lao ar an athbhuaile
nostril *n* polláire, poll sróine
nosy *a* caidéiseach, fiosrach, srónach
not *adv* ní, cha, *did you* ~ *buy it* nár cheannaigh tú é, *do* ~ *stir* ná corraigh, *are you ill?* ~ *at all* an bhfuil tú tinn? níl ar chor ar bith, *why* ~ cad chuige nach (ndéanfá etc), *you had better* ~ *wait* b'fhearr duit gan fanacht
notable *a* suntasach; iomráiteach, nótáilte, ~ *person* duine fiú le rá, mór le rá
notably *adv* go sonrach

notary *n* nótaire
notation *n* nodaireacht
notch *n* eang, fáirbre, scór, béim *vt* bearnaigh, eangaigh, *to* ~ *a tally* eang a chur i mbata scóir
note *n* nóta; guth, faí, *man of* ~ fear iomráiteach, *pound* ~ páipéar puint, nóta puint, *it is worthy of* ~ is cuid suntais é, *to make a* ~ *of sth* rud a bhreacadh síos *vt* tabhair faoi deara, nótáil
noted *a* aitheanta, ainmniúil, nótáilte
notepaper *n* páipéar litreacha
noteworthy *a* fiú le rá, suntasach
nothing *n & adv* neamhní, faic, dada, rud ar bith, aon cheo; náid, ~ *happened* níor tharla aon ní, *he is* ~ *the worse for it* níl sé thíos leis dada, *for* ~ *in aisce*
nothingness *n* neamhní
notice *n* foláireamh, fógra; aird, aire, suntas, *take no* ~ *of her* ná tóg ceann, comhartha, ar bith di *vt* tabhair faoi deara, sonraigh
noticeable *a* suntasach, feiceálach
notification *n* fógra
notify *vt* fógair, cuir in iúl
notion *n* smaoineamh, tuairim, teidhe, nóisean, *high* ~*s* tógaíocht, *I haven't a* ~ ní fheadar ó thalamh an domhain, níl a fhios agam faoin spéir
notoriety *n* gáir, droch-chlú
notorious *a* míchlúiteach, *he became* ~ chuaigh a gháir i bhfad
notwithstanding *prep*, ~ *that* ina dhiaidh sin is uile, ina ainneoin sin, ar a shon sin (is uile) *adv* ina dhiaidh sin, mar sin féin
nought *n* náid, neamhní, nialas, *to bring sth to* ~ rud a chur ar neamhní, ar ceal
noun *n* ainm, ainmfhocal, *collective* ~ cnuasainm
nourish *vt* beathaigh, cothaigh
nourishing *a* beathaitheach, cothaitheach, scamhardach
nourishment *n* beathú, cothú, scamhard
novel *n* úrscéal *a* úr, nua
novelist *n* úrscéalaí
novelty *n* nuacht, úire, úrnuacht
November *n* Samhain
novena *n* nóibhéine
novice *n* nóibhíseach, núíosach
now *adv* anois, *between* ~ *and Christmas* idir seo agus Nollaig
nowadays *adv* ar na saolta seo
nowhere *adv* áit ar bith, in aon áit, *they are* ~ *to be seen* níl siad le feiceáil thíos ná thuas, *you are* ~ *near it* níl tú in aon ghiorracht dó
noxious *a* dochrach, díobhálach
nozzle *n* soc
nuance *n* miondifríocht, caolchúis, imir
nuclear *a* núicléach, eithneach
nucleus *n* eithne, núicléas
nude *n* nocht *a* lomnocht

nudge *n* broideadh, sonc *vt* broid, *to* ~ *a person* broideadh, sonc, sá, a thabhairt do dhuine
nudism *n* nochtachas
nudity *n* nochtacht
nugget *n* cnap (óir)
nuisance *n* núis, *they are a terrible* ~ is mór an crá (croí) iad
null *a* nialasach, neamhbhríoch, folamh, ~ *and void* gan éifeacht, ar neamhní
nullify *vt* neamhnigh, *to* ~ *sth* rud a chur ar neamhní
numb *a* mairbhiteach, mairbhleach, gan mhothú, bodhar
number *n* uimhir, figiúr; suim, líon, oiread; eagrán, *one of their* ~ duine díobh, *a* ~ *of them* roinnt acu, *great* ~ iomad, lear mór *vt* cuntais, áirigh; uimhrigh
numbness *n* eanglach, fuarnimh, mairbhití
numeracy *n* uimhearthacht
numeral *n* uimhir, figiúr
numeration *n* uimhriú
numerical *a* uimhriúil
numerous *a* líonmhar, iomadúil
numismatics *npl* moneolaíocht

nun *n* bean rialta
nuncio *n* nuinteas
nurse *n* banaltra; buime *vt* oil, *to* ~ *a child* an chíoch a thabhairt do leanbh, *to* ~ *a sick person* banaltracht, freastal, a dhéanamh ar dhuine tinn, *he is nursing a grudge against us* tá an t-olc istigh aige dúinn
nursery *n* naíolann
nursing *n* altranas; banaltracht
nurture *n* oiliúint, beathú, cothú *vt* cothaigh, beathaigh, oil
nut *n* cnó
nut-cracker *n* cnóire
nutmeg *n* noitmig
nutrient *n & a* cothaitheach
nutrition *n* cothú
nutritious *a* scamhardach, cothaitheach
nutshell *n* blaosc cnó, crotal cnó, *in a* ~ i mbeagán focal
nuzzle *vt & i*, *to* ~ *against* bheith ag srónaíl, ag smúrthacht, ar
nylon *n* níolón
nymph *n* nimfeach

O

oak *n* dair
oar *n* rámh, maide rámha
oarsman *n* rámhaí, iomróir
oasis *n* ósais
oath *n* mionn, eascaine
oatmeal *n* min choirce
oats *n* coirce
obdurate *a* dúr, dígeanta
obedience *n* umhlaíocht
obedient *a* umhal, géilliúil, *to be* ~ *to a person* bheith faoi réir duine
obeisance *n* umhlú
obelisk *n* oibilisc
obese *a* otair
obesity *n* otracht
obey *vt* géill do, umhlaigh do, *to* ~ *a person's wishes* rud a dhéanamh ar dhuine, bheith umhal do dhuine, réir duine a dhéanamh
obituary *n* liosta na marbh; moladh mairbh *a*, ~ *column* colún na marbh
object[1] *n* rud, ábhar, cuspóir; cuspa, ~ *of pity* díol trua, *money no* ~ ná bac an t-airgead
object[2] *vi*, *to* ~ *to sth* cur i gcoinne ruda, *to* ~ *to doing sth* diúltú rud a dhéanamh
objection *n* agó, agóid, *he made no* ~ *to it* níor chuir sé ina choinne
objective *n* cuspóir, cuspa, sprioc *a* oibiachtúil, réadach; cuspóireach
objectivity *n* oibiachtúlacht

Oblate *n* Oblátach
obligation *n* oibleagáid, ceangal, cuing, dualgas, *under an* ~ *to a person* faoi chomaoin ag duine
obligatory *a* éigeantach, oibleagáideach
oblige *vt*, *I am* ~*d to speak to him* tá iallach orm, tá sé d'fhiacha orm, labhairt leis, *to* ~ *a person* oibleagáid, gar, a dhéanamh do dhuine, *I am* ~*d to you* tá mé faoi chomaoin agat
obliging *a* garúil, oibleagáideach, comaoineach, soilíosach
oblique *a* fiar, sceabhach, claon-
obliterate *vt* díobh, díothaigh, múch, cealaigh
oblivion *n* éaguimhne, díchuimhne, dearmad
oblivious *a* díchuimhneach, ~ *to sth* dall ar rud, gan beann ar rud
oblong *a* leathfhada
obnoxious *a* gráiniúil, déistineach, fuafar
oboe *n* óbó
obscene *a* gáirsiúil, graosta, salach; scannalach, déistineach
obscenity *n* gáirsiúlacht, graostacht, salachar; focal (*etc*) gáirsiúil
obscure *a* doiléir, dorcha, diamhair, dothuigthe, ~ *person* duine gan iomrá, ~ *village* baile i bhfad siar, baile cúlráideach *vt* dorchaigh, doiléirigh, dall, folaigh
obscurity *n* dorcha, doiléire, diamhracht; cúlráid
obsequies *npl* tórramh, sochraid

obsequious *a* lúitéiseach, lústrach, spleách, ~ *person* lútálaí

observance *n* coimeád; coinneáil, comhlíonadh, *religious* ~*s* deasghnátha creidimh

observant *a* comhlíontach; grinn, géarshúileach, braiteach

observation *n* coimhéad, breathnú; focal tagartha, tuairim; nóta, sonrú, *to make an* ~ *about a person* caidéis a fháil ar dhuine, *under* ~ faoi scrúdú

observatory *n* réadlann

observe *vt & i* coinnigh, comhlíon, comhaill; breathnaigh, coimhéad, sonraigh; braith

observer *n* breathnóir, féachadóir, coimhéadaí

obsess *vt*, *to be* ~*ed by sth* gnáthsheilbh a bheith ag rud ort, bheith i ngreim ag rud

obsolescence *n* dul as feidhm

obsolete *a* as feidhm, seanchaite, *to become* ~ titim i léig, dul as úsáid

obstacle *n* constaic, bac

obstetrician *n* cnáimhseoir

obstetrics *npl* cnáimhseachas

obstinacy *n* ceanndánacht, stuacacht, diúnas

obstinate *a* ceanntréan, dúr, stuacach, ládasach

obstreperous *a* callóideach, círéibeach; mallaithe

obstruct *vt* coisc, toirmisc, bac

obstruction *n* bacainn, stopainn, dris chosáin

obtain *vt & i* faigh, gnóthaigh, bain amach, *practice that* ~*s among the rich* nós a chleachtann lucht an tsaibhris, *the rules which* ~ *here* na rialacha atá i bhfeidhm anseo

obtainable *a* infhaighte, le fáil

obtrude *vt*, *to* ~ *oneself* tú féin a bhrú chun tosaigh

obtrusive *a* buannúil, treallúsach

obtuse *a* maolintinneach, dobhránta, ~ *angle* maoluillinn

obvious *a* follasach, soiléir, sofheicthe

occasion *n* ócáid, faill; trúig, siocair, *on the first* ~ an chéad uair, *on this* ~ an babhta, iarraidh, turas, seo; den dul seo *vt*, *to* ~ *sth* bheith i do chionsiocair le rud

occasional *a* corr-, fo-, breac-, fánach, ócáideach

occasionally *adv* corruair, ar uairibh, anois is arís

occident *n* an t-iarthar, an Domhan Thiar

occult *a* diamhair

occupancy *n* gabháltas, seilbh

occupant *n* sealbhóir, áititheoir

occupation *n* áitiú, lonnú, gabháil; slí bheatha, gairm (bheatha), ceird, *to be in* ~ *of a house* bheith i do chónaí i dteach, bheith i seilbh tí

occupier *n* áititheoir

occupy *vt* áitigh, gabh, *to* ~ *a house* dul i seilbh tí, *to* ~ *a person's place* suí in áit duine, *to keep a person occupied* duine a choinneáil gnóthach

occur *vi* tarlaigh, tit amach, *it* ~*red to me that* rith sé liom (go)

occurrence *n* tarlú, teagmhas

ocean *n* aigéan, bóchna, farraige mhór

oceanic *n* aigéanach

oceanography *n* muireolaíocht

ochre *n* ócar

octagon *n* ochtagán

octave *n* ochtach

October *n* Deireadh Fómhair

octopus *n* ochtapas

oculist *n* lia súl, súil-lia

odd *a* corr, fo-; greannmhar, ait, aisteach, ~ *man out* éan corr, stocaire

oddity *n* aiteacht; duine corr; rud aisteach

oddments *npl* earraí fuíll

oddness *n* aiteacht, greannmhaireacht, coirre

odds *npl* difríocht; buntáiste, corrlach, *against the* ~ in aghaidh an tsrutha, ~ *and ends* giuirléidí, *what* ~! nach cuma!

ode *n* óid

odious *a* fuafar, gráiniúil

odorous *a* boltanach

odour *n* boladh

oestrus *n* éastras

of *prep* de, as, *it was good* ~ *you* ba mhaith uait é, *one* ~ *us* duine againn, *fond* ~ ceanúil ar

off *adv*, *he went* ~ *d'imigh sé leis*, *be* ~ cuir díot, gread leat, ~ *they went* siúd chun siúil iad, *to be well, badly,* ~ bheith go maith, go holc, as *a*, *the* ~ *side* an taobh deas, an taobh amuigh, *the match is* ~ tá an cluiche curtha ar ceal *prep* de

offal *n* miodamas, cosamar; scairteach

offence *n* oilbhéim, masla; cion, coir, *he took* ~ *at what I said* chuir mo chuid cainte olc air

offend *vt & i* ciontaigh, peacaigh, *she was* ~*ed* tháinig uabhar, olc, uirthi

offender *n* ciontóir, coireach

offensive *n*, *to take the* ~ dul ar an ionsaí *a* ionsaitheach; maslach, tarcaisneach, gránna

offer *n* tairiscint *vt & i* tairg; ofráil

offering *n* ofráil, toirbhirt, síntiús, *Mass* ~ comaoin Aifrinn

offertory *n* ofráil

offhand *a* gan ullmhú, neamhchúiseach

office *n* feidhm, cúram, oifig, *to put a person out of* ~ duine a chur as feidhmeannas

officer *n* oifigeach, feidhmeannach

official *n* feidhmeannach *a* oifigiúil

officiate *vi* feidhmigh

officious *a* déanfasach, postúil, gnóthach

off-licence *n* eischeadúnas

offset *vt* cúitigh

offshoot *n* géag, taobh-bhuinneán

offshore *a*, ~ *fishing* fadiascaireacht, ~ *wind* gaoth ón talamh

offspring *n* clann, sliocht, gin, pór

often *adv* go minic

ogham *n* ogham, ~ *stone* cloch oghaim

ogle *n* catsúil *vt*, *to* ~ *a person* catsúil a chaitheamh le duine

ogre *n* gruagach, torathar

oil *n* ola, íle *vt* olaigh, íligh, bealaigh

oil-cloth *n* ola-éadach

oilfield *n* olacheantar

oiliness *n* olaíocht, ungthacht

oilskins *npl* aidhleanna

oily *a* olach, olúil, úscach; (*of person*) sleamhain, tláithíneach

ointment *n* ungadh

old *a* aosta, sean, críona, seanaimseartha, ~ *age* críonnacht, seanaois, ~ *woman* cailleach, seanbhean, ~ *person* seanóir, seanduine

old-fashioned *a* seanfhaiseanta, seanaimseartha

old-timer *n* seanfhondúir

olfactory *a* boltanach

oligarchy *n* olagarcacht

olive *n* ológ *a*, ~ *green* glas olóige

Olympic *a* Oilimpeach, ~ *games* cluichí Oilimpeacha

omelette *n* uibheagán

omen *n* comhartha, tuar, séan, mana

ominous *a* tuarúil; bagrach, uafásach

omission *n* easnamh, lúb ar lár, faillí, dearmad

omit *vt* fág amach, fág ar lár, dearmad

omnipotent *a* uilechumhachtach

omnipresent *a* uileláithreach

omniscient *a* uilefheasach

omnivore *n* uiliteoir

omnivorous *a* uiliteach

on *prep* ar *adv*, *is there anything* ~ an bhfuil aon cheo ar siúl, *to put* ~ *one's clothes* do chuid éadaigh a chur ort, *go* ~ lean leat, *and so* ~ agus mar sin de, ~ *and off* anois agus arís, ann as

once *adv* uair amháin, tráth, *at* ~ láithreach, ar an toirt; in éineacht

one *a* aon, ~ *person*, ~ *thing* duine, rud, amháin *pron* duine, ceann, ~ *of them*, duine acu, ceann acu, ~ *of the girls* bean de na cailíní, *she is* ~ *of the most beautiful women in Ireland* tá sí ar mhná áille na hÉireann, *to do* ~'s *share of the work* do scair den obair a dhéanamh, ~ *by* ~ ina gceann is ina gceann

one-armed *a* leathlámhach, ar leathláimh

onerous *a* trom, tromaí, dochraideach

oneself *pron* an duine féin, tú (thú) féin, *feeding* ~, do do chothú féin

one-sided *a* leataobhach, leatromach

onion *n* oinniún

onlooker *n* féachadóir *pl* lucht féachana

only *a* amháin, aon *adv* féin, amháin, *you are* ~ *fooling* níl tú ach ag amaidí *conj* ach, murach, ~ *for you* ach ab é tusa

onomatopoeia *n* onamataipé

onrush *n* ruathar, sitheadh

onset *n* ruathar, ionsaí, *at the* (*first*) ~ i dtús báire

onslaught *n* imruathar, turraing

onus *n* dualgas, freagracht, trom, ualach

onwards *adv* chun cinn, ar aghaidh, *from this date* ~ i ndiaidh an dáta seo, ón dáta seo amach, *from the tenth century* ~ ón deichiú céad i leith, anall

ooze *n* púscán, múscán, slaba *vi* úsc, sil

opal *n* ópal

opaque *a* teimhneach

open *n, in the* ~ amuigh faoin spéir; os ard *a* oscailte, ar oscailt, follas; macánta, *the* ~ *sea* an fharraige mhór *vt & i* oscail

opening *n* oscailt, leathadh; doras, béal; tionscnamh, tús

opener *n* osclóir

openly *adv* os ard, go follasach, go poiblí

openness *n* oscailteacht; lom; macántacht

opera *n* ceoldráma

operate *vt & i* oibrigh, *to* ~ *on a person* duine a chur faoi scian, obráid a dhéanamh ar dhuine; dul i gcion ar dhuine

operation *n* feidhmiú, oibriú; obráid, sceanairt, *in* ~ i bhfeidhm, *to undergo an* ~ dul faoi scian (dochtúra)

operational *a* oibríoch

operative *n* oibrí *a* feidhmiúil, oibríoch

operator *n* oibreoir

opiate *n & a* codlaidíneach

opinion *n* tuairim, barúil, *in his own* ~ dar leis féin

opinionated *a* teanntásach, barúlach

opium *n* codlaidín

opponent *n* céile comhraic, céile imeartha, teagmhálaí

opportune *a* caoithiúil, tráthúil, ócáideach, ionúch

opportunist *n* brabúsaí

opportunity *n* deis, caoi, faill, seans, áiméar, ionú

oppose *vt, to* ~ *a person* cur i gcoinne, in éadan, in aghaidh, duine

opposed *a*, ~ *to* in éadan, i gcoinne, in aghaidh, ~ *to reason* bunoscionn le réasún

opposite *n* contrárthacht, malairt, *the* ~ *of that a* ghlanmhalairt sin, a chontráil sin, a mhilleadh sin *a* codarsnach, contrártha; urchomhaireach *prep* os comhair, os coinne

opposition *n* codarsnacht; freasúra; cur i gcoinne (ruda)

oppress *vt* dubhaigh, *to* ~ *a person* duine a chur i ndaoirse; cos ar bolg, leatrom, a imirt ar dhuine, *the heat* ~ *ed me* luigh an teas orm

oppression *n* ansmacht, daoirse, dochraide, leatrom, cos ar bolg

oppressive *a* leatromach, tíoránta, marbhánta, trom, múisciúil

oppressor *n* tíoránach

opt *vi, to* ~ *for sth* rud a thoghadh, taobhú, le rud, *to* ~ *out of sth* tarraingt siar as rud

optic *a* optach

optician *n* radharceolaí

optics *npl* optaic

optimism *n* soirbhíochas

optimist n soirbhíoch
optimistic a dóchasach
option n rogha
optional a roghnach
opulent a saibhir, taibhseach, ollásach
opus n saothar
or conj nó, (with neg) ná, without food ~ drink gan bhia gan deoch, ~ else stay at home nó neachtar acu fan sa bhaile
oracle n oracal, aitheascal
oral a, ~ account béalaithris, ~ examination scrúdú béil, scrúdú cainte
orange n oráiste a flannbhuí
Orangeman n Oráisteach, Fear Buí
orang-utan n órang-útan
oration n óráid
orator n óráidí
oratorio n oratóir
oratory n aireagal; óráidíocht
orb n cruinne(og)
orbit n fithis, diathair vt & i fithisigh
orchard n úllord
orchestra n ceolfhoireann
orchestrate vt ionstraimigh; eagraigh
orchid n magairlín
ordain vt oirnigh; ceap, what God ~ed for us an rud a gheall, a d'ordaigh, Dia dúinn
ordeal n oirdéal, féachaint; splíontaíocht, they went through a terrible ~ fuair siad sceimhle
order n ord, eagar, rang; ordú, holy ~s ord beannaithe, religious ~ ord crábhaidh, ord rialta, out of ~ as cor, as compás, ar míghléas; as ordú, as bealach, in working ~ ar deil, i dtreoir oibre, in ~ to do sth chun, d'fhonn, le, rud a dhéanamh vt & i ordaigh
orderly a slachtmhar, ordúil, rianúil; dea-iomprach
ordinal n orduimhir
ordinary a coitianta, comónta, gnách, gnáth-, out of the ~ as an gcoitiantacht, as an ngnáth, neamhghnách, éagoitianta
ordination n oirniú; cur in ord
ordnance n ordanás, léarscáilíocht
ordure n cac, salachar
ore n mianach, iron ~ amhiarann
organ n orgán; ball
organic a orgánach
organism n orgánach
organist n orgánaí
organization n eagraíocht, eagras; eagrú
organize vt eagraigh
organizer n eagraí
orgy n scléip
orient n an t-oirthear, an Domhan Thoir
oriental n & a oirthearach
orientation n treoshuíomh
orienteering n treodóireacht
orifice n béal, poll
origin n bunús, fréamh, foinse, údar, tús

original n, (of book, etc) bunchóip a bunúsach, bunaidh, nua, bun-, ~ sin peaca an tsinsir, ~ly ar dtús, ó thús; ó cheart, ó bhunús
originality n bunúsacht, éagoitinne, úrnuacht
originate vt & i údaraigh, gin, tionscain, tuismigh, tosaigh, to ~ from teacht as, ó
originator n údar, tionscnóir
Orion n Oiríon, ~'s Belt Slat an Rí
ornament n ornáid, gréas; maisiú pl gréithe vt ornáidigh, gréasaigh, maisigh
ornamental a ornáideach, maisiúil, ~ work gréas
ornate a ornáideach, gréasta
ornithology n éaneolaíocht
orphan n dílleachta
orphanage n dílleachtlann
orthodox a ceartchreidmheach
orthodoxy n ceartchreideamh
orthography n litriú
orthopaedic a ortaipéideach
oscillate vi luasc
osier n saileach; slat sailí
osprey n coirneach
Ossianic a, ~ lay laoi Fiannaíochta
ossify vt & i cnámhaigh; cruaigh, stolp
ostensible a, ~ business gnó súl
ostentation n gairéad, stró, maingléis, scléip
ostentatious a gáifeach, taibhseach, mustrach, stróúil
osteopath n oistéapat
ostracize vt eascoiteannaigh; seachain
ostrich n ostrais
other a eile, the ~ day arú inné; an lá cheana, an lá faoi dheireadh, a book ~ than this one leabhar seachas an ceann seo pron, one after the ~ duine i ndiaidh duine, one way or the ~ mar seo nó mar siúd pl daoine eile, above all ~s thar chách
otherwise adv ar chuma eile, it is little good ~ is beag an mhaith thairis sin é, work, ~ you will fail oibrigh nó teipfidh ort
otter n dobharchú, madra uisce
ought aux v, what ~ to be done an rud is cóir, ceart, a dhéanamh, you ~ to read that book ba cheart duit an leabhar sin a léamh, you ~ to have taken my advice d'fhéad tú, ba é do cheart, mo chomhairle a ghlacadh
ounce n unsa, uinge, he hasn't an ~ of sense níl splanc (chéille) aige
our poss a, ~ car ár ngluaisteán, ~ father ár n-athair, ~ clothes ár gcuid éadaigh, ~ town an baile seo againne, for, from, ~ people dár muintir
ours pron, it is ~ is linn é, that one is ~ sin é ár gceann-na; is linne an ceann sin, a friend of ~ cara linn, dúinn, dár gcuid, that son of ~ an mac sin againn
ourselves pron muidne, sinne; (muid, sinn) féin, feeding ~ dár gcothú féin

oust *vt* cuir amach, díchuir, *to* ~ *a person* dul taobh istigh de dhuine

out *adv & prep* amach, amuigh, ~ *of* as, *way* ~ slí amach, *the tide is* ~ tá sé ina thrá

out-and-out *a & adv* corpanta, críochnaithe; amach is amach

outbid *vt*, ~ *ding each other* ag ceantáil ar a chéile

outbreak *n* briseadh amach, ráig, plá; éirí amach

outburst *n* briseadh amach, brúchtadh, pléascadh, racht

outcast *n* díbeartach

outcome *n* toradh, iarmhairt, éifeacht

outcry *n* gáir, gleo; agóid

outdo *vt* sáraigh, buaigh ar

outdoor *a* lasmuigh *adv*, ~*s* lasmuigh, amuigh faoin aer

outer *a* lasmuigh, amuigh, seachtrach

outfit *n* trealamh, fearas, feisteas

outfitter *n* feisteoir

outgoing *n* dul amach, fágáil *pl* caiteachas, eisíocaíochtaí *a*, (*of person*) oscailte, ~ *mail* na litreacha amach, ~ *chairman* cathaoirleach atá ag dul as oifig

outing *n* éirí amach

outlandish *a* coimhthíoch; aisteach, (*of place*) iargúlta, aistreánach

outlaw *n* eisreachtaí; meirleach, ceithearnach coille *vt* eisreachtaigh

outlay *n* caiteachas

outlet *n* béal, poll éalaithe, ~ *pipe* píobán amach, *sales* ~ cóir dhíolacháin

outline *n* imlíne, imchruth, fíor; creatlach; cnámha (scéil) *vt* fíoraigh, imlínigh

outlook *n* dearcadh, mana

outlying *a* forimeallach, iargúlta, aistreánach

outnumber *vt*, *to* ~ *another group* bheith níos líonmhaire ná dream eile

out-patient *n* othar seachtrach

outpost *n* urphost; teorainn, imeall

outpouring *n* stealladh, spalpadh, doirteadh

output *n* táirgeacht, aschur

outrage *n* éigean, feillbheart, masla, scannal

outrageous *a* éigneach; scéineach, ainspianta; tréasúil, náireach, maslach, scannalach

outright *adv* thar barr amach, d'aon iarraidh, scun scan *a*, ~ *lie* bréag chruthanta

outset *n* tús, tosach, *at the* ~ i dtosach báire

outshine *vt*, *to* ~ *a person* an chraobh, an barr, a bhaint de dhuine

outside *n* an taobh amuigh, *from* ~ ón iasacht *a* amuigh, seachtrach *adv* amuigh, lasmuigh *prep* taobh amuigh de, lasmuigh de

outsider *n* coimhthíoch, éan corr

outsize *a* fia-, oll-, ábhal-

outskirts *n*, *on the* ~ *of the city* ar imeall, ar bhord, na cathrach

outspoken *a* neamhbhalbh, díreach, macánta

outstanding *a* suntasach, tofa, thar cionn, ar fheabhas, sár-, (*of debt*) le híoc

outstretched *a* sínte

outstrip *vt* scoith, sáraigh

outward *a* amach *adv*, ~*s* amach

outwit *vt*, *to* ~ *a person* an ceann is fearr a fháil ar dhuine, bob a bhualadh ar dhuine

outworn *a* seanchaite

oval *a* ubhchruthach, ubhach

ovary *n* síollann, ubhagán

ovation *n* gártha molta

oven *n* oigheann

over *prep* thar, os cionn *adv* thall; thart, ~ *to America* sall, anonn, go Meiriceá, ~ *from England* anall as Sasana, *to fight* ~ *sth* troid faoi rud, *do it all* ~ *again* déan as úire é

over- *a* ain-, for-, os-, ró-,

overall *n* rabhlaer; forbhríste *a* iomlán; ginearálta *adv* ar an iomlán

overawe *vt*, *to* ~ *a person* uamhan a chur ar dhuine

overbalance *vt & i*, *to* ~ do chothrom a chailleadh, *to* ~ *sth* rud a chur ó chothrom, leataobh a chur ar rud

overbearing *a* tiarnúil, stróinéiseach

overboard *adv* thar bord

overcast *a* gruama, smúitiúil, dúnta, iata, *the sky is* ~ tá duifean ar an spéir

overcharge *n* praghas ró-ard, costas breise *vt*, *to* ~ *a person* an iomarca a bhaint de dhuine, barraíocht a ghearradh ar dhuine, duine a shailleadh

overcoat *n* cóta mór

overcome *vt* buaigh ar, sáraigh, traoch, cloígh *a* cloíte, traochta, ~ *by the heat* marbh ag an teas, lag ón teas

overdo *vt*, *to* ~ *sth* dul thar fóir le rud

overdose *n* ródháileog

overdraft *n* rótharraingt

overdraw *vt*, *to* ~ *a bank account* rótharraingt a dhéanamh ar chuntas bainc, *to* ~ (*a description, etc*) craiceann rómhaith a chur ar scéal

overdue *a*, (*of account*) thar téarma; mall

overestimate *vt*, *to* ~ meastachán iomarcach a dhéanamh, *to* ~ *a person* rómheas a bheith agat ar dhuine, *to* ~ *a danger* áibhéil a dhéanamh faoi chontúirt

overflow *n* tuile, sceitheadh; píobán sceite; farasbarr *vt & i* sceith, tuil, cuir thar maoil, báigh

overflowing *a* taoscach, tuilteach; lán go bruach, lán go béal, ag cur thar maoil

overgrown *a* fásta, mothrach, ~ *swamp* moing, ~ *stream* cuisleán, ~ *spider* damhán alla a chuaigh in ainmhéid

overhang *n* scéimh *vt & i*, *the cliff is* ~*ing* tá an aill ag caitheamh amach, tá scéimh amach ar an aill, ~*ing the sea* crochta os cionn na farraige

overhaul *n* mionscrudú, deisiú *vt* deisigh, cóirigh

overhead *a & adv* lastuas, thuas, lasnairde, ~ *projector* osteilgeoir *npl* costais riartha

overhear *vt, to* ~ *sth* rud a chloisteáil ag dul tharat

overheat *vt & i, to* ~ téamh an iomarca

overjoyed *a, to be* ~ lúcháir an tsaoil, ríméad, cluaisíní croí, a bheith ort

overland *a & adv* thar tír, de thalamh

overlap *n* forluí, rádal *vt & i* forluigh, fill thar a chéile, *the tiles* ~ tá scair ag na leacain ar a chéile

overlay *n* forleagan *vt* forleag

overleaf *adv* lastall, thall

overload *vt* anluchtaigh, forualaigh, *to* ~ *a boat* bád a chur thar a breith

overlook *vt* féach síos ar; logh, maith; dearmad; ciorraigh, ~ *ing the lake* os cionn an locha

overmuch *n* breis, farasbarr *a & adv* breise, an iomarca, thar fóir

overnight *adv* thar oíche

overpopulation *n* ródhaonra

overpower *vt* cloígh, treascair

overpowering *a* treascrach, cloíteach

overrate *vt, to* ~ *sth* luach rómhór a chur ar rud, tábhacht rómhór a thabhairt do rud

overreach *vt* sáraigh, scoith, *he* ~ *ed himself* chuir sé é féin ar a chorr, thar a acmhainn

overrule *vt, to* ~ *a person* rialú in aghaidh duine, *to* ~ *an order* ordú a chur ar neamhní

overrun *vt* treascair, *to* ~ *a country* tír a ghabháil ó cheann ceann, a chreachadh, *the place was* ~ *by rats* bhí plá fhrancach san áit, ~ *by weeds* faoi fhiaile, *to* ~ *the time* dul thar am

overseas *a & adv* thar lear, thar sáile, thar toinn

oversee *vt, to* ~ *men, work* fir, obair, a fheighil; maoirseacht a dhéanamh ar fhir, ar obair

overseer *n* maor, saoiste, feitheoir, feighlí

overshadow *vt* dubhaigh, scáthaigh, *to* ~ *sth* scáil a chaitheamh ar rud, *to* ~ *a person* an solas, barr, a bhaint de dhuine, ~ *ed* faoi scáth

overshoot *vt, to* ~ *the mark* dul thar cailc, thar sprioc, thar fóir; dul rófhada

oversight *n* dearmad, neamart, faillí

oversleep *vi, he overslept* chodail sé amach é

overspill *n* sceitheadh

overspread *vt* sceith thar, leath thar

overstatement *n* áibhéil

overstep *vt, to* ~ *the mark* dul thar cailc, dul thar fóir

overt *a* oscailte, follas, os ard

overtake *vt* tar suas le, beir ar; téigh thar, scoith, *darkness overtook them* rug an oíche orthu

overtax *vt* maslaigh, *to* ~ *oneself with sth* dul thar do dhícheall, thar d'acmhainn, le rud

overthrow *n* treascairt, turnamh *vt* treascair, coscair, cloígh, leag

overtime *n* ragobair

overtone *n* forthon; seachbhrí, leid

overture *n* oscailt, tús (margaíochta); réamhcheol

overturn *vt & i* iompaigh

overweight *a, to become* ~ titim chun meáchain

overwhelm *vt* traoch, cloígh, treascair, báigh, slog

overwhelming *a* coscrach, millteanach, ~ *wave* tonn bháite

overwork *n* iomarca oibre, strus *vt & i* tiomáin, maslaigh, *to* ~ *a phrase* abairt a úsáid rómhinic

ovulation *n* ubhsceitheadh

ovum *n* ubhán

owe *vt, to* ~ *money to a person* airgead a bheith ag duine ort, *I* ~ *it* dlitear díom é

owing *a,* ~ *to* de bharr, mar gheall ar

owl *n* ulchabhán, ceann cait, *barn* ~ scréachóg reilige

own *a* féin, dílis, *to be on one's* ~ bheith ar d'ábhar féin, ar do chonlán féin, *to hold one's* ~ *against others* ceart a bhaint de dhaoine eile *vt & i, I* ~ *it* is liom é, *to* ~ *to a mistake* earráid a admháil

owner *n* úinéir, *the* ~ *of the dog* an té ar leis an madra

ownership *n* úinéireacht, dílseacht

ox *n* damh

oxide *n* ocsaid

oxidize *vt* ocsaídigh

oxygen *n* ocsaigin

oyster *n* oisre

oyster-bed *n* beirtreach

oyster-catcher *n* roilleach

ozone *n* ózón

P

pace *n* coiscéim, coisíocht, luas *vt & i* siúil (de choiscéim thomhaiste)

pace-maker *n,* (*sport*) séadaire

pacific *a* síochánta, *P* ~ *Ocean* an tAigéan Ciúin

pacifist *n* síochánaí

pacify *vt* ceansaigh, ciúnaigh, síothaigh, suaimhnigh, bain faoi

pack *n* paca, burla, (*of hounds*) conairt, (*of per-* sons) scata *vt & i* pacáil, sac, ding, stuáil, líon, plódaigh, ~ *in* éirigh as, stop, clis

package *n* pacáiste

packer *n* pacálaí

packet *n* paicéad

packing *n* pacáil, stuáil

pact *n* socrú, comhaontú

pad¹ *n* pardóg, pillín *vt* stuáil, *to* ~ *out a report, etc* tuairisc *etc* a chur i bhfadscéal
pad² *vi, to* ~ *about* bheith ag siúl thart go coséadrom
padding *n* stuáil, líonadh
paddle¹ *n* céasla *vt & i* céaslaigh
paddle² *vi, paddling* ag lapadaíl (in uisce)
paddling *n* céaslóireacht; lapadaíl, ~ *pool* linn lapadaíola
paddock *n* banrach
padlock *n* glas fraincín *vt, to* ~ *sth* glas fraincín a chur ar rud
paediatrics *npl* péidiatraic
pagan *n* págánach *a* págánta
page¹ *n* péitse, giolla
page² *n* leathanach
pageant *n* glóir-réim, tóstal
pail *n* feadhnach, gogán, pigín, buicéad
pain *n* pian, diachair, dócúl, greim, daigh, *to take* ~ *s with sth* saothar, dua, a chaitheamh le rud *vt* pian, goill ar
painful *a* pianmhar, nimhneach, daigheartha, tinn, goilliúnach
pain-killer *n* pianmhúchán
painstaking *a* saothrach, dícheallach, *to be* ~ *with sth* dua a fháil ó rud
paint *n* péint, dath *vt & i* péinteáil, dathaigh
painter *n* péintéir, dathadóir
pair *n* cúpla, péire; beirt, dís; lánúin *vt & i* péireáil, *they* ~ *ed off* chuaigh siad ina mbeirteanna
pal *n* comrádaí, compánach
palace *n* pálás
palatable *a* dea-bhlasta, (*of doctrine, etc*) taitneamhach, so-ghlactha
palate *n* carball, coguas
pale¹ *n* cuaille, stacán, *the P* ~ an Pháil
pale² *a* mílítheach, meata, bán; báiteach, éadrom *vi* bánaigh, *she* ~ *d* d'iompaigh an lí bhán uirthi
palette *n* pailéad
paling *n* páil, sonnach
palisade *n* pailis, sonnach
pall *n* brat, ~ *of smoke* dlúimh dheataigh
palliative *n & a* maolaitheach
pallid *a* glas, bánlíoch, báiteach
palm¹ *n*, (*tree*) pailm, *P* ~ *Sunday* Domhnach na Pailme, Domhnach na hImrime, *he was awarded the* ~ tugadh an chraobh dó; rug sé an mhír leis
palm² *n* bos, dearna *vt, to* ~ *a card* cárta a fholú i do lámh, *to* ~ *off* (*sth on a person*) rud a bhualadh, a chur, ar dhuine
palmist *n* bean chrosach, dearnadóir
palmistry *n* dearnadóireacht
palpable *a* inbhraite
palpitate *vi, my heart was palpitating* bhí mo chroí ag preabadh, bhí fuadach ar mo chroí
palsy *n* pairilis; creathach
paltry *a* suarach, beag, dearóil

pamper *vt, to* ~ *a person* peataireacht a dhéanamh ar dhuine
pamphlet *n* paimfléad
pampootie *n* pampúta
pan *n* panna
panacea *n* uile-íoc
pancake *n* pancóg
pancreas *n* briseán, paincréas
panda *n* panda
pandemonium *n* racán, rírá, scaoll
pander *vi, to* ~ gníomhú ar son lucht drúise, *to* ~ *to vice* na droch-chlaonta a shásamh
pane *n* pána, gloine fuinneoige
panegyric *n* adhmholadh; duan molta *a* adhmholtach
panel *n* painéal; liosta *vt* painéal
pang *n* daigh, deann, arraing *pl* íona
panic *n* scaoll, líonrith, anbhá, gealtachas *a*, ~ *buying* scaollcheannach *vi, they* ~ *ked* chuaigh siad i scaoll
pannier *n* pardóg, cliabh, feadhnach, painnéar
panorama *n* lánléargas
pansy *n* goirmín; piteog
pant *n* cnead, séideán *vi* cnead, séid, *he was* ~ *ing* bhí saothar air, bhí ga seá ann
pantaloon *n* pantalún
panther *n* pantar
panties *n* brístín
pantomime *n* geamaireacht; pantaimím
pantry *n* pantrach, landair
pants *n* bríste
papacy *n* pápacht
papal *a* pápach
paper *n* páipéar; nuachtán *pl* cáipéisí *vt, to* ~ *a room* páipéar a chur ar bhallaí seomra
paperback *n* bogchlúdach; leabhar faoi chlúdach bog
paper-hanger *n* páipéaróir
paper-weight *n* tromán páipéir
papist *n* pápaire
par *n, on a* ~ *with* i gcothrom le, ar aon chéim le, *at* ~ ar cothrom
parable *n* fáthscéal, parabal
parachute *n* paraisiút
parade *n* taispeántas, mustar; paráid, máirseáil, mórshiúl *vt & i* cuir ar taispeáint; cuir ar paráid; máirseáil
paradise *n* parthas
paradox *n* frithchosúlacht, paradacsa
paraffin *n* pairifín, ola mhór, gás
paragon *n* eiseamláir, patrún
paragraph *n* alt, paragraf
parallel *n* parailéal, líne chomhthreomhar; líne dhomhanleithid, (*of comparison*) comórtas *a* comhthreomhar, parailéalach *vt, to* ~ *two things* dhá rud a chur i bparailéal le chéile; dhá rud a chur i gcomórtas le chéile
parallelogram *n* comhthreomharán

paralyse *vt* éagumasaigh, *to* ~ pairilis a chur ar, ~*d with cold* stromptha le fuacht
paralysis *n* pairilis; leitís mharfach
parameter *n* paraiméadar
paramount *a, of* ~ *importance* fíorthábhachtach
paranoia *n* paranóia
parapet *n* uchtbhalla, forbhalla, slatbhalla
paraphernalia *npl* giuirléidí, trealamh, ciútraimintí
paraphrase *n* athinsint, athleagan
parasite *n* seadán, paraisít; (*of person*) súmaire
parasol *n* parasól
paratrooper *n* paratrúipéir
parboil *vt* cnagbheirigh; faoisc
parcel *n* giota; beart; ~ *of land* dáileacht (talún) *vt, to* ~ *out sth* rud a roinnt ina chodanna
parch *vt & i* tíor, spall, triomaigh, ~*ed with thirst*, calctha, spalptha, leis an tart
parchment *n* pár, meamram; cairt
pardon *n* pardún, maithiúnas, *I beg your* ~ gabhaim pardún agat *vt* maith, ~ *me* gabh mo leithscéal
pardonable *a* inleithscéil, inmhaite, solathach
pare *vt* bearr, smiot, scamh, páráil, *to* ~ *a pencil* peann luaidhe a bhiorú
parent *n* tuismitheoir
parenthesis *n* idiraisnéis
parer *n, pencil* ~ bioróir
parish *n* paróiste; pobal
parishioner *n* paróisteach
parity *n* cothroime
park *n* páirc; loca *vt& i* páirceáil, loc
parking *n* páirceáil, locadh, ~ *meter* méadar páirceála
parliament *n* parlaimint, dáil
parlour *n* parlús, *milking* ~ bleánlann
parochial *a* paróisteach; cúng
parody *n* scigaithris *vt, to* ~ *sth* scigaithris a dhéanamh ar rud
parole *n* parúl, *prisoner on* ~ príosúnach ar a onóir
paroxysm *n* taom, racht, néal
parquet *n,* ~ *floor* urlár iontlaise
parricide *n* fionaíl; fionaíolach
parrot *n* pearóid
parse *vt* miondealaigh, parsáil
parsimonious *a* ceachartha, sprionlaithe; barainneach
parsley *n* peirsil
parsnip *n* meacan bán
parson *n* ministir
part *n* cuid, páirt, píosa, roinn, *to play a man's* ~ cion fir a dhéanamh; páirt fir a dhéanamh, *for my* ~ ó mo thaobhsa de, *in these* ~*s* sna bólaí, sna himeachtaí, seo, *southern* ~ deisceart *vt & i* scar, scoilt, deighil, dealaigh
partake *vi, to* ~ *of sth* bheith rannpháirteach i rud, *to* ~ *of a meal* béile a chaitheamh, a dhéanamh

partial *a* neamhiomlán, páirteach, leath-; ceanúil; fabhrach, claonta, taobhach, ~ *board* páirtchothú
partiality *n* claon, lé; claontacht
participate *vi, to* ~ *in sth* bheith páirteach i rud, páirt a ghlacadh i rud
participation *n* páirteachas, rannpháirt
participle *n* rangabháil
particle *n* cáithnín, gráinnín, crithir; mír, páirteagal
particular *n,* ~*s* sonraí, *in* ~ar leithligh; go mór mór; go sonrach *a* áirithe, ar leith, sonrach; mionchúiseach, cáiréiseach, nósúil
parting *n* scoilt; scaradh
partisan *n* páirtíneach, páirtiseán *a* claonpháirteach, leataobhach
partition *n* deighilt, críochdheighilt; (*wall*) landair *vt* deighil, idir-roinn
partly *adv* breac-, páirt-, leath-,
partner *n* páirtí *vt, to* ~ *a person* bheith i bpáirt, i gcomhar, le duine; bheith mar pháirtí ag duine
partnership *n* páirtíocht; comhar, páirt
partridge *n* patraisc
part-time *a* páirtaimseartha
party *n* páirtí, buíon, meitheal, muintir; cóisir
paschal *a* cáscúil, ~ *fire* tine chásca
pass[1] *n* bearnas, bealach, mám
pass[2] *n* pas, cead, *it came to* ~ tháinig sé i gcrích; fíoraíodh é *vt & i* téigh thar, gabh thar, scoith, (*of time*) imigh, *the years are* ~*ing* tá na blianta á gcaitheamh, *if they* ~ *the examination* má éiríonn leo sa scrúdú, *he has* ~*ed forty* tá an daichead glanta, sáraithe, aige, ~ *me the sugar* sín, cuir, chugam an siúcra, *to* ~ *an act* acht a rith, *he* ~*ed away* shíothlaigh sé, ~*ing by* ag dul thar bráid, *I was* ~*ed over* rinneadh leithcheal orm; rinneadh neamhshuim díom, *to* ~ *out* titim i laige, i meirfean, *to let sth* ~ rud a scaoileadh tharat, *to* ~ *the ball* an liathróid a sheachadadh
passable *a* measartha, cuibheasach
passage *n* pasáiste; paisinéireacht; bealach, (*extract*) sliocht, ceacht, *with the* ~ *of time* le himeacht aimsire
passenger *n* paisinéir
passion *n* paisean, ainmhian, racht, teasaíocht, *the P* ~ *of Christ* Páis Chríost
passionate *a* paiseanta, ainmhianach, rachtúil; teasaí
Passionist *n* Páiseadóir
passive *a* fulangach; támh, ~ *voice* faí chéasta
passivity *n* fulangacht
Passover *n* Cáisc (na nGiúdach)
passport *n* pas
past *n, in the* ~ san am atá caite *a* caite, thart, ~ *pupil* iarscoláire, *the* ~ *week* an tseachtain seo a ghabh tharainn *prep & adv* thar, thart, lastall de, *half* ~ *one* leath i ndiaidh a haon

paste *n* leafaos, taos; smeadar *vt* taosaigh; spréigh, smear, *to* ~ *up a notice* fógra a chur suas, a ghreamú in airde
pasteboard *n* clár taois
pastel *n* pastal *a* báiteach
pasteurize *vt* paistéar
pastille *n* paistil
pastime *n* caitheamh aimsire, fastaím
pastor *n* aoire, tréadaí
pastoral *n* tréadlitir *a* tréadach
pastry *n* taosrán; pastae; borróg
pasture *n* féarach *vt & i*, *to* ~ *cattle* beithígh a chur ar féarach, *the cattle are pasturing* tá na beithígh ag innilt, ag iníor
pasty *n* pastae *a* taosach, práibeach, ~ *face* aghaidh thuartha
pat *n* boiseog, paiteog, ~ *of butter* cnapán, millín, ime *adv* go paiteanta, *she gave it out* ~ tháinig sé go pras léi *vt*, *to* ~ *sth* boiseog a thabhairt do rud, rud a shlíocadh
patch *n* paiste, preabán; geadán, treall; ceapóg; giota, *level, green* ~ lantán, mínleog, plásóg *vt* paisteáil, píosáil
patchwork *n* obair phaistí, obair phíosála, (*of fields, etc*) breacachan, ~ *quilt* cuilt bhreac
patchy *a* sceadach, plaiteach, treallach
paten *n* paiteana
patent *n* paitinn *a* paiteanta, ~ *leather* snasleathar *vt* paitinnigh
paternal *n* athartha, aithriúil
paternity *n* atharthacht
paternoster *n* paidir; an Phaidir, Ár nAthair
path *n* cosán, raon, conair, cabhsa
pathetic *a* truamhéalach
pathology *n* paiteolaíocht
patience *n* foighne, *to have* ~ *with a person* foighneamh, foighne a dhéanamh, le duine
patient *n* othar *a* foighneach, fulangach, fadaraíonach
patriarch *n* patrarc, uasalathair
patriarchal *a* patrarcach, uasalathartha
patriot *n* tírghráthóir
patriotic *a* tírghrách
patriotism *n* tírghrá
patrol *n* patról *vt*, *to* ~ *an area* patról a dhéanamh ar líomatáiste
patron *n* pátrún, éarlamh; caomhnóir, ~*s of the theatre* gnáthóirí drámaí
patronage *n* pátrúnacht; coimirce
patronize *vt*, *to* ~ *a person* duine a ghlacadh faoi do choimirce, pátrúnacht a dhéanamh ar dhuine; uasal le híseal a dhéanamh ar dhuine, *to* ~ *a shop* siopa a thaithiú, a ghnáthú
patronizing *a* coimirceach; smuilceach, tiarnúil
patter[1] *n* titim coiscéimeanna, ~ *of rain* clagarnach, rince, báistí
patter[2] *n* clabaireacht, gliogaireacht, deilín *vi*, *to* ~ bheith ag clabaireacht

pattern *n* patrún, eiseamláir, (*of design*) gréas; pátrún
paucity *n* gainne, teirce, laghad
paunch *n* méadail, maróg
paunchy *a* méadlach, marógach
pauper *n* bochtán
pause *n* stad, sos, moill, idirlinn *vi* stad, moilligh
pave *vt* pábháil, greagnaigh, ~ *d floor* urlár leac
pavement *n* pábháil; cosán sráide
pavilion *n* pailliún
paw *n* lapa, crág, crobh *vt & i* crúbáil, crágáil, ~ *ing* glacaireacht
pawn *n* ceithearnach, fichillín *vt* pánáil, geallearb, *to* ~ *sth* rud a chur i ngeall
pawnbroker *n* geallbhróicéir
pawnshop *n* teach gill, pán
pay *n* pá *vt & i* íoc, díol, *to* ~ *a visit* cuairt a thabhairt, ~ *him back in kind* tabhair tomhas a láimhe féin dó
payable *a* iníoctha
payee *n* íocaí
payer *n* íocóir
payment *n* íocaíocht, íoc, díolaíocht
pay-related *a* páchoibhneasta
pay-sheet *n* pádhuille
pea(s) *n* pis, piseánach
peace *n* síocháin, suaimhneas
peaceful *a* síochánta, sítheach, suaimhneach, sámh
peach *n* péitseog
peacock *n* péacóg
peak *n*, (*of cap*) píce, speic, feirc, (*of mountain, etc*) binn, stuaic, *at the* ~ *of his career* in ard a réime
peal *n* cling, clogarnach, ~ *of thunder* blosc toirní, ~ *of laughter* racht gáire *vt & i* buail, cling
peanut *n* pis talún
pear *n* piorra
pearl *n* péarla
pearly *a* néamhanda, péarlach
peasant *n* tuathánach, fear (bean) tíre
peat *n* móin
peat-moss *n* fionnmhóin, súsán, caonach móna
pebble *n* púróg, póirín, méaróg
pebbly *a* cloichíneach, púrógach, ~ *beach* duirling
peck[1] *n* piocadh, priocadh *vt & i* pioc, prioc, giob
peck[2] *n*, (*measure*) peic
peckish *a*, *to feel* ~ ré-ocras a bheith ort
pectin *n* peictin
peculiar *a* leithleach, sonraíoch; aisteach, saoithiúil, ait
peculiarity *n* aiste, aiteacht; saintréith; sonraíocht, leithleachas
pedagogy *n* oideolaíocht
pedal *n* troitheán
pedant *n* saoithín
peddle *vt & i* reic, *peddling* ag mangaireacht, ag peidléireacht

pedestal *n* cos, bonn, *to put a person on a* ~ dia beag a dhéanamh de dhuine

pedestrian *n* coisí, troitheach, ~ *crossing* trasrian coisithe *a* liosta, leamh, coitianta

pedigree *n* ginealach, craobh ghinealaigh, (*certificate*) pórtheastas *a*, ~ *herd* tréad ginealaigh

pedlar *n* mangaire, peidléir

peek *vi* píceáil, ~ *ing* ag gliúcaíocht

peel *n* craiceann (úill, práta, etc) *vt & i* scamh, sceith

peep *n* gíog; gliúc, ~ *of day*, fáinne an lae *vi*, *to* ~ *at sth* spléachadh a thabhairt ar rud, *the sun was* ~ *ing up* bhí an ghrian ag gobadh aníos

peer[1] *n* comhghleacaí; tiarna, piara

peer[2] *vi*, ~ *ing at sth* ag glinniúint, ag amharcaíl, ag gliúcaíocht, ar rud

peevish *a* cantalach, míchéadfach, ceasnúil, cianach

peg *n* bacán, stang, pionna, cnoga, *to take a person down a* ~ an giodam a bhaint as duine *vt & i* stang, *to* ~ *sth* rud a cheangal le pionnaí, *to* ~ *away at sth* greadadh leat, oibriú leat, ar rud

pelican *n* peileacán

pellet *n* grán, millín

pelmet *n* téastar (fuinneoige)

pelt[1] *n* craiceann, leadhb, seithe

pelt[2] *vt & i* gleadhair, rad, rúisc, crústaigh, ~ *ing rain* clagarnach bháistí; ag gleadhradh báistí

pelvis *n* peilbheas

pen[1] *n* peann *vt* scríobh, breac

pen[2] *n* cró, gabhann, loca *vt* loc

penal *a* peannaideach, pianúil, *the P* ~ *Laws* na Péindlíthe, ~ *servitude* pianseirbhís

penalize *vt* pionósaigh, *to* ~ *a person* pionós a chur ar dhuine

penalty *n* pionós, cáin; cic éirice

penance *n* aithrí, breithiúnas aithrí, peannaid

pencil *n* peann luaidhe, pionsail, ~ *of light* spíce solais, ~ *sharpener* bioróir

pendant *n* siogairlín

pendent *a* crochta, siogairlíneach, ~ *object* siogairlín, silín

pending *a* ar feitheamh *prep*, ~ *his return* go dtí go bhfillfidh, go bhfillfeadh, sé

pendulum *n* luascadán

penetrate *vt & i* gabh trí, poll, treáigh, *it* ~ *d to the bone* chuaigh sé isteach go cnámh

penetration *n* polladh, treá; géire (intinne)

penguin *n* piongain

penholder *n* peannghlac

penicillin *n* peinicillin

peninsula *n* leithinis

penis *n* bod, slat, péineas

penitent *n & a* aithríoch

penknife *n* scian phóca

penmanship *n* peannaireacht, scríbhneoireacht

pen-name *n* ainm cleite

penniless *a* gan phingin, dealúsach

penny *n* pingin

pension *n* pinsean, *old-age* ~ seanphinsean *vt*, *to* ~ *a person off* duine a chur amach ar pinsean

pensioner *n* pinsinéir

pensive *a* smaointeach

pent *a* druidte, loctha, *pent-up emotion* racht, tocht, nach ligfí amach

pentagon *n* peinteagán

Pentecost *n* Cincís

Pentecostal *a* Cincíseach

penthouse *n* díonteach; cleiteán

penury *n* gannchuid, gannchúis, dealús, lom-angar

people *n* pobal, muintir, bunadh; daoine, *the* ~ *who make poteen* lucht déanta poitín *vt* áitrigh

pepper *n* piobar

peppermint *n* lus an phiobair; milseán miontais

perambulator *n* naíchóiste, pram

perceive *vt* airigh, braith, mothaigh, sonraigh

percentage *n* céatadán

perceptible *a* inbhraite

perception *n* aireachtáil, mothú, ciall, brath; céadfa

perceptive *a* braiteach; grinn, léirsteanach

perch[1] *n*, (*fish*) péirse

perch[2] *n* stáitse, fara, suíochán, (*measure*) péirse *vt & i*, ~ *on* tuirling ar, suigh ar, ~ *ed precariously* ar forbhás, ~ *ed on the cliff edge* suite ar bhruach na haille

percolate *vt & i* snigh, síothlaigh, scag, úsc

percussion *n* forbhualadh, greadadh, ~ *instrument* cnaguirlis

peremptory *a* dofhreagartha; absalóideach; diongbháilte, tiarnúil, údarásach

perennial *n* ilbhliantóg, trébhliantóg *a* síoraí, buan, síor-; ilbhliantúil, trébhliantúil

perfect *a* foirfe, slán, ar fheabhas, gan cháim, ~ *stranger* dústrainséir, ~ *fool* amadán cruthanta *vt* cuir i gcrích, foirfigh, tabhair chun foirfeachta

perfection *n* foirfeacht

perfectly *adv* go foirfe, gan cháim, go feillbhinn, go paiteanta

perforate *vt* poll, toll

perforation *n* bréifin; polladh

perform *vt & i* déan; gníomhaigh; comhaill, comhlíon, *to* ~ *in a play* páirt a thógáil, a dhéanamh, i ndráma

performance *n* comhall, comhlíonadh; feidhmiú, gníomhaíocht, (*of play*) léiriú

performer *n* gníomhaí; aisteoir, seinnteoir, oirfideach

perfume *n* cumhracht; cumhrán, mos *vt* cumhraigh

perhaps *adv* b'fhéidir

perigee *n* peirigí

peril *n* gábh, priacal, guais

perilous *a* priaclach, baolach, guaiseach, ~ *seas* na tonnta báite

perimeter *n* imlíne

period *n* achar, aga, seal, tráth; tréimhse; lánstad, (*menses*) cúrsaí, daonnacht

periodical *n* tréimhseachán *a* tréimhsiúil, féiltiúil
peripheral *a* forimeallach
periscope *n* peireascóp
perish *vt & i* éag; feoigh, searg; stiúg, *we were* ~*ed with cold* bhíomar préachta, leata, caillte, leis an bhfuacht
perishable *a* meatach, díomuan
peritonitis *n* peireatoiníteas
periwig *n* peiriúic
periwinkle *n* faocha, miongán
perjure *vt, to* ~ *oneself* mionn, leabhar, éithigh a thabhairt
perjury *n* mionnú éithigh
perk *vi, to* ~ *up* bíogadh, misneach a ghlacadh
perkiness *n* giodal
perky *a* goiciúil, prapanta, bíogúil
permanence *n* buaine, síoraíocht
permanent *a* buan, seasta
permeable *a* tréscaoilteach
permeate *vt & i, to* ~ *sth* dul faoi rud, leathadh ar fud ruda, sileadh trí, sú trí
permissible *a* ceadaithe, ceadmhach
permission *n* cead, ceadú
permissive *a* ceadaitheach
permit *n* ceadúnas, cead *vt* ceadaigh, lamháil, lig
permutation *n* iomalartú
pernicious *a* díobhálach, dochrach, millteach, ~ *anaemia* anaemacht mharfach
pernickety *a* éisealach, léirsteanach, mionchúiseach, cáiréiseach, íogair
peroxide *n* sárocsaíd
perpendicular *n* ingear *a* ingearach, díreach
perpetrate *vt, to* ~ *a blunder* botún a dhéanamh, *to* ~ *an injustice on a person* éagóir a imirt, a dhéanamh, ar dhuine
perpetual *a* síoraí, suthain, buan-, síor-
perpetuate *vt* buanaigh
perplex *vt* mearaigh, *to* ~ *a person* duine a chur i bponc
persecute *vt* cloígh le, lean de; cráigh, céas, *to* ~ *people* géarleanúint a chur, a dhéanamh, ar dhaoine
perseverance *n* buanseasmhacht, síoraíocht
persevere *vi* righnigh, coinnigh ort, *to* ~ *with one's work* bheith buanseasmhach i gceann do chuid oibre
persist *vi* lean ar, mair
persistence *n* buanseasmhacht, marthanacht; stalcacht, ceanndánacht
persistent *a* seasmhach, tuineanta, buan, síoraí
person *n* duine, pearsa, neach, *the* ~ *who said it* an té a dúirt é
personable *a* pearsanta, gnaíúil, dóighiúil
personal *a* pearsanta, *to take sth as* ~ rud a thógáil chugat féin
personality *n* pearsantacht
personate *vt* pearsanaigh
personification *n* pearsantú

personify *vt* pearsantaigh
personnel *n* foireann, pearsanra *a,* ~ *section* rannóg phearsanra
perspective *n* peirspictíocht, *to see a matter in its true* ~ rud a fheiceáil ina cheart, léargas ceart a fháil ar rud
perspex *n* peirspéacs
perspicacious *a* grinn, géarchúiseach
perspiration *n* allas
perspire *vi, to* ~ allas a chur
persuade *vt, to* ~ *a person of sth* rud a áitiú, a chur ina luí, ar dhuine
persuasion *n* áitiú
persuasive *a* áititheach, mealltach
pert *a* clóchasach, ladúsach, prapanta
pertain *vi, and all that* ~*s to it* agus a leanann é, agus a mbaineann leis, *it* ~*s to the ceremony* is den searmanas é
pertinacious *a* dígeanta
pertinent *a* ag baint le hábhar, oiriúnach, cuí
perturb *vt* buair, suaith
perusal *n* léamh, grinniú, scrúdú
pervasive *a* forleathan
perverse *a* fiar, saobh, claon; do-ranna, *he was always* ~ bhí an earráid, an fiar, riamh ann
perversion *n* claon(adh), saobhadh
perversity *n* saofacht; contráilteacht, stuacacht, codarsnacht
pervert *n* séantóir (creidimh), saofóir *vt* claon, saobh, fiar
pessimism *n* duairceas, éadóchas
pest *n* plá, claimhe, crá; lotnaid
pester *vt* ciap, pláigh
pesticide *n* lotnaidicíd
pestilence *n* aicíd, plá, galar
pestle *n* tuairgnín, smíste
pet *n* peata; maicín *vt, to* ~ *a child* peataireacht, bánaí, a dhéanamh le leanbh; peataireacht a dhéanamh ar leanbh
petal *n* peiteal
peter *vi, to* ~ *out* teacht chun deiridh, dul i ndísc, dul in éag, síothlú
petition *n* achainí, iarratas, impí *vt* achainigh (ar), guigh
petitioner *n* achainíoch, impíoch, iarrthóir
petrel *n* guairdeall, *storm* ~ peadairín na stoirme
petrify *vt & i* clochraigh, *I was petrified* rinneadh staic díom
petrol *n* peitreal, artola
petroleum *n* peitriliam
petticoat *n* cóitín, cóta beag; fo-ghúna
pettiness *n* suarachas
pettish *a* leanbaí, maicíneach, míchéadfach
petty *a* mion; suarach, ~ *cash* mionairgead, ~*session* cúirt ghairid
petulant *a* stainceach, míchéadfach, cantalach
pew *n* suíochán, binse teampaill
pewter *n* péatar

phantom *n* samhail, scáil, fuath
Pharisee *n* Fairisíneach
pharmacist *n* cógaiseoir, poitigéir
pharmacology *n* cógaseolaíocht
pharmacy *n* cógaisíocht, (*shop*) cógaslann
pharynx *n* faraing
phase *n* céim *vt, to* ~ *out sth* rud a chur ar ceal, a dhíothú, de réir a chéile
pheasant *n* piasún
phenomenon *n* feiniméan
philanderer *n* cliúsaí
philanthropist *n* daonchara
philanthropy *n* daonchairdeas, daonnachtúlacht
philatelist *n* bailitheoir stampaí
philately *n* bailiú stampaí
Philistine *n & a* Filistíneach
philology *n* focleolaíocht
philosopher *n* fealsamh
philosophical *a* fealsúnach
philosophy *n* fealsúnacht
philtre *n* upa
phlegm *n* réama, crochaille; fuarchúis
phlegmatic *a* réamach; fuarchúiseach
phobia *n* fóibe
phone *n* fón, gúthán *vt & i, to* ~ *a person* glaoch ar dhuine (ar an bhfón), glao gutháin a chur ar dhuine
phonetics *n* foghraíocht
phoney *a* bréagach
phosphate *n* fosfáit
phosphorescence *n* méarnáil
phosphorus *n* fosfar
photocopy *n* fótachóip
photogenic *a* fótaigineach
photograph *n* grianghraf, fótagraf
photographer *n* grianghrafadóir
photography *n* grianghrafadóireacht, fótagrafaíocht
photostat *n* fótastat, fótachóip
phrase *n* frása, abairt, focal, leagan cainte; mír *vt, that's how he* ~ *d it* sin mar a chuir sé (i gcaint) é
physical *a* colanda, fisiceach, ~ *education* corpoideachas
physician *n* lia, dochtúir
physicist *n* fisiceoir
physics *npl* fisic
physiognomy *n* gné-eolaíocht
physiology *n* corpeolaíocht, fiseolaíocht
physiotherapist *n* fisiteiripeach
physiotherapy *n* fisiteiripe
physique *n* déanamh (coirp), cruthaíocht
pianist *n* pianódóir
piano *n* pianó
pick[1] *n* piocóid
pick[2] *n* ruainne, giob; togha, rogha, scoth, sméar mhullaigh *vt* pioc, giob, bain, cnuasaigh; roghnaigh, *to* ~ *a bone* cnámh a chreimeadh, *you*

would ~ *him out in a crowd* shonrófá i gcruinniú é
pick-axe *n* piocóid
picket *n* picéad *vt* picéadaigh
picking *n* piocadh *pl* piocarsach; fuílleach; solamar, éadáil
pickle *n & vt* picil
pickpocket *n* piocaire póca, peasghadaí
pick-up *n* glacaire
picnic *n* picnic
pictorial *a* pictiúrtha
picture *n* pictiúr, *he is the* ~ *of health* tá dreach, bláth, na sláinte air *vt* samhlaigh
picturesque *a* pictiúrtha
pie *n* píóg, pastae
piebald *a* alabhreac, ballach
piece *n* píosa, mír, giota; dréacht, *tenpenny* ~ píosa deich bpingine *vt* píosáil, paisteáil; cuir le chéile
piecework *n* tasc (obair), tascóireacht
pied *a* breac, alabhreac
pier *n* cé, piara
pierce *vt* poll, toll, treáigh
piercing *a* polltach, tolltach, treáiteach, ~ *cry* uaill choscrach
piety *n* cráifeacht, naofacht
pig *n* muc
pigeon *n* colúr
piggery *n* muclach, cró muice
pigheaded *a* ceanndána, stuacach
piglet *n* arcán, banbh
pigment *n* lí
pigmentation *n* lí
pigmy *n* lucharachán, pigmí
pig-nut *n* cúlarán
pig-sty *n* fail muice, cró muice, mucais
pike[1] *n* píce, (*fish*) liús, gailliasc *vt* piceáil
pike[2] *n* paidhc
pilchard *n* seirdín
pile[1] *n* carn, cruach, cual, moll *vt & i* cruach, carn; plódaigh (isteach)
pile[2] *n*, (*stake*) píle
pile[3] *n* clúmh, (*of cloth*) caitín, bruth
piles *npl* daorghalar, fíocas
pilfer *vt & i* bradaigh, ~ *ing* ag mionghadaíocht
pilferer *n* bradaí
pilgrim *n* oilithreach
pilgrimage *n* oilithreacht, turas
pill *n* piollaire
pillage *n* slad, creach *vt & i* slad, creach
pillar *n* colún, piléar, polla
pillar-stone *n* gallán, stollaire, coirthe
pillion *n* cúlóg, pillín, *riding* ~ ar cúlóg, ar cúla
pillion-rider *n* cúlóg
pillory *n* píolóid
pillow *n* adhairt, piliúr
pillow-case *n* clúdach piliúir

pilot *n* píolóta *a* píolótach *vt* píolótaigh, *to* ~ *a person to a place* duine a stiúradh chun áite

pimple *n* goirín

pin *n* biorán, pionna, dealg, ~*s and needles* codladh grifín, eanglach, *it will put me to the* ~ *of my collar* rachaidh sé géar orm, rachaidh sé go beilt an chlaímh orm *vt* pionnáil, *he was* ~*ned down under a tree* bhí sé i ngreim, i bhfostú, faoi chrann, *to* ~ *down a person* duine a theanntú

pinafore *n* pilirín

pincers *npl* pionsúr, greamaire, teanchair; ordóga (portáin)

pinch *n* liomóg, scealpóg; gráinnín, pinse, deannóg *vt, to* ~ *a person* liomóg, miotóg, a bhaint as duine, *to* ~ *sth* rud a bhradú, a ghoid

pincushion *n* pioncás

pine[1] *n* péine; giúis; giúsach

pine[2] *vi, pining away* ag meath, ag cnaí, *she was pining for the child* bhí sí ag caitheamh i ndiaidh an linbh

pineapple *n* anann

pine-needles *npl* spíonlach giúise

ping-pong *n* leadóg bhoird

pinion *n* eite, pinniún *vt, they* ~*ed his arms to his sides* cheangail siad a lámha dá thaobhanna

pink *n, (flower)* caoróg léana; pinc, *in the* ~ *of health* chomh folláin le breac, i mbláth na sláinte *a* pinc, bándearg

pinnacle *n* buaic, spuaic, starraic, stolla

pin-point *vt, to* ~ *sth* rud a thaispeáint go cruinn, do mhéar a leagan ar rud

pint *n* pionta

pioneer *n* ceannródaí, téisclimí, *(abstainer)* staonaire

pious *a* cráifeach, diaganta, beannaithe

pip[1] *n, (in fowl)* cíb, dioc, píoblach, *they would give you the* ~ chuirfidís déistin, samhnas, breoiteacht, ort

pip[2] *n, (of fruit)* síol

pip[3] *n, (of radio)* gíog, buille

pip[4] *n, (on cards, etc)* spota

pip[5] *vt, to* ~ *a person* duine a shárú, an bhearna a bhaint de dhuine

pipe *n* píopa, píobán, *uillean* ~*s* píb uilleann

pipeline *n* píblíne

piper *n* píobaire

piping *n* píobaireacht, séideadh píob, *(dressmaking)* cuisliú

pipit *n* riabhóg

piquant *a* goinbhlasta; inspéise

pique *n* múisiam, stainc *vt, to* ~ *a person* múisiam, stainc, a chur ar dhuine; spéis a mhúscailt i nduine

pirate *n* foghlaí mara, píoráid

pirouette *n* fiodrince *vi, to* ~ fiodrince a dhéanamh

Pisces *npl* na hÉisc

piss *n & vi* mún

pistil *n* pistil

pistol *n* piostal

piston *n* loine

pit *n* clais, log, sloc, poll, ~ *of stomach* log an ghoile *vt & i, to* ~ *potatoes* prátaí a chur i bpoll, *to* ~ *oneself against a person* dul i gcoimhlint le duine

pitch[1] *n* pic

pitch[2] *n* teilgean, caitheamh, crochadh, *(of sound)* airde, *(playing-field)* páirc imeartha *vt & i* pitseáil, caith, teilg, *to* ~ *camp* campa a shuí

pitch-and-toss *n* caitheamh pinginí

pitch-dark *a*, ~ *night* oíche dhuibhré

pitcher[1] *n* pitséar

pitcher[2] *n* teilgeoir

pitchfork *n* píce *vt* píceáil

piteous *a* truamhéalach, truacánta

pith *n* laíon, smúsach, smior; brí, tathag

pithy *a, (of speech)* aicearrach, gonta; éifeachtach

pitiful *a* trua, cásmhar, truacánta; suarach, náireach

pitiless *a* míthrócaireach, gan trua

pittance *n, a mere* ~ cuid an bheagáin

pitted *a* logánach, slocach, criathrach; brocach, crosach

pity *n* trua, truamhéala, *what a* ~ nach mór an trua, an peaca é; chí Dia sin; is é an mhairg, an scrupall, é *vt, to* ~ *a person* trua a bheith agat, a dhéanamh, a ghlacadh, do dhuine

pivot *n* lúdrach, maighdeog, mol *vt & i, to* ~ casadh ar maighdeog

placard *n* fógra

placate *vt* sásaigh, suaimhnigh, bain faoi

place *n* áit, ball, ionad, láthair *vt* leag, cuir, suigh

place-name *n* logainm

placenta *n* placaint, slánú

placid *a* séimh, mín, sámh, moiglí, sochma, ciúin

plague *n* plá, grathain *vt* ciap, pláigh, *plaguing me with questions* do mo chéasadh le ceisteanna

plaice *n* leathóg bhallach, plás

plaid *n* breacán

plain *n* má, machaire, clár *a* soiléir, follasach; pléineáilte, *the* ~ *truth* clár, glan, na fírinne

plaintiff *n* éilitheoir, gearánaí

plaintive *a* caointeach, cásmhar, truacánta, faíoch

plait *n* dual, trilseán; fí *vt* trilsigh, figh

plan *n* plean, beart, scéim *vt & i* beartaigh, pleanáil

plane *n* clár, plána, locar *vt* plánáil, locair *to* ~ *down a board* clár a scamhadh

planet *n* pláinéad

plank *n* planc *vt, to* ~ *sth down* rud a phlancadh síos

plankton *n* planctón

planner *n* pleanálaí

planning *n* pleanáil

plant *n* planda, luibh, lus, *(machinery, etc)* gléasra, fearas *vt* plandaigh, plandáil, cuir, *(of colony)* plandáil, *to* ~ *a stake in the ground* cuaille a shá sa talamh

plantain *n*, (*ribwort*) slánlus, (*round-leaved*) cuach Phádraig
plantation *n* plandáil, (*grove*) fáschoill, garrán
planter *n* plandóir
planxty *n* plancstaí
plaque *n* plaic
plasma *n* plasma
plaster *n* plástar, *adhesive* ~ greimlín *vt & i* plástráil; dóibeáil
plasterer *n* pláistéir
plastic *a* plaisteach *a* plaisteach; somhúnlaithe
plasticine *n* marla, plastaicín
plate *n* lann; pláta, *silver* ~ soithí airgid *vt* plátáil
plateau *n* ardchlár
plate-glass *n* plátghloine
platform *n* ardán, léibheann, stáitse, ~ *of bus* tairseach bus
platinum *n* platanam
platitude *n* léireasc
platonic *a* platónach
platter *n* mias
plausible *a* dealraitheach, (*of person*) plásánta, slíoctha, *a* ~ *story* scéal a bhfuil dath, dealramh na fírinne, air; scéal craicneach
play *n* imirt, spraoi, imeartas; ligean; dráma, ~ *centre* ionad súgartha *vt & i* imir, (*music*) seinn, cas, (*of light*) cigil, imir, ~*ing* ag súgradh, ag spraoi
play-acting *n* geáitsíocht, aisteoireacht
playboy *n* buachaill báire
player *n* imreoir; seinnteoir
playful *a* súgrach, spraíúil, cleasach, ábhailleach
playground *n* faiche imeartha; clós scoile
playroom *n* seomra súgartha
plaything *n* bréagán, áilleagán
playwright *n* drámadóir
plea *n* caingean, pléadáil; achainí, *on the* ~ *of* ar leithscéal go
plead *vt & i* pléadáil, pléigh, agair, *to* ~ *guilty* pléadáil ciontach
pleasant *a* taitneamhach, pléisiúrtha, sámh, fáilí, suairc, suáilceach, lách, ~ *appearance* aoibh, cuntanós, ~ *laugh* gealgháire
pleasantry *n* greannmhaireacht; focal grinn
please *vt & i* sásaigh, taitin le, *to be graciously* ~*ed to do sth* deonú rud a dhéanamh, *I'd be* ~*d to do it* dhéanfainn é agus fáilte, *have what you* ~ bíodh do phléisiúr, do rogha, agat, ~ *God* le cúnamh Dé, (*if you*) ~ le do thoil, más é do thoil é, *to do as one* ~*s* do chomhairle féin a dhéanamh
pleasure *n* pléisiúr, sásamh, sult, taitneamh, aoibhneas
pleat *n* pléata *vt* pléatáil
pleated *a* pléatach
plebiscite *n* pobalbhreith
pledge *n* geall, éarlais; coinníoll, focal, gealltanas *vt* dílsigh, geall, *to* ~ *sth* rud a chur i ngeall

Pleiades *npl* an Tréidín
plenary *a* iomlán
plenipotentiary *n* lánchumhachtóir *a* lánchumhachtach
plentiful *a* fairsing, flúirseach, líonmhar
plenty *n* cuimse, flúirse, fairsinge, ~ *of milk* neart bainne, ~ *of people* go leor daoine, ~ *of time* fuílleach ama, ~ *of money* greadadh airgid, tréan airgid
pleurisy *n* pliúraisí
pliable *a* solúbtha, lúbach, umhal
pliers *npl* teanchair, greamaire
plight *n* cor, eagar, riocht, íde, *in a sorry* ~ in anchaoi, in ainríocht
plod *vi* fuirsigh, *I keep plodding along* bím ag treabhadh, ag sracadh, ag sraonadh, liom
plop *n* plab, glug *vi* plab
plot *n* ceapach, garraí; plota, scéim, rún ceilge *vt & i* innill; rianaigh, marcáil, *to* ~ *against a person* bheith i gcealg, ag cealg, duine
plough *n* céachta, seisreach, *the P* ~ an Camchéachta, an tSeisreach *vt & i* treabh
ploughland *n* seisreach
ploughman *n* treabhdóir
ploughshare *n* soc
plover *n* feadóg, pilibín
pluck *n* tarraingt, sracadh, misneach, gus *vt* pioc, tarraing, stoith, cluimhrigh, *to* ~ *up one's courage* do mhisneach a ghlacadh
plucky *a* misniúil, gusmhar, *a* ~ *lad* gasúr a bhfuil sracadh ann
plug *n* stopallán, dallán; plocóid, pluga *vt & i*, *to* ~ *a hole* stopallán a chur i bpoll, poll a chalcadh, ~ *in* ionsuigh, *to* ~ *a person* piléar a chur i nduine, *to* ~ *a policy* polasaí a bholscaireacht, *to* ~ *away* leanúint ort, coinneáil ort
plum *n* pluma
plumage *n* cluimhreach
plumb¹ *n* pluma, *to put sth out of* ~ rud a chur as a dhíreach *a* ingearach, díreach, ~ *crazy* glan as do mheabhair
plumb² *vt & i*, *to* ~ *the sea* doimhneacht na farraige a thomhas, *to* ~ *the depths of sth* dul go grinneall le rud, dul go bun an scéil le rud, *to* ~ *a wall* riail ingir a chur ar bhalla; balla a fhágáil ingearach, *to* ~ pluiméireacht a dhéanamh
plumber *n* pluiméir
plumbing *n* feadóireacht; pluiméireacht; píopaí, píopra
plumb-line *n* líne ingir
plume *n* cleite
plummet *n* luaidhe (feádóireachta), pluma *vi*, *to* ~ titim go tobann, go tapa
plump¹ *a* páinteach, beathaithe, ~ *creature* pánaí, paiteog
plump² *n* plimp *vt & i*, *to* ~ *down* ligean anuas de phlimp, titim de phlimp, *to* ~ *for a candidate*

gan vótáil ach d'aon iarrthóir amháin; taobhú le hiarrthóir, cur ar son iarrthóra

plunder *n* creach, foghail, argain, slad *vt & i* creach, slad

plunderer *n* creachadóir, foghlaí

plunge *n* dúléim, tumadh *vt & i* tum, fothraig, *to* ~ (*into water, into difficulty*) dúléim a thabhairt

plunger *n* loine; tumaire

plural *n & a* iolra

pluralism *n* iolrachas; ilfheidhmeannas

plus *n* plus *prep* móide, agus

plush *n* pluis *a* sóúil, taibhseach

Pluto *n* Plútón

plutocracy *n* maoinlathas, plútacratachas

plutonium *n* plútóiniam

ply[1] *n* dual

ply[2] *vt & i* oibrigh, imir, *to* ~ *one's trade* do cheird a chleachtadh, *he was* ~ *ing them with drink* bhí sé ag teannadh dí leo, ~ *ing across the sea* ag iomlachtadh thar an bhfarraige

plywood *n* sraithadhmad

pneumatic *a* aeroibrithe; aer(a)(i)-

pneumonia *n* niúmóine

poach[1] *vt* scall

poach[2] *vt & i* póitseáil, *to* ~ *a river* póitseáil a dhéanamh ar abhainn

poacher *n* póitseálaí

pocket *n* póca *vt, to* ~ *sth* rud a chur i do phóca, rud a bhradú leat

pod *n* faighneog, mogall, cochall

poem *n* dán, duan, laoi

poet *n* file, éigeas

poetic *a* fileata

poetry *n* filíocht, éigse

poignant *a* géar, tréan, cráite

point *n* pointe, ponc; rinn, gob, bior; brí, ciall; mír, (*in games*) cúilín, pointe, (*of compass*) aird, *on the* ~ *of going* ar tí imeacht *vt & i* bioraigh; comharthaigh, dírigh ar, (*of building*) pointeáil, ~ *out* taispeáin, *to* ~ *out sth to a person* rud a chur ar a shúile do dhuine

point-blank *a, a shot at* ~ *range* urchar as béal gunna, *to refuse* ~ diúltú glan

pointed *a* biorach, gobach, stuacach, rinneach, géar; follas, soiléir, díreach

pointer *n* snáthaid, maide; leid; madra dúiseachta

pointless *a* gan bhrí; éadairbheach, *it is* ~ níl bun ná barr air; níl maith a bheith leis

poise *n* cothromaíocht; neamhchorrabhuais, dínit, féinmhuinín, iompar (cinn, coirp) *vt & i* beartaigh, ~ *d above us* ar foluain, crochta, os ár gcionn, ~ *d to fight* ar tinneall chun troda

poison *n* nimh *vt* nimhigh

poisoning *n, food* ~ nimhiú bia

poisonous *a* nimhiúil

poke[1] *n* poit, sonc *vt* poit, soncáil, prioc, *to* ~ *embers* gríosach a rúscadh, *to* ~ *fun at a person* greann a dhéanamh de dhuine

poke[2] *n* tomhaisín

poker[1] *n* priocaire

poker[2] *n* pócar

poky *a,* ~ *place* póicéad

polar *a* molach, polach, ~ *bear* béar bán

polarize *vt & i* polaraigh

polaroid *n & a* polaróideach

pole[1] *n* cuaille, cleith, crann, liúr

pole[2] *n* mol, pol, *the North* ~ an Mol Thuaidh

polemics *npl* conspóideacht; argóintí

police *npl* péas, póilíní *vt* póilínigh

policeman *n* garda, póilín, péas, pílear

policewoman *n* bangharda, banphóilín

policy *n* polasaí, beartas; dúnghaois

poliomyelitis *n* polaimiailíteas

polish *n* snas, gléas; snasán, smearadh; líofacht; craiceann, slacht *vt & i* snasaigh, líomh, locair, slíom

polished *a* snasta, greanta, líofa, ealaíonta

polite *a* béasach, múinte, nósmhar, sibhialta

politeness *n* dea-bhéas, múineadh, nósmhaireacht

political *a* polaitiúil

politician *n* polaiteoir

politics *npl* polaitíocht

polka *n* polca

poll *n* cloigeann; vótáil *vt & i* vótáil

pollard *n* bran beag

pollen *n* pailin

pollinate *vt* pailnigh

pollock *n* mangach, pollóg

pollute *vt* truailligh, éilligh

pollution *n* truailliú, éilliú

polo *n* póló

poly- *pref* il-

polyanthus *n* ilbhláthach

polygamy *n* polagamas, ilphósadh

polyglot *n & a* ilteangach

polygon *n* polagán

polytechnic *n* coláiste polaiteicnice; polaiteicnic

polythene *n* polaitéin

pomegranate *n* gránúll, pomagránait

pomp *n* poimp, ollás

pompon *n* bobailín, mabóg

pompous *a* mustrach, mórchúiseach, poimpéiseach

pond *n* linn, lochán

ponder *vt & i* smaoinigh, meabhraigh, meáigh

pontiff *n* pontaif

pontoon *n* pontún

pony *n* capaillín, pónaí

poodle *n* púdal

pooh-pooh *vt, to* ~ *sth* spior spear a dhéanamh de rud

pooka *n* púca

pool[1] *n* linn, lochán, poll

pool[2] *n* comhchiste, *money in the* ~ airgead ar clár *vt, to* ~ *money* airgead a chur i gcomhchiste

poor *a* bocht, daibhir; droch-, dearóil, dona *npl, the* ~ na boicht, na bochtáin, an chosmhuintir, ~ *thing*! an créatúr! ~ *fellow* an duine gránna

pop *vt* & *i* pléasc, cnag, preab, ~ *it into your mouth* rop isteach i do bhéal é, *to* ~ *in* bualadh isteach, *to* ~ *up out of the water* preabadh aníos as an uisce

pope *n* pápa

poplar *n* poibleog

poplin *n* poiplín

pop-music *n* popcheol

poppy *n* poipín

popular *a* coitianta, *he is very* ~ tá an-ghnaoi ag na daoine air

population *n* daonra, líon daoine, pobal

populous *a* daoineach

porcelain *n* poirceallán

porch *n* póirse

porcupine *n* torcán craobhach

pore[1] *n* piochán, póir

pore[2] *vi, to* ~ *over a book* bheith sáite i leabhar, *to* ~ *over a subject* dianmhachnamh a dhéanamh ar ábhar

pork *n* muiceoil

pornography *n* pornagrafaíocht

porous *a* póiriúil, scagach

porpoise *n* muc mhara, toirpín

porridge *n* leite, brachán

porringer *n* porainséar

port[1] *n* caladh, calafort, cuan, port

port[2] *n* clébhord

port[3] *n* pórt(fhíon)

port[4] *vt, to* ~ *arms* airm a thaispeáint

portable *a* iniompartha, so-iompair

portentous *a* tuarúil

porter[1] *n* doirseoir

porter[2] *n* póirtéir, (*beer*) pórtar, leann dubh

portfolio *n* mála cáipéisí, *minister's* ~ cúram aire

porthole *n* sliospholl

portion *n* cuid, píosa, páirt, roinn, cuibhreann, giota, mír *vt* roinn, dáil

portly *a* stáidiúil, toirtiúil

portrait *n* portráid

portray *vt* dreach, léirigh

pose *n* staidiúir; geáitse *vt* & *i* deasaigh, *to* ~ bheith ag ligean geáitsí ort féin, *to* ~ *a question* ceist a chur, *he* ~*d as a Frenchman* lig sé air féin gur Francach a bhí ann, chuaigh sé i riocht Francaigh

posh *a* galánta, nósmhar

position *n* áit, ionad, suíomh *vt* suigh

positive *a* dearbhchló *a* dearfach, deimhneach

possess *vt* sealbhaigh, *to* ~ *sth* rud a bheith agat, i do sheilbh, *she is* ~*ed by the devil* tá an diabhal inti

possession *n* sealbhaíocht, seilbh; (*pl*) sealúchas, maoin, airnéis

possessive *n* & *a* sealbhach

possibility *n* féidearthacht, *they had no* ~ *of returning* ní raibh fáil ar chasadh acu

possible *a* féideartha, *it is* ~ (*that*) is féidir (go), *that is* ~ thiocfadh dó, *if* ~ más féidir

possibly *adv* seans, b'fhéidir, *I couldn't* ~ (*do it*) ní bhfaighinn ó mo chroí é a dhéanamh

post[1] *n* cuaille, bacán, stáca *vt, to* ~ *a notice* fógra a chur suas

post[2] *n* post, jab, ionad, *the last* ~ an ghairm dheiridh *vt* postaigh, *to* ~ *a sentry* fairtheoir a chur ar post

post[3] *n* post, *to open one's* ~ do chuid litreacha a oscailt *vt* postáil, *to* ~ *a letter* litir a chur sa phost

post-[4] *pref* iar-

postage *n* postas

postcard *n* cárta poist

poster *n* póstaer

posterior *n* tóin, tiarpa

posterity *n* sliocht; na glúine atá le teacht

post-graduate *n* iarchéimí *a* iarchéime

posthumous *a* iarbháis

postman *n* fear poist

postmark *n* postmharc

post-mortem *n* scrúdú iarbháis

post-office *n* oifig phoist

postpone *vt, to* ~ *sth* rud a chur ar gcúl, siar, ar athlá, ar atráth

postscript *n* aguisín, iarscríbhinn

postulant *n* nuasachán

posture *n* stiúir, staidiúir; dearcadh, aigne

posy *n* pósae

pot *n* pota, corcán

potash *n* potais

potassium *n* potaisiam

potato *n* práta

pot-belly *n* urbholg, maróg

poteen *n* poitín

potent *a* bríomhar, láidir, cumhachtach

potential *n* cumas *a*, ~ *danger* contúirt fholaigh, ~ *resources* acmhainní inoibrithe

pot-hole *n* coirín, linntreog; poll slogaide, uaimh

pot-holing *n* uaimheadóireacht

pot-hook *n* lúb pota

potion *n* deoch, díneach, upa

potter[1] *n* potaire, criadóir

potter[2] *vi, ~ing about* ag útamáil, ag gíotáil, thart

pottery *n* potaireacht

pouch *n* púitse, mealbhóg, spaga

pouf *n* saoisteog

poultice *n* ceirín

poultry *n* éanlaith chlóis

pounce *n* léim, áladh *vi* léim, *to* ~ *on sth* áladh a thabhairt ar rud

pound[1] *n* punt, ~ *note* nóta puint

pound[2] *n* gabhann, póna

pound[3] *vt* & *i* brúigh, tuairteáil, tuargain, smíst, *they were* ~*ing along* bhí siad ag satailt rompu

pour *vt* & *i* doirt, steall, scaird, ~ *out* cuir amach, líon amach, dáil, ~*ing rain* ag doirteadh, ag stealladh, fearthainne, ~ *ing in* ag plódú, ag líonadh, isteach

pout *n* pus *vi*, *to* ~ pus a chur ort féin, gob a chur ort féin

poverty *n* bochtaineacht, anás, daibhreas, deilbhíocht, loime

poverty-stricken *a* dealbh, ocrach

powder *n* púdar *vt* púdráil; mionaigh

powdered *a* púdrach

power *n* cumhacht, cumas, brí, neart, *to be in* ~ bheith i réim, *returned to* ~ istigh arís, *more* ~ *to you*! nár lagaí Dia thú! treise leat!

powerful *a* cumhachtach, éachtach, láidir, tréan, cumasach, neartmhar

powerless *a* éagumasach, neamhchumhachtach, gan bhrí

practicable *a* indéanta, inoibrithe, praiticiúil

practical *a* praiticiúil, fóinteach, ~ *joking* áilteoireacht, bobaireacht, cleasaíocht

practically *adv*, *it is* ~ *finished* tá sé ionann is (a bheith) críochnaithe, tá sé geall le bheith déanta

practice *n* cleachtadh, taithí; cleachtas, nós

practise *vt & i* cleacht, déan, gnáthaigh, taithigh, ~*d rogue* rógaire áitithe

practitioner *n* cleachtóir, *general* ~ gnáthdhochtúir

pragmatic(al) *a* pragmatach

prairies *npl* féarthailte

praise *n* moladh *vt* mol

praiseworthy *a* inmholta

pram *n* pram, naíchóiste

prance *n* pramsa *vi* pramsáil

prank *n* bob, cleas, tréith

prate *vt & i* scil, *prating* ag clabaireacht, ag salmaireacht

prattle *n* gliogarnach, scilligeadh *vi* scillig, *prattling* ag clabaireacht, ag gliogarnach

prawn *n* cloicheán

pray *vt & i* guigh, impigh, ~*ing* ag guíodóireacht, ag paidreoireacht, ag urnaí

prayer *n* paidir, urnaí, guí

preach *vt & i* craobhscaoil, teagasc, ~*ing* ag seanmóireacht

preacher *n* seanmóirí, soiscéalaí

preamble *n* réamhrá

precarious *a* neamhbhuan, guagach, seansúil

precaution *n* réamhchúram, réamh-aire, *he takes no* ~*s* níl faichill ar bith ann

precede *vt* tar roimh, téigh roimh

precedence *n* tosaíocht, túis; oireachas

precedent *n* réamhshampla, fasach

preceding *a*, *the* ~ *day* an lá roimhe sin

precept *n* aithne, teagasc

precincts *npl* purláin, líomatáiste

precious *a* luachmhar; maoineach, ~ *object* seoid

precipice *n* aill, binn

precipitate[1] *a* driopásach, mear, tobann *vt* teilg, rad; brostaigh, *to* ~ *matters* dlús a chur le rudaí

precipitate[2] *vi* comhdhlúthaigh, frasaigh

precipitous *a* géarchrochta, rite; tobann, mear, grod

précis *n* achoimre

precise *a* beacht, cruinn

precision *n* beachtas, cruinneas

preclude *vt* coinnigh amach, coisc

precocious *a* seanchríonna, ~ *child* síofra

preconceive *vt* réamhcheap, ~*d idea* réamhthuairim

precursor *n* réamhtheachtaí

predatory *a* creachach

predecessor *n* réamhtheachtaí

predestination *n* réamhchinneadh, réamhordú

predestine *vt* réamhchinn, réamhordaigh

predicament *n* cruachás, *to be in a* ~ bheith san fhaopach, i dteannta, i sáinn, i bponc

predicate *n* faisnéis

predict *vt* tairngir, tuar, réamhaithris

prediction *n* tairngreacht, tuar, réamhaithris

predilection *n* claonadh (chun), luí (le)

predominate *vi*, *to* ~ *over* smacht, ceannas, a bheith agat ar, *women* ~ *in the association* is iad na mná is iomadúla sa chumann, mná is mó atá sa chumann

pre-eminent *a* gradamach, suntasach, dearscnaitheach

preen *vt* cluimhrigh, prioc, pointeáil, *to* ~ *oneself on sth* bheith mórtasach as rud

prefabricated *a* réamhdhéanta

preface *n* réamhrá; preafáid *vt*, *to* ~ *sth* réamhrá a chur le rud

prefect *n* maor

prefer *vt*, *I* ~ *it that way* is fearr liom mar sin é, *whom do you* ~ cé is measa leat, cé acu is fearr leat, *to* ~ *a charge against a person* cúiseamh a dhéanamh ar dhuine

preference *n* tosaíocht, roghnachas, *in* ~ *to* de rogha ar, *to give sth* ~ tosach, tús áite, a thabhairt do rud

preferential *a* fabhrach

prefix *n*, (*of title*) réamhtheideal, (*grammar*) réimír

pregnancy *n* iompar clainne, toircheas

pregnant *a* torrach, toircheasach, *to be* ~ bheith ag iompar clainne

prehistoric *a* réamhstairiúil

prejudice *n* claontacht, réamhchlaonadh *vt*, *to* ~ *one's case* dochar a dhéanamh do do chás

prejudiced *a* claonta

prelate *n* prealáid

preliminary *a* tosaigh, ~ *work* réamhobair, ~ *examination* réamhscrúdú *npl* réamhimeachtaí

prelude *n* réamhdhréacht

premarital *a* réamhphósta

premature *a* anabaí, roimh am, *he died* ~*ly* cailleadh roimh a aois é

premeditate *vt* réamhbheartaigh, réamhcheap

premeditation *n* réamhbheartú, réamhcheapadh

premier n príomh-aire, taoiseach a príomha
premise n, ~s áitreabh; réamhleagan; réamhráiteas
premium n préimh, ~ bonds bannaí bisigh, to sell sth at a ~ rud a dhíol ar biseach
premonition n fíor, mana, meanma
preoccupied a gafa, go domhain (sa mhachnamh), sáite (sa ghnó)
preparation n réiteach, ullmhúchán, oirchill, gléasadh; ullmhóid pl stócáil, téisclim
preparatory a, ~ college coláiste ullmhúcháin
prepare vt & i ullmhaigh, gléas, cóirigh, déan réidh
prepay vt réamhíoc
preposition n réamhfhocal
preposterous a míréasúnta, áiféiseach
prerogative n pribhléid; sainchumas
Presbyterian n & a Preispitéireach
presbytery n cléirtheach
prescribe vt mol, ordaigh, leag amach
prescription n oideas
presence n láithreacht, in the ~ of a person i láthair, i bhfianaise, os comhair, duine
present¹ n, the ~ an t-am i láthair, at ~ faoi láthair a i láthair, láithreach, the ~ day an lá atá inniu ann
present² n bronntanas, féirín vt tabhair, tairg, toirbhir, to ~ a play dráma a léiriú, to ~ oneself láithriú, nochtadh
presentable a, (of person) insúl, pearsanta, (of clothes) inchaite, fiúntach
presentation n toirbhirt; toirbheartas
presentiment n mana, meanma, I have a ~ (that) taibhsítear dom (go)
presently adv ar ball (beag)
preservation n coimeád, caomhnú; leasú, úrchaomhnú
preservative n leasaitheach, ábhar leasaithe a caomhnaitheach, leasaitheach
preserve n subh; talamh cosanta; tearmann; líomatáiste vt coimeád, caomhnaigh, cumhdaigh; sábháil, leasaigh, God ~ you go mbuanaí Dia thú
preside vi, to ~ (at meeting) dul sa chathaoir (ag cruinniú), bheith i gceannas (cruinnithe)
president n uachtarán
press n brú, fáscadh; fáisceán; preas; cófra, caibhéad, prios, ~ conference preasagallamh vt & i brúigh, tathantaigh, fáisc, teann; preasáil, iarnáil, to ~ for sth rud a éileamh (go láidir)
pressed a brúite, fáiscthe, hard ~ i dteannta, i sáinn, ~ for time cruógach, práinneach
press-gang n buíon phreasála
pressing a géibheannach, práinneach, cruógach; tuineanta
press-stud n smeachstoda
pressure n brú; broid, fáscadh, teannadh, ~ cooker bruthaire brú

pressurize vt, to ~ a person brú, crua, a chur ar dhuine
prestige n gradam
presume vt & i leomh, toimhdigh, I ~ that tá mé ag déanamh go, to ~ on a person buannaíocht, dánacht, a dhéanamh ar dhuine
presumption n andóchas; dánacht, buannaíocht, neamh-mheontaíocht; toimhde
presumptuous a andóchasach, buannúil, dána, neamh-mheontach
pretence n cur i gcéill
pretend vt & i, to ~ that ligean ort go, cur in iúl go, ~ing to glory ag tnúth le glóir
pretension n móiréis
preposterous a móiréiseach, taibhseach
pretext n leithscéal, on ~ of speaking to me ar scáth labhairt liom
pretty a gleoite, deas, deismir adv cuibheasach, réasúnta, measartha, ~ rough garbh go maith
prevail vi, to ~ over a person an ceann is fearr a fháil ar dhuine, buachan ar dhuine, to ~ on a person to do sth tabhairt, baint, ar dhuine rud a dhéanamh, a custom that ~s nós atá faoi réim, a mhaireann go fóill, atá fós ag imeacht
prevailing a, ~wind gnáthghaoth
prevalent a ceannasach, leitheadach, faoi réim, gnáth-
prevaricate vi, to ~ an fhírinne a fhiaradh, an fhírinne a sheachaint
prevent vt bac, coisc, toirmisc, stop
prevention n cosc, toirmeasc
preview n réamhthaispeántas
previous a roimh ré
previously adv roimhe sin
prey n creach, seilg vi, to ~ upon sth rud a sheilg, sth is ~ing on his mind tá rud éigin ar a intinn, tá rud éigin imithe faoin intinn aige
price n praghas, luach, fiacha vt, to ~ sth luach, praghas, a chur ar rud; rud a chostáil
prick n priocadh, goineog vt & i prioc, clip, goin, to ~ up one's ears cluas a chur ort féin, do chluasa a bhiorú
prickle n colgán, dealg vt & i prioc
prickly a coilgneach, deilgneach, driseogach
pride n uabhar, díomas, leithead; mórtas, bród, ríméad, ~ of place tús áite vt, to ~ oneself on sth bheith mórálach as rud
priest n sagart
priesthood n sagartacht
prig n saoithín
priggish a saoithíneach, ceartaiseach
prim a deismíneach, cúiseach
primary a príomha, bunata, príomhúil, bun-
primate n príomháidh, (zoological) príomhach
prime¹ n, in the ~ of his life i mbláth a shaoil, i mbarr a mhaitheasa, ina neart a príomha; den chéad scoth, ~ minister taoiseach, príomh-aire, ~ rogue rógaire críochnaithe

prime² *vt* prímeáil
primer *n* bunleabhar, priméar
primeval *a* cianaosta
primitive *a* bunaíoch; céadrata; seanársa
primrose *n* sabhaircín
prince *n* prionsa, flaith
princess *n* banphrionsa
principal *n* ceannasaí, uachtarán; príomhoide, (*finance*) bun, bunairgead *a* príomh-
principality *n* prionsacht
principle *n* prionsabal, foras
print *n* lorg, rian; cló, prionta *vt* priontáil, clóbhuail, clóigh
printer *n* clódóir, printéir
printing *n* clódóireacht, printéireacht; clóbhualadh
prior¹ *n* prióir
prior² *a* roimh ré *adv*, ~ *to my going* roimh imeacht dom, sular imigh mé
priority *n* tosaíocht, tús
priory *n* prióireacht
prism *n* priosma
prison *n* príosún
prisoner *n* príosúnach, cime, braighdeanach
privacy *n* príobháid
private *n* gnáthshaighdiúir, saighdiúir singil *a* príobháideach
privation *n* ganntanas, dochma, angar
privet *n* pribhéad
privilege *n* pribhléid
privileged *a* pribhléideach
privy *n* leithreas *a*, *to be* ~ *to sth* rún ruda a bheith agat
prize¹ *n* duais; geall *vt*, *to* ~ *sth* rud a bheith luachmhar agat, *she* ~ *s that book* is mór aici an leabhar sin
prize² *vt*, *to* ~ *a lid open* clár a thógáil le luamhán
prize-bond *n* duaisbhanna
prizewinner *n* duaiseoir
probability *n* dóchúlacht
probable *a* dóchúil, dealraitheach, *it is* ~ *that* is dócha go, *probably not* ní móide é; ní móide go
probate *n* probháid
probation *n* promhadh, tástáil
probe *n* bior, tóireadóir *vt & i* tóraigh, taighd
problem *n* fadhb, ceist
problematical *a* fadhbach
pro-cathedral *n* leas-ardeaglais
procedure *n* modh, gnáthamh, nós imeachta
proceed *vi* téigh, imigh, gabh, gluais; lean leat, ~ *ing towards* ag tarraingt ar, ag déanamh ar, *to* ~ *against a person* dlí a chur ar dhuine
proceeding *n* imeacht, dul; beart, obair *pl* imeachtaí
proceeds *npl* fáltais
process *n* oibriú, próiseas, (*of law*) próis *vt* próiseáil
procession *n* mórshiúl
processor *n* próiseálaí

proclaim *vt* craol, fógair, reic, *he was* ~ *ed the O'Neill* gaireadh Ó Néill de
proclamation *n* forógra, fógairt
procrastination *n* siléig, moilleadóireacht
procreate *vt* gin, tuismigh
procreation *n* giniúint
procure *vt* soláthair, *to* ~ *sth for a person* rud a chur ar fáil do dhuine
prod *n* broideadh, sonc, péac *vt* prioc, broid, péac
prodigal *n* caifeachán, *a* caifeach, doscaí, rabairneach, *the* ~ *son* an mac drabhlásach, an mac díobhlásach
prodigy *n* mana; feart, iontas
produce *n* sochar, toradh *vt* taispeáin, cuir ar fáil; tuismigh, gin, tarraing; táirg, déan, (*of play*) léirigh, (*drawing*) *to* ~ *a line* líne a leanúint
producer *n* táirgeoir, (*of play, film*) léiritheoir
product *n* toradh, táirge
production *n* cur amach, táirgeadh
productive *a* torthúil, táirgiúil; bisiúil
productivity *n* táirgiúlacht
profane *a* naomhaithiseach; saolta *vt* sáraigh, truailligh
profanity *n* naomhaithis; mionn, eascaine
profess *vt* maígh, éiligh, *to* ~ *our faith* ár gcreideamh a admháil, *to* ~ *oneself interested in Irish* a thabhairt le fios, a chur in iúl, go bhfuil spéis sa Ghaeilge agat, *to* ~ *a postulant* duine a ghlacadh isteach in ord, *to* ~ *vows* na móideanna a ghlacadh
profession *n* dearbhú, admháil; cur in iúl, cur i gcéill; gairm, slí bheatha, proifisiún; móidghealladh
professional *a* gairmiúil, proifisiúnta
professor *n* ollamh
proffer *vt* sín, tairg
proficient *a*, *to be* ~ *in sth* bheith oilte ar rud
profile *n* pictiúr imlíne; cló leicinn, leathaghaidh, próifíl
profit *n* brabach, sochar, gnóthachan, éadáil *vt & i*, *it* ~ *ed me nothing* níor ghnóthaigh mé dada air; níor thairbhigh mé pioc de, *to* ~ *by sth* tairbhe a bhaint as rud; bheith buaiteach le rud
profitable *a* tairbheach, brabúsach, sochrach, éadálach
profligate *n* caifeachán, drabhlásaí *a* drabhlásach, caifeach, doscaí
profound *a* domhain, duibheagánach
profuse *a* faioch, raidhsiúil, flúirseach
progeny *n* sliocht, iarmhar, maicne, síolrach
programme *n* clár, *computer* ~ tasc-chlár ríomhaire *vt* réamheagraigh
programmer *n*, *computer* ~ cláraitheoir ríomhaireachta
progress *n* dul ar aghaidh, dul chun cinn, forás, *in* ~ ar siúl, ar bun, *to make* ~ treoir, talamh, a dhéanamh *vi* téigh ar aghaidh
progression *n* dul chun cinn, forchéimniú

progressive *a* forásach, forchéimnitheach

prohibit *vt* cros, coisc, toirmisc, *it is strictly* ~ *ed* tá dianchosc air

prohibition *n* cosc, cros, toirmeasc; col, geis

project[1] *n* tionscadal, scéim

project[2] *vt & i* leag amach, beartaigh; caith, diúraic, teilg; gob amach, *to* ~ *a picture on a screen* pictiúr a chaitheamh ar scáileán

projectile *n* diúracán

projecting *a* starrach

projection *n* teilgean, caitheamh; beartú; starr, starragán

projector *n* teilgeoir

proletarian *n & a* prólatáireach

proletariat *n* prólatáireacht, na híochtaráin, an chosmhuintir

proliferate *vi* iomadaigh

prolific *a* breisiúil, sliochtmhar; rafar

prologue *n* brollach

prolong *vt* fadaigh, *to* ~ *sth* fad a bhaint as rud, fadú le rud

promenade *n* promanád, áit spaisteoireachta

prominent *a* starrach, corránach; suntasach, feiceálach, oirirc, mór le rá, ~ *tooth* starrfhiacail

promiscuous *a* measctha; ilchaidreamhach

promise *n* gealltanas, geall *vt & i* geall

promising *a* dóchúil, tréitheach, ~ *appearance* cruthaíocht, gealladh

promontory *n* ros, rinn, ceann tíre, ~ *fort* dún

promote *vt* cothaigh, cuir ar aghaidh, cuir chun cinn, *to* ~ *a person* ardú céime a thabhairt do dhuine

promoter *n* tionscnóir

promotion *n* ardú céime; cothú, cur chun cinn

prompt[1] *n* leid *vt* spreag, gríosaigh, *to* ~ *a person* leid a thabhairt do dhuine

prompt[2] *a* ullamh, grod, sciobtha, pras, féichiúnta

prompter *n* leideoir; spreagthóir

prone *a* béal faoi, droim in airde, ~ *to* tugtha do, claonta chun

prong *n* beangán, beann, ladhar

pronoun *n* forainm

pronounce *vt & i* fógair, dearbhaigh; fuaimnigh, *to* ~ *on a subject* do thuairim a thabhairt ar ábhar

pronunciation *n* fuaimniú, foghraíocht

proof[1] *n* cruthú, cruthúnas, dearbhú, promhadh; profa *vt* díon

proof[2] *a*, ~ *against weather, water* díonach ar aimsir, ar uisce

prop *n* taca, frapa *vt* teanntaigh, frapáil, tacaigh le

propaganda *n* bolscaireacht, síolchur

propagandist *n* bolscaire

propagate *vt & i* póraigh, síolraigh; craobhscaoil, scaip

propane *n* propán

propel *vt* tiomáin, cuir, séid; spreag

propeller *n* lián

propensity *n, to have a* ~ *for sth* claon, luí, lé, a bheith agat le rud

proper *a* dílis; dlisteanach, ceart, cóir, cuí, cuibhiúil, *at the* ~ *time* in am trátha, ~ *fool* amadán críochnaithe, *what is* ~ *for a person* an rud is dual do dhuine

property *n* maoin, sealúchas, substaint; airí, tréith

prophecy *n* tairngreacht, fáistine, fáidheadóireacht

prophesy *vt & i* tairngir, tuar, *to* ~ tairngreacht, fáistine, a dhéanamh, *prophesying* ag fáidheadóireacht

prophet *n* fáidh, tairngire, fáistineach

prophetic *a* fáidhiúil, fáistineach, tairngeartach

proportion *n* páirt, cionmhaireacht; coibhneas, comhréir

proportional *a*, ~ *representation* ionadaíocht chionmhar

proposal *n* moladh, ~ *of marriage* ceiliúr pósta

propose *vt* mol; beartaigh, *to* ~ *a toast* sláinte a fhógairt, *to* ~ *to a girl* ceiliúr pósta a chur ar chailín

proposer *n* moltóir

proprietor *n* úinéir, dílseánach

propriety *n* oiriúnacht, cuibheas; modhúlacht, béascna, *to observe the proprieties* na gnásanna a leanúint

propulsion *n* tiomáint; spreagadh

prosaic *a* prósach; leamh

proscribe *vt* eisreachtaigh

prose *n* prós

prosecute *vt* cúisigh, *to* ~ *a claim* éileamh a chur ar aghaidh

prosecution *n* ionchúiseamh

prosecutor *n* cúisitheoir

proselyte *n* iompaitheach

prosody *n* prosóid

prospect[1] *n* radharc; ionchas, *to ruin a person's* ~ *s* duine a chur ó chríoch

prospect[2] *vi, to* ~ taiscéaladh, sirtheoireacht, a dhéanamh

prospective *a* atá le teacht

prospector *n* sirtheoir, taiscéalaí

prospectus *n* réamheolaire

prosper *vt & i* rathaigh; bisigh, *God* ~ *you* rath Dé ort, go soirbhí Dia duit

prosperity *n* rath, séan

prosperous *a* rathúil, rafar, séanmhar, éiritheach, toiciúil

prostate *a* próstatach

prostitute *n* striapach, meirdreach *vt* meirdrigh

prostitution *n* striapachas, meirdreachas

prostrate *a* faonlag, cloíte *vt* treascair, léirigh, *to* ~ *oneself* umhlú, sléachtadh

prostration *n* umhlú, sléachtadh; léiriú

protect *vt* cosain, cumhdaigh, díon

protection *n* cosaint, coimirce, dídean, scáth, cumhdach

protective *a* cosantach, coimirceach, díonmhar, dídeanach

protector *n* cosantóir, coimirceoir, caomhnóir

protectorate *n* coimirceas

protein *n* próitéin

protest *n* agóid *vt & i* dearbhaigh, *to* ~ *against sth* agóid, gearán, a dhéanamh in aghaidh ruda

Protestant *n & a* Protastúnach

protester *n*, ~*s* lucht agóide

protocol *n* comhghnás

prototype *n* fréamhshamhail

protract *vt* fadaigh, *to* ~ *sth* moill a bhaint as rud

protracted *a* fada, sínte, leanúnach; de réir scála

protractor *n*, (*instrument*) uillinntomhas

protrude *vt & i* sáigh amach, gob amach

proud *a* uaibhreach, díomasach, bródúil, mórálach, ~ *flesh* ainfheoil

prove *vt & i* promh, tástáil, cruthaigh, dearbhaigh, *the story* ~*d false* fuarthas amach nach raibh aon fhírinne sa scéal

proverb *n* seanfhocal

provide *vt & i* soláthair, cuir ar fáil, seiftigh, *to* ~ *for a family* riar ar mhuirín, *she* ~*s well for them* tá sí ina ceann maith dóibh, *to* ~ *against sth* ullmhú ar cheann, in aghaidh, ruda

provided *conj*, ~ *that* ar choinníoll go, ar chuntar go; má, dá, ~ *that fellow doesn't come* ach gan an diúlach sin a theacht

providence *n* barainn, tíos, *by the* ~ *of God* trí oirchill Dé

providential *a* ádhúil, ~*ly* trí dheonú Dé

provider *n* soláthraí, seifteoir, *he is a good* ~ *for us* tá sé ina cheann maith dúinn

province *n* cúige; proibhinse

provincial *n* cúigeach, (*of religious*) proibhinseal *a* cúigeach

provision *n* soláthar, stór, riar, lón; cuntar, foráil

provisional *n & a* sealadach

proviso *n* cuntar

provocation *n* saighdeadh, gríosú, spreagadh

provocative *a* gríosaitheach; cointinneach

provoke *vt* spreag, saighid, tarraing, adhain, *to* ~ *a person to anger* séideadh faoi dhuine, duine a chur le cuthach

provost *n* propast

prowess *n* gaisce, oirbheart, tréitheachas

prowl *n*, *to be on the* ~ *for sth* bheith sa tseilg ar rud *vi*, *to* ~ *about* bheith ag sirtheoireacht, ag smúrthacht, thart

proximity *n* foisceacht, gaire, cóngar, aice

proxy *n* ionadaí; seachvótálaí; cumhacht ionadaíochta, *to vote by* ~ seachvótáil a dhéanamh

prude *n* duine róchúisiúil, duine ceartaiseach

prudence *n* stuaim, críonnacht

prudent *a* stuama, discréideach, críonna

prune¹ *n* prúna

prune² *vt* bearr, sciot, scoith

pry *vi*, ~*ing* ag srónaíl, ag físeoireacht

psalm *n* salm

psalter *n* saltair

pseudonym *n* ainm cleite

psychedelic *a* sícideileach; dallraitheach

psychiatrist *n* síciatraí

psychiatry *n* síciatracht

psychic(al) *a* síceach

psychoanalysis *n* síocanailís

psychologist *n* síceolaí

psychology *n* síceolaíocht, aigneolaíocht

psychopath *n* síceapatach

psychopathic *a* síceapatach

psychosomatic *a* síceasómatach

pub *n* teach tábhairne, teach (an) óil

puberty *n* oirbheart, caithreachas, *to reach* ~ caithriú

pubic *a* púbasach

public *n*, *the* ~ an pobal *a* poiblí, *in* ~ os ard, go poiblí, os comhair an tsaoil, ~ *house* teach tábhairne, teach (an) óil

publican *n* tábhairneoir, óstóir

publication *n* poibliú, foilsiú; foilsitheoireacht; foilseachán

publicist *n* poiblitheoir, bolscaire

publicity *n* poiblíocht, bolscaireacht

publish *vt & i* poibligh, foilsigh, cuir amach

publisher *n* foilsitheoir

puck *n* poc *vt & i* pocáil

pucker *n* clupaid, roc, filltín *vt & i*, *to* ~ *sth* roic a chur i rud, *to* ~ *up* rocadh, roic a dhéanamh, *he* ~*ed his brows* chruinnigh sé na malaí, chuir sé roic ina mhalaí, chrap sé na malaí

pudding *n* maróg; putóg

puddle *n* lochán uisce

puerile *a* leanbaí

puff *n* gal, puth, dé, séideog *vt & i* séid, pluc, (*of pipe*) smailc, ~*ed up with importance* i mborr le mórtas

puff-ball *n* bolgán béice

puffin *n* puifín

puffy *a* mórtasach; borrúil, ata; séideogach; saothrach

pugnacious *a* trodach, bruíonach, buailteach

pull *n* tarraingt, sracadh *vt & i* tarraing, srac, sraon, stoith, *to* ~ *oneself together* misneach a ghlacadh, *to* ~ *a face* straois, gnúis, a chur ort féin, *to* ~ *down a house* teach a leagan

pullet *n* eireog

pulley *n* ulóg, roithleán, puilín

pullover *n* geansaí

pulp *n* laíon; brúitín, prabhait *vt*, *to* ~ *sth* laíon, smúsach, a dhéanamh de rud

pulpit *n* crannóg, puilpid

pulsate *vi* frithbhuail, fuadaigh

pulse *n* cuisle; bíog, bualadh, rithim *vi* frithbhuail, preab, léim, bíog

pulverize *vt & i* mionaigh, púdraigh

puma *n* púma
pumice-stone *n* slíogart
pump¹ *n* caidéal, pumpa, (*of tyres*) teannaire *vt* caidéalaigh, taosc, pumpáil
pump² *n* buimpéis
pumpkin *n* puimcín
pun *n* imeartas focal
punch¹ *n* puins *vt* puinseáil
punch² *n* dorn *vt*, *to* ~ *a person* dorn a thabhairt do dhuine
punch³ *n* puins; scailtín
punctilious *a* pointeáilte, prionsabálta
punctual *a* pointeáilte, poncúil, féiltiúil, tráthrialta
punctuality *n* pointeáilteacht, poncúlacht, spriocúlacht
punctuate *vt* poncaigh
punctuation *n* poncaíocht
puncture *n & vt & i* poll
pundit *n* scolardach
pungent *a* géar, gonta; borb
punish *vt* pian, *to* ~ *a person* pionós a chur ar dhuine
punishment *n* pionós; pianadh, peannaid
punitive *a* pianúil, pionósach
punt *n* punta
puny *a* beag, suarach, dearóil, ~ *person* marla, suarachán
pup *n* coileán
pupa *n* pupa
pupil *n* dalta; mac imrisc
puppet *n* puipéad
purblind *a* caoch, geamhchaoch
purchase *n* ceannach; greim *vt* ceannaigh
pure *a* glan, geal, íon, geanmnaí, cumhra
purgative *n* purgóid *a* purgóideach
purgatory *n* purgadóir; purgadóireacht
purge *vt* purgaigh, folmhaigh
purification *n* íonú, *feast of the P* ~ Lá Fhéile Muire na gCoinneal
purifier *n* íontóir
purify *vt* glan, íonaigh; cumhraigh
puritan *n & a* piúratánach
purity *n* glaine, íonacht, geanmnaíocht, cumhracht

purl *n* lúb ar tuathal *vt & i*, *to* ~ lúb ar tuathal a dhéanamh
purple *a* corcra
purpose *n* aidhm, cuspóir, rún, *on* ~ d'aon turas, d'aon ghnó, d'aon toisc *vt*, *to* ~ *to do sth* beartú ar rud a dhéanamh
purposeful *a* fuarintinneach, diongbháilte, daingean
purr *n* crónán, cnúdán *vi*, *to* ~ crónán a dhéanamh
purse *n* sparán, spaga *vt*, *to* ~ *one's lips* do liopaí a chrapadh
pursue *vt* lean, tóraigh, *to* ~ *sth* dul sa tóir ar rud; coinneáil le rud, leanúint ar rud
pursuit *n* tóir, leanúint, *in* ~ *of sth* ar lorg ruda, ag tóraíocht ruda, i ndiaidh ruda
purulent *a* angaíoch
pus *n* ábhar, angadh, braon, brach, sileadh
push *n* brú, sá, sonc; treallús *vt* brúigh, sáigh
pushing *a* stróinéiseach, treallúsach
pussy *n* puisín
pussy-willow *n* sailchearnach
pustule *n* goirín, puchóid
put *vt & i* cuir, leag, *to* ~ *off sth* rud a chur ar cairde, siar, ar athlá, *to* ~ *to sea* dul, cur, chun farraige, *to* ~ *up with sth* foighneamh le rud, *to* ~ *a person up for the night* lóistín na hoíche a thabhairt do dhuine, *to* ~ *down one's foot* do chos a chur i dtaca
putrefy *vt & i* morg, bréan, lobh
putrid *a* bréan
putt *n* amas *vi*, *to* ~ amas a dhéanamh
putty *n* puití
puzzle *n* dúcheist, fadhb, *to be in a* ~ bheith i gcruachás, i dteannta *vt & i* mearaigh, *it* ~ *d me* chuaigh sé sa mhuileann orm, *to* ~ *over sth* rud a chur trí chéile i d'intinn
pyjamas *npl* pitseámaí
pylon *n* piolón
pyramid *n* pirimid
pyrex *n* piréis
python *n* píotón
pyx *n* pioscas

Q

quack¹ *n* vác *vi*, ~ *ing* ag vácarnach
quack² *n* potrálaí
quadrangle *n* ceathairuilleog; cearnóg (na) scoile
quadrant *n* ceathramhán
quadratic *a* cearnach
quadrilateral *a* ceathairshleasach
quadruped *n & a* ceathairchosach
quadruple *n* ceathrairín *a* ceathairchodach *vt & i* méadaigh faoi cheathair

quadruplet *n* ceathrairín
quagmire *n* scraith ghlugair, criathar
quail *n* gearg
quaint *a* aisteach, barrúil
quake *n* crith *vt* creathnaigh, *I was quaking with fear* bhí critheagla orm
Quaker *n* Caecar, ball de Chumann na gCairde
qualification *n* agús, maolú; cáilíocht

qualify *vt & i* cáiligh; maolaigh, *he has qualified as a doctor* tá sé amuigh ina dhochtúir
quality *n* mianach; cáilíocht, cáil, tréith
qualm *n* scrupall
quandary *n, in a* ~ i dteannta, i ngalar na gcás
quantify *vt* cainníochtaigh
quantity *n* méid, cainníocht, *large* ~ mórán, lear mór, lab, *small* ~ beagán
quarantine *n* coraintín
quarrel *n* troid, bruíon *vi, quarrelling* ag achrann, ag bruíon, *to* ~ *with sth* easaontú le rud
quarrelsome *a* trodach, achrannach, clamprach
quarry[1] *n* seilg, creach
quarry[2] *n* cairéal *vt* cairéalaigh
quart *n* cárt
quarter *n* ceathrú; ceathrú anama, anacal; ceantar, *(of year)* ráithe, *from all* ~*s* as gach aird, as gach cearn, *at close* ~*s* bonn le bonn *vt, to* ~ *sth* rud a roinnt ina cheathrúna, *to* ~ *soldiers* saighdiúirí a chur ar ceathrúin
quarterly *n* ráitheachán *a* ceathrúnach, ráithiúil
quartermaster *n* ceathrúnach
quarter-sessions *n* seisiún ceathrúnach
quartet *n* ceathairéad
quartz *n* grianchloch
quash *vt* neamhnigh, cealaigh, cuir faoi chois
quasi- *pref* gar-
quaternary *a* ceathartha
quatrain *n* rann
quaver *n* creathán, *(music)* camán *vi* crith
quay *n* cé
queasy *a* míshocair; ceasúil, samhnasach, *to feel* ~ masmas a bheith ort, ~ *feeling* casadh aigne
queen *n* banríon, ~ *bee* cráinbheach
queer *n* piteog *a* ait, aisteach, corr, barrúil, greannmhar
queerness *n* aiteas
quell *vt* ciúnaigh, maolaigh, múch, cuir faoi chois
quench *vt* múch, báigh
quern *n* bró
querulous *a* cantalach, clamhsánach, ceasnúil
query *n* ceist; amhras *vt* ceistigh
quest *n* tóraíocht, cuardach, *in* ~ *of sth* ar lorg ruda
question *n* ceist, fiafraí *vt* ceistigh
questionable *a* amhrasach
question-mark *n* comhartha ceiste; amhras
questionnaire *n* ceistiúchán; foirm cheistiúcháin

queue *n* scuaine, líne, ciú *vi* ciúáil
quibble *n* imeartas focal; mionchúis *vi, quibbling* ag cnádánacht, ag argóint
quick[1] *n* beo
quick[2] *a* tapa, mear, gasta, sciobtha; abartha, aibí; beo
quicken *vt & i* luathaigh, tapaigh, grod, *to* ~ *one's pace* géarú ar do choiscéim
quicklime *n* aol beo
quickness *n* tapúlacht, gastacht; aibéil, aibíocht
quicksand *n* gaineamh beo, gaineamh súraic
quicksilver *n* airgead beo
quick-tempered *a* tobann, taghdach
quid[1] *n* punt
quid[2] *n*, ~ *of tobacco* ionga tobac
quiet *n* suaimhneas, ciúnas, *on the* ~ faoi choim, os íseal *a* suaimhneach, ciúin, mín *vt & i* suaimhnigh, ciúnaigh, síothlaigh
quietness *n* suaimhneas, ciúnas, míne
quill *n* cleite; dealg
quilt *n* cuilt, cuilce *vt & i* cuilteáil
quince *n* cainche
quinine *n* quinín
quintessence *n* eithne, croí, smior; buaic, barr, eiseamláir
quintet *n* cúigréad
quintuplet *n* cúigrín
quip *n* ciúta, goineog *vi*, ~*ping* ag eagnaíocht
quirk *n* imeartas focal; fiar, cor, casadh; aiste, aiteacht, leithleachas
quit *vt & i* éirigh as, fág, tréig, *notice to* ~ fógra imeachta
quite *adv* ar fad, i gceart, amach is amach, ~ *interesting* spéisiúil go maith
quits *a* cothrom (le chéile); cúiteach (le chéile)
quiver[1] *n* creathán *vi* crith, creathnaigh
quiver[2] *n* bolg saighead
quivering *a* creathach, creathánach, crithir; luaineach
quiz *n* ceistiúchán *vt* diancheistigh
quoit *n* caidhte
quorum *n* córam
quota *n* cuóta
quotation *n* athfhriotal; praghas luaite, luachan
quotation-marks *npl* comharthaí athfhriotail
quote *n* sliocht, ionad, athfhriotal *vt* luaigh, aithris
quotient *n, intelligence* ~ sainuimhir intleachta

R

rabbi *n* raibí
rabbit *n* coinín
rabble *n* gramaisc, daoscarshlua, grathain, scroblach

Rabelaisian *a* Raibiléiseach
rabid *a* fíochmhar, confach
rabies *n* confadh
race[1] *n* sruth; tarae; rás, rith, cúrsa *vt & i* rith; rásáil

race² n cine; clann, stoc
racecourse n ráschúrsa
racehorse n capall rása
racial a ciníoch
racialism n ciníochas
racing n rásaíocht
rack¹ n raca, croch
rack² n, to go to ~ and ruin imeacht chun raice
racket¹ n, (sport) raicéad
racket² n racán, (illegal scheme) camastaíl
racketeer n cneámhaire
raconteur n eachtraí
racoon n racún
racy a anamúil; tíriúil, graosta
radar n radar
raddle n breasal
radial a gathach, radúil
radiance n loinnir, dealramh, soilse
radiant a lonrach, dealraitheach, ~ smile gealgháire
radiate vt & i gathaigh, radaigh, scaip, leath
radiation n radaíocht, gathú
radiator n radaitheoir
radical n & a radacach
radically adv ó bhonn (aníos)
radio n raidió vt & i craol
radioactivity n radaighníomhaíocht
radiogram n radagram
radiography n radagrafaíocht
radiology n raideolaíocht
radish n raidis
radium n raidiam
radius n cnámh radúil, (of circle) ga
raffle n raifil vt raifleáil
raft n rafta, cliath (iompair)
rafter n rachta pl fraitheacha, creataí
rag n ceirt, giobal, bratóg
rage n cuthach, fraoch vi, to ~ bheith ar deargbhuile, bheith le ceangal
ragged a gioblach, bratógach, sraoilleach; bearnach, spiacánach
raging a feargach, fraochta, to be ~ bheith le buile, ar mire, ~ drunk ar steallaí meisce
ragweed n buachalán (buí)
raid n creach, ruathar vt & i creach, slad, to ~ a place ruathar a dhéanamh ar áit, we were ~ed rinneadh slad orainn
raider n creachadóir
rail n ráille, slat; bóthar iarainn vt, to ~ sth off ráille a chur thart ar rud
railroad n bóthar iarainn
railway n iarnród, bóthar iarainn
rain n báisteach, fearthainn vt & i, it is ~ing tá sé ag cur (fearthainne, báistí), tá sé ag báisteach, to ~ blows on a person duine a chrústáil, a liúradh
rainbow n tuar ceatha, bogha báistí
rainfall n fliuchras; báisteach

rainy a báistiúil, for the ~ day le haghaidh na coise tinne
raise n ardú (pá) vt tóg, croch, ardaigh
raisin n rísín
rake¹ n ráca vt & i rácáil, to ~ the fire an tine a choigilt, to ~ up the past seanchairteacha a tharraingt ort
rake² n réice, ragairneálaí
rakish a réiciúil, ragairneach
rally n slógadh; iompú bisigh, bloscadh, téarnamh vt & i athchruinnigh, cruinnigh; téarnaigh, to ~ from an illness teacht chugat féin as breoiteacht
ram¹ n reithe, (tool) seimide
ram² vt pulc, sac, ding, to ~ a car carr a sháinniú
ramble n camchuairt vi, rambling ag fánaíocht, ag fámaireacht; ag rámhaille
ramification n craobhú
ramp n fánán
rampage n, on the ~ ag imeacht le dásacht
rampant a forleathan; neamhshrianta, dásachtach, ~ growth fás borb
rampart n múr, rampar, sonnach
ramshackle a, ~ house raingléis tí
ranch n rainse
rancher n rainseoir
rancid a camhraithe, bréan
rancour n domlas, mioscais, faltanas
random n, at ~ go fánach, gan aird a fánach, iomrallach, ~ guess buille faoi thuairim
range n lé, réim, réimse, fairsinge; sliabhraon; sornóg, ~ of vision raon, fad, radhairc, firing ~ léibheann lámhaigh vt & i réimnigh, sín, rith, to ~ over the country imeacht tríd an tír, rith na tíre a bheith agat, prices ranging from £5 to £10 praghsanna sa réimse £5 go dtí £10
rank¹ n rang, sraith; cipe, cliath (catha); céimíocht, gradam, oireachas vt & i rangaigh, to ~ among the great writers bheith áirithe ar na scríbhneoirí móra
rank² a rábach, uaibhreach, borb; bréan; glan-, dearg-
rankle vi, to ~ in a person's mind goilleadh ar intinn duine, bheith ag déanamh angaidh do dhuine
ransack vt ransaigh, piardáil, siortaigh
ransom n fuascailt, to hold a person to ~ duine a chur ar fuascailt vt fuascail, ceannaigh
rant n bladhmann, callaireacht vi, ~ing ag callaireacht, ag radaireacht
rap n smitín, cniog, cnag vt & i cnag, cniog, rapáil, ~ out spalp
rapacious a amplach, cíocrach, santach; creachach
rape n éigean; fuadach vt éignigh, sáraigh; fuadaigh
rapid a sciobtha, gasta, mear
rapier n ráipéar
rapture n néal (áthais) pl sceitimíní, I went into ~s tháinig sciatháin, eiteoga, ar mo chroí

rare¹ *a* tanaí, éadlúth; annamh
rare² *a*, (*of meat*) scothbhruite
rascal *n* cladhaire, rógaire, cuilceach, bithiúnach
rash¹ *n* gríos, bruth
rash² *a* mear, grod, tobann, spadhrúil
rasher *n* slisín
rasp *n*, (*tool*) raspa *vt & i* raspáil
raspberry *n* sú craobh
rasping *a* díoscánach, scríobach
rat *n* francach, luch mhór *vi* sceith, ~ *on* loic ar, séan, téigh siar ar, *to* ~ *on a person* fealladh ar dhuine; duine a bhrath
rate *n* ráta, táille; gearradh, sraith, *at any* ~ ar aon nós, ar aon chuma; ach go háirithe, cibé ar bith, *at a fierce* ~ ar nós an diabhail, ar luas nimhe *vt* meas, rátáil
rath *n* ráth
rather *adv*, ~ *than be idle* seachas, de leisce, a bheith díomhaoin, ~ *cold* sách fuar, fuar go maith, *I'd* ~ *sit than stand* b'fhearr liom suí ná seasamh
ratify *vt* daingnigh
rating *n* grádú
ratio *n* cóimheas, coibhneas
ration *n & vt* ciondáil
rational *a* céillí, réasúnach
rationalize *vt* réasúnaigh
rationing *n* ciondáil; cumadh (bia, etc)
rattle *n* gliogar, gliogram, glothar; crothal *vt & i*, *rattling* ag gliogarnach, *to* ~ *sth* gliogarnach a bhaint as rud, *he is rattling on* tá rilleadh faoi, tá sé ag roiseadh leis, *rattling away in English* ag spalpadh Béarla
raucous *a* grágach
ravage *vt*, *to* ~ *sth* foghail, slad, a dhéanamh ar rud
rave *vi*, *he is raving* tá sé ag rámhaille; tá sé as a mheabhair
ravel *vt & i* rois, sceith, *don't* ~ *it* ná cuir in aimhréidh é
raven *n* fiach (dubh)
ravenous *a* craosach, amplach, *I was* ~ bhí confadh ocrais orm
ravine *n* altán, ailt, céim, cumar
raving *n* rámhaille *a* rámhailleach, ~ *mad* glan as do mheabhair
ravish *vt* éignigh, sáraigh, creach
ravishing *a* draíochtach, fíorálainn, sciamhach
raw *a* amh; dearg; neamhoilte, ~ *weather* glasaimsir, ~ *material* bunábhar
ray¹ *n* ga, léas
ray² *n*, (*fish*) roc
rayon *n* réón
raze *vt* leag go talamh
razor *n* rásúr
razorbill *n* crosán
re *prep* i dtaobh, maidir le
re- *pref* ath-

reach *n*, *within one's* ~ in aice láimhe, faoi fhad láimhe díot, *out of his* ~ as a aice *vt & i* sín (amach), sroich, bain amach, ráinigh
react *vi* freagair, frithghníomhaigh (ar, in aghaidh), freasaigh
reaction *n* freagairt, frithghníomh; imoibriú
reactionary *n* frithghníomhaí *a* frithghníomhach
read *vt & i* léigh
readable *a* soléite
reader *n* léitheoir
readiness *n* oirchill; réidhe; éascaíocht; toilteanas
reading *n* léitheoireacht; léamh
readjust *vt* athchóirigh
ready *a* ullamh, réidh, éasca; toilteanach, ~ *to fall* ar tí titim
readymade *a* réamhdhéanta
real *a* nithiúil, réadúil, dearbh-, fíor-, *a* ~ *rogue* rógaire ar na hailt, rógaire ceart
realism *n* réalachas
realist *n* réalaí
realistic *a* réadúil
reality *n* réaltacht, nithiúlacht, *in* ~ dáiríre
realize *vt* tuig, aithin, réadaigh, *it* ~ *d a good price* chuaigh sé luach maith
really *adv* dáiríre, go fírinneach, ~! ná habair! *I don't* ~ *know* níl a fhios agam i gceart, *she was* ~ *angry* bhí fearg cheart uirthi, ~ *and truly* dáiríre píre
realm *n* ríocht
ream *n* réam
reap *vt* bain, buain
reaper *n* buanaí; inneall bainte
rear¹ *n* cúl, deireadh, *from the* ~ aniar
rear² *vt & i* tóg, oil; beathaigh, *the horse* ~ *ed up* d'éirigh an capall ar a chosa deiridh
rearguard *n* cúlgharda
reason *n* ábhar, réasún, cúis, fáth; ciall, meabhair *vt & i* réasúnaigh
reasonable *a* réasúnta, ciallmhar
reasoning *n* réasúnaíocht *a* réasúnach
reassure *vt*, *to* ~ *a person* duine a chur ar a shuaimhneas
rebate *n* lacáiste
rebel¹ *n & a* ceannairceach
rebel² *vi*, *to* ~ ceannairc a dhéanamh, éirí amach
rebellion *n* ceannairc, éirí amach, reibiliún
rebellious *a* ceannairceach, easumhal, reibiliúnach
rebound *n* athphreab, athléim *vi* athphreab, scinn, fill
rebuff *n* aithis, gonc *vt* diúltaigh; tiontaigh siar, *to* ~ *a person* gonc, aithis, a thabhairt do dhuine
rebuild *vt* atóg
rebuke *n* achasán, aifirt *vt* ceartaigh, aifir
recall *vt & i* athghair, athghlaoigh; cuimhnigh, meabhraigh
recant *vt & i* séan, téigh siar ar
recapitulate *vt & i* achoimrigh, *to* ~ achoimre a thabhairt

recede *vi* cúlaigh, tráigh, téigh ar gcúl
receipt *n* fáltas; admháil
receive *vt* faigh, glac, gabh, *to* ~ *a person* fáiltiú roimh dhuine
receiver *n* glacadóir
recent *a* deireanach, nua, *of* ~ *years* ar na blianta deireanacha seo
recently *adv* le deireanas, le déanaí, le gairid
receptacle *n* gabhdán, soitheach
reception *n* glacadh, (*of radio*) glacadóireacht; fáiltiú
receptionist *n* fáilteoir
recess *n* sos; cúil, diamhair, ascaill; cuas, caibhéad
recession *n* meathlú, cúlú
recipe *n* oideas
recipient *n* faighteoir
reciprocal *a* cómhalartach
reciprocate *vt & i* cómhalartaigh
recital *n* aithris; ceadal
recitation *n* aithriseoireacht, gabháil (véarsaí); dán
recite *vt* aithris, gabh, reic
reckless *a* rábach, meargánta, dúshlánach
reckon *vt & i* áirigh, cuntais; meas
reckoning *n* cuntas, áireamh; scot
reclaim *vt* athghabh; tarrtháil; mínigh, *to* ~ *land* talamh a thabhairt chun míntíreachais
reclamation *n*, (*of land*) míntíriúchán
recline *vt & i, to* ~ *on one's side* luí, síneadh, ar do thaobh, *to* ~ *sth* rud a leagan ar a thaobh; rud a chasadh siar
recluse *n* díthreabhach
recognition *n* aitheantas, aithne
recognizable *a* inaitheanta
recognize *vt* aithin; admhaigh
recoil *n*, (*of gun*) speach, frithbhualadh, (*of spring*) athscinneadh, aisléim *vi* frithbhuail, speach; aisléim, athscinn; cúb (ó), cúlaigh siar (ó)
recollect *vt* meabhraigh, cuimhnigh, smaoinigh
recollection *n* cuimhneamh *pl* cuimhní cinn
recommend *vt* mol
recompense *n* cúiteamh, díol *vt* cúitigh
reconcile *vt, to* ~ athmhuintearas, réiteach, a dhéanamh, *to* ~ *two opinions* dhá thuairim a thabhairt le chéile
reconciliation *n* athchairdeas, athmhuinteamh; réiteach
reconnaissance *n* taiscéalaíocht
reconstruct *vt* athchum, atóg
record *n* cuntas, taifead; ceirnín; teist, (*sport*) curiarracht *vt* cláraigh; taifead
recorder *n* cláraitheoir; fliúit Shasanach; gléas taifeadta, taifeadán
recording *n* taifeadadh
record-player *n* seinnteoir ceirníní
recount *vt* inis, ríomh, aithris
re-count *vt* athchomhair, athchuntais
recoup *vt* aisíoc, cúitigh, faigh ar ais
recourse *n, to have* ~ *to sth* dul i muinín ruda

recover *vt & i* athghabh, faigh ar ais, *to* ~ téarnamh, teacht chugat féin, bisiú
recovery *n* athghabháil; biseach, téarnamh
recreation *n* caitheamh aimsire
recruit *n* earcach *vt* earcaigh
recruitment *n* earcaíocht
rectangle *n* dronuilleog
rectify *vt* coigeartaigh, ceartaigh
rector *n* reachtaire
rectory *n* reachtaireacht
recumbent *a* sínte (siar)
recuperate *vt & i* slánaigh, bisigh; faigh ar ais
recur *vi* athfhill, atarlaigh, iompaigh, *to* ~ (*to the memory*) teacht ar ais chun cuimhne
recurring *a* athfhillteach
recycle *vt* athchúrsáil
red *a* dearg; rua
redden *vt & i* dearg, ruaigh
redeem *vt* fuascail, saor, slánaigh, ~*ing us from death* dár gceannach ón mbás
redeemer *n* fuascailteoir, slánaitheoir
redemption *n* fuascailt, slánú
Redemptorist *n & a* Slánaitheorach
redress *n* leigheas, leasú *vt* ceartaigh
reduce *vt* laghdaigh, maolaigh, caolaigh (ar), *to* ~ *sth to ashes* rud a fhágáil ina luaithreach, luaithreach a dhéanamh de rud, *to* ~ *a person to silence* duine a chur ina thost
reduction *n* laghdú, maolú
redundancy *n* iomarcaíocht
redundant *a* iomarcach
reed *n* gáinne, giolc, ~(*s*) giolcach
reef *n* sceir, branra, scairbh, boilg; cúrsa *vt & i* cúrsáil, *to* ~ *a sail* cúrsaí a chur i seol; dul i gcúrsaí
reek *n* géarbholadh, blas *vt & i, to* ~ *of smoke* bheith ag plúchadh deataigh, *the place* ~*ed poverty* bhí boladh, blas, na bochtaineachta ar fud na háite, ~*ing with* bréan le, lofa le
reel[1] *n* spól; roithleán, crann tochrais *vt & i* tochrais, glinneáil
reel[2] *n* cor, ríl
reel[3] *vi, my head* ~*ed* tháinig meadhrán, roithleán, i mo cheann, ~*ing about* ag tuisliú, ag starragánacht, thart
refectory *n* proinnteach
refer *vt & i* cuir síos do, tarchuir, tagair do, *to* ~ *a matter to a person* scéal a chur faoi bhráid duine, *I am not* ~*ring to you* ní tú atá mé a rá, ní chugatsa atá mé
referee *n* réiteoir; moltóir
reference *n* tarchur, tagairt; teastas, cáilíocht, teistiméireacht
referendum *n* reifreann
refill *n* athlán, athlíonadh *vt* athlíon
refine *vt & i* scag, athleáigh; snoigh; foirfigh; uaisligh
refined *a* deismíneach, deismir, caoin

refinement *n* deismíneacht, míneadas; snoiteacht
refinery *n* scaglann
reflect *vt* & *i* frithchaith; léirigh; machnaigh, smaoinigh, *the trees were* ~*ed in the water* bhí scáil na gcrann le feiceáil san uisce, *to* ~ (*badly*) *on a person* drochmheas a chaitheamh ar dhuine, *to* ~ *credit on a person* dea-chlú a thabhú do dhuine, meas a tharraingt ar dhuine
reflection *n* frithchaitheamh, scáth, scáil; machnamh
reflector *n* frithchaiteoir
reflex *n* athfhilleadh, ~ *action* frithluail *a* frithluaileach, athfhillteach
reflexive *n* & *a* athfhillteach
reform *n* leasú *vt* & *i* leasaigh, ceartaigh, feabhsaigh
Reformation *n* Reifirméisean, Athrú Creidimh
reformatory *n* scoil cheartúcháin
reformer *n* leasaitheoir
refract *vt* athraon, cam
refrain[1] *n* loinneog, curfá
refrain[2] *vi, to* ~ *from* coinneáil ó, fanacht ó, staonadh ó, *to* ~ *from smoking* gan tobac a chaitheamh
refresh *vt* úraigh, fionnuaraigh, athnuaigh
refreshing *a* fionnuar, íocshláinteach, ~ *drink* deoch athbheochta
refreshment *n* fionnuarú, úrú, *to take some* ~ bia agus deoch a chaitheamh
refrigerator *n* cuisneoir
refuel *vt* & *i, to* ~ athbhreoslú
refuge *n* dídean, tearmann, port
refugee *n* dídeanaí
refund *n* & *vt* aisíoc
refusal *n* diúltú, loiceadh, obadh, eiteach
refuse[1] *n* dramhaíl, gráscar, bruscar, brocamas
refuse[2] *vt* diúltaigh, eitigh, éar
refute *vt* bréagnaigh
regain *vt* faigh ar ais, bain amach arís, *she* ~*ed consciousness* tháinig a meabhair ar ais chuici
regal *a* ríoga, ríúil, maorga
regard[1] *n* beann, aird, suim; meas, cion, ómós, *in that* ~ maidir leis sin, *as* ~*s* i dtaca le, dála, de thairbhe, *with kind* ~*s* le dea-mhéin
regard[2] *vt* féach, dearc; breathnaigh ar, *they* ~ *him as a gentleman* tá sé ina dhuine uasal acu
regardless *adv*, ~ *of* beag beann ar, ar neamhchead do, ~ *of expense* is cuma cad a chosnódh sé
regatta *n* geallta bád
regent *n* leasrí
régime *n* réim, córas
regiment *n* reisimint
region *n* réigiún, dúiche, ceantar, críoch
regional *a* réigiúnach
register *n* clár, rolla *vt* cláraigh
registrar *n* cláraitheoir
registration *n* clárú

registry *n* clárlann
regressive *a* cúlaitheach, aischéimnitheach
regret *n* aiféala, aithreachas, *to send one's* ~*s* do leithscéal a ghabháil *vt, to* ~ *sth* cathú a bheith ort faoi rud, *I* ~ *to say* (*that*) is oth liom a rá (go)
regrettable *a* cásmhar, brónach
regular *a* rialta; gnáth-, seasta
regularity *n* rialtacht
regularize *vt, to* ~ *sth* rud a thabhairt chun rialtachta
regularly *adv* go rialta, go féiltiúil, coitianta; de ghnáth
regulate *vt* rialaigh
regulation *n* riail; rialú; rialachán
rehabilitate *vt* athshlánaigh
rehearsal *n* cleachtadh; réamhléiriú
rehearse *vt* cleacht
reign *n* réimeas *vi, to* ~ bheith i réim, i gcoróin
reimburse *vt* aisíoc
rein *n* & *vt* srian
reindeer *n* réinfhia
reinforce *vt* neartaigh (le), treisigh
reinstate *vt* cuir ar ais
reissue *n* atheisiúint, atheagrán *vt* atheisigh
reiterate *vt* athluaigh, *to* ~ *sth* rud a athrá
reject *n* colfairt *vt* diúltaigh (do), cuileáil, cuir suas de
rejoice *vt* & *i* gairdigh, geal, *to* ~ gliondar a bheith ort, gairdeas a dhéanamh
rejoin *vt* athcheangail, athnaisc, *to* ~ *a person* casadh arís ar dhuine
rejoinder *n* athfhreagra, aisfhreagra
rejuvenate *vt* athnuaigh
relapse *n* athbhuille, atitim, *I had a* ~ *of the cold* d'iompaigh an slaghdán orm *vi* atit, athiompaigh
relate *vt* & *i* inis, aithris, eachtraigh, *relating to* ag baint le, *to be* ~*d to a person* gaol a bheith agat le duine, *all* ~*d to you* gach duine de do mhuintir, *we are* ~*d by marriage* táimid i gcleamhnas (le chéile), *we are in no way* ~*d* níl gaol ná páirt againn le chéile, *to* ~ *to a person* tuiscint a bheith agat do dhuine
relation *n* insint; coibhneas; gaol, duine muinteartha, *public* ~*s* caidreamh poiblí, *in* ~ *to* maidir le
relationship *n* gaol, muintearas; coibhneas; baint
relative *n* duine muinteartha, gaol *a* coibhneasta, gaolmhar
relatively *adv*, ~ *happy* sách sona, réasúnta sona, sona go leor
relativity *n* gaolmhaireacht, coibhneasacht
relax *vt* & *i* bog, maolaigh, scaoil, *to* ~ do shuaimhneas a ghlacadh
relaxation *n* bogadh, scaoileadh, maolú; scíth, faoiseamh
relay *n* sealaíocht; leaschraoladh *vt* leaschraol

release *n* fuascailt, saoradh, scaoileadh *vt* fuascail, lig amach, scaoil

relent *vi* bog, maolaigh

relentless *a* neamhthrócaireach; buan, gan staonadh

relevance *n* baint

relevant *a* ábhartha, *it is* ~ *to the subject* baineann sé le hábhar

reliability *n* iontaofacht, tairise

reliable *a* iontaofa, muiníneach, tairiseach

reliance *n* iontaoibh, muinín

relic *n* taise *pl* iarsmaí

relief[1] *n* faoiseamh, fóirithint; sealaíocht, uainíocht, sos

relief[2] *n* rilíf, *to bring sth into* ~ rud a thabhairt chun léire

relieve *vt* fóir ar, maolaigh, *to* ~ *a person* (*from pain, distress*) faoiseamh a thabhairt do dhuine, *to* ~ *a person* (*at work, etc*) uainíocht a dhéanamh ar dhuine

religion *n* reiligiún, creideamh

religious *a* cráifeach, diaganta; reiligiúnach, ~ *order* ord rialta, ord crábhaidh

relinquish *vt, to* ~ *sth* rud a ligean uait, scaradh le rud, éirí as rud

relish *n* blas; séasúr, anlann; díograis, *to have a* ~ *for sth* dúil a bheith agat i rud *vt, to* ~ *sth* blas a fháil ar rud; sásamh a bhaint as rud; tuiscint a bheith agat do rud, *I don't* ~ *the idea* ní thaitníonn an smaoineamh liom in aon chor

reluctance *n* dochma, drogall, doicheall, leisce

reluctant *n* leisciúil, drogallach, *I was* ~ *to speak to her* ba leasc liom labhairt léi

rely *vi, to* ~ *on sth* seasamh ar rud, do bhrath a bheith ar rud, *to* ~ *on a person* bheith ag brath ar dhuine; iontaoibh a bheith agat as duine

remain *vi* fan; mair

remainder *n* fuílleach, iarsma

remains *npl* fuílleach, iarsmaí, conablach; taisí; corp

remand *n* athchur *vt* athchuir

remark *n* focal, tagairt *vt & i* sonraigh, tabhair faoi deara, *to* ~ *on sth* tagairt do rud, rud a lua

remarkable *a* suaithinseach, suntasach, *she is a* ~ *woman* bean ar leith í

remedial *a,* ~ *teaching* teagasc feabhais, teagasc leasúcháin

remedy *n* leigheas, *legal* ~ cúiteamh dlí *vt* leigheas

remember *vt & i* cuimhnigh, meabhraigh, *I* ~ *it* is cuimhin liom é, ~ *me to them* beir mo bheannacht chucu

remembrance *n* cuimhneamh, cuimhne

remind *vt, to* ~ *a person of sth* rud a mheabhrú, a chur i gcuimhne, do dhuine

reminder *n* cuimhneachán; litir mheabhrúcháin

reminiscence *n* athchuimhne, *pl* cuimhní cinn

remiss *a* sleamchúiseach, neamartach, faillitheach

remission *n* maitheamh, lamháil, loghadh

remit *vt* maith, logh, lamháil; seol, *to* ~ *a sum of money* suim airgid a íoc

remittance *n* seoltán

remnant(s) *n* iarsma, fuílleach, dramháil, conablach, (*of cloth*) luideog

remonstrate *vi, to* ~ *with a person* aitheasc a thabhairt do dhuine

remorse *n* aiféala, doilíos

remote *a* iargúlta, aistreánach, coimhthíoch, i bhfad i gcéin, *in* ~ *ages* na cianta cairbreacha ó shin

removal *n* aistriú

remove *vt* bain as, bain de; tóg de; aistrigh

remover *n* aistritheoir, *stain* ~ smálghlantóir

remunerate *vt* íoc, *to* ~ *a person* luach a shaothair a thabhairt do dhuine, a shaothar a chúiteamh le duine

remuneration *n* luach saothair, pá

Renaissance *n* An Athbheochan

rend *vt* réab, stoll, stróic, coscair

render *vt, to* ~ *fat* saill a ghléleá, *to* ~ *good for evil* an mhaith (a dhéanamh) in aghaidh an oilc, *to* ~ *a service to a person* gar a dhéanamh do dhuine, *to* ~ *an account of sth* cuntas a thabhairt i rud, *to* ~ *sth useless* rud a chur ó mhaith, rud a fhágáil gan mhaith

rendezvous *n* ionad coinne; coinne

renegade *n* séantóir

renege *vt & i, to* ~ *on a promise* dul siar ar ghealltanas, *to* ~ *a card* cárta a cheilt

renew *vt & i* athnuaigh

renewal *n* athnuachan

rennet *n* binid

renounce *vt* tréig, séan, diúltaigh do

renovate *vt* athchóirigh

renown *n* clú, cáil

renowned *a* clúiteach

rent[1] *n* cíos *vt* cíosaigh, *to* ~ *land* talamh a ligean ar cíos; talamh a thógáil ar cíos

rent[2] *n* stróic(eadh), réabadh, scoilt

renunciation *n* tréigean, diúltú, séanadh

repair *n* deisiú, deisiúchán, cóiriú *vt* deisigh, cóirigh, *to* ~ *sth* caoi, dóigh, a chur ar rud

reparation *n* díol, éiric, cúiteamh, leorghníomh

repartee *n* eagnaíocht, dea-chaint, abarthacht

repast *n* séire, lón, proinn, béile

repatriate *vt* aisdúichigh, *to* ~ *a person* duine a chur ar ais chun a thíre féin

repay *vt* aisíoc, díol, cúitigh

repayment *n* aisíoc(aíocht), díol, cúiteamh

repeal *n* aisghairm, Reipéil *vt* aisghair

repeat *a,* ~ *broadcast* athchraoladh *vt* aithris, abair arís; athdhéan, *don't* ~ *this story* ná bog do bhéal air mar scéal, *to* ~ *one's folly* filleadh, iompú, ar an mbaois

repeatedly *adv* go mion minic, arís agus arís eile, *I've told you* ~ dúirt mé leat fiche uair

repel *vt* ruaig, fill, iompaigh siar, *to* ~ *a person* duine a choinneáil amach uait; gráin a chur ar dhuine, *to be repelled by sth* col a bheith ort le rud

repellent *a* ruaigtheach; obach; déistineach

repent *vt & i, to* ~ aithreachas a dhéanamh, *to* ~ *one's sins* aithrí a dhéanamh i do pheacaí

repentance *n* aithreachas, aithrí

repercussion *n* frithbhualadh, toradh, iarmhairt

repertoire *n* stór

repetition *n* athrá, aithris

replace *vt* cuir ar ais; ionadaigh, *to* ~ *a person* dul in áit duine; duine eile a chur in áit duine

replenish *vt* athlíon, athsholáthair

replica *n* macasamhail

reply *n* freagra *vi* freagair, *to* ~ *to sth* freagra a thabhairt ar rud

report *n* tuairisc, tuarascáil; faisnéis, scéala; luaidreán, ráfla *vt & i* tuairiscigh, *to* ~ *on sth* cuntas, tuairisc, a thabhairt ar rud, *I'll* ~ *you to the teacher* déarfaidh mé leis an múinteoir thú, *he is* ~*ed to be rich* tá sé amuigh air go bhfuil sé saibhir, tá ainm an tsaibhris air

reporter *n* nuachtóir, tuairisceoir

repose *n* ciúnas, suaimhneas, scíth, sos *vi, to* ~ do scíth a ligean, *to* ~ *on* luí (siar) ar

represent *vt* léirigh; ionadaigh, seas do, ~*ing the president* thar ceann an uachtaráin

representation *n* íomhá, samhail, léiriú, *proportional* ~ ionadaíocht chionmhar

representational *a* léiritheach

representative *n* ionadaí, teachta *a,* ~ *government* rialtas ionadaíochta

repress *vt* cloígh, smachtaigh, cuir faoi chois

repression *n* cosc, smachtú; géarleanúint, cos ar bolg

repressive *a* smachtúil

reprieve *n* spás, faoiseamh

reprimand *n* iomardú, spraic *vt* ceartaigh, *to* ~ *a person* spraic a chur ar dhuine

reprint *n* athchló *vt* athchlóigh

reprisal *n* díoltas

reproach *n* achasán, aithis, milleán *vt, to* ~ *a person with sth* rud a chasadh le duine

reproachful *a* achasánach, iomardach, milleánach

reproduce *vt & i* atáirg, síolraigh

reproduction *n* macasamhail; atáirgeadh; síolrú

reproof *n* lochtú, ceartú

reprove *vt* lochtaigh, ceartaigh, cáin

reptile *n* péist, reiptíl

republic *n* poblacht

republican *n & a* poblachtach

repudiate *vt* diúltaigh (do), séan

repugnant *a* aimhréireach (*to* le); colach; masmasach

repulsive *a* gránna, déistineach, samhnasach

reputable *a* creidiúnach

reputation *n* cáil, clú, *he has a* ~ *for learning* tá ainm an léinn air

request *n* iarraidh, iarratas, achainí *vt* iarr

requiem *n* éagnairc, ~ *Mass* aifreann na marbh

require *vt, to* ~ *sth of a person* rud a iarraidh, a éileamh, ar dhuine, *that work* ~*s patience* teastaíonn foighne chun na hoibre sin, *all that is* ~*d* an méid atá de dhíth

requirement *n* gá, riachtanas, coinníoll

requisite *n* riachtanas *pl* fearais, acraí *a* riachtanach, oiriúnach

requisition *n* foréileamh *vt* foréiligh

requital *n* cúiteamh, díol, éiric

requite *vt* díol, cúitigh

rescind *vt* cealaigh

rescue *n & vt* tarrtháil, sábháil

research *n* taighde *vt & i* taighd

resemblance *n* cosúlacht, dealramh

resemble *vt* gabh le, téigh le, *to* ~ *a person* dealramh a bheith agat le duine

resent *vt, to* ~ *sth* olc a ghlacadh le rud

resentment *n* fala, faltanas, olc

reservation *n* cur in áirithe; acht, agús; forchoimeád; tearmann

reserve *n* cúl, cúltaca; taisce, stór, stoc; discréid, dúnáras, strainséarthacht *vt* taisc, coinnigh, *to* ~ *judgment* breithiúnas a fhorchoimeád, *to* ~ *seats* suíocháin a chur in áirithe

reserved *a* discréideach, dúnárasach; coimhthíoch, cotúil

reservoir *n* taiscumar

reside *vi* cónaigh

residence *n* cónaí, teach cónaithe

resident *n* cónaitheoir *a* cónaitheach

residue *n* fuílleach, farasbarr, iarmhar

resign *vt & i, to* ~ *from a post* éirí as post, *to* ~ *oneself to sth* géilleadh do rud, tabhairt isteach do rud, *to* ~ *oneself to the will of God* do thoil a chur le toil Dé

resignation *n* éirí as; géilliúlacht, umhlaíocht

resilient *a* acmhainneach, *to be* ~ teacht aniar a bheith ionat

resin *n* roisín

resist *vt, to* ~ *sth* cur in aghaidh ruda, diúltú do rud

resistance *n* cur in aghaidh, frithbheart; friotaíocht

resolute *a* diongbháilte, rúndaingean

resolution *n* fuascailt, scaoileadh; rún; seasmhacht, diongbháilteacht, daingne

resolve *n* diongbháilteacht *vt* scaoil, réitigh, *to* ~ *to do sth* é a bheith de rún agat rud a dhéanamh, cinneadh ar rud a dhéanamh

resonance *n* athshondas, fuaimneacht

resort *n* seift; muinín; taithí, gnás, *holiday* ~ ionad saoire, *to have* ~ *to lies* dul ar na bréaga *vi, to* ~ *to sth* dul i muinín, i leith, ruda, *to* ~ *to a place* áit a thaithí, a lonnú; triall ar áit

resound *vt & i* athshon, athfhuaimnigh, *to* ~ *a person's praises* duine a mholadh go spéir, *it* ~*ed through the land* ba chomhchlos ar fud na tíre é, *his fame* ~*ed far and near* chuaigh a gháir i gcéin is i gcóngar, *the hills* ~*ed* baineadh macalla as na cnoic
resounding *a* foghrach, athshondach; iomráiteach
resource *n* seift, gus *pl* acmhainn, gustal
resourceful *a* seiftiúil, *she is* ~ tá déanamh gnó inti
respect *n* meas, urraim, ómós, *in that* ~ maidir leis sin, *with due* ~ *to you* i gcead duit
respectable *a* measúil, creidiúnach, fiúntach
respectful *a* ómósach, measúil, urramach
respectively *adv* faoi seach
respiration *n* análú, riospráid
respirator *n* análaitheoir
respite *n* cairde, sos, spás
resplendent *a* dealraitheach, lonrach, niamhrach; taibhseach
respond *vi* freagair
response *n* freagairt, freagra
responsibility *n* freagracht, cúram, muirear
responsible *a* freagrach (as), ciontach (i), *he himself was* ~ *for it* bhí sé féin ina chiontaí leis, eisean faoi deara é, eisean ba chionsiocair leis
responsive *a* freagrach, soghluaiste, mothálach
rest[1] *n* scíth, sos, socracht, suaimhneas; taca, branra *vt & i, to* ~ scíth, do shuaimhneas, a ghlacadh, ~ *it against the wall* cuir ina luí, ina sheasamh, leis an mballa é, *my eyes* ~*ed on it* lonnaigh mo shúile air, *God* ~ *her* beannacht Dé lena hanam, *let the matter* ~ fág marbh é, fág ina chodladh é mar scéal
rest[2] *n, the* ~ an chuid eile, an fuílleach
restaurant *n* teach itheacháin, bialann, proinnteach
restful *a* suaimhneach, sáil, sámh
restitution *n* aiseag, aisíoc, leorghníomh, cúiteamh
restive *a* giongach, dodach, corrthónach
restless *a* míshuaimhneach, corrach, giodamach, corrthónach, guairneánach
restoration *n* athbhunú; deisiú; athghairm
restore *vt* cuir ar ais; aisig; athchóirigh, deisigh
restrain *vt* srian, ceansaigh, coisc
restraint *n* srian, guaim, cosc, ríochan
restrict *vt* cúngaigh, teorannaigh, srian
restricted *a* teoranta, srianta
restriction *n* cúngú, teorannú, srian; crapall
restrictive *a* sriantach, ~ *clause* clásal cuimsitheach
result *n* toradh, iarmhairt, *as a* ~ *of that,* dá bharr, dá bhrí, sin *vi, it* ~*ed in a large profit* bhí brabach mór air, tháinig brabach mór as, *it will* ~ *in argument* tiocfaidh conspóid de
resume *vt, to* ~ *power* cumhacht a fháil ar ais, *to* ~ *work* dul ag obair arís
resumé *n* achoimre
resurgence *n* aiséirí, athbheochan
resurrection *n* aiséirí

retail *n & vt* miondíol
retailer *n* miondíoltóir, ceannaí gearr
retain *vt* coimeád, coinnigh
retaliate *vt, to* ~ *on a person* tomhas a láimhe féin a thabhairt do dhuine, sásamh a bhaint as duine
retaliation *n* díoltas, íoc, cúiteamh
retard *vt* moilligh
retarded *a* mallintinneach
retch *vi* brúcht, *the child is* ~*ing* tá tarraingt orla ar an leanbh
retention *n* coinneáil, coimeád siar
retentive *a* coimeádach, coinneálach
reticent *a* dúnárasach, tostach, beagfhoclach
retina *n* reitine
retinue *n* lucht coimhdeachta, tionlacan, buíon
retire *vt & i* tarraing siar, *to* ~ (*to a place*) dul ar leithligh, i leataobh, *to* ~ *from work* éirí as obair, *to* ~ *a person from his post* duine a scor as a phost
retirement *n* scor; cúlú
retiring *a* cúthail, cúlráideach
retort *n* aisfhreagra, aibéil chainte *vt & i* aisfhreagair, *to* ~ aibéil chainte, freagra grod, a thabhairt do dhuine
retrace *vt, to* ~ *one's steps* filleadh ar do choiscéim
retreat *n* cúlú, teitheadh; díseart; cúrsa spioradálta *vi* cúlaigh, teith
retribution *n* cúiteamh, éiric
retrieval *n* aisghabháil, aisfháil
retrieve *vt* faigh ar ais
retrograde *a* aisiompaitheach, aischéimnitheach, ~ *step* céim siar
retrogression *n* céim siar
retrogressive *a* cúlaitheach, aisiompaitheach
retrospect *n* cúlamharc, *in* ~ ag féachaint siar
retrospective *a* cúlghabhálach, aisbhreathnaitheach
return *n* filleadh, casadh; tuairisc; fáltas, *in* ~ *for sth* i ndíol, in aghaidh, thar ceann, ruda *vt & i* fill, cas, tiontaigh, iompaigh, ~ *the book* cuir ar ais an leabhar
reunion *n* athaontú; teacht le chéile
reunite *vt & i* athaontaigh, athshnaidhm, tar le chéile arís
reveal *vt* foilsigh, nocht, taispeáin
revel *n* scléip, pléaráca *vi, to* ~ scléip a dhéanamh, *to* ~ *in sth* pléisiúr, sásamh, a bhaint as rud
revelation *n* taispeánadh, foilsiú, nochtadh
reveller *n* ragairneálaí, pléaráca, scléipire
revelry *n* pléaráca, radaireacht, scléip
revenge *n* díoltas
revenue *n* ioncam, teacht isteach
reverberate *vt & i* frithchaith, aisfhuaimnigh, *to* ~ macalla a dhéanamh, *the walls* ~*d to the sound* bhain an torann macallaí as na ballaí
revere *vt* urramaigh, *to* ~ *a person* ómós, urraim, a bheith agat do dhuine

reverence n ómós, urraim, *your* ~ a oirmhinnigh vt oirmhinnigh, *to* ~ *sth* urraim a bheith agat do rud
reverend a, *the R* ~ *George Burke* an tUrramach, an tOirmhinneach, Seoirse de Búrca
reverent a ómósach
reverie n bruadar, brionglóid
revers n lipéad
reversal n cúlú, dul siar, cur siar
reverse n malairt; aisiompú; díomua; cúl vt & i iompaigh, cúlaigh, ~d droim ar ais; taobh tuathail amach
revert vi iompaigh, *to* ~ *to type* filleadh ar an dúchas
review n athbhreithniú; léirbhreithniú; léirmheas vt athbhreithnigh; léirbhreithnigh, *to* ~ *a book* leabhar a léirmheas
reviewer n léirmheastóir
revile vt líomhain, spídigh, *to* ~ *a person* duine a dhíbliú
revise vt athbhreithnigh, leasaigh
revision n athbhreithniú, leasú
revival n athbheochan
revive vt & i athbheoigh, *to* ~ teacht chugat féin, teacht thart, *to* ~ *a person's spirits* athmhisneach a thabhairt do dhuine
revoke vt tarraing siar, cealaigh, aisghair
revolt n éirí amach, ceannairc vi éirigh amach, *it* ~s *me* cuireann sé samhnas, déistin, orm
revolution n imrothlú; réabhlóid
revolutionary n réabhlóidí a réabhlóideach
revolve vt & i imrothlaigh, cas, tiontaigh, *revolving* ag roithleagadh
revolver n gunnán
revue n ilsiamsa
revulsion n tobathrú, iompú; casadh aigne, masmas
reward n luach (saothair), duais vt, *to* ~ *a person* duais, luach saothair, a thabhairt do dhuine
rhapsody n rapsóid, rosc (ceoil); néal (áthais)
rhetoric n reitric
rhetorical a reitriciúil, roscach
rheum n sram, brach, réama
rheumatism n daitheacha, scoilteacha
rhinoceros n srónbheannach
rhododendron n ródaidéandrón
rhubarb n biabhóg, rúbarb
rhyme n rím; rann, *there's neither* ~ *nor reason to it* níl binneas ná cruinneas ann vt & i, *to* ~ rainn a chumadh; (*of words*) rím a dhéanamh le chéile
rhythm n rithim, gluaiseacht
rhythmic(al) a rithimeach
rib n easna; rigín
ribald a gáirsiúil, graosta
ribbed a cliathach, easnach; rigíneach
ribbing n, (*knitting*) rigín
ribbon n ribín

rice n rís
rich a saibhir; méith; borb, uaibhreach
riches npl saibhreas, stóras, ollmhaitheas
rick n cruach, stáca
rickets n raicíteas
rickety a corraiceach
rid vt, *to* ~ *a person of a disease* duine a shaoradh ó ghalar, *to* ~ *oneself of sth* rud a chur díot, fáil réidh le rud, *to get* ~ *of a cold* scaradh le slaghdán
riddance n cur ó dhoras, *they are a good* ~ bliain mhaith ina ndiaidh
riddle¹ n tomhas
riddle² n criathar, rilleán vt rill, criathraigh
ride n marcaíocht; síob vt & i marcaigh, *to* ~ *a horse* capall a mharcaíocht
rider n marcach, (*addendum*) aguisín
ridge n droim; iomaire; buaic (tí)
ridicule n magadh vt, *ridiculing a person* ag fochaid, ag magadh, ar dhuine
ridiculous a áiféiseach, *that's* ~ níl aon dealramh leis sin; cúis gháire chugainn!
rife a forleathan, flúirseach
riff-raff n scroblach, gramaisc
rifle¹ n raidhfil
rifle² vt ransaigh, siortaigh, creach
rift n scoilt; brúcht
rig n rigín; feisteas, *oil* ~ rige ola vt rigeáil, ~ *out* feistigh
rigging n rigín, tácla
right n ceart, cóir; dliteanas, ceartas, teideal, *on the* ~ ar deis, *to turn* ~ casadh faoi dheis, ~ *of way* ceart slí a ceart, cóir, cruinn; deas, ~ *hand* lámh dheas, deasóg, deis, ~ *angle* dronuillinn, *not in one's* ~ *mind* gan a bheith i gceart (sa cheann), gan a bheith ceart vt ceartaigh, *to* ~ *sth* rud a chur i gceart, ina cheart
righteous a fíréanta, prionsabálta
rightful a dlisteanach, ceart
righthand a, *on the* ~ *side* ar thaobh na láimhe deise, ar deis
righthanded a deisealach, deasach, deaslámhach
rigid a dolúbtha, docht
rigmarole n deilín, raiméis, rangalam
rigorous a dian, crua
rigour n déine, cruatan
rig-out n cóir éadaigh, feisteas
rile vt, griog, *to* ~ *a person* bheith ag séideadh faoi dhuine
rim n fonsa, fóir, imeall, feire
rind n craiceann, crotal
ring¹ n fáinne, drol; ciorcal; cró vt ciorclaigh, fáinnigh, timpeallaigh
ring² n cling vt & i cling, *to* ~ *a bell* clog a bhaint, a bhualadh, *to* ~ *a person on the telephone* glaoch (ar an teileafón) ar dhuine, *it* ~s *true* tá blas, craiceann, na fírinne air, *to make the heavens* ~ macalla a bhaint as na spéartha

ring-fort *n* lios, ráth
ringleader *n* ceann feadhna, ceannaire
ringlet *n* bachall, drol, búcla, lúb
ringworm *n* borrphéist
rink *n* rinc
rinse *n* sruthlú, rinseáil *vt* sruthlaigh, rinseáil
riot *n* círéib, racán
rip *n* roiseadh, réabadh *vt & i* réab, rois, sceith
ripe *a* aibí
ripen *vt & i* aibigh, buígh
ripple *n* cuilithín, boiseog, lonnach *vi, rippling* ag tonnaíl
rise *n* éirí; méadú; ard *vi* éirigh, ardaigh, *the fish are rising* tá aiste ar an iasc, *the sun has* ~*n* tá an ghrian ina suí
rising *n* éirí, (*rebellion*) éirí amach, *early* ~ mochóirí
risk *n* fiontar, priacal, baol *vt, to* ~ *sth* dul i bhfiontar ruda, dul sa seans le rud
risky *a* priaclach, seansúil
rissole *n* riosól
rite *n* deasghnáth
ritual *n* deasghnáth, searmanas *a* deasghnách
rival *n* iomaitheoir, coimhlinteoir; céile comhraic
rivalry *n* coimhlint; iomaíocht
river *n* abhainn, sruth
river-basin *n* abhantrach
river-bed *n* leaba abhann
rivet *n* seam *vt* seamaigh
rivulet *n* sruthán
roach *n* róiste
road *n* bóthar, slí, bealach; ród
roadblock *n* bacainn bhóthair
roadworthy *a* inaistir
roam *vt & i, to* ~ bheith ag fánaíocht, ag siúl romhat, *to* ~ *the world* an domhan a shiúl
roan *a* gríséadach
roar *n & vi* búir, géim
roaring *n* búireach, béicíl *a,* ~ *fire* craos tine, tine chraosach
roast *n* rósta *vt & i* róst
rob *vt & i* robáil, goid, *to* ~ *a nest* nead a choilleadh
robber *n* robálaí, ladrann
robbery *n* róbáil
robe *n* róba, *judge's* ~ gúna breithimh
robin *n* spideog
robot *n* róbat
robust *a* urrúnta
rock[1] *n* carraig, carracán, creig
rock[2] *vt & i* luasc, bog, ~*ing* ag bogadh, ag longadán
rock-climbing *n* ailleadóireacht
rocker *n* luascán
rocket *n* roicéad, *off like a* ~ imithe mar a bheadh caor thine ann

rocky *a* creagach, carrach, carraigeach, ~ *patch, place* creagán
rod *n* slat, fleasc
rodent *n* creimire
roe *n* eochraí, pis, *soft* ~ lábán
roebuck *n* ruaphoc
rogue *n* cladhaire, rógaire, cneámhaire
roguery *n* rógaireacht, claidhreacht, cneámhaireacht
roguish *a* rógánta
roistering *a* ragairneach
role *a* páirt (aisteora), ról; gnó, cion feidhme
roll *n* rolla, burla, *sausage* ~, rollóg ispíní *vt & i* roll, iomlaisc, burláil, *to* ~ *up sleeves* muinchillí a chornadh, a thrusáil, ~*ing* ag roithleagadh, ag longadán
roller *n* rollóir; rollán; roithleán; saoiste
roller-skates *npl* scátaí rothacha
rolling-pin *n* crann fuinte
Roman *n & a* Rómhánach
romance *n* finscéal; scéal ridireachta; scéal grá, *R* ~ *languages* na teangacha Rómánsacha *vi, romancing* ag rómánsaíocht
romantic *a* rómánsach
romanticism *n* rómánsaíocht; rómánsachas
romp *n* pléaráca, rancás *vi,* ~*ing* ag rancás, ag pramsach
roof *n* díon, *thatched* ~ ceann tuí *vt* díon
rook *n* préachán
room *n* slí, fairsinge, spás, áit; seomra
roost *n* fara *vi* fáir
rooster *n* coileach
root[1] *n* fréamh, bun, rúta *vt & i* fréamhaigh
root[2] *vt & i* tochail, tóch, taighd
rope *n* rópa, téad *vt, to* ~ *sth* rud a cheangal le rópa; rud a ghabháil (i lúb)
rosary *n* paidrín, Coróin Mhuire
rose *n* rós
rosebud *n* cocán róis
rose-hip *n* mogóir
rosemary *n* rós Mhuire, marós
rose-tree *n* rósóg
roster *n* uainchlár
rostrum *n* rostram, ardán, crannóg
rosy *a* rósach, ar dhath an róis; dealraitheach
rot *n* lobhadh *vt & i* lobh, dreoigh, morg
rota *n* uainchlár, róta
rotary *a* rothlach
rotate *vt & i* rothlaigh, téigh thart, cuir thart
rotation *n* rothlú; uainíocht
rote *n, to learn sth by* ~ rud a chur de ghlanmheabhair
rotovator *n* rótachartaire
rotten *a* lofa
rotund *a* cruinn, ciorclach; corpanta
rouble *n* rúbal
rouge *n* dearg, breasal

rough *n* garbh, corraiceach, garg, anfach; carrach, ~ *handling* cíorláil, ~ *weather* garbhshíon

roughage *n* gairbhseach

roughen *vt & i* garbhaigh

roughly *adv* go garbh ~ *speaking* tríd is tríd, ar an iomlán, ~ *a mile* tuairim is míle

roulette *n* rúiléid

round[1] *n* ciorcal; timpeall, cuairt, cur, cúrsa; dreas, babhta *a* cruinn, rabhnáilte

round[2] *vt & i, to* ~ *sth* rud a dhéanamh cruinn, *to* ~ *a headland* ceann tíre a scoitheadh, *she* ~*ed on him* dhearg sí, phléasc sí, air, *to* ~ *up sheep* caoirigh a locadh, a chluicheadh

roundabout *n* timpeallán *a* timpeallach, *to take a* ~ *way* timpeall, cor bealaigh, a chur ort féin

rounders *npl* cluiche corr

rouse *vt* dúisigh, múscail, spreag

rousing *a* spreagúil

rout *n* ruaig, maidhm, raon maidhme *vt* ruaig, maidhm

route *n* bealach, slí, raon

routine *n* gnáthamh

rove *vt & i, roving about* ag fánaíocht thart, *roving the country* ag taisteal, ag siúl, na tíre

rover *n* fánaí, réice

row[1] *n* sraith, rang, treas

row[2] *n* gleo, racán, iaróg

row[3] *vt & i* iomair, rámhaigh, ~*ing* ag rámhaíocht

rowan *n* caorthann

rowdy *n* racánaí *a* racánach, callánach

rowdyism *n* racánaíocht

rower *n* iomróir

rowlock *n* roillic, leaba iomartha

royal *a* ríoga

royalist *n* ríogaí

royalty *n* ríochas; ríora, ríshliocht, rítheaghlach, (*payment*) dleacht

rub *n* cuimilt, *there's the* ~ sin é an buille *vt & i* cuimil, slíoc, slíob

rubber *n* cuimleoir, scriosán; rubar, cúitiúc

rubbish *n* bruscar, truflais, cunús, cáith

rubble *n* brablach

rubella *n* bruitíneach dhearg

rubric *n* rúibric

ruby *n* rúibín

rucksack *n* mála droma

ruction *n* raic, callán

rudd *n* ruán

rudder *n* stiúir

ruddy *a* luisniúil, dearg

rude *a* garbh, tútach, drochbhéasach, mímhúinte, borb

rudiment *n* buntús, ~*s of learning* uraiceacht, aibítir, léinn

rue *vt & i, you will* ~ *it* beidh a aithreachas ort; beidh daor ort, *to* ~ doilíos a dhéanamh

ruff *n* rufa

ruffian *n* ruifíneach

ruffle *n* rufa; lonnach; corraí *vt & i, the sea is* ~*d* tá an fharraige bainte, *to* ~ *sth* rud a chur in aimhréidh, *to* ~ *a person* corraí, corrabhuais, a chur ar dhuine

rug *n* ruga, súsa

rugby *n* rugbaí

rugged *a* garbh, cairbreach, cnapánach, aistreánach

ruin *n* creach, scrios; ballóg, fothrach, *pl* cabhlacha, taisí *vt* creach, scrios, mill, loit

ruinous *a* scriosach, cailleach, *the castle is in a* ~ *state* tá an caisleán ina fhothrach

rule *n* riail, smacht, ceannas, tiarnas; rialóir, *as a* ~ de ghnáth *vt* rialaigh; línigh

ruler *n* rialtóir; (*implement*) rialóir, riail

rum *n* rum

rumble *n* tormáil, torann *vi, rumbling* ag tormáil, ag torann

ruminant *n & a* athchogantach

ruminate *vt & i* athchogain; machnaigh (ar)

rummage *vt & i* ransaigh, siortaigh, piardáil

rumour *n* ráfla, luaidreán *vi, it was* ~*ed that* chuaigh iomrá amach go

rump *n* prompa, ~ *steak* stéig gheadáin

rumple *vt, to* ~ *sth* roic, filltíní, a chur i rud

rumpus *n* scliúchas

run *n* rith, ruthag, geábh, *a* ~ *on tickets* ráchairt ar thicéid, *on the* ~ ar do theitheadh, ar do sheachaint, ar do choimeád *vt & i* rith, teith, *to* ~ *a shop* siopa a reáchtáil, *he was* ~ *down by a car* leag carr é

runaway *n* teifeach

rundale *n* rondáil

rung *n* runga

runner *n* reathaí, (*plant*) reathaire; fáinne reatha

runway *n* rúidbhealach

rupee *n* rúipí

rupture *n* scoilt; maidhm sheicne *vt & i* scoilt, bris, maidhm

rural *a* tuathúil, tuaithe, ~ *science* tuatheolaíocht

rush[1] *n* brobh (luachra), feag *pl* luachair

rush[2] *n* rúid, ruathar, siota, sciuird; práinn, deifir *vt & i* brostaigh, deifrigh, sciurd, *to* ~ *off* imeacht sna gáinní, sna fáscaí (reatha)

rusk *n* rosca

russet *a* (donn)rua, ruaimneach

rust *n* meirg; smúr, smoirt

rustic *n* tuathánach, fear tíre, bean tíre *a* tuathúil

rustle *n* seordán, siosarnach *vi, to* ~ siosarnach a dhéanamh

rusty *a* meirgeach

rut[1] *n* clais, sclaig, sloc

rut[2] *n* láth

ruthless *a* neamhthrócaireach, díbheirgeach

rye *n* seagal

ryegrass *n* seagalach**

S

sabbath *n* sabóid, saoire an Domhnaigh
sabbatical *a* sabóideach
sable *n* sáible *a* dubh, ciardhubh
sabotage *n* sabaitéireacht
saboteur *n* sabaitéir
sabre *n* marc-chlaíomh
saccharin *n* siúicrin
sachet *n* saicín
sack *n* sac *vt* sac, *to* ~ *a person* duine a shacáil, duine a chur chun bealaigh, bata is bóthar a thabhairt do dhuine
sackcloth *n* sacéadach
sacrament *n* sacraimint
sacramental *a* sacraimintiúil
sacred *a* naofa, beannaithe, diaga, ~ *promise* geall dobhriste
sacrifice *n* íobairt *vt & i* íobair
sacrificial *a* íobartach
sacrilege *n* sacrailéid
sacrilegious *a* sacrailéideach
sacristan *n* sacraisteoir
sacristy *n* eardhamh, sacraistí
sad *a* brónach, gruama, danaideach, truamhéalach
sadden *vt & i* dubhaigh, *to* ~ brón a chur ar; éirí gruama
saddle *n* diallait *vt, to* ~ *a horse* diallait a chur ar chapall
saddler *n* saidléir, diallaiteoir
sadist *n* sádach
sadistic *a* sádach
sadness *n* brón, buairt, gruaim, cian
safe[1] *n* taisceadán
safe[2] *a* slán, sábháilte, *to be on the* ~ *side* ar eagla na heagla
safe-conduct *n* pas coimirce
safeguard *n* coimirce taistil, cosaint (ar bhaol, etc), *to* ~ *sth* rud a choinneáil slán
safety *n* sábháilteacht
saffron *n* cróch
sag *n* tabhairt (uaidh), stangadh *vi* stang
saga *n* sága
sagacious *a* críonna, gaoiseach, eagnaí
sagacity *n* críonnacht, gliceas
sage[1] *n*, (*herb*) sáiste
sage[2] *n* eagnaí, éigeas, fáidh, saoi *a* eagnaí, críonna
Sagittarius *n* an Saighdeoir
sago *n* ság
sail *n* seol, *under full* ~ faoi iomlán éadaigh, faoi lánseol *vt & i* seol
sailcloth *n* anairt (bheag)
sailing *n* mairnéalacht, seoltóireacht
sailor *n* mairnéalach, seoltóir
saint *n* naomh, ~ *Peter* Naomh Peadar, ~ *Catherine* San Caitríona
sake *n, for the* ~ *of* ar mhaithe le, ar son, thar ceann, *for peace* ~ de ghrá an réitigh

salad *n* sailéad
salary *n* tuarastal
sale *n* díol, díolachán, reic, ceantáil
saleable *n* sodhíolta
Salesian *n & a* Sailéiseach
salesman *n* díoltóir
salient *a* starrach; follasach, suntasach
saline *a* goirt, salanda
saliva *n* seile
sallow *a* buí, liathbhuí
sally[1] *n* saileach
sally[2] *n* rúid *vi, to* ~ *forth* éirí amach
salmon *n* bradán
salon *n* salón
saloon *n* halla, salún
salt *n* salann *a* salanda, goirt, ~ *water* sáile *vt* saill, leasaigh
salt-cellar *n* sáiltéar
saltpetre *n* sailpítear
salutary *a* sochrach, tairbheach
salute *n* cúirtéis, beannú *vt* beannaigh
salvage *n* tarrtháil, éadáil *vt* tarrtháil
salvation *n* slánú
salve *n* céirín, ungadh, íocshláinte *vt* suaimhnigh, leigheas, *to* ~ *one's conscience* ceirín a chur le do choinsias
same *pron & a* céanna, *at the* ~ *time* san am céanna; *in éineacht, all the* ~ mar sin féin, *it's all the* ~ *to me* is cuma liom, is é an dá mhar a chéile domsa é, *it is the* ~ *with me, in my case* is é an dála céanna agamsa é, ní taise domsa é
sample *n* sampla *vt* tástáil, blais
sanatorium *n* sanatóir
sanctify *vt* naomhaigh, beannaigh
sanctimonious *a* béalchráifeach
sanction *n* smachtbhanna, pionós; ceadú *vt, the grant was* ~*ed* ceadaíodh an deontas
sanctity *n* naofacht
sanctuary *n* sanctóir; tearmann
sand *n* gaineamh
sandal *n* cuarán
sandbank *n* oitir (ghainimh), muc ghainimh
sand-eel *n* corr (ghainimh), spéirlint
sandhill *n* dumhach, méile, muc ghainimh
sandpaper *n* páirín
sandpiper *n* gobadán
sandstone *n* gaineamhchloch
sandwich *n* ceapaire
sandy *a* gainmheach, (*of hair*) fionnrua
sane *a* réasúnta, céillí
sanguine *a*, (*of complexion*) lasta, (*of temperament*) dóchasach
sanitation *n* sláintíocht
sanity *n* ciall
Santa Claus *n* San Nioclás, Daidí na Nollag
sap *n* sú, súlach

sapling n buinneán, fás, meathán
sapphire n saifir
sappy a cumhra, glas, súmhar
sarcasm n searbhas, géarchaint
sarcastic a searbhasach, géar, ~ smile leamhgháire
sardine n sairdín
sardonic a searbh, fonóideach
sash n sais
Satan n an diabhal, an tÁibhirseoir
satchel n mála scoile, tiachóg
sated a dóthanach, sách
satellite n satailít a, ~ planet pláinéad coimhdeachta, ~ state fostát
satin n sról
satire n aoir
satirical a aorach, seanbhlastúil
satirist n aorthóir
satirize vt aor
satisfaction n sásamh, cúiteamh; sástacht; sult
satisfactory a sásúil
satisfied a sásta
satisfy vt comhlíon; sásaigh
saturate vt maothaigh, cuir ar maos; sáithigh
saturation n maos; sáithiú
Saturday n Satharn, he will come on ~ tiocfaidh sé Dé Sathairn
Saturn n Satarn
satyr n satair
sauce n anlann; soibealtacht, sotal
saucepan n sáspan
saucer n sásar, fochupán
saucy a ladúsach, soibealta, deiliúsach, giodalach
saunter n fálróid, spaisteoireacht; guailleáil vi, ~ing ag fálróid, ag spaisteoireacht; ag guailleáil thart
sausage n ispín
savage n duine fiáin, duine barbartha a fiáin, brúidiúil
save[1] vt & i sábháil, saor, slánaigh, tarrtháil; coigil, God ~ you Dia duit
save[2] prep ach (amháin)
savings npl airgead taisce, coigilteas
saviour n slánaitheoir
savoury n blastóg a blasta, séasúrach, neamh-mhilis
saw n & vt & i sábh
sawdust n min sáibh
sawmill n muileann sábhadóireachta
Saxon n & a Sacsanach
saxophone n sacsafón
say vt abair, 'very well' said Brian 'tá go maith' arsa Brian, to ~ nothing of gan trácht ar, to ~ Mass Aifreann a léamh, a rá
saying n rá, nath, seanfhocal; ráiteachas
scab n gearb
scabbard n truaill
scabby a carrach, gearbach
scaffold n scafall; croch

scaffolding n scafall, scafláil, stáitse
scald n scalladh vt scall, scól
scald-crow n feannóg
scalding n scóladh a scalltach
scale[1] n gainne, lann; screamh, coirt vt & i gainnigh, lannaigh; coirtigh; scamh; sceith
scale[2] n scála pl meá
scale[3] n scála; scóip, on a large ~ ar an mórchóir vt dreap; grádaigh, scálaigh
scallion n scailliún
scallop n muirín; scolb, cléithín
scalp n craiceann an chinn, plait
scalpel n lansa
scamp n raimsce, cuilceach
scamper n scodal, ruaig vi rith, sciurd, scinn
scan vt & i scan; breathnaigh, grinnigh
scandal n scannal, náire, oilbhéim
scandalize vt scannalaigh, to ~ a person scannal, ábhar oilbhéime, a thabhairt do dhuine
scandalous a scannalach, náireach
scanner n scanóir
scansion n scanadh
scant a giortach, gann, tearc, I have ~ regard for them is beag mo mheas orthu
scanty a gortach, tearc, scáinte
scapegoat n sceilpín gabhair; ceap milleáin
scapular n scaball
scar n colm, méirscre vt, to ~ skin colm a fhágáil i gcraiceann
scarce a tearc, gann, gannchúiseach
scarcely adv ar éigean
scarcity n ganntanas, gannchúis, gorta, teirce
scare n scanradh; scaoll vt scanraigh
scarecrow n fear bréige, babhdán
scarf n scaif, carbhat
scarlet n scarlóid a scarlóideach, ~ fever fiabhras dearg
scathing a géar, feanntach, ~ remarks bearradh teanga
scatter vt & i scaip, croith, leath, scáin
scatter-brained a éaganta, scaipthe
scavenger n scroblachóir
scene n suíomh, ionad; radharc, behind the ~s ar chúl stáitse; ar an gcúlráid
scenery n radharcra; radharc tíre
scenic a taibhseach, sciamhach, ~ route bóthar álainn
scent n boladh, boltanas, cumhracht; cumhrán, mos vt bolaigh; cumhraigh, to ~ sth boladh rúda a chur
sceptic n sceipteach
sceptical a sceiptiúil, díchreidmheach, amhrasach
sceptre n ríshlat
schedule n sceideal, clár
scheme n scéim vt & i pleanáil, beartaigh
schism n siosma
schizophrenia n scitsifréine
scholar n scoláire, fear léinn

scholarly *a* scolártha
scholarship *n* scoláireacht; léann
scholastic *n* scolaí *a* scolaíoch
school *n* scoil *vt* teagasc; traenáil
schooner *n* scúnar
sciatica *n* sciaitíce
science *a* eolaíocht; ealaín, ~ *fiction* ficsean eolaíochta
scientific *n* eolaíoch
scientist *n* eolaí
scintillate *vi* drithligh
scion *n* buinne, géag, fleasc
scissors *npl* siosúr
sclerosis *n* scléaróis
scoff *n* fonóid, magadh *vi*, *to* ~ *at a person* fonóid, magadh, a dhéanamh faoi dhuine
scold *n* báirseach *vt & i* ith, liobair, scioll, *to* ~ *a person* gearradh teanga, léasadh teanga, a thabhairt do dhuine
scone *n* bonnóg
scoop *n* scaob, scúp *vt* scaob, sluaisteáil
scooter *n* scútar
scope *n* raon, éirim, scód, scóip, cuimsiú; ligean, saoirse
scorch *vt* loisc, dóigh, gread, ruadhóigh
score *n* scríob, scór, stríoc *vt* riastáil, scóráil, scrabh, *to* ~ *a goal* báire, cúl, a chur
scorn *n* tarcaisne, scorn *vt* tarcaisnigh, dispeag
scornful *a* tarcaisneach, drochmheasúil
Scorpio *n* an Scairp
scorpion *n* scairp
Scotch *n* fuisce na hAlban; canúint na hAlban *pl*, *the* ~ na hAlbanaigh *a* Albanach
scot-free *a* gan cháin, *he went* ~ thug sé a cháibín saor leis
scoundrel *n* bithiúnach, ropaire, cladhaire
scour[1] *n* buinneach, sciodarnach; sciúradh *vt & i* sciúr, sciomair; úraigh
scour[2] *vt & i* sciurd, ransaigh, criathraigh, *to* ~ *the country* an dúiche a shiúl ina horlaí beaga
scourge *n* sciúirse, *they are a real* ~ is mór an phlá i dtír iad *vt* sciúrsáil, lasc, céas, cúr, scól
scout *n* scabhta; taiscéalaí, *boy* ~*s* gasóga *vi* ~*ing* ag scabhtáil, ag taiscéaladh
scowl *n* grus, púic, duifean *vi*, *he* ~*ed* chuir sé gruig air féin, tháinig muc ar gach mala aige
scraggy *a* scáinte, reangach, scroigeach
scramble *n* crúbadach, streachailt, coimhlint; sciob sceab, sciútam *vt & i* streachail, *he* ~*d up the hill* aníos leis an cnoc ar a cheithre boinn, *to* ~ *for sth* coimhlint a dhéanamh faoi rud, *to* ~ *eggs* uibheacha a scrobhadh
scrap[1] *n* blúire, ruainne; giob, gearróg *pl* bruscar, dramhaíl, conamar
scrap[2] *n* bruíon, scléip, racán
scrap[3] *vt*, *to* ~ *sth* rud a chaitheamh i dtraipisí, faoi thóin cártaí

scrape *n* scríob, scráib *vt & i* scríob, scrabh; scamh, cart, *to* ~ *together a sum of money* dornán airgid a chonlú, *scraping on a fiddle* ag streancánacht, ag scríobáil, ar fhidil
scratch *n* scríob, marc, scrabha, scráib, *at* ~ ar an scríoblíne *vt & i* scríob, scrábáil; tochais
scraw *n* scraith
scrawl *n* scrábáil
scream *n & vt & i* scread, scréach
scree *n* screathan
screech *n* scréach *vi* scréach, *to* ~ scréach a chur, a ligean, asat
screen *n* scáthlán, scáth, scáileán; scagaire *vt* scáthaigh, fothainigh; criathraigh, scag
screw *n* scriú, bís *vt* scriúáil
screwdriver *n* scriúire
scribble *n & vt & i* scrábáil
scribe *n* scríobhaí
scrimmage *n* conabhrú, coimheascar, scrimisc, clibirt
script *n* script
scripture *n* scrioptúr
scroll *n* scrolla
scrotum *n* cadairne
scrounge *vt & i*, *to* ~ *around* bheith ag diúgaireacht, ag súmaireacht, thart
scrounger *n* súmaire, stocaire
scrub[1] *n* muine, casarnach, scrobarnach
scrub[2] *n* sciomradh, sciúradh *vt & i* sciomair, sciúr
scrum(mage) *n* clibirt
scruple *n* scrupall *vi*, *to* ~ *to do sth* bheith scrupallach i dtaobh rud a dhéanamh, *he didn't* ~ *to do it* níor scorn leis é (a dhéanamh)
scrupulous *a* scrupallach, mionchúiseach, pointeáilte
scrutineer *n* iniúchóir
scrutinize *vt* scrúdaigh, grinnigh, glinnigh, iniúch
scrutiny *n* mionscrúdú, iniúchadh
scuffle *n* gráscar *vi*, *scuffling* (*with*) i ngráscar (le)
scullery *n* cúlchistin
sculptor *n* dealbhóir, snoíodóir
sculpture *n* dealbhóireacht *vt* dealbhaigh, snoigh
scum *n* screamh, coirt; gramaisc
scurf *n* screamh, gainne; sail chnis
scurrilous *a* madrúil, salach, suarach, náireach
scurry *n* sciuird *vi* sciurd, scinn
scurvy *n* galar carrach, claimhe *a* suarach, truaillí
scut *n* sciot
scythe *n & vt* speal
sea *n* farraige, muir
sea-anemone *n* bundún leice
seabed *n* grinneall na farraige
seaboard *n* imeallbhord
sea-bream *n* deargán, garbhánach
seafaring *n* maraíocht, loingseoireacht
seagull *n* faoileán
seal[1] *n* rón

seal² *n* séala *vt* séalaigh, *to* ~ *sth* séala a chur ar rud

sea-lion *n* rón mór

seam *n* uaim; siúnta; féith, síog

seaman *n* mairnéalach, loingseoir, maraí

seance *n* séans

sear *vt* loisc, breoigh, dóigh

search *n* cuardach, ransú, tóraíocht *vt & i* cuardaigh, tóraigh, siortaigh, ransaigh, ~ *for* lorg

searcher *n* cuardaitheoir, lorgaire, ransaitheoir

searchlight *n* tóirsholas

seascape *n* muirdhreach

seashore *n* cladach

seasickness *n* tinneas farraige

seaside *n, at the* ~ cois farraige, ~ *resort* baile saoire cois trá

season *n* séasúr, ráithe, ionú, uair, tréimhse *vt & i* tuar, (*of wood*) stálaigh, (*of food*) blaistigh, leasaigh

seasonable *a* séasúrach, ionúch

seasonal *a* séasúrach

seasoning *n* blastán, leasú

seat *n* suíochán, cathaoir, binse *vt* suigh

seaweed *n* feamainn

seaworthy *a* inseolta, acmhainneach

secede *vi* scar (le), dealaigh (ó)

secluded *a* cúlráideach, uaigneach, cúlánta, ~ *place* diamhair, cúlráid

seclusion *n* cúlráid, uaigneas; leithleachas

second¹ *n* soicind, meandar, ala

second² *n* tacaí, fear taca, *the* ~ an dara ceann, *James the S* ~ Séamas a Dó *a* dara, dóú; ath-, *a* ~ *time* athuair

second³ *vt* tacaigh le, cuidigh le

secondary *a* tánaisteach, ~ *school* meánscoil, ~ *meaning* fochiall

seconder *n* cuiditheoir

second-hand *a*, ~ *car* carr athláimhe, *to buy sth* ~ rud a cheannach ar athláimh

secrecy *n* discréid, rúndacht, ganfhiosaíocht, dorchadas

secret *n* rún, *in* ~ faoi choim, os íseal *a* rúnda, discréideach, ganfhiosach, folaitheach

secretariat *n* rúnaíocht

secretary *n* rúnaí

secrete *vt & i* ceil, folaigh; tál, sil

secretion *n* folach, ceilt; tál

secretive *a* rúnmhar, ganfhiosach, ceilteach, béaliata, foscúil

sect *n* seict

sectarian *a* aicmeach; seicteach

sectarianism *n* seicteachas

section *n* gearradh, teascán; gasra; rannóg; mír

sector *n* teascóg; rannóg, *public* ~ earnáil phoiblí

secular *a* ciantréimhseach; saolta, tuata, ~ *clergy* gnáthchléir

secure *a* daingean, diongbháilte, teann *vt* daingnigh, dún, feistigh, greamaigh; caomhnaigh; urraigh, dílsigh

security *n* sábháil, slándáil; daingne; dílse, urra; urrús, *to go* ~ *for a person* dul i ngeall, in urraíocht, ar dhuine

sedate *a* maorga, forasta

sedative *n* suaimhneasán *a* suaimhneasach

sedentary *a* suite, suiteach

sedge *n* cíb

sediment *n* moirt, deasca, dríodar

sedimentary *a*, ~ *rock* carraig dhríodair

sedition *n* ceannairc

seduce *vt* meall, claon, meabhlaigh, *to* ~ *a girl* cailín a chur ó chrích, ó chion

seduction *n* meabhlú, mealladh

seductive *a* meabhlach, meallacach

see¹ *n* easpagóideacht, suí easpaig

see² *vt & i* feic, amharc, féach, *I know her to* ~ tá súilaithne agam uirthi

seed *n* síol, pór *vt & i* síolaigh

seedling *n* síolphlanda

seedy *a* éidreorach; (*of clothes, etc*) smolchaite

seek *vt* lorg, cuardaigh, iarr

seeker *n* cuardaitheoir, lorgaire, sirtheoir

seem *vi, he* ~*s tired* tá cuma thuirseach air, *you* ~ *like a prince to me* dealraím le prionsa thú, *they* ~ *to be satisfied* is cosúil go bhfuil siad sásta, *I* ~ *to have heard that name* samhlaítear dom gur chuala mé an t-ainm sin, *it* ~*s that* is cosúil go, dealraíonn sé go, *you have enough, it* ~*s to me*, tá do dhóthain agat, dar liom; feictear dom go bhfuil do dhóthain agat

seeming *a* dealraitheach, ~*ly* de réir cosúlachta

seemliness *n* cuibheas, cneastacht, geanúlacht

seemly *a* fiúntach, cuibhiúil, geanúil

seep *vi* úsc, sil, tar faoi

seer *n* fear feasa, fáidh

see-saw *n* maide corrach, crandaí bogadaí *vi, to* ~ bogadh suas agus anuas

seethe *vi* coip, *seething* ag oibriú, *seething with anger* ag fiuchadh le fearg

segment *n* teascán, mír *vt & i* deighil, scar, *to* ~ *sth* rud a roinnt ina theascáin

segregate *vt & i* leithscar, deighil, dealaigh (ó)

seine *n* saighean

seismic *a* seismeach

seize *vt* gabh, glac, tóg, greamaigh, beir ar, *to* ~ *the opportunity* an deis a thapú

seizure *n* gabháil, forghabháil, fuadach, glacadh; (*fit*) taom; breith

seldom *adv* go hannamh

select¹ *a* tofa, scothúil

select² *vt* roghnaigh, togh, pioc

selection *n* rogha; roghnú, toghadh

selective *a* roghnach

self *n* an duine féin, *she is her old* ~ *again* tá sí chuici féin arís, tá sí ar a seanléim arís

self-assured *a* diongbháilte, teann, treallúsach

self-centred *a* leithleach

self-confident *a, to be* ~ bheith muiníneach, dóchasach, asat féin
self-conscious *a* comhfhiosach; cotúil, náireach
self-contained *a* neamhspleách, (*of flat*) glanscartha
self-control *n* féinsmacht, stuaim, guaim
self-denial *n* féindiúltú
self-government *n* féinrialtas
self-important *a* tromchúiseach, postúil
self-indulgence *n* sácráilteacht, sáile, macnas
selfish *a* leithleach
self-possessed *a* stuama
self-raising *a,* (*of flour*) éiritheach
self-righteous *a* ceartaiseach
selfsame *a* ceannann céanna
selfservice *n* féinseirbhís
self-willed *a* ládasach, stuacach, diúnasach
sell *vt & i* díol, reic, *cattle were* ~*ing well* bhí an-imeacht ar eallach
seller *n* díoltóir, reacaire
semantics *npl* séimeantaic
semblance *n* cosúlacht, samhail
semen *n* seamhan
semi- *n & a* leath-, breac-, scoth-
semicolon *n* leathstad
semi-conscious *a, to be* ~ bheith ar leathaithne
semi-detached *a* leathscoite
semi-final *n,* (*game*) cluiche leathcheannais
seminar *n* seimineár
seminary *n* coláiste sagartachta
semi-skilled *a* breacoilte
semolina *n* seimilín
senate *n* seanad
senator *n* seanadóir
send *vt* cuir, seol, *to* ~ *for a person* fios a chur ar dhuine, *to* ~ *word to a person* scéala a ligean, a chur, chuig duine
sender *n* seoltóir
send-off *n, he had a great* ~ bhí comóradh mór leis
seneschal *n* seanascal
senile *a* críon, díblí
senility *n* seanaois, críonnacht; leanbaíocht (na seanaoise)
senior *n* seanóir, sinsearach *a* sinsearach, sean-, *John O'Brien* ~, Seán Mór Ó Briain
seniority *n* sinsearacht
senna *n* séinne
sensation *n* mothú, meabhair; scailéathan, gáifeacht
sensational *a* gáifeach, scailéathanach
sense *n* céadfa; mothú; ciall, stuaim, réasún, *have* ~*!* bíodh ciall agat! *vt* airigh, braith, mothaigh, meabhraigh
senseless *a* gan aithne, gan mheabhair; éaganta, éigiallta, míchéillí, díchéillí
sensibility *n* céadfacht
sensible *a* inbhraite, céadfach; ciallmhar, stuama, staidéarach, fódúil, réasúnta

sensitive *a* goilliúnach, íogair, mothálach
sensitivity *n* mothálacht, íogaireacht
sensory *a* céadfach
sensual *a* collaí, ~ *pleasures* pléisiúir na colainne
sensuous *a* sóúil; collaí
sentence *n* breithiúnas, daorbhreith; (*grammar*) abairt, ~ *of death* breith bháis *vt, he was* ~*d to imprisonment* gearradh príosún air
sententious *a* nathach
sentiment *n* mothúchán; tuairim, aigne; maoithneachas
sentimental *a* maoithneach, maoth
sentry *n* fairtheoir
separate *a* ar leith; scartha, scoite *vt & i* scar, dealaigh, deighil
separation *n* scaradh, dealú, deighilt
separator *n* deighilteoir
September *n* Meán Fómhair
septic *a* seipteach
sepulchre *n* ula, tuama
sequel *n* iarsma, fuíoll, iarmhairt
sequence *n* ord, sraith; seicheamh
sequin *n* seacain
serenade *n* saranáid
serene *a* sámh, suaimhneach; fionnuar, ciúin, soineanta
serenity *n* suaimhneas, ciúnas, soineann
serf *n* seirfeach, daoirseach
serge *n* saraiste
sergeant *n* sáirsint
serial *n* sraithscéal *a* srathach
serialize *vt* srathaigh
series *n* sraith, ~ *of calamities* tubaiste ar dhroim tubaiste
serious *a* dáiríre, tromaí, tromchúiseach
sermon *n* seanmóir
serpent *n* ollphéist, nathair
serrated *a* fiaclach
serum *n* séiream
servant *n* seirbhíseach, searbhónta
servant-boy *n* buachaill aimsire
servant-girl *n* cailín aimsire
serve *vt & i* friotháil (ar), fóin do, freastail, seirbheáil, riar, *to* ~ *the purpose* an gnó a dhéanamh, *to* ~ *a master* bheith i do sheirbhíseach ag máistir, *it* ~*s you right* is maith an airí ort é; a chonách sin ort, *if my memory* ~*s me right* más buan mo chuimhne
server *n* friothálaí, dáileamh; dáileoir
service *n* seirbhís, freastal, fónamh; feidhmeannas; garaíocht, *civil* ~ státseirbhís, *dinner* ~ foireann dinnéir, *the cow lost the* ~ chaill an bhó an dáir, *in* ~ (*with*) ar aimsir (ag)
serviceable *a* fónta, infheidhme
serviette *a* naipcín boird
servile *a* daor-, sclábhánta, táir, uiríseal
serving *n,* (*portion*) cuid, (*distribution*) riar, dáileadh

Servite *n* Seirbhíteach
servitude *n* braighdeanas, daoirse, *penal* ~ pianseirbhís
session *n* seisiún; suíochán
set[1] *n* foireann, cur, sraith; dream, drong, (*dance*) seit, (*stage*) láithreán, ~ *of teeth* cíor, draid, cár (fiacla), (*burrow*) brocach
set[2] *a* daingean, sioctha, cruaite, socraithe, ar tinneall
set[3] *vt & i* cuir, suigh, leag; socraigh, deisigh; téacht, cruaigh, sioc, stalc, táthaigh, *to* ~ *hair* gruaig a fheistiú, *to* ~ *the table* an bord a ghléasadh, a leagan, *to* ~ *a fire* tine a fhadú, *the sun is* ~*ting* tá an ghrian ag dul faoi, ag luí, *he* ~ *about me with a stick* ghabh sé de bhata orm, *to* ~ *about sth* scaoileadh faoi rud, cur chun ruda, díriú ar rud, *to* ~ *to work* dul i gceann oibre, *to* ~ *down a load* ualach a scaoileadh anuas, *to* ~ *forth* cur chun bealaigh; leag amach, *to* ~ *a prisoner free* príosúnach a ligean saor, *to* ~ *a dog on a person* gadhar a dhreasú i nduine, a scaoileadh le duine
set-back *n* céim siar, cur siar, dul ar gcúl, *that was a* ~ *to him* chuir sin cúl air
settee *n* tolg
setter *n*, (*dog*) sotar
setting *n* cur, suíomh; leagan; leaba, ~ *of sun* dul faoi na gréine
settle *vt & i* socraigh, réitigh; lonnaigh; plandáil; deasc, síothlaigh, *to* ~ *a person in life* críoch a chur ar dhuine, *to* ~ *down in a place* cur fút in áit, *the weather is* ~*d* tá bun ar an aimsir
settle-bed *n* leaba shuíocháin; leaba raca
settlement *n* socrú, réiteach; lonnaíocht, *marriage* ~ socraíocht chleamhnais
settler *n* lonnaitheoir, seadaitheoir; coilíneach
seven *n & a* seacht, ~ *persons* seachtar, mórsheisear
seventeen *n & a* seacht déag, ~ *towns* seacht mbaile dhéag
seventeenth *n & a*, *the* ~ *day* an seachtú lá déag, *one* ~ an seachtú cuid déag
seventh *n & a* seachtú
seventieth *n & a* seachtódú
seventy *n & a* seachtó
sever *vt* scoith, teasc, *to* ~ *one's connection with an organization* scaradh le heagraíocht
several *a* ar leith, leithleach; éagsúil, ~ *people* roinnt, go leor, a lán, daoine
severe *a* dian, anróiteach, crua, trom, géar, deannachtach, feanntach, (*of style, etc*) lom
severity *n* déine, cruas; loime
sew *vt & i* fuaigh
sewage *n* camras
sewer *n* séarach, camra
sewerage *n* séarachas
sewing *n* obair fhuála; fuáil
sex *n* gnéas, cineál

sextant *n* seiseamhán
sexton *n* cléireach; reiligire
sexual *a* gnéasach, collaí, ~ *intercourse* comhriachtain
sexuality *n* collaíocht
shabby *a* leadhbach, smolchaite; suarach; sprionlaithe
shack *n* seantán
shackle *n* geimheal, cuibhreach *vt* cuibhrigh, *to* ~ *a person* iarainn, crapall, laincis, a chur ar dhuine
shade *n* scáth, scáil, foscadh; scáthlán, *a* ~ *better* claon beag níos fearr *vt* scáthaigh, fothainigh; scáthlínigh
shadow *n* scáth, scáil *vt*, *to* ~ *a person* leanúint go dlúth de dhuine
shady *a* scáthach, foscúil; amhrasach
shaft *n* crann, cros, sáfach; saighead; lorga; fearsaid, (*of cart, etc*) seafta, leathlaí; poll, sloc, ~ *of sunlight* maide gréine, ga gréine
shag *n* seaga
shaggy *a* mothallach, mosach, giobach, gruagach
shake *n* croitheadh, suaitheadh *vt & i* croith, crith; bagair, *he was shaking all over* bhí sé ar ballchrith
shake-down *n* sráideog
shaky *a* corrach, creathach, éagobhsaí
shall *aux vb*, ~ *I phone you?* an nglaofaidh mé ort?
shallot *n* seallóid
shallow *n* tanalacht; scairbh *a* tanaí, éadomhain, neamhfhuaimintiúil
sham *n* cur i gcéill *a*, ~ *fight* troid mar mhagadh, ~ *sickness* tinneas bréige, *vt & i*, *he shammed sickness* lig sé air gur tinn a bhí sé, *he is only shamming* níl sé ach ag ligean air
shamble *vi* spágáil
shambles *n* seamlas, *the place was a* ~ bhí an áit ina chosair easair
shame *n* náire, aiféaltas *vt* náirigh, imdhearg, *you* ~*d me* thug sibh mo náire
shamefaced *a* aiféalach, maolchluasach
shameful *n* náireach, scannalach, aithiseach
shameless *a* gan náire, mínáireach, téisiúil
shampoo *n* foltfholcadh, seampú
shamrock *n* seamróg
shank *n* lorga, spanla; cos, luiseag
shanty[1] *n* seantán, bothán
shanty[2] *n* rabhcán maraí
shape *n* cruth, cló, cuma, cumraíocht, déanamh; sonra, toirt; múnla *vt & i* cum, deilbhigh, múnlaigh, ceap, cruthaigh, snoigh
shapeless *a* éagruthach
shapely *a* córach, cruthach, cuanna, greanta
shard *n* slige
share[1] *n* cuid, páirt, roinn, cion, sciar; scair *vt* roinn
share[2] *n* soc (céachta)
shark *n* siorc, (*person*) lomaire, *basking* ~ liamhán gréine

sharp *a* géar, biorach, nimhneach, faobhrach, binbeach, ~ *incline* mala rite, ~ *practice* camastaíl, caimiléireacht
sharpen *vt* & *i* géaraigh, faobhraigh, líomh, bioraigh, *to* ~ *sth* faobhar a chur ar rud
sharpener *n* líofóir, bioróir
sharpening-stone *n* cloch fhaobhair
sharpness *n* géire, líofacht, gontacht; riteacht
shatter *vt* & *i* bris, pléasc, mionaigh, réab, scrios, coscair, *to* ~ *sth* smionagar, smidiríní, a dhéanamh de rud
shave *n* bearradh, *he had a narrow* ~ is maith a scar sé leis, dóbair dó *vt* & *i* bearr, *to* ~ *wood* adhmad a scamhadh
shaving *n* slis *pl* scamhadh, slisneach
shawl *n* seál
she *pron* sí, sise; í, ise, ~ *came* tháinig sí, ~ *was beaten* buaileadh í, ~ *is a doctor* is dochtúir í, ~ *who knows* an té, an bhean, a bhfuil a fhios aici
sheaf *n* punann; scuab
shear *vt* lom, lomair, scoith, bearr
shears *n* deimheas
sheath *n* truaill, faighin
sheathe *vt*, *to* ~ *a sword* claíomh a chur i dtruaill, *to* ~ *a cable* cábla a chumhdach
shebeen *n* síbín
shed[1] *n* scáthlán, bothán, bráca
shed[2] *vt* caith, scoith, teilg; doirt, fear, sil, dáil
sheen *n* loinnir, dealramh, niamh, lí, snas
sheep *n* caora
sheep-dog *n* madra caorach, sípéir
sheepish *a* uascánta, maolchluasach
sheepskin *n* craiceann caorach
sheer *a* cruthanta; géar, rite, glaningearach; mín, sreabhnach, trédhearcach, *out of* ~ *spite* le teann, le tréan, oilc *for* ~ *joy* le neart , le barr, áthais
sheet *n* braillín; bileog, leathanach, leathán; scód, (*of water*) réimse, *balance* ~ clár comhardaithe, ~ *of ice* leac oighir
she-goat *n* minseach
sheik *n* síc
shelf *n* seilf; scairbh
shell *n* sliogán, mogall, blaosc; faighneog; creatlach *vt* scil, rúisc, speal, *to* ~ *a town* pléascáin a scaoileadh le baile
shellfish *n* sliogán; iasc sliogáin
shelter *n* scáthlán; díon, foscadh, fothain, scáth, dídean *vt* & *i* fothainigh, díon, *to* ~ *from a shower* dul ar foscadh ó chith
shelterbelt *n* crios foscaidh
sheltered *a* foscúil, fothainiúil, cluthar, ~ *from the wind* ar chúl na gaoithe, *the* ~ *side* taobh an fhoscaidh
shelve *vt*, *to* ~ *books* leabhair a chur ar sheilfeanna, *to* ~ *a question* ceist a chur siar, a chur i leataobh

shepherd *n* aoire, tréadaí *vt* aoirigh
sheriff *n* sirriam
sherry *n* seiris
shield *n* sciath, armas *vt* cumhdaigh, díon, scáthaigh
shift *n* aistriú, bogadh; seal; oirbheart, seift, *to work in* ~ *s* sealaíocht, uainíocht, a dhéanamh *vt* & *i* aistrigh, athraigh; seiftigh, *to* ~ *for oneself* déanamh as duit féin, ~ *ing population* daonra aistreach
shiftless *a* éidreorach
shift-work *n* obair shealaíochta
shifty *a* corrach, cleasach, lúbach
shilling *n* scilling
shilly-shally *vi*, *don't* ~ *about it* ná bí siar is aniar leis
shimmer *n* crithloinnir *vi* crithlonraigh, damhsaigh
shin *n* lorga; speir
shindy *n* racán
shine *n* taitneamh, loinnir, snas *vt* & *i* lonraigh, soilsigh, taitin, dealraigh; snasaigh, líomh
shingle[1] *n* scláta, slinn *vt*, *to* ~ *a roof* slinnte adhmaid a chur ar cheann tí, *to* ~ *hair* gruaig a lombhearradh
shingle[2] *n* mionduirling, scaineagán
shingles *n* deir
shin-guard *n* loirgneán
shining *a* lonrach, dealraitheach, taitneamhach
ship *n* long, árthach, soitheach *vt*, *to* ~ *a cargo* lasta a thógáil ar bord, *to* ~ *goods to another country* earraí a sheoladh go tír eile
shipload *n* lasta, lucht, ládáil
shipmate *n* leathbhádóir
shipment *n* lastas
shipping *n* loingeas; loingseoireacht
shipwreck *n* longbhriseadh *vt*, *they were* ~ *ed* tharla longbhriseadh dóibh
shipwright *n* saor loinge, saor báid
shipyard *n* longchlós, longcheárta
shirk *vt* & *i* cúlaigh ó, loic, ob, ~ *ing* ag stangaireacht
shirker *n* leiciméir, loiceach
shirt *n* léine
shiver *n* & *vi* crith
shoal[1] *n* oitir, scairbh
shoal[2] *n* scoil, cluiche, ráth (éisc) *vi* ráthaigh, cluich
shock[1] *n* coscairt, preab, *electric* ~ turraing leictreach *vt* coscair, *to* ~ *a person* scannal a thabhairt do dhuine; duine a shuaitheadh; duine a chur trí chéile
shock[2] *n*, ~ *of hair* stoth, suasán, larcán (gruaige)
shocking *a* coscrach, uafásach, náireach
shoddy *a* sramach, suarach
shoe *n* bróg, (*of horse*) crú, *if I were in your* ~ *s* dá mbeinn i d'áitse *vt*, *to* ~ *a horse* capall a chrú, crú(ite) a chur faoi chapall
shoe-lace *n* (barr)iall

shoemaker *n* gréasaí

shoneen *n* seoinín

shoot *n* beangán, buinneán, péacán; sleamhnán; buíon seilge; comórtas lámhaigh *vt & i* caith, scaoil, lámhach, diúraic, (*of bud, etc*) eascair, *he shot off* as go brách leis, d'imigh sé d'urchar

shooting *n* lámhach, caitheamh; foghlaeireacht *a*, ~ *star* réalta reatha

shop *n* siopa

shopkeeper *n* siopadóir

shoplifter *n* gadaí siopa

shopping *n* siopadóireacht, ~ *centre* ionad siopadóireachta

shore[1] *n* cladach, cósta

shore[2] *n* taca *vt, to* ~ *up sth* taca a chur faoi rud

short *a* gearr, gairid, beag; giorraisc, aicearrach, *to be* ~ *of sth* bheith gann i rud, *we are three* ~ táimid triúr easpach, ~ *of breath* gearranálach, ~ *answer* gearróg, ~*story* gearrscéal

shortage *n* easnamh, ganntanas, gátar, ~ *of breath* giorra anála

shortbread *n* arán briosc

shortcake *n* brioscóid

short-circuit *n & vt* gearrchiorcad

shortcoming *n* easpa, locht

short-cut *n* aicearra, cóngar

shorten *vt & i* giorraigh, gearr, ciorraigh, *the days are* ~*ing* tá an lá ag dul i ngiorracht

shorthand *n* gearrscríobh, ~ *typist* gearr-chló-scríobhaí

short-lived *a* díomuan, gearrshaolach, duthain

shortly *adv* gan mhoill, ar ball beag

shortness *n* giorracht; gannchúis; giorraisce, ~ *of breath* giorra anála

shorts *npl* bríste gearrógach

shortsighted *a* gearr-radharcach, dallradharcach, gearr sa radharc

short-tempered *a* tobann, teasaí, taghdach

shot *n* urchar; grán, (*of person*) lámhachóir, *like a* ~ de phléasc, de phlimp, d'urchar, *I'll have a* ~ *at it* féachfaidh mé mo lámh air, féachfaidh mé leis

shot-gun *n* gunna gráin

should *aux v, what* ~ *be done* an rud ba chóir, ba cheart, a dhéanamh, *they* ~ *have sat down* bhí sé ceart acu suí, *you* ~ *have seen her!* dá bhfeicfeá í! *I* ~*n't think so* ní dóigh liom é, ní déarfainn é

shoulder *n* gualainn *vt & i* guailleáil, *to* ~ *a load* ualach a chur ar do ghualainn, dul faoi ualach

shoulder-blade *n* slinneán

shoulder-strap *n* guailleán

shout *n* béic, scairt, gáir, glaoch, liú *vt & i* béic, gáir, glaoigh, scairt, liúigh

shove *n* brú, sonc, sá *vt & i* brúigh, sac

shovel *n* sluasaid *vt & i* sluaisteáil, ~*ling clay* ag taoscadh créafóige

show *n* taispeáint, straibhéis; taispeántas, suaitheantas, seó; feic; *don't make a* ~ *of yourself* ná déan ceann ar clár díot féin *vt & i* taispeáin, léirigh, *to* ~ *a person in* duine a sheoladh, a threorú, isteach, *to* ~ *off* gothaí a chur ort féin, *that is all I have to* ~ *for it* sin a bhfuil ar a shon agam

show-case *n* cás taispeántais

shower *n* cith, múr, fras; cithfholcadh *vt & i* doirt, caith, *to* ~ *blows on a person* luí na mbuillí a chur ar dhuine, *to* ~ *cithfholcadh a ghlacadh

showery *a* ceathach

showman *n* fear seó

showy *n* péacach, taibhseach, feiceálach, gáifeach; taispeántach

shred *n* ruainne, luid, leadhbóg *vn* mionstiall, scillig

shrew *n* dallóg fhraoigh; báirseach

shrewd *a* críonna, gaoiseach, géarchúiseach, glic, fadcheannach

shriek *n & vi* scréach

shrill *a* géar, ard, caol, gluair

shrimp *n* ribe róibéis, séacla

shrine *n* scrín; cumhdach

shrink *vt & i* laghdaigh, crap, *the material shrank* chuaigh san éadach, *to* ~ *back from sth* cúbadh siar ó rud, loiceadh roimh rud; rud a ghráiniú

shrivel *vt & i* searg, spall

shrivelled *a* feosaí, seargtha

shroud *n* taiséadach, taisléine *vt* folaigh, *to* ~ *a corpse* taiséadach a chur ar chorp

Shrove *n* Inid, ~ *Tuesday* Máirt Inide

shrub *n* tom, tor

shrug *n* croitheadh guaillí *vt & i, to* ~ *do ghuaillí a chroitheadh*, croitheadh a bhaint as do ghuaillí

shudder *n* creathán, crith *vi, to make a person* ~ crith a bhaint as duine, *he* ~*ed* ghabh creathán tríd

shuffle *n* scuabáil; suaitheadh *vt & i, to* ~ bheith ag scuabáil, ag tarraingt na gcos, *to* ~ *cards* cártaí a shuaitheadh

shun *vt* seachain, ob, diúltaigh (do)

shunt *n & vt & i* siúnt

shut *vt & i* dún, druid, iaigh, ~ *up!* éist do bhéal! bí i do thost! *a* dúnta, druidte, iata

shutter *n* comhla

shuttle *n* spól, eiteán, ~ *service* seirbhís tointeála *vt & i, we were being* ~*d back and forth* bhíomar ár dtointeáil anonn is anall

shuttlecock *n* cearc cholgach; eiteán

shy[1] *a* cúthail, cotúil, scáfar, coimhthíoch, cúlánta

shy[2] *vi* scinn, clis

sibilant *n & a* siosach

sick *n, the* ~ na heasláin, lucht easláinte *a* breoite, tinn, *I'm* ~ *of it* tá mé bréan, dubh dóite, de

sick-call *n* glaoch tinnis; glaoch ola

sicken *vt & i* breoigh, meathlaigh, *it would* ~ *you* chuirfeadh sé múisc, samhnas, breoiteacht, ort
sickening *a* múisciúil, samhnasach, déistineach
sickle *n* corrán
sickly *a* galrach, leice, meata, mílítheach
sickness *n* breoiteacht, galar, tinneas
side *n* taobh, cliathán; leath; leaca, slios; colbha (leapa), ~ *by* ~ *with* bord ar bhord le, bonn ar bhonn le, *to be on a person's* ~ bheith i leith duine, *on this* ~ abhus, *on the far, other,* ~ thall, *there are two* ~*s to the story,* tá dhá cheann ar an scéal *vi,* ~ *with* taobhaigh le, claon le
sideboard *n* cornchlár
side-car *n* carr cliathánach
side-effect *n* seachthoradh
sidelong *a,* ~ *glance* claonamharc, leacam, catsúil, *to give a* ~ *glance at a person,* féachaint i ndiaidh do leicinn ar dhuine
sideroad *n* taobh-bhóthar
sideways *a & adv* cliathánach, i leataobh, ar sceabha
siding *n* taobhlach
sidle *vi, to* ~ *in* caolú isteach, téaltú isteach
siege *n* imshuí, léigear
sieve *n* criathar, rilleán *vt* criathraigh
sift *vt* criathraigh; scag
sifter *n* criathar
sigh *n* ochlán, osna *vi, to* ~ osna a ligean, ~*ing* ag osnaíl
sighing *n* osnaíl *a* osnaíoch
sight *n* amharc, radharc; iontas, *in* ~ le feiceáil, *I know him by* ~ tá súilaithne agam air, *(sorry)* ~ feic *vt, to* ~ *a ship* long a fheiceáil
sightless *a* dall
sightseer *n* fámaire, turasóir
sign *n* comhartha, tuar, *the* ~ *of the Cross* comhartha, fíor, na Croise, *shop* ~ fógra siopa, ~*s on it* tá a rian air *vt* sínigh, saighneáil, *to* ~ *a paper* do lámh a chur le páipéar
signal *n* comhartha *vt & i* sméid, comharthaigh
signatory *n* sínitheoir
signature *n* síniú, lorg láimhe
signet-ring *n* fáinne séala
significance *n* brí, éifeacht
significant *a* éifeachtach, tábhachtach
signify *vt & i* ciallaigh; comharthaigh, *it doesn't* ~ níl aon tábhacht leis
signpost *n* craobh eolais
silage *n* sadhlas
silence *n* ciúnas, tost *vt, to* ~ *a person* duine a chur ina thost, ina éisteacht
silencer *n* tostóir
silent *a* ciúin, tostach, *be* ~ éist, bí i do thost, *to fall* ~ tost
silhouette *n* scáthchruth
silk *n* síoda
silky *a* síodúil

sill *n* tairseach (fuinneoige)
silly *a* seafóideach, amaideach, baoth, breallach, óinsiúil, éaganta
silo *n* sadhlann
silt *n* glár, láib abhann, siolta
silver *n* airgead *a* geal, airgeadúil
silvery *a* airgeadúil
similar *a* comhchosúil *(to* le)
similarity *n* comhchosúlacht
similarly *adv* ar an gcuma chéanna, mar an gcéanna
simile *n* samhail
simmer *n & vt & vi* suanbhruith
simony *n* síomóntacht
simper *n* streill *vi, to* ~ streill a chur ort féin, leamh-mheangadh a dhéanamh
simple *a* simplí; sothuigthe
simple-minded *a* simplí, uascánta, *how* ~ *you are!* nach leamh atá do cheann ort!
simpleton *n* pleidhce, simpleoir, leathdhuine, duine le Dia
simplicity *n* simplíocht
simplify *vt* simpligh
simply *adv* go simplí, gan stró, ~ *lovely* go hálainn ar fad, ~ *by thinking about it* gan ach smaoineamh air
simulate *vt, to* ~ *illness* tinneas a ligean ort
simultaneous *a* comhuaineach, ~*ly* in aon am (le), in éineacht (le)
sin *n* peaca *vi* peacaigh, ciontaigh
since *adv & conj & prep* ó shin, nuair, *ever* ~ riamh ó shin, ó shin i leith, ~ *the seed was sown* ó cuireadh an síol, ~ *it happens that* ós rud é go, ~ *he is not here* nuair, ó tharla, ó, nach bhfuil sé anseo, ~ *morning* ó mhaidin
sincere *a* cneasta, fíréanta, íon
sincerity *n* cneastacht, fíréantacht
sinecure *n* oifig gan chúram
sinew *n* féith(eog), ~*s* lúitheach
sinful *a* peacúil, coireach
sing *vt* can, ceiliúir, ~ *a song* abair, cas, amhrán, *to be able to* ~ guth a bheith agat, ~ *up* croch suas é, ~*ing (a song)* ag gabháil fhoinn, ag gabháil cheoil, *a kettle* ~*ing* citeal ag crónán, ag dúdaireacht, ag seinm
singe *vt* barrdhóigh, tíor
singer *n* amhránaí, ceoltóir
singing *n* amhránaíocht, cantaireacht, ~ *of birds* ceol éan
single *a* singil; aonarach, *married and* ~ pósta agus aonta, *every* ~ *one of you* gach aon duine riamh agaibh *vt, to* ~ *out a person* duine a phiocadh amach, díriú ar dhuine
single-handed *a & adv* dólámhach, i d'aonar
singlet *n* singléad
singly *adv* ceann ar cheann, duine ar dhuine
sing-song *n* deilín; cóisir amhránaíochta
singular *a* uatha; suntasach, as an gcoitiantacht

sinister *a* clé, tuathalach; dubh, tuath-, ~ *purpose* rún urchóide

sink *n* lintéar, umar, *kitchen* ~ doirteal *vt & i* báigh, suncáil, cuir go tóin poill, téigh faoi

sinker *n* tromán (dorú)

sinner *n* peacach

sip *n* bolgam, súimín, súmóg *vt* bain súimín as, *sipping it* ag súimíneacht as

siphon *n & vt & i* siofón

sir *n* a dhuine uasail, (*title*) an Ridire, *dear* ~ a chara

sire *n* athair

siren *n* bonnán; síréana, cluanaire mná

sirloin *n* caoldroim

sisal *n* siseal

sissy *n* piteog

sister *n* deirfiúr; siúr, *S* ~ *Mary* an tSiúr Máire

sister-in-law *n* deirfiúr céile, bean dearthár

sit *vt & i* suigh, *he sat up in bed* d'éirigh sé, shuigh sé, aniar sa leaba

site *n* láthair, suíomh, ionad, *building* ~ láithreán tógála, *camping* ~ láithreán campála *vt* suigh

sitting-room *n* parlús, seomra suí

situated *a* suite, *it is nicely* ~ tá suíomh breá air, *this is how I am* ~ seo mar atá agam

situation *n* suíomh, suí, áit; post; cás, staid

six *n & a* sé, ~ *persons* seisear

sixpence *n* réal

sixteen *n & a* sé déag, ~ *persons* sé dhuine dhéag

sixteenth *n & a, the* ~ *day* an séú lá déag, *one* ~ an séú cuid déag

sixth *n & a* séú

sixtieth *n & a* seascadú

sixty *n & a* seasca

size *n* méid, toirt, ~ *nine* uimhir a naoi

sizzle *n* sioscadh *vi* siosc

skate[1] *n* scáta *vi* scátáil

skate[2] *n*, (*fish*) sciata

skater *n* scátálaí

skating-rink *n* rinc scátála

skein *n* scáinne, íorna; iall (éan)

skeleton *n* cnámharlach, creatlach, ~ *key* ileochair

skelp *n* sceilp

sketch *n* léaráid, sceitse *vt & i* sceitseáil

sketchy *a* maolscríobach, srac-

skew *n* sceabha *a* sceabhach

skewer *n* briogún, scibhéar

ski *n* scí *vi* sciáil

skid *n* sciorradh *vi* sciorr

skilful *a* ealaíonta, stuama, oilte, oirbheartach

skill *n* ealaín, eolas, scil, oilteacht

skilled *a* innealta, eolach, oilte

skillet *n* sciléad

skim *a*, ~ *milk* bainne bearrtha, sceidín *vt & i* scimeáil, *to* ~ *milk* bainne a bhearradh, ~ *ming over the water* ag scinneadh thar an uisce

skimp *vt & i* scimpeáil, spáráil

skimpy *a* giortach, sciotach, gann

skin *n* cneas, craiceann, seithe, leathar *vt* feann, lom, *to* ~ *an orange* oráiste a scamhadh, an craiceann a bhaint d'oráiste

skinflint *n* sprionlóir, cníopaire

skinny *a* creatlom, scáinte, tanaí

skintight *a* cneasluiteach

skip *n* foléim *vt & i* damhsaigh, scipeáil, *you* ~ *ped a page* léim tú leathanach

skipper *n* scipéir, captaen

skipping *n* scipeáil, téadléimneach

skipping-rope *n* téad léimní

skirmish *n* scirmis

skirt *n* sciorta

skirting-board *n* clár sciorta

skittish *a* geiteach, giongach

skittle *n* scidil

skulking *n* sculcaireacht, téaltú *a* slítheánta, fáilí

skull *n* cloigeann, blaosc an chinn

skunk *n* scúnc

sky *n* spéir, aer, neamh

skylark *n* fuiseog

skylight *n* forléas, spéirléas

skyscraper *n* ilstórach, teach spéire

slab *n* leac, scláta

slack[1] *n* smúdar guail

slack[2] *n, to take up the* ~ an ligean a thabhairt isteach, ~ *s* treabhsar *a* neamhghnóthach, díomhaoin; marbh; siléigeach, neamartach *vi, to* ~ *at work* buille marbh a ligean in obair

slacken *vt & i* lagaigh, maolaigh; scaoil, imigh as, lig as, *to* ~ *one's pace* do shiúl a mhoilliú, a lagú, *to* ~ *a rope* téad a bhogadh

slag *n* slaig

slake *vt & vt i* múch, coisc, *to* ~ *lime* aol a theilgean

slam *n & vt & i* plab

slander *n* clúmhilleadh, athiomrá, béadán *vt* clúmhill, spídigh

slanderous *a* clúmhillteach

slane *n* sleán

slang *n* béarlagair

slant *n* claon, fiar, leataobh, maig, sleabhac *vt & i* claon, fiar

slanting *a* claon, fiar, ar leathcheann, ar sceabha

slap *n* boiseog, bos, leidhce, leiceadar *vt, to* ~ *a person* boiseog, bos, a thabhairt do dhuine

slapdash *a* leibideach, maolscríobach

slash *n* scoradh *vt* scor

slat *n* slis, lata

slate *n* scláta, slinn *vt, to* ~ *a house* sclátaí a chur ar theach, *slating each other* ag feannadh a chéile

slattern *n* sraoill

slaughter *n* ár, eirleach, sléacht; marú *vt* maraigh, *to* ~ *people* ár, sléacht, a dhéanamh ar dhaoine

slaughter-house *n* seamlas

slave *n* daor, sclábhaí, tráill *vi, to* ~ sclábhaíocht a dhéanamh

slaver *n & vt & i* sram
slavery *n* braighdeanas, daoirse; sclábhaíocht
slavish *a* sclábhánta, lúitéiseach
slay *vt* maraigh
slaying *n* marú
sledge[1] *n* carr sleamhnáin
sledge-hammer *n* ord, ceapord
sleek *a* sleamhain, mín, slim, *vt* slíoc
sleep *n* codladh, suan *vt & i* codail
sleeper *n* codlatán; leaba traenach
sleeping-bag *n* mála codlata
sleeping-car *n* cóiste codlata
sleeping-draught *n* deoch chodlata
sleep-walking *n* suansiúl
sleepy *a* codlatach, suanmhar, ~ *little town* baile beag marbhánta
sleepy-head *n* codlatán
sleet *n* flichshneachta
sleeve *n* muinchille
sleigh *n* carr sleamhnáin
sleight-of-hand *n* beartaíocht láimhe
slender *a* caol, seang, singil
slice *n* slis, stiall; sliseog, *a* ~ *of luck* sciorta den ádh *vt* scor, scillig
slicer *n* slisneoir
slick[1] *n*, *oil* ~ leo ola, plás ola
slick[2] *a* ábalta; sleamhain, éasca, pras
slide *n* sciorradh, sleamhnán *vt & i* sciorr, sleamhnaigh
sliding-door *n* comhla shleamhnáin
slight[1] *n* tarcaisne, díspeagadh *vt*, *to* ~ *a person* duine a dhíspeagadh, a bheag a dhéanamh de dhuine
slight[2] *a* slim, srac-, ~ *change* athrú beag, ~ *cough* iarracht de chasacht, *without the* ~*est doubt* gan amhras dá laghad
slightly *adv*, ~ *older* beagán níos sine, ~ *better* rud beag, beagáinín, níos fearr, *I know him* ~ tá breacaithne, mearaithne, spallaíocht aithne, agam air
slim *a* seang, slim, tanaí, caol *vt & i* seangaigh, tanaigh, *she is slimming* tá sí á tanú féin
slime *n* lathach, ramallae, sláthach, *animal* ~ glóthach
slimy *a* ramallach, sramach, réamach
sling *n* crann tabhaill; iris, guailleán *vt* teilg, caith, *to* ~ *sth over one's shoulder* rud a chrochadh thar do leathghualainn
slink *vi* téaltaigh, *he slunk away* shlíoc sé leis
slip[1] *n* sciorradh; meancóg; fo-ghúna; fánán, ~ *of the tongue* rith focal, sciorradh focail, *to give a person the* ~ cor a chur ar dhuine *vt & i* sciorr, sleamhnaigh, ~ *away* éalaigh, *don't let the chance* ~ ná lig an deis uait, *he* ~*ped up* bhain meancóg dó
slip[2] *n* céis (mhuice), (*of plant*) slapar; slip, ~ *of a girl* slat de chailín
slip-jig *n* port luascach

slipper *n* slipéar
slippery *a* sciorrach, sleamhain
slipshod *a* maolscríobach
slip-stream *n* cúlsruth
slit *n* scoilt; gearradh *vt* scoilt, gearr
slither *n* sciorradh *vi* sciorr
sliver *n* slis
slob *n* slaba
slobber *n* priosla *vi*, ~*ing* ag priosláil
sloe *n* airne
slog *n* smíste *vt*, *to* ~ *a person* smíste a bhualadh ar dhuine, *he is* ~*ging away* tá sé ag greadadh, ag fadhbáil, ag tiaráil, leis
slogan *n* mana
sloop *n* slúpa
slop *n*, ~*s* dríodar, maothlach *vi*, *to* ~ *over* cur thar maoil; slaparnach a dhéanamh
slope *n* claon, fána, titim, mala, ~ *of hill* slios, leiceann, learg, cnoic *vt & i* claon, *it* ~*s down* tá fána leis
sloping *a* claon
sloppy *a* slapach, leibideach
slot *n* sliotán
sloth *n* leisce
slothful *a* leisciúil
slouch *n* sleabhac, dronn *vi*, *to* ~ *along* siúl go sraoilleach
slouching *a* sleabhcánta, ~ *gait* siúl sraoilleach
slough[1] *n* lodar, súmaire
slough[2] *vt & i*, *to* ~ (*skin*) an craiceann a chur, a chaitheamh
slovenly *a* liobarnach, maolscríobach, leibideach, slapach
slow *a* mall, righin; leasc; fadálach, malltriallach, ~ *of speech* doilbhir, *the clock is* ~ tá an clog déanach *vt & i*, ~ *down, up* moilligh
slowcoach *n* malltriallach, snámhaí
slow-moving *a* malltriallach
slow-witted *a* bómánta, mallintinneach
slug[1] *n* drúchtín, seilide (drúchta)
slug[2] *n*, (*bullet*) sluga
sluggish *a* malltriallach, spadánta, leasc, torpánta
sluice-gate *n* loc-chomhla
slum *n* sluma, plódteach; plódcheantar
slumber *n* tromchodladh, suan, támh, néal *vi* codail, *to* ~ bheith i do shuan
slump *n*, (*in trade*) meathlú, tobthitim *vi*, *he* ~*ed down* thit sé ina chnap, ina phleist, *prices* ~*ed* thit praghsanna
slur *n* aithis, smál, teimheal *vt & i* aithisigh, díspeag; cogain, mungail
slurry *n* sciodar
slush *n* lathach, pluda; bogoighear
slushy *a* lodartha, pludach
slut *n* sraoill, leadhbóg; toice, stiúsaí; bean choiteann
sly *a* glic, sleamhain, slítheánta, *on the* ~ faoi choim, gan fhios, ~ *person* slíbhín, slíodóir

smack¹ *n* buille boise, greadóg; flaspóg, smailleac, smeach *vt* smeach, *to* ∼ *a child* bos a thabhairt do leanbh

smack² *n*, *(fishing)* ∼ púcán

smack³ *vi*, *it* ∼*s of favouritism* tá blas an fhabhair air

small *n*, ∼ *of back* caoldroim *a* beag, gearr-, mion-, ∼ *talk* mionchaint, *great and* ∼ idir uasal agus íseal, mór beag

smallness *n* laghad

smallpox *n* bolgach (Dé)

smart *a* cliste, gasta; innealta, sciobalta, pointeáilte; géar *vi*, *my hands are* ∼*ing* tá mo lámha greadta

smarten *vt & i*, ∼ (*yourself*) *up* cuir cuma (éigin) ort féin; cuir fuinneamh éigin ionat féin

smash *n* smíste *vt & i* bris, smiot, *to* ∼ *sth to pieces* smidiríní a dhéanamh de rud

smattering *n* breaceolas, smearadh, ∼ *of English* gráscar Béarla

smear *n* smearadh; smál, aithis *vt* smear, *to* ∼ *a person's name* ainm duine a shalú, droch-cháil a chur ar dhuine

smell *n* boladh, boltanas *vt & i* bolaigh, *it* ∼*s* tá boladh as, ∼ *ing around* ag bolaíocht thart

smelling-salts *npl* cumharshalann

smelt *vt* bruithnigh

smelter *n* bruithneoir

smile *n* aoibh, miongháire, meangadh (gáire) *vi*, *he was smiling* bhí fáthadh an gháire air, *she* ∼*d at me* rinne sí gáire liom

smiling *a* aoibhiúil, gáiriteach; aoibhinn

smirch *n* smearadh *vt* smear, salaigh

smirk *n* straois, streill *vi*, ∼*ing* ag déanamh streille

smite *vt* buail, leadair, cloígh, treascair, *to be smitten with a girl* bheith splanctha i ndiaidh cailín, *smitten with anxiety* faoi imní

smith *n* gabha

smithereens *npl* smidiríní

smithy *n* ceárta

smock *n* forléine *vt & i* smocáil

smog *n* toitcheo

smoke *n* deatach, toit; gal tobac *vt & i* toitrigh, *do you* ∼ an gcaitheann tú, *to* ∼ *a pipe* píopa a chaitheamh, a ól, (*of chimney, fire*) *to* ∼ deatach a dhéanamh, *to* ∼ *fish* iasc a dheatú

smokeless *a*, ∼ *fuel* breosla éadoite

smoker *n* caiteoir tobac

smoky *a* deatúil, smúitiúil, toiteach

smooth *a* mín, ré-, réidh; caoin; sleamhain, (*of person*) plásánta, ∼ *talk* bladar, béal bán, ∼ *tract* léinseach *vt & i* líomh, mínigh, sleamhnaigh, réitigh; iarnáil; smúdáil; locair

smother *vt* múch, plúch

smothering *n* múchadh, plúchadh *a* múchtach, plúchtach

smouldering *a* smolchaite, ∼ *fire* cnáfairt tine

smudge *n* smál, smearadh *vt* smear

smug *a* bogásach

smuggle *vt & i* smuigleáil

smuggler *n* smuigléir

smuggling *n* smuigléireacht

smugness *n* bogás

smut *n* smúiteán, teimheal; graostacht

smutty *a* brocach; graosta

snack *n* raisín, sneaic, scroid

snack-bar *n* scroidchuntar

snag *n* fadhb, snaidhm; roiseadh

snail *n* seilide

snake *n* nathair (nimhe)

snap *n* sclamh, snap, (*of fingers*) smeach, *vt & i* snap, *to* ∼ *at sth* áladh a thabhairt ar rud, *she* ∼*ped at me* thug sí sclamh, glafadh, orm

snapdragon *n* srubh lao

snap-fastner *n* smeachdhúntóir

snapshot *n* grianghraf (mear)

snare *n* dol, lúb, gaiste, inleog, paintéar; súil ribe *vt* dol, rib, *to* ∼ *an animal* ainmhí a ghabháil i ndol

snarl¹ *n* drannadh, dorr *vi* drann, drantaigh

snarl² *n* caisirnín *vi*, *thread* ∼*ing* snáithe ag dul in aimhréidh

snatch *n* sciobadh, fuadach, ∼ *of song* cuach (cheoil) *vt & i* sciob, fuadaigh

sneak *n* slíodóir, snámhaí *vi*, ∼ *away* slíoc, téaltaigh, *he* ∼*ed over to us* shnámh sé anall chugainn go formhothaithe, *to* ∼ *on a person* insint ar dhuine, duine a bhrath

sneaking *n* slíodóireacht *a* slítheánta, bradach

sneaky *a* snámhach, bradach, slítheánta

sneer *n* cár; seitgháire; fonóid *vi*, *to* ∼ (*at a person*) fonóid a dhéanamh (faoi dhuine)

sneeze *n* sraoth *vi*, *to* ∼ sraoth a ligean

sneezing *n* sraothartach

sniff *n* séideog; boladh *vt & i* smúr, *to* ∼ *at sth* bolú de rud, ∼ *ing around* ag bolaíocht, ag smúrthacht, thart

snigger *n* seitgháire, smiota gáire, gáire múchta *vi*, ∼*ing* ag seitgháire, ag seitríl

sniggering *n* seitríl

snip *vt* sciot

snipe *n* naoscach, (*male*) ∼ gabhairín reo *vi*, *sniping* ag naoscaireacht

sniper *n* naoscaire

snippet *n* gearrthóg, sciot, ∼ *of information* mír eolais

snivelling *n* smaoisíl, smugaíl *a* smaoiseach, smugach; caointeach

snobbery *n* baothghalántacht

snobbish *a* baothghalánta

snood *n* snúda

snooker *n* snúcar

snoop *vi*, ∼*ing around* ag brathadóireacht, ag smúrthacht, thart

snooty *a* smuilceach

snooze *n* néal, sámhán (codlata)

snore n & vi srann
snort n seitreach, séideog, sraoth, srann vi srann
snot n smuga
snout n smuilc, smut, pus
snow n sneachta vi, ~ing ag cur sneachta
snowball n liathróid sneachta, meall sneachta
snow-drift n muc shneachta, ráth sneachta
snowdrop n plúirín sneachta
snowflake n calóg shneachta, bratóg shneachta, lubhóg shneachta
snowy a sneachtúil; geal, ar ghile an tsneachta
snub[1] n gonc vt, to ~ a person gonc a thabhairt do dhuine
snub[2] a, ~ nose caincín, geanc
snuff n snaois(ín) vt & i, to ~ out a candle an snab a bhaint de choinneal, coinneal a mhúchadh, he ~ed it d'imigh an dé as, stiúg sé
snuffle vi, to ~ labhairt go srónach; smugaíl a dhéanamh
snug a seascair, teolaí
snuggle vi, to ~ down neadú síos, tú féin a shoipriú, to ~ up to a person luí isteach le duine
so adv & conj amhlaidh; chomh, ~dear chomh daor sin, ~ it seems de réir cosúlachta, I think ~ is dóigh liom é, I suppose ~ is dócha é, ~that chun go, ionas go, ~ far go dtí seo, go fóill, ~ be it tá go maith, a mile or ~ míle nó mar sin, even ~ mar sin féin, and ~ on agus mar sin de, if that be ~ más mar sin dó, you don't own it ~ don't keep it ní leat é agus mar sin ná coinnigh é
soak vt & i maothaigh, ~ up súigh, to put sth to ~ rud a chur ar maos
soaked a ar maos; leathbháite, I was ~ through bhí mé i mo líbín
so-and-so n a leithéid seo, he is a right ~ suarachán ceart é, is é an duine gan chuntanós é a, that ~ dog an madra mallaithe sin
soap n gallúnach
soar vi, to ~ éirí ar an aer, dul in airde, prices ~ed chuaigh na luachanna as compás
sob n smeach, cnead, snag vi, sobbing ag osnaíl ghoil, ag snagaireacht
sobbing n osnaíl ghoil, snagaireacht a snagach
sober a sóbráilte; stuama; neamhthaibhseach
sobriety n neamh-mheisce; measarthacht
so-called a, ~ scholar scoláire mar dhea, the ~ restructuring plan an plean athstruchtúraithe mar a thugtar air, the maple properly ~ an fhíormhailp, an mhailp cheart
soccer n sacar
sociable a caidreamhach, cuideachtúil, sochaid-eartha
social a sóisialta; caidreamhach, ~ evening céilí, oíche chaidrimh, scoraíocht, ~ welfare leas sóisialta
socialism n sóisialachas
socialist n sóisialaí a sóisialach

society n sochaí; an saol; cumann
sociology n socheolaíocht
sock n stoca gearr
socket n cró, slocán, soicéad, (of eye, etc) logall
sod n fód; dairt, scraith
soda n sóid, baking ~ sóid aráin
sodality n cuallacht
sodden a báite, aimlithe, ~ substance spadalach
sodium n sóidiam
sodomy n sodamacht
sofa n tolg
soft n bog, maoth; sochma; leibideach, ~ drink deoch neamh-mheisciúil
soften vt & i bog, maothaigh; maolaigh
soft-hearted a boigéiseach, bog
softly adv go ciúin, go fáilí
softy n leibide; boigéisí
soggy a maoth, uisciúil, ~ turf spadalach móna
soil[1] n ithir, talamh, cré
soil[2] vt & i salaigh
soiled a salach
sojourn n lonnú vi lonnaigh
solace n sólás
solar n grianán a grian-
solder n sádar vt & i sádráil, táthaigh, to ~ sth goradh a chur ar rud
soldier n saighdiúir
sole[1] n sól
sole[2] n bonn, íochtar (bróige), trácht
sole[3] a aon-
solemn a sollúnta
solemnity n sollúntacht
solemnize vt sollúnaigh
solicit vt iarr, to ~ a person for sth rud a achainí ar dhuine, ~ing votes ag tóraíocht vótaí
solicitor n aturnae
solicitous a imníoch, cúramach; fiafraitheach
solid n solad a crua, teann, daingean, fothúil, stóinsithe, tathagach, substainteach; dílis, tacúil, as ~ as a rock chomh buan le carraig
solidarity n dlúthpháirtíocht
solidify vt & i reoigh, téacht, cruaigh
solidity n teinne; tathag, fuaimint; daingne
solitary a aonarach; aonraic; diamhair, uaigneach, solitude n aonarachd; uaigneas
solitude n aonarachd; uaigneas
solo n aonréad a aonréadach, aonair
soloist n aonréadaí
solstice n grianstad
soluble a intuaslagtha; infhuascailte
solution n tuaslagán; fuascailt, réiteach
solve vt tuaslaig; fuascail, réitigh, scaoil
solvency n sócmhainneacht
solvent n tuaslagóir a tuaslagach; sócmhainneach
sombre a dubhach, gruama, dorcha
some pron & a & adv, ~ money roinnt airgid, ~ other story scéal éigin eile, ~ think (that) ceapann daoine (go), ~ of us cuid againn, ~ twenty pounds fiche éigin punt

somebody *pron* duine éigin, *you must think you're* ~ nach tú atá mórluachach
somehow *adv* ar chaoi éigin, ar chuma éigin, ar dhóigh éigin
someone *pron* duine éigin
somersault *n, he turned* ~ chuaigh sé de léim thar a chorp
something *pron* ní, rud éigin
sometime *adv,* ~ *or other* luath nó mall, ~ *last year* am éigin anuraidh, ~ *professor of history* ollamh le stair tráth
sometimes *adv* corruair, uaireanta
somewhat *adv,* ~ *excitable* ábhar teasaí, ~ *cold* cineál fuar, rud beag fuar
somewhere *adv* áit éigin
somnolent *a* suanmhar, marbhánta
son *n* mac
sonata *n* sonáid
song *n* amhrán, duan; ceol
song-thrush *n* smólach (ceoil)
sonic *a* sonach
son-in-law *n* cliamhain
sonnet *n* soinéad
sonorous *a* sonda
soon *adv* go luath, gan mhoill, in aicearracht, *too* ~ róluath, *as* ~ *as* chomh luath agus, ~ *er or later* luath nó mall, *the* ~ *er the better* dá luaithe is ea is fearr, *they are no* ~ *er here than there* ní túisce thoir ná thiar iad
soot *n* súiche, smúr
soothe *vt* sáimhrigh, ciúnaigh, suaimhnigh
soother *n, baby's* ~ gobán súraic
soothing *a* suaimhneasach
soothsayer *n* fáistineach
sooty *a* smúrach, súicheach
sophisticated *a* sofaisticiúil
soporific *n* suanchógas *a* suanlaíoch; leadránach, marbhánta
soppy *a* maoth, maoithneach
soprano *n* soprán
sorcerer *n* asarlaí, draoi
sorcery *n* asarlaíocht, gintlíocht, draíocht
sordid *a* caillte, salach, táir
sordidness *n* salachar, táire, suarachas
sore *n* cneá *a* nimhneach, frithir, tinn, diachrach, *to be* ~ *at a person* goimh, olc, a bheith ort le duine
sorrel[1] *n* samhadh
sorrel[2] *a* deargrua
sorrow *n* brón, buairt, gruaim, doilíos, crá, mairg, aithreachas *vi, to* ~ bheith faoi bhrón
sorrowful *a* faoi bhrón, brónach, gruama, doilíosach, dubhach
sorry *a* buartha, díomách, *I'm* ~ *about that* tá aiféala, brón, cathú, orm faoi sin, *to be* ~ *for a person* trua a bheith agat do dhuine, *I'm* ~ *to say (that)* is oth liom a rá (go), *I'm* ~ *about your trouble* is trua liom do chás, *it is a* ~ *case*

is caillte an cás é, *he is a* ~ *sight* is bocht an feic é, *better sure than* ~ is fearr glas ná amhras, is fearr deimhin ná díomá
sort *n* cineál, saghas, sórt, *out of* ~ *s* meath-thinn *vt & i* sórtáil
soufflé *n* cúróg
sough *n* seoithín, seabhrán, srann *vi* srann, ~ *ing* ag seordán
soul *n* anam, *the* ~ *of generosity* croí na féile, *there wasn't a* ~ *there* ní raibh duine ná deoraí, mac an aoin, ann
soulful *a* maoithneach; corraitheach
sound[1] *n* caolas, sunda
sound[2] *n* fuaim, glór; foghar; fuaimíocht, ~ *of voices* glóraíl, *there is not a* ~ *out of him* níl smid, cniog, gíog, húm ná hám, as, ~ *effects* seachghlórtha *a* slán, fuaimintiúil; folláin, ~ *sleep* codladh sámh, ~ *qualities* tréithe fónta, *he got a* ~ *thrashing* buaileadh go feillbhinn é *vt & i* fuaimnigh, ~ *the horn* séid an bonnán, *to* ~ *a person's heart* éisteacht le croí duine, *to* ~ *sweetly* fuaimniú go binn, *it* ~ *s like the truth* tá craiceann, dealramh, na fírinne air
sound[3] *vt* grúntáil
sound-barrier *n* fuaimbhacainn
sounding *n* grúnta *a* fuaimneach
sound-proof *a* fuaimdhíonach
sound-track *n* fuaimlorg, fuaimrian
soup *n* anraith, súp
sour *a* géar, searbh
source *n* foinse, fréamh, tobar, *back to* ~ siar go bun, *reliable* ~ urra maith, údar maith
soutane *n* sútán
south *n* deisceart, *from the* ~ aneas, *to the* ~ ó dheas *adv & a, the* ~ *wind* an ghaoth aneas, *the* ~ *coast,* an cósta theas, *to go* ~ dul ó dheas, ~ *of* taobh theas de; ó dheas ó, laisteas de
south-east *n* oirdheisceart
south-easterly *a,* ~ *(wind)* (gaoth) anoir aneas
southerly *a & adv,* ~ *wind* gaoth aneas, *in a* ~ *direction* (san aird) ó dheas, *the* ~ *part* an taobh ó dheas
southern *a* deisceartach, ~ *part* deisceart
southwards *adv* ó dheas
south-west *n* iardheisceart
south-westerly *a,* ~ *(wind)* (gaoth) aniar aneas
souvenir *n* cuimhneachán
sovereign *n* flaith, rí, *(money)* sabhran *a* ceannas-ach
sovereignty *n* ceannas, flaitheas
soviet *a* sóivéadach
sow[1] *n* cráin (mhuice)
sow[2] *vt & i, to* ~ *seed* síol a chur
sower *n* síoladóir, curadóir; gineadóir
sowing *n* cur, curadóireacht
sow-thistle *n* bleachtán, slóchtán
soya *n* soighe
spa *n* spá

space *n* spás, slí, fairsinge, ~ *of time*, sealad, tamall, *short* ~ *of time* giorracht aimsire *vt* spásáil
spacecraft *n* spásárthach
spaceman *n* spásaire
spacing *n* spásáil
spacious *a* fairsing, scóipiúil, áirgiúil
spade *n* láí, rámhainn, spád, (*cards*) spéireata
spaghetti *n* spaigití
span *n* réise, ~ *of life* ré, uain, réimeas *vt* trasnaigh
spancel *n* buarach, laincis, urchall *vt, to* ~ *an animal* buarach a chur ar ainmhí
spaniel *n* spáinnéar
spank *vt, to* ~ *a person* na mása a ghreadadh ag duine
spanking *n* greidimín *a, at a* ~ *pace* de luas nimhe, sna firmimintí
spanner *n* castaire
spar[1] *n* sparra
spar[2] *n* speár *vi, sparring at me* ag caitheamh speár liom
spare *a* spártha; lom, ~ *tyre* bonn breise *vt* coigil, spáráil, *may God* ~ *me to do it* go bhfana Dia mé lena dhéanamh, *if I am* ~ *d* faoina bheith slán dom
sparing *n* coigilt, spáráil *a* coigilteach, spárálach, tíosach
sparingly *adv, to use sth* ~ tarraingt (go) caol ar rud
spark *n* aithinne, drithle, crithir, spré, ~ *of sense* sméaróid, splanc, chéille, *gay* ~ boicín *vt & i* drithligh, spréach; gríosaigh, spreag
sparking-plug *n* spréachphlocóid
sparkle *n* drithle, spréacharnach *vi* drithligh, glinnigh
sparkling *n* spréacharnach, glioscarnach *a* drithleach
sparrow *n* gealbhan
sparrow-hawk *n* ruán aille, spioróg
sparse *a* gann, scáinte, tearc; i bhfad ó chéile
spasm *n* freanga, spaspas, ríog, ~ *of coughing* rabhán, racht, casachtaí
spasmodic *a* ríogach, taomach; fánach
spastic *n & a* spasmach
spate *n* buinne; roiseadh, *the river is in* ~ tá an abhainn ina tulca
spatter *n* scuaid, steallóg *vt & i* scaird, láib, spréigh, ~ *ing us with mud* ag stealladh clábair orainn
spawn *n* sceathrach, sceith *vt & i* sceith
spawning *n* sceathrach, sceith *a* sceitheach
spawning-ground *n* beirtreach
speak *vt & i* labhair, caintigh, can, *he* ~ *s well* tá deis a labhartha aige, ~ *the truth* abair an fhírinne, *give him leave to* ~ tabhair cead cainte dó, *it* ~ *s badly for him* (*that*) is olc an comhartha air (go), *so to* ~ mar a déarfá, (*of falling out*), *they don't* ~ ní bheannaíonn siad dá chéile

speak-easy *n* síbín
speaker *n* cainteoir; Ceann Comhairle, *English* ~ Béarlóir, *Irish* ~ Gaeilgeoir
spear *n* ga, sleá *vt* sleáigh
special *n*, ~ (*constable*) speisialach *a* sain-, sainiúil, speisialta, ar leith
specialist *n* saineolaí, speisialtóir
speciality *n* speisialtacht
specialize *vi* speisialaigh, *to* ~ dul le saineolaíocht, *to* ~ *in sth* speisialtóireacht a dhéanamh ar rud
specialized *a* sainfheidhmeach, speisialaithe
species *n* cineál, gné, speiceas
specific *a* sain-, sainiúil, sonrach
specification *n* sonraíocht, sonrú
specify *vt* ainmnigh, sonraigh
specimen *n* eiseamal, ~ *copy of book* sampla de leabhar, ~ *page* leathanach samplach
specious *a* cosúil, dealraitheach
speck *n* dúradán, spota, ~ *of dust* cáithnín deannaigh
speckle *n* bricín, dúradán *vt & i* breac
speckled *a* breac, ballach
spectacle *n* seó, suaitheantas; feic, ~ *s* spéaclaí, gloiní
spectacular *a* mórthaibhseach
spectator *n* breathnóir, *pl* lucht féachana
spectral *a* taibhsiúil, (*of colours*) speictreach
spectre *n* arracht, taibhse, samhail
spectrum *n* speictream
speculate *vi, to* ~ *about sth* tuairimíocht a dhéanamh faoi rud, *to* ~ *on the stock exchange* amhantraíocht a dhéanamh ar an stocmhalartán
speculation *n* tuairimíocht; amhantraíocht, spéacláireacht
speculative *a* tuairimeach; amhantraíoch
speculator *n* amhantraí
speech *n* caint, canúint, labhairt, urlabhra; óráid, aitheasc
speechless *a, I was left* ~ níor fágadh focal agam, rinneadh stangaire díom
speed *n* luas, siúl, éascaíocht, *at great* ~ sna fáscaí, faoi ghearradh, ar greadadh *vt & i, to* ~ tiomáint ar (ró)- luas, *to* ~ *up sth* dlús a chur le rud, luas a dhéanamh le rud, *God* ~ *you* go soirbhí Dia duit, beannacht Dé leat
speedometer *n* luasmhéadar
speedwriting *n* luathscríbhneoireacht
speedy *a* luath, gasta, tapúil, líofa
speleology *n* uaimheolaíocht
spell[1] *n* geis, ortha, geasróg, *under a* ~ faoi dhraíocht
spell[2] *n* dreas; laom, taom; seal, tamall scaitheamh, *bright* ~ gealán, aiteall, uaineadh
spell[3] *vt* litrigh
spellbound *a* faoi gheasa, faoi dhraíocht
spelling *n* litriú
spend *vt* caith; spíon
spender *n* caiteoir

spending *n* caitheamh
spendthrift *n* cailliúnaí, caifeachán, duine silteach
spent *a* caite; tugtha
sperm *n* speirm
spew *n* & *vt* & *i* sceith
sphagnum *n* súsán, sfagnam
sphere *n* sféar; réimse, ~ *of authority* limistéar údaráis
spherical *a* sféarúil, cruinn
sphinx *n* sfioncs
spice *n* spíosra
spick and span *a* pioctha péacach
spicy *a* spíosrach
spider *n* damhán alla
spigot *n* spiogóid
spike *n* bior, spíce
spiky *a* spíceach, spiacánach
spill *vt* & *i* doirt
spillage *n* doirteadh
spin *n* casadh, guairne, rothlú *vt* & *i* rothlaigh; sníomh, ~*ning yarns* ag eachtraíocht, ag scéalaíocht
spinach *n* spionáiste
spinal *a*, ~ *column* dromlach, ~ *cord* corda an dromlaigh, snáithe an droma
spindle *n* fearsaid, eiteán, mol
spin-dryer *n* castriomadóir
spine *n* dromlach, cnámh droma; spíon, colg, dealg
spineless *a* cladhartha, ~ *person* cladhaire, meatachán
spinner *n* abhraiseach, sníomhaí; spinéar
spinning *n* sníomh; guairneáil; spinéireacht *a* guairneach, rothlach
spinning-top *n* caiseal
spinning-wheel *n* tuirne
spinster *n* bean shingil
spiny *a* coilgneach, deilgneach, spíonach
spiral *n* bís, caisirnín, *smoke* ~ dual deataigh, rollóg dheataigh *a* bíseach, ~ *staircase* staighre bíse
spire *n* spuaic, stuaic
spirit *n* spiorad, sprid; taibhse, neach; anam, fuinneamh, meanma, intinn; faghairt; biotáille, *high* ~*s* teaspach, éirí in airde, *in high* ~*s* lán d'anam, *good* ~*s* somheanma, *to be in low* ~*s* lagmhisneach a bheith ort *vt*, *he was* ~*ed away* (*as by the fairies*) tugadh as é
spirited *a* aigeanta, anamúil, miotalach, meanmnach, spioradúil, cróga
spiritism *n* spioradachas
spiritless *a* gan sracadh, marbhánta, *poor* ~ *lot* dream bocht silte
spiritual *a* spioradálta, ~ *advisor* anamchara
spiritualism *n* spioradachas
spirituality *n* spioradáltacht
spit[1] *n*, ~ bior (rósta), *sand* ~ gob gainimh
spit[2] *n* seile *vt* & *i* seiligh, *to* ~ seile a chaitheamh

spite *n* naimhdeas, mioscais, olc, *he is full of* ~ tá an íorpais ina chroí, *in* ~ *of him* dá bhuíochas, dá ainneoin, ar neamhchead dó *vt*, *to do sth to* ~ *a person* rud a dhéanamh le holc ar dhuine
spiteful *a* nimheanta, mioscaiseach, dúchroíoch, ~ *man* fear fala
spittle *n* seile, smugairle
spittoon *n* seileadán
splash *n* plab; sconnóg, steall, steanc *vt* & *i* steall, steanc, ~*ing* ag slaparnach
splay *n* spré *a* gathach *vt* & *i* spréigh
spleen *n* liathán; cancar, *he vented his* ~ *on me* lig sé amach a racht orm
splendid *a* calma, dealraitheach, taibhseach, ríúil; go diail!
splendour *n* dealramh, soilse, lonracht, ríúlacht
splice *n* spladhas *vt* spladhsáil
splint *n* cléithín
splinter *n* & *vt* & *i* scealp
split *n* & *vt* & *i* scoilt
splutter *vt* & *i* spréach
spoil *n* éadáil, ~*s* creach, foghail *vt* & *i* loit, mill, lobh
spoke *n* spóca (rotha)
spoken *a*, *the* ~ *language* an teanga bheo, an béal beo, ~ *word* caint, *that is not the* ~ *version* ní mar sin atá sé sa chaint
spokesman *n* urlabhraí, teanga labhartha
spoliation *n* creachadh; milleadh
sponge *n* múscán; spúinse *vt* & *i* spúinseáil, ~ *on* diúg
sponge-cake *n* císte spúinse
sponger *n* diúgaire, súmaire
spongy *a* múscánta; spúinsiúil
sponsor *n* cara Críost; coimirceoir, urra, *to be* ~ *to* seasamh le *vt*, ~*ed by* faoi choimirce
sponsored *a* urraithe
sponsorship *n* urraíocht
spontaneous *a* spontáineach, uath-
spool *n* spól, eiteán
spoon *n* spúnóg
spoonful *n* spúnóg, lán spúnóige
sporadic *a* treallach, taodach, fánach
spore *n* spór
sport *n* lúthchleasaíocht; spórt, áineas, scléip, spraoi *vt* & *i* ~*ing* ag déanamh spóirt, spraoi, ~*ing her new hat* ag déanamh stró as a hata nua
sporting *n* cluichíocht, súgradh *a* súgrach, ~ *chance* cothrom, ~ *gent* cearrbhach; buachaill báire
sportive *a* géimiúil, macnasach, scléipeach, spórtúil
sportsman *n* fear spóirt
spot *n* ball, spota; smál; láthair, *accident black* ~ ball báis, *on the* ~ ar an bhfód; láithreach bonn, *in a* ~ i bponc, i dtrioblóid *vt* braith
spot-check *n* spotseiceáil, corrphromhadh *vt* spotseiceáil

spotless *a* gan smál, gan teimheal, ~*ly clean* gléghlan

spotlight *n* spotsolas

spotted *a* ballach, breac; brocach

spouse *n* céile, nuachar

spout *n* sconna; buinne *vt & i* steall, ~*ing lies* ag roiseadh bréag

sprain *n* leonadh, spreangadh *vt* leon

sprat *n* salán, stuifín

sprawl *vi, to* ~ do ghéaga a leathadh, tú féin a scaradh, ~*ed on the bed* spréite sa leaba *n*, (*urban*) ~ sraoilleáil (uirbeach)

spray *n* cáitheadh; craobhóg, gas; sprae *vt & i* cáith; spraeáil, spréigh; scaird

sprayer *n* spraeire

spread *vt & i* leath, scar, spréigh; scaip, síolaigh, ~ *them out* scar amach iad *n* leathadh; sraith; spré; féasta

spreading *a* craobhach

spree *n* spraoi; ragús óil

sprig *n* craobhóg, gas

sprightly *a* bíogúil, anamúil, breabhsánta, bagánta

spring *n* earrach; fuarán, tobar; preab, tapaigean; lingeán, sprionga, ~ *tide* rabharta, ~ *water* fíoruisce *vt & i* preab, scinn; gob, eascair, gin, ~ *from* fréamhaigh ó, *he sprang up* d'éirigh sé de phreab, *he sprang a question on me* rop sé ceist chugam

springer *n* bó ionlao, bó thórmaigh

springy *a* lingeach

sprinkle *n* croitheadh *vt* croith, spréigh

sprinkler *n* croiteoir, spréire

sprinkling *n* crothán, sceo

sprint *n* ráib, rúid *vi*, ~*ing* ag rábáil

sprinter *n* rábálaí

sprite *n* síofra, ginid

sprout *n* bachlóg, péacán *vt & i* eascair, péac, gob (aníos)

spruce[1] *n* sprús

spruce[2] *a* breabhsánta, slachtmhar, sprúisiúil, sciobalta, pioctha *vt, to* ~ *oneself up* tú féin a phointeáil

spry *a* beoga, anamúil, breabhsánta

spunk *n* sponc, spriolladh

spunky *a* sponcúil

spur *n* spor, brod, (*of bird*) sáilín, ~ *of mountain* speir, sáil, sléibhe, *on the* ~ *of the moment* ar ala na huaire *vt & i* spor, broid, spreag

spurge *n* spuirse, bainne caoin

spurious *a* bréagach

spurn *vt* cic, rad; tarcaisnigh, *to* ~ *sth* diúltú do rud, droim láimhe a thabhairt do rud

spurt *n* steanc; rúid *vt & i* steanc, steall

sputter *n* spréachadh *vt & i* spréach, spriúch

spy *n* brathadóir, spiaire, *S* ~ *Wednesday* Céadaoin an Bhraith *vt & i*, ~ *out* braith, ~*ing on* ag spiaireacht ar

spying *n* spiaireacht, brath

squabble *n* cnádánacht, aighneas, achrann *vi*, *squabbling* ag stealladh, ag aighneas

squad *n* scuad

squadron *n* scuadrún

squalid *a* broghach; suarach

squall[1] *n* cóch, gailbh

squall[2] *n & vi* sceamh; béic

squally *a* gailbheach, soinneánach

squalor *n* bréantas, ainnise; suarachas

squander *vt* diomail, meil, scaip

square *n* cearnóg, *try* ~ bacart *a* cearnach *vt* cearnaigh

squash *n* brú; brúitín, liothrach, *lemon* ~ líomanáid *vt & i* basc, brúigh, fáisc, leacaigh; cuir ar ceal, cuir faoi chois

squash (-*rackets*) *n* scuais

squat *a*, ~ *person* gróigeán *vi, to* ~ (*down*) suí ar do ghogaide, *to* ~ *on a person's land* suí ar thalamh duine

squatter *n* lonnaitheoir, suiteoir

squawk *n* grág *vi, to* ~ grág a chur asat

squeak *n* díoscán, gíog, *there wasn't a* ~ *out of him* ní raibh hob ná hé as *vi* gíog, ~*ing* ag píopaireacht

squeaky *a* díoscánach

squeal *n & vi* sceamh

squeamish *a* éisealach, cáiréiseach, scrupallach; samhnasach

squeeze *n* fáscadh; scíobas *vt* fáisc, teann

squeezer *n* fáiscire

squelch *n* pleist *vt, to* ~ *sth* pleist a dhéanamh de rud

squelching *a*, ~ *sound* glugar(nach)

squib *n* pléascáinín

squid *n* máthair shúigh

squiggle *n* camán, duailín; scriobláil

squint *n*, ~ *in the eye* fiar sa tsúil, ~ (*eye*) fiarshúil; claonfhéachaint, claonamharc *vi*, ~*ing* ag splinceáil

squint-eyed *a* fiarshúileach

squire *n* scuibhéir; tiarna talún

squireen *n* gearrbhodach

squirm *vi*, ~*ing* ag tabhairt na gcor, ag lúbarnaíl

squirrel *n* iora (rua), *grey* ~ iora glas

squirt *n & vt & i* scaird, steanc

stab *n* goin(eog), rop(adh), sá *vt & i* goin, rop, sáigh

stabbing *n* ropaireacht, sá *a* sáiteach; daigheartha; ~ *pain* daigh, arraing

stability *n* cobhsaíocht, foras, seasmhacht

stabilize *vt* cobhsaigh

stabilizer *n* cobhsaitheoir, daingnitheoir

stable[1] *n* stábla *vt, to* ~ *a horse* capall a chur ar stábla

stable[2] *a* cobhsaí, diongbháilte, fódúil, seasmhach

staccato *a* stadach, (*of style*) snagach

stack *n & vt* cruach

stadium *n* staid

staff *n* bachall, lorga; cliath (ceoil); foireann

stag *n* carria

stage *n* ardán, stáitse; pointe, ~ *of growth* céim fáis, *in easy* ~*s* ina gheábhanna beaga *vt* stáitsigh, *to* ~ *a play* dráma a chur ar stáitse

stagger *vt & i* tuisligh; eangaigh, ~*ing* ag gúngáil, ~*ed junction* acomhal fiartha, *to* ~ *along the road* dhá thaobh an bhóthair a thabhairt leat

staging *n* scafall; stáitsiú

stagnant *a* marbhánta, bodhar, marbh

stagnate *vi* stolp, *to* ~ éirí marbhánta, bodhar, marbh

stagnation *n* marbhántacht

stag-party *n* cóisir fear

staid *a* stuama

stain *n* smál, spota, teimheal; céir *vt* teimhligh, smear, salaigh; dathaigh, ruaimnigh

stained *a* salach, teimhleach, ~ *glass* gloine dhaite

stainless *a* dosmálta, gan teimheal

stair(s) *n* staighre

staircase *n* staighre

stake *n* cleith, sáiteán; cuaille, stáca; taca; duais, *(in gambling)* geall, *they have no* ~ *in the country* níl bun ar bith sa tír acu, *at* ~ i mbaol *vt*, *to* ~ *out land* talamh a spriocadh, a stangadh, *to* ~ *a pound* punt a chur, *he* ~*d his reputation on it* chuir sé a chlú i ngeall air

stalactite *n* aolchuisne

stalagmite *n* aolchoinneal

stale *a* stálaithe, *(of drink)* rodta, ~ *smell* boladh dreoite, domoladh, ~ *taste* seanbhlas *vt & i* stálaigh

stalemate *n* leamhsháinn *vt* leamhsháinnigh

stalk[1] *n* gas, cos, dlaíóg

stalk[2] *vi*, *to* ~ *(along)* céimniú (romhat) go huaibhreach, *to* ~ *a deer* stalcaireacht a dhéanamh ar fhia

stall *n* carcair, stalla; both, stainnín; buadán, mútóg *vt & i, the engine* ~*ed* loic an t-inneall

stallion *n* stail

stalwart *a* calma, diongbháilte

stamen *n* staimín

stamina *n* teacht aniar

stammer *n, he has a* ~ tá stad ann *vt & i he was* ~*ing* bhí sé ag stadaireacht, ag snagaireacht, *to* ~ *out sth* rud a rá go stadach

stamp *n* stampa; buille coise *vt & i* buail, stampáil, ~*ing his feet* ag greadadh a chos, *to* ~ *out a disease* aicíd a chur faoi chois

stampede *n* táinrith; scoiteach; rabharta, flosc, *vi, they* ~*d* d'imigh siad ina dtáinrith; chuaigh siad i scaoll

stance *n* seasamh, gotha; dearcadh, *to take a firm* ~ do chos a chur i dteannta

stand *n* seasamh; ardán, seastán, *(hat-, coat-, hall-)* ~ crochadán; stainnín *vt & i* seas, *to* ~ *a person a drink* deoch a sheasamh do dhuine, *to* ~ *one's ground* an fód a sheasamh, *it* ~*s to reason* tá sé

ag luí le réasún, *(of army)* ~*ing by* ar fuireachas, ~ *by* ar aire; bí ullamh, *to* ~ *by a person, by one's promise,* seasamh le duine, le do ghealltanas

standard *n* caighdeán; meirge, suaitheantas *a* caighdeánach, gnáth-

standard-bearer *n* meirgire

standardize *vt* caighdeánaigh

standing *n* seasamh a seasta, ~ *committee* buanchoiste

standing-stone *n* coirthe, gallán, stollaire, lia

stand-offish *a* leithleach

standstill *n, at a* ~ ina stop, ina stad

stanza *n* rann, véarsa

staple[1] *n* stápla *vt* stápláil

staple[2] *n* príomhtháirge *a* príomh-

star *n* réalta; cíoná, *(small)* ~ réaltóg, réiltín

starboard *n* deasbhord

starch *n* stailc, stáirse *vt* stáirseáil

stare *n* stánadh *vi* stán

starfish *n* crosóg mhara, crosán

stark *a* lom *adv*, ~ *naked* lomnocht, i do chraiceann dearg

starling *n* druid

starlit *a*, ~ *night* oíche spéirghealaí

starry *a* réaltach, réaltógach

start *n* bíog, geit, preab, cliseadh; tosú, tús, *to give a person a* ~ tosach a thabhairt do dhuine; geit a bhaint as duine, *in fits and* ~*s* i spailpeanna, i dtreallanna *vt & i* bíog, geit, clis; tosaigh, tionscain, bunaigh, *she* ~*ed to cry* chrom sí ar chaoineadh, *to* ~ *an engine* inneall a dhúiseacht

starter *n, (of engine)* dúisire; scaoilteoir; céadchúrsa

starting-point *n* pointe imeachta

startle *vt & i* geit, clis, *to* ~ *a person* bíogadh, geit, a bhaint as duine

startling *a* geiteach; scanrúil

starvation *n* ocras, gorta

starve *vt & i, to* ~ *to death* bás a fháil den ocras, *to* ~ *a person* bás duine a thabhairt leis an ocras, *I am starving* tá mé stiúgtha leis an ocras

state *n* bail, dóigh, riocht, cruth, staid; toisc; céim, dínit, maorgacht, mustar; stát, tír, *lying in* ~ luí faoi ghradam *vt*, abair, maígh

stately *a* maorga, státúil, ~ *woman* stáidbhean

statement *n* ráiteas; cuntas

statesman *n* státaire

statemanlike *a, in a* ~ *manner* mar a dhéanfadh státaire maith

statesmanship *n* státaireacht

state-sponsored *a* státurraithe

static *a* statach

station *n* stáisiún, *naval* ~ port cabhlaigh, *bus* ~ busáras, *his* ~ *in life* a chéim, a ionad, sa saol, *the Stations of the Cross* Turas na Croise *vt, to* ~ *troops* trúpaí a chur ar stáisiún

stationary *a* ar stad, i do sheasamh

stationer n páipéaraí, ~'s shop siopa páipéar

stationery n páipéarachas

statistic(s) n staitistic; staidreamh

statistical a staitistiúil

statue n dealbh, íomhá

statuesque a dealbhach, maorga, státúil

stature n airde; clú, tábhacht

status n oireachas, stádas, céim

statute n reacht a reachtúil

statutory a reachtúil

staunch a diongbháilte, seasmhach vt, to ~ blood fuil a chosc

stave n clár, taobhán, (of music) cliath; rann, véarsa vt, ~ off coisc, cuir ar gcúl

stay[1] n cónaí, fanacht, lonnú, oiriseamh vt & i stad, stop, fan, lonnaigh, mair; coisc, where are you ~ing? cá bhfuil tú ag cur fút?

stay[2] n (téad) taca

stay-at-home n cos ina cónaí

staying-power n teacht abhaile, buaine

stead n, it stood me in good ~ bhí sé an-fhóinteach dom, sheas sé dom, in a person's ~ in ionad duine

steadfast a daingean, diongbháilte, seasmhach, tairiseach, dílis

steady a neamhchorrach; socair; seasta; staidéarach, stuama vt stuamaigh, socraigh, to ~ a table bord a dhaingniú

steak n stéig

steal vt & i goid, to ~ away éalú, téaltú, to ~ up on a person teacht go fáilí ar dhuine, goid isteach ar dhuine

stealing n gadaíocht, goid

stealth n fáilíocht, by ~ go fáilí, go formhothaithe

stealthy a fáilí, stealthily go formhothaithe

steam n gal, deatach vt & i galaigh

steam-engine n galinneall

steamer n galtán, (cooker) galchorcán

steam-roller n galrollóir

steed n each

steel n cruach vt, to ~ oneself to do sth do mhisneach a chruinniú chun rud a dhéanamh

steep[1] a rite, crochta, géar

steep[2] vt maothaigh, to ~ sth in water rud a chur ar maos, ar bogadh, in uisce, to ~ flax líon a fholcadh, a phortú, a bhá

steeple n spuaic

steeplechase n léimrás

steer vt & i stiúir, to ~ clear of sth fanacht amach ó rud, rud a sheachaint

steering-wheel n roth stiúrtha

stem[1] n gas; cos; lorga, ~ of boat tosach báid, stuimine

stem[2] vt coisc, stop

stench n bréantas

stencil n stionsal vt, to ~ sth rud a chló le stionsal

stenographer n gearrscríobhaí

step n céim, coiscéim, troigh vt & i siúil, céimnigh

step- a leas-

stepmother n leasmháthair

steppe n steip

stepping-stone(s) n clocha cora, clochán

stepson n leasmhac

stereo n steiréafón a steiréafónach

stereotype n steiréaphláta vt plátáil

stereotyped a buanchruthach, nósúil

sterile a aimrid; steiriúil

sterility n aimride; steiriúlacht

sterilize vt aimridigh, steiriligh

sterling a fíor-, pound ~ punt Sasanach

stern[1] n deireadh (báid, loinge)

stern[2] a dian, crua; fiata

stethoscope n steiteascóp

stevedore n stíbheadóir

stew n stobhach vt stobh

steward n maor, stíobhard, reachtaire; (aer)óstach

stewardess n banmhaor; (aer)óstach

stick[1] n bata, maide; cipín

stick[2] vt & i sáigh, rop, sac; greamaigh, ceangail, ~ing out ag gobadh amach, to ~ to the work cloí leis an obair, to ~ it out an cúrsa a sheasamh

stickleback n garmachán

sticky a greamaitheach, ceangailteach; righin, achrannach; doiligh, deacair

stiff a righin, dolúbtha, docht, stalcach, stromptha, (of examination, etc) dian, crua, deacair

stiffen vt & i righnigh, cruaigh, stalc, stolp, stromp, cancraigh

stifle vt & i múch, plúch, tacht, coisc

stifling a plúchtach, tachtach, coisctheach

stigma n smál, spota; stiogma

stile n dreapa, céim

still[1] n stil

still[2] n grianghraf, stadán, in the ~ of the night i gciúnas na hoíche a ciúin, socair, ~ life ábhar neamhbheo adv go fóill, i gcónaí, fós, ar fad, nicer ~ níos deise fós vt & i ciúnaigh, suaimhnigh, socraigh

still-born a, ~ child marbhghin

stillness n ciúnas

stilted a craptha

stilts npl cosa croise

stimulant n spreagthóir, gríosaitheach

stimulate vt gríosaigh, spreag

stimulus n spreagadh

sting n cealg, ga; goimh, deann; goineog, to take the ~ out of it an iaróg a bhaint as vt & i cealg, goin, loisc, gathaigh

stingy a ceachartha, sprionlaithe, gortach, cruálach

stink n bréantas vt & i, to ~ bheith bréan, it ~s tá boladh bréan as, to ~ a person out duine a ruaigeadh le drochbholadh

stint n ceangal, bac; dreas oibre, *the daily* ~ tasc an lae vt coigil, cum, cúngaigh ar
stipend n tuarastal
stipulate vt & i éiligh, *to* ~ *for sth* coinníoll a dhéanamh de rud
stipulation n coinníoll, agó
stir n bogadh, cor, corraíl vt & i bog, corraigh, measc, ~ *up* oibrigh
stirabout n brachán
stirring a corraitheach, gríosaitheach, storrúil
stirrup n stíoróip
stitch n greim, lúb (chniotála); arraing; tointe, ruainne vt & i fuaigh, *to* ~ *sth* greim (fuála) a chur i rud
stoat n easóg
stock n stoc, bun, ceap; bunadh, maicne, sliocht; (*penal*) ~s branraí, ceapa; (*goods*) stór, ~ *exchange* stocmhalartán vt, *to* ~ *goods* earraí a choimeád, *to* ~ *a farm* eallach, stoc, a chur ar fheirm
stockbroker n stocbhróicéir
stocking n stoca
stockpiling n stocthiomsú
stocktaking n stocáireamh
stocky a blocánta, suite, ~ *person* dalcaire
stodge n stolp vt & i pulc; srac, spágáil
stodgy a stolpach, stalcach; trom, leamh
stoical a stóchúil; fealsúnach, fadaraíonach
stoicism n stóchas
stoke vt & i stócáil
stoker n stócálaí
stole n stoil
stolid a dochorraithe, fuaraigeanta, ~ *man* stollaire fir
stomach n goile, bolg, méadail vt fulaing, cuir suas le
stone n cloch, lia; doirneog, méaróg, *flat* ~ leac, *standing-* ~, *pillar -* ~ gallán, stollaire vt, *to* ~ *a person* clocha a chaitheamh le duine, *to* ~ *fruit* na clocha a bhaint as torthaí a, ~ *dead* chomh marbh le hart
stonechat n caislín cloch
stony a clochach, creagach, leacach; crua, ~ *place* clochar, creagán
stook n stuca vt stuc
stool n stól, *to fall between two* ~s léim an dá bhruach a chailleadh
stoop n cromadh, sleabhac, dioc vi crom, umhlaigh, ísl   igh
stop n stad, stop, moill, cónaí; cosc; ponc, *full* ~ lánstad vt & i coisc, dún; stop, stad; seas, lonnaigh; staon, scoir; fan, ~! cuir uait! *to* ~ *drinking* ligean den ól, éirí as an ól
stopgap n sceach i mbéal bearna
stoppage n bac, cosc; stopainn
stopper n stopallán, dallán, piollaire
storage n stóráil, cóir stórála, ~ *heater* taisc-théitheoir

store n stór, taisce, cnuasach, stóras pl lón, *department* ~ siopa ilranna, *what was in* ~ *for her* an rud a bhí i ndán di vt stóráil, stuáil, coinnigh, taisc, cnuasaigh
storey n stór; staighre, *two* ~ *house* teach dhá stór, teach dhá urlár
stork n corr bhán
storm n stoirm, anfa, doineann; racán, callán, gleo, *to take a place by* ~ áit a ghabháil (le lámh láidir) vt & i éignigh, ionsaigh, gabh, (*of wind, rain, etc*) gread, steall
stormy a stoirmeach; doineanta; callánach
story n scéal; stair
story-teller n scéalaí, seanchaí, staraí
stout[1] n leann dubh
stout[2] a calma, cróga; téagartha, ramhar
stove n sornóg
stow vt & i stuáil, taisc, *to* ~ *away* fanacht i bhfolach (ar bhád, etc); dul ar bord (loinge, etc) gan fhios
stowaway n folachánaí (ar bhád)
straddle n srathair vt & i, *to* ~ bheith, dul, ar scaradh gabhail, *to* ~ *a horse* tú féin a scaradh ar chapall
straggler n seachránaí, straigléir, strambánaí, malluaireach
straggling a streachlánach, sraoilleach
straight n & a díreach adv, ~ *away* lom díreach, caol díreach, glan díreach
straighten vt & i dírigh
straightforward a díreach, ionraic; simplí
strain n teannas, tarraingt, straidhn, strus; dua, (*of music*) streancán, séis, cuach, siansa; féith; cineál, pór vt & i teann; sníomh, stang; scag, síothlaigh, *don't* ~ *yourself* ná cuir masla ort féin, ná cuir thú féin thar d'acmhainn
strainer n síothlán, stráinín
strait n caolas, sunda; teannta, éigean a cúng, caol
straitened a, *in* ~ *circumstances* ar an ngannchuid
strand[1] n trá vt, *the ship was* ~ed *on the sandbank* thriomaigh an long ar an oitir, *to be* ~ed bheith tréigthe, bheith fágtha ar an trá fholamh
strand[2] n dual, dlaoi, tointe
strange a iasachta, coimhthíoch, strainséartha; iontach; greannmhar; deoranta, aduain, aisteach, ~ *land* coigríoch
stranger n strainséir, coimhthíoch, eachtrannach
strangle vt tacht
strap n iall, strapa, iris vt strapáil, *to* ~ *sth up* rud a fháscadh le strapaí
strapping a scafánta, scolbánta, ~ *fellow* scafaire, stollaire, strapaire
stratagem n cleas, beartaíocht
strategic a straitéiseach
strategy n straitéis
stratosphere n strataisféar
stratum n ciseal, sraith

straw *n* cochán, tuí; coinlín, sop, sifín, *the last* ~ buile na tubaiste, *it's not worth a* ~ ní fiú tráithnín, brobh, é
strawberry *n* sú talún
strawboy *n* cleamaire
straw-rope *n* súgán
stray *n* ainmhí seachráin, (*of person*) fánaí, straeire, seachránaí *a* fánach, iomrallach *vi* fuaidrigh, *to* ~ dul ar fán, dul amú, dul ar strae
streak *n* stríoc, riabh, síog, treall; féith *vt* síog
streaky *a* stríocach, síogach, treallach
stream *n* sruth(án), sreabh, glaise, ~ *of smoke* púir dheataigh *vi* sruthaigh, sreabh, sil, (*of hair, etc*) síob
streamer *n* sraoilleán
streamlet *n* sruthán, altán
streamlined *a* leabhairchruthach, sruthlíneach
street *n* sráid, *man in the* ~ gnáthdhuine
strength *n* neart, láidreacht, cumhacht, treise, urrúntacht, *on the* ~ *of* i ngeall ar, mar gheall ar
strengthen *vt & i* neartaigh, treisigh, daingnigh
strenuous *a* crua, dian, teann
stress *n* teann, dua, strus, stró, saothar; béim ghutha, aiceann *vt, to* ~ *sth* béim a chur, a leagan, ar rud
stretch *n* tarraingt, síneadh; réimse, stáir, ~ *of mountainside* learg sléibhe, *by a long* ~ go mór fada *vt* sín, searr, tarraing, righ, *to* ~ *oneself* searradh a bhaint asat féin, *the cloth* ~*ed* tháinig as an éadach
stretcher *n* sínteán; cnaiste (leapa)
strew *vt* leath, scaip, scar, greagnaigh, easraigh
strict *a* docht, dian, diongbháilte
stricture *n* cosc, srian, *to pass* ~*s on a person* duine a cháineadh, locht a fháil ar dhuine
stride *n* céim (fhada), truslóg; siúl, imeacht, *to get into one's* ~ breith ar do ghreamanna *vi, he was striding along* bhí sé ag céimniú roimhe
strife *n* achrann, bruíon, deabhaidh, imreas
strike *n* stailc; buille, (*of oil etc*) aimsiú, *lucky* ~ sciorta den ádh *vt & i* buail, gread, bain, smiot, cnag, cniog, *to* ~ *against sth* bualadh faoi rud, *to* ~ *a rate* sraith a ghearradh, *what struck me most* an rud is mó ar chuir mé sonrú ann, (*of workers*), *to* ~ dul ar stailc, *to* ~ *up a song* amhrán a chrochadh suas, *to* ~ *a fighting attitude* goic throda a chur ort féin, *to* ~ *oil* teacht ar ola
striker *n* stailceoir; buailteoir, cnagaire, buailteán
striking *n* bualadh *a* béimneach; suaithinseach, feiceálach
string *n* sreang, corda, téad, ~ *of pearls* trilsín péarlaí, *vt to* ~ *a parcel* beart a cheangal le sreangán, *to* ~ *things together* rudaí a chur ar sreang
stringent *a* géar, dian
stringy *a* snáithíneach, sreangach

strip¹ *n* stiall, leadhb, stráice, ciumhais
strip² *vt & i* nocht, lom, lomair, scamh, struipeáil, *to* ~ baint díot, *to* ~ *a salmon* bradán a bhleán, *to* ~ *a cow* bó a shniogadh
stripe *n* stríoc, riabh, síog
striped *a* riabhach, stríocach
strive *vi* troid, streachail, srac, sníomh (le), *striving for promotion* ag dréim le hardú céime
stroke¹ *n* buille, béim, stríoc; stróc, *by a* ~ *of luck* ar ámharaí an tsaoil, ~ *of work* stróic oibre, scaob oibre *vt, to* ~ *sth out* rud a chealú, a shíogadh
stroke² *vt* slíoc, cuimil
stroll *n* siúlóid, spaisteoireacht *vi*, ~*ing* ag spaisteoireacht, ag fálróid, ag válcaeireacht; ag siúl ar do bhogstróc
strong *a* láidir, neartmhar, tréan, dian, groí, teann; acmhainneach, urrúnta, ~ *drink* biotáille
stronghold *n* daingean, dún, dúnfort
strongminded *a* rúndaingean, intinneach
structural *a* struchtúrach
structure *n* foirgneamh; comhdhéanamh, déanmhas, struchtúr *vt* céimnigh, struchtúraigh
struggle *n* gleic, spairn, coimhlint, coimheascar *vi* spairn, srac, sraon, streachail, *to* ~ *along* bheith ag strácáil leat
strum *n* streancán *vt & i* méaraigh, *strumming on a guitar* ag streancánacht ar ghiotár
strut¹ *n* teanntóg *vt, to* ~ *sth* teanntóga a chur le rud
strut² *n* siúl giodalach *vi, to* ~ siúl go gaigiúil, go móiréiseach
strychnine *n* stricnín
stub *n* bun, smut, snab *vt, to* ~ *one's toe against sth* do ladhar a smiotadh ar rud, *to* ~ *out a cigarette* toitín a mhúchadh
stubble *n* coinleach
stubborn *a* stuacach, stalcach, stóinsithe, cadránta
stubbornness *n* stuacacht, stalcacht, ceanndánacht, dúire
stuck-up *a, to be* ~ uabhar a bheith ort
stud¹ *n* stoda; bocóid *vt* greagnaigh, *to* ~ *sth with jewels* rud a bhreacadh le seoda
stud² *n* graí, ~ *horse* graíre
student *n* mac léinn, dalta, *clerical* ~, ábhar sagairt
studio *n* stiúideo
studious *a* staidéarach
study *n* staidéar, léann; seomra staidéir, *he is in a brown* ~ tá sé ar a mharana *vt & i* foghlaim, ~*ing* ag staidéar, ag déanamh léinn *to* ~ *a subject* staidéar a dhéanamh ar ábhar
stuff *n* ábhar, stuif, mianach; éadach; dramháil *vt & i* ding, pulc, stuáil, sac, líon
stuffing *n* stuáil; búiste
stuffy *a* plúchtach; tur, cúisiúil
stumble¹ *n* tuisle *vi* tuisligh, *to* ~ *on the answer* teacht de thaisme ar an bhfreagra

stumbling-block *n* ceap tuisle
stump *n* stumpa, nuta, sciotán, bun, smut, *pine* ~ cailleach ghiúise *vt* stumpáil
stumpy *a* dúdach, giortach, smutach
stun *vt, to* ~ *a person* néal a chur ar dhuine, *the news stunned me* bhain an scéala an anáil díom
stunning *a* treascrach, millteanach
stunt[1] *n* cleas
stunt[2] *vt* crandaigh
stunted *a* cranda, giortach
stupefy *vt* dall, maolaigh, *to* ~ *a person* stangaire a dhéanamh de dhuine
stupendous *a* iontach, áibhéalta
stupid *a* dúr, dobhránta, bómánta, ainbhiosach, ~ *person* dúramán, pleota
stupidity *n* dúire, daille, bómántacht
stupor *n* néal, támh, toirchim
sturdy *a* tacúil, urrúnta
stutter *n* stad, snagaireacht *vi, to* ~ labhairt go stadach
sty[1] *n* fail muice, cró muice
sty[2] sleamhnán, craobhabhar
style *n* stíl, nós, déanamh, faisean
stylish *a* faiseanta, galánta, stíleach
suave *a* síodúil, plásánta
subconscious *n* fo-chomhfhios *a* fo-chomhfhiosach
subcontractor *n* fochonraitheoir
subdue *vt* cloígh, smachtaigh, ceansaigh; maolaigh
subdued *a* ceansaithe, cloíte; maolchluasach
subject *n* géillsineach; (*grammar*) ainmní; ábhar *a* umhal (do), *to be* ~ *to a person's authority* bheith faoi lámh, réir, duine *vt* ceansaigh, cuir faoi smacht; cuir ar
subjection *n* smachtú, géilleadh, géillsine
subjective *a* suibiachtúil
subjunctive *n & a* foshuiteach
sublime *a* oirirc, uasal
submarine *n* fomhuireán *a* fomhuirí
submerge *vt & i* báigh, tum, folc, téigh faoi uisce
submission *n* géilleadh; umhlóid, umhlaíocht, stríocadh; aighneacht
submissive *a* géilliúil, umhal
submit *vt & i* géill, stríoc, umhlaigh; cuir isteach, *to* ~ *work to one's superior* obair a chur faoi bhráid d'uachtaráin
subnormal *a* fonormálta
subordinate *n* íochtarán *a* íochtaránach *vt* fo-ordaigh, ísligh
subscribe *vt & i* foscríobh, *to* ~ *to an opinion* taobhú le tuairim, moladh le tuairim, *to* ~ *ten pounds* síntiús deich bpunt a thabhairt
subscriber *n* foscríobhaí; síntiúsóir
subscription *n* síniú; aontú; lámhaíocht, síntiús
subsequent *a* iartheachtach, *at a* ~ *meeting* ag cruinniú ina dhiaidh sin
subsequently *adv* ina dhiaidh sin
subservient *a* spleách; sclábhánta, *not to be* ~ *to a person* gan a bheith faoi shotal do dhuine

subside *vi* socraigh, síothlaigh, maolaigh, traoith, ísligh
subsidence *n* tabhairt faoi, trá, síothlú
subsidiary *a* cúnta, tánaisteach, seach-, ~ *company* fochomhlacht
subsidize *vt, to* ~ *sth* fóirdheontas a thabhairt do rud
subsidy *n* fóirdheontas
subsist *vi* mair
subsistence *n* maireachtáil, ~ *wage* pá cothabhála
subsoil *n* gaíon, fo-ithir
substance *n* substaint, brí, fuaimint, bunús, téagar; ábhar, damhna
substandard *a*, ~ *housing* tithe faoi bhun an ghnáthchaighdeáin
substantial *a* substaintiúil, bunúsach, fuaimintiúil, tathagach, acmhainneach
substantiate *vt, to* ~ *sth* bunús a thabhairt le rud
substantive *n* ainmfhocal
substitute *n* ionadaí, fear ionaid, *as a* ~ *for tea* in ionad tae, *rubber* ~ rubar tacair *a* ionadach *vt* ionadaigh, *to* ~ *one thing for another* rud a chur in ionad ruda eile
substitution *n* ionadú; ionadaíocht
substratum *n* foshraith, bunsraith
subtle *a* fíneálta, caol, caolchúiseach, glic
subtlety *n* fíneáltacht, caolchúis; miondifríocht
subtract *vt & i* dealaigh
subtraction *n* dealú
suburb *n* fo-bhaile, bruachbhaile
suburban *a* fo-bhailteach
subvention *n* teanntaíocht
subversion *n* treascairt; suaitheadh
subversive *a* treascrach, suaiteach
subvert *vt* treascair, *to* ~ *a person* duine a chur de dhroim seoil; duine a shaobhadh
subway *n* fobhealach
succeed *vt & i* lean, *to* ~ *a person* teacht in áit duine, teacht i ndiaidh duine, *to* ~ *to an estate* eastát a fháil mar oidhreacht, *if you* ~ má éiríonn leat, má ritheann leat, *I have* ~*ed* tá liom
success *n* rath, *it was a great* ~ d'éirigh go hiontach leis
successful *a* rathúil
succession *n* sraith; comharbas, *in* ~ i ndiaidh a chéile
successive *a* leanúnach, *two* ~ *days* dhá lá i ndiaidh a chéile, as a chéile
successor *n* comharba, oidhre
succour *n* fóirithint, fortacht *vt* fóir ar
succulent *a* súmhar
succumb *vi, to* ~ *to* géilleadh do
such *a*, ~ *a thing, a person* a leithéid de rud, de dhuine, *we were in* ~ *a hurry* bhí a oiread sin deifre orainn, *on* ~ *and* ~ *a day* a leithéid seo de lá, lá mar seo, ~ *is life* sin é an saol, ~ *is not my intention* ní hé sin atá i gceist agam, *in* ~ *a*

way (*that*) sa dóigh (is) go, i slí (go), ionas (go) *pron, note-books and* ~ leabhair nótaí agus a leithéidí, *history as* ~ an stair ina cáilíocht féin
suchlike *a*, ~*people* daoine den chineál sin, a leithéidí sin de dhaoine *pron, dresses and* ~ gúnaí agus a leithéidí, gúnaí agus mar sin de
suck *vt & i* diúl, súigh, súraic, tarraing, *to* ~ *up to a person* lúitéis, tláithínteacht, a dhéanamh le duine
sucker *n* diúlaí; súmaire; amadán; meathán
suckle *vt* tál ar; oil; diúl
suckling *n* siolpaire *a*, ~ *calf* lao diúil
suction *n* sú, súiteán, súrac, tarraingt
sudden *a* tobann, grod, prap
suddenly *adv* go tobann, de gheit, de hap, de phreab
suddenness *n* tobainne
suds *n* sobal
sue *vt* agair, *to* ~ *a person* an dlí a chur ar dhuine
suede *n* svaeid
suet *n* geir
suffer *vt & i* fulaing, céas; broic le, cuir suas le, *he* ~*s from asthma* bíonn an múchadh ag cur air
sufferance *n, on* ~ le caolchead
suffering *n* fulaingt, pian, páis *a* fulangach, céasta
suffice *vi, that will* ~ *me* déanfaidh sin gnó, cúis, dom; tá mo dhóthain ansin, ~ *it to say* (*that*) is leor a rá (go)
sufficient *a, that is* ~ *to feed him* is leor sin lena chothú, *a hundred pounds will be* ~ déanfaidh céad punt an gnó
suffix *n* iarmhír
suffocate *vt & i* múch, plúch, tacht
suffocation *n* múchadh, plúchadh, tachtadh
suffrage *n* vóta, guth; ceart vótála
suffragette *n* sufraigéid
sugar *n* siúcra *vt* siúcraigh
sugary *a* siúcrúil
suggest *vt* spreag; mol
suggestion *n* moladh; leid, gaoth an fhocail, leathfhocal
suggestive *a* dúisitheach; gáirsiúil
suicidal *a* féinmharfach
suicide *n* féinmharú; féinmharfóir
suit *n* ceiliúr pósta; achainí, iarratas; culaith; (*cards*) dath, (*legal*) cúis dlí *vt & i* oiriúnaigh, oir (do), feil (do), *it* ~*s you well* gabhann sé go breá duit, *to* ~ *cards* cártaí a chúpláil, ~ *yourself* déan do rogha rud, pé rud is maith leat
suitability *n* oiriúnacht
suitable *a* feiliúnach, oiriúnach, fóirsteanach; cóiriúil
suit-case *n* mála taistil
suite *n* cóisir, foireann
suitor *n* suiríoch
sulk *n* stuaic, stailc, tormas *vi, to* ~ stailc a chur suas, dul chun stuaice

sulky *a* stuacach, stalcach, pusach, smuilceach, ~ *expression* pus, smut
sullen *a* dúr(anta); confach, dodach, púiciúil, ~ *expression* stuaic, stainc
sulphide *n* suilfíd
sulphur *n* ruibh, sulfar
sulphuric *a* ruibheach
sultan *n* sabhdán
sultana *n* bansabhdán, (*raisin*) sabhdánach
sultry *a* brothallach, meirbh, trom, marbhánta
sum *n* suim, *to do* ~*s* suimeanna a dhéanamh *vt, to* ~ *up sth* rud a choimriú
summarize *vt* coimrigh, achoimrigh
summary *n* coimriú, achoimre; suim
summer *n* samhradh
summerhouse *n* grianán
summery *a* samhrata
summit *n* barr, mullach, buaic, ~ *conference* cruinniú mullaigh
summon *vt* toghair, scairt ar, glaoigh ar, *to* ~ *up one's courage* do mhisneach a chruinniú
summons *n* toghairm; gairm, cuireadh, fógra *vt* seirbheáil
sump *n* umar (ola)
sumptuous *a* costasach, ollásach
sun *n* grian *vt, to* ~ *oneself* tú féin a ghrianadh
sunbathe *vi, to* ~ bolg le gréin a dhéanamh
sunburn *n* dó gréine
Sunday *n* Domhnach, *on* ~ Dé Domhnaigh
sundial *n* grianchlog
sundry *a* difriúil, éagsúil, ~ *expenses* ilchostais *npl* ilnithe
sunflower *n* nóinín na gréine, lus na gréine
sunglasses *npl* gloiní gréine, spéaclaí gréine
sunlight *n* solas na gréine, grian
sunny *a* grianmhar, grianach; gealgháireach, ~ *day* lá gréine
sunrise *n* éirí (na) gréine
sunset *n* luí gréine, dul faoi na gréine, fuineadh gréine
sunshine *n* taitneamh na gréine, grian
sunstroke *n* goin ghréine
suntan *n* buí
sunwise *adv* deiseal
sup *n* bolgam, súmóg, síobas *vt & i, to* ~ *sth* súimín a bhaint as rud, *to* ~ suipéar a chaitheamh
super *a* ar fheabhas, thar barr, for-, os-, sár-,
superannuation *n* pinsean
superb *a* ar fheabhas, thar barr, sár-
superficial *a* éadrom, *a* ~ *knowledge* crotháin eolais, eolas fánach, breaceolas
superfluous *a* iomarcach
superhuman *a* fordhaonna
superimpose *vt* forshuigh
superintend *vt* stiúir, feighil
superintendent *n* maoirseoir, feitheoir; ceannfort

superior *n* uachtarán *a* uachtarach, for-; ard-nósach, *I have one* ~ *to that* tá a shárú sin agam, ~ *in numbers* níos líonmhaire, ~ *strength* forneart
superiority *n* barr, barr feabhais; lámh in uachtar, binnbharraíocht
superlative *n*, (*grammar*) sárchéim *a* sármhaith, tofa, (*grammar*) sárchéimeach
supermarket *n* ollmhargadh
supernatural *a* osnádúrtha
supersede *vt, to* ~ *a person* duine a chur in ionad duine eile; dul in áit duine, *that method is now* ~*d* tá an modh sin imithe as feidhm anois
supersonic *a* forshonach
superstition *n* piseog, geasróg
superstitious *a* piseogach
supervise *vt, to* ~ *work* maoirseacht, feith-eoireacht, a dhéanamh ar obair
supervision *n* feitheoireacht, maoirseacht, stiúradh
supervisor *n* maor, feitheoir, maoirseoir
supine *n* faonán *a* & *adv* faon; droim faoi
supper *n* suipéar
supple *a* aclaí, ligthe, lúfar, umhal
supplement *n* forábhar, forlíonadh *vt* forlíon, *to* ~ *one's income* cur le do theacht isteach
suppliant *n* & *a* impíoch, achainíoch
supplier *n* soláthraí; lónadóir
supply *n* soláthar, lón; riar, *a month's* ~ dóthain míosa, díol míosa *vt* soláthair, riar
support *n* tacaíocht, taca, cúl, neartú *vt* iompair, tacaigh, fulaing, taobhaigh le, *to* ~ *a person* neartú le duine, seasamh le duine
supporter *n*, (*of person*) taobhaí, tacaí, cuiditheoir; taca
suppose *vt* & *i* cuir(eam) i gcás; abair; creid, *it is*, *I* ~ tá, is dócha, ~*d to be* in ainm a bheith
supposition *n* barúil, cur i gcás, *on the* ~ (*that*) i gcleithiúnas go
suppress *vt* coisc, múch, ceil, brúigh fút, cuir faoi chois
suppression *n* cur faoi chois; ceilt
suppurate *vi, to* ~ braon, ábhar, angadh, a dhéanamh; líonadh
supremacy *n* ceannas, forlámhas, lámh in uachtar
supreme *a* ardcheannasach, sár-, ard-
surcharge *n* formhuirear, breischáin *vt, to* ~ *sth* breischáin a ghearradh ar rud
sure *a* cinnte, dearfa, deimhin, *I'm* ~ (*that*) bíodh geall air (go), gabhaim orm (go)
sureness *n* cruinneas, deimhneacht, cinnteacht
surety *n* urra; áirithe, *to go* ~ *for a person* dul i mbannaí, in urraíocht, ar dhuine
surf *n* bruth farraige
surface *n* dromchla, uachtar, barr, craiceann *vt* & *i, to* ~ *sth* dreach a chur ar rud, *to* ~ *a road* craiceann a chur ar bhóthar, *to* ~ (*in water*) teacht ar barr uisce
surf-board *n* clár toinne

surfeit *n* ceas *vt, to* ~ *oneself* masmas, ceas, a chur ort féin
surge *n* réablach, borradh farraige, ~ *of anger* rabharta feirge *vi* barr, tonn, brúcht
surgeon *n* máinlia
surgery *n* máinliacht; seomra freastail dochtúra
surly *a* gairgeach, duasmánta, dorrga, ~ *expression* smuilc, gramhas
surmise *n* buille faoi thuairim, barúil *vt* síl, ceap, *to* ~ (*that*) barúil a bheith agat (go)
surmount *vt* sáraigh, cloígh, cinn ar
surname *n* sloinne
surpass *vt* sáraigh, buail, *to* ~ *a person* barr a bhreith ar dhuine, duine a bhualadh amach, cinneadh ar dhuine
surplice *n* suirplís
surplus *n* fuíoll, farasbarr, barrachas
surprise *n* ionadh, iontas, ~ *visit* cuairt gan choinne *vt, to* ~ *a person* teacht aniar aduaidh, go fáilí, ar dhuine; ionadh a chur ar dhuine, *to be* ~*d at sth* iontas a bheith ort faoi rud, *that* ~*s me* is aisteach, ionadh, liom sin
surprising *a* iontach, aisteach
surrealism *n* osréalachas
surrender *n* géilleadh, tabhairt suas *vt* & *i* géill, tabhair isteach
surreptitious *a* ganfhiosach, faoi choim, fáilí
surround *vt* timpeallaigh
surrounding *a* & *adv* & *prep* timpeall, *the* ~ *country* an tír máguaird *npl* timpeallacht
surtax *n* breischáin, forcháin
surveillance *n* airdeall, faire
survey *n* léiriú, iniúchadh; suirbhé *vt* scrúdaigh, iniúch, *to* ~ *a district* suirbhéireacht a dhéanamh ar cheantar
surveyor *n* suirbhéir
survival *n* marthanas, teacht slán; iarsma
survive *vt* & *i, to* ~ maireachtáil, teacht slán, téarnamh, *he* ~*d* thug sé a cheann leis, *he will not* ~ *the night* ní sháróidh sé an oíche, *to* ~ *a person* maireachtáil i ndiaidh duine
survivor *n* marthanóir, éalaitheach, iarmharán, fear inste scéil
susceptible *a* leochaileach, sobhogtha, freagrach (do), ~ *to subsidence* i mbaol turnamh, ~ *to colds* tugtha don slaghdán
suspect *n* díol amhrais *a* amhrasach *vt, to* ~ *a person* drochamhras a bheith agat ar dhuine, amhras a chaitheamh ar dhuine, *I* ~*ed as much* sin é a bhí mé a cheapadh, níor mheath mo bharúil orm
suspend *vt* croch, *to* ~ *judgment* breith a chur ar fionraí, ~*ed in a liquid* ar fuaidreamh i leacht
suspender *n* crochóg *pl* gealas
suspense *n* beophianadh, fionraí, *in* ~ ar bís
suspension *n* crochadh; fionraí; fuaidreamh, ~ *of business* scor gnó
suspicion *n* amhras

suspicious *a* amhrasach
sustain *vt* iompair, cothaigh, fulaing; lean de
sustenance *n* beatha, cothú, cothabháil
swab *n* ceirt, maipín; táithín cadáis *vt, to* ~ *sth* rud a ghlanadh le ceirt
swaddling-clothes *npl* bindealáin
swagger *n* guailleáil; gaisce *vi, to* ~ goic a chur ort féin, mustar a dhéanamh
swallow[1] *n* fáinleog
swallow[2] *n* slog *vt* slog, lig siar, alp
swallow-hole *n* slogaide, súmaire, poll súraic
swamp *n* eanach, seascann, criathar *vt & i* báigh, folc, slog
swan *n* eala
swank *n* gaisce, galántacht; gaige *vi, to* ~ gaisce, stró, a dhéanamh
swap *n* iomlaoid, malairt *vt* babhtáil, malartaigh
swarm *n* saithe, scaoth, grathain, púir *vi, to* ~, (*of bees*) saithe a chaitheamh, ~ *ing with them* dubh, druidte, foirgthe, leo
swarthy *a* crón, ciar, dóisceanta
swat *vt* smiot
swath *n* sraith, slaod
swathe *vt* fáisc
sway *n* luascadh; réim, riail, svae *vt & i* luasc, ~ *ing* ag máinneáil, ag longadán, ag gúngáil; ar luascadh, *to* ~ *a person's opinion* dul i bhfeidhm ar dhuine
swear *vt & i* eascainigh, mionnaigh, leabhraigh, *I* ~ *to God* idir mé is Dia; dar Dia, *I could have sworn* (*that*) thabharfainn an leabhar (go)
swear-word *n* eascaine, mionn
sweat *n* allas *vt & i, to* ~ allas a chur, (*of wall, etc*) taisrigh
sweater *n* geansaí
sweaty *a* allasach
swede *n*, (*turnip*) svaeid
sweep *n* scuabadh, buille scuaibe; réimse; glantóir siméar, ~ *of river* lúb abhann *vt & i* scuab; sciurd
sweeper *n*, *carpet* ~ scuabadóir cairpéad
sweeping *a* scuabach, scóipiúil, fairsing, faoileanda
sweepstake *n* crannchur, scuabgheall
sweet *n* milseán, (*dessert*) milseog *a* milis; binn; cumhra
sweetbread *n* briseán (milis)
sweeten *vt & i* milsigh, úraigh, cumhraigh
sweetheart *n* leannán, muirnín, céadsearc
sweetness *n* milseacht; cumhracht; binneas
sweetpea *n* pis chumhra
swell *n*, (*of sea*) suaill, borradh (farraige), fág *vt & i* at, borr, séid, bolg
swelling *n* at, meall, borradh, forlíonadh
sweltering *a* beirithe, brothallach, bruithneach, ~ *heat* beirfean teasa
swerve *n* fiaradh, scinneadh ar fiar *vi, to* ~ fiaradh go tobann, scinneadh ar fiar
swift[1] *n* gabhlán gaoithe

swift[2] *a* mear, luath, éasca
swig *n* slog, gáilleog *vt* slog
swill *n* grúdarlach; sruthlú *vt & i* sruthlaigh, taosc, slog, ~ *ing drink* ag déanamh craos dí
swim *n & vt & i* snámh
swimmer *n* snámhóir
swimsuit *n* culaith shnámha
swindle *n* caimiléireacht, calaois *vt & i* plucáil, *to* ~ *a person* calaois a dhéanamh ar dhuine
swindler *n* caimiléir, cneámhaire
swine *n* muc, mucra; cneámhaire, cladhaire
swing *n* luascadh, aistriú, athrú tobann; luascán, *in full* ~ faoi lánseol *vt & i* luasc
swing-boat *n* bád luascáin
swing-door *n* luascdhoras
swinging *a* luascach
swipe *n* flíp, glám *vt & i, to* ~ *at the ball* tarraingt ar an liathróid (de fhlíp), *to* ~ *sth* rud a sciobadh
swirl *n* cuaifeach, guairneán
swish *n* seabhrán, siosarnach *vt & i, to* ~ *a rod* seabhrán a bhaint as slat
switch *n* slat, lasc, fleasc *vt* lasc; aistrigh, *to* ~ *on the light, the radio* an solas, an raidió, a chur ar siúl, *to* ~ *off the light* solas a mhúchadh
switchboard *n* lasc-chlár; malartán
swivel *n* sclóin *vi, to* ~ casadh ar sclóin
swivel-chair *n* cathaoir sclóine
swollen *a* borrach, ata
swoon *n* fanntais, laige, néal *vi, to* ~ titim i bhfanntais, i laige
swoop *n* ruathar, ráib, sitheadh, scríob *vi, to* ~ *on sth* teacht anuas de ruathar ar rud
sword *n* claíomh
swordfish *n* colgán
swordsmanship *n* claimhteoireacht
sworn *a*, ~ *statement* dearbhú faoi mhionn, ~ *enemies* deargnaimhde
swot *n* tiaráil (os cionn leabhar); tiarálaí *vt & i, to* ~ (*a subject*) tiaráil a dhéanamh (ar ábhar)
sycamore *n* seiceamar
syllable *n* siolla, smid
syllabus *n* siollabas
sylvan *a* coillteach
symbol *n* siombail, samhailchomhartha, samhaltán
symbolic *a* siombalach, fáthach, samhaltach
symbolize *vt* siombalaigh, fíoraigh, samhail-chomharthaigh
symmetrical *a* siméadrach
symmetry *n* siméadracht
sympathetic *a* báúil, páirteach, cásmhar
sympathize *vi, to* ~ *with a person on sth* comhbhrón a dhéanamh le duine faoi rud, rud a chásamh le duine
sympathy *n* trua, comhbhrón, bá
symphony *n*, ~ *orchestra* ceolfhoireann shiansach
symposium *n* siompóisiam
symptom *n* airí
synagogue *n* sionagóg

synchronize *vt* sioncrónaigh
syncopate *vt* coimrigh
syndicate *n* sindeacáit *vt* sindeacáitigh
syndrome *n* siondróm
synod *n* sionad
synonym *n* comhchiallach
synonymous *a* comhchiallach, ar comhchiall
synopsis *n* achoimre
syntax *n* comhréir

synthesis *n* sintéis
synthetic *a* sintéiseach, tacair
syphilis *n* sifilis, bolgach fhrancach
syringe *n* steallaire *vt, to* ~ *sth* rud a spré, a ní, le steallaire
syrup *n* síoróip, *golden* ~ órshúlach
system *n* córas
systematic *a* córasach, rianúil

T

tab *n* cluaisín
tabernacle *n* taibearnacal
table *n* bord, clár, tábla; cuibhreann
tableau *n* tabló
table-cloth *n* éadach boird, scaraoid
tablet *n* leac chuimhneacháin; táibléad; tabhall
taboo *n* geis
tabular *a* táblach
tabulate *vt* táblaigh
tacit *a* tostach, faoi thost
taciturn *a* dúnárasach, tostach
tack[1] *n* tacóid; greim gúshnáithe *vt* creimneáil, *to* ~ *sth* gúshnáithe a chur faoi rud; tacóidí a chur i rud
tack[2] *vi* bordáil, *to* ~ bord a chaitheamh, a thógáil
tackle *n* gléasra, tácla, úim; greamú *vt* tácláil; greamaigh, tabhair faoi
tact *n* cáiréis, tuiscint
tactful *a* cáiréiseach, tuisceanach
tactics *npl* oirbheartaíocht
tadpole *n* torbán, loscann, súmadóir
taffeta *n* tafata
tag *n* cluaisín, liopa, clib; nathán
tail *n* eireaball; eithre
tailor *n* táilliúir
taint *n* smál *vt & i* truailligh, camhraigh, ~*ed* truaillithe; cortha, camhraithe
take *vt* beir, gabh, glac, tóg, *I took sick* ghabh, bhuail, tinneas mé, *she took after her mother* chuaigh sí lena máthair, *when did it* ~ *place* cathain a tharla sé, *to* ~ *off one's clothes* do chuid éadaigh a bhaint díot, ~ *it away with you* ardaigh leat é, *to* ~ *a jump* léim a chaitheamh, *the boat is taking water* tá an bád ag déanamh uisce, *to* ~ *up a trade* gabháil le ceird, *to* ~ *a rest* do scíth a ligean, *to* ~ *an oath* mionn a thabhairt, *he took to the mountains* thug sé na sléibhte air féin
take-away *n* béilín amach
takeover *n* táthcheangal
takings *npl* fáltas

talcum *n* talcam
tale *n* eachtra, scéal, finscéal
talent *n* bua, éirim, tallann
talented *a* éirimiúil, tallannach, tréitheach
talk *n* caint; cabaireacht *vi* caintigh, labhair
talkative *a* cainteach, scéalach
talker *n* cainteoir
tall *a* ard
tallow *n* geir
tally *n* scór, cuntas
talon *n* crúb, ionga, crobh
tambourine *n* tambóirín, tiompán
tame *a* ceansa, cineálta *vt* ceansaigh, clóigh, mínigh, smachtaigh
tamper *vi*, ~ *with* cuir isteach ar, ~*ing with sth* ag tincéireacht, ag spallaíocht, le rud, *to* ~ *with a witness* anáil a chur faoi fhinné
tan *n* coirt; dath na gréine *a* buí, crón *vt* coirtigh, cart, ~*ned by the sun* buí ón ngrian
tangent *n* tadhlaí, tangant
tangerine *n* táinséirín
tangible *a* inbhraite
tangle *n* achrann, aimhréidh, tranglam, ~ *of thread* gréasán snáithe
tanist *n* tánaiste
tank *n* tanc; umar
tankard *n* tancard
tanker *n* tancaer
tanner *n* súdaire
tannery *n* tonnús
tannin *n* tainnin
tantalize *vt* griog
tantrum *n* taghd, spadhar, racht feirge
tap[1] *n* buacaire, sconna, fóiséad
tap[2] *n* smitín, cnag, cniog *vt* cniog; bearnaigh, tarraing (as)
tape *n* ribín, téip, ~ *measure* ribín tomhais, miosúr
taper *n* fáideog, coinneal; caolú *vt & i* caolaigh
tape-recorder *n* téipthaifeadán
tapestry *n* taipéis
tapioca *n* taipióca

tap-root *n* meacan
tar *n* tarra *vt* tarráil
tardy *a* fadálach, malltriallach, righin
target *n* cuspóir, sprioc; marc; targaid;
tariff *n* cáin, táille, taraif
tarmacadam *n* tarramhacadam
tarnish *n* smál, teimheal *vt & i* smálaigh, teimhligh
tarpaulin *n* tarpól
tarry *vi* seadaigh, moilligh
tart[1] *n* toirtín
tart[2] *a* géar
tartan *n* breacán
tartar *n, cream of* ~ gealtartar
task *n* cúram, obair, tasc; laisín
tassel *n* bobailín, scothóg, mabóg
taste *n* blas, tástáil, *to have a* ~ *for sth* dúil a bheith agat i rud *vt & i* blais, tástáil, *it* ~ *s of fish* tá blas an éisc air
tasteless *a* leamh
tasty *a* blasta
tatter *n* cifle, giobal, leadhbóg, bratóg, slaimice
tattered *a* cifleogach, leadhbach, liobarnach, gioblach, sraoilleach
tattoo *n* tatú
taunt *n* creill, greannú, tarcaisne *vt* greannaigh, tarcaisnigh
Taurus *n* an Tarbh
taut *a* rite, teann
tavern *n* (teach) tábhairne
tawdry *a* suarach, táir
tawny *a* ciarbhuí, crón
tax *n* cáin
taxation *n* cánachas
taxi *n* tacsaí
taxidermist *n* seitheadóir
tea *n* tae
teach *vt & i* múin, teagasc, foghlaim
teacher *n* múinteoir, oide, máistir (scoile), máistreás (scoile)
teaching *n* múinteoireacht; teagasc
teak *n* téac
teal *n* praslacha, crannlacha
tea-leaves *npl* cnámhóga tae; duilleoga tae
team *n* foireann
teapot *n* taephota
tear[1] *n* deoir, *she burst into* ~ *s* bhris a gol uirthi
tear[2] *n* réabadh, stolladh, stróiceadh *vt & i* réab, rois, stróic, srac
tearful *a* deorach, taidhiúir
tease *vt* clip, griog; spíon, *to* ~ *a person* dul ag cleithmhagadh ar dhuine, ag spochadh as duine, *to* ~ *wool* olann a shlámadh
teasel *n* leadán, cnádán
teat *n* ballán, sine
technical *a* teicniúil, ~ *school* ceardscoil
technicality *n* teicniúlacht, pointe teicniúil
technician *n* teicneoir
technique *n* teicníocht, teicníc

technology *n* teicneolaíocht
tedious *a* fadálach, liosta
tedium *n* leadrán
tee *n* tí *vt & i* tiáil
teenager *n* déagóir
teens *npl* déaga
teetotaller *n* lánstaonaire, staonaire
telegram *n* sreangscéal, teileagram
telegraph *n* teileagraf
telepathy *n* teileapaite
telephone *n* guthán, teileafón
telephonist *n* teileafónaí
telescope *n* teileascóp
televise *vt* teilifisigh
television *n* teilifís, ~ *set* teilifíseán
telex *n* teiléacs
tell *vt & i* abair, aithris, inis, *to* ~ *you the truth* déanta na fírinne, *to* ~ *on a person* scéala a dhéanamh ar dhuine
teller *n*, (*in bank*) airgeadóir
telltale *n* sceithire
temerity *n* dánacht, meargántacht
temper *n* colg, taghd, tintríocht, faghairt, *mild, fiery,* ~ *meon* séimh, tintrí *vt* faghair; maolaigh
temperament *n* cáilíocht, meon
temperamental *a* taghdach, spadhrúil
temperance *n* measarthacht, meánaíocht
temperate *a* meánúil, measartha
temperature *n* teocht
tempered *a* faghartha; maolaithe
tempest *n* anfa, stoirm
tempestuous *a* stoirmeach, anfach; fiáin
templar *n* teamplóir
temple[1] *n* ara, uisinn
temple[2] *n* teampall
tempo *n* luas, am
temporal *a* aimseartha; saolta; teamparálta
temporary *a* scaladach, neamhbhuan, duthain
tempt *vt* meall, *to* ~ *a person* cathú a chur ar dhuine
temptation *n* cathú
tempting *a* cathaitheach, meallacach
ten *n & a* deich, ~ *persons* deichniúr
tenacious *a* coinneálach, righin, docht, buan
tenacity *n* righneas, diongbháilteacht
tenancy *n* tionóntacht
tenant *n* tionónta
tend *vt & i* giollaigh, déan freastal ar, ~ *ing the sick* ag tabhairt aire do na heasláin, *it* ~ *s to break* tá claonadh chun briseadh ann, *he* ~ *s towards socialism* tá luí aige leis an sóisialachas, ~ *ing to greyness* i leith na léithe
tendency *n* claonadh (chun), luí (le)
tender[1] *a* bog, leochaileach, frithir; caoin, maoth, tláith, cúramach
tender[2] *n* tairiscint, *legal* ~ dlíthairiscint *vt* tairg
tender[3] *n* bád freastail; feighlí
tenderness *n* boige, grámhaireacht, taise, tláithe

tendon *n* lúitheach, teannán
tendril *n* teannóg
tenement *n* tionóntán
tennis *n* leadóg
tennis-court *n* cúirt leadóige
tenon *n* tionúr
tenor *n* teanór; éirim
tense[1] *n* aimsir
tense[2] *a* rite, teannasach, ar tinneall
tension *n* teannas
tent *n* puball
tentacle *n* adharcán, braiteog
tentative *a* trialach
tenterhooks *npl, on* ∼ ar cipíní
tenth *n & a* deichiú
tenuous *a* caolchúiseach, singil, tanaí
tenure *n* sealbhaíocht, tionacht
tepid *a* alabhog, leamh, patuar
term *n* téarma; tréimhse; *pl* comha, coinníollacha, *on friendly* ∼*s with her* mór léi, *they are not on speaking* ∼*s* níl siad ag caint le chéile, tá siad amuigh le chéile
terminal *n* teirminéal; críochfort; foirceann, *air* ∼ aerstáisiún *a*, ∼ *building* críochfort, ∼ *illness* galar báis
terminate *vt & i* scaoil, scoir, críochnaigh
terminology *n* téarmaíocht
terminus *n* ceann cúrsa, ceann scríbe; áras cinn aistir, críochfort
tern *n* geabhróg
terrace *n* ardán; léibheann; laftán
terrain *n* tír-raon
terrestrial *a* domhanda, talmhaí
terrible *a* imeaglach, millteanach, uafásach, gráin-iúil, *he looked* ∼ bhí cuma an diabhail, cuma iargúlta, air
terrier *n* brocaire; rolla tionóntaí
terrific *a* iontach, éachtach; uafásach, ∼! go diail!
terrified *a* critheaglach, scanraithe
terrify *vt* sceimhligh, scanraigh
terrifying *a* scanrúil, uamhnach, eaglach
territory *n* críoch, dúiche, limistéar, fearann, tír
terror *n* imeagla, sceimhle, scanradh, scéin, uamhan, uafás
terrorism *n* sceimhlitheoireacht
terrorist *n* sceimhlitheoir
terrorize *vt* sceimhligh
terse *a* cóngarach, gonta, ∼ *remark(s)* gearrchaint
terylene *n* teiriléin
test *n* promhadh, scrúdú, tástáil, triail, féachaint *vt* tástáil, triail, féach, seiceáil
testament *n* tiomna, uacht
testator *n* tiomnóir, uachtóir
testicle *n* magairle
testify *vt & i* dearbhaigh, *to* ∼ *against a person* cruthú, dearbhú, ar dhuine
testimonial *n* teastas, teistiméireacht
testimony *n* fianaise, cruthú, teistiméireacht

test-tube *n* triaileadán, promhadán
tetanus *n* teiteanas
tether *n* nasc, téad, teaghrán, *he is at the end of his* ∼ tá sé i ndeireadh na péice *vt* naisc, ceangail
text *n* téacs
textile *n* teicstíl
textual *a* téacsach
texture *n* fíochán, fabraic; uigeacht; mothú; tréith
than *conj & prep* ná, *he is older* ∼ *I am* is sine é ná mé, *later* ∼ *I thought* níos déanaí ná a shíl mé, *more* ∼ *twenty* breis agus fiche, *any person other* ∼ *himself* duine ar bith ach, seachas, é féin
thank *vt*, ∼ *you* go raibh maith agat, *he* ∼*ed me* ghabh sé buíochas liom
thankful *a* buíoch
thankless *a*, ∼ *task* cúram gan bhuíochas
thanks *n* buíochas, ∼! go raibh maith agat! ∼ *be to God* a bhuí le Dia, buíochas le Dia
thanksgiving *n* altú
that *pron & a & adv* sin, siúd, úd, ∼ *man* an fear sin, *what is* ∼ cad é sin, *don't believe* ∼ ná creid siúd, ∼ *is my opinion* sin é mo bharúil, ∼ *house down below* an teach úd thíos, *with* ∼ *he came in* leis sin tháinig sé isteach, *after* ∼ ina dhiaidh sin, *the parcel* ∼ *he left here* an beart a d'fhág sé anseo *conj* go, gur, *I said* ∼ *I knew* dúirt mé go raibh a fhios agam
thatch *n* tuí *vt, to* ∼ *a house* díon tuí a chur ar theach
thatched *a*, ∼ *roof* ceann tuí, díon tuí
thatcher *n* tuíodóir
thaw *n* coscairt *vt* coscair, leáigh; bog
the *def art* an, na *James* ∼ *Second* Séamas a Dó, *as adv*, ∼ *bigger* ∼ *better* dá mhéad is ea is fearr
theatre *n* amharclann, *operating* ∼ obrádlann
theft *n* gadaíocht, goid, bradaíl
their *poss a*, ∼ *car* a ngluaisteán, ∼ *father* a n-athair, ∼ *hair* a gcuid gruaige, ∼ *town* an baile seo acusan
theirs *pron, it is* ∼ is leo é, *that one is* ∼ sin é a gceannsan; is leosan an ceann sin, *a friend of* ∼ cara leo, dóibh, dá gcuid, *that son of* ∼ an mac sin acu
theism *n* diachas
them *pron* iad, iadsan, *with* ∼ leo, *without* ∼ gan iad, *against* ∼ ina gcoinne, *the likes of* ∼ a leithéid(í), *beating* ∼ á mbualadh
theme *n* ábhar, cuspóir, téama
themselves *pron* iadsan; (siad, iad) féin, *feeding* ∼, á gcothú féin
then *adv* ansin, *until* ∼ go dtí sin, *now and* ∼ ó am go ham, anois is arís, *since* ∼ riamh ó shin, ó shin i leith
theologian *n* diagaire
theological *a* diaga
theology *n* diagacht
theorem *n* teoirim
theoretical *a* teoiriciúil
theory *n* teoiric

therapeutic *a* teiripeach
therapy *n* teiripe
there *adv* ann, ansin, *put it* ~ cuir ansin é, ~ *and then* lom láithreach, ar an bpointe boise
thereabouts *adv, or* ~ nó timpeall air, nó faoin tuairim sin
thereby *adv* ar an gcaoi sin, dá bharr sin
therefore *adv* dá bhrí sin, dá bharr sin, mar sin de
thermal *a* teirmeach
thermometer *n* teirmiméadar
thermostat *n* teirmeastat
these *pron & a* iad seo, ~ *days* na laethanta seo; ar na saolta seo
thesis *n* téis; tráchtas
they *pron* siad, siadsan; iad, iadsan, ~ *came* tháinig siad, ~ *were beaten* buaileadh iad, ~ *are doctors* is dochtúirí iad, ~ *say* deirtear (*vide inflected vb forms*)
thick *a* dlúth, ramhar, tiubh, *blood is* ~*er than water* aithníonn an fhuil a chéile
thicken *vt & i* ramhraigh, tiubhaigh
thicket *n* mothar, muine
thickness *n* raimhre, tiús
thief *n* gadaí, bradaí, meirleach
thieving *n* bradaíl, gadaíocht *a* bradach
thigh *n* ceathrú, láirig, leis, sliasaid
thimble *n* méaracán
thin *a* caol, lom, tanaí; gann, scáinte *vt & i* caolaigh, scáin, tanaigh, deasc
thing *n* ní, rud
think *vt & i* cuimhnigh, smaoinigh; ceap, meas, síl, *I* ~ *he is right* tá an ceart aige, dar liom
third *n* trian, tríú *a* tríú, treas
thirst *n* íota, tart, ~ *for learning* cíocras léinn
thirsty *a* tartmhar, tirim, *I got* ~ bhuail tart mé
thirteen *n & a* trí déag, ~ *persons* trí dhuine dhéag
thirteenth *n & a, the* ~ *day* an tríú lá déag, *one* ~ an tríú cuid déag
thirtieth *n & a* tríochadú
thirty *n & a* tríocha
this *pron & a, drink* ~ ól seo, ~ *man* an fear seo, ~ *evening* tráthnóna inniu, ~ *year* i mbliana, *it was like* ~ seo mar a bhí
thistle *n* feochadán
thole(-pin) *n* cnoga, dola
thong *n* iall
thorax *n* tóracs
thorn *n* dealg, spíon; sceach *pl* spíonlach, deilgne
thorny *a* deilgneach, spíonach, colgach
thorough *a* críochnúil; cruthanta, corpanta, ~*ly* go feillbhinn
thoroughbred *a* folúil, ~ *horse* capall folaíochta
thoroughfare *n* bealach
those *pron & a* iad sin, ~ *who say so* an dream a deir é, ~ *books* na leabhair sin
though *conj* bíodh (is) go, cé go, i ndiaidh go, ~ *he is only a child yet* agus gan ann ach leanbh fós *adv* mar sin féin

thought *n* cuimhneamh, machnamh, smaoineamh, *my* ~*s were elsewhere* ní air a bhí m'intinn
thoughtful *a* machnamhach, meabhrach, cuimhneach, smaointeach; tuisceanach
thoughtfulness *n* smaointeacht, tuiscint
thoughtless *a* neamhaireach, místuama, neamhthuisceanach
thoughtlessness *n* neamh-aistear, neamh-mheontaíocht, místaidéar, místuaim
thousand *n & a* míle
thousandth *n & a* míliú
thrall *n* tráill
thrash *vt & i* leadhb, léas, liúr, *the whale was* ~*ing about* bhí an míol mór á oibriú féin, á únfairt féin
thrashing *n* léasadh, liúradh; oibriú, únfairt
thread *n* snáth, (*single*) ~ snáithe; ruainne
threadbare *a* barrchaite, scáinte, smolchaite
threat *n* bagairt
threaten *vt* bagair
threatening *a* bagrach; confach
three *n & a* trí, ~ *persons* triúr
thresh *vt* buail, súisteáil
threshold *n* tairseach
thrift *n* coigilteas, tíos, barainneacht; rabhán
thrifty *a* coigilteach, tíosach, sábhálach
thrill *n* deann, drithlín *vt & i* crith, preab, *it* ~*ed me* chuir sé drithlíní (áthais) tríom
thrilling *a* corraitheach
thrive *vi* bisigh, rathaigh, bláthaigh
thriving *a* rafar
throat *n* scornach, sceadamán; bráid
throb *n* frithbhualadh, preabadh, cuisle *vi* frithbhuail, preab
throbbing *n* broidearnach, preabarnach *a* broidearnúil, preabach
throes *npl, in* (*one's*) *death* ~ in arraingeacha an bháis, ag saothrú an bháis; ag tabhairt na gcor
thrombosis *n* trombóis
throne *n* ríchathaoir
throng *n* plód, slua, pulcadh *vt & i* plódaigh, plúch
throttle *n* scóig *vt* sciúch, tacht
through *prep* trí, de bharr *adv*, ~ *and* ~ amach is amach, tríd is tríd
throughout *prep* ar fud, ar feadh, i rith *adv* ó thús deireadh
throw *n* caitheamh, teilgean, urchar *vt* caith, teilg, rad
thrush[1] *n* smólach
thrush[2] *n* craosghalar, béal salach
thrust *n* péac, ropadh, sá, turraing, fórsa *vt* rop, sáigh, brúigh
thud *n* trostal, tuairt
thumb *n* ordóg
thump *n* paltóg; tailm *vt* buail, tuargain
thunder *n* toirneach
thunderbolt *n* caor thine
thurible *n* túiseán

Thursday n Déardaoin, *on* ~ *morning* maidin Déardaoin
thus *adv* amhlaidh, mar sin
thwart[1] n seas, tochta
thwart[2] vt sáraigh, bac
thyme n tím
thyroid n & a tíoróideach
tiara n tiara
tick[1] n sceartán, sor
tick[2] n tic vt & i ticeáil, (*of engine*), *to* ~ *over* réchasadh
tick[3] n tocht
ticket n ticéad
tickle n cigilt, dinglis vt cigil
tidal a taoidmhear, ~ *wave* tonn taoide, brúcht farraige
tide n taoide, *ebbing* ~ (taoide) aife, *flowing* ~ líonadh (taoide), *spring* ~ rabharta
tidiness n deismireacht, gastacht, néatacht, slacht, ordúlacht
tidings npl scéala, tuairisc, tásc
tidy a deismir, néata, pointeáilte, slachtmhar, triopallach vt feistigh, cuir slacht ar
tie n ceangal, cuing, nasc; carbhat vt ceangail, naisc, *to* ~ *a knot* snaidhm a chur
tier n sraith
tiger n tíogar
tight a daingean, docht, crua, teann, fáiscthe, ~ *spot* cúngach, gábh
tighten vt & i dlúthaigh, fáisc, teann, righ
tights npl riteoga
tile n leacán, tíl, sclata
till[1] n scipéad
till[2] vt saothraigh
till[3] prep & conj go, go dtí (go)
tillage n cur, curaíocht
tiller[1] n curadóir
tiller[2] n halmadóir, maide stiúrach
tilt n goic, feirc, fiar, leataobh, maig vt & i claon, fiar, *it is* ~*ed* tá sceabha faoi, tá leataobh air
timber n adhmad
time n aimsir, am, tráth, cuairt, *for the first* ~ den chéad uair, *a long* ~ *ago* fadó, *in a month's* ~ faoi cheann míosa, *for some* ~ *past* le tamall anuas, *it is* (*high*) ~ is mithid, *in olden* ~*s* anallód, *three* ~*s as much* a thrí oiread, *at this* ~ *of year* an taca seo den bhliain
timely a caoithiúil, tráthúil
timetable n clár ama, amchlár, tráthchlár
timid a eaglach, faiteach, scáfar, scinnideach
tin n stán vt stánaigh
tincture a tintiúr; lí, imir
tinder n sponcán
tinfoil n scragall stáin
tinge n imir
tingle n drithlín, griofadach vi, *my fingers are tingling* tá drithlíní i mo mhéara
tingling n & a griofadach

tinker n tincéir vi, ~*ing with sth* ag útamáil, ag tincéireacht, le rud
tinkle n cling, cloigíneacht, gligín vi, *to* ~ cling a dhéanamh
tinkling n cling, ceolán a clingeach, cloigíneach
tinned a stánaithe
tinsel n tinsil
tinsmith n gabha geal
tint n fordhath, imir vt dathaigh
tiny a bídeach, mion, *the tiniest little bit* oiread na fríde
tip[1] n barr, gob, pointe, rinn, stuaic
tip[2] n síneadh láimhe, seachadadh
tip[3] n leid, nod
tipsy a súgach, maith go leor
tiptoe n, *on* ~ ar barraicíní vi siúil ar do bharraicíní
tire vt & i tuirsigh, clip, traoch, suaith, *to* ~ éirí tuirseach
tired a tuirseach, *he is* ~ tá tuirse air
tiredness n scíth, tuirse
tireless a dothuirsithe
tiresome a fadálach, tuirsiúil, liosta
tiring a tuirsiúil
tissue n fíochán, uige; ciarsúr páipéir, ~ *of lies* gréasán bréag
tissue-paper n páipéar síoda
tit[1] n meantán
tit[2] n ballán, sine
titbit n goblach
tithe n deachú
titillate vt griog, cigil
titivate vt pointeáil
title n teideal
titter n scige, maolgháire vi, ~*ing* ag scige, ag sciotaíl (gháire)
tittle n dada
tittle-tattle n giob geab, mionchaint
titular a teidealach
to prep & adv chuig, chun, go, go dtí, *give it* ~ *me* tabhair dom é, *what I have* ~ *say* an rud atá le rá agam, *they are* ~ *be married* tá siad le pósadh, *go* ~ *sleep* téigh a chodladh, ~ *and fro* anonn is anall
toad n buaf
toadstool n beacán bearaigh, púca peill
toady n lútálaí, slusaí, seoinín vi, ~*ing* ag lútáil, ag tláithínteacht
toast[1] n tósta vt tóstáil
toast[2] n sláinte; cuspa sláinte vt, *to* ~ *a person* sláinte duine a ól
toaster n tóstaer
tobacco n tobac
tobacconist n tobacadóir
today n & a & adv inniu
toddler n lapadán, tachrán
toe n ladhar, méar coise, *big* ~ ordóg (coise), *little* ~ lúidín (coise)

toe-cap *n* barraicín
toffee *n* taifí
tog *vt, to* ~ *oneself out* gléas a chur ort féin
together *adv* le chéile, in éineacht, i dteannta a chéile, i gceann a chéile
toggle *n* scorán, buaircín
toil[1] *n* dua, saothar, anró *vi* saothraigh, ~*ing* ag tiaráil, ag luain
toil[2] *n* líon, lúb, gaiste, dol
toilet *n* ionlann, leithreas; ionladh; maisiúchán
token *n* comhartha
tolerance *n* caoinfhulaingt, fulaingt
tolerant *a* caoinfhulangach, fulangach
tolerate *vt* broic le, fulaing, cuir suas le
toll[1] *n* cáin, dola; cuntas; caillteanas, dochar
toll[2] *vt & i* bain, buail (clog), *to* ~ *the knell* an chreill a bhualadh
tomato *n* tráta
tomb *n* tuama, feart
tomboy *n* cailín báire, Muireann i mbríste
tombstone *n* leac uaighe
tomorrow *n & a & adv* amárach, *the day after* ~ anóirthear, amanathar, arú amárach
ton *n* tonna
tone *n* ton; tuin
tongs *npl* tlú, maide briste, ursal
tongue *n* teanga
tongue-twister *n* casfhocal, rabhlóg
tonic *n* athbhríoch *a* athbhríoch; tonach
tonight *n & adv* anocht
tonnage *n* tonnáiste
tonne *n* tona
tonsil *n* céislín
tonsilitis *n* céislínteas
tonsure *n* corann
too[1] *adv* ró- ~ *many*, ~ *much* barraíocht, (an) iomarca
too[2] *adv* fosta, freisin, leis
tool *n* ball acra, gléas, uirlis
tooth *n* fiacail, *in the teeth of the storm* i mbéal na doininne
toothache *n* déideadh, tinneas fiacaile, daitheacha fiacaile
toothless *a* mantach
toothpaste *n* taos fiacla
tooth-pick *n* bior fiacla
top[1] *n* barr, maoil, rinn, mullach, uachtar, *on* ~ *of that* anuas air sin, ar a dhroim sin *a* uachtarach
top[2] *n*, (*spinning-*) ~ caiseal
top-boot *n* buatais
topaz *n* tópás
topic *n* ábhar, téama
topography *n* dinnseanchas, topagrafaíocht
topple *vt & i* tit (le fána, i ndiaidh do mhullaigh); leag, treascair, *the statue is toppling* tá an dealbh ar forbhás, i mbaol titim
topsoil *n* barrithir
topsy-turvy *adv & a* bunoscionn, droim thar droim

torch *n* lóchrann, tóirse, trilseán
toreador *n* tarbhadóir
torment *n* céasadh, ciapadh, crá, piolóid *vt* céas, ciap, scól, cráigh
tormented *a* céasta, cráite, ~ *with hunger* scrúdta leis an ocras
torn *a* stiallach, leadhbach, stróicthe, stollta
tornado *n* tornádó
torpedo *n* toirpéad
torpid *a* mairbhiteach, támhach
torpor *n* mairbhití, támh, toirchim
torque *n* torc
torrent *n* buinne, díle, tulca, rabharta, ~ *of speech* flosc cainte, rois chainte
torrential *a* tulcach, ~ *rain* díle bháistí
torrid *a* bruithneach, loiscneach, ~ *zone* teochrios
torsion *n* caismirneach; toirsiún
torso *n* cabhail
tortoise *n* toirtís
torture *n* céasadh, pianadh *vt* céas, pian, ciap
toss *n* caitheamh suas, treascairt, *she took a* ~ baineadh leagan aisti *vt & i* caith suas; leag; suaith, ~*ing about* ag únfairt
tot[1] *n* lucharachán (linbh)
tot[2] *n* deoir, súimín
tot[3] *vt* suimigh
total *n* iomlán, suim *a* iomlán, lán-, ~ *destruction* léirscrios
totalitarian *a* ollsmachtach
totter *vi* tuisligh, luasc
tottering *a* longadánach, tuisleach
touch *n* tadhall, teagmháil, mothú, ~ *of humour* iarracht den ghreann, ~ *of anger* mothú feirge, *finishing* ~(*es*) bailchríoch *vt & i* tadhaill, teagmhaigh, *don't* ~ *them* ná bain dóibh, ~*ing on* bainteach le; buailte ar, ~ *down*, (*in rugby*) talmhaigh, (*of aircraft*) tuirling
touching *a* tadhlach; truamhéalach, corraitheach
touch-line *n* taobhlíne
touchy *a* colgach, driseogach, tógálach, goilliúnach, íogair
tough *a* crua, doscúch, deacair, righin, stálaithe
toughen *vt & i* cruaigh, righnigh, stálaigh
toughness *n* cruas, righneas, stóinsitheacht
tour *n* camchuairt, turas
tourism *n* turasóireacht, cuartaíocht
tourist *n* turasóir, cuairteoir
tournament *n* ilchomórtas; turnaimint
tourniquet *n* tuirnicéad
tousle *vt* mothallaigh, cuir in aimhréidh
tousled *a* gliobach, aimhréidh, stoithneach, ~ *hair* grágán, glib
tow *vt* tarraing (i do dhiaidh), tarlaigh
toward(s) *prep* chuig, go dtí, chun, i dtreo, ~ *me* faoi mo dhéin, ionsorm
towel *n* tuáille
tower *n* túr, *round* ~ cloigtheach
town *n* baile (mór)

townland n baile fearainn
toxic a tocsaineach
toy n bréagán, áilleagán vi, ~ing (with) ag méirínteacht (le), ag blaisínteacht le (bia)
trace n iarsma, lorg, rian vt lorg; línigh, rianaigh, to ~ sth lorg ruda, bonn ruda, a chur, tracing pedigrees ag déanamh ginealais, ag cur isteach gaoil
tracery n fíochán
tracing-paper n rianpháipéar
track n lorg, eang, raon, rian; bonn; cosán, slí vt lorg, to ~ sth lorg ruda a chur
tracker-dog n cú lorgaireachta
track-suit n raonchulaith
tract¹ n sliocht, trácht
tract² n limistéar, líomatáiste, réimse (talún), alimentary ~ conair an bhia
tractor n tarracóir
trade n ceird, tráchtáil, trádáil, ~ union ceardchumann vt reic, trádáil; babhtáil
trade-mark n trádmharc
trader n tráchtálaí, trádálaí
tradesman n ceardaí
trade-unionist n ceardchumannaí
tradition n traidisiún, seanchas, oral ~ béaloideas
traditional a traidisiúnta
traffic n trácht
tragedy n cinniúint, tragóid, tubaiste; traigéide
tragic a cinniúnach, tragóideach, tubaisteach, taismeach
tragi-comedy n greanntraigéide
trail n bonn, lorg, nature ~ cosán dúlra, ~ of smoke sraoill deataigh vt & i sraoill, sil a, ~ing sraoilleach
trailer n leantóir
train¹ n traein
train² vt traenáil
trainer n traenálaí
training n oiliúint, traenáil; oilteacht
trait n tréith
traitor n fealltóir, tréatúir
traitorous a fealltach, tréatúrtha
tram n tram
trammel n cuibhreach; traimil vt cuibhrigh
tramp¹ n bacach (bóthair), fear siúil
tramp² n trostal, trup, toirm vt & i, satail (ar), siúil
trample vt & i pasáil; satail (ar)
trance n támh, támhnéal, toirchim
tranquil a sámh, suaimhneach, ciúin
tranquillity n sáimhe, suaimhneas, ciúnas
tranquillize vt sámhaigh, suaimhnigh
tranquillizer n suaimhneasán
trans- pref tar-, tras-
transaction n idirbheart, ~ of business déanamh gnó
transcribe vt athscríobh
transfer n aistriú vt aistrigh
transferable a inaistrithe

transform vt & i claochlaigh
transformation n athchuma, claochlú
transformer n claochladán
transfusion n, blood ~ fuilaistriú
transgress vt & i ciontaigh; sáraigh
transgression n cion
transient a díomuan, neamhbhuan, duthain
transistor n trasraitheoir
transit n idirthuras, in ~ faoi bhealach
transition n athrú, aistriú, ~ year idirbhliain
transitive a aistreach
transitory a díomuan, gearrshaolach, neamhbhuan, ~ thing gal soip
translate vt aistrigh, tiontaigh
translation n aistriú(chán), tiontú
translator n aistritheoir
transmigration n imaistriú
transmission n iompar, tarchur, craoladh
translucent a tréshoilseach
transmit vt iompair, tarchuir, seachaid
transmitter n tarchuradóir
transparent a gléineach, trédhearcach
transpire vt & i trasghalaigh; easanálaigh; tar chun solais; tarlaigh, tit amach
transplant vt aistrigh, athphlandaigh
transport n iompar vt iompair, I was ~ed with joy tháinig sciatháin, néal áthais, orm
transpose vt aistrigh, malartaigh
transverse a trasna
trap n dol, gaiste, inleog, sás; trap vt gabh, gaistigh
trapeze n maide luascáin
trappings npl feisteas, táclaí, ciútraimintí, froigisí
Trappist n & a Trapach
trash n cosamar, dramhaíl, truflais
trauma n tráma, sceimhle
traumatic a trámach
travail n callshaoth, dua
travel n siúl, taisteal vt & i taistil, triall, siúil, imigh
traveller n taistealaí pl (an) lucht siúil
traverse vt trasnaigh, siúil
travesty n scigaithris
trawl n trál vt & i, ~ing ag trálaeireacht; ag spiléireacht
trawler n trálaer
tray n tráidire, trae
treacherous a cealgach, meabhlach, fealltach, fabhtach, feill-
treachery n cealg, feall, meabhal, oirchill
treacle n triacla
tread n satailt; céimniú; cluas (spáide); trácht (boinn), ~ of feet torann cos vt & i satail, siúil
treadle n troitheán
treason n tréas
treasonable a tréasach
treasure n ciste, maoin, stór, taisce
treasurer n cisteoir, spáránaí
treasury n ciste (an) stáit; órchiste

treat *n* féasta, pléisiúr, *to give a person a* ~ cineál a dhéanamh ar dhuine *vt*, (*of ailment*) cóireáil, *they* ~ *ed me well* chaith siad go maith liom, ~ *them gently* láimhsigh go socair iad

treatise *n* tráchtas

treatment *n* bail, úsáid; ionramh; cóireáil, *medical* ~ cóir leighis

treaty *n* conradh

treble[1] *n* tribil

treble[2] *a* faoi thrí *vt* méadaigh faoi thrí

tree *n* crann, *genealogical*, *family*, ~ craobh ghinealaigh, géaga ginealaigh

trek *n* aistear, turas

trekking *n*, *pony* ~ fálróid ar chapaillíní

trellis *n* crannaíl

tremble *n* creathán, crith *vi* crith, creathnaigh, *to* ~ bheith ar crith

tremendous *a* ábhalmhór, ollmhór, iontach, uafásach

tremor *n* creathán, crith

trench *n* clais, díog, trinse *vt* clasaigh

trend *n* claonadh, lé, treo, ~ *of thoughts* seol, snáithe, smaointe

trespass *n* foghail, treaspás; bradaíl, *forgive us our* ~ *es* maith dúinn ár bhfiacha

trespasser *n* foghlaí, treaspásóir

tress *n* cuach, dlaoi, dual, trilis, trilseán

trews *n* triús

tri- *pref* trí-

trial *n* féachaint, promhadh, tástáil, triail *a* trialach

triangle *n* triantán

triangular *a* triantánach

tribal *a* treibheach

tribe *n* aicme; treibh, treabhchas

tribulation *n* crá, dólás, léan

tribunal *n* binse breithimh

tributary *n* craobh-abhainn

tribute *n* cíos; bronntanas, *to pay* ~ *to a person* duine a mholadh

trice *n*, *in a* ~ ar iompú boise

trick *n* bob, cleas, ciúta, tréith, *playing* ~ *s* ag cleasaíocht, ag bobaireacht *vt*, *to* ~ *a person* bob a bhualadh ar dhuine, cleas a imirt ar dhuine

trickery *n* bobaireacht, cleasaíocht, lúbaireacht, imeartas

trickle *n* silín, sreabh *vi* sil

trickling *a* silteach

trickster *n* áilteoir, cleasaí

tricky *a* cleasach, lúbach, ~ *person* ealaíontóir

tricolour *n & a* trídhathach

tricycle *n* trírothach

trident *n* trírinn

trifle[1] *n* beagní, mionrud

trifle[2] *n* traidhfil

trifling *a* fánach, *it is no* ~ *matter* ní haon dóithín é

trigger *n* truicear

trigonometry *n* triantánacht

trilogy *n* triológ

trim *a* comair, deismir, fáiscthe, triopallach *vt* bearr; cóirigh, maisigh

Trinity *n* Tríonóid

trinket *n* áilleagán

trio *n* tríréad; triúr

trip[1] *n* cor coise, tuisle *vt & i* tuisligh, *to* ~ *a person* barrthuisle a bhaint as duine

trip[2] *n* turas, truip, geábh

tripe *n* ruipleog, tríopas; raiméis, seafóid

triple *a* triarach

triplet *n* trírín

triplicate *a* triarach

tripod *n* trípéad

triptych *n* triptic

trite *a* seanchaite, súchaite, neafaiseach

triumph *n* bua, caithréim *vi* buaigh

triumphant *a* caithréimeach

trivial *a* fánach, mionchúiseach, éadrom, neafaiseach, fo-

trolley *n* tralaí, trucail

trollop *n* sraoill; striapach

trombone *n* trombón

troop *n* buíon, díorma; ~ *s* trúpaí, fórsaí

trooper *n* trúipéir

trophy *n* craobh, trófaí

tropic *n* trópaic, ~ *s* teochrios

tropical *a* teochreasach, trópaiceach

trot *n* sodar, bogshodar *vi*, ~ *ting* ag sodar

trotter *n* crúibín

trouble *n* trioblóid, buairt, dua, stró, *she has* ~ *with her heart* tá an croí ag cur uirthi *vt* buair, cráigh, cuir as (do), *that is not what* ~ *s me* ní hé atá ag déanamh buartha, tinnis, dom

troubled *a* buartha, imníoch; suaite, corrach

troublesome *a* crosta, callóideach, duaisiúil, caingneach, trioblóideach

trough *n* umar

trounce *vt* gread, liúr, rúisc, smíst

trouncing *n* greadadh, greasáil, leadradh, léasadh, sciúradh

troupe *n* compántas; cóisir

trousers *npl* bríste, treabhsar, triús

trout *n* breac

trowel *n* lián

truant *n* múitseálaí, *to play* ~ múitseáil *a* fánach, seachránach

truce *n* sos cogaidh

truck *n* trucail

truculent *a* bruíonach, colgach, trodach

trudge *vi* slaod, sraoill, spágáil

true *a* fíor, ceart, dílis, dearbh-

trump *n* mámh

trumpet *n* troimpéad, stoc, trumpa; bonnán; géim

trumpeter *n* stocaire, trumpadóir

truncheon *n* smachtín

trunk n trunc; cabhail, colainn; tamhan, stoc
trunk-call n cianghlaoch (gutháin)
trunk-road n príomhbhóthar
truss n burla, ceangaltán; trus vt trusáil
trust n iontaoibh, muinín, dóchas; iontaobhas
trustee n iontaobhaí
trustworthy a iontaofa, muiníneach, tairiseach
truth n fírinne; fíor
truthful a fírinneach
try n iarracht, (rugby) úd vt & i tástáil, féach, scrúd, to ~ a (court) case cás a thriail, ~ on those shoes triail na bróga sin ort, ~ ing to do sth ag iarraidh rud a dhéanamh
trying a duaisiúil
tryst n dáil, coinne
tub n dabhach, umar, leastar, tobán; folcadán
tube n feadán, píobán, tiúb
tuber n tiúbar
tuberculosis n eitinn
tubular a feadánach
tuck n clupaid, filltín vt, to ~ sth up rud a chrapadh, ~ ed up in bed soiprithe sa leaba, to ~ cloth éadach a úcadh
Tudor n & a Túdarach
Tuesday n Máirt, ~ evening tráthnóna Dé Máirt
tuft n curca, dos, scoth, dlaoi, dual, tortóg, stoth
tufted a cuircíneach; dosach, tortógach, dlaoitheach
tug n sracadh, tarraingt vt & i srac, tarraing
tug(-boat) n tuga
tug-of-war n tarraingt na téide
tuition n múineadh, teagasc
tulip n tiúilip
tumble n leagan, titim vt & i leag, tit, iomlaisc
tumbler n timbléar
tumour n meall, siad, malignant ~ cnoc ailse
tumult n callán, clampar, fothram, gleo, ruaille buaille
tumultuous a callánach, gleadhrach, racánach
tumulus n leacht, tuaim, feart, dumha
tune n aer, fonn, port, in ~ i dtiúin vt & i tiúin
tuneful a ceolmhar, binn
tunic n ionar, tuineach
tuning-fork n gabhlóg thiúnta
tunnel n tollán
turban n turban
turbary n, right of ~ móincheart
turbine n tuirbín
turbot n turbard
turbulence n callóid, racán; sruthlam; suaitheadh
turbulent a callóideach, racánach
tureen n túirín
turf n móin; fód, scraith
turf-cutter n sleádóir
turf-mould n grabhar móna, smúdar móna
turf-spade n sleán
turkey n turcaí
turmoil n clampar, círéib, suaitheadh

turn n casadh, cor, iompú; coradh; dreas, uain, seal; taom, ~ of phrase deismireacht chainte; dul cainte, to take ~ s at sth sealaíocht a dhéanamh ar rud, in ~ faoi seach, it is your ~ is leatsa anois, ~ about gach re seal, wait your ~ fan le d'am, le do sheal, le d'iarraidh, to do a person a good ~ gar a dhéanamh do dhuine vt & i cas, cor; athraigh, iompaigh, tiontaigh, to ~ a hare cor, cluicheadh, a bhaint as giorria, to ~ against sth fuath a thabhairt do rud, ~ back fill, he ~ ed down the offer dhiúltaigh sé don tairiscint, the milk ~ ed sour ghéaraigh an bainne, to ~ sth off rud a mhúchadh, a stopadh, to ~ sth on rud a chur ar siúl, as it ~ ed out faoi mar a tharla, to ~ out well cruthú go maith
turner n deileadóir; castóir
turnip n tornapa
turnover n láimhdeachas (airgid), ~ tax cáin láimhdeachais
turnstile n geata casta
turntable n caschlár
turpentine n tuirpintín
turquoise n turcaid
turret n túirín
turtle n turtar
tusk n starrfhiacail
tussle n fuirseadh, iomrascáil vi fuirsigh
tussock n tortóg
tutor n oide, teagascóir
tweed n bréidín
tweezers npl pionsúirín
twelfth n & a, the ~ day, an dóú, dara, lá déag, one ~ an dóú, dara, cuid déag
twelve n & a dó dhéag, ~ persons dháréag, ~ days dhá lá dhéag
twentieth n & a fichiú
twenty n & a fiche, scór
twice adv dhá uair, faoi dhó
twig n cipín, craobhóg, spreasán
twilight n clapsholas, coineascar
twin n leathchúpla, ~ s cúpla a cúplach
twine n sreangán, ruóg vt & i dual, sníomh, snaidhm, cas
twinge n daigh, deann, ríog
twinkle n drithliú vi drithligh, rinc
twinkling n, in the ~ of an eye i bhfaiteadh, ar leagan, na súl
twirl n fiodrince, rothlú vt & i cas, rothlaigh
twist n caisirnín, casadh, castainn, cor, lúb vt & i cas, fiar, lúb, sníomh
twisted a caisirníneach, cas, casta; fiar, cam, saobh
twister n lúbaire
twitch n drithlín, freanga, preab vi bíog, preab
twitter(ing) n giolcadh, bíogarnach
two[1] n & a dó, dhá, ~ persons beirt, dís, ~ big ones dhá cheann mhóra

two-² *pref* dé-
tycoon *n* toicí
type¹ *n* cineál, saghas, sórt
type² *n* cló *vt & i* clóscríobh
typesetter *n* clóchuradóir
typesetting *n* clóchuradóireacht
typewriter *n* clóscríobhán
typhoid *n & a* tíofóideach
typhoon *n* tíofún
typhus *n* tífeas

typical *a* samplach, tipiciúil, *as is* ∼ *of their kind* mar is dual dá leithéidí
typify *vt* samhailchomharthaigh
typing *n* clóscríbhneoireacht
typist *n* clóscríobhaí
typography *n* clóghrafaíocht
tyrannical *a* mursanta, tíoránta
tyranny *n* aintiarnas, ansmacht, tíorántacht
tyrant *n* aintiarna, tíoránach
tyre *n* bonn

U

ubiquitous *a* uileláithreach
udder *n* úth
ugliness *n* gránnacht, gráin, míofaireacht
ugly *a* gránna, míofar, droch-araíonach
ulcer *n* othras
ulcerous *a* othrasach
Ulster *n* Ulaidh, Cúige Uladh *a* Ultach, *the* ∼ *cycle* an Rúraíocht
ulterior *a* níos faide anonn, ∼ *motive* aidhm fholaigh
ultimate *a* déanach, deireanach
ultra- *pref* sár-, ultra(i)-, ri-
ultra-violet *a* ultraivialait
umbrella *n* scáth fearthainne, parasól
umpire *n* moltóir
un- *a* ain-, an-, mí-, droch-, neamh-
unable *a* neamhábalta, neamhinniúil, *I am* ∼ *to do it* ní féidir liom, nílim in ann, é a dhéanamh
unacceptable *a* do-ghlactha
unaccompanied *a* gan tionlacan, neamhthionlactha
unaccustomed *a* neamhchleachtach (ar), núíosach (ag)
unadulterated *a* gan mheascadh, neamhthruaillithe
unaffected *a* nádúrtha, ∼ *by sth* neamhspleách ar rud, gan beann ar rud
unanimous *a*, ∼ *decision* moladh d'aon ghuth, ∼*ly* d'aon ghuth
unanswerable *a* dofhreagartha
unappetizing *a* neamhbhlasta
unapproachable *a* doshroichte; doicheallach
unarmed *a* gan arm, neamharmtha
unassuming *a* neamhphostúil
unattractive *a* míthaitneamhach
unauthenticated *a* gan údar
unauthorized *a* neamhúdaraithe
unavoidable *a* dosheachanta, *it is* ∼ níl neart air; níl imeacht uaidh
unaware *a*, ∼ *of sth* aineolach ar rud
unawares *adv* gan fhios, *he was caught* ∼ rugadh gairid, thall, air; thángthas aniar aduaidh air
unbalanced *a* míchothrom, éagothrom, neamhchothrom; mire, spadhrúil

unbearable *a* dofhulaingthe
unbeatable *a* dochloíte
unbecoming *a* neamhdheas, míchuibhiúil
unbelief *n* ainchreideamh, neamhchreideamh
unbeliever *n* ainchreidmheach, neamhchreidmheach, díchreidmheach
unbending *a* righin, docht, stóinsithe
unbiased *a* neamhchlaon, neamhleatromach
unblemished *a* gan smál
unbounded *a* éaguimseach
unbreakable *a* dobhriste
unbridled *a* ainrianta, neamhshrianta
unbusinesslike *a* mí-éifeachtach
uncanny *a* diamhair
uncertain *a* éiginnte
uncertainty *n* éiginnteacht
unchangeable *a* do-athraithe
uncharitable *a* mícharthanach, neamhch/charthanach
unchristian *a* míchríostúil
uncivil *a* míshibhialta
uncivilized *a* barbartha
uncle *n* uncail
uncomfortable *a* míchompordach, míshócúlach, dochma
uncommon *a* neamhchoitianta, as an ngnáth
unconcerned *a* réchúiseach, neamhchúiseach
unconfirmed *a* éidearfa
unconscious *a* neamh-chomhfhiosach; gan mheabhair, gan aithne gan urlabhra
unconstitutional *a* míbhunreachtúil
uncontrollable *a* docheansaithe, dosmachtaithe
unconventional *a* neamhchoinbhinsiúnach
uncouple *vt* scoir
uncouth *a* cábógach, starrach
uncover *vt* nocht, foilsigh
unction *n* ola, ungadh, *extreme* ∼ an ola dhéanach
unctuous *a* bealaithe, bladrach, olartha, ungthach
uncultivated *a* gan saothrú, bán, fiáin
undecided *a* éiginnte
undeniable *a* dobhréagnaithe, doshéanta
under¹ *prep* faoi, faoi bhun

under-² *pref* fo-
underclothes *npl* fo-éadach
underdeveloped *a* tearcfhorbartha
underdog *n* íochtarán
underdone *a* tearcbhruite
undergo *vt* téigh faoi, fulaing, gabh trí, *house* ~*ing repairs* teach á dheisiú
undergrowth *n* casarnach, scrobarnach, fáschoill
underhand *a* calaoiseach
underline *vt*, *to* ~ *sth* líne a chur faoi rud; béim a chur ar rud
undermine *vt* bain faoi (rud), toll faoi (rud), *to* ~ *a person's authority* an bonn a bhaint ó údarás duine
underneath *prep & adv* faoi bhun, in íochtar, faoi
undernourishment *n* gannchothú
underpants *npl* fobhríste
underpass *n* íosbhealach
underprivileged *a*, ~ *groups* grúpaí beagdheise
underrate *vt*, *to* ~ *sth* rud a mheas faoina luach
undersigned *a* thíos-sínithe
undersized *a* giortach, scrobanta
understand *vt* tuig, aithin
understandable *a* intuigthe
understanding *n* eagna, eolas, meabhair chinn, tuiscint *a* tuisceanach
undertake *vt*, *to* ~ *a duty* dualgas a ghlacadh, a ghabháil ort féin, *to* ~ *a journey* tabhairt faoi thuras
undertaker *n* adhlacóir
undertaking *n* gabháil; gnóthas, fiontar; gealltanas
underwriter *n* frithgheallaí
undeveloped *a* neamhfhorbartha
undiplomatic *a* místuama, tútach
undisciplined *a* ainrialta
undo *vt* scaoil; mill, *to* ~ *harm* díobháil a leasú
undoing *n*, *it led to his* ~ is leis a fágadh, a cailleadh, é
undoubtedly *adv* gan amhras, gan aon agó
undress *vt & i*, *to* ~ do chuid éadaigh a bhaint díot
undue *a* míchuí
undulate *vi* tonn
undulating *a* droimneach; altach; tonnúil
unearth *vt* nocht, tochail (as an talamh)
unearthly *a* neamhshaolta, diamhair
uneasiness *n* corrabhuais, míshuaimhneas, neamhshocracht
uneasy *a* corrach, corrabhuaiseach, guairneánach, míshuaimhneach, míshocair
unemployed *a* dífhostaithe, díomhaoin
unemployment *n* dífhostaíocht, díomhaointeas
unequal *a* éagothrom, míchothrom, neamhionann
uneven *a* aimhréidh, éagothrom, míchothrom, cnocánach
unexpected *a* neamhthuairimeach, tobann, gan choinne
unfair *a* éagothrom, leatromach, míchothrom

unfaithful *a* mídhílis
unfamiliar *a* aduain, deoranta, coimhthíoch
unfasten *vt* scaoil, scoir
unfavourable *a* mífhabhrach, ~ *weather* aimsir chontráilte, ~ *report* drochtheist
unfeeling *a* cadránta, dúr, fuarchroíoch, mínádúrtha
unfitting *a* míchuibhiúil
unforgettable *a* dodhearmadta
unforgiveable *a* do-mhaite
unforgiving *a* neamaiteach
unfortunate *a* mí-ámharach, mífhortúnach, ~*ly* ar an drochuair
unfree *a* daor
unfriendliness *n* eascairdeas, mímhuintearas, doicheall, fuaire
unfriendly *a* eascairdiúil, mímhuinteartha
unfurl *vt* scaoil (le gaoth)
unfurnished *a* gan troscán
ungainly *a* liopasta, gúngach, amscaí
ungrateful *a* díomaíoch, míbhuíoch
unguent *n* ungadh
unhappiness *n* míshonas, buairt
unhappy *a* duairc, míshona, iarghnóch
unhealthy *a* easlán, mífholláin, míshláintiúil
unhygienic *a* neamhshláinteach, neamhghlan
uni- *pref* aon-
uniform *n* culaith, éide *a* aonghnéitheach, comhionann
uniformity *n* ionannas
unify *vt* (comh)aontaigh
unilateral *a* aontaobhach
unimaginable *a* doshamhlaithe
uninhabited *a* neamháitrithe, ~ *place* díthreabh, áit gan chónaí
uninteresting *a* leamh, tur, neamhspéisiúil
union *n* aontacht, aontas, *trade* ~ ceardchumann
Unionist *n* Aontachtaí
unique *a* sainiúil, uathúil
unit *n* aonad
unite *vt & i* aontaigh, ceangail, cúpláil, táthaigh, snaidhm
unity *n* aontacht, cur le chéile
universal *a* uilíoch
universe *n* cruinne, domhan
university *n* ollscoil
unjust *a* éagórach, neamhchóir
unkempt *a* giobach, stothach
unkind *a* míchineálta, neamhcharthanach
unknown *a* anaithnid, aineoil *adv*, ~ *to me* gan fhios dom
unlawful *a* mídhleathach, neamhdhlisteanach
unless *conj* mura, murar
unlike *a* éagsúil, neamhchosúil, ~ *some others* ní hionann, murab ionann, agus daoine eile
unlikely *a* mídhealraitheach, neamhchosúil, neamhdhóchúil, *it is* ~ *that* ní móide go, ~ *person, place* andóigh, ~ *story* scéal gan dath, gan chraiceann

unload vt dílódáil, díluctaigh, folmhaigh
unlock vt, to ~ sth an glas a bhaint de rud
unloose vt díscaoil, scoir
unlucky a mí-ámharach, míshéanmhar, dona, this place is ~ tá iomard ar an áit seo
unmanageable a docheansaithe, doláimhsithe
unmannerly a dímhúinte, drochbhéasach, mímhúinte, madrúil
unnatural a mínádúrtha; ain-, an-
unnecessary a neamhriachtanach, gan ghá
unobtainable a dofhaighte, gan fháil, it is ~ níl fáil air, níl sé ar fáil
unofficial a neamhoifigiúil
unpack vt díphacáil, folmhaigh
unpleasant a doilbhir, míthaitneamhach
unprofitable a éadairbheach, ~ journey turas in aisce
unqualified a neamhcháilithe
unravel vt réitigh, rois, sceith
unreal a samhalta
unreasonable a míréasúnta
unrecognisable a as aithne, ó aithne, do-aitheanta
unreliable a neamhhiontaofa, guagach
unrest n anbhuain, neamhshocracht
unripe a anabaí, glas
unruly a ainrianta, mírialta, oilbhéasach
unsafe a contúirteach, baolach
unsatisfactory a míshásúil
unscrupulous a neamhscrupallach
unselfish a neamhhleithleach
unsettled a claochlaitheach, bristeach; corrach, míshocair
unsightly a gránna, mímhaiseach
unskilled a neamhoilte
unsociable a dochaideartha, neamhchuideachtúil, danartha
unsound a fabhtach
unstable a éagobhsaí, éadaingean, míshocair, neamhsheasmhach
unsteady a corrach, corraiceach, gogaideach, guagach, míshocair
unsuccessful a mírathúil, he was ~ níor éirigh leis
unsuitable a mí-oiriúnach, mífheiliúnach, mífhóirsteanach
untidiness n amscaíocht, míshlacht
untidy a amscaí, giobach, míshlachtmhar
untie vt dícheangail, scaoil
until prep & conj go dtí, (nó) go, go nuige
untimely a antráthach, míthráthúil
untrue a bréagach
untruthful a bréagach, neamhfhírinneach
unused a díomhaoin, gan úsáid
unusual a neamhchoitianta, neamhghnách
unwanted a gan iarraidh, nach dteastaíonn, iomarcach
unwavering a seasmhach
unwell a, to be ~ bheith tinn, gan bheith ar fónamh

unwholesome a mífholláin, míshláintiúil
unwieldy a anásta
unwilling a doicheallach, neamhthoilteanach, ~ ly in éadan do thola, de d'ainneoin
unwise a éigríonna
unworkable a doshaothraithe; dochurtha i bhfeidhm
unworthy a neamhfhiúntach; suarach
unyoke vt & i scoir
up adv & prep thuas, in airde, suas, coming ~ ag teacht aníos, ~ to the knees in water go glúine san uisce, they are ~ early tá siad ina suí go luath, ~ in the sky thuas sa spéir, time is ~ tá an t-am istigh, ~ to now go dtí anois, it is all ~ with him tá a phort seinnte, his blood was ~ bhí a chuid fola tógtha
upbringing n oiliúint, tabhairt suas
upheaval n círéib, clampar
uphold vt, to ~ sth seasamh, tacú, le rud, to ~ the law an dlí a chumhdach
upholstery n cumhdach
upland n talamh uachtarach, ardtalamh
upon prep ar, anuas ar, winter is ~ us tá an geimhreadh sa mhullach orainn
upper a uachtarach, ~ part of mountain uachtar sléibhe, ~ class uasaicme, the ~ way an bealach uachtair, to get the ~ hand of a person an ceann is fearr, an lámh in uachtar, a fháil ar dhuine
uppermost a in uachtar; is airde
uppishness n éirí in airde, prapaireacht
upright a díreach, ingearach; i do sheasamh; ionraic, onórach
uproar n círéib, racán, gleo, raic, rírá, hurlamaboc
uproot vt stoith, to ~ sth rud a bhaint ó fhréamh
upset n míthreoir, suaitheadh, stomach ~ iompú goile vt leag, iompaigh, corraigh, suaith, that ~ him completely chuir sin dá dhroim ar fad é, it didn't ~ her a bit níor chuir sé lá múisiam uirthi
upsidedown adv & a bunoscionn, droim in airde, trí chéile, the house is ~ tá an teach ina chíor thuathail
upstairs adv thuas (an) staighre, to go ~ dul suas (an) staighre
upstart n fáslach; boicín
upstream a & adv in aghaidh srutha
upward a, ~ movement gluaiseacht suas adv, ~ s suas, in airde
uranium n úráiniam
Uranus n Úránas
urban a uirbeach
urbane a síodúil, sibhialta
urchin n garlach, sea ~ cuán mara
urge n fonn, ragús vt brostaigh, gríosaigh, spreag, grod
urgency n dithneas, práinn, téirim
urgent a dithneasach, práinneach, cruógach, ~ need géarghá, it is ~ tá deifir, práinn, leis

uric *a* úrach
urine *n* mún, fual
urn *n* próca
Ursuline *n* & *a* Ursalach
us *pron* muid, muidne; sinn, sinne, *with* ~ linn, *without* ~ gan muid, sinn, *against* ~ inár gcoinne, *the likes of* ~ ár leithéid(í), *beating* ~ dár mbualadh
usage *n* nós, gnás, gnáthamh; úsáid
use *n* feidhm, úsáid, *it is no* ~ níl aon mhaith ann; níl gar ann, *to be of* ~ fónamh *vt*, *to* ~ *sth* feidhm, úsáid, a bhaint as rud, *they* ~*d knives on them* d'oibrigh, d'imir, siad sceana orthu, ~*d to sth* cleachtach, taithíoch, ar rud, *I* ~*d to go there* théinn ansin, ba ghnách liom dul ansin
useful *a* fónta, áisiúil, úsáideach, ~ *article* áirge, acra
useless *a* éadairbheach, neamaitheach, gan mhaith; ó mhaith, ~ *person* cunús; duine gan feidhm, duine leáite

user *n* úsáideoir
usher *n* uiséir
usual *a* coitianta, gnách, iondúil, gnáth-, *as* ~ mar is gnách
usurer *n* fear gaimbín, úsaire
usurp *vt* forghabh
usurper *n* forghabhálaí
usury *n* gaimbíneachas, úsaireacht
utensil *n* acra, *household* ~*s* gréithe tí
uterus *n* útaras
utility *n* áisiúlacht, fóint
utmost *n*, *to do one's* ~ do chroídhícheall a dhéanamh *a*, *with the* ~ *speed* a luaithe is féidir
utopian *a* útóipeach
utter *a* iomlán, fíor-, dearg-, ~ *fool* amadán críochnaithe, ~ *loathing* gráin shaolta *vt* abair, inis, labhair, *to* ~ *a cry* scairt a chur asat, gáir a ligean
utterance *n* friotal; ráiteachas; glór, urlabhra
uvula *n* úbhal, sine siain

V

vacancy *n* folúntas
vacant *a* folamh, ~ *look* cuma bhómánta
vacate *vt* éirigh as, fág, scar le
vacation *n* saoire
vaccinate *vt* vacsáinigh, *to* ~ *a person against smallpox* an bholgach a ghearradh ar dhuine
vaccination *n* vacsáiniú, ~ *against smallpox* gearradh na bolgaí
vaccine *n* vacsáin
vacillating *a* guagach, luaineach
vacuum *n* folús, ~ *cleaner* folúsghlantóir, ~ *flask* folúsfhlaigín
vagina *n* faighin
vagrancy *n* bóithreoireacht, fánaíocht, fuaidreamh
vagrant *n* bodach bóthair, fánaí, geocach *a* fánach, geocúil
vague *a* doiléir, éiginnte, neamhchinnte
vain *a* baoth, díomhaoin; péacógach; leitheadach, mórtasach, uallach, *in* ~ in aisce, in aistear
vale *n* gleann
valentine *n* vailintín
valiant *a* gaisciúil, curata, oirbheartach
valid *a* bailí, dleathach
validity *n* bailíocht, fónamh
valley *n* gleann, ~ (*in roof*) log dín
valorous *a* laochta, gaisciúil
valour *n* gaisce, laochas, oirbheart
valuable *n*, *pl* ionnús, maoin *a* luachmhar
valuation *n* luacháil, meastóireacht
value *n* luach *vt* luacháil, meas
valuer *n* luachálaí, meastóir
valve *n* comhla
vampire *n* vaimpír, deamhan fola; súmaire

van *n* tús; veain
vandal *n* loitiméir, creachadóir
vandalism *n* loitiméireacht, creachadóireacht
vanguard *n* urgharda, *in the* ~ ar thús cadhnaíochta
vanilla *n* fanaile
vanish *vi*, *to* ~ dul as radharc, ceiliúradh
vanity *n* leithead, móráil; díomhaointeas, ~ *bag* máilín maise
vaporize *vt* & *i* galaigh
vapour *n* gal, smúit, toit, ceo; múch
variable *n* athróg *a* athraitheach, malartach, luaineach
variation *n* athrú; éagsúlacht
varicose *a*, ~ *vein* féith bhorrtha
varied *a* iolartha, il-, ilchineálach
variegated *a* breac, ildathach
variety *n* cineál, sórt; éagsúlacht, ilíocht, ilghnéitheacht, ~ *show* ilsiamsa
various *a* difriúil, éagsúil, ilghnéitheach
varnish *n* vearnais
vary *vt* & *i* éagsúlaigh, luainigh, athraigh, *it varies from* ní hionann é agus
vase *n* bláthchuach, vása
vaseline *n* veasailín
vassal *n* vasáilleach
vast *a* áibhéalta, ollmhór, ~ *amount of sth* an domhan de rud
vat[1] *n* dabhach, umar
vat[2] (*Value Added Tax*), *n* cáin bhreisluacha
vaudeville *n* ilsiamsa
vault[1] *n* boghta; lusca, uaimh

vault² *n* léim láimhe, *pole* ~ léim chuaille *vt, to* ~ (*over*) *a gate* geata a chaitheamh de léim láimhe
veal *n* laofheoil
veer *vi* fiar, *to* ~ *left* claonadh, aistriú, ar clé
vegetable *n* glasra *a* plandúil
vegetarian *n* feoilséantóir, veigeatóir *a* feoilséantach, veigeatórach
vegetation *n* fásra, glasra
vehemence *n* déine, fórsa
vehement *a* tréan, rachtúil
vehicle *n* feithicil
veil *n* fial *vt* fialaigh, clúdaigh
vein *n* cuisle, féith; síog
vellum *n* párpháipéar
velocity *n* luas; treoluas
velour *n* veiliúr
velvet *n* veilbhit
vendor *n* díoltóir, reacaire
veneer *n* athchraiceann, snaschraiceann
venerable *a* cásach, urramach
venerate *vt* onóraigh, *to* ~ *sth* ómós, urraim, a thabhairt do rud
vengeance *n* díoltas; díbheirg
vengeful *a* díoltasach; díbheirgeach
venial *a* solathach
venison *n* fiafheoil, oiseoil
venom *n* nimh, binb, goimh
venomous *a* binbeach, gangaideach, nimheanta
vent *n* gaothaire, poll, oscailt, craos, *to give* ~ *to one's feelings* do racht a ligean amach *vt, to* ~ *one's anger on a person* d'fhearg a ligean amach ar dhuine
ventilate *vt* aeráil
ventilation *n* aeráil
ventilator *n* gaothaire
ventriloquist *n* bolgchainteoir
venture *n* amhantar, fiontar *vt & i, to* ~ *to do sth* tabhairt faoi rud a dhéanamh; é a bheith de dhánacht ionat rud a dhéanamh, *they* ~ *d out into the storm* chuaigh siad i bhfiontar na stoirme
venue *n* ionad, láthair
Venus *n* Véineas
verandah *n* vearanda
verb *n* briathar
verbal *a* briathartha, ~ *account* cuntas béil
verbose *a* briathrach, gaofach, mórfhoclach, fadscéalach
verdict *n* breithiúnas
verge *n* bruach, ciumhais, grua, imeall *vi, verging on* ag bordáil ar
verify *vt* deimhnigh, fíoraigh
vermin *n* míolra
vernacular *n* canúint *a,* ~ *language* teanga choiteann
versatile *a* ildánach, iltréitheach
verse *n* ceathrú, rann, véarsa; véarsaíocht
version *n* insint, leagan, dul
versus *prep* in aghaidh, i gcoinne, in éadan

vertebrate *n & a* veirteabrach
vertical *n* ingear *a* (ceart)ingearach
vertigo *n* meadhrán
very *a & adv* an-, fíor-, rí-, ró-, adh-, *the* ~ *same man* an fear ceannann céanna, ~ *hot* iontach te, *he is the* ~ *one to do it* is é sás a dhéanta é
vespers *npl* easparta
vessel *n* árthach, soitheach
vest *n* ionar, veist *vt* dílsigh; éidigh
vestibule *n* eardhamh; póirse
vestige *n* rian, lorg, iarsma
vestments *npl* éide (sagairt), *Mass* ~ culaith Aifrinn
vet *n* tréidlia
veteran *n* seanfhondúir, seansaighdiúir *a* ársa
veterinary *a,* ~ *surgeon* tréidlia
veto *n & vt* cros
vex *vt* buair, cráigh, corraigh, *that* ~ *ed me* ghoill sin orm
vexation *n* buairt, crá; olc
vexed *a* iarghnóch
viability *n* inmharthanacht
viable *a* inmharthana
viaduct *n* tarbhealach
vibrant *a* tonnchreathach, ~ *colour* dath láidir, dath glé
vibrate *vi* tonnchrith
vibration *n* creathadh, tonnchrith
vicar *n* biocáire
vicarious *a* ionadach
vice¹ *n* ainbhéas, drochbhéas, duáilce
vice² *n* bís
vice-³ *pref* leas-
viceroy *n* fear ionaid (an rí), leasrí
vice-versa *adv* (agus) a mhalairt go cruinn
vicinity *n* comharsanacht, cóngar, timpeallacht, *in the* ~ ar na gaobhair
vicious *n* duáilceach; mailíseach, gangaideach; olc, mallaithe, drochmhúinte, oilbhéasach
vicissitude *n, the* ~ *s of life* cora (crua) an tsaoil
victim *n* íobartach
victor *n* buaiteoir
Victorian *n & a* Victeoiriach
victorious *a* buach, coscrach, caithréimeach
victory *n* bua, buachan, caithréim, svae
victualler *n* biatach
victuals *npl* lón
video-tape *n* fístéip
vie *vi, vying with a person* i ndréim, in iomaíocht, le duine; ag formad le duine
view *n* amharc, radharc; aigne, dearcadh, *in* ~ ar amharc, faoi do lé *vt* breathnaigh, féach, amharc
vigil *n* bigil, faire
vigilance *n* airdeall, aireachas
vigilant *a* airdeallach, aireach, coimhéadach
vigorous *a* bríomhar, fuinniúil, feilmeanta, groí
vigour *n* brí, gus, fuinneamh, éitir, luadar, lúth
Viking *n & a* Uigingeach, Lochlannach

vile *a* díblí, táir, truaillí, ~ *remark* focal gránna
village *n* baile beag, sráidbhaile, gráig
villain *n* cladhaire, meirleach, bithiúnach
villainous *a* cladhartha, bithiúnta
villainy *n* claidhreacht, bithiúntas, míbheart
Vincentian *n & a* Uinseannach
vindictive *a* díoltasach, faltanasach, nimhneach
vine *n* fíniúin
vinegar *n* fínéagar
vineyard *n* fíonghort, fíniúin
vinyl *n* vinil
viola *n* vióla
violate *vt* sáraigh, éignigh
violation *n* sárú, éigniú
violence *n* foréigean, forneart
violent *a* foréigneach; garg, borb; tréan, dian, turraingeach
violet *n* sailchuach *a* corcairghorm, sailchuachach
violin *n* veidhlín
violinist *n* veidhleadóir
virago *n* báirseach; ainscian mná, ropaire mná, maistín mná
virgin *n* maighdean, ógh
virginal *a* maighdeanúil
virginity *n* maighdeanas, ócht
Virgo *n* an Mhaighdean
virile *a* fearga, fireann
virility *n* feargacht, fireannacht
virtual *a* fíorúil, dáiríre, ~*ly over* geall le bheith thart
virtue *n* bua; suáilce, *by* ~ *of* de thairbhe
virtuous *a* suáilceach, dea-bheathach
virulent *a* nimhiúil, gangaideach, goimhiúil
virus *n* víreas
visa *n* víosa
viscount *n* bíocunta
viscous *a* glóthach, righin
visibility *n* infheictheacht; léargas
visible *a* infheicthe, sofheicthe, le feiceáil
vision *n* aisling, fís, taibhreamh; léargas, radharc
visionary *n* aislingeach *a* aislingeach, samhalta
visit *n* cuairt *vt, to* ~ *a person, a place* cuairt a thabhairt ar dhuine, ar áit
visitor *n* cuairteoir, strainséir
vista *n* sraithradharc
visual *a* radharcach, ~ *aids* áiseanna amhairc
visualize *vt* samhlaigh
vital *a* beath-; bunúsach, riachtanach
vitality *n* beogacht, brí, spionnadh
vitals *npl* áranna, baill bheatha

vitamin *n* vitimín
vitriol *n* vitrial
vituperative *a* spídiúil
vivacious *a* aigeanta, spleodrach, anamúil
vivacity *n* aigeantacht, spleodar
vivid *a* glé, glinn
viviparous *a* beobhreitheach
vivisection *n* beoghearradh
vocabulary *n* foclóir(ín); stór focal, réimse focal
vocal guthach; cainteach, glórach
vocation *n* gairm
vocational *a* gairmiúil, ~ *school* gairmscoil
vocative *n & a* gairmeach
vociferous *a* glórach, labharthach, callánach
voice *n* glór, guth, *passive* ~ faí chéasta
void *n* folúntas, folús *a* folamh *vt* folmhaigh; eisfhear
voile *n* voil
volatile *a* luaineach; so-ghalaithe
volcano *n* bolcán
volition *n* toiliú, *of her own* ~ dá toil dheona féin
volley *n* rois, rúisc
volleyball *n* eitpheil
volt *n* volta
voltage *n* voltas
voluble *a* cainteach, glórach
volume *n* imleabhar; toirt; lánú
voluntary *a* deonach, toilteanach
volunteer *n* óglach; saorálaí *vt, to* ~ *one's services* seirbhís a thairiscint
voluptuous *a* macnasach, sáil
vomit *n* aiseag, múisc, sceith, orla, urlacan *vt & i* urlaic, aisig, sceith
voracious *a* alpach, craosach, ~ *person* alpaire
vortex *n* cuilithe, poll guairneáin
vote *n* guth, vóta, ~ *of thanks* rún buíochais *vt & i* vótáil
voter *n* vótálaí
votive *a* móideach
voucher *n* dearbhán
vow *n* móid *vt & i* móidigh, geall, dearbhaigh
vowel *n* guta
voyage *n* aistear farraige
vulcanize *vt* bolcáinigh
vulgar *a* gráisciúil, lodartha, lábúrtha, otair; gnáth-, ~ *talk* brocamas cainte
vulgarity *n* gráisciúlacht, lábúrthacht
vulnerable *a* éislinneach, soghonta
vulture *n* badhbh, bultúr

W

wad *n* loca; burla
wadding *n* flocas
waddle *n* lapadán, siúl na lachan *vi, to* ~ siúl ar nós na lachan, *waddling* ag lapadán

wade *vi, wading* ag lapadaíl, *to* ~ *through water* siúl trí uisce
wag *n* croitheadh, luascadh; eagnaí *vt & i* croith, luasc

wage *n* pá, tuarastal *vt*, *to* ~ *war* cogadh a fhearadh, a chur

wager *n* geall, geallchur *vt* & *i*, *to* ~ geall a chur, *I'll* ~ *you* (*that*) bíodh geall air (go); gabhaim orm (go)

waggon *n* vaigín

wagtail *n* glasóg

waif *n* díthreabhach, tachrán

wail *n* olagón, uaill, ~*ing* ag mairgneach, ag caí, ag gol

wainscot *n* vuinsciú

waist *n* coim, básta

waistband *n* banda coime

waistcoat *n* bástcóta, veist, vástchóta

wait *n* fanacht, feitheamh, fuireach, *to lie in* ~ *for them* luíochán a dhéanamh rompu *vi* fan, fuirigh (*for* le), freastail (*on* ar), ~*ing for an opportunity* ag faire na faille

waiter *n* freastalaí

waiting-room *n* feithealann, seomra feithimh

waitress *n* banfhreastalaí

waive *vt*, *to* ~ *sth* rud a ligean tharat

wake *n* faire, tórramh *vt* & *i* dúisigh, múscail, *to* ~ *a corpse* corp a fhaire, a thórramh

wakeful *a* múscailteach, neamhchodlatach

waken *vt* & *i* múscail, dúisigh

walk *n* siúl, siúlóid, spaisteoireacht; cosán *vt* & *i* siúil

walker *n* coisí, siúlóir

walking *n* siúl, coisíocht

walk-out *n* stailc oibrithe

walk-over *n* bua gan dua, bua gan choimhlint

wall *n* balla, múr, claí, fál, fraigh, *within the four* ~*s of the house* faoi iamh, faoi chreataí, an tí *vt*, ~ *in*, múr

wallaby *n* valbaí

wallet *n* tiachóg, vallait

wall-eyed *a* glórshúileach

wallflower *n* lus an bhalla; caochóg ar cóisir

wallop *n* paltóg, hap *vt* liúr, gread, smiot

wallow *vi* iomlaisc, ~*ing about* ag únfairt

walnut *n* gallchnó

walrus *n* rosualt

waltz *n* válsa *vi* válsáil

wan *a* báiteach, liathbhán, leáiteach, tláith

wand *n* slat draíochta

wander *vi* fuaidrigh, ~*ing* ag fálróid, ag fánaíocht; ag dul ar seachrán

wanderer *n* fánaí, seachránaí, siúlóir, straeire

wandering *a* fánach, seachránach; seachmallach; ar fiarlaoid

wane *vi* cúlaigh

want *n* ceal, díth, easpa; angar, cruatan, *for* ~ *of help* d'uireasa cúnaimh *vt* & *i*, *they* ~ *for nothing* níl aon easnamh orthu, *I* ~ *it* tá sé ag teastáil uaim, tá sé de dhíobháil orm

wanting *a* díothach, easpach, díobhálach

wanton *a* macnasach, mínáireach, teaspúil, ~ *destruction* léirscrios ainrianta

war *n* cogadh *vi*, *to* ~ *against a person* cogadh a chur ar dhuine

warble[1] *n* ceiliúr *vi* ceiliúir, seinn

warble[2] *n* péarsla

warbler *n* ceolaire

war-cry *n* rosc catha

ward *n* barda (cathrach, ospidéil); coimircí *vt*, *to* ~ *off a blow* buille a chosaint

warden *n* bardach, seiceadóir, maor

warder *n* bairdéir

wardrobe *n* vardrús

ware *n* earra, gréithe

warehouse *n* trádstóras

warfare *n* cogaíocht

wariness *n* faichill

warlike *a* cogúil, gaisciúil, cathach

warm *a* te, cluthar, teolaí; croíúil *vt* & *i* téigh, gor

warmth *n* teas, teocht, cluthaireacht

warn *vt*, *to* ~ *a person* rabhadh a thabhairt do dhuine; fainic a chur ar dhuine

warning *n* fainic, fógairt, rabhadh, foláireamh

warp *n* deilbh, dlúth; fiar, stangadh *vt* & *i* deilbhigh; fiar, stang, scól

warped *a* fiar, ~ *mind* intinn shaofa

warrant *n* banna, barántas *vt*, *to* ~ *a person* dul i mbannaí, in urrús, ar dhuine, *I'll* ~ *you* (*that*) mise faoi duit (go), gabhaim orm (go)

warranty *n* barántas; urra

warren *n* coinicéar

warrior *n* gaiscíoch, laoch, curadh

warship *n* long chogaidh

wart *n* faithne

wary *a* airdeallach, braiteach, faichilleach

wash *n* folcadh, níochán; ionlach; deoch; cúlsruth *vt* & *i* folc, nigh, ionnail

washable *a* sonite

washer *n* leicneán, sealán

washing *n* níochán, ionladh

wasp *n* foiche

waste[1] *n* diomailt, cur amú, vásta; dramháil, ~ *of money* caitheamh airgid *a*, ~ *paper* dramhpháipéar *vt* & *i* diomail, ídigh, meath, searg, *wasting away* ag snoí, ag cnaí, *wasting time* ag meilt ama

waste[2] *n* díthreabh, fásach

wasteful *a* caifeach, diomailteach, drabhlásach

wasting *n* cnaí, seargadh, snoí; meilt, diomailt

wastrel *n* ragairneálaí, drabhlásaí

watch[1] *n* uaireadóir

watch[2] *n* coimhéad, faire, *to keep a* ~ *on a person* faire ar dhuine *vt* & *i* breathnaigh, fair, féach, ~ *out!* fainic! seachain! aire duit!

watcher *n* coimhéadaí, fairtheoir

watchful *a* airdeallach, coimhéadach, aireach

watchman *n* fear faire, seiceadóir

water *n* uisce, *fresh* ~ fionnuisce, *spring* ~ fíoruisce, *salt* ~ sáile *vt* uiscigh
water-bailiff *n* báirseoir
water-colour *n* uiscedhath
watercress *n* biolar
waterfall *n* eas
watering-can *n* fraschanna
water-lily *n* bual-lile, duilleog bháite
waterlogged *a* leathbháite, idir dhá uisce
waterproof *a* uiscedhíonach
watershed *n* dobhardhroim
water-skiing *n* uisce-sciáil
watertight *a* díonmhar (ar uisce)
waterway *n* uiscebhealach
watery *a* báiteach, uisciúil
watt *n* vata
wattage *n* vatacht
wattle *n* cleathóg, cleith; sprochaille
wattling *n* caoladóireacht; cliath
wave[1] *n* tonn, tonnadh, saoiste
wave[2] *n* croitheadh *vt & i* croith (ar, le)
wave-length *n* tonnfhad
wavering *a* guagach, luaineach; creathánach
wavy *a* crothach, tonnúil, (*of hair*) droimníneach, camarsach, dréimreach
wax *n* céir, *ear* ~ sail chluaise *vt* ciar
waxen *a* ciarach
way *n* bealach, slí, ród; caoi, dóigh, *give* ~ géill (slí), *the bridge gave* ~ d'imigh, thug, an droichead, ~ *in* (bealach) isteach, ~ *out* (bealach) amach, *in a bad* ~ in anchaoi, *to go out of one's* ~ cor bealaigh, aistear, a chur ort féin; dua a chur ort féin, *in such a* ~ *that* sa dóigh (is) go, i slí go, *by the* ~ dála an scéil; mo dhearmad!
waylay *vt, to* ~ *a person* luíochán a dhéanamh roimh dhuine, éirí slí a dhéanamh ar dhuine
wayward *a* míchomhairleach, spadhrúil
we *pron* muid, muidne; sinn, sinne (*vide inflected vb forms*)
weak *a* fann, lag, meirbh, lagbhríoch, ~ *spot* éasc, *they were* ~ *laughing* bhí siad i lagracha ag gáire, ~ *drink* uiscealach
weaken *vt & i* lagaigh, meathlaigh
weakling *n* fágálach, meatachán
weakness *n* lagar, laige, meirfean, cloíteacht; éasc, locht
wealth *n* saibhreas, maoin, rachmas, ollmhaitheas
wealthy *a* saibhir, gustalach, rachmasach, ~ *person* toicí (mór)
wean *vt* scoith, *to* ~ *a child* leanbh a chosc, a bhaint den chíoch
weapon *n* arm
wear *n* caitheamh, ídiú, *ladies* ~ éadaí ban *vt & i* caith, ídigh; clip, *it* ~ *s well* tá caitheamh maith ann, ~ *down* cloígh, snoigh, tnáith, creim
wearable *a* inchaite
wearer *n* caiteoir

weariness *n* tuirse, suaitheadh, meirtne
wearisome *a* tuirsiúil, liosta
weary *a* tuirseach, cloíte, tnáite *vt & i* tuirsigh
weasel *n* easóg
weather *n* aimsir, uain, síon, *good* ~ dea-aimsir, *bad* ~ doineann, drochaimsir
weather-beaten *a* síonchaite, síondaite
weather-proof *a* díonmhar
weave *n* fí, fiochán *vt & i* figh
weaver *n* fíodóir
web *n* gréasán, fiochán, uige; scamall, *spider's* ~ líon, gréasán, damháin alla
webbed *a*, ~ *foot* lapa scamallach
wed *vt & i* pós
wedding *n* bainis, pósadh
wedge *n & vt* ding
Wednesday *n* Céadaoin, *next* ~ Dé Céadaoin seo chugainn, *Ash* ~ Céadaoin an Luaithrigh
weed *n*, ~ *s* fiaile, luifearnach, lustan *vt & i, to* ~ fiaile a bhaint, gortghlanadh a dhéanamh
weed-killer *n* fiailicíd
week *n* seachtain
week-end *n* deireadh seachtaine
weekly *n* seachtanán *a* seachtainiúil
weep *vt & i* caoin, goil
weft *n* inneach
weigh *vt & i* meáigh, tomhais, *it* ~ *s a stone* tá cloch mheáchain ann, *it* ~ *ed heavily on my heart* bhí sé ina ualach ar mo chroí
weight *n* meáchan; trom; tromán
weighty *a* tromaí, trom, tromchúiseach
weir *n* cora
weird *a* diamhair, síúil, uaigneach
welcome *n* fáilte *a, you are* ~ tá fáilte romhat *vt, to* ~ *a person* fáilte a chur roimh dhuine, fáiltiú roimh dhuine
welcoming *n* fáiltiú *a* fáilteach
weld *vt & i* táthaigh
welfare *n* leas, sochar
well[1] *n* tobar, foinse, ~ *of stairs* log staighre
well[2] *a & adv* maith, *to be* ~ bheith ar fónamh, bheith go maith, *I got on* ~ d'éirigh go breá liom, *it's* ~ *for you* is méanar, aoibhinn, duit, *I was there as* ~ bhí mise ann freisin, chomh maith ~! bhuel!
well-behaved *a* dea-bhéasach, múinte
well-dressed *a* feistiúil, gléasta
well-fed *a* beathaithe
well-informed *a* eolach, feasach
well-kept *a* feistithe, pointeáilte
well-known *a* aithnidiúil, iomráiteach
well-meaning *a* dea-mhéineach
well-off *a* go maith as, deisiúil, *he is* ~ tá dóigh mhaith air, tá sé ina shuí go te
well-spoken *a* deisbhéalach, soilbhir
well-to-do *a* acmhainneach, gustalach, deisiúil, substainteach
welt *n* bálta, buinne; fearb, riast, léas *vt* riastáil

west *n* iarthar, *from the* ~ aniar, *to the* ~ siar *adv & a, the* ~ *wind* an ghaoth aniar, *the* ~ *coast* an cósta thiar, *to go* ~ dul siar, ~ *of* taobh thiar de; siar ó; laistiar de

westerly *a & adv,* ~ *wind* gaoth aniar, *in a* ~ *direction* siar, *the* ~ *part* an taobh thiar, an t-iarthar

western *a* iartharach, iar-

westwards *adv* siar

wet *a & vt & i* fliuch

wether *n* molt

wetness *n* fliche, fliuchras, taise

wetting *n* fliuchán, fliuchadh

wharf *n* caladh cuain

what *pron* céard, cad, cén rud, ~ *is that* cad é sin, ~ *is your name* cad is ainm duit, ~ *I have to say* an rud atá le rá agam, ~ *are you talking about* céard faoi a bhfuil tú ag caint *a* cá, cé, ~ *age is he* cá haois é, cén aois é, ~ *time is it* cén t-am é, ~ *a day!* a leithéid de lá!

whatever, whatsoever *pron & a* cibé (ar bith), pé, *nothing* ~ faic na ngrást

wheat *n* cruithneacht

wheedle *vt & i* bréag, meall, *wheedling* ag tláithínteacht

wheel *n* roth, roithleán *vt & i* faoileáil, cas

wheel-barrow *n* bara rotha

wheeze *n* cársán, seordán, feadán, píobarnach

whelk *n* cuachma, faocha chapaill

when *adv* cathain, cén uair, cá huair, ~ *did it happen* cathain a tharla sé, *he didn't say* ~ *he would come* ní dúirt sé cathain a thiocfadh sé *conj,* ~ *I entered the room* nuair a chuaigh mé isteach sa seomra

where *adv* cá, cén áit, cá háit, ~ *are you from* cad as duit, *I shall stay* ~ *I am* fanfaidh mé san áit a bhfuil mé, mar a bhfuil mé, *the house* ~ *I was born* an teach ar rugadh ann mé

whereabouts *adv & n* ~ *are you* cá bhfuil tú, *no one knows his* ~ níl a fhios ag aon duine cén taobh a bhfuil sé

wherever *adv & conj* cibé áit, pé áit

whet *vt* faobhraigh, *to* ~ *one's appetite* faobhar a chur ar do ghoile

whether *conj* cé acu, cibé acu, pé, *ask her* ~ *she can come* fiafraigh di an mbeidh sí in ann teacht, ~ *you like it or not* más olc maith leat é, pé olc maith leat é

whetstone *n* cloch fhaobhair, cloch líofa

whey *n* meadhg

which *pron & a* cé acu, cé a, ~ *of you said it* cé agaibh a dúirt é, ~ *is dearer, meat or fish* cé acu is daoire, feoil nó iasc, *the cat* ~ *drank the milk* an cat a d'ól an bainne, *a secret* ~ *I would not reveal* rún nach sceithfinn, ~ *book do you want* cé acu leabhar a theastaíonn uait, *the tree from* ~ *it was lopped* an crann dár scoitheadh é

whichever *pron & a* cibé, pé

whiff *n* gal, puth

while *n* scaitheamh, seal, tamall, *a* ~ *ago* ó chianaibh, *wait a* ~ fan go fóill, *it is worth your* ~ is fiú duit é *vt* bréag, meil *conj* ~ *I was there* fad is a bhí mé ann

whim *n* daol, teidhe

whimper *n* geoin, meacan *vi,* ~*ing* ag diúgaireacht, ag geonaíl

whimsical *n* meonúil, teidheach

whin *n* aiteann

whinchat *n* caislín aitinn

whine *n* faí, sian, cuach *vi, whining* ag fuarchaoineadh, ag geonaíl, ag sianaíl

whinge *vi, whinging* ag faí

whinny *n* cuach, seitreach

whip *n* fuip, lasc *vt* fuipeáil, lasc, ~*ped cream* uachtar coipthe

whipping *n* greadadh, lascadh

whirl *n* guairneán, rothlú *vt & i* rothlaigh, ~*ing* ag guairneáil

whirling *a* guairneánach, roithleánach

whirlpool *n* coire (guairneáin), cuilithe ghuairneáin, poll súraic

whirlwind *n* cuaifeach, iomghaoth, sí gaoithe

whirr *n* seabhrán

whisk *n* flíp, leadhb; greadtóir *vt & i* scinn, sciurd; gread

whiskers *npl* féasóg leicinn; guairí cait

whiskey *n* fuisce, uisce beatha

whisper *n* cogar, sioscadh *vt & i, to* ~ *to a person* cogar a thabhairt do dhuine, *it is* ~*ed that* tá sé ina luaidreán go, ~*ing* ag cogarnach, ag siosarnach

whist *n* fuist

whistle *n* fead, sian; feadán; feadóg *vi, to* ~ fead a dhéanamh, a ligean, *whistling* ag feadaíl

Whit¹ *n,* ~ *Sunday* Domhnach Cincíse

whit² *n* dada, pioc, a dhath

white *n* bán, fionn, geal

whiten *vt & i* bánaigh, fionn, geal, tuar

whiteness *n* báine, finne, gile

whitethorn *n* sceach gheal

whitewash *n* aoldath *vt* aol, *to* ~ *sth* aol a chur ar rud

whiting *n* faoitín

whitlow *n* rosaid

Whitsun(tide) *n* Cincís

whittle *vt* scamh, smiot, miotaigh

whizz *n* seabhrán *vi, the motor cycle* ~*ed past us* chuaigh an gluaisrothar tharainn ar nós na gaoithe

who *pron* cé, a, ~ *is that* cé (hé) sin, ~ *did it* cé a rinne é, ~ *has it* cé aige a bhfuil sé, *the person* ~ *answered me* an té a d'fhreagair mé, *he* ~ *has not got sense* an té nach bhfuil ciall aige

whoever *pron & conj* cibé, pé (duine)

whole *n* iomlán, *on the* ~ tríd is tríd *a* uile, iomlán, ~ *number* slánuimhir, *the* ~ *day* an lá go léir, an lá ar fad, *the* ~ *lot of them* an t-iomlán (dearg) acu, *the* ~ *world* an domhan cláir; an saol mór

wholemeal *a*, ~ *bread* caiscín, arán caiscín

wholesale *n* mórdhíol *a* coiteann; ar an mórchóir

wholesome *a* folláin

wholly *adv* go léir, ar fad

whom *pron* cé, a, ~ *do you see there* cé a fheiceann tú ansin, *to* ~ *did you give it* cé dó ar thug tú é, *the man* ~ *you see* an fear a fheiceann tú, *a man* ~ *I don't recognize* fear nach n-aithním, *those* ~ *he served* an dream dár fhóin sé

whoop *n* cuach, liú *vi*, *to* ~ liú a ligean

whooping-cough *n* triuch

whore *n* striapach

whortleberry *n* fraochán

whose *pron* cé, a, ~ *is the book* cé leis an leabhar, *the man* ~ *son is going away*, an fear a bhfuil a mhac ag imeacht, *a man* ~ *speech I did not understand* fear nár thuig mé a chuid cainte, *a woman* ~ *name was Deirdre* bean darbh ainm Deirdre

why *adv* cad ina thaobh, cén fáth, cad chuige, *that is* ~ *I did not come* sin é an fáth nár tháinig mé, ~ *don't you sit down* cumá nach suíonn tú

wick *n* buaiceas

wicked *a* olc, duáilceach, mallaithe, urchóideach, droch-

wickerwork *n* caoladóireacht, caolach

wicket *n* geaitín

wide *a* fairsing, leathan, leitheadach, scóipiúil; iomrallach, ar foraoil, *the* ~ *world* an domhan cláir, an domhan braonach, ~ *open* ar dian-leathadh

widen *vt & i* fairsingigh, leathnaigh

widespread *a* forleathan, leitheadach

widow *n* baintreach

widower *n* baintreach fir

width *n* fairsinge, leithead

wield *vt* beartaigh, imir

wife *n* bean (chéile), banchéile

wig *n* bréagfholt, peiriúic

wigwam *n* wigwam

wild *n* fiáin, fiata, allta, círéibeach, ~ *talk* caint san aer, *to go* ~ dul le báiní, dul ar buile, imeacht le craobhacha; imeacht fiáin

wildcat *n* fia-chat *a*, ~ *scheme* scéim áiféiseach

wilderness *n* fásach, fiántas

wildlife *n* fiabheatha, fiadhúlra

wildness *n* fiántas, alltacht

wile *n* meang, *he is full of* ~ is iomaí cúinse, lúb, bóthar, ann

wilful *a* ceanndána, stóinsithe, toiliúil

will¹ *n* tiomna, uacht *vt* uachtaigh, fág le huacht

will² *n* toil, togradh; réir, *of one's own free* ~ de do dheoin féin, *to work with a* ~ oibriú le fonn *vt & i* toiligh, *do as you* ~ déan do chomhairle féin, *as aux v*, ~ *he be there* an mbeidh sé ann, *I* ~ *not be caught again* ní bhéarfar arís orm

willing *a* deonach, fonnmhar, sásta, toilteanach, ullamh, ~ *horse* capall umhal, ~ *ly* de dheoin

willow *n* saileach

wilt *vi* feoigh, sleabhac

wily *a* cúinseach, glic, *he's a* ~ *one* is iomaí cor is lúb ann

win *vt & i* buaigh, gnóthaigh, *to* ~ *a game, the war* cluiche, an cogadh, a bhaint

winch *n* unlas

wind¹ *n* gaoth

wind² *vt & i* tochrais, cas, lúb, *to* ~ *up a thread* snáithe a ghlinneáil

windbreak *n* fál fothana

windfall *n* toradh leagtha; amhantar

winding *a* casta, lúbach

winding-sheet *n* taiséadach

windlass *n* unlas, castainn

windmill *n* muileann gaoithe

window *n* fuinneog

windpipe *n* sciúch, píobán (garbh)

windrow *n* láithreán féir

windscreen *n* gaothscáth

windswept *a* sceirdiúil

windy *a* gaofar

wine *n* fíon

wing *n* eite, eiteog, sciathán

wink *n* caochadh, sméideadh; néal (codlata) *vt & i* caoch, sméid

winner *n* buaiteoir, *he was declared the* ~ tugadh an chraobh dó

winter *n* geimhreadh *vi* geimhrigh

wintry *a* geimhriúil

wipe *n* cuimilt *vt & i* cuimil

wiper *n* cuimleoir, *windscreen* ~ cuimleoir gaothscátha

wire *n* sreang *vt* sreangaigh, *to* ~ (*a message*) *to a person* sreangscéal, teileagram, a chur chuig duine

wireless *n* raidió, craolachán

wireworm *n* során

wiry *a* miotalach, scolbánta

wisdom *n* críonnacht, eagna, gaois

wise *a* críonna, eagnaí, gaoiseach, ~ *man* eagnaí, saoi, fáidh, ~ *woman* bean feasa

wiseacre *n* saoithín

wisecrack *n* ciúta *vi*, *to* ~ nathaíocht a dhéanamh

wish *n* fonn, guí, toil, *to get one's* ~ d'iarraidh a fháil, *I send you my best* ~ *es* beir bua agus beannacht *vt & i* togair, *as you* ~ mar is áil leat, *if you* ~ más mian leat é, *I* ~ *I had stayed at home* is mairg nár fhan sa bhaile

wishful *a* fonnmhar

wishy-washy *a* leamh

wisp *n* brobh, dlaíóg, ~ *of fog* cifle ceo, slám ceo, ~ *of grass* sop féir, ~ *of smoke* dual deataigh, caisirnín deataigh

wistful *a* cumhach

wit *n* éirim, meabhair; deisbhéalaí, léaspairt, *to be at one's* ~*'s end* bheith i mbarr do chéille
witch *n* cailleach, draíodóir mná
witchcraft *n* draíocht, an ealaín dhubh
with *prep* le, maille le, *(along)* ~ *a person* in éineacht le, i bhfochair, duine
withdraw *vt & i* cúlaigh, tarraing siar, *to* ~ *a sum of money* suim airgid a aistarraingt
withdrawal *n* cúlú; aistarraingt
withe *n* gad
wither *vt & i* críon, dreoigh, searg, feoigh; mill
withered *a* cranda, dreoite, feoite, críon
withhold *vt* ceil, coimeád
within *adv* istigh, laistigh *prep*, ~ *a mile of it* faoi mhíle de, i bhfoisceacht míle de, ~ *a month* faoi cheann míosa
without *adv* amuigh, lasmuigh *prep* gan, ~ *sth* in éagmais ruda
withstand *vt, to* ~ *an attack* ionsaí a sheasamh
witness *n* finné; fianaise
wittiness *n* abarthacht, tráthúlacht
witty *n* abartha, deisbhéalach, nathach, tráthúil, ~ *speech* deaschaint
wizard *n* draíodóir (fir), draoi
wizened *a* feosaí, ~ *face* aghaidh chasta
wobble *n* longadán *vi*, *wobbling* ag luascadh, ag longadán
woe *n* léan, mairg, ~ *is me* monuar, mo léan géar
woe-begone *a* léanmhar, dobrónach
woeful *a* léanmhar, mairgiúil
wolf *n* mac tíre, faolchú *vt, to* ~ *one's food* do chuid bia a alpadh
woman *n* bean *a* ban-, *a* ~ *dancer* rinceoir mná
womanhood *n* banúlacht
womanly *a* banda, banúil
womb *n* broinn
wonder *n* ionadh, iontas, *it's a* ~ *he wasn't killed* ba mhór an obair nár maraíodh é *vt & i, to* ~ *at sth* iontas a dhéanamh de rud, *I* ~ *where he is* ní fheadar cá bhfuil sé, *and no* ~ ní nach ionadh
wonderful *a* éachtach, iontach, ~! go seoigh!
wonky *a* creathach
wood *n* adhmad; coill, doire
woodbine *n* féithleann
woodcock *n* creabhar
wood-cut *n* greanadh adhmaid; fiodhghreanadh
wooded *a* coillteach, faoi chrainn
wooden *a* clárach, ~ *box* bosca adhmaid, bosca cláir, ~ *leg* cos mhaide
woodlouse *n* cláirseach, míol críon
woodpecker *n* cnagaire, snag (darach)
woodwind *n* craobh cheoil
woodwork *n* adhmadóireacht, saoirseacht adhmaid
woodworm *n* réadán
wooing *n* suirí
wool *n* olann; snáth
woollen *a*, ~ *cloth* éadach olla

woolly *a* lomrach, olanda, ollach
word *n* focal, briathar, *don't say a* ~ ná habair smid
work *n* obair, saothar, *public* ~*s* oibreacha poiblí *vt & i* oibrigh, saothraigh, ~*ing* ag obair; ar obair
workable *a* inoibrithe
worker *n* oibrí, saothraí
working *n* obair *a*, ~ *party* meitheal, ~ *class* lucht oibre, *in* ~ *order* i bhfearas, i ngléas
workmanlike *a* ceardúil, slachtmhar
workmanship *n* ceardaíocht, ealaín
workshop *n* ceardlann, ceárta
world *n* domhan, saol, cruinne, *they think the* ~ *of him* síleann siad an dúrud de, tá meas an domhain acu air *a*, ~ *war* cogadh domhanda
worldly *a* talmhaí, saolta, ~ *matters, outlook* saoltacht
world-wide *a* ar fud an domhain, domhanda
worm *n* péist, cuiteog, cruimh; cam stile
worn *a* caite, ~ *out* athchaite; spíonta, tnáite
worried *a* buartha, imníoch
worry *n* buairt, crá, imní *vt & i* buair, ciap, ~*ing the sheep* ag sárú na gcaorach, *it is* ~*ing me* tá sé ag déanamh buartha dom
worse *a*, *he is* ~ *than John* is measa é ná Seán, *to get* ~ dul i ndonas, in olcas
worsen *vt & i, to* ~ éirí níos measa, dul in olcas, *to* ~ *sth* rud a dhéanamh níos measa
worship *n* adhradh, onórú *vt* adhair, onóraigh
worshipper *n* adhraitheoir
worst *n*, *the* ~ díogha, *the* ~ *of it is (that)* is é donas an scéil (go) *a* is measa, *his* ~ *mistake* an dearmad is measa aige
worsted *n* mustairt
worth *n* luach, fiúntas, *it is* ~ *a pound* is fiú punt é, *it is not* ~ *mentioning* is beag le rá é, ní fiú trácht air
worthless *a* beagmhaitheasach, suarach; díomhaoin, spreasánta, *it is* ~ ní fiú biorán, tráithnín, é; níl ann ach cacamas
worthy *a* fiúntach, diongbháilte, oiriúnach
wound *n* créacht, cneá, goin, lot *vt* créachtaigh, cneáigh, goin, loit
wrack *n* feamainn bhoilgíneach; bruth faoi thír
wraith *n* taise
wrangle *n* clampar, callóid, siosma, iomarbhá *vi*, *wrangling about land* ag pléadáil faoi thalamh
wrap *n* clúdach, fillteog *vt* clúdaigh, cuach, fill
wrapper *n* fillteán, ~ *of book* forchlúdach leabhair
wrath *n* díbheirg, fraoch
wrathful *a* díbheirgeach, fraochta
wreak *vt, to* ~ *vengeance on a person* díoltas a imirt, a agairt, ar dhuine
wreath *n* bláthfhleasc, fleasc
wreathe *vt & i* figh, cas, sníomh
wreck *n* raic, raiceáil, scrios, longbhriseadh *vt* scrios, bris, raiceáil

wreckage *n* raic
wren *n* dreoilín
wren-boys *n* lucht an dreoilín
wrench *n* freanga, spreagadh, stangadh, *(tool)* rinse *vt* stróic, freang, stang
wrestle *vt & i* sníomh, *to ~ with a person* bheith ag coraíocht, ag iomrascáil, le duine
wrestler *n* gleacaí, iomrascálaí
wrestling *n* coraíocht, iomrascáil, gleacaíocht
wretch *n* ainniseoir, cráiteachán, donán, truán
wretched *a* suarach, ainnis, dearóil, *~ condition* anró; ainriocht, droch-chaoi, dóigh bhocht
wriggle *n* lúbarnaíl *vt & i, wriggling* ag lúbarnaíl, *to ~ one's way in* sleamhnú, caolú, isteach
wring *vt* fáisc, *to ~ one's hands* do bhosa a shníomh
wrinkle *n* fáirbre, roc *vt & i* roc
wrinkled *a* fáirbreach, grugach, rocach
wrist *n* caol na láimhe, rosta, bunrí

wrist-watch *n* uaireadóir láimhe
writ *n* eascaire, barántas, *Holy ~* an Scríbhinn Dhiaga
write *vt & i* scríobh
writer *n* scríbhneoir, údar
writhe *vi, to ~ with pain* bheith ag lúbarnaíl le pian, *to make a person ~* freanga a bhaint as duine
writing *n* scríbhneoireacht; scríbhinn; scríobh, *I'd know her ~* d'aithneoinn a lámh, lorg a láimhe
writing-paper *n* páipéar scríbhneoireachta
wrong *n* olc, éagóir, *to be in the ~* bheith san éagóir *a* cearr, contráilte; mícheart, cam, éagórach, *you are ~* níl an ceart agat, *what's ~ with you* cad tá ort, cad tá cearr leat, *to do sth ~* rud a dhéanamh as an tslí *vt, to ~ a person* éagóir, leatrom, a imirt ar dhuine
wry *a* casta, cam, *~ smile* draothadh gáire, *to pull a ~ face* strainc a chur ort féin
wryneck *n* cam-mhuin

X

X-ray x-gha, x-ghathú *vt* x-ghathaigh

xylophone *n* xileafón

Y

yacht *n* luamh
yachtsman *n* luamhaire
yank *vt* srac, stoith
Yankee *n* Poncán *a* Poncánach
yap *vi, to ~* sceamh a ligean, *(of person)* clabaireacht a dhéanamh
yard[1] *n* slat
yard[2] *n* clós
yarn[1] *n* abhras, snáth
yarn[2] *n* eachtra, scéal, staróg *vi* eachtraigh
yawn *n* méanfach *vi, to ~* méanfach a dhéanamh
year *n* bliain, *last ~* anuraidh, *this ~* i mbliana, *next ~* an bhliain seo chugainn, *in the New Y~* san athbhliain, *leap ~* bliain bhisigh
year-book *n* bliainiris
yearling *n* colpach; fóisc *a, ~ calf* gamhain bliana
yearly *a* bliantúil, *~ salary* tuarastal bliana
yearn *vi* tnúth (le)
yearning *n* tnúthán *a* tnúthánach
yeast *n* gabháil, giosta
yell *n* béic, liú, scread *vi* béic, liúigh, scread
yellow *n & a* buí *vt & i* buígh
yellowhammer *n* buíóg
yelp *n & vi* sceamh
yeoman *n* scológ; gíománach
yesterday *n & adv* inné, *the day before ~* arú inné

yet *adv* go fóill, fós
yew *n* iúr
yield *n* táirgeacht, barr, toradh, *(of milk)* crú, bleán, lacht, tál *vt & i* géill, claon; tabhair, táirg, tál
yoghourt *n* iógart
yoke *n* cuing, cuingir, *(of dress)* cuingleán, bráid *vt* cuingrigh
yolk *n* buíocán
yonder *a & adv* siúd, úd, ansiúd, lastall, *over ~* thall úd, *~ it is* b'iúd, siúd, é (é)
yore *n, of ~* anallód, fadó
you *pron* tú, tusa; thú, thusa, *pl* sibh, sibhse, *~ came* tháinig tú, sibh, *~ were beaten* buaileadh thú, sibh, *are ~ a doctor* an dochtúir thú, *with ~* leat, libh, *without ~* gan tú, gan sibh, *against ~* i do choinne, in bhur gcoinne, *the likes of ~* do, bhur, leithéid(í), *beating ~* do do bhualadh, do bhur mbualadh
young *a* óg; lag, *~ man* óganach, ógfhear, *~ woman* ógbhean
youngster *n* aosánach, garsún, malrach
your *poss a, ~ car, sg* do ghluaisteán *pl* bhur ngluaisteán, *~ father, sg* d'athair *pl* bhur n-athair, *~ hair, sg* do chuid gruaige *pl* bhur gcuid gruaige, *~ town* an baile seo *sg* agatsa *pl* agaibhse, *~ man* mo dhuine

yours *pron, it is* ~ is leat, *pl* libh, é, *that one is* ~ sin é do cheannsa *pl* bhur gceannsa; is leatsa, *pl* libhse, an ceann sin, *a friend of* ~ cara leat, *pl* libh; cara duit, *pl* daoibh; cara de do chuid, *pl* de bhur gcuid, *that son of* ~ an mac sin agat, *pl* agaibh

yourself *pron* tusa, thusa; (tú, thú) féin, *feeding* ~ do do chothú féin

yourselves *pron* sibhse, (sibh) féin, *feeding* ~, do bhur gcothú féin

youth *n* óige; aosánach, buachaill, macaomh, óganach, giolla, *the* ~ *of the country* ógra, aos óg, na tíre

youthful *a* óigeanta

yowl *n* uaill, uallfairt, glam

yo-yo *n* yó-yó

Z

zeal *n* díbhirce, díograis, dúthracht

zealous *a* díbhirceach, díograiseach, dúthrachtach

zebra *n* séabra

zenith *n* buaic

zephyr *n* leoithne (aniar)

zero *n* nialas

zest *n* faobhar, fonn

zig-zag *n* fiarlán *vi, to* ~ dul (ar) fiarlán, fiarlán a dhéanamh

zinc *n* sinc

zip *n* sip

zip-fastener *n* sipdhúntóir

zodiac *n* stoidiaca

zone *n* crios

zoo *n* zú

zoology *n* míoleolaíocht, zó-eolaíocht

A

a¹ ə† *voc part*, *a dhuine uasail* Sir

a² ə† *part used with non-adj numerals*, *a haon*, *a dó* one, two, *Eoin Fiche a Trí* John the Twenty-Third

a³ ə† *prep used with vn*, *síol a chur* to sow seed, *téigh a chodladh* go to sleep

a⁴ ə *poss a* his, her, its, their, *a athair*, *a hathair*, *a n-athair* his, her, their, father, *a bhaile*, *a baile*, *a mbaile*, his, her, their, home

a⁵ ə† *rel vb part & pron*, *an té a chuireann síol* he who sows seed, *an lá a baisteadh é* the day he was baptised, *an cat a d'ól an bainne* the cat which drank the milk, *a bhfuil ann* all that is there

a⁶ ə *part used with abstract n denoting degree*, *a ghéire a labhair sí* how sharply she spoke

á¹ a: *poss a 3sg m & f & 3pl as object of vn*, *bhí mé á dhíol* I was selling it, *bhí sí á crá acu* she was being tormented by them, *tá siad á gceannach* they are buying them; they are being bought

á² a: *int* ah

ab ab *m3*, abbot

abair abər′ *vt & i*, *vn* **rá** say, ~ *an fhírinne* speak the truth, ~ *amhrán* sing a song, ~ *leis fanacht* tell him to wait, *ní tú atá mé a rá* I am not referring to you, *mar a déarfá* so to speak

abairt abərt′ *f2* sentence, phrase

ábalta a:bəltə *a3* able, able-bodied

ábaltacht a:bəltəxt *f3* ability

abar abər *m1* boggy ground, *in* ~ bogged down; *in a difficulty*

abartha abərhə *a3* given to repartee, witty

abarthacht abərhəxt *f3* wittiness

abhac auk *m1* dwarf

ábhach a:vəx *m1*, ~ *gliomach* lobsterhole

ábhacht a:vəxt *f3* jocosity, drollery

abhaile ə'val'ə *adv* home(wards), *chuir sé* ~ *orm é* he persuaded me of it

ábhailleach a:vəl'əx *a1* playful, mischievous

ábhaillí a:vəl'i: *f4* playfulness, mischief

abhainn aun′ *f*, *gs* **abhann** *pl* **aibhneacha** river

ábhal a:vəl *a1*, *gsf & comp* **áibhle** great, immense

ábhalmhór 'a:vəl,vo:r *a1* colossal

abhantrach auntrəx *f2* river-basin

ábhar a:vər *m1* matter, material; cause; subject; fair amount or number; pus, ~ *tógála* building material, ~ *sagairt* clerical student, ~ *trua* object of pity, *ag déanamh ábhair* festering, *tá sé ar a* ~ *féin* he is on his own, *ar an* ~ *sin* for that reason, *baineann sé le h* ~ it is relevant

ábharachas a:vərəxəs *m1* materialism

ábhartha a:vərhə *a3* material; relevant

abhcach aukəx *a1* dwarf, dwarfish

abhcóide auko:d'ə *m1* advocate, counsel, barrister

abhlann aulən *f2* wafer, host

abhlóir aulo:r′ *m3* buffoon

abhóg avo:g *f2* bound; bad impulse

ábhraigh a:vri: *vi* fester

abhraiseach aurəs′əx *f2* spinner

abhras aurəs *m1* yarn; handiwork

abhus ə'vus *adv & a* here, *taobh* ~ *den loch* on this side of the lake

ablach abləx *m1* carcass, carrion

abláil abla:l′ *f3* botching

absalóideach absəlo:d'əx *a1* absolute

abú ə'bu: *int* for ever

acadamh akədəv *m1* academy

acadúil akədu:l′ *a2* academic

acalaí akəli: *m4* acolyte

acaoineadh 'a,ki:n'ə *m*, *gs* **-nte** plaintive crying

acaointeach 'a,ki:n't′əx *a1* plaintive, doleful

acarsóid akərso:d′ *f2* anchorage

acastóir akəsto:r′ *m3* axle

ach ax *conj & prep* but, *níl agam* ~ *é* it is all I have, *níl tú* ~ *ag amaidí* you are only fooling, *níl ann* ~ *go bhfeicim iad* I can barely see them, *gheobhaidh tú é* ~ *íoc as* you will get it if you pay for it, ~ *grásta Dé* but for the grace of God

achadh axə *m1* field

achainí axən′i: *f4*, *pl* ~**ocha** request, entreaty, petition

achainigh axən′i: *vt & i* entreat, petition

achainíoch axən′i:(ə)x *m1* petitioner *a1*, *gsm* ~ importunate

achair axər′ *vt & i*, *pres* **achrann** *vn* ~**t** beseech

achar axər *m1* area; distance, extent; period

achasán axəsa:n *m1* reproach, insult

achoimre 'a,xom′r′ə *f4* summary

achoimrigh 'a,xom′r′i: *vt* summarize, recapitulate

achomair 'a,xomər′ *a1*, *gsf*, *npl & comp* **-oimre** concise, brief

achomaireacht 'a,xomər′əxt *f3* conciseness, brevity

achomharc 'a,xo:rk *m1* appeal

achomharcóir 'a,xo:rko:r′ *m3* appellant

achrann axrən *m1* tangle, entanglement; quarrelling, strife, *in* ~ *sna driseacha* caught in the briars

achrannach axrənəx *a1* entangled, intricate; quarrelsome

acht axt *m3*, *pl* ~**anna** enactment; condition, ~ *parlaiminte* act of parliament

achtaigh axti: *vt* enact

achtúire axtu:r′ə *m4* actuary

aclaí akli: *a3* supple, agile; flexible; adroit

aclaigh akli: *vt & i* limber; exercise; flex

aclaíocht akli:(ə)xt *f3* agility; limbering, exercise; adroitness

acmhainn akvən′ *f2* capacity, endurance; means, resources; equipment

acmhainneach akvən′əx *a1* strong, able to endure; well-to-do; seaworthy

acomhal 'a,ko:l *m*1 junction
acra[1] akrə *m*4 acre
acra[2] akrə *m*4 implement, tool; convenience
acrach akrəx *a*1 handy; convenient
acraíocht akri:(ə)xt *f*3 acreage
acu aku : **ag**
adac adək *m*1 hod
adamh adəv *m*1 atom
adamhach adəvəx *a*1 atomic
adamhaigh adəvi: *vt* atomize
adanóidí adəno:d'i: *spl* adenoids
adh- a *pref* very
ádh a: *m*1 luck
adhain ain' *vt & i*, *pres* **adhnann** kindle; inflame; ignite; grate
adhaint ain't' *f*2 inflammation; ignition
adhair air' *vt*, *pres* **adhrann** *vn* **adhradh** adore, worship
adhairt airt' *f*2, *pl* ~**eanna** bolster, pillow
adhall ail *m*1 heat (in bitch)
adhaltrach ailtrəx *m*1 adulterer *a*1 adulterous
adhaltranas ailtrənəs *m*1 adultery
adhantach aintəx *a*1 igneous, inflammable
adhantaí ainta:n *m*4 fire-lighter
adharc airk *f*2 horn, *in* ~ *gabhair* in a dilemma, ~ *diallaite* peak of saddle, *in* ~*a a chéile* at loggerheads
adharcach airkəx *a*1 horned, horny
adharcáil airka:l' *vt* horn, gore
adharcán airka:n *m*1 feeler, tentacle, antenna
adhartán airta:n *m*1 cushion; compress
adhascaid aiskəd' *f*2 nausea, morning sickness
adhastar aistər *m*1 halter
adhfhuafar 'a,uəfər *a*1 abominable
adhlacadh ailəkə *m*, *gs* **-ctha** *pl* **-cthaí** burial
adhlacóir ailəko:r' *m*3 undertaker
adhlaic ailək' *vt*, *pres* **-acann** bury
adhmad aiməd *m*1 wood, timber; material
adhmadóireacht aimədo:r'əxt *f*3 woodwork, carpentry
adhmaint aimən't' *f*2 lodestone, magnet
adhmainteach aimən't'əx *a*1 magnetic
adhmainteas aimən't'əs *m*1 magnetism
adhmhol 'a,vol *vt* extol, eulogize
adhmholadh 'a,volə *m*, *gs* **-lta** eulogy, panegyric
adhnua 'a,nuə *m*4, ~ *a dhéanamh de* to make a fuss of him
adhradh airə *m*, *gs* **adhartha** adoration, worship
adhraitheoir airiho:r' *m*3 adorer, worshipper
ádhúil a:u:l' *a*2 lucky, fortunate
admhaigh advi: *vt & i* acknowledge, admit, confess
admháil adva:l' *f*3 acknowledgement, admission; receipt
adóib ado:b' *f*2 adobe
aduaidh ə'duəy' *adv & prep & a* from the north, *an ghaoth* ~ the north wind
aduain aduən' *a*1 strange, unfamiliar; apart
ae e: *m*4, *pl* ~**nna** liver

aeistéitic e:s't'e:t'ək' *f*2 aesthetics
aeistéitiúil e:s't'e:t'u:l' *a*2 aesthetic
aer[1] e:r *m*1 air; gaiety, ~ *beag gaoithe* little breath of wind, *tá an ghrian ar an* ~ the sun is up, ~ *an tsaoil* the pleasures of the world, *chaith sé in* ~ *é* he threw it up, abandoned it
aer[2] e:r *m*1 air, tune
aer(a)(i)- e:r(ə) *pref* air-, aero-, aerial; pneumatic
aerach e:rəx *a*1 airy; gay, lively; flighty
aeracht e:rəxt *f*3 airiness; gaiety; flightiness
aerachtúil e:rəxtu:l' *a*2 eerie
aeradróm 'e:rə,dro:m *m*1 aerodrome
aeráid e:ra:d' *f*2 climate
aeráideach e:ra:d'əx *a*1 climatic
aeraidinimic 'erə,d'i'n'im'ək' *f*2 aerodynamics
aeraigh e:ri: *vt* aerate
aeráil e:ra:l' *f*3 ventilation *vt* ventilate, air
aeraíocht e:ri:(ə)xt *f*3 open-air entertainment, *ag* ~ taking the air
aerálaí e:ra:li: *m*4 ventilator
aerárthach 'e:r,a:rhəx *m*1, *pl* **-aí** aircraft
aerasól 'e:rə,so:l *m*1 aerosol
aerbhac 'e:r,vak *m*1 air-lock
aerbhrat 'e:r,vrat *m*1 atmosphere
aerdhíonach 'e:r,γ'i:nəx *a*1 air-tight
aerfhórsa 'e:r,o:rsə *m*4 air-force
aerfort 'e:r,fort *m*1 airport
aerga e:rgə *a*3 aerial, ethereal
aerloingseoireacht 'e:r,loŋ's'o:r'əxt *f*3 aeronautics
aeróg e:ro:g *f*2 aerial
aeroibrithe 'e:r,ob'r'ihə *a*3 pneumatic
aeroiriúnaigh 'e:r,or'u:ni: *vt* air-condition
aeróstach 'e:r,o:stəx *m*1 air-hostess
aertha e:rhə *a*3 light-headed, giddy
aerthormán 'e:r,horəma:n *m*1 atmospherics
áfach a:fəx *adv* however
ag eg'[†] *prep*, *pron forms* **agam** agəm, **agat** agət, *m* **aige** eg'ə, *f* **aici** ek'i, **againn** agəŋ', **agaibh** agəv', **acu** aku, at, *ag an scoil* at the school, *sin agat é* there it is for you, *is mór acu Seán* they have a great regard for Seán, *an teach seo againne* our house, *theip ar an misneach aige* he lost courage, *tá beirt mhac aige* he has two sons, *bíodh ciall agat* have sense, *tá snámh aige* he can swim, *tá dúil agam ann* I desire it, *bíodh agat* let him be, *duine acu* one of them, *caite ag an aois* worn out with age, *tá sé trom aige* it is heavy for him, *tá sé ag caint* he is speaking
aga agə *m*4 period, interval; distance
agaibh agəv': **ag**
agaill agəl' *f*2 earthworm, lobworm
againn agəŋ': **ag**
agair agər' *vt*, *pres* **agraíonn** plead, entreat; avenge, *d'agair sé a dhíoltas orthu* he wreaked vengeance on them
agairt agərt' *f*3, *gs* **-artha** plea; vengeance
agáit aga:t' *f*2 agate
agall agəl *f*2 exclamation, cry; talk, argument

agallamh agəlǝv *m*1 address, discourse; interview, ~ *beirte* dialogue

agam agǝm : **ag**

agat agǝt : **ag**

aghaidh aiɣ′ *f* 2, *pl* ~**eanna** face; front, aspect, ~ *fidil* mask, ~ *ar* ~ face to face, *ar* ~ facing; forward, *ag dul ar* ~ progressing, *ar* ~ *leat* go ahead, *ceann ar* ~ headlong, *in* ~ against, in return for, *le h* ~ for, *fuisce a ól ar a* ~ to drink whiskey neat

agnóisí agno:s′i: *m*4 agnostic

agnóisíoch agno:s′i:(ə)x *a*1, *gsm* ~ agnostic

agó ə′go: *m*4 objection, stipulation, *gan aon* ~ undoubtedly

agóid ago:d′ *f* 2 objection, protest, *lucht* ~*e* protesters *vi* object, protest

agóideach ago:d′əx *a*1 protesting; cantankerous

aguisín agəs′i:n′ *m*4 addition, addendum

agus agəs† *conj* and, *breis* ~ *bliain* more than a year, *tuairim* ~ *céad* about one hundred, *níor ith sé* ~ *níor ól sé* he neither ate nor drank, *fainic* ~ *ná tit* be careful not to fall, *d'imigh sé* ~ *fearg air* he went away in anger, *láidir* ~ *mar atá sé* strong as he is, *chomh maith* ~ *is féidir liom* as well as I can, *bíodh* ~ *go bhfaca tú é* granted that you saw him

agús agu:s *m*1 addition, qualification; clause, reservation

aibéil ab′e:l′ *f* 2, ~ *chainte* back-chat *a*1 quick

áibhéalach a:v′e:ləx *a*1 exaggerative

áibhéalta a:v′e:ltə *a*3 exaggerated; huge, vast

áibhéil a:v′e:l′ *f* 2 exaggeration

aibhéis av′e:s′ *f* 2 abyss

aibhinne av′ən′ə *m*4 avenue

áibhirseoir a:v′ərs′o:r′ *m*3 adversary, (the) Devil

áibhle a:v′l′ə : **ábhal**

aibhléis av′l′e:s′ *f* 2 electricity

aibhleog av′l′o:g *f* 2 coal (of fire), ~ *dhóite* cinder

aibhneacha av′n′əxə : **abhainn**

aibhseach av′s′əx *a*1 great, immense, *dath* ~ high colour

aibhsigh av′s′i: *vt* & *i* enlarge (*ar*, on); emphasize; heighten (colour)

aibí ab′i: *a*3 ripe, mature; quick, clever, *súil* ~ keen eye

aibíd ab′i:d′ *f* 2, *pl* ~**eacha** habit, religious dress

aibigh ab′i: *vt* & *i* ripen, mature

aibíocht ab′i:(ə)xt *f* 3 ripeness, maturity; quickness, cleverness

aibítir ab′i:t′ər′ *f* 2, *gs* -**tre** *pl* -**trí** alphabet; rudiments

aibítreach ab′i:t′r′əx *a*1 alphabetical

Aibreán ab′r′a:n *m*1 April

aibreog ab′r′o:g *f* 2 apricot

aice[1] ak′ə *f* 4 nearness, proximity, *in* ~ *na farraige* near the sea, *ina* ~ *sin* along with that

aice[2] ak′ə *f* 4, ~ *gliomach* lobsterhole

aiceann ak′ən *m*1 accent, stress (mark)

aicearra ak′ərə *m*4 short-cut; abridgement

aicearrach ak′ərəx *a*1 short; curt, *caint* ~ pithy speech

aicearracht ak′ərəxt *f* 3, *in* ~ soon, without delay

aicéitiléin ə′k′e:t′ə,l′e:n′ *f* 2 acetylene

aici ek′i : **ag**

aicíd ak′i:d′ *f* 2 disease

aicme ak′m′ə *f* 4 genus, class; tribe; clique

aicmeach ak′m′əx *a*1 generic; class

aicmigh ak′m′i: *vt* classify

aicmiúil ak′m′u:l′ *a*2 sectarian; cliquish

aicsean ak′s′ən *m*1 action, feat

aicsím ak′s′i:m′ *f* 2 axiom

Aidbhint ad′v′ən′t′ *f* 2 Advent

aidhleanna ail′ənə *npl* oilskins

aidhm aim′ *f* 2, *pl* ~**eanna** aim, purpose, *d'aon* ~ on purpose

aidhmeannach aim′ənəx *a*1 designing, ambitious

aidhnín ain′i:n′ *m*4 fuse (of explosive)

aidiacht ad′iəxt *f* 3 adjective

aidiúnach ad′u:nəx *m*1 adjutant

aidréanailin ə′d′r′e:nə,l′i:n′ *m*4 adrenalin

aife af′ə *f* 4 ebb, *taoide* ~ ebbing tide

aiféala af′e:′lə *m*4 regret, remorse; shame, embarrassment

aiféalach af′e:ləx *a*1 regretful, sorrowful; shame-faced, embarrassed

aiféaltas af′e:ltəs *m*1 shame, embarrassment; regret

áiféis a:f′e:s′ *f* 2 exaggeration; nonsense

áiféiseach a:f′e:s′əx *a*1 exaggeration; ridiculous

aifid af′əd′ *f* 2 aphid

aifir af′ər′ *vt*, *pres* **aifríonn** rebuke

aifirt af′ərt′ *f* 3, *gs* **aifeartha** rebuke, reproach

Aifreann af′r′ən *m*1 Mass

aige eg′ə : **ag**

aigéad ag′e:d *m*1 acid

aigéadach ag′e:dəx *a*1 acid

aigéan ag′e:n *m*1 ocean

aigéanach ag′e:nəx *a*1 oceanic

aigeanta ag′əntə *a*3 spirited, cheerful

aighneacht ain′əxt *f* 3 submission

aighneas ain′əs *m*1 argument, discussion

aighneasach ain′əsəx *a*1 argumentative

aigne ag′n′ə *f* 4 mind, disposition; cheerfulness; intention

aigneolaíocht ′ag′n′,o:li:(ə)xt *f* 3 psychology

áil a:l′ *s* (with *is*) desire, wish, *mar is* ~ *leat* as you wish

ailb al′əb′ *f* 2, *pl* ~**eanna** alb

ailbíneana al′əb′i:n′əx *m*1 & *a*1 albino

ailceimic ′al′,k′em′ək′ *f* 2 alchemy

áiléar a:l′e:r *m*1 loft, attic; gallery

ailgéabar al′(ə)g′e:bər *m*1 algebra

ailibí al′əb′i: *m*4, *pl* ~**onna** alibi

ailigéadar al′əg′e:dər *m*1 alligator

ailím al′i:m′ *m*1 alum

ailínigh ′a,l′i:n′i: *vt* align

ailiúnas al′u:nəs *m*1 alimony

aill al′ *f* 2, *pl* ~**te** cliff, precipice

áille a:l′ə : **álainn**
áilleacht a:l′əxt *f* 3 beauty; delight
ailleadóireacht al′ədo:r′əxt *f* 3 rock-climbing
áilleagán a:l′əga:n *m* 1 toy; trinket; doll
ailléirge al′e:r′g′ə *f* 4 allergy
ailléirgeach al′e:r′g′əx *a* 1 allergic
ailp al′p′ *f* 2, *pl* ~**eanna** lump, chunk; knob
ailse al′s′ə *f* 4 cancer
ailt al′t′ *f* 2, *pl* ~**eanna** steep-sided glen, ravine
áilteoir a:l′t′o:r′ *m* 3 trickster, practical joker
áilteoireacht a:l′t′o:r′əxt *f* 3 tricking, joking
ailtire al′t′ər′ə *m* 4 architect
ailtireacht al′t′ər′əxt *f* 3 architecture
áiméan a:m′e:n *int* amen
áiméar a:m′e:r *m* 1 chance, opportunity
aimhleas 'av′‚l′as *m* 3 harm, detriment; evil
aimhleasach 'av′‚l′asəx *a* 1 harmful, detrimental; misguided
aimhréidh 'av′‚r′e:γ′ *f* 2 entanglement, *dul in* ~ to get entangled *a* 1 entangled; dishevelled; involved; uneven
aimhréireach 'av′‚re:r′əx *a* 1, ~*le* repugnant to
aimhrialta 'av′‚riəltə *a* 3 irregular; anomalous
aimhrialtacht 'av′‚riəltəxt *f* 3 anomaly
aimhriar 'av′‚riər *f* 2, **-réire** disobedience; incongruity
aimiréal am′ər′e:1 *m* 1 admiral, ~ *dearg* red admiral
aimiréalacht am′ər′e:ləxt *f* 3 admiralty
aimitis am′ət′əs *f* 2 amethyst
aimléis am′l′e:s *f* 2 misery
aimlithe am′l′ihə *a* 3 sodden; enfeebled, bedraggled
aimnéise am′n′e:s′ə *f* 4 amnesia
aimpéar am′p′e:r *m* 1 ampère
aimpligh am′p′l′i: *vt* amplify
aimplitheoir am′p′l′iho:r′ *m* 3 amplifier
aimrid am′r′əd′ *a* 1 barren, sterile
aimride am′r′əd′ə *f* 4 barrenness, sterility
aimridigh am′r′əd′i: *vt* make barren, sterilize
aimseartha am′s′ərhə *a* 3 temporal
aimsigh am′s′i: *vt* aim; find; make attempt at, *an marc a aimsiú* to hit the mark
aimsir am′s′ər′ *f* 2 weather; time; (*grammar*) tense, ~ *shamhraidh* summer weather, *nósanna na haimsire seo* present-day customs, ~ *na Nollag* Christmastide, *ar, in,* ~ *ag duine* in service with, hired for a season by, a person
aimsitheoir am′s′iho:r′ *m* 3 marksman; finder
aimsiú am′s′u: *m* 4 aim; hit (on mark); attack
ain- an′ *pref* in-, un-, not; bad, unnatural; over-, intense
ainbhios 'an′‚v′is *m* 3, *gs* **-bheasa** ignorance
ainbhiosach 'an′‚v′isəx *a* 1 ignorant; stupid
ainbhiosán 'an′‚v′isa:n *m* 1 ignorant person; ignoramus
ainbhreith 'an′‚v′r′eh *f* 2, *pl* ~**eanna** unjust judgment
ainchleachtadh 'an′‚x′l′axtə *m* 1 inexperience

ainchreideamh 'an′‚x′r′ed′əv *m* 1 unbelief, infidelity
ainchreidmheach 'an′‚x′r′ed′v′əx *m* 1 unbeliever, infidel
ainchríonna 'an′‚x′r′i:nə *a* 3 imprudent, rash
aincis aŋ′k′əs′ *f* 2 malignancy; peevishness
aindiachaí 'an′‚d′iəxi: *m* 4 atheist
aindiachas 'an′‚d′iəxəs *m* 1 atheism
aindiaga 'an′‚d′iəgə *a* 3 godless
aindleathach 'an′‚d′l′ahəx *a* 1 illegal
aindlí 'an′‚d′l′i: *m* 4 lawlessness
áineas a:n′əs *m* 3 sport, delight
ainéistéiseach 'an′‚e:s′t′e:s′əx *m* 1 & *a* 1 anaesthetic
aineoil 'an′‚o:l′ *a* 3 unknown, strange
aineolach 'an′‚o:ləx *a* 1 ignorant; inexperienced
aineolas 'an′‚o:ləs *m* 1 ignorance, inexperience
ainfheoil 'an′‚o:l′ *f* 3 proud flesh
aingeal aŋ′g′əl *m* 1 angel
ainghníomh 'an′‚γ′n′i:v *m* 1, *pl* ~**artha** atrocity
aingí aŋ′g′i: *a* 3 malignant; fretful
aingiallta 'aŋ′‚g′iəltə *a* 3 irrational
aingíne aŋ′g′i:n′ə *f* 4 angina, ~ *chléibh* angina pectoris
ainglí aŋ′l′i: *a* 3 angelic
ainglis aŋ′l′əs′ *f* 2 goitre
ainiarmhartach 'an′‚iərvərtəx *a* 1 having evil consequences
ainimh an′əv′ *f* 2, *gs* & *npl* ~**e** *gpl* **-neamh** blemish, disfigurement
ainíochtach 'an′‚ixtəx *a* 1 cruel
ainís an′i:s′ *f* 2 anise; caraway, *síol* ~*e* aniseed
ainligh an′l′i: *vt* guide, steady boat against current; kedge, *an scéal a ainliú* to handle the matter adroitly
ainm an′əm′ *m* 4, *pl* ~**neacha** name; reputation; noun, *in* ~ *a bheith ag obair* supposed to be working, *duine a chur as a* ~ to miscall, abuse, *a person, tá* ~ *an léinn air* he has a reputation for learning
ainmfhocal 'an′əm′‚okəl *m* 1 noun, substantive
ainmheasartha 'an′‚v′asərhə *a* 3 immoderate, intemperate
ainmheasarthacht 'an′‚v′asərhəxt *f* 3 excess, intemperance
ainmhéid 'an′‚v′e:d′ *f* 2 hugeness, overgrowth
ainmhí an′əv′i: *m* 4 animal; brute
ainmhian 'an′‚v′iən *f* 2, *gs* **-mhéine** *pl* ~**ta** passion, lust
ainmhianach 'an′‚v′iənəx *a* 1 passionate, lustful
ainmhíoch an′əv′i:(ə)x *a* 1, *gsm* ~ animal, brutish
ainmliosta 'an′əm′‚l′istə *m* 4 catalogue
ainmneach an′əm′n′əx *m* 1 & *a* 1 (*grammar*) nominative
ainmní an′əm′n′i: *m* 4, (*grammar*) subject
ainmnigh an′əm′n′i: *vt* name; nominate; specify
ainmníocht an′əm′n′i:(ə)xt *f* 3 nomenclature
ainmnithe an′əm′n′ihə *a* 3 elect
ainmnitheach an′əm′n′ihəx *m* 1 nominee
ainmniúchán an′əm′n′u:xa:n *m* 1 nomination

ainmniúil an'əm'n'u:l' *a*2 nominal; noted, well-known

ainneoin 'a,n'o:n' *s*, ~, *d'*~, *in* ~ notwithstanding, in spite of

ainneonach 'a,n'o:nəx *a*1 involuntary

ainnir an'ər' *f*2, *pl* ~**eacha** maiden, young woman

ainnis an'əs' *a*1 miserable, wretched

ainnise an'əs'ə *f*4 misery

ainniseoir an'əs'o:r' *m*3 miserable person, wretch

ainriail 'an',riəl' *f*, *gs* **-alach** lack of discipline; anarchy

ainrialaí 'an',riəli: *m*4 anarchist

ainrialta 'an',riəltə *a*3 undisciplined; anarchical

ainrianta 'an',riəntə *a*3 unbridled, unruly; licentious

ainriocht 'an',rixt *m*3, *gs* **-reachta** sorry plight, wretched condition

ainscian 'an',s'k'iən *f*2, *gs* **-céine** wildness, fury, ~ *mná* virago

ainscianta 'an',s'k'iəntə *a*3 wild, furious

ainseal an's'əl *m*1, *dul in* ~, *chun ainsil* to become chronic

ainsealach an's'ələx *a*1 chronic

ainsiléad an's'əl'e:d *m*1 balance, scales

ainspianta 'an',sp'iəntə *a*3 grotesque; abnormal

ainspiantacht 'an',sp'iəntəxt *f*3 grotesqueness; abnormality

Ainspiorad 'an',sp'irəd *m*1, *an t* ~ the Devil

ainsprid 'an',sp'r'id' *f*2 evil spirit

aintéine an't'e:n'ə *f*4 antenna

aintiarna 'an',t'iərnə *m*4 despot; tyrant

aintiarnas 'an',t'iərnəs *m*1 tyranny

aintiarnúil 'an',t'iərnu:l' *a*2 tyrannical

aintín an't'i:n' *f*4 aunt

aintiún an't'u:n *m*1 anthem

aíocht i:(ə)xt *f*3 hospitality; lodging

aíochtlann i:(ə)xtlən *f*2 guest-house

aíonna i:(ə)nə : **aoi**

aipindic ,a'pin'd'ək' *f*2 appendix

aipindicíteas a,p'in'd'ə'k'i:t'əs *m*1 appendicitis

air er' : **ar**[1]

airc ar'k' *f*2 greed, voracity; want

áirc a:r'k' *f*2 ark

airceach ar'k'əx *a*1 voracious; needy

aird[1] a:rd' *f*2, *gs & pl* ~**e** direction, point of compass

aird[2] a:rd' *f*2 attention; notice, *focal gan* ~ insignificant statement

airde a:rd'ə *f*4 height; altitude, level, *fiche troigh ar* ~ twenty feet in height, *in* ~ on high, up, *ar cosa in airde* at a gallop

airdeall a:rd'əl *m*1 alertness, watchfulness, vigilance, *san, ag,* ~ *ar* watchful over; on the alert against

airdeallach a:rd'ələx *a*1 alert, watchful

aire[1] ar'ə *f*4 care, attention; heed, notice, *is iomaí rud ar m'* ~ I have many things to attend to, ~ *duit!* ~ *chugat!* look out!

aire[2] ar'ə *m*4 minister (of state)

aireach ar'əx *a*1 careful, attentive; vigilant

aireachas ar'əxəs *m*1 attention; vigilance

aireacht ar'əxt *f*3 ministry

aireachtáil ar'əxta:l' *f*3 perception

aireagal ar'əgəl *m*1 oratory; apartment; (hospital) ward, *ceol aireagail* chamber music

aireagán ar'əga:n *m*1 invention

áireamh a:r'əv *m*1 counting, reckoning, enumeration: census; arithmetic; number, *rud a chur san* ~ to take sth into account

áireamhán a:r'əva:n *m*1 calculator

airéine ar'e:n'ə *f*4 arena

áirge a:r'g'ə *f*4 useful article, asset

airgead ar'əg'əd *m*1 silver; money, ~ *tirim* ready cash

airgeadaí ar'əg'ədi: *m*4 financier

airgeadas ar'əg'ədəs *m*1 finance

airgeadóir ar'əg'ədo:r' *m*3 cashier, teller

airgeadra ar'əg'ədrə *m*4 currency

airgeadúil ar'əg'ədu:l' *a*2 silvery; financial

áirgiúil a:r'g'u:l' *a*2 well-appointed; spacious

airí[1] ar'i: *m*4, *pl* ~**onna** symptom; characteristic

airí[2] ar'i: *f*4 desert, *is maith an* ~ *air é* it serves him right

áiria a:r'iə *m*4, *pl* ~**nna** aria

airigh ar'i: *vt, vn* **-reachtáil** perceive; feel; hear, *d'* ~ *mé uaim iad* I missed them

áirigh a:r'i: *vt, vn* **-reamh** count, reckon

airíoch ar'i:(ə)x *m*1 caretaker

áirithe[1] a:r'ihə *f*4 certainty, certain quantity, portion, allotment, *d'* ~, *in* ~ allotted, certain, *suíochán a chur in* ~ to book a seat

áirithe[2] a:r'ihə *a*3 certain, particular, *ach go h* ~ at any rate, *go h* ~ especially

áirithigh a:r'ihi: *vt* ensure

airleacan a:rl'əkən *m*1 advance, loan

áirmhéadar 'a:r',v'e:dər *m*1 comptometer

airmheán 'ar',v'a:n *m*1 epicentre

airne a:rn'ə *f*4 sloe

airneán a:rn'a:n *m*1 night-visiting; working, etc late at night

airnéis a:rn'e:s' *f*2 chattels; cattle; goods; equipment

áirse a:rs'ə *f*4 arch

airteagal art'əgəl *m*1 article

airtéiseach art'e:s'əx *a*1 artesian

airtléire art'l'e:r'ə *f*4 artillery

airtríteas art'r'i:t'əs *m*1 arthritis

ais[1] as' *s, ar* ~ back; again, *droim ar* ~ reversed, back to front, *le h* ~ beside, compared with, *ar* ~ *nó ar éigean* at all costs

ais[2] as' *f*2, *pl* ~**eanna** axis

ais-[3] as' *pref* re-, back

áis a:s' *f*2, *pl* ~**eanna** convenience; facility; device, *an ndéanfá* ~ *dom?* would you do me a favour? *ní haon* ~ *dom é* it is of no use to me, *ar* ~! at ease!

aisce as'k'ə *f* 4 favour, gift, *in* ~ for nothing, *turas in* ~ journey in vain

aischothú 'as',xohu: *m*4 feedback

aiseag as'əg *m*1 restitution; vomit; emetic

aiseal as'əl *m*1 axle

aiseipteach 'a,s'ep't'əx *a*1 aseptic

aiséirí 'as',e:r'i: *m*4 resurrection; resurgence

aiséirigh 'as',e:r'i: *vi* rise again

aiséiteach as'e:t'əx *m*1 ascetic

aiséitiúil as'e:t'u:l' *a*2 ascetic

aiseolas 'as',o:ləs *m*1 feedback

aisfhreagra 'as',r'agrə *m*4 back answer, retort

aisghair 'as',γar' *vt* abrogate; repeal

aisghairm 'as',γar'əm' *f* 2, *pl* ~**eacha** abrogation; repeal

aisig as'əg' *vt*, *pres* **-seagann** *vn* **-seag** restore; vomit

aisíoc 'as',i:k *m*3 repayment, restitution *vt* repay, refund

áisiúil a:s'u:l' *a*2 convenient, handy

áisiúlacht a:s'u:ləxt *f* 3 convenience, utility

aisléim 'as',l'e:m' *f* 2, *pl* ~**eanna** (*of spring*) recoil *vi* recoil

aisling as'l'əŋ' *f* 2 vision; vision poem

aislingeach as'l'əŋ'əx *m*1 & *a*1 visionary

aispeist as'p'əs't' *f* 2 asbestos

aistarraing 'as',tarəŋ *vt*, *pres* ~**íonn** (*of money*) withdraw

aiste[1] as't'ə *f* 4 peculiarity; condition; scheme; essay, composition, ~ *bia* diet

aiste[2] as't'ə *s*, *tá* ~ *ar an iasc* the fish are rising

aisteach as't'əx *a*1 peculiar, strange; surprising; droll

aistear as't'ər *m*1 journey; roundabout way, inconvenience, *turas in* ~ a journey in vain

aisteoir as't'o:r' *m*3 actor

aisteoireacht as't'o:r'əxt *f* 3 acting (in theatre, etc)

aisti as't'i : **as**[1]

aistreach as't'r'əx *a*1 (*of person*) roving, unsettled; (*of place*) inconvenient; transitive

aistreán as't'r'a:n *m*1 out-of-the-way place; inconvenience

aistreánach as't'r'a:nəx *a*1 out-of-the-way, inconvenient; migratory

aistrigh as't'r'i: *vt* & *i* move, transfer; translate

aistritheach as't'r'ihəx *a*1 movable, *daonra* ~ shifting population

aistritheoir as't'r'iho:r' *m*3 remover; translator

aistriú as't'r'u: *m*4 removal, transfer; translation

aistriúchán as't'r'u:xa:n *m*1 translation

ait at' *a*1 pleasant; fine; comical, queer

áit a:t' *f* 2, *pl* ~**eanna** place, position, room, ~ *seasaimh* standing room, ~ *tí* site for a house, *muintir na háite* the local people, *dá mbeifeá i m'* ~ *se* if you were in my shoes, *in* ~ instead of, *cá h* ~? where?

aiteacht at'əxt *f* 3 queerness, oddness

aiteal at'əl *m*1 juniper

aiteall at'əl *m*1 fine spell between showers

aiteann at'ən *m*1 furze, gorse, whin

aiteas at'əs *m*1 pleasantness, fun; queerness; queer sensation

aiteasach at'əsəx *a*1 pleasant, joyful

áiteoireacht a:t'o:r'əxt *f* 3 arguing; argumentation

áith a: *f* 2, *pl* ~**eanna** kiln

aitheach ahəx *m*1 churl

aitheanta ahəntə *a*3 recognized, accepted

aitheantas ahəntəs *m*1 acquaintance, recognition; identification

aitheasc ahəsk *m*1 address; exhortation, *vt* exhort

aitheascal ahəskəl *m*1 oracle

aithin[1] ahən' *vt*, *pres* **aithníonn** *vn* ~**t** know, recognize; acknowledge, *rud a* ~ *t ó*, *thar*, *rud eile* to distinguish between one thing and another, *is furasta a* ~ *t* (*go*) it is easy to see, tell, (that)

aithin[2] ahən' *vt*, *pres* **aithníonn** *vn* ~**t** *ar*, *de*, *dhuine rud a dhéanamh* to bid, command, a person to do sth

aithinne ahən'ə *f* 4 firebrand; spark

aithis ahəs' *f* 2 slur, reproach; disgrace

aithiseach ahəs'əx *a*1 defamatory; shameful

aithisigh ahəs'i: *vt* slur, defame

aithne[1] ahn'ə *f* 4 acquaintance, recognition; appearance, *fear atá ar m'* ~ a man I know, *daoine a chur in* ~ *dá chéile* to introduce people to each other, *gan* ~ *gan urlabhra* unconscious; dead, *tá* ~ *bisigh air* he shows signs of improvement

aithne[2] ahn'ə *f* 4, *pl* **-theanta** commandment, precept, *na Deich nA* ~ the Ten Commandments

aithnidiúil ahn'əd'u:l' *a*2 familiar; well-known

aithreacha ahr'əxə : **athair**

aithreachas ahr'əxəs *m*1 repentance, regret

aithrí ahr'i: *f* 4 repentance; penance, ~ *thoirní* sudden repentance

aithríoch ahr'i:(ə)x *m*1 penitent *a*1, *gsm* ~ penitent

aithris ahr'əs' *f* 2 narration; imitation; mimicry, *níl inti ach* ~ (*scine*) it is only a makeshift (knife) *vt* & *i*, *pres* ~**ionn** narrate, recite; imitate; mimic

aithriseach ahr'əs'əx *a*1 imitative; mocking

aithriseoireacht ahr'əs'o:r'əxt *f* 3 recitation, mimicry

aithriúil ahr'u:l' *a*2 fatherly, paternal

áitigh a:t'i: *vt* & *i* occupy; settle down to; argue, *rud a áitiú ar dhuine* to persuade a person of sth

áitithe a:t'ihə *a*3 established, practised, *bligeard* ~ confirmed blackguard

áititheach a:t'ihəx *a*1 persuasive

áititheoir a:t'iho:r' *m*3 occupier; arguer

áitiúil a:t'u:l' *a*2 local

áitreabh a:t'r'əv *m*1 habitation, abode; premises

áitreabhach a:t'r'əvəx *m*1 inhabitant

áitrigh a:t'r'i: *vt* inhabit

áitritheoir a:t'r'iho:r' *m*3 inhabitant

ál a:l *m*1, *pl* ~**ta** litter; brood

ala alə s, ar ~ na huaire on the spur of the moment

alabhog 'alə,vog a1 lukewarm

alabhreac 'alə,v'r'ak a1 piebald; pied

áladh a:lə m1 wound; lunge, ~ a thabhairt ar rud to grab, snap, at sth

álainn a:lən' a1, gsf, pl & comp **áille** beautiful; delightful

aláram a'la:rəm m1 alarm

albam aləbəm m1 album

albatras aləbətrəs m1 albatross

alcaileach alkəl'əx a1 alkaline

alcól alko:l m1 alcohol

alcólach alko:ləx m1 & a1 alcoholic

alfraits ,al'frat's' f2 rascal; scoundrel

alga aləgə m4 alga

allabhair 'a,laur' f, gs -bhrach pl -bhracha echo

allabhrach 'a,laurəx a1 evocative

allagar aləgər m1 (loud) talk; disputation; shout, ag ~ arguing

allaíre ali:r'ə f4 partial deafness

allas aləs m1 sweat, perspiration, ag cur allais sweating

allasúil aləsu:l' a2 sweaty

allmhaire 'al,var'ə f4 imported article, import

allmhaireoir 'al,var'o:r' m3 importer

allmhairigh 'al,var'i: vt import

allta altə a3 wild

alltacht altəxt f3 astonishment, ~ a chur ar dhuine to astonish a person

alluaiceach 'a,luək'əx a1 airy, giddy

allúrach 'al,u:rəx m1 foreigner a1 foreign

almanag aləmənəg m1 almanac

almóinn aləmo:n' f2 almond

almóir aləmo:r' m3 wall-cupboard; niche

almsa aləmsə f, gs ~n alms

aló alo: m4, pl ~nna aloe

alp alp vt & i bolt, devour

alpach alpəx a1 voracious, greedy

alpaire alpər'ə m4 voracious eater

alpán alpa:n m1 lump, chunk

Alsáiseach alsa:s'əx m1 & a1 Alsatian

alt alt m1 joint; knuckle; knot (in timber); hillock; article, paragraph, section (of act, etc), in ~ a chéile articulated, as ~ out of joint, rógaire ar na hailt é he is a real rogue vt articulate, joint

altach altəx a1 articulate, jointed; knotty; undulating

altaigh alti: vt & i, bia a altú, altú le bia to say grace at meals

altán alta:n m1 ravine; streamlet; hillock

altóir alto:r' f3 altar

altram altrəm m3 fosterage

altramaigh altrəmi: vt foster

altranas altrənəs m1 nursing

altú altu: m4 thanksgiving; grace (at meals)

alúm alu:m m1 alum

alúmanam ə'lu:mənəm m1 aluminium

am am m3, pl **amanna** time, an t-~ the time, faoin ~ seo by this time, in ~ trátha at the proper time, fan le d' ~ wait your turn, i ndiaidh an ~a after the event, seo d' ~ now is your chance, in ~ an chogaidh during the war

amach ə'max adv & a out, an bealach ~ the way out, ó mo chroí ~ from the bottom of my heart, chuaigh sé an cnoc ~ he went off over the hill, na litreacha ~ the outgoing mail, fan ~ ón tine stay away from the fire, abair ~ é say it out, aloud, ón lá seo ~ from this day forward, ~ anseo later on, ~ ó apart from, except, is deas ~ é it is very nice indeed, ~ is ~ out and out, ~ is isteach le bliain a year approximately

amadán amədə:n m1 fool

amadánta amədə:ntə a3 fatuous

amadántacht amədə:ntəxt f3 fooling; foolishness

amaid aməd' f2 foolish woman

amaideach aməd'əx a1 foolish

amaideacht aməd'əxt f3 idiocy

amaidí aməd'i: f4 folly, nonsense, ag ~ fooling

amaitéarach amət'e:rəx m1 & a1 amateur

amanathar ə'manəhər adv & s & a the day after tomorrow

amárach ə'ma:rəx adv & s & a tomorrow

amarrán aməra:n m1 contention; misfortune

amas aməs m1 attack; aim; attempt

ambaiste əm'bas't'ə int indeed, really

ambasadóir am'basə,do:r' m3 ambassador

ambasáid ambəsa:d' f2 embassy

amchlár 'am,xla:r m1 timetable

amh av a1, gsm ~ raw, uncooked

ámh a:v adv however

amhábhar 'av,a:vər m1 raw material

amhail aul' prep & conj like, as

amháin ə'va:n' a & adv & conj one, only, (aon) uair ~ once (upon a time), is é an rud ~ é it is the same thing, ach ~ except, fiú ~ dá mbeadh sé agam even if I had it

amhantar auntər m1 chance, venture; windfall

amhantrach auntrəx a1 speculative, risky; lucky

amhantraí auntri: m4 speculator

amhantraíocht auntri:(ə)xt f3 speculation

ámharach a:vərəx a1 lucky, fortunate

ámharaí a:vəri: f4, ar ~ an tsaoil by a stroke of luck

amharc aurk m1 sight; look; view, ar ~ in sight, ~ tíre landscape vt & i look, see

amharcaíl aurki:l' f3 peering

amharclann aurklən f2 theatre

amhas aus m1 mercenary; hooligan

amhastrach austrəx f2 barking

amhiarann 'av,iərən m1 iron ore

amhlabhra 'av,laurə f4 inarticulateness

amhlachas auləxəs m1 semblance; figure

amhlaidh auli: adv thus, so, is ~ atá sé the fact is, tá mé ~ leat I am like yourself in that respect, ní h~ duitse é it is different with you

amhlánta aula:ntə *a*3 boorish
amhola 'av‚ola *f*4 crude oil
amhrán aura:n *m*1 song
amhránaí aura:ni: *m*4 singer
amhránaíocht aura:ni:(ə)xt *f*3 singing
amhras aurəs *m*1 doubt, suspicion
amhrasach aurəsəx *a*1 doubtful, suspicious
amhsaine ausən'ə *f*4 mercenary service
amhscarthanach auscərhənəx *f*2 daybreak; twilight
amlóir amlo:r' *m*3 foolish person; awkward person
ámóg a:mo:g *f*2 hammock
amóinia a'mo:n'iə *f*4 ammonia
amparán ampəra:n *m*1 hamper
ampla amplə *m*4 hunger; greed, voracity
amplach ampləx *a*1 hungry; greedy
amplóir amplo:r' *m*3 hungry, greedy, person
amscaí amski: *a*3 untidy; awkward
amú ə'mu: *adv* wasted, in vain; astray
amuigh ə'miɣ' *adv & prep & a* out, outside, outer, ~ *faoin spéir* out in the open, ~ *thoir* far to the east, *an balla* ~ the outer wall, *an rud is measa* ~ the worst thing there is, *tá sé* ~ *air (go)* it is reported of him (that), *tá siad* ~ *le chéile* they are on bad terms, *tá sé* ~ *agat orm* I owe it to you, ~ *agus istigh ar* approximately
an[1] ən[†] *def art, gsf & pl* **na** the
an[2] ə(n)[†] *interr vb part, an dtagann sé?* does he come? *an ólfaidh tú é?* will you drink it?
an[3] ən[†]: **is**
an-[4] an[†] *pref* very; great
an-[5] an[†] *pref* in-, un-, not; bad, unnatural; over-, excessive
anabaí anəbi: *a*3 unripe, immature, *breith* ~ premature birth
anabaíocht anəbi:(ə)xt *f*3 immaturity
anacair anəkər' *f*3, *gs* **-cra** *pl* **-craí** unevenness; discomfort; distress, ~ *leapa* bedsore *a*1, *gsf*, *npl & comp* **-cra** uneven; uncomfortable; difficult
anacal anəkəl *m*1 protection; quarter
anachain anəxən' *f*2, *pl* **-ana** mischance, calamity; harm
anacrach anəkrəx *a*1 distressed, distressing
anaemach 'an‚e:məx *a*1 anaemic
anaemacht 'an‚e:məxt *f*3 anaemia
anagram 'anə‚gram *m*1 anagram
anáid ana:d' *f*2 annuity
anáil ana:l' *f*3 breath, *tá an* ~ *ann* he is still breathing, *tá* ~ *bhreá ag an teach* the house is airy, spacious, *faoi* ~ *an Bhéarla* under the influence of English
anailís anəl'i:s' *f*2 analysis
anailísigh anəl'i:s'i: *vt* analyse
anairt anərt' *f*2, ~ *(bheag)* sail-cloth, canvas
anaithnid 'an‚ahn'əd' *a*1 strange, unknown
analach anələx *f*2 analogy
análaigh ana:li: *vt & i* breathe; aspirate
análaitheoir ana:liho:r' *m*3 respirator
anall ə'nal *adv & prep & a* hither, from the far side, ~ *as Sasana* over from England, *riamh* ~ from

time immemorial
anallód ə'nalo:d *adv* of yore, in olden times
análú ana:lu: *m*4 respiration, ~ *tarrthála* kiss-of-life
anam anəm *m*3, *pl* ~**acha** soul; life, *duine gan* ~ unfeeling person; lifeless person, *tá a h* ~ *istigh ann* she is devoted to him, *Dia le m'* ~ God bless my soul, *(mo) sheacht mh'* ~ *thú* bravo, well done, *beidh d'* ~ *agam* I'll kill you, *rith sé lena* ~ he ran for his life, *lán d'* ~ in high spirits
anamchara 'anəm‚xarə *m*, *gs* ~**d**, *pl* **-chairde** spiritual adviser, confessor
anamúil anəmu:l' *a*2 lively, spirited
anann anən *m*1 pineapple
anarac 'anə‚rak *m*1 anorak
anas anəs *m*1 anus
anás ana:s *m*1 need, poverty
anásta ana:stə *a*3 needy; clumsy
anatamaíocht ə'natəmi:(ə)xt *f*3 anatomy
anbhá 'an‚va: *m*4 panic
anbhann anəvən *a*1 weak, feeble
anbhuain 'an‚vuən' *f*2 restlessness; unease; disturbance
ancaire aŋkər'ə *m*4 anchor
anchaoi 'an‚xi: *s*, *in* ~, *ar* ~ in a bad way
anchúinseach 'an‚xu:n's'əx *a*1 monstrous; scoundrelly
anchuma 'an‚xumə *f*4 bad, unnatural, appearance
anchumtha 'an‚xumhə *a*3 misshapen
andóchas 'an‚do:xəs *m*1 presumption
andóigh 'an‚do:ɣ' *f*2, *pl* ~**eanna** improbability; unlikely person, place
andúchasach 'an‚du:xəsəx *a*1 non-native; exotic
andúil 'an‚du:l' *f*2 craving; addiction
andúileach 'an‚du:l'əx *m*1 addict
andúilíocht 'an‚du:l'i:(ə)xt *f*3 addiction
aneas ə'n'as *adv & prep & a* from the south, *an ghaoth* ~ the south wind
anfa anəfə *m*4 storm; terror
anfhorlann 'an‚o:rlən *m*1 violence, oppression
angadh aŋgə *m*1 pus, ~ *a dhéanamh* to fester
angaíoch aŋgi:(ə)x *a*1, *gsm* ~ purulent
angar aŋgər *m*1 want, distress, *go bun an angair* to the bitter end
anghrách 'an‚ɣra:x *a*1, *gsm* ~ erotic
Anglacánach aŋləka:nəx *m*1 & *a* Anglican
anglais aŋləs' *f*2 milk and water; milksop, ~ *tae* weak tea
angóra aŋgo:rə *m*4 angora
aniar ə'n'iər *adv & prep & a* from the west, *an ghaoth* ~ the west wind, *teacht* ~ *aduaidh ar dhuine* to take a person unawares, *druid* ~ *chun na tine* come close to the fire, *shuigh sé* ~ *sa leaba* he sat up in the bed, *bhí scata ina dhiaidh* ~ there was a crowd trailing after him, *chugam* ~ *tú* bravo
aníos ə'n'i:s *adv & prep & a* up, *teacht* ~ *an staighre* to come up the stairs, *ag teacht* ~ *sa saol* prospering

anlaith 'an‚lah *m*3, *gs* & *pl* **-atha** tyrant; usurper
anlann anlən *m*1 kitchen; condiment, sauce
anlathach 'an‚lahəx *a*1 tyrannical; anarchical
anlathas 'an‚lahəs *m*1 tyranny; usurpation; anarchy
anluchtaigh 'an‚loxti: *vt* overload; glut
ann¹ an *adv* there, *tá an t-earrach* ~ it is spring, *nuair a bhí m'athair* ~ when my father was alive, *nuair a tháinig* ~ *dó* when he grew up, *ná bí* ~ *as* don't dither, *ag dul* ~ going there, *níl* ~ *ach sin* that is all there is to it
ann² a(:)n *s*, *in* ~ *rud a dhéanamh* able to do sth, *in* ~ *aige* a match for him
ann³ an : **i**
annála ana:lə *spl* annals
annálaí ana:li: *m*4 annalist
annamh anəv *a*1 rare, infrequent; unusual
anó 'an‚o: *m*4 discomfort; distress, misery
anocht ə'noxt *adv* & *s* & *a* tonight
anoir ə'nor' *adv* & *prep* & *a* from the east, *an ghaoth* ~ the east wind, *tháinig siad* ~ *agus aniar orainn* they took us front and rear
anóirthear ə'no:r'hər *adv* & *s* & *a* the day after tomorrow
anois ə'nos' *adv* now, ~ *beag* just now
anóiteach 'an‚o:t'əx *a*1 uncomfortable; miserable
anonn ə'non *adv* & *prep* & *a* over, to the other side, ~ *go Meiriceá* over to America, ~ *agus anall* to and fro, *tá sé ag dul* ~ *sa lá* it is getting late in the day
anord 'an‚o:rd *m*1 chaos
anordúil 'an‚o:rdu:l' *a*2 chaotic
anraith anrəh *m*4 soup; broth
anró 'an‚ro: *m*4 hardship; wretched condition
anróiteach 'an‚ro:t'əx *a*1 severe, inclement; distressing
ansa ansə *a*3 dearest, most beloved
ansacht ansəxt *f*3 love; loved one
anseo ən''s'o *adv* here, *ár seal* ~ our time in this life
ansin ən''s'in' *adv* there; then, ~ *féin* even then
ansiúd ən''s'u:d *adv* yonder; there
ansmacht 'an‚smaxt *m*3 tyranny
ansmachtaigh 'an‚smaxti: *vt* bully
anta(i)- antə *pref* anti-
antaibheathach 'antə‚v'ahəx *m*1 & *a*1 antibiotic
antaiseipteach 'antə‚s'ep'tə'x *a*1 antiseptic
antaiseipteán 'antə‚s'ep't'a:n *m*1 antiseptic
Antartach ‚an'tartəx *m*1 & *a*1 Antarctic
antlás 'an‚tla:s *m*1 greed, covetousness
antlásach 'an‚tla:səx *a*1 greedy, covetous
antoisceach 'an‚tos'k'əx *m*1 extremist *a*1 extreme
antraicít antrək'i:t' *f*2 anthracite
antraipeolaíocht 'antrəp',o:li:(ə)xt *f*3 anthropology
antrapóideach 'antrə‚po:d'əx *m*1 & *a*1 anthropoid
antrasc 'an‚trask *m*1 anthrax
antráth 'an‚tra: *m*3, *pl* ~**anna** inopportune moment; late hour

antráthach 'an‚tra:həx *a*1 late, untimely
anuas ə'nuəs *adv* & *prep* & *a* down, *teacht* ~ to come down, *le bliain* ~ for the past year, *ná tarraing* ~ *an scéal sin* don't mention that matter, *leag* ~ *ar an mbord é* lay it down on the table
anuasal 'an‚uəsəl *m*1, *pl* **-uaisle** low-born person *a*1, *gsf*, *npl* & *comp* **-uaisle** low- born, ignoble
anuraidh ə'nuri: *adv* & *s* & *a* last year
aodh i: *f*4, ~ *thochais* nettlerash, hives
aoi i: *m*4, *pl* **aíonna** guest, lodger
aoibh i:v' *f*2 smile; pleasant expression
aoibheall i:v'əl *m*1 gambolling, *tá na ba ag* ~ the cows are gadding
aoibhinn i:v'ən' *a*1, *gsf*, *npl* & *comp* **-bhne** delightful, blissful, *is* ~ *duit* it is well for you
aoibhiúil i:v'u:l' *a*2 pleasant, smiling
aoibhneas i:v'n'əs *m*1 bliss, delight
aoileach i:l'əx *m*1 dung, farmyard manure
Aoine i:n'ə *f*4, *pl* **-nte** Friday, ~ *an Chéasta* Good Friday
aoir i:r' *f*2, *pl* **aortha** lampoon, satire
aoire i:r'ə *m*4 shepherd; pastor
aoirigh i:r'i: *vt*, *vn* **-reacht** shepherd, herd
aois i:s' *f*2, *pl* ~**eanna** age; old age, *tá sí bliain d'* ~ she is a year old, *an fichiú h* ~ the twentieth century
aol i:l *m*1, *pl* ~**ta** lime, ~*beo* quicklime *vt* whitewash
aolchloch 'i:l‚xlox *f*2 limestone
aolchoinneal 'i:l‚xon'əl *f*2, *gs* & *pl* **-nnle** stalagmite
aolchuisne 'i:l‚xis'n'ə *m*4 stalactite
aolmhar i:lvər *a*1 containing lime: lime-white
aon¹ i:n *m*1, *pl* ~**ta** one; one person or thing, *a h* ~ one, *a h* ~ *déag* eleven, *uimhir a h* ~ number one, *gach* ~ everyone, *mar* ~ *le* in addition to, *an t-* ~ *muileata* the ace of diamonds *num a* one, any, ~ *mhac amháin* one son, *in* ~ *áit* anywhere, *an bhfuil* ~ *arán agat?* have you any bread? *ní raibh* ~ *airgead agam* I had no money, *d'* ~ *ghuth* unanimously, *d'* ~ *ghnó*, *d'* ~ *turas* deliberately
aon-² i:n *pref* one, uni-, mono-
aonach i:nəx *m*1, *pl* **-ntaí** fair; assembly
aonad i:nəd *m*1 unit
aonar i:nər *m*1, *tá mé i m'* ~ I am by myself, alone, *duine aonair* one, lone, person, *scileanna aonair* individual skills
aonarach i:nərəx *a*1 single, solitary, lone
aonarán i:nəra:n *m*1 solitary person
aonaránach i:nəra:nəx *a*1 alone, solitary
aonbheannach 'i:n‚v'anəx *m*1 unicorn
aonchéileachas 'i:n‚x'e:l'əxəs *m*1 monogamy
aonchineálach 'i:n‚x'in'a:ləx *a*1 homogeneous
aonghin 'i:n‚γ'in' *f*2 only-begotten (child)
aonghnéitheach 'i:n‚γ'n'e:həx *a*1 of the same character; uniform
aonraic i:nrək' *a*1 solitary; alone

aonraigh i:nri: *vt* isolate
aonréad 'i:nˌre:d *m*1 solo
aonréadaí 'i:nˌre:di: *m*4 soloist
aonta i:ntə *a*3 one; single
aontacht i:ntəxt *f*3 unity; union; unanimity;
  Aontachtaí i:ntəxti: *m*4 Unionist
aontaigh i:nti: *vt & i* unite; agree
aontaitheach i:ntihəx *a*1 assenting, agreeing
aontaobhach 'i:nˌti:vəx *a*1 unilateral
aontas i:ntəs *m*1 union
aontíos 'i:nˌt'i:s *m*1 cohabitation
aontumha 'i:nˌtu:ə *f*4 celibacy *a*3 celibate
aonú i:nu: *num a* first, *an t-* ～ *háit* the first place
aor i:r *vt* satirize, lampoon
aorach i:rəx *a*1 satirical
aorthóir i:rho:r' *m*3 satirist, lampooner
aos i:s *m*3 people, folk
aosaigh i:si: *vi* age; come of age
aosánach i:sa:nəx *m*1 youth; youngster
aosta i:stə *a*3 aged, old
aothú i:hu: *m*4 crisis (in sickness)
ápa a:pə *m*4 ape
apacailipsis 'apəˌkal'əp's'əs' *m*4 apocalypse
apacailipteach 'apəˌkal'əp't'əx *a*1 apocalyptic
apacrafúil 'apəˌkrafu:l' *a*2 apocryphal
apaigí 'apəˌg'i: *m*4 apogee
apaipléis 'apəˌp'l'e:s' *f*2 apoplexy
apsaint apsən't' *f*2 absinth(e)
ar[1] er' *prep, pron forms* **orm** orəm, **ort** ort, **air** er'
  m, **uirthi** erhi *f*, **orainn** orən', **oraibh** orəv', **orthu**
  orhu on, in, at, *ar mo chúl* behind me, *ar ancaire*
  anchored, *ar aon aigne* of one mind, *ar meisce*
  drunk, *ar fheabhas* excellent, *ar mhná áille na*
  hÉireann one of the most beautiful women in
  Ireland, *ar dhath an róis* rose-coloured, *ar*
  leathshúil having only one eye, *ar ghrá Dé* for
  the love of God, *ar m'anam* by my soul, *duine ar*
  fhichid twenty-one persons, *ar aghaidh* forward,
  ar sodar trotting, *ar éirí dom* when I get, got, up,
  tá ceann air it has a head, *tá orm labhairt leis* I
  must speak to him, *tá tuirse air* he is tired, *cad*
  tá ort? what's wrong with you? *bhí rí ar Éirinn*
  there was a king of Ireland, *tá punt agam air* he
  owes me a pound, *tá sneachta air* it is going to
  snow, *tá sí ceanúil ar pháistí* she is fond of
  children
ar[2] er' *defective v* said, says, *ar seisean* said he
ar[3] ər[†] *rel part, an gort ar cuireadh an siol ann* the
  field in which the seed was sown *rel pron, ar*
  cheannaigh sé all that he bought
ar[4] ər[†] *interr vb part, ar bhris tú é?* did you break
  it?
ar[5] ər[†] *:* is
ár[1] a:r *m*1 slaughter; havoc
ár[2] a:r *poss a* our
ara[1] arə *m*4 charioteer
ara[2] arə *m*4, (*of head*) temple

ára a:rə *f*, *gs & gpl* ～**nn,** *npl* ～**nna** kidney *pl* loins;
  vitals
árach[1] a:rəx *m*1 bier, litter
árach[2] a:rəx *m*1 fetter; security; advantage
árachaigh a:rəxi: *vt* insure
árachas a:rəxəs *m*1 insurance
arae ə're: *conj & adv* because; however
aragail arəgəl' *f*2 ledge
araí[1] ari: *f, gs* ～**on** *pl* ～**onacha** bridle *pl* reins,
  duine a thabhairt ar a ～*onacha* to bring a
  person under control
araí[2] ari: *f*4 appearance
araicis arək'əs' *f*2, *dul in* ～ *duine* to go to meet a
  person
araiciseach arək'əs'əx *a*1 hasty, short-tempered
araid arəd' *f*2 bin, chest
araile ə'ril'ə *pron, agus* ～ et cetera
araíonacht ari:nəxt *f*3 restraint
aralt arəlt *m*1 herald
araltach arəltəx *a*1 heraldic
araltas arəltəs *m*1 heraldry
arán ara:n *m*1 bread, *tá a chuid aráin ite* it is all up
  with him
arann arən *m*1 feeling
aranta arəntə *a*3 irritable, ill-humoured
araon ə'ri:n *adv* both, *sinn* ～ both of us
ararút arəru:t *m*1 arrowroot
áras a:rəs *m*1 habitation; house, building, *árais tí*
  household vessels
árasán a:rəsa:n *m*1 apartment; flat
áraslann a:rəslən *f*2 block of flats
arbhar arəvər *m*1 corn, cereals, ～ *Indiach* maize
arcán arka:n *m*1 piglet
ard[1] a:rd *m*1, *npl* ～**a** height, hillock; top, high
  part, *in* ～ *a réime* at the peak of his career, *os*
  ～ openly, publicly *a*1 high, tall; loud, *farraige*
  ～ rough sea, *tá a shúil* ～ he is ambitious, *go*
  h～ *sa tráthnóna* in mid-afternoon, ～ *i bhfar-*
  raige far out to sea
ard-[2] a:rd[†] *pref* arch-, high, chief; noble
ardaigh a:rdi: *vt & i* raise; increase, *cnoc a ardú* to
  ascend a hill, ～ *leat é* take it away with you
Ard-Aighne 'a:rd'ain'ə *m*4 Attorney-General
ardaitheach a:rdihəx *a*1 ascendant, ascending
ardaitheoir a:rdiho:r' *m*3 lifter; lift, elevator
ardán a:rda:n *m*1 height; platform, stage; stand;
  terrace (of houses)
ardbhrú 'a:rd'vru: *m*4 high pressure, ～ *fola* high
  blood-pressure
ardchathair 'a:rd'xahər *f, gs* -**thrach** *pl* -**thracha**
  metropolis
ardcheannas 'a:rd'x'anəs *m*1 supremacy
ardchlár 'a:rd'xla:r *m*1 plateau
ardeaglais 'a:rd'agləs *f*2 cathedral
ardeaspag 'a:rd'aspəg *m*1 archbishop
Ard-Fheis 'a:rd'es' *f*2, *pl* ～**eanna** national conven-
  tion

ardintinneach 'a:rd‚in't'ən'əx *a* l high-spirited; headstrong
ardmháistir 'a:rd'va:s't'ər' *m*4, *pl* **-trí** headmaster
ardmháistreás 'a:rd'va:s't'r'a:s *f* 3 headmistress
ardmhéara 'a:rd'v'e:rə *m*4 lord mayor
ardnósach 'a:rd‚no:səx *a* l grand, pompous; formal
ardteistiméireacht 'a:r(d)‚t'es't'əm'e:r'əxt *f* 3 leaving certificate
ardtráthnóna 'a:r(d)‚tra:'no:nə *m*4 mid-afternoon
ardú a:rdu: *m*4 elevation; exaltation, excitement, ~ *tuarastail* increase in salary, ~ *céime* promotion
aréir ə're:r' *adv & s & a* last night
argain arəgən' *f* 3 destruction, plunder
argóint arəgo:n't' *f* 2 argument
arís ə'r'i:s' *adv* again; afterwards, *faoin am seo* ~ by this time next year
arm arəm *m* l arm, weapon; implement; army, *faoi* ~ under arms
armach arəməx *a* l armed
armadóir arəmədo:r' *m*3 armourer, arms manufacturer
armadóireacht arəmədo:r'əxt *f* 3 manufacture of arms
armáid arəma:d' *f* 2 armada
armáil arəma:l' *f* 3 armament *vt* arm
armas arəməs *m* l coat of arms; shield
armchúirt 'arəm‚xu:rt' *f* 2, *pl* ~**eanna** court martial
armlann arəmlan *f* 2 armoury, magazine
armlón 'arəm‚lo:n *m* l ammunition
armóin arəmo:n' *f* 2 harmony; harmonium
armónach arəmo:nəx *a* l harmonic
armónaigh arəmo:ni: *vt* harmonize
armúr arəmu:r *m* l armour
armúrtha arəmu:rhə *a*3 armoured
arna a(:)rnə *used with vn,* ~ *chríochnú dom* when I had completed it, ~ *fhoilsiú ag* published by
arócar aro:kər *m* l Chile pine, monkey-puzzle
arracht arəxt *m*3 spectre, monster; giant; juggernaut
arrachtas arəxtəs *m* l brawn, strength
arraing araŋ' *f* 2, *pl* ~**eacha** stabbing pain, stitch in side, *in* ~*eacha an bháis* in the throes of death
arsa ərsə *defective v* said, says, ~ *mise* said I
ársa a:rsə *a*3 ancient; aged
ársaíocht a:rsi:(ə)xt *f* 3 old age; antiquarianism
ársaitheoir a:rsiho:r' *m*3 antiquarian
arsanaic arsənək' *f* 2 arsenic
art art *m* l stone, *chomh marbh le h* ~ stone dead
Artach artəx *m* l *& a* l Arctic
artaire artər'ə *m*4 artery
artaireach artər'əx *a* l arterial
árthach a:rhəx *m* l, *pl* **-aí** vessel, boat; container
artola 'art‚olə *f* 4 petrol
arú aru: ~ *inné* the day before yesterday, ~ *amárach* the day after tomorrow
arúil aru:l' *a*2 arable
as[1] as *prep & adv, pron forms* **asam** asəm, **asat** asət, **as** as *m,* **aisti** as't'i *f,* **asainn** asən', **asaibh** asəv',

astu astu out of, from, *abair as Gaeilge é* say it in Irish, *aithním as a shiúl é* I recognize him by his walk, *tá siad géar as a mbarr* they are sharp at the top, *tá sé as aithne* he is unrecognizable, *as baile* away from home, *moladh iad as a gcineáltas* they were praised for their kindness, *bíodh dóchas agat as Dia* trust God, *as a chéile* end to end, one after another, *thit siad as a chéile* they fell apart, *as go brách leis* off he went, *tá sé ag dul as* he is fading away, *go maith as* well-off
as[2] as : **as**[1]
asaibh asəv' : **as**[1]
asainn asən' : **as**[1]
asáitigh 'as‚a:t'i : *vt* dislodge
asal asəl *m* l ass, donkey
asam asəm : **as**[1]
asanálaigh 'as‚ana:li: *vt & i* exhale
asarlaí asərli: *m*4 sorcerer; conjurer
asarlaíocht asərli:(ə)xt *f* 3 sorcery; conjuring tricks
asat asət : **as**[1]
asbheir 'as‚v'er' *vt, vn* **-bhreith** deduce
ásc a:sk *s, ar an gcéad* ~ at the first attempt, in the first instance
ascaill askəl' *f* 2 armpit; recess; avenue (of houses), ~ *mhara* an arm of the sea
aschur 'as‚xur *m* l output
asclán askla:n *m* l armful; gusset
asfalt asfəlt *m* l asphalt
aslonnaigh 'as‚loni: *vt* evacuate
aslonnú 'as‚lonu: *m*4 evacuation
asma asmə *m*4 asthma
aspairín aspər'i:n' *m*4 aspirin
aspal aspəl *m* l apostle
aspalacht aspələxt *f* 3 apostleship; apostolate
aspalda aspəldə *a*3 apostolic
aspalóid aspəlo:d' *f* 2 absolution
asparagas ‚as'parəgəs *m* l asparagus
asplanád aspləna:d *m* l esplanade
astaróideach astəro:d'əx *m* l *& a* l asteroid
astitim 'as‚t'it'əm' *f* 2 (atomic) fall-out
astralaí astrəli: *m*4 astrologer
astralaíoch astrəli:(ə)x *a* l, *gsm* ~ astrological
astralaíocht astrəli:(ə)xt *f* 3 astrology
astu astu : **as**[1]
at at *m* l, *pl* **atanna** swelling *vi* swell; bloat
atá‚ə'ta: *pres rel of* **bí**
atáirg 'a‚ta:r'g' *vt* reproduce
atáirgeach 'a‚ta:r'g'əx *a* l reproductive
atáirgeadh 'a‚ta:r'g'ə *m* reproduction
ath- ah ~ a[+] *pref* re-, second; old, ex-; return, counter-; later, after
áth a: *m*3, *pl* ~**anna** ford; spawning bed (in river); opening
athair[1] ahər' *m, gs* **-ar** *pl* **aithreacha** father; ancestor, ~ *críonna,* ~ *mór* grandfather
athair[2] ahər' *f, gs* **athrach** creeper
áthán a:ha:n *m* l anus
athaontaigh 'ah‚i:nti: *vt* reunite

athaontú 'ah,i:ntu: *m* reunion
athartha¹ ahərhə *f* 4 fatherland
athartha² ahərhə *a* 3 paternal, ancestral
atharthacht ahərhəxt *f* 3 paternity
áthas a:həs *m* 1 joy, gladness
áthasach a:həsəx *a* 1 glad, joyful
athbheochan 'a,v'o:xən *f* 3 revival, *A* ~ *an Léinn* the Renaissance
athbheoigh 'a,v'o:γ' *vt* revive, reanimate
athbhliain 'a,v'l'iən' *f* 3 coming, new, year
athbhreithnigh 'a,v'r'ehn'i: *vt* review, revise
athbhreithniú 'a,v'r'ehn'u: *m* review, revision
athbhrí 'a,v'r'i: *f* 4 renewed vigour; ambiguity
athbhríoch 'a,v'r'i:(ə)x *m* 1 tonic *a* 1, *gsm* ~ stimulating; tonic; ambiguous
athbhuille 'a,vil'ə *m* 4 counterblow; palpitation; relapse
athbhunú 'a,vunu: *m* 4 re-establishment, restoration
athchaint 'a,xan't' *f* 2 backbiting; impudence
athchairdeas 'a,xa:rd'əs *m* 1 reconciliation
athchaite 'a,xat'ə *a* 3 worn-out; cast-off
athcheannaí 'a,x'ani: *m* 4 second-hand dealer
athchluiche 'a,xlix'ə *m* 4, (*of match*) replay
athchogain 'a,xogən' *vt & i pres* -gnaíonn ruminate, chew the cud
athchogantach 'a,xogəntəx *m* 1 & *a* 1 ruminant
athchóirigh 'a,xo:r'i: *vt* rearrange; restore, renovate
athchomhair 'a,xo:r' *vt*, *vn* ~ eamh re-count, recalculate
athchomhairle 'a,xo:rl'ə *f* 4 change of mind
athchraiceann 'a,xrak'ən *m* 1, *pl* -cne veneer
athchuimhne 'a,xiv'n'ə *f* 4 reminiscence
athchuir 'a,xir' *vt*, *vn* -chur replant; remand; replace
athchum 'a,xum *vt* reconstruct; distort
athchuma 'a,xumə *f* 4 transformation; distortion
athchur 'a,xur *m* 1 remand
athdhúchas 'a,γu:xəs *m* 1 atavism
athdhúchasach 'a,γu:xəsəx *a* 1 atavistic
athfhéar 'ah,e:r *m* 1 aftergrass
athfhill 'ah,il' *vt & i* recur; refold
athfhillteach 'ah,il't'əx *a* 1 recurring, recurrent
athfhreagra 'a,r'agrə *m* 4 rejoinder
athfhriotal 'a,r'itəl *m* 1 quotation
athghabh 'a,γav *vt*, *vn* ~ áil recapture; recover (possession)
athghabháil 'a,γava:l' *f* 3 recapture; recovery
athghairm 'a,γar'əm' *f* 2, *pl* ~ eacha encore; repeal
athghlaoigh 'a,γli:γ' *vt*, *vn* -aoch recall
athiomrá 'ah,imra: *m* 4 backbiting; slander

athlá 'a,la: *s*, *rud a chur ar* ~ to put off sth to another day
athlámh 'a,la:v *f* 2, *ds* -áimh, *ar athláimh* secondhand, *culaith athláimhe* cast-off suit
athlasadh 'a,lasə *m*, *gs* -sta inflammation
athleagan 'a,l'agən *m* 1 paraphrase
athleáigh 'a,l'a:γ' *vt* remelt; (*of metal*) refine
athléim 'a,l'e:m' *f* 2 rebound
athléimneach 'a,l'e:m'n'əx *a* 1 resilient
athlíon 'a,l'i:n *vt & i* refill, replenish
athluaigh 'a,luəγ' *vt* reiterate
athluaiteachas 'a,luət'əxəs *m* 1 tautology
athmhagadh 'a,vagə *m* 1 mimicry
athmhuintearas 'a,vin't'ərəs *m* 1 reconciliation
athnuachan 'a,nuəxən *f* 3 renewal; renovation; rejuvenation
athnuaigh 'a,nuəγ' *vt*, *vn* -uachan renew, renovate; rejuvenate
athphlandaigh 'a,flandi' *vt* replant; transplant
athrá 'a,ra: *m* 4, *pl* ~ ite repetition, reiteration
athrach ahrəx *m* 1 change, alteration; alternative, *chomh dócha lena* ~ as likely as not
athraigh ahri: *vt & i* change, alter; move
athraitheach ahrihəx *a* 1 changeable, movable; variant
athraon 'a,ri:n *vt* refract
athrú ahru: *m* 4 change, alteration; variation
athscinmeach 'a,s'k'in'əm'əx *a* 1 elastic
athscinn 'a,s'k'in' *vt* spring back; recoil
athscinneadh 'a,s'k'in'ə *m* (*of spring*) recoil
athscríobh 'a,s'k'r'i:v *vt* rewrite, copy, transcribe
athshondach 'a,hondəx *a* 1 resonant
athshondas 'a,hondəs *m* 1 resonance
athsmaoineamh 'a,smi:n'əv *ml*, *pl* -nte afterthought, *teacht ar* ~ to change one's mind
athuair 'ah,uər' *s as ado* again, a second time
atit 'a,t'it' *vi*, *vn* ~ im relapse
atitim 'a,t'it'əm' *f* 2, *pl* ~ eacha second fall; relapse
Atlantach ,at'lantəx *a* 1 Atlantic
atlas atləs *m* 1 atlas
atmaisféar 'atməs,f'e:r *m* 1 atmosphere
atmaisféarach 'atməs,f'e:rəx *a* 1 atmospheric
atóg 'a,to:g *vt*, *vn* ~ áil rebuild; retake
atóin 'a,to:n' *f* 3, (*of vessel*) false bottom
atráth 'a,tra: *m* 3, *rud a chur ar* ~ to adjourn sth
atreorú 'a,t'r'o:ru: *m* 4 diversion
atuirse 'a,tirs'ə *f* 4 weariness; dejection
atuirseach 'a,tirs'əx *a* 1 weary; dejected
aturnae atu:rne: *m* 4, *pl* ~ tha attorney, solicitor

B

b', ba¹ bə,b'† : is
ba² ba: bó
bá¹ ba: *f* 4, *pl* ~ nna bay; strip, ~ *i monarcha* bay in factory

bá² ba: *f* 4 sympathy, liking
bá³ ba: *m* 4 drowning; immersion, inundation, ~ *tarta* quenching of thirst
báb ba:b *f* 2 maiden

babaí babi: *m*4 baby
bábánta ba:ba:ntə *a*3 babyish
babhdán bauda:n *m*1 bogeyman; scarecrow
babhla baulə *m*4 bowl
babhlaer baule:r *m*1 bowler (hat)
babhláil baula:l' *vt & i* bowl
babhlálaí baula:li: *m*4, (*sport*) bowler
babhstar baustər *m*1 bolster
babhta bautə *m*4 bout, spell; occasion, ~í sometimes
babhtáil bauta:l' *f*3 *& vt* exchange, swop, barter
bábhún ba:vu:n *m*1 bawn, walled enclosure; bulwark, breakwater
bábóg ba:bo:g *f*2 doll
babún ˌba'bu:n *m*1 baboon
bac bak *m*1 balk, hindrance; barrier, ~ (*na tine*) (fire-)hob *vt & i* balk, hinder, *ná* ~ *leo, iad* let them alone; don't mind them
bacach bakəx *m*1 lame person; beggar *a*1 lame; halting
bacachas bakəxəs *m*1 begging, sponging
bacadaíl bakədi:l' *f*3 limping
bacadradh bakədrə *m*1 limping, hobbling
bacaí baki: *f*4 lameness, *céim bhacaí a bheith ionat* to have a limp
bácáil ba:ka:l' *vt* bake; fire (pottery)
bácailit ba:kəl'i:t' *f*2 bakelite
bacainn bakən' *f*2 barrier, obstacle
bacán baka:n *m*1 crook; peg, post *ar na bacáin in* preparation, in train, *rud a iompar ar bhacán do láimhe* to carry sth over one's arm
bacart bakərt *m*1 try square
bách ba:x *a*1, *gsm* ~ affectionate
bachaillín baxəl'i:n' *m*4 bacillus
bachall baxəl *f*2 crook, staff; crozier; ringlet, *go barra* ~ in abundance
bachallach baxələx *a*1 crooked; ringleted
bachlaigh baxli: *vi* bud
bachlóg baxlo:g *f*2 bud, sprout
bachta baxtə *m*4 turf-bank
baclainn baklən' *f*2, *pl* ~**eacha** bent arm, ~ *mhóna* armful of turf, *bhí an leanbh ina, ar a, baclainn aici,* she was carrying the child in her arms
bacóide bako:d'ə *ar chos bhacóide* standing, hopping, on one leg
bacstaí baksti: *m*4 boxty, bread made of raw potatoes
bácús ba:ku:s *m*1 bakehouse, bakery; pot-oven
bád ba:d *m*1 boat
badánach bada:nəx *a*1 tufted
badhbh baiv *f*2 war-goddess; vulture; carrion-crow, ~ *chaointe* banshee
badmantan badməntən *m*1 badminton
bádóir ba:do:r' *m*3 boatman
bádóireacht ba:do:r'əxt *f*3 boating

bagair bagər' *vt & i, pres* **-graíonn** brandish; beckon; threaten; drive (animals)
bagairt bagərt' *f*3, *gs* **-artha** threat
bagáiste baga:s't'ə *m*4 baggage
bagánta baga:ntə *a*3 hale; spruce
baghcat 'baiˌkat *m*1 boycott
baghcatáil 'baiˌkata:l' *vt* boycott
bagrach bagrəx *a*1 threatening, menacing
bagún bagu:n *m*1 bacon
baic bak' *f*, ~ *an mhuiníl* nape of neck
baiceáil bak'a:l' *vt & i* back
báicéir ba:k'e:r' *m*3 baker
báicéireacht ba:k'e:r'əxt *f*3 baking
baicle bak'l'ə *f*4 band of people; clique
baictéir bak't'e:r' *mpl* bacteria
baictéarach bak't'e:rəx *a*1 bacterial
baictéareolaíocht 'bak't'e:rˌo:li:(ə)xt *f*3 bacteriology
baig bag' *vt* bag
báigh ba:γ' *vt* drown; submerge; sink; immerse; inundate, *báite i bhfiacha* sunk in debt
bail bal' *f*2 prosperity; state, ~ *ó Dhia air* God bless him, *cuir* ~ *ar an teach* put the house in order, *gan bhail* invalid
bailbhe bal'əv'ə *f*4 dumbness; stammering
bailc bal'k' *f*2 downpour (of rain) *vt, vn* **balcadh,** pour down
bailchríoch 'bal'ˌx'r'i:x *f*2 finishing touch
baile bal'ə *m*4, *pl* **-lte** home; place, town, ~ *fearainn* townland, *arán* ~ home-made bread
bailé bal'e: *m*4, *pl* ~**anna** ballet
baileabhair bal'aur' *s*, ~ *a dhéanamh de dhuine* to make a fool of a person
baileach bal'əx *a*1 exact, *níl a fhios agam* ~ I don't know exactly, *ní* ~ *a bhí tú imithe* you had only just left
bailéad bal'e:d *m*1 ballad
bailí bal'i: *a*3 valid
bailigh bal'i: *vt & i* collect, gather, *ag bailiú oilc* festering, *bhailigh sé leis* he went off, *bailithe de rud* fed up with sth
bailitheacht bal'ihəxt *f*3 boredom
bailitheoir bal'iho:r' *m*3 collector
bailiúchán bal'u:xa:n *m*1 collection, ~ *daoine* gathering of people
báille ba:l'ə *m*4 bailiff
bain ban' *vt & i, vn* ~**t** extract, dig out; reap, *gual a bhaint* to mine coal, *glas a bhaint* to open a lock, *clog a bhaint* to strike a bell, *duais a bhaint* to win a prize, *beatha a bhaint amach* to make a living, *nuair a bhain mé an teach amach* when I got to the house, *bhain sé gáire asam* he made me laugh, ~*fidh mé tamall as* it will do me for a while, ~ *díot do hata* take off your hat, ~*t de rud* to shorten, reduce, sth, *ní bhaineann sé duit* it doesn't concern you, *bhain taisme dó* he met with an accident, *tá costas ag* ~*t leis* it involves

expense, ~ *eadh siar as* he was taken aback ~ *t faoi dhuine* to appease, pacify, a person

baincéir baŋ'k'e:r' *m*3 banker

baincéireacht baŋ'k'e:r'əxt *f* 3 banking

baineanda ban'əndə *a*3 effeminate

baineann ban'ən *a*1 female; effeminate

baineannach ban'ənəx *m*1& *al* female

báiní ba:n'i: *f* 4 wildness, frenzy, *dul le* ~ to become furious

báinín ba:n'i:n' *m* 4 woven woollen cloth, homespun; flannel; white homespun jacket

baininscneach ban'ən's'k'n'əx *a*1 feminine (gender)

bainis ban'əs' *f* 2, *pl* ~**eacha** wedding(-feast) ~ *bhaiste* christening party

bainisteoir ban'əs't'o:r' *m*3 manager

bainisteoireacht ban'əs't'o:r'əxt *f* 3 managing; managership

bainistí ban'əs't'i: *f* 4 thrift

bainistíocht ban'əs't'i:(ə)xt *f* 3 thriftiness

bainistreás ban'əs't'r'a:s *f* 3 manageress

bainne ban'ə *m*4 milk, ~ *bó bleachtáin* cowslip, ~ *caoin* spurge

bainniúil ban'u:l' *a*2 milky; milk-yielding

báinseach ba:n's'əx *f* 2 green; lawn

bainseo ban's'o: *m*4, *pl* ~**nna** banjo

baint ban't' *f* 2 connection; relevance; harvesting, gathering

báinté ˌba:n''t'e: *s, tá an fharraige ina* ~ the sea is dead calm

bainteach ban't'əx *a*1, ~ *le rud* involved in, relative to, sth

bainteoir ban't'o:r' *m*3 digger; reaper; picker

baintreach ban't'r'əx *f* 2 widow, ~ *fir* widower

baintreachas ban't'r'əxəs *m*1 widowhood

báíocht ba:i:(ə)xt *f* 3 sympathy

bairdéir ba:rd'e:r' *m*3 warder

báire ba:r'ə *m*4 match, contest; hurling match; goal, *i dtús* ~ at the onset, *i lár* ~ in the middle, *i ndeireadh* ~ when all was over, *cúl* ~ goalkeeper

bairéad bar'e:d *m*1 biretta; cap

báireoir ba:r'o:r' *m*3 player; hurler

bairille bar'əl'ə *m*4 barrel

bairín bar'i:n' *m*4 loaf, ~ *breac* barmbrack

bairneach ba:rn'əx *m*1 limpet

bairrín ba:r'i:n' *m*4 mitre

báirse ba:rs'ə *m*4 barge

báirseach ba:rs'əx *f* 2 scold, shrew, virago

báirseoir ba:rs'o:r' *m*3 water-, game-, keeper; nagging person

báisín ba:s'i:n' *m*4 basin

baisleac bas'l'ək *f* 2 basilica

baist bas't' *vt* baptize, christen; name

baiste bas't'ə *m*4 baptism

Baisteach bas't'əx *m*1 Baptist

báisteach ba:s't'əx *f* 2 rain; rainfall, *tá* ~ *air* it's going to rain

baisteadh bas't'ə *m, gs* **baiste** *pl* -**tí** baptism; christening party

baistí bas't'i: *a*3 baptismal, *athair* ~ godfather

báistigh ba:s't'i: *vi* rain

báistiúil ba:s't'u:l' *a*2 rainy

báiteach ba:t'əx *a*1 watery; pale, wan; (*of colour*) pastel

baithis bahəs' *f* 2 top, crown (of head), forehead

baitíc bat'i:k' *f* 2 batik

baitín bat'i:n' *m*4 conductor's baton

baitsiléir bat's'əl'e:r' *m*3 bachelor

balaistíocht baləs't'i:(ə)xt *f* 3 ballistics

balastar baləstər *m*1 baluster *pl* banister(s)

balastráid baləstra:d' *f* 2 balustrade

balbh baləv *a*1 dumb; inarticulate; (*of sound*) dull

balbhán baləva:n *m*1 dumb person; stammerer

balc balk *m*1 balk, beam; hard substance

balcais balkəs' *f* 2 clout, rag; garment

balcóin balko:n' *f* 2 balcony

ball bal *m*1 organ (of body); component part; place; spot, mark, ~ *acra* tool, ~ *dobhráin* mole, *baill bheatha* vitals, ~ *de chumann* member of a society, ~ *éadaigh* article of clothing, garment, ~ *séire* mess; bungler, *i m* ~ *éigin* somewhere, *ar* ~ (*beag*) a (little) while ago; presently

balla balə *m*4 wall

ballach¹ baləx *m*1 wrasse

ballach² baləx *a*1 spotted, speckled

ballán bala:n *m*1 teat

ballasta baləstə *m*4 ballast

ballbhrúigh 'bal‚vru:γ' *vt* bruise

ballchrith 'bal‚x'r'ih *s, ar* ~ trembling all over

ballnasc 'bal‚nask *m*1 ligament

ballóg balo:g *f* 2 roofless house, ruin

ballóid balo:d' *f* 2 ballot

ballraíocht balri:(ə)xt *f* 3 membership

balsam balsəm *m*1 balsam, balm

balsamaigh balsəmi: *vt* embalm

balscóid balsko:d' *f* 2 blotch; blister

bálta ba:ltə *m*4 welt (of shoe)

balún balu:n *m*1 balloon

bambach bambəx *a*1 tiresome, frustrating

bambú bambu: *m*4, *pl* ~**nna** bamboo

ban-¹ ban *pref* female, -ess, -rix

ban² ban : **bean**

bán¹ ba:n *m*1, *pl* ~**ta** lea, grassland; uncultivated land

bán² ba:n *m*1 white *a*1 white; white-headed, fair, *airgead* ~ silver money, *sioc* ~ hoar-frost, *leathanach* ~ blank page, *tá béal* ~ *aige* he is plausible, *tá an áit* ~ the place is deserted

ban-ab 'ban‚ab *f* 3 abbess

banaí bani: *m*4 ladies' man; lady-killer

bánaí¹ ba:ni: *m*4 albino

bánaí² ba:ni: *s*, ~ *a dhéanamh* (*le páiste*) to pet (a child)

bánaigh ba:ni: *vt & i* whiten; clear out, *bhánaigh an lá* the day dawned, *tá an áit á bánú* the place is becoming deserted, *ag bánú na tíre* laying waste the country

banaltra banəltrə *f* 4 nurse

banaltracht banəltrəxt *f* 3 nursing

banana bə'nanə *m* 4 banana

banbh banəv *m* 1 piglet, bonham

bánbhuí 'ba:n,vi: *a* 3 cream-coloured

banc baŋk *m* 1 bank

bancáil baŋka:l' *vt* bank

banchliamhain 'ban,x'l'iəvən' *m* 4, *pl* ~**eacha** daughter-in-law

banda[1] bandə *m* 4 band

banda[2] bandə *a* 3 womanly, feminine

bándearg 'ba:n,d'arəg *a* 1 pink

bandia 'ban',d'iə *m, gs* -**dé** *pl* -**déithe** goddess

banéigean 'ban,e:g'ən *m* 1 rape

bang baŋ *m* 3, *pl* ~**anna** (swimming) stroke; effort

bangharda 'ban,ɣa:rdə *m* 4 policewoman

bánghlóthach 'ba:n,ɣlo:həx *f* 2 blancmange

banimpire 'ban,im'p'ər'ə *m* 4 empress

banlámh 'ban,la:v *f* 2 cubit

banna[1] banə *m* 4 band (of musicians)

banna[2] banə *m* 4 bond, binding, *dul i mbannaí ar dhuine* to go bail for a person, ~*í pósta* marriage banns

bannóir bano:r' *m* 3 bondholder

banóglach 'ban,o:gləx *m* 1 girl guide, ~ *an Tiarna* the handmaid of the Lord

banóstach 'ban,o:stəx *m* 1 hostess

banphrionsa 'ban,f'r'insə *m* 4 princess

banrach banrəx *f* 2 enclosed field (for animals); paddock

banríon 'ban,ri:n *f* 3, *pl* ~**acha** queen

bantam bantəm *m* 1 bantam

bantiarna 'ban',t'iərnə *f* 4 (titled) lady

bantracht bantrəxt *f* 3 womenfolk

bánú ba:nu: *m* 4 whitening; dawning; clearance, dispersal

banúil banu:l' *a* 2 womanly, ladylike; modest

banúlacht banu:ləxt *f* 3 womanliness; womanhood; modesty

baoi bi: *m* 4, *pl* ~**the** buoy; float of fishing-net

baois bi:s' *f* 2 folly

baoite bi:t'ə *m* 4 bait

baoiteáil bi:t'a:l' *vt* bait

baoiteálaí bi:t'a:li: *m* 4 hanger-on

baol bi:l *m* 1 danger, *níl sé lán ná* ~ *air* it is not nearly full, *is beag an* ~ *air é a dhéanamh* he is hardly likely to do it

baolach bi:ləx *a* 1 dangerous, *is* ~ *nach bhfuil sé ag teacht* I'm afraid he's not coming

baosra bi:srə *m* 4 folly; idle boasting, *tá sé le* ~ he is in a rage

baoth bi: *a* 1 foolish; vain

baothánta bi:ha:ntə *a* 3 foolish; fatuous

baothdhána 'bi:,ɣa:nə *a* 3 foolhardy

baothghalánta 'bi:,ɣala:ntə *a* 3 snobbish

bara barə *m* 4 barrow, ~ *rotha* wheel-barrow

baracáid barəka:d' *f* 2 barricade

baraid bari:d' *s, pl* ~**í** *ar* ~**í**, *ag* ~ *ar, rud a dhéanamh* on the point of doing sth

baraiméadar 'barə,m'e:dər *m* 1 barometer

barainneach barən'əx *a* 1 thrifty; parsimonious, *níl a fhios agam go* ~ I do not know exactly

barainneacht barən'əxt *f* 3 economy, thrift

baráiste bara:s't'ə *m* 4 barrage

baránta bara:ntə *m* 4 warranty

barántas bara:ntəs *m* 1 warrant; warranty, authority, writ

barántúil bara:ntu:l' *a* 2 trustworthy; authentic

baratón barəto:n *m* 1 baritone

barbarach barəbərəx *m* 1 & *a* 1 barbarian

barbartha barəbərhə *a* 3 barbarous; (*of speech*) coarse

barbarthacht barəbərhəxt *f* 3 barbarity, ~ *chainte* coarse speech

bárc ba:rk *m* 1 bark, ship

bárcadh ba:rkə *s, ag* ~ *allais* streaming with perspiration

bard ba:rd *m* 1 bard

barda[1] ba:rdə *m* 4 garrison; guard

barda[2] ba:rdə *m* 4 (hospital, city) ward

bardach ba:rdəx *m* 1 warden

bardal ba:rdəl *m* 1 drake

bardas ba:rdəs *m* 1 municipal authority, corporation

bardasach ba:rdəsəx *m* 1 alderman *a* 1 municipal

barr ba:r *m* 1, *npl* ~**a** tip, point; top; surface; crop, *i m* ~ *a réime* at the height of his career, *tá an teach ar bharr (amháin) lasrach* the house is all aflame, *de bharr* as a result of, because, *dá bharr sin* consequently, *le* ~ *sainte* out of sheer greed, *mar bharr ar an ádh* as luck would have it, *thar* ~ excellent, *dhiol sé thar* ~ *amach é* he sold it outright, ~ *láin (mhara)*, ~ *taoide* high tide; high-water mark

barra barə *m* 4 bar

barrach barəx *m* 1, (*of flax, hemp*) tow

barrachas barəxəs *m* 1 predominance; surplus

barraicín barək'i:n' *m* 4 tip,toe (of foot, stocking) toe-cap (of boot, shoe), *ag siúl ar do bharraicíní* walking on tiptoe

barraíl bari:l' *f* 3 loppings; husky grain; waste

barraíocht bari:(ə)xt *f* 3 excess, *tá punt de bharraíocht ann* it is a pound over, *duine a bharraíocht* to best a person

barrchaite 'ba:r,xat'ə *a* 3 threadbare

barrchaolaigh 'ba:r,xi:li: *vt* taper

barrchéim 'ba:r,x'e:m' *f* 2 climax; apogee

barriall 'ba:r,iəl *f* 2, *gs* -**rréille** *pl* ~**acha** bootlace, shoelace

barrliobar 'ba:r,l'ibər *m* 1 numbness of fingers

barrloisc 'ba:r,los'k' *vt, vn* -**oscadh** singe

barróg baro:g *f* 2 hug; wrestling grip

barrshamhail 'ba:r,haul' *f* 3, *gs* **-amhla** *pl* **-amhlacha** ideal

barrsheol 'ba:r,x'o:l *m* 1, *pl* ~**ta** topsail

barrthuairisc 'ba:r,huər'əs'k' *f* 2 additional information

barrthuisle 'ba:r,his'l'ə *m* 4 stumble

barrúil baru:l' *a* 2 gay; funny; droll

barúil baru:l' *f* 3, *pl* **-úlacha** opinion, *tá* ~ *aithne agam air* I think I know him

barúlach baru:ləx *a* 1 opinionated

barún baru:n *m* 1 baron

barúntacht baru:ntəxt *f* 3 barony

bas bas *f* 2, (*fish*) ~ (*gheal*) bass

bás ba:s *m* 1, *pl* ~**anna** death, *go* ~ until death, *tá eagla a bháis air roimh thaibhsí* he is in mortal fear of ghosts

basadóir basədo:r' *m* 3 match-maker

básaigh ba:si: *vt* & *i* put to death, execute; die

basár bə'sa:r *m* 1 bazaar

basc bask *vt* bash; crush

bascadh baskə *m* bashing; severe injury, ~ *air* the devil take him

bascaed baske:d *m* 1 basket

básmhaireacht ba:svər'əxt *f* 3 mortality

básmhar ba:svər *a* 1 mortal

básta ba:stə *m* 4 waist; bellyband

bastallach bastələx *a* 1 bombastic; captious

bastard bastərd *m* 1 bastard, ~ *madra* mongrel

bástcóta 'ba:st,ko:tə *m* 4 waistcoat

bastún bastu:n *m* 1 lout

bású ba:su: *m* 4 execution

basún basu:n *m* 1 bassoon

bata batə *m* 4 stick; baton, ~ *is bóthar a thabhairt do dhuine* to dismiss a person summarily, to sack a person

bataire batər'ə *m* 4 battery

batráil batra:l' *vt* batter

báúil ba:u:l' *a* 2 sympathetic

bé b'e: *f* 4, *pl* ~**ithe** maiden

béabhar b'e:vər *m* 1 beaver

beacán b'aka:n *m* 1 mushroom, ~ *bearaigh* toadstool

beach b'ax *f* 2 bee

beachaire b'axər'ə *m* 4 bee-keeper

beachlann b'axlən *f* 2 apiary

beacht b'axt *a* 1, *gsm* ~ exact, precise, accurate

beachtaigh b'axti: *vt* correct, *ag beachtú orm* criticizing me

beachtaíoch b'axti:(ə)x *a* 1, *gsm* ~ critical, captious

beachtaíocht b'axti:(ə)xt *f* 3 exactitude; criticism

beachtas b'axtəs *m* 1 accuracy, precision

beadaí b'adi: *m* 4 gourmet *a* 3 sweet-toothed, fastidious, *bia* ~ dainty food

beadaíocht b'adi:(ə)xt *f* 3 fastidiousness (about food); dainties

béadán b'e:da:n *m* 1 gossip; slander: worry

béadchaint 'b'e:d,xan't' *f* 2 slander

beag[1] b'eg *m* 1, *pl* ~**anna** little; small amount, *ar a bheag* at least, *ná déan a bheag díot féin* don't demean yourself, *is* ~ *a tháinig* few came a I, *comp* **lú** little, small; junior, lesser, *is* ~ *le rá é* it is not worth mentioning, *is é is lú is gann duit é* it's the least you might do, *ní* ~ *sin* that's enough, *is* ~ *orm é* I don't like it, *anois* ~ just now, *is* ~ *áit is deise* there are few nicer places, *is* ~ *nár thit mé* I nearly fell, *nach* ~ almost *ach chomh* ~ either, neither

beag-[2] b'eg *pref* small; -less; un-, in-

beagán b'ega:n *m* 1 little, *i m* ~ *focal* in a few words ~ *sotail uait!* less of your impudence!

beagdheis 'b'eg,γ'es' *f* 2, **grúpaí** ~*e* underprivileged groups

beagmhaitheasach 'b'eg,vahəsəx *a* 1 useless, worthless; disobliging

beagnach b'egnax *adv* almost

beagóinia b'ə'go:n'iə *f* 4, *pl* ~**nna** begonia

beaguchtach 'b'eg,uxtəx *m* 1 lack of courage, *ná cuir* ~ *air* don't dishearten him

beaichte b'axt'ə *f* 4 exactitude

beaignit b'ag'n'ət' *f* 2 bayonet

beairic b'ar'ək' *f* 2 barrack(s)

béal b'e:l *m* 1, *pl* ~**a** *in certain phrases* mouth, opening, entrance; lip, ~ *bán* soft talk, ~ *scine* edge of knife, ~ *cruaiche* open end of stack, ~ *salach* thrush, ~ *gan scáth* blabber, ~ *tuile* hydrant, *i m* ~ *na doininne* in the teeth of the storm, *dul ar bhéal, ar bhéala, duine* to go over a person's head; to take precedence over a person, *i m* ~ *a mhaitheasa* in his prime, *i m* ~, *i mbéala, báis* at death's door

bealach b'aləx *m* 1, *pl* **-aí** way, road; pass; direction; manner, ~ *aeir* air route, ~ *isteach* way in, *cuireadh chun bealaigh é* he was sent off, sacked, *duine a chur ar bhealach a leasa* to advise a person for his own good, *as* ~ out of the way; wrong, *ar bhealach* in a way

bealadh b'alə *m* 1 grease, lubricant

bealaigh b'ali: *vt* grease, lubricate, *caint bhealaithe* unctuous speech

béalaithris 'b'e:l,ahr'əs' *f* 2 oral account, tradition

béalbhach b'e:lvəx *f* 2 bridle-bit, gunwale; rim

béalchrábhadh 'b'e:l,xra:və *m* 1 lip-service to religion; hypocrisy

béalchráifeach 'b'e:l,xra:f'əx *a* 1 sanctimonious

béaldath 'b'e:l,dah *m* 3, *pl* ~**anna** lipstick

béaliata 'b'e:l,iətə *a* 3 tight-lipped, secretive

beallaí b'ali: *m* 4, ~ *francach* laburnum

béalmhír 'b'e:l,v'i:r' *f* 2, *pl* ~**eanna** (*tool*) bit

béalóg b'e:lo:g *f* 2 small opening; (*of musical instrument*) mouthpiece

béaloideas 'b'e:l,od'əs *m* 1 oral tradition, folklore

béalscaoilte 'b'e:l,ski:l't'ə *a* 3 indiscreet

Bealtaine b'altən'ə *f* 4 May, *Lá* ~ May Day

bean b'an *f*, *gs* & *npl* **mná** *gpl* **ban** woman; wife, ~ *chabhrach* ~ *ghlúine*, midwife ~ *chéile* wife, ~ *rialta* nun, ~ *sí* banshee, ~ *tí* housewife; housekeeper, *a bhean uasal* madam, ∼ *Uí Néill* Mrs. O'Neill

beangán b'aŋga:n *m*1 young branch, shoot; scion; graft; prong

beann[1] b'an *f*2 horn, antler; prong

beann[2] b'an *f*2 regard; dependence, *tá mé beag* ∼ *air* I have little regard for, little fear of, him

beann[3] b'an **beanna** b'anə : **binn**[1]

beannach b'anəx *a*1 horned; peaked; gabled; angular

beannacht b'anəxt *f*3 blessing, greeting ∼ (*na Naomhshacraiminte*) Benediction, ∼ *Dé leat* God speed you, ∼ *Dé lena anam* God rest his soul

beannachtach b'anəxtəx *a*1, *buíoch* ∼ effusively grateful

beannaigh b'ani: *vt & i* bless; greet, *níl siad ag beannú dá chéile* they are not on speaking terms, *bheannaigh sé isteach chugainn* he called in to us

beannaithe b'anihə *a*3 blessed, holy, *na hoird bheannaithe* the religious orders

beannaitheach b'anihəx *a*1 beatific

beannaitheacht b'anihəxt *f*3 beatitude

beannú b'anu: *m*4 blessing, greeting

beár b'a:r *m*1 bar (in public house)

béar b'e:r *m*1 bear

beara b'arə : **bior**

bearach b'arəx *m*1 heifer

bearbóir b'arəbo:r' *m*3 barber

bearbóireacht b'arəbo:r'əxt *f*3 hairdressing

béarfaidh b'e:rhi *fut of* **beir**

béarla b'e:rlə *m*4 speech, *B* ∼ English language

béarlachas b'e:rləxəs *m*1 anglicism

béarlagair b'e:rləgər' *m*4 jargon

Béarlóir b'e:rlo:r' *m*3 English speaker

bearna b'a:rnə *f*4 gap, ∼ *mhíl* hare-lip

bearnach b'a:rnəx *a*1 gapped

bearnaigh b'a:rni: *vt* breach; broach; tap

bearnas b'a:rnəs *m*1 gap, pass

bearr b'a:r *vt* clip; cut; shave; skim (milk)

bearradh b'a:rə *m*, ∼ *gruaige* hair-cut, ∼ *cainte* dressing-down

beart[1] b'art *m*1, *npl* ∼**a** bundle; parcel

beart[2] b'art *m*1, *npl* ∼**a** cast, move (in game); plan; action, *i mbearta crua* in evil plight, *tar éis na m* ∼ when all is said and done

beart[3] b'art *m*3, *pl* ∼**anna** berth

beartach b'artəx *a*1 scheming, contriving

beartaigh b'arti: *vt & i* brandish; plan; consider

beartaíocht b'arti:(ə)xt *f*3 scheming; ingenuity

beartán b'arta:n *m*1 bundle, parcel

beartas b'artəs *m*1 policy

beartú b'artu: *m*4 plan, contrivance

béas[1] b'e:s *m*3, *gs & npl* ∼**a** habit *pl* conduct, manners, *tá fios a bhéas aige* he knows how to behave

béas[2] b'e:s *m*3 beige

béasach b'e:səx *a*1 well-behaved; mannerly

béasaíocht b'e:si:(ə)xt *f*3 politeness; etiquette

béascna b'e:sknə *f*4 mode of conduct; custom; culture

beatha b'ahə *f*4 life; livelihood; sustenance, *slí bheatha* means of livelihood, *is é do bheatha, dé do bheatha*, you are welcome, ∼ *duine a scríobh* to write someone's biography

beathach b'ahəx *a*, *beo* ∼ alive and active

beathaigh b'ahi: *vt* feed, nourish; rear

beathaisnéis 'b'ah‚as'n'e:s' *f*2 biography

beathaisnéisí 'b'ah‚as'n'e:s'í' *f*4 biographer

beathaithe b'ahihə *a*3 fat, well-fed

beathaitheach b'ahihəx *a*1 nourishing, fattening

beathaitheacht b'ahihəxt *f*3 fatness, obesity

beathú b'ahu: *m*4 feeding, nourishment

beibheal b'ev'əl *m*1 & *vt* bevel

béic b'e:k' *f*2, *pl* ∼**eacha** yell, shout ∼ *asail* donkey's bray *vi* yell, shout

béicíl b'e:k'i:l' *f*3 yelling, shouting

beidh b'eɣ' *fut of* **bí**

beifear b'ef'ər *fut aut of* **bí**

béile b'e:l'ə *m*4 meal

beilt b'el't' *f*2, *pl* ∼**eanna** belt

béim b'e:m' *f*2, *pl* ∼**eanna** blow; notch; emphasis

béimneach b'e:m'n'əx *a*1 striking, smiting

Beinidicteach b'en'əd'ək'təx *m*1 & *a*1 Benedictine

beinifís b'en'əf'i:s' *f*2 benefice

beinsín b'en's'i:n' *m*4 benzine

beir b'er' *vt & i*, *vn* **breith** bear, give birth to; win; bring, take; catch, *rug an bhó* the cow calved, *rugadh leanbh di* she bore a child, *tá na cearca ag breith* the hens are laying, *bheith* ∼ *the le rud* to gain by sth, *rug na gardaí air* the guards caught him, ∼ *isteach air* get to close grips with him, ∼ *ar do chiall* have sense, *breith ar dhuine i rás* to overtake a person in a race, *ag breith as* making off, *tá siad ag breith uainn* they are drawing away from us

beireatas b'er'ətəs *m*1, *ráta, teastas, beireatais* birth-rate, birth-certificate

beirfean b'er'əf'ən *m*1 boiling heat

beirigh b'er'i: *vt & i* boil; cook; bake

beiriste b'er'əs't'ə *m*4, (*cards*) bridge

beirt b'ert' *f*2, *pl* ∼**eanna** two persons; pair

beirtreach b'ert'r'əx *f*2 oyster-bed

beith b'eh *f*2, *pl* ∼**eanna** birch, ∼ *gheal* silver birch

beithé b'ehe: *m*4, *pl* ∼**anna** laughing-stock; laugh, jeer

beithilín b'ehəl'i:n' *m*4 crib

beithíoch b'ehi:(ə)x *m*1 beast; animal; horse

beo b'o: *m*4, *gs & pl* ∼ living being; life; livelihood; quick *a*3 living, alive; active, lively, *slán* ∼ *leis* God keep him, *sreang bheo* live wire

beobhreitheach 'b'o‚v'r'ehəx *a*1 viviparous

beochan b'o:xən *f*3 animation

beochán b'o:xa:n *m*1, ∼ *tine* small fire

beocht b'o:xt *f*3 life, animation

beoga b′o:gə *a*3 lively; vivid
beoghearradh ′b′o:ˌγ′arə *m, gs* **-rrtha** vivisection
beoigh b′o:γ′ *vt & i* animate, enliven; (*of wind*) freshen
beoir b′o:r′ *f, gs* **beorach** *pl* **beoracha** beer
beola b′o:lə *spl* lips
beophianadh ′b′o:ˌf′iənə *m* suspense, impatience
beostoc ′b′o:ˌstok *m*1 livestock
bheadh v′ex *cond of* **bí**
bhéarfadh v′e:rhəx *cond of* **beir**
bheas v′es *fut rel of* **bí**
bheifí v′ef′i: *cond aut of* **bí**
bheith v′eh *vn of* **bí**
bhfuil vil′ *pres dep of* **bí**
bhí v′i: *p of* **bí**
bhíodh v′i:x *p hab of* **bí**
bhíothas v′i:həs *p aut of* **bí**
bhítí v′i:t′i: *p hab aut of* **bí**
bhuel wel′ *int* well
bhur vu:r *poss a* your (*pl*)
bí b′i: *substantive vb* be; exist, *an té a bhí agus atá* he who was and is, *tá sé agam* I have it, *an lá atá inniu ann* the present day, *bhí go maith* (*go*) all went well (until), *má tá tú réidh* if you are ready, *tá orm a rá* I must say, *má tá fút imeacht* if you intend to go away, *bhí uaim labhairt leis* I wanted to speak to him, *tá sé bliain d'aois* he is a year old, *mar atá* namely, *bíodh is gur gheall sé é* even though he promised it, *má tá* as to that, however
bia b′iə *m*4, *pl* ~**nna** food; meal; substance
biabhóg b′iəvo:g *f*2 rhubarb
biachlár ′b′iəˌxla:r *m*1 menu (card)
bia-eolaí ′b′iəˌo:li: *m*4 dietician
biaiste b′iəs′t′ə *f*4 season, period (of plenty), ~ *an éisc* fishing season
bialann b′iələn *f*2 canteen, restaurant
bianna b′iənə *m*4 ferrule
biatach b′iətəx *m*1 victualler *a*1 food-providing; generous
biatas b′iətəs *m*1 beet
biathaigh b′iəhi: *vt* feed, *tá sé ag biathú sneachta* snow-flakes are falling
bibe b′ib′ə *m*4 bib
bíceips b′i:k′e:p′s′ *f*2 biceps
bídeach b′i:d′əx *a*1 tiny
bige b′ig′ə *f*4 littleness
bigil b′ig′əl′ *f*2 vigil; eve of feast
bile b′il′ə *m*4 (large, sacred) tree
bileog[1] b′il′o:g *f*2 leaf, ~ *pháipéir* sheet of paper
bileog[2] b′il′o:g *f*2 billhook
bileogach b′il′o:gəx *a*1 leafy; laminated
bille b′il′ə *m*4 bill; currency note
billéad b′il′e:d *m*1 (army) billet
billéardaí b′il′e:rdi: *spl* billiards
billiún b′il′u:n *m*1 billion
binb b′in′əb′ *f*2 venom, fury, *ar* ~ on edge

binbeach b′in′əb′əx *a*1, (*of voice, speech*) venomous, sharp
bindealán b′in′d′əla:n *m*1 swaddling cloth; bandage
binid b′in′əd′ *f*2 rennet
binn[1] b′in′ *f*2, *npl* **beanna** *gpl* **beann** peak; gable; cliff, ~ *seáil* corner of shawl, *hata trí bheann* three-cornered hat, ~ *a gúna* the lap of her dress, ~ *siosúir* blade of scissors
binn[2] b′in′ *a*1 sweet, melodious, *d'éirigh go* ~ *liom* I got on splendidly
binnbharraíocht ′b′in′ˌvari:(ə)xt *f*3, *an bhinnbharraíocht a bheith agat ar dhuine* to gloat over a person
binneas b′in′əs *m*1, (*of sound*) sweetness
binneog b′in′o:g *f*2 head-square
binse b′in′s′ə *m*4 bench, seat; ledge, ~ *breithimh* judge's bench; tribunal, *an B* ~ the Bench
bintiúr b′in′t′u:r *m*1 debenture
bíobalta b′i:bəltə *a*3 biblical
Bíobla b′i:blə *m*4 Bible
biocáire b′ika:r′ə *m*4 vicar
bíocunta ′b′i:ˌkuntə *m*4 viscount
bíog[1] b′i:g *f*2 chirp
bíog[2] b′i:g *vi* start, jump; twitch
bíogadh b′i:gə *m, gs* **-gtha** start, jump
biogamacht b′igəməxt *f*3 bigamy
bíogarnach b′i:gərnəx *f*2 squeaking, chirping
biogóid b′igo:d′ *m*4 bigot
biogóideacht b′igo:d′əxt *f*3 bigotry
bíogúil b′i:gu:l′ *a*2 jumpy; lively; sprightly
biolar b′ilər *m*1 (water)cress
bíoma b′i:mə *m*4 beam
biongó b′iŋgo: *m*4 bingo
bior b′ir *m*3, *gs* **beara** *pl* ~**anna** point; spit, spike; ~ *seaca* icicle, ~ *fiacla* tooth-pick, *chuaigh sé ar bhior a chinn isteach san uisce*, he went head first into the water, *tháinig* ~ *ar a shúile* his eyes flashed anger
biorach b′irəx *a*1 pointed; sharp
bioraigh b′iri: *vt & i* point, sharpen, *bhioraigh sé a chluasa* he cocked his ears
biorán b′ira:n *m*1 pin, ~ *cniotála* knitting-needle
bioránach b′ira:nəx *m*1 sprat
bioranta b′irəntə *a*3 sharp, cold
bioróir b′iro:r′ *m*3 sharpener, pencil parer
biosún b′i:su:n *m*1 bison
biotáille b′ita:l′ə *f*4 spirits; strong drink
biotúman b′itu:mən *m*1 bitumen
bís b′i:s′ *f*2, *pl* ~**eanna** vice; screw; spiral, *ar* ~ in suspense, impatient
biseach b′is′əx *m*1 improvement (in health); increase, *bliain bhisigh* leap-year
bíseach b′i:s′əx *a*1 spiral
bisigh b′is′i: *vt & i* improve, recover; increase, prosper
bisiúil b′is′u:l′ *a*2 productive; fecund
bith[1] b′ih *s, ar* ~ any, *lá ar* ~ (*anois*) any day (now), *cibé ar* ~ at any rate, *níl ciall ar* ~ *aige* he has no sense

bith-² b'ih ~ b'i⁺ *pref* ever-, constant
bith-³ b'ih ~ b'i⁺ *pref* bio-
bitheog b'iho:g *f* 2 microbe
bitheolaíocht 'b'ih,o:li:(ə)xt *f* 3 biology
bíthin b'i:hən' *s, trí, ar, bhíthin* because of, *dá bhíthin sin* for that reason
bithiúnach b'ihu:nəx *m* 1 scoundrel
bithiúnta b'ihu:ntə *a* 3 scoundrelly
bitseach b'it's'əx *f* 2 bitch
biúró b'u:ro: *m* 4, *pl* ~**nna** bureau
bladair bladər' *vt & i, pres* -**draíonn** *vn* -**dar** cajole, flatter
bladar bladər *m* 1 cajolery, flattery
bladhaire blair'ə *m* 4 flame
bladhm blaim *f* 3, *pl* ~**anna** flame; flare-up *vi* flame, blaze, flare-up
bladhmach blaiməx *a* 1 flaming
bladhmaire blaimər'ə *m* 4 boaster
bladhmann blaimən *m* 1 blaze; boasting
bladhmannach blaimənəx *a* 1 blazing, boastful
bladrach bladrəx *a* 1 cajoling, flattering
bláfar bla:fər *a* 1 blooming, beautiful; tidy; demure
blagaid blagəd' *f* 2 bald head
blaincéad blaŋ'k'e:d *m* 1 blanket
blais blas' *vt & i* taste; partake of
blaiseadh blas'ə *m* taste, bite, sup
blaisféim blas'f'e:m' *f* 2 blasphemy
blaisínteacht blas'i:n't'əxt *f* 3 toying with food or drink, *níl tú ach ag ~ air* you are only nibbling at, sipping, it
blaistigh blas't'i: *vt* season (food)
blaosc bli:sk *f* 2 shell (of egg, nut, etc), ~ *an chinn* skull, cranium
blár bla:r *m* 1 open space; field, *bheith ar an m~* (*folamh*) to be down and out
blas blas *m* 1, *pl* ~**anna** taste, flavour; accent, mode of pronunciation, *tá ~ na fírinne air* it rings true, *dheamhan ~* nothing at all
blasta blastə *a* 3 tasty; (*of speech*) correct, telling, *bia ~* savoury food
blastán blasta:n *m* 1 flavouring, seasoning
blastóg blasto:g *f* 2 savoury
bláth bla: *m* 3, *pl* ~**anna** blossom, flower(s); bloom; prosperity, *faoi bhláth* in blossom; flourishing, *i m~ a shaoil* in the prime of his life
bláthach bla:həx *f* 2 buttermilk
bláthadóir bla:hədo:r' *m* 3 florist
bláthaigh bla:hi: *vi* blossom, bloom
bláthchuach 'bla:,xuəx *m* 4 vase
bláthfhleasc 'bla:,l'ask *f* 2 wreath, garland
bleacht b'l'axt *m* 3 milk
bleachtaire b'l'axtər'ə *m* 4 detective
bleachtaireacht b'l'axtər'əxt *f* 3 detecting, *scéal ~a* detective story
bleachtán b'l'axta:n *m* 1 sow-thistle
bleaist b'l'as't' *f* 2, *pl* ~**eanna** blast; blight
bleaisteáil b'l'as't'a:l' *vt & i* blast
bleán b'l'a:n *m* 1 yield of milk; milking

bleánlann b'l'a:nlən *f* 2 milking parlour
bléasar b'l'e:sər *m* 1 blazer
bleathach b'l'ahəx *f* 2 grist, ~ *uibhe* egg-flip
bleib b'l'eb' *f* 2, *pl* ~**eanna** bulb (of plant)
bleid b'l'ed' *f* 2, *bhuail sé ~ orm* he accosted me; he addressed me in a wheedling manner
bléin b'l'e:n' *f* 2, *pl* ~**te** groin; cavity; cove
bléitse b'l'e:t's'ə *m* 4, (*cloth*) bleach
bliain b'l'iən' *f* 3, *pl* -**anta**, -**ana** *with numerals* year, *leanbh bliana* year old child, *i mbliana* this year
bliainiris 'b'l'iən',ir'əs' *f* 2 annual (publication), year-book
blianacht b'l'iənəxt *f* 3 annuity
bliantóg b'l'iənto:g *f* 2 annual (plant)
bliantúil b'l'iəntu:l' *a* 2 yearly, annual
bligeard b'l'ig'a:rd *m* 1 blackguard
bligh b'l'iɣ' *vt, vn* **bleán** milk, *bradán a bhleán* to strip a salmon
bliosán b'l'isa:n *m* 1 artichoke
bliteoir b'l'it'o:r' *m* 3 milker
bloc blok *m* 1 block
blocánta bloka:ntə *a* 3 stocky
blogh blau *f* 3, *pl* ~**anna** fragment *vt & i* break into bits, shatter
blonag blonəg *f* 2 soft fat, lard; blubber
blosc blosk *m* 1 explosive sound, blast *vt & i* explode
bloscadh bloskə *m* 1 crack, explosion; rally (in sickness); increase (in yield)
blúire blu:r'ə *m* 4 bit, fragment
blús blu:s *m* 1, *pl* ~**anna** blouse
bó bo: *f, gs & gpl* ~ *npl* **ba** cow
bob bob *m* 4, *pl* ~**anna** ~ *a bhualadh ar dhuine* to play a trick on a person
bobáil boba:l' *vt & i,* (*of hair*) bob; (*of hedge*) trim; blink
bobailín bobəl'i:n' *m* 4 tuft, tassel; pompon
bobaireacht bobər'əxt *f* 3, *ag ~ ar dhuine* playing tricks on a person
bobarún bobəru:n *m* 1 booby
bobghaiste 'bob,ɣas't'ə *m* 4 booby-trap
boc bok *m* 1 buck, playboy, ~ *mór* bigwig
bocáil boka:l' *vt* toss, *liathróid a bhocáil* to bounce a ball
bocaire bokər'ə *m* 4 small cake; muffin
bocánach boka:nəx *m* 1 goblin
bóchna bo:xnə *f* 4 the ocean
bocht boxt *m* 1 poor person, *na boicht* the poor *a* 1 poor, *is ~ an scéal é* it is a sad state of affairs, *is ~ liom do chás* I'm sorry for your trouble
bochtaigh boxti: *vt* impoverish
bochtaineacht boxtən'əxt *f* 3 poverty; meanness; humiliation
bochtán boxta:n *m* 1 poor person; mean person
bocóid boko:d' *f* 2 boss, stud
bod bod *m* 1 penis, ~ *gadhair* cuckoo-pint
bodach bodəx *m* 1 churl, lout, ~ *mór* bigwig, ~ *bóthair* vagrant

bodhaire baur'ə *f* 4 deafness, (*of sound*) dullness, ~ *Uí Laoire* feigned deafness

bodhar baur *a* 1, *npl* **-dhra** deaf, *tá mé* ~ *ag éisteacht libh* I am tired listening to you, *toirneach bhodhar* distant thunder, *tá mo chos* ~ I have no feeling in my leg, *uisce* ~ stagnant water

bodhraigh bauri: *vt* deafen, *ná* ~ *mé* don't bother me, *pian a bhodhrú* to deaden pain

bodhraitheach baurihəx *a* 1 deafening

bodhrán[1] baura:n *m* 1 deaf person; dullard

bodhrán[2] baura:n *m* 1 winnowing drum; (kind of) tambourine

bodóg bodo:g *f* 2 heifer

bodúil bodu:l' *a* 2 churlish, surly

bog bog *m* 1 soft part, etc, ~ *na cluaise* lobe of ear *a* 1 soft, tender, *tóg* (*go*) ~ *é* take it easy, *snaidhm bhog* loose knot, *uisce* ~ lukewarm water, *imeacht* ~ *te* to go off hotfoot *vt & i* soften; move, loosen, slacken *pian a bhogadh* to ease pain, ~ *díom* release (your grip on) me, *ag* ~ *adh chun siúil* making a move to go, *cliabhán a bhogadh* to rock a cradle

bogach bogəx *m* 1 soft, boggy, ground

bogadach bogədəx *f* 2 movement, *ag* ~ stirring; rocking

bogadh bogə *m*, *gs* **-gtha** softening, easement; movement, *ar* ~ (*of nail, etc*) loose, (*of clothes*) steeping

bogán boga:n *m* 1 soft ground; shell-less egg

bogarnach bogərnəx *f* 2, *rud a choinneáil ar* ~ to dangle sth

bogásach boga:səx *a* 1 smug

bogfhiuchadh 'bog,uxə *s*, ~ *a bhaint as rud* to simmer sth

bogha bau *m* 4, *pl* ~**nna** bow; ring, circle, ~ *báistí* rainbow

boghaisín baus'i:n' *m* 4 ring, circle

boghdóir baudo:r' *m* 3 archer

boghdóireacht baudo:r'əxt *f* 3 archery

boghta bautə *m* 4 vault; storey

boglach bogləx *m* 1 wet weather; thaw

bogmheisce 'bog,v'es'k'ə *s*, *ar* ~ slightly inebriated

bogshifin 'bog,hif'i:n' *m* 4 bulrush

bogshodar 'bog,hodər *m* 1 canter

bogstróc 'bog,stro:k *s*, *ar do bhogstróc* at one's leisure

bogúrach bogu:rəx *a* 1 soft; maudlin

boicín bok'i:n' *m* 4 gay spark; upstart

bóidicín bo:d'ək'i:n' *m* 4 bodkin

boige bog'ə *f* 4 softness

boigéiseach bog'e:s'əx *a* 1 soft-hearted; gullible

bóiléagar bo:l'e:gər *s*, *ar* ~ neglected, mislaid

boilg bol'əg' *f* 2, *pl* ~**eacha** submerged reef

boilgearnach bol'əg'ərnəx *f* 2 bubbling

boilgeog bol'əg'o:g *f* 2 bubble

boilsc bol's'k' *f* 2 bulge

boilsceannach bol's'k'ənəx *a* 1 bulging

boilscigh bol's'k'i: *vt & i* bulge; (*of currency*) inflate

boilsciú bol's'k'u: *m* 4, (*of currency*) inflation

Boilséiveach bol's'e:v'əx *m* 1 & *a* 1 Bolshevik

Boilséiveachas bol's'e:v'əxəs *m* 1 Bolshevism

bóín bo:i:n' *f* 4, ~ *Dé* ladybird

boinéad bon'e:d *m* 1 bonnet

boirbe bor'əb'ə *f* 4 fierceness; coarseness; (*of growth*) rankness

boirbeáil bor'əb'a:l' *f* 3 threatening; (*of wound*) gathering

boiric bor'ək' *f* 2 protuberance, swelling

boirrche bor'əx'ə *f* 4 swelling; surge (of anger)

boiseog bos'o:g *f* 2 pat, slap; ripple, ~ *uisce* palmful of water

bóitheach 'bo:,hax *m* 1 cowhouse, byre

bóithreoireacht bo:hr'o:r'əxt *f* 3 travelling the roads, vagrancy

bóithrín bo:hr'i:n' *m* 4 country lane, boreen

bólacht bo:ləxt *f* 3 cattle, kine

boladh bolə *m* 1, *pl* **-aithe** smell, scent; sense of smell

bólaí bo:li: *spl*, *sna* ~ *seo* in these parts

bolaigh boli: *vt* smell, scent

bolaíocht boli:(ə)xt *f* 3 smelling, sniffing, *ag* ~ *thart* nosing about

bolastar boləstər *m* 1 bolster

bolb boləb *m* 1 caterpillar

bolcáinigh bolka:n'i: *vt* vulcanize

bolcán bolka:n *m* 1 volcano

bolcánach bolka:nəx *a* 1 volcanic

bolg[1] boləg *m* 1 belly, stomach; bellyful; bag; *pl* bellows, ~ *le gréin a dhéanamh* to sunbathe, ~ *soláthair corpus*, miscellany, ~ *loinge* hold of ship

bolg[2] boləg *vt & i* bulge; blister, *seolta a bholgadh* to fill, swell, sails, *farraige bholgtha* heaving sea

bolgach[1] boləgəx *f* 2, ~ (*Dé*) smallpox, ~ *fhrancach* syphilis

bolgach[2] boləgəx *a* 1 big-bellied; bulging

bolgam boləgəm *m* 1 mouthful, sup

bolgán boləga:n *m* 1 bubble; (lamp-)bulb, ~ *béice* puff-ball

bolgchaint 'boləg,xan't' *f* 2 ventriloquism

bolgchainteoir 'boləg,xan't'o:r' *m* 3 ventriloquist

bolgóid boləgo:d' *f* 2 bubble

bolgshúileach 'boləg,hu:l'əx *a* 1 pop-eyed

bolla bolə *m* 4 bowl, *cluiche* ~ *í* game of bowls

bollán bola:n *m* 1 boulder

bollóg bolo:g *f* 2 loaf

bológ bolo:g *f* 2 bullock

bolscaire bolskər'ə *m* 4 announcer; publicist; propagandist

bolscaireacht bolskər'əxt *f* 3 announcing; publicity; propaganda

bolta boltə *m* 4 bolt

boltáil bolta:l' *vt* bolt

boltanach boltənəx *a* 1 olfactory; odorous

boltanas boltənəs *m* 1 smell, scent

bómánta bo:ma:ntə *a*3 slow-witted

bómántacht bo:ma:ntəxt *f*3 dullness, stupidity

bóna bo:nə *m*4 collar; lapel

bónas bo:nəs *m*1 bonus

bonn¹ bon *m*1 sole; foothold; foundation, basis; tyre; track, ~ *istigh* insole, *thug sé do na boinn é*; *bhain sé as na boinn é* he made off as fast as he could, *in, ar, áit na m* ~; *láithreach* ~ immediately, *ar aon bhonn* on equal footing, ~ *ar bhonn* side by side, ~ *le* ~ at close quarters

bonn² bon *m*1 coin; medal

bonnaire bonər'ə *m*4 walker, trotter; footman

bonnán bona:n *m*1, ~ (*buí, léana*) bittern; siren, hooter

bonnbhualadh 'bon͵vuələ *m*1, *gs & pl* **-uailte** callus, blister on sole of foot

bonneagar 'bon͵agər *m*1 infrastructure

bonnóg bono:g *f*2 bannock, scone

bonsach bonsəx *f*2 javelin, ~ *shlaite* stout rod, switch

bórach¹ bo:rəx *a*1 bandy, bow-legged

bórach² bo:rəx *a*1 boric

bórásach bo:ra:səx *a*1 boracic

borb borəb *a*1 fierce, violent; rude; rich, rank, *deoch bhorb* strong drink, *boladh* ~ pungent smell

bord bo:rd *m*1 table; board, council *ar bhord na cathrach* on the outskirts of the city, ~ *ar bhord le* side by side, level, with, *ar* ~ *loinge* on board a ship, (of boat) ~ *a chaitheamh* to tack

bordáil bo:rda:l' *vt & i* board, go aboard; take on board, *bád ag* ~ a boat tacking, *ag* ~ *ar, le* bordering, verging, on

borgaire borəgər'ə *m*4 burger

borr bor *vt & i* swell, grow, *ag* ~ *adh chuig duine* getting angry with a person

borrach borəx *a*1 swollen; arrogant

borradh borə *m*, *gs* **-rrtha** swelling, growth; expansion, ~ *farraige* swell in sea, ~ *trádála* boom

borrchré 'bor͵x'r'e: *f*4 fuller's earth

borróg boro:g *f*2 bun

borrphéist 'bor͵f'e:s't' *f*2 ringworm

borrtha borhə *a*3 varicose

borrúil boru:l' *a*2, (*of soil*) rich,(*of plants*) fast-growing; enterprising, puffy

bos bos *f*2 palm (of hand); handful; slap, *ar iompú boise* instantly, ~ *camáin* 'boss', blade, of hurling-stick

bósan bo:sən *m*1 boatswain

bosca boskə *m*4 box, ~ *ceoil* melodeon

boschrann 'bos͵xran *m*1 door-knocker; bell-clapper

boslach bosləx *m*1 handful

both boh *f*3, *pl* ~**anna** booth, hut

bothán boha:n *m*1 cabin; shed, coop

bothántaíocht boha:nti:(ə)xt *f*3 visiting houses for pastime or gossip

bóthar bo:hər *m*1, *pl* **bóithre** road, ~ *iarainn* railroad, *buail* (*an*) ~! beat it! *an* ~ *a thabhairt do dhuine* to dismiss a person

botún botu:n *m*1 blunder, mistake

brá bra: *m*4, *pl* ~**nna** captive, hostage

brabach brabəx *m*1 gain, profit; benefit, advantage

brablach brabləx *m*1 rubble

brabús brabu:s *m*1 profit; advantage

brabúsach brabu:səx *a*1 profitable, lucrative

brabúsaí brabu:si: *m*4 opportunist

brac brak *m*1, *pl* ~**anna** bracket

bráca¹ bra:kə *m*4 brake, harrow, *faoi bhráca na hainnise* in absolute misery

bráca² bra:kə *m*4 shed; hovel

brach brax *m*3 pus, rheum

brách bra:x *s, go* ~ forever; never, *as go* ~ *leis* off he went

brachadh braxə *m*1 fermentation; suppuration

brachaí braxi: *a*3 bleary

brachán braxa:n *m*1 porridge, stirabout, ~ *lom* gruel, ~ *a dhéanamh de rud* to make a mess of something

bradach bradəx *a*1 thieving; scoundrelly; stolen, *bó bhradach* trespassing cow

bradaí bradi: *m*4 pilferer, thief

bradaigh bradi: *vt & i* pilfer, steal; steal away

bradaíl bradi:l' *f*3 thieving; (*of grazing animals*) trespassing on crops

bradán brada:n *m*1 salmon

brádán bra:da:n *m*1 drizzling; drizzle

bradmheana 'brad͵v'anə *m*4 bradawl

bradóg brado:g *f*2 landing-net

braich brax' *f*2 & *vt & i, pres* **-achann** malt

bráicín bra:k'i:n' *m*4 stare, batten

bráid bra:d' *f, gs* **-áid** *pl* ~**e** neck; throat; bust, ~ *coise* instep, *dul thar* ~ to pass by, *rud a chur faoi bhráid duine* to set sth before a person; to submit, refer, sth to a person

bráidín bra:d'i:n' *m*4 child's bib

braighdeanach braid'ənəx *m*1 captive, prisoner

braighdeanas braid'ənəs *m*1 captivity, bondage

braille bral'ə *m*4 braille

braillín bral'i:n' *f*2 sheet

brainse bran's'ə *m*4 branch

bráisléad bra:s'l'e:d *m*1 bracelet

bráite bra:t'ə *m*4 fishing-ground

braiteach brat'əx *a*1 perceptive; alert; treacherous

braiteog brat'o:g *f*2 tentacle

braith brah *vt & i, vn* **-ath** perceive, feel; spy out; betray, ~ *im uaim iad* I miss them, *bhí siad do mo bhrath* they observed me closely, ~ *im air go* I get the impression from him that, *tá mé ag brath* (*ar*) *imeacht* I intend to go away, *bhí mé ag brath ar litir uait* I was expecting a letter from you, *ag brath ar an déirc* depending on charity

bráithreachas bra:hr'əxəs *m*1 brotherhood

bráithriúil bra:hr'u:l' *a*2 brotherly

bran¹ bran *m*1 bream
bran² bran *m*1, ~ (*mór*) bran, ~ *beag* pollard
branar branər *m*1 broken lea, fallow
branda¹ brandə *m*4 brand
branda² brandə *m*4 brandy
brandáil branda:l' *vt* brand
branra branrə *m*4 supporting bar; rest; tripod; gridiron *pl* (penal) stocks; reef, ~ *brád* collarbone
braoi bri: *f*4, *pl* ~ the eyebrow
braon bri:n *m*1, *pl* ~ ta drop, small quantity, *tá* ~ *sa chapall sin* that is a spirited horse, *tá* ~ *air* it is going to rain, (of wound) *ag déanamh braoin* suppurating
braonach bri:nəx *a*1 dripping; misty, wet; tearful, *an domhan* ~ the wide world
brat¹ brat *m*1 cloak; covering, coating; (stage) curtain, ~ *urláir* floor-carpet
brat² brat *m*1 broth
bratach bratəx *f*2 flag
brataíl brati:l' *f*3 flapping (as of sail)
brath brah *m*1 perception, feeling; spying, betrayal; expectation; dependence, *Céadaoin an Bhraith* Spy Wednesday, *tá* ~ *aige (ar) imeacht* he intends to go away
bráth bra: *m*3, *lá an bhrátha* day of judgment, doomsday
brathadóir brahədo:r' *m*3 betrayer; spy, informer
brathadóireacht brahədo:r'əxt *f*3 betraying, *ag* ~ *thart* snooping around
bráthair bra:hər' *m*, *gs* -ar *pl* -áithre brother, kinsman; friar; brother in religious order; monkfish, *bráithre aon cheirde* birds of a feather
bratóg brato:g *f*2 small cloak, covering; rag, ~ *shneachta* snowflake
bratógach brato:gəx *a*1 ragged; in rags
breá b'r'a: *a*3 *gsm* ~, *gsf, npl & comp* ~ tha fine, excellent, *ba bhreá liom a bheith ann* I'd love to be there, ~ *bog anois* easy on there, *nach* ~ *nár labhair tú liom!* how well you did not speak to me!
breab b'r'ab *f*2, *pl* ~ anna bribe *vt* bribe
breabaireacht b'r'abər'əxt *f*3 bribery
breabhsánta b'r'ausa:ntə *a*3 sprightly; spruce
breac¹ b'r'ak *m*1 trout; (single) fish
breac² b'r'ak *a*1 speckled, dappled, *cuilt bhreac* patchwork quilt, *aimsir bhreac* middling weather *vt & i* speckle, dapple; lighten, change, in colour, *tuairisc a bhreacadh (síos)* to write, jot down, a report, ~ *an leabhar mór*, post the ledger, *bhreac an lá suas* the day cleared up a bit, *tuama a bhreacadh* to carve a tombstone
breac-³ b'r'ak *pref* middling, partly; odd, occasional
breacachan b'r'akəxən *f*3 variegation; patchwork
breacadh b'r'akə *m*1 variegation, ~ *an lae* daybreak

breacaireacht b'r'akər'əxt *f*3 variegation; carving; doodling; smattering
breacán b'r'aka:n *m*1 tartan, plaid *pl* old clothes
breaceolas 'b'r'ak,o:ləs *m*1 smattering
breacfhostaíocht 'b'r'ak,osti:(ə)xt *f*3 casual employment
Breac-Ghaeltacht 'b'r'ak,ɣe:ltəxt *f*3 mixed Irish- and English-speaking districts
breacoilte 'b'r'ak,ol't'ə *a*3 semi-skilled
breacsháile 'b'r'ak,ha:l'ə *m*4 brackish water
breacsholas 'b'r'ak,holəs *m*1 half-light, glimmer
bréad b'r'e:d *m*1 braid
bréag¹ b'r'e:g *f*2 lie, falsehood, *ainm bréige* false, assumed, name, *moladh bréige* insincere praise
bréag² b'r'e:g *vt* cajole, coax; soothe
bréagach b'r'e:gəx *a*1 lying, false
bréagadóir b'r'e:gədo:r' *m*3 liar; cajoler
bréagán b'r'e:ga:n *m*1 toy, plaything
bréagfholt 'b'r'e:g,olt *m*1 wig
bréagnaigh b'r'e:gni: *vt* contradict, refute
bréagnaitheach b'r'e:gnihəx *a*1 contradictory
bréagriocht 'b'r'e:g,rixt *m*3, *gs* -reachta disguise
breall b'r'al *f*2 blubber lip; blemish; fool, *tá* ~ *ort* you are making a mistake
breallach¹ b'r'aləx *m*1 clam
breallach² b'r'aləx *a*1 protuberant; blubber-lipped; foolish
breallaireacht b'r'alər'əxt *f*3, ~ (*chainte*) nonsense
breallánta b'r'ala:ntə *a*3 silly
bréan b'r'e:n *a*1 foul, rancid, putrid, *bheith* ~ *de rud* to be disgusted with, tired of, sth *vt & i* pollute; putrefy
bréanlach b'r'e:nləx *m*1 filthy place; cesspool
bréantas b'r'e:ntəs *m*1 rottenness, stench, filth
breasal b'r'asəl *m*1 raddle; rouge
breáthacht b'r'a:həxt *f*3 beauty, excellence
breáthaigh b'r'a:hi: *vt & i* beautify; become beautiful
breathnaigh b'r'ahni: *vt & i* observe, examine; watch, *tá tú ag breathnú go maith* you are looking well
breathnóir b'r'ahno:r' *m*3 observer, spectator
breicneach b'r'ek'n'əx *a*1 freckled
bréid b'r'e:d' *m*4, *pl* ~ eanna frieze; cloth, canvas; bandage, ~ *ceo* patch of fog
bréidín b'r'e:d'i:n' *m*4 homespun cloth; tweed *pl* gossamer
bréifin b'r'e:f'ən' *f*, *gs* -fne *pl* -fní perforation
bréige b'r'e:g'ə *f*4 falseness
breis b'r'es' *f*2, *pl* ~ eanna increase; excess; increment, ~ *agus bliain* more than a year, *sa bhreis, de bhreis (ar)* in addition (to), over and above, *costas* ~ *e* additional cost, *dul i m* ~ to prosper
breischáin 'b'r'es',xa:n' *f*, *gs* -chánach, *pl* -chánacha surtax, surcharge
breischéim 'b'r'es',x'e:m' *f*2, *pl* ~ eanna comparative degree
breiseán b'r'es'a:n *m*1 additive

breisiúil b'r'es'u:l' *a*2 increasing; prolific

breith[1] b'r'eh *f* 2, *pl* ~**eanna** birth; bringing, taking; seizing, *lá* ~ *e* birthday, *má bhíonn* ~ *agat air* if you find time for it, *níl aon bhreith aige ort* he can't compare with you

breith[2] b'r'eh *f* 2, *pl* ~**eanna** judgment, decision; injunction, *go brách na* ~ *e* till doomsday

breitheamh b'r'ehəv *m* 1, *pl* -**thiúna** judge, ~ *dúiche* district justice

breithghreamannach 'b'r'e͵ɣ'r'amənəx *a* 1 captious

breithiúnach b'r'ehu:nəx *a* 1 judicial; discerning, judicious; critical

breithiúnas b'r'ehu:nəs *m* 1 judgment, ~ *báis* sentence of death, ~ *aithrí* (sacramental) penance

breithnigh b'r'ehn'i: *vt* adjudge

breo b'r'o: *m* 4, *pl* ~**nna** brand, torch; glow

breoch b'r'o:x *a* 1 glowing

breochloch 'b'r'o:͵xlox *f* 2 flint

breogán b'r'o:ga:n *m* 1 crucible

breoigh b'r'o:ɣ' *vt & i* glow; heat; sear; sicken

breoite b'r'o:t'ə *a* 3 sick, ailing

breoiteachán b'r'o:t'əxa:n *m* 1 delicate person, invalid

breoiteacht b'r'o:t'əxt *f* 3 sickness, ill-health

breosla b'r'o:slə *m* 4 fuel

breoslaigh b'r'o:sli: *vt* fuel

brí b'r'i: *f* 4, *pl* ~**onna** strength, vigour; significance, meaning, *cén bhrí ach* what matter but, *de bhrí go* whereas, because, *dá bhrí sin* therefore

briathar b'r'iəhər *m* 1, *pl* -**thra** word; verb

briathrach b'r'iəhrəx *a* 1 verbose

bríbhéir b'r'i:v'e:r' *m* 3 brewer

bríbhéireacht b'r'i:v'e:r'əxt *f* 3 brew; brewing

brice b'r'i:k'ə *m* 4 brick

bríceadóir b'r'i:k'ədo:r' *m* 3 bricklayer

bricfeasta 'b'r'ik'͵f'astə *m* 4 breakfast

bricín b'r'ik'i:n' *m* 4 speckle; freckle

bricín b'r'i:k'i:n' *m* 4 briquette

bricíneach b'r'ik'i:n'əx *a* 1 freckled

bricliath 'b'r'ik'͵l'iə *a* 1, *gsm* -**léith** *gsf & comp* -**léithe** grizzled

brídeach b'r'i:d'əx *f* 2 bride

brídeog b'r'i:d'o:g *f* 2 ceremonial image of St. Brigid

brilléis b'r'il'e:s' *f* 2 silly talk; nonsense

brín b'r'i:n' *s*, ~ *óg* carefree young man

briocht b'r'ixt *m* 3, *gs* **breachta** charm, spell; amulet

briogáid b'r'iga:d' *f* 2 brigade

briogáidire b'r'iga:d'ər'ə *m* 4 brigadier

briogún b'r'igu:n *m* 1 skewer

bríomhar b'r'i:vər *a* 1 strong, vigorous, *bia* ~ sustaining food

brionglóid b'r'iŋlo:d' *f* 2 dream

brionglóideach b'r'iŋlo:d'əx *a* 1 dreamy

brionnaigh b'r'ini: *vt* forge (money, a document)

brionnú b'r'inu: *m* 4 forgery

briosc b'r'isk *a* 1 brittle; crisp; brisk, *glór* ~ lively voice

briosca b'r'iskə *m* 4 biscuit

brioscán b'r'iska:n *m* 1 (potato) crisp

brioscarnach b'r'iskərnəx *f* 2 crunch, crackle

brioscóid b'r'isko:d' *f* 2 short biscuit, shortcake

briota b'r'itə *m* 4, (*of sea*) chop, choppy wave, ~ *gaoithe* breeze

briotach b'r'itəx *a* 1 lisping

briotaireacht b'r'itər'əxt *f* 3 lisping; lisping speech

bris[1] b'r'is' *f* 2, *pl* ~**eanna** loss

bris[2] b'r'is' *vt & i* break; (*of money, bills*) change, ~ *eadh as a phost é* he was dismissed from his post, *bhris siad amach le chéile* they fell out with each other, *bhris ar an bhfoighne aige* he lost patience, ~ *eadh cath orthu* they were defeated in battle

briseadh b'r'is'ə *m*, *gs* -**ste** *pl* -**steacha** break, fracture; defeat; dismissal, ~ *puint* change of a pound *pl* breakers

briseán b'r'is'a:n *m* 1 pancreas, ~ (*milis*) sweetbread

briste b'r'is't'ə *a* 3 broken; defeated, *talamh* ~ cultivated land, *airgead* ~ small change, ~ *as gnó* out of business

bríste b'r'i:s't'ə *m* 4 trousers; (*of harness*) breeching

bristeach b'r'is't'əx *a* 1, (*of weather*) broken, unsettled

bristeoir b'r'is't'o:r' *m* 3, ~ *oighir* icebreaker, ~ *cloch* stone-breaker

brístín b'r'i:s't'i:n' *m* 4 panties, knickers

bró bro: *f* 4, *pl* ~**nna** quern; millstone; dense mass

brobh brov *m* 1, ~ (*luachra*) rush, ~ *féir* blade of grass

broc brok *m* 1 badger

brocach[1] brokəx *m* 1 badger's set

brocach[2] brokəx *a* 1 grey; pock-marked, spotted; grimy, *caint bhrocach* smutty talk

brocailí brokəl'i: *m* 4 broccoli

brocaire brokər'ə *m* 4 terrier

brocais brokəs' *f* 2 den; dirty, smelly, place

brocamas brokəməs *m* 1 refuse, ~ *cainte* vulgar, nonsensical, talk

brod brod *m* 1 goad

bród bro:d *m* 1 pride; arrogance; elation

bródúil bro:du:l' *a* 2 proud; arrogant

bródúlacht bro:du:ləxt *f* 3 pride; arrogance

bróg bro:g *f* 2 boot, shoe, ~ *adhmaid* clog

broghach brauəx *a* 1 dirty

broic brok' *vi*, *vn* ~ (with *le*), bear, tolerate

broicéad brok'e:d *m* 1 brocade

bróicéir bro:k'e:r' *m* 3 broker

broid[1] brod' *f* 2 captivity; distress; misery, ~ *oibre* pressure of work

broid[2] brod' *vt* goad, prod; nudge

broideadh brod'ə *m*, *gs* -**idte** prod, nudge; (*fishing*) bite

broidearnach brod'ərnəx *f* 2 throbbing; pulsation; effervescence

broidearnúil brod'ərnu:l' *a*2 throbbing, pulsating; effervescent

broidiúil brod'u:l' *a*2 pressed, busy

bróidnéireacht bro:d'n'e:r'əxt *f* 3 embroidering; embroidery

bróidnigh bro:d'n'i: *vt* embroider

broigheall brail *m* l cormorant

broim brom' *m*3, *pl* -omanna & *vi, pres* -omann *vn* -omadh fart

broimfhéar 'brom',e:r *m* l couch-grass

bróimíd bro:m'i:d' *f* 2 bromide

broincíteas broŋ'k'i:t'əs *m* l bronchitis

broinn bron' *f* 2, *pl* ~te womb, *galar* ~ *e* congenital disease

bróis bro:s' *f* 2 brose; mess

bróisiúr bro:s'u:r *m* l brochure

bróiste bro:s't'ə *m*4 brooch

bróitseáil bro:t's'a:l' *vt* broach

brollach brolǝx *m* l breast, bosom; front; foreword

bromach bromǝx *m* l colt

bromastún bromǝstu:n *m* l brimstone

brón bro:n *m* l sorrow, *mo bhrón* alas

brónach bro:nǝx *a* l sorrowful, sad

broncach broŋkǝx *a* l bronchial

bronn bron *vt* grant, bestow

bronnadh bronǝ *m, gs* -nnta *pl* -nntaí grant, bestowal

bronntanas brontǝnǝs *m* l gift, present

bronntóir bronto:r' *m*3 giver, bestower

brosna brosnǝ *m*4 decayed twigs, kindling; faggot

brostaigh brosti: *vt* & *i* hasten, urge; hurry

brostaitheach brostihǝx *a* l inciting, stimulating

brostaitheoir brostiho:r' *m*3 inciter, stimulator

brothall brohǝl *m* l heat, sultriness; exuberance

brothallach brohǝlǝx *a* l hot, sultry

brú[1] bru: *m*4, *pl* ~nna hostel

brú[2] bru: *m*4 press, shove, crush; pressure; bruise, ~ *fola* blood pressure

bruach bruǝx *m* l bank (of river, etc), brink, ~ *cathrach* fringe of city, *i ngreim an dá bhruach* in a precarious situation, *léim an dá bhruach a chailleadh* to fall between two stools

bruachánach bruǝxa:nǝx *n* & *a* l riparian

bruachbhaile 'bruǝx,val'ǝ *m*4, *pl* -lte suburb

bruachsholas 'bruǝx,holǝs *m* l, *pl* -oilse footlight

bruadar bruǝdǝr *m* l dream, reverie

bruar bruǝr *m* l fragments; crumbs

bruas bruǝs *m* l, *npl* ~a (thick) lip

brúcht bru:xt *m*3, *pl* ~anna belch; burst, eruption, ~ *sneachta* sudden heavy fall of snow, ~ *farraige* huge, tidal, wave *vi* belch; burst forth, erupt

brúchtadh bru:xtǝ *m, gs* -chta *pl* -aí eruption; belching, eructation

brúid bru:d' *f* 2, *pl* ~eanna brute

brúidiúil bru:d'u:l' *a*2 brutal

brúidiúlach bru:d'u:lǝx *a* l, ~ *beathaithe* gross, fleshy

brúidiúlacht bru:d'u:lǝxt *f* 3 brutality

brúigh bru:γ' *vt* & *i* press, crush, shove, push; *brú ar dhuine* to intrude on a person, ~ *fút* have patience

bruinneall brin'ǝl *f* 2 fair maiden

bruíon[1] bri:n *f* 2, *pl* ~ta fairy dwelling

bruíon[2] bri:n *f* 2, *pl* ~ta strife, quarrel *vi* fight, quarrel

bruíonach bri:nǝx *a* l quarrelsome

bruis bris' *f* 2, *pl* ~eanna brush

bruite brit'ǝ *a*3 boiled, cooked, *capall* ~ fiery horse, *an gadaí* ~ the mean thief

brúite bru:t'ǝ *a*3 pressed, bruised, crushed, ~ *faoi chois* down-trodden

bruith brih *f* 2 boiling, cooking; baking; grilling, ~ *laidhre* inflammation between the toes; impatience *vt* & *i* boil, cook; bake, *bhruith sé a mhéara* he burned his fingers

bruithean brihǝn *f* 2, *gs* -thne heat, *séideán bruithne* heat blast; warm wind, *ceo bruithne* heat haze

bruithneach brihn'ǝx *f* 2 hot place, furnace *a* l hot, torrid

bruithneoir brihn'o:r' *m*3 smelter

bruithnigh brihn'i: *vt* smelt

brúitín bru:t'i:n' *m*4 mashed potatoes; pulp

bruitíneach brit'i:n'ǝx *f* 2 measles, ~ *dhearg* German measles

brus brus *m* l broken bits; dust

brúsalóis bru:sǝlo:s' *f* 2 brucellosis

bruscán bruska:n *m* l fragments, ~ *beag airgid* a little money, ~ *daoine* group of people

brúscán bru:ska:n *m* l, ~ (*carranna*) car-crash

bruscar bruskǝr *m* l crumbs; refuse, litter, rubbish; rabble

bruth[1] bruh *m*3 heat; rash, eruption, ~ *ar éadach* nap on cloth, ~ (*farraige, le tír*) surf, ~ *faoi thír* wrack

bruth-[2] bruh ~ bru[†] *pref* igneous

bruthaire bruhǝr'ǝ *m*4 cooker

bú bu: *m*4, *pl* ~nna hyacinth

bua buǝ *m*4, *pl* ~nna victory; talent, gift; merit; destiny, *de bhua* (*ruda*) by virtue of (sth), *cloch bhua* precious stone, *beir* ~ (*agus beannacht*) yours sincerely

buabhall buǝvǝl *m* l buffalo; bugle; drinking-horn

buabhallaí buǝvǝli: *m*4 bugler

buacach buǝkǝx *a* l lofty; rich, luxuriant; buoyant, *bheith go* ~ to be in fine fettle

buacacht buǝkǝxt *f* 3 loftiness; richness; buoyancy

buacaire buǝkǝr'ǝ *m*4 cock, tap

buach buǝx *a* l, *gsm* ~ victorious

buachaill buǝxǝl' *m*3 boy, bachelor, young man, (young) man-servant, ~ *bó* cowherd, cowboy, ~ *aimsire* servant-boy, ~ *báire* playboy

buachailleacht buǝxǝl'ǝxt *f* 3 herding (cattle)

buachalán buǝxǝlǝ:n *m* l, ~ (*buí*) ragweed

buachan buǝxǝn : **buaigh**

buadán buəda:n *m*1 stump of horn; bandage; finger-stall

buaf buəf *f*2 toad

buafhocal 'buə‚okəl *m*1 epithet; punch-line

buaibheach buəv'əx *a*1 bovine

buaic buək' *f*2, *pl* ~**eanna** highest point, zenith; crest, ~ *tí* ridge, *bheith sa bhuaic ar dhuine* to be down on a person, *is é do bhuaic é* it is best for you

buaiceas buək'əs *m*1 wick

buaigh buəγ' *vt & i, vn* **buachan** win, gain; (with *ar*) defeat, *go mbua Dia leat* God prosper you

buail buəl' *vt & i, vn* **-aladh** hit, strike; defeat, *arbhar a bhualadh* to thresh corn, *airgead a bhualadh* to mint money, ~*eadh breoite é* he fell sick, *bhuail tart mé* I got thirsty, *bualadh ar an veidhlín* to play on the violin, ~ *ar aghaidh*, ~ *romhat* go right ahead, *cuan a bhualadh* to make harbour, ~ *i do phóca é* put it in your pocket, *bhuail sí sa rang mé* she excelled me in class, ~*te ar* touching upon, *bualadh le duine* to meet a person, *tá an uair* ~*te linn* it is coming near the time, ~ *te suas leis an gcé* lying alongside the quay

buaile buəl'ə *f*4, *pl* **-lte** booley, milking-place in summer pasture; fold, enclosure

buaileam buəl'əm *s*, ~ *sciath* braggadocio, braggart

buailteach buəl't'əx *a*1 pugnacious, given to striking

buailteán buəl't'a:n *m*1 striker (of flail)

buailteoir buəl't'o:r' *m*3 striker, beater; thresher, ~ *uibhe* eggbeater

buailtín buəl't'i:n' *m*4 pounder, beetle

buain buən' *vt, vn* ~ reap

buaine buən'ə *f*4 permanence, durability; longevity

buainteoir buən't'o:r' *m*3 mower, harvester

buair buər' *vt & i, vn* ~**eamh** grieve, vex, *ná* ~ *mé* don't bother me

buaircín buər'k'i:n' *m*4 (tree-) cone; toggle-pin

buaircíneach buər'k'i:n'əx *m*1 conifer *a*1 coniferous

buairt buərt' *f*3, *gs* **-artha**, *pl* **-arthaí** sorrow, vexation, *tá sé ag déanamh buartha dom* it is worrying me

buaiteach buət'əx *a*1 winning, victorious, *bheith* ~ *le rud* to be the gainer by sth

buaiteoir buət'o:r' *m*3 winner, victor

bualadh buələ *m, gs & pl* **buailte**, beating, striking, *inneall buailte* threshing machine, ~ *bos* clapping of hands, applause, ~ *cloiche* stone-bruise, *ní raibh* ~ *ar bith ar an iasc inniu* the fish were not taking today, *níl do bhualadh ann* there is no one to surpass you, *bhí* ~ *mór ann aréir* there was a big fight last night

bual-lile 'buə(l')‚l'il'ə *f*4 water-lily

bualtrach buəltrəx *f*2 cow-dung

buama buəmə *m*4 bomb

buamadóir buəmədo:r' *m*3 bomber

buamáil buəma:l' *vt & i* bomb

buan[1] buən *a*1 enduring, permanent, *más* ~ *mo chuimhne* if my memory serves me right, *go* ~ constantly, always, *chomh* ~ *le carraig* as solid as a rock

buan-[2] buən *pref* permanent, perpetual; fixed

buanaí buəni: *m*4 reaper

buanaigh buəni: *vt* perpetuate, *go mbuanaí Dia sibh* God preserve you

buanaitheoir buəniho:r' *m*3 fixative

buanchoiste 'buən‚xos't'ə *m*4 standing committee

buanchruthach 'buən‚xruhəx *a*1 stereotyped

buanfas buənfəs *m*1 durability

buannacht buənəxt *f*3 billeting; squatter's claim

buannúil buənu:l' *a*2 bold, presumptuous

buanordú 'buən‚o:rdu: *m*4 standing order

buanseasmhach 'buən‚s'asvəx *a*1 persevering, steadfast

buanseasmhacht 'buən‚s'asvəxt *f*3 perseverance

buanseilbh 'buən‚s'el'əv *f*2 fixity of tenure

buarach buərəx *f*2 stall-rope; spancel

buartha buərhə *a*3 sorry, sorrowful, *bheith* ~ *faoi rud* to be perturbed about sth, *tá cuma bhuartha air* he looks worried

buatais buətəs' *f*2 top-boot

búbónach bu:bo:nəx *a*1 bubonic

bucainéir bokən'e:r' *m*3 buccaneer

búch bu:x *a*1, *gsm* ~ gentle, affectionate

búcla bu:klə *m*4 buckle; ringlet

búclach bu:kləx *a*1 buckled; ringleted

búcláil bu:kla:l' *vt* buckle

búcólach bu:ko:ləx *m*1 *& a* bucolic

Búdachas bu:dəxəs *m*1 Buddhism

budragár budrəga:r *m*1 budgerigar

buí[1] bi: *s, a bhuí le Dia* thanks be to God (for it)

buí[2] bi: *m*4 yellow *a*3 yellow; sallow, ~ *ón ngrian* tanned by the sun, *Fear B* ~ Orangeman, *iasc* ~ dried fish

buicéad bik'e:d *m*1 bucket

buidéal bid'e:l *m*1 bottle

buidéalaigh bid'e:li: *vt* bottle

buifé bif'e: *m*4, ~ *reatha* running buffet

buigh bi:γ' *vt & i, vn* **-íochan** yellow, tan, *arbhar ag buíochan* corn ripening, *iasc a bhuíochan* to cure fish (by drying)

buile bil'ə *f*4 madness, frenzy, *ar* ~ mad, furious, *fear* ~ madman

builín bil'i:n' *m*4 loaf

buille bil'ə *m*4 blow, stroke; beat, *ar bhuille boise* instantly, ~ *faoi thuairim* random guess, *tá sé os cionn a bhuille* he is well able for his work, ~ *súl* glance, ~ *dorú* cast of fishing-line, ~ *mall* a bit late

buillean bil'ən *m*1 bullion

buime bim'ə *f*4 foster-mother, nurse

buimpéis bim'p'e:s' *f*2 vamp (of shoe, stocking), dancing-shoe, pump

buinne¹ bin'ə *m*4 shoot (of plant); torrent, spate

buinne² bin'ə *m*4 course of interwoven rods (in basketry), wale; hoop; flange; welt (of shoe), *lán go* ~ (*béil*) full to the brim

buinneach bin'əx *f*2 scour, diarrhoea

buinneán¹ bin'a:n *m*1 slender shoot; sapling

buinneán² bin'a:n *m*1 bunion

buíocán bi:ka:n *m*1 yolk

buíoch bi:(ə)x *a*1, *gsm* ~ thankful; satisfied, *níl siad* ~ *dá chéile* they are not on very good terms

buíochán bi:(ə)xa:n *m*1 jaundice, *tháinig* (*na*) *buíocháin air* he took the jaundice

buíochas bi:(ə)xəs *m*1 thanks, gratitude, *níl a bhuíochas ort* don't mention it, *dá bhuíochas* in spite of him

buíóg bi:o:g *f*2 yellowhammer

buíon bi:n *f*2, *pl* ~**ta** band, company, troop

búir bu:r' *f*2, *pl* ~**eanna** bellow, roar; bray; low *vi* bellow, roar, low

búireach bu:r'əx *f*2 bellowing, roaring

buirg bir'əg' *f*2 borough

buirgcheantar 'bir'əg',x'antər *m*1 urban district

buirgéiseach bir'əg'e:s'əx *m*1 burgess *a*1 bourgeois

buirgléir bir'əg'l'e:r' *m*3 burglar

buirgléireacht bir'əg'l'e:r'əxt *f*3 burglary

búiríl bu:r'i:l' *f*3 bellowing, roaring

buiséad bis'e:d *m*1 & *vt* & *i* budget

buiséal bis'e:l *m*1 bushel

búiste bu:s't'ə *m*4 stuffing; poultice; bulge

búistéir bu:s't'e:r' *m*3 butcher

búistéireacht bu:s't'e:r'əxt *f*3 butchering, butchery

buitléir bit'l'e:r' *m*3 butler

bulaí boli: *m*4 bully, ~ *fir* good man yourself

bulba boləbə *m*4 (lamp-)bulb

bulc bolk *m*1 bulk, mass; bundle; cargo

bulcaid bolkəd' *f*2 bulkhead

bulla¹ bulə *m*4 buoy, ~ *eangaí* float of net

bulla² bulə *m*4 (papal) bull

bulla³ bulə *m*4, ~ *gaoithe* gust of wind

bulla⁴ bulə *m*4, ~ (*bó*) *báisín* whirligig, revolving motion

bulladóir bulado:r' *m*3 bulldog

bullán bula:n *m*1 bullock

bumaile boməl'ə *m*4 boom (of sail)

búmaraing 'bu:mə,raŋ' *f*2 boomerang

bumbóg bombo:g *f*2 bumble-bee; busybody

bun¹ bun *m*1, *pl* ~**anna** base, bottom; stock, stump; extremity, ~ *na spéire* horizon, *níl* ~ *ná barr air* it is meaningless, *is é a bhun is a bharr go* the fact of the matter is that, *thit sé i m* ~ *a chos* he collapsed, ~ *abhann* mouth of river, *tá sé i m* ~ *a mhéide* he is fully grown, ~ *agus biseach* principal and interest, *tá* ~ *ar an aimsir* the weather is settled, *gnó a chur ar* ~ *to* establish a business, *faoi bhun* beneath, *i m* ~ *an tí* attending to the house, ~ *ribe* carbuncle

bun-² bun *pref* basic, primary, elementary; medium

bunábhar 'bun,a:vər *m*1 raw material; (*of literary work*) substance

bunadh bunə *m*1 stock, kind, *mo bhunadh féin* my own kindred, ~ *na háite* the local people, *an fhírinne bhunaidh* the essential truth

bunaigh buni: *vt* found, establish

bunaíoch buni:(ə)x *a*1, *gsm* ~ primitive

bunaíocht buni:(ə)xt *f*3 establishment

bunairgead 'bun,ar'əg'əd *m*1 principal, capital sum

bunáit 'bun,a:t' *f*2, *pl* ~**eanna** ordinary residence; base

bunáite 'bun,a:t'ə *f*2 main part; majority

bunaitheoir buniho:r' *m*3 founder

bunalt 'bun,alt *m*1 butt-joint, ~ *creidimh* article of faith

bunaois 'bun,i:s' *f*2 fairly advanced age

bunaosta 'bun,i:stə *a*3 fairly old

bunata bunətə *a*3 basic; primary

bunchíos 'bun,x'i:s *m*3, *pl* ~**anna** ground rent

bunchloch 'bun,xlox *f*2 foundation-stone

bunchnoic 'bun,xnok' *mpl* foot-hills

bundallán bundəla:n *m*1 bung, stopper

bundamhna 'bun,daunə *m*4 primary matter; raw material

bundlaoi 'bun,dli: *f*4 eaves (of thatch)

bundúchasach 'bun,du:xəsəx *m*1 aborigine *a*1 aboriginal

bundún bundu:n *m*1 fundament; bottom, ~ *leice* sea-anemone

bungaló buŋgəlo: *m*4, *pl* ~**nna** bungalow

bunóc buno:k *f*2 infant

bunoideachas 'bun,od'əxəs *m*1 primary education

bunoscionn ,bunəs'k'in *adv* & *a* upside down; confused, wrong, ~ *le réasún* opposed to reason

bunreacht 'bun,raxt *m*3 constitution

bunreachtúil 'bun,raxtu:l' *a*2 constitutional

bunrí 'bun,ri: *f*4, *pl* ~**theacha** wrist

bunscoil 'bun,skol' *f*2, *pl* ~**eanna** primary school

bunsócmhainn 'bun,so:kvən' *f*2 fixed asset

bunsprioc 'bun,sp'r'ik *f*2 fixed stake, mark, *dul go* ~ to get down to brass tacks

bunsraith 'bun,srah *f*2 bottom layer, foundation; substratum

buntáiste bunta:s't'ə *m*4 advantage

buntomhas 'bun,to:s *m*1 dimension; standard (of weight, measurement)

buntús buntu:s *m*1 rudiment(s)

bunú bunu: *m*4 foundation, establishment

bunúil bunu:l' *a*2 well-founded; substantial; well-to-do; original

bunuimhir 'bun,iv'ər' *f*, *gs* **-mhreach** *pl* **-mhreacha** cardinal number; radix

bunús bunu:s *m*1 origin, basis; substance; majority, ~ *an chreidimh* the essence of faith, *tá* ~ *maith air* he is well-to-do, ~ *an ama* most of the time, ~ *gach aon lá* almost every day

bunúsach bunu:səx *a*1 original, basic; substantial; well-to-do

búr bu:r *m*1 boor
burdún bu:rdu:n *m*1 refrain; tale, gossip; epigram in verse
burgúin borəgu:n' *f*2 burgundy (wine)
burla bu:rlə *m*4 bundle, roll, bale
burláil bu:rla:l' *vt* bundle, roll together, bale
burlaire bu:rlər'ə *m*4 baler
bursa borsə *m*4 burse; purse
búrúil bu:ru:l' *a*2 boorish
bus bos *m*4, *pl* ~anna bus

bús bu:s *m*1 buzz; noise, ~ *deataigh* clouds of smoke
busáras 'bos,a:rəs *m*1 bus station
busta bostə *m*4 bust
buta¹ botə *m*4 butt (of wine, etc), ~ *ime* cask of butter
buta² botə *m*4 butt, thick end, stock
bútán bu:ta:n *m*1 butane
buthal buhəl *m*1 fulcrum
butrach botrəx *f*2 buttery.

C

cá ka: *interr a, pron & adv* what; how; where, *cá haois* what age, *cá has* where from, *cá fhad* how long
cab kab *m*1, *pl* ~anna mouth; snout; opening; lip
cába ka:bə *m*4 cape; collar
cabaireacht kabər'əxt *f*3 babbling; loquacity
cabáiste kaba:s't'ə *m*4 cabbage
cábán ka:ba:n *m*1 cabin
cabhail kaul' *f*, *gs* -bhlach *pl* -bhlacha body; torso; frame (of structure, vehicle, etc); bodice
cabhair¹ kaur' *f*, *gs* -bhrach help, assistance
cabhair² kaur' *vt, pres* -bhraíonn *vn* -bhradh emboss, chase
cabhán kaua:n *m*1, ~ *abhann* yellow water-lily
cabhlach kauləx *m*1 fleet; navy
cabhrach kaurəx *a*1 helpful
cabhraigh kauri: *vi* help, ~*liom* help me
cabhsa kausə *m*4 causeway; path
cábla ka:blə *m*4 cable
cáblach ka:bləx *a*1 funicular; thickly plaited
cábóg ka:bo:g *f*2 clodhopper, clown
cac kak *m*3, *pl* ~anna excrement, ordure *vt & i* void excrement
cáca ka:kə *m*4 cake
cacamas kakəməs *m*1 dross, refuse; worthless thing
cách ka:x *m*4 everyone
cachtas kaxtəs *m*1 cactus
cad kad *interr pron* what, ~ *chuige?* why? ~*as duit?* where are you from? ~ *fá?* why? ~ *é mar tá tú?* how are you? ~ *é mar olagón!* what wailing!
cadairne kadərn'ə *m*4 scrotum
cadás kada:s *m*1 cotton
cadhail kail' *vt, pres* **caidhleann** *vn* **caidhleadh** coil, twist, *ag caidhleadh sneachta* driving snow
cadhan kain *m*1 pale-breasted brent goose; barnacle goose, ~ *aonair* lone bird
cadhnaíocht kaini:(ə)xt *f*3, *ar thús* ~*a* in the vanguard
cadhnra kainrə *m*4 battery
cadóg kado:g *f*2 haddock

cadráil kadra:l' *f*3 chattering; gossip
cadránta kadra:ntə *a*3 hard, unfeeling; stubborn
cafarr kafa:r *m*1 helmet
cág ka:g *m*1, *npl* ~a jackdaw, ~ *cosdearg* chough
caibhéad kav'e:d *m*1 recess; press
caibheár kav'a:r *m*1 caviar
caibidil kab'əd'əl' *f*2, *gs* -**dle**, *pl* -**dlí** chapter; debate
cáibín ka:b'i:n' *m*4 caubeen, old hat, *do cháibín a thabhairt saor leat* to get off scot-free
caibinéad kab'ən'e:d *m*1 cabinet
caibléir kab'l'e:r' *m*3 cobbler
caibléireog kab'l'e:r'o:g *f*2 cobbler
caid kaid' *f*2, *pl* ~eanna football; game of football
caidéal kad'e:l *m*1 pump
caidéalaigh kad'e:li: *vt* pump out
caidéis kad'e:s' *f*2 inquisitiveness, ~ *a chur ar dhuine* to accost a person
caidéiseach kad'e:s'əx *a*1 inquisitive, nosy
cáidheach ka:γ'əx *a*1 dirty
caidhp kaip' *f*2, *pl* ~eanna coif, bonnet, ~ *bháis* death-cap
caidhséar kais'e:r *m*1 cutting, channel
caidhte kait'ə *m*4 quoit
caidreamh kad'r'əv *m*1 intercourse, intimacy; association, *oíche chaidrimh* social evening
caidreamhach kad'r'əvəx *m*1 sociable person *a*1 sociable
caife kaf'ə *m*4 coffee; café
caifeach kaf'əx *a*1 prodigal, wasteful
caifeachán kaf'əxa:n *m*1 prodigal
caiféin kaf'e:n' *f*2 caffeine
caifirín kaf'ər'i:n' *m*4 head-scarf
caifitéire kaf'ət'e:r'ə *m*4 cafeteria
caígh ki:γ' *vt & i* weep, lament, bewail
caighdeán kaid'a:n *m*1 set measurement; standard
caighdeánach kaid'a:nəx *a*1 standard
caighdeánaigh kaid'a:ni: *vt* standardize
cáil ka:l' *f*2 *pl* ~eanna reputation; quality; amount, portion, *i g ~ sagairt* in the capacity of a priest
cailc¹ kal'k' *f*2 chalk; pipeclay, *dul thar* ~ *(le rud)* to overstep the mark

cailc-² kal'k' *pref* calc(i)-
cailceach kal'k'əx *a*1 chalky; chalk-white
cailciam kal'k'iəm *m*4 calcium
cailcigh kal'k'i: *vt & i* calcify
caileandar kal'əndər *m*1 calendar
caileann kal'ən *f*2, *gs* -ille calends, *Lá Caille* New Year's Day
cailéideascóp 'kal'e:d'ə,sko:p *m*1 kaleidoscope
cailg kal'əg' *f*2, *pl* ~eanna sting *vt* sting
cáiligh ka:l'i: *vt & i* qualify
cailín kal'i:n' *m*4 girl; young unmarried woman; maid-servant
cáilíocht ka:l'i:(ə)xt *f*3 quality; disposition; qualification, ~ *a thabhairt ar dhuine* to give a reference concerning a person
cailis kal'i:s' *f*2 chalice; calyx
cáilitheach ka:l'ihəx *a*1 qualifying
cáiliúil ka:l'u:l' *a*2 famous, celebrated
caill kal' *f*2, *pl* ~eanna loss, *níl* ~ *air* he's not bad *vt & i* lose; miss, ~*eadh go hóg é* he died young
cailleach kal'əx *f*2 old woman, hag, alcove, ~ *ghiúise* pine stump, ~ *dhubh* cormorant
calliúint kal'u:n't' *f*3, *gs* -úna loss
cailliúnaí kal'u:ni: *m*4 loser; spendthrift
caillte kal't'ə *a*3 lost, perished; dreadful, sordid
caillteach kal't'əx *a*1 losing; ruinous, *lá* ~ perishing day
caillteanas kal't'ənəs *m*1 loss
cáilmheas 'ka:l',v'as *m*3 goodwill
Cailvíneachas kal'əv'i:n'əxəs *m*1 Calvinism
cáim ka:m' *f*2, *pl* ~eacha fault, blemish
caime kam'ə *f*4 crookedness; dishonesty
caimiléir kam'əl'e:r' *m*3 dishonest person, crook
caimiléireacht kam'əl'e:r'əxt *f*3 crookedness, dishonesty
caimileon kam'əl'o:n *m*1 chameleon
cáimric ka:m'r'ək' *f*2 cambric
caimseog kam's'o:g *f*2 fib
cáin ka:n' *f*, *gs* cánach *pl* cánacha fine, penalty; tax *vt & i* fine; condemn, censure
cáinaisnéis 'ka:n',as'n'e:s' *f*2 (parliamentary) budget
cainche kan'əx'ə *f*4 quince
caincín kaŋ'k'i:n' *m*4 (snub) nose
cáineadh ka:n'ə *m*, *gs* -nte condemnation, censure
cainéal¹ kan'e:l *m*1 channel
cainéal² kan'e:l *m*1 cinnamon
caingean kaŋ'g'ən *f*2, *gs & pl* -gne cause, dispute; plea, ~ *dlí* action at law
caingneach kaŋ'n'əx *a*1 actionable; troublesome
cáinmheas 'ka:n',v'as *m*3, *(of tax, fine)* assessment
cainneann kan'ən *f*2 leek
cainníocht kan'i:(ə)xt *f*3 quantity
caint kan't' *f*2, *pl* ~eanna speech, talk; discourse, ~ *na ndaoine* common speech, *leagan* ~*e* mode of expression, *ag* ~ *le duine* speaking to a person
cainteach kan't'əx *a*1 talkative; chatty

cáinteach ka:n't'əx *a*1 fault-finding, censorious
cainteoir kan't'o:r' *m*3 speaker, talker
cáinteoir ka:n't'o:r' *m*3 fault-finder
caintic kan't'ək' *f*2 canticle
caintigh kan't'i: *vt & i* speak *(le* to); address, accost
cáipéis ka:p'e:s' *f*2 document
cáipéiseach ka:p'e:s'əx *a*1 documentary
caipín kap'i:n' *m*4 cap, ~ *sonais* caul
Caipisíneach kap'əs'i:n'əx *m*1 *& a*1 Capuchin
caipiteal kap'ət'əl *m*1 capital
caipitleachas kap'ət'l'əxəs *m*1 capitalism
caipitlí kap'ət'l'i: *m*4 capitalist
cairbid kar'əb'i:d' *f*2 carbide
cairbín kar'əb'i:n' *m*4 carbine
cairbreach kar'əb'r'əx *a*1 ridged, rugged, *na cianta* ~*a ó shin* in remote ages
cairde ka:rd'ə *m*4 respite; credit, *rud a chur ar* ~ to put off sth
cairdeagan ka:rd'əgən *m*1 cardigan
cairdeas ka:rd'əs *m*1 friendship
cairdeasaíocht ka:rd'əsi:(ə)xt *f*3 fraternization
cairdiach ka:rd'iəx *a*1, *gsm* ~ cardiac
cairdín ka:rd'i:n' *m*4 accordion
cairdinéal ka:rd'ən'e:l *m*1 cardinal
cairdinéalta ka:rd'ən'e:ltə *a*3 cardinal
cairdiúil ka:rd'u:l' *a*2 friendly
cairdiúlacht ka:rd'u:ləxt *f*3 friendliness
cairéad kar'e:d *m*1 carrot
cairéal kar'e:l *m*1 quarry
cáiréas ka:r'e:s *m*1 caries
cáiréis ka:r'e:s' *f*2 carefulness; nicety, delicacy
cáiréiseach ka:r'e:s'əx *a*1 careful; nice, delicate, ~ *ar bhia* fastidious about food
Cairmilíteach kar'əm'əl'i:t'əx *m*1 *& a*1 Carmelite
cairpéad kar'p'e:d *m*1 carpet
cairrín ka:r'i:n' *m*4 push-cart
cairt¹ kart' *f*2, *pl* ~eacha chart; charter; parchment, deed
cairt² kart' *f*2, *pl* ~eacha cart
cairtchlár 'kart',xla:r *m*1 cardboard
cairtéal kart'e:l *m*1 cartel
cairtfhostaigh 'kart',osti: *vt* charter
cáis ka:s' *f*2, *pl* ~eanna cheese
cáisbhorgaire 'ka:s',vorəgər'ə *m*4 cheeseburger
Cáisc ka:s'k' *f*3 Easter; Passover
caiscín kas'k'i:n' *m*4 wholemeal; wholemeal bread
caise kas'ə *f*4 stream, current
caiseach kas'əx *a*1 gushing, flowing rapidly
caiséad kas'e:d *m*1 cassette
caiseal kas'əl *m*1 (ancient) stone fort; 'clamp' on stack of turf; spinning-top
caisearbhán ,ka:s'arəvə:n *m*1 dandelion
caisirnín kas'ərn'i:n' *m*4 kink (in rope, etc); twist, spiral, ~ *deataigh* wisp of smoke
caisleán kas'l'a:n *m*1 castle; mansion
caislín kas'l'i:n' *m*4, ~ *aitinn* whinchat, ~ *cloch* stonechat
caismír kas'm'i:r' *f*2 cashmere

caismirneach kas'm'ərn'əx *f* 2 meandering; twists, torsion

caismirt kas'm'ərt' *f* 2 commotion; conflict; contention

caite kat'ə *a* 3 worn, consumed, spent, past; thrown, *an tseachtain seo* ~ last week

caiteach kat'əx *a* 1 wearing, wasteful

caiteachas kat'əxəs *m* 1 expenditure

caiteoir kat'o:r' *m* 3 wearer; consumer; spender

caith kah *vt & i* wear (out), consume, spend; throw, cast, shoot, *píopa a chaitheamh* to smoke a pipe, *tá na blianta á gcaitheamh* the years are passing, *chaith sibh go maith liom* you entertained me well, *bhí sí ag* ~*eamh i ndiaidh an linbh* she was pining for the child, *léim a chaitheamh* to take a jump, *ag* ~*eamh ó thuaidh* drifting north, *tá an aill ag* ~*eamh amach* the cliff is overhanging, *ag* ~*eamh anuas ar dhuine*, belittling a person, ~*fidh mé imeacht* I must go

cáith[1] ka: *f* 3 chaff; rubbish

cáith[2] ka: *vt & i* winnow; spray; beat, *ag* ~*eadh báistí* pouring rain

caitheamh kahəv *m* 1 wear, consumption; spending; throw, cast; shooting, ~ *tobac* tobacco-smoking, ~ *aimsire* pastime, *i g* ~ *an lae* in the course of the day, *níl* ~ *ar bith ort é a dhéanamh* you are not compelled to do it, ~ *i ndiaidh ruda* hankering after sth

cáithíl ka:hi:l' *f* 3 clearing of throat, hawking

caithiseach kahəs'əx *a* 1 affectionate; attractive, delightful, delicious

caithne kahn'ə *f* 4 arbutus

cáithnín ka:hn'i:n' *m* 4 small flake, particle *pl* goose-flesh

caithreachas kahr'əxəs *m* 1 puberty

caithréim kahr'e:m' *f* 2, *pl* ~*eanna* martial career; triumph

caithréimeach kahr'e:m'əx *a* 1 triumphant; exultant

caithrigh kahr'i: *vi* reach puberty; develop

caiticeasma kat'ək'əsmə *m* 4 catechism

caitín kat'i:n' *m* 4 pile, nap, of cloth; catkin

Caitliceach kat'l'ək'əx *m* 1 & *a* 1 Catholic

Caitliceachas kat'l'ək'əxəs *m* 1 Catholicism

cál ka:l *m* 1 kale, cabbage, ~ *ceannann* colcannon

caladh kalə *m* 1, *pl* -*aí* landing-place; ferry; harbour

calafort 'kalə̩fort *m* 1 port, harbour

calaigh kali: *vt* (*of ship*) berth

calaois kali:s' *f* 2 deceit, fraud

calaoiseach kali:s'əx *a* 1 deceitful, fraudulent

calar kalər *m* 1 cholera

calc[1] kalk *m* 1, *pl* ~*anna* dense mass, ~ *toite* belch of smoke

calc[2] kalk *vt & i* caulk, cake, ~*tha leis an tart* parched with thirst

calcalas kalkələs *m* 1 calculus

call kal *m* 4 call, need; claim, right

callaire kalər'ə *m* 4 crier, bellman; ranter; loudspeaker

callaireacht kalər'əxt *f* 3 crying, proclaiming; shouting; ranting

callán kala:n *m* 1 noise, clamour

callánach kala:nəx *a* 1 noisy, clamorous

callóid kalo:d' *f* 2 commotion; wrangle; disquiet; drudgery

callóideach kalo:d'əx *a* 1 turbulent; troublesome

callshaoth 'kal̩hi: *m* 3 travail; contention, trouble

calm kaləm *m* 1 calm

calma kaləmə *a* 3 brave, strong; fine, splendid

calmacht kaləməxt *f* 3 bravery; strength

calóg kalo:g *f* 2 flake

calógach kalo:gəx *a* 1 flaky, flaked

calra kalrə *m* 4 calorie

cam[1] kam *m* 1, *npl* ~*a* cresset, melting-pot, ~ *stile* worm, ~ *an ime* buttercup

cam[2] kam *m* 1, *npl* ~*a* bend; crooked object; crookedness, fraud *a* 1 bent, crooked; distorted, wrong, *cleas* ~ dishonest trick *vt & i* bend, distort, *ga solais a chamadh* to refract a ray of light

camall kaməl *m* 1 camel

camán[1] kama:n *m* 1 hurling-stick; quaver

camán[2] kama:n *m* 1, ~ *meall* camomile

camarsach kamərsəx *a* 1 wavy, curled

camas kaməs *m* 1 small bay, cove; bend of river, *chuir sé a cheann ina chamas* he curled himself up

cámas ka:məs *m* 1 fault-finding, disparagement; affectation

camastaíl kaməsti:l' *f* 3 crookedness; fraud, dishonesty

camchéachta 'kam̩x'e:xtə *m* 4, *an C* ~ the Plough

camchuairt 'kam̩xuərt' *f* 2 ramble, tour

camfar kamfər *m* 1 camphor

camghob 'kam̩γob *m* 1, *npl* ~*a* crossbill

camhaoir kaui:r' *f* 2 daybreak

camhraigh kauri: *vi*, (*of fish, meat, etc*) become tainted

camhraithe kaurihə *a* 3 tainted, rancid

cam-mhuin 'kam̩vin' *f* 2 wryneck

camóg kamo:g *f* 2 crook; camogie-stick; gaff-hook; comma

camógaíocht kamo:gi:(ə)xt *f* 3 camogie

campa kampə *m* 4 camp; faction

campáil kampa:l' *vi* camp

campálaí kampa:li: *m* 4 camper

camra kamrə *m* 4 sewer

camras kamrəs *m* 1 filth, sewage

can kan *vt & i* chant, sing; speak, talk

cána ka:nə *m* 4 cane

canablach kanəbləx *m* 1 & *a* 1 cannibal

canablacht kanəbləxt *f* 3 cannibalism

cánachas ka:nəxəs *m* 1 taxation

canad kanəd *interr adv* where

canáil kana:l' *f* 3 canal

canáraí kana:ri: *m* 4 canary

cancar kaŋkər *m*1 canker; malignancy; cantankerousness

cancrach kaŋkrəx *a*1 cankerous; cantankerous

cancrán kaŋkra:n *m*1 crank

candaí kandi: *m*4 candy

candam kandəm *m*1 amount

cangarú kaŋgəru: *m*4 kangaroo

canna kanə *m*4 can, *ar na* ~ *i* drunk

cannaigh kani: *vt* can

canóin kano:n′ *f* 3, *pl* -**ónacha** cannon

canónach kano:nəx *m*1 canon

canónaigh kano:ni: *vt* canonize

canónta kano:ntə *a*3 canonical

canónú kano:nu: *m*4 canonization

canrán kanra:n *m*1 muttering, murmuring, grumbling

canta[1] kantə *m*4 chunk

canta[2] kantə *a*3 nice, neat, pretty

cantain kantən′ *f* 3 chanting, singing

cantaireacht kantər′əxt *f* 3 chanting, singing; murmuring, complaining

cantal kantəl *m*1 plaintiveness; peevishness, petulance

cantalach kantələx *a*1 plaintive; peevish, querulous

canú kə′nu: *m*4, *pl* ~**nna** canoe

canúint kanu:n′t′ *f* 3, *gs* -**úna** speech, expression; vernacular, dialect; accent

canúnach kanu:nəx *a*1 dialectal

canúnachas kanu:nəxəs *m*1 dialectal trait(s), vernacularism; colloquialism

caoch ki:x *m*1, *npl* ~**a** blind, purblind, person *a*1, *gsm* ~ blind, purblind, *bhuail sé* ~ *mé* he beat me hollow, *coirce* ~ blasted oats *vt & i* blind; daze, dazzle, *chaoch an píopa* the pipe choked, *súil a chaochadh* (*ar dhuine*) to wink (at a person)

caochadh ki:xə *m*, *gs* -**chta** winking, closing, *i g* ~ *na súl* in the twinkling of an eye

caochán ki:xa:n *m*1 purblind creature; mole

caochneantóg ′ki:x‚n′anto:g *f* 2 deadnettle

caochóg ki:xo:g *f* 2 socially inept person, ~ *ar cóisir* wallflower

caochpholl ′ki:x‚fol *m*1 bog-hole

caochshráid ′ki:x‚hra:d′ *f* 2, *pl* ~**eanna** cul-de-sac

caoga ki:gə *m*, *gs* ~**d**, *pl* ~**idí**, *ds & npl with numerals* ~**id** & *a* fifty

caogadú ki:gədu: *m*4 *a* fiftieth

caoi ki: *f* 4, *pl* **caíonna** way, manner; means, opportunity, ~ *a chur ar rud* to put sth in order, to repair sth, *is é an chaoi a bhfuil sé* (*go*) the fact is (that), *i g* ~, *sa chaoi*, (*is*) *go so* that, *ar aon chaoi, ar chaoi ar bith* anyway, *cén chaoi a bhfuil tú*? how are you?

caoiche ki:x′ə *f* 4 blindness, purblindness

caoile ki:l′ə *f* 4 narrowness; slenderness; meagreness

caoimhe ki:v′ə *f* 4 gentleness; loveliness, smoothness

caoin[1] ki:n′ *a*1 smooth, delicate, gentle, refined

caoin[2] ki:n′ *vt & i* keen, lament; cry, weep

caoinchead ′ki:n′‚x′ad *s, le* ~ (*ó*) by kind permission (of)

caoindúthrachtach ′ki:n′‚du:hrəxtəx *a*1 earnest, devout

caoineadh ki:n′ə *m*, *gs & pl* -**nte** keen, lament; weeping; elegy

caoineas ki:n′əs *m*1 smoothness, gentleness

caoinfhulaingt ′ki:n′‚uləŋ′t′ *f, gs* -**gthe** tolerance

caoinfhulangach ′ki:n′‚uləŋəx *a*1 tolerant

caointeach ki:n′t′əx *a*1 plaintive, mournful

caointeoir ki:n′t′o:r′ *m*3 mourner, crier

caoireoil ′ki:r′‚o:l′ *f* 3 mutton

caoithiúil ki:hu:l′ *a*2 convenient, opportune; pleasant, kindly

caoithiúlacht ki:hu:ləxt *f* 3 opportuneness; pleasantness, kindliness, *ar do chaoithiúlacht* at your convenience

caol ki:l *m*1, *pl* ~**ta** slender part of body, of limb; narrow water; osier, twig (in basket-making), ~ *na coise* ankle, ~ *na láimhe* wrist, ~ *na sróine* bridge of nose *a*1 thin, slender; fine; narrow, *fead chaol* shrill whistle, *aigéad* ~ dilute acid, *béile* ~ meagre repast, *tuiscint chaol* subtle perception, *tar* ~ *díreach abhaile* come straight home

caolach ki:ləx *m*1 osiers, twigs; wicker-work

caoladóir ki:lədo:r′ *m*3 wicker-worker; basket-maker

caoladóireacht ki:lədo:r′əxt *f* 3 wattling, wickerwork; basketry

caolaigeanta ′ki:l‚ag′əntə *a*3 narrow-minded

caolaigh ki:li: *vt & i* become thin; narrow; reduce; dilute; attenuate, palatalize, *caolú isteach* to edge one's way in, to sidle in

caolán ki:la:n *m*1 creek; small intestine, ~, *snáithe caoláin* catgut

caolas ki:ləs *m*1 strait, narrow water; narrow place; bottleneck

caolchuid ′ki:l‚xid′ *f, an chaolchuid de rud* the lesser part of sth, *ar an g* ~ in needy circumstances, in want

caolchúis ′ki:l‚xu:s′ *f* 2 subtlety

caolchúiseach ′ki:l‚xu:s′əx *a*1 subtle

caoldroim ′ki:l‚drom′ *m*3, *pl* -**omanna** small of back; sirloin (of beef)

caolsáile ′ki:l‚sa:l′ə *m*4 inlet, firth

caolsráid ′ki:l‚sra:d′ *f* 2, *pl* ~**eanna** alley

caolú ki:lu: *m*4 attenuation, narrowing; dilution

caomh ki:v *a*1 dear, gentle; pleasant; lovely, smooth

caomhnaigh ki:vni: *vt* cherish; preserve; conserve

caomhnaitheach ki:vnihəx *a*1 preservative, protective

caomhnóir ki:vno:r′ *m*3 guardian, protector; patron

caomhnú ki:vnu: *m*4 preservation, conservation, protection

caonach ki:nəx *m*1 moss, ~ *liath* mildew

caonaí ki:ni: *s*, ~ (*aonair*) lone person
caor ki:r *f* 2 berry; round object, ball; glowing object, ~ *thine* fireball, *tá an teach ina aon chaor amháin* the house is all ablaze
caora ki:rə *f*, *gs & gpl* ~ch *npl* -oirigh sheep; ewe
caorán ki:ra:n *m* 1 fragment, small sod, of turf; moor
caordhearg 'ki:r‚γ'arəg *a* l glowing
caoróg ki:ro:g *f* 2, (*plant*) ~ *léana* pink
caorthann ki:rhən *m* l mountain ash, rowan
capaillín kapəl'i:n' *m* 4 pony
capall kapəl *m* l horse
capsúl kapsu:l *m* l capsule
captaen kapte:n *m* l captain
cár ka:r *m* l grin, grimace; set of teeth
cara karə *m*, *gs* ~d *pl* **cairde** *gpl* ~d *in certain phrases* friend, ~ *Críost*, ~ *as Críost* godparent, *a chara na gcarad* my dearest friend
caracatúr karəkətu:r *m* l caricature
carachtar karəxtər *m* l character
carachtracht karəxtrəxt *f* 3 characterization
caramal karəməl *m* l caramel
carbad karəbəd *m* l chariot
carbaihiodráit 'karəbə‚hidra:t' *f* 2 carbohydrate
carball karəbəl *m* l (hard) palate; gum; jaw; boulder
carbán karəba:n *m* l, (*fish*) carp
carbhán karəva:n *m* l caravan
carbhas karu:s *m* l carouse, carousal
carbhat karəvat *m* l cravat, scarf; (neck-) tie
carbólach karəbo:ləx *a* l carbolic
carbón karəbo:n *m* l carbon
carbónmhar karəbo:nvər *a* l carboniferous
carbradóir karəbrədo:r' *m* 3 carburettor
carcair karkər' *f*, *gs* -crach *pl* -cracha prison; stall, pen
cardáil ka:rda:l' *f* 3 carding (of wool); discussion, gossip *vt & i* card; discuss
carghas kari:s *m* l Lent; self-denial, *an C*~ *a dhéanamh* to keep the Lenten fast
carn ka:rn *m* l cairn; heap, pile; great amount *vt & i* heap, pile, accumulate
carnabhal ka:rnəvəl *m* l carnival
carnabhóir ka:rnəvo:r' *m* 3 carnivore
carnach ka:rnəx *a* l cumulative
carnadh ka:rnə *m*, *gs* -ntha accumulation, ~ *crúb* pounding of hoofs
carnán ka:rna:n *m* l (small) heap, mound, (*cards*) kitty
caróg karo:g *f* 2 crow
carr[1] ka:r *m* l, *pl* ~**anna** car, ~ *sleamhnáin* sledge
carr[2] ka:r *f* 3 crust, coating; rocky patch
carra karə *m* 4, ~ *cairte* chassis of cart
carracán karəka:n *m* l rocky eminence; large rock
carrach karəx *a* l rough-skinned; scabby, mangy; rocky, *an galar* ~ scurvy
carraeir kare:r' *m* 3 carman, carrier
carraeireacht kare:r'əxt *f* 3 carting; carriage, haulage

carraig karəg' *f* 2, *pl* ~**eacha** rock
carraigeach karəg'əx *a* l rocky
carraigín karəg'i:n' *m* 4 carrageen moss
carráiste kara:s't'ə *m* 4 carriage
carrchlós 'ka:r‚xlo:s *m* l car-park
carrmhogall 'ka:r‚vogəl *m* l carbuncle
cársán ka:rsa:n *m* l wheeze
cársánach ka:rsa:nəx *a* l wheezy
cart kart *vt & i* tan (leather); scrape clean; clear away
cárt ka:rt *m* l quart
cárta ka:rtə *m* 4 card, *caite i gcártaí* discarded
cartagrafaíocht 'kartə‚grafi:(ə)xt *f* 3 cartography
cartán karta:n *m* l carton
carthanach karhənəx *a* l charitable; loving; friendly
carthanacht karhənəxt *f* 3 love, charity; friendliness, friendship
carthanas karhənəs *m* l, (*of foundation, etc*) charity
cartlann kartlən *f* 2 archives
cartlannaí kartləni: *m* 4 archivist
Cartúiseach kartu:s'əx *m* l & *a* l Carthusian
cartún kartu:n *m* l cartoon
cartúnaí kartu:ni: *m* 4 cartoonist
cartús kartu:s *m* l cartridge
carúl karu:l *m* l carol
cas kas *a* l twisted, winding; curly; complicated; devious *vt & i* twist; turn; wind, *amhrán a chasadh* to sing a song, *níor chas sé orainn ó shin* he hasn't returned to us since, *chas tú bréag liom* you accused me of lying, ~ *adh orm, dom, liom, é* I met, happened to meet, him, *má chastar ann arís mé* if I happen to be there again
cás[1] ka:s *m* l, *pl* ~**anna** case; circumstances; matter for concern, *is é an* ~ (*go*) the fact of the matter is (that), *cuir(eam) i g* ~ (*go*) (let us) suppose (that), *is trua liom do chás* I am sorry about your trouble, *bheith i g* ~ *faoi rud* to be concerned about sth, *ní* ~ *orm, liom, iad* they are no concern of mine
cás[2] ka:s *m* l, *pl* ~**anna** (*of box, etc*) case; frame; cage
cásach ka:səx *a* l honoured, venerable, respectful
casacht kasəxt *f* 3 cough
casachtach kasəxtəx *f* 2 cough(ing)
casadh kasə *m* l, *pl* -**stai** twist, turn; reproach, ~ *in abhainn* wind in a river, ~ *an tobac* cable-stitch, ~ *aigne* nausea, *le* ~ *an phoist* by return of post, *rud a chur ar* ~ to set sth spinning
cásaigh ka:si: *vt* lament, deplore; inquire for, *chásaigh sé bás m'athar liom* he sympathized with me on my father's death
cásáil ka:sa:l' *f* 3 casing *vt* encase, case
casal kasəl *m* l chasuble; mantle
cásamh ka:səv *m* l lamenting, grumbling; condolence
casaoid kasi:d' *f* 2 complaint *vt & i* complain, grumble
casaoideach kasi:d'əx *a* l complaining

casarnach kasərnəx *f* 2 brushwood, scrub
casaról kasəro:l *m* 1 casserole
casca kaskə *m* 4 cask
caschaint 'kas,xan't' *f* 2 cross-talk
cáscúil ka:sku:l' *a* 2 paschal
casfhocal 'kas,okəl *m* 1 tongue-twister
casla kaslə *f* 4 small harbour, creek
cásmhaireacht ka:svər'əxt *f* 3 concern; plaintiveness; sympathy
cásmhar ka:svər *a* 1 concerned; plaintive; sympathetic
casóg kaso:g *f* 2 cassock; jacket, coat
casta kastə *a* 3 twisted, wound; intricate, *ceist chasta* knotty question, *aghaidh chasta* wizened face
castacht kastəxt *f* 3 complexity, intricacy
castainéad kastən'e:d *m* 1 castanet
castainn kastən' *f* 2 windlass; twist, kink
castaire kastər'ə *m* 4 spanner
castán kasta:n *m* 1 (Spanish, sweet) chestnut
castóir kasto:r' *m* 3 winder, turner
casúireacht kasu:r'əxt *f* 3 hammering
casúr kasu:r *m* 1 hammer
cat kat *m* 1 cat, ~ *crainn* pine marten, ~ *mara* angel-fish; calamity
catach katəx *a* 1 curly, curly-haired; dog-eared
catacóm katəko:m *m* 1 catacomb
catail kati:l' *f* 3 curliness
catalaíoch katəli:(ə)x *m* 1 catalyst *a* 1, *gsm* ~ catalytic
catalóg katəlo:g *f* 2 catalogue
cátaoir ka:ti:r' *f*, *gs* ~**each** ember-days
cath kah *m* 3, *pl* ~**anna** battle; conflict, trial; battalion
cathach kahəx *m* 1 battle reliquary *a* 1 battling, warlike
cathain kahən' *interr adv* when
cathair kahər' *f*, *gs* -**thrach** *pl* -**thracha** city; circular stone fort, ~ *ghríobháin* maze, labyrinth
cathaitheach kahihəx *a* 1 tempting; regretful, sorrowing
cathaitheoir kahiho:r' *m* 3 tempter; mischief-maker
cathaoir kahi:r' *f*, *gs* ~**each** *pl* ~**eacha** chair; seat, throne, ~ *uilleann* arm-chair
cathaoirleach kahi:rl'əx *m* 1 chairman
cathartha kahərhə *a* 3 civic, civil, *an tArm C* ~ the Irish Citizen Army
cathlán kahla:n *m* 1 battalion
cathróir kahro:r' *m* 3 citizen
cathróireacht kahro:r'əxt *f* 3 citizenship
cathú kahu: *m* 4 conflict, battle; temptation; regret, sorrow
catóid kato:d' *f* 2 cathode
catóir kato:r' *m* 3 curler
catsúil 'kat,su:l' *f* 2, *gs & npl* ~**e** *gpl* -**úl** sidelong glance; ogle
catúil katu:l' *a* 2 feline, cat-like
cé¹ k'e: *f* 4, *pl* ~**anna** quay

cé² k'e: *interr pron* who, whom; what, *cé a rinne é?* who did it? *cé a dúirt tú?* whom did you say? *cé hé an fear seo?* who is this man? *cé aige a bhfuil sé?* who has it? *cé leis an leabhar?* whose is the book? *cér diobh é?* who are his people? *cérbh é an fear sin?* who was that man? *cérb iad?* who are they? *cén fear é?* what man is he? *cén uair?* when? *cén áit?* where? *cén fáth?* why? *cé againn is airde?* which of us is the taller? *cé acu ceann is fearr leat?* which one do you prefer? *níl a fhios agam cé acu fear nó bean atá ann* I don't know whether it is a man or a woman, *cé chomh mór leis?* how big is he? *cé mar a thaitin sé leat?* how did you like it?
cé³ k'e: *conj* although, *cé nach bhfeicim iad* although I do not see them, *cé is moite (de)* except (for), *cé nár imigh tú fós?* have you not gone away yet?
ceachartha k'axərhə *a* 3 near, mean, niggardly
ceacharthacht k'axərhəxt *f* 3 meanness
ceacht k'axt *m* 3, *pl* ~**anna** lesson; recited passage, episode; (school) exercise
céachta k'e:xtə *m* 4 plough
ceachtar k'axtər *pron* either, ~ *den bheirt* either of the two (persons), *nior labhair* ~ *againn* neither of us spoke
cead k'ad *m* 3 leave, permission, *i g* ~ *duit* by your leave; with due respect to you ~ *a chinn a thabhairt do dhuine* to let a person go free, ~ *tobac a dhíol* licence to sell tobacco, ~ *taistil* permit to travel
céad¹ k'e:d *m* 1, *pl* ~**ta** hundred; century, *faoi chéad* a hundredfold, *faoin g* ~, *sa chéad* per cent, ~ *(meáchain)* hundredweight
céad² k'e:d *num a* first, *an chéad fhear* the first man, *na chéad daoine* the first people, *an chéad lá eile* the next day
céad-³ k'e:d *pref* first
céad-⁴ k'e:d *pref* hundred, many
céadach k'e:dəx *a* 1 hundredfold; great, immense
ceadaigh k'adi: *vt & i* permit, allow; ask permission, *cheadaigh sé liom é* he consulted me about it
ceadaithe k'adihə *a* 3 permitted; sanctioned
ceadaitheach k'adihəx *a* 1 permissive
ceadal k'adəl *m* 1 (music) recital
Céadaoin k'e:di:n' *f* 4, *pl* ~**eacha** Wednesday, ~ *an Luaithrigh* Ash Wednesday, ~ *an Bhraith* Spy Wednesday
céadar¹ k'e:dər *m* 1 cedar
céadar² k'e:dər *m* 1 cheddar (cheese)
céadchosach 'k'e:d,xosəx *m* 1 centipede
céadfa k'e:dfə *f* 4 (bodily) sense; perception, understanding
céadfach k'e:dfəx *a* 1 sensory; perceptive, sensible
céadfacht k'e:dfəxt *f* 3 sensibility
ceadmhach k'advəx *a* 1 permissible
céadphroinn 'k'e:d,fron' *f* 2, *pl* ~**te** breakfast

céadrata k'e:drətə *a*3 primitive

ceadú k'adu: *m*4 permission, sanction

céadú k'e:du: *m*4 & *a* hundredth

céaduair 'k'e:d,uər' *a*, *de*, *chéaduair* first, at first *déan do chuid a chéaduair* take your meal first

ceadúnaí k'adu:ni: *m*4 licensee

ceadúnaigh k'adu:ni: *vt* license

ceadúnas k'adu:nəs *m*1 licence

ceáfar k'a:fər *m*1, *pl* -fraí caper; frisk; (music) caprice

ceáfrach k'a:frəx *a*1 frisky

ceaig k'ag' *m*4, *pl* ~eanna keg

ceaileacó k'al'əko: *m*4 calico

ceaintín k'an't'i:n' *m*4 can; canteen

ceal k'al *m*4 want, lack; absence of, (*de*) *cheal nirt* for want of strength, *rud a chur ar* ~ to abolish sth, *rud a ligean ar* ~ to let sth fall into disuse; to neglect sth

céalacan k'e:ləkən *m*1 morning fast, *bheith ar* ~ to be fasting from the previous night

cealaigh k'ali: *vt* do away with; hide; rescind, cancel; consume

cealg k'aləg *f*2 deceit; treachery; sting (of insect), *ag cothú ceilge* creating mischief, hatching a plot *vt* beguile; deceive; (*of insect*) sting, *leanbh a chealgadh* to lull a child to sleep

cealgach k'aləgəx *a*1 guileful; treacherous; beguiling

cealgadh k'aləgə *m*, *gs* -gtha beguilement, deception

ceall, ~a k'al, k'alə : cill

ceallafán k'aləfa:n *m*1 cellophane

ceallalóid k'aləlo:d' *f*2 celluloid

ceallalós k'aləlo:s *m*1 cellulose

ceallamán k'aləma:n *m*1 hoard (of money)

cealú k'alu: *m*4 rescission, cancellation

ceamara k'amərə *m*4 camera

ceana k'anə : cion[1]

ceanastar k'anəstər *m*1 canister

ceangail k'aŋgəl' *vt*, *pres* -glaíonn bind, tie

ceangailteach k'aŋgəl't'əx *a*1 binding, connecting; sticky

ceangal k'aŋgəl *m*1 tie, binding; fetter; (*of poem*) envoy, ~ *cairdis* bond of friendship

ceangaltán k'aŋgəlta:n *m*1 truss, bundle

ceann[1] k'an *m*1, *npl* ~a & *ds* cionn *in certain phrases* head; roof; end, extremity; one, *tá* ~ *faoi*, ~ *síos*, *air* he is downcast, ashamed, *lig a cheann leis* let him go free, *thug sé a cheann leis* he survived, escaped, ~ *ar aghaidh* headlong; on purpose, ~ *gruaige* head of hair, ~ *comhairle*, (*of parliament*) speaker, *tá sé ina cheann maith dóibh* he provides well for them, ~ *báid* bows of boat, *dul chun cinn* advance, progress, ~ *a thógáil de rud* to take notice of sth, ~ *cait* long-eared owl, *ceann cipín* blockhead, ~ *tíre* promontory, ~ *cúrsa*, *scríbe* journey's end, destination, *oíche chinn*, *cheann*, *féile*

eve of festival, *an* ~ *a bhaint de scéal* to begin a story; to broach a subject, ~ *a chur ar scéal* to conclude a story; to close a subject, *tá dhá cheann ar an scéal* there are two sides to the story, *fuair sé an* ~ *is fearr orm* he got the better of me, *dhá cheann* two, *punt an* ~ *a* pound each, *ina g* ~ *is ina g* ~ one by one, *ar* ~ at the head of, in front of, *tháinig teachtaire chugam ar a cheann* a messenger came to me for it, *de cheann* for the sake of, instead of, *de chionn go*, *cionn is* (*go*) because, *tá an samhradh dár gcionn* summer lies ahead of us, *faoi cheann míosa* in a month's time, *fan go* ~ *seachtaine* wait for a week, *bhí sé i g* ~ *a dheich mbliana d'aois* he had reached ten years of age, *dul i g* ~ *oibre* to set to work, *ina cheann sin* along with that, *i g* ~ *a chéile* together, *os cionn* above; in charge of, *os cionn céad* more than a hundred, *thar* ~ on behalf of; for the sake of, in return for, (*bheith*) *thar cionn* (to be) excellent

ceann-[2] k'an *pref* chief, main; -headed

céanna k'e:nə *m*4, *mar an g* ~ in like manner *a*3 very, same, *ar an gcuma chéanna* in like manner, *san am* ~ at the same time, nevertheless

ceannach k'anəx *m*1 purchase

céannacht k'e:nəxt *f*3 identity

ceannadhairt 'k'an,airt' *f*2, *pl* ~eanna bolster, pillow

ceannaghaidh 'k'an,aiɣ' *f*, *gs* & *pl* -nnaithe face, features

ceannaí k'ani: *m*4 buyer; dealer, merchant, ~ *gearr* retailer

ceannaigh k'ani: *vt* & *i* buy, purchase; bribe, *dár gceannach ón mbás* to redeem us from death

ceannainne k'anən'ə *f*4 blaze (on animal's forehead)

ceannairc k'anər'k' *f*2 mutiny, revolt

ceannairceach k'anər'k'əx *m*1 mutineer, rebel *a*1 mutinous, rebellious

ceannaire k'anər'ə *m*4 leader, guide; corporal

ceannaitheoir k'aniho:r' *m*3 buyer

ceannann k'anən *f*2 white-faced animal *a*1, (*of animal*) white-faced, having blaze on forehead, *tonnta* ~*a* white-crested waves, *an rud* ~ *céanna* the selfsame thing

ceannáras 'k'an,a:rəs *m*1 headquarters

ceannas k'anəs *m*1 sovereignty; authority, command; assertiveness, *Banc Ceannais na hÉireann* the Central Bank of Ireland

ceannasach k'anəsəx *a*1 sovereign; commanding, masterful; assertive

ceannasaí k'anəsi: *m*4 commander; controller

ceannasaíocht k'anəsi:(ə)xt *f*3 leadership, command; assertion

ceannbhán k'anəva:n *m*1, ~ (*móna*) bog-cotton, cotton-grass

ceannbheart 'k'an,v'art *m*1, *npl* ~a head-gear; helmet

ceannbhrat 'k'an,vrat *m*1 canopy

ceanncheathrú 'k'an,x'ahru: *f*, *gs* ∼n *pl* ∼na headquarters

ceanndána 'k'an,da:nə *a*3 headstrong; stubborn

ceanndánacht 'k'an,da:nəxt *f*3 wilfulness, stubbornness

ceanneasna 'k'an,asnə *f*4 grey homespun

ceannfort k'anfərt *m*1 commander, leader; (army) commandant; (police) superintendent

ceannlá 'k'an,la: *m*, *gs* -lae *pl* -laethanta appointed day, ∼ *an chíosa* gale day

ceannlíne 'k'an',l'i:n'ə *f*4, *pl* -nte headline

ceannlitir 'k'an',l'it'ər' *f*, *gs* -treach *pl* -treacha capital letter

ceann-nochta 'k'a(n),noxtə *a*3 bareheaded

ceannródaí 'kan,ro:di: *m*4 leader, guide; pioneer

ceannsmacht 'k'an,smaxt *m*3 mastery, ∼ *a fháil ar dhuine* to get the better, the upper hand, of a person

ceannsraith 'k'an,srah *f*2, *pl* ∼eanna capitation

ceannteideal 'k'an',t'ed'əl *m*1 caption, heading

ceanrach k'anrəx *f*2 headstall, halter

ceansa k'ansə *a*3 gentle, meek; tame

ceansacht k'ansəxt *f*3 gentleness, meekness; tameness

ceansaigh k'ansi: *vt* appease; tame, control

ceansú k'ansu: *m*4 appeasement; control, restraint

ceant k'ant *m*4, *pl* ∼anna auction

ceantáil k'anta:l' *f*3 auctioning; sale, clearance *vt* & *i* auction, *ag* ∼ *ar a chéile* outbidding each other

ceantálaí k'anta:li: *m*4 auctioneer

ceantar k'antər *m*1 district

ceantrach k'antrəx *a*1 district, local

ceanúil k'anu:l' *a*2 loving, affectionate, fond

ceanúlacht k'anu:ləxt *f*3 affection, kindness

ceap¹ k'ap *m*1, *npl* ∼a stock; block, base, ∼ *magaidh* laughing-stock, ∼ *milleáin* scapegoat, ∼ *gréasaí* shoemaker's last, ∼ *tuisle* stumbling-block, ∼*a* (penal) stocks, ∼ *rotha* nave of wheel, ∼ *oifigí* office block

ceap² k'ap *vt* & *i* chip; fashion, shape; invent; appoint; think; intend, *dán a cheapadh* to compose a poem, *an rud a cheapadh Dia dó* what God ordained for him, *ainmhí a cheapadh* to head off an animal, *liathróid a cheapadh* to field a ball

ceapach k'apəx *f*2 plot, ∼ *bláthanna* flower-bed

ceapachán k'apəxa:n *m*1 appointment (to post); (*of art*) composition

ceapadóir k'apədo:r' *m*3 composer, inventor

ceapadóireacht k'apədo:r'əxt *f*3 composition

ceapaire k'apər'ə *m*4 sandwich

ceapóg k'apo:g *f*2 little plot; (seed-)bed; dibble

ceapord 'k'ap,o:rd *m*1 small sledge-hammer

cearbhas k'arəvəs *m*1 caraway

cearc k'ark *f*2, *gs* circe hen, ∼ *fhraoigh* grouse, ∼ *cholgach* shuttlecock

cearchaill k'arəxəl' *f*2 log; girder

céard k'e:rd *interr pron* what

ceardaí k'a:rdi: *m*4 artisan, craftsman

ceardaíocht k'a:rdi:(ə)xt *f*3 craft; craftwork, craftsmanship, workmanship, *ag* ∼ working at a trade

ceardchumann 'k'a:rd,xumən *m*1 trade union

ceardchumannaí 'k'a:rd,xuməni: *m*4 trade-unionist

ceardlann k'a:rdlən *f*2 workshop, workroom

ceardscoil 'k'a:rd,skol' *f*2, *pl* ∼eanna technical school

ceardúil k'a:rdu:l' *a*2 well-wrought, workmanlike

ceardúlacht k'a:rdu:ləxt *f*3 skilled workmanship, artistry

cearn k'a:rn *f*3 corner, angle, *as gach* ∼ from all quarters

cearnach k'a:rnəx *a*1 angular; square; quadratic

cearnaigh k'a:rni: *vt* square

cearnóg k'a:rno:g *f*2 square

cearnógach k'a:rno:gəx *a*1 angular; four-square

cearr k'a:r *f*3, *pl* ∼anna injury, wrong, *tá* ∼ *bheag air* he is a bit off in the head *a*1 wrong

cearrbhach k'arəvəx *m*1 card-player, gambler, gamester

cearrbhachas k'arəvəxəs *m*1 card-playing, gaming, gambling

ceart k'art *m*1, *npl* ∼a right, ∼ *vótála* franchise, *a cheart a thabhairt do dhuine* to give a person his due, *bhain sé* ∼ *díobh* he held his own against them, *bhí sé de cheart acu suí* they should have sat down, *níl a fhios agam i g*∼ I don't really know, *tá sé fuar i g*∼ it is quite cold, *duine nach bhfuil i g*∼ one who is not in his right mind, *ó cheart* properly, originally *a*1 right; just, proper; true, correct, *ba cheart duit labhairt leis* you should speak to him, *tá sin mar is* ∼ that is as it should be, *bhí fearg cheart uirthi* she was really angry, *níl an fear sin* ∼ that man is not right in the head, ∼ *go leor* right enough; all right

ceárta k'a:rtə *f*4 forge; workshop

ceartaigh k'arti: *vt* & *i* correct; rectify, amend; chastise; mend; expound

ceartaiseach k'artəs'əx *a*1 insistent on one's rights; dogmatic; conceited, self-righteous

ceartaitheach k'artihəx *a*1 corrective, amending

ceartaitheoir k'artiho:r' *m*3 corrector; reformer, ∼ *sáibh* saw-setter

ceartas k'artəs *m*1 justice *pl* rights, just claims

ceartchreideamh 'k'art,x'r'ed'əv *m*1 orthodoxy

ceartchreidmheach 'k'art,x'r'ed'v'əx *a*1 orthodox

cearthaí k'arhi: *f*4 nervousness, jitters

ceartlár 'k'art,la:r *m*1 exact centre

ceartú k'artu: *m*4 correction, amendment; chastisement; adjustment

ceartúchán k'artu:xa:n *m*1 correction

ceas k'as *m*3 surfeit; excess; oppression, sorrow

céas¹ k'e:s *m*3 matted hair, wool

céas² k'e:s *vt* & *i* crucify; torment; suffer agony

ceasacht k'asəxt *f* 3 complaining; murmur, grumble, *ag ~ ar rud* complaining about the meagreness of sth

céasadh k'e:sə *m, gs & pl* -**sta** crucifixion; agony, torment

céasadóir k'e:sədo:r' *m* 3 crucifier, tormentor

céasla k'e:slə *f* 4 paddle (for currach, etc)

céaslaigh k'e:sli: *vt & i* paddle

ceasna k'asnə *m* 4 affliction, complaint

ceasnaigh k'asni: *vt & i* complain, grumble

ceasnúil k'asnu:l' *a* 2 complaining, querulous, peevish

céasta k'e:stə *a* 3 crucified; tormented; tormenting; miserable, *faí chéasta* passive voice

ceastóireacht k'asto:r'əxt *f* 3 questioning; interrogation, *ag ~ ar dhuine* cross-examining a person

ceasúil k'asu:l' *a* 2 queasy; cloying

céatadán k'e:təda:n *m* 1 percentage

ceatha k'ahə : **cith**

ceathach k'ahəx *a* l showery

ceathair k'ahər' *m* 4, *pl* ~**eanna** four, ~ *déag* fourteen

ceathairchosach 'k'ahər' xosəx *m* l *& a* l quadruped

ceathairéad k'ahər'e:d *m* l quartet

ceathairshleasach 'k'ahər' hl'asəx *a* l quadrilateral

ceathairuilleach 'k'ahər' il'əx *a* l quadrangular

ceathairuilleog 'k'ahər' il'o:g *f* 2 quadrangle

ceathanna k'ahənə : **cith**

ceathartha k'ahərhə *a* 3 fourfold; quaternary; elemental

ceathracha k'ahrəxə *m, gs* ~**d** *pl* ~**idí** *a* forty

ceathramhán k'ahrəva:n *m* l quadrant

ceathrar k'ahrər *m* l four persons

ceathrú[1] k'ahru: *f, gs* ~**n** *pl* ~**na** *ds* ~**in** *in certain phrases* quarter, fourth, thigh, ~ *caorach* sheep's haunch, *saighdiúirí a chur ar ~ in* to quarter soldiers, ~ *anama a iarraidh* to ask for quarter, ~ *d'amhrán* verse of a song

ceathrú[2] k'ahru: *num a* fourth

ceathrúnach[1] k'ahru:nəx *m* l quartermaster

ceathrúnach[2] k'ahru:nəx *a* l quartered, *seisiún ~* quarter sessions

céibhe k'e:v'ə : **ciabh**

céide k'e:d'ə *m* 4 flat-topped hill; place of assembly; (*street name*) drive

ceil k'el' *vt* conceal; suppress, withhold, *a cheart a cheilt ar dhuine* to deny a person his right, *cárta a cheilt* to renege a card

céile k'e:l'ə *m* 4 companion; spouse, *fear ~* husband, *bean chéile* wife, ~ *comhraic* antagonist, ~ *imeartha* opponent in game, *a chéile* each other, *tá sé i gceann a chéile go maith* it is well put together, *ó lá go (a) chéile* from day to day, *is é an dá mhar a chéile é* it is the same thing, *míle ó chéile* a mile apart, *bhí an fhoireann trí chéile ann* the whole team was there, *trí, trína, chéile* mixed-up, confused

céileachas k'e:l'əxəs *m* l companionship; cohabitation; copulation

céilí k'e:l'i: *m* 4 friendly call, visit; social evening; Irish dancing session, dance

ceiliúir k'el'u:r' *vt & i pres*-**úrann** warble, sing; celebrate, *ceiliúradh de dhuine* to bid farewell to a person

ceiliúr k'el'u:r *m* l warble, song; address, greeting, ~ *pósta* proposal of marriage

ceiliúradh k'el'u:rə *m, gs* -**rtha** celebration, leave-taking

céill k'e:l', **céille** k'e:l'ə : **ciall**

céilli k'e:l'i: *a* 3 sensible, rational

ceilp k'el'p' *f* 2 kelp

ceilt k'el't' *f* 2 concealment; withholding, denial

Ceilteach[1] k'el't'əx *m* l Celt *a* l Celtic

ceilteach[2] k'el't'əx *a* l secretive, withholding

Ceiltis k'el't'əs' *f* 2 Celtic (language)

céim k'e:m' *f* 2, *pl* ~**eanna** step; degree, rank; pass, ravine, ~ *siar* retrogression, ~ (*i gclaí, i mballa*) stile, ~ *eanna na gealaí* phases of the moon, *ar aon chéim le* on a par with, *rug ~ orm* I got into difficulties

céimí k'e:m'i: *m* 4 graduate

ceimic k'em'ək' *f* 2 chemistry

ceimiceach k'em'ək'əx *a* l chemical

ceimiceán k'em'ək'a:n *m* l chemical

ceimiceoir k'em'ək'o:r' *m* 3 chemist

céimíocht k'e:m'i:(ə)xt *f* 3 rank, distinction

céimiúil k'e:m'u:l' *a* 2 distinguished, notable

céimneach k'e:m'n'əx *a* l stepped

céimnigh k'e:m'n'i: *vt & i* step; grade, graduation; structure

céimniú k'e:m'n'u: *m* 4 stepping, tread; grading, graduation

céimseach k'e:m's'əx *a* l graduated, gradual

céimseata k'e:m's'ətə *f, gs* ~**n** geometry

céimseatúil k'e:m's'ətu:l' *a* 2 geometric

céin k'e:n' : **cian**[1,3]

céine k'e:n'ə : **cian**[3]

ceinteagrád 'k'en't'ə gra:d *m* l centigrade

ceinteagrádach 'k'en't'ə gra:dəx *a* l centigrade

ceintilítear 'k'en't'ə l'i:t'ər *m* l centilitre

ceintiméadar 'k'en't'ə m'e:dər *m* l centimetre

céir[1] k'e:r' *f, gs* **céarach** *pl* **céaracha** wax; coating, stain

céir[2] k'e:r' : **ciar**[1]

ceirbreach k'er'əb'r'əx *a* l cerebral

ceirbream k'er'əb'r'əm *m* l cerebrum

ceird k'e:rd' *f* 2, *pl* ~**eanna** trade, craft; occupation

céire k'e:r'ə : **ciar**[1]

ceiribín k'er'əb'i:n' *m* 4 cherub

ceirín k'er'i:n' *m* 4 poultice

ceirisín k'er'əs'i:n' *m* 4 kerosene

céiriúil k'e:r'u:l' *a* 2 waxy

ceirnín k'e:rn'i:n' *m* 4 disc, record

céirseach k'e:rs'əx *f* 2 (hen) blackbird

ceirt k'ert' *f* 2, *pl* ~**eacha** rag, clout, *cuir ort do cheirteacha* put on your clothes

ceirtlín k'ert'l'i:n' *m*4 ball, clew, ~ *a dhéanamh*, (*of cabbage, etc*) to form a head

ceirtlis k'ert'l'əs' *f* 2 cider

céis k'e:s' *f* 2, *pl* ~**eanna**, ~ *mhuice* young pig, slip

céislín k'e:s'l'i:n' *m*4 tonsil

céislínteas k'e:s'l'i:n't'əs *m* 1 tonsilitis

ceisneamh k'es'n'əv *m* 1 complaining; complaint, grumble, *ní raibh sé i bhfad ag* ~ he was not long ailing (before he died)

ceist k'es't' *f* 2, *pl* ~**eanna** question; inquiry; point, problem, *bhí sé i g* ~ *agam an áit a dhíol* I was thinking of selling the place, *ná bíodh* ~ *ort faoi* you needn't be concerned about it

ceisteach k'es't'əx *m* 1 interrogative *a*1 questioning, interrogative

ceistigh k'es't'i: *vt & i* question, interrogate

ceistitheoir k'es't'iho:r' *m*3 questioner

ceistiú k'es't'u: *m*4 interrogation

ceistiúchán k'es't'u:xa:n *m* 1 interrogation; questionnaire

ceithearnach k'ehərnəx *m* 1 kern, foot-soldier, light-armed soldier; (chess) pawn, ~ *coille* outlaw

ceithre k'ehr'ə *num a* four, ~ *dhuine dhéag* fourteen persons

ceo[1] k'o: *m*4 fog; mist, haze, ~ *deannaigh* cloud of dust

ceo[2] k'o: *m*4, *níl* ~ *ar bith air* there is nothing wrong with him, *an bhfuil aon cheo ar siúl?* is there anything on?

ceobhrán k'o:vra:n *m* 1 light drizzle; mist

ceobhránach k'o:vra:nəx *a*1 misty, drizzly

ceoch k'o:x *a*1, *gsm* ~ foggy; misty, cloudy

ceol k'o:l *m* 1, *pl* ~**ta** music; song; ringing sound, ~ *a bhaint as an saol* to enjoy life, *mo cheol thú* bravo

ceolaire k'o:lər'ə *m*4 warbler

ceolán k'o:la:n *m* 1 little bell; tinkle, ~ *linbh* whimpering child

ceolchoirm 'k'o:l‚xor'əm' *f* 2, *pl* ~**eacha** concert

ceoldráma 'k'o:l‚dra:mə *m*4 opera

ceolfhoireann 'k'o:l‚or'ən *f* 2, *gs & pl* **-rne** orchestra

ceolfhoirneach 'k'o:l‚o:rn'əxa*1* orchestral

ceolmhaireacht k'o:lvər'əxt *f* 3 tunefulness

ceolmhar k'o:lvər *a*1 musical, tuneful; vigorous

ceoltóir k'o:lto:r' *m*3 musician; singer

ceomhar k'o:vər *a*1 foggy

cha xa[†], **chan**[1] xan[†] *neg vb part* not, ~ *phósann siad go hóg* they do not marry young, *chan ólaim é* I do not, will not, drink it, *chan fhuil sin ceart* that is not right

chan[2] xan[†] : **is**

char[1] xar[†] *neg vb part*, ~ *fhan siad ach seachtain* they only stayed a week, *char ith sé é* he did not eat it

char[2] xar[†], **charbh** xarv[†] : **is**

cheal x'al ~ *nár imigh tú fós?* have you not gone

away yet? ~ *nach bhfuil a fhios sin agat?* surely you know that?

cheana hanə *adv* already; beforehand; other, last, *mar atá ráite* ~ (*féin*) as stated already, *an lá* ~ the other day, *an tú atá ann? is mé* ~ is that you? it is, indeed

chí x'i: *var pres of* **feic**[2] ~ *Dia sinn* God help us, ~ *Dia sin* what a pity

choíche xi:x'ə *adv* ever, forever, *beidh sé* ~ *amhlaidh* it will always be so, *ní thiocfaidh sé* ~ he will never come, *an fhírinne* ~ to be perfectly truthful

chomh xo: *adv* as, so, ~ *geal le sneachta* as white as snow, ~ *luath agus is féidir* as soon as possible, ~ *hard léi!* how tall she is!

chonacthas xonəkəs *p aut of* **feic**[2]

chonaic xonək' *p of* **feic**[2]

chuaigh xuəγ' *p of* **téigh**[2]

chuala xuələ *p of* **clois, cluin**

chualathas xuələhəs *p aut of* **clois, cluin**

chuathas xuəhəs *p aut of* **téigh**[2]

chucu xuku : **chuig**

chugaibh xugəv' : **chuig**

chugainn xugən' : **chuig**

chugam xugəm : **chuig**

chugat xugat : **chuig**

chuici xik'i : **chuig**

chuig xig' ~ hig'[†] *prep, pron forms* **chugam** xugəm, **chugat** xugət, *m* **chuige** xig'ə, *f* **chuici** xik'i, **chugainn** xugən', **chugaibh** xugəv', **chucu** xuku, to, towards; for; at, *tháinig sé chugam* he came to me, *níor chuir tú chuige i gceart* you didn't go the right way about it, *ní chugat atá mé* I am not referring to you, *seo chuige* here goes, *chugam aniar thú* bravo, *teacht chugat féin* to come to, recover, *an bhliain seo chugainn* next year, *cad chuige?* why? *maith* ~ *cluichí* (*a imirt*) good at (playing) games

chuige xig'ə : **chuig**

chun xun *prep* to, towards, for, *dul* ~ *na cathrach* to go to the city, ~ *an bhaile* home(wards), *duine a chur* ~ *báis* to put a person to death, *dul* ~ *olcais* to get worse, to go to the bad, *ceathrú* ~ *a sé* a quarter to six, ~ *rud a dhéanamh* (in order) to do something, *ag ullmhú* ~ *a bpósta* preparing for their marriage, *lá* ~ *taistil* a suitable day for travelling

ciabh k'iəv *f* 2, *gs* **céibhe** hair; tress

ciabhach k'iəvəx *a*1 long-haired

ciach k'iəx *m* 1 hoarseness; gloom, sadness

ciachán k'iəxa:n *a*1 hoarseness, huskiness

ciachánach k'iəxa:nəx *a*1 hoarse

ciachmhar k'iəxvər *a*1 foggy, dark; gloomy, sorrowful

ciainíd k'iən'i:d' *f* 2 cyanide

ciall k'iəl *f* 2, *gs* **céille** *ds* **céill** *in certain phrases* sense; sanity; perception; meaning, *duine a thabhairt chun céille*, to make a person see reason, *in aois* (*na*) *céille* at the age of reason, ~ *cheannaithe* the teachings of experience, *tú féin a chur* *i gcéill* to make oneself clear, felt, *cur i gcéill* pretence

ciallaigh k'iəli: *vt & i* mean, signify; explain, interpret

ciallmhaireacht k'iəlvər'əxt *f* 3 sensibleness, reasonableness

ciallmhar k'iəlvər *a* 1 sensible, reasonable

cian[1] k'iən *f, pl* ~**ta** *ds* **céin** *& dpl* ~**aibh** *in certain phrases* long time, age; distance, distant place, *le* ~ *d'aimsir* this long time, *i gcéin* in the distance, far off, *i mbaile is i gcéin* at home and abroad, *ó chianaibh* a while ago

cian[2] k'iən *m* 4 sadness, melancholy

cian[3] k'iən *a* 1, *gsm* **céin** *gsf & comp* **céine** long; distant

cianach k'iənəx *a* 1 melancholy; peevish

cianaosta 'k'iən,i:stə *a* 3 long-lived, very old; primeval

cianda k'iəndə *a* 3 distant, remote

cianghlaoch 'k'iən,γli:x *m* 1, ~ *gutháin* trunk-call

cianóg k'iəno:g *f* 2 small coin, mite, *níl* ~ *rua agam* I haven't a rex

ciap k'iəp *vt* harass, annoy; torment

ciapach k'iəpəx *a* 1 annoying, tormenting

ciapadh k'iəpə *m, gs* **-ptha** annoyance, torment

ciar[1] k'iər *a* 1, *gsm* **céir** *gsf & comp* **céire** dark, swarthy

ciar[2] k'iər *vt* wax

ciarach k'iərəx *a* 1 waxen

ciarbhuí 'k'iər,vi: *a* 3 tawny

ciardhubh 'k'iər,γuv *a* 1 jet-black, sable

ciaróg k'iəro:g *f* 2 beetle

ciarsúr k'iərsu:r *m* 1 kerchief, handkerchief

cíb[1] k'i:b' *f* 2 sedge

cíb[2] k'i:b' *f* 2 pip (in fowl)

cibé k'ə'b'e: *pron & a* whoever; whatever, whichever, ~ *ar bith* at any rate, ~ *acu* whether

cíbeach k'i:b'əx *a* 1 sedgy

cibleachán k'ib'l'əxa:n *m* 1 (nine) pin

cic k'ik' *f* 4, *pl* ~**eanna** kick

ciceáil k'ik'a:l' *vt & i* kick

ciclipéid 'k'ik'l'ə,p'e:d' *f* 2 encyclopaedia

cifle k'if'l'ə *m* 4 tatter, ~ *ceo* wisp of fog, vapour

cigil k'ig'əl' *vt & i, pres* **-glíonn** tickle; (*of light*) play

cigilt k'ig'əl't' *f* 2 tickle, titillation; play (of light)

cigilteach k'ig'əl't'əx *a* 1 ticklish

cigire k'ig'ər'ə *m* 4 inspector

cigireacht k'ig'ər'əxt *f* 3 inspection; inspectorship

cíle k'i:l'ə *f* 4 keel

cileagram 'k'il'ə,gram *m* 1 kilogram(me)

cíléar k'i:l'e:r *m* 1 keeler, shallow tub

cileavata 'k'il'ə,vatə *m* 4 kilowatt

cililítear 'k'il'ə,l'i:t'ər *m* 1 kilolitre

ciliméadar 'k'il'ə,m'e:dər *m* 1 kilometre

cill k'il' *f* 2, *npl* **cealla** *gpl* **ceall** church; churchyard; cell

cillín k'il'i:n' *m* 4 cell; hoard, nest-egg

cime k'im'ə *m* 4 captive, prisoner

ciméara k'im'e:rə *m* 4 chimera; mirage, delusion

cín k'i:n' *f* 2, *pl* **cíona** ~ *lae* diary

Cincís k'iŋ'k'i:s' *f* 2 Pentecost, Whitsun-(tide)

cincíseach k'iŋ'k'i:s'əx *m* 1 person or animal born at Whitsuntide; ill-starred person *a* 1 Pentecostal; ill-starred

cine k'in'ə *m* 4, *pl* **-níocha** race, *fear mo chine* my kinsman, *cúl le* ~ a stranger to one's kind

cineál k'in'a:l *m* 1, *pl* ~**acha** kind, species; sex, gender; class; sort, variety, ~ *Eoghain* the descendants of Eoghan, *rud a thabhairt chun cineáil* to develop the natural qualities of sth, ~ *a dhéanamh ar dhuine* to give a person a treat, ~ *fuar* somewhat cold

cineálach k'in'a:ləx *a* 1 generic; qualitative

cineálta k'in'a:ltə *a* 3 kind; pleasant, mild; tame, *ainmhí* ~ good breed of animal

cineáltas k'in'a:ltəs *m* 1 kindness; natural quality

cineama k'in'əmə *m* 4 cinema

cinedheighilt 'k'in'ə,γ'ail't' *f* 2 apartheid

ciniceas k'in'ək'əs *m* 1 cynicism

cinicí k'in'ək'i: *m* 4 cynic

ciniciúil k'in'ək'u:l' *a* 2 cynical

ciníoch k'in'i:(ə)x *a* 1, *gsm* ~ racial, ethnical

ciníochas k'in'i:(ə)xəs *m* 1 racialism

cinn[1] k'in' *vt & i* (with *ar*) surpass, overcome; be too much for, *chinn orm é a dhéanamh* I failed to do it

cinn[2] k'in' *vt & i* fix, determine, decree

cinneadh k'in'ə *m* 1 determination, decision, ~ *dáta* fixing of date, ~ *coiste* the findings of a committee

cinnfhearann 'k'in',arən *m* 1 headland (in ploughing)

cinnire k'in'ər'ə *m* 4 person leading an animal by the head; guide, attendant

cinniúint k'in'u:n't' *f* 3, *gs* **-úna** fate, destiny; chance; tragedy

cinniúnach k'in'u:nəx *a* 1 fateful; fatal, tragic

cinniúnachas k'in'u:nəxəs *m* 1 fatalism

cinnte k'in't'ə *a* 3 certain; definite; stingy

cinnteach k'in't'əx *a* 1 fixed, definite; definitive

cinnteacht k'in't'əxt *f* 3 certainty; stinginess; limitation

cinntigh k'in't'i: *vt & i* make certain; confirm, assure

cinntitheach k'in't'ihəx *m* 1 determinant; determinative *a* 1 decisive; determinative

cinntiú k'in't'u: *m* 4 confirmation

cinseal k'in's'əl *m* 1 ascendancy; dominance

cinsealach k'in's'ələx *a* 1 ascendant, dominating

cinsealacht k'in's'ələxt *f* 3 *an Chinsealacht* the Ascendancy

cinsire k'in's'ər'ə *m* 4 censor

cinsireacht k'in's'ər'əxt *f* 3 censorship, *ag* ~ *ar dhuine* censoring a person

cinsiriúil k'in's'ər'u:l' *a* 2 censorial

cíoch k'i:x *f* 2 breast, pap

cíochbheart 'k'i:x,v'art *m*1 brassière

cioclón k'iklo:n *m*1 cyclone

ciocrach k'i:krəx *a*1 greedy, eager (for food, etc)

ciocras k'i:krəs *m*1 greed, eagerness (for food, etc), ~ *léinn* thirst for learning

ciombal k'imbəl *m*1 cymbal

cion[1] k'in *m*3, *gs* **ceana** love, affection; esteem; effect, influence, *rud a chur i g* ~ *ar dhuine* to impress sth on a person, ~ *croí a dhéanamh le leanbh* to hug a child to one's bosom

cion[2] k'in *m*4 share, amount, *rinne sé* ~ *fir* he played a man's part, *ag obair ar chion a láimhe féin* working on his own account

cion[3] k'in *m*3, *pl* ~**ta** offence, transgression; blame, *is é a chionta féin é* it is his own fault

cíoná k'i:na: *m*4, (*cards*) five of trumps; chief, champion, star

ciondáil k'inda:l' *f*3 & *vt* ration

ciondargairdín 'k'indər,ga:rd'i:n' *m*4 kindergarten

cionmhaireacht k'inəvər'əxt *f*3 proportion, share

cionmhar k'inəvər *a*1 proportional

cionn k'in : **ceann**[1]

cionroinn 'k'in,ron' *vt* apportion

cionroinnt 'k'in,ron't' *f*2, *pl* **-rannta** apportionment, portion

cionsiocair 'k'in,s'ikər' *f*, *gs* **-crach** *pl* **-cracha** primary cause

ciontach k'intəx *a*1 guilty *m*1 culprit

ciontacht k'intəxt *f*3 guilt, guiltiness

ciontaí k'inti: *s*, *is tú is* ~ *leis* you are to blame for it

ciontaigh k'inti: *vt* & *i* blame, accuse; convict; transgress

ciontóir k'into:r' *m*3 offender

ciontú k'intu: *m*4 conviction

cíor k'i:r *f*2 comb; crest, ~ *fiacla* set of teeth, ~ *mheala* honeycomb, *an chíor a chogaint* to chew the cud, *tá an teach ina chíor thuathail* the house is upside down *vt* & *i* comb; examine minutely

cíoradh k'i:rə *m*, *gs* **-rtha** combing; discussion, examination

cíorbhuí 'k'i:r,vi: *m*4, *pl* ~**onna** goldcrest

ciorcad k'irkəd *m*1 circuit

ciorcal k'irkəl *m*1 circle

ciorclach k'irkləx *a*1 circular; cyclic

ciorclaigh k'irkli: *vt* encircle, circle

ciorclán k'irkla:n *m*1 circular (letter)

cíorláil k'i:rla:l' *f*3 combing; searching; rough handling *vt* & *i* comb; search; tousle, handle roughly

cioróis k'iro:s' *f*2 cirrhosis

ciorraigh k'iri: *vt* & *i* cut; hack, maim; curtail; overlook, bewitch

ciorrú k'iru: *m*4 mutilation; curtailment

cíos k'i:s *m*3, *pl* ~**anna** rent; tax, tribute, ~ *dubh* extortion

cíosaigh k'i:si: *vt* rent, pay rent for; compensate for

cíoscheannach 'k'i:s,x'anəx *m*1 hire-purchase

ciotach k'itəx *a*1 left-handed; clumsy; inconvenient

ciotaí k'iti: *f*4 left-handedness; awkwardness, ~ *a dhéanamh do dhuine* to inconvenience a person

ciotóg k'ito:g *f*2 left hand; left-hander; left-handed person; awkward person

ciotógach k'ito:gəx *a*1 left-handed; awkward

ciotrainn k'itrən' *f*2 awkward fall; clumsiness

ciotrúnta k'itru:ntə *a*3 clumsy; contrary

ciotrúntacht k'itru:ntəxt *f*3 clumsiness; contrariness

cipe k'ip'ə *m*4 body of troops in close formation; rank; band

cipín k'ip'i:n' *m*4 little stick, twig, ~ *solais* match, *bheith ar* ~*í* to be on tenterhooks

circe k'ir'k'ə : **cearc**

circeoil 'k'ir'k',o:l' *f*3 chicken(meat)

circín k'ir'k'i:n' *m*4, ~ *trá* dunlin

círéib k'i:r'e:b' *f*2, *pl* ~**eacha** riot; obstreperous person

círéibeach k'i:r'e:b'əx *a*1 wild, riotous; obstreperous

círín k'i:r'i:n' *m*4 crest, ~ *coiligh* cockscomb, ~ *toinne* crest of wave, *dul i g* ~ *a chéile* to fight, *bhí* ~ *troda air* his hackles were up

círíneach k'i:r'i:n'əx *a*1 crested; flushed

cirte k'irt'ə *f*4 rightness, correctness

cis[1] k'is' *f*2, *pl* ~**eanna** wicker container; basket, crate

cis[2] k'is' *f*2 restraint, handicap *vt* & *i* place one's weight (*ar* on); restrain; handicap

ciseach k'is'əx *f*2 wattled causeway; improvised path; footbridge, ~ *a dhéanamh de rud* to make a mess of sth

ciseal k'is'əl *m*1 layer, course (in building)

ciseán k'is'a:n *m*1 (wicker) basket

cispheil 'k'is',f'el' *f*2 basketball

cist k'is't' *f*2, *pl* ~**eanna** cyst

ciste k'is't'ə *m*4 chest, coffer; treasure; fund

císte k'i:s't'ə *m*4 cake

Cistéirseach k'is't'e:rs'əx *m*1 & *a*1 Cistercian

cisteoir k'is't'o:r' *m*3 treasurer

cistin k'is't'ən' *f*2, *pl* ~**eacha** kitchen

citeal k'it'əl *m*1 kettle

cith k'ih *m*3, *gs* **ceatha** *pl* **ceathanna** shower

cithfholcadh 'k'ih,olkə *m*, *gs* **-tha** *pl* **-thaí** shower (-bath)

cithréim k'ihr'e:m' *f*2 deformity, *tá* ~ *air* he is maimed

citreach k'it'r'əx *a*1 citric

citreas k'it'r'əs *m*1 citrus

ciú k'u: *m*4, *pl* ~**nna** queue

ciúáil k'u:a:l' *vi* queue

ciúb k'u:b *m*1, *pl* ~**anna** cube

ciúbach k'u:bəx *a*1 cubic

ciúbachas k'u:bəxəs *m*1 cubism

ciúbaigh k'u:bi: *vt* cube

ciúin k'u:n' *a*1 calm, still, *duine* ~ quiet, silent, person

ciumhais k'u:s' *f* 2, *pl* ~**eanna** border, edge, ~ *leathanaigh* margin of page, ~ *talaimh* strip of land

ciumhsach k'u:səx *a* 1 bordered, ringed

ciúnaigh k'u:ni: *vt & i* calm; pacify

ciúnas k'u:nəs *m* 1 calmness; stillness, silence, quiet

ciúnú k'u:nu: *m* 4 calming, pacification

ciúta k'u:tə *m* 4 quip, clever remark; ingenious trick, knack

ciútraimintí k'u:trəm'ən't'i: *fpl* accoutrements

clab klab *m* 1, *pl* ~**anna** mouth; garrulity

claba klabə *m* 4 clamp, cleat (of oar)

clabaireacht klabər'əxt *f* 3 prattling, garrulousness

clábar kla:bər *m* 1 mud

clábarach kla:bərəx *a* 1 muddy

clabhar klaur *m* 1 mantel-tree; mantelpiece; damper

clabhstra klaustrə *m* 4 cloister

clabhsúr klausu:r *m* 1 closure, *an* ~ *a chur ar rud* to bring sth to a close

clabhta klautə *m* 4 clout, blow; chunk

clabhtáil klauta:l' *vt* clout

cladach kladəx *m* 1 shore; rocky foreshore, ~ *feamainne* bank of seaweed

cladhaire klair'ə *m* 4 villain; rogue; coward

cladhartha klairhə *a* 3 villainous; cowardly

cladóir klado:r' *m* 3 shore-dweller; shore-worker

cladóireacht klado:r'əxt *f* 3 shore-working

clagarnach klagərnəx *f* 2 clatter, ~ *bháistí* pelting rain

clagfharraige 'klag,arəg'ə *f* 4 choppy sea

claí kli: *m* 4, *pl* ~**ocha** dike, wall; fence

claibín klab'i:n' *m* 4 lid; bar of latch, ~ *muilinn* mill-clapper

cláideach kla:d'əx *f* 2 mountain stream, torrent

claidhreacht klair'əxt *f* 3 villainy, roguery; cowardice

claifort 'kli:,fort *m* 1 embankment

claig klag' *f* 2, *pl* ~**eanna** dent, dinge

claimhe klav'ə *f* 4 manginess, scurvy

claimhteoir klav't'o:r' *m* 3 swordsman

claimhteoireacht klav't'o:r'əxt *f* 3 sword-play; swordsmanship

claíomh kli:v *m* 1, *pl* **-aimhte** sword

cláiréad kla:r'e:d *m* 1 claret

cláiríneach kla:r'i:n'əx *m* 1 deformed person, cripple

cláirnéid kla:rn'e:d' *f* 2 clarinet

cláirseach kla:rs'əx *f* 2 harp; large flat object; woodlouse

cláirseoir kla:rs'o:r' *m* 3 harpist

cláirseoireacht kla:rs'o:r'əxt *f* 3 playing the harp

clais klas' *f* 2, *pl* ~**eanna** water channel; gully; rut, groove; spawning bed, ~ *eochrach* keyway, ~ *luatha* ash-pit, ~ *éisc* large quantity of fish

claisceadal klas'k'ədəl *m* 1 choral singing; choir

claítheoireacht kli:ho:r'əxt *f* 3 fence-repairing

clamh klav *m* 1 mange

clamhach klaux *a* 1 mangy; bald in spots

clamhán klaua:n *m* 1 buzzard

clamhsán klausa:n *m* 1 grumble, complaint

clampa klampə *m* 4 clamp; built-up stack

clampaigh klampi: *vt & i* clamp

clampar klampər *m* 1 wrangle; commotion

clamprach klamprəx *a* 1 wrangling; disorderly

clann klan *f* 2 children, offspring; race, descendants; followers

claochladán kli:xləda:n *m* 1 transformer

claochlaigh kli:xli: *vt & i* deteriorate; change character of, metamorphose

claochlú kli:xlu: *m* 4 change, deterioration; metamorphosis, transformation

claon[1] kli:n *m* 1, *pl* ~**ta** incline; slope; inclination, tendency, ~ *adhairte* crick in neck, *tá an* ~ *ann* he is perverse by nature, ~ *beag ró-ard* a little too high *a* 1 inclined; sloping; reclining; ~ *ar, chun,* prone to, partial to, *breithiúnas* ~ perverse judgment *vt & i* incline; slope; bend; decline; yield, ~*adh chun raimhre* to incline to obesity, *chlaon sé leo* he sided with them, ~*adh ón bhfírinne* to deviate from the truth

claon-[2] kli:n *pref* crooked, sloping; perverse; evil; indirect

claonach kli:nəx *a* 1 perverse, deceitful

claonachas kli:nəxəs *m* 1 deviationism; inclination to evil

claonadh kli:nə *m, gs* **-nta** inclination; tendency; perversion, ~ *na gréine* declining of the sun, ~ *chun na trócaire* leaning towards mercy

claonamharc 'kli:n,aurk *m* 1 sidelong glance; squint

claonmharaigh 'kli:n,vari: *vt* mortify (passions)

claonmharú 'kli:n,varu: *m* 4 mortification

claonpháirteach 'kli:n,fa:rt'əx *a* 1 partisan

claonpháirteachas 'kli:n,fa:rt'əxəs *m* 1 collusion, partisanship

claonta kli:ntə *a* 3 partial, prejudiced

claontacht kli:ntəxt *f* 3 evil disposition; partiality, prejudice

clapsholas 'klap,holəs *m* 1 twilight

clár kla:r *m* 1 board; table; counter; flat surface; list, index; programme, ~ (*béil*) lid, ~ *bairille* stave of barrel, ~ *éadain* forehead, ~ *na fírinne* the plain truth, ~ *na Mí* the plains of Meath, *an domhan cláir* the whole world, ~ *ábhair* table of contents, ~ *oibre* work schedule; agenda, ~ *comhardaithe* balance sheet

clárach kla:rəx *a* 1 made of boards, wooden; flat, broad

cláraigh kla:ri: *vt & i* tabulate; register, flatten; lay

cláraitheoir kla:riho:r' *m* 3 registrar; recorder, ~ *ríomhaireachta* computer programmer

clárfhiacail 'kla:r,iəkəl' *f* 2, *pl* **-cla** front tooth, incisor

clárlann kla:rlən *f* 2 registry (office)

clárú kla:ru: *m* 4 drubbing; tabulation; registration

clasach klasəx *a* 1 channelled; trenched grooved, gashed

clasaiceach klasək'əx *m*1 classic *a*1 classic(al)

clasaigh klasi: *vt & i* channel; trench; gash, groove; (*of potatoes*) mould; (*of fish*) make a redd

clásal kla:səl *m*1 clause

claspa klaspə *m*4 clasp

clástrafóibe 'kla:strə,fo:b'ə *f*4 claustrophobia

clé k'l'e: *f*4 left hand; left-hand side *a*3 & *adv* left; sinister; wrong, evil

cleacht k'l'axt *vt & i* perform habitually; be, become, accustomed to; practise

cleachtach k'l'axtəx *a*1 accustomed (*ar, le* to)

cleachtadh k'l'axtə *m*1, *pl* **-chtaí** habit; practice, experience, ~ *dráma* rehearsal of play, *leabhar cleachta* exercise book

cleachtas k'l'axtəs *m*1 practice

cleachtóir k'l'axto:r' *m*3 practitioner

cleamaire k'l'amər'ə *m*4 strawboy, mummer

cleamhnas k'l'aunəs *m*1 relationship by marriage; marriage arrangement, match

cleandar k'l'andər *m*1 calender; stiffening (in cloth)

cleas k'l'as *m*1, *npl* ~**a** trick; feat; knack, ~*a lúith* athletics, *rinne mise an* ~ *céanna* I did the same thing

cleasach k'l'asəx *a*1 playful; tricky, crafty

cleasaí k'l'asi: *m*4 playful person or animal; trickster; juggler; acrobat; (*cards*) joker

cleasaíocht k'l'asi:(ə)xt *f*3 playfulness, trickery; dexterous feats, acrobatics, *ag* ~ *le rudaí* juggling with things

cléata k'l'e:tə *m*4 cleat

clébhord 'k'l'e:,vo:rd *m*1 port, larboard

cléibhín k'l'e:v'i:n' *m*4 small creel or basket; wicker boat, currach

cleipteamáine 'k'l'ep't'ə,ma:n'ə *f*4 kleptomania

cleipteamáineach 'k'l'ep't'ə,ma:n'əx *m*1 & *a*1 kleptomaniac

cléir k'l'e:r' *f*2 clergy; band, company

cléireach k'l'e:r'əx *m*1 clerk; altar-boy; sexton

cléireachas k'l'e:r'əxəs *m*1 clerkship, *obair chléireachais* clerical work

cléiriúil k'l'e:r'u:l' *a*2 clerical

cléirtheach 'k'l'e:r',hax *m*, *gs* **-thí** *pl* **-thithe** presbytery

cleite k'l'et'ə *m*4 feather; quill; plume, ~ *comhrá* subject of conversation

cleiteach k'l'et'əx *f*2 moult, moulting process *al* feathered; pinnate

cleiteán k'l'et'a:n *m*1 penthouse (over door)

cleitearnach k'l'et'ərnəx *f*2, (*of bird*) fluttering

cleith k'l'eh *f*2, *pl* ~**eanna** wattle, stake; pole; cudgel, ~ *uachtair* gaff (of sail), *bheith i g* ~ *le duine* to be dependent on a person

cléithín k'l'e:hi:n' *m*4 splint; (thatching) scallop

cleithiúnach k'l'ehu:nəx *a*1 dependent

cleithiúnaí k'l'ehu:ni: *m*4 dependant

cleithiúnas k'l'ehu:nəs *m*1 dependence, (*bheith*) i g ~ go on the supposition that

cleithmhagadh 'k'l'e,vagə *m*1 teasing

cleitín k'l'et'i:n' *m*4 eaves (of thatch)

cliabh k'l'iəv *m*1, *gs & npl* **cléibh** ribbed frame; chest; creel; pannier

cliabhán k'l'iəva:n *m*1 cradle; wicker cage

cliabhrach k'l'iəvrəx *m*1 bodily frame, chest; inner body

cliamhain k'l'iəvən' *m*4, *pl* ~**eacha** son-in-law, ~ *isteach* man married into farm, into household

cliant k'l'iənt *m*1 client

cliantacht k'l'iəntəxt *f*3 clientship; clientele

cliarlathach 'k'l'iər,lahəx *a*1 hierarchic(al)

cliarlathas 'k'l'iər,lahəs *m*1 hierarchy

cliath k'l'iə *f*2, *gs* **cléithe** wattled, latticed; frame; hurdle, ~ *fhuirste* harrow, ~ *catha* rank of battle, ~ (*ceoil*) staff, stave, ~ *a chur ar rud* to darn sth

cliathach k'l'iəhəx *f*2 ribbed frame *a*1 ribbed, latticed; criss-cross

cliathán k'l'iəha:n *m*1 flank, side

cliathánach k'l'iəha:nəx *a*1 lateral, sideways, *carr* ~ side-car, jaunting-car

cliathbhosca 'k'l'iə,voskə *m*4 crate

cliathrás 'k'l'iə,ra:s *m*3 hurdle-race

clib k'l'ib' *f*2, *pl* ~**eanna** tag

clibíneach k'l'ib'i:n'əx *a*1 matted; clustered

clibirt k'l'ib'ərt' *f*2 scrimmage; (*sport*) scrum (mage)

cling k'l'iŋ' *f*2, *pl* ~**eacha** & *vt & i* clink; tinkle, ring

clingeach k'l'iŋ'g'əx *a*1 clinking; tinkling, ringing

clinic k'l'in'ək' *m*4 clinic

cliniciúil k'l'in'ək'u:l' *a*2 clinical

cliobóg k'l'ibo:g *f*2 filly; frisky person, *ag caitheamh* ~ playing leap-frog

clíoma k'l'i:mə *m*4 climate

clíomach k'l'i:məx *a*1 climatic

clíomaigh k'l'i:mi: *vt* acclimatize

cliotar k'l'itər *m*1 clitter; din

clip k'l'ip' *vt* prick; tease; tire, wear out

clipe k'l'ip'ə *f*4 pinnule, ~ *droma* spine

clis k'l'is' *vi* jump, start; flinch, fail

cliseach k'l'is'əx *a*1 easily startled, jumpy

cliseadh k'l'is'ə *m*, *gs* **-ste** jump, start; sudden collapse, failure

clisiam k'l'is'iəm *m*4 confused talk, din

clisiúnach k'l'is'u:nəx *m*1 bankrupt

clisiúnas k'l'is'u:nəs *m*1 bankruptcy

cliste k'l'is't'ə *a*3 dexterous; smart, clever

clisteacht k'l'is't'əxt *f*3 dexterity; smartness, cleverness

clíth k'l'i: *m*4 heat (in swine)

cliúsaí k'l'u:si: *m*4 flirt

cló klo: *m*4, *pl* ~**nna** form; shape, appearance; impression, mould; print, type

clóbh klo:v *m*1 clove

clóbhuail 'klo:,vuəl' *vt* print

clóca klo:kə *m*4 cloak

cloch klox *f* 2 stone, ~ *chora* stepping-stone, ~ *phaidrín* bead of rosary, *cloch shneachta* hailstone, *cois cloiche* by the shore, ~ *fhaobhair*, ~ *liofa* whetstone

clochach kloxəx *a* 1 stony

clochán kloxa:n *m* 1 stepping-stones; (old) stone structure

clochar kloxər *m* 1 stony place; convent

clóchas klo:xəs *m* 1 pertness, presumption

clóchasach klo:xəsəx *a* 1 pert, presumptuous

clochraigh kloxri: *vt & i* petrify

clóchur 'klo:ˌxur *m* 1 type-setting

clóchuradóir 'klo:ˌxurədo:r' *m* 3 typesetter

clódóir klo:do:r' *m* 3 printer

clódóireacht klo:do:r'əxt *f* 3 printing

cló-eagraí 'klo:ˌagri: *m* 4 compositor

clog¹ klog *m* 1 bell; clock, *a haon a chlog* one o'clock

clog² klog *m* 1 *& vt & i* blister

clogach klogəx *a* 1 blistered

clogad klogəd *m* 1 helmet, ~ *gloine* bell-jar

clogarnach klogərnəx *f* 2 peal, sound of bells

clogás kloga:s *m* 1 bell-tower, belfry

clóghrafaíocht 'klo:ˌɣrafi:(ə)xt *f* 3 typography

clogra klogrə *m* 4 carillon, set of bells

clóic klo:k' *f* 2 cloak; gloom; defect

cloicheán klox'a:n *m* 1 prawn

cloichín klox'i:n' *m* 4 stone, bead (of necklace)

cloichíneach klox'i:n'əx *a* 1 pebbly

cloigeann klog'ən *m* 1, *pl* **-gne** skull; head, ~ *píopa* bowl of pipe, *trí cloigne déag fear* thirteen men, ~ *maide* blockhead

cloígh¹ kli:ɣ' *vt* wear down, subdue, enervate

cloígh² kli:ɣ' *vi* cleave, adhere (*le* to)

clóigh¹ klo:ɣ' *vt* tame, domesticate, *tú féin a chló le rud* to accustom oneself to sth

clóigh² klo:ɣ' *vt* print

cloigín klog'i:n' *m* 4 bell; cluster, ~ *gorm* bluebell

cloigíneach klog'i:n'əx *a* 1 belled; tinkling; clustered

cloigtheach 'klog'ˌhax *m*, *gs* **-thí** *pl* **-thithe** round tower; belfry

clóiríd klo:r'i:d' *f* 2 chloride

clóirín klo:r'i:n' *m* 4 chlorine

clóirínigh klo:r'i:n'i: *vt* chlorinate

clois klos' *vt & i* hear

clóiséad klo:s'e:d *m* 1 closet, cabinet

cloisteáil klos't'a:l' *f* 3 hearing, listening

cloíte kli:t'ə *a* 3 subdued, exhausted; enervating; abject, base

cloíteach kli:t'əx *a* 1 subduing, exhausting

cloíteacht kli:t'əxt *f* 3 weakness, exhaustion; meanness of spirit

cloíteoir kli:t'o:r' *m* 3 conqueror

clólann klo:lən *f* 2 printing-works

clór(a)(i) klo:rə *pref* chlor(o)-

clóraform 'klo:rəˌforəm *m* 1 chloroform

clord klo:rd *m* 1 thwart; gangway; ledge

clos klos *s*, *is* ~ *dom* (*go*) I hear (that), *go g~ dom* as I have heard

clós klo:s *m* 1 close, enclosure; yard; (*in street names*) court

closamhairc 'klosˌaur'k' *áiseanna* ~ audio-visual aids

clóscríbhinn 'klo:ˌs'k'r'i:v'ən' *f* 2 type-script

clóscríbhneoireacht 'klo:ˌs'k'r'i:v'n'o:r'əxt *f* 3 type-writing, typing

clóscríobh 'klo:ˌs'k'r'i:v *vt & i*, *vn* ~, type(write)

clóscríobhaí 'klo:ˌs'k'r'i:vi: *m* 4 typist

clóscríobhán 'klo:ˌs'k'r'i:va:n *m* 1 typewriter

clostrácht 'klosˌtra:xt *m* 3 hearsay

clú klu: *m* 4 reputation; honour, renown

cluain¹ kluən' *f* 3, *pl* ~**te** meadow; aftergrass

cluain² kluən' *f* 3 deception; beguilement; dissimulation

cluaisín kluəs'i:n' *m* 4 auricle; tab, lobe

cluanach kluənəx *a* 1 deceitful; beguiling, flattering

cluanaire kluənər'ə *m* 4 deceiver; flatterer

cluanaireacht kluənər'əxt *f* 3 deceitfulness; flattery, coquetry

cluas kluəs *f* 2 ear; lug, handle, ~ *spáide* tread of spade, ~ *maide rámha* cleat of oar, *chuir sé* ~ *air féin* he pricked up his ears, ~ *chaoin* cuckoo-pint

cluasach kluəsəx *a* 1 having ears; long-eared, *casúr* ~ claw-hammer, *soitheach* ~ vessel with handles

cluasaí kluəsi: *m* 4 listener, eavesdropper

cluasaíocht kluəsi:(ə)xt *f* 3 eavesdropping; listening, talking, in a furtive manner

club klob *m* 4, *pl* ~**anna** club

clúdach klu:dəx *m* 1 cover, wrap; lid, ~ *litreach* envelope

clúdaigh klu:di: *vt* cover, wrap

cluich klix' *vt & i* chase; turn, round up; harass, *iasc ag* ~ *eadh* fish shoaling

cluiche klix'ə *m* 4 game; joke; harassment; shoal (of fish), ~ *faoileán* flock of seagulls, ~ *corr* rounders

cluicheadh klix'ə *m*, *gs* **-chte** harrying, chase; harassment; nagging, ~ *a bhaint as giorria* to turn a hare

cluichíocht klix'i:(ə)xt *f* 3 gaming, sporting

clúid¹ klu:d' *f* 2, *pl* ~**eacha** nook, corner

clúid² klu:d' *f* 2, *pl* ~**eacha** cover, covering

cluimhreach kliv'r'əx *f* 2 feathers, plumage, ~ *ghabhair* mare's-tails

cluimhrigh kliv'r'i: *vt* pluck (feathers); preen

cluin klin' *vt & i*, *vn* ~**stin** hear

cluinteach klin't'əx *a* 1 gossipy

clúiteach klu:t'əx *a* 1 of good repute; honoured, renowned

clúmh klu:v *m* 1 down, feathers; hair (on body); fur, ~ *liath* downy mildew

clúmhach klu:vəx *m* 1 fluff, fuzz, *a* 1 downy, feathery; hairy, furry; coated; fluffy; fleecy

clúmhilleadh 'klu:ˌv'il'ə *m*, *gs* **-llte** defamation of character, slander

clúmhillteach 'klu:ˌvˈilˈtˈəx *a*1 defamatory, slanderous

clúmhúil klu:vu:lˈ *a*2 downy; (*of fruit*) mildewed

cluthair kluhərˈ *f*, *gs* **-thrach** *pl* **-thracha** shelter; recess, covert

cluthaireacht kluhərˈəxt *f*3 shelter; warmth, comfort; secrecy

cluthar kluhər *a*1 sheltered; warm, comfortable; secretive

clutharaigh kluhəri: *vt* shelter; make warm, comfortable; keep secret

cnádán kna:da:n *m*1 bur; (head of) burdock, teasel

cnádánach kna:da:nəx *a*1 bickering, disagreeable

cnádánacht kna:da:nəxt *f*3 bickering; disagreeable talk

cnáfairt kna:fərtˈ *f*2 bones, remains (of food), ~ (*tine*) smouldering (fire), ~ (*chainte*) muttering

cnag knag *m*1, *npl* ~ **a** knock, crack, blow; cracking sound; crunch, ~ **iomána** hurling-ball *vt & i* knock, strike; lay low; beat, surpass, *cnó a chnagadh* to crack a nut, *úll a chnagadh* to crunch an apple

cnagadh knagə *m*, *gs* **-gtha** knocking, striking; cracking, crunching

cnagaire[1] knagərˈə *m*4 knocker, striker; woodpecker

cnagaire[2] knagərˈə *m*4 noggin

cnagaosta 'knagˌi:stə *a*3 elderly

cnagarnach knagərnəx *f*2 cracking; crackle, crunch

cnagbheirigh 'knagˌvˈerˈi: *vt* parboil

cnaguirlis 'knagˌu:rlˈəsˈ *f*2 percussion instrument

cnaí kni: *m*4 gnawing, corrosion; wasting, decline

cnáib kna:bˈ *f*2 hemp

cnáibeach kna:bˈəx *a*1 hempen

cnaígh kni:ɣˈ *vt & i* gnaw, corrode; waste, wear away

cnáimhseach kna:vˈsˈəx *f*2 midwife *a*1 obstetric(al)

cnáimhseachas kna:vˈsˈəxəs *m*1, midwifery, obstetrics

cnáimhseáil kna:vˈsˈa:lˈ *f*3 grumbling, complaining

cnáimhseálaí kna:vˈsˈa:li: *m*4 grumbler

cnáimhseoir kna:vˈsˈo:rˈ *m*3 obstetrician

cnaipe knapˈə *m*4 button; bead, stud, *tá a chnaipe déanta* it is all up with him

cnaiste knasˈtˈə *m*4 stretcher, side rail (of bed)

cnaíteach kni:tˈəx *a*1 gnawing, consuming

cnámh kna:v *f*2 bone, ~ **a scéil** the framework, outline, of a story, *gaol na g* ~ close relationship, kinship

cnámhach kna:vəx *a*1 bony; big-boned; (*of vegetables*) coarse-ribbed

cnámhaigh kna:vi: *vt & i* ossify

cnámharlach kna:vərləx *m*1 skeleton

cnámhóg kna:vo:g *f*2 residue, ~ **ghuail** cinder

cnap knap *m*1, *pl* ~ **anna** lump; heap; knock, *tá sé ina chnap codlata* he is fast asleep *vt* heap, gather up; knock, raise lump(s) on

cnapach knapəx *a*1 lumpy; knobby, gnarled

cnapán knapa:n *m*1 lump, ~ **ime** pat of butter, ~ **fola** clot of blood

cnapánach knapa:nəx *a*1 lumpy; gnarled, rugged

cnapsac 'knapˌsak *m*1 knapsack

cneá kˈnˈa: *f*4, *pl* ~ **cha** wound, sore

cnead kˈnˈad *f*3, *pl* ~ **anna** pant; gasp, groan; sob *vi* pant, groan

cneadach kˈnˈadəx *a*1 panting, groaning

cneáigh kˈnˈa:ɣˈ *vt* wound

cneámhaire kˈnˈa:vərˈə *m*4 mean person; rogue; crook

cneámhaireacht kˈnˈa:vərˈəxt *f*3 meanness, roguery

cneas kˈnˈas *m*1, *npl* ~ **a** skin; surface; good appearance

cneasaigh kˈnˈasi: *vt & i* cicatrize, heal

cneaschol 'kˈnˈasˌxol *m*1 colour bar

cneasluiteach 'kˈnˈasˌlitˈəx *a*1 skintight

cneasta kˈnˈastə *a*3 honest, sincere; decent; mild-mannered, *aimsir chneasta* mild, calm, weather

cneastacht kˈnˈastəxt *f*3 honesty, sincerity; seemliness; mildness of manner

cneasú kˈnˈasu: *m*4 cicatrization, healing

cniog kˈnˈig *m*4 rap, tap; blow, *ná bíodh* ~ **asat** don't make a sound *vt* rap, tap; strike, *tá sé* ~ **tha** he is beaten

cníopaire kˈnˈi:pərˈə *m*4 mean, miserly, person

cníopaireacht kˈnˈi:pərˈəxt *f*3 meanness, miserliness

cniotáil kˈnˈita:lˈ *f*3 knitting; knitted material *vt & i* knit

cniotálaí kˈnˈita:li: *m*4 knitter

cnó kno: *m*4, *pl* ~ **nna** nut; metal nut, ~ **capaill** (horse) chestnut, ~ **cócó** coconut, ~ **coill**, ~ **gaelach** hazelnut

cnoc knok *m*1 hill, ~ **oighir** iceberg, ~ **ailse** malignant tumour, ~ **farraige** mountainous wave

cnocach knokəx *a*1 hilly

cnocadóir knokədo:rˈ *m*3 hillman, hillclimber

cnocadóireacht knokədo:rˈəxt *f*3 hillclimbing

cnocán knoka:n *m*1 hillock; heap

cnocánach knoka:nəx *a*1 hilly, uneven

cnoga knogə *m*4 peg; thole-pin

cnóire kno:ərˈə *m*4 nut gatherer; nutcracker

cnota knotə *m*4 knot, cockade; crest (of bird)

cnuaisciúin knuəsˈkˈu:nˈ *f*3 thrift; tidiness, efficiency

cnuaisciúnach knuəsˈkˈu:nəx *a*1 thrifty; tidy at work, efficient

cnuasach knuːsəx *m*1 garnered food; collection, store, ~ **trá** gleanings of seashore

cnuasaigh knuːsi: *vt & i* gather food (from woodland, sea-shore); pick (potatoes, etc); collect, store

cnuasainm 'knuəsˌanˈəmˈ *m*4, *pl* ~ **neacha** collective noun

cnuasaitheach knuːsihəx *a*1 garnering; thrifty

cnuchair knuxərˈ *vt*, *pres* **-chraíonn** foot (turf)

cnuchairt knuxərt′ *f* 3, *gs* **-artha** footing (of turf); footed turf
cnúdán[1] knu:da:n *m* 1 purring
cnúdán[2] knu:da:n *m* 1 gurnard
cóbalt ko:bəlt *m* 1 cobalt
cobhsaí kausi: *a* 3 stable; resolute
cobhsaigh kausi: *vt* stabilize
cobhsaíocht kausi:(ə)xt *f* 3 firmness, stability
cobhsaitheoir kausiho:r′ *m* 3 stabilizer
coc kok *vt*, *ag* ~*adh féir* cocking hay
coca kokə *m* 4, ~ (*féir*) cock of hay, ~ *liathróide* ball-cock
cocach kokəx *a* 1 cocked, pointed; tufted; cocky
cócaire ko:kər′ə *m* 4 cook
cócaireacht ko:kər′əxt *f* 3 cooking, cookery
cócaireán ko:kər′a:n *m* 1 cooker
cocán koka:n *m* 1, ~ *róis* rosebud, (*of hair*) knot, bun
cócaon ko:ke:n *m* 1 cocaine
cócaráil ko:kəra:l′ *vt* & *i* cook
cocatú ˌkokə'tu: *m* 4, *pl* ~**nna** cockatoo
cóch ko:x *m* 1 squall
cochall koxəl *m* 1 hood; cowl, mantle; capsule, pod; landing-net, ~ *an chroí* pericardium, ~ *gaoithe* wind-sock, ~ *gruaige* hair-pad, *tháinig* ~ *air* he bristled, became angry
cochán koxa:n *m* 1 straw
cócó[1] ko:ko: *m* 4 cocoa
cócó[2] ko:ko: *m* 4, *cnó* ~ coconut
cocól koko:l *m* 1 cuckold
cocún koku:n *m* 1 cocoon
cód ko:d *m* 1 code
coda kodə : **cuid**
códaigh ko:di: *vt* codify
codail kodəl′ *vt* & *i*, *pres* **-dlaíonn** sleep
codaisíl kodəs′i:l′ *f* 2, *pl* ~**eacha** codicil
codán koda:n *m* 1 fraction
codanna kodənə : **cuid**
codarsnach kodərsnəx *a* 1 contrary; contrasting, opposite
codarsnacht kodərsnəxt *f* 3 contrariety, contrast; contrariness, *i g* ~ *le* as opposed to
codladh kolə *m*, *gs* **-ata** sleep, ~ *na súl oscailte* day-dreaming, ~ *driúraic*, ~ *gliúragáin*, ~ *grifín* pins and needles, *fág ina chodladh é* let it rest
codlaidín koləd′i:n′ *m* 4 opium
codlaidíneach koləd′i:n′əx *m* 1 & *a* 1 opiate
codlatach kolətəx *a* 1 sleepy, drowsy; dormant
codlatán koləta:n *m* 1 sleeper, sleepy-head; hibernating creature
códú ko:du: *m* 4 codification
cófra ko:hrə *m* 4 coffer, chest; (ko:frə) press
cogadh kogə *m* 1, *pl* **-aí** war, ~ *dearg* out and out war, ~ *cathartha* civil war, ~ *na gcarad* quarrel between friends, *ag* ~ *le* warring with
cogain kog′ən′ *vt* & *i*, *pres* **-gnaíonn** chew, masticate; gnaw, grind, *caint a chogaint* to slur speech, to mutter

cogaíoch kogi:(ə)x *m* 1 & *a* 1 belligerent
cogaíocht kogi:(ə)xt *f* 3 warfare; belligerency
cógaiseoir ko:gəs′o:r′ *m* 3 pharmacist
cógaisíocht ko:gəs′i:(ə)xt *f* 3 pharmacy; pharmaceutics
cogal kogəl *m* 1 (corn-)cockle; tares
cogar kogər *m* 1 whisper; secret, conspiring, talk, ~ *scéil a fháil* to get wind of a matter, ~ *mé leat*, ~ *mé seo* (*leat*) tell me in confidence
cogarnach kogərnəx *f* 2 whispering; secret, conspiring, talk
cógas ko:gəs *m* 1 medicinal preparation, medicine
cógaseolaíocht ˌko:gəsˌo:li:(ə)xt *f* 3 pharmacology
cógaslann ko:gəslən *f* 2 pharmacy
coguas koguəs *m* 1 soft palate, cavity
cogúil kogu:l′ *a* 2 warlike, bellicose
coibhéis kov′e:s′ *f* 2 equivalence, equivalent
coibhéiseach kov′e:s′əx *a* 1 equivalent
coibhneas kov′n′əs *m* 1, *npl* ~**a** relationship, kinship, affinity; proportion
coibhneasacht kov′n′əsəxt *f* 3 relativity; relativism
coibhneasta kov′n′əstə *a* 3 relative; comparative
coicís kok′i:s′ *f* 2 fortnight
coicísiúil kok′i:s′u:l′ *a* 2 fortnightly
cóidiútar ko:d′u:tər *m* 1 coadjutor; curate
coidlín kod′l′i:n′ *m* 4 codling
coigeadal kog′ədəl *m* 1 chant, chorus; clamour
coigeal kog′əl *f* 2 distaff; narrow channel, ~ *na mban sí* bulrush
coigeartaigh kog′ərti: *vt* rectify, adjust
coigeartú kog′ərtu: *m* 4 rectification, adjustment
coigil kog′əl′ *vt*, *pres* **-glíonn** spare, save; gather closely, rake, *an tine a choigilt* to bank up the fire with ashes
coigilt kog′əl′t′ *f* 2 sparing, saving; conservation, thrift, ~ (*tine*) raked embers, banked-up fire
coigilteach kog′əl′t′əx *a* 1 sparing, frugal
coigilteas kog′əl′t′əs *m* 1 conservation, thrift, *cárta coigiltis* savings certificate
coigistigh kog′əs′t′i: *vt* confiscate
coigistíocht kog′əs′t′i:(ə)xt *f* 3 confiscation
coigríoch kog′r′i:x *f* 2 strange place; foreign country
coigríochach kog′r′i:xəx *m* 1 stranger, foreigner *a* 1 strange, foreign
coileach kol′əx *m* 1 cock, ~ *gaoithe* weathercock
coileachmheáchan ˈkol′əxˌv′a:xən *m* 1 bantamweight
coileán kol′a:n *m* 1 pup, cub
coiléar kol′e:r *m* 1 collar
coilgneach kol′əg′n′əx *a* 1 prickly, spiny; irritable, irascible
coiliceam kol′ək′əm *m* 1 colic, gripes
coilichín kol′əx′i:n′ *m* 4 cockerel, *tá* ~ *air* his hackles are up
coilíneach kol′i:n′əx *m* 1 colonist; outsider *a* 1 colonial
coilíneacht kol′i:n′əxt *f* 3 colony

coilínigh kol'i:n'i: *vt* colonize

coilíniú kol'i:n'u: *m*4 colonization

cóilis ko:l'əs' *f*2 cauliflower

coill[1] kol' *f*2, *pl* ~**te** wood; forest

coill[2] kol' *vt* geld, castrate; violate, despoil; expurgate

coilleadh kol'ə *m*, *gs* -**llte** castration; violation, robbery; expurgation

coillteach kol't'əx *a*1 wooded, sylvan

coillteán kol't'a:n *m*1 eunuch

coim kom' *f*2 waist, middle; cloak, cover, *i g* ~ *na hoíche* in the middle of the night, *faoi choim* in secret

coimeád kom'a:d *m*, *gs* ~**ta** keeping; observance; protection; retention, maintenance, *fear* ~ *ta* keeper, *ar do choimeád* on the run, in hiding, ~ *dleathach* lawful custody *vt & i* keep; observe; guard; hold; maintain; detain, *an bóthar a choimeád* to keep to the road

cóiméad ko:m'e:d *m*1 comet

coimeádach kom'a:dəx *m*1 *& a*1 conservative

coimeádachas kom'a:dəxəs *m*1 conservatism

coimeádaí kom'a:di: *m*4 keeper, custodian; conservator

coimeádán kom'a:da:n *m*1 container

coimeádta kom'a:tə *a*3 *as adv, go* ~ safely

cóimeáil ko:m'a:l' *f*3 assembly; assemblage, *line chóimeála* assembly line *vt* assemble

coimeasár kom'əsa:r *m*1 commissar

coiméide kom'e:d'ə *f*4 comedy

coiméideach kom'e:d'əx *a*1 comic

coimhdeach kov'd'əx *a*1 accompanying, attendant; ancillary

coimhdeacht kov'd'əxt *f*3 accompaniment, ~ *a dhéanamh ar dhuine* to escort, chaperon, a person, *lucht* ~ *a* retinue, attendants

cóimheá 'ko:'v'a: *f*4 balance, equilibrium

cóimheáchan 'ko:'v'a:xən *m*1 counterweight, counterbalance

coimhéad kov'e:d *m*, *gs* ~**ta** watch, guard; observation *vt & i* watch over, guard; attend to, *an chontúirt a choimhéad* to beware of danger, *tá siad ag* ~ *orainn* they are looking at us

coimhéadach kov'e:dəx *a*1 watchful, vigilant; observant

coimhéadaí kov'e:di: *m*4 watcher, observer

cóimheas 'ko:'v'as *m*3, *gs & npl* ~**a** comparison, collation, ~ *giaranna* gear-ratio *vt* compare, collate

coimheascar kov'əskər *m*1 struggle, melée

cóimhéid 'ko:'v'e:d' *f*2 equal size or amount

cóimheonach 'ko:'v'o:nəx *a*1 congenial

cóimhiotal 'ko:'v'itəl *m*1 alloy

coimhlint kov'l'ən't' *f*2 race, contest; rivalry, competition

coimhlinteoir kov'l'ən't'o:r' *m*3 contestant, rival

coimhthíoch kov'hi:(ə)x *m*1 stranger; foreigner *a*1, *gsm* ~ foreign; unfamiliar; exotic; distant; aloof, shy, *aimsir choimhthíoch* unseasonable weather

coimhthíos kov'hi:s *m*1 strangeness; aloofness, shyness

coimín kom'i:n' *m*4 common, common pasturage

coimíneacht kom'i:n'əxt *f*3 commonage

coimirce kom'ər'k'ə *f*4 protection, guardianship; patronage

coimirceach kom'ər'k'əx *a*1 protecting; patronizing, tutelary

coimirceas kom'ər'k'əs *m*1 protectorate

coimirceoir kom'ər'k'o:r' *m*3 protector, guardian; patron

coimircí kom'ər'k'i: *m*4 ward

coimisinéir ˌko'm'is'ən'e:r' *m*3 commissioner

comisiún ˌko'm'is'u:n *m*1 commission

coimisiúnta ˌko'm'is'u:ntə *a*3 commissioned

coimpeart kom'p'ərt *m*3 conception

coimpléasc kom'p'l'e:sk *m*1 constitution; digestive system; girth, circumference; complex

coimpléascach kom'p'l'e:skəx *a*1 of strong constitution; large of girth; complex

coimpléid kom'p'l'e:d' *f*2 compline

coimre kom'r'ə *f*4 neatness (of figure); conciseness (of style); summary

coimrigh kom'r'i: *vt* sum up, summarize

coinbhinsiún ˌkon''v'in's'u:n *m*1 convention

coinbhinsiúnach ˌkon''v'in's'u:nəx *a*1 conventional

coinbhint kon'(ə)v'ən't' *f*2 convent

coincheap 'kon'ˌx'ap *m*3, *gs & npl* ~**a** concept *vt* conceive

coincleach koŋ'k'l'əx *f*2 mildew

coincréit koŋ'k'r'e:t' *f*2 concrete

coincréiteach koŋ'k'r'e:t'əx *a*1 concrete

coindris 'kon'ˌd'r'is' *f*2, *pl* ~**eacha** dog-rose (tree)

cóineartú 'ko:'n'artu: *m*4 confirmation

coineascar kon'əskər *m*1 twilight, dusk

coinicéar kon'ək'e:r *m*1 rabbit-warren

coinín kon'i:n' *m*4 rabbit

coinleach kon'l'əx *m*1 stubble; stubble-field, ~ *féasóige* stubbly beard

coinlín kon'l'i:n' *m*4 corn-stalk, straw, ~ *reo* icicle

coinne kon'ə *f*4 appointment; expectation (of meeting), *áit faoi choinne leabhar* a place for books, *tháinig sé faoi choinne an airgid* he came to get the money, *i g* ~ against, *os* ~ in front of, opposite, *os a, ina, choinne sin* as against that

coinneac 'koˌn'ak *m*1 cognac

coinneáil kon'a:l' *f*3 keeping; maintenance; retention; detention; observance

coinneal kon'əl *f*2, *gs & pl* -**nnle** candle, torch; light, glint, ~ *reo* icicle, *coinnle corra* bluebells

coinneálach kon'a:ləx *a*1 retentive, tenacious

coinnealbhá 'kon'əlˌva: *m*4 excommunication

coinnealbháigh 'kon'əlˌva:ɣ' *vt* excommunicate

coinnigh kon'i: *vt* keep; maintain; retain, hold; store; detain; observe

coinníoll kon'i:l *m*1, *pl* ~**acha** condition, stipulation; covenant, pledge, *dar mo choinníoll* on my honour

coinníollach[1] kon'i:ləx *m*1, (*grammar*) conditional

coinníollach[2] kon'i:ləx *a*1 covenanted; faithful, reliable; diligent

coinnleoir kon'l'o:r' *m*3 candle-stick, ~ *craobhach* chandelier

coinscríobh 'kon',s'k'r'i:v *m*, *gs* **-ofa** conscription *vt* conscript

coinscríofach 'kon',s'k'r'i:fəx *m*1 & *a*1 conscript

coinséartó kon's'e:rto: *m*4, *pl* ~**nna** concerto

coinsias kon's'iəs *m*3 conscience, *dar mo choinsias* by my troth

coinsiasach kon's'iəsəx *a*1 conscientious

coinsíneacht 'kon',s'i:n'əxt *f*3 consignment

coinsínigh 'kon',s'i:n'i: *vt* consign

cointinn kon't'ən' *f*2 contention; contentiousness

cointinneach kon't'ən'əx *a*1 contentious, quarrelsome

coip kop' *vt* & *i* ferment; froth, foam, *uachtar* ~ *the* whipped cream, *prátaí* ~ *the* creamed potatoes

cóip[1] ko:p' *f*2 band, company; rabble

cóip[2] ko:p' *f*2, *pl* ~**eanna** cope

cóip[3] ko:p' *f*2, *pl* ~**eanna** copy

cóipcheart 'ko:p',x'art *m*1, *npl* ~**a** copyright

coipeach kop'əx *a*1 frothy, foamy

coipeadh kop'ə *m*, *gs* **-pthe** fermentation; foam, lather; agitation

cóipeáil[1] ko:p'a:l' *f*3 coping *vt* cope

cóipeáil[2] ko:p'a:l' *f*3 copying, duplication *vt* & *i* copy

cóipeálaí ko:p'a:li: *m*4 copyist

cóipleabhar 'ko:p',l'aur *m*1 copy-book

coir kor' *f*2, *pl* ~**eanna** crime, offence; fault, *duine gan choir* harmless person, *níl* ~ *air sin* that's not (too) bad

cóir[1] ko:r' *f*3, *pl* **córacha** justice, equity; proper share, due; proper equipment; proper order, ~ *éadaigh* rig-out, ~ *a chur ar dhuine* to provide for, accommodate, a person, ~ *leighis* medical treatment, ~ (*ghaoithe*) favourable wind *a*1, *gsm* ~ *gsf*, *npl* & *comp* **córa** just, proper; decent, honest

cóir[2] ko:r' *s*, *de chóir, a chóir, chóir* near, (*de*) *chóir* (*a bheith*) nearly

coirbéal kor'əb'e:l *m*1 & *vt* corbel

coirbhéad kor'əv'e:d *m*1 corvette

coirce kor'k'ə *m*4 oats

coirceog kor'k'o:g *f*2 (conical) beehive; cone

coirceogach kor'k'o:gəx *a*1 hive-shaped, conical

coirdial ko:rd'iəl *m*1 cordial

coire kor'ə *m*4 cauldron; boiler, ~ *bolcáin* volcanic crater, ~ (*guairneáin*) whirlpool

coireach kor'əx *m*1 offender, transgressor *a*1 wicked; guilty

cóiréagrafaíocht 'ko:r'e:,grafi:(ə)xt *f*3 choreography

coiréal kor'e:l *m*1 coral

coiréalach kor'e:ləx *m*1 & *a*1 coral

coireolaíocht 'kor',o:li:(ə)xt *f*3 criminology

cóirigh ko:r'i: *vt* & *i* arrange, dress; fix, mend, repair

coirín kor'i:n' *m*4 pothole (in road)

cóiríocht ko:r'i:(ə)xt *f*3 accommodation; equipment; fittings

cóiriú ko:r'u: *m*4 arrangement, dressing, repairing, mending

coiriúil kor'u:l' *a*2 criminal

cóiriúil ko:r'u:l' *a*2 favourable, suitable

coirloisceoir 'kor',los'k'o:r' *m*3 arsonist

coirloscadh 'kor',loskə *m*, *gs* **-oiscthe** arson

coirm kor'əm' *f*2, *pl* ~**eacha** ale; drinking-party, feast, ~ *cheoil* concert

coirne ko:rn'ə *f*4 cornea

coirneach ko:rn'əx *m*1 tonsured person, monk; osprey *a*1 tonsured

coirnéad ko:rn'e:d *m*1, (*musical instrument*) cornet

coirnéal[1] *m*1 ko:rn'e:l *m*1 corner

coirnéal[2] ko:rn'e:l *m*1 colonel

coirpeach kor'əp'əx *m*1 malefactor, criminal; mischief-maker

coirpeacht kor'əp'əxt *f*3 criminality

coirpín kor'p'i:n' *m*4 corpuscle

cóirséad ko:rs'e:d *m*1 corset; corsage; wrap

coirt kort' *f*2, *pl* ~**eacha** bark; bark-dye, tan; coating, scum, ~ *ar theanga* fur on tongue

coirteach kort'əx *a*1 cortical; coated; furred

coirthe kor'hə *m*4 (standing-)stone

coirtigh kort'i: *vt* decorticate; tan; coat, encrust

cois kos' : **cos**

coisbheart 'kos',v'art *m*1, *npl* ~**a** footwear

coisc kos'k' *vt* & *i*, *vn* **cosc** check, stop; prevent, restrain; brake, *scéal a chosc* to suppress a story, *tá sé* ~ *the orm* I am forbidden to do it

coiscéim kos'k'e:m *f*2, *pl* ~**eanna** footstep; pace, ~ *bhacaí* limp

coiscín kos'k'i:n' *m*4 contraceptive

coisctheach kos'k'əx *a*1 preventive, restraining

coisí kos'i: *m*4 walker, pedestrian; (foot-) traveller; foot-soldier, infantryman

coisíocht kos'i:(ə)xt *f*3 pace, gait; foot-travel

cóisir ko:s'ər' *f*2 (wedding-)feast, banquet; party, social gathering; retinue

coisreacan kos'r'əkən *m*1 consecration; blessing, ~ (*mná*) churching, *uisce coisreacain* holy water

coisric kos'r'ək' *vt* consecrate; church, bless

coiste kos't'ə *m*4 jury; committee

cóiste ko:s't'ə *m*4 coach, carriage; jaunting-car, ~ *na marbh* (funeral) hearse

coisteoir kos't'o:r' *m*3 juror; member of committee

cóisteoir ko:s't'o:r' *m*3 coachman

coite kot'ə *m*4 small boat, cot

coiteann kot'ən *m*1 commonalty; community; (*of land*) common, *an* ~ the common people *a* common, general

coiteoir kot'o:r' *m*3 cottar, cottager

coitianta kot'iəntə *a*3 common, usual, *go* ~ generally

coitiantacht kot'iəntəxt *f*3 commonalty, common people; the general run of things

cóitín ko:t'i:n' *m*4 little coat; petticoat

coitinne kot'ən'ə *f*4 generality, *i g* ~ in general

col kol *m*1, *pl* ~**anna** prohibition, impediment (to marriage); incest; wicked deed, ~ *gaoil* forbidden degree(s) of relationship, ~ *ceathrair*, *ceathar* first cousin, ~ *móide* violation of vow, ~ *a ghlacadh le duine*, to take an aversion to a person

cóla ko:lə *m*4 cola

colach koləx *a*1 incestuous; wicked; repugnant

colainn kolən' *f*2, *pl* ~**eacha** (living) body; trunk, *i g* ~ *dhaonna* in human form, incarnate, *peacaí na* ~*e* the sins of the flesh, ~ *báid* hull of boat

coláiste kola:s't'ə *m*4 college

coláisteach kola:s't'əx *a*1 collegiate

colaistéaról ˌko'las't'e:ro:l *m*1 cholesterol

colanda koləndə *a*3 physical

colasaem koləse:m *m*1 coliseum

colbha koləvə *m*4 outer edge, side; ledge

colg koləg *m*1 blade, sword; bristle; dorsal fin, *tháinig* ~ *air* he became angry

colgach koləgəx *a*1 bearded, bristling, angry, *aimsir cholgach* bitterly cold weather

colgán koləga:n *m*1 prickle, bristle; swordfish

colgrach koləgrəx *f*2 mare's-tail

coll kol *m*1 hazel

collach koləx *m*1 boar

collaí koli: *a*3 carnal, sexual

colláid kola:d' *f*2 collation

collaíocht koli:(ə)xt *f*3 carnality, sexuality

collóir kolo:r' *m*3 water diviner

colm[1] koləm *m*1 dove

colm[2] koləm *m*1 scar

colmán koləma:n *m*1 (little) dove

colmnach koləmnəx *a*1 scarred

colmóir koləmo:r' *m*3 hake

co16g kolo:g *f*2 collop

colpa koləpə *m*4, ~ (*coise*) calf (of leg), ~ (*súiste*) handle (of flail)

colpach koləpəx *f*2 yearling heifer or bullock

colscaradh ˈkolˌskarə *m*, *gs* -**rtha** *pl* -**rthaí** divorce

coltar koltər *m*1 coulter

colún kolu:n *m*1 column

colúnaí kolu:ni: *m*4 columnist

colúnáid kolu:na:d' *f*2 colonnade

colúr kolu:r *m*1 pigeon, ~ *toinne* black guillemot

com kom *m*1, *pl* ~**anna** coomb, mountain recess

comadóir komədo:r' *m*3 commodore

comáil koma:l' *vt* tie together, interlace

comair komər' *a*1, *gsf*, *npl* & *comp* **coimre** (*of figure*) neat, (*of style*) concise

comaitéir komət'e:r' *m*3 commuter

comaoin[1] komi:n' *f*2, *pl* ~**eacha** favour, obligation; recompense; enhancement, *bheith faoi*

chomaoin ag duine to be under a compliment to a person, ~ *a ghlacadh ó dhuine* to accept a consideration from a person, ~ *Aifrinn* Mass offering

Comaoin[2] komi:n' *f*2, *pl* ~**eacha** Holy Communion, ~ *na Naomh* the Communion of Saints

Comaoineach[1] komi:n'əx *f*, *gs* & *gpl* ~ *npl* ~**a** Holy Communion

comaoineach[2] komi:n'əx *a*1 obliging, kind

comard ˈkomˌa:rd *m*1 equivalent

comardaigh ˈkomˌa:rdi: *vt* equate

comh- ko:[†] *pref* mutual, joint, common; co-, fellow-; equal; close, near; full, complete

comha ko: *f*4 condition, terms (of peace); indemnity, reward

comhad ko:d *m*1 cover; protection, keeping; file, ~ *na fírinne* the preservation of truth

comhaill ko:l' *vt*, *vn* -**all** fulfil, perform, *riail a chomhall* to observe a rule

comhaimseartha ˈko:ˈam's'ərhə *a*3 contemporary (*le* with)

comhair[1] ko:r' *s*, *faoi chomhair*, *i g* ~ for, intended for, *os* ~ in front of, opposite, *os* ~ *an tsaoil* for everyone to see

comhair[2] ko:r' *vt* & *i* count, calculate

comhaireamh ko:r'əv *m*1 count; calculation

comhairíocht ko:r'i:(ə)xt *f*3 exchange of services, mutual assistance

comhairle ko:rl'ə *f*4 advice, counsel; influence; council, *bheith idir dhá chomhairle faoi rud* to be in two minds about sth, ~ *contae* county council

comhairleach ko:rl'əx *a*1 advisory, consultative

comhairleoir ko:rl'o:r' *m*3, adviser, counsellor: councillor

comhairligh ko:rl'i: *vt* & *i* advise, counsel; decide, resolve

cómhaith ˈko:ˈvah *f*2 equal (goodness), *a chómhaith* his equal *a*1 equally good

cómhalartach ˈko:ˈvalərtəx *a*1 reciprocal

cómhalartaigh ˈko:ˈvalərti: *vt* reciprocate

comhall ko:l *m*1 fulfilment, performance, observance

comhalta ko:ltə *m*4 foster-brother, -sister; fellow, member

comhaltacht ko:ltəxt *f*3 fellowship

comhaltas ko:ltəs *m*1 joint fosterage; association, brotherhood; membership

comhaontas ˈko:ˈi:ntəs *m*1 alliance, concord

comhaontú ˈko:ˈi:ntu: *m*4 agreement

comhar ko:r *m*1 mutual assistance; co-operation, partnership, working together, *an* ~ *a dhiol le duine* to get even with, repay, a person

comharba ko:rbə *m*4 successor; inheritor of property, heir

comharbas ko:rbəs *m*1 succession; inheritance

comharchumann ˈko:rˌxumən *m*1 co-operative society

comh-ard 'ko:'a:rd *m*1 equal height, level; comparison *a*1 equally high, level (*le* with)
comhardaigh ko:rdi: *vt* equalize; adjust, balance
comhardú ko:rdu: *m*4 equalization; adjustment, balance
Cómhargadh 'ko:,varəgə *m*1, *an* ~ the Common Market
comharsa ko:rsə *f*, *gs* & *gpl* ~n *npl* ~na neighbour, *bean na* ~*n* neighbouring woman
comharsanacht ko:rsənəxt *f*3 neighbourhood, vicinity, *ag* ~ *le duine* living near a person; being neighbourly with a person
comharsanúil ko:rsənu:l' *a*2 neighbourly
comhartha ko:rhə *m*4 sign; mark, symbol; signal; notice; token, *slán mo chomhartha* bless the mark, *dá chomhartha sin* as an indication of that, ~*í cuain* harbour bearings, *tá a* ~*í* (*sóirt*) *agam* I know now what she looks like
comharthaigh ko:rhi: *vt* mark; indicate; signal
comharthaíocht ko:rhi:(ə)xt *f*3 signs, appearance; signalling
comhbhá 'ko:'va: *f*4 sympathy; alliance
comhbheith 'ko:'v'eh *f*2 co-existence
comhbhráithreachas 'ko:'vra:hr'əxəs *m*1 confraternity
comhbhrón 'ko:'vro:n *m*1 condolence, sympathy
comhbhrúiteán 'ko:'vru:t'a:n *m*1 compress
comhchaidreamh 'ko:'xad'r'əv *m*1 association
comhchealgaire 'ko:'x'aləgər'ə *m*4 conspirator
comhcheangail 'ko:'x'aŋgəl' *vt* & *i*, *pres* -glaíonn bind, join together; combine
comhcheangal 'ko:'x'aŋgəl *m*1 combination, affiliation, association
comhcheilg 'ko:'x'el'əg' *f*2, *npl* -chealga *gpl* -chealg conspiracy
comhcheol 'ko:'x'o:l *m*1 harmony
comhchiall 'ko:'x'iəl *s*, *ar* ~ *le* as sensible as, synonymous with
comhchiallach 'ko:'x'iələx *m*1 synonym *a*1 synonymous (*le* with)
comhchoirí 'ko:'xor'i: *m*4 accomplice
comhchoirigh 'ko:'xor'i: *vt* recriminate
comhchoiriú 'ko:'xor'u: *m*4 recrimination
comhcholáiste 'ko:'xola:s't'ə *m*4 constituent college
comhchosach 'ko:'xosəx *a*1 isosceles
comhchruinn 'ko:'xrin *a*1 round, globular, circular
comhchruinnigh 'ko:'xrin'i: *vt* & *i* gather, congregate, concentrate
comhdaigh ko:di: *vt* file (document, etc.)
comhdháil 'ko:,γa:l' *f*3 meeting; convention, congress
comhdhéan 'ko:'γ'e:n *vt* make up, constitute
comhdhéanamh 'ko:'γ'e:nəv *m*1 constitution, structure, composition
comhdheas 'ko:'γ'as *a*1 ambidexterous
comhdhlúite 'ko:'γlu:t'ə *a*3 condensed
comhdhlúthaigh 'ko:'γlu:hi: *vt* & *i* condense
comhdhúil 'ko:'γu:l' *f*2 compound

comhdhuille 'ko:'γil'ə *m*4 counterfoil
comhéigean 'ko:'e:g'ən *m*1 coercion
comhéignigh 'ko:'e:g'n'i: *vt* coerce
comhfháisc 'ko:'a:s'k' *vt* squeeze together, compress
comhfháscadh 'ko:'a:skə *m*, *gs* -áiscthe compression
comhfhios 'ko:'is *s*, *i g* ~ (*don saol*) openly, to everyone's knowledge
comhfhiosach 'ko:'isəx *a*1 conscious
comhfhocal 'ko:'okəl *m*1 compound word
comhfhreagair 'ko:'r'agər' *vi*, *pres* -graíonn correspond
comhfhreagrach 'ko:'r'agrəx *a*1 corresponding, harmonizing
comhfhreagracht 'ko:'r'agrəxt *f*3 correspondence, agreement; joint responsibility
comhfhreagras 'ko:'r'agrəs *m*1 correspondence (letters, etc)
comhfhuaim 'ko:'uəm' *f*2, *pl* ~eanna consonance, assonance
comhghairdeas 'ko:'γa:rd'əs *m*1 congratulation
comhghairm 'ko:'γar'əm' *f*2, *pl* ~eacha convocation
comhghéilleadh 'ko:'γ'e:l'ə *m*, *gs* -llte compromise
comhghleacaí 'ko:'γ'l'aki: *m*4 equal, peer, fellow
comhghnás 'ko:'γna:s *m*1, *pl* ~anna protocol; (social) conventions
comhghnásach 'ko:'γna:səx *a*1 conventional
comhghreamaigh 'ko:'γ'r'ami: *vi* cohere
comhghreamaitheach 'ko:'γ'r'amihəx *a*1 cohesive
comhghuaillí 'ko:'γuəl'i: *m*4 ally
comhiomlán 'ko:'imla:n *m*1 & *a*1 aggregate
comhla ko:lə *f*4 shutter; valve, ~ (*dorais*) door (-leaf)
comhlach[1] ko:ləx *a*1 valvular
comhlach[2] ko:lax *a*1 associate
comhlachas ko:ləxəs *m*1 association
comhlacht ko:ləxt *m*3 company, firm
comhlán 'ko:'la:n *a*1 full up; complete, perfect, *brabús* ~ gross profit
comhlánaigh 'ko:'la:ni: *vt* complete, complement
comhlann ko:lən *m*1 match; contest, fight
comhlántach 'ko:'la:ntəx *a*1 complementary
comhlánú 'ko:'la:nu: *m*4 complement, ~ *doiciméid* completion of document
comhlárnach 'ko:'la:rnəx *a*1 concentric
comhlathas 'ko:'lahəs *m*1 commonwealth
comhleá 'ko:'l'a: *m*4 fusion (of metals)
comhleáigh 'ko:'l'a:γ' *vt* (*of metals*) fuse
comhlíon 'ko:'l'i:n *vt* fulfil; perform, observe; complete, *dualgas a chomhlíonadh* to carry out an obligation
comhlíonadh 'ko:'l'i:nə *m*, *gs* -nta fulfilment; performance, observance; completion; requital
comhluadar 'ko:'luədər *m*1 company; household
comhluadrach 'ko:'luədrəx *a*1 companionable; associative

comhoibrigh 'ko:'ob'r'i: *vi* co-operate, collaborate
comhoibriú 'ko:'ob'r'u: *m4* co-operation
comhoiriúnach 'ko:'or'u:nəx *a1* compatible, harmonizing; matching
comhoiriúnacht 'ko:'or'u:nəxt *f3* compatibility
comhoiriúnaigh 'ko:'or'u:ni: *vt* match, harmonize
comhordaigh 'ko:'o:rdi: *vt* co-ordinate
comhphobal 'ko:'fobəl *m1* community, *an C ~ Eorpach* the European Community
comhrá ko:ra: *m4, pl ~ite* conversation, *~ béil* gossip
comhrac ko:rək *m1* encounter; fight; meeting, *~ aonair* duel, *~ oíche agus lae* twilight, *~ an dá uisce* the confluence of two streams
comhraic ko:rək' *vt & i* encounter; fight, *an áit a gcomhraiceann na taoidí* where the tides meet
comhráiteach ko:ra:t'əx *m1* conversationalist *a1* conversational
comhréidh 'ko:'re:γ' *a1* flat, *crosaire ~* level crossing
comhréir 'ko:ˌre:r' *f2* accord, congruity; syntax, *i g ~ (le)* proportional (to)
comhréiteach 'ko:'re:t'əx *m1* compromise; agreement
comhréitigh 'ko:'re:t'i: *vt & i* compromise, agree
comhriachtain 'ko:'riəxtən' *f3* coition, copulation
comhrialtas 'ko:ˌriəltəs *m1* coalition government
comhrian 'ko:'riən *m1, pl ~ta* contour
comhrianach 'ko:'riənəx *a1* contour
comhshamhlaigh 'ko:'hauli: *vt & i* assimilate
comhshaolach 'ko:'hi:ləx *a1* contemporary
comhshínigh 'ko:'hi:n'i: *vt* countersign
comhshleasach 'ko:'hl'asəx *a1* equilateral
comhshondas 'ko:'hondəs *m1* assonance
comhshuaitheadh 'ko:'huəhə *m, gs* -uaite concussion
comhshuigh 'ko:'hiγ' *vt* arrange in position, compose
comhshuíomh 'ko:'hi:v *m1* composition
comhthacaigh 'ko:'haki: *vi, ~ le* corroborate
comhthacaíocht 'ko:'haki:(ə)xt *f3* corroboration
comhtháite 'ko:'ha:t'ə *a3* fused; cohesive, coherent; integrated
comhthaobhach 'ko:'hi:vəx *a1* collateral
comhtharlaigh 'ko:'ha:rli: *vi* coincide
comhtharlú 'ko:'ha:rlu: *m4* coincidence
comhthéacs 'ko:ˌhe:ks *m4* context
comhthiarnas 'ko:'hiərnəs *m1* condominium
comhthionól 'ko:ˌhino:l *m1* assembly; gathering, group, community
comhthíreach 'ko:'hi:r'əx *m1* compatriot
comhthogh 'ko:'hau *vt* co-opt
comhthráth 'ko:'hra: *s, i g ~* concurrently
comhthreomhar 'ko:'hr'o:vər *a1* parallel
comhthreomharán 'ko:'hr'o:vəra:n *m1* parallelogram
comhuaineach 'ko:'uən'əx *a1* simultaneous
comóir komo:r' *vt* convene; celebrate; escort

comónta komo:ntə *a3* common, ordinary
comóradh komo:rə *m1* gathering, assembly; celebration; accompaniment, escort
comórtas komo:rtəs *m1* comparison; competition
compánach kompa:nəx *m1* companion
compántas kompa:ntəs *m1* association, *~ aisteoirí* troupe of actors
comparáid kompəra:d' *f2* comparison; likeness
comparáideach kompəra:d'əx *a1* comparative
compás kompa:s *m1* compass; (pair of) compasses; limit, circumference
complacht kompləxt *m3*, (army) company; gang
compord kompo:rd *m1* comfort
compordach kompo:rdəx *a1* comfortable; comforting; pleasant
comrádaí komra:di: *m4* comrade; mate
comrádaíocht komra:di:(ə)xt *f3* comradeship
con kon : **cú**
cón ko:n *m1* cone
conabhrú 'konəˌvru: *m4* mauling, scrimmage
conablach konəbləx *m1* carcase; remains; hulk
conách kə'na:x *m1* prosperity, *a chonách sin ort* more luck to you; it serves you right
conacra 'konˌakrə *m4* conacre
cónaí ko:ni: *m, gs & pl* -aithe dwelling, residence; state of rest; stop, stay, *bheith i do chónaí in áit* to be living in a place, *i g ~* always, still
cónaidhm 'ko:ˌnaim' *f2, pl ~eanna* federation
cónaiféar ko:nəf'e:r *m1* conifer
cónaigh ko:ni: *vi* dwell, reside; rest, stay
conair konər' *f2* path, passage, *~ an bhia* alimentary canal
conairt konərt' *f2, pl ~eacha* pack (of hounds)
cónaisc 'ko:ˌnas'k' *vt & i* connect; amalgamate, federate
cónaitheach ko:nihəx *a1* constant, continual; persevering; resident
cónaitheoir ko:niho:r' *m3* resident
conamar konəmər *m1* broken bits, fragments
conas konəs *interr adv* how
cónasc 'ko:ˌnask *m1* link; connection; conjunction
cónascach 'ko:ˌnaskəx *a1* linking; connecting; federal; conjunctive
cónascachas 'ko:ˌnaskəxəs federalism
cónascadh 'ko:ˌnaskə *m, gs* -ctha *pl* -cthaí amalgamation, fusion; federation
conbharsáid kon(ə)vərsa:d' *f2* conversation; intercourse
conbhua 'konˌvuə *m4 pl ~nna* convoy
concar koŋkər *m1* conger (eel)
concas koŋkəs *m1* conquest
conchró 'konˌxro: *m4, pl ~ite* kennel
concordáid koŋko:rda:d' *f2* concordat
confach konəfəx *a1* rabid; ill-tempered; angry, *spéir chonfach* sullen sky
confadh konəfə *m1* rabies; anger, ill temper, *madra confaidh* mad dog, *~ ocrais* ravenous hunger, *tá ~ ar an lá* the day looks threatening

cóngar ko:ŋgər *m*1 proximity; vicinity, *i g* ~ *áite* near a place, *dul an* ~ to take the short-cut, *cóngair tí* household appliances

cóngarach ko:ŋgərəx *a*1 near, convenient; terse, witty

conlaigh konli: *vt & i* glean, gather

conláisteach konla:s't'əx *a*1 compact, tidy; convenient

conlán konla:n *m*1 gleaning; collection; group, family, *rud a dhéanamh ar do chonlán féin* to do sth on one's own initiative, on one's own account

connadh konə *m*1 firewood; fuel

cónra ko:nrə *f*4 coffin

conradh konrə *m*, *gs* **-nartha** *pl* **-narthaí** contract; treaty; bargain, *C* ~ *na Gaeilge* the Gaelic League

conraitheoir konriho:r' *m*3 contractor; member of a league

conrós 'kon,ro:s *m*1, *pl* ~**anna** dog-rose

consairtín konsərt'i:n' *m*4 concertina

consal konsəl *m*1 consul

consan konsən *m*1 consonant

conslaod 'kon,sli:d *m*1 distemper

conspóid konspo:d' *f*2 argument; controversy *vt & i* argue; contest

conspóideach konspo:d'əx *a*1 argumentative; controversial

conspóidí konspo:d'i: *m*4 contestant (of will, etc); controversialist

constábla konsta:blə *m*4 constable

constáblacht konsta:bləxt *f*3 constabulary

constaic 'kon,stak' *f*2 obstacle

contae konte: *m*4, *pl* ~**tha** county

contráil kontra:l' *f*3 contrary; contrariness

contráilte kontra:l't'ə *a*3 contrary; wrong, *aimsir chontráilte* unfavourable weather

contráilteacht kontra:l't'əxt *f*3 contrariness, perversity

contralt 'kon,tralt *m*1 contralto

contrártha kontra:rhə *a*3 contrary, opposite (*le* to)

contrárthacht kontra:rhəxt *f*3 contrast, opposite

contúirt kontu:rt' *f*2 danger

contúirteach kontu:rt'əx *a*1 dangerous

cónúil ko:nu:l' *a*2 conical

copail kopəl' *f*2 copula

copar kopər *m*1 copper

copóg kopo:g *f*2 dock, ~ *an chroí* auricle of heart

cor kor *m*1, *npl* ~**a** a turn, twist; (dancing) reel, ~ *bealaigh* detour, ~ *cainte* idiom, *ag tabhairt na g* ~ writhing; in the throes of death, ~ *coise* trip, ~ *na péiste* cable-stitch, ~*a* (*crua*) *an tsaoil* the vicissitudes of life, ~ *i mbia* contamination in food, ~ *lín* cast of net, ~ *éisc* haul of fish, *as* ~ out of order, *ar aon chor* at any rate, *ar chor ar bith, in aon chor* at all *vt & i* turn, *feoil chortha* tainted meat, ~ *a thabhairt do dhuine* to give a person the slip

cór¹ ko:r *m*1 chorus, choir

cór² ko:r *m*1 corps

cora korə *f*4 weir

córach ko:rəx *a*1 shapely; comely

coradh korə *m*, *gs* **-rtha** *pl* **-rthaí** turn, bend, ~ *biorach* hairpin bend

córagrafaíocht 'ko:rə,grafi:(ə)xt *f*3 chorography

coraintín korənt'i:n' *m*4 quarantine

coraíocht kori:(ə)xt *f*3 wrestling; turning, *ag* ~ *ar an iasc* casting for fish

córam ko:rəm *m*1 quorum

corann korən *m*1 tonsure

córas ko:rəs *m*1 system

corc kork *m*1 cork

corca korkə *f*4 race, people

corcach korkəx *f*2 marsh

corcáil korka:l' *vt* cork

corcair korkər' *f*, *gs* **-cra** purple (dye-stuff)

corcán korka:n *m*1 pot

corcra korkrə *a*3 purple

corcrán korkra:n *m*1, ~ *coille* bullfinch

corda¹ ko:rdə *m*4 cord, string, ~ *an rí* corduroy

corda² ko:rdə *m*4 chord

córlann ko:rlən *f*2 choir, chancel (of church)

corn¹ ko:rn *m*1, (*musical instrument*) horn; (*trophy*) cup, ~ (*óil*) (drinking-) horn, ~ *na bhfuíoll* cornucopia

corn² ko:rn *vt* roll, coil

corna ko:rnə *m*4 roll, coil

cornchlár 'ko:rn,xla:r *m*1 sideboard

cornphíopa 'ko:rn,f'i:pə *m*4 hornpipe

córóin koro:n' *f*, *gs* **-ónach** *pl* **-ónacha** crown; corona, *C* ~ *Mhuire* rosary

córóinéad koro:n'e:d *m*1 coronet

córónach koro:nəx *a*1 coronary

córónaigh koro:ni: *vt* crown

córónú koro:nu: *m*4 coronation

corp korp *m*1 body; corpse; trunk; (*of ship*) hulk, ~ *eaglaise* nave of church, *i g* ~ *an lae* in the middle of the day, *le* ~ *nirt* by sheer force

corpán korpa:n *m*1 corpse

corpanta korpəntə *a*3 corpulent, *bithiúnach* ~ out-and-out scoundrel

corparáid korpəra:d' *f*2 corporate body

corparáideach korpəra:d'əx *a*1 corporate

corpartha korpərhə *a*3 corporal; corporeal

corpeolaíocht 'korp,o:li:(ə)xt *f*3 physiology

corplár 'korp,la:r *m*1 centre, core

corpoiliúint 'korp,ol'u:n't' *f*3 physical training

corpraigh korpri: *vt* incorporate

corr¹ kor *f*2 projection, angle, edge, *chuir sé é féin ar a chorr leis* he overreached himself thereby

corr² kor *f*2, ~(*éisc, ghlas, mhóna*) heron, ~ *bhán* white stork

corr³ kor *f*2, ~ (*ghainimh*) sand-eel

corr⁴ kor *a*1, *gsm* ~ odd; tapering; round, curved, *éan* ~ odd man out

corr-⁵ kor *pref* odd; occasional; tapering; projecting; rounded

corrabhuais korəvuəs' *f* 2 uneasiness; confusion

corrabhuaiseach korəvuəs'əx *a* 1 uneasy; confused

corrach¹ korəx *m* 1 bog, marsh

corrach² korəx *a* 1 unsteady, unsettled; projecting, pointed, *codladh* ~ uneasy sleep

corradh korə *s*, ~ *le, agus, ar* more than

corraghiob 'korə,ɣ'ib *s*, *ar do chorraghiob* on one's hunkers

corraí kori: *m* 4 movement; stir, excitement, *ná cuir* ~ *air* don't vex him

corraiceach korək'əx *a* 1 rough; unsteady; odd

corraigh kori: *vt & i* move, stir, ~ *ort* hurry up, *is furasta é a chorraí* he is easily vexed

corraíl kori:l' *f* 3 movement, stir; agitation, excitement

corraithe korihə *a* 3 agitated, excited

corraitheach korihəx *a* 1 moving, stirring, exciting

corrán korα:n *m* 1 hook, sickle; crescent, ~ *géill* angle of jaw; jaw-bone

corránach korα:nəx *a* 1 hooked, angular; projecting, *giall* ~ lantern jaw

corrdhuine 'kor,ɣin'ə *m* 4, *pl* **-dhaoine** occasional person; queer person

corrmhéar 'kor,v'e:r *f* 2 forefinger

corrmhíol 'kor,v'i:l *m* 1, *pl*, ~ **ta** gnat

corróg koro:g *f* 2, (*anatomy*) hip

corrthónach 'kor,ho:nəx *a* 1 restless, fidgety

corrthónacht 'kor,ho:nəxt *f* 3 restlessness, fidgetiness

cortasón kortəso:n *m* 1 cortisone

cortha¹ korhə *a* 3 tired, exhausted

cortha² korhə *a* 3 tainted, turned

córúil ko:ru:l' *a* 2 choral

cos kos *f* 2, *ds* **cois** *in certain phrases* leg; foot; handle; shaft, stem; lower end, ~ *a croise*, ~*a fuara* stilts, *siúl de chos* to travel on foot, *cur sna cosa* to make off, *ar* ~*a in airde* galloping, *rug sé a chosa leis* he made his escape, *ag cur a chos uaidh*, (*of horse*) flinging out its hoofs, (*of person*) displaying temper, *rud a chur faoi chois* to suppress sth, ~ *ar bolg* oppression, *le haghaidh na coise tinne* for the rainy day, *cois cnoic* at the foot of a hill, *cois na tine* beside the fire, *le cois* beside; along with; in addition to, *ar cois* afoot

cosain kosən' *vt & i*, *pres* **-snaíonn** defend, protect; earn, merit; cost

cosaint kosən't' *f* 3, *gs* **-anta** defence, protection

cosair kosər' *f*, *gs* **-srach** trampled matter, litter, *tá an áit ina* ~ *easair* the place is in a mess

cosamar kosəmər *m* 1 refuse, trash

cosán kosα:n *m* 1 path, footway; way, passage, ~ *sráide* footpath, pavement

cosantach kosəntəx *a* 1 defensive, protective

cosantóir kosənto:r' *m* 3 defender, protector; defendant

cosc kosk *m* 1 check, restraint; prevention, prohibition

coscair koskər' *vt & i*, *pres* **-craíonn** mangle; rend; disintegrate; defeat, *tá sé ag* ~*t a thaw has set in*

coscairt koskərt' *f* 3, *gs* **-artha** mangling; slaughter; disintegration; defeat, *tá* ~ *ann* a thaw has set in

coscán koska:n *m* 1 brake

coscrach koskrəx *a* 1 distressful, shattering, shocking; victorious

coslia 'kos',l'iə *m* 4, *pl* ~**nna** chiropodist

cosliacht 'kos',l'iəxt *f* 3 chiropody

cosmach kosməx *a* 1 cosmic

cosmaid kosməd' *f* 2 cosmetic

cosmaideach kosməd'əx *a* 1 cosmetic

cosmas kosməs *m* 1 cosmos

cosmhuintir 'kos,vin't'ər' *f* 2 hangers-on, dependants; poor people, proletariat

cosnochta 'kos,noxtə *a* 3 barefooted

cósta ko:stə *m* 4 coast

costáil kostα:l' *vt & i* cost

costas kostəs *m* 1 cost, expense

costasach kostəsəx *a* 1 costly, expensive; sumptuous

cosúil kosu:l' *a* 2 (with *le*) like, resembling, *is* ~ *go* it appears that, apparently

cosúlacht kosu:ləxt *f* 3 likeness; appearance, resemblance; double, *de réir* ~*a* to all appearances, apparently

cóta ko:tə *m* 4 coat, ~ (*beag*) petticoat, ~ *fearthainne* raincoat, ~ *mór* overcoat

cotadh kotə *m* 1 bashfulness, shyness

cothabháil kohəvα:l' *f* 3 sustenance, maintenance

cothabhálach kohəvα:ləx *a* 1 sustaining, nourishing

cothaigh kohi: *vt & i* feed; nourish; stir up, promote; maintain, *ag cothú díoltais* harbouring revenge

cothaitheach kohihəx *m* 1 nutrient *a* 1 feeding, sustaining; fattening

cothroime kohrəm'ə *f* 4 evenness, balance; fairness, equity

cothrom kohrəm *m* 1 level; balance; equal measure; fair play; equity, *ar* ~ at par, ~ *an lae a rugadh é* (on) the anniversary of his birth, ~ *na haimsire sin* at the corresponding period, ~ *na Féinne a thabhairt do dhuine* to give a person fair play *a* 1 even; level; balanced; fair, equable; average, *seachtain* ~ a week exactly, *duine* ~ *ar bith* any ordinary person, *cluiche* ~, draw, drawn game

cothromaigh kohrəmi: *vt* even, level; balance, equalize

cothromaíocht kohrəmi:(ə)xt *f* 3 evenness, balance; equilibrium

cothromóid kohrəmo:d' *f* 2 equation

cothú kohu: *m* 4 nourishment, sustenance; promotion, maintenance, ~ *feirge* incitement to anger

cotúil kotu:l' *a* 2 bashful, shy

crá kra: *m*4 anguish, torment; sorrow
crábhadh kra:və *m*1 religious practice; piety, devotion
cradhscal kraiskəl *m*1 shuddering; repugnance
craein kre:n' *f*, *gs* **-aenach** *pl* **-aenacha** (*machine*) crane
crág kra:g *f*2 large hand; claw, paw; clutch (of engine), ~ **airgid** handful of money
crágach kra:gəx *a*1 having large hands; chelate
crágáil kra:ga:l' *vt* & *i* claw, paw; handle roughly or unskilfully
craic krak' *f*2, *pl* ~**eanna** crack, chat
craiceann krak'ən *m*1, *pl* **-cne** skin; rind; surface; finish, polish, *tá* ~ *na fírinne air* it rings true
craicneach krak'n'əx *a*1 smooth-skinned; well-finished, polished, *scéal* ~ plausible story
cráifeach kra:f'əx *a*1 religious; pious, devout
cráifeacht kra:f'əxt *f*3 devoutness; piety, devotion
cráigh kra:γ' *vt* agonize, torment; distress, grieve, annoy
cráin kra:n' *f*, *gs* **-ánach** *pl* **-ánacha** sow; (breeding) female
cráinbheach 'kra:n',v'ax *f*2 queen bee
cráiniam kra:n'iəm *m*4 cranium
cráite kra:t'ə *a*3 agonized, tormented, grieved
cráiteachán kra:t'əxa:n *m*1 tormented, miserable, person; wretch
crampa krampə *m*4 cramp
cranda krandə *a*3 stunted; withered, decrepit
crandaí krandi: *m*4, ~ **bogadaí** see-saw
crandaigh krandi: *vt* & *i* stunt; become stunted
crann kran *m*1 tree; mast, pole; handle, shaft; beam; wooden implement, ~ **ardaithe** jack, ~ **fuinte** rolling pin, ~ **snámha** (dug-out) canoe, ~ **solais** chandelier, ~ **tabhaill** sling, catapult, ~ **tochrais** (winding) reel, ~ **tógála** crane, ~ **tomhais** guess, *crainn a chaitheamh ar rud, rud a chur ar chrainn* to cast lots for sth, *bheith faoi chrann smola* to be blighted, accursed, *dul as do chrann cumhachta* to lose control of oneself, *cos chrainn* wooden leg
crannaíl krani:l' *f*3 timbering; lattice-work; ship's masts
crannchur 'kran,xur *m*1 casting of lots; sweepstake, lottery
crannlach kranləx *m*1 brushwood; (withered) stalks
crannlaoch 'kran,li:x *m*1, *pl* ~**ra** old soldier
crannlacha 'kran,laxə *f*, *gs* & *gpl* ~ **n** *npl* ~**in** teal
crannóg krano:g *f*2 piece of wood; wooden frame; pulpit; crannog, lake-dwelling; crow's-nest; (mill-)hopper
cranra kranrə *m*4 knot in timber
cranrach kranrəx *a*1 knotty; callous, horny
cranraigh kranri: *vt* & *i* become knotty; harden, make or grow callous, *ag cranrú leis an aois* stiffening with age

craobh kri:v *f*2, *pl* ~**acha** *gpl* ~ *in certain phrases* branch, bough, ~ **ghinealaigh** genealogical tree, *dul, imeacht, le* ~ *acha* to go wild, mad, *tugadh an chraobh dó* he was awarded the palm, declared the winner, ~ *na hÉireann* the championship of Ireland, ~ *eolais* signpost, ~ *cheoil* woodwind instrument, *arbhar craoibhe* eared corn
craobh-abhainn 'kri:v,aun *f*, *gs* **-ann** *pl* **-aibhneacha** affluent, tributary
craobhabhar 'kri:v,aur *f*, *gs* **-bhrach** *pl* **-abhracha** sty (on eye)
craobhach kri:vəx *m*1 branches, loppings *a*1 branched, branching; flowing, spreading
craobhaigh kri:vi: *vt* & *i* branch; spread
craobhchluiche 'kri:v,xlix'ə *m*4 final; championship game
craobhóg kri:vo:g *f*2 twig, spray
craobhscaoil 'kri:v,ski:l' *vt* propagate, disseminate; broadcast
craobhscaoileadh 'kri:v,ski:l'ə *m*, *gs* **-lte** propagation, dissemination; broadcast
craol kri:l *vt* & *i* announce, proclaim; broadcast
craolachán kri:ləxa:n *m*1 broadcasting; wireless
craoladh kri:lə *m*, *gs* **-lta** *pl* **-ltaí** broadcast
craoltóir kri:lto:r' *m*3 broadcaster
craorag kri:rəg *a*1 blood-red, crimson, *fuisce a ól* ~ to drink whiskey neat
craos kri:s *m*1 gullet; maw; vent; gluttony, ~ *gunna* breech of gun, ~ *tine* roaring fire
craosach kri:səx *a*1 open-mouthed; voracious, gluttonous, *tine chraosach* roaring fire
craosaire kri:sər'ə *m*4 glutton
craosán kri:sa:n *m*1 gullet; gorge, ravine
craosdeamhan 'kri:s',d'aun *m*1 demon of gluttony
craosfholc 'kri:s,olk *vt* gargle
craosfholcadh 'kri:s,olkə *m*, *gs* **-ctha** gargle
craosghalar 'kri:s,γalər *m*1 thrush
crap krap *vt* & *i* contract, shrink; draw in or up
crapadh krapə *m*, *gs* **-ptha** *pl* **-pthaí** contraction, shrinkage
crapall krapəl *m*1 fetter; disablement, restriction
crapallach krapələx *a*1 crippling, restrictive
craplaigh krapli: *vt* fetter; cripple
craptha krapə *a*3 stilted, cramped
cré¹ k'r'e: *f*4, *pl* ~**anna** clay, soil; earth, dust
cré² k'r'e: *f*4, *pl* ~**anna** creed
creabhar k'r'aur *m*1 gadfly; horsefly; woodcock
creach¹ k'r'ax *f*2 foray, (cattle-)raid; booty; prey; loss, ruin *vt* & *i* raid; plunder; ruin
creach² k'r'ax *vt* brand, cauterize
creachach k'r'axəx *a*1 predatory
creachadh k'r'axə *m*, *gs* **-chta** *pl* **-chtaí** plunder, spoliation; ruin
creachadóir k'r'axədo:r' *m*3 raider; plunderer, spoiler
créacht k'r'e:xt *f*3 gash, wound
créachta k'r'e:xtə *f*4 consumption

créachtach¹ k'r'e:xtəx *m*1 (purple) loosestrife
créachtach² k'r'e:xtəx *a*1 gashed, wounded
créachtaigh k'r'e:xti: *vt* gash, wound
créafóg k'r'e:fo:g *f*2 clay, earth
creagach k'r'agəx *a*1 craggy, stony, barren
creagaireacht k'r'agər'əxt *f*3 miserliness
creagán k'r'aga:n *m*1 rocky eminence; stony ground; callus
créam k'r'e:m *vt* cremate
créamadh k'r'e:mə *m*, *gs* **-mtha** cremation
créamatóiriam ˌk'r'e:mə'to:r'iəm *m*4 crematorium
creat k'r'at *m*3 frame; shape, appearance; rib of house-roof
creatach k'r'atəx *a*1 gaunt, emaciated; weak
creathach k'r'ahəx *f*2 ague *a*1 trembling; vibrating, *crann* ~ aspen tree
creathadh k'r'ahə *m*1 vibration
creathán k'r'aha:n *m*1 tremble, quiver, ~ *talún* earth tremor
creathánach k'r'aha:nəx *a*1 trembling, quivering; vibratory
creathnach k'r'ahnax *a*1 frightful
creathnaigh k'r'ahni: *vi* tremble, quake; flinch
creatlach k'r'atləx *f*2 framework, skeleton, hulk
créatúr k'r'e:tu:r *m*1 creature; created thing, *an* ~ the poor thing!
cré-earra 'k'r'e:ˌarə *m*4 earthenware article *pl* earthenware
creid k'r'ed' *vt & i* believe; suppose
creideamh k'r'ed'əv *m*1 belief, faith; religion
creidiúint k'r'ed'u:n't' *f*3, *gs* **-úna** credit, credence, honour
creidiúnach k'r'ed'u:nəx *a*1 creditable; respectable
creidiúnacht k'r'ed'u:nəxt *f*3 creditableness; credit; respectability
creidiúnaí k'r'ed'u:ni: *m*4 creditor
creidiúnaigh k'r'ed'u:ni: *vt* accredit
creidmheach k'r'ed'v'əx *m*1 believer *a*1 believing, faithful
creidmheas 'k'r'ed'ˌv'as *m*3 credit
creidte k'r'et'ə *a*3 credible
creig k'r'eg' *f*2, *npl* **creaga** *gpl* **-creag** crag; stony, barren, ground
creill k'r'el' *f*2, *pl* ~**eanna** knell; taunt
creim k'r'em' *vt & i* gnaw; corrode, erode
creimeadh k'r'em'ə *m*, *gs* **-mthe** corrosion, erosion
creimire k'r'em'ər'ə *m*4 rodent; backbiter
creimneach k'r'em'n'əx *a*1 gnawing; corrosive, erosive; corroded; decayed
créip k'r'e:p' *f*2, *pl* ~**eanna** crape, crepe
creiteon k'r'et'o:n *m*1 cretonne
créúil k'r'e:u:l' *a*2 clayey, earthy
cré-umha 'k'r'e:ˌu:ə *m*4 bronze
cré-umhaí 'k'r'e:ˌu:i: *a*3 bronze
criadóir k'r'iədo:r' *m*3 ceramist, potter
criadóireacht k'r'iədo:r'əxt *f*3 ceramics, pottery

crián k'r'i:a:n *m*1 crayon
criathar k'r'iəhər *m*1 sieve; riddle; quagmire, ~ *meala* honeycomb
criathrach k'r'iəhrəx *m*1 (pitted) bog *a*1 pitted, perforated; swampy
criathraigh k'r'iəhri: *vt* sieve; riddle, sift; honeycomb
críne k'r'i:n'ə *f*4 old age, decrepitude
crinnghréas 'k'r'in'ˌγ'r'e:s *m*3 fretwork
críoch k'r'i:x *f*2, *ds* **crích** *in certain phrases* limit; boundary; region, territory; end; completion, ~ *a chur ar dhuine* to settle a person in life, *rud a chur i gcrích* to complete, accomplish, sth, *duine a chur ó chrích* to ruin a person's prospects
críochadóireacht k'r'i:xədo:r'əxt *f*3 demarcation
críochaigh k'r'i:xi: *vt* demarcate
críochdheighilt 'k'r'i:xˌγ'ail't' *f*2 partition of territory
críochfort 'k'r'i:xˌfort *m*1 terminal
críochnaigh k'r'i:xni: *vt & i* finish; complete, accomplish
críochnaithe k'r'i:xnihə *a*3 finished, accomplished, complete, utter
críochnaitheach k'r'i:xnihəx *a*1 final, finishing, closing
críochnúil k'r'i:xnu:l' *a*2 complete, thorough; neat; methodical
críochú k'r'i:xu: *m*4 demarcation
criogar k'r'igər *m*1, ~ (*iarta*) cricket, ~ *féir* grasshopper
críon k'r'i:n *m*1, *pl* ~**ta** anything old or withered *a*1 old; withered, decayed *vt & i* age; wither, decay
críonna k'r'i:nə *a*3 wise, prudent, shrewd; grown-up; old
críonnacht k'r'i:nəxt *f*3 wisdom, prudence, shrewdness; maturity; old age
crios k'r'is *m*3, *gs* **creasa**, *pl* ~**anna** girdle, belt; band; zone
crioslach k'r'isləx *m*1 bosom
crioslaigh k'r'isli: *vt* girdle, enclose
criosma k'r'ismə *m*4 chrism
Críost k'r'i:st *m*4 Christ
Críostaí k'r'i:sti: *m*4 & *a*3 Christian
Críostaíocht k'r'i:sti:(ə)xt *f*3 Christianity
criostal k'r'istal *m*1 crystal
criostalaigh k'r'istəli: *vt & i* crystallize
Críostúil k'r'i:stu:l' *a*2 Christian; charitable, humane
Críostúlacht k'r'i:stu:ləxt *f*3 Christianity; Christian charity
crístín k'r'i:s't'i:n *m*4 swearword
crith k'r'ih *m*3, *gs* **creatha** *pl* **creathanna** tremble, shiver; shudder, vibration, ~ *talún* earthquake *vt* tremble, shake
critheagla 'k'r'ihˌaglə *f*4 fear, terror; timorousness
critheaglach 'k'r'ihˌagləx *a*1 quaking, terrified; timorous
crithir k'r'ihər' *f*, *gs* **-thre** *pl* **-threacha** spark; particle; powdered matter
critic k'r'it'ək' *f*2 critique
criticeas k'r'it'ək'əs *m*1 criticism

criticeoir k'r'it'ək'o:r' *m*3 critic
criticiúil k'r'it'ək'u:l' *a*2 critical
criú k'r'u: *m*4, *pl* ∼**nna** crew
cró[1] kro: *m*4, *pl* ∼**ite** eye, socket; enclosure, pen; (small) outhouse; hovel, ∼ *na baithise* fontanelle, ∼ *gunna* bore of gun, ∼ *sorcais* circus ring
cró[2] kro: *m*4 blood, gore
crobh krov *m*1 hand; clawed foot; talons
crobhaing krovəŋ' *f*2 cluster
croca krokə *m*4 crock
croch krox *f*2 cross; gallows; hook, hanger; (fire-)crane, *vt & i* hang, raise, carry, *seol a chrochadh* to hoist sail, ∼ *leat* clear off, ∼ *suas é* sing up
cróch kro:x *m*4 saffron; crocus
crochadán kroxəda:n *m*1 (hat-, coat-, hall-,)stand; clothes-hanger
crochadh kroxə *m, gs* -**chta** hanging; erection; pitch (of roof, etc)
crochadóir kroxədo:r' *m*3 hangman; gallows-bird; loafer
crochadóireacht kroxədo:r'əxt *f*3, *ag* ∼ (*thart*) loafing about
crochaille kroxəl'ə *m*4 phlegm
cróchar kro:xər *m*1 bier; stretcher
crochóg kroxo:g *f*2 suspender (for stocking)
crochta kroxtə *a*3 hung, hanged; hanging, *aill chrochta* overhanging cliff, *cosán* ∼ steep path, ∼ *le hobair* taken up with work, *caint chrochta* affected speech
crochtín kroxt'i:n' *m*4 hammock; swing
cróga kro:gə *a*3 brave; hardy; spirited
crógacht kro:gəxt *f*3 bravery; hardiness; spiritedness
crogall krogəl *m*1 crocodile
croí kri: *m*4 heart; core, centre, *a chroí* my dear
cróibhrú 'kri:ˌvru: *m*4 contrition
cróibhrúite 'kri:ˌvru:t'ə *a*3 contrite
cróice kro:k'ə *m*4 croquet
cróicéad kro:k'e:d *m*1 croquette
cróidhícheall 'kri:ˌɣ'i:x'əl *m*1 utmost endeavour
cróileacán kri:l'əka:n *m*1 core
crólí 'kro:ˌl'i: *m*4 bed-ridden state, infirmity, *bheith i g*∼ *an bháis* to be on one's death-bed *a*3 bed-ridden, infirm
croiméal krom'e:l *m*1 moustache
cróimiam kro:m'iəm *m*4 chromium
cróinéir kro:n'e:r *m*3 coroner
cróineolaíoch 'kro:n'ˌo:li:(ə)x *a*1, *gsm* ∼ chronological
croinic kron'ək' *f*2 chronicle
croiniceoir kron'ək'o:r' *m*3 chronicler
cróise kro:s'ə *f*4 crochet
cróiseáil kro:s'a:l' *vt & i* crochet
croisín kros'i:n' *m*4 crutch (*music*) crotchet
croiteoir krot'o:r' *m*3 sprinkler
croith kroh *vt & i* shake; scatter, sprinkle; wave (to)
croíúil kri:u:l' *a*2 hearty; cordial, cheerful

croíúlacht kri:u:ləxt *f*3 heartiness; cordiality, cheerfulness
crólinn 'kro:ˌl'in' *f*2, *pl* ∼**te** pool of blood
crom krom *a*1 bent, stooped *vt & i* bend, stoop, *chrom sí ar chaoineadh* she started to cry
cróm kro:m *m*1 chrome
cromada kromədə *s, ar do chromada* crouched
cromán kroma:n *m*1 hip; crank; ∼ *na gcearc* hen-harrier
crómatach kro:mətəx *a*1 chromatic
cromfhearsaid 'kromˌarsəd' *f*2 crank-shaft
cromleac 'kromˌl'ak *f, gs* -**eice** *npl* ∼**a** cromlech
cromóg kromo:g *f*2 hooked nose; hook, hooked stick
cromógach kromo:gəx *a*1 hooked; hook-nosed
crompán krompa:n *m*1 creek
crón kro:n *a*1 dark yellow; tawny, tan
crónachan kro:nəxən *f*3 dusk, nightfall
cronaigh kroni' *vt* miss, note absence of
crónán kro:na:n *m*1 hum; murmur, purr
cróntráth 'kro:nˌtra: *m*3 dusk, gloaming
cros[1] kros *f*2 cross; cross-piece; affliction; prohibition *vt* cross; prohibit; contradict
cros-[2] kros *pref* cross-
crosach krosəx *a*1 crosswise; crossed; scarred; grimy, *caora chrosach* black-faced sheep, *bean chrosach* palmist, fortune-teller
crosadh krosə *m, gs* -**sta** prohibition
crosáid krosa:d' *f*2 crusade
crosáil krosa:l' *vt & i* cross
crosaire krosər'ə *m*4 crossing, crossroad(s)
crosán krosa:n *m*1 razorbill; starfish
crosánacht krosa:nəxt *f*3 genre of comic satire
crosbhóthar 'krosˌvo:hər *m*1, *pl* -**óithre** crossroads
crosfhocal 'krosˌokəl *m*1 crossword
crosógaíocht kroso:gi:(ə)xt *f*3 lacrosse
cros-síolrach 'kro(s')ˌs'i:lrəx *a*1 hybrid
crosta krostə *a*3 cross, fractious; troublesome; contrary
crotach krotəx *m*1 curlew
crotal krotəl *m*1 rind, husk; lichen, ∼ *cnó* nutshell
crothach krohax *a*1 shaking; wavy
crothán kroha:n *m*1 sprinkling, light covering, ∼ *eolais* a little knowledge
crothóg kroho:g *f*2, ∼ *dhubh* coalfish
crú[1] kru: *m*4, *pl* ∼**ite** shoe (for animal's hoof)
crú[2] kru: *m*4 milking; (yield of) milk
crua kruə *m*4 hard state, difficult circumstances; hardness *a*3 hard; solid; difficult; hardy, *greim* ∼ tight grip, *aimsir chrua* severe weather, *deoch chrua* drink of strong spirits, ∼ *sa chorp* constipated
crua-ae 'kruəˌe: *m*4, *pl* ∼**nna** liver
cruach[1] kruəx *f*2 stack, rick; pile *vt* stack; pile
cruach[2] kruəx *f*4 steel
cruachan kruəxən *f*3 hardening
cruachás 'kruəˌxa:s *m*1 predicament; distress
cruacht kruəxt *f*3 hardness; hardiness
crua-earra 'kruəˌarə *m*4 (article of) hardware

cruaigh kruəɣ' *vt & i* harden
cruáil kru:a:l' *f* 3 hardship, adversity; cruelty; stinginess
cruálach kru:a:ləx *a* 1 cruel; stingy
cruálacht kru:a:ləxt *f* 3 cruelty; stinginess
cruan kruən *m* 1 *& vt* enamel
cruas kruəs *m* 1 hardness; stinginess
cruatan kruətən *m* 1 hardship
crúb kru:b *f* 2 claw; hoof
crúbach kru:bəx *a* 1 clawed, hoofed; club-footed, lame
crúbadach kru:bədəx *f* 2 crawling, scrambling
crúbáil kru:ba:l' *vt & i* claw, paw
crúca kru:kə *m* 4 crook, hook, *do chrúcaí a chur i rud* to get sth in one's clutches, ~ *is cró* hook and eye
crúcach kru:kəx *a* 1 hooked
crúcáil kru:ka:l' *vt & i* hook; claw, clutch
crúdóir kru:do:r' *m* 3 farrier
cruib krib' *f* 2, *pl* ~**eanna** crib
cruibhéad kriv'e:d *m* 1 cruet
crúibín kru:b'i:n' *m* 4 (little) claw or hoof, ~ (*muice*) crubeen, pig's trotter
cruicéad krik'e:d *m* 1 cricket
cruidín krid'i:n' *m* 4 kingfisher
crúigh[1] kru:ɣ' *vt* milk
crúigh[2] kru:ɣ' *vt, capall a chrú* to shoe a horse
cruimh kriv' *f* 2 maggot; grub, ~ *arbhair* cornweevil, ~ *phucháin* fluke-worm
cruimheach kriv'əx *a* 1 maggoty
cruinn krin' *a* 1 round; gathered; exact, accurate; clear, coherent, *éist go* ~ *leis* listen attentively to him
cruinne[1] krin'ə *f* 4 roundness
cruinne[2] krin'ə *f* 4 universe; orb, globe; world
cruinneas krin'əs *m* 1 exactness, accuracy; accumulation; clearness; frugality, *duine gan chruinneas* scatter-brain
cruinneog krin'o:g *f* 2 round object; globe
cruinnigh krin'i: *vt & i* gather, assemble; collect; converge, focus (*ar* on); form
cruinnín krin'i:n' *m* 4 globule
cruinniú krin'u: *m* 4 gathering, meeting; focussing; forming
crúiscín kru:s'k'i:n' *m* 4 small jug; small jar
cruit[1] krit' *f* 2, *pl* ~**eanna** hump; small eminence
cruit[2] krit' *f* 2, *pl* ~**eanna** (small) harp
cruiteach krit'əx *a* 1 humped, hunchbacked
cruiteachán krit'əxa:n *m* 1 hunchback
crúiteoir kru:t'o:r' *m* 3 milker
cruithneacht krihn'əxt *f* 3 wheat
cruitire krit'ər'ə *m* 4 harpist
cruóg kru:o:g *f* 2 urgent need
cruógach kru:o:gəx *a* 1 pressing, urgent; busy
crúsca kru:skə *m* 4 jug; jar
crústa kru:stə *m* 4 crust, ~ *de dhorn* blow of a fist
crústach kru:stəx *m* 1 *& a* 1 crustacean
crústaigh kru:sti: *vt* pelt

crústáil kru:sta:l' *vt* drub, belabour
cruth kruh *m* 3, *pl* ~**anna** shape, appearance; state, condition, *i g* ~, *sa chruth*, (*is*) *go* in such a way that; in order that
cruthach kruhəx *a* 1 shapely
crúthach kru:həx *m* 1, ~ (*bainne*) yield of milk
cruthaigh kruhi: *vt & i* create; form; prove, *cruthú go maith* to turn out well, *chruthaigh sé orm sa chúirt* he testified against me in court
cruthaíocht kruhi:(ə)xt *f* 3 shape; promising appearance
cruthaitheach kruhihəx *a* 1 creative
cruthaitheoir kruhiho:r' *m* 3 creator
cruthanta kruhəntə *a* 3 lifelike, exact; real, *rógaire* ~ a proper rogue
cruthú kruhu: *m* 4 creation; proof; testimony
cruthúnas kruhu:nəs *m* 1 proof, evidence
cú ku: *m* 4, *pl* ~**nna** *gs & gpl* **con** *in certain phrases* hound, greyhound
cuach[1] kuəx *f* 2 cuckoo; falsetto (voice); whinny; whine; sob, ~ (*cheoil*) strain of music, snatch of song
cuach[2] kuəx *m* 4, *npl* ~**a** *gpl* ~ bowl; goblet, ~ *abhlann*, ~ *altóra* ciborium, ~ *Phádraig* round-leaved plantain
cuach[3] kuəx *f* 2 bundle; tress, curl; bow; embrace, *mo chuach thú* I love you *vt* bundle; roll, wrap; embrace, hug, *duine a chuachadh suas* to puff a person up
cuachach[1] kuəxəx *a* 1 falsetto
cuachach[2] kuəxəx *a* 1 bowl-shaped, hollow
cuachach[3] kuəxəx *a* 1 rolled; curled, tressy
cuacháil kuəxi:l' *f* 3 speaking in falsetto voice; whining; whinnying
cuachma kuəxmə *f* 4 whelk
cuachóg kuəxo:g *f* 2 bow-knot
cuaifeach kuəf'əx *m* 1, ~ (*gaoithe*) whirlwind; blast of wind
cuaille kuəl'ə *m* 4 pole; stake
cuain kuən' *f* 2, *pl* ~**eanna** litter, brood; band
cuainín kuən'i:n' *m* 4 cove
cuaird kuərd' *f*, *gs* -**uarda** *an Chúirt Chuarda* Circuit Court
cuaire kuər'ə *f* 4 curvature; camber
cuairt kuərt' *f* 2, *pl* ~**eanna** *pl* -**arta** *with numerals* circuit; round, course; visit; occasion, time
cuairteoir kuərt'o:r' *m* 3 visitor; tourist
cual kuəl *m* 1 faggot; bundle, heap
cuallacht kuələxt *f* 3 fellowship, company; corporation, guild; sodality
cuan kuən *m* 1, *pl* ~**ta** haven, harbour; bend, curve
cuar kuər *m* 1 curve; hoop, *a* 1 curved; bent; hooped *vt & i* curve
cuarán kuəra:n *m* 1 sandal
cuanna kuənə *a* 3 comely, graceful; charming, elegant
cuardach kuərdəx *m* 1 search *a* 1 searching
cuardaigh kuərdi: *vt & i* search; search for, seek

cuardaitheoir kuardiho:r′ *m*3 searcher
cuartaíocht kuərti:(ə)xt *f*3 visiting; tourism
cuas kuəs *m*1 *npl* ~**a** cavity; recess; cove, creek; bay
cuasach kuəsəx *a*1 cavernous, hollow; concave
cuasnóg kuəsno:g *f*2 wild bees' nest; lucky find
cúb ku:b *f*2 coop; bend, fold *vt* & *i* coop; bend; cower, shrink
cúbláil ku:bla:l′ *f*3 manipulation; defalcation *vt* & *i* gather in, grab; manipulate; defalcate
cúblálaí ku:bla:li: *m*3 grabber; defalcator
cúcamar ku:kəmər *m*1 cucumber
cudal kudəl *m*1, ~ (*sceitheach*) cuttlefish
cufa kofə *m*4 cuff
cufróg kufro:g *f*2 cypress
cuí ki: *a*3 fitting, proper
cuibheas kiv′əs *m*1 fitness, propriety; seemliness, decency
cuibheasach kiv′əsəx ~ ki:səx *a*1 fair, middling
cuibhiúil kiv′u:l ~ ki:u:l′ *a*2 proper; seemly, decent
cuibhreach kiv′r′əx *m*1 binding, fetter; trammel
cuibhreann kiv′r′ən *m*1 common table, mess; division, allotment, portion; enclosed field; tilled field, *bheith i g* ~ *duine* to be at table with a person, to be in a person's company
cuibhrigh kiv′r′i: *vt* bind, fetter
cuid kid′ *f*3, *gs* **coda** *pl* **codanna** part; share; portion, ~ *de na daoine* some of the people, *cuid mhór páipéir* a lot of paper, *mo chuid éadaigh* my clothes, ~ *iontais é* it is a matter for wonder, *do chuid a shaothrú* to earn one's living, *a chuid* my dear
cuideachta kid′əxtə *f*4 company; companionship; fun, amusement
cuideachtúil kid′əxtu:l′ *a*2 companionable, sociable
cuideáin kid′a:n′ *a*1 extraneous; odd, *éan* ~ strange bird; loner
cuidigh kid′i: *vi* help; requite, *cuidiú le rún* to second a motion, ~ *liom* help me
cuiditheoir kid′iho:r′ *m*3 helper; supporter, seconder
cuidiú kid′u: *m*4 help, assistance
cúig ku:g′ *m*4 & *a* five, ~ *déag* fifteen
cúige ku:g′ə *m*4 province
cúigeach ku:g′əx *m*1 & *a*1 provincial
cúigeachas ku:g′əxəs *m*1 provincialism
cuigeann kig′ən *f*2, *pl* -**gne** (of milk) churning; churn
cúigear ku:g′ər *m*1 five persons
cúigiú ku:g′u: *m*4 & *a* fifth
cúigleáil ku:g′l′a:l′ *f*3 embezzlement *vt* & *i* cheat; embezzle
cúigréad ku:g′r′e:d *m*1 quintet
cuil kil′ *f*2, *pl* ~**eanna** (*insect*) fly
cúil ku:l′ *f*, *gs* **cúlach** *pl* **cúlacha** corner, nook, *i g* ~ *coicíse* cast aside
cuilce kil′k′ə *f*4 quilt; bedding, mattress
cuilceach kil′k′əx *m*1 rascal, scamp
cuileann kil′ən *m*1 holly

cúileann ku:l′ən *f*2 fair maiden *a*1 fair-haired
cuileog kil′o:g *f*2, (*insect*) fly
cúilín ku:l′i:n′ *m*4, (*in games*) point
cuilithe kil′əhə *f*4 eddy; vortex; centre, core, *i g* ~ *tinnis* in the throes of sickness
cuilithín kil′əhi:n′ *m*4 ripple, chop; whirling flake
cuilmheáchan ′kil′,v′a:xən *m*1 (boxing) fly-weight
cuilt kil′t′ *f*2, *pl* ~**eanna** quilt
cuimhin kiv′ən′ *s*, *is* ~ *liom* I remember
cuimhne kiv′n′ə *f*4 memory, *cuimhní cinn* recollections; memoirs
cuimhneach kiv′n′əx *a*1 recollective; thoughtful, *is* ~ *liom* I remember
cuimhneachán kiv′n′əxa:n *m*1 commemoration; memento
cuimhneamh kiv′n′əv *m*1 remembrance: recollection; conception
cuimhnigh kiv′n′i′: *vt* & *i* remember; consider, think; remind; conceive
cuimhnitheach kiv′n′ihəx *a*1 memorial
cuimil kim′əl′ *vt* & *i pres* -**mlíonn** rub; stroke; wipe
cuimilt kim′əl′t′ *f*2 rubbing; stroking; wiping; friction
cuimleoir kim′l′o:r′ *m*3 wiper, rubber
cuimse kim′s′ə *f*4 good amount, plenty, *gan chuimse* limitless *as*, *thar*, ~ exceeding, *tá fuacht as* ~ *ann* it is extremely cold
cuimsigh kim′s′i: *vt* comprehend; include, comprise; control
cuimsitheach kim′s′ihəx *a*1 comprehensive, inclusive; focal, *clásal* ~ restrictive clause
cuimsiú kim′s′u: *m*4 connotation, scope; inclusion
cuing kiŋ′ *f*2, *pl* ~**eacha** yoke; bond, obligation; tie; nape (of neck); neck of land
cuingir kiŋ′g′ər′ *f*, *gs* -**greach** *pl* -**greacha** yoke; pair, couple; group, herd
cuingrigh kiŋ′r′i: *vt* yoke, couple
cúinne ku:n′ə *m*4 corner; angle, nook
cúinneach ku:n′əx *m*1 corner(-kick) *a*1 cornered, having corners
cuinneog kin′o:g *f*2 churn
cúinse ku:n′s′ə *m*4 countenance; show, circumstance *pl* affairs; pretext; wile, *ar aon chúinse* in any, under no, circumstances, *ar chúinse go* on condition that
cúipéir ku:p′e:r′ *m*3 cooper
cuir kir′ *vt* & *i*, *vn* **cur** sow, plant; bury; set; put; send, *líon a chur* to cast a net, *snaidhm a chur* to tie a knot, *eolas an bhealaigh a chur* to ask the way, *báire a chur* to score a goal, *ag cur fearthainne* raining, ~ *amach* pour out; issue, publish, ~ *eadh amach air go raibh sé breoite* he was reported to be sick, *tá a chroí ag cur air* his heart is troubling him, ~ *as* put out (of); add to; emit, extinguish, *cur as do dhuine* to disconcert a person, ~ *chun* advance, promote, *cur chun ruda* to set about sth, ~ *de* put off; remove from; get done, get over, ~ *díot* be off, *cur fút in áit* to settle down in a place, *cur in*

aghaidh ruda to oppose sth, *cur isteach ar phost* to apply for a job, *cur isteach ar dhuine* to incovenience, interrupt, a person, *cur le gealltanas* to fulfil a promise, *ag cur le* in keeping with, *rud a chur ó mhaith* to render sth useless, ~ *uait* stop that, *cur síos ar rud* to describe sth, *cur suas de rud* to refuse to accept sth, *chuir siad trína chéile mé* they confused me, *scéal a chur trí chéile* to discuss a matter, ~ *umat* get dressed

cuircín kir′k′i:n′ *m*4 crest, comb

cuircíneach kir′k′i:n′əx *a*1 crested, tufted

cuireadh kir′ə *m*1, *pl* **-rí** invitation; summons

cuireata kir′ətə *m*4, (*cards*) knave, jack

cuirfiú kir′f′u: *m*4, *pl* ~**nna** curfew

cuirín kir′i:n′ *m*4 currant

cuirliún kirl′u:n *m*1 curlew

cúirt ku:rt′ *f*2, *pl* ~**eanna** court; mansion; courtyard, ~ *leadóige* tennis-court

cúirtéireacht ku:rt′e:r′əxt *f*3 courting

cúirtéis ku:rt′e:s′ *f*2 courtesy; (military) salute

cúirtéiseach ku:rt′e:s′əx *a*1 courteous

cúirteoir ku:rt′o:r′ *m*3 courtier

cuirtín kirt′i:n′ *m*4 curtain

cúis ku:s′ *f*2, *pl* ~**eanna** cause, reason; case, charge; movement, ~ *gháire* laughing matter, ~ *dlí* lawsuit, *ní dhéanfadh sin* ~ that wouldn't do

cúiseach ku:s′əx *a*1 prim, demure

cúiseamh ku:s′əv *m*1 accusation, charge

cúiseoir ku:s′o:r′ *m*3 accuser

cúisí ku:s′i: *m*4 accused person

cúisigh ku:s′i: *vt* accuse; charge, prosecute

cúisín ku:s′i:n′ *m*4 cushion

cúisitheoir ku:s′iho:r′ *m*3 prosecutor

cuisle kis′l′ə *f*4 vein; pulse; forearm, ~ *uisce* water channel

cuisne kis′n′ə *m*4 (hoar-)frost; frosty vapour

cuisneach kis′n′əx *a*1 frosty, hardy

cuisneoir kis′n′o:r′ *m*3 refrigerator

cuisnigh kis′n′i: *vt* & *i* freeze; refrigerate

cuisniúchán kis′n′u:xa:n *m*1 refrigeration

cúistiúnach ku:s′t′u:nəx *a*1 inquisitorial

cúistiúnacht ku:s′t′u:nəxt *f*3 inquisition

cúistiúnaí ku:s′t′u:ni: *m*4 inquisitor

cúiteach ku:t′əx *a*1 compensating, retributive

cúiteamh ku:t′əv *m*1 requital; recompense, compensation

cuiteog kit′o:g *f*2 earthworm

cúitigh ku:t′i: *vt* requite; repay, compensate

cúitineach ku:t′i:n′əx *m*1 cuticle

cúitiúc ku:t′u:k *m*1 caoutchouc, rubber

cuitléireacht kit′l′e:r′əxt *f*3 cutlery

cúl ku:l *m*1, *pl* ~**a** *in certain phrases* back; reserve, support; (*games*) goal; (*of army*) rear, *ar chúl na gaoithe* sheltered from the wind, *dul ar g*~ to go back; to recede, decline, ~ *a chur ar rud* to set back sth, (*marcaíocht*) *ar* ~*a* (riding) pillion, ~ *taca* backing; backer, ~ *le cine* one who

forsakes his own, ~ *gruaige* head of hair, ~ *báire* goalkeeper

cúlaí ku:li: *m*4, (*games*) back

cúlaigh ku:li: *vt* & *i* back, move back; reverse; retreat

culaith kuləh *f*2, *pl* **-Itacha** suit, apparel; gear, equipment

cúlaitheach ku:lihəx *a*1 regressive, retrogressive

cúlánta ku:la:ntə *a*3 secluded; backward; shy

cúlarán ku:ləra:n *m*1 earth-nut, pig-nut

cúlbhóthar ′ku:l̩vo:hər *m*1, *pl* **-óithre** by-road

cúlchaint ′ku:l̩xan′t′ *f*2 backbiting

cúlchistin ′ku:l̩x′is′t′ən′ *f*2, *pl* ~**eacha** back-kitchen; scullery

cúlchríoch ′ku:l̩x′r′i:x *f*2 hinterland

cúléist ′ku:l̩e:s′t′ *vi*, *vn* ~**eacht** eavesdrop

cúlghabhálach ′ku:l̩ɣava:ləx *a*1 retrospective

cúlgharda ′ku:l̩ɣa:rdə *m*4 rearguard

cúlionad ′ku:l̩inəd *m*1 background

cúlóg ku:lo:g *f*2 pillion; pillion-rider, *ar* ~ riding pillion

cúlra ku:lrə *m*4 background; (*of painting*) ground(work)

cúlráid ′ku:l̩ra:d′ *f*2 secluded place, *ar an g*~ in seclusion, *fanacht ar an g*~ to stay in the background

cúlráideach ′ku:l̩ra:d′əx *a*1 secluded; retiring

cúlsruth ′ku:l̩sruh *m*3, *pl* ~**anna** backward current; slip-stream

cúltaca ′ku:l̩takə *m*4 reserve

cúltort ′ku:l̩tort *vi* back-fire

cultúr kultu:r *m*1 culture

cultúrtha kultu:rhə *a*3 cultured

cúlú ku:lu: *m*4 backing, reversal; retirement; withdrawal, ~ *gealaí* waning of moon

cum kum *vt* & *i* form, shape; compose; devise; invent; limit, ration

cuma¹ kumə *f*4 shape, form; appearance, *ar chuma éigin* somehow, *ar aon chuma*, *ar chuma ar bith* at any rate, *ar an g*~ *chéanna* similarly

cuma² kumə *a*, *is* ~ *liom* it's all the same to me, I don't care, *is* ~ *duit* it doesn't matter to you, *is* ~ *nó bás é* it is the same as death, *is* ~ *no* matter, *bheith ar nós* ~ *liom faoi rud* to be indifferent to sth

cumá kə′ma: *interr adv* (with *ná*, *nach*) why (not)? ~ *nach suíonn tú?* why don't you sit down?

cumadh kumə *m*, *gs* **-mtha** formation; composition; contrivance, invention, ~ *bia* food-rationing

cumadóir kumədo:r′ *m*3 maker; composer, inventor

cumadóireacht kumədo:r′əxt *f*3 composition, invention; fiction

cumaisc kuməs′k′ *vt* & *i*, *pres* **-ascann** *vn* **-asc** mix; blend, combine; cohabit (*le* with)

cumalas kumələs *m*1 cumulus

cumann kumən *m*1 friendship, companionship; company; association, society, *a chumann* my darling

cumannachas kumənəxəs *m*1 communism
cumannaí kuməni: *m*4 communist
cumar kumər *m*1 ravine; steep-sided inlet; confluence, channel
cumarsáid kumərsa:d′ *f*2 communication
cumas kuməs *m*1 capability, power
cumasach kuməsəx *a*1 capable, powerful
cumasaigh kuməsi: *vt* enable, empower
cumasc kuməsk *m*1 mixture; blend, compound; merger
cumha ku:ə *m*4 loneliness, homesickness, nostalgia
cumhach ku:əx *a*1 lonesome, homesick, nostalgic
cumhacht ku:əxt *f*3 power; authority, influence; strength, energy
cumhachtach ku:əxtəx *a*1 powerful
cumhachtaigh ku:əxti: *vt* empower
cumharshalann ′ku:r‚halən *m*1 smelling-salts
cumhdach ku:dəx *m*1 cover, protection; shrine (of relic)
cumhdaigh ku:di: *vt* cover, protect; keep, preserve, *an dlí a chumhdach* to uphold the law
cumhra ku:rə *a*3 fragrant; pure, fresh; (*of timber*) sappy, green
cumhracht ku:rəxt *f*3 fragrance; perfume; purity, freshness; sappiness
cumhraigh ku:ri: *vt* perfume; embalm; purify, freshen
cumhrán ku:ra:n *m*1 perfume, scent
cumraíocht kumri:(ə)xt *f*3 shape, form; configuration
cumtha kumhə *a*3 shapely, comely; invented
cumthacht kumhəxt *f*3 shapeliness, comeliness
cúnamh ku:nəv *m*1 help, assistance
cúnant ku:nənt *m*1 covenant
cúnantóir ku:nənto:r′ *m*3 covenanter
cúng ku:ŋ *m*1 narrow; narrow part *a*1 narrow, *áit chúng* confined space, *tuairimí* ~*a* hide-bound opinions, *tá croí* ~ *aige* he is mean at heart
cúngach ku:ŋgəx *m*1 narrow space, congestion, *bheith sa chúngach* to be in a difficult situation, ~ *croí* miserliness
cúngaigeanta ′ku:ŋ‚ag′əntə *a*3 narrow-minded
cúngaigh ku:ŋgi: *vt* & *i* narrow, restrict, *cúngú ar cheart duine* to encroach on a person's rights
cúngú ku:ŋgu: *m*4 encroachment
cunsailéir kaunsəl′e:r′ *m*3 counsellor
cunta kuntə *m*4 count
cúntach ku:ntəx *a*1 helpful; auxiliary
cuntais kuntəs′ *vt* & *i* count
cuntanós kuntəno:s *m*1 countenance; pleasant appearance, civility
cuntaois kunti:s′ *f*2 countess
cuntar[1] kuntər *m*1 proviso, condition; chance; risk
cuntar[2] kuntər *m*1 (shop) counter
cuntas kuntəs *m*1 count; account, reckoning; narration, *sluaite gan chuntas* innumerable hosts, *i g* ~ *Dé* for goodness sake, ~ *duine a chur* to inquire about a person

cuntasóir kuntəso:r′ *m*3 accountant; book-keeper
cuntasóireacht kuntəso:r′əxt *f*3 accountancy; book-keeping
cúntóir ku:nto:r′ *m*3 helper, assistant
cuntraphointe ′kuntrə‚fon′t′ə *m*4 counterpoint
cunús kunu:s *m*1 dirt, rubbish; slovenly, useless, person
cuóta kwo:tə *m*4 quota
cupán kopa:n *m*1 cup
cupard kopərd *m*1 cupboard
cúpla ku:plə *m*4 couple, pair; twins, *an C* ~ Gemini
cúplach ku:pləx *a*1 twin
cúpláil ku:pla:l′ *f*3 copulation, mating; coupling *vt* & *i* link together; copulate, mate *cártaí a chúpláil* to suit cards
cúplán ku:pla:n *m*1, (*device*) coupling
cúpón ku:po:n *m*1 coupon
cur kur *m*1 sowing, planting; tillage; burial; setting, laying; course, round, ~ *uirlisí* set of tools, ~ *amach* emission, dispatch; production, ~ *amach a bheith agat ar rud* to have knowledge of sth, ~ *isteach* insertion; fitting; interference, ~ *síos* description, account, *focal gan* ~ *leis* an empty statement, ~ *le chéile* unity, cooperation, ~ *trí chéile* confusion; discussion
cúr[1] ku:r *m*1 froth, foam
cúr[2] ku:r *vt* chastise, scourge
curach kurəx *f*2 currach; coracle
cúrach ku:rəx *a*1 frothy, foamy
curaclam kurəkləm *m*1 curriculum
curadh kurə *m*1 warrior, hero; champion
curadóir kurədo:r′ *m*3 sower, tiller
curadóireacht kurədo:r′əxt *f*3 sowing, tilling
curaí kori: *m*4 curry
curaíocht kuri:(ə)xt *f*3 sowing, tillage; crops
cúram ku:rəm *m*1, *pl* **-aimí** care, responsibility, charge; family; task, duty
cúramach ku:rəməx *a*1 careful; tender; busy, full of care
cúránach ku:ra:nəx *a*1 frothy; foaming; creamy
curata kurətə *a*3 brave, heroic
curca kurkə *m*4 crest, tuft; topknot; cockade
curcach kurkəx *a*1 crested, tufted; cockaded
curfá kurfa: *m*4 chorus (of song)
curiarracht ′kur‚iərəxt *f*3 (sport) record
cúróg ku:ro:g *f*2 soufflé
curra kurə *m*4 holster
cúrsa ku:rsə *m*4 course; career; round; affair; circumstance; reef (of sail); ~*í* menstrual period, ~ *spioradálta* retreat, ~*í airgid* money matters, *ní* ~ *magaidh é* it is no laughing matter, *an* ~ *seo* on this occasion
cúrsáil ku:rsa:l′ *f*3 & *vt* & *i* cruise; course, *seol a chúrsáil* to reef a sail
cúrsaíocht ku:rsi:(ə)xt *f*3 circulation, currency
cúrsóir ku:rso:r′ *m*3 cruiser

cuspa kuspə *m*4 object; objective, ~ *sláinte* toast; (art) model
cuspóir kuspo:r' *m*3 target; object; objective, purpose; theme
cuspóireach kuspo:r'əx *m*1 object; objective, accusative, case *a*1 objective, accusative
custaiméir kostəm'e:r' *m*3 customer

custaiméireacht kostəm'e:r'əxt *f*3 custom, dealing
custam kostəm *m*1 customs
custard kostərd *m*1 custard
cuthach kuhəx *m*1 rage, fury
cúthail ku:həl' *a*1 shy; diffident, modest
cúthaileacht ku:həl'əxt *f*3 shyness, diffidence

D

dá¹ da: *conj* if, *dá mbeinn gan titim* if I had not fallen, *dá mba ea féin* even so
dá² da: **do** *or* **de** + *poss a* **a** to or for his, her, its, their; of or from or off his, her, its, their, *thug sí dá hathair é*, she gave it to her father, *chuir sé i dtaisce dá chlann é* he put it by for his children, *bhain sé dá cheann é* he removed it from his head, *cuid dá n-oidhreacht* part of their inheritance
dá³ da: **do** *or* **de** + *rel part* **a** of those who(m), of that which, *iomlán dá mbaineann linn* all (of those) who are connected with us, *gach uair dá smaoiním air* every time I think of it, *dá fheabhas dá bhfuil sé* however good he is
dá⁴ da: **de** + *part* **a** however, *dá airde an sliabh* however high the mountain
daba dabə *m*4 daub; blob; lump, *mac an* ~ ring finger
dabhach daux *f*2, *gs* **daibhche** *pl* **dabhcha** vat, tub; pool, pond
dabhaid daud' *f*2 piece, section; chunk
dabht daut *m*4, *pl* ~**anna** doubt
dada dadə *m*4 iota, jot, tittle, *ní* ~ *é* it is nothing, *an bhfuil* ~ *le rá agat?* have you anything to say?
daibhir dev'ər' *m*4, *pl* **-bhre** poor person *a*1, *gsf, npl & comp* **-bhre** poor, indigent
daibhreas dev'r'əs *m*1 poverty, indigence
daichead dax'əd *m*1, *pl* **-chidí** *& a* forty
daicheadú dax'ədu: *m*4 *& a* fortieth
daid dad' *m*4, *pl* ~**eanna** dad
daideo 'da'd'o: *m*4 grandad
daidí dad'i: *m*4 daddy
daigh daɣ' *f*2, *pl* **daitheacha** stabbing pain; twinge, ~ *chroí* heartburn *pl* rheumatics, rheumatism
daighear dair *f*2, *gs* **-ghre**, *pl* **-ghreacha** flame, fire, ~ *ghaoithe* blast of wind
daigheartha dairhə *a*3 fiery; stabbing, painful
dáil¹ da:l' *f*3, *pl* **dálaí, dála** *in certain phrases* meeting; tryst; assembly, convention; legislative assembly, parliament; distribution; circumstance, *bheith i n* ~ *duine* to be in a person's company, ~ *dí* serving of drink, *i ndeireadh na dála* when all is said and done, *i n* ~ *le bheith déanta* nearly done, *mo dhála féin* as in my own

case, *is é an dála céanna agamsa é*, it is the same with me, *dála mar a rinne mise* just as I did, *dála an scéil* by the way *pl* data
dáil² da:l' *vt* allocate, distribute, allot; pour out
dáilcheantar 'da:l',x'antər *m*1 constituency
dáileadh da:l'ə *m*, *gs* **-lte** *pl* **-ltí** appor-tionment, distribution
dáileog da:l'o:g *f*2, drop, dose
dáilia da:l'iə *f*4, *pl* ~**nna** dahlia
daille dal'ə *f*4 blindness; dullness, stupidity
dailtín dal't'i:n' *m*4 brat; impudent fellow
dáimh da:v' *f*2 love of kind; fellow-feeling, natural affection
daimsín dam's'i:n' *m*4 damson
daingean daŋ'g'ən *m*1 stronghold; fort, citadel, secure base; security, *i n* ~ firmly fixed *a*1, *gsf, npl & comp* **-gne** fortified, solid, secure, steadfast
daingne daŋ'n'ə *f*4 strength, security; firmness, solidity
daingnigh daŋ'n'i: *vt & i* fortify; strengthen, secure, *conradh a dhaingniú* to ratify a treaty, *dhaingnigh an slaghdán ann* his cold became chronic
daingnitheoir daŋ'n'iho:r' *m*3 stabilizer
dainséar dan's'e:r *m*1 danger
dainséarach dan's'e:rəx *a*1 dangerous
dair dar' *f*, *gs & gpl* **darach** *npl* **daracha** oak
dáir da:r' *f*, *gs* **dárach** heat (in cow)
dáiríre da:'r'i:r'ə *m*4 seriousness, *i n* ~ in earnest *adv & a*3 earnest, serious; in earnest, in reality, ~ *píre* really and truly
dáiríreacht da:'r'i:r'əxt *f*3 earnestness, seriousness
dairt dart' *f*2 dart; missile, clod
dairtchlár 'dart',xla:r *m*1 dartboard
daite¹ dat'ə *a*3 coloured, dyed, stained; comely
daite² dat'ə *a*3 allotted, *an saol atá* ~ *dúinn* the life in store for us
daitheacha dahəxə *fpl* rheumatics, rheumatism
dálach da:ləx *s*, *ag obair Domhnach is* ~ working ceaselessly
dalba daləbə *a*3 bold, forward; large, strong
dalcaire dalkər'ə *m*4 stocky person
dall¹ dal *m*1 blind person; dull person; dimness, ~ *bán* albino *a*1 blind; dazzled; dull; dazed, *bheith* ~ *ar rud* to be ignorant of sth *vt* blind; dazzle; daze; obscure

dallach daləx *s*, ~ *dubh a chur ar dhuine* to hoodwink a person

dallachar daləxər *m*1 dazzle

dalladh dalə *m*, *gs* -**llta** blinding; dazzlement, *bhí* ~ *bia ann* there was lashings of food, *ag obair ar* ~ working intensely, ~ *púicín* blindman's-buff; confusion; deception

dallamullóg 'dalə‚mulo:g *m*4 confusion, deception, delusion, ~ *a chur ar dhuine* to hoodwink, delude, a person

dallán dala:n *m*1 plug, stopper

dallarán daləra:n *m*1 dunce, fool

dallóg dalo:g *f*2 (window-)blind; blind creature, ~ *fhéir* dormouse, ~ *fhraoigh* shrew

dallradharcach 'dal‚rairkəx *a*1 shortsighted

dallraigh dalri: *vt* blind, dazzle, benumb (with cold)

dallraitheach dalrihəx *a*1 dazzling, glaring

dalta daltə *m*4 foster-child; pupil, student; alumnus; cadet

daltachas daltəxəs *m*1 fosterage; pupilage

daltas daltəs *m*1 cadetship

damáiste dama:s't'ə *m*4 damage; harm, injury *pl* damages

damáisteach dama:s't'əx *a*1 damaging, harmful; damaged; (*of food*) gone off

damanta daməntə *a*3 damned; damnable; wicked, terrible, ~ *daor* terribly dear

damascach daməskəx *a*1 damask, damascene

damba dambə *m*4 dam

dambáil damba:l' *vt* dam

damh dav *m*1 ox

dámh da:v *f*2 (academic) faculty, *an* ~ followers of the arts

damhán du:a:n *m*1, ~ *alla* spider

damhna daunə *m*4 matter, substance, material, ~ *bróin* cause of sorrow

damhsa dausə *m*4 dance

damhsaigh dausi: *vt* & *i* dance; jump about; gambol; shimmer

dámhscoil 'da:v‚skol' *f*2 bardic school

damhsóir dauso:r' *m*3 dancer

damnaigh damni: *vt* damn, condemn

damnú damnu: *m*4 damnation, condemnation, ~ *air!* damn it!

dán da:n *m*1, *pl* ~**ta** art, art of poetry; poem, *an rud atá i n*~ *dúinn* what is in store for us

dána da:nə *a*3 bold; daring, confident; audacious

dánacht da:nəxt *f*3 boldness; daring, confidence, audacity

danaid danəd' *f*2 grief, regret, loss

danaideach danəd'əx *a*1 grievous, sad

danar danər *m*1 foreigner, barbarian, *na Danair* the Danes

danartha danərhə *a*3 cruel, barbarous; unsociable

danarthacht danərhəxt *f*3 barbarity; unsociability

dánlann da:nlən *f*2 art gallery

daoi di: *m*4 ignorant person; dunce; boor

daoibh di:v' : **do²**

daoine di:n'ə : **duine**

daoineach di:n'əx *a*1 populous; numerous

daoire di:r'ə *f*4 dearness, costliness

daoirse di:rs'ə *f*4 slavery, bondage; oppression

daoirsigh di:rs'i: *vt* & *i* raise price of; make, become, dear

daoithiúil di:hu:l' *a*2 churlish; uncivil

daol di:l *m*1 beetle; insect, worm, *bhuail* ~ *caointe í* she took a sudden fit of crying

daonáireamh 'di:n‚a:r'əv *m*1 census of population

daonchairdeas 'di:n‚xa:rd'əs *m*1 philanthropy

daonchumhacht 'di:n‚xu:əxt *f*3 manpower

daonlathach 'di:n‚lahəx *a*1 democratic

daonlathaí 'di:n‚lahi: *m*4 democrat

daonlathas 'di:n‚lahəs *m*1 democracy

daonna di:nə *a*3 human; humane, kindly

daonnachas di:nəxəs *m*1 humanism

daonnacht di:nəxt *f*3 humanity; kindliness

daonnachtaí di:nəxti: *m*4 humanist

daonnachtúlacht di:nəxtu:ləxt *f*3 humaneness; philanthropy

daonnaí di:ni: *m*4 human being

daonra di:nrə *m*4 population

daonscoil 'di:n‚skol' *f*2, *pl* ~**eanna** folk-school

daor di:r *m*1 slave; condemned, convicted, person *a*1 unfree; servile; convicted, severe; dear, high-priced *vt* enslave; convict, condemn

daoradh di:rə *m*, *gs* -**rtha** enslavement; conviction, condemnation

daoránach di:ra:nəx *m*1 convict

daorbhreith 'di:r‚v'r'eh *f*2 conviction, sentence

daorghalar 'di:r‚γalər *m*1 piles

daorsmacht 'di:r‚smaxt *m*3 slavery, oppression

daoscarshlua 'di:skər‚hluə *m*4, *pl* ~**ite** common herd; rabble; rank and file

dar¹ dar *prep*, ~ *fia* by Jove, ~ *m'anam* by my soul

dar² dar *defective v* (with *le*) it seems, seemed, would seem (to), ~ *liom* it seems to me, I think, I thought, ~ *leis féin* in his own estimation

dar³ dar *do or de* + *indirect rel of copula* **ar** for whom (is), *an té* ~ *dual an mí-ádh* he who is fated to misfortune, *bean* ~ *bh ainm Deirdre* a woman whose name was Deirdre, *cé* ~ *díobh thú?* what is your (family) name?

dár¹ da:r *do or de* + *poss a* **ár** to, for, in, at, our; of, from, our, *slí bheatha* ~ *ndaoine* a way of living for our people, *duine* ~ *gclann* one of our children, *táimid* ~ *gcloí* we are being overcome

dár² da:r *do or de* + *rel part* **ar**, *an dream* ~ *fhóin sé* those whom he served, *an crann* ~ *scoitheadh iad* the tree from which they were lopped, *gach uair* ~ *smaoinigh mé air* every time I thought of it

dár³ da:r *prep*, *an lá* ~ *gcionn* the following day

dara darə *num a* second; next, other, *níl an* ~ *rogha agam* I have no alternative, *an* ~ *huair a thiocfaidh sé* next time he comes

darach darəx : **dair**

dartán darta:n *m*1 clod, sod

dás da:s *m*1 dais

dásacht da:səxt *f*3 daring, audacity; madness, fury

dásachtach da:səxtəx *a*1 daring, audacious; mad, furious

dáta¹ da:tə *m*4 date; period, *tá an* ~ *caite* the time has expired

dáta² da:tə *m*4 (*fruit*) date

dátaigh da:ti: *vt* date

dath dah *m*3 colour; appearance, ~ *a chur ar rud* to colour, dye, paint, sth, *scéal gan* ~ an unlikely story, *níl a dhath céille acu* they have no sense, *dheamhan a dhath!* devil a bit!

dathadóir dahədo:r′ *m*3 colourist; dyer, painter, ~ *cruthanta é* he is a born liar

dathadóireacht dahədo:r′əxt *f*3 dyeing, painting; exaggeration

dathaigh dahi: *vt & i* colour; dye, paint, *scéal a dhathú* to make a story plausible

dathannach dahənəx *a*1 multicoloured; colourful

dátheangach 'da:ˌhaŋgəx *a*1 bilingual

dátheangachas 'da:ˌhaŋgəxəs *m*1 bilingualism

dathúil dahu:l′ *a*2 colourful; good-looking, comely, beautiful

dathúlacht dahu:ləxt *f*3 good looks, comeliness, beauty

de de† *prep, pron forms* **díom** d′i:m, **díot** d′i:t, **de** d′e *m*, **di** d′i *f*, **dínn** d′i:n′, **díbh** d′i:v′, **díobh** d′i:v, from, off; of, *tóg den bhord é* take it off the table, *stad sé den ól* he stopped drinking, *leanúint de rud* to keep at sth, *a leithéid de lá* such a day, *éirí de léim* to jump up, *de ghlanmheabhair* off by heart, *ag obair d′oíche is de lá* working day and night, *de ghnáth* as a rule, *de bhrí gur fíor é* because it is true, *de bharr* on account of, *ní den mhúineadh é* it is not the polite thing to do, not manners, *bhí sé de nós acu* it was customary with them, *is fada de bhlianta* (ó) it is years (since), *má tá sé de mhisneach agat* if you have the courage, *is fearr de bhia é* (ná) it is better food (than), *rud eile de* and what is more, *cibé ar domhan de* but howsoever, *de réir mo thuairime* in my opinion, *de dheoin nó d′ainneoin* willingly or unwillingly

-de d′ə (with comparatives) *is fearrde sibh í* you are the better for it

dé¹ d′e: *f, gs & pl* ~**ithe** puff, breath; glimmer, *ar an* ~ *deiridh* at one's last gasp

dé² d′e: (in names of days of the week) *Dé Domhnaigh* (on) Sunday

dé-³ d′e: *pref* bi-, di-, two-

dé⁴ d′e: : **dia**

dea- d′a(:) *hyphenated pref* good; well-

deabhadh d′auə *m*1 haste, hurry

deabhaidh d′aui: *f, gs & pl* **deafa** strife, contention; fight

déabhlóid d′e:vlo:d′ *f*2 devolution

deabhóid d′avo:d′ *f*2 devotion

deabhóideach d′avo:d′əx *a*1 devout, devotional

deaca(i)- d′akə *pref* deca-

deacair d′akər′ *f, gs & pl* **deacra** difficulty; hardship, distress *a*1, *gsf, npl & comp* **-cra** hard, difficult

déach d′e:(ə)x *a*1, *gsm* ~ dual

deachaigh¹ d′axi: *vt* decimate

deachaigh² d′axi: *p dep of* **téigh**²

deachtafón 'd′axtəˌfo:n *m*1 dictaphone

deachtaigh d′axti: *vt* instruct; dictate

deachthas d′axhəs *p dep aut of* **téigh**²

deachtóir d′axto:r′ *m*3 dictator

deachtóireacht d′axto:r′əxt *f*3 dictatorship

deachtú d′axtu: *m*4 dictation

deachú d′axu: *f, gs* ~**n** *pl* ~**na** tenth part, tithe

deachúil d′axu:l′ *f*3 & *a*2 decimal

deachúlach d′axu:ləx *a*1 decimal

deachúlaigh d′axu:li: *vt* decimalize

deacracht d′akrəxt *f*3 difficulty; distress, discomfort

déad d′e:d *m*1, *npl* ~**a** tooth; set of teeth

déadach d′e:dəx *a*1 dental, toothed

déadchíor 'd′e:dˌx′i:r *f*2 denture

déag d′e:g *s* (with numerals) -teen, *aon* ~ eleven, *dó dhéag* twelve, *naoi* ~ nineteen *trí dhuine dhéag* thirteen persons, *a dhá oiread* ~ twelve times as much, *pl* ~**a** tens, teens

deagánach d′aga:nəx *m*1 deacon

déagóir d′e:go:r′ *m*3 teenager

dealagáideacht d′aləga:d′əxt *f*3 delegation

dealaigh d′ali: *vt & i* part, separate; distinguish, differentiate, ~ *le* part with, separate from, ~ *ó* subtract from

dealbh¹ d′aləv *f*2 statue

dealbh² d′aləv *a*1, *gsm* ~ destitute; bare, empty; bleak

dealbhach d′aləvəx *a*1 statuesque

dealbhaigh d′aləvi: *vt* sculpture

dealbhóir d′aləvo:r′ *m*3 sculptor

dealbhóireacht d′aləvo:r′əxt *f*3 sculpture

dealg d′aləg *f*2 thorn, prickle; spike; pin, brooch

dealgán d′aləga:n *m*1 knitting-needle

dealrachán d′alrəxa:n *m*1 clavicle, collar-bone

dealraigh d′alri: *vt & i* shine forth; illuminate, ~ *le* liken to, *dealraíonn sé go* it appears that

dealraitheach d′alrihəx *a*1 shining, resplendent; handsome, *is* ~ *lena athair é* he looks like his father, *scéal* ~ *a* likely story

dealraitheacht d′alrihəxt *f*3 appearance, resemblance; verisimilitude

dealramh d′alrəv *m*1 sheen, radiance; appearance; resemblance, *de réir dealraimh* apparently, *níl aon* ~ *leis sin* that's ridiculous

dealú d′alu: *m*4 separation; subtraction

dealús d′alu:s *m*1 destitution

dealúsach d′alu:səx *a*1 destitute, poor

deamhan d′aun *m*1 demon, ~ *fola* vampire, *dheamhan a bhfaca mé* I saw nothing, *dheamhan a fhios agam* I haven't the faintest idea

deamhanta d'auntə *a*3 demoniac(al); fiendish, *is* ~ *an bréagadóir é* he is an awful liar

dea-mhéin 'd'a(:)'v'e:n' *f*2 goodwill, *le* ~ with kind regards

déan¹ d'e:n *m*1 dean

déan² d'e:n *vt & i* do; practise; make; form; produce, *coir a dhéanamh* to commit a crime, *ionad duine a dhéanamh* to act in someone's place, *an Cháisc a dhéanamh* to celebrate Easter, *an fhírinne a dhéanamh* to speak the truth, *foighne a dhéanamh* to have patience, *tá an bád ag* ~*amh uisce* the boat is taking water, *do chuid a dhéanamh* to take one's meal, *ó rinne sé lá* since daylight, *fearthainn a dhéanamh* to rain, *aithris a dhéanamh ar dhuine* to imitate a person, *ag* ~*amh amach ar an tráthnóna* getting on for evening, *scéala a dhéanamh ar dhuine* to inform on someone, *an talamh a dhéanamh* to reach land, ~*amh ar an teach* to make for the house, *tá mé ag* ~*amh go bhfuil an ceart agat* I think you are right, *ag* ~*amh iontais de* wondering at it, *rinne sé dearmad de* he forgot it, *déanfaidh sé gnó, cúis* it will do, suffice *rinne sé eolas an bhealaigh dom* he directed me on my way, ~*amh (as) duit féin* to provide, shift, for oneself, *trua a dhéanamh do dhuine* to take pity on a person, *gáire a dhéanamh faoi dhuine* to laugh at someone, *rinne sé faoi mo dhéin* he made for me, *rinne siad mór leis* they became pally with him

déanach d'e:nəx *a*1 last, final; late, *ar na blianta* ~*a* in recent years

déanaí d'e:ni: *f*4, *le* ~ of late

déanamh d'e:nəv *m*1 doing; making, manufacture; *bhí sé ar dhéanamh uibhe* it was egg-shaped, *gan* ~ undone, unfinished

déanfasach d'e:nfəsəx *a*1 industrious, officious

déanmhas d'e:nvəs *m*1 formation, structure

deann d'an *m*3, *gs & npl* ~*a* sting; pang, thrill

deannach d'anəx *m*1 dust

deannachtach d'anəxtəx *a*1 sharp, severe

deannachúil d'anəxu:l' *a*2 dusty

deannóg d'ano:g *f*2 pinch (of snuff)

déanta d'e:ntə *a*3 complete, finished, *dochtúir* ~ fully-qualified doctor, ~ *na fírinne* to tell the truth, as a matter of fact

déantán d'e:nta:n *m*1 artefact

déantóir d'e:nto:r' *m*3 maker, manufacturer

déantús d'e:ntu:s *m*1 make, manufacture

déantúsaíocht d'e:ntu:si:(ə)xt *f*3 manufacturing

dear d'ar *vt* draw, design

deara d'arə *s, rud a thabhairt faoi deara* to notice sth, *rud a chur faoi* ~ *do dhuine* to cause someone to do something, *tú féin faoi* ~ *é* you are the cause of it yourself

dearadh d'arə *m*1, *pl* **-raí** design

dearbh¹ d'arəv *a*1, *is* ~ *liom go* I feel certain that, *go* ~ assuredly

dearbh-² d'arəv *pref* real, true; own, blood-; absolute

dearbhaigh d'arəvi: *vt & i* declare; confirm; prove, *dearbhú le rud* to testify to something

dearbhán d'arəva:n *m*1 voucher

dearbhchló 'd'arəv͵xlo: *m*4, *pl* ~**nna** positive

dearbhú d'arəvu: *m*4 declaration; confirmation; proof

dearc d'ark *vt & i* look, behold; regard, consider

dearcach d'arkəx *a*1 far-seeing, considerate

dearcadh d'arkə *m*1 look; outlook; foresight; consideration

dearcán d'arka:n *m*1 acorn

deardan d'a:rdən *m*1 rough weather

Déardaoin ͵d'e:r'di:n' *m*4 Thursday, ~ *Deascabhála* Ascension Thursday

dearfa d'arəfə *a*3 attested, proved; sure, certain, *go* ~ certainly, indeed

dearfach d'arəfəx *a*1 affirmative, positive

déarfaidh d'e:rhi: *fut of* **abair**

dearg¹ d'arəg *m*1, *npl* ~**a** red; rouge, *an* ~ *a chur in uachtar* to turn the sod *a*1 red; glowing; intense, *cneá dhearg* raw wound, *cosán* ~ beaten track, *bhí cogadh* ~ *ann* there was bloody war, a regular set-to, *bhí an t-ádh* ~ *air* he was in real luck *vt & i* redden; blush; glow; wound; (of soil) turn up, *píopa a dheargadh* to light a pipe, *dhearg sí air* she rounded on him

dearg-² d'arəg¹ *pref* red; real; intense, utter

deargadaol 'd'arəgə͵di:l *m*1 devil's coach-horse

deargán d'arəga:n *m*1 sea-bream

dearlacadh d'a:rləkə *m*, *gs & pl* **-laicthe** gift, bounty

dearlaic d'a:rlək' *f*2 endowment *vt, pres* **-acann** grant, bestow, endow

dearmad d'arəməd *m*1 forgetfulness, negligence; omission; mistake, ~ *cló* misprint, ~ *a dhéanamh ar, de, dhuine* to forget about a person, *mo dhearmad* by the way *vt* forget, overlook, omit

dearmadach d'arəmədəx *a*1 forgetful, absent-minded

dearna¹ d'a:rnə *f*, *gs* ~**n** *pl* ~**na** palm (of hand); slap, thump

dearna² d'a:rnə *p dep of* **déan²**

dearnadóir d'a:rnədo:r' *m*3 palmist

dearnáil d'a:rna:l' *f*3 darning *vt & i* darn

dearóil d'aro:l' *a*1 frail, puny; cold, bleak; poor, wretched

dearscnaitheach d'arsknihəx *a*1 excellent; distinctive; distinguished, prominent

deartháir d'arha:r' ~ d'r'aha:r' *m*, *gs* **-ár** *pl* ~**eacha** brother, *a Sheáin, a dhearthair,* my dear Seán

dearthóir d'arho:r' *m*3 designer

deas¹ d'as *s, ó dheas* southwards, *dul ó dheas* to go south, *an taobh ó dheas* the southerly part

deas² d'as *s, de dheas, i n* ~, *do* near, close, to

deas³ d'as *a*1, (*of position*) right, *an lámh dheas* the right hand

deas⁴ d'as *a*1, ~ *do* near, close; convenient to, *an ceann is deise duit* the nearest to you, *bheith ~ i ngaol do dhuine* to be closely related to a person

deas⁵ d'as *a*1, *gsm* ~ nice, *is* ~ *a chodlóinn néal* I'd love to take a nap, *is é atá* ~ *air* he sure can do it

deasach d'asəx *a*1 righthanded

deasaigh d'asi: *vt & i* dress; prepare; settle in position, aim

deasbhord 'd'as,vo:rd *m*1 starboard

deasc¹ d'ask *f*2 desk

deasc² d'ask *vt & i*, (*of liquid*) settle; glean; thin out

deasca d'askə *m*4 dregs; sediment; leaven, yeast, ~ *an tslaghdáin* after effects of the cold, *de dheasca* in consequence of

deascabháil d'askəva:l' *f*3 ascension

deascán d'aska:n *m*1 deposit, sediment; gleanings; accumulation; quantity

deaschaint 'd'as,xan't' *f*2 witty speech *pl* witticisms

deasghnáth 'd'as,ɣna: *m*3, *gs & npl* ~**a** rite, ceremony; formality

deaslabhra 'd'as,laurə *f*4 elocution

deaslámhach 'd'as,la:vəx *a*1 right-handed; dexterous, handy

deasóg d'aso:g *f*2 right hand; right fist

deastógáil 'd'as,to:ga:l' *f*3 assumption

deatach d'atəx *m*1 smoke; vapour, steam

deataigh d'ati: *vt* smoke

deatúil d'atu:l' *a*2 smoky; vaporous

débheathach 'd'e:,vʲahəx *m*1 & *a*1 amphibian

débhríoch 'd'e:,vʲr'i:(ə)x *a*1, *gsm* ~ ambiguous

débhríocht 'd'e:,vʲr'i:(ə)xt *f*3, ambiguity

décharbónáit 'd'e:,xarəbo:na:t' *f*2 bicarbonate

déchéileachas 'd'e:,x'e:l'əxəs *m*1 bigamy

déchosach 'd'e:,xosəx *m*1 & *a*1 biped

défhoghar 'd'e:,aur *m*1 diphthong

deic d'ek' *f*2 deck

deiceagram 'd'ek'ə,gram *m*1 decigram

deich d'ex' *m*4 & *a* ten

deichiú d'ex'u: *m*4 & *a* tenth

deichniúr d'ex'n'u:r *m*1 ten persons; decade (of rosary)

deicibeil 'd'ek'ə,b'el' *f*2 decibel

deiciméadar 'd'ek'ə,m'e:dər *m*1 decimetre

déideadh d'e:d'ə *m*1 toothache

déidhe d'e:ɣ'ə *m*4, *uimhir dhéidhe* dual number

deifir d'ef'ər' *f*2, *gs* -**fre** hurry; haste, *tá* ~ *leis* it is urgent

deifnídeach d'ef'n'i:d'əx *a*1 definitive

deifreach d'ef'r'əx *a*1 hurried, in a hurry

deifrigh d'ef'r'i: *vt & i* hurry, hasten

deighil d'ail' *vt*, *pres* -**ghleann** part, separate, divide, partition

deighilt d'ail't' *f*2 separation; division, partition

deighilteach d'ail't'əx *a*1 causing separation, divisive, *im* ~ soft butter

deighilteoir d'ail't'o:r' *m*3 separator

deil d'el' *f*2, *pl* ~**eanna** (turning-)lathe, *ar* ~ in good working order; neatly arranged

déil d'e:l' *f*2, (*timber*) deal

deilbh d'el'əv' *f*2, *pl* ~**eacha** frame; shape, appearance; warp

deilbhigh d'el'əv'i: *vt* frame; shape, fashion, *snáth a dheilbhiú* to warp thread

deilbhíocht¹ d'el'əv'i:(ə)xt *f*3, (*grammar*) accidence

deilbhíocht² d'el'əv'i:(ə)xt *f*3 bareness, poverty

deileadóir d'el'ədo:r' *m*3 turner

déileáil d'e:l'a:l' *f*3 dealing *vi* deal

déileálaí d'e:l'a:li: *m*4 dealer

deilf d'el'f' *f*2, *pl* ~**eanna** dolphin

deilgne d'el'əg'n'ə *f*4 thorns, prickles

deilgneach¹ d'el'əg'n'əx *f*2 chicken-pox

deilgneach² d'el'əg'n'əx *a*1 thorny, prickly; barbed

deilín d'el'i:n' *m*4 sing-song, rigmarole

deiliús d'el'u:s *m*1 sauciness, impudence

deiliúsach d'el'u:səx *a*1 saucy, impudent

deilt d'el't' *f*2, *pl* ~**eanna** delta

deimheas d'ev'əs *m*1 shears

deimhin d'ev'ən' *s* certainty, proof, ~ *a dhéanamh de rud* to make certain of sth *a*1, *gsf*, *npl & comp* -**mhne** sure, certain, *go* ~ *duit* I assure you, *go* ~ indeed

deimhneach d'ev'n'əx *a*1 certain; positive

deimhnigh d'ev'n'i: *vt & i* certify; affirm, confirm, verify, *deimhniú go* to make sure that

deimhniú d'ev'n'u: *m*4 certification, assurance, confirmation

deimhniúchán d'ev'n'u:xa:n *m*1 certification

deimhniúil d'ev'n'u:l' *a*2 affirmative

déin¹ d'e:n *s*, *dul faoi dhéin duine* to go to meet, to fetch, a person, *ag teacht faoi mo dhéin* coming towards, for, me

déin² d'e:n *: dian*

déine d'e:n'ə *f*4 swiftness; intensity; severity

deir¹ d'er' *f*2 shingles, herpes

deir² d'er' *pres of abair*

deirc d'er'k' *f*2 hole, hollow, cavity

déirc d'e:r'k' *f*2 charity, alms(-giving), *bheith ar an* ~ to be reduced to beggary, *fear, bean,* ~*e* beggar(-man, -woman)

deirceach d'er'k'əx *a*1 hollow, *gealach dheirceach* crescent moon

déirceach d'e:r'k'əx *m*1 almsgiver, charitable person; mendicant *a*1 charitable, helpful to the needy; mendicant

déircínteacht d'e:r'k'i:n't'əxt *f*3 begging, importuning

deireadh¹ d'er'ə *m*1, *pl* -**rí** end; finish; stern, rear, *D* ~ *Fómhair* October, *níl tús ná* ~ *air* it is in chaos; he is all confused, *bheith i n* ~ *na déithe* to be at one's last gasp, *tá* ~ *déanta* everything is done, *bheith ar* ~ to be last, *faoi dheireadh* at last, *bheith ar* ~, *chun deiridh, le rud* to be behindhand with sth, *as a dheireadh* eventually, at the heel of the hunt, *an lá faoi dheireadh* the other day, ~ *báid* stern of boat, *cosa deiridh* hind legs, *roth deiridh* back wheel

deireadh² d'er'ə *p hab of* **abair**

deireanach d'er'ənəx *a*1 last; late; latter, *bheith ~ ag rud* to be late for sth, *ar na blianta ~a* in recent years, *an scéala is deireanaí* the latest news

deireanas d'er'ənəs *m*1, *le* ~ recently

deirfiúr d'er'əf'u:r ~ d'r'ef'u:r *f, gs* **-féar** *pl* ~**acha** sister

deirge d'er'əg'ə *f*4 redness; glow; rawness; fallowness (of soil)

déirí d'e:r'i: *m*4 dairy

déiríocht d'e:r'i:(ə)xt *f*3 dairying

deirmitíteas ˌd'er'əm'ə't'i:t'əs *m*1 dermatitis

deis d'es' *f*2 right hand; right hand side; opportunity, *casadh faoi dheis* to turn right, *ar dheis na gréine* facing the sun, *dá mbeadh sé ar mo dheis agam* if I had it near me; if it were convenient for me, *an ~ a thapú* to seize the opportunity, *rinne sé ~ dom* it served my purpose, *tá ~ a labhartha aige* he speaks well, has the knack of saying the right thing, *tá ~ mhaith orthu* they are in good circumstances, *~ imeartha* playing facilities, *~ a chur ar rud* to repair something

deisbhéalach 'd'es'ˌv'e:ləx *a*1 well-spoken, witty

deisceabal d'es'k'əbəl *m*1 disciple

deisceart d'es'k'ərt *m*1 south, southern part

deisceartach d'es'k'ərtəx *m*1, southerner *a*1 southern

déise d'e:s'ə : **dias¹**

deiseacht d'es'əxt *f*3 nearness, closeness

deiseal d'es'əl *adv* in right hand direction, sunwise, *dul ~* to go clockwise, *casadh ~, ar ~* to turn right

deisealach d'es'ələx *a*1 towards the right, clockwise; right handed, dexterous; tidy

deisealán d'es'əla:n *m*1 cowlick

deisigh d'es'i: *vt* mend, repair

deisitheoir d'es'iho:r' *m*3 mender, repairer

deisiú d'es'u: *m*4 repair(ing), *thug siad ~ dá chéile* they abused each other

deisiúchán d'es'u:xa:n *m*1 mending, repairing; putting things in order

deisiúil d'es'u:l' *a*2 well-to-do; well-equipped

deisiúr d'es'u:r *m*1 southerly aspect

deismíneacht d'es'm'i:n'əxt *f*3 refinement; primness, preciosity

deismir d'es'm'ər' *a*1 fine, exemplary; neat, tidy; refined, pretty

deismireacht d'es'm'ər'əxt *f*3 example, illustration; neatness, tidiness; refinement, prettiness, ~ *chainte* nice turn of phrase

deismireán d'es'm'ər'a:n *m*1 curio

déistin d'e:s't'ən' *f*2 distaste, nausea; disgust, loathing

déistineach d'e:s't'ən'əx *a*1 distasteful, nauseating; disgusting, loathsome

déithe d'e:hə : **dia**

dénártha 'd'e:ˌna:rhə *a*3 binary

deo d'o: *s, go* ~ forever, always, *ní rachaidh mé ann go ~ arís* I will never go there again, *bhí sé an-fhuar go ~* it was exceedingly cold

deoch d'ox *f, gs* **dí** *pl* ~**anna** drink; potion; infusion, wash, ~ *chodlata* sleeping-draught, *ar ~* in one's cups

dé-ocsaíd 'd'e:ˌoksi:d' *f*2 dioxide

deoin d'o:n' *f*3, *pl* **deonta** will, consent, *de do dheoin (féin)* of one's own free will

deoir d'o:r' *f*2, *npl* **-ora** *gpl* **-or** tear, drop, *deora codlata* sleeping draught, *deora Dé* fuchsia

deoise d'o:s'ə *f*4 diocese

deol d'o:l *m*1 dole

deolcach d'o:lkəx *m*1 suckling

deolchaire d'o:lxər'ə *f*4 gratuity, bounty

deonach d'o:nəx *a*1 voluntary; willing; providential

deonachán d'o:nəxa:n *m*1 donation

deonaigh d'o:ni: *vt & i* grant, consent; condescend

deontas d'o:ntəs *m*1 grant

deontóir d'o:nto:r' *m*3 grantor, ~ *fola* blood donor

deonú d'o:nu: *m*4 grant, consent; condescension, *trí dheonú Dé* by God's will

deorach d'o:rəx *a*1 tearful

deoraí d'o:ri: *m*4 stranger, wanderer, exile; lonely person, *ní raibh duine ná ~ ann* there wasn't a soul there

deoraíocht d'o:ri:(ə)xt *f*3 exile

deoranta d'o:rəntə *a*3 strange, foreign, aloof

déroinn 'd'e:ˌron' *vt* bisect

déscéalaíocht 'd'e:ˌs'k'e:li:(ə)xt *f*3 mythology

déshúiligh 'd'e:ˌhu:l'i: *npl* binoculars

dhá γa: *num a* two

dháréag γa:r'e:g *m*4 twelve persons, *an Dáréag (Aspal)* the Twelve (Apostles)

dhein γ'en' *var p of* **déan**

di d'i : **de, do²**

dí¹ d'i: : **deoch**

dí-² d'i: *pref* de-, di-, dis-, in-, un-

dia d'iə *m, gs* **dé** *pl* **déithe** God; deity, *D ~ duit* God save you, *D ~ (go deo) leat* bravo, *idir mé is D ~* I swear to God, *mura bhfuil ag D ~* unless God has decreed otherwise

diabhal d'iəvəl *m*1 devil, *an ~ capaill sin* that devil of a horse, *d'anam, do chorp, don ~* damn you, *biodh an ~ acu* to hell with them, *téigh tigh, i dtigh, diabhail* go to blazes, *ní miste liom sa ~* I don't care a damn, *ag imeacht in ainm an diabhail* going like the devil, *(don) ~ focal* devil a word, *(ná) don ~ é* devil a bit, ~ *a mbeadh a fhios agat* you would never know

diabhalta d'iəvəltə *a*3 mischievous, ~ *greannmhar* extremely funny

diabhlaí d'iəvli: *a*3 diabolic, devilish

diabhlaíocht d'iəvli:(ə)xt *f*3 devilry, witchcraft; devilment, mischievousness; cursing

diach d'iəx *s* deuce, *nach é an ~ é?* isn't it the deuce?

diachair d'iəxər' *f* 3, *gs* **-chra** pain, affliction; distress

diachas d'iəxəs *m* 1 theism

diachrach d'iəxrəx *a* 1 painful, sore; distressing

diaga d'iəgə *a* 3 divine; godly; sacred, holy; theological

diagacht d'iəgəxt *f* 3 divinity, theology;

diagaire d'iəgər'ə *m* 4 theologian

diaganta d'iəgəntə *a* 3 godly, pious

diaibéiteas 'd'iə,b'e:t'əs *m* 1 diabetes

diaidh d'iəɣ' *s*, ~ *ar n* ~ gradually, *siúl i n* ~ *duine* to walk after, a person, *mí ina dhiaidh* a month after *i n* ~ *a chéile* one after another; by degrees, *tá an teach uaigneach ina n* ~ the house is lonely since they went, *ní bheidh Dia ina dhiaidh orainn* God won't hold it against us, *i n* ~ *an ama* after the (due) time, *leath i n* ~ *a haon* half past one, *chuaigh sé i n* ~ *a chinn isteach san uisce* he went head first into the water, *ina dhiaidh sin* afterwards, *ina dhiaidh sin is uile* notwithstanding all that, *i n* ~ *gur iarr mé é* even though I asked for it

diail¹ d'iəl' *f* 2, *pl* ~**eanna** dial

diail² d'iəl' *a* 1 terrible, remarkable, *is* ~ *an reathaí é* he is a terrific runner, *go* ~! splendid!

diailigh d'iəl'i: *vt & i* dial

dialann d'iələn *f* 2 diary

dialannaí d'iələni: *m* 4 diarist

diall d'iəl *vi*, ~ *le*, *ar* incline towards, ~ *ó* decline, deviate, from

diallait d'iələt' *f* 2 saddle

diallaiteoir d'iələt'o:r' *m* 3 saddler

diamant d'iəmənt *m* 1 diamond

diamhair d'iəvər' *f* 2, *pl* **-mhra** dark, secluded, place; solitude; mystery, ~ *a bheith ort* to have an eerie feeling *a* 1, *npl* **-mhra** dark; occult, mysterious; secluded; weird, lonely

diamhasla 'd'iə,vaslə *m* 4 blasphemy

diamhracht d'iəvrəxt *f* 3 darkness; mysteriousness; weirdness

dian d'iən *a* 1, *gsm* **déin** *gsf & comp* **déine** intense, strong; hard, severe

dianchosc 'd'iən'xosk *m* 1 strict prohibition

dianchúram 'd'iən'xu:rəm *m* 1 intensive care

dianleathadh 'd'iən''l'ahə *s*, *ar* ~ wide open

diantréanach 'd'iən''t'r'e:nəx *a* 1 ascetic

diantréanas 'd'iən''t'r'e:nəs *m* 1 asceticism

dí-armáil 'd'i:,arəma:l' *f* 3 disarmament *vt & i* disarm

dias¹ d'iəs *f* 2, *gs* **déise** ear of corn; spike (of plant)

dias² d'iəs *m* 1 deism

diasraigh d'iəsri: *vt & i* glean

diathair d'iəhər' *f* 2 orbit, *ar* ~ in orbit

díbeartach d'i:b'ərtəx *m* 1 banished person; outcast

díbh d'i:v' : **de**

dibheán d'ə'v'a:n *m* 1 divan

díbheirg 'd'i:,v'er'əg' *f* 2 wrath, vengeance

díbheirgeach 'd'i:,v'er'əg'əx *a* 1 wrathful, vengeful

díbheo 'd'i:,v'o: *a* 3 lifeless, listless, moribund

díbhinn d'i:v'ən' *f* 2 dividend

díbhirce d'i:v'ər'k'ə *f* 4 ardour, eagerness, zeal

díbhirceach d'i:v'ər'k'əx *a* 1 ardent, eager, zealous

díbhoilsciú 'd'i:,vol's'k'u: *m* 4 deflation

díbholaíoch 'd'i:,voli:(ə)x *m* 1 *& a* 1, *gsm* ~ deodorant

díbir d'i:b'ər' *vt*, *pres* **-bríonn** drive out, banish, expel, *taibhse a dhíbirt* to lay a ghost

díbirt d'i:b'ərt' *f* 3, *gs* **-beartha** banishment, expulsion

díblí d'i:b'l'i: *a* 3 worn-out, debilitated, dilapidated; vile, debased

díbligh d'i:b'l'i: *vt & i* wear out, debilitate, dilapidate; revile, abuse

díblíocht d'i:b'l'i:(ə)xt *f* 3 debility, dilapidation, wretchedness; vileness

dícháiligh 'd'i:,xa:l'i: *vt* disqualify

dícheall d'i:x'əl *m* 1 best endeavour, *tá sé ar a dhicheall* he is doing his best, ~ *anama* all-out effort

dícheallach d'i:x'ələx *a* 1 doing one's best; earnest, diligent, *duine* ~ industrious person

dícheann 'd'i:,x'an *vt* behead; cut off, destroy

dícheíllí 'd'i:,x'e:l'i: *a* 3 senseless, foolish

díchnámhaigh 'd'i:,xna:vi: *vt* bone, fillet

díchreidmheach 'd'i:,x'r'ed'v'əx *m* 1 unbeliever *a* 1 unbelieving; sceptical; incredulous

díchuimhne 'd'i:,xiv'n'ə *f* 4 forgetfulness

díchuir 'd'i:,xir' *vt*, *vn* **-ur** expel; disperse, dispel

dídean d'i:d'ən *f* 2 cover, shelter; refuge, protection, *duine a dhídean* to shelter, protect, a person

dídeanach d'i:d'ənəx *a* 1 sheltering, protecting

dídeanaí d'i:d'əni: *m* 4 refugee

dídhaoinigh 'd'i:,ɣi:n'i: *vt* depopulate

difear d'if'ər *m* 1 difference

dífhostaíocht 'd'i:,osti:(ə)xt *f* 3 unemployment

difríocht d'if'r'i:(ə)xt *f* 3 difference

difriúil d'if'r'u:l' *a* 2 different (*le*, from)

diftéire d'if't'e:r'ə *f* 4 diphtheria

dígeann d'i:g'ən *m* 1 extreme, extremity; climax

dígeanta d'i:g'əntə *a* 3 pertinacious, obdurate; diehard

díghalraigh 'd'i:,ɣalri: *vt* disinfect

díghalrán 'd'i:,ɣalra:n *m* 1 disinfectant

díhiodráitigh 'd'i:,hidra:t'i: *vt* dehydrate

dil d'il' *a* 1 dear, beloved

díláithreach 'd'i:,la:hr'əx *m* 1 displaced person

díláithrigh 'd'i:,la:hr'i: *vt* displace; clear out; demolish

díláraigh 'd'i:,la:ri: *vt* decentralize

díle d'i:l'ə *f*, *gs* ~**ann** *pl* **-lí** flood; deluge, torrent, *an D* ~ the Flood, *thar dhroim na* ~ *ann* over the crest of the ocean

díleá 'd'i:,l'a: *m* 4 dissolution; digestion

díleách 'd'i:,l'a:x *a* 1, *gsm* ~ digestive

dileagra 'd'il',agrə *m*4 address, memorial

díleáigh 'd'i:,l'a:γ' *vt* & *i* dissolve; digest

dílis d'i:l'əs' *a*1, *gsf*, *npl* & *comp* **dílse** own; genuine; solid; loyal, faithful, *a dteanga dhílis* their own language, *a oidhre* ∼ his lawful heir, *ainm* ∼ proper name; proper noun, *a Dhia dhílis* dear God

dílleachta d'i:l'əxtə *m*4 orphan

dílleachtlann d'i:l'əxtlən *f*2 orphanage

dílse d'i:l's'ə *f*4 proprietory right; ownership; security; loyalty, fidelity, *dul i n* ∼ *le rud* to pledge oneself to sth

dílseacht d'i:l's'əxt *f*3 proprietory right, ownership; attribute; genuineness; allegiance, *móid* ∼*a* vow of fidelity

dílseánach d'i:l's'a:nəx *m*1 proprietor; loyal follower

dílseoir d'i:l's'o:r' *m*3 loyalist

dílsigh d'i:l's'i: *vt* vest; pledge; cede; appropriate; conceal, *fiacha a dhílsiú* to secure debts

díluacháil 'd'i:,luəxa:l' *f*3 devaluation *vt* devalue

diméin d'ə'm'e:n' *f*2, *pl* ∼**te** demesne

dímheas 'd'i:,v'as *m*3 disrespect, contempt

dímrí 'd'i:,m'r'i: *f*4 feebleness, helplessness; ineffectiveness

dímríoch 'd'i:,m'r'i:(ə)x *a*, *gsm* ∼ feeble, helpless, ineffectual

díneach d'i:n'əx *m*1 draught, potion

dineamó d'in'əmo: *m*4, *pl* ∼**nna** dynamo

dineasár d'in'əsa:r *m*1 dinosaur

ding¹ d'iŋ' *f*2, *pl* ∼**eacha** wedge *vt* wedge; pack tightly, stuff

ding² d'iŋ' *f*2, *pl* ∼**eacha** & *vt* dint

dinglis d'iŋ'l'əs' *f*2 tickle, titillation

dingliseach d'iŋ'l'əs'əx *a*1 ticklesome, ticklish

dinimiciúil d'in'im'ik'u:l' *a*2 dynamic

dinimít d'in'əm'i:t' *f*2 dynamite

dínit d'i:n'ət' *f*2 dignity; high estate

díniteach d'i:n'ət'əx *a*1 dignified

dínn d'i:n' : **de**

dinnéar d'in'e:r *m*1 dinner

dinnireacht d'in'ər'əxt *f*3 dysentery

dinnseanchas 'd'in',s'anəxəs *m*1 topography

dintiúr d'in't'u:r *m*1 indenture *pl* credentials

díobh¹ d'i:v *vt* & *i* extinguish; eliminate; become extinct

díobh² d'i:v : **de**

díobhadh d'i:və *m*1 elimination, extinction

díobhaí d'i:vi: *a*3 without issue, extinct

díobháil d'i:va:l' *f*3 loss, deprivation, want; injury, damage, *rud a bheith de dhíobháil ort* to want, need of sth, *cad é an* ∼ *(ach)* what harm (but)

díobhálach d'i:va:ləx *a*1 injurious, harmful; at a loss, wanting

díobhlásach d'i:vla:səx *a* prodigal

dioc¹ d'ik *m*3 pip (in fowl)

dioc² d'ik *m*3, *pl* ∼**anna** hunch, stoop

díocas d'i:kəs *m*1 eagerness, keenness

díocasach d'i:kəsəx *a*1 eager, keen

díochlaon 'd'i:,xli:n *vt*, (*grammar*) decline

díochlaonadh 'd'i:,xli:nə *m*, *gs* **-nta** *pl* **-ntaí** declension

díog d'i:g *f*2 ditch, trench, drain

díogarnach d'i:gərnəx *f*2 gasp(ing); breath, ∼ *sholais* glimmer of light

díogha d'i:v *m*4 the worst, ∼ *na bhfear* the worst of men, *rogha an dá dhíogha* choice between two evils

díograis d'i:grəs' *f*2 zeal; fervour; kindred affection, *racht* ∼*e* fit of devotion

díograiseach d'i:grəs'əx *a*1 fervent, zealous; devoted

díograiseoir d'i:grəs'o:r' *m*3 zealot, enthusiast

díol d'i:l *m*3 sale; payment; recompense, *i n* ∼ *ruda* in payment for sth, *is maith an* ∼ *ort é* you well deserve it, ∼ *trua é* he is to be pitied, ∼ *míosa de lón* a month's supply of provisions, *fuair sí a* ∼ *d'fhear* she got a husband worthy of her *vt* & *i* sell, pay, *dhíol sé go daor as* he paid dearly for it

díolachán d'i:ləxa:n *m*1 selling, sale

díolaim d'i:ləm' *f*3, *pl* **-amaí** gleaning, gathering; collection, ∼ *dána* anthology of verse

díolaíocht d'i:li:(ə)xt *f*3 payment; instalment; recompense

díoltach d'i:ltəx *m*1 avenger

díoltas d'i:ltəs *m*1 vengeance, revenge

díoltasach d'i:ltəsəx *a*1 vengeful, vindictive

díoltóir d'i:lto:r' *m*3 seller; vendor, dealer

díolúine d'i:lu:n'ə *f*4, *pl* **-ntí** exemption, immunity; licence

díom d'i:m : **de**

díomá d'i:ma: *f*4 disappointment, sorrow

díomách d'i:ma:x *a*1, *gsm* ∼ disappointed, sorry

diomail d'iməl' *vt*, *pres* **-mlaíonn** waste, squander

diomailt d'iməl't' *f*2 waste, extravagance

diomailteach d'iməl't'əx *a*1 wasteful, extravagant

diomaíoch d'imi:(ə)x *a*1, *gsm* ∼ ungrateful

diomaite d'imət'ə ∼ *de* apart from, besides

díomas d'i:məs *m*1 pride, arrogance; contempt

díomasach d'i:məsəx *a*1 proud, arrogant; contemptuous

díomhaoin d'i:vi:n' *a*1 idle; worthless; unemployed; unused

díomhaointeas d'i:vi:n't'əs *m*1 idleness; worthlessness, unemployment, ∼ *an tsaoil* the vanity of the world

díomú d'imu: *m*4 displeasure, dissatisfaction

díomua d'i:muə *m*4 defeat; drawback, disability

díomuachas d'i:muəxəs *m*1 defeatism

díomuan 'd'i:,muən *a*1 impermanent, transient; short-lived

díomúch d'imu:x *a*1, *gsm* ∼ displeased, dissatisfied

díon d'i:n *m*1, *pl* ∼**ta** protection, shelter; covering; roof, *vt* protect, shelter, proof, roof, thatch

díonach d'i:nəx *a*1 protective; impermeable, proof

díonbhrollach 'd'i:n,vroləx *m*1 foreword

díonchruthú 'd'i:n,xruhu: *m*, apologetics

diongbháil d'iŋva:l' *f* 3 match, equal; worth; constancy, assurance, *casadh fear a dhiongbhála air* he met his match

diongbháilte d'iŋva:l't'ə *a* 3 worthy, fitting; steadfast, constant, fixed, solid, thick-set; self-assured, *dúnta go* ~ securely closed, *ordú* ~ strict order, *labhairt go* ~ to speak decisively

díonmhar d'i:nvər *a* 1 protective, (water-, weather-) proof

díonteach 'd'i:n',t'ax *m*, *gs* **-tí** *pl* **-tithe** penthouse

dioplóma ,d'ip'lo:mə *m* 4 diploma

diopsamáine 'd'ipsə,ma:n'ə *f* 4 dipsomania

díorma d'i:rmə *m* 4 band, troop; detachment

díorthach d'i:rhəx *m* 1 & *a* 1 derivative

díorthaigh d'i:rhi: *vt* derive

díosal d'i:səl *m* 1 diesel

diosc d'isk *vi* dissect

díosc d'i:sk *vi* creak, grate

diosca d'iskə *m* 4 disc

dioscadh d'iskə *m*, *gs* **-ctha** dissection

dioscaireacht d'iskər'əxt *f* 3 light (house)work

díoscán d'i:ska:n *m* 1 creaking, grating; squeak, ~ *fiacla* gnashing of teeth

díoscánach d'i:ska:nəx *a* 1 creaky, squeaky, grating, rasping

diosmaid d'isməd' *f* 2 dispensation

díospóireacht d'i:spo:r'əxt *f* 3 disputing, debating; debate; discussion

díot d'i:t : **de**

díotáil d'i:ta:l' *f* 3 indictment *vt* indict

díotchúisigh 'd'i:t,xu:s'i: *vt* arraign

díothach d'i:həx *a* 1 wanting, deficient; needy, destitute

díothaigh d'i:hi: *vt* destroy, eliminate; exterminate

díothóir d'i:ho:r' *m* 3 destroyer, exterminator

díothú d'i:hu: *m* 4 destruction, extermination

dip d'ip' *f* 2, *pl* ~**eanna**, ~ *chaorach* sheep-dip

dírbheathaisnéis 'd'i:r''v'ah,as'n'e:s' *f* 2 autobiography

díreach d'i:r'əx *m* 1 straight; straightforwardness, *rud a chur as a dhíreach* to put sth out of plumb *a* 1 straight, direct; erect; straightforward; upright, honest, *soir* ~ due east, ~ *i ndiaidh a chéile* right after each other, *aill dhíreach* perpendicular cliff, *modh* ~ direct method, ~ *ag an doras* just at the door, *anois* (*go*) ~ just now, *go* ~ exactly

dírigh d'i:r'i: *vt* & *i* straighten, aim, direct, *gunna a dhíriú ar dhuine* to aim a gun at a person, *d'aire a dhíriú ar rud* to direct one's attention to sth, *díriú ar áit* to make straight for a place, *díriú ar dhuine* to round on a person

díríocht d'i:r'i:(ə)xt *f* 3 straightness; directness, uprightness

dís d'i:s' *f* 2 two; pair, couple, *an* ~ *acu* both of them

disc d'i:s'k' *f* 2 dryness, barrenness, *dul i n* ~ to run dry

díscaoil 'd'i:,ski:l' *vt* & *i* unloose, disperse, dissolve, disintegrate

díscigh d'i:s'k'i: *vt* & *i* dry up, drain out; consume; exterminate

disciplín d'is'k'əp'l'i:n' *m* 4 discipline

discréid d'is'k'r'e:d' *f* 2 discretion; reserve, secrecy

discréideach d'is'k'r'e:d'əx *a* 1 discreet; reserved, secret

díséad d'i:s'e:d *m* 1 duet

díseart d'i:s'ərt *m* 1 deserted place; hermitage

díshealbhaigh 'd'i:,haləvi: *vt* dispossess, evict

díshealbhú 'd'i:,haləvu: *m* 4 dispossession, eviction

dísle d'i:s'l'ə *m* 4 die; cube, *rud a chur ar dhíslí* to cast dice for sth

díspeag d'i:s'p'əg *vt* despise, belittle

díspeagadh d'i:s'p'əgə *m*, *gs* **-gtha** belittlement; (*grammar*) diminutive

dispeansáid d'is'p'ənsa:d' *f* 2 dispensation

díth[1] d'i: *f* 2, *npl* **díotha** *gpl* **díoth** loss; deprivation; lack; need, *rud a bheith de dhíth, a dhíth, ort* to need something, *dul ar* ~ to go to loss, *mo dhíth alas,* ~ *céille* folly

díthiomnach 'd'i:,himnəx *a* 1 intestate

dithneas d'ihn'əs *m* 1 haste, hurry, urgency

dithneasach d'ihn'əsəx *a* 1 urgent, hurried

díthreabh d'i:hr'əv *f* 2 uninhabited place; wilderness; hermitage

díthreabhach d'i:hr'əvəx *m* 1 recluse, hermit; homeless person; waif

diúc d'u:k *m* 1 duke

diúcacht d'u:kəxt *f* 3 duchy

diúg d'u:g *f* 2 drop *vt* drain, drink to the dregs; suck, sponge on

diúgaire d'u:gər'ə *m* 4 tippler; sponger

diúgaireacht d'u:gər'əxt *f* 3 draining, drinking dry; sponging, whimpering

diúilicín d'u:l'ək'i:n' *m* 4 mussel

diúité d'u:t'e: *m* 4, *pl* ~**ithe** duty

diúl d'u:l *m* 1 suck(ing), *leanbh* (*an*) *diúil* suckling *vt* & *i* suck

diúlach d'u:ləx *m* 1 fellow; lad

diúlfhiacail 'd'u:l,iəkəl' *f* 2, *pl* **-cla** milk-tooth

diúltach d'u:ltəx *m* 1 & *a* 1 negative, *dreach* ~ forbidding aspect

diúltaigh d'u:lti: *vt* & *i* deny, refuse, *dhiúltaigh sé m'iarratas* he refused my application, *diúltú do rud* to renounce, reject, sth, *diúltú roimh dhuine* to shrink from, shun, a person

diúltú d'u:ltu: *m* 4, denial, refusal; renunciation

diúnas d'u:nəs *m* 1 obstinacy

diúracán d'u:rəka:n *m* 1 projectile, missile

diúraic d'u:rək' *vt* & *i*, *pres* **-acann** *vn* **-acadh** cast, shoot, project; brandish

diurnaigh d'u:rni: *vt* drain, swallow; embrace

dlaíóg dli:o:g *f* 2 (little) wisp; single stalk, blade, ~ *ghruaige* lock of hair

dlaoi dli: *f* 4, *pl* ~**the** wisp; tuft; bundle of thatch, ~ *ghruaige* lock, tress of hair, *an* ~ *mhullaigh a chur ar rud* to finish off sth; to cap sth, ~ *de rópa* strand of rope

dlaoitheach dli:hǝx *a*1, (*of hair*) hanging in locks; (*of wool*) tufted

dleacht d'l'axt *f* 3, *pl* ~**anna** due, lawful right, ~ *chustaim* customs duty, ~ *údair* author's royalty

dleathach d'l'ahǝx *a*1 lawful; genuine; just

dlí d'l'i: *m*4, *pl* ~**the** law, *an* ~ *a chur ar dhuine* to take legal proceedings against a person

dlí-eolaíocht 'd'l'i:ˌo:li:(ǝ)xt *f* 3 jurisprudence

dligh d'l'iɣ' *vt* be entitled to, merit; be liable to, *dlíonn sé beannacht* he deserves a blessing, *dlitear dom é* I am entitled to it, *dlitear díom é* it is incumbent on me, *tá sé dlite ort é a dhéanamh* you are under an obligation to do it

dlínse d'l'i:n's'ǝ *f* 4 jurisdiction

dlíodóir d'l'i:(ǝ)do:r' *m*3 lawyer

dlisteanach d'l'is't'ǝnǝx *a*1 lawful, legitimate; proper; loyal

dliteanas d'l'it'ǝnǝs *m*1 lawful claim, right; liability

dlíthairgthe 'd'l'i:ˌhar'ǝk'ǝ *a*3, *nótaí* ~ legal tender notes

dlíthí d'l'i:hi: *m*4 litigant

dlíthiúil d'l'i:hu:l' *a*2 legal, juridical, lawful

dlúimh dlu:v' *f* 2, *pl* ~**eanna** mass; dense cloud, pall

dlúite dlu:t'ǝ *a*3 compressed

dlús dlu:s *m*1 compactness; density; fullness, ~ *ruda a bheith agat* to have an abundance of sth, ~ *a chur le rud* to speed up something

dlúsúil dlu:su:l' *a*2 diligent, industrious; expeditious

dlúth¹ dlu: *m*1 warp, *tá sé de dhlúth agus d'inneach ann* it is in his very nature

dlúth² dlu: *a*1 close; compact; dense; near

dlúthaigh dlu:hi: *vt* & *i* compress, tighten; draw together, *dlúthú le duine* to draw close to a person

do¹ dǝ *poss a* your

do² do ~ dǝ† *prep, pron forms* **dom** dom, **duit** dit', **dó** do: *m*, **di** d'i *f*, **dúinn** du:n', **daoibh** di:v', **dóibh** do:v', to, for, *dul don Spáinn* to go to Spain, *cóngarach do rud* near sth, *rud a thabhairt do dhuine* to give a person sth, *bheannaigh sé dom* he greeted me, *ní oireann sé duit* it doesn't suit you, *chonacthas dom* (*go*) it appeared to me (that), *inis scéal dúinn* tell us a story, *laethanta saoire do pháistí* holidays for children, *oíche mhaith duit* I bid you good night, *is maith dóibh é* it is well for them, *mar is eol duit* as you know, *b'éigean dóibh teitheadh* they had to fly, *cad is ainm dó?* what is his name? *ní gearánta duit* you shouldn't complain, *ag teacht dom* when I was coming, *sa chomhrá dúinn* during the course of our conversation

do-³ do† *pref* impossible, difficult, to; ill, evil

dó¹ do: *m*4 burning; scorching; combustion; burn, ~ *laidhre* inflammation between the toes, ~ *seaca* frostbite

dó² do: *m*4, *pl* ~**nna** two, ~ *dhéag* twelve

dó³ do: : **do²**

do-aimsithe ˌdo'am's'ihǝ *a*3 unattainable, inaccessible; elusive

do-áirithe ˌdo'a:r'ihǝ *a*3 countless, myriad

do-aitheanta ˌdo'ahǝntǝ *a*3 unrecognizable, indistinguishable

do-athraithe ˌdo'ahrihǝ *a*3 unchangeable, immutable; irrevocable

dóbair do:bǝr' *defective v*, ~ *dom titim*; ~ *go dtitfinn, gur thit mé* I nearly fell, ~ *dó* it was a near thing for him

dobhar daur ~ do:r *m*1 water; flood, torrent

dobharchú 'daurˌxu: ~ 'do:rˌxu: *m*4 otter

dobhardhroim 'daurˌɣrom' ~ 'do:rˌɣrom' *m*3, *pl* -**omanna** watershed

dobhareach 'daurˌax ~ 'do:rˌax *m*1, *gs* -**eich** *npl* ~**a** hippopotamus

dobhogtha ˌdo'vokǝ *a*3 immovable, irresponsive

do-bhraite ˌdo'vrat'ǝ *a*3 imperceptible, intangible

dobhránta daura:ntǝ *a*3 dull, stupid

dobhréagnaithe ˌdo'v'r'e:gnihǝ *a*3 irrefutable, undeniable, incontrovertible

dobhriathar 'doˌv'r'iǝhǝr *m*1, *pl* -**thra** adverb

dobhriste ˌdo'v'r'is't'ǝ *a*3 unbreakable, *geall* ~ sacred promise

dobrón ˌdo'bro:n *m*1 intense sorrow; grief, affliction

dobrónach ˌdo'bro:nǝx *a*1 grieving, afflicted

dócha do:xǝ *a*, *comp* **dóichí** (used with *is*) likely, probable, *is* ~ *é* I suppose so, *is* ~ (*go*) it is likely (that), *chomh* ~ *lena athrach* as likely as not, *is é is dóichí* (*de*) *go* it is most likely that

dochaideartha ˌdo'xad'ǝrhǝ *a*3 unsociable

dochaite ˌdo'xat'ǝ *a*3 durable, hard-wearing; inexhaustible; inedible

dochar doxǝr *m*1 harm; hurt, injury; damage, debit, *sochar agus* ~ profit and loss

dóchas do:xǝs *m*1 hope; expectation, trust, ~ *a bheith agat as duine, as rud* to hope in a person, in sth

dóchasach do:xǝsǝx *a*1 hopeful; confident, optimistic

docheansaithe ˌdo'x'ansihǝ *a*3 untameable, unmanageable

dochloiste ˌdo'xlos't'ǝ *a*3 inaudible

dochloíte ˌdo'xli:t'ǝ *a*3 indomitable, invincible; irrefutable

dochma doxmǝ *m*4 privation, hardship; gloom, depression; reluctance *a*3 distressed, uncomfortable; morose, reluctant

dochrach doxrǝx *a*1 harmful, hurtful, pernicious; distressing

dochraide doxrəd'ə *f* 4 hardship, oppression; distress

dochreidte ˌdo'x'r'et'ə *a*3 incredible

docht doxt *a*1, *gsm* ~ tight; rigid; strict *vt* tighten, bind securely

dochtúir doxtu:r' *m*3 doctor

dochtúireacht doxtu:r'əxt *f* 3 doctorate; medical practice; doctoring

dóchúil do:xu:l' *a*2 likely, probable

dochuimsithe ˌdo'xim's'ihə *a*3 boundless,

dóchúlacht do:xu:ləxt *f* 3 likelihood, probability

dochurtha ˌdo'xurhə *a*3 difficult to put, set, etc, ~ *i bhfeidhm* unenforcible

dócmhainn do:kvən' *f* 2 liability

dócmhainneach do:kvən'əx *a*1 insolvent

dócúl do:ku:l *m*1 discomfort; pain, distress

dodach dodəx *a*1 sullen; restive, jibbing

dodhéanta ˌdo'γ'e:ntə *a*3 impossible, hard to do; impracticable

dodhearmadta ˌdo'γ'arəmətə *a*3 unforgettable

dodhíleáite ˌdo'γ'i:ˌl'a:t'ə *a*3 indigestible

dodhíolta ˌdo'γ'i:ltə *a*3 unsaleable

do-earráide ˌdo'ara:d'ə *a*3 infallible

dofhaighte ˌdo'a:t'ə *a*3 unobtainable; rare

dofheicthe ˌdo'ek'ə *a*3 invisible, indiscernible

dofhulaingthe ˌdo'uləŋ'hə *a*3 unbearable

do-ghafa ˌdo'γafə *a*3 impregnable

doghonta ˌdo'γontə *a*3 invulnerable

doghrainn daurən' *f* 2 distress, affliction; difficulty

doghrainneach daurən'əx *a*1 distressful, afflicted; difficult

dogma dogmə *m*4 dogma

dogmach dogməx *a*1 dogmatic

dóib do:b' *f* 2 daub, plaster-clay; (sticky) mud

dóibeáil do:b'a:l' *vt* daub, plaster (with mud)

dóibh do:v' : **do²**

doicheall dox'əl *m*1 churlishness, inhospitality; unwillingness, *brú ar an* ~ to intrude where one is not wanted

doicheallach dox'ələx *a*1 churlish, inhospitable, grudging

doichte doxt'ə *f* 4 tightness, hardness, rigidity

doiciméad dok'əm'e:d *m*1 document

doiciméadach dok'əm'e:dəx *a*1 documentary

dóid do:d' *f* 2 hand, fist, handful; lump

do-ídithe ˌdo'i:d'ihə *a*3 inexhaustible

dóigh¹ do:γ' *f* 2 way, manner; state, condition, ~ *oibre* method of working, *ar dhóigh éigin* somehow, *ar aon* ~, *ar dhóigh ar bith* anyhow, *sa* ~ *sin de* as far as that is concerned, *tá* ~ *mhaith orthu* they are in good circumstances, *bheith gan* ~ to be in a poor way, ~ *a chur ar rud* to fix sth, *ar* ~ real, excellent, *ar dhóigh go* so that, ~ *a fháil ar rud* to get a chance to do sth

dóigh² do:γ' *f* 2 hope, expectation; confidence; likely subject, mark, ~ *a dhéanamh de rud* to take sth for granted, *de mo dhóigh* in my opinion, ~ *magaidh* butt for ridicule, *dar n* ~, *ar*

n ~ of course, (used as *a* with *is*) likely, probable, *is* ~ *liom* (*go*) I am of opinion (that)

dóigh³ do:γ' *vt & i* burn, sear, scorch

dóighiúil do:γ'u:l' *a*2 good-looking, handsome; generous; decent

dóighiúlacht do:γ'u:ləxt *f* 3 handsomeness; generosity; decency

doilbh dol'əv' *a*1 dark, gloomy; melancholy

doilbhir dol'əv'ər' *a*1, *gsf, npl & comp* **-bhre** dark, gloomy; slow of speech

doiléir dol'e:r' *a*1 dim, obscure; vague

doiléire dol'e:r'ə *f* 4 dimness, obscurity; vagueness

doilfeoir dol'əf'o:r' *m*3 conjurer, illusionist

doiligh dol'i: *a*1, *gsf, npl & comp* **-lí** hard, difficult; distressing

doilíos dol'i:s *m*1 sorrow, melancholy, affliction; contrition

doilíosach dol'i:səx *a*1 sorrowful, melancholy; contrite

doimhneacht dov'n'əxt *f* 3 depth; deep (place), *dul amach ar an* ~, to go out into deep water, on the deep (sea)

doimhnigh dov'n'i: *vt & i* deepen

Doiminiceach dom'ən'ək'əx *m*1 & *a*1 Dominican

doineann don'ən *f* 2 stormy weather, storm; wintriness

doineanta don'əntə *a*3 stormy; inclement, wintry

doingean doŋ'g'ən *m*1, (*fish*) bass

doinsiún don's'u:n *m*1 dungeon

do-inste ˌdo'in's't'ə *a*3 inexpressible, indescribable

doirb dor'əb' *f* 2, *pl* ~**eacha** water beetle

doire dor'ə *m*4 oak-wood; wood, grove, thicket

dóire do:ər'ə *m*4 burner

doirneog do:rn'o:g *f* 2 round stone, handstone

doirnín do:rn'i:n' *m*4 grip, handle; peg

doirse dors'ə : **doras**

doirseoir dors'o:r' *m*3 door-keeper, porter

doirt dort' *vt & i* pour; spill, shed, *dhoirt an dath* the colour ran, *ag* ~*eadh fearthainne* pouring rain, *tá sí* ~ *e dó* she is devoted to him

doirteadh dort'ə *m*, *gs* **doirte** pouring, spilling, ~ *fola* bloodshed,

doirteal dort'əl *m*1 (kitchen) sink

dóisceanta do:s'k'əntə *a* swarthy

do-ite ˌdo'it'ə *a*3 inedible

dóite do:t'ə *a*3 burned; withered, dry; bitter, severe, *bheith* ~ *de rud* to be tired of, fed up with, sth

dóiteacht do:t'əxt *f* 3 burning; bitterness, annoyance

dóiteán do:t'a:n *m*1 conflagration, fire

dóithín do:hi:n' *m*4, *ní haon* ~ *Brian* Brian is not a man to be trifled with, *ní haon* ~ *an obair seo* this work is no joke

dol dol *m*3, *gs & npl* ~**a** loop; noose, snare; ~ *eangaí* cast of a net, ~ *éisc* catch of fish, ~ *daoine* group of people, ~ *a bhaint as rud* to take a turn at sth *vt* loop; snare; net

dola¹ dolə *m*4 thole-pin; peg

dola² dolə *m*4 harm, loss; expense; toll
doláimhsithe ˌdo'la:vˈsˈihə *a*3 unmanageable, unwieldy
dólámhach 'do:ˌla:vəx *a*1 two-handed; all out; unaided, *ag obair* ~ working energetically, (as *s*) *ar* ~ with both hands, *ag* ~*(le)* working, competing, strenuously (with)
dólás do:la:s *m*1 dolour, tribulation; contrition
dólásach do:la:səx *a*1 dolorous, sorrowful
doleigheasta ˌdo'lˈaistə *a*3 incurable
doléite ˌdo'lˈe:tˈə *a*3 illegible
doleithscéil ˌdo'lˈeˌsˈkˈe:lˈ *a* inexcusable
dollar dolər *m*1 dollar
doloicthe ˌdo'lokˈə *a*3 fool-proof
doloiscthe ˌdo'losˈkˈə *a*3 noninflammable
dolúbtha ˌdo'lu:pə *a*3 inflexible, rigid; stubborn
dom dom : **do²**
domhain daun' *f*2, *gs* **doimhne** *pl* **doimhneacha** depth; deep, abyss; ~ *na farraige* the deep sea, *i ndoimhneacha an tsléibhe* in the recesses of the mountain *a*1, *gsf*, *npl* & *comp* **doimhne** deep; profound; *tá sé go* ~ *i bhfiacha* he is sunk in debt, ~ *i bhfarraige* far out to sea
domhainiascaireacht 'daunˈ ˌiəskər'əxt *f*3 deep-sea fishing
do-mhaite ˌdo'vatˈə *a*3 unforgivable; unforgiving
domhan daun *m*1 world; earth, *is beag den* ~ *é* it is very little indeed, *níl eagla ar* ~ *air* he is not a bit afraid, *pé ar* ~ *é* anyway, in any case, *an* ~ *de rud* a vast amount of sth, *tá meas an domhain acu air* they think the world of him
domhanda daundə *a*3 terrestrial; mundane, worldly; world-wide, *cogadh* ~ world war
domhanfhad 'daunˌad *m*1 longitude
domhanleithead 'daunˌlˈehəd *m*1 latitude
domhantarraingt 'daunˌtarən'tˈ *f*, *gs* **-gthe** gravitation of the earth, gravity
domheanma ˌdo'vˈanəmə *f*, *gs* ~**n** low spirits, dejection
domhillte ˌdo'vˈilˈtˈə *a*3 indestructible
domhínithe ˌdo'vˈi:nˈihə *a*3 inexplicable
Domhnach daunəx ~ do:nəx *m*1, *pl* - **aí** Sunday, *i n* ~ indeed, forsooth
domhúinte ˌdo'vu:n'tˈə *a*3 incorrigible, unteachable
domlas domləs *m*1 gall, bile; bitterness; rancour
domlasta domləstə *a*3 bilious; rancorous; obnoxious, *rud* ~ bitter, unsavoury, thing
domplagán dompləga:n *m*1 dumpling
dona donə *a*3 unfortunate, unlucky; bad; poor, wretched, *is* ~ *an scéal é* it is a sad state of affairs, *bheith go* ~ to be seriously ill
donacht donəxt *f*3 badness, wretchedness; misfortune; illness, *dul i n* ~ , *chun* ~ *a* to get worse
Dónall do:nəl *m*1, ~ *na gréine* happy-go-lucky person; foolish fellow, ~ *na gealaí* the man in the moon
donán dona:n *m*1 unfortunate person, wretch

donas donəs *m*1 ill-luck, misfortune; affliction, misery, *tá an* ~ *air le fuacht* it is dreadfully cold, *is cuma liom sa* ~ I don't care a rap
donn don *m*1 brown; brown animal; hard brown timber *a*1 brown, *cailín* ~ brown-haired girl, *teach* ~ *daingean* strong and secure house
donnóg dono:g *f*2 dunnock, hedge-sparrow
doraitheacht dorihəxt *f*3 line-fishing
doras dorəs *m*1, *pl* **doirse** door; doorway, *cur ó dhoras* riddance, evasion
dorcha dorəxə *f*4 darkness, obscurity *a*3 dark; obscure; blind; secretive
dorchacht dorəxəxt *f*3 dark state, darkness
dorchadas dorəxədəs *m*1 darkness, secrecy, reserve
dorchaigh dorəxi: *vt* & *i* darken; become secretive, reserved, *tá sé ag dorchú* (*san amharc*) his sight is failing
dorchla dorəxlə *m*4 corridor
dord do:rd *m*1 buzz, drone; (*of voice*) bass, ~ *mara* murmur of sea, ~ *beach* drone of bees, ~ *na murúch* the mermaid's chant *vi* hum, buzz, drone; chant in deep voice
dordán do:rda:n *m*1 hum, buzz, murmur, drone
dordghuth 'do:rdˌɣuh *m*3 bass voice
doréitithe ˌdo're:tˈihə *a*3 hard, impossible, to disentangle; insoluble, ~ *le* irreconcilable with
dorn do:rn *m*1, *npl* **doirne** fist; punch; handle, grip, ~ *mine* handful of meal, *dul sna doirne, ar na doirne, le duine* to engage in fisticuffs with a person
dornáil do:rna:lˈ *f*3 fistfighting, boxing *vt* & *i* fist, box
dornálaí do:rna:li: *m*4 boxer
dornálaíocht do:rna:li:(ə)xt *f*3 pugilism, boxing
dornán do:rna:n *m*1 fistful, handful; small handle, grip, ~ *daoine* small number of people
dornasc 'do:rˌnask *m*1 handcuff
dornásc 'do:rˌna:sk *m*1 feeling with hands, groping; (trout-)tickling
dornchla do:rnxlə *m*4 hilt
dornóg do:rno:g *f*2 mitten
doroinnte ˌdo'ron'tˈə *a*3 indivisible
dorr dor *f*2 anger; growl
dorrga dorəgə *a*3 surly, gruff
dorsán dorsa:n *m*1 drumming, humming, sound; growl
dórtúr do:rtu:r *m*1 dormitory
dorú doru: *m*4 marking-line; fishing-line, *as* ~ out of alignment
dos dos *m*1, *pl* ~**anna** bush, tuft; thicket
dosach dosəx *a*1 bushy, tufted
dosaen dose:n *m*4, *pl* ~**acha** dozen
doscaí doski: *a*3 extravagant, reckless
doscaoilte ˌdo'ski:lˈtˈə *a*3 impossible to loosen, indissoluble, inseparable
do-scartha ˌdo'skarhə *a*3 inseparable
doscriosta ˌdo'sˈkˈrˈistə *a*3 ineradicable, indestructible

doscúch dosku:x *a*1, *gsm* ~, (*of person*) tough, hard

doshamhlaithe ˌdoˈhaulihə *a*3 unimaginable, inconceivable

doshaothraithe ˌdoˈhi:hrihə *a*3 unworkable, (*of land*) irreclaimable

dosheachanta ˌdoˈhaxəntə *a*3 unavoidable, inescapable

doshéanta ˌdoˈhe:ntə *a*3 undeniable

doshiúlta ˌdoˈx'u:ltə *a*3 impassable

dosmachtaithe ˌdoˈsmaxtihə *a*3 ungovernable, unruly, uncontrollable

dóthain do:hən' *f*4 enough, sufficiency, *tá a seacht n* ~ *le rá acu* they talk far too much, ~ *rí de bhéile* a meal fit for a king

dóthanach do:hənəx *a*1 sated, *bheith* ~ *de rud* to be fed up with sth

dothuigthe ˌdoˈhik'ə *a*3 unintelligible, incomprehensible; inscrutable

dothuirsithe ˌdoˈhirs'ihə *a*3 tireless, indefatigable

dóú do:u: *num a* second

drabhlás draula:s *m*1 carouse; dissipation, *bheith ar an* ~ to be debauched, a profligate

drabhlásach draula:səx *a*1 dissipated, profligate, wretched

drabhlásaí draula:si: *m*4 profligate

drae dre: *m*4, *pl* ~**anna** dray

draein dre:n' *f*, *gs* -**aenach** *pl* -**aenacha** drain

draenáil dre:na:l' *f*3 drainage *vt & i* drain, dig drain(s)

dragan dragən *m*1 dragon

dragún dragu:n *m*1 dragoon

draid drad' *f*2, *pl* ~**eanna** grin, grimace, ~ *bhreá fiacla* fine set of teeth, *lán go* ~ full to the brim,

draidgháire 'drad'ˌγa:r'ə *m*4 toothy smile, grin

draighean drain *m*1 blackthorn; angry appearance; reluctance, *bata, maide. draighin* blackthorn stick, *tá* ~ *chun bruíne air* he is bristling for a fight

draighneán drain'a:n *m*1 blackthorn

draíocht dri:(ə)xt *f*3, *gs & pl* ~**a** druidic art; magic, enchantment, *bheith faoi dhraíocht* to be under a spell

draíochtach dri:(ə)xtəx *a*1 magical, bewitching, entrancing

draíodóir dri:(ə)do:r' *m*3 magician; crafty person; rogue, ~ *fir* wizard, enchanter, ~ *mná* witch, enchantress

dram dram *m*3, *pl* ~**anna** dram

dráma dra:mə *m*4 drama, play

drámadóir dra:mədo:r' *m*3 dramatist, playwright

drámaíocht dra:mi:(ə)xt *f*3 drama, dramatic art

drámata dra:mətə *a*3 dramatic

drámh dra:v *m*1, *pl* -**áite** non-trump card; inferior stuff; misfortune

dramhaíl dravi:l' *f*3 inferior stuff; refuse, trash

dramhaltach draultəx *f*2 trampling; trampled state

dramhpháipéar 'dra(v)ˌfa:p'e:r *m*1 waste paper

drandal drandəl *m*1 gum(s)

drann dran *vt & i* grin, snarl, ~ *adh le rud* to go near, interfere with, sth

drannach dranəx *a*1 snarling

drannadh dranə *m*1 grin, snarl, *ná bíodh* ~ *agat leo* don't go near, meddle with, them

drantaigh dranti: *vt & i* snarl; brandish

drantán dranta:n *m*1 snarling; grumbling; growl; humming, buzzing, ~ *ceoil* crooning

drantánach dranta:nəx *a*1 growling, grumbling; humming, crooning

draoi[1] dri: *m*4, *pl* ~**the** druid; wizard, magician; diviner; trickster

draoi[2] dri: *m*4, *an* ~ *daoine* a great number of people

draoib dri:b' *f*2 mud, mire; scum

draoibeach dri:b'əx *a*1 muddy, miry

draoibeáil dri:b'a:l' *vt* bespatter

draoidín dri:d'i:n' *m*4 midget

draothadh dri:hə *s*, ~ *gáire* faint smile; wry smile

drár dra:r *m*1 drawer (*of table*); (*of clothing*) drawers

dreach d'r'ax *m*3, *gs & npl* ~**a** face; facial expression; aspect *vt* delineate, portray

dréacht d'r'e:xt *m*3 (literary, musical) piece, composition; draft

dréachtaigh d'r'e:xti: *vt* draft

dream d'r'am *m*3, *pl* ~**anna** body of people; group, set, *an* ~ *a deir é* those who say it

dreancaid d'r'aŋkəd' *f*2 flea

dreancaideach d'r'aŋkəd'əx *a*1 infested with fleas, flea-bitten

dreap d'r'ap *vt & i* climb

dreapa d'r'apə *m*4 place suitable for climbing; ledge or crevice in cliff; stile

dreapadóir d'r'apədo:r' *m*3 climber

dreapadóireacht d'r'apədo:r'əxt *f*3 climbing

dreas d'r'as *m*3, *gs & npl* ~**a** turn, spell, bout

dreasaigh d'r'asi: *vt* incite, urge on, drive

dreideáil d'r'ed'(z')a:l' *vt & i* dredge

dreidire d'r'ed'(z')ər'ə *m*4 dredger

dreige d'r'eg'ə *f*4 meteor

dreigít d'r'eg'i:t' *f*2 meteorite

dréim d'r'e:m' *f*2 aspiration; contention; expectation, ~ *le cáilíocht* striving for distinction, *i n* ~ *le duine* vying with a person *vi* (with *le*) aspire to; contend with; expect, *ag* ~ *le hardú céime* striving for, expecting, promotion,

dréimire d'r'e:m'ər'ə *m*4 ladder

dréimreach d'r'e:m'r'əx *a*1 ladder-like, gradual; (*of hair*) wavy

dreo d'r'o: *m*4 decomposition, decay

dreoigh d'r'o:γ' *vt & i* decompose, decay, rot

dreoilín d'r'o:l'i:n' *m*4 wren, *Lá an D* ~ St Stephen's Day, ~ *ceannbhuí* goldcrest, ~ *teaspaigh* grasshopper

dreoite d'r'o:t'ə *a*3 withered, decayed

dreoiteach d'r'o:t'əx *a*1 decaying, mouldering, withering

dríodar d'r'i:dər *m*1 lees, dregs; sediment; slops; refuse

driog d'r'ig *f*2, *pl* ~**anna** droplet *vt* & *i* distil

driogaireacht d'r'igər'əxt *f*3 distilling; distillation

drioglann d'r'iglən *f*2 distillery

driopás d'r'ipa:s *m*1 hurry, bustle; fumbling, clumsiness

driopásach d'r'ipa:səx *a*1 bustling; awkward, fumbling

dris d'r'is' *f*2, *pl* ~**eacha** bramble, briar, ~ *chosáin* obstruction

driseog d'r'is'o:g *f*2 bramble, briar

driseogach d'r'is'o:gəx *a*1 briary, prickly, irritable

drisín d'r'is'i:n' *m*4 intestine (of animal); drisheen

drisiúr d'r'is'u:r *m*1 dresser

drithle d'r'ihl'ə *f*4 spark, sparkle; titillation

drithleach d'r'ihl'əx *a*1 sparkling, glittering; excitable

drithleog d'r'ihl'o:g *f*2 spark

drithligh d'r'ihl'i: *vi* spark; sparkle, twinkle, scintillate

drithlín d'r'ihl'i:n' *m*4 gleaming drip; twitch, thrill, tingle, ~*i allais* beads of sweat

driuch d'r'ux *m*3 creepy feeling; angry appearance; fretfulness, ~*craicinn*, ~ *fionnaidh* goose-flesh

droch- drox⁺ *pref* bad; poor, evil; ill-, un-

drochaigne 'drox'ag'n'ə *f*4 ill-will, malevolence

drocháiseach 'drox'a:s'əx *a*1 disobliging

droch-araíonach 'drox'ari:nəx *a*1 ugly; ill-tempered, intolerant

drochbhail 'drox'val' *f*2 bad condition; ill-usage; invalidity, ~ *a bheith ort* to be in a bad way

drochbhéas 'drox'v'e:s *m*3, *gs* & *npl* ~**a** bad habit; vice; *pl* bad manners

drochbhéasach 'drox,v'e:səx *a*1 having bad habits; addicted to vice; ill-mannered

drochbhraon 'drox'vri:n *m*1 bad drop; (inherited) taint of character

droch-chríoch 'dro(x)'x'r'i:x *f*2 bad end; ruination, ~ *air* confound him

droch-chroí 'dro(x)'xri: *m*4 weak heart; evil disposition, ill-will, ~ *a bheith agat do dhuine* to be ill-disposed towards a person

drochfhuadar 'drox'uədər *m*1, *tá* ~ *faoi* he is bent on mischief

drochiarraidh 'drox'iəri: *f*, *gs* -**ata** *pl* -**ataí** bad attempt, attack; indecent assault

drochíde 'drox'i:d'ə *f*4 ill-usage, abuse

drochiompar 'drox'impər *m*1 bad behaviour, immoral conduct

drochiontaoibh 'drox'inti:v' *f*2 distrust

drochlabhartha 'drox'laurhə *a*3 evil-tongued

drochmheas 'drox,v'as *m*3 contempt

drochmhianach 'drox'v'iənəx *m*1 bad quality; baseness of character, *madra drochmhianaigh* vicious dog

drochmhisneach 'drox'v'is'n'əx *m*1 discouragement, despondency

drochmhúineadh 'drox'vu:n'ə *m*, *gs* -**nte** bad manners, rudeness; viciousness (in animal)

drochmhúinte 'drox,vu:n't'ə *a*3 unmannerly, rude, *tarbh* ~ cross, vicious, bull

drochobair 'drox'obər' *f*2, *gs* -**oibre** bad work; mischief

drochrath 'drox'rah *m*3 ill luck, misfortune, ~ *air* bad luck to him

drochrud 'drox,rud⁺ *m*3 bad thing, *an* ~ *a sheachaint* to avoid evil, *is é an* ~ *é* he is a wicked character

drochscéal 'drox,s'k'e:l *m*1, *pl* -**ta** piece of bad news

drochshaol 'drox'hi:l *m*1 bad, hard, life; hard times, *An D* ~ the Famine

drochtheist 'drox'hes't' *f*2 bad testimony, unfavourable report

drochuair 'drox,uər' *f*2 evil hour, crisis, *ar an* ~ (*do dhuine*) unfortunately (for a person)

drogall drogəl *m*1 aversion; reluctance; laziness

drogallach drogələx *a*1 reluctant; chary (*roimh, of*); lazy

droichead drox'əd *m*1 bridge, ~ *tógála* drawbridge

droim drom' *m*3, *pl* -**omanna** back; ridge, *ná cuir sa* ~ *ort é* don't antagonize him, ~ *in airde* prone; upside down, ~ *faoi* supine, ~ *ar ais* back to front, ~ *thar* ~ topsy-turvy, ~ *ar dhroim* in close succession, *ar a dhroim sin* on top of that, ~ *bóthair* camber of road, *ar dhroim talún* on the face of the earth, *duine a chur de dhroim tí* to drive a person out of his house, *duine a chur de dhroim seoil* to subvert a person, *chuir sin dá dhroim ar fad é* that upset him altogether, ~ *láimhe a thabhairt le rud* to abandon sth, *dá dhroim sin* on that account, *ól dá dhroim é* drink it at one draught, ~ *dubhach* melancholy

droimeann drom'ən *f*2 white-backed cow *a*1 white-backed

droimneach¹ drom'n'əx *m*1 black-backed gull

droimneach² drom'n'əx *a*1 ridged, undulating; arched, convex

droimníneach drim'n'i:n'əx *a*1 wavy (*of hair*)

droimruaig drim'ruəg' *f*2, *bheith sa* ~ *ar dhuine* to hound a person

droimscríobh 'drom,s'k'r'i:v *vt*, *vn* ~ endorse

droinse dron's'ə *m*4 drench

drol drol *m*3, *pl* ~**anna** loop, ring; link, staple; ringlet

drólann dro:lən *f*2 colon *pl* intestines

dromadaire dromədər'ə *m*4 dromedary

dromainn dromən' *f*2 ridge, mound

dromán droma:n *m*1 camber; back-band

dromchla dromplə *m*4 top, ridge, crest; (raised) surface, *ar dhromchla na talún* on the face of the earth

dromlach droməx *m*1 spine, spinal column; ridge

drong droŋ *f*2 body of people; group, faction; multitude

dronlíne 'dron',l'i:n'ə *f* 4, *pl* **-nte** straight line
dronn dron *f* 2 hump; camber, ~ *a bheith ort* to be hunchbacked; to have one's shoulders hunched
dronnach dronəx *a* 1 humped, hunchbacked; arched, ridged; convex
dronuilleog 'dron,il'o:g *f* 2 rectangle
dronuillinn 'dron,il'ən' *f* 2, *pl* ~**eacha** right angle
drualus 'druə,lus *m* 3 mistletoe
drubáil droba:l' *f* 3 drubbing
drúcht dru:xt *m* 3 dew; dewdrop
drúchtín dru:xt'i:n' *m* 4 light dew; dewdrop; white slug, ~*i allais* beads of sweat
drúchtmhar dru:xtvər *a* 1 dewy
druga drogə *m* 4 drug
drugadóir drogədo:r' *m* 3 druggist
drugáil droga:l' *vt* drug
druid¹ drid' *f* 2, *pl* ~**eanna** starling
druid² drid' *vt* & *i*, *vn* ~**im** close, shut, *doras a dhruidim* to close a door, ~*im le duine* to move close to, approach, a person, *tá an ceo ag* ~*im isteach orainn* the mist is closing in on us, ~ *siar uaim* move away from me, ~ *i leataobh* move aside
druidte drit'ə *a* 3 closed, shut, *duine* ~ close, uncommunicative, person, ~ *le* close to, *mí* ~ full month, *tá an áit* ~ *leo* the place is swarming with them
druil dril' *f* 2, *pl* ~**eanna** drill, furrow
druileáil dril'a:l' *f* 3 drill(ing) *vt* & *i* drill
druilire dril'ər'ə *m* 4, (*tool*) drill
drúis dru:s' *f* 2 lust
drúisiúil dru:s'u:l' *a* 2 lustful, lascivious
druma drumə *m* 4 drum; (fife and) drum band
drumadóir drumədo:r' *m* 3 drummer
druncaeir droŋke:r' *m* 3 drunkard
drúthlann dru:hlən *f* 2 brothel
dtí d'i: *go* ~ to, until, even to, *go* ~ *an doras* as far as the door, *tháinig sé go* ~ *mé* he came up to me, *go* ~ *seo* up to now, hitherto, *ní haoibhneas go* ~ *é* there is no happiness to compare with it
dú¹ du: *m* 4 (used as *a* with *is*) native, natural, *an rud is* ~ *do dhuine* what is natural, proper, for a person
dú-² du: *pref* black, dark; great, intense; evil; unknown
dua duə *m* 4 labour, toil, trouble, *bhí a lán dá dhua agam* I had to work hard for it, had great difficulty with it, ~ *oibre* stress of work, ~ *na farraige* hardships of seafaring
duáilce du:a:l'k'ə *f* 4 vice; fault, defect; unhappiness
duáilceach du:a:l'k'əx *a* 1 vicious, wicked; unhappy
duainéis duən'e:s' *f* 2 labour, difficulty, distress; discontent
duairc duər'k' *a* 1 morose, cheerless, gloomy
duairceas duər'k'əs *m* 1 moroseness, cheerlessness, gloominess
duais¹ duəs' *f* 2, *pl* ~**eanna** gift, reward, prize

duais² duəs' *f* 2 gloom, dejection; trouble; distress
duaisbhanna 'duəs',vanə *m* 4 prize-bond
duaiseach duəs'əx *a* 1 gloomy, dejected; grim
duaiseoir duəs'o:r' *m* 3 prizewinner
duaisiúil duəs'u:l' *a* 2 laborious, difficult, distressing
duaithníocht duəhn'i:(ə)xt *f* 3 camouflage
dual¹ duəl *m* 1 braid, tress; wisp, tuft, twist; ply, ~ *snáithe* strand of thread, ~ *deataigh* smoke spiral *vt* twine, braid, coil; fold
dual² duəl *m* 1 dowel; knot (in timber)
dual³ duəl *s* (used as *a* with *is*) *an rud is* ~ *do dhuine* what is natural, proper, for a person, *is* ~ *athar dó é* like father like son, *is* ~ *dúinn uile an bás* death must come to all of us, *an oidhreacht is* ~ *dó* his rightful inheritance
dualach¹ duələx *a* 1 curled; tufted; interlaced, twined
dualach² duələx *a* 1 dowelled; knotted, gnarled
dualgas duəlgəs *m* 1 natural right, due, duty, *do dhualgas a dhéanamh* to do one's duty, *is beag an* ~ *orm é* it is the least I can do, *ar* ~ on duty
duan duən *m* 1, *pl* ~**ta** poem, song
duán¹ du:a:n *m* 1 (fish-)hook, ~ *báid* boat-hook
duán² du:a:n *m* 1 kidney
duánaí du:a:ni: *m* 4 angler
duanaire duənər'ə *m* 4 maker or reciter of verses; rhymer, crooner, verse anthology
duántacht du:a:ntəxt *f* 3 angling
duartan duərtən *m* 1 downpour
duasmánta duəsma:ntə *a* 3 gloomy, morose, surly
dúbail du:bəl' *vt*, *pres* **-blaíonn** double; fold (in two)
dúbailt du:bəl't' *f* 2 double; duplication,
dúbailte du:bəl't'ə *a* 3 doubled, double
dubh duv *m* 1 black; black substance; black speck, ~ *a chaitheamh* to wear black, *an* ~ *a chur ina gheal ar dhuine* to persuade a person that black is white, ~ *na bprátaí* (form of) potato blight, ~ *na fríde de rud* the least little bit of sth, *an* ~ *a dhéanamh ar dhuine* to act vilely towards a person, ~ *na hoíche* the dark of night *a* 1 black; black-haired; swarthy; malevolent; dismal, *uisce* ~ dark water, *tá an áit* ~ *le daoine* the place is swarming with people, *na céadta* ~*a* (*de*) countless hundreds (of), *tá mé* ~ *dóite de* I am heartily sick of it
dubh- duv *pref* black, dark; great, intense; evil; unknown
dubhach du:əx *a* 1 dismal, gloomy; melancholy, sorrowful
dubhachas du:əxəs *m* 1 gloom, sorrow
dubhaigh duvi: *vt* & *i* blacken, darken; blight; sadden, oppress
dúblach du:bləx *m* 1 & *a* 1 duplicate
dúch du:x *m* 1 ink
dúchan du:xən *f* 3 blackening, darkening; potato blight; sadness, ~ *na gcnoc d'éanlaith* vast flocks of birds, *le* ~ *na hoíche* at night-fall

dúchán du:xa:n *m*1 ink-well

dúchas du:xəs *m*1 heritage, patrimony; native place; natural affinity; heredity, natural bent, *de réir dúchais* by traditional custom, *filleadh ar do dhúchas* to return home; to revert to kind, *rud a bheith sa ~ agat, ~ ruda a bheith ionat,* to have a natural aptitude for sth, *tá an teanga ó dhúchas aige* he is a native speaker of the language, *áit dúchais* native place; natural habitat, *cainteoir dúchais* native speaker, *madra dúchais* mad dog

dúchasach du:xəsəx *m*1 native *a*1 hereditary; innate; native

dúchéalacan 'du:ˌxʹeːləkən *m*1 complete fast, *cógas a chaitheamh ar ~* to take medicine on an empty stomach

dúcheist 'du:ˌxʹesʹtʹ *f*2, *pl* ~**eanna** puzzle, riddle

dúchíos 'du:ˌxʹiːs *m*3 "black" rent, ransom for privilege or immunity

dúchosach 'du:ˌxosəx *m*1 maidenhair (fern)

dúchroíoch 'du:ˌxriː(ə)x *a*1, *gsm* ~ joyless; spiteful

Dúchrónach 'du:ˌxroːnəx *m*1 Black-and-Tan

ducht doxt *m*3, *pl* ~**anna** duct

dúdach du:dəx *a*1 stumpy; longnecked; mopish, foolish-looking

dúdaireacht du:dərʹəxt *f*3 eavesdropping; gulping, puffing (at pipe), *tá an citeal ag ~* the kettle is singing

dufair dufərʹ *f*2 jungle

dufal dofəl *m*1 duffel

duga dugə *m*4 dock; basin (of canal)

dugaire dugərʹə *m*4 docker

dúghorm 'du:ˌɣorəm *a*1 dark blue; navy-blue

duibhe divʹə *f*4 blackness; swarthiness; darkness, gloom; malevolence

duibheagán divʹəga:n *m*1 abyss; deep chasm, depth(s), *iasc duibheagáin* deep-sea fish, ~ *smaointe* profundity of thought

duibheagánach divʹəga:nəx *a*1 deep, abysmal, profound

duibhré 'divʹˌre: *f*4, *oíche dhuibhré* moonless night; pitch-dark night

dúiche du:xʹə *f*4 hereditary land, native place; estate; district, ~ *Dé* the kingdom of God, *an ~ timpeall, máguaird* the surrounding country, *an ~ daoine* huge concourse of people

dúid du:dʹ *f*2, *pl* ~**eanna** stump; stumpy object; (craned) neck, ~ *a chur ort féin* to crane one's neck

dúidín du:dʹiːnʹ *m*4 short-stemmed (clay) pipe

duifean difʹən *m*1 darkness, cloudiness; shadow; scowl

dúil[1] du:lʹ *f*2, *gs & npl* ~**e** *gpl* **dúl** element, created thing, creature

dúil[2] du:lʹ *f*2 desire, fondness; expectation, hope, ~ *a chur i rud* to take a liking to, get a longing for, sth, ~ *i dtobac* craving for tobacco, *tá ~ san airgead aige* he is fond of money, *bheith ag ~ le rud* to desire sth; to expect, hope for, sth

Dúileamh du:lʹəv *m*1, (*of God*) Creator

duileasc dilʹəsk *m*1 dulse

duileascar dilʹəskər *m*1, ~ (*cloch*) rock moss; dyer's moss

duille dilʹə *m*4 leaf; eyelid

duilleach dilʹəx *a*1 leafy; leaf-shaped

duilleog dilʹoːg *f*2 leaf, ~ *bháite* (leaf of) water-lily

duillín dilʹiːnʹ *m*4 docket

duilliúr dilʹuːr *m*1 leaves, foliage

dúilmhear du:lʹvʹər *a*1 desirous, longing, expectant

duine dinʹə *m*4, *pl* **daoine** person; *an ~* human being, man; mankind, ~ *fásta* grown-up, adult, person, ~ *uasal* gentleman, *caint na ndaoine* colloquial speech, *do dhuine féin* one's own relation, *in aois ~* of adult age, *mo dhuine* the person referred to, your man, *a dhuine uasail* sir, ~ *de na mná* one of the women, *ba dhóigh le ~ (go)* one would think (that), *bhí ~ clainne aici* she had a child, *aon ~,* ~ *ar bith* anyone, anybody, *síleann daoine (go)* some (people) think that, *fuair siad scilling an ~* they got a shilling each

duineata dinʹətə *a*3 human, kindly

dúinn du:nʹ : **do**[2]

dúire du:rʹə *f*4 dourness, stubbornness: dullness, stupidity; sullenness

duirling du:rlʹəŋʹ *f*2 stony beach

dúirt du:rtʹ *p of* **abair**

dúiseacht du:sʹəxt *f*3 state of being awake, aroused, *bheith i do dhúiseacht* to be awake

dúisigh du:sʹiː *vt & i* wake, awake; waken, rouse, *inneall a dhúiseacht* to start an engine

dúisire du:sʹərʹə *m*4 (mechanical) starter

dúisitheach du:sʹihəx *a*1 evocative

duit ditʹ : **do**[2]

dul dol *m*3 going, departure; method; construction, version; occasion, instance, *níl ~ níos faide aige* he can go no further, *tá ~ air* there is a way of doing, of saying it, *dá mbeadh ~ agam ar a dhéanamh* if I could manage to do it, *tá sé in aghaidh ~a* it is against nature, against reason, ~ *cainte* turn of phrase, *tá ~ eile ar an scéal* there is another version of the story, *den ~ seo* this time, on this occasion, *rún gan ~ amach air* unfathomable secret, *ar an gcéad ~ amach,* ~ *síos* in the first instance, ~ *chun cinn* progress, *níl (aon) ~ as aige* he has no way out of it, no alternative, ~*faoi na gréine* sunset, ~ *i léig* decline

dúlachán du:ləxa:n *m*1 lake trout

dúlaíocht du:liː(ə)xt *f*3 bleak weather, ~ *an gheimhridh* depths of winter

dúléim 'du:ˌlʹeːmʹ *f*2 leap in the dark; plunge, *baineadh an ~ as* he gave a violent start

dúlra du:lrə *m*4, *an ~* the elements, nature

dúluachair 'du:ˌluəxərʹ *f*3, *gs* **-chra** ~ *na bliana, an gheimhridh*, midwinter, depths of winter

dumha du:ə *m*4 mound, tumulus

dumhach du:əx *f* 2, *gs* **duimhche** *pl* -mhcha sandhill, dune; *pl* sandy ground, (sand-)links

dúmhál 'du:ˌvaːl *m* 1 & *vt* blackmail

dúmhálaí 'du:ˌvaːli: *m* 4 blackmailer

dumpáil dompaːlʹ *vt* dump

dún¹ du:n *m* 1, *pl* ~ **ta** fort, fortress; haven; residence; promontory fort

dún² du:n *vt* & *i* close, shut; secure, fasten, ~ *do dhorn air* grasp, hold, it tight; take it when you have the chance, ~ *adh ar áit* to close in on a place, *cuirtíní a dhúnadh* to draw curtains

dúnárasach 'du:nˌaːrəsəx *a* 1 reticent, reserved, taciturn

dúnbhásaí 'du:nˌvaːsi: *m* 4, (*person*) homicide

dúnbhású 'du:nˌvaːsu: *m* 4, (*deed*) homicide

dundarlán dundərlaːn *m* 1 stocky person; blockhead; blow

dúnfort 'du:nˌfort ~ du:nfərt *m* 1 fortified place, stronghold

dungaraí doŋgəri: *m* 4 dungaree

dúnghaois 'du:nˌɣiːsʹ *f* 2 policy

dúnmharaigh 'du:nˌvari: *vt* murder

dúnmharfóir 'du:nˌvarəfo:rʹ *m* 3 murderer

dúnmharú 'du:nˌvaru: *m* 4 murder

dúnorgain 'du:nˌorəgən *f* 3 manslaughter

dúnpholl 'du:nˌfol *m* 1 man-hole

dunsa donsə *m* 4 dunce

dúnta du:ntə *a* 3 closed (up); close, reticent; secured, fastened, *spéir dhúnta* heavily overcast sky

dúntóir du:nto:rʹ *m* 3 fastener

dúr du:r *a* 1 dour, obstinate; stupid; insensitive

dúradán du:rədaːn *m* 1 black speck; spot, ~ *i súil* mote in eye

dúradh du:rəv *p aut of* **abair**

dúramán du:rəmaːn *m* 1 stupid person

dúranta du:rəntə *a* 3 dour, grim, morose

durdáil du:rdaːlʹ *vi* coo

durdam du:rdəm *m* 1 murmur, chatter

dúreo 'du:ˌro: *m* 4 black frost

dúrud 'du:ˌrud *m* 3, *an* ~ a great deal, *tá an* ~ *airgid aige* he has loads of money, *shíl sé an* ~ *dínn* he thought the world of us

dúshlán 'du:ˌhlaːn *m* 1 challenge, defiance, ~ *duine a thabhairt* to challenge a person, to defy a person, ~ *a chur faoi dhuine* to throw down the gauntlet to a person, *rud a dhéanamh as* ~ to do sth out of sheer bravado

dúshlánach 'du:ˌhlaːnəx *a* 1 challenging, defiant; reckless; resistant; secure

dúshnámh 'du:ˌhna:v *m* 3 under-water swimming

dúshraith 'du:ˌhrah *f* 2, *pl* ~ **eanna** base, foundation; substratum, ~ *an chreidimh* the basis of religion

dusta dostə *m* 4 dust

duthain duhən *a* 1 short-lived, transient

dúthomhas 'du:ˌho:s *m* 1 enigma

dúthracht du:hrəxt *f* 3 devotion, fervour; earnestness; favour, *do dhúthracht a chaitheamh le rud* to do one's very best with sth, *thug mé* ~ *bheag airgid dó* I gave him a little extra money (out of goodwill)

dúthrachtach du:hrəxtəx *a* 1 devoted; zealous; generous, kind, *oibrí* ~ earnest worker, *guí go* ~ to pray fervently

E

é e: *pron* he, him; it, *déan é* do it, *buaileadh é* he was struck, *gan é* without him, it, *mar é* like him, it, *is deas é* it is nice, *is é an fear céanna é* he is the same man, *is é sin* namely, *b'fhéidir é* it might be so

ea a *pron* (used with *is*) *is ea* it is, *ní hea* it isn't, *an ea?* is it? *múinteoir is ea é* he is a teacher, *más ea* (*féin*) even so, *is ea anois* well now, *an ea nach dtuigeann tú mé?* is it that you don't understand me?

éabann e:bən *m* 1 ebony

Éabha e:və *f* 4 Eve, *síol* ~ the human race

eabhar aur *m* 1 ivory

eabhartha aurhə *a* 3 ivory

éabhlóid e:vlo:dʹ *f* 2 evolution

each ax *m* 1, *gs* **eich** *npl* ~ **a** horse, steed

each-chumhacht 'a(x)ˌxu:əxt *f* 3 horse-power

eachma axmə *f* 4 eczema

éacht e:xt *m* 3 feat; achievement

éachtach e:xtəx *a* 1 powerful; wonderful

eachtra axtrə *f* 4 adventure; incident; tale

eachtrach axtrəx *a* 1 extern(al)

eachtraigh axtri: *vt* & *i*, *vn* -**aí** relate, narrate, tell

eachtraíocht axtri:(ə)xt *f* 3 adventuring, journeying, *ag* ~ spinning yarns

eachtránaí axtra:ni: *m* 4 adventurer

eachtrannach axtrənəx *m* 1 alien, foreigner *a* 1 alien, foreign

eachtrúil axtru:lʹ *a* 2 adventurous, eventful

eacnamaí aknəmi: *m* 4 economist

eacnamaíoch aknəmi:(ə)x *a* 1, *gsm* ~ economic(al)

eacnamaíocht aknəmi:(ə)xt *f* 3 economy; economics

éacúiméineach ˌe:ku:'mʹe:nʹəx *a* 1 ecumenical

éacúiméineachas ˌe:ku:'mʹe:nʹəxəs *m* 1 ecumenism

éad e:d *m* 3 jealousy, envy, *in* ~ *le*, *ag* ~ *le* jealous of

éadach e:dəx *m* 1, *pl* -**aí** cloth; clothing, clothes

éadáil e:da:lʹ *f* 3 acquisition; profit; spoil; wealth, *is beag an* ~ *dó é* he has little to gain by it

éadaingean 'e:ˌdaŋ'g'ən a1, gsf, npl & comp **-gne** insecure; unstable, irresolute

éadairbheach 'e:ˌdar'əv'əx a1 unprofitable; futile

éadaitheoir e:diho:r' m3 clothier, draper

éadálach e:da:ləx a1 acquisitive; profitable; rich

éadan e:dən m1 front, face; forehead; flat surface; end, in ~ against, opposed to, ní bheadh sé d' ~ orm I wouldn't have the audacity, as ~ a chéile one by one; in rapid succession; all together

eadarlúid 'adərˌlu:d' f2 interlude

eadhon a:(ə)n adv namely

éadmhar e:dvər a1 jealous, envious

éadóchas 'e:ˌdo:xəs m1 despair

éadóchasach 'e:ˌdo:xəsəx a1 despairing,hopeless

éadóigh 'e:ˌdo:γ' f2 unlikely place, thing, is ~ go it is unlikely that

éadoilteanach 'e:ˌdol't'ənəx a1 involuntary

éadoimhneacht 'e:ˌdov'n'əxt f3 shallowness

eadóirseacht ado:rs'əxt f3 naturalization

eadóirsigh ado:rs'i: vt naturalize

éadomhain 'e:ˌdaun' a1, gsf, npl & comp **-oimhne** shallow

eadra adrə m4 morning milking-time; noon; interval

eadraibh adrəv' : idir

eadráin adra:n' f3 intervention in dispute, mediation, conciliation

eadrainn adrən' : idir

eadránaí adra:ni: m4 mediator, arbitrator

éadrócaireach 'e:ˌdro:kər'əx a1 merciless

éadroime e:drəm'ə f4 lightness; airiness; giddiness

éadrom e:drəm a1 light; sparse; trivial; giddy

éadromaigh e:drəmi: vt & i lighten; alleviate, tá mo cheann ag éadromú I am getting dizzy

éadromán e:drəma:n m1 balloon, bladder, float

éag e:g m3 death; numbness, dul in ~, dul d' ~ to die, die out, go h ~ forever, ar chúl ~ a backward, forgotten vi die; die out

eagal agəl a1 (used with is) is ~ liom (go) I fear (that), is ~ dó he is in danger

eagán aga:n m1 hollow, pit; bird's crop

éaganta e:gəntə a3 silly, giddy

éagaoin 'e:ˌgi:n' vt & i moan, lament, complain

éagaointeach 'e:ˌgi:n't'əx a1 mournful; querulous

eagaois agi:s' f2 gizzard

eagar agər m1 arrangement, order; state, plight, fear eagair editor, cuir ~ ar do chuid páipéar arrange your papers, leabhar a chur in ~ to edit a book

eagarfhocal 'agərˌokəl m1 editorial

eagarthóir agərho:r' m3 editor

eagarthóireacht agərho:r'əxt f3 editing, foireann ~ a editorial staff

eagla aglə f4 fear, fright, ~ a chur ar dhuine to make someone afraid, ar ~ go for fear that, lest, ar ~ na h ~ to be on the safe side

eaglach agləx a1 fearful, afraid; timid

eaglais agləs' f2 church, E ~ na hÉireann Church of Ireland

eaglaiseach agləs'əx m1 churchman, clergyman

eaglasta agləstə a3 ecclesiastical

éagmais e:(g)məs' f2 absence; want, bheith in ~ ruda to be without sth, ina ~ sin as well as that

éagmaiseach e:(g)məs'əx a1 lonesome, longing

eagna agnə f4 wisdom; intelligence, understanding

eagnaí agni: m4 wise man, sage, a3 wise, intelligent

éagnaigh e:gni: vt & i, vn **-ach** moan; complain; reproach, revile

éagnairc e:gnər'k' f2 requiem

eagnaíocht agni:(ə)xt f3 wisdom; wittiness, smart talk

éagobhsaí 'e:ˌgausi: a3 unstable

éagóir e:go:r' f3, pl **-óracha** injustice, wrong; unfairness, ~ a dhéanamh ar dhuine to wrong a person, bheith san ~ to be in the wrong

éagórach e:go:rəx a1 unjust; wrong

éagothroime 'e:ˌgohrəm'ə f4 unevenness, unbalance; inequality

éagothrom 'e:ˌgohrəm a1 uneven, unbalanced; unfair, inequitable

eagraigh agri: vt arrange, organize

eagraíocht agri:(ə)xt f3 organization

eagrán agra:n m1 edition, (of journal) issue, number

eagras agrəs m1 organization

éagruth e:gruh m3 shapelessness; deformity; decay, dul in ~ to become ugly, go to rack and ruin

éagruthach 'e:ˌgruhəx a1 shapeless; deformed; decayed

éagsúil e:gsu:l' a2 unlike; different, various

éagsúlacht e:gsu:ləxt f3 unlikeness; variation; strangeness

éaguimhne 'e:ˌgiv'n'ə f4 oblivion

éaguimseach 'e:ˌgim's'əx a1 unbounded, immoderate

éagumas 'e:ˌguməs m1 incapability; impotence

eala[1] alə f4 swan

eala[2] alə f, ~ mhagaidh object of ridicule

éalaigh e:li: vi escape; elope; slip away, éalú ar dhuine to steal up on a person, éalú ón tóir to evade the pursuit

ealaín ali:n' f2, npl **-iona** gpl **-ion** art; science, skill; workmanship, craft, Máistir Ealaíon Master of Arts, ~ bheatha livelihood, ní h ~ duit é it is no way for you to carry on, tá sé lán ealaíon he is full of tricks

ealaíonta ali:ntə a3 artistic, skilful; graceful; tricky

ealaíontóir ali:nto:r' m3 artist, craftsman; tricky person

éalaitheach e:lihəx m1 escaper, fugitive, a1 fugitive; elusive

éalang e:ləŋ f2 defect, weak spot, ~ a fháil ar dhuine to take a person at a disadvantage

éalangach e:ləŋəx *a*1 defective; weak, debilitated

eallach aləx *m*1, *pl* **-aí** cattle; livestock; poultry

ealta altə *f* 4 flock (of birds, etc)

éalú e:lu: *m*4 escape, evasion; elopement

éalúchas e:lu:xəs *m*1 escapism

éamh e:v *m*1, *npl* ~**a**, cry, entreaty; complaint

éan e:n *m*1 bird; young of bird, ~ *róin* baby seal, ~ *corr* odd man out

eanach anəx *m*1 marsh; pass; fowling

éanadán e:nəda:n *m*1 bird-cage

Eanáir ana:r' *m*4 January

éaneolaíocht 'e:n̩o:li:(ə)xt *f* 3 ornithology

eang aŋ *f* 3 track, trace; gusset; notch; groove; gap, ~ *talún* patch of land, ~*aí eochrach* wards of key

eangach[1] aŋgəx *f* 2 (fishing-)net; network

eangach[2] aŋgəx *a*1 gusseted; chequered; notched, grooved

eangaigh aŋgi: *vt* notch, groove, indent

eanglach aŋləx *m*1 numbness from cold; pins and needles

éanlaith e:nlah *f* 2 birds, fowl

éanlann e:nlən *f* 2 aviary

éar e:r *vt* refuse, deny

éaradh e:rə *m*, *gs* **-rtha** *pl* **-rthaí** refusal, denial; hindrance

earc ark *m*1, *npl* ~**a** lizard; reptile, ~ *luachra* newt

earcach arkəx *m*1 recruit

earcaíocht arki:(ə)xt *f* 3 recruiting

éard e:rd (used as *pron* with *is*) *is* ~ *a deir sé go* what he says is that

eardhamh ar(ə)γəv *m*1 vestibule; sacristy

éarlais e:rləs' *f* 2 earnest (money); deposit

éarlamh e:rləv *m*1 patron (saint)

earnáil a:rna:l' *f* 3 sector

earr a:r *f* 2 end, extremity

earra arə *m*4 goods, merchandise; commodity, *is olc an t-*~ *é* he is a bad lot

earrach arəx *m*1 spring, *an t-*~ *a dhéanamh* to do the spring work

earráid ara:d' *f* 2 error; contrariness; eccentricity, *dul in* ~ to go wrong

earráideach ara:d'əx *a*1 erroneous; incorrect; eccentric

eas as *m*3, *pl* ~**anna** waterfall, cascade, rapid

easair asər' *f*, *gs* & *gpl* **-srach** *npl* **-sracha** bedding, litter

easanálaigh 'as̩ana:li: *vt* & *i* breathe out, exhale

easaontaigh 'as̩i:nti: *vt* & *i* disagree (*le* with), dissent (*le* from); disunite

easaontas 'as̩i:ntəs *m*1 disagreement, dissent; discord

easaontóir 'as̩i:nto:r' *m*3 dissenter

éasc e:sk *m*1 flaw, weak spot

éasca e:skə *a*3 swift, nimble; fluent; easy; ready

éascaigh e:ski: *vt* & *i* make easy; hurry, expedite

eascaine askən'ə *f* 4 imprecation; curse

eascainigh askən'i: *vt* & *i*, *vn* **-ní** curse, swear

éascaíocht e:ski:(ə)xt *f* 3 speed; nimbleness; fluency; readiness

eascair askər' *vi*, *pres* **-craíonn** spring, sprout; (*of day*) break

eascairdeas 'as̩ka:rd'əs *m*1 unfriendliness, antagonism

eascairdiúil 'as̩ka:rd'u:l' *a*2 unfriendly, hostile

eascann askən *f* 2 eel; snake

eascara 'as̩karə *m*, *gs* ~**d** *pl* **-cairde** unfriendly person; enemy

eascra askrə *m*4 beaker

eascrach askrəx, **eascracha** askrəxə : **eiscir**

easláinte 'as̩la:n't'ə *f* 4 ill-health, ailment

easlán 'as̩la:n *m*1 sick person, invalid, *a*1 sick, unhealthy

easmailt asməl't' *f* 2 reproach; revilement

easna asnə *f* 4, *pl* ~**cha** rib

easnach asnəx *a*1 ribbed

easnamh asnəv *m*1 want, deficiency; shortage, omission, *in* ~ *ruda* lacking sth, *níl aon* ~ *orthu* they want for nothing

easnamhach asnəvəx *a*1 deficient; insufficient, incomplete

easóg aso:g *f* 2 stoat

easonóir 'as̩ono:r' *f* 3 dishonour, indignity

easpa[1] aspə *f* 4 lack; loss, absence; deficiency, *rud a bheith in* ~, *d'* ~, *ort* to lack sth

easpa[2] aspə *f* 4 abscess

easpach aspəx *a*1 lacking, deficient; defective, *táimid triúr* ~ we are three short

easpag aspəg *m*1 bishop

easpagóideacht aspəgo:d'əxt *f* 3 bishopric, episcopacy

easparta aspərtə *f*, *gs* ~**n** *pl* ~**na** vespers, evensong

easpórtáil 'as̩po:rta:l' *vt* export

easpórtálaí 'as̩po:rta:li: *m*4 exporter

easraigh asri: *vt* litter, strew

eastát asta:t *m*1 estate

éastras e:strəs *m*1 oestrus, *faoi* ~ in heat

easumhal 'as̩u:əl *a*1, *npl* **-mhla** disobedient, insubordinate

easumhlaíocht 'as̩u:li:(ə)xt *f* 3 disobedience, insubordination

easurraim 'as̩urəm' *f* 2 irreverence, disrespect

easurramach 'as̩urəməx *a*1 irreverent, disrespectful; disobedient

eatarthu atərhu : **idir**

eatramh atrəv *m*1 interval, lull; respite, ~ *a dhéanamh* to stop raining

eatramhach atrəvəx *a*1 interim; intermittent

eibhear ev'ər *m*1 granite

eibleacht eb'l'əxt *f* 3 emulsion

éiceolaíocht 'e:k'o:li:(ə)xt *f* 3 ecology

éide e:d'ə *f* 4 clothes, dress; livery, *in* ~ *garda* in garda uniform

éideannas 'e:̩d'anəs *m*1 (political) détente

éidearfa 'e:̩d'arəfə *a*3 unconfirmed, uncertain

eidhneán ain´a:n *m*1 ivy

éidigh e:d´i: *vt* dress, clothe; accoutre

éidreorach 'e:ˌd´r´o:rəx *a*1 shiftless; feeble; paltry

éifeacht e:f´əxt *f*3 significance; force, effect; value; substance; achievement, *labhairt le h* ~ to speak to good effect, *teacht in* ~ to mature; to succeed in life

éifeachtach e:f´əxtəx *a*1 significant; effective; highly capable, efficient

éifeachtúil e:f´əxtu:l´ *a*2 effectual

éigean e:g´ən *m*1 force, violence; rape; necessity, compulsion; distress, *b'* ~ *dom imeacht* I had to go, *ar* ~ hardly, barely

éigeandáil 'e:g´ənˌda:l´ *f*3 emergency

éigeantach e:g´əntəx *a*1 compulsory; distressed

éigeas e:g´əs *m*1, *pl* **-gse** learned person, sage; poet

éigh e:γ´ *vi*, *vn* **éamh** cry out, complain; (with *ar*) call upon, beseech

éigiallta 'e:ˌg´iəltə *a*3 senseless, irrational; foolish, imbecile

éigin e:g´ən´ *indecl a* some, *duine* ~ someone, *céad* ~ *punt* a hundred pounds or so

éiginnte 'e:ˌg´in´t´ə *a*3 uncertain; indefinite; undecided

éiginnteacht 'e:ˌg´in´t´əxt *f*3 uncertainty, indefiniteness; indecision

éigiontach 'e:ˌg´intəx *a*1 innocent

éigiontaigh 'e:ˌg´inti: *vt* acquit

éigneasta 'e:ˌg´n´astə *a*3 dishonest; insincere

éignigh e:g´n´i: *vt* force; violate

éigríoch 'e:ˌg´r´i:x *f*2 infinity

éigríonna 'e:ˌg´r´i:nə *a*3 unwise, imprudent; inexperienced

éigse e:g´s´ə *f*4 learning, poetry; (assembly of) learned men, poets

eilc el´k´ *f*2, *pl* ~**eanna** elk

eile el´ə *a & adv & s* other, another, different; more, else, *ceann* ~ another one, *an saol* ~ the next world, *rud* ~ *de* furthermore, *níl teach ná* ~ *aige* he has neither a house nor anything else, *is beag* ~ *a bhí le rá aige* he had little else to say

éileamh e:l´əv *m*1 claim, demand; complaint, accusation, ~ *a dhéanamh ar rud* to claim sth, *an t-*~ *a íoc* to foot the bill

eileatram el´ətrəm *m*1 bier; hearse

éilicsir e:l´ək´s´ər´ *m*4 elixir

eilifint el´əf´ən´t´ *f*2 elephant

éiligh e:l´i: *vt & i* claim, demand; complain; ail

Eilíseach el´i:s´əx *m*1 & *a*1 Elizabethan

eilit el´ət´ *f*2 doe, hind

éilitheoir e:l´iho:r´ *m*3 claimant; complainant, plaintiff

éill e:l´, ~**e** e:l´ə **: iall**

éillín e:l´i:n´ *m*4 brood, clutch

éilligh e:l´i: *vt* corrupt, pollute, defile

éimear e:m´ər *m*1 emery

éimigh e:m´i: *vt* refuse; deny, reject

eindéimeach ˌin´´d´e:m´əx *a*1 endemic

éindí e:n´d´i: *s*, *in* ~ (*le*) together (with)

éineacht e:n´əxt *s*, *in* ~ at the same time, at once; together, altogether, *in* ~ *le* together, along, with

éineart 'e:ˌn´art *m*1 enfeeblement

eintríteas ˌen´´t´r´i:t´əs *m*1 enteritis

eipic ep´ək´ *f*2 epic

eipiciúil ep´ək´u:l´ *a*2 epic(al)

eipidéim 'ep´əˌd´e:m´ *f*2 epidemic

eipidéimeach 'ep´əˌd´e:m´əx *a*1 epidemic

eipistil ˌe´p´is´t´əl´ *f*2 epistle

eire er´ə *m*4 load, burden

Éire e:r´ə *f*, *ds* **-rinn** *gs* ~**ann** Ireland, *pé in Éirinn é* whoever he may be, *i bhfad* ~*ann níos fearr* much better

eireaball er´əbəl *m*1 tail

eireog er´o:g *f*2 pullet

éirí e:r´i: *m*4 rising, rise, ~ *amach* outing; insurrection, ~ *in airde* high spirits; uppishness, ~ *croí* elation; palpitation, ~ *slí* waylaying, hold-up; robbery, ~ *slua* muster

éiric e:r´ək´ *f*2 reparation, retribution; compensation, reward

eiriceach er´ək´əx *m*1 heretic

eiriceacht er´ək´əxt *f*3 heresy

eiriciúil er´ək´u:l´ *a*2 heretical

éirigh e:r´i: *vi* rise; grow; become, *éirí fuar* to get cold, *éirí amach* to go on an outing; to rise in revolt, *éirí as* to give up, to relinquish, *ag éirí chugam* defying me, ~ *díom* leave me alone, *cad é d'* ~ *dó?* what happened to him? *d'* ~ *eatarthu* they quarrelled, *éirí i d'fhear* to become a man, *d'* ~ *leis* he succeeded, *d'* ~ *achrann* trouble developed

éirim e:r´əm´ *f*2 scope; drift; inclination; talent, ~ *a chuid cainte* the tenor of his speech, ~ *aigne* mental power

éirimiúil e:r´əm´u:l´ *a*2 lively; talented; intelligent

éiritheach e:r´ihəx *a*1 rising; prosperous, *plúr* ~ self-raising flour

eirleach e:rl´əx *m*1 destruction; slaughter

eirmín er´əm´i:n´ *m*4 ermine

éis e:s´ *s*, *d'* ~, *tar* ~ after; although, *tar* ~ *an lae* at the end of the day, *tar* ~ *an tsaoil* after all, *dá* ~ *sin is uile* in spite of all that

éisc e:s´k´ **: iasc**

eisceacht es´k´əxt *f*3 exception

eisceachtúil es´k´əxtu:l´ *a*2 exceptional

eiscir es´k´ər´ *f*, *gs* **eascrach** *pl* **eascracha** esker, (glacial) ridge

eisdíritheach 'es´ˌd´i:r´ihəx *m*1 extrovert

eiseachadadh 'es´ˌaxədə *m*, *gs* **-chadta** extradition

eiseachaid 'es´ˌaxəd´ *vt*, *pres* **-adann** extradite

eiseachas es´əxəs *m*1 existentialism

éisealach es´ələx *a*1 fastidious, squeamish

eiseamal es´əməl *m*1 specimen

eiseamláir es´əmla:r´ *f*2 exemplar, model; example; illustration

eiseamláireach es'əmla:r'əx *a* 1 exemplary
eisean es'ən 3 *sg m emphatic pron* he, him, ~ *a rinne é* he is the person who did it
eisigh es'i: *vt* issue
eisilteach es'əl't'əx *m* 1 effluent
eisimirce 'es',im'ər'k'ə *f* 4 emigration
eisimirceach 'es',im'ər'k'əx *m* 1 & *a* 1 emigrant
eisiúint es'u:n't' *f* 3, *gs* **-úna** issue
éislinn e:s'l'ən' *f* 2 vulnerable spot; flaw
éislinneach e:s'l'ən'əx *a* 1 vulnerable; defective, handicapped
eisreachtaí 'es',raxti: *m* 4 outlaw
eisreachtaigh 'es',raxti: *vt* proscribe, outlaw
éist e:s't' *vt* & *i* listen (*le* to); hear, heed; be silent, *cás a* ~*eacht* to hear a case
éisteacht e:s't'əxt *f* 3 hearing; silence, *lucht* ~*a* audience, *tabhair* ~ *dó* give him a hearing, *tá sé ina* ~ he is silent
éisteoir e:s't'o:r' *m* 3 listener, hearer
eite et'ə *f* 4 wing; flank; pinion, wing feather; fin
eiteachas et'əxəs *m* 1 refusal
eiteán et'a:n *m* 1 spindle; bobbin; shuttlecock
éitear et'ər *m* 1 ether
eiteog et'o:g *f* 2 wing; (little) wing feather, *chuir sé* ~*a ar mo chroí* it transported me with joy
éitheach e:həx *m* 1 lying, falsehood, *leabhar éithigh a thabhairt* to take a false oath, *thug tú d'*~ you're a liar
eithne ehn'ə *f* 4 kernel; nucleus
eithneach ehn'əx *a* 1 nuclear
eithre ehr'ə *f* 4 tail; fin
eitic et'ək' *f* 2 ethics
eiticiúil et'ək'u:l' *f* 2 ethical
eitigh et'i: *vt*, *vn* **-teach** refuse
eitil et'əl' *vi*, *pres* **-tlíonn** fly; flutter

eitilt et'əl't' *f* 2 flight; flutter; flicker, *ar* ~ flying
eitinn et'ən' *f* 2 consumption, tuberculosis
éitir e:t'ər' *f* 2 strength, vigour
eitleán et'əl'a:n *m* 1 aeroplane
eitleog et'əl'o:g *f* 2 kite
eitleoir et'əl'o:r' *m* 3 flyer, airman
eitleoireacht et'əl'o:r'əxt *f* 3 flying; airmanship
eitlíocht et'əl'i:(ə)xt *f* 3 aviation
eitneach et'n'əx *a* 1 ethnic
eitpheil 'et',f'el' *f* 2 volleyball
eitre et'r'ə *f* 4 furrow, groove
eitrigh et'r'i: *vt* & *i* furrow, groove
eitseáil et's'a:l' *f* 3 etching *vt* & *i* etch
Eocairist okər'əs't' *f* 2 Eucharist
eochair[1] oxər' *f*, *gs* **-chrach** *pl* **-chracha** key
eochair[2] oxər' *f*, *gs* **-chrach** *pl* **-chracha** border, edge
eochraí oxri: *f* 4 roe (of fish)
eoclaip o:kləp' *f* 2 eucalyptus
eol o:l *m* 1 (used with *is*), *is* ~ *dom* (*go*) I know (that)
eolach o:ləx *a* 1 knowledgeable; skilled; informed (*ar* in), familiar (*ar* with)
eolaí o:li: *m* 4 knowledgeable person; expert; guide; scientist, ~ *teileafóin* telephone directory
eolaíoch o:li:(ə)x *a* 1, *gsm* ~ scientific
eolaíocht o:li:(ə)xt *f* 3 science
eolaire o:lər'ə *m* 4 directory
eolas o:ləs *m* 1 knowledge, skill; familiarity; information, *réalta eolais* guiding star; *cuaille eolais* signpost, ~ *a chur ar rud* to acquire a knowledge of sth, *tá sé ar* ~ *agam* I know, have learned, it
eorna o:rnə *f* 4 barley
eotanáis o:təna:s' *f* 2 euthanasia

F

fabhalscéal 'faul',s'k'e:l *m* 1, *pl* ~**ta** legend, fable
fabhar fa(:)vər *m* 1 favour; favouritism; influence
fabhcún fauku:n *m* 1 falcon
fabhra faurə *m* 4 eyelash; (eye)brow, ~ *i* (*éadaigh*) fringe (of cloth)
fabhrach faurəx *a* 1 favourable; partial
fabhraigh fauri: *vi* develop, evolve
fabhraíocht fauri:(ə)xt *f* 3 favouritism
fabht faut *m* 4 fault, flaw; defect
fabhtach fautəx *a* 1 faulty, flawed; unsound; treacherous
faca fakə *p dep of* **feic**[2]
fachnaoid faxni:d' *f* 2 derision; joking
facthas fakəs *p dep aut of* **feic**[2]
fad fad *m* 1 length; distance, duration, extent, ~ *saoil* length of life, *míle ar* ~ a mile long; a mile altogether, *an bealach ar* ~ the whole way, *rud eile ar* ~ quite a different matter, ~ *le*, *a fhad*

le as far as, ~ (*is*), *a fhad* (*is*) as long as, *i bh* ~ *ó chéile* far apart; sparse, *cá fhad*? how long? *dá fhad* (*go dtí é*) however long (it may be), ~ *gach aon fhaid* ever so long, *roimh i bh* ~ before long
fada fadə *a* 3 (*comp* **faide**) long; protracted, tedious, *is* ~ *go* it will be a long time until, *go mór* (*is go*) ~ ever so much, *chomh* ~ *leis sin de* as far as that is concerned, *an* ~ *eile go*? will it be long more until? *le* ~ for a long time past, ~ *ó shin* long ago
fadaigh[1] fadi: *vt* & *i* set, kindle (fire); incite; erect
fadaigh[2] fadi: *vt* & *i* lengthen, *fadú le*, *ar*, *rud* to add to sth
fadálach fada:ləx *a* 1 slow; dilatory, tedious
fadaraíonach 'fad,ari:nəx *a* 1 long-suffering, patient; long-headed
fadbhreathnaitheach 'fad,v'r'ahnihəx *a* 1 far-seeing

fadcheannach 'fad‚x'anəx *a*1 far-seeing, shrewd
fadfhulaingt 'fad‚ulən't' *f*, *gs* **-gthe** long-suffering, endurance, forbearance
fadfhulangach 'fad‚uləŋəx *a*1 long-suffering, enduring, forbearing
fadharcán fairka:n *m*1 knot (in timber), lump (on body); corn (on foot)
fadharcánach fairka:nəx *a*1 gnarled; callous; lumpy
fadhb faib *f*2, *pl* ~**anna** knot (in timber); callosity, lump; problem, *sin í an fhadhb* there's the snag
fadhbáil faiba:l' *f*3 striking, slogging
fadlíne 'fad‚l'i:n'ə *f*4, *pl* **-nte** meridian
fadó ‚fa'do: *adv* long ago
fadsaolach 'fad‚si:ləx *a*1 long-lived; easy-going
fadsaolaí 'fad‚si:li: *f*4 longevity
fág¹ fa:g *m*3 large wave, swell
fág² fa:g *vt & i, vn* ~**áil** leave; forsake; grant, suppose, *tá tuilleadh* ~*tha* there is more left, *d'fhág sé go luath* he left early, *is bocht a* ~*adh iad* they were most unfortunate, ~*ann sin* (*go*) it follows from that (that), ~ *slán acu* say farewell to them, *rud a fhágáil ar dhuine* to attribute sth to a person, to accuse a person of sth, ~ *fúmsa é* let me deal with it, ~*aim le huacht* (*go*) I solemnly declare (that), *is leis a* ~*adh é* it led to his undoing
fágálach fa:ga:ləx *m*1 laggard; weakling; changeling
faghairt fairt' *f*3, *gs* **-artha** temper (of metal); fire, fervour; spirit; (glint of) anger
faghartha fairhə *a*3 tempered; fiery, mettlesome, (*of eyes*) glinting
fágtha fa:kə *a*3 left, forsaken, *créatúr beag* ~ helpless little creature
faí fi: *f*4, *pl* ~**the** note; cry; lament; (*grammar*) voice
fáibhile 'fa:‚v'il'ə *m*4 beech
faic fak' *f*4 (*with negative*) nothing, *níl* ~ *air* there is nothing the matter with him, ~ *na fríde, na ngrást* nothing whatsoever
faiche fax'ə *f*4 green, lawn
faichill fax'əl' *f*2 care, caution; wariness, *duine a chur ar a fhaichill* to put a person on his guard *vt & i* be careful of; (with *ar*) be wary of, be on guard against
faichilleach fax'əl'əx *a*1 careful, cautious
faicín fak'i:n' *m*4 (baby's) napkin; rag
faicsean fak's'ən *m*1 faction
fáidh fa:ɣ' *m*4, *pl* **-ithe** prophet; wise man, sage
fáidheadóireacht fa:ɣ'(ə)do:r'əxt *f*3 prophecy; wise speech, *ag* ~ prophesying; talking sagaciously
fáidhiúil fa:ɣ'u:l' *a*2 prophetic; wise
faigh faɣ' *vt* get; find; be able to, *bás a fháil* to die, *rud a fháil tomhaiste* to get sth measured, *ag fáil dorcha* getting dark, *ní bhfaighfeá iad a shásamh* you couldn't satisfy them

faighin fain' *f*2, *gs* **-ghne** *pl* **-ghneacha** sheath; case; vagina
faighneog fain'o:g *f*2 shell, pod
fail¹ fal' *f*2, *pl* ~**eanna** ring, bracelet; enclosure; lair, sty
fail² fal' *f*2, *pl* ~**eanna** hiccup
fáil fa:l' *f*3 getting, finding; capability, *níl* ~ *air* it can't be got, found, *gan* ~ *ar chasadh acu* without any possibility of their returning, *ar* ~ extant, available, *le* ~ to be had, available, *chuir sé ó fháil* (*orm*) *é* he made it unobtainable (to me)
fáilí fa:l'i: *a*3 pleasant, affable; furtive, stealthy
faill fal' *f*2, *pl* ~**eanna** unguarded state; chance, opportunity; cessation
faillí fal'i: *f*4, *pl* ~**ocha** neglect; delay, omission
failligh fal'i: *vt & i* neglect; omit, delay
faillitheach fal'ihəx *a*1 negligent
faillitheoir fal'iho:r' *m*3 negligent person; defaulter
fáilte fa:l't'ə *f*4 welcome, ~ *a chur roimh dhuine* to welcome a person, *F* ~ *an Aingil* the Angelus, ~ *Uí Cheallaigh*, generous welcome
fáilteach fa:l't'əx *a*1 welcoming
fáilteoir fa:l't'o:r' *m*3 receptionist
fáiltigh fa:l't'i: *vi* welcome
fáiltiú fa:l't'u: *m*4 welcoming; reception
fainic fan'ək' *f*2 warning, caution *vt & i* beware, ~ *thú féin* mind yourself
fáinleog fa:n'l'o:g *f*2 swallow
fáinne fa:n'ə *m*4 ring; circle; ringlet; halo, ~ *an lae* break of day
fáinneach fa:n'əx *a*1 ring-like; ringed; ringleted
fáinneáil fa:n'a:l' *f*3 circling; fluttering
fainnéirí 'fan'‚e:r'i: *m*4 convalescence
fáinneoireacht fa:n'o:r'əxt *f*3 ringing (of animals)
fáinnigh fa:n'i: *vt & i* ring, encircle, *tá an lá ag fáinniú* the day is dawning
faíoch fi:(ə)x *a*1, *gsm* ~ loud, plaintive; fluent; copious
fair far' *vt & i* watch; look out for, expect, *ag* ~*e na huaire* tied to time, *ag* ~*e ar dhuine* keeping a watch on a person, ~ *thú féin* mind yourself, *ag* ~*e na faille* waiting for an opportunity, *corp a fhaire* to wake a corpse
fáir fa:r' *f*2, *pl* ~**eacha** (hen's) nest; bed, lair (of animal) *vi* roost
fáirbre fa:r'b'r'ə *f*4 notch; wrinkle
fairche far'əx'ə *f*4 diocese
faire far'ə *f*4 watch; wake, ~ *leapa* bedside vigil, *fear* ~ look-out, watchman, *bí ar d'fhaire* look out
faireach fi:r'əx *f*2 booing, hooting, jeering
faireog far'o:g *f*2 gland
fairis far'əs' : **fara²**
Fairisíneach far'əs'i:n'əx *m*1 Pharisee *a*1 Pharisaic(al)
fairsing fars'əŋ' *a*1 wide, extensive; ample; plentiful; liberal, *teach* ~ spacious house, *is* ~ *an*

cheist í it is a broad question, *fómhar* ~ abundant harvest, *tá croí* ~ *aici* she is open-hearted

fairsinge fars'əŋ'ə *f* 4 width, extent; spaciousness; expanse; abundance

fairsingigh fars'əŋ'i: *vt & i* widen, extend; broaden; become liberal, *ráiteas a fhairsingiú* to amplify a statement, *tá an bia ag fairsingiú* food is becoming more plentiful

fairtheoir far'ho:r' *m* 3 watcher, sentry

fáisc fa:s'k' *vt & i*, *vn* **fáscadh** squeeze; wring, press, bind closely; attack, *téad a fháscadh* to tighten a rope, *tá siad ag fáscadh orainn* they are pressing on us, ~ *ort abhaile* hurry off home, ~ *eadh as an mbochtaineacht iad* they were bred in poverty

fáisceán fa:s'k'a:n *m* 1 binder, bandage

fáiscín fa:s'k'i:n' *m* 4 clip, fastener

fáiscire fa:s'k'ər'ə *m* 4 squeezer

fáiscthe fa:s'k'ə *a* 3 squeezed, pressed; tight; well-knit; trim, neatly dressed

faisean fas'ən *m* 1 fashion; habit, mannerism

faiseanta fas'əntə *a* 3 fashionable; stylish

faisisteach fas'əs't'əx *a* 1 fascist

faisisteachas fas'əs't'əxəs *m* 1 fascism

faisistí fas'əs't'i: *m* 4 fascist

faisnéis fas'n'e:s' *f* 2 information; intelligence, report; (*grammar*) predicate

faisnéiseach fas'n'e:s'əx *a* 1 informative; (*grammar*) predicative

faisnéiseoir fas'n'e:s'o:r' *m* 3 informant

fáistine fa:s't'ən'ə *f* 4 prophecy; divination

fáistineach fa:s't'ən'əx *m* 1 prophet, soothsayer; future (tense) *a* 1 prophetic; (*grammar*) future

faiteach fat'əx *a* 1 fearful, apprehensive; timid

faiteadh fat'ə *m* 1 flapping, flutter, *i bh* ~ *na súl* in the twinkling of an eye

fáithim fa:həm' *f* 2 hem

faithne fahn'ə *m* 4 wart

faitíos fat'i:s *m* 1 fear, apprehension; timidity, *ar fhaitíos go* for fear that, lest

fál[1] fa:l *m* 1, *pl* ~**ta** hedge, fence; wall, barrier; enclosure; field

Fál[2] fa:l *m* 1 *Inis, Críocha, Fáil* (the island, territories, of) Ireland

fala falə *f* 4, *pl* **-lta** grudge, resentment, *fear* ~ spiteful man

fálaigh fa:li: *vt* fence, enclose; lag

fallás fala:s *m* 1 fallacy

fallaing faləŋ' *f* 2, *pl* ~**eacha** mantle, cloak, ~ *sheomra* dressing-gown

fálróid fa:lro:d' *f* 2 sauntering, strolling; easy pace

falsa falsə *a* 3 false; lazy

falsacht falsəxt *f* 3 falseness; laziness, *ag* ~ idling

falsaigh falsi: *vt* falsify, *uacht fhalsaithe* forged will

falsaitheoir falsiho:r' *m* 3 falsifier, forger

falsóir falso:r' *m* 3 lazy person

faltanas faltənəs *m* 1 spite, grudge

fáltas fa:ltəs *m* 1 income, profit; amount, supply

fámaire fa:mər'ə *m* 4 stroller, idler; summer visitor; huge person or thing

fan fan *vi* stay, wait, remain

fán fa:n *m* 1 straying, wandering, vagrancy, *ar* ~ astray, *chuaigh sé le* ~ *an tsaoil* he took to a roving life

fána fa:nə *f* 4 declivity, slope; hollow, droop

fánach fa:nəx *a* 1 wandering, straying; aimless; futile, *comhrá* ~ casual conversation, *ceathanna* ~*a* occasional showers

fanacht fanəxt *m* 3 wait, stay

fánaí fa:ni: *m* 4 wanderer; casual worker; nomad

fanaiceach fanək'əx *m* 1 & *a* 1 fanatic

fanaiceacht fanək'əxt *f* 3 fanaticism

fanaile fanəl'ə *m* 4 vanilla

fánaíocht fa:ni:(ə)xt *f* 3 wandering; hiking; aimlessness; decline

fánán fa:na:n *m* 1 slope; ramp; chute; slip (for boats)

fann fan *a* 1, *gsm* ~ faint, weak, languid

fanntais fantəs' *f* 2 faint, swoon

fantaisíocht fantəs'i:(ə)xt *f* 3 fantasy

faobhar fi:vər *m* 1 edge; blade, ~ *a chur ar rud* to sharpen sth, *tá* ~ *ar a teanga* she has a sharp tongue

faobhrach fi:vrəx *a* 1 sharp; cutting, biting; eager

faobhraigh fi:vri: *vt* sharpen, whet

faocha fi:xə *f*, *gs & gpl* ~**n** *npl* ~**in** periwinkle, ~ *chapaill* whelk

faoi[1] fi: *prep, pron forms* **fúm** fu:m, **fút** fu:t, **faoi** fi: *m*, **fúithi** fu:hi *f*, **fúinn** fu:n' **fúibh** fu:v', **fúthu** fu:hu, under, below, beneath; less than; about, round; concerning; against, ~ *chré* under the soil, buried, *tá an ghrian ag dul* ~ the sun is setting, *bheith* ~ *ualach* to be burdened, ~ *sholas an lae* in the light of day, ~ *bhláth* in flower, *ag dul* ~ *scrúdú* undergoing an examination, ~ *bhrón* sorrowful, *cur fút in áit* to settle down in a place, *bhí luas* ~ he was going at speed, *tá fás fúthu* they are growing, *fág fúm é* leave it to me, *mise* ~ *duit* I'll warrant you, ~ *mar a bheadh fearg air* as if he was angry, ~ *is go raibh siad ag troid* because they were fighting, ~ *dhó* twice, *a sé* ~ *a seacht* six by seven, *fiche* ~*n gcéad* twenty per cent, *amuigh* ~*n tuath* out in the country, ~ *mhaidin* by morning, ~ *láthair* at present, ~ *orlach de* within an inch of it, ~ *dheireadh* at last, *dhéanfá gáire* ~ you would laugh at it

faoi[2] fi: : **faoi**[1]

faoileán fi:l'a:n *m* 1 seagull

faoileanda fi:l'əndə *a* 3 graceful

faoileoir fi:l'o:r' *m* 3 glider

faoisc fi:s'k' *vt* shell; parboil (shellfish)

faoiseamh fi:s'əv *m* 1 relief; alleviation, ease

faoistin fi:s't'ən' *f* 2 confession, *an Fhaoistin Choiteann* the Confiteor

faoitín fi:t'i:n' *m* 4 whiting

faolchú 'fiːlˌxu: *m*4, *pl* ~**nna** wild dog, wolf

faomh fiːv *vt*, *pp* **faofa** accept; approve

faon fiːn *a*1 supine; limp, languid

faonoscailt 'fiːnˌoskəl't' *f*2 slight opening; hint

faopach fiːpəx *s*, *san fhaopach* in dire straits, in a fix

fara¹ farə *m*4 (hen-)roost

fara² farə *prep*, *pron forms* **faram** farəm, **farat** farət, **fairis** far'əs' *m*, **farae** fare: *f*, **farainn** farən', **faraibh** farəv', **faru** faru, along with; as well as, besides

faradh farə *m*, *gs* **-rtha** ferrying; ferry, *bád fartha* ferryboat

farae fare: : **fara²**

faraibh farəv' : **fara²**

farainn farən' : **fara²**

faram farəm : **fara²**

farantóireacht farənto:r'əxt *f*3 ferrying

faraor fə'riːr *int* alas, *bheith ar an bh*~, to be in a bad way

farasbarr 'farəsˌbaːr *m*1 excess, surplus

farat farət : **fara²**

fardal faːrdəl *m*1 inventory

fardoras 'faːrˌdorəs *m*1, *pl* **-oirse** lintel (of door)

fargán farəgaːn *m*1 ledge

farradh farə *s*, *i bh* ~ in the company of, beside; ~ *is*, *i bh* ~ *is* compared with, beside

farraige farəg'ə *f*4 sea

faru faru : **fara²**

fás faːs *m*1 growth, development; sapling, rod, ~ *aon oíche* mushroom growth *vt & i* grow

fasach fasəx *m*1 precedent

fásach faːsəx *m*1 waste, desert; deserted place; luxuriant growth

fáscadh faːskə *m*1, *pl* **-aí** press, squeeze; tightness, pressure; exertion, ~ *reatha* burst of speed, *den chéad, ar an gcéad, fháscadh*, at the first attempt

fáschoill 'faːsˌxol' *f*2, *pl* ~**te** undergrowth; grove

fáslach faːsləx *m*1 upstart

fásra faːsrə *m*4 vegetation

fásta faːstə *a*3 grown, *duine* ~ adult

fastaím fasti:m' *f*4 nonsense

fáth¹ fa: *m*3, *pl* ~**anna** cause, reason, *cén* ~? why? *tú féin a chur i bh* ~ to assert oneself

fáth-² fa: *pref* mystic, figurative; wise, witty

fathach fahəx *m*1 giant

fáthach faːhəx *a*1 figurative, symbolic

fáthadh faːhə *s*, ~ *an gháire* smile

fáthchiallach 'faːˌx'iələx *a*1 allegorical, figurative

fáthmheas 'faːˌv'as *m*3 diagnosis

fáthscéal 'faːˌs'k'e:l *m*1 *pl* ~**ta** allegory, parable

feá¹ f'a: *m*4, *pl* ~**nna** fathom

feá² f'a: *f*4, *pl* ~**nna** beech

feabhas f'aus *m*1 excellence; improvement, *dá fheabhas iad* however good they may be, *ar fheabhas* excellent, *dul i bh* ~ to improve

Feabhra f'aurə *f*4 February

feabhsaigh f'ausi: *vt & i* better, improve; get better

feac¹ f'ak *m*4, *pl* ~**anna** handle (of spade, shovel)

feac² f'ak *vt & i* bend

feacadh f'akə *m*, *gs* **-ctha** *pl* **-cthai** bend, bent posture, ~ *a bhaint as rud* to bend sth

féach f'e:x *vt & i* look; consider, examine; test, *cuisle a fhéachaint* to feel a pulse, ~ *aint le rud a dhéanamh* to try to do sth, *tháinig sé do m'fhéachaint* he came to see me

féachadóir f'e:xədo:r' *m*3 onlooker, observer

féachaint f'e:xən't' *f*3, *gs* **-ana** look; aspect; trial, *lucht féachana* onlookers

feacht f'axt *m*3, *pl* ~**aí** flow, current

feachtas f'axtəs *m*1 campaign

fead f'ad *f*2, *pl* ~**anna** whistle, *bheith i ndeireadh na feide* to be at one's last gasp

féad f'e:d *auxiliary v*, *vn* ~**achtáil** be able to; ought to, ~ *aim a rá* (*go*) I may say (that)

feadaíl f'adi:l' *f*3 whistling

feadair f'adər' *defective v* (with negative or interrogative) 1*sg* **feadar** 2*sg* **feadrais** 1*pl* **feadramar** know, *ní fheadair aon duine cá bhfuil sé* nobody knows where he is

feadaire f'adər'ə *m*4 whistler

feadán f'ada:n *m*1 tube; gully; whistle, wheeze, ~ *orgáin* organ reed

feadh f'a: *m*3 extent, distance, duration, ~ *do radhairc* as far as the eye could see, *ar* ~ *tamaill* for a while, *ar* ~ *na tíre* throughout the country, *ar* ~ *m'eolais* as far as I know

feadhain f'a:n' *f*3, *gs & pl* **-dhna** troop, company, *ceann feadhna* commander, ringleader

feadhnach f'a:nəx *m*1 band, troop; pannier; pail; large quantity

feadóg¹ f'ado:g *f*2, ~ (*stáin*) (tin) whistle

feadóg² f'ado:g *f*2 plover

feag f'ag *f*3, *pl* ~**acha** rush

feall f'al *m*1 deceit, treachery; let-down *vi* (with *ar*) prove false to, betray; fail

feallaire f'alər'ə *m*4 deceiver, betrayer

feallmharú 'f'alˌvaru: *m*4 assassination

fealltach f'altəx *a*1 deceitful, treacherous

fealltóir f'alto:r' *m*3 betrayer, traitor

fealsamh f'alsəv *m*1, *pl* **-súna** philosopher

fealsúnacht f'alsu:nəxt *f*3 philosophy

feamainn f'amən' *f*2 seaweed

fean f'an *m*4, *pl* ~**anna** fan

feanléas 'f'an'ˌl'e:s *m*1, *pl* ~**acha** fanlight

feann f'an *vt* flay, skin, *tá siad ag* ~*adh a chéile* they are slating each other

feannóg f'ano:g *f*2 scald-crow, ~ *charrach* carrion-crow

feanntach f'antəx *a*1 bitter, sharp, severe

fear¹ f'ar *m*1 man; husband, ~ *ceoil, dlí*, musician, lawyer, ~ *feasa* seer, ~ *ionaid an rí*, king's deputy, viceroy; ~ *siúil* itinerant, ~ *teanga* interpreter, ~ *tí* householder; master of ceremonies, ~ (*céile*) husband, *leanbh fir* male child, *fuair sé an* ~ *maith air* he got the better of him, ~ *bréige* scarecrow

fear² f'ar *vt & i* pour out; perform; affect; excrete, *fáilte a fhearadh roimh dhuine* to accord a person a welcome, *ag ~adh na ndeor* shedding tears, *cogadh a fhearadh* to wage war

fear-³ f'ar *pref* man-, male; manly, he-

féar f'e:r *m*1, *npl* ~**a** grass, hay, *ag tabhairt an fhéir* in the grave, dead

féarach f'e:rəx *m*1 pasture; grazing rent

fearacht f'arəxt *s as prep* like, as

féaráilte f'e:ra:l't'ə *a*3 fair, equitable

fearán f'ara:n *m*1 dove

fearann f'arən *m*1 land, territory; quarter, *baile fearainn* townland

fearas f'arəs *m*1 husbandry, management; equipment; apparatus, *i bh ~* in working order

fearastúil f'arəstu:l' *a*2 well-equipped; competent; handy

fearb f'arəb *f*2 weal, welt

fearg f'arəg *f*2, *ds* **feirg** *in certain phrases* anger; irritation, *bheith i bhfeirg le duine* to be angry with a person

fearga f'arəgə *a*3 male; virile

feargach f'arəgəx *a*1 angry; irritated, inflamed

feargacht f'arəgəxt *f*3 manhood; virility

féarmhar f'e:rvər *a*1 grassy

fearnóg f'a:rno:g *f*2 alder

fearr f'a:r : **maith¹**

fearsaid f'arsəd' *f*2 spindle; shaft, axletree; ridge of sand in tidal waters

feart¹ f'art *m*3, *gs & npl* ~**a** prodigy, miracle

feart² f'art *m*3, *gs & npl* ~**a** mound, tumulus; grave

fearthainn f'arhən' *f*2 rain; rainfall

feartlaoi 'f'art,li: *f*4, *pl* ~**the** epitaph

fearúil f'aru:l' *a*2 manly, manful

fearúlacht f'aru:ləxt *f*3 manliness

feasa f'asə : **fios**

feasach f'asəx *a*1 knowing, well-informed : *is ~ mé, dom, é* I am aware of it

féasóg f'e:so:g *f*2 beard

féasrach f'e:srəx *m*1 muzzle

feasta f'astə *adv* from now on, henceforth, *ní fheicfidh tú ~ iad* you will not see them any more

féasta f'e:stə *m*4 feast, banquet

féatas f'e:təs *m*1 foetus

feic¹ f'ek' *m*4 (sorry) sight, spectacle

feic² f'ek' *vt & i, vn* ~**eáil** see, *bheith le ~eáil* to be visible, *~tear dom (go)* it appears to me (that)

feiceálach f'ek'a:ləx *a*1 noticeable, conspicuous; striking, showy, handsome

féich f'e:x' : **fiach¹**

féichiúnaí f'e:x'u:ni: *m*4 debtor

féichiúnaigh f'e:x'u:ni: *vt* debit

féichiúnas f'e:x'u:nəs *m*1 indebtedness, liability

féichiúnta f'e:x'u:ntə *a*3 prompt, punctual

féideartha f'e:d'ərhə *a*3 feasible, possible

féidearthacht f'e:d'ərhəxt *f*3 feasibility, possibility

feidhm f'aim' *f*2, *pl* ~**eanna** function; use, duty; undertaking; effect; need, *i bh ~* in operation, *i bh ~ rúnaí* in the capacity of a secretary, *duine gan ~* useless person, *dul as ~* to fall into disuse, *níl ~ leis* it is not necessary, *chuir sí a toil i bh ~ orthu* she imposed her will on them

feidhmeannach f'aim'ənəx *m*1 functionary, official; executive; agent

feidhmeannas f'aim'ənəs *m*1 function, service; office

feidhmigh f'aim'i: *vt & i* function; act; execute, enforce

feidhmiúchán f'aim'u:xa:n *m*1, *oifigeach feidhmiúcháin* executive officer

feidhmiúil f'aim'u:l' *a*2 functional; efficient; forceful

féidir f'e:d'ər' *s* (used with *is*) *is ~ (go)* it is possible (that), *ní ~ liom* I cannot, *más ~ if* possible, *b'fhéidir é* maybe it is, maybe so

feifeach f'ef'əx *a*1 expectant; watchful, attentive

feighil f'ail' *f*2, *gs* **-ghle** vigilance; care, attention, *i bh ~ an tí* minding the house *vt* watch, oversee

feighlí f'ail'i: *m*4 watcher, tender, overseer, ~ *páistí* babysitter

feil f'el' *vi, vn* ~**iúint** (with *do*) suit; fit

féil f'e:l' : **fial¹,²**

féile¹ f'e:l'ə *f*4 generosity, hospitality

féile² f'e:l'ə *f*4, *pl* **-lte** festival, feast (day), *Lá Fhéile Pádraig* St. Patrick's Day

féileacán f'e:l'əka:n *m*1 butterfly, ~ *oíche* moth

féileadh f'e:l'ə *m*1, *pl* **-lí,** ~ *beag* kilt

feileastram f'el'əstrəm *m*1 (wild) iris, flag

feileon f'el'o:n *m*1 felon

feileonacht f'el'o:nəxt *f*3 felony

féilire f'e:l'ər'ə *m*4 calendar

feiliúnach f'el'u:nəx *a*1 suitable; fitting; helpful

feill- f'el' *pref* foul, treacherous; exceedingly

feillbhinn 'f'el',v'in' *go ~* excellently, thoroughly

feilmeanta f'el'əm'əntə *a*3 strong, vigorous, forceful

feilt f'el't' *f*2 felt

féiltiúil f'e:l't'u:l' *a*2 festive; periodic; regular, punctual

féin¹ he:n', f'e:n' *a & pron* -self; own; even, only, *mé ~* myself, *do scéal ~* your own story, *an uair sin ~* even at that time

féin-² f'e:n' *pref* self-, auto-

feiniméan f'en'əm'e:n' *m*1 phenomenon

féiniúlacht f'e:n'u:ləxt *f*3 selfhood, separate identity

féinmharfóir 'f'e:n',varəfo:r' *m*3 suicide

féinmharú 'f'e:n',varu: *m*4 suicide

Féinne f'e:n'ə : **Fiann**

féinriail 'f'e:n',riəl' *f*, *gs* **-alach** autonomy

féinrialaitheach 'f'e:n',riəlihəx *a*1 autonomous

féinspéis 'f'e:n',sp'e:s' *f*2 egotism

féinspéiseachas 'f'e:n',sp'e:s'əxəs *m*1 egoism

féinspéisí 'f'e:n',sp'e:s'i: *m*4 egoist

féir f'e:r' : fiar

feirc f'er'k' f2, pl ~eanna peak; tilt (of hat, etc); fringe; haft, hilt

feircín f'er'k'i:n' m4 firkin

feirdhris 'f'er',γ'r'is' f2, pl ~eacha dogrose

feire f'er'ə m4 groove; rim, flange

féire f'e:r'ə : fiar

féirín f'e:r'i:n' m4 gift, present

feirm f'er'əm' f2, pl ~eacha farm

feirmeoir f'er'əm'o:r' m3 farmer

feirmeoireacht f'er'əm'o:r'əxt f3 farming

feis f'es' f2, pl ~eanna festival; feis

feisire f'es'ər'ə m4 member of (British) parliament

feisteas f'es't'əs m1 fittings, furnishings; dress; arrangement

feisteoir f'es't'o:r' m3 fitter; outfitter

feistigh f'es't'i: vt arrange, adjust; dress, equip; fasten, secure, moor

féith f'e: f2, pl ~eacha sinew, muscle; vein; seam (of coal, etc); natural bent

feithealann f'ehələn f2 waiting-room

feitheamh f'ehəv m1 wait, expectation, ag ~ le waiting for, expecting

féitheog f'e:ho:g f2 (small) sinew; muscle; (small) vein

féitheogach f'e:ho:gəx a1 sinewy; muscular

feitheoir f'eho:r' m3 supervisor, superintendent

feitheoireacht f'eho:r'əxt f3 supervision, superintendence

feithicil f'ehək'əl' f2, gs -cle pl -clí vehicle

feithid f'ehəd' f2 tiny creature, insect; wild creature

feithideolaíocht 'f'ehəd',o:li:(ə)xt f3 entomology

feithidicíd f'ehəd'ək'i:d' f2 insecticide

féithleann f'e:hl'ən m1 honeysuckle, woodbine

féithuar 'f'e:h,uər a1 nippy, chilly

feo f'o: m4 withering, decay

feochadán f'o:xəda:n m1 thistle

feodach f'o:dəx a1 feudal

feodachas f'o:dəxəs m1 feudalism

feoigh f'o:γ' vi wither, decay

feoil f'o:l' f3, pl -olta flesh, meat

feoiliteach 'f'o:l',it'əx a1 carnivorous

feoilséantach 'f'o:l',s'e:ntəx a1 vegetarian

feoilséantóir 'f'o:l',s'e:nto:r' m3 vegetarian

feoite f'o:t'ə a3 withered, decayed

feolmhar f'o:lvər a1 fleshy, fat, flabby

feothan f'o:hən m1 gust; breeze; puff

feosaí f'o:si: a3 wizened, shrivelled

fi f'i: f4 weaving, weave; plait

fia¹ f'iə m4, pl ~nna deer

fia-² f'iə pref wild; large, outsize

fiabhras f'iəvrəs m1 fever

fiabhrasach f'iəvrəsəx a1 feverish

fiacail f'iəkəl' f2, pl -cla tooth; edge, ~ (charraige) projecting rock, rud a rá faoi d'fhiacla to mutter sth, níor chuir sé ~ ann he did not mince his words, fiacla rotha cogs of wheel

fiach¹ f'iəx m1, gs féich npl ~a debt; pl price, bheith i bhfiacha to be in debt, tá sé d'fhiacha orm é a dhéanamh I am obliged to do it, maith dúinn ár bhfiacha forgive us our trespasses

fiach² f'iəx m1, npl ~a raven

fiach³ f'iəx m1 & vt hunt, chase

fiachóir f'iəxo:r' m3 debtor

fiaclach f'iəkləx a1 toothed; cogged; serrated

fiaclóir f'iəklo:r' m3 dentist

fiafheoil 'f'iə,o:l' f3 venison

fiafraí f'iəfri: m, gs & pl -aithe inquiry, question

fiafraigh f'iəfri: vt & i ask, inquire

fiafraitheach f'iəfrihəx a1 inquisitive; solicitous

fiagaí f'iəgi: m4 huntsman, hunter; provider

fiaile f'iəl'ə f4 weeds

fiailicíd f'iəl'ək'i:d' f2 weed-killer

fiáin f'i:a:n' a1 wild; uncultivated; lawless; tempestuous, ~ chun ruda eager to do, to get, sth

fial¹ f'iəl m1, gs féil npl ~a veil

fial² f'iəl a1, gsm féil gsf & comp féile generous, hospitable

fianaise f'iənəs'ə f4 witness, testimony, evidence, i bh ~ duine in the presence of a person

Fiann f'iən f2, gs Féinne the Fianna, band of warrior-hunters)

fiannaíocht f'iəni:(ə)xt f3 stories, lays, of the Fianna; ancient lore; romantic story-telling

fiántas f'i:a:ntəs m1 wildness, fierceness; wilderness

fiaphoc 'f'iə,fok m1 buck (deer)

fiar f'iər m1, npl ~a slant, bias; bend, twist; perverseness, trasna ar ~ diagonally a1, gsm féir gsf & comp féire slanting, diagonal; bent, perverse vt & i slant, veer; bend, twist, distort

fiarlán 'f'iər,la:n m1 zig-zag

fiarlaoid f'iərli:d' s, (ar) ~ across, diagonally, athwart; wandering

fiarsceabha 'f'iər,s'k'au m4 slant, ar ~ askew

fiarshúil 'f'iər,hu:l' f2, gs & npl ~e gpl -úl squint (eye)

fiarshúileach 'f'iər,hu:l'əx a1 squint-eyed

fiarthrasna 'f'iər,hrasnə adv & a3 diagonal, diagonally; crossways

fiata f'iətə a3 wild; fierce, angry; shy

fia-úll 'f'iə,u:l m1, npl ~a crab-apple

fíbín f'i:b'i:n' m4 gadding; excitement, go ~ easily, idly

fiche f'ix'ə m, gs -ad pl -chidi ds & npl with numer-,als -chid & a twenty, na fichidi the twenties, tri leabhar ~ad, ar fhichid, is ~ twenty-three books, ~ bean twenty women

ficheall f'ix'əl f2 chess

fichiú f'ix'u: m4 & a twentieth

ficsean f'ik's'ən m1 fiction

fidil f'id'əl' f2, gs -dle pl -dleacha fiddle

fidléir f'id'l'e:r' m3 fiddler

fíf f'i:f' f2, pl ~eanna fife

fige f'ig'ə f4 fig

figh f′iɣ′ *vt & i* weave, plait; (*of story, etc*) compose, contrive, *tá sé fite fuaite ann* it is in the very fibre of his being

figiúr f′ig′u:r *m*1, *pl* **-úirí** figure, digit; number

file f′il′ə *m*4 poet

fileata f′il′ətə *a*3 poetic(al); imaginative, romantic

filiméala f′il′əm′e:lə *m*4 nightingale

filíocht f′il′i:(ə)xt *f*3 poetry

Filistíneach f′il′əs′t′i:n′əx *m*1 & *a*1 Philistine

fill f′il′ *vt & i* bend, turn back; fold; return

filléad f′il′e:d *m*1 fillet

filleadh f′il′ə *m*1, *pl* **-llteacha** bend, fold; return, ~ *beag* kilt

fillteach f′il′t′əx *a*1 folding

fillteán f′il′t′a:n *m*1 folder, wrapper

fillteog f′il′t′o:g *f*2 wrap

filltín f′il′t′i:n′ *m*4 crease, crinkle, pucker; tuck

fimíneach f′im′i:n′əx *m*1 hypocrite *a*1 hypocritical

fimíneacht f′im′i:n′əxt *f*3 hypocrisy

fine f′in′ə *f*4, *pl* **-nte** family group; race

finéagar f′i:n′e:gər *m*1 vinegar

fíneáil f′i:n′a:l′ *f*3 & *vt* fine

fíneálta f′i:n′a:ltə *a*3 fine; subtle, slender, delicate

fíneog f′i:n′o:g *f*2 mite

Fínín f′i:n′i:n′ *m*4 Fenian

Fíníneachas f′i:n′i:n′əxəs *m*1 Fenianism

fíníúch f′i:n′u:x *a*1, *gsm* ~ maggoty, fly-blown

fíníúin f′i:n′u:n′ *f*3, *pl* **-únacha** (grape-) vine; vineyard

finne f′in′ə *f*4 whiteness, fairness

finné f′in′e: *m*4, *pl* ~**ithe** witness

finscéal ′f′in′ˌs′k′e:l *m*1, *pl* ~**ta** romantic tale; fable; fiction

finscéalaíocht ′f′in′ˌs′k′e:li:(ə)xt *f*3 legendary tales; romancing, fiction

fíocas f′i:kəs *m*1 piles, haemorrhoids

fíoch f′i:x *m*1, *gs* **fích** *npl* ~**a** feud; anger, fury

fíochán f′i:xa:n *m*1 weaving; weave, web; tracery

fíochmhaire f′i:xvər′ə *f*4 ferocity

fíochmhar f′i:xvər *a*1 furious, ferocious

fíodóir f′i:(ə)do:r′ *m*3 weaver

fiodrince ′f′idˌriŋ′k′ə *m*4 twirl, pirouette

fíogach f′i:gəx *m*1 dog-fish

fíoghual ′f′iˌɣuəl *m*1 (wood) charcoal

fíon f′i:n *m*3, *pl* ~**ta** wine

fíonaíl f′ini:l′ *f*3 kinslaying, fratricide, parricide

fíonaíolach f′ini:ləx *m*1 parricide, fratricide

fíonchaor ′f′i:nˌxi:r *f*2 grape

fíonghort ′f′i:nˌɣort *m*1 vineyard

fíonn¹ f′in *m*1, *npl* ~**a** cataract (on eye)

fíonn² f′in *a*1 white; bright, clear; (*of hair*) fair

fíonn³ f′in *vt* ascertain, discover, find; invent

fíonnachrith ′f′inəˌx′r′ih *m*3, *gs* **-chreatha** gooseflesh

fíonnachtain f′inəxtən′ *f*3, *gs & pl* **-ana** find, discovery; invention

fíonnadh f′inə *m*1 (body) hair; fur, *tá* ~ *fiáin air* he has a wild appearance

fíonnaitheach f′inihəx *a*1 hairy; furry

fíonnmhóin ′f′inˌvo:n′ *f*3 peat-moss

fíonnuaire ′f′inˌuər′ə *f*4 coolness, freshness

fíonnuar ′f′inˌuər *a*1 cool; refreshing; serene

fíonraí f′inri: *f*4 suspense, suspension, *cuireadh ar* ~ *é* it was put in abeyance; he was suspended

fíontar f′intər *m*1 risk; enterprise, *chuaigh siad i bh*~ *na stoirme* they ventured out into the storm

fíontraí f′intri: *m*4 adventurer

fíor¹ f′i:r *f*, *gs* ~**ach** *pl* ~**acha** figure, form; image; appearance, ~ *na Croise* the sign of the Cross, ~ *na spéire* the horizon, ~ *aille* edge of cliff, ~*acha an bháis* portents of death

fíor² f′i:r *f*2 truth; pledge *a*1 true, *is* ~ *duit* you are right

fíor-³ f′i:r *pref* true, real; intense, very

fíoraigh¹ f′i:ri: *vt* figure, outline; symbolize; portend

fíoraigh² f′i:ri: *vt* verify; fulfil

fíoras f′i:rəs *m*1 fact

fíorchaoin ′f′i:rˌxi:n′ *s*, ~ *fáilte* hearty welcome

fíoruisce ′f′i:rˌis′k′ə *m*4 spring water

fíos f′is *m*3, *gs* **feasa** knowledge; information, *tá a fhios agam* (*go*) I know that, *gan fhios* (*do*) unknown (to), *bean feasa* wise woman, fortune-teller, *chuir sé* ~ *air* he sent for him, *rud a chur i bh*~, *a thabhairt le* ~, *do dhuine* to let a person know sth, *go bh*~ *dom* as far as I know

fíosaíocht f′isi:(ə)xt *f*3 clairvoyance

fíosrach f′isrəx *a*1 inquiring, inquisitive

fíosracht f′isrəxt *f*3 inquisitiveness, curiosity

fíosraigh f′isri: *vt & i* inquire

fíosrúchán f′isru:xa:n *m*1 inquiry, inquisition

fíre f′i:r′ə *f*4 truthfulness, sincerity, genuineness, fidelity

fíréad f′ir′e:d *m*1 ferret

fíréan f′i:r′e:n *m*1 just person; sincere person *a*1 just, righteous; genuine

fíreann f′ir′ən *a*1 male; virile

fíreannach f′ir′ənəx *m*1 & *a*1 male

fíréanta f′i:r′e:ntə *a*3 just, righteous; genuine; sincere

fíric f′i:r′ək′ *f*2 fact

fírinne f′i:r′ən′ə *f*4 truth, *is é* ~ *an scéil* (*go*) the fact of the matter is (that), *de dhéanta, de ráite, na* ~ as a matter of fact

fírinneach f′i:r′ən′əx *a*1 truthful

fírinscneach f′ir′ən′s′k′n′əx *a*1 (*grammar*) masculine

firmimint f′ir′əm′əm′ən′t′ *f*2 firmament, *ag imeacht sna* ~*i* going at great speed; going crazy

fís f′i:s′ *f*2, *pl* ~**eanna** vision

físeoireacht f′i:s′o:r′əxt *f*3 inquisitiveness, *ag* ~ prying

físeolaíocht ′f′is′ˌo:li:(ə)xt *f*3 physiology

fisic f′is′ək′ *f*2 physics

fisiceoir f′is′ək′o:r′ *m*3 physicist

fisiteiripe ′f′is′əˌt′er′əp′ə *f*4 physiotherapy

fisiteiripeach ′f′is′əˌt′er′əp′əx *m*1 physiotherapist

fithis f'ihəs' f2 path, passage; course, orbit

fithisigh f'ihəs'i: vt & i orbit

fiú f'u: s (used with is), is ~ punt é it is worth a pound, ní ~ trácht air it is not worth mentioning, níl ~ na léine aige he hasn't even a shirt, ~ amháin dá mbeinn ann even if I were there, mór is ~ grandeur, pomposity, ~ le rá notable, noteworthy

fiuch f'ux vt & i boil

fiuchadh f'uxə m, gs -chta boil(ing), ar ~ boiling, ~ feirge surge of anger

fiúise f'u:s'ə f4 fuchsia

fiúntach f'u:ntəx a1 worthy; respectable, generous

fiúntas f'u:ntəs m1 worth, merit; decency; generosity

fiús f'u:s m1, pl ~anna fuse

flagún flagu:n m1 flagon

flaigín flag'i:n' m4 flask

flainín flan'i:n' m4 flannel

flaith flah m3, gs & pl -atha ruler, prince, chief

flaitheas flahəs m1 rule, sovereignty; kingdom, na flaithis heaven

flaithiúil flahu:l' a2 princely; lavish, generous

flaithiúlacht flahu:ləxt f3 princeliness; generosity

flannbhuí 'flan,vi: a3, (of colour) orange

flas flas m3 floss

flaspóg flaspo:g f2 smack, kiss

fleá f'l'a: f4, pl ~nna feast, ~ cheoil festival of music

fleáchas f'l'a:xəs m1 festivity, conviviality

fleasc f'l'ask f2 rod, wand; band, hoop; wreath; scion, ar fhleasc a dhroma on the flat of his back

fleisc f'l'es'k' f2, pl ~eanna flex

fleiscín f'l'es'k'i:n' m4 hyphen

fliche f'l'ix'ə f4 wetness, dampness

flichshneachta 'f'l'ix',hn'axtə m4 sleet

fliodh f'l'i f2, gs -idhe chickweed

flip f'l'i:p' f2, pl ~eanna flip; (heavy) blow

fliú f'l'u: m4 influenza

fliuch f'l'ux a1, gsm ~ wet; rainy vt & i wet

fliuchadh f'l'uxə m, gs -chta wetting, ~ do bhéil a drop to drink

fliuchán f'l'uxa:n m1 wetness, moisture; wetting

fliuchras f'l'uxrəs m1 wetness; rainfall

fliúit f'l'u:t' f2, pl ~eanna flute, ~ Shasanach recorder

fliúiteadóir f'l'u:t'ədo:r' m3 flautist

flocas flokəs m1 flock, wadding, ~ cadáis cotton-wool

flóra flo:rə m4 flora

flosc flosk m3, pl ~anna flux; torrent, ~ (chun) oibre eagerness for work

fluairid fluər'i:d' f2 fluoride

fluaraiseach fluərəs'əx a1 fluorescent

flúinse flu:n's'ə m4 flounce

flúirse flu:rs'ə f4 abundance, plenty

flúirseach flu:rs'əx a1 abundant, plentiful

flústar flu:stər m1 flurry, flutter

fo- fo pref under-, sub-, hypo-, subsidiary; assistant, minor; trivial; occasional

fo-bhaile 'fo,val'ə m4, pl -lte suburb

fo-bhailteach 'fo,val't'əx m1 suburbanite a1 suburban

fobhríste 'fo,v'r'i:s't'ə m4 underpants

focal fokəl m1 word; phrase, remark; message, níl ~ faoi nothing is said about it, sciorradh, titim, focail slip of the tongue, lámh is ~ solemn pledge, ~ a chur ar rud to bespeak sth

fócas fo:kəs m1 focus

fochaid foxəd' f2 mocking, derision

fochair foxər' s proximity, bheith i bh ~ duine to be with a person

fochall foxəl m1 corrupt matter, filth; hollow (in core of tuber, fruit)

focheann 'fo,x'an m1 odd, occasional, one

fochéimí 'fo,x'e:m'i: m4 undergraduate

fochma foxmə m4 chilblain

fochupán 'fo,xopa:n m1 saucer

foclach foklax a1 wordy, verbose

focleolaíocht 'fok(ə)l,o:li:(ə)xt f3 philology

foclóir foklo:r' m3 dictionary; vocabulary

fód fo:d m1 sod; strip of ground; layer of earth, of sods, ar an bh ~ on the spot, immediately, an ~ a sheasamh to stand one's ground, an ~ dúchais one's native place

fodar fodər m1 fodder, provender

fodhlí 'fo,ɣ'l'i: m4, pl ~the by-law

fodhuine 'fo,ɣin'ə m4, pl -dhaoine inferior person; an odd person

fódúil fo:du:l' a2 stable; sensible

fo-éadach 'fo,e:dəx m1, pl -aí underclothes, ball fo-éadaigh undergarment

fógair fo:gər' vt & i, pres -graíonn declare, proclaim; announce; warn, earraí a fhógairt to advertise goods, ~ don diabhal iad tell them to go to the devil

fógairt fo:gərt' f3, gs -artha call; proclamation; warning; summons, order

fogas fogəs s nearness, i bh ~ do rud close to sth

fogha fau m4, pl ~nna lunge; short run, dash, ~ a thabhairt faoi dhuine to attack a person

foghail faul' f3, gs -ghla pl -ghlacha plundering, depredation; trespass; spoils

foghar faur m1 sound

foghlaeir faule:r' m3 fowler

foghlaeireacht faule:r'əxt f3 fowling, gunna ~a fowling-piece

foghlaí fauli: m4 plunderer; marauder, trespasser, ~ mara pirate

foghlaim fauləm' ~ fo:ləm' f3 learning; instruction, teaching vt & i, pres ~ionn learn; experience; instruct, teach

foghlaimeoir fauləm'o:r' ~ fo:ləm'o:r' m3 learner

foghlamtha fauləmhə ~ fo:ləmhə a3 learned

foghraíocht fauri:(ə)xt f3 phonetics

fo-ghúna 'fo,ɣu:nə m4 slip, petticoat

fógra fo:grə *m*4 notice; warning, summons; placard, sign

fógraíocht fo:gri:(ə)xt *f*3 advertising

fógróir fo:gro:r' *m*3 announcer; advertiser

fóibe fo:b'ə *f*4 phobia

foiche fox'ə *f*4 wasp

foighne fain'ə *f*4 patience

foighneach fain'əx *a*1 patient

foighnigh fain'i: *vt & i, vn* **-neamh** have patience (*le* with); bear, endure

fóill fo:l' *a*1, ~ *ort* go easy, *go* ~ yet, still, *fan go* ~ wait a while

foilmhe fol'əv'ə *f*4 emptiness, vacuity

foilsceadh fol's'k'ə *m*1 stir, flutter, flurry; speed

foilseachán fol's'əxa:n *m*1 publication

foilsigh fol's'i: *vt* reveal, disclose; publish

foilsitheoir fol's'iho:r' *m*3 publisher

foilsitheoireacht fol's'iho:r'əxt *f*3 publishing, publication

fóin fo:n' *vi, pres* **fónann** *vn* **fónamh** serve, be of use (*do* to); benefit

foinse fon's'ə *f*4 fountain, spring; source

fóint fo:n't' *f*2 usefulness, utility

fóinteach fo:n't'əx *a*1 practical, helpful

fóir[1] fo:r' *f, gs* ~**each** *pl* ~**eacha** boundary, limit; edge; "clamp", *chuaigh sé thar* ~ (*leis*) he went too far (with it)

fóir[2] fo:r' *vt & i, vn* ~**ithint** help, relieve, save, *go bhfóire Dia orainn* God help us, *d'fhóir an bia dúinn* the food agreed with us

foirceann for'k'ən *m*1 end, extremity, limit

foirceanta for'k'əntə *a*3 finite

fóirdheontas 'fo:r',γ'o:ntəs *m*1 subsidy

foireann for'ən *f*2, *gs & pl* **-rne** company; crew, team; staff; set

foirfe for'əf'ə *a*3 complete, perfect; aged, mature

foirfeacht for'əf'əxt *f*3 completeness, perfection; age, maturity

foirfigh for'əf'i: *vt & i* perfect; mature

foirgneamh for'əg'n'əv *m*1 building, structure; collection of buildings

foirgneoir for'əg'n'o:r' *m*3 builder

foirgníocht for'əg'n'i:(ə)xt *f*3 (art, trade, of) building

foirgthe for'ək'ə *a*3, ~ *le* honeycombed, infested, covered, with, ~ *le daoine* swarming with people

fóirithint fo:r'ihən't' *f*2 help, succour, *oifigeach* ~*e* relieving officer

foirm for'əm' *f*2, *pl* ~**eacha** form

foirmigh for'əm'i: *vt* form; formulate

foirmiúil for'əm'u:l' *a*2 formal

foirmiúlacht for'əm'u:ləxt *f*3 formality

foirmle for'əm'l'ə *f*4 formula

foirne for'n'ə **: foireann**

foirnéis fo:rn'e:s' *f*2 furnace

fóirsteanach fo:rs't'ənəx *a*1 suitable, fitting

foirtil fort'əl' *a*1 strong

fóisc fo:s'k' *f*2, *pl* ~**eacha** ewe

foisceacht fos'k'əxt *f*3 nearness, proximity, *i bh* ~ *míle de* within a mile of it

fóiséad fo:s'e:d *m*1 faucet, tap; funnel

foitheach fohəx *m*1 diver, grebe

fola folə **: fuil**

folach foləx *m*1 hiding, covering, concealment, *i bh* ~ hidden, ~ *cruach*, ~ *biog, a dhéanamh* to play hide-and-seek

folachánaí foləxa:ni: *m*4 stowaway

folaigh foli: *vt & i* hide, cover, conceal; include

folaíocht foli:(ə)xt *f*3 blood, breeding; lineage, descent, *ceart* ~*a* birthright

foláir fola:r' *s, ní* ~ *rud éigin a dhéanamh* something must be done, *ní* ~ *dom imeacht* I must go, *ní* ~ *liom mo scith a ligean* I feel I must rest

foláireamh fola:r'əv *m*1 command; warning, notice

folaitheach folihəx *a*1 hidden, secret

folamh foləv *a*1, *gsf & comp* **foilmhe** *npl* **-lmha** empty; vacant, void, *buille* ~ missed blow

folc folk *vt* bathe; wash; immerse, submerge, *ag* ~*adh fearthainne* pouring rain

folcadán folkəda:n *m*1 bath(-tub)

folcadh folkə *m, gs* **-ctha** *pl* **-cthaí** bath, wash; drenching; steeping; immersion

folíne 'fo,l'i:n'ə *f*4, *pl* **-nte** (telephone) extension

folláin fola:n' *a*1 healthy; wholesome, sound

follas foləs *a*1, *gsf & comp* **foilse** clear, evident; open, overt

follasach foləsəx *a*1 clear, evident, plain, obvious

folmhaigh foləvi: *vt* empty, discharge, exhaust

folracht folrəxt *f*3 blood, gore

folt folt *m*1 hair (of head)

foltfholcadh 'folt,olkə *m, gs* **-ctha** *pl* **-cthaí** shampoo

foluain foluən' *f*3 fluttering, flying; hovering, *ar* ~ floating

folúil folu:l' *a*2 full-blooded; thoroughbred

folúntas folu:ntəs *m*1 vacancy; emptiness, void

folús folu:s *m*1 emptiness; vacuum, void

fómhar fo:vər *m*1 autumn; harvest (season), *an* ~ *a dhéanamh* to do the harvest work

fomhórach 'fo,vo:rəx *m*1 & *a*1 pirate; giant, *F* ~ Fomorian

fomhuireán 'fo,vir'a:n *m*1 submarine

fón fo:n *m*1 (tele)phone

fónamh fo:nəv *m*1 service; usefulness; validity, *rud ar* ~ excellent thing, *bheith ar* ~ to be well, ~ *a dhéanamh do dhuine* to render service to a person

fondúir fondu:r' *m*3 founder

fondúireacht fondu:r'əxt *f*3 foundation, institution

fonn[1] fon *m*1 air, tune; melody, song

fonn[2] fon *m*1 desire, inclination, *d'fhonn* in order to, ~ *oibre* eagerness for work

fonnmhar fonəvər *a*1 desirous, eager, willing

fonóid fono:d' *f*2 jeering; derision

fonóideach fono:d'əx *a*1 jeering, derisive

fonsa fonsə *m*4 band, hoop; rim, ring

fónta fo:ntə *a*3 serviceable, useful; good, sound

for- for *pref* over-, superior, super-; external; great, extreme

forábhar 'for͵a:vər *m*1 supplement

foracha forəxə *f, gs & gpl* ~**n** *npl* ~**in** guillemot

foráil fora:l' *f*3 provision, *forálacha reachta* provisions of an enactment

forainm 'for͵an'əm' *m*4, *pl* ~**neacha** pronoun

foráiste fora:s't'ə *m*4 forage

foraois fori:s' *f*2 forest

foraoiseacht fori:s'əxt *f*3 forestry

foraoiseoir fori:s'o:r' *m*3 forester

foras forəs *m*1 base, foundation; established principle; stability; institution

forás fora:s *m*1 growth, development; progress

forasta forəstə *a*3 established; stable; sedate, grave

forbair forəbər' *vt & i, pres* **-braíonn** develop

forbairt forəbərt' *f*3, *gs* **-artha** development; growth

forbhalla 'for͵valə *m*4 parapet, battlement

forbhás forəva:s *m*1, *ar* ~ unsteady, liable to topple

forbhríste 'for͵v'r'i:s't'ə *m*4 overalls

forc fork *m*1 fork

forcamás forkəma:s *m*1 watchfulness, attention; affectation, ~ *cainte* pedantry

forcháin 'for͵xa:n' *f, gs* **-ánach** *pl* **-ánacha** surtax

forchéimniú 'for͵x'e:m'n'u: *m*4 progression

forchraiceann 'for͵xrak'ən *m*1, *pl* **-cne** epidermis; foreskin

fordhaonna 'for͵γi:nə *a*3 superhuman

fordheontas 'for͵γ'o:ntəs *m*1 bounty

fordhuilleog 'for͵γil'o:g *f*2 fly-leaf

foréigean 'for͵e:g'ən *m*1 violence, force, compulsion

foréigneach 'for͵e:g'n'əx *a*1 violent, forcible

foréiligh 'for͵e:l'i: *vt, vn* **-leamh** requisition

forghabh 'for͵γav *vt* grasp; secure; usurp

forghabháil 'for͵γava:l' *f*3 grasp; forcible seizure, usurpation

forghabhálaí 'for͵γava:li: *m*4 usurper

forlámhas 'for͵la:vəs *m*1 domination; authority; despotism; usurpation

forléas 'for͵l'e:s *m*1, *pl* ~**acha** skylight

forleathan 'for͵l'ahən *a*1, *gsf & comp* **-eithne** widespread, far-reaching, general

forléine 'for͵l'e:n'ə *f*4, *pl* **-nte** smock

forlíonadh 'for͵l'i:nə *m*1, *pl* **-ntaí** filling, swelling; completion, supplement

forma forəmə *m*4 form, bench

formad forəməd *m*1 envying; envy; emulation, *i bh*~, *ag* ~, *le chéile* vying with each other

formhéadaigh 'for͵ve:di: *vt* magnify

formheas 'for͵v'as *vt* approve

formhór 'for͵vo:r *m*1 greater part, majority

formhothaithe 'for͵vohihə *a*3 imperceptible, *tháinig sé isteach go* ~ he entered unnoticed

formhuinigh 'for͵vin'i: *vt* endorse

forneart 'for͵n'art *m*1 superior strength; force, violence

forógra 'for͵o:grə *m*4 proclamation, decree; forewarning

forrán fora:n *s,* ~ *a chur ar dhuine* to accost a person

fórsa fo:rsə *m*4 force, *na* ~*í* the forces, troops

forscáth 'for͵ska: *m*3, *pl* ~**anna** canopy

forsheomra 'for͵ho:mrə *m*4 antechamber, lobby

fórsúil fo:rsu:l' *a*2 forceful, forcible

fortacht fortəxt *f*3 aid, succour; relief, comfort

fortún fortu:n *m*1 fortune; chance, fate

fós fo:s *adv* yet, still; again, *agus ceann eile* ~ and yet another one, *agus* ~ and moreover, *níos deise* ~ nicer still

fosaíocht fosi:(ə)xt *f*3 herding, attending, *ag* ~ *le duine* making up to a person

foscadh foskə *m*1, *pl* **-aí** shelter

foscúil fosku:l' *a*2 shady, sheltered; discreet, secretive

fosfáit fosfa:t' *f*2 phosphate

fosfar fosfər *m*1 phosphorus

foshuiteach 'fo͵hit'əx *m*1 & *a*1 subjunctive

foslongfort 'fos'loŋ͵fort *m*1 encampment

fosta fostə *adv* also

fostaí fosti: *m*4 employee

fostaigh fosti: *vt & i* catch, grip; hire, employ

fostaíocht fosti:(ə)xt *f*3 employment

fostóir fosto:r' *m*3 employer

fostú fostu: *m*4 entanglement; hire, employment, *i bh*~ *i ndris* entangled in a briar

fóta(i)- fo:tə *pref* phot(o)-

fótachóip 'fo:tə͵xo:p' *f*2, *pl* ~**eanna** photocopy

fótagraf 'fo:tə͵graf *m*1 photograph

fótastat 'fo:tə͵stat *m*1 photostat

fothain fohən' *f*3 shelter; discretion, *i bh*~, *faoi fhothain, an oileáin* in the lee of the island

fothainiúil fohən'u:l' *a*2 sheltering; sheltered; discreet, secretive

fothair fohər' *f*2, *gs* **foithre** *pl* **foithreacha** wooded hollow, ravine; steep slope towards precipice

fotháirge 'fo͵ha:r'g'ə *m*4 by-product

fothoghchán 'fo͵hauxa:n *m*1 by-election

fothrach fohrəx *m*1 ruin (of building)

fothragadh fohrəgə *m, gs* **-gtha** bath; drenching; bustle

fothraig fohrəg' *vt, pres* **-ragann** bathe, wash; plunge

fothram fohrəm *m*1 noise; din, tumult

fothú fohu: *m*4 foundation, establishment

fothúil fohu:l' *a*2 solidly based, solid

fraigh fraγ' *f*2, *pl* **-itheacha** wall *pl* rafters, roof

frainse fran's'ə *m*4 fringe

fráma fra:mə *m*4 frame

francach fraŋkəx *m*1 rat; *F* ~ Frenchman, ~ *mná* Frenchwoman

fraoch¹ fri:x *m*1, *gs* **-oigh** heather; heath, moor

fraoch² fri:x *m*1, *gs* **-oich** fierceness, fury

fraochán fri:xa:n *m*1 bilberry, whortleberry, blueberry

fraochmhar fri:xvər *a*1 heathery

fraochta fri:xtə *a*3 fierce, furious

frapa frapə *m*4 prop, ~ *aille* ledge in cliff

fras fras *f*2 shower, ~*a deor* floods of tears *a*1 copious, abundant

frása fra:sə *m*4 phrase

fraschanna 'fras,xanə *m*4 watering-can

freagair f'r'agər' *vt & i, pres* **-graíonn** answer, respond; attend to, observe; outcrop, ~ *t do rud* to correspond to sth, *tá na carraigeacha ag* ~ *t ann* the rocks are exposed there

freagra f'r'agrə *m*4 answer

freagrach f'r'agrəx *a*1 answerable, accountable, *má bhíonn an lá* ~ if the day is suitable

freagracht f'r'agrəxt *f*3 responsibility

fréamh f'r'e:v *f*2, *pl* ~**acha** root; source, origin

fréamhaigh f'r'e:vi: *vt & i* root, take root; spring (*ó* from)

freanga f'r'aŋgə *f*4 twist, contortion; twitch, spasm

freascó f'r'asko: *m*4, *pl* ~**nna** fresco

freastail f'r'astəl' *vt & i, pres* **-alaíonn** attend

freastal f'r'astəl *m*1 attendance, service

freastalaí f'r'astəli: *m*4 attendant, waiter, helper

freasúra f'r'asu:rə *m*4 opposition, *an* ~ the opposition (party)

freisin f'r'es'ən' *adv* also

frid f'r'i:d' *f*2 flesh-worm, mite, *oiread na* ~*e* the least little bit

frídín[1] f'r'i:d'i:n' *m*4 germ

frídín[2] f'r'i:d'i:n' *m*4 barb

frigéad f'r'ig'e:d *m*1 frigate

frígháire 'f'r'i,γa:r'ə *m*4 slight smile

frimhagadh 'f'r'i,vagə *m*1 light raillery

frioch f'r'ix *vt & i* fry

friochtán f'r'ixta:n *m*1 frying-pan

friofac f'r'ifək *m*1 barb (of hook); restraint

fríos f'r'i:s *m*3, *pl* ~**anna** frieze

friotaíocht f'r'iti:(ə)xt *f*3 resistance

friotal f'r'itəl *m*1 speech, expression, utterance

friotháil f'r'iha:l' *f*3 attention, ministry, service *vt & i* attend, minister (*ar* to); serve

friothálaí f'r'iha:li: *m*4 attendant, server

friseáilte f'r'is'a:l't'ə *a*3 fresh; vigorous

frisnéis f'r'is'n'e:s' *f*2 contradiction; rebuttal

frith- f'r'ih ~ f'r'i† *pref* (becomes **fri** before **t**) anti-, counter-

frith f'r'i: *m*3 find, finding

frithbheartaigh 'f'r'i,v'arti: *vt* counteract

frithbheathach 'f'r'i,v'ahəx *m*1 & *a*1 antibiotic

frithbhualadh 'f'r'i,vuələ *m, gs* **-uailte** recoil, repercussion; pulsation, throb

frithchaiteoir 'f'r'i,xat'o:r' *m*3 reflector

frithchaith 'f'r'i,xah *vt, vn* ~**eamh** reflect

frithchioclón 'f'r'i,x'iklo:n *m*1 anticyclone

frithchosúil 'f'r'i,xosu:l' *a*2 paradoxical

frithchosúlacht 'f'r'i,xosu:ləxt *f*3 paradox

frithdhúnadh 'f'r'i,γu:nə *m, gs* **-nta** lock-out

frithgheallaí 'f'r'i,γ'ali: *m*4 underwriter

frithghiniúint 'f'r'i,γ'in'u:n't' *f*3, *gs* **-úna** contraception

frithghiniúnach 'f'r'i,γ'in'u:nəx *m*1 & *a*1 contraceptive

frithghníomh 'f'r'i,γ'n'i:v *m*1, *pl* ~**artha** counteraction; reaction

frithghníomhaí 'f'r'i,γ'n'i:vi: *m*4 reactionary

frithir f'r'ihər' *a*1 sharp, sore; tender; intense

frithnimh 'f'r'i,n'iv' *f*2, *pl* ~**eanna** antidote

frithsheasmhacht 'f'r'i,hasvəxt *f*3 resistance, steadfastness

frithsheipteach 'f'r'i,hep't'əx *a*1 antiseptic

frithsheipteán 'f'r'i,hep't'a:n *m*1 antiseptic

frithshuigh 'f'r'i,hiγ' *vt* set against, contrast (*le* with)

fritonn 'f'r'i,ton *f*2, *pl* ~**ta** backlash

frog frog *m*1, *pl* ~**anna** frog

frogaire frogər'ə *m*4 frogman

froigisí frog'əs'i: *npl* frills, frippery; airs, affectation

fronsa fronsə *m*4 (theatrical) farce

fruilcheannach 'fril',x'anəx *m*1 hirepurchase

fuacht fuəxt *m*3 cold; chill; apathy

fuachtán fuəxta:n *m*1 chilblain

fuadach fuədəx *m*1 seizure; abduction, kidnapping; plunder, ~ *croí* palpitation

fuadaigh fuədi: *vt & i* take away by force; abduct, kidnap, *tá mo chroí ag fuadach* my heart is palpitating

fuadaitheoir fuədiho:r' *m*3 abductor, kidnapper; hijacker

fuadar fuədər *m*1 rush, bustle, activity, *tá* ~ *troda faoi* he is bent on fighting

fuadrach fuədrəx *a*1 busy, hurried, fussy

fuafar fuəfər *a*1 hateful, hideous, odious

fuaidire fuəd'ər'ə *m*4 vagrant

fuaidreamh fuəd'r'əv *m*1 wandering, vagrancy; fuss; suspension

fuaidrigh fuəd'r'i: *vi* wander, stray; fuss

fuaigh fuəγ' *vt & i, pres* **-ann** sew; stitch; bind, stick (*do* to)

fuáil fu:a:l' *f*3 sewing, stitching, needlework

fuaim fuəm' *f*2, *pl* ~**eanna** sound

fuaimint fuəm'ən't' *f*2 soundness, solidity, substance

fuaimintiúil fuəm'ən't'u:l' *a*2 fundamental, substantial, sound

fuaimíocht fuəm'i:(ə)xt *f*3 sound, acoustics

fuaimneach fuəm'n'əx *a*1 sounding, resounding, resonant

fuaimnigh fuəm'n'i: *vt & i* sound; pronounce

fuaimniú fuəm'n'u: *m*4 pronunciation, enunciation (of speech)

fuair fuər' *p of* **faigh**

fuaire fuər'ə *f* 4 cold, coldness, *ag dul i bh* ~ getting cool

fuairnimh 'fuər,n'iv' *f* 2 sting of cold, numbness

fual fuəl *m* 1 urine

fualán fuəla:n *m* 1 chamber-pot

fuar fuər *a* 1 cold; apathetic; without interest; uncooked, *tá (sé)* ~ *agat a bheith ag caint* it is useless for you to speak

fuaraigeanta 'fuər,ag'əntə *a* 3 cool-headed, imperturbable

fuaraigh fuəri: *vt & i* cool; make or become cold; become indifferent, *pian a fhuarú* to relieve pain, *lig don scéal sin fuarú* let that matter die down

fuarán fuəra:n *m* 1 spring, fountain

fuaránta fuəra:ntə *a* 3 frigid, indifferent; listless

fuarchráifeach 'fuər,xra:f'əx *a* 1 lukewarm in religion; hypocritical

fuarchúis 'fuər,xu:s' *f* 2 coolness, imperturbability; frigidity; indifference

fuarchúiseach 'fuər,xu:s'əx *a* 1 cool, imperturbable; frigid; indifferent

fuarthan fuərhən *m* 1 coolness; cool place

fuarthas fuərhəs *p aut of* **faigh**

fuarthé 'fuər,he: *m* 4, *pl* ~**anna** apathetic person; apathy

fuascail fuəskəl' *vt, pres* -**claíonn** release, deliver; redeem, ransom; solve

fuascailt fuəskəl't' *f* 2 release, deliverance; redemption, ransom; solution

fuascailteoir fuəskəl't'o:r' *m* 3 liberator, emancipator; redeemer

fuath[1] fuə *m* 3, *pl* ~**anna** phantom, spectre

fuath[2] fuə *m* 3 hate, hatred

fuathaigh fuəhi: *vt* hate; turn against

fud fud *s, ar* ~ throughout; among, *ar* ~ *na háite* all over the place

fúibh fu:v' : **faoi**[1]

fuil fil' *f, gs & pl* **fola** blood, *fear a bhfuil* ~ *ann* a man of mettle, *aithníonn an fhuil a chéile* blood is thicker than water

fuilaistriú 'fil',as't'r'u: *m* 4 blood transfusion

fuilchoscach 'fil',xoskəx *m* 1 *& a* 1 astringent

fuileadán fil'əda:n *m* 1 blood-vessel

fuílleach fi:l'əx *m* 1 remains; remainder; balance, ~ *ama a bheith agat* to have plenty of time

fuilteach fil't'əx *a* 1 bloody; bloodthirsty

fuin fin' *vt & i* knead; knit together, mould, *fear* ~ *te* well-knit man

fuineadh fin'ə *m* 1, ~ *gréine* sunset

fúinn fu:n' : **faoi**[1]

fuinneamh fin'əv *m* 1 energy, vigour; spirit

fuinneog fin'o:g *f* 2 window; opening

fuinniúil fin'u:l' *a* 2 energetic, vigorous

fuinseog fin's'o:g *f* 2 ash

fuíoll fi:l *m* 1 remainder, remains; surplus; defect, *bhí saol na bh* ~ *acu* they lived in abundance, ~ *tinnis* after-effects of sickness

fuip fip' *f* 2, *pl* ~**eanna** whip

fuipeáil fip'a:l' *vt* whip

fuireach fir'əx *m* 1 wait, delay

fuirigh fir'i: *vi* wait, remain

fuirseadh firs'ə *m, gs* -**ste** harrowing; fuss, tussle

fuirsigh firs'i: *vt & i, pres* -**seann** harrow; fuss; tussle

fuisce fis'k'ə *m* 4 whiskey

fuiseog fis'o:g *f* 2 (sky)lark

fuist fis't' *m* 4 whist

fúithi fu:hi : **faoi**[1]

fulacht fuləxt *f* 3 cooking-place; barbecue

fulaing fuləŋ' *vt & i, pres* ~**ionn** bear, endure, suffer, tolerate

fulaingt fuləŋ't' *f, gs* -**gthe** (capacity for) suffering; endurance, tolerance

fulangach fuləŋəx *a* 1 suffering; enduring, patient, tolerant

fúm fu:m : **faoi**[1]

fungas fuŋgəs *m* 1 fungus

furasta furastə *a* 3, *comp* **fusa** easy (to do)

fusacht fusəxt *f* 3 easiness, *dá fhusacht é* however easy it might be

fústar fu:stər *m* 1 fuss, fidgetiness

fústrach fu:strəx *a* 1 fussy, fidgety

fút fu:t : **faoi**[1]

fúthu fu:hu : **faoi**[1]

fútráil fu:tra:l' *f* 3 fidgeting, bungling

G

ga[1] ga *m* 4, *pl* ~**thanna** spear, dart; sting; gaff, ~ *solais* ray of light, ~ *ciorcail* radius of circle

ga[2] ga *s, bhi* ~ *seá ann* he was panting, gasping for breath

gá ga: *m* 4 need, requirement

gabairdín gabərd'i:n' *m* 4 gabardine

gabh gav *vt & i* take; catch; capture; undertake; go, *colainn dhaonna a ghabháil* to assume human form, *leithscéal duine a ghabháil* to accept a person's apology, *ghabh sí* she conceived, *ghabh tinneas mé* I took sick, *cuan a ghabháil* to make harbour, *amhrán a ghabháil* to sing a song, ~ *aim pardún agat* I beg your pardon, *tá sé ag* ~ *áil ort* he is imposing on you, ~ *aim orm (go)* I'll warrant (that), *ghabh sé de bhata orm* he set about me with a stick, *ag* ~ *áil don staidéar* studying, ~ *ann sé go breá duit* it suits you well, *tá costas ag* ~ *áil leis* it involves expense, ~ *áil le ceird* to take up a trade, *buíochas a ghabháil le* *duine* to thank a person, *an tseachtain seo a ghabh tharainn* the past week

gábh ga:v *m*1, *npl* ~**a** danger, peril

gabha gau *m*4, *pl* **gaibhne** smith, ~ *dubh* blacksmith

gabháil gava:l' *f*3 catch, seizure; undertaking; yeast, ~ *éisc* catch of fish, ~ *seilbhe* taking of possession, ~ (*gine*) conception, ~ *féir* armful of hay, ~ *véarsaí* recitation of verses

gabhair gaur' *f*4 craze, *ar* ~ *chun ruda* crazy for sth, ~ *thobac* craving for tobacco

gabhairín gaur'i:n' *m*4, ~ *reo* male snipe

gabhal gaul *m*1 fork, crotch; forked inlet, ~ *ginealaigh* genealogical branch

gabhálaí gava:li: *m*4 invader, conqueror

gabháltas gava:ltəs *m*1 seizure; occupancy; holding (of land), ~ *gall* foreign occupation

gabhann gaun *m*1 (cattle-)pound; enclosure ~ (*cúirte*) dock

gabhar gaur *m*1 goat; horse-mackerel, *an G* ~ Capricorn

gabhdán gauda:n *m*1 container, receptacle

gabhlach gauləx *a*1 forked; branching; bow-legged

gabhlaigh gauli: *vt & i* fork, branch

gabhlán gaula:n *m*1 martin, ~ *gaoithe* swift

gabhlóg gaulo:g *f*2 (small) fork; forked stick; forked implement, ~ *bhoird* table-fork, ~ *cheoil, thiúnta* tuning-fork

gabhlógach gaulo:gəx *a*1 forked

gabhrán gaura:n *m*1 wild clematis

gach gax *a & s* every, each; everything, ~ *aon*, ~ *uile* every, ~ *dara*, ~ *re* every second (in series), ~ *a raibh aige* all he had

gad gad *m*1 withe, ~ *sailí* osier withe, ~ *ar ghaineamh* useless expedient, *cladhaire gaid* gallows-bird

gada gadə : **goid**

gadaí gadi: *m*4 thief

gadaíocht gadi:(ə)xt *f*3 thieving; theft

gadhar gair *m*1, ~ (*fiaigh*) (hunting) dog, beagle

Gaeilge ge:l'g'ə *f*4 Irish (language)

Gaeilgeoir ge:l'g'o:r' *m*3 Irish speaker, learner of Irish

Gael ge:l *m*1 Irishman, Irishwoman

Gaelach ge:ləx *a*1 Irish; attached to Irish culture; native to Ireland

Gaelachas ge:ləxəs *m*1 Irish characteristic(s); attachment to Irish culture

Gaeltacht ge:ltəxt *f*3 Irish-speaking district

gafa gafə *a*3 taken, caught; absorbed, ~ *i bpríosún* held in prison, ~ *ag slaghdán* in the grip of a cold, ~ *in obair* engrossed in work, ~ *gléasta* fitted and ready; all dressed up

gág ga:g *f*2 crack, crevice; chap in skin; narrow creek

gágach ga:gəx *a*1 cracked, fissured; chapped; thin, miserable

gáibéal ga:b'e:l *m*1 gap; chasm

gaibhneacht gav'n'əxt *f*3 smith's work, metalwork, *ag* ~ forging metal

gáifeach ga:f'əx *a*1 dangerous, terrible; loud; exaggerated, *scéal* ~ sensational story, *éadach* ~ flamboyant clothes

gaige gag'ə *m*4 dandy

gailbh gal'əv' *f*2, *pl* ~**eacha** storm, squall

gailbheach gal'əv'əx *a*1 squally, stormy

gaileadán gal'ədạ:n *m*1 boiler

gailearaí gal'əri: *m*4 gallery

gaileon gal'o:n *m*1 galleon

gaille gal'ə *m*4 galley (in printing)

gáilleog ga:l'o:g *f*2 mouthful, swig

gailliasc 'gal',iəsk *m*1, *gs & npl* **-lléisc** pike

gailseach gal's'əx *f*2 earwig

gaimbín gam'b'i:n' *m*4 (exorbitant) interest, *fear* ~ usurer, gombeen man

gaimbíneachas gam'b'i:n'əxəs *m*1 usury; gombeenism

gainéad gan'e:d *m*1 gannet

gaineamh gan'əv *m*1 sand

gaineamhchloch 'gan'əv,xlox *f*2 sandstone

gaineamhlach gan'əvləx *m*1 sandy desert

gainmheach gan'əv'əx *a*1 sandy

gainne[1] gan'ə *m*4 scale(s) (of fish); scurf

gainne[2] gan'ə *f*4 scarcity; scantiness, *dul i n* ~ to become scarce

gáinne ga:n'ə *f*4 reed; dart, *imeacht sna gáinní* to rush off

gaíon gi:n *m*1 subsoil

gair gar' *vt & i, vn* ~**m** call, *an chuach ag* ~*m* the cuckoo calling, ~*m ar dhuine* to call upon a person, *rí a ghairm de dhuine* to proclaim a person king, ~*im thú* I acclaim you

gáir ga:r' *f*2, *pl* **gártha** cry, shout, ~(*mholta*) *a ligean* to give a cheer, *d'aon gháir* with one acclaim, *chuaigh a gháir i bhfad* he was heard of far and wide *vt & i* shout; laugh, *gháir sé liom* he shouted at me, *ag* ~*e fúm* laughing at me

gairbhéal gar'əv'e:l *m*1 gravel

gairdeach ga:rd'əx *a*1 joyous

gairdeas ga:rd'əs *m*1 joy, rejoicing

gairdín ga:rd'i:n' *m*4 garden

gaire gar'ə *f*4 nearness, proximity, *i n* ~ *áite* near a place

gáire ga:r'ə *m*4 laugh, *rinne sí* ~ *liom* she smiled at me, *leath a gháire air* he smiled broadly

gairéad[1] gar'e:d *m*1 ostentation

gairéad[2] gar'e:d *m*1 garret, turret

gaireas gar'əs *m*1 device, apparatus

gairfean gar'əf'ən *m*1 roughness; rough ground

gairge gar'əg'ə *f*4 harshness, irritability; pungency

gairgeach gar'əg'əx *a*1 harsh, gruff, surly

gairid gar'əd' *a*1 short; near, *gaol* ~ close relationship, *scoil ghairid* hedge-school, *cúirt ghairid* petty sessions, *rugadh* ~ *air* he was caught unawares, ~ *do mhíle* nearly a mile, *le* ~ of late

gáiriteach ga:r'ət'əx *a*1 laughing, jolly

gairleog ga:rl'o:g *f* 2 garlic

gairm gar'əm' *f* 2, *pl* ~**eacha** call; summons; title; occupation, ~ *slógaidh* mobilization, ~ *chrábhaidh* religious vocation, *an ghairm dheiridh* last post, *tá* ~ *dochtúra aige* he is a doctor by profession, *mo ghairm thú!* bravo!

gairmeach gar'əm'əx *m* 1 & *a* 1 vocative

gairmiúil gar'əm'u:l' *a* 2 vocational; professional

gairmoideachas 'gar'əm',od'əxəs *m* 1 vocational education

gairmscoil 'gar'əm',skol' *f* 2, *pl* ~**eanna** vocational school

gairneoireacht ga:rn'o:r'əxt *f* 3 horticulture

gáirsiúil ga:rs'u:l' *a* 2 lewd, obscene

gáirsiúlacht ga:rs'u:ləxt *f* 3 lewdness, obscenity, ~ *chainte* filthy language

gairtéar gart'e:r *m* 1 garter

gaisce gas'k'ə *m* 4 feat (of arms); bravado

gaiscíoch gas'k'i:(ə)x *m* 1 warrior, hero; boaster

gaisciúil gas'k'u:l' *a* 2 valiant; boastful

gaiste gas't'ə *m* 4 snare, trap

gaistríteas ,gas''t'r'i:t'əs *m* 1 gastritis

gáitéar ga:t'e:r *m* 1 gutter; drain-pipe, channel

gal gal *f* 2 valour; steam, ~ *uisce* water vapour, ~ *ghaoithe* blast of hot wind, ~ *tobac* a smoke of tobacco, ~ *soip* transitory thing

gála[1] ga:lə *m* 4 gale (of wind)

gála[2] ga:lə *m* 4 (rent) gale, *rud a íoc ina ghálaí* to pay sth in instalments

galaigh gali: *vt* & *i* vaporize; evaporate; steam

galamaisíocht 'galə,mas'i:(ə)xt *f* 3 playfulness; histrionics

galán gala:n *m* 1 crane-fly, daddy-longlegs

galánta gala:ntə *a* 3 gallant; grand, *éadach* ~ stylish clothing, *dóigheanna* ~ genteel ways

galántacht gala:ntəxt *f* 3 courtliness; stylishness; swank, ~ *éadaigh* elegance in dress

galar galər *m* 1 sickness, disease; affliction, *i n* ~ *na gcás* in a quandary

galbhánaigh galəva:ni: *vt* galvanize

galf galf *m* 1 golf

galfaire galfər'ə *m* 4 golfer

gall gal *m* 1 foreigner

gallán gala:n *m* 1 standing-stone

gallchnó 'gal,xno: *m* 4, *pl* ~**nna** walnut

gallda galdə *a* 3 foreign; anglicized

galldachas galdəxəs *m* 1 foreign ways; anglicization

gallóglach 'gal,o:gləx *m* 1 gallowglass

Galltacht galtəxt *f* 3 English-speaking district

galltrumpa 'gal,trompə *m* 4 clarion

gallúnach galu:nəx *f* 2 soap

galóisí galo:s'i: *npl* galoshes

galrach galrəx *a* 1 diseased; sickly

galraigh galri: *vt* & *i* infect with disease; inoculate; become diseased

galstobh 'gal,stov *vt*, braise

galtán galta:n *m* 1 steamer

galún galu:n *m* 1 gallon; vessel

gamal gaməl *m* 1 lout, fool

gambún gambu:n *m* 1 gammon

gamhain gaun' *m* 3, *gs* & *pl* -**mhna** calf, *scéal an ghamhna bhuí* long-drawn-out story

gan gən *prep* without, ~ *phingin* penniless, *caint* ~ *éifeacht* ineffectual talk, ~ *bhaint* unreaped, ~ *bhia* ~ *deoch* without food or drink, *b'fhearr duit* ~ *fanacht* you had better not wait, (*agus*) ~ *ann ach leanbh fós* though he is only a child yet

gandal gandəl *m* 1 gander

ganfhiosach ganəsəx *a* 1 secret, secretive

ganfhiosaíocht ganəsi:(ə)xt *f* 3 secrecy, secretiveness, *ag* ~ acting surreptitiously

gangaid gaŋgəd' *f* 2 venom; bitterness

gangaideach gaŋgəd'əx *a* 1 venomous; bitter

gann gan *a* 1, *gsm* ~ scarce; sparse, ~ *i mbainne* short of milk, ~ *ar mhíle* scarcely a mile

gannchuid 'gan,xid' *f* 3, *gs* -**choda** slight portion, penury, scarcity, *bheith ar an n* ~ to be in straitened circumstances

gannchúis 'gan,xu:s' *f* 2 scarcity; penury; stinginess

gannchúiseach 'gan,xu:s'əx *a* 1 scarce; penurious; stingy

ganntanas gantənəs *m* 1 shortage, *ar aн n* ~ in want

gaobhar gi:vər *m* 1, *bheith i n* ~ *áite* to be near a place, *ar na gaobhair* nearby

gaofar gi:fər *a* 1 windy, *caint ghaofar* verbose speech

gaois gi:s' *f* 2 wisdom; shrewdness

gaoiseach gi:s'əx *a* 1 wise; shrewd

gaol gi:l *m* 1, *pl* ~**ta** relationship; relative, ~ *a bheith agat le duine* to be related to a person, *cairde gaoil* friends and relations, *tá* ~ *idir an dá fhocal* the two words are connected

gaolmhaireacht gi:lvər'əxt *f* 3 relationship; affinity

gaolmhar gi:lvər *a* 1 related; cognate

gaorthadh ga:rhə *m* 1, *pl* -**aí** (wooded) river-valley

gaosán gi:sa:n *m* 1 nose

gaoth[1] gi: *f* 2 wind, *imeacht ar nós na gaoithe* to go like the wind, *lucht gaoithe móire* gas-bags, ~ *a bhriseadh* to break wind, to belch, ~ *an fhocail* the slightest hint

gaoth[2] gi: *m* 1, *npl* ~**a** inlet of sea, estuary

gaothaire gi:hər'ə *m* 4 vent; ventilator

gaothrán gi:hra:n *m* 1 fan

gaothscáth 'gi:,ska: *m* 3, *pl* ~**anna** windscreen

gar[1] gar *m* 1, *pl* ~**anna** proximity; convenience, *i n* ~ *do rud* near sth, ~ *a dhéanamh do dhuine* to do a person a good turn, *níl* ~ *i gcaint* it is no use talking *a* 1 near, *go* ~ *ina dhiaidh sin* shortly afterwards

gar-[2] gar *pref* near; approximate

garach garəx *a* 1 obliging

garaíocht gari:(ə)xt *f* 3 favours, services, *bheith in áit na* ~*a* to be in a position to help

garáiste gara:s't'ə *m* 4 garage

garastún garəstu:n *m*1 garrison

garathair 'gar͟ahər' *m, gs* **-ar** *pl* **-aithreacha** great-grandfather

garbh garəv *a*1 rough; coarse; harsh, *obair gharbh* badly-finished work, *cuntas* ~ rough count

garbhaigh garəvi: *vt & i* roughen; become rough

garbhánach garəva:nəx *m*1 coarse-grained person; sea-bream

garbhchríoch 'garəv͟x'r'i:x *f*2, *G* ~*a na hAlban* the Highlands of Scotland

garbhlus 'garəv͟lus *m*3 goose-grass

garbhshíon 'garəv͟hi:n *f*2 rough weather, ~ *na gcuach* spell of harsh weather in May

garchabhair 'gar͟xaur' *f, gs* **-bhrach** first aid

garda ga:rdə *m*4 guard, *bheith ar* ~ (*ar rud*) to be on guard (over sth), ~ *saighdiúirí* guard, body, of soldiers, ~ (*síochána*) policeman

gardáil ga:rda:l' *vt & i* guard

garg garəg *a*1 acrid; rude; rough, *deoch gharg* harsh drink, *gníomh* ~ violent deed, *ag gol go* ~ weeping bitterly

gariníon 'gar͟in'i:n *f*2, *pl* ~**acha** grand-daughter

garlach ga:rləx *m*1 child; urchin

garmachán garəməxa:n *m*1 stickleback

garmhac 'gar͟vak *m*1, *gs & npl* **-mhic** grandson

garmheastachán 'gar͟v'astəxa:n *m*1 approximation

gáróid ga:ro:d' *f*2 clamour; din; urgent call

garphointe 'gar͟fon't'ə *m*4 nearest point

garra garə *f*4, ~ *bhuí* greater celandine

garraí gari: *m*4 garden; plot; enclosure, *tá* ~ *ar an ngealach* there is a halo round the moon

garraíodóir gari:(ə)do:r' *m*3 gardener

garraíodóireacht gari:(ə)do:r'əxt *f*3 gardening

garrán gara:n *m*1 grove

garsún garsu:n *m*1 boy

garúil garu:l' *a*2 obliging

gas gas *m*1 stalk; sprig

gás ga:s *m*1 gas; paraffin oil

gasail gasəl' *f*2 gazelle

gasóg gaso:g *f*2 little stalk; boy scout

gasra gasrə *m*4 group of people; branch of organization; (army) section

gasta gastə *a*3 fast; clever; neat, *diúlach* ~ smart fellow

gastacht gastəxt *f*3 quickness; cleverness; tidiness

gastrach gastrəx *a*1 gastric

gasúr gasu:r *m*1 boy; child

gátar ga:tər *m*1 distress, *bheith i n*~ (*ruda*) to be in need (of sth)

gátarach ga:tərəx *a*1 needy, distressed

gathaigh[1] gahi: *vt & i* sting; radiate

gathaigh[2] gahi: *vt* gaff

gathú gahu: *m*4 radiation

gé g'e: *f*4, *pl* ~**anna** goose, ~ *fhiáin* wild goose; wanderer

geab g'ab *m*4 gab, chatter, *do gheab a chur isteach* to interfere in a conversation

geabaire g'abər'ə *m*4 chatterbox

geabaireacht g'abər'əxt *f*3 chattering; loquacity

geabanta g'abəntə *a*3 loquacious

geábh g'a:v *m*3, *pl* ~**anna** (short) run, spell of activity, ~ *a thabhairt ar áit* to make a flying visit to a place

geabhróg g'auro:g *f*2 (common) tern

geadán g'ada:n *m*1 (bare) patch; buttocks, rump, ~ *linbh* baby's bottom

geaf g'af *m*3, *pl* ~**anna** gaff

geafáil g'afa:l' *vt* gaff

geafar g'afər *m*1 gaffer

géag g'e:g *f*2 branch, limb; offshoot, ~*a duine* a person's limbs, ~ *den mhuir* arm of the sea, ~*a ginealaigh* family tree

géagach g'e:gəx *a*1 branched; long-limbed; (*of hair*) flowing

geaitín g'at'i:n' *m*4 wicket(-gate)

geáitse g'a:t's'ə *m*4 pose; affectations, *ag déanamh geáitsí* putting on airs

geáitsíocht g'a:t's'i:(ə)xt *f*3 gesturing, play-acting

geal g'al *a*1 white, bright; pure, *is* ~ *an scéal liom é* it is glad news to me, *a ghrá geal* my dearest *vt & i* whiten, brighten, *nuair a gheal an lá* when day dawned, ~*ann sé mo chroí* it gladdens my heart

gealacán g'aləka:n *m*1 white (of egg); white (of eye)

gealach g'aləx *f*2 moon, *oíche ghealaí* moonlight night

gealán g'ala:n *m*1 gleam; bright spell

gealas g'aləs *m*1, *pl* ~**acha** suspender for trousers; *pl* braces

gealbhan g'aləvən *m*1 sparrow

gealgháire 'g'al͟γa:r'ə *m*4 radiant smile; pleasant laugh

gealgháireach 'g'al͟γa:r'əx *a*1 sunny, radiant, joyous

geall g'al *m*1, *pl* ~**ta** pledge; wager; prize, *rud a chur i n*~ to pawn, pledge, sth, *dul i n*~ *ar rud* to go security for sth, *bíodh* ~ *air* (*go*) I'll wager, I'm sure (that), *is* ~ *le féasta acu é* it is like a feast to them, *tá sé* ~ *le bheith déanta* it is practically done, *i n*~, *mar gheall, air sin* on that account *vt & i* pledge (one's word), promise, ~*aim duit* (*go*) I assure you (that), *an rud a gheall Dia dúinn* what God ordained for us, *tá sí* ~*ta dó* she is engaged to him

geallchur 'g'al͟xur *m*1 betting; wager

geallearb 'g'al͟arəb *vt* pawn

geallghlacadóir 'g'al͟γlakədo:r' *m*3 bookmaker; turf accountant

geallmhar g'aləvər *a*1 fond (*ar* of), ~ *ar rud a dhéanamh* keen to do sth

gealltanas g'altənəs *m*1 pledge, promise, ~ *pósta* engagement

gealt g'alt *f*2, *gs* **geilte** lunatic; panic-stricken person

gealtachas g'altəxəs *m*1 lunacy; panic

gealtartar 'g'al‚tartər *m*1 cream of tartar
gealtlann g'altlən *f*2 lunatic ayslum
geamaireacht g'amər'əxt *f*3 pantomime
geamhar g'aur *m*1 springing corn or grass, braird; corn in the blade
geamhchaoch 'g'av‚xi:x *a*1, *gsm* ~ bleary, purblind
geamhoíche 'g'av‚i:x'ə *f*4, *pl* ~**anta** winter's night
geamhsholas 'g'av‚holəs *m*1 dim light
gean g'an *m*3 love, affection
geanas g'anəs *m*1 chastity; modesty
geanasach g'anəsəx *a*1 chaste; modest
geanc g'aŋk *f*2, *gs* **geince** snub nose
geanmnaí g'anəmni: *a*3 chaste
geanmnaíocht g'anəmni:(ə)xt *f*3 chastity
geansaí g'ansi: *m*4 jersey, gansey
geanúil g'anu:l' *a*2 loving; lovable; seemly
geanúlacht g'anu:ləxt *f*3 lovingness; lovableness; seemliness
géar g'e:r *a*1 sharp; steep, *uillinn ghéar* acute angle, *scread ghéar* shrill scream, *focal* ~ cutting remark, *bainne* ~ sour milk, *intleacht ghéar* keen intellect, *siúl* ~ brisk walk, *rachaidh sé* ~ *go maith orm* it will put me to the pin of my collar
géaraigh g'e:ri: *vt & i* sharpen, *tá an ghaoth ag géarú* the wind is freshening, *do ghoile a ghéarú* to whet one's appetite, *géarú ar shiúl* to increase speed
gearán g'ara:n *m*1 complaint, grievance; ailment *vt & i* complain, *ní* ~*ta dom* I have no cause for complaint
géarán g'e:ra:n *m*1 canine tooth
gearánach g'ara:nəx *a*1 complaining
gearb g'arəb *f*2, *gs* **geirbe** scab; mange
gearbach g'arəbəx *a*1 scabby
géarchéim 'g'e:r‚x'e:m' *f*2, *pl* ~**eanna** emergency
géarchúis 'g'e:r‚xu:s' *f*2 astuteness, discernment
géarchúiseach 'g'e:r‚xu:s'əx *a*1 astute, discerning
gearg g'arəg *f*2, *gs* **geirge** quail
geargáil g'arəga:l' *f*2 gargoyle
géarghá 'g'e:r‚ɣa: *m*4 urgent need
géarleanúint 'g'e:r‚l'anu:n't' *f*3, *gs* -**úna** persecution
gearr[1] g'a:r *m*4, ~ *goirt* corncrake
gearr[2] g'a:r *a*1, *gsm* ~ *gsf & comp* **giorra** short; near, *freagra* ~ curt answer, *tomhas* ~ short measure, ~ *sa radharc* shortsighted, *is* ~ (*go*) it won't be long (until), *is* ~ (*ó*) it is not long (since) *vt & i* cut; shorten; levy, *an bholgach a ghearradh ar dhuine* to vaccinate a person against smallpox, *gamhain a ghearradh* to castrate a calf, *fíor na croise a ghearradh ort féin* to make the sign of the cross on oneself, *léim a ghearradh* to take a jump, *sraith a ghearradh* to strike a rate, ~ *adh príosún air* he was sentenced to imprisonment
gearr-[3] g'a:r *pref* short; small, young; moderate
gearradh g'arə *m*, *gs* -**rrtha** *pl* -**rrthacha** cutting, cut; keenness; levy, ~ *gúna* cut of dress, *fear a bhfuil* ~ *ann* an incisive man, ~ *teanga* severe

scolding, *na gearrthacha* the rates, *ag imeacht faoi ghearradh* going at speed
gearrán g'ara:n *m*1 gelding; horse; nag
gearranáil 'g'a:r‚ana:l' *f*3 shortness of breath
gearranálach 'g'a:r‚ana:ləx *a*1 short of breath; asthmatic
gearrbhodach 'g'a:r‚vodəx *m*1 young fellow; squireen
gearrcach g'a:rkəx *m*1 nestling
gearrchaile 'g'a:r‚xal'ə *m*4 young girl
gearrchaint 'g'a:r‚xan't' *f*2 impertinent talk; terse remark
gearrinsint 'g'a:r‚in's'ən't' *f*2 short account, epitome (*ar rud* of sth)
gearróg g'aro:g *f*2 short bit, scrap; short answer
gearr-radharcach 'g'a:(r)‚rairkəx *a*1 shortsighted
gearrscéal 'g'a:r‚s'k'e:l *m*1, *pl* ~**ta** short story
gearrscríobh 'g'a:r‚s'k'r'i:v *m*, *gs* -**ofa** shorthand
gearrshaolach 'g'a:r‚hi:ləx *a*1 short-lived
gearrthóg 'g'a:rho:g *f*2 cutting, snippet; cutlet
gearrthóir g'a:rho:r' *m*3 cutter; (cold) chisel
géarú g'e:ru: *m*4 sharpening; souring, ~ *siúil* increase of speed
géasar g'e:sər *m*1 geyser
geasróg g'asro:g *f*2 spell; superstition
geata g'atə *m*4 gate
geataire g'atər'ə *m*4 (long) rush; (wick of) rush candle
géibheann g'e:v'ən *m*1 bond, fetter, *i n* ~ in captivity; in sore distress
géibheannach g'e:v'ənəx *m*1 captive *a*1 distressing, critical, *cás* ~ crucial case
geilignít g'el'əg'n'i:t' *f*2 gelignite
geilitín g'el'ət'i:n' *m*4 gelatine
géill[1] g'e:l' *vt & i* yield, surrender, ~*eadh do Dhia* to obey God, ~*eadh don namhaid* to submit to the enemy, *ghéill sé go raibh an ceart agam* he admitted that I was right, ~ *slí* yield right of way
géill[2] g'e:l' : **giall**[1,2]
géilleadh g'e:l'ə *m*, *gs* -**llte** submission; compliance; credence
geilleagar g'el'əgər *m*1 economy, ~ *na tíre* the national economy
geilleagrach g'el'əgrəx *a*1 pertaining to economy
géilliúil g'e:l'u:l' *a*2 submissive; compliant; credulous
géillsine g'e:l's'ən'ə *f*4 subjection, allegiance
géillsineach g'e:l's'ən'əx *m*1 subject
géim[1] g'e:m' *f*2, *pl* ~**eanna** low, bellow; roar, ~ *galltrumpa* clarion-call *vi* low, bellow; roar; trumpet
géim[2] g'e:m' *m*4, (*of birds, etc*) game; gameness
geimheal g'ev'əl *f*2, *gs & pl* -**mhle** fetter, shackle
geimhleach g'ev'l'əx *m*1 & *a*1 captive
geimhreadh g'ev'r'ə *m*1, *pl* -**rí** winter
geimhrigh g'ev'r'i: *vi* winter; hibernate
geimhriú g'ev'r'u: *m*4 hibernation

geimhriúil g'ev'r'u:l' *a*2 wintry

géimiúil g'e:m'u:l' *a*2 game; sportive

géimneach g'e:m'n'əx *f* 2 lowing, bellowing; roaring

géin[1] g'e:n' *f* 2, *pl* ~te gene

géin[2] g'e:n' *f* 2, *briste* ~*e* jeans

géineas g'e:n'əs *m* l genus

géineasach g'e:n'əsəx *a* l generic

géineolaíocht 'g'e:n',o:li:(ə)xt *f* 3 genetics

Geiniseas g'en'əs'əs *m* l Genesis

géiniteach g'e:n'ət'əx *a* l genetic

geir g'er' *f* 2, *pl* ~eacha fat; suet

géire g'e:r'ə *f* 4 sharpness; steepness; shrillness; sourness

geireach g'er'əx *a* l fatty

geiréiniam ,g'e'r'e:n'iəm *m* 4 geranium

geis g'es' *f* 2, *npl* **geasa** *gpl* **geas** taboo, *is* ~ *dom é a dhéanamh* I am forbidden to do it, *rud a chur de gheasa ar dhuine* to place sth as a strict obligation on a person, *bheith faoi gheasa ag duine* to be under a person's spell

géis g'e:s' *f* 2, *pl* ~eanna swan

geit g'et' *f* 2, *pl* ~eanna start; fright, *de gheit* suddenly *vi* jump, start

geiteach g'et'əx *a* l easily startled; skittish

geiteo g'et'o: *m* 4, *pl* ~nna ghetto

geo(i)- g'o: *pref* geo-

geocach g'o:kəx *m* l strolling musician; mummer; vagrant; cadger

geografach g'o:grəfəx *a* l geographical

geografaíocht g'o:grəfi:(ə)xt *f* 3 geography

geoiméadrach 'g'o:,m'e:drəx *a* l geometric(al)

geoiméadracht 'g'o:,m'e:drəxt *f* 3 geometry

geoin g'o:n' *f* 2 confused noise, drone, ~ *chainte* hum of conversation, ~ *ghadhar* cry of beagles

geolaí g'o:li: *m* 4 geologist

geolaíocht g'o:li:(ə)xt *f* 3 geology

geolbhach g'o:lvəx *m* l gill(s) (of fish); jowl

geonaíl g'o:ni:l' *f* 3 droning; whining

gheobhadh γ'o:x *cond of* **faigh**

gheobhaidh γ'o:i *fut of* **faigh**

gheofaí γ'o:fi: *cond aut of* **faigh**

gheofar γ'o:fər *fut aut of* **faigh**

giall[1] g'iəl *m* l, *gs* **géill** *npl* ~**a** jaw,(lower) cheek; jamb (of door); corner (of gable-end), ~ *rinse* jaw of wrench

giall[2] g'iəl *m* l, *gs* **géill** *npl* ~**a** hostage, (human) pledge

giar g'iər *m* l, *pl* ~**anna** gear

giarsa g'iərsə *m* 4 joist; beam, girder

gibiris g'ib'ər'əs *f* 2 gibberish, ~ *chainte* unintelligible speech

gild g'il'd' *m* 4, *pl* ~**eanna** guild

gile g'il'ə *f* 4 whiteness; fairness; gladness, ~ *na gréine* brightness of the sun, *a ghile mo chroí* my heart's beloved

gilidín g'il'əd'i:n' *m* 4 fry (of trout or salmon)

gilitín g'il'ət'i:n' *m* 4 guillotine

gimléad g'im'l'e:d *m* l gimlet

gin g'in' *f* 2, *pl* ~**te** begetting; birth; foetus; offspring, ~ *shaolta* earthly being *vt* & *i* give birth to; beget; originate, *tá an geamhar ag* ~*iúint* the corn is springing, *teas a ghiniúint* to generate heat

gine g'in'ə *m* 4 guinea

gínea-, gini- g'i:n'ə *pref* gyn(o)-

gineadóir g'in'ədo:r' *m* 3 begetter; sower; generator

ginealach g'in'ələx *m* l genealogy, pedigree, *ó ghinealach go* ~ from generation to generation

ginealas g'in'ələs *m* l genealogy, *ag déanamh ginealais* tracing pedigrees

ginearál g'in'əra:l *m* l (army) general

ginearálta g'in'əra:ltə *a* 3 general

ginid g'in'əd' *f* 2 sprite, genie

ginideach g'in'əd'əx *m* l & *a* l genitive

giniúint g'in'u:n't' *f* 3, *gs* -**úna** procreation; birth; germination, ~ *Mhuire gan Smál* the Immaculate Conception, *baill ghiniúna* genitals, *stáisiún giniúna* generating station

ginmhilleadh 'g'in',v'il'ə *m*, *gs* -**llte** (procured) abortion

gintlí g'in't'l'i: *m* 4 & *a* 3 gentile

gintlíocht g'in't'l'i:(ə)xt *f* 3 sorcery

giob g'ib *m* 4, *pl* ~**anna** morsel; scrap, ~ *geab* pecking; chit-chat *vt* pick, peck

giobach g'ibəx *a* l shaggy; untidy

giobal g'ibəl *m* l rag, clout

gioblach g'ibləx *a* l ragged, tattered

gioblachán g'ibləxa:n *m* l ragamuffin

giobóg g'ibo:g *f* 2 tiny bit; scrap; rag

giobógach g'ibo:gəx *a* l scrappy; ragged; untidy

giodal g'idəl *m* l sauciness; self-conceit

giodalach g'idələx *a* l saucy; conceited

giodam g'idəm *m* l restlessness; giddiness, jauntiness

giodamach g'idəməx *a* l restless; giddy, jaunty

giofóg g'ifo:g *f* 2 gipsy

gíog g'i:g *f* 2 & *vi* cheep, chirp

giolc g'ilk *m* 3, *pl* ~**acha** reed; tall, reed-like, grass

giolcach g'ilkəx *f* 2 reeds; cane, ~ *(shléibhe)* broom

giolcadh g'ilkə *m*, *gs* -**ctha** chirping; chirp, *éirí le* ~ *an ghealbhain* to rise with the dawn

giolla g'ilə *m* 4 youth; page; gillie; man-servant, ~ *na leisce* lazy fellow

giollacht g'iləxt *f* 3 attendance, service; guidance, ~ *a dhéanamh ar rud* to attend to sth

giollaigh g'ili: *vt* lead; attend to, tend, *duine a ghiollacht* to guide a person

giománach g'i:ma:nəx *m* l yeoman; coachman; chauffeur; lackey, ill-mannered fellow

giomhán g'iva:n *m* l hank (of thread, etc)

giomnáisiam ,g'im'na:s'iəm *m* 4 gymnasium

giongach g'iŋgəx *a* l fidgety; skittish

giorra g'irə *f* 4 shortness, ~ *anála* shortness of breath, ~ *radhairc* shortsightedness

giorracht g'irəxt *f* 3 shortness; nearness, *i n* ~ *aimsire* in a short space of time, *i n* ~ *míle dúinn* within a mile of us

giorraigh g'iri: *vt* & *i* shorten

giorraisc g'irəs'k' *a*1 short, abrupt, *ordú* ~ curt order

giorria g'iriə *m*4, *pl* ~cha hare

giorrú g'iru: *m*4 abbreviation, curtailment, contraction

giorta g'irtə *m*4 girth (of saddle)

giortach g'irtəx *a*1 short, skimpy, *fear beag* ~ stumpy little man

giosta g'istə *m*4 yeast

giota g'itə *m*4 bit, piece, ~ *grinn* spell of fun

giotáil g'i:ta:l' *f*3 pottering; fumbling

giotár g'ə'ta:r *m*1 guitar

gipis g'ip'əs' *f*2 giblets

gipseam g'ip's'əm *m*1 gypsum

girseach g'irs'əx *f*2 young girl

Giúdach g'u:dəx *m*1 Jew *a*1 Jewish

giúiré g'u:r'e: *m*4, *pl* ~ithe jury

giuirléid g'u:rl'e:d' *f*2 implement *pl* articles (of dress, furniture), knick-knacks, personal belongings

giúis g'u:s' *f*2, *pl* ~eanna fir, pine; bog-deal

giúistís g'u:s't'i:s' *m*4 justice (of the peace), magistrate *pl* judiciary

giúmar g'u:mər *m*1 humour, mood

giúmaráil g'u:mərə:l' *vt* humour

giúrann g'u:rən *m*1 barnacle; teredo; barnacle goose

giúróir g'u:ro:r' *m*3 juror

giúsach g'u:səx *f*2 fir, pine(-trees; timber)

glac[1] glak *f*2 hand, half-closed hand, *rud a bheith i do ghlac agat* to have sth in one's grasp, ~ *leabhar* handful of books, ~ *crainn* fork of tree, ~ *saighead* quiver

glac[2] glak *vt* take, accept; undertake, *ord beannaithe a ghlacadh* to take holy orders, *do shuaimhneas a ghlacadh* to take one's ease, *an slaghdán a ghlacadh* to catch a cold, *eagla a ghlacadh roimh rud* to become afraid of sth, ~*aimis le toil Dé* let us accept the will of God, *ghlac eagla é* fear seized him

glacadh glakə *m*, *gs* **-ctha** acceptance, reception; handling; seizure

glacadóir glakədo:r' *m*3 taker, acceptor; receiver

glacadóireacht glakədo:r'əxt *f*3 reception (of radio, etc), *gléas* ~*a* receiving set

glacaire glakər'ə *m*4, (*of gramophone, etc*) pick-up

glacaireacht glakər'əxt *f*3 handling; touching, pawing

glae gle: *m*4 glue; sticky substance; slime

glafadh glafə *m*1 bark, ~ *a thabhairt ar dhuine* to snap at a person

glafarnach glafərnəx *f*2 confused din, ~ *na gaoithe* the howling of the wind

glagaireacht glagər'əxt *f*3 foolish behaviour, ~ (*chainte*) nonsense

glaidiólas glad'i:o:ləs *m*1 gladiolus

glaine glan'ə *f*4 cleanness; clarity; purity

glaise[1] glas'ə *f*4 stream

glaise[2] glas'ə *f*4 greenness; greyness; brightness; rawness

glam glam *f*2, *pl* ~anna bay, howl *vi* bay; howl

glám gla:m *m*1, *pl* ~anna grab, clutch *vt* & *i* grab, *ag* ~*adh ar rud* pulling and tearing at sth

glan glan *m*1 cleanness, ~ *na fírinne* the plain truth *a*1 clean, clear; pure, bright, clear-cut, *brabach* ~ net profit, *faisnéis ghlan* definite information, *sé troithe* ~ six feet exactly, *diúltú* ~ *de rud* to refuse sth absolutely, *fan* ~ *air* stay clear of it, *go díreach* ~ exactly *vt* & *i* clean, clear, *léim a ghlanadh* to clear a jump, *tá an daichead* ~*ta aige* he has passed the forty mark, *fiacha a ghlanadh* to clear debts

glanachar glanəxər *m*1 cleanliness

glanmheabhair 'glan'v'aur' *s*, *tá sé de ghlanmheabhair agam* I have it off by heart

glanoscartha 'glan'oskərhə *a*3, *dul* ~ *thar rud* to clear sth at a bound

glanscartha 'glan'skarhə *a*3 completely separated; (*of flat*) self-contained

glantáirgeacht 'glan'ta:r'g'əxt *f*3 net output

glantóir glanto:r' *m*3 cleaner; detergent

glao gli: *m*4, *pl* ~nna call, shout, ~ *gutháin* telephone call

glaoch gli:x *m*1, *gs* **-aoich** calling, call, ~ *ar earraí* demand for goods

glaoigh gli:γ' *vt* & *i* cry out, shout; call for, *coileach ag glaoch* a cock crowing, *rolla a ghlaoch* to call a roll, *glaoch ar Dhia* to call upon God

glár gla:r *m*1 silt; (soft) mass

glas[1] glas *m*1 lock, ~ *fraincín* padlock, *an* ~ *a chur ar, a bhaint de, rud* to lock, unlock, sth, *faoi ghlas* under lock and key, ~ *fiacla* lockjaw

glas[2] glas *m*1 green (colour); grey (colour), ~ *caorach* undyed homespun *a*1 green; unripe; inexperienced; grey, *óganach* ~ callow youth, *aimsir ghlas* raw weather

glas[3] glas *f*2 rivulet

glas-[4] glas *pref* green; grey; pallid; immature

glasáil glasa:l' *vt* lock

glasán glasa:n *m*1 finch

glasíoc 'glas,i:k *m*3 part payment, instalment

glasóg glaso:g *f*2 wagtail

glasphluma 'glas,flomə *m*4 greengage

glasra glasrə *m*4 vegetable; vegetation

glasuaine 'glas,uən'ə *f*4 & *a*3 vivid green

glé g'l'e: *a*3 clear, bright, pellucid, *stíl ghlé* lucid style

gleacaí g'l'aki: *m*4 wrestler, acrobat; gymnast; trickster

gleacaíocht g'l'aki:(ə)xt *f*3 wrestling, acrobatics; gymnastics; trickery

gleadhair g'l'air' *vt*, *pres* **-dhrann** beat noisily, pummel, *ag gleadhradh báisti* pelting rain, *ag gleadhradh ceoil* playing (music) merrily

gleadhrach g'l'airəx *a*1 noisy; tumultuous, *sruthán* ~ dancing stream, *tine ghleadhrach* blazing, cheerful, fire

gleadhradh g'l'airə *m*, *gs* -**dhartha** noisy beating; tumult; blaze, glare, ~ *báisti* pelting (of) rain, ~ *daoine* vast number of people

gleann g'l'an *m*3, *pl* ~**ta** glen; valley, hollow, ~ *seo na ndeor* this vale of tears, *i n* ~ *toinne* in the trough of a wave

gleanntán g'l'anta:n *m*1 small glen, dell

gléas g'l'e:s *m*1, *pl* ~**anna** arrangement; facilities; apparatus; attire; key (in music), *rud a chur i n* ~ to adjust sth, *tá* ~ *oibre air* he is equipped to work, ~ *beo* means of livelihood, ~ *iompair* means of conveyance, ~ *a chur ort féin* to tog oneself out *vt* arrange; equip; prepare, ~ *an capall* harness the horse, ~ *ta i síoda* dressed in silk

gléasadh g'l'e:sə *m*, *gs* -**sta** equipment; preparation; attire

gléasra g'l'e:srə *m*4 apparatus, equipment; plant

gléasta g'l'e:stə *a*3 equipped; well-dressed

gléib g'l'e:b' *f*2, *pl* ~**eanna** glebe

gleic g'l'ek' *f*2, *pl* -**eaca** wrestling, fighting; contest, *dul i n* ~ *le rud* to grapple with sth

gléigeal 'g'l'e:ˌg'al *a*1 pure white, brilliant, *uisce* ~ crystal-clear water, *aimsir ghléigeal* glorious weather, *mo leanbh* ~ my fairest child

gléine g'l'e:n'ə *f*4 clearness, lucidity, transparence, brightness

gléineach g'l'e:n'əx *a*1 clear, lucid, transparent

gleo g'l'o: *m*4, *pl* ~**nna** fight, battle; noise, tumult, *ag* ~ fighting, raising ructions

gleoiréiseach g'l'o:r'e:s'əx *a*1 boisterous, hilarious

gleoiseach g'l'o:s'əx *f*2 linnet

gleoite g'l'o:t'ə *a*3 neat, pretty; charming

gleorán g'l'o:ra:n *m*1 nasturtium

gliaire g'l'iər'ə *m*4 gladiator

glib g'l'ib' *f*2, *pl* ~**eanna** forelock, fringe; dishevelled hair

glic g'l'ik' *a*1 clever; shrewd; cunning

gliceas g'l'ik'əs *m*1 cleverness; shrewdness; cunning

glicrín g'l'ik'r'i:n' *m*1 glycerine

gligín g'l'ig'i:n' *m*4 little bell; tinkle; rattle-brained person

glinn g'l'in' *a*1 clear, distinct, vivid

glinne[1] g'l'in'ə *f*4 clarity, distinctness, vividness

glinne[2] g'l'in'ə *f*4, winding-frame (for fishing line)

glinneáil g'l'in'a:l' *vt & i* wind (on reel, frame), *snáithe a ghlinneáil* to wind up a thread

glinnigh g'l'in'i: *vt & i*, *vn* -**iúint** scrutinize; peer (*ar* at); sparkle

gliobach g'l'ibəx *a*1 tousled, dishevelled; hairy, shaggy

gliogar g'l'igər *m*1 rattle, jingle; foolish talk, ~ *na gcág* the chatter of jackdaws

gliogarnach g'l'igərnəx *f*2 rattling, tinkling; prattle

gliogram g'l'igrəm *m*1 rattle, noise, ~ *cos* clatter of feet

gliomach g'l'iməx *m*1 lobster

gliondar g'l'indər *m*1 gladness, joyousness

gliondrach g'l'indrəx *a*1 glad, joyous

glioscarnach g'l'iskərnəx *f*2 glistening; sparkle, glitter

gliú g'l'u: *m*4 glue

gliúáil g'l'u:a:l' *vt* glue

gliúc g'l'u:k *m*3, *pl* ~**anna** peep

gliúcaíocht g'l'u:ki:(ə)xt *f*3 peering; furtiveness

gloine glon'ə *f*4 glass, ~ *fuinneoige* (pane of) window-glass, *gloini a chaitheamh* to wear glasses, ~ *lampa* globe (of lamp), *gloini boird* table glasses

gloineadóir glon'ədo:r' *m*3 glazier

gloineadóireacht glon'ədo:r'əxt *f*3 glazing; glaziary

gloinigh glon'i: *vt & i* vitrify; glaze

glóir glo:r' *f*2 glory, ~ *do Dhia* glory be to God, ~ *dhiomhaoin* vainglory

glóirigh glo:r'i: *vt* glorify

glóirmhian 'glo:r'ˌv'iən *f*2, *gs* -**mhéine** *pl* ~**ta** ambition

glóirmhianach 'glo:r'ˌv'iənəx *a*1 ambitious

glóir-réim 'glo:(r')ˌre:m' *f*2, *pl* ~**eanna** triumphal course; pageant

glónraigh glo:nri: *vt* glaze

glór glo:r *m*1, *pl* ~**tha** voice; speech, utterance; sound

glórach glo:rəx *a*1 loud-voiced; noisy

glórail glo:ri:l' *f*3 sound of voices, noisiness

glórmhar glo:rvər *a*1 glorious

glórshúileach 'glo:rˌhu:l'əx *a*1 wall-eyed

glotas glotəs *m*1 glottis

glóthach glo:həx *f*2 jelly; animal slime, ~ *fhroig* frog-spawn *a*1 gelatinous; viscous

glóthaigh glo:hi: *vi* gel

glothar glohər *m*1 rattle, gurgle, ~ *an bháis* death-rattle

gluair gluər' *a*1 bright; loud; shrill

gluaire gluər'ə *f*4 clearness, brightness; loudness; shrillness

gluais[1] gluəs' *f*2, *pl* ~**eanna** commentary; glossary, vocabulary

gluais[2] gluəs' *vt & i* move, set in motion; go, proceed

gluaiseacht gluəs'əxt *f*3 movement, motion, ~ *lasánta* fiery impulse, ~ *chainte* rhythm of speech, ~ *na teanga* the language movement

gluaisrothar 'gluəs'ˌrohər *m*1 motor-cycle

gluaisteán gluəs't'a:n *m*1 motor-car

gluaisteánaí gluəs't'a:ni: *m*4 motorist

gluaisteánaíocht gluəs't'a:ni:(ə)xt *f*3 motoring

glúcós glu:ko:s *m*1 glucose

glug glug *m*1 plopping, plop

glugar glugər *m*1 plopping, squelching, gurgle, *ubh ghlugair* addle-egg

glúin glu:n′ *f* 2, *gs* & *npl* ~**e** *gpl* **-ún** knee; generation, *trí ghlúin daoine* three generations of people, ~ *ghaoil* degree of relationship, ~ *staighre* step of stairs

gnách gna:x *a* 1, *gsm* ~ customary, usual; ordinary, *is* ~ (*le*) it is customary (for), *mar is* ~ as usual

gnaíúil gni:u:l′ *a* 2 beautiful; decent

gnaoi gni: *f* 4 beauty; affection

gnás[1] gna:s *m* 1, *pl* ~**anna** haunt, resort; lair; custom, ~ *dlí* legal convention

gnás[2] gna:s *f* 2, *pl* ~**anna** cleft; hare-lip

gnáth[1] gna: *m* 1, *npl* ~**a** custom, usage; customary thing, *as an n* ~ out of the ordinary, *de ghnáth* as a rule

gnáth-[2] gna:[†] *pref* customary; vulgar, common; constant

gnáthaigh gna:hi: *vt* & *i* make a habit of, practise; frequent; haunt

gnáthamh gna:həv *m* 1 custom; procedure; frequentation

gnátharm ′gna:h′arəm *m* 1 regular army

gnáthchléir ′gna:′x′l′e:r′ *f* 2 secular clergy

gnáthdhochtúir ′gna:′ɣoxtu:r′ *m* 3 general practitioner

gnáthdhuine ′gna:ˌɣin′ə *m* 4, *pl* **-dhaoine** ordinary person, *an* ~ the man in the street

gnáthghaoth ′gna:′ɣi: *f* 2 prevailing wind

gnáthóg gna:ho:g *f* 2 habitat; lair; cache

gnáthóir gna:ho:r′ *m* 3 frequenter, habitué

gnáthshaighdiúir ′gna:′haid′u:r′ *m* 3 private soldier

gné g′n′e: *f* 4, *pl* ~**ithe** species, kind; appearance, ~ *de rud* an aspect of sth

gnéas g′n′e:s *m* 1, *pl* ~**anna** sex

gnéasach g′n′e:səx *a* 1 sexual

gné-eolaíocht ′g′n′e:ˌo:li:(ə)xt *f* 3 physiognomy

gníomh g′n′i:v *m* 1, *pl* ~**artha** function; act, deed ~ *gaisce* feat of arms, ~ *creidimh* act of faith *Gníomhartha na nAspal* the Acts of the Apostles, *peaca gnímh* actual sin

gníomhach g′n′i:vəx *a* 1 active, *bainisteoir* ~ acting manager

gníomhachtaigh g′n′i:vəxti: *vt* activate

gníomhaigh g′n′i:vi: *vt* & *i* act

gníomhaíocht g′n′i:vi:(ə)xt *f* 3 activity, performance; action (in play)

gníomhaire g′n′i:vər′ə *m* 4 agent

gníomhaireacht g′n′i:vər′əxt *f* 3 agency

gníomhas g′n′i:vəs *m* 1 deed

gnó gno: *m* 4, *pl* ~**thaí** business, *fear* ~ businessman, *tá* ~ *agam díot* I want to talk to you, *déanfaidh sé* ~ it will do, *tá déanamh* ~ *inti* she is resourceful, ~*thaí eachtracha* foreign affairs, *rinne sé é d′aon ghnó* he did it on purpose

gnó-eagraí ′gno:ˌagri: *m* 4 entrepreneur

gnólacht gno:ləxt *m* 3 commercial firm

gnóthach gno:həx *a* 1 busy; officious

gnóthachan gno:həxən *m* 1 winning; benefit, *ag* ~ (*ar rud*) gaining (by sth)

gnóthaigh gno:hi: *vt* & *i* work; win, earn, *is beag a ghnóthaigh mé air* I gained little by it

gnóthas gno:həs *m* 1 business enterprise

gnúis gnu:s′ *f* 2, *pl* ~**eanna** face; countenance, ~ *a chur ort féin* to pull a wry face

gnúsacht gnu:səxt *f* 3 grunt

gnúsachtach gnu:səxtəx *f* 2, *ag* ~ grunting

go[1] gə *go bheith* ~ *maith* to be well, *fuair sí bás* ~ *hóg* she died young, ~ *feargach* angrily

go[2] gə *prep*, *míle* ~ *leith* a mile and a half, ~ *bhfios dom* as far as I know

go[3] gə *prep* to, till, until, *dul* ~ *Meiriceá* to go to America, ~ *ham luí* until bedtime, ~ *glúine san uisce* up to the knees in water, ~ *brách* forever, *bliain* ~ *Luan seo chugainn* a year (ago) next Monday, ~ *teacht an earraigh* until the coming of spring, *ní féasta* ~ *rósta* nothing makes a feast like roast meat

go[4] gə[†] *conj* that, *deir sé* ~ *bhfuil deifir air* he says (that) he is in a hurry, *fan* ~ *dtiocfaidh sé* wait until he comes, *níor fhéad mé teacht mar* ~ *raibh mé tinn* I couldn't come because I was sick

go[5] gə[†] *verbal part*, ~ *maire tú é* may you live to enjoy it, ~ *raibh maith agat* thank you

gó go: *f* 4 lie, falsehood, deceit, *gan ghó* undoubtedly

gob gob *m* 1, *npl* ~**a** beak, bill; tip, point, ~ *a chur ort féin* to pout, ~ *gainimh* spit of sand, ~ *pinn* nib of pen *vt* & *i* peck (*ar* at); spring, sprout, *ag* ~*adh amach* sticking out

gobach gobəx *a* 1 beaked, long-billed; pointed, sharp

gobadán gobəda:n *m* 1 sandpiper

gobán[1] goba:n *m* 1 tip; gag, ~ *súraic* baby's soother

gobán[2] goba:n *m* 1 jack-of-all-trades, *an G* ~ *Saor* legendary builder

gobharnóir govərno:r′ *m* 3 governor

goblach gobləx *m* 1 beakful, mouthful (of food); (choice) morsel; chunk

gocarsach gokərsəx *f* 2 clucking (of fowl)

góchum ′go:ˌxum *vt* counterfeit

gogaide gogəd′ə *m* 4 hunkers

gogaideach gogəd′əx *a* 1 squatting; unsteady; giddy

gogail gogəl′ *vi*, *pres* **-alaíonn** *vn* **gogal** gobble, cackle

gogán goga:n *m* 1 noggin, pail

goic gok′ *f* 2, *pl* ~**eanna** cock, tilt, *chuir sé* ~ *throda air féin* he struck a fighting attitude

goiciúil gok′u:l′ *a* 2 cocked; perky

goid god′ *f* 3, *gs* **gada** theft, larceny *vt* & *i* steal

goil gol′ *vt* & *i*, *vn* **gol** weep, cry (softly)

goile gol′ə *m* 4 stomach; appetite

góilín go:l′i:n′ *m* 4 (small) inlet, creek

goill gol′ *vi* grieve; vex, *ghoill an focal orm* the remark distressed me

goilliúnach gol'u:nəx *a*1 painful, distressing, *duine* ~ sensitive person

goimh gov' *f* 2 sting, venom, *bhí* ~ *ar an lá* the day was bitingly cold, ~ *a bheith ort le duine* to be sore at a person

goimhiúil gov'u:l' *a*2 stinging, venomous

goin gon' *f* 3, *pl* **gonta** wound; sting, ~ *ghréine* sunstroke *vt* wound; sting, *ghoin sé an beo ann* it cut him to the quick, *ghoin mo choinsias mé* my conscience pricked me

goinbhlasta 'gon',vlastə *a*3 piquant

goineog gon'o:g *f* 2 stab, sting; gibe, cutting remark; fang

goirín gor'i:n' *m*4 pimple, pustule, ~ *dubh* blackhead

goirmín gor'əm'i:n' *m*4 pansy

goirt gort' *a*1 saline, salt, *uisce* ~ brackish water, *chaoin sí go* ~ she wept bitterly

goirteamas gort'əməs *m*1 saltiness; bitterness

góiséireacht go:s'e:r'əxt *f* 3 hosiery

góislín go:s'l'i:n' *m*4 gosling

gol gol *m*1 weeping, *bhris a* ~ *uirthi* she burst into tears

goldar goldər *m*1 roar

goltraí goltri: *f* 4 (piece of) slow, sad, music

gonc goŋk *m*1 snub

gonta gontə *a*3 incisive; terse, *cainteoir* ~ forceful speaker, *tagairt ghonta* pointed reference

gontacht gontəxt *f* 3 incisiveness; terseness; pungency

gor gor *m*1 heat (of incubation), *cearc ar* ~ clocking hen, ~ *a dhéanamh ar uibheacha* to hatch eggs, ~ *a dhéanamh ar rud* to brood over sth, ~ *i gcneá* inflammation in a wound *vt & i* heat, warm; hatch, incubate

goradh gorə *m, gs* **-rtha** heat; incubation, ~ *a chur ar rud* to solder sth

goraille ,go'ril'ə *m*4 gorilla

gorlann gorlən *f* 2 hatchery

gorm gorəm *m*1 *& a*1 blue

gormán gorəma:n *m*1 black person; cornflower

gort gort *m*1 field, *ar ghort an bhaile* close at hand

gorta gortə *m*4 hunger, famine; meanness

gortach gortəx *a*1 hungry; skimpy, *áit ghortach* barren place, *bheith* ~ *le duine* to be stingy with a person

gortaigh gorti: *vt* hurt, injure

gortghlanadh 'gort,γlanə *m, gs* **-nta** clearance (of field); weeding

gortú gortu: *m*4 hurt, injury

gorún goru:n *m*1 haunch

gotha gohə *m*4 appearance; gesture; affectation, *chuir sé* ~*í troda air féin* he struck a fighting attitude

gothaíocht gohi:(ə)xt *f* 3 mannerism

grá gra: *m*4 love; charity, *i n* ~ *le duine* in love with a person, *ba mhór an* ~ *dia é* it would be a great act of charity, *a ghrá* my dear, ~ *mo chroí* my darling, *ar ghrá d'oinigh* for honour's sake, *de ghrá an réitigh* for peace sake

grabálaí graba:li: *m*4 grabber

grábháil gra:va:l' *f* 3 engraving; (*of ship*) graving *vt* engrave; (*of ship*) grave

grabhar grauɼ *m*1 crumbs, fragments, ~ *móna* turf-mould

grách gra:x *a*1, *gsm* ~ loving; beloved

grád gra:d *m*1 grade; class, ~ *teasa* degree of heat

grádaigh gra:di: *vt* grade; graduate, scale

gradam gradəm *m*1 esteem; distinction; respect, *bheith faoi ghradam* to be held in esteem, (*corp*) *ina luí faoi ghradam* (a body) lying in state

gradamach gradəməx *a*1 estimable, esteemed

grádán gra:da:n *m*1 grade, gradient

graeipe gre:p'ə *f* 4 graip

graf graf *m*1 *& vt & i* graph, chart

grafadh grafə *m, gs* **grafa** grubbing, hoeing

grafán grafa:n *m*1 hoe; grub-axe

grafóg grafo:g *f* 2 (small) hoe

grag grag *m*1 grog

grág gra:g *f* 2 raucous cry; croak

grágáil gra:gi:l' *f* 3 cawing, croaking; braying; cackling

graí gri: *f* 4, *pl* ~**onna** stud (of horses); breeding stud

graidhin grain' *s, mo ghraidhin (go deo) thú* bravo, good for you

graiféad graf'e:d *m*1 grapnel, small anchor

gráig gra:g' *f* 2, *pl* ~**eanna** village, hamlet

gráigh gra:γ' *vt & i* love

graiméar gram'e:r *m*1 grammar (book)

gráin gra:n' *f, gs* **-ánach** hatred; ugliness; terror, *chuir an áit* ~ *orm* the place disgusted me, *is* ~ *liom é* I detest it, ~ *an pheaca* the hatefulness of sin

grainc graŋ'k' *f* 2, *pl* ~**eanna** frown, grimace

gráinigh gra:n'i: *vt* hate, detest

gráiniúil gra:n'u:l' *a*2 hateful; ugly; terrible

gráinne gra:n'ə *m*4 grain

gráinneach gra:n'əx *a*1 granular, granulated

gráinneog gra:n'o:g *f* 2 hedgehog

gráinnigh gra:n'i: *vt* grain, granulate

gráinnín gra:n'i:n' *m*4 granule; pinch, small quantity

gráinseach gra:n's'əx *f* 2 grange; granary

gráinteacht gra:i:n't'əxt *f* 3 fondling, cuddling

graíre gri:r'ə *m*4 stud-horse

gráisciúil gra:s'k'u:l' *a*2 vulgar, obscene

gram gram *m*1 gram(me)

gramadach gramədəx *f* 2 grammar

gramadúil gramədu:l' *a*2 grammatical

gramafón 'gramə,fo:n *m*1 gramophone

gramaisc graməs'k' *f* 2 rabble, mob

grámhar gra:vər *a*1 loving, affectionate; lovable

gramhas graus *m*1 grin, grimace

gramhsach grausəx *a*1 grinning, grimacing

grán gra:n *m*1, ~ *cruithneachta* wheat grain, ~ *agus glasraí* grain crops and vegetables, ~ (*gunna*) shot, ~ *iompair* ball-bearings, ~ *arcáin* lesser celandine

gránach gra:nəx *m* l & *a* l cereal

gránádóir gra:na:do:r′ *m*3 grenadier

gránáid gra:na:d′ *f* 2 grenade

gránaigh gra:ni: *vt* & *i* granulate; scrape

gránbhiorach 'gra:n,v′irəx *a* l, *peann* ~ ball-point pen

gránna gra:nə *a*3 ugly; disagreeable, *focal* ~ vile remark, *tugadh ide ghránna dó* he was treated brutally, *an duine* ~ the poor fellow

gránnacht gra:nəxt *f* 3 ugliness

gránphlúr 'gra:n,flu:r *m* l cornflour

gránúll 'gra:n,u:l *m* l, *npl* ~**a** pomegranate

graosta gri:stə *a*3 lewd, filthy, *scéal* ~ smutty story

graostacht gri:stəxt *f* 3 lewdness, *ag* ~ talking smut

grásaeir gra:se:r′ *m*3 grazier; cattle dealer, jobber

gráscar gra:skər *m* l mob; refuse; affray, ~ *Béarla* smattering of English, *i n* ~ *le duine* scuffling with a person

grásta gra:stə *m*4, *gs* & *npl* ~ *gpl* **grást** grace, *Dia na ngrást* God of mercy, ~ *ó Dhia orthu* God rest them, *buille gan ghrásta* merciless blow, *ar stealladh na ngrást* blind drunk

grástúil gra:stu:l′ *a*2 gracious; merciful

grástúlacht gra:stu:ləxt *f* 3 graciousness; mercifulness

gráta gra:tə *m*4 grate; grid

grátáil¹ gra:ta:l′ *f* 3 grating; grille

grátáil² gra:ta:l′ *vt* grate (potatoes, etc)

grathain grahən′ *f* 2 swarm; rabble

gread g′r′ad *vt* & *i* strike; lash; scorch, *an doras a ghreadadh* to hammer at the door, *ag* ~ *adh a mbos ar a chéile* clapping their hands, beating their hands together, *tá sé ag* ~ *adh leis* he is slogging away, ~ *leat* away with you, *tá mo lámha* ~ *ta* my hands are smarting

greadadh g′r′adə *m*, *gs* **-eadta** beating, trouncing, ~ *teanga* tongue-lashing, ~ *báistí* pelting rain, *ar* ~ at great speed, ~ *croí* heart-scald, ~ *chugat* bad cess to you, ~ *airgid* plenty of money

greadhnach g′r′ain′əx *a* l noisy; merry; cheerful; bright

greadóg g′r′ado:g *f* 2 slap, smack; appetizer, ~ *thine* brisk fire

greagán g′r′aga:n *m* l drop (of spirits)

greagnaigh g′r′agni: *vt* pave, strew, *tá an áit greagnaithe leo* the whole place is strewn with them

Greagórach g′r′ago:rəx *a* l Gregorian

greallach g′r′aləx *f* 2 mire; slush

greamachán g′r′aməxa:n *m* l adhesive

greamaigh g′r′ami: *vt* & *i* attach, fasten; adhere to; grip, grasp, *rud a ghreamú de rud* to stick sth to sth, *ionad a ghreamú duit féin* to secure a place for oneself

greamaire g′r′amər′ə *m*4 pliers

greamaitheach g′r′amihəx *a* l gripping; adhesive

grean¹ g′r′an *m* l gravel; coarse sand

grean² g′r′an *vt* engrave, *adhmad a ghreanadh* to carve wood

greanadh g′r′anə *m*, *gs* **-nta** engraving; shapeliness, ~ *adhmaid* woodcut

greanadóir g′r′anədo:r′ *m*3 engraver

greanadóireacht g′r′anədo:r′əxt *f* 3 engraving

greann g′r′an *m* l fun; mirth; jesting, *scéal grinn* funny story, ~ *a thabhairt do chailín* to fall in love with a girl

greannaigh g′r′ani: *vt* irritate; beard, challenge; taunt

greannán g′r′ana:n *m* l comic(-paper)

greannmhaireacht g′r′anu:r′əxt *f* 3 humorousness; queerness; lovingness

greannmhar g′r′anu:r *a* l humorous; queer; loving

greanntraigéide 'g′r′an,trag′e:d′ə *f* 4 tragi-comedy

greanta g′r′antə *a*3 graven; ground; clear-cut, *obair ghreanta* polished work, ~ *ina pearsa* shapely of figure

greantacht g′r′antəxt *f* 3 shapeliness, beauty; elegance

gréas g′r′e:s *m*3, *gs* & *npl* ~**a** ornamental work; decorative pattern; embroidery

gréasaí g′r′e:si: *m*4 shoemaker, cobbler

gréasaigh g′r′e:si: *vt* ornament, embroider

greasáil g′r′asa:l′ *f* 3 beating, trouncing *vt* beat, trounce

gréasaíocht g′r′e:si:(ə)xt *f* 3 shoemaking

gréasán g′r′e:sa:n *m* l web; woven fabric, ~ *bóithre* network of roads, ~ *snátha* tangle of thread, ~ *bréag* tissue of lies

gréasta g′r′e:stə *a*3 ornamented, embroidered

gréibhlí g′r′e:v′l′i: *spl* knick-knacks, trinkets

greidimín g′r′ed′əm′i:n′ *m*4 spanking, drubbing

greille g′r′el′ə *f* 4 grille; gridiron

greim g′r′em′ *m*3, *pl* **greamanna** grip, hold; bite; stitch, ~ *láimhe* hand-clasp, ~ *coise* foothold, *dul i n* ~ *i rud* to get caught in sth, *chuaigh siad i ngreamanna ina chéile* they came to grips with one another, *breith ar do ghreamanna* to get going properly, *na greamanna dubha* evil influences, *dul i n* ~ to engage, lock, mesh, ~ *bia* morsel of food, ~ *a bhaint as rud* to bite sth, ~ *(fuála) a chur i rud* to stitch sth, *greamanna fáis* growing pains

greimlín g′r′em′l′i:n′ *m*4 adhesive plaster

gréisc g′r′e:s′k′ *f* 2 & *vt* grease

gréiscdhíonach 'g′r′e:s′k′,γ′i:nəx *a* l grease-proof

gréisceach g′r′e:s′k′əx *a* l greasy

gréisclí 'g′r′e:s′k′,l′i: *f* 4 grease-paint

gréithe g′r′e:hə *spl* trinkets; presents; ware, ~ *tí* household utensils

grian¹ g′r′iən *f* 2, *gs* **gréine** *pl* ~**ta** *ds* **gréin** in certain phrases sun, *lá gréine* sunny day, *páiste gréine* illegitimate child, *cúl le gréin* bereft of sunlight *vt* sun, *tú féin a ghrianadh* to sun oneself

grian-² g'r'iən *pref* sun-, solar
grianach g'r'iənəx *a*1 sunny; cheerful
grianadh g'r'iənə *m, gs* **-nta** sunning, basking
grianaíocht g'r'iəni:(ə)xt *f*3 basking, sunniness
grianán g'r'iəna:n *m*1 sunny upper room; solar; summerhouse
grianchloch 'g'r'iən‚xlox *f*2 quartz
grianchlog 'g'r'iən‚xlog *m*1 sundial
grianghoradh 'g'r'iən‚γorə *m, gs* **-rtha** sunning, basking
grianghraf 'g'r'iən‚γraf *m*1 photograph
grianghrafadóir 'g'r'iən‚γrafədo:r' *m*3 photographer
grianghrafadóireacht 'g'r'iən‚γrafədo:r'əxt *f*3 photography
grianmhar g'r'iənvər *a*1 sunny; bright, cheerful
grianstad 'g'r'iən‚stad *m*4, *pl* **~anna** solstice
grideall g'r'id'əl *f*2 griddle
gril g'r'i:l' *f*2, *pl* **~eanna** grill, grating
grinn g'r'in' *a*1 perceptive; accurate, *amharc* ~ penetrating look
grinneall g'r'in'əl *m*1, (*of river, etc*) bed; bed-rock
grinneas g'r'in'əs *m*1 perspicacity, accuracy
grinnigh g'r'in'i: *vt* scrutinize
gríobhán g'r'i:va:n *m*1, *cathair ghríobháin* maze, labyrinth
gríodán g'r'i:da:n *m*1 dregs, remains
griofadach g'r'ifədəx *m*1 stinging, sensation; tingle *a*1 tingling
griog g'r'ig *m*3, *pl* **~anna** slight, irritating, pain *vt* tease; annoy; titillate
griolsa g'r'ilsə *m*4 grilse
gríos g'r'i:s *m*1 hot ashes; ardour; rash (on skin)
gríosach g'r'i:səx *f*2 hot ashes, *déanfaidh sé* ~ he will wreak havoc *a*1 glowing
gríosaigh g'r'i:si: *vt* inflame; incite, *an croí a ghríosú* to stimulate the heart
gríosaitheach g'r'i:sihəx *m*1 stimulant *a*1 stirring; provocative
gríosc g'r'i:sk *vt & i* broil, grill
gríosclann g'r'i:sklən *f*2 grill-room
gríosóir g'r'i:so:r' *m*3 agitator
griotháil g'r'iha:l' *f*3 *& vi* grunt
griothalán g'r'ihəla:n *m*1 fuss, bustle
griscín g'r'i:s'k'i:n' *m*4 slice of meat (for broiling), ~ *uaineola* lamb chop
gríséadach g'r'i:s'e:dəx *a*1 roan
gró gro: *m*4, *pl* **~ite** crow-bar
grod grod *a*1 sudden; prompt, *go* ~ *sa bhliain* early in the year *vt & i* quicken; urge on
grodfhoclach 'grod‚okləx *a*1 hasty
groí gri: *a*3 strong, vigorous
gróig gro:g' *vt & i*, (*of turf*) foot; huddle
grósa gro:sə *m*4 gross
grósaeir gro:se:r' *m*3 grocer
grósaeireacht gro:se:r'əxt *f*3 grocery (business)
grua gruə *f*4, *pl* **~nna** cheek, ~ *an chnoic* the brow of the hill, ~ *diamaint* facet of diamond

gruagach¹ gruəgəx *m*1 hairy goblin; ogre
gruagach² gruəgəx *a*1 hairy, shaggy
gruagaire gruəgər'ə *m*4 hairdresser
gruagaireacht gruəgər'əxt *f*3 hairdressing
gruaig gruəg' *f*2 hair (of head)
gruaim gruəm' *f*2 gloom, dejection
gruama gruəmə *a*3 gloomy; morose, *aimsir ghruama* dull weather
gruamaigh gruəmi: *vi* become gloomy, darken
grúdaigh gru:di: *vt & i* brew
grúdaire gru:dər'ə *m*4 brewer
grúdarlach gru:dərləx *m*1 swill; inferior ale
grúdlann gru:dlən *f*2 brewery
grugach grugəx *a*1 frowning, scowling
gruig grig' *f*2, *pl* **~eanna** frown, scowl
grúm¹ gru:m *m*1 (ice-)floe
grúm² gru:m *m*1 bridegroom
grúmaeir gru:me:r' *m*3 stable groom
grúnlach gru:nləx *m*1 dregs, refuse
grúnlas gru:nləs *m*1 groundsel
grúnta gru:ntə *m*4 depth, sounding
grúntáil gru:nta:l' *vi* sound
grúpa gru:pə *m*4 group
grúpáil gru:pa:l' *vt & i* group
grus grus *m*1 frown, scowl
grusach grusəx *a*1 gruff, laconic
grúscán gru:ska:n *m*1 grunting; growl
gruth gruh *m*3 curds
guagach guəgəx *a*1 unstable; fickle
guagacht guəgəxt *f*3 instability; fickleness
guailleadóireacht guəl'ədo:r'əxt *f*3 shouldering; swaggering
guailleáil guəl'a:l' *vt & i* shoulder; swagger, *ag* ~ *thart* sauntering about
guailleán guəl'a:n *m*1 shoulder-strap *pl* braces
guailleog guəl'o:g *f*2 epaulet(te)
guaillí guəl'i: *m*4 companion
guaim guəm' *f*2 (self-)control
guairdeall¹ guərd'əl *m*1 circling; uneasiness, *ag* ~ *i mo thimpeall* hovering about me
guairdeall² guərd'əl *m*1 storm petrel
guairdeallach guərd'ələx *a*1 circling; uneasy
guaire guər'ə *m*4 bristle, whisker
guaireach guər'əx *a*1 bristly
guairille ‚guə'r'il'ə *m*4 guerilla
guairilleach ‚guə'r'il'əx *a*1 guerilla
guairne guərn'ə *f*4 whirl, spin
guairneach guərn'əx *a*1 whirling, spinning
guairneán guərn'a:n *m*1 whirl; eddy; uneasiness, *poll guairneáin* vortex (of whirlpool)
guairneánach guərn'a:nəx *a*1 whirling, swirling, restless
guais guəs' *f*2, *pl* **~eacha** danger; dismay, *is ~ liom* (*go*) I fear (that)
guaiseach guəs'əx *a*1 dangerous
gual guəl *m*1 coal
gualach guələx *m*1 charcoal

gualainn guələn' *f* 2, *pl* **guaillí** shoulder, *chuir siad a nguailli le chéile* they made a combined effort, ~ *cnoic* shoulder of hill, ~ *báid* bow of boat

gualcheantar 'guəl‚x'antər *m*1 coalfield

gualda guəldə *a*3 coal-black, charred

guamach guəməx *a*1 planned; comfortable

gui gi: *f* 4, *pl* ~**onna** prayer, entreaty, *is é mo ghuí* (*go*) it is my fervent wish (that)

guigh giγ' *vt & i* pray

guilpín gil'p'i:n' *m*4 lout

guine gin'ə *f* 4, *cearc ghuine* guinea-hen, *muc ghuine* guinea-pig

guíodóireacht gi:(ə)do:r'əxt *f* 3 praying, petitioning; cursing

guiséad gis'e:d *m*1 gusset

gúm gu:m *m*1 plan, scheme

guma gomə *m*4 gum, ~ *peirce* gutta-percha

gúna gu:nə *m*4 gown, dress, ~ *breithimh* judge's robe

gúnadóir gu:nədo:r' *m*3 dressmaker

gúnadóireacht gu:nədo:r'əxt *f* 3 dressmaking

gunail gonəl' *f* 2 gunwale

gúnga gu:ŋgə *m*4 posterior; crouch, *suí ar do ghúngaí* (*beaga*) to sit on one's hunkers

gúngach gu:ŋgəx *a*1 narrow-rumped; crouched; ungainly

gúngáil gu:ŋga:l' *f* 3 swaying; awkward gait

gunna gonə *m*4 gun

gunnadóir gonədo:r' *m*3 gunner

gunnán gona:n *m*1 revolver

gur[1] gər† *conj* that, *dúirt sé* ~ *tháinig an litir* he said the letter had arrived

gur[2] gər† **gura** gərə, **gurab** gərəb, **gurb** gərb†, **gurbh** gərv : **is**

gus gus *m*3 vigour; enterprise

gúshnáithe 'gu:‚hna:hə *m*4 basting thread

gusmhar gusvər *a*1 forceful; enterprising

gustal gustəl *m*1 belongings; resources; enterprise

gustalach gustələx *a*1 wealthy; enterprising

guta[1] gutə *m*4 vowel

guta[2] gutə *m*4 filth, mire

gúta gu:tə *m*4 gout

guth guh *m*3, *pl* ~**anna** voice; utterance; vote, ~ *a bheith agat* to be able to sing, *d'aon ghuth* unanimously

guthach guhəx *a*1 vocal

guthaíocht guhi:(ə)xt *f* 3 vocalization; voice, vote

guthán guha:n *m*1 telephone

H

haca hakə *m*4 hockey

haemaifilia 'he:mə‚f'il'iə *f* 4 haemophilia

haileabó hal'əbo: *m*4, *pl* ~**nna** halibut

háilléar ha:l'e:r *m*1 halyard

haingear haŋ'(g')ər *m*1 hangar

hairicín har'ək'i:n' *m*4 hurricane

haisis has'əs' *f* 2 hashis

haiste has't'ə *m*4 hatch; hatchway; floodgate

halbard haləbərd *m*1 halberd; billhook

halla halə *m*4 hall; mansion; hallway

halmadóir haləmədo:r' *m*3 helm, tiller

hanla hanlə *m*4 handle

hap hap *m*4 *pl* ~**anna** hop, *de* ~ suddenly, ~ *de mhaide* wallop of a stick

hart hart *m*1 (*cards*) heart, *an t-aon* ~ the ace of hearts

hata hatə *m*4 hat, ~ *an tsagairt* species of sea-anemone

héadónachas he:do:nəxəs *m*1 hedonism

hearóin haro:n' *f* 2 heroin

heicseagán 'hek's'ə‚ga:n *m*1 hexagon

heicteagram 'hek't'ə‚gram *m*1 hectogram

heicteár hek't'a:r *m*1 hectare

heictiméadar 'hek't'ə‚m'e:dər *m*1 hectometre

héileacaptar 'he:l'ə‚kaptər *m*1 helicopter

heipteagán 'hep't'ə‚ga:n *m*1 heptagon

heirméiteach her'əm'e:t'əx *a*1 hermetic

hibrid hib'r'əd' *f* 2 hybrid

hibrideach hib'r'əd'əx *a*1 hybrid

hicearaí hik'əri: *m*4 hickory

hidrigin 'hid'r'ə‚g'in' *f* 2 hydrogen

hiéana ‚hi:'e:nə *m*4 hyena

hiodrálach hidra:ləx *a*1 hydraulic

hiodrálaic hidra:lək' *f* 2 hydraulics

hiodrant hidrənt *m*1 hydrant

hiopnóis hipno:s' *f* 2 hypnosis

hiopnóisigh hipno:s'i: *vt* hypnotize

hipeadróm 'hip'ə‚dro:m *m*1 hippodrome

hipideirmeach 'hip'ə‚d'er'əm'əx *a*1 hypodermic

hipitéis 'hip'ə‚t'e:s' *f* 2 hypothesis

hipitéiseach 'hip'ə‚t'e:s'əx *a*1 hypothetic(al)

histéire his't'e:r'ə *f* 4 hysteria

hob hob *s*, *ní raibh* ~ *ná hé as* there wasn't a move, a squeak, out of him, *bhí sí ar* ~ *imeacht* she was about to leave

hormón horəmo:n *m*1 hormone

húda hu:də *m*4 hood

húicéir hu:k'e:r' *m*3 (*boat*) hooker

húm hu:m *s*, *ní raibh* ~ *ná hám as* there wasn't a sound, a move, out of him

húmas hu:məs *m*1 humus

hurá hə'ra: *int* hurrah!

hurlamaboc 'hu:rləmə‚bok *m*4 commotion, uproar

I

i i⁺ *prep, pron forms* **ionam,** inəm, **ionat** inət, **ann** an m, **inti** in′t′i f, **ionainn** inən′, **ionaibh** inəv′, **iontu** intu, in; into, *i dteach* in a house, *in eitleán* in a plane, *sa chathair* in the city, *san earrach* in the spring, *sna gardaí* in the guards, *in dhá áit* in two places, *i bhfad ó bhaile* far from home, *i measc na ndaoine* among the people, *tá sé i mbun a chuid oibre* he is attending to his work, *i gcrích* completed, *bheith in ann rud a dhéanamh* to be able to do sth, *in acmhainn an cháin a íoc* able to pay the tax, *i riocht pléascadh* ready to burst, *i gcaitheamh an lae* during the day, *i mbliana* this year, *i gcónaí* always, *in aisce* gratis, *i gceart* right, *in aice* near, *i gcead duit* by your leave, *rud a bheith ionat* to be capable of sth, *bhí céim bhacaí ann* he walked with a limp, *tá cloch mheáchain ann* it weighs a stone, *sagart atá ann* he is a priest, *tá sé ina oide* he is a teacher, *bheith i do bheatha* to be alive, *bheith i do sheasamh* to be standing, *tá sé ina shamhradh* it is like summer, *bheith freagrach i rud* to be answerable for sth, *tháinig siad i dtír* they came ashore, *dul i bhfeabhas* to get better, *cuir in iúl dó é* inform him of it, *go mall san oíche* late at night

í i: 3 *sg f pron* she, her; it, *phós sé í* he married her, *pósadh í* she got married, *tháinig sí chugam agus í ag gol* she came to me (and she) crying, *bean mar í* a woman like her, *ba gharbh an oíche í* it was a rough night, *is í an bhanaltra chéanna í* she is the same nurse, *bád álainn í* it is a lovely boat

iad iəd 3 *pl pron* they, them, *chualamar ag caint* ∼ we heard them talking, *díoladh go saor* ∼ they were sold cheaply, *d'imigh siad agus iad sásta* they went away satisfied, *gan* ∼ without them, *is maith na húlla* ∼ they are good apples, *agus daoine nach iad* and other people besides them, *is iad na cnoic is airde sa tír iad* they are the highest hills in the country

iaguar iəguər m1 jaguar

iaidín iəd′i:n′ m4 iodine

iaigh iəγ′ vt & i close, shut; dam; enclose, ∼ le unite with

iall iəl f2, gs **éille** pl ∼**acha** ds **éill** in certain phrases thong, strap; leash, ∼ bróige bootlace, shoe-lace, ar éill on the leash, ∼ éan skein of birds in flight

iallach iələx m1 constraint, compulsion, ∼ a chur ar dhuine rud a dhéanamh to compel a person to do sth

ialtóg iəlto:g f2, ∼ (leathair) bat

ialus 'iə lus m3 bindweed, convolvulus

iamh iəv m1 closure, enclosure, faoi ∼ an ti within the four walls of the house, ní dheachaigh, níor tháinig, ∼ ná foras air he neither stopped nor stayed

iamhchríoch 'iəv x′r′i:x f2 enclave

iar- iər⁺ pref after-, post-; late, ex-; west, western

iarann iərən m1 iron, ∼ rotha iron rim of wheel, an t-∼ a chur ar éadach to iron cloth, fuinneog iarainn barred window

iarchéimí 'iər′x′e:m′i: m4 post-graduate

iardheisceart 'iər′γ′es′k′ərt m1 south-west

iarfhocal 'iər′okəl m1 epilogue

iarghaois 'iər′γi:s f2 hindsight

iargharda 'iər′γa:rdə m4 rearguard; ex-guard

iarghnó 'iər′γno: m4 grief, regret; annoyance

iarghnóch 'iər′γno:x a1, gsm ∼ vexed, distressed, unhappy

iargúil 'iər gu:l′ f, gs **-úlach** pl **-úlacha** remote corner; backward, isolated, place

iargúlta 'iər gu:ltə a3 backward, isolated; outlandish, bhí cuma ∼ air he looked terrible

iarla iərlə m4 earl

iarlacht iərləxt f3 earldom

iarlais iərləs′ f2 changeling; chronically ailing person

iarmhaireach iərvər′əx a1 eerie, lonely

iarmhairt iərvərt′ f3, gs **-arta** result, consequence

iarmhar iərvər m1 progeny; remainder; residue, fear iarmhair a chine the last survivor of his race

iarmharach iərvərəx a1 residuary; residual

iarmharán iərvəra:n m1 last survivor; remnant

iarmhartach iərvərtəx a1 resultant, consequential

iarmhéirí 'iər v′e:r′i: m4 matins

iarmhír 'iər v′i:r′ f2, pl ∼**eanna** suffix

iarn- iərn pref iron-, ferro-

iarnaí iərni: a3 iron, made of iron; iron-hard

iarnaigh iərni: vt put in irons; fit, cover, with iron

iarnáil iərna:l′ vt iron, smooth with flat-iron

iarnóin 'iər no:n′ f3, pl **-ónta** afternoon

iarnóir iərno:r′ m3 ironworker; ironmonger

iarnra iərnrə m4 hardware

iarnród 'iərn ro:d m1 railroad

iaróg iəro:g f2 quarrel; disturbance; after-effect, an ∼ a bhaint as to take the sting out of it

iarógach iəro:gəx a1 quarrelsome; hurtful

iarr iər vt request, demand; seek, rud a ∼aidh ar dhuine to ask a person for sth, ag ∼aidh rud a dhéanamh trying to do sth

iarracht iərəxt f3 attempt, effort; quantity, ∼ a thabhairt ar, faoi, rud to attempt sth, ∼ filíochta piece of poetry, ∼ den ghreann a touch of humour, an ∼ seo this time, tá sé ∼ bodhar he is a bit deaf

iarraidh iəri: f, gs **-ata**, pl **-ataí** request, demand; attempt, tá ∼ ar an leabhar sin that book is in demand, gan ∼ unasked, unwanted, d' ∼ a fháil to get one's wish, tabhair ∼ air have a go at it, ar ∼ missing, fan le d' ∼ wait your turn

iarratach iərətəx *a*1 petitioning; importunate

iarratas iərətəs *m*1 asking; importunity; (formal) application, *tá* ~ *air* it is in demand

iarratasóir iərətəso:r' *m*3 applicant

iarrthóir iərho:r' *m*3 petitioner; candidate; examinee

iarsma iərsmə *m*4 remainder, remnant; survivor; after-effect; encumbrance, ~ *an drochbhirt* the consequence of an evil deed *pl* relics

iarsmalann iərsmələn *f*2 museum

iarta iərtə *m*4 hob (of fireplace)

iarthar iərhər *m*1 west, western region; back, remote part

iartharach iərhərəx *m*1 westerner *a*1 western; back; remote

iartheachtach 'iər'haxtəx *a*1 subsequent

iarthuaisceart 'iər'huəs'k'ərt *m*1 north-west

iasacht iəsəxt *f*3 lending, borrowing; loan, *ar* ~ on loan, *ón* ~ from outside, from abroad, *teanga* ~*a* foreign language

iasachtaí iəsəxti: *m*4 borrower

iasachtóir iəsəxto:r' *m*3 lender

iasc iəsk *m*1, *gs* & *npl* **éisc** fish, *na hÉisc* Pisces *vt* & *i* fish

iascach iəskəx *m*1 fishing; fishery

iascaire iəskər'ə *m*4 fisherman

iascaireacht iəskər'əxt *f*3 fishing

iascán iəska:n *m*1 small fish; mussel

iasceolaíocht 'iəsk,o:li:(ə)xt *f*3 ichthyology

iascúil iəsku:l' *a*2 abounding in fish, *líon* ~ good fishing net

iata iətə *a*3 closed, shut; secured; constipated, *spéir* ~ lowering sky

iatacht iətəxt *f*3 constipation

iatán iəta:n *m*1 enclosure (with letter)

íceach i:k'əx *a*1 healing, curative

idé id'e: *f*4, *pl* ~**anna** idea

íde i:d'ə *f*4 ill-usage; plight, ~ *béil* verbal abuse

idéal id'e:l *m*1 ideal

idéalach id'e:ləx *a*1 ideal

idéalachas id'e:ləxəs *m*1 idealism

idéalaí id'e:li: *m*4 idealist

ídigh i:d'i: *vt* use up, consume; expend; abuse, destroy

idir¹ id'ər' *prep*, *pl pron forms* **eadrainn** adrən', **eadraibh** adrəv', **eatarthu** atərhu, between, amongst, ~ *pháirceanna* between fields, *tá míle eatarthu* they are a mile apart, ~ *an dá linn* in the meantime, *d'éirigh eadrainn* we fell out, *eatarthu féin atá sé* let them settle it among themselves, *bheith* ~ *eatarthu* to be betwixt and between, ~ *fhir agus mhná* both men and women ~ *Doire agus Cúil Raithin* between Derry and Coleraine

idir-² id'ər' *pref* inter-, mid-

idirbheart 'id'ər',v'art *m*1, *npl* ~**a** transaction

idirchreidmheach 'id'ər',x'r'ed'v'əx *a*1 interdenominational

idirdhealaigh 'id'ər',γ'ali: *vt* differentiate, distinguish

idirdhealú 'id'ər',γ'alu: *m*4 differentiation, discrimination, distinction

idirghabháil 'id'ər',γava:l' *f*3 intervention, mediation; interposition

idirghabhálaí 'id'ər',γava:li: *m*4 mediator, go-between

idirghuí 'id'ər',γi: *f*4, *pl* ~**onna** intercession; supplication

idirghuítheoir 'id'ər',γi:ho:r' *m*3 intercessor

idirlinn 'id'ər',l'in' *f*2, *pl* ~**te** interval, intermission; pause, time-lag

idirmheánach 'id'ər',v'a:nəx *a*1 intermediate

idirnáisiúnta 'id'ər',na:s'u:ntə *a*3 international

idir-ríocht 'id'ə(r'),ri:(ə)xt *f*3 interregnum

idirscaradh 'id'ər',skarə *m*, *gs* -**cartha** *pl* -**carthaí** separation; divorce

idirstad 'id'ər',stad *m*4, *pl* ~**anna** (*punctuation*) colon

ifreanda if'r'əndə *a*3 hellish, infernal

ifreann if'r'ən *m*1 hell

il- il' ~ il† *pref* many; diverse, varied; multi-, poly-

ilbheartach 'il',v'artəx *a*1, (*of sportsman, etc*) all-round

ilbhláthach 'il',vla:həx *m*1 polyanthus *a*1 multiflorous

ilbhliantóg 'il',v'l'iənto:g *f*2 perennial

ilbhliantúil 'il',v'l'iəntu:l' *a*2, (*of plant*) perennial

ilchineálach 'il',x'in'a:ləx *a*1 mixed, varied, heterogeneous

ilchodach 'il',xodəx *a*1 compound, composite

ilchomórtas 'il',xomo:rtəs *m*1 tournament

ilchreidmheach 'il',x'r'ed'v'əx *a*1 multidenominational

ilchríoch 'il',x'r'i:x *f*2 continent

ilchumasc 'il',xuməsk *m*1 assortment

ildánach 'il,da:nəx *a*1 skilled in various arts, versatile, accomplished

ildathach 'il,dahəx *a*1 multicoloured, variegated, iridescent

íle i:l'ə *f*4 oil

ileochair 'il',oxər *f*, *gs* -**chrach** *pl* -**chracha** skeleton key

ilfheidhmeannas 'il',aim'ənəs *m*1 pluralism

ilghnéitheach 'il',γ'n'e:həx *a*1 diverse, various, heterogeneous

iligh i:l'i: *vt* oil

ilíocht il'i:(ə)xt *f*3 variety, diversity

ilphósadh 'il',fo:sə *m*, *gs* -**sta** polygamy

ilroinnt 'il',ron't' *f*2, *pl* ~**rannta** division into many parts; fragmentation

ilsiamsa 'il',s'iəmsə *m*4 variety show, vaudeville

ilstórach 'il,sto:rəx *m*1 skyscraper *a*1 multi-storeyed

ilteangach 'il',t'aŋgəx *m*1 & *a*1 polyglot

iltíreach 'il',t'i:r'əx *m*1& *a*1 cosmopolitan

iltréitheach 'il',t'r'e:həx *a*1 versatile

im[1] im′ *m, gs* ~**e** *pl* ~**eanna** butter
im-[2] im′ *pref* great, very
imaistriú 'im′ˌas′t′r′u: *m*4 transmigration
imbhualadh 'im′ˌvuələ *m, gs* -**uailte** *pl* -**uailtí** collision
imchluiche 'im′ˌxlix′ə *m*4 (card) drive
imchruth 'im′ˌxruh *m*3, *pl* ~**anna** configuration, outline
imchuairt 'im′ˌxuərt′ *f*2, *pl* ~**eanna** circuit
imdhearg 'im′ˌγ′arəg *vt* cause to blush, shame; revile
imdhíon 'im′ˌγ′i:n *vt* immunize
imdhíonacht 'im′ˌγ′i:nəxt *f*3 immunity
imdhíonadh 'im′ˌγ′i:nə *m, gs* -**nta** immunization
imdhruid 'im′ˌγrid′ *vt, vn* ~**im** encompass; besiege
imeacht im′əxt *m*3 going, departure; course; bearing; *bhí an-~ ar eallach* cattle were selling fast, *le h* ~ *aimsire* with the passage of time, *is breá an t-~ atá faoi* he bears himself well, ~ *aí an lae* the events of the day, *tús a chur ar na himeachtaí* to open the proceedings, *sna himeachtaí seo* in these parts
imeagla 'im′ˌaglə *f*4 great fear, terror
imeaglach 'im′ˌagləx *a*1 fearful; terrible
imeall im′əl *m*1 border, edge, margin, ~ *na spéire* horizon, ~ *spéaclaí* rim of spectacles
imeallach im′ələx *a*1 bordering, marginal; bordered
imeallbhord 'im′əlˌvo:rd *m*1 border, margin, seaboard
imeartas im′ərtəs *m*1 play, playfulness; trickery, ~ *focal* quibble; pun
imeartha im′ərhə *a*3 prankish; practised, clever, ~ *le rud* fed up with sth
imghearradh 'im′ˌγ′arə *m, gs* -**rrtha** circumcision
imigéin im′əg′e:n′ *s, in* ~ far off, far away
imigéiniúil im′əg′e:n′u:l′ *a*2 far-away, remote
imigh im′i: *vi, vn* **imeacht** go, leave; travel, proceed; give way, *na faisin atá ag imeacht* current fashions, *tá airgead bréige ag imeacht* counterfeit money is in circulation, *tá an lá ag imeacht* the day is passing, *d' ~ rud éigin air* sth happened to him, *d' ~ as an téad* the rope slackened, *imeacht le rud* to make off with sth, *imeacht le ceird* to follow a trade, *ag imeacht le haer an tsaoil* leading the gay life, ~ *leat* get out of here, *imeacht ó smacht* to get out of control
imir[1] im′ər′ *f*2, *pl* ~**eacha** tint, tinge
imir[2] im′ər′ *vt & i, pres* **imríonn** play; gamble, ~ *t ar dhuine* to play a trick on a person, *arm a ~ t* to wield a weapon, ~ *an chóir leo* act justly towards them, *díoltas a ~ t ar dhuine* to wreak vengeance on a person, *tá an tsláinte ag ~ t air* his health is troubling him
imirce im′ər′k′ə *f*4 migration, emigration, *éan* ~ migratory bird
imirceach im′ər′k′əx *m*1 migrant, emigrant *a*1 moving, migratory
imirt im′ərt′ *f, gs* **imeartha** playing; play; use, *cé leis (an)* ~? whose turn is it to play? *teach imeartha*

gaming house, ~ *carthanachta* the exercise of friendship, ~ *faltanais* the venting of spleen
imleabhar 'im′ˌl′aur *m*1 volume
imleacán im′l′əka:n *m*1 navel; central point, hub
imlíne 'im′ˌl′i:n′ə *f*4, *pl* -**nte** outline, perimeter, circumference
imlínigh 'im′ˌl′i:n′i: *vt* outline
imlitir 'im′ˌl′it′ər′ *f, gs* -**treach** *pl* -**treacha** circular (letter), ~ *ón bPápa* (papal) encyclical
imní im′n′i: *f*4 anxiety, concern, fretting
imníoch im′n′i:(ə)x *a*1, *gsm* ~ anxious, concerned; diligent
imoibrigh 'im′ˌob′r′i: *vi* react
impí im′p′i: *f*4, *pl* ~**ocha** entreaty; intercession
impigh im′p′i: *vt & i* entreat, implore
impíoch im′p′i:(ə)x *m*1 supplicant; intercessor *a*1, *gsm* ~ suppliant
impire im′p′ər′ə *m*4 emperor
impireacht im′p′ər′əxt *f*3 empire
impiriúil im′p′ər′u:l′ *a*2 imperial
impiriúlachas im′p′ər′u:ləxəs *m*1 imperialism
imprisean ˌim′′p′r′is′ən *m*1 impression
impriseanachas ˌim′′p′r′is′ənəxəs *m*1 impressionism
imreas im′r′əs *m*1 strife, discord, *ag* ~ quarrelling, creating mischief
imreasach im′r′əsəx *a*1 contentious, quarrelsome
imreasc im′r′əsk *m*1 iris (of eye), *mac imrisc* pupil (of eye)
imreog im′r′o:g *f*2 butterscotch
imreoir im′r′o:r′ *m*3 player
imrim im′r′im′ *f*2 riding, *Domhnach na hImrime* Palm Sunday
imrothlach 'im′ˌrohləx *a*1 revolving
imrothlaigh 'im′ˌrohli: *vi* revolve
imrothlú 'im′ˌrohlu: *m*4, (*of wheel, etc*) revolution
imruathar 'im′ˌruəhər *m*1 onrush; invasion
imscríobh 'im′ˌs′k′r′i:v *vt* circumscribe
imshaol 'im′ˌhi:l *m*1 environment
imshruthú 'im′ˌhruhu: *m*4, ~ (*na fola*) circulation (of the blood)
imshuí 'im′ˌhi: *m*4 siege
imshuigh 'im′ˌhiγ *vt* beleaguer, besiege
imtharraingt 'im′ˌharən′t′ *f, gs* -**gthe** attraction; gravity, ~ *an domhain* terrestrial gravitation
imtheorannaí 'im′ˌho:rəni: *m*4 internee
imtheorannaigh 'im′ˌho:rəni: *vt* intern
imtheorannú 'im′ˌho:rənu: *m*4 internment
imthoisceach 'im′ˌhos′k′əx *a*1 circumstantial
in[1] in′ *pron, b'in é é* that was it, *nach in é an fear?* isn't that the man?
in-[2] in′ ~ in[†] *pref* capable of, fit for, fit to be
in-[3] in′ ~ in[†] *pref* in-, il-l, im-m, ir-r
inbhear in′v′ər *m*1 river-mouth, estuary, ~ *éisc* (river) fishery
inbhéarta 'in′ˌv′e:rtə *m*4 inverse
inbhéartach 'in′ˌv′e:rtəx *a*1 inverse
inbheirthe 'in′ˌv′erhə *a*3 inborn, innate

inbhraite ˌin'vrat'ə a3 perceptible, palpable, tangible

inbhreathnaitheach 'in'ˌv'r'ahnihəx a1 introspective

inbhreathnú 'in'ˌv'r'ahnu: m4 introspection

inchaite ˌin'xat'ə a3 wearable; spendable; edible

inchinn in'x'ən' f2 brain

inchloiste ˌin'xlos't'ə a3 audible

inchomórtais ˌin'xomo:rtəs' a3 comparable (le with, to)

inchreidte ˌin'x'r'et'ə a3 credible

inchurtha ˌin'xurhə a3, ~ le comparable to, equal to, even with

indéanta ˌin''d'e:ntə a3 practicable; fit to be done; possible

indíreach 'in'ˌd'i:r'əx a1 indirect

indíritheach 'in'ˌd'i:r'ihəx a1 introvertive

indíritheoir 'in'ˌd'i:r'iho:r' m3 introvert

indóite ˌin'do:t'ə a3 combustible

inearráide ˌin''ara:d'ə a3 fallible

infhaighte ˌin'a:t'ə a3 procurable, available

infheicthe ˌin''ek'ə a3 visible

infheidhme ˌin''aim'ə a3 serviceable; fit, able-bodied

infheistigh 'in'ˌes't'i: vt invest

infheistíocht 'in'ˌes't'i:(ə)xt f3 investment, sum invested

infhill 'in'ˌil' vt fold inwards; enfold; inflect

infhuascailte ˌin'uəskəl't'ə a3 redeemable; solvable, soluble

infinideach in'f'ən'əd'əx m1 & a1 infinitive

ingear iŋ'g'ər m1 perpendicular, vertical, líne ingir plumb-line

ingearach iŋ'g'ərəx a1 perpendicular, vertical; sheer

inghlactha ˌin'ɣlakə a3 acceptable, admissible

ingne iŋ'n'ə : **ionga**

ingneach in'n'əx a1 having nails, claws

Inid in'əd' f2 Shrovetide, Máirt ~ e Shrove Tuesday

inimirce 'in'ˌim'ər'k'ə f4 immigration

inimirceach 'in'ˌim'ər'k'əx m1 & a1 immigrant

iníoctha ˌin''i:kə a3 payable, due

iníon in'i:n f2, pl ~ acha daughter, a ~ ó my dear girl, I ~ Uí Bhriain Miss O'Brien

iníor in'i:r m1 grazing; pasturage

inis[1] in'əs' f2, gs **inse** pl **insí** island

inis[2] in'əs' vt & i, pres **insíonn** vn **insint** tell, relate; describe, d' ~ tú orm é you informed on me about it, rud a thabhairt le hinsint do dhuine to give a person a piece of one's mind about sth, slán mar a n-instear God save us from the likes of it

inite ˌin''it'ə a3 edible

iniúch 'in'ˌu:x vt scrutinize; audit

iniúchadh 'in'ˌu:xə m, gs -**chta** pl -**chtaí** scrutiny; audit

iniúchóir 'in'ˌu:xo:r' m3 scrutineer, auditor

inlasta ˌin'lastə a3 inflammable

inleighis ˌin''l'ais' a3 curable

inleithscéil in''l'e,s'k'e:l' a3 excusable

inleog in'l'o:g f2 device; snare, trap

inlíocht in'l'i:(ə)xt f3 manoeuvre

inmhaíte ˌin'vi:t'ə a3 enviable, ní raibh mo thuras ~ orm I had little to show for my journey

inmhe in'əv'ə f4 maturity, strength, in ~ fir fit to do a man's work, bheith in ~ rud a dhéanamh to be able to do sth

inmheánach 'in'ˌv'a:nəx m1 innards a1 internal, an bheatha ~ the interior life

inmholta ˌin'voltə a3 commendable, praiseworthy; advisable

inne in'ə m4 middle, centre pl innards; bowels, guts

inné ə'n'e: adv & s & a yesterday

inneach in'əx m1 weft

innéacs in'e:ks m4, pl ~ anna index

innéacsaigh in'e:ksi: vt & i index

inneall in'əl m1 arrangement, order; snare, device; machine, engine, in ord agus in ~ in excellent condition, ~ a chur ort féin to dress, tidy, oneself, ~ oilc evil contrivance

innealra in'əlrə m4 machinery, (mechanical) equipment

innealta in'əltə a3 ordered; neat; skilled, cailín ~ smartly-dressed girl

innealtóir in'əlto:r' m3 engineer

innealtóireacht in'əlto:r'əxt f3 engineering

inneoin in'o:n' f, gs -**onach** pl -**onacha** anvil

innill in'əl' vt, pres **inlíonn** arrange, set; array; equip; plot

innilt in'əl't' f2 grazing; pasturage

inniu ə'n'u adv & s & a today, mí is an lá ~ a month ago today, bliain ó ~ a year hence

inniúil in'u:l' a2 able, fit for, bheith ~ ar rud a dhéanamh to be able to do sth, ~ don bhóthar ready for the road

inniúlacht in'u:ləxt f3 ability, competence

inoibrithe ˌin'ob'r'ihə a3 workable, practicable

inólta ˌin'o:ltə a3 drinkable

inphósta ˌin'fo:stə a3 marriageable

inrátaithe ˌin'ra:tihə a3 rateable

inroinnte ˌin'ron't'ə a3 divisible

inscéalaíochta ˌin''s'k'e:li:(ə)xtə a3, (of survivor) alive to tell the tale

inscne in's'k'n'ə f4 gender

inscríbhinn 'in'ˌs'k'r'i:v'ən' f2 inscription

inse[1] in's'ə m4 hinge

inse[2] in's'ə f4 inch, water-meadow

insealbhaigh 'in'ˌs'aləvi: vt invest, install

inseamhnaigh 'in'ˌs'auni: vt inseminate

inseamhnú 'in'ˌs'aunu: m4 insemination, ~ saorga artificial insemination

inseolta ˌin''s'o:ltə a3 navigable; sea-worthy

insint in's'ən't' f2 narration, utterance; version, fear inste scéil storyteller; survivor

insíolru: 'in'ˌs'i:lru m4 inbreeding

insíothlaigh 'in'ˌs'i:hli: vi infiltrate

insíothlú 'in'ˌs'i:hlu: m4 infiltration

insligh 'in'ˌsˈl'iɣ' *vt* insulate

inslin in's'l'ən' *f* 2 insulin

inslitheoir 'in'ˌs'l'iho:r' *m*3 insulator

insliú 'in'ˌs'l'u: *m*4 insulation

inspéise ˌin'sp'e:s'ə *a*3 worthy of notice, interesting

inspioráid insp'əra:d' *f* 2 (divine) inspiration

insteall 'in'ˌs't'al *vt* inject

instealladh 'in'ˌs't'alə *m*, *gs* **-llta** *pl* **-ltaí** injection

institiúid in's't'ət'u:d' *f* 2 institute

inti in't'i : **i**

intinn in't'ən' *f* 2 mind; spirits; intention, *tuirse* ~ *e* mental strain, *tá an dea-* ~ *acu dúinn* they are well-disposed towards us, *ní air a bhí m'* ~ my thoughts were elsewhere, *rud a bheith ar* ~ *agat* to intend sth, *ar aon* ~ of one mind

intinneach in't'ən'əx *a*1 intentional; strong-willed, ~ *suairc* merry and gay

intíre 'in'ˌt'i:r'ə *a*3 inland, domestic, internal

intleacht in't'l'əxt *f* 3 intellect, intelligence; ingenuity

intleachtach in't'l'əxtəx *a*1 intellectual, intelligent; ingenious

intreach in't'r'əx *a*1 intrinsic

intriacht in't'r'iəxt *f* 3 interjection

intuaslagtha ˌin'tuəsləkə *a*3 soluble

intuigthe ˌin'tik'ə *a*3 understandable; implied

íobair i:bər' *vt & i*, *pres-* **-braíonn** sacrifice

íobairt i:bərt' *f* 3, *gs* **-artha** sacrifice

íobartach i:bərtəx *m*1 sacrificial victim *a*1 sacrificial, sacrificing

íoc[1] i:k *m*3 payment; charge, rate; requital, *in* ~ *ár bpeacaí* in atonement for our sins *vt & i* pay; requite, atone for

íoc[2] i:k *f* 2 healing, cure, ~ *leighis* medicament *vt & i* heal, cure

íocaí i:ki: *m*4 payee

íocaíocht i:ki:(ə)xt *f* 3 paying; payment

íochtar i:xtər *m*1 lower part, bottom, *bheith in* ~ to be underneath, to be down (trodden), ~ *bróige* sole of shoe, *draid íochtair* bottom teeth, ~ *na hÉireann* the north of Ireland

íochtarach i:xtərəx *a*1 lower, low(-lying); inferior, humble

íochtarán i:xtəra:n *m*1 lowly person; inferior, subordinate

íoclann i:klən *f* 2 dispensary

íocóir i:ko:r' *m*3 payer

íocshláinte 'i:kˌhla:n't'ə *f* 4 balm, balsam, restorative

iodálach ida:ləx *m*1 *& a*1 italic, *cló* ~ italic type, italics, *I* ~ Italian

íogair i:gər' *a*1 sensitive; touchy, *cás* ~ delicate case

íógart o:gərt *m*1 yoghourt

íoglú i:glu: *m*4, *pl* ~**nna** igloo

íol i:l *m*1, *npl* ~**a** idol

íoladhradh 'i:lˌairə *m*, *gs* **íoladhartha** idolatry

iolar ilər *m*1 eagle

iolarach ilərəx *a*1 aquiline

iolartha ilərhə *a*3 manifold, numerous; varied

íolbhriseadh 'i:lˌv'r'is'ə *m*, *gs* **-ste** iconoclasm

iolra ilrə *m*4 *& a*3, (*grammar*) plural

iolrach ilrəx *a*1 multiple

iolrachas ilrəxəs *m*1 pluralism

iolraigh ilri: *vt* multiply, *ús iolraithe* compound interest

iolrú ilru: *m*4 multiplication

iomad iməd *s* great number or quantity; abundance, *an* ~ *uair* many times, *an* ~ *airgid* too much money, *tá an* ~ *le rá agat* you talk too much

iomadaigh imədi: *vt & i* increase; proliferate; make, grow, numerous

iomadúil imədu:l' *a*2 numerous, plentiful; excessive; exceptional

iomadúlacht imədu:ləxt *f* 3 numerousness, abundance

iomaí[1] imi: *f* 4 couch, bed

iomaí[2] imi: *a*3 many, *is* ~ *lá a bhí mé ann* many a day I was there, *go h* ~ many a time, often

iomáin ima:n' *f* 3 (game of) hurling *vi* hurl, play hurling

iomaíocht imi:(ə)xt *f* 3 competition; emulation, *ag* ~ *le chéile* competing with one another

iomair imər' *vt & i*, *pres* **-mraíonn** *vn* **-mramh** row

iomaire imər'ə *m*4 ridge

iomaireach imər'əx *a*1 ridged; ribbed; corrugated

iomaitheoir imiho:r' *m*3 competitor, rival

iománaí ima:ni: *m*4 hurler

iománaíocht ima:ni:(ə)xt *f* 3 hurling

iomann imən *m*1 hymn

iomarbhá 'imərˌva: *f* 4 contention; controversy

iomarca imərkə *f* 4 excess; too many, too much, *bhí an* ~ *deifre ort* you were in too great a hurry, ~ *a bhreith ó dhuine* to gain an advantage over a person, *uabhar agus* ~ pride and arrogance

iomarcach imərkəx *a*1 excessive; redundant; arrogant, *breith* ~ exceedingly harsh judgment

iomarcaíocht imərki:əxt *f* 3 redundancy

iomard imərd *m*1 reproach; affliction; hardship, *tá* ~ *ar an áit seo* this place is unlucky

iomardach imərdəx *a*1 reproachful; challenging

iomardaigh imərdi: *vt* reproach; challenge; reprimand

iomas iməs *m*1 intuition

iomasach iməsəx *a*1 intuitive

iomchuí 'imˌxi: *a*3 appropriate, fitting

iomghaoth 'imˌɣi: *f* 2 whirlwind

íomhá i:va: *f* 4, *pl* ~**nna** image, statue; likeness, *a* ~ *sa scáthán* his reflection in the mirror

íomháineachas i:va:n'əxəs *m*1 imagery

iomlachtadh imləxtə *m*1 ferrying; transport, passage

iomláine imla:n'ə *f* 4 fullness, entirety

iomlaisc imləs'k' *vt & i*, *pres* **-ascann** roll about, flounder; wallow

iomlán imla:n *m*1 all; total, ~ *na fírinne* the whole truth, *faoi* ~ *éadaigh* under full sail, *ina* ~ in its entirety *a*1 full, whole, complete
iomlaoid imli:d′ *f*2 change, fluctuation
iomlaoideach imli:d′əx *a*1 alternating
iomlasc imləsk *m*1 rolling, tumbling, floundering, *poll iomlaisc* wallow-hole
iomlat imlət *m*1 mischievousness
iomlatach imlətəx *a*1 mischievous
iomlua ′im‚luə *m*4 activity; agitation; exercise; mention, ~ *bratach* fluttering of flags, *iomrá agus* ~ report and discussion
iomluaigh ′im‚luəɣ′ *vt & i* move, agitate, exercise; mention, propose
iompaigh impi: *vt & i* turn; reverse, change over, *d'* ~ *an bád* the boat capsized, *fearg a iompú* to avert anger, *tá an bainne iompaithe* the milk has turned, *d'* ~ *a lí air* he changed colour, *d'* ~ *sí ina Caitliceach* she became a Catholic
iompair impər′ *vt & i, pres* **-praíonn** carry, transport; support; endure, *bheith ag iompar (clainne)* to be with child, *tá sé ag iompar na bhfód* he is beneath the sod, *tú féin a iompar go maith* to carry oneself well; to behave well
iompaitheach impihəx *m*1 convert; proselyte
iompar impər *m*1 carriage, transport; load; support; endurance; bearing, conduct, ~ *fuaime* transmission of sound, ~ *scéalta* tale-bearing, ~ *clainne* gestation, pregnancy
iompórtáil ′im‚po:rta:l′ *f*3 importation, import *vt* import
iompórtálaí ′im‚po:rta:li: *m*4 importer
iompróir impro:r′ *m*3 carrier
iompú impu: *m*4 turning, turn, *ar* ~ *boise* in a trice, ~ *goile* stomach upset, ~ *na bpeacach* the conversion of sinners
iomrá imra: *m*4 rumour; discussion, *tá* ~ *leis* it is being reported, talked about, *bhí* ~ *an airgid orthu* they were reputed to have money
iomráiteach imra:t′əx *a*1 well-known, famous
iomrall imrəl *m*1 aberration, error, ~ *aithne* mistaken identity, ~ *aimsire* anachronism, *urchar iomraill* missed, wide, shot
iomrallach imrələx *a*1 straying, wide of mark; mistaken
iomramh imrəv *m*1 rowing, *bád iomartha* rowing-boat
iomrascáil imrəska:l′ *f*3 wrestling
iomrascálaí imrəska:li: *m*4 wrestler
iomróir imro:r′ *m*3 oarsman, rower
íon i:n *a*1, *gsm* ~ pure; sincere
íona i:nə *spl* pains, pangs
íonacht i:nəxt *f*3 purity
ionaclú inaklu: *m*4 inoculation
ionad inəd *m*1 place, position; site; mark, trace, ~ *coinne* rendezvous, ~ *saoire* holiday resort, *tá a ghualainn as* ~ his shoulder is dislocated, *a* ~ *sa saol* his station in life, *fear ionaid* deputy, substitute, *in* ~ *labhairt liom* instead of speaking to me

ionadach inədəx *a*1 substitute, vicarious; out-of-the-way, inaccessible
ionadaí inədi: *m*4 representative; substitute, deputy, ~ *rí* viceroy
ionadaigh inədi: *vt* position; appoint; represent; substitute
ionadaíocht inədi:(ə)xt *f*3 representation; substitution
ionadh i:nə *m*1, *pl* **-aí** wonder, surprise, *is* ~ *liom (go)* I am surprised (that), *bhí fearg air linn, ní nach* ~ he was angry with us, and no wonder
ionaibh inəv′ : **i**
íonaigh i:ni: *vt* purify
ionainn inən′ : **i**
ionam inəm : **i**
ion-análaigh ′in‚ana:li: *vt & i* breathe in, inhale
ionann inən *a* same, identical; equal, *is* ~ *iad* they are identical, *is* ~ *an cás domsa* it is all the same to me, ~ *is a rá (go)* as much as to say (that), *tá deifir anois leis, murab* ~ *is riamh* it is urgent now, more than ever, *murab* ~ *is tusa* unlike you, *tá sé* ~ *is (a bheith) críochnaithe* it is practically finished
ionannas inənəs *m*1 sameness, identity; uniformity
ionar inər *m*1 tunic; jerkin
ionas inəs *s as adv*, ~ *go* so that, ~ *nach* so that ... not
ionat inət : **i**
ionathar inəhər *m*1 entrails, intestines
ioncam iŋkəm *m*1 income
ionchas inəxəs *m*1 expectation, prospect, ~ *saoil* life expectancy, *ar* ~, *le h* ~, *go* in the expectation (that)
ionchoirigh ′in‚xor′i: *vt* incriminate
ionchoisne ′in‚xos′n′ə *m*4 inquisition; inquest
ionchollú ′in‚xolu: *m*4 incarnation
ionchorpraigh ′in‚xorpri: *vt* incorporate
ionchúiseamh ′in‚xu:s′əv *m*1 prosecution
ionduchtú ′in‚duxtu: *m*4 induction
iondúil indu:l′ *a*2 usual, customary, *go h* ~ usually, as a rule
ionfhásta ′in‚a:stə *a*3 ingrown, ingrowing
ionga iŋgə *f*, *gs* ~ **n** *pl* **ingne** nail; claw, talon, *ar a ingne deiridh, (of animal)* rearing, ~ *tobac* quid of tobacco, ~ *gairleoige* clove of garlic
iongabháil iŋgəva:l′ *f*3 careful handling; attention; prudence, *duine a* ~ *go maith* to take good care of a person
íonghlanadh ′i:n‚ɣlanə *m*, *gs* **-nta** purification
ionlach inləx *m*1 wash, lotion
ionladh inlə *m*, *gs* **ionnalta** washing, ablutions
ionlao ′in‚li: *a*3 in-calf
ionnail inəl′ *vt*, *pres* **ionlann** wash, bathe
ionnaltán inəlta:n *m*1 wash-basin
ionnarbadh inərbə *m*, *gs* **-btha** expulsion, banishment, *dul ar* ~ to go into exile
ionnús inu:s *m*1 wealth, resources; valuables; resourcefulness
ionracas inrəkəs *m*1 uprightness, honesty, integrity

ionradaíocht 'in‚radi:(ə)xt *f* 3 irradiation

ionradh inrə *m* 1, *pl* -**aí** incursion, invasion; pillaging, *ag* ~ *na tíre* invading, devastating, the country

ionraic inrək' *a* 1 upright, honest; guileless

ionramh inrəv *m* 1 management, treatment; care

ionramháil inrəva:l' *f* 3 handling, management; humouring, ~ *a dhéanamh ar rud* to manipulate sth *vt* handle, manage, manoeuvre; humour

ionramhálaí inrəva:li: *m* 4 handler, manipulator

ionróir inro:r' *m* 3 invader

ionsaí insi: *m* 4 advance, attack; attempt, *d'* ~ *na farraige* towards the sea

ionsaigh insi: *vt & i* advance upon, attack; approach; attempt, *ag ionsaí abhaile* making for home; coming near home

ionsair ‚in'ser' : **ionsar**

ionsaitheach insihəx *a* 1 aggressive

ionsaitheoir insiho:r' *m* 3 attacker, aggressor

ionsar ‚in'ser' *prep, pron forms* **ionsorm** ‚in'sorəm **ionsort** ‚in'sort, **ionsair** ‚in'ser' *m*, **ionsuirthi** ‚in'sirhi *f*, **ionsorainn** ‚in'sorən', **ionsoraibh** ‚in'sorəv' **ionsorthu** ‚in'sorhu, to, towards, *cuir scéala ionsair* send word to him

ionsoraibh ‚in'sorəv' : **ionsar**

ionsorainn ‚in'sorən' : **ionsar**

ionsorm ‚in'sorəm : **ionsar**

ionsort ‚in'sort : **ionsar**

ionsorthu ‚in'sorhu : **ionsar**

ionstraim instrəm' *f* 2 instrument

ionstraimeach instrəm'əx *a* 1 instrumental

ionstraimí instrəm'i: *m* 4 instrumentalist

ionstraimigh instrəm'i: *vt* instrument; orchestrate

ionsuigh 'in‚si: *vt* plug in

ionsuirthi ‚in'sirhi : **ionsar**

iontach i:ntəx *a* 1 wonderful; surprising, strange, *d'éirigh go h* ~ *leis* it was a great success, *tá sé* ~ *te* it is very hot

iontaise 'in‚tas'ə *f* 4 fossil

iontaiseach 'in‚tas'əx *a* 1 fossil(ized)

iontaisigh 'in‚tas'i: *vt & i* fossilize

iontaobhach ‚in'ti:vəx *a* 1 trusting

iontaobhaí ‚in'ti:vi: *m* 4 trustee

iontaobhaíocht ‚in'ti:vi:(ə)xt *f* 3 trusteeship

iontaobhas ‚in'ti:vəs *m* 1 trust, ~ *carthanais* charitable trust

iontaofa ‚in'ti:fə *a* 3 trustworthy, reliable

iontaofacht ‚in'ti:fəxt *f* 3 trustworthiness, reliability

iontaoibh ‚in'ti:v' *f* 2 trust; reliance, confidence

iontas i:ntəs *m* 1 wonder, surprise, ~ *a dhéanamh de rud* to wonder at sth, *ag breathnú ar na hiontais* seeing the sights

iontlaise intlas'ə *a* 3 inlaid, *urlár* ~ parquet floor

iontóir i:nto:r' *m* 3 purifier

iontráil intra:l' *f* 3 entry *vt & i* enter

iontrálaí intra:li: *m* 4 entrant

iontróid intro:d' *f* 2 introit

iontu intu : **i**

ionú inu: *m* 4 (proper) time, season, favourable opportunity, *dá mbeadh* ~ *agam air* if I had time to do it

íonú i:nu: *m* 4 purification

íonúin inu:n' *a* 1, *comp* **ansa** dear, beloved

iora irə *m* 4, ~ (*rua*) (red) squirrel, ~ *glas* grey squirrel

íorna i:rnə *m* 4 hank, skein

íoróin i:ro:n' *f* 2 irony

íorónta i:ro:ntə *a* 3 ironic(al)

íorpais i:rpəs' *f* 2 dropsy; venom, *tá an* ~ *ina chroí* he is full of spite

íorpaiseach i:rpəs'əx *a* 1 dropsical; venomous

iorras irəs *m* 1 promontory

íos- i:s *pref* least, minimum

Íosa i:sə *m* 4 Jesus

Íosánach i:sa:nəx *m* 1 & *a* 1 Jesuit

ioscaid iskəd' *f* 2 hollow behind knee, popliteal space, *go h* ~ *í san uisce* knee-deep in water, ~ *tobac* little bit of tobacco

íoschúirt 'i:s‚xu:rt' *f* 2, *pl* ~**eanna** inferior court

íosfaidh i:si: *fut of* **ith**

íoslach i:sləx *m* 1 basement

Íoslamachas isləməxəs *m* 1 Islam

íospairt i:spərt' *f* 3, *gs* -**artha** ill-treatment, ill-usage

íosta istə *m* 4 store, depot; treasury

íosta i:stə *a* 3 minimum, minimal

íostán ista:n *m* 1 cottage

íostas istəs *m* 1 lodging, accommodation, *teach íostais* lodging house, ~ *mac léinn* students' hostel

íota i:tə *f* 4 (great) thirst; ardent desire

iothlainn ihlən' *f* 2, *pl* ~**eacha** haggard

íreas ir'əs *m* 1 iris

iris¹ ir'əs' *f* 2 strap, sling (for carrying)

iris² ir'əs' *f* 2 journal, magazine

iriseoir ir'əs'o:r' *m* 3 journalist

iriseoireacht ir'əs'o:r'əxt *f* 3 journalism

irisleabhar 'ir'əs'‚l'aur *m* 1 journal, magazine

is¹ is† *copula*, (*is*) *fear maith é, fear maith is ea é* he is a good man, *is óige mise ná é* I am younger than he is, *ní críonnacht creagaireacht* miserliness is not thrift, *ní hionann iad* they are not the same, *an fíor é? is fíor* is it true? it is, *an gloine é? is ea* is it glass? it is, *arbh é a bhí ann? níorbh é, charbh é,* was it he who was there? it was not, *nárbh é an t-amadán é* wasn't he a right idiot, *deir sé gur mé a rinne é, ach ní mé* he says that it was I who did it, but it was not, *gura slán dóibh* God be with them, *gurab amhlaidh duit* the same to you, *nach leigheas ar chasacht é?* is it not a cure for a cough? *daoine nach iad* people other than they, *ba bhreá an bhean í, nár bhreá?* she was a fine woman, wasn't she? *sílim gurb ea* I think it is so, *dúirt sí gurbh iad a bhí ann* she said it was they who were there, *ar leis féin é?* was it his own? *an teach ar le Seán é* the house John owns, owned, *nára fada an luí sin ort* I wish you a speedy recovery, *nárab amhlaidh duit* may it not be so for you, *dá mba mise thú* if I were you, *rud ab fhusa a dhéanamh* something that was easier to do, *níor, char, cheardaí an té a rinne é*, whoever made it was no tradesman, *ní hé nár mhaith liom é*, it is not that I wouldn't like it, *ráiteas nárbh fhíor* a statement that wasn't true, *an leat an teach? is liom* is the house yours? it is, *b'fhearr é sin* that would be better

is² is ~ s *prep* (of time) ~ *an* up to, ago, *bliain* ~ *an t-am seo* this time last year

ise is'ə 3 *sg f, emphatic pron* she, her, ~ *a dúirt é* she is the person who said it, *ach amháin* ~ except herself

íseal i:s'əl *m*1, *pl* **ísle** lowly person; low-lying place, *os* ~ in a low voice; in secret *a*1, *gsf, npl & comp* **ísle** low; low-sized, *tír* ~ low-lying country, *gníomh* ~ mean act, *glór* ~ low voice

ísleacht i:s'l'əxt *f*3 lowness, lowliness

ísleán i:s'l'a:n *m*1 low-lying place; depression; declivity

ísligh i:s'l'i: *vt & i* lower, depress, *ísliú de chapall* to alight from a horse

ísliú i:s'l'u: *m*4 lowering, depression, decline; abasement

ispín is'p'i:n' *m*4 sausage

isteach ə's't'ax *adv & prep & a* in, into, ~ *(ar) an doras* in by, through the door, ~ *leat*, ~ *libh* in you go, *chuaigh sé* ~ *go cnámh* it penetrated to the bone, *tá an cíos* ~ *leis* it includes the rent, *bheith* ~ *le duine* to be in association with a person, *bíonn siad* ~ *is amach le chéile* they are on friendly terms

istigh ə's't'iγ *adv & prep & a* in, inside; indoor, at home; inner, *bí* ~ come in, *tá an tairne* ~ *go domhain ann* the nail is embedded in it, *bhí sé* ~ *i bpríosún* he was confined to prison, *tá an*

fómhar ~ the harvest is in, *tá fear do dhiong-bhála* ~ *anois leat* you are pitted against your match now, *an litir atá* ~ *leis seo* the letter enclosed herewith, *tá béile maith* ~ *againn* we have had a good meal, *tabhair (cead) a bheith* ~ *dóibh* give them permission to stay (for the night), *tá an eite dheas* ~ *arís* the party of the right is back in power, *bheith* ~ *ar chomórtas* to be entered for a competition, *níl sé* ~ *leis féin* he is dissatisfied with himself, *tá bliain eile* ~ another year is ended

istír ə's't'i:r' *adv* in the land; ashore, landed

istoíche ə'sti:x'ə *adv* by, at, night

ith ih *vt & i, vn* ~**e** eat, feed; bite, *tá an mheirg ag* ~*e an iarainn* the rust is corroding the iron, *ag* ~*e na gcomharsan* reviling, backbiting, the neighbours, *bhí sé ag* ~*e na bhfocal* he was mumbling his words, *ite ag an éad* consumed with jealousy

itheachán ihəxa:n *m*1 eating, *teach itheacháin* eating-house

ithiomrá 'ih,imra: *m*4, *pl* ~**ite** backbiting; slander

ithir ihər' *f, gs* **-threach** *pl* **-threacha** soil, earth; arable land

iubhaile u:vəl'ə *f*4 jubilee

iúd u:d *pron* that, yon, *b'* ~ *é (é)* yonder it is, *b'* ~ *iad ag imeacht ar cosa in airde* off they went at a gallop

lúil u:l' *m*4 July

iúl u:l *m*1 knowledge; direction; attention, *rud a chur in* ~ *do dhuine* to let a person know sth; to pretend sth to a person, *tú féin a chur in* ~ to express oneself; to assert oneself, *bhíomar ar an* ~ *céanna* we were on the same track, *d'* ~ *a bheith ar rud* to have one's attention on sth

lúpatar u:pətər *m*1 Jupiter

iúr u:r *m*1 yew

J

jab d'z'ab *m*4, *pl* ~**anna** job; post, employment

jabaire d'z'abər'ə *m*4 (cattle-)jobber

jacaí d'z'aki: *m*4 jockey

jaingléir d'z'aŋ'l'e:r' *m*3 straggler, vagrant

jéiníos d'z'e:n'i:s *spl* bits of earthenware; shards; "chanies"

jib d'z'ib' *f*2, *pl* ~**eanna** jib(-sail)

jíp d'z'i:p' *m*4, *pl* ~**eanna** jeep

júdó d'z'u:do: *m*4 judo.

L

lá la: *m, gs* **lae** *pl* **laethanta** day; daytime, *lenár* ~ during our lifetime, *ag baint lae as* getting along somehow

lábach la:bəx *a*1 muddy, miry

lábán la:ba:n *m*1 mud; soft roe, milt

labhair laur' *vt & i, pres* **-bhraíonn** speak

labhairt laurt' *f*3, *gs* **-artha** speaking; speech; call

labhandar lavəndər *m*1 lavender

labharthach laurhəx *a*1 talkative; vociferous

labhras laurəs *m*1 (bay) laurel
lábúrtha la:bu:rhə *a*3 base, vulgar
lacáiste laka:s′t′ə *m*4 rebate, discount; allowance
lách la:x *a*1, *gsm* ~ affable, friendly
lacha laxə *f*, *gs & gpl* ~**n** *npl* ~**in** duck
láchan la:xən *f*3 dawning
lachín laxi:n′ *f*4 duckling
lachna laxnə *a*3 dull grey; dun, drab
lacht laxt *m*3 milk; yield of milk, *súile ina* ~ eyes full of tears
lachtach laxtəx *a*1 lactic, milky; (*of eyes*) tearful
lachtadh laxtə *m*, *gs* **lachta** *pl* **-aí** lactation
lád la:d *m*1 watercourse
ládáil la:da:l′ *f*3 lading; cargo *vt* lade
ládanam la:dənəm *m*1 laudanum
ladar ladər *m*1 ladle, *do* ~ *a chur i rud* to intervene in sth
ládasach la:dəsəx *a*1 self-willed; obstinate
ladhar lair *f*2, *gs* **laidhre** *pl* **-dhracha** interdigital, toe; claw; prong; fork; fistful
ladhrach lairəx *a*1 toed, clawed; pronged, forked
ladrann ladrən *m*1 robber, ~ (*saithe*) drone
ladúsach ladu:səx *a*1 pert; wheedling; silly
lae le:, **laethanta** le:həntə : **lá**
laethúil le:hu:l′ *a*2 daily
laftán lafta:n *m*1 rocky ledge; grassy terrace, ~ *néalta* bank of clouds
lag lag *m*1, *npl* ~ **a** weak person, weak creature; weakness, (*le*) ~ *trá* (at) low tide *a*1 weak; fragile, *páistí* ~ *a* young children
lagachar lagəxər *m*1 weakness, faintness
lagaigh lagi: *vt & i* weaken; slacken, *deoch a lagú* to dilute a drink, *nár lagaí Dia thú* more power to you
lagar lagər *m*1, *pl* **-gracha** weakness, faintness; slackening, *bhí siad i lagracha ag gáire* they were weak from laughing
lágar la:gər *m*1 lager
lagbhrí ′lag‚v′r′i: *f*4 weakness, enervation
lagbhríoch ′lag‚v′r′i:(ə)x *a*1, *gsm* ~ weak, enervate
lagbhrú ′lag‚vru: *m*4 low pressure, (*of weather*) depression
laghad laid *m*4 smallness, fewness, *níl amhras dá* ~ *faoi* there is not the least doubt about it, *ar a* ~ at least
laghairt lairt′ *f*2, *pl* ~**eanna** lizard
laghdaigh laidi: *vt & i* lessen, decrease; reduce
laghdaitheach laidihəx *a*1 lessening, decreasing
laghdú laidu: *m*4 decrease; reduction
lagmhisneach ′lag‚v′is′n′əx *m*1 lowspiritedness, low morale
lagú lagu: *m*4 weakening; abatement
laí li: *m*4, *pl* ~**onna** pole, shaft
láí la:i: *f*4, *pl* **lánta** loy, spade
láib la:b′ *f*2 mud, mire, ~ *abhann* silt *vt* muddy, spatter
laibhe lav′ə *f*4 lava
laibhín lav′i:n′ *m*4 leaven

laicear lak′ər *m*1 lacquer
láidir la:d′ər′ *m*4, *pl* **-dre** strong person, strong creature *a*1, *gsf, npl & comp* **-dre** strong; durable, *is* ~ *nár leagadh mé* it is a wonder I was not knocked down
láidreacht la:d′r′əxt *f*3 strength
láidrigh la:d′r′i: *vt & i* strengthen
laige lag′ə *f*4 weakness; faint, swoon, *ó* ~ *go neart* from childhood to maturity
láigh la:γ′ *vi*, *vn* **láchan** dawn
láimhdeachas la:v′d′əxəs *m*1 handling; manipulation, *cáin láimhdeachais* turnover tax
láimhseáil la:v′s′a:l′ *f*3 management, handling *vt* manage, handle
láimhsigh la:v′s′i: *vt* handle, manipulate; grapple with
laincis laŋ′k′əs′ *f*2 fetter; hobble, spancel
laindéar lan′d′e:r *m*1 lantern
láine la:n′ə *f*4 fullness
láinnéar la:n′e:r *m*1 lanyard; tatter
lainse lan′s′ə *f*4 launch
lainseáil lan′s′a:l′ *vt* launch
láinteacht la:i:n′t′əxt *f*3 blandishment, fondling
láíocht la:i:(ə)xt *f*3 affability; kindliness
laíon li:n *m*1 pith; pulp
láir la:r′ *f*, *gs* **lárach** *pl* **láracha** mare
láirig la:r′əg′ *f*2, *pl* ~**eacha** thigh
laiste las′t′ə *m*4 latch
laisteas ‚las′′t′as *adv & prep & a* on the south side
laistiar ‚las′′t′iər *adv & prep & a* on the west side; behind
laistigh ‚las′′t′iγ′ *adv & prep & a* on the inside, within, indoors
laistíos ‚las′′t′i:s *adv & prep & a* below
láithreach[1] la:hr′əx *m*1 ruined site, ruin; trace, imprint
láithreach[2] la:hr′əx *a*1 & *adv* present, immediate; immediately
láithreach[3] la:hr′əx : **láthair**
láithreacht la:hr′əxt *f*3 presence
láithreán la:hr′a:n *m*1 piece of ground; site; floor, space; (*of play*) set, ~ *féir* windrow
láithrigh la:hr′i: *vi* present oneself, appear
laitís lat′i:s′ *f*2 lattice, lattice-work
láma[1] la:mə *m*4 lama
láma[2] la:mə *m*4 llama
lamairne lamərn′ə *m*4 jetty
lámh la:v *f*2, *ds* **láimh** *in certain phrases* hand, arm; handwriting; signature; handle, *ó thuaidh* ~ *siar* (to) north by west, *rud a bheith idir lámha agat* to be engaged in sth, *fág ar a láimh é* leave it to him, *oibriú as* ~ *duine* to work in partnership with a person, *d'aon* ~ by concerted effort, *duine a thabhairt ar láimh, i láimh* to bring a person into custody, *tá* ~ *is focal eatarthu* they are engaged to be married, *rud a chur de láimh* to dispose of sth, *láimh le* close by, *as láimh* immediately, *cúl láimhe* reserve

lámhacán la:vəka:n *m*1 creeping, crawling (*as a child*)

lámhach la:vəx *m*1 shooting; fire *vt* shoot

lámhachóir la:vəxo:r' *m*3, (*person*) shooter, shot

lámhadóir la:vədo:r' *m*3 handler

lamháil laua:l' *f*3 allowance; discount; margin *vt* allow; remit

lámhainn la:vən' *f*2 glove

lámhaíocht la:vi:(ə)xt *f*3 helping hand; subscription

lamháltas laua:ltəs *m*1 allowance, concession

lámhcheird 'la:v͵x'e:rd' *f*2, *pl* ~**eanna** handicraft

lámhchleasaí 'la:v͵x'l'asi: *m*4 juggler

lámhchleasaíocht 'la:v͵x'l'asi:(ə)xt *f*3 jugglery

lámhiata 'la:v͵iətə *a*3 close-fisted

lámhleabhar 'la:v͵l'aur *m*1 handbook, manual

lámh-mhaisiú 'la:(v)͵vas'u: *m*4 manicuring; manicure

lamhnán launa:n *m*1 bladder

lámhscaoileadh 'la:v͵ski:l'ə *m*, *gs* -**lte** manumission

lámhscríbhinn 'la:v͵s'k'r'i:v'ən' *f*2 manuscript

lampa lampə *m*4 lamp

lampróg lampro:g *f*2 glow-worm; firefly

lán[1] la:n *m*1 full; contents, charge; arrogance, ~ *a chur le prátaí* to mould potatoes, *an* ~ *mara* high tide, *is mór an* ~ *airgid é* it is a great deal of money, *a* ~ *uisce* much water, *a* ~ *daoine* many people *a*1 full

lán[2] la:n *m*1 curve, bend

lána la:nə *m*4 lane

lánaigh la:ni: *vt & i* fill out, give volume to, *prátaí a lánú* to mould potatoes

lánaimseartha 'la:n'am's'ərhə *a*3 full-time

lánán la:na:n *m*1 charge, filling

lánchúlaí 'la:n'xu:li: *m*4 full-back

lánchumhachtach 'la:n'xu:əxtəx *a*1 pleni-potentiary

lánchumhachtóir 'la:n'xu:əxto:r' *m*3 plenipotentiary

landair landər' *f*2 partition; recess; storeroom, pantry

langa laŋgə *m*4 ling

langaire laŋgər'ə *m*4 clout, blow

lánléargas 'la:n''l'e:rgəs *m*1 panorama, ~ *ar rud* clear insight into sth

lánmhar la:nvər *a*1 full, replete; self-conceited

lánmhúchadh 'la:n'vu:xə *m*, *gs* -**chta** (*of lights*) black-out: asphyxia

lann lan *f*2 plate, lamina; scale (of fish); blade

lannach[1] lanəx *m*1 mullet

lannach[2] lanəx *a*1 laminate(d); bladed

lánoiread 'la:n'or'əd *s*, *a* ~ equally as much, as many

lansa lansə *m*4 lance; lancet; blade

lansaigh lansi: *vt* lance

lánscoir 'la:n'skor' *vt*, (*of parliament*) dissolve

lánscor 'la:n'skor *m*1, (*of parliament*) dissolution

lánseol 'la:n''s'o:l *s*, *faoi* ~ under full sail; in full swing

lánstad 'la:n'stad *m*4, *pl* ~**anna** full stop; period

lánstaonadh 'la:n'sti:nə *m*, *gs* -**nta** total abstinence; teetotalism

lánstaonaire 'la:n'sti:nər'ə *m*4 teetotaller

lantán lanta:n *m*1 level place; grazing patch

lántosaí 'la:n'tosi: *m*4 full-forward

lánúin la:nu:n' *f*2, *pl* ~**eacha** (married or engaged) couple

lánúnas la:nu:nəs *m*1 partnership in marriage; cohabitation, mating

lao li: *m*4, *pl* ~**nna** (young) calf, *a* ~ my dear

laoch li:x *m*1, *gs* -**oich** *pl* ~**ra** warrior, hero

laochas li:xəs *m*1 heroism, valour; boastfulness, bravado

laochta li:xtə *a*3 valorous, heroic

laofa li:fə *a*3 biased

laofheoil 'li:͵o:l' *f*3 veal

laoi li: *f*4, *pl* ~**the** lay, (narrative) poem

laom li:m *m*3, *pl* ~**anna** flash, blaze; fit, spell

laomtha li:mhə *a*3 blazing; brilliant; fiery

lapa lapə *m*4 paw; flipper; webbed foot, ~ *na circe* cable-stitch

lapadáil lapədi:l' *f*3 paddling, wading, ~ *na dtonn* the lapping of the waves

lapadán lapədə:n *m*1 toddling, waddling, flopping about; toddler; pinniped

lapairín lapər'i:n' *m*4, ~ *locha* little grebe, dabchick

lár la:r *m*1 ground, floor; middle, centre, *bheith ar* ~ to be on the ground; to be laid low; missing

láraigh la:ri: *vt* centralize

laraing larəŋ' *f*2 larynx

laraingíteas ͵larəŋ''g'i:t'əs *m*1 laryngitis

larbha larəvə *m*4 larva

larcán larka:n *m*1, ~ *gruaige* mop of hair

lardrús la:rdru:s *m*1 larder

lárionad 'la:r͵inəd *m*1 centre

lárlíne 'la:r͵l'i:n'ə *f*4, *pl* -**nte** diameter

lárnach la:rnəx *a*1 central, medial, innermost

lártheifeach 'la:r͵hef'əx *a*1 centrifugal

lárthosaí 'la:r͵hosi: *m*4 centre-forward

lárú la:ru: *m*4 centralization

las las *vt & i* light; blush; inflame

lása la:sə *m*4 lace

lasadh lasə *m*, *gs* -**sta** lighting, flaming; inflammation; blush

lasair lasər' *f*, *gs* -**srach** *pl* -**sracha** flame, blaze, ~ *choille* goldfinch

lasairéan 'lasər'͵e:n *m*1 flamingo

lasán lasa:n *m*1 flame, flash; match (for lighting)

lasánta lasa:ntə *a*3 flaming, fiery; irritable; flushed

lasbhus ͵las'vus *adv & prep & a* on the near side

lasc lask *f*2 lash, whip; switch *vt & i* lash, whip; kick, strike; dash, ~ *ann, as* switch on, off

lascadh laskə *m*, *gs* -**ctha** lashing, whipping; kick

lascaine laskən'ə *f*4 abatement, discount; easement (of weather conditions)

lasc-chlár 'lask͵xla:r *m*1 switchboard

lasmuigh ˌlasˈmiɣ' *adv & prep & a* on the outside, outdoors, ~ *de sin* apart from that

lasnairde ˌlasˈnaːrd'ə *adv & prep & a* overhead

lasóg lasoːg *f* 2 small flame; torch; match

lasta lastə *m* 4 freight (load), cargo; large quantity

lastall ˌlasˈtal *adv & prep & a* on the far side, beyond; on the other side, overleaf

lastas lastəs *m* 1 freightage, cargo; shipment

lastliosta ˈlastˌl'istə *m* 4 manifest

lastoir ˌlasˈtor' *adv & prep & a* on the east side

lastóir lastoːr' *m* 3 lighter

lastuaidh ˌlasˈtuəɣ' *adv & prep & a* on the north side

lastuas ˌlasˈtuəs *adv & prep & a* above, overhead

lata latə *m* 4 lath; louver; barrel-hoop

láth laː *m* 1 heat, rut

lathach lahəx *f* 2 mud, slush; slime

láthair laːhər' *f, gs* **láithreach** *pl* **láithreacha** place, spot, site; presence, *in aice láithreach* nearby, *i* ~ *na huaire* at the present moment, *as* ~ absent, *faoi* ~ at present, *teacht i* ~ *a bheith ionat* to have a good presence

le l'ə *prep, pron forms* **liom** l'om, **leat** l'at, **leis** l'es *m,* **léi** l'eːi *f,* **linn** l'in', **libh** l'iv' **leo** l'oː, with; to, for; by, against, *bhí a aghaidh linn* he was facing us, *thit sé leis an aill* he fell down the cliff, *bhí an t-ádh leis* he was lucky, *tá liom* I have succeeded, *ná bí liom mar gheall air* don't annoy me about it, *le cuimhne na ndaoine* in living memory, *chomh mór le* as big as, *cara liom* a friend of mine, *tá a cheann leis* he is free to go, *d'oibrigh mé liom* I kept on working, *dul le ceird* to take up a trade, *dul le báiní* to go berserk, *tá costas leis* it entails cost, *ní maith liom é* I don't like it, *tá siad le pósadh* they are to be married, *le go mbeidh tú réidh* so that you'll be ready

lé l'eː *f* 4 leaning, partiality; lie; range; view

leá l'aː *m* 4 melting; dissolution

leaba l'abə *f, gs* **leapa** *pl* **leapacha** bed, ~ *dhearg* lair, ~ *loinge* ship's berth, ~ *luascáin* hammock, ~ *sheoide* setting of jewel, ~ *iomartha* rowlock, *i* ~ *rud* instead of sth, *i* ~ *a chéile* by degrees

leabaigh l'abi *vt* bed, embed, set

leabhair l'aur' *a* 1 lithe, pliant

leabhairchruthach 'l'aur'ˌxruhəx *a* 1 streamlined

leabhal l'aul *m* 1 libel

leabhar l'aur *m* 1 book, *an* ~ *a thabhairt* (*i rud*) to swear by the book (to sth), *an* ~ *a ghlanadh* to clear one's account

leabhareolaíocht 'l'aurˌoːliː(ə)xt *f* 3 bibliography, bibliology

leabharlann l'aurlən *f* 2 library

leabharlannaí l'aurləniː *m* 4 librarian

leabharthaca 'l'aurˌhakə *m* 4 book-end

leabhlach l'auləx *a* 1 libellous

leabhlaigh l'auli *vt* libel

leabhragán l'aurəgaːn *m* 1 bookcase

leabhraigh l'auri: *vt & i* swear, *duine a leabhrú* to administer an oath to a person

leabhrán l'auraːn *m* 1 booklet

leabhróg l'auroːg *f* 2 libretto

leac l'ak *f* 2 flat stone or rock; flagstone, slab; (*cards*) kitty, ~ *a dhéanamh de rud* to beat sth flat, ~ *oighir* (sheet of) ice

leaca l'akə *f, gs & gpl* ~**n** *npl* **leicne** side of face, cheek; side, slope (of hill); side of leaf in book, etc.

leacach l'akəx *a* 1 flagged, stony

leacaigh l'aki: *vt & i* flatten; crush; buckle, crumple up; dinge

leacam l'akəm *m* 1 sidelong glance

leacanta l'akəntə *a* 3 smooth-cheeked, comely; comfortable

leacht[1] l'axt *m* 3, *pl* ~**anna** grave-mound, cairn; heap, ~ (*cuimhneacháin*) memorial, monument

leacht[2] l'axt *m* 3, *pl* ~**anna** liquid

léacht l'eːxt *f* 3 lecture

leachtach l'axtəx *a* 1 liquid

leachtaigh l'axti: *vt & i* liquefy; liquidate, liquidize

leachtaitheoir l'axtihoːr' *m* 3 liquefier; liquidizer; liquidator

léachtán l'eːxtaːn *m* 1 lectern

léachtóir l'eːxtoːr' *m* 3 lecturer

léachtóireacht l'eːxtoːr'əxt *f* 3 lecturing; lectureship

leachtú l'axtuː *m* 4 liquefaction; liquidation

leadair l'adər' *vt, pres* **-draíonn** beat; hack; lacerate

leadán l'adaːn *m* 1 bur, ~ *liosta* burdock; claw; spine

leadhb l'aib *f* 2, *pl* ~**anna** strip; pelt; rag; blow, ~ *aráin* chunk of bread *vt* tear in strips; beat; lap, lick

leadhbach l'aibəx *a* 1 torn in strips; shabby; clownish

leadhbóg l'aiboːg *f* 2 shred, tatter; untidy woman; flat-fish, flounder, ~ *leathair* bat

leadóg l'adoːg *f* 2 tennis, ~ *bhoird* ping-pong

leadradh l'adrə *m, gs* **leadartha** *pl* **leadarthaí** beating, trouncing; laceration, wound

leadrán l'adraːn *m* 1 lingering, loitering; dilatoriness; tedium

leadránach l'adraːnəx *a* 1 dilatory, tedious

leafa l'afə *m* 4, ~ *gáire* faint, wry, smile

leafaos 'l'aˌfiːs *m* 1 paste

leag l'ag *vt & i* knock down; lower; lay, set, ~ *amach* lay out, arrange; prescribe; allot, *bheith* ~ *tha ar rud* to be intent on sth, ~ *ort* (*féin*) get down to it, ~ *adh ormsa é* I was blamed for it

leagáid[1] l'agaːd' *m* 4 legate

leagáid[2] l'agaːd' *f* 2 legacy

leagáideacht l'agaːd'əxt *f* 3 legation

leagan l'agən *m* 1, *pl* ~**acha** knocking down, demolition; fall; lowering; laying, setting; imputation; version, ~ *a bheith agat le rud* to have a leaning towards sth, *tá* ~ *breá air* he has a fine bearing, *ar* ~ *na súl* at a glance, in a twinkling,

~ *cainte* turn of speech, ~ *amach* layout, arrangement

leaid l'ad' *m*4, *pl* ~**eanna** lad

leáigh l'a:γ' *vt & i* melt, *ag leá den saol* fading away to nothing, *nach leáite an duine é* what a useless person he is

leaisteach l'as't'əx *a*1 elastic

leaisteachas l'as't'əxəs *m*1 elasticity

leaistic l'as't'ək' *f*2 elastic

leáiteach l'a:t'əx *a*1 melting; dwindling; wan

leamh l'av *a*1, *gsm* ~ insipid, tasteless; lifeless, dull, *nach* ~ *atá do cheann ort* how simpleminded you are

léamh l'e:v *m*1, *pl* ~**a** reading; interpretation

leamhach l'aux *m*1 marsh-mallow (plant)

leamhachán l'auxa:n *m*1 marsh-mallow (sweet)

leamhan l'aun *m*1 moth

leamhán l'aua:n *m*1 elm

leamhaol 'l'avˌi:l *m*1, *pl* ~**ta** (*paint*) distemper

leamhas l'aus *m*1 softness; tastelessness, insipidity; inanity

leamhgháire 'l'avˌγa:r'ə *m*4 faint smile; dry, sarcastic, smile

leamhnacht l'aunəxt *f*3 new milk

leamhsháinn 'l'avˌ ha:n' *f*2 stalemate

lean l'an *vt & i*, *vn* ~**úint** follow; continue, adhere; remain, endure, *mar* ~*as* as follows, ~ *den phatrún* keep to the pattern, ~ *leat* keep going, proceed

léan l'e:n *m*1, *pl* ~**ta** deep affliction; anguish, *bhí* ~ *ar an aimsir* the weather was awful, *mo* ~, *mo* ~ *géar* woe is me, alas

léana l'e:nə *m*4, *pl* -**nta** water-meadow; greensward, lawn

leanbaí l'anəbi: *a*3 childlike; childish, *an aois* ~ second childhood

leanbaíocht l'anəbi:(ə)xt *f*3 childhood; childishness; dotage

leanbán l'anəba:n *m*1 baby; darling

leanbh l'anəv *m*1, *pl* -**naí** child, *a* ~ my child, my darling

léanmhar l'e:nvər *a*1 grievous, agonizing, woeful

leann l'an *m*3, *pl* ~**ta** (pale) ale; beer, ~ *dubh* porter, stout

léann l'e:n *m*1 learning; education, study

leanna l'anə : **lionn**

leannán l'ana:n *m*1 lover; darling; spouse; fairy lover, *rud a bheith ina* ~ *ort* to be chronically affected by sth

leannánta l'ana:ntə *a*3 chronic

leannlus 'l'anˌlus *m*3, *pl* ~**anna** hop

léannta l'e:ntə *a*3 learned, scholarly

leantach l'antəx *a*1 consecutive; continuing

leantóir l'anto:r' *m*3 follower; trailer

leanúint l'anu:n't' *f*3, *gs* -**úna** following, pursuit; adherence; continuation, *lucht leanúna* followers, *ar* ~ (to be) continued

leanúnach l'anu:nəx *a*1 continuous, successive; persistent; attached, faithful

leanúnachas l'anu:nəxəs *m*1 continuity; attachment, faithfulness

leanúnaí l'anu:ni: *m*4 follower

leapachas l'apəxəs *m*1 bedding

lear[1] l'ar *m*1 sea, *thar* ~ overseas, abroad

lear[2] l'ar *m*4 great number, great amount

léaráid l'e:ra:d' *f*2 diagram; illustration, sketch

learg l'arəg *f*2 slope, side, ~ *sléibhe* (stretch of) mountainside

léargas l'e:rgəs *m*1 sight, insight, discernment; visibility

learóg l'aro:g *f*2 larch

léaróga l'e:ro:gə *fpl* blinkers

léarscáil 'l'e:rˌ ska:l' *f*2, *pl* ~**eanna** map

léarscáiligh 'l'e:rˌ ska:l'i: *vt* map

léarscáilíocht 'l'e:rˌ ska:l'i:(ə)xt *f*3 mapping

leas[1] l'as *m*3 good, benefit; fertilizer

leas-[2] l'as *pref* vice-, deputy; step-; by-

léas[1] l'e:s *m*1, *pl* ~**acha** ray of light; radiance; glimmer; weal, blister

léas[2] l'e:s *m*3 lease

léas[3] l'e:s *f*2 cornstalk (with ear); wisp of straw

léas[4] l'e:s *vt* thrash, flog

leasa l'asə : **lios**

leasach l'e:səx *a*1 leasehold

leasachán l'asəxa:n *m*1 fertilizer

léasacht l'e:səxt *f*3 leasehold

léasadh l'e:sə *m*, *gs* -**sta** *pl* -**staí** thrashing, flogging

leasaigh l'asi: *vt & i* amend, reform; cure, preserve; dress, fertilize, *bia a leasú* to season food

léasaigh l'e:si: *vt* lease, farm (out)

leasainm 'l'asˌ an'əm' *m*4, *pl* ~**neacha** nickname

leasaitheach l'asihəx *m*1 preservative *a*1 amending, reforming; preservative

leasaitheoir l'asiho:r' *m*3 reformer, improver, ~ *bagúin* bacon curer

leas-ardeaglais 'l'as'a:rdˌ agləs' *f*2 pro-cathedral

leasc l'ask *a*1, *gsm* ~ lazy; slow, sluggish; reluctant, *ba* ~ *liom labhairt leis* I was diffident about speaking to him

léasline 'l'e:s',l'i:n'ə *f*4, *pl* -**nte** horizon

leasmháthair 'l'asˌ va:hər' *f*, *gs* -**ar**, *pl* -**mháithreacha** stepmother

léaspáin l'e:spa:n' *mpl*, *gpl* -**án** dazzlement, *mura bhfuil* ~ *ar mo shúile* unless my eyes deceive me

léaspairt l'e:spərt' *f*2 sparkle, flash of wit

leasrach l'asrəx *m*1 loins, thighs

leasrí 'l'asˌ ri: *m*4, *pl* ~**the** regent; viceroy

leastar l'astər *m*1 vessel; cask, firkin; (wash-)tub

leasú l'asu: *m*4 amendment, reform, redress; cure, preservation; seasoning; dressing (of soil), fertilizer

leasúchán l'asu:xa:n *m*1 amendment

leat l'at : **le**

léata l'e:tə *m*4 leat, open drain

leataobh 'l'a,ti:v *m*1 one side (of two); lay-by, *tá ~ ar na cruacha* the stacks are lopsided, *i, do, ~ aside*

leataobhach 'l'a,ti:vəx *a*1 one-sided; lopsided; biased

leath¹ l'ah *f*2, *ds* **leith** *in certain phrases* side; part, direction; half; portion, *ar leith, faoi leith* apart; distinct; remarkable, special, *i leith na láimhe deise* towards the right, *i leith na léithe* greyish, tending to grey, *bheith i leith duine* to be in favour of a person, *dul i leith na déirce* to resort to alms, *ná cuir bréag i mo leith* don't impute a lie to me, *tar i leith* come hither, *ó shin i leith* from that time forth, *ceann go leith* one and a half, *ba ~ dóibh uile é* he was a match for them all

leath² l'ah *vt & i* spread; open wide; perish, *tá a radharc ag ~adh air* his sight is getting dim, *tá mé leata leis an ocras* I am famished

leath-³ l'ah ~ l'a† *pref* lying, turned, to one side; lopsided; partial; half-, hemi-, semi-; half-grown; one of two

leathadh l'ahə *m*, *gs* **leata** spreading; diffusion; opening out; expansion, *~ radhairc* indistinctness of vision, *~ a fháil ó fhuacht* to be perished with cold

leathaghaidh 'l'ah,aiγ *f*2 side of face, profile

leathan l'ahən *m*1 broad part, flat open space *a*1, *gsf & comp* **leithne** broad; wide, expansive

leathán l'aha:n *m*1 sheet (of paper, glass, etc)

leathanach l'ahənəx *m*1 page; sheet

leathanaigeanta 'l'ahən,ag'əntə *a*3 broad-minded

leathar l'ahər *m*1 leather; skin, hide

leathbhádóir 'l'a,va:do:r' *m*3 shipmate; colleague

leathbhreac 'l'a,v'r'ak *m*1 counterpart, *~ an lae inniu* a day like today

leathcheann 'l'a,x'an *m*1 side of head; tilt of head, slant; half-glass (of spirits); half-wit

leathchruinne 'l'a,xrin'ə *f*4 hemisphere

leathchúlaí 'l'a,xu:li: *m*4 half-back

leathchúpla 'l'a,xu:plə *m*4 twin

leathdhuine 'l'a,γin'ə *m*4, *pl* **-dhaoine** half-wit

leathéan l'ah,e:n *m*1 bird's mate; loner

leathfhada 'l'ah,adə *a*3 fairly long; oblong

leathfhocal 'l'ah,okəl *m*1 hint; catchword

leathlaí 'l'a,li: *m*4 shaft (of cart, etc)

leathlámhach 'l'a,la:vəx *a*1 one-armed; short-handed

leathnaigh l'ahni: *vt & i* widen, extend

leathóg l'aho:g *f*2 flat-fish, *~ bhallach* plaice

leathphraitinn 'l'a,frat'ən' *f*2 foolscap

leathrach l'ahrəx *a*1 leathern; leathery

leathrann 'l'a,ran *m*1 couplet

leathscoite 'l'a,skot'ə *a*3 semi-detached

leathstad 'l'a,stad *m*4, *pl* **~anna** semicolon

leath-thosaí 'l'a,hosi: *m*4 half-forward

leath-threascairt 'l'a,hr'askərt' *s*, *rud a fháil ar ~* to get sth at a knock-down price

leatrom l'atrəm *m*1 uneven weight; inequality; oppression, affliction, *tá ~ san ualach* the load is lopsided

leatromach l'atrəməx *a*1 lopsided; biased; oppressive; distressed, afflicted

léi l'e:i : **le**

leibhéal l'ev'e:l *m*1 level

leibhéalta l'ev'e:ltə *a*3 level

léibheann l'e:v'ən *m*1 level space; terrace; platform; *~ cheann staighre* landing

leibide l'eb'əd'ə *f*4 slovenly person; fool

leibideach l'eb'əd'əx *a*1 slovenly; foolish

leice l'ek'ə *a*3 sickly, delicate

leiceacht l'ek'əxt *f*3 sickliness, delicacy

leiceadar l'ek'ədər *m*1 slap (on face)

leiceann l'ek'ən *m*1, *npl* **-cne** cheek

léiche l'e:x'ə : **liach¹**

leiciméir l'ek'əm'e:r' *m*3 idler, shirker

leicneach l'ek'n'əx *f*2 mumps

leictrea-, l'ek't'r'ə **leictri-** l'ek't'r'ə *pref* electr(o)-

leictreach l'ek't'r'əx *a*1 electric(al)

leictreachas l'ek't'r'əxəs *m*1 electricity

leictreoir l'ek't'r'o:r' *m*3 electrician

leictreon l'ek't'r'o:n *m*1 electron

leictreonach l'ek't'r'o:nəx *a*1 electronic

leictreonaic l'ek't'r'o:nək' *f*2 electronics

leictrigh l'ek't'r'i: *vt* electrify

leictriú l'ek't'r'u: *m*4 electrification

leid l'ed' *f*2, *pl* **~eanna** hint; prompt; clue

léidearnach l'e:d'ərnəx *f*2 beating, pelting; driving rain

leideoir l'ed'o:r' *m*3 prompter

leidhce l'aik'ə *m*4 limp thing; delicate person; slap

leifteanant l'ef't'ənənt *m*1 lieutenant

léig l'e:g' *f*2 decay, neglect, *dul i ~* to decline, decay; to die out

léigear l'e:g'ər *m*1 beleaguerment, siege

léigh l'e:γ *vt & i*, *vn* **léamh** read, *an tAifreann a léamh* to say Mass

leigheas l'ais *m*1, *pl* **~anna** healing, medicine; cure, remedy *vt & i* heal; cure, remedy

léigiún l'e:g'u:n *m*1 legion

légiúnach l'e:g'u:nəx *m*1 & *a*1 legionary

léim l'e:m' *f*2, *pl* **~eanna** jump, leap; obstacle to be jumped *vt & i* jump, leap

leimhe l'ev'ə *f*4 tastelessness, insipidity; inanity

léimneach l'e:m'n'əx *f*2 & *a*1 jumping, leaping

léimneoir l'e:m'n'o:r' *m*3 jumper

léimrás l'e:m',ra:s *m*3 steeplechase

léine l'e:n'ə *f*4, *pl* **-nte** shirt

léinseach l'e:n's'əx *f*2 smooth tract of water, flat stretch of ground

leipreachán l'ep'r'əxa:n *m*1 leprechaun

léir l'e:r' *a*1 clear; distinct; clever, *go ~* wholly, entirely; all

léirigh¹ l'e:r'i: *vt & i* clarify, explain, illustrate; arrange; produce (play, etc)

léirigh² l'e:r'i: *vt* beat (down), subdue

léiritheach l'e:r'ihəx a1 illustrative; representational

léiritheoir l'e:r'iho:r' m3 demonstrator, portrayer; producer (of plays, etc)

léiriú[1] l'e:r'u: m4 clarification, illustration; arrangement; portrayal; production (of plays, etc)

léiriú[2] l'e:r'u: m4 beating, dressing-down; weakness

léirmheas 'l'e:r',v'as m3 critical consideration; criticism, review

léirmheastóir 'l'e:r',v'asto:r' m3 critic, reviewer

léirmheastóireacht 'l'e:r',v'asto:r'əxt f3 criticism

léirscrios 'l'e:r',s'k'r'is m, gs ~ta total destruction, devastation vt destroy utterly, devastate

léirsitheoir l'e:rs'iho:r' m3 (political) demonstrator

léirsiú l'e:rs'u: m4 (political) demonstration

léirsteanach l'e:rs't'ənəx a1 perceptive; mistrusting; meticulous

leis[1] l'es' f2, pl leasracha thigh

leis[2] l'es' adv also

leis[3] l'es' adv uncovered, exposed

leis[4] l'es' : le

leisce l'es'k'ə f4 laziness; reluctance; embarrassment, ~ na bréige for fear of telling a lie

leisceoir l'es'k'o:r' m3 lazy person, idler

leisciúil l'es'k'u:l' a2 lazy; reluctant; shy

leisciúlacht l'es'k'u:ləxt f3 laziness; reluctance

leispiach l'es'p'iəx m1 & a1, gsm ~ lesbian

leite l'et'ə f, gs ~an porridge

leith l'eh f2 flat-fish; flounder

léith l'e: : liath

leithcheal 'l'e,x'al m3 passing over, exclusion; invidious distinction

léithe l'e:hə f4 greyness; mouldiness

leithead l'ehəd m1 breadth, width; latitude; overweening pride, conceit, ~ tíre expanse of country

leitheadach l'ehədəx a1 broad, wide; widespread, prevalent; conceited

leitheadaigh l'ehədi: vi spread

leitheadúlacht l'ehədu:ləxt f3 prevalence

leithéid l'ehe:d' f2 like, counterpart, equal, a ~ seo d'áit such-and-such a place, a ~ seo take this kind of example, daoine dá leithéidí people of that kind

léitheoir l'e:ho:r' m3 reader

léitheoireacht l'e:ho:r'əxt f3 reading

leithinis 'l'eh,in'əs' f2, gs -nse pl -nsí peninsula

leithleach l'ehl'əx a1 apart; distinct; stand-offish; selfish

leithleachas l'ehl'əxəs m1 peculiarity, distinctiveness; stand-offishness; selfishness

leithligh l'ehl'i: s, ar ~ apart, by oneself, in particular

leithlis l'ehl'əs' f2 isolation

leithlisigh l'ehl'əs'i: vt isolate

leithreas l'ehr'əs m1 privy, lavatory, toilet

leithreasaigh l'ehr'əsi: vt appropriate

leithscéal 'l'e,s'k'e:l m1, pl ~ta excuse; apology

leithscéalach 'l'e,s'k'e:ləx a1 fond of excuses, apologetic

leitís[1] l'et'i:s' f2 lettuce

leitís[2] l'et'i:s' f2, ~ mharfach paralysis

leo[1] l'o: m4, ~ ola oil slick

leo[2] l'o: : le

leochaileach l'o:xəl'əx a1 frail, fragile, tender

leoga l'o:gə int indeed

leoicéime ,l'o:'k'e:m'ə f4 leukaemia

leoiste l'o:s't'ə m4 idler; drone

leoithne l'o:hn'ə f4 light breeze

leomh l'o:v vt & i dare, presume; allow

leon[1] l'o:n m1 lion, an Leon Leo

leon[2] l'o:n vt sprain; wound

leonadh l'o:nə m, gs -nta pl -ntaí sprain; wound

leonta l'o:ntə a3 leonine

leor l'o:r a1, is ~ sin that is enough, is ~ a rá (go) suffice it to say (that), go ~ enough, plenty, mór go ~ big enough, ceart go ~ right enough; all right

leoraí l'ori: m4 lorry

leorghníomh 'l'o:r,γ'n'i:v m1 reparation, restitution

lí l'i: f4, pl ~ocha colour, complexion; lustre; pigment

lia[1] l'iə m4, npl ~ga, gpl ~g stone

lia[2] l'iə m4, pl ~nna physician

lia[3] l'iə comp a more, more numerous, ní ~ tír ná nós so many men, so many minds

liach[1] l'iəx f2, gs léiche ladle

liach[2] l'iəx m1, gs -aich, npl ~a sorrow; calamity; cry of lamentation

liacharnach l'iəxərnəx f2 screeching, crying

liacht[1] l'iəxt f3 medicine

liacht[2] l'iəxt s, a ~ so many, dá ~ however many

liag l'iəg f2 stone, ~ dhrandail gumboil

liagóir l'iəgo:r' m3 coxwain

liamhán l'iəva:n m1, ~ (mór), ~ gréine basking-shark

liamhás 'l'iə,va:s m1, npl ~a (meat) ham

lián l'i:a:n m1 trowel; (blade of) propellor

liath l'iə m1, gs léith npl ~a grey (colour) a1, gsm léith gsf & comp léithe grey vt & i turn or make grey

liathadh l'iəhə m, gs liata greyness, ~ an tae colouring of milk

liathán l'iəha:n m1 spleen

liathróid l'iəhro:d' f2 ball, ~ láimhe handball

libh l'iv' : le

libhré l'iv'r'e: m4, pl ~ithe livery

libín l'i:b'i:n' m4 dripping wet object

licéar l'ik'e:r m1 liqueur

lictéar l'ik't'e:r m1, (ship) lighter

lig l'ig' vt & i let, allow; release; hire; cast, do scith a ~ean to take a rest, ~ean ort go to pretend that, ~ean as obair to desist from work, d'aithne a ~ean chuig, le, duine to reveal one's identity to a person, chugamsa a ~ sé an focal sin he meant that remark for me, ualach a ~

ean díot to lay down a load, ~*ean den ól* to stop drinking, ~ *dó* leave him alone, *do ghlúin a* ~*ean fút* to go down on one's knee, ~ *fút* settle down, control yourself, ~ *le* let out, lengthen, *ná* ~ *leis é* don't let him get away with it, *tá an corcán ag* ~*ean uaidh, tríd* the pot is leaking, *scread a* ~*ean* to utter a scream, *rud a* ~*ean uait* to relinquish sth

ligean l'ig'ən *m*1 letting, releasing, casting; play, scope; extension, *ar* ~ free in movement, running freely

ligh l'iγ' *vt & i* lick; fawn on

ligthe l'ik'ə *a*3 loose-limbed, lithe, ~ *ar, le* given, addicted, to

lile l'il'ə *f*4 lily

limfe l'im'f'ə *f*4 lymph

limistéar l'im'əs't'e:r *m*1 area, territory; sphere of action

lincse l'iŋ'k's'ə *f*4 lynx

líne l'i:n'ə *f*4, *pl* -**nte** line; lineage; generation, ~ *uibheacha* clutch of eggs

líneach l'i:n'əx *a*1 marked with lines; linear

líneadach 'l'i:n',e:dəx *m*1, *pl* -**aí** linen

líneáil l'i:n'a:l' *f*3 lining *vt* line

línéar l'i:n'e:r *m*1, *(ship)* liner

ling l'iŋ' *vt & i* leap; jump at, attack

lingeach l'iŋ'g'əx *a*1 springy

lingeán l'iŋ'g'a:n *m*1 (mechanical) spring

línigh l'i:n'i: *vt & i* line, rule; draw

líníocht l'i:n'i:(ə)xt *f*3 (line-)drawing

línitheoir l'i:n'iho:r' *m*3 drawer, draughtsman

linn[1] l'in' *f*2, *pl* ~**te** pool, pond; lake, sea

linn[2] l'in' *f*2 space of time, period, *cúrsaí na* ~*e* current affairs, *idir an dá* ~ meantime

linn[3] l'in' : **le**

linntreog l'in't'r'o:g *f*2 puddle; pothole

líntéar l'in't'e:r *m*1 drain, sink; culvert

lintile l'in't'əl'ə *f*4 lentil

liobair l'ibər' *vt*, *pres* -**braíonn** tear, tatter; scold

liobar l'ibər *m*1 loose, hanging, thing; limp object; hanging lip

liobarnach l'ibərnəx *a*1 hanging loose; tattered, flabby, slovenly; clumsy

liobrálach l'ibra:ləx *a*1 liberal

liobrálachas l'ibra:ləxəs *m*1 liberalism

liobrálaí l'ibra:li: *m*4 liberal

liocáir l'ika:r' *f*2 liquor

liocras l'ikrəs *m*1 liquorice

liodán l'ida:n *m*1 litany

líofa l'i:fə *a*3 ground, sharpened; fluent; eager; speedy

líofacht l'i:fəxt *f*3 sharpness; fluency; keenness, alacrity

líog l'i:o:g *f*2 cowlick

liom l'om : **le**

líomanáid l'i:məna:d' *f*2 lemonade

líomatáiste l'i:məta:s't'ə *m*4 limit, extent; district; tract of land

liombó l'imbo: *m*4 limbo

líomh l'i:v *vt* grind, sharpen; file, polish; erode

líomhain l'i:vən' *f*3, *gs* -**mhna** *pl* ~**tí** allegation; revilement *vt*, *pres* -**mhnaíonn** allege; revile

líomhán l'i:va:n *m*1 file

liomóg l'imo:g *f*2 pinch, nip

líomóid l'i:mo:d' *f*2 lemon

líon[1] l'i:n *m*1 flax; linen

líon[2] l'i:n *m*1, *pl* ~**ta** net; web

líon[3] l'i:n *m*1, *pl* ~**ta** full number, complement; fill, measure, ~ *tí* house-hold, family, *an* ~ *daoine atá san áit* the population of the place *vt & i* fill; *(of tide)* flood

líonmhaireacht l'i:nvər'əxt *f*3 numerousness, abundance

líonmhar l'i:nvər *a*1 numerous, abundant; full, complete

lionn l'in *m*, *gs* **leanna** *pl* ~**ta** humour (of the body), ~ *dubh* melancholy

líonóil l'i:no:l' *f*2 linoleum

líonolann 'l'i:n,olən *f*, *gs* -**olla** lint

líonra l'i:nrə *m*4 network, web

líonrith 'l'i:n,rih *m*4 palpitation; excitement; panic

lionsa l'insə *m*4 lens

líontán l'i:nta:n *m*1 small net, netting

liopa l'ipə *m*4 lip; lap; tag; flap

liopard l'ipərd *m*1 leopard

liopasta l'ipəstə *a*3 untidy; clumsy

lios l'is *m*3, *gs* **leasa** *f*, ~**anna** ring-fort; ring, halo

liosta[1] l'istə *m*4 list

liosta[2] l'istə *a*3 tedious; irksome; persistent

liostacht l'istəxt *f*3 tediousness; tiresomeness; persistence

liostaigh l'isti: *vt* list, enumerate

liostáil l'ista:l' *f*3 enlistment *vt & i* enlist

liothrach l'ihrəx *m*1 mush

liotúirge l'itu:r'g'ə *m*4 liturgy

liotúirgeach l'itu:r'g'əx *a*1 liturgical

lipéad l'ip'e:d *m*1 label

líreac l'i:r'ək *m*1 licking

líreacán l'i:r'əka:n *m*1 lollipop

liric l'ir'ək' *f*2 lyric

líriceach l'ir'ək'əx *a*1 lyric(al)

liteagraf 'l'it'ə,graf *m*1 & *vt* lithograph

liteagrafaíocht 'l'it'ə,grafi:(ə)xt *f*3 lithography

lítear l'i:t'ər *m*1 litre

liteartha l'it'ərhə *a*3 literary; literal; literate

litir l'it'ər' *f*, *gs* -**treach** *pl* -**treacha** letter

litreoireacht l'it'r'o:r'əxt *f*3 lettering

litrigh l'it'r'i: *vt* spell

litríocht l'it'r'i:(ə)xt *f*3 literature

litriú l'it'r'u: *m*4 spelling, orthography

liú l'u: *m*4, *pl* ~**nna** yell, shout

liúdramán l'u:drəma:n *m*1 loafer, idler

liúigh l'u:γ' *vi* yell, shout

liúir l'u:r' *f*, *gs* -**úrach** *pl* -**úracha** lugger

liúireach l'u:r'əx *f*2 yelling, shouting

liúit l'u:t' *f*2, *pl* ~**eanna** lute

liúntas l'u:ntəs *m*1 allowance

liúr l'u:r *m*1, *pl* ~**acha** pole; blow (of stick) *vt* beat, trounce
liúradh l'u:rə *m*, *gs* **-rtha** beating, trouncing
liús l'u:s *m*1, (*fish*) pike
Liútarach l'u:tərəx *m*1 & *a*1 Lutheran
lobh lov *vt* & *i* rot, decay
lobhadh lauə *m*1 rot, decay
lobhar laur *m*1 leper
lobhra laurə *f*4 leprosy
loc¹ lok *m*1 lock (of canal, etc)
loc² lok *vt* pen, enclose; park
loca¹ lokə *m*4 pen, fold; parking-place
loca² lokə lock (of hair, etc); tuft, handful
locair lokər' *vt*, *pres* **-craíonn** plane; smooth, polish
lócaiste lo:kəs't'ə *m*4 locust
locar lokər *m*1, (*tool*) plane
loc-chomhla 'lok,xo:lə *f*4 sluice-gate
loch lox *m*3, *pl* ~**anna** lake; pool; lough, *bheith faoi* ~ to be submerged
lochán loxa:n *m*1 small lake, pond
lóchán lo:xa:n *m*1 chaff
lóchrann lo:xrən *m*1 lantern; lamp, torch
locht loxt *m*3, *pl* ~**anna** fault
lochta loxtə *m*4 loft; gallery
lochtach loxtəx *a*1 faulty; erroneous; blameworthy, *airgead* ~ spurious money
lochtaigh loxti: *vt* fault, blame
lochtaitheach loxtihəx *a*1 fault-finding; censuring
lód¹ lo:d *m*1 load
lód² lo:d *m*1 lode
lódáil lo:da:l' *vt* & *i* load
lodar lodər *m*1 miry spot, slough
lodartha lodərhə *a*3 muddy, slushy; flabby; abject; vulgar
lofa lofə *a*3 rotten, decayed
lofacht lofəxt *f*3 rottenness, decay
log log *m*1 hollow, ~ *staighre* (well of) staircase, ~ *tine* fire-box, ~ *amharclainne* pit of theatre
logainm 'log,an'əm' *m*4, *pl* ~**neacha** place-name
logall logəl *m*1 socket (of eye, etc)
logán loga:n *m*1 hollow; pit; lowlying place
logánta loga:ntə *a*3 local
logh lau *vt* remit, forgive
logha lau *m*4, *pl* ~**nna** indulgence; allowance, concession
lógóireacht lo:go:r'əxt *f*3 wailing; lamentation
loic lok' *vt* & *i* flinch, fail; shirk
loiceach lok'əx *m*1 shirker; defaulter
loicéad lok'e:d *m*1 locket
loiceadh lok'ə *m*, *gs* **-cthe** failure, refusal; default
loighciúil laik'u:l' *a*2 logical
loighic laik' *f*2, *gs* **-ghce** logic
loilíoch lol'i:(ə)x *f*2, *gs* **loilí** cow after calving, milch cow
loime lom'ə *f*4 bareness; poverty
loine lon'ə *f*4 churn-dash; plunger, piston
loingeán lon'g'a:n *m*1 cartilage, gristle
loingeas lon'g'əs *m*1 ships, shipping; fleet

loingseoir lon's'o:r' *m*3 seaman, navigator
loingseoireacht lon's'o:r'əxt *f*3 seamanship, (skill in) navigation; seafaring, *bealach* ~*a* ocean lane
loinneog lon'o:g *f*2 refrain
loinnir lon'ər' *f*, *gs* **-nnreach** light, brightness; radiance
loirgneán lor'əg'n'a:n *m*1 gaiter; shin-guard
lóis lo:s' *f*2, *pl* ~**eanna** lotion
loisc los'k' *vt*, *vn* **loscadh** burn, scorch, sting
loisceoir los'k'o:r' *m*3 incinerator
loiscneach los'k'n'əx *m*1 firewood; caustic *a*1 burning, scorching, stinging; caustic
lóiste lo:s't'ə *m*4 lodge
lóisteáil lo:s't'a:l' *f*3 lodgement *vt* & *i* lodge (money, etc)
lóistéir lo:s't'e:r' *m*3 lodger, boarder
lóistín lo:s't'i:n' *m*4 lodging, accommodation, *teach* ~ boarding-house
loit lot' *vt*, *vn* **lot** hurt; injure, damage
loiteach lot'əx *a*1 injurious, damaging
loitiméir lot'əm'e:r' *m*3 destroyer; botcher
loitiméireacht lot'əm'e:r'əxt *f*3 destructiveness, destruction
lom lom *m*1 bareness; openness; nakedness, poverty, ~ *na fírinne* the naked truth, *an* ~ *a fháil ar dhuine* to take a person at a disadvantage *a*1 bare, thin, *teanga* ~ sharp tongue, *eiteach* ~ flat refusal, ~ *ar*, *chun* close to, against, ~ *díreach* straight, direct; right away, *bheith* ~ *dáiríre* to be in dead earnest *vt* & *i* lay bare; strip; become bare, *caora a* ~*adh* to shear a sheep, *seol a* ~*adh* to haul in a sail
lóma lo:mə *m*4, (*bird*) loon, diver
lomadh lomə *m*, *gs* **-mtha** baring, shearing, stripping; impoverishment
lomair lomər' *vt*, *pres* **-mraíonn** shear; denude, despoil
lomaire lomər'ə *m*4 shearer; fleecer, ~ *faiche* lawn-mower
lomán loma:n *m*1 log
lomchlár 'lom,xla:r *s*, ~ *na fírinne* the plain truth
lomlán 'lom,la:n *m*1 fullness, full capacity *a*1 filled to capacity
lomnocht 'lom,noxt *a*1, *gsm* ~ stark naked
lomnochtacht 'lom,noxtəxt *f*3 nakedness
lomra lomrə *m*4 fleece
lomrach lomrəx *a*1 fleecy, woolly
lon lon *m*1, *pl* ~**ta**, ~ (*dubh*) blackbird
lón lo:n *m*1, *pl* ~**ta** provision, supply; food; repast, lunch, ~ *cogaidh* ammunition, munitions
lónadóir lo:nədo:r' *m*3 caterer, provisioner
lónadóireacht lo:nədo:r'əxt *f*3 catering, provisionment
long lon *f*2 ship
longadán lonɡəda:n *m*1 swaying, rocking
longbhriseadh 'lon,v'r'is'ə *m*, *gs* **-ste** *pl* **-steacha** shipwreck
longchlós 'lon,xlo:s *m*1 shipyard
longfort 'lon,fort ~ lonfərt *m*1 camp; stronghold

longlann loŋlən *f* 2 dockyard
lonnach lonəx *m* 1 ripple
lonnaigh loni: *vt & i* stop, stay; settle; frequent
lonnaitheoir loniho:r′ *m* 3 squatter
lonnú lonu: *m* 4 sojourn, stay; settlement
lonrach lonrəx *a* 1 bright, shining; resplendent
lonradh lonrə *m* 1 brightness, resplendence
lonraigh lonri: *vt & i* shine; illumine
lónroinn 'lo:n¸ron′ *f* 2, *pl* **-ranna** commissariat
lorg lorəg *m* 1 mark, print; trace; course, *ar* ~ in the track of; in pursuit of; following after *vt & i* track, trace; seek, search for
lorga lorəgə *f* 4 staff, cudgel; shin; shaft, stem
lorgaire lorəgər′ə *m* 4 tracker; detective
lorgaireacht lorəgər′əxt *f* 3 tracking; detection
losaid losəd′ *f* 2 kneading-trough
losainn losən′ *f* 2 lozenge
loscadh loskə *m*, *gs* **loiscthe** burning, scorching, stinging
loscann loskən *m* 1 frog; tadpole
lot lot *m* 1 hurt, wound; injury, damage
lotnaid lotnəd′ *f* 2 pest
lú lu: : **beag**
lua luə *m* 4 mention, reference
luach luəx *m* 3, *pl* ~**anna** value; price; reward
luacháil luəxa:l′ *f* 3 valuation; evaluation *vt* value; evaluate
luachair luəxər′ *f* 3, *gs* **-chra** rushes; rushy place
luachálaí luəxa:li: *m* 4 valuer
luachmhar luəxvər *a* 1 valuable, costly, precious
luadar luədər *m* 1 movement, activity; vigour
luaidhe luəγ′ə *f* 4 lead
luaidhiúil luəγ′u:l′ *a* 2 lead-like, leaden
luaidreán luəd′r′a:n *m* 1 report, rumour
luaigh luəγ′ *vt & i* mention, *lua le* to name in connection with; to assign to, *tá siad luaite (i gcleamhnas) le chéile* their engagement has been announced
luail luəl′ *f* 2 moving; motion, activity
luain luən′ *f* 2 movement; vigorous exertion
luaineach luən′əx *a* 1 nimble; restless; vacillating
luaineacht luən′əxt *f* 3 mobility; restlessness; vacillation; fluctuation
luainigh luən′i: *vi* move nimbly; move unsteadily; vary, change
luaíocht luəi:(ə)xt *f* 3 merit
luaiteachas luət′əxəs *m* 1 mention, report
luaith luə *f* 3 ashes
luaithe luəhə *f* 4 quickness; earliness
luaithreach luəhr′əx *m* 1 ashes; dust
luaithreadán luəhr′əda:n *m* 1 ash-tray
luaithriúil luəhr′u:l′ *a* 2 ashy; ashen
luamh luəv *m* 1 yacht
luamhaire luəvər′ə *m* 4 yachtsman
luamhán luəva:n *m* 1 lever
Luan luən *m* 1, *pl* ~**ta** Monday, *lá an Luain* the day of judgment
luas luəs *m* 1, *pl* ~**anna** speed, velocity; earliness

luasaire luəsər′ə *m* 4 accelerator
luasc luəsk *vt & i* swing, sway, oscillate
luascach luəskəx *a* 1 swinging, oscillating
luascadán luəskədə:n *m* 1 pendulum
luascadh luəskə *m*, *gs* **-ctha** *pl* **-cthaí** oscillation, swing, *ar* ~ swaying, rocking
luascán luəska:n *m* 1 (child's) swing
luasghéaraigh 'luəs¸γ′e:ri: *vt & i* accelerate
luasghéarú 'luəs¸γ′e:ru: *m* 4 acceleration
luasmhéadar 'luəs¸v′e:dər *m* 1 speedometer
luath luə *a* 1 quick, speedy; early, *intinn* ~ fickle mind, *go* ~ soon
luathaigh luəhi: *vt & i* quicken, hasten, accelerate
luathintinn 'luəh¸in′t′ən′ *f* 2 fickle mind, fickleness
luathintinneach 'luəh¸in′t′ən′əx *a* 1 fickle, hasty
luathscríbhneoireacht 'luə¸s′k′r′i:v′n′o:r′-əxt *f* 3 speed-writing
lúb lu:b *f* 2 loop, link; coil; twist, bend; recess, nook; (mesh in) net; stitch, *i* ~ *chruinnithe* in a gathering, ~ *ar lár* dropped stitch, *tá* ~ *ina chroí* he is deceitful at heart *vt & i* loop; net; bend
lúbach lu:bəx *a* 1 looped; twisting; pliable; crafty
lúbaire lu:bər′ə *m* 4 crafty person, twister
lúbaireacht lu:bər′əxt *f* 3 practising deceit; craftiness
lúbán lu:ba:n *m* 1 loop; coil, ball; hasp
lúbánach lu:ba:nəx *a* 1 looped, coiled
lúbarnaíl lu:bərni:l′ *f* 3 writhing, wriggling
lubhóg luvo:g *f* 2 flake
lubhógach luvo:gəx *a* 1 flaky
lúbóg lu:bo:g *f* 2 (small) loop; button-hole
lúbra lu:brə *m* 4 maze
luch lux ~ lox *f* 2 mouse, ~ *chodlamáin* dormouse
lúcháir lu:xa:r′ *f* 2 joy, exultation
lúcháireach lu:xa:r′əx *a* 1 joyous, jubilant
lucharachán luxərəxa:n *m* 1 leprechaun, pigmy, elf
luchóg luxo:g ~ loxo:g *f* 2 mouse
lucht loxt *m* 3, *pl* ~**anna** content; capacity; cargo; (class of) people, ~ *léinn* learned persons, *an* ~ *éisteachta* the audience
luchtaigh loxti: *vt* charge, fill; load
luchtmhar loxtvər *a* 1 (well-) laden; capacious; emotional
luchtóir loxto:r′ *m* 3 loader
lúdrach lu:drəx *f* 2 hinge, pivot
lúfaireacht lu:fər′əxt *f* 3 agility, suppleness
lúfar lu:fər *a* 1 agile, athletic
lugach lugəx *m* 1 lug-worm
luí li: *m* 4 lying (down); state of rest; inclination, tendency; pressure, *bhí* ~ *bliana air* he was laid up for a year, ~ *gréine* sunset, ~ *na tíre* the lie of the land, *rud a chur ina* ~ *ar dhuine* to impress sth on a person
luibh liv′ *f* 2, *pl* ~**eanna** herb, plant
luibheach liv′əx *a* 1 herbaceous
luibheolaí 'liv′¸o:li: *m* 4 herbalist, botanist

luibheolaíocht 'liv',o:li:(ə)xt *f* 3 botany
luibhiteach 'liv',it'əx *a* 1 herbivorous
luibhre liv'r'ə *m* 4 herbage
lúibín lu:b'i:n' *m* 4 small loop; button-hole; ringlet; bracket; ditty, ~ *coille* arbour, ~ *cufa* cuff-link
luid lid' *f* 2, *pl* ~**eanna** scrap, shred; rag
lúide lu:d'ə *comp of* **beag** *with* **-de²** less, minus, *ní* ~ *sin mo chion air* I love him none the less for that
lúidín lu:d'i:n' *m* 4 little finger; little toe
luifearnach lif'ərnəx *f* 2 weeds; refuse *a* 1 weedy
luigh liγ' *vi* lie; settle; lean, incline, *dul a luí* to go to bed, *luí roimh dhuine* to lie in wait, in ambush, for a person, ~ *an ghrian* the sun set, *luí amach, isteach, ar rud* to set about sth in earnest, ~ *an oíche orainn* night fell on us, *níor* ~ *m'intinn air* I did not dwell on it, *tá sé ag luí le réasún* it stands to reason
luíochán li:(ə)xa:n *m* 1 lying down, lying abed; ambush
lúipín lu:p'i:n' *m* 4 lupin
lúireach lu:r'əx *f* 2 breastplate; prayer for protection
luiseag lis'əg *f* 2 tang, fang, ~ *duáin* shank of fishing-hook
luisne lis'n'ə *f* 4 blush, glow
luisnigh lis'n'i: *vi* blush, glow
luisniúil lis'n'u:l' *a* 2 blushing, glowing; ruddy
luiteach lit'əx *a* 1 well-fitting, ~ *le* attached, addicted, to

lúitéis lu:t'e:s' *f* 2 fawning, obsequiousness
lúitéiseach lu:t'e:s'əx *a* 1 fawning, obsequious
lúitheach lu:həx *f* 2 ligament, tendon *pl* sinews *a* 1 sinewy, muscular
lúithnire lu:hn'ər'ə *m* 4 athlete
lúithnireacht lu:hn'ər'əxt *f* 3 athleticism
lumbágó ,lum'ba:go: *m* 4 lumbago
Lúnasa lu:nəsə *m* 4 August
lus lus *m* 3, *pl* ~**anna** plant, herb, ~ *an chromchinn* daffodil
lusach lusəx *a* 1 herbaceous
lusca luskə *m* 4 crypt, vault
lusra lusrə *m* 4 herbs; herbage
lústaire lu:stər'ə *m* 4 fawner, flatterer
lustan lustən *m* 1 weeds
lústar lu:stər *m* 1 fawning, flattery; agitated movement
lútáil lu:ta:l' *f* 3 obsequiousness, toadyism *vi* fawn
lútálaí lu:ta:li: *m* 4 obsequious person, toady
lúth lu: *m* 1 (power of) movement, agility; vigour; sinew, tendon
lúthaíocht lu:hi:(ə)xt *f* 3 exercising, exercise
lúthchleas 'lu:,x'l'as *m* 1, *npl* ~**a** athletic exercise *pl* athletics
lúthchleasaí 'lu:,x'l'asi: *m* 4 athlete
lúthchleasaíocht 'lu:,x'l'asi:(ə)xt *f* 3 athletics, sport

M

má¹ ma: *f* 4, *pl* ~**nna** plain
má² ma: *conj, combines with* **is** *to form* **más** if, *más olc maith leat é* whether you like it or not, *más ea* if so, even so, *más é sin é* even so, *is beag má tá cuidiú ar bith aige* he has little or no help, *tá, agus* ~ *tá* yes, and even so
mabóg mabo:g *f* 2 tassel
mac mak *m* 1, *gs & npl* **mic** son; descendant; boy, ~ *léinn* student, ~ *tíre* wolf, *ní raibh* ~ *an aoin ann* there wasn't a soul there, *M* ~ *Mathúna* (Mr) McMahon, *M* ~ *Uí Mhathúna* Mr O'Mahony
macadam mə'kadəm *m* 1 macadam
macalla ,mak'alə *m* 4 echo
macánta maka:ntə *a* 3 gentle; honest
macántacht maka:ntəxt *f* 3 gentleness; honesty
macaomh maki:v *m* 1 young person; boy
macarón makəro:n *m* 1 macaroni
macasamhail 'makə,saul' *f* 3, *gs & pl* **-mhla** like, equal, counterpart; reproduction, copy
macha maxə *m* 4 cattle-field, -yard
máchail ma:xəl' *f* 2 blemish, defect
máchaileach ma:xəl'əx *a* 1 blemished, defective
machaire maxər'ə *m* 4 plain, ~ *gailf* golf-course
machnaigh maxni: *vt & i* think, reflect, contemplate

machnamh maxnəv *m* 1 reflection, contemplation
machnamhach maxnəvəx *a* 1 thoughtful, reflective, contemplative
macnas maknəs *m* 1 dalliance; wantonness; frolicking
macnasach maknəsəx *a* 1 wanton; sportive; self-indulgent
macra makrə *m* 4 boys; band of youths
macúil maku:l' *a* 2 filial
madhmadh maimə *m*, *gs* **-mtha** *pl* **-mthaí** eruption; rout; detonation
madra madrə *m* 4 dog, ~ *rua* fox, ~ *uisce* otter, ~ *éisc* dog-fish
madrúil madru:l' *a* 2 doglike; coarse, unmannerly
magadh magə *m* 1 mocking; mockery; joking, *ag* ~ *faoi, ar, dhuine* mocking, making fun of, a person
magairle magərl'ə *m* 4 testicle
magairlín magərl'i:n' *m* 4 orchid
máguaird ,ma:'guərd' *adv* around, about, *an tír* ~ the surrounding country
magúil magu:l' *a* 2 mocking, jeering, jesting
mahagaine mə'hagən'ə *m* 4 mahogany
Mahamadach mahəmədəx *m* 1 & *a* 1 Mohammedan

Mahamadachas mahəmədəxəs *m*1 Mohammedanism

maicín mak'i:n' *m*4 pet; spoilt child

maicis mak'əs' *f*2, (*spice*) mace

maicne mak'n'ə *f*4 sons, progeny; stock, people

maicréal mak'r'e:l *m*1 mackerel

maide mad'ə *m*4 stick, bar, beam; log, ~ *corrach* see-saw, ~ *croise* crutch, ~ *luascáin* trapeze, ~ *rámha* oar, ~ *stiúrach* tiller, ~ *gréine* shaft of sunlight, *do mhaidí a ligean le sruth* to let things drift

maidhm maim' *f*2, *pl* ~**eanna** burst, eruption; rout; explosion, ~ *thalún* landslide, ~ *thoinne* breaker, ~ *shléibhe* avalanche, ~ *sheicne* hernia *vt & i* burst, erupt; rout; detonate

maidhmitheoir maim'iho:r' *m*3 detonator

maidin mad'ən' *f*2, *pl* ~**eacha** morning

maidir mad'ər' ~ *le* as for, as regards; like, as well as

maidneachan ma(d')n'əxən *m*1 dawn(ing)

maidrín mad'r'i:n' *m*4, ~ *lathaí* guttersnipe; bedraggled person; menial

maig mag' *f*2, *pl* ~**eanna** cock, slant, tilt

maígh mi:γ' *vt & i*, *vn* **-íomh** state, claim; boast; begrudge, envy

maighdean maid'ən *f*2 maiden, virgin, ~ *mhara* mermaid, *an Mhaighdean* Virgo

maighdeanas maid'ənəs *m*1 virginity

maighdeog maid'o:g *f*2 pivot

maighnéad main'e:d *m*1 magnet

maighnéadach main'e:dəx *a*1 magnetic

maighnéadaigh main'e:di: *vt* magnetize

maighnéadas main'e:dəs *m*1 magnetism

maighreán mair'a:n *m*1 grilse

maignéis mag'n'e:s' *f*2 magnesia

maignéisiam mag'n'e:s'iəm *m*4 magnesium

máilín ma:l'i:n' *m*4 small bag, ~ *domlais* gall-bladder, ~ *maise* vanity bag

mailís mal'i:s' *f*2 malice; malignancy

mailíseach mal'i:s'əx *a*1 malicious; malignant

maille mal'ə *prep* (with *le*) with, along with

máille ma:l'ə *f*4, (*armour*) mail

máilléad ma:l'e:d *m*1 mallet; pounder

mailp mal'p' *f*2, *pl* ~**eanna** maple

maindilín man'd'əl'i:n' *m*4 mandolin

mainéar man'e:r *m*1 manor; manor-house

maingléis maŋ'l'e:s' *f*2 frivolity; ostentation

mainicín man'ək'i:n' *m*4 mannequin, model

mainicíneacht man'ək'i:n'əxt *f*3 modelling (clothes)

mainistir man'əs't'ər' *f*, *gs* **-treach** *pl* **-treacha** monastery, abbey

máinlia 'ma:n¸l'iə *m*4, *pl* ~**nna** surgeon

máinliacht 'ma:n¸l'iəxt *f*3 surgery

mainneachtain man'əxtən' *f*3 negligence; default

máinneáil ma:n'a:l' *f*3 swaying motion, rolling gait; dawdling, *ag* ~ *thart* loitering about

mainséar man's'e:r *m*1 manger, crib

maintín man't'i:n' *f*2 dressmaker

maintíneacht man't'i:n'əxt *f*3 dressmaking

maíomh mi:v *m*1 statement, assertion; boast; envy, *cúis mhaíte* something to be proud of

mair mar' *vt & i* live, last; survive, *go* ~ *e tú* long life to you; congratulations, *go* ~ *e tú an lá* many happy returns of the day

mairbhiteach mar'əv'ət'əx *a*1 languid, torpid, numb

mairbhití mar'əv'ət'i: *f*4 languor, torpor, numbness

mairbhleach mar'əv'l'əx *a*1 numb

maireachtáil mar'əxta:l' *m*3 living, livelihood, subsistence

máireoigín ma:r'o:g'i:n' *m*4 marionette

mairfeacht mar'əf'əxt *f*3 miscarriage, abortion

mairg mar'əg' *f*2 woe, sorrow, *mo mhairg* alas, *is* ~ it is a pity, alas (that)

mairgneach mar'əg'n'əx *f*2 lamenting; lamentation; wailing

mairnéalach ma:rn'e:ləx *m*1 seaman, sailor

mairnéalacht ma:rn'e:ləxt *f*3 seamanship

máirseáil ma:rs'a:l' *f*3 & *vt & i* march; parade

máirseálaí ma:rs'a:li: *m*4 marcher

Máirt ma:rt' *f*4 Tuesday

mairteoil 'mart'¸o:l' *f*3 beef

mairtíneach mart'i:n'əx *m*1 cripple

mairtíreach mart'i:r'əx *m*1 martyr

mairtíreacht mart'i:r'əxt *f*3 martyrdom

mais mas' *f*2 mass, quantity of matter

maise mas'ə *f*4 adornment, beauty, comeliness, *faoi mhaise* adorned; flourishing, *ba mhaith an mhaise dó é* he was equal to the occasion

maisigh mas'i: *vt* adorn, beautify, *bia a mhaisiú* to garnish food

maisiúchán mas'u:xa:n *m*1 adornment, decoration; toilet

maisiúil mas'u:l' *a*2 decorative, beautiful; elegant

maisiúlacht mas'u:ləxt *f*3 decorativeness, beauty; comeliness

máisiún ma:s'u:n *m*1 freemason

maistín mas't'i:n' *m*4 mastiff; cur

máistir ma:s't'ər' *m*4, *pl* **-trí** master; teacher; skilled person

maistíteas ¸mas''t'i:t'əs *m*1 mastitis

máistreacht ma:s't'r'əxt *f*3 mastery

maistreadh mas't'r'ə *m*1, *pl* **-trí** churning

maistreán mas't'r'a:n *m*1, (*feed*) mash

máistreás ma:s't'r'a:s *f*3 mistress; wife

maistrigh mas't'r'i: *vt & i* churn

máistriúil ma:s't'r'u:l' *a*2 masterful, imperious; masterly

máite ma:t'ə : **mámh**

maiteach mat'əx *a*1 forgiving; forgiven

maíteach mi:t'əx *a*1 boastful, begrudging

maiteachas mat'əxəs *m*1 forgiveness

maith¹ mah *f*2, *gs & pl* ~**e** good, *tá sé ó mhaith* it is no longer any use, *go raibh* ~ *agat* thank you, ~ *e na tíre* the gentry of the country *a*1, *comp* **fearr** good, *tá go* ~ that is satisfactory, so be it, *bheith go* ~ to be well, *fliuch go* ~ rather wet, *amach go* ~ *san oíche* well into the night, *is* ~ *liom go bhfuil sé déanta* I am glad it is done, *ba mhaith leis labhairt leat* he would like to speak to you, *is fearr liom* I prefer, ~ *go leor* good enough; all right; tipsy, *is fearrde thú é* you are better for it

maith² mah *vt, vn* ~**eamh** forgive, pardon
maithe mahə *f* 4 goodness, good, *ar mhaithe le* for the good of, for the sake of
maitheamh mahəv *m* 1 forgiveness; abatement, remission
maitheas mahəs *f* 3 goodness, good, *lá* ~*a* a working day; day's work, day's good
maithiúnas mahu:nəs *m* 1 forgiveness, pardon
máithreacha ma:hr'əxə : **máthair**
máithreachas ma:hr'əxəs *m* 1 maternity; motherhood
máithreánach ma:hr'a:nəx *m* 1 & *a* 1 matriculation
máithriúil ma:hr'u:l' *a* 2 motherly; kind
mál ma:l *m* 1 excise
mala malə *f* 4 brow; eyebrow; slope, incline
mála ma:lə *m* 4 bag, ~ *láimhe* handbag, ~ *droma* rucksack, ~ *lóin* haversack
maláire ˌma'la:r'ə *f* 4 malaria
malairt malərt' *f* 2 change, alternative; exchange, barter, *is é a mhalairt a dúirt sé* he said quite the opposite, *níl fios a mhalairte acu* they don't know any better
malartach malərtəx *a* 1 changing; changeable; exchangeable
malartaigh malərti: *vt* change; exchange, barter
malartán malərta:n *m* 1 changeling; (stock, labour, etc) exchange
mall mal *a* 1, *gsm* ~ *gsf* & *comp* **moille** slow; late
mallacht maləxt *f* 3 curse
mallachtach maləxtəx *f* 2 cursing *a* 1 maledictory; accursed
mallaibh maləv' *spl, ar na* ~ of late, lately
mallaigh mali: *vt* & *i* curse
mallaithe malihə *a* 3 accursed; vicious
mallard malərd *m* 1 mallard
mallintinneach 'malˌin't'ən'əx *a* 1 slow-witted, mentally retarded
mallmhuir 'malˌvir' *f* 3, *gs* & *pl* **-mhara** neap-tide
malltriallach 'mal'ˌt'r'iələx *m* 1 slow-coach *a* 1 slow, sluggish
malluaireach 'malˌuər'əx *m* 1 late-comer
malrach malrəx *m* 1 young lad, youngster
mam mam *f* 2, *pl* ~**anna** mammy
mám¹ ma:m *m* 3, *pl* ~**anna** mountain pass
mám² ma:m *f* 3, *pl* ~**anna** handful
mamach maməx *m* 1 mammal *a* 1 mammary
mamaí mami: *f* 4 mammy
mámh ma:v *m* 1, *pl* **máite** trump
mamó ˌma'mo: *f* 4, *pl* ~**nna** granny
mana manə *m* 4 portent, sign; attitude; motto
manach manəx *m* 1 monk

manachas manəxəs *m* 1 monasticism
manachúil manəxu:l' *a* 2 monastic
mandáil manda:l' *f* 3 maundy, *Déardaoin Mandála* Maundy Thursday
mandairín mandər'i:n' *m* 4 mandarin
mangach maŋgəx *m* 1 pollock
mangaire maŋgər'ə *m* 4 hawker, pedlar; huckster
manglam maŋləm *m* 1 jumble, hotchpotch; cocktail
mánla ma:nlə *a* 3 gentle, gracious, pleasant
mánlacht ma:nləxt *f* 3 gentleness, mildness
mant mant *m* 3, *pl* ~**anna** gap in teeth; bite, indentation; toothless gums
mantach mantəx *a* 1 gap-toothed; toothless; gapped, indented
maoil mi:l' *f* 2, *pl* ~**eanna** rounded summit, hillock; bare top; crown, *ag cur thar* ~ brimming over, full to overflowing, *de mhaoil do mhainge* on an impulse, on the spur of the moment
maoildearg 'mi:l'ˌd'arəg *f* 2 mulberry
maoile mi:l'ə *f* 4 bareness, baldness; bluntness; obtuseness
maoileann mi:l'ən *m* 1, *npl* ~**a** rounded summit, hillock; ridge, crest
maoin mi:n' *f* 2, *gs* & *pl* ~**e** property, wealth
maoineach mi:n'əx *m* 1 treasured possession *a* 1 propertied, wealthy; precious, beloved
maoineas mi:n'əs *m* 1 endowment
maoinigh mi:n'i: *vt* finance, endow
maoinlathas 'mi:n'ˌlahəs *m* 1 plutocracy
maoirseacht mi:rs'əxt *f* 3 stewardship; supervising; superintendence
maoirseoir mi:rs'o:r' *m* 3 supervisor, superintendent
maoithneach mi:hn'əx *a* 1 emotional, sentimental; melancholy
maoithneachas mi:hn'əxəs *m* 1 sentiment, sentimentality; melancholy
maol mi:l *m* 1 bare, blunt, object *a* 1 bare, bald; hornless; flattened, obtuse, *imill mhaola* cropped edges, *teach* ~ roofless house, *scian mhaol* blunt knife
maolaigh mi:li: *vt* & *i* make, become, bare or bald; blunt; lower; decrease; abate, allay
maolaire mi:lər'ə *m* 4 absorber; damper; moderator
maolaitheach mi:lihəx *m* 1 palliative *a* 1 alleviating, palliative
maolchluasach 'mi:lˌxluəsəx *a* 1 crop-eared; crestfallen, subdued
maolchúiseach 'mi:lˌxu:s'əx *a* 1 inept
maolscríobach 'mi:l'ˌs'k'r'i:bəx *a* 1 slovenly, slipshod; skimped
maonáis me:na:s' *f* 2 mayonnaise
maor mi:r *m* 1 steward; warden, keeper; supervisor, overseer; (school) prefect; (army) major
maorga mi:rgə *a* 3 stately, dignified; sedate
maorgacht mi:rgəxt *f* 3 stateliness, dignity
maorlathach 'mi:rˌlahəx *a* 1 bureaucratic
maorlathas 'mi:rˌlahəs *m* 1 bureaucracy

maos mi:s *m*1, *ar* ~ steeping, steeped; saturated

maoth mi: *a*1 soft, tender; weak; moist; sentimental

maothaigh mi:hi: *vt & i* soften; moisten; steep, saturate

maothal mi:həl *f*2 beestings

maothán mi:ha:n *m*1 ear-lobe; flank; tender shoot

maothlach mi:hləx *m*1 mush, slops; scouring liquid

mapa¹ mapə *m*4 map

mapa² mapə *m*4 mop

mar mar *prep & conj & adv* like, as; for; as if; because, ~ *an gcéanna* likewise, *tar* ~ *seo* come this way, *míle nó* ~ *sin* a mile or so, ~ *sin, is cosúil gur fíor é* in that case, it appears to be true, ~ *sin féin* even so, *agus* ~ *sin de* and so forth, *más* ~ *sin dó* if that be so, *faoi* ~ according as, ~ *atá,* ~ *a bhí* namely, ~ *le* as for, as regards, ~ *a bhfuil sé* where he is, ~ *dhea* forsooth, ~ *dhia go* pretending that

mara marə **: muir**

márach ma:rəx *s* morrow, (*lá*) *arna mhárach* on the following day

maraí mari: *m*4 mariner, seaman

maraigh mari: *vt & i* kill

marana marənə *f*4 contemplation, *tá sé ar a mharana* he is rapt in thought

maranach marənəx *a*1 thoughtful

maránta mara:ntə *a*3 bland, gentle, benign

marascal marəskəl *m*1 marshal

maratón marəto:n *m*1 marathon

marbh marəv *m*1 dead person *a*1 dead; killed; numb; apathetic; exhausted; motionless, slack, *uisce* ~ stagnant water, *fág* ~ *é* say no more about it

marbhán marəva:n *m*1 corpse; spiritless person; oppressive heat

marbhánta marəva:ntə *a*3 lifeless, lethargic; dull, stagnant, *aimsir mharbhánta* sultry, oppressive, weather

marbhfháisc 'marəv₎a:s'k' *f*2 swathings on corpse, ~ *ort* bad cess to you

marbhlann marəvlən *f*2 morgue

marbhna marəvnə *m*4 elegy

marbhsháinn 'marəv₎ha:n' *f*2 checkmate

marc mark *m*1, *pl* ~**anna** mark; target, goal; bearing

marcach markəx *m*1 horseman; jockey; cavalryman

marcaigh marki: *vt & i* ride

marcáil marka:l' *vt* mark; mark out, plot

marcaíocht marki:(ə)xt *f*3 riding, horsemanship; ride; drive, lift

marcas markəs *m*1 marquis

marc-chlaíomh 'mark₎xli:v *m*1, *pl* -**aimhte** sabre

marcmheáchan 'mark₎v'a:xən *m*1 welter-weight

marcra markrə *m*4 horsemen, cavalry

marcshlua 'mark₎hluə *m*4, *pl* ~**ite** body of horsemen; cavalry; cavalcade

marfach marəfəx *a*1 deadly, mortal, fatal; killing; intense

marfóir marəfo:r' *m*3 killer

marg marəg *m*1 (*coin*) mark

margadh marəgə *m*1, *pl* -**aí** market; bargain; agreement

margaigh marəgi: *vt* market

margáil marəga:l' *f*3 bargaining, haggling

margairín marəgər'i:n' *m*4 margarine

marglann marəglən *f*2 mart

marla ma:rlə *m*4 marl; modelling clay; plasticine

marmaláid marəmələ:d' *f*2 marmalade

marmar marəmər *m*1 marble

maróg maro:g *f*2 pudding; paunch

marós maro:s *m*1 rosemary

Mars ma:rs *m*3 Mars

marsúipiach marsu:p'iəx *m*1 & *a*1, *gsm* ~ marsupial

mart mart *m*1 carcass of beef *pl* beef cattle

Márta ma:rtə *m*4 March

marthain marhən' *f*3 existence; subsistence; sustenance

marthanach marhənəx *a*1 lasting, enduring; everlasting

martraigh martri: *vt* martyr; cripple, disable

marú maru: *m*4 killing, slaying; slaughter

marún mə'ru:n *m*1 & *a*1 maroon

Marxach marksəx *m*1 & *a*1 Marxist

Marxachas marksəxəs *m*1 Marxism

más ma:s *m*1, *npl* ~**a** buttock; ham, thigh

másach ma:səx *a*1 having big buttocks, big-thighed

másailéam ma:səl'e:m *m*1 mausoleum

masc mask *m*1, *pl* ~**anna** mask *vt* mask

mascalach maskələx *m*1 manly person, *a*1 manly, vigorous

masla maslə *m*4 insult; overstrain

maslach masləx *a*1 insulting, abusive; overstrenuous

maslaigh masli: *vt* insult, abuse; strain

masmas masməs *m*1 nausea

masmasach masməsəx *a*1 nauseated; nauseating

mastóideach masto:d'əx *m*1 & *a*1 mastoid

mata matə *m*4 mat

máta ma:tə *m*4 mate

matal matəl *m*1 mantelpiece

matalang matələŋ *m*1 disaster, calamity

matamaitic 'matə₎mat'ək' *f*2 mathematics

matamaiticeoir 'matə₎mat'ək'o:r' *m*3 mathematician

matamaiticiúil 'matə₎mat'ək'u:l' *a*2 mathematical

matán mata:n *m*1 muscle

matánach mata:nəx *a*1 muscular

máthair ma:hər' *f*, *gs* -**ar** *pl* **máithreacha** mother; source, ~ *mhór*, ~ *chríonna* grandmother

máthairab 'ma:hər₎ab *f*3 abbess

máthartha ma:hərhə *a*3 maternal

mathshlua 'ma,hluə *m*4, *pl* ~ite large crowd, congregation

matrarc 'mat,rark *m*4 matriarch

matrarcach 'mat,rarkəx *a*1 matriarchal

mátrún ma:tru:n *m*1 matron

mé m'e: 1 *sg pron* I, me

meá¹ m'a: *f*4, *pl* ~nna balance, scales; weight, measure, *an Mheá* Libra

meá² m'a: *f*4, *pl* ~nna fishing-ground

meabhair m'aur' *f*, *gs* -bhrach mind, memory; intellect; consciousness; sensation; meaning

meabhal m'aul *m*1 deceit, treachery

meabhlach m'auləx *a*1 deceitful, treacherous; illusory; beguiling

meabhlaigh m'auli: *vt* deceive; seduce

meabhrach m'aurəx *a*1 mindful; thoughtful; intelligent; aware, conscious

meabhraigh m'auri: *vt & i* memorize, remember; remind; meditate; sense, feel

meabhraíocht m'auri:(ə)xt *f*3 consciousness, awareness; intelligence

meabhrán m'aura:n *m*1 memorandum

meacan¹ m'akən *m*1 tap-root, ~ *bán* parsnip, ~ *dearg* carrot

meacan² m'akən *m*1 whine, whimper

meáchan m'a:xən *m*1 weight

méad m'e:d *m*, *ar a mhéad* at the most, *cá*, *cé*, *mhéad*? how much? *dá mhéad é* however great it might be

méadaigh m'e:di: *vt & i* increase, multiply; enlarge; grow bigger

méadail m'e:dəl' *f*3, *gs* -dla *pl* -dlacha paunch, stomach

meadáille m'ada:l'ə *m*4 medallion

méadaíocht m'e:di:(ə)xt *f*3 grown state; increase, growth; self-importance

méadaitheach m'e:dihəx *a*1 increasing, enlarging, amplifying

méadaitheoir m'e:diho:r' *m*3 enlarger

meadar m'adər *f*2, *gs* meidre *pl* -dracha mether; wooden vessel; churn

méadar m'e:dər *m*1 metre; meter, gauge

meadaracht m'adərəxt *f*3 metre; metrics

meadhg m'aig *m*1 whey; serum

meadhrán m'aira:n *m*1 dizziness, vertigo; exhilaration; bewilderment

méadrach m'e:drəx *a*1 metric

méadú m'e:du: *m*4 increase, multiplication; enlargement; growth

meafar m'afər *m*1 metaphor

meafarach m'afərəx *a*1 metaphorical

meaig m'ag' *f*2, *pl* ~eanna magpie

meáigh m'a:γ' *vt & i* balance, weigh; estimate, measure; judge

meaingeal m'aŋ'g'əl *m*1 mangel

meaisín m'as'i:n' *m*4 machine

meaisíneoir m'as'i:n'o:r' *m*3 machinist

meáite m'a:t'ə *a*3, *bheith* ~ *ar rud a dhéanamh* to be resolved on doing sth

meala m'alə : **mil**

méala m'e:lə *m*4 grief, sorrow; cause of mourning

méalaigh m'e:li: *vt* humiliate, bring to grief

mealbhacán m'alvəka:n *m*1 melon

mealbhóg m'aləvo:g *f*2 small bag, pouch

méaldráma 'm'e:l,dra:mə *m*4 melodrama

méaldrámata 'm'e:l,dra:mətə *a*3 melodramatic

meall¹ m'al *m*1, *pl* ~ta ball, globe; swelling; lump, mass; mound

meall² m'al *vt* charm; entice; deceive; disappoint

meallacach m'aləkəx *a*1 alluring, charming

mealladh m'alə *m*, *gs* -llta *pl* -lltaí allurement, enticement; deception; disappointment

mealltach m'altəx *a*1 enticing, coaxing; deceptive, deceitful; disappointing

mealltóir m'alto:r' *m*3 coaxer; deceiver

meamhlach m'auləx *f*2 mewing, miaowing

meamraiméis m'amrəm'e:s' *f*2 officialese

meamram m'amrəm *m*1 parchment; memorandum

meán¹ m'a:n *m*1 middle; mean; medium; average, ~ *lae* midday, *M* ~ *Fómhair* September

meán-² m'a:n *pref* middle, medium, mean, average

meana m'anə *m*4 awl; bodkin

meánach m'a:nəx *a*1 middle, intermediate; medium, moderate

meánaicmeach 'm'a:n,ak'm'əx *a*1 middle-class, bourgeois

meánaíocht m'a:ni:(ə)xt *f*3 moderation

meánaois 'm'a:n,i:s' *f*2 middle age(s)

meánaoiseach 'm'a:n,i:s'əx *a*1 medieval

méanar m'e:nər *a* (used with *is*), *is* ~ *don té* (*a*) happy is he (who)

meánchiorcal 'm'a:n,x'irkəl *m*1 equator

meánchiorclach 'm'a:n,x'irkləx *a*1 equatorial

meancóg m'aŋko:g *f*2 mistake, blunder

meandar m'andər *m*1 instant, second

méanfach m'e:nfəx *f*2 yawn(ing)

meang m'aŋ *f*2 wile; deceit

meangadh m'aŋgə *m*, *gs* -gtha ~ (*gáire*) smile

meanma m'anəmə *f*, *gs* ~n mind, thought; spirit, morale; inclination; presentiment

meánmheáchan 'm'a:n,v'a:xən *m*1 middle-weight

meánmhúinteoir 'm'a:n,vu:n't'o:r' *m*3 secondary teacher

meanmnach m'anəmnəx *a*1 spirited; lively, cheerful

meannán m'ana:n *m*1, ~ (*gabhair*) kid

meannleathar 'm'an',l'ahər *m*1 kid (leather)

meánoideachas 'm'a:n,od'əxəs *m*1 secondary education

meánscoil 'm'a:n,skol' *f*2, *pl* ~eanna secondary school

meantán m'anta:n *m*1 tit, titmouse

meánteistiméireacht 'm'a:n',t'es't'əm'e:r'əxt *f*3 intermediate certificate

meánúil m'a:nu:l' *a*2 moderate, temperate

mear m'ar *a*1, *gsm* ~ quick, nimble; hasty; rash

méar m'e:r *f* 2 digit, finger, ~ *coise* toe
méara m'e:rə *m* 4 mayor
méaracán m'e:rəka:n *m* 1 thimble, ~ *dearg* foxglove
mearadh m'arə *m* 1 madness, insanity; craving
mearaí m'ari: *f* 4 craziness, bewilderment
mearaigh m'ari: *vt & i* derange, distract; bewilder; excite, infuriate; trouble
méaraigh m'e:ri: *vt* finger
méaraíocht m'e:ri:(ə)xt *f* 3 fingering; fiddling, toying (*ar, le* with)
mearaithne 'm'ar,ahn'ə *f* 4 slight acquaintance
mearbhall m'arəvəl *m* 1 bewilderment, confusion; dizziness; error
mearbhlach m'arəvləx *a* 1 bewildered, confused; bewildering, confusing; dizzy, erratic; mistaken
mearcair m'arkər' *m* 4 mercury; *M* ~ (*planet*) Mercury
méarchlár 'm'e:r,xla:r *m* 1 keyboard
meargánta m'arəga:ntə *a* 3 foolhardy, reckless
mearghrá 'm'ar,ɣra: *m* 4 infatuation
méarnáil m'e:rna:l' *f* 3 phosphorescence
mearóg m'aro:g *f* 2 vegetable marrow
méaróg[1] m'e:ro:g *f* 2 pebble; jackstone
méaróg[2] m'e:ro:g *f* 2, ~ *éisc* fish-finger
mearsháile 'm'ar,ha:l'ə *m* 4 brackish water
mearú m'aru: *m* 4 derangement; confusion, ~ *súl* hallucination, mirage
meas[1] m'as *m* 3 estimation, judgment; estimate, opinion; esteem, respect, *le* ~ respectfully *vt & i* estimate, value, judge; consider
meas[2] m'as *m* 3, (*nuts*) mast
measa m'asə : *olc*
measán m'asa:n *m* 1 lapdog
measartha m'asərhə *a* 3 moderate, temperate; fair, middling, ~ *maith* fairly good
measarthacht m'asərhəxt *f* 3 moderation, temperance; fair amount
measc[1] m'ask *s, i* ~ in the midst of, among
measc[2] m'ask *vt & i* mix (up); stir
meascán m'aska:n *m* 1 mass, lump; mixture; muddle, ~ *mearaí* confusion; hallucination
meascra m'askrə *m* 4 medley, miscellany
meastachán m'astəxa:n *m* 1 estimate
meastóir m'asto:r' *m* 3 valuer, assessor
measúil m'asu:l' *a* 2 estimable, respectable, esteemed; respectful
measúlacht m'asu:ləxt *f* 3 respectability, esteem
measúnacht m'asu:nəxt *f* 3 assessment
measúnaigh m'asu:ni: *vt* assess, assay
measúnóir m'asu:no:r' *m* 3 assessor, assayer
meata m'atə *a* 3 pale, sickly; cowardly, abject
meatach m'atəx *a* 1 failing; decaying; pale, sickly; cowardly, *earraí* ~*a* perishable goods
meatachán m'atəxa:n *m* 1 weakling; coward
meatacht m'atəxt *f* 3 decline, decay; cowardice
meatán m'ata:n *m* 1 methane

meath[1] m'ah *m* 3 decline, decay, decadence; failure *vt & i* decline, decay, fail, waste
meath-[2] m'ah ~ m'a† *pref* failing, weak; moderately, fairly
meathán m'aha:n *m* 1 sucker, sapling; splinter
meathbhruith 'm'a,vrih *s, ar* ~ simmering
meathlaigh m'ahli: *vi* decline, decay, fail; sicken
meathlaitheach m'ahlihəx *a* 1 retrogressive
méathras m'e:hrəs *m* 1 fat, fat meat
meicneoir m'ek'n'o:r' *m* 3 mechanic
meicnic m'ek'n'ək' *f* 2 mechanics
meicnigh m'ek'n'i: *vt* mechanize
meicníocht m'ek'n'i:(ə)xt *f* 3 mechanism
meicniúil m'ek'n'u:l' *a* 2 mechanical
méid m'e:d' *m* 4 amount, quantity, extent, number, *sa mhéid sin* to that extent, *sa mhéid go* inasmuch, in so far, as *f* 2 size, magnitude, *dul i* ~ to grow bigger, *teacht i* ~ to grow up
meidhir m'air' *f* 2, *gs* **-dhre** mirth, gaiety; sportiveness
meidhreach m'air'əx *a* 1 gay; sportive
meidhréis m'air'e:s' *f* 2 mirth, jollity; friskiness
meidre m'ed'r'ə : **meadar**
meigeall m'eg'əl *m* 1 beard; goatee
meigeallach m'eg'ələx *f* 2 bleating (of goat)
meil m'el' *vt & i* grind, crush; waste, squander
méile m'e:l'ə *m* 4, *pl* **-lte** sandhill, dune
méileach m'e:l'əx *f* 2 bleating (of sheep)
meilt m'el't' *f* 2 grinding, crushing; spending, wasting
meilteoir m'el't'o:r' *m* 3 grinder, crusher
méin m'e:n' *f* 2 mind, disposition; bearing
méine m'e:n'ə : **mian**
meiningíteas ,m'en'əŋ''g'i:t'əs *m* 1 meningitis
méiniúil m'e:n'u:l' *a* 2 well-disposed, friendly; (*of land*) fertile
meirbh m'er'əv' *a* 1 languid, weak; sultry, close
meirbhe m'er'əv'ə *f* 4 languor, weakness; sultriness, closeness
meirbhligh m'er'əv'l'i: *vt* enervate, weaken
meirdreach m'e:rd'r'əx *f* 2 harlot, prostitute
meirdreachas m'e:rd'r'əxəs *m* 1 harlotry, prostitution
meirdrigh m'e:rd'r'i: *vt* prostitute
meireang ,m'e'r'aŋ *m* 4 meringue
meirfean m'er'əf'ən *m* 1 weakness, faintness; sultriness, oppressive heat
meirg m'er'əg' *f* 2 rust; irritability
meirge m'er'əg'ə *m* 4 banner, flag
meirgeach m'er'əg'əx *a* 1 rusty; irritable
meirgire m'er'əg'ər'ə *m* 4 standard-bearer, ensign
méirínteacht m'e:r'i:n't'əxt *f* 3 fingering, fiddling, meddling (*ar, le* with)
meirleach m'e:rl'əx *m* 1 thief; outlaw; malefactor
meirleachas m'e:rl'əxəs *m* 1 banditry, outlawry; villainy
meirliún m'e:rl'u:n *m* 1 merlin
méirscre m'e:rs'k'r'ə *m* 4 scar; crack, chap; crevice

meirtne m'ert'n'ə f 4 weakness; weariness, dejection
meirtneach m'ert'n'əx a 1 weak; weary, dispirited
meisce m'es'k'ə f 4 drunkenness, intoxication, *ar* ~ drunk
meisceoir m'es'k'o:r' m 3 drunkard
meisciúil m'es'k'u:l' a 2 intoxicating; drunken
méise m'e:s'ə : **mias**
Meisias m'es'iəs m 4 Messiah
meiteamorfóis 'm'et'ə,morfo:s' f 2 metamorphosis
meitéar m'et'e:r m 1 meteor
meitéareolaíocht 'm'et'e:r,o:li:(ə)xt f 3 meteorology
méith m'e: f 2 fat, fat meat; richness, fertility a 1 fat; rich, fertile
méithe m'e:hə f 4 fatness; richness
meitheal m'ehəl f 2, gs **-thle** pl **-thleacha** working party; contingent
Meitheamh m'ehəv m 1 June
meitibileacht 'm'et'ə,b'il'əxt f 3 metabolism
Meitidisteach 'm'et'ə,d'is't'əx m 1 & a 1 Methodist
meitifisic 'm'et'ə,f'is'ək' f 2 metaphysics
meitileach m'et'əl'əx a 1 methyl(ated)
meon m'o:n m 1, pl ~**ta** mind, disposition; character, temperament
meonúil m'o:nu:l' a 2 whimsical, fanciful, capricious
mí[1] m'i: f, gs ~**osa** pl ~**onna** month, ~ *na meala* honeymoon
mí-[2] m'i: pref bad, ill, evil, dis-, mis-, un-
mí-ádh 'm'i:,a: m 1 ill luck, misfortune
mí-ámharach 'm'i:,a:vərəx a 1 unlucky, unfortunate
mian m'iən f 2, gs **méine** pl ~**ta** desire; thing desired, *tá an saol ar a mhian aige* he can live as he pleases; he has every comfort in life
mianach m'iənəx m 1 ore; mine; material, quality, ~ *talún* landmine
mianadóir m'iənədo:r' m 3 miner
mianadóireacht m'iənədo:r'əxt f 3 mining; excavating
miangas m'iəŋgəs m 1 desire, craving; concupiscence
miangasach m'iəŋgəsəx a 1 desirous; concupiscent
mianra m'iənrə m 4 mineral
mianrach m'iənrəx a 1 mineral
mianreolaíocht 'm'iən,ro:li:(ə)xt f 3 mineralogy
mianúil m'iənu:l' a 2 desirous (*ar*, *chun* of)
mias m'iəs f 2, gs **méise** dish
míbhuntáiste 'm'i:,vunta:s't'ə m 4 disadvantage
mic m'ik' : **mac**
míchaidreamhacht 'm'i:,xad'r'əvəxt f 3 misanthropy
mícheádfach 'm'i:,x'e:dfəx a 1 illhumoured, peevish; insensate
mícheart 'm'i:,x'art a 1 incorrect, wrong
míchéillí 'm'i:,x'e:l'i: a 3 senseless, foolish
míchiall 'm'i:,x'iəl f 2, gs **-chéille** senselessness, folly; misinterpretation
míchlú 'm'i:,xlu: m 4 ill repute
míchomhairle 'm'i:,xo:rl'ə f 4 ill advice, evil counsel
míchompord 'm'i:,xompo:rd m 1 discomfort

míchothrom 'm'i:,xohrəm m 1 unevenness, unbalance; unfairness, inequality a 1 uneven, unbalanced; unfair, unequal
míchruinn 'm'i:,xrin' a 1 inexact, inaccurate
míchruinneas 'm'i:,xrin'əs m 1 inexactness, inaccuracy
míchuí 'm'i:,xi: a 3 improper, undue
míchuibheasach 'm'i:,xiv'əsəx ~ 'm'i:,xi:səx a 1 immoderate
míchumas 'm'i:,xuməs m 1 disability
míchumasach 'm'i:,xuməsəx a 1 disabled
míchumtha 'm'i:,xumhə a 3 deformed; ill-made
micrea-, **micri-** m'ik'r'ə pref micro-
micreafón 'm'ik'r'ə,fo:n m 1 microphone
micreascóp 'm'ik'r'ə,sko:p m 1 microscope
micrishlis 'm'ikr'ə,hl'is' f 2 microchip
mídhíleá 'm'i:,γ'i:,l'a: m 4 dyspepsia, indigestion
mídhílsigh 'm'i:,γ'i:l's'i: vt misappropriate
mídhleathach 'm'i:,γ'l'ahəx a 1 illegal
mídhlisteanach 'm'i:,γ'l'is't'ənəx a 1 illegitimate; disloyal
mífhoighne 'm'i:,ain'ə f 4 impatience
mífhoighneach 'm'i:,ain'əx a 1 impatient
mífholláin 'm'i:,ola:n' a 1 unhealthy, unwholesome
mífhonn 'm'i:,on m 1 disinclination, reluctance
mífhortún 'm'i:,ortu:n m 1 misfortune
mífhortúnach 'm'i:,ortu:nəx a 1 unfortunate, confounded
mígheanas 'm'i:,γ'anəs m 1 immodesty, indecency
míghléas 'm'i:,γ'l'e:s m 1, *ar* ~ out of order
míghnaoi 'm'i:,γni: f 4 ugliness, disfigurement; dislike
míghreann 'm'i:,γ'r'an m 1 mischievous talk, gossip
mígréin m'i:g'r'e:n' f 2 migraine
mí-iompar 'm'i:,impər m 1 misconduct
mí-ionracas 'm'i:,inrəkəs m 1 dishonesty
mí-ionraic 'm'i:,inrək' a 1 dishonest
mil m'il' f 3, gs **meala** honey
míle m'i:l'ə m 4, pl **-lte** thousand; mile, *go raibh* ~ *maith agat* thanks ever so much, *dá mhíle buíochas* in very spite of him
míleáiste m'i:l'a:s't'ə m 4 mileage
míleata m'i:l'ətə a 3 military; martial
míleatach m'i:l'ətəx a 1 militant
milemhéadar 'm'i:l'ə,v'e:dər m 1 milometer
mileoidean m'ə'l'o:d'ən m 1 melodeon
milí 'm'i:,l'i: f 4 bad colour; sickly pallor
milis m'il'əs' a 1, gsf, npl & comp **-lse** sweet
milíste m'i:l'i:s't'ə m 4 militia
milítheach 'm'i:,l'i:həx a 1 pale, sickly-looking
miliú m'i:l'u: m 4 & a thousandth
mill m'il' vt & i spoil; mar, ruin
millead m'il'e:d m 1 mullet
milleadh m'il'ə m, gs **-llte** ruination, destruction, spoliation, mutilation, *a mhilleadh sin* the contrary to that
milleagram 'm'il'ə,gram m 1 milligram
milleán m'il'a:n m 1 blame
milliméadar 'm'il'ə,m'e:dər m 1 millimetre

millín m'il'i:n' *m*4 pellet, croquette; bud, ~ *i leamhan* mothballs

milliún m'il'u:n *m*1 million

milliúnaí m'il'u:ni: *m*4 millionaire

milliúnú m'il'u:nu: *m*4 & *a* millionth

millteach m'il't'əx *a*1 destructive; pernicious; enormous, extreme

millteanach m'il't'ənəx *a*1 terrible, horrible; enormous, extreme

millteanas m'il't'ənəs *m*1 destruction, havoc; mischievousness

milseacht m'il's'əxt *f*3 sweetness; blandness

milseán m'il's'a:n *m*1 sweet; sweetmeat

milseog m'il's'o:g *f*2 sweet, sweet dish, dessert

milseogra m'il's'o:grə *m*4 confectionery

milsigh m'il's'i: *vt* & *i* sweeten

mím m'i:m' *f*2, *pl* ~ **eanna** mime *vt* & *i* mime

mímhacánta 'm'i:ˌvaka:ntə *a*3 dishonest

mímhacántacht 'm'i:ˌvaka:ntəxt *f*3 dishonesty

mímhorálta 'm'i:ˌvora:ltə *a*3 immoral

mímhoráltacht 'm'i:ˌvora:ltəxt *f*3 immorality

mímhúinte 'm'i:ˌvu:n't'ə *a*3 unmannerly, rude

min m'in' *f*2 meal, ~ *sáibh* sawdust

mín m'i:n' *f*2, *pl* ~ **te** smooth, fine, thing or part *a*1 smooth; fine; gentle; still

mínádúrtha 'm'i:ˌna:du:rhə *a*3 unnatural; unfeeling

mínáireach 'm'i:ˌna:r'əx *a*1 shameless; vicious

minc m'iŋ'k' *f*2, *pl* ~ **eanna** mink

míndána 'm'i:n'ˌda:nə *spl*, *gpl* **míndán** *na* ~ the fine arts

míne m'i:n'ə *f*4 smoothness; fineness; gentleness; quietness

míneadas m'i:n'ədəs *m*1 gentleness, refinement

míneas m'i:n'əs *m*1 minus (sign)

minic m'in'ək' *adv* & *a* often, frequent(ly)

miniciocht m'in'ək'i:(ə)xt *f*3 frequency

mínigh m'i:n'i: *vt* smooth; level; explain, interpret, *na móinte a mhíniú* to reclaim the bogs

mínineacht m'i:n'i:n'əxt *f*3 delicacy, refinement; niggling

ministir m'in'əs't'ər' *m*4, *pl* **-trí** minister

mínitheach m'i:n'ihəx *a*1 explanatory

míniú m'i:n'u: *m*4 explanation, interpretation

míniúchán m'i:n'u:xa:n *m*1 explanation

mínleach m'i:n'l'əx *m*1 level sward: fairway

mínormálta 'm'i:ˌnorəma:ltə *a*3 abnormal

mínós 'm'i:ˌno:s *m*1, *pl* ~ **anna** bad habit; rudeness, insolence

minseach m'in's'əx *f*2 she-goat

míntír 'm'i:n'ˌt'i:r' *f*2 level country; arable land; mainland

míntíreachas 'm'i:n'ˌt'i:r'əxəs *m*1 cultivation; reclamation of land

míobhán m'i:va:n *m*1 dizziness

míoca m'i:kə *m*4 mica

míochaine m'i:xən'ə *f*4 materia medica

miochair m'ixər' *a*1 tender, kind; courteous

miocht m'ixt *m*3 amice

miocrób m'ikro:b *m*1 microbe

miocsómatóis 'm'iksoːməˌto:s' *f*2 myxomatosis

miodamas m'idəməs *m*1 garbage, offal

miodóg m'ido:g *f*2 dagger

míofar m'i:fər *a*1 ugly, ill-favoured

míog m'i:g *f*2 & *vi* cheep

míogarnach m'i:gərnəx *f*2 dozing; drowsiness

mí-oiriúnach 'm'i:ˌor'u:nəx *a*1 unsuitable, unsuited (*do* to)

míol m'i:l *m*1, *pl* ~ **ta** animal; insect; louse, ~ *mór* whale, ~ *buí* hare

míolach m'i:ləx *a*1 lousy, verminous

míoleolaíocht 'm'i:lˌo:li:(ə)xt *f*3 zoology

míolra m'i:lrə *m*4 vermin

míoltóg m'i:lto:g *f*2 midge

mion[1] m'in *a*1 small, tiny; fine; detailed

mion-[2] m'in *pref* small, minute; minor; micro-

mionaigh m'ini: *vt* & *i* pulverize; mince, powder; diminish; crumble

mionairgead 'm'inˌar'əg'əd *m*1 petty cash; small change

mionchaint 'm'inˌxan't' *f*2 small talk, tittle-tattle

mionchostas 'm'inˌxostəs *m*1, *pl* petty expenses

mionchruinn 'm'inˌxrin' *a*1 minute, detailed

mionchúiseach 'm'inˌxu:s'əx *a*1 meticulous, overparticular; trivial

mionda m'ində *a*3 small, delicate; petite

miondealaigh 'm'in'ˌd'ali: *vt* parse, analyse

miondíol 'm'in'ˌd'i:l *m*3 & *vt* retail

miondíoltóir 'm'in'ˌd'i:lto:r' *m*3 retailer

mionéadach 'm'in'ˌe:dəx *m*1, *pl* **-aí** haberdashery

mionearraí 'm'inˌari: *spl* haberdashery

mionfheoil 'm'inˌo:l' *f*3 minced meat

miongaireacht m'iŋgər'əxt *f*3 nibbling, gnawing

miongán m'iŋga:n *m*1 periwinkle

miongháire 'm'inˌɣa:r'ə *m*4 smile; soft chuckle

mionghearr 'm'inˌɣ'a:r *vt* shred, mince

mionla m'inlə *a*3 gentle, mild

mionlach m'inləx *m*1 minority

mionn m'in *m*3 crown, diadem; oath, ~ *mór* swear-word

mionnaigh m'ini: *vt* & *i* swear

mionnscríbhinn 'm'in'ˌs'k'r'i:v'ən' *f*2 affidavit

mionphláinéad 'm'inˌfla:ne:d *m*1 asteroid

mionra m'inrə *m*4 mince

mionrabh ˌm'in'rav *f*2 small fragments; shreds, filings

mionsamhail 'm'inˌsaul' *f*3, *gs* **-mhla**, *pl* **-mhlacha** miniature model

miontas m'intəs *m*1 mint

miontóir m'into:r' *m*3 mincer

miontuairisc 'm'inˌtuər'əs'k' *f*2 detailed account *pl* minutes (of meeting)

miontúr 'm'inˌtu:r *m*1 minaret

mionúr m'inu:r *m*1 minor

miorr m'ir *m*4 myrrh

míorúilt m'i:ru:l't' *f*2 miracle

míorúilteach m'i:ru:l't'əx *a*1 miraculous

míosa m'i:sə : **mí**

míosachán m'i:səxa:n *m*1 monthly (magazine)

mioscais m'iskəs' *f*2 hatred, spite; malice

mioscaiseach m'iskəs'əx *a*1 spiteful, malicious

míosta m'i:stə *a*3 menstrual, *fuil mhíosta* menstruation

míostraigh m'i:stri: *vi* menstruate

míosúil m'i:su:l' *a*2 monthly

miosúr m'isu:r *m*1 measure; measurement, *as* ~ beyond measure; exceeding

miotaigh m'iti: *vt* bite, nibble; whittle away

miotal m'itəl *m*1 metal; mettle, spirited

miotalach m'itələx *a*1 metallic; mettlesome, spirited

miotalóireacht m'itəlo:r'əxt *f*3 metal-work, metallurgy

miotas m'itəs *m*1 myth

miotasach m'itəsəx *a*1 mythical

miotaseolaíocht 'm'itəs,o:li:(ə)xt *f*3 mythology

miotóg¹ m'ito:g *f*2 mitten; glove

miotóg² m'ito:g *f*2 pinch, little bite

mír m'i:r' *f*2, *pl* ~**eanna** bit, portion; section; item, ~ *eanna mearaí* jigsaw puzzle

mire m'ir'ə *f*4 quickness, rapidity; ardour; frenzy

míréasúnta 'm'i:,re:su:ntə *a*3 unreasonable, absurd

míréir m'i:,re:r' *f*2 disobedience, ~ *duine a dhéanamh* to disobey a person

mírialta 'm'i:,riəltə *a*3 unruly, disorderly; irregular

míriar 'm'i:,riər *m*4 mismanagement, maladministration

mirlín m'irl'i:n' *m*4 (playing) marble

mírún 'm'i:,ru:n *m*1 evil intent; malice

misc m'i:s'k' *f*2 mischief

mise m'is'ə 1 *sg emphatic pron* I, me

misean m'is'ən *m*1 mission

míshásamh 'm'i:,ha:səv *m*1 displeasure, dissatisfaction

míshásta 'm'i:,ha:stə *a*3 displeased, dissatisfied

míshásúil 'm'i:,ha:su:l' *a*2 unsatisfactory

mísheans 'm'i:,hans *m*4 mischance

míshláintiúil 'm'i:,hla:n't'u:l' *a*2 unhealthy, unwholesome

míshocair m'i:,hocər' *a*1 unsteady, uneasy, restless

míshuaimhneach 'm'i:,huə(v')n'əx *a*1 uneasy, restless, perturbed

míshuaimhneas 'm'i:,huə(v')n'əs *m*1 uneasiness, restlessness, perturbation

misinéir m'is'ən'e:r' *m*3 missioner; missionary

mismín m'is'm'i:n' *m*4 mint

misneach m'is'n'əx *m*1 courage; hopefulness; feeling of well-being

misnigh m'is'n'i: *vt* encourage; cheer up

misniúil m'is'n'u:l' *a*2 courageous; hopeful, cheerful

místá 'm'i:,sta: *m*4 frown

miste m'is't'ə *a* (used with *is*) *is* ~ (*do*) it matters (to), *ní* ~ *a rá* (*go*) it is no harm to say (that), *rud nár mhiste dó* as well he might, *is* ~ *liom faoi* I mind, care, about it, *mura* ~ *leat* if you don't mind

misteach m'is't'əx *m*1 & *a*1 mystic

mistéir m'is't'er' *f*2 mystery

mistéireach m'is't'e:r'əx *a*1 mysterious

místuama 'm'i:,stuəmə *a*3 imprudent; clumsy

mítéar m'i:t'e:r *m*1 mitre

míthapa 'm'i:,hapə *m*4 mishap, mischance; hasty act; inactivity *a*3 unready, inactive

mithid m'ihəd' *a* (used with *-is*) *is* ~ *dom imeacht* it is (high) time for me to go, *más maith is* ~ good, but not before time *s* due, convenient, time, *ag brath ar a mhithidí* awaiting his convenience

míthráthúil 'm'i:,hra:hu:l' *a*2 untimely, inopportune

míthreoir 'm'i:,hr'o:r' *f*, *gs* **-orach** misguidance; confusion; feebleness

míthuiscint 'm'i:,his'k'ən't' *f*3, *gs* **-ceana** misunderstanding; mistake

mitín m'it'i:n' *m*4 mitten, glove

miúil m'u:l' *f*2, *pl* ~**eanna** mule

mí-úsáid 'm'i:,u:sa:d' *f*2 misuse, abuse

mná mna: : **bean**

mo mə *poss a* my, *mo léan* alas, *mo thrua iad* I pity them, *mo ghrá thú* I love you, *m'anam* upon my soul, *mo dhearmad* I forgot, *mo dhuine* your man

mó¹ mo: *a*3, *an* ~? how many?

mó² mo: : **mór¹**

moch mox *s* & *a*1, *gsm* ~ early, *le* ~ *na maidine* early in the morning

mochóirí moxo:r'i: *m*4 early rising; early riser

modartha modərhə *a*3 murky; muddy, cloudy; morose

modh mo: *m*3, *pl* ~**anna** mode, manner; method; honour, respect; (*grammar*) mood

Modhach mo:əx *m*1 & *a*1 Methodist

modhfheirm 'mo:,er'əm' *f*2, *pl* ~**eacha** model farm

modhnaigh mo:ni: *vt* modulate, modify

modhúil mo:u:l' *a*2 mannerly; gentle, modest

modhúlacht mo:u:ləxt *f*3 mannerliness; gentleness, modesty

modúl modu:l *m*1 module

mogall mogəl *m*1 mesh; husk, shell; cluster, ~ *súile* eyeball

mogalra mogəlrə *m*4 network

mogh mau *m*3, *gs* & *npl* ~**a** bondsman, slave

moghsaine mausən'ə *f*4 bondage, slavery

mogóir mogo:r' *m*3 (rose) hip

móid mo:d' *f*2, *pl* ~**eanna** vow

móide mo:d'ə *comp of* **mór** *with* **de²** more, plus, *ní* ~ *go* probably not, hardly, *ní* ~ *ar bith é* it is hardly likely, *ní* ~ *rud de* it is as likely as not

móideach mo:d'əx *m*1 votary *a*1 votive

móidigh mo:d'i: *vt* & *i* vow

moiglí mog'l'i: *a*3 mild, placid, easy

moiglíocht mog'l'i:(ə)xt *f*3 mildness, placidity

móihéar mo:he:r *m*1 mohair

moileasc mol'əsk *m*1 mollusc

móilín mo:l'i:n' *m*4 molecule

moill mol′ *f* 2, *pl* ~**eanna** delay; stop, hindrance, *aga* ~*e* time lag, *gan mhoill* shortly, soon

moille mol′ə *f* 4 slowness, lateness

moilleadóireacht mol′ədo:r′əxt *f* 3 procrastination

moilligh mol′i: *vt & i* delay

móimint mo:m′ən′t′ *f* 2 moment

móiminteam ˌmo:′m′in′t′əm *m* 1 momentum

móin mo:n′ *f* 3, *pl* ~**te** turf, peat; bogland, moor

móincheart ′mo:n′ˌx′art *m* 1, *npl* ~**a** (right of) turbary

móinéar mo:n′e:r *m* 1 meadow

moing moŋ′ *f* 2, *pl* ~**eanna** mane; long hair; thick growth; overgrown swamp

moinsíneoir ˌmon′′s′i:n′o:r′ *m* 3 monsignor

móinteach mo:n′t′əx *m* 1 moorland, moor; reclaimed bogland

móinteán mo:n′t′a:n *m* 1 bog, moor

móiréis mo:r′e:s′ *f* 2 haughtiness, pretension

móiréiseach mo:r′e:s′əx *a* 1 haughty, pretentious

moirfeolaíocht ′mor′f′ˌo:li:(ə)xt *f* 3 morphology

moirfín mor′f′i:n′ *m* 4 morphine, morphia

moirt mort′ *f* 2 lees, dregs; heavy clay; mire

moirtéal mort′e:l *m* 1 mortar

moirtéar mort′e:r *m* 1, (*vessel, artillery*) mortar

moirtís mort′i:s′ *f* 2 mortise

móitíf mo:t′i:f′ *f* 2, *pl* ~**eanna** motif

mol[1] mol *m* 1 hub; pivot, shaft, spindle; boss; crown, *an M* ~ *Thuaidh* the North Pole

mol[2] mol *vt & i* praise; recommend; propose, ~ *le* agree with; encourage

moladh molə *m*, *gs* -**lta** *pl* -**ltaí** praise; recommendation; proposal; eulogy

molás mola:s *m* 1 molasses

moll mol *m* 1, *pl* ~**ta** heap; large amount, number

molt molt *m* 1 wether

moltach moltəx *a* 1 complimentary, approving

moltóir molto:r′ *m* 3 proposer, nominator; adjudicator, umpire

moltóireacht molto:r′əxt *f* 3 judging, umpiring; adjudication

mómhaireacht mo:vər′əxt *f* 3 mannerliness; gracefulness, dignity

mómhar mo:vər *a* 1 mannerly; graceful, dignified

mona monə *m* 4 money; coins, coinage; kind

monabhar monəvər *m* 1 murmuring, murmur

monagamas ′monəˌgaməs *m* 1 monogamy

monailit ′monəˌl′it′ *f* 2 monolith

monalóg ′monəˌlo:g *f* 2 monologue

monaplacht ′monəˌplaxt *f* 3 monopoly

monaplaigh ′monəˌpli: *vt* monopolize

monaraigh monəri: *vt* manufacture

monarc monərk *m* 4, *pl* ~**aí** monarch

monarcha monərxə *f*, *gs* ~**n** *pl* ~**na** factory

moncaí moŋki: *m* 4 monkey

moneolaíocht ′monˌo:li:(ə)xt *f* 3 numismatics

mongach moŋgəx *a* 1 maned: long-haired; covered with vegetation; marshy

mónóg mo:no:g *f* 2 bogberry, cranberry; bead, drop

monsún monsu:n *m* 1 monsoon

monuar mə′nuər *int* woe is me, alas

mór[1] mo:r *m* 1 great lot; much, many; pride *a* 1, *comp* **mó** big, great, large; main; senior, *bóthar* ~ highway, *duine* ~ *le rá* notable person, *tá sé* ~ *as féin* he has a high opinion of himself, *baile* ~ town, *an fharraige mhór* the open sea, the ocean, *bheith* ~ *le duine* to be on friendly terms with a person, *ní* ~ *liom duit é* I don't begrudge it to you, *go* ~ *fada* by a long stretch, *go* ~ ~ especially, *an* ~ *é*? how much is it? *ní* ~ (*do*) it is necessary (for), *nach* ~ almost, *ní mó ná* (*go*) hardly, *ná déan sin níos mó* don't do that any more *vt & i* magnify; exalt, extol; increase; (with *as*) boast about, (with *ar*) begrudge to

mór-[2] mo:r *pref* great-, grand-, main-, giant, major; general

mora morə *s*, ~ *duit* (*ar maidin*), ~ *na maidine duit* good morning

móradh mo:rə *m*, *gs* -**rtha** magnification, extolment

móraí mo:ri: *f* 4 granny

móráil mo:ra:l′ *f* 3 pride; boastfulness

móráireamh ′mo:rˌa:r′əv *m* 1 census

mórálach mo:ra:ləx *a* 1 proud; boastful

morálta mora:ltə *a* 3 moral

móráltacht mora:ltəxt *f* 3 morality; morals

móramh mo:rəv *m* 1 majority

mórán mo:ra:n *m* 1 much, many

mórbhonn ′mo:rˌvon *m* 1 medallion

mórchóir ′mo:rˌxo:r′ *s*, *ar an* ~ on a large scale, in bulk

mórchroí ′mo:rˌxri: *m* 4 generosity

mórchuid ′mo:rˌxid′ *f* 3, *gs* -**choda** *pl* -**chodanna** large amount, number; greater part, number

mórchúis ′mo:rˌxu:s′ *f* 2 self-importance, pomposity

mórchúiseach ′mo:rˌxu:s′əx *a* 1 self-important, pompous

mórdhíol ′mo:rˌɣ′i:l *m* 3 wholesale

mórfhoclach ′mo:rˌokləx *a* 1 oratorical; bombastic

morg morəg *vt & i* corrupt, decompose, putrefy; mortify

mórga mo:rgə *a* 3 great, exalted; majestic; highminded

mórgacht mo:rgəxt *f* 3 greatness; majesty; highmindedness, *A Mhórgacht* His Highness, His Majesty; Your Majesty

morgadh morəgə *m*, *gs* -**gtha** corruption, putrefaction; gangrene

morgáiste morəga:s′t′ə *m* 4 mortgage

morgáistigh morəga:s′t′i: *vt* mortgage

morgthach morəkəx *a* 1 putrefactive, gangrenous

mórluachach ′mo:rˌluəxəx *a* 1 valuable; important; self-important

Mormannach morəmənəx *m* 1 & *a* 1 Mormon

mór-roinn ′mo:(r)ˌron′ *f* 2, *pl* -**ranna** continent

mórsheisear 'mo:r,hes'ər *m*1 seven persons
mórshiúl 'mo:r,x'u:l *m*1, *pl* ~ta procession
mórtas mo:rtəs *m*1 pride; boastfulness; high spirits, *bhí* ~ *farraige ann* a heavy sea was running
mórtasach mo:rtəsəx *a*1 proud; boastful; joyous
mórthaibhseach 'mo:r,hav's'əx *a*1 spectacular
mórthimpeall ,mo:r'him'p'əl *m*1 circuit; surroundings *prep & adv* surrounding, all round
mórthír 'mo:r,hi:r' *f*2 mainland
mortlaíocht mortli:(ə)xt *f*3 mortality, death-rate; deadliness
mos¹ mos *m*1 scent
mos² mos *m*1 surliness
mós mo:s *adv* rather
mosach mosəx *a*1 shaggy, bristly; surly
mósáic ,mo:'sa:k' *f*2 mosaic
Moslamach mosləməx *m*1 & *a*1 Moslem
móta mo:tə *m*4 moat; earthen embankment; mound
mótar mo:tər *m*1 motor; motor car
mótaraigh mo:təri: *vt* motorize
mothaigh mohi: *vt & i* feel; sense, perceive; hear; bewitch, *mothaím uaim iad* I miss them
mothaitheach mohihəx *a*1 sentient, perceptive
mothálach moha:ləx *a*1 sensitive, responsive
mothall mohəl *m*1 mop (of hair, etc)
mothallach mohələx *a*1 bushy; shaggy
mothaolach mohi:ləx *a*1 unsophisticated; gullible
mothar mohər *m*1 thicket; jungle; large mass
mothrach mohrəx *a*1 overgrown, tangled; massive; clouded
mothú mohu: *m*4 feeling, perception; sensation, consciousness
mothúchán mohu:xa:n *m*1 feeling, emotion
muc muk *f*2 pig, ~ *mhara* porpoise, ~ *ghainimh* sandhill, sandbank, *tháinig* ~ *ar gach mala aige* he frowned darkly, ~ *shneachta* snow-drift
mucais mukəs' *f*2 pigsty
múcas mu:kəs *m*1 mucus
múch mu:x *f*2 fumes; suffocating vapour *vt & i* smother, suffocate; quench, extinguish; dull, deaden
múchadh mu:xə *m*, *gs* -chta smothering, suffocation; quenching; asthma
múchán mu:xa:n *m*1 flue; hovel
múchtach mu:xtəx *a*1 smothering, suffocating; asthmatic
múchtóir mu:xto:r' *m*3 extinguisher
muclach mukləx *m*1 piggery; drove of pigs
mufa mofə *m*4 muff
muga mogə *m*4 mug
muiceoil 'mik',o:l' *f*3 pork
muid mid' 1*pl pron* we, us
muidne mid'n'ə 1*pl emphatic pron* we, us
muifín mif'i:n' *m*4 muffin
muifléad mif'l'e:d *m*1 muffler
muiléad mil'e:d *m*1 millet

muileann mil'ən *m*1, *pl* -lte mill, ~ *gaoithe* windmill
muileata mil'ətə *m*4 (*cards*) diamond
muilleoir mil'o:r' *m*3 miller; mill-owner
muilleoireacht mil'o:r'əxt *f*3 milling
muin min' *f*2 (upper) back; top, *ar mhuin capaill* on horseback, *ar mhuin mhairc a chéile* thrown together, higgledypiggledy
múin mu:n' *vt & i* teach, instruct
muince miŋ'k'ə *f*4 necklace, (metal) collar
muinchille min'x'əl'ə *f*4 sleeve
muine min'ə *f*4, *pl* ~acha thicket; scrub
múineadh mu:n'ə *m*, *gs* -nte teaching, instruction; good behaviour, manners, ~ *scéil* the moral of a story
muineál min'a:l *m*1, *gs & npl* -níl neck
muinín min'i:n' *f*2 trust, confidence; dependence, *dul i* ~ *ruda* to have recourse to sth
muiníneach min'i:n'əx *a*1 (with *as*) trusting in; reliant on; trustworthy, reliable
muinisean ,mi'n'is'ən *m*1 ammunition
múinte mu:n't'ə *a*3 well-behaved, polite
muintearas min't'ərəs *m*1 friendliness, friendship; relationship
muinteartha min't'ərhə *a*3 friendly; related, *duine* ~ relation
múinteoir mu:n't'o:r' *m*3 teacher
múinteoireacht mu:n't'o:r'əxt *f*3 teaching
muintir min't'ər' *f*2, *pl* ~eacha kinsfolk, family; people, folk, *teach* ~*e* dwelling-house, *fear na* ~*e* close relative, *M* ~ *Laoire* the O'Learys
muir mir' *f*3, *gs & pl* mara sea, ~ *théachta* frozen sea; vast amount
muirbheach mir'əv'əx *m*1, (*of seashore*) links
muirdhreach 'mir',γ'r'ax *m*3, *gs & npl* ~a seascape
Muire mir'ə *f*4 (the Virgin) Mary
muirear mir'ər *m*1 charge; family; burden
muireolaíocht 'mir',o:li:(ə)xt *f*3 oceanography
muirgha 'mir',γa *m*4, *pl* ~thanna harpoon
muirí mir'i: *a*3 marine, maritime
muirín¹ mir'i:n' *f*2, *pl* ~eacha family; burden
muirín² mir'i:n' *m*4 scallop
múirling mu:rl'əŋ' *f*2 heavy sudden shower
muirmhíle 'mir',v'i:l'ə *m*4, *pl* -lte knot, nautical mile
muirneach mu:rn'əx *a*1 affectionate; beloved; caressing
muirnéis mu:rn'e:s' *f*2 caressing; endearment
muirnigh mu:rn'i: *vt* fondle, cherish
muirnín mu:rn'i:n' *m*4 darling, sweetheart
muirthéacht 'mir',he:xt *f*3 (political) revolution
múisc mu:s'k' *f*2 vomit; nausea; loathing
muiscít mis'k'i:t' *f*2 mosquito
múisciúil mu:s'k'u:l' *a*2 nauseating; dank, oppressive
muise mis'ə *int*, ~ *mhuise* indeed
múisiam mu:s'iəm *m*4, *pl* ~aí upset, mental disturbance; pique; nausea; heaviness, drowsiness

muisiriún mis'ər'u:n *m*1 mushroom
muislín mis'l'i:n' *m*4 muslin
múitseáil mu:t's'a:l' *f*3 mitching, loitering
mullach muləx *m*1, *pl* -**aí** top, summit; crown (of head); elevated ground, *i ~ a chéile* on top of one another, *tá an geimhreadh sa mhullach orainn* winter is upon us
mullachán muləxa:n *m*1 round, heap, *~ gasúir* sturdy boy
mullán mula:n *m*1 hillock
mullard molərd *m*1 bollard
mumaí momi: *m*4 (*of body*) mummy
mún mu:n *m*1 urine *vt & i* urinate
mungail muŋgəl' *vt & i, pres* -**glaíonn** munch; slur, mumble
mungailt muŋgəl't' *f*2 munching; mumble
múnla mu:nlə *m*4 mould; cast, moulding; form
múnlaigh mu:nli: *vt* mould; mint; form, model
múnlú mu:nlu: *m*4 moulding, casting, shaping
múr mu:r *m*1, *pl* ~**tha** wall, rampart; bank, mound; shower *pl* profusion, abundance *vt* wall in, immure
mura murə *conj* if not, unless, *~ mbeadh ann ach sin* if that were all, *~ miste dom a rá* if I may say so, *~b ionann is tusa* unlike you, *~r cailleadh iad* if they were not lost
murach murəx *conj* if not, only, *~ sin* but for that
múraíl mu:ri:l' *f*3 showery conditions, shower(s)

múráil mu:ra:l' *f*3 mooring *vt* moor
murascaill 'mur,askəl' *f*2 gulf
murdar mordər *m*1 murder
murdaróir mordəro:r' *m*3 murderer
murlach mu:rləx *m*1 lagoon
murlán mu:rla:n *m*1 knob; small rounded object; knuckle-bone
murlas mu(:)rləs *m*1 mackerel
murnán mu:rna:n *m*1 ankle
mursanta mursəntə *a*3 domineering, tyrannical
murúch muru:x *f*2 mermaid
músaem mu:se:m *m*1 museum
muscaed moske:d *m*1 musket; rifle
muscaedóir moske:do:r' *m*3 musketeer: rifleman
múscail mu:skəl' *vt & i, pres* -**claíonn** wake, awake, *~ do mhisneach* rouse your courage
múscailt mu:skəl't' *f*2 awakening, state of being awake
múscailteach mu:skəl't'əx *a*1 wakeful
múscán mu:ska:n *m*1 spongy substance, sponge
múscánta mu:ska:ntə *a*3 spongy; oozy, dank
músclóir mu:sklo:r' *m*3 activator
mustairt mostərt' *f*2 worsted
mustar mostər *m*1 muster, assembly; ostentation, arrogance
mustard mostərd *m*1 mustard
mustrach mostrəx *a*1 ostentatious; swaggering, arrogant
mútóg mu:to:g *f*2 finger-stall; flipper; stump

N

na¹ nə† : **an¹**
-na² nə 1 *pl emphatic suff, ár gceantarna* our district, *thugamarna a ndúshlán* we defied them
ná¹ na: *neg vb particle used with imperative* (do) not, *~ habair é* don't say it, *~ biodh eagla ort* don't be afraid
ná² na: *neg vb particle used with pres subj of* **bí** *dealbh ~ raibh sé* may he never be destitute
ná³ na: *conj* nor, or, *níl mac ~ iníon aige* he has neither son nor daughter, *ní raibh eagla ~ eagla uirthi* she was not in the least afraid
ná⁴ na: *conj* than, *tá sé níos airde ~ an fear eile* he is taller than the other man, *ní mó ~ gur fiú duit é* it is hardly worth your while
ná⁵ na: *conj* but, *cad a bheadh romham ~ asal* what should I find there but a donkey, *~ go, ~ gur* but that
ná⁶ na: *conj used with* **is** *is é ainm a bhí air ~ Séadna* the name that he had was Séadna
nach¹ nax *neg interr vb particle, ~ bhfeiceann tú féin go bhfuil an ceart agam*? do you not see for yourself that I am right?
nach² nax† *neg rel vb particle* who(m), which ... not, *an té ~ bhfuil ciall aige* he who has not got

sense, *fear ~ n-aithním* a man whom I don't recognize
nach³ nax† *conj* that ... not, *is fíor ~ gcreidim é* it is true that I don't believe it, *mar ~ raibh an t-ádh orainn* because we were not in luck
nach⁴ nax *~ mór, ~ beag* almost
nach⁵ nax† : **is**
nádúr na:du:r *m*1 nature; innate character, kindliness, *dlíthe an nádúir* the laws of nature
nádúraí na:du:ri: *m*4 naturalist
nádúrtha na:du:rhə *a*3 natural, normal; good-natured, kindly
nádúrthacht na:du:rhəxt *f*3 naturalness, artlessness; kindliness; moderateness, *~ oibre a dhéanamh* to do a fair amount of work
naí ni: *m*4, *pl* ~**onna** infant
náibhí na:v'i: *m*4 navvy
naíchóiste 'ni:,xo:s't'ə *m*4 baby carriage, pram
náid na:d' *f*2, *pl* ~**eanna** nought; nothing
naigín nag'i:n' *m*4 noggin
naímharú 'ni:,varu: *m*4 infanticide
naimhdeach nav'd'əx *a*1 hostile, malevolent
naimhdeas nav'd'əs *m*1 hostility, malevolence, spite

naíolann niːlən *f* 2 (children's) nursery

naíonacht niːnəxt *f* 3 infancy

naíonán niːnaːn *m* 1 infant

naíonda niːndə *a* 3 childlike; fresh, innocent, beautiful

naipcín nap'k'iːn' *m* 4 napkin, ~ *boird* serviette, ~ *póca* pocket handkerchief

náir naːr' *a* (used with *is*) *is* ~ *liom é a rá leat* (*ach*) I am ashamed to say it to you (but), *ní* ~ *dó é* one would expect nothing better of him

nairciseas ˌnar''k'is'əs *m* 1 narcissus

náire naːr'ə *f* 4 shame; decency; modesty

náireach naːr'əx *a* 1 shameful; modest, diffident

náirigh naːr'i: *vt* shame, disgrace

naisc nas'k' *vt & i*, *vn* nascadh tie, bind; link, tether

naíscoil 'niːˌskol' *f* 2, *pl* ~eanna kindergarten

náisiún naːs'uːn *m* 1 nation, *na Náisiúin Aontaithe* the United Nations

náisiúnach naːs'uːnəx *m* 1 national

náisiúnachas naːs'uːnəxəs *m* 1 nationalism

náisiúnaí naːs'uːni: *m* 4 nationalist

náisiúnta naːs'unːtə *a* 3 national

náisiúntacht naːs'uːntəxt *f* 3 nationality

Naitseachas nat's'əxəs *m* 1 Nazism

Naitsí nat's'i: *m* 4 Nazi

Naitsíoch nat's'i:(ə)x *a* 1, *gsm* ~ Nazi

namhaid naud' ~ na(ː)vəd' *m*, *gs* -ad *pl* naimhde enemy

naofa niːfə *a* 3 holy, sanctified; sacred, *Pádraig N* ~ Saint Patrick

naofacht niːfəxt *f* 3 holiness, sanctity

naoi ni: *m* 4, *pl* naonna *& a* nine, *a* ~ *déag* nineteen

naomh niːv *m* 1 saint *a* 1 holy, blessed

naomhaigh niːvi: *vt* hallow, sanctify

naomhainmnigh 'niːvˌan'əm'n'i: *vt* canonize

naomhaithis 'niːvˌahəs' *f* 2 profanity, blasphemy

naomhóg niːvoːg *f* 2 currach, coracle

naomhsheanchas 'niːvˌhanəxəs *m* 1 hagiography; hagiology

naonúr niːnuːr *m* 1 nine persons

naoscach niːskəx *f* 2 snipe

naoscaire niːskər'ə *m* 4 snipe-shooter; sniper

naoú niːu: *m* 4 *& a* ninth

naprún napruːn *m* 1 apron

nár[1] naːr *neg vb particle used with pres subj*, ~ *fheicimid arís é* may we never see him again, ~ *lige Dia* God forbid

nár[2] naːr *neg interr vb particle*, ~ *cheannaigh tú é?* did you not buy it? ~ *imigh sé féin romhainn?* didn't he himself leave before us?

nár[3] naːr' *neg rel vb particle* who(m), which … not, *an fear* ~ *labhair* the man who didn't speak, *fear* ~ *thuig mé a chuid cainte* a man whose speech I didn't understand

nár[4] naːr' *conj* that … not, *sílim* ~ *éirigh leis* I think he didn't succeed, *bíodh is* ~ *cuireadh moill orainn* even though we were not delayed

nár[5] naːr', nára naːrə, nárab naːrəb, nárbh naːrv' : is

nasc nask *m* 1 tie, tether; clasp; bond

nath nah *m* 3, *pl* ~anna adage; epigram, *tá sé ina* ~ *againn* it is a common saying with us, *ná cuir aon* ~ *ann* pay no attention to it

nathach nahəx *a* 1 aphoristic; sententious

nathaíocht nahi:(ə)xt *f* 3 witticism, wisecracking

nathair nahər' *f*, *gs* -thrach *pl* -thracha snake, serpent

nathán nahaːn *m* 1 adage, aphorism, tag

-ne n'ə 1 *pl emphatic suff*, *ár muintirne* our people, *bheimisne sásta leis sin* we would be satisfied with that, *sinne, muidne* we, us, *dúinne, linne, orainne* to, with, on, us

neach n'ax *m* 4, *gs & gpl* ~, *npl* ~a being; person; spirit

neacht n'axt *f* 3, *pl* ~anna niece

neachtairín n'axtər'iːn' *m* 4 nectarine

neachtar[1] n'axtər *m* 1 nectar

neachtar[2] n'axtər *pron*, *nó* ~ *acu* or else

neachtlann n'axtlən *f* 2 laundry

nead n'ad *f* 2, *pl* ~acha nest; bed, lair, ~ *seangán* ant-hill

neadaigh n'adi: *vt & i* nest; nestle; set; lodge

neafaiseach n'afəs'əx *a* 1 trivial, trite

néal n'eːl *m* 1, *pl* ~ta cloud; depression; gloomy expression; fit, paroxysm; swoon, nap, snooze; daze, ~ *gréine* burst of sunshine, *níor fhan* ~ *aige* he was beside himself, *thit* ~ *orm* I dozed off

néalfartach[1] n'eːlfərtəx *f* 2 dozing, drowsing

néalfartach[2] n'eːlfərtəx *f* 2 tormentil

néalmhar n'eːlvər *a* 1 nebulous; gloomy; sleepy

néaltach n'eːltəx *a* 1 cloudy

néaltraithe n'eːltrihə *a* 3 crazy, demented

neamaiteach 'n'aˌmat'əx *a* 1 unforgiving

neamaitheach 'n'aˌmahəx *a* 1 disobliging; useless

neamart n'amərt *m* 1 neglect, ~ *a dhéanamh i rud* to neglect sth

neamartach n'amərtəx *a* 1 neglectful, remiss

neamh[1] n'av *f* 2, *gs* neimhe heaven; sky

neamh-[2] n'av *pref* in-, un-, -less; non-

neamhacra 'n'avˌakrə *s*, *ar an* ~ independent, in easy circumstances

neamhaí n'avi: *a* 3 heavenly, celestial; (*of talk*) monotonous

neamhaird 'n'avˌaːrd' *f* 2, ~ *a thabhairt ar rud* to disregard sth

neamh-aistear 'n'avˌas't'ər *m* 1 idleness; thoughtlessness; mischief

neamhaistreach 'n'avˌas't'r'əx *a* 1 intransitive

néamhanda n'eːvəndə *a* 3 pearly

néamhann n'eːvən *m* 1 gem; mother of pearl

neamhaontach 'n'avˌiːntəx *m & a* 1 nonconformist

neamhbhailbhe 'n'a(v)ˌval'əv'ə *f* 4 forthrightness

neamhbhailí 'n'a(v)ˌval'i: *a* 3 invalid

neamhbhailigh 'n'a(v)ˌval'i: *vt* invalidate

neamhbhalbh 'n′a(v)ˌvaləv *a*1 outspoken, forthright

neamhbhásmhaireacht 'n′a(v)ˌva:svər′əxt *f* 3 immortality

neamhbhásmhar 'n′a(v)ˌva:svər *a*1 immortal

neamhbheo 'n′a(v)ˌv′o: *a*3 inanimate; still, dead

neamhbhríoch 'n′a(v)ˌv′r′i:(ə)x *a*1, *gsm* ~ insignificant; ineffective; nullity

neamhbhuan 'n′a(v)ˌvuən *a*1 impermanent, transient

neamhchead 'n′avˌx′ad *s*, *ar* ~ *do* without the permission of, in spite of

neamhchiontach 'n′avˌx′intəx *m*1 innocent person *a*1 innocent, not guilty

neamhchodladh 'n′avˌxolə *m*, *gs* -ata insomnia

neamhchoimisiúnta 'n′avˌxo′m′is′u:ntə *a*3 noncommissioned

neamhchoitianta 'n′avˌxot′iəntə *a*3 uncommon, unusual

neamhchosúil 'n′avˌxosu:l′ *a*2 unlike; unlikely

neamhchúiseach 'n′avˌxu:s′əx *a*1 unconcerned; imperturbable

neamhdhuine 'n′avˌɣin′ə *m*4, *pl* -dhaoine nobody, nonentity

neamheaglach 'n′avˌagləx *a*1 fearless, intrepid

neamhfheidhm 'n′avˌaim′ *f* 2 nonfunction; irrelevance

neamhghnách 'n′avˌɣna:x *a*1, *gsm* ~ unusual, extraordinary

neamhiontas 'n′avˌi:ntəs *m*1, ~ *a dhéanamh de rud* to disregard, ignore, sth

neamh-mheabhair 'n′a(v)ˌv′aur′ *f*, *gs* -bhrach forgetfulness; unconsciousness; distraction, madness

neamh-mheisce 'n′a(v)ˌv′es′k′ə *f* 4 sobriety

neamh-mheisciúil 'n′a(v)ˌv′es′k′u:l′ *a*2 non-intoxicating; sober

neamh-mheontach 'n′a(v)ˌv′o:ntəx *a*1 forward, presumptuous

neamh-mheontaíocht 'n′a(v)ˌv′o:nti:(ə)xt *f* 3 forwardness

neamhní n′avn′i: *m*4, *pl* -nithe nothing, nought

neamhnigh n′avn′i: *vt* nullify, annul, annihilate

neamhoifigiúil 'n′avˌof′əg′u:l′ *a*2 unofficial

neamhphearsanta 'n′avˌf′arsəntə *a*3 impersonal

neamhréir 'n′avˌre:r′ *f* 2 inconsistency

neamhréireach 'n′avˌre:r′əx *a*1 inconsistent

neamhrialta 'n′avˌriəltə *a*3 irregular

neamhscagach 'n′avˌskagəx *a*1 impermeable

neamh-shainchreidmheach 'n′av′han′ˌx′r′ed′v′əx *a*1 non-denominational

neamhshaolta 'n′avˌhi:ltə *a*3 unworldly; ethereal

neamhshiméadrach 'n′avˌhim′e:drəx *a*1 asymmetric

neamhshotalach 'n′avˌhotələx *a*1 unsubmissive; impudent

neamhshrianta 'n′avˌhriəntə *a*3 unbridled, capricious

neamhshuim 'n′avˌhim′ *f* 2 disregard, indifference

neamhshuimiúil 'n′avˌhim′u:l′ *a*2 unimportant; insignificant, ~ *i* uninterested (in), disdainful (of)

neamhspleách 'n′avˌsp′l′a:x *a*1, *gsm* ~ independent (*ar*, *le* of)

neamhspleáchas 'n′avˌsp′l′a:xəs *m*1 independence

neamhthuairimeach 'n′avˌhuər′əm′əx *a*1 unthinking; casual; unexpected

neamhthuilleamaí 'n′avˌhil′əmi: *m*4, *ar an* ~ independent

neamhurchóideach 'n′avˌurəxo:d′əx *a*1 harmless, inoffensive

neantóg n′anto:g *f* 2 nettle

neantúil n′antu:l′ *a*2 irritating; irritable

néar(a)- n′e:r(ə) *pref* neur(o)-, nerve, nervous

néarailge 'n′e:rˌal′əg′ə *f* 4 neuralgia

néareolaíocht 'n′e:rˌo:li:(ə)xt *f* 3 neurology

néaróg n′e:ro:g *f* 2 nerve

néaróis n′e:ro:s′ *f* 2 neurosis

néaróiseach n′e:ro:s′əx *m*1 & *a*1 neurotic

neart n′art *m*1 strength, power; plenty; control, *tá sé ina* ~ he is in his prime, *le* ~ *sainte* through sheer avarice, *tá* ~ *ama agat* you have plenty of time, *níl* ~ *air* it can't be helped, *níl* ~ *agam dul leat* I am unable to go with you

neartaigh n′arti: *vt & i* strengthen; (with *le*) reinforce, *tá sé ag neartú sa saol* he is getting on in the world, *neartú le duine* to support a person

neartmhar n′artvər *a*1 strong, vigorous, powerful

neartú n′artu: *m*4 strengthening, reinforcement, support

neas- n′as *pref* approximate, near

neasa n′asə *comp a* nearer, nearest (*do* to)

neascóid n′asko:d′ *f* 2 boil

neasghaol 'n′asˌɣi:l *m*1, *pl* ~ta next of kin

néata n′e:ta *a*3 neat

néatacht n′e:təxt *f* 3 neatness

neimhe n′ev′ə : **neamh**

néimhe n′e:v′ə : **niamh**

Neiptiún n′ep′t′u:n *m*1 Neptune

neirbhís n′er′əv′i:s′ *f* 2 nervousness

neirbhíseach n′er′əv′i:s′əx *a*1 nervous

néiríteas ˌn′e:′r′i:t′əs *m*1 neuritis

neodar n′o:dər *m*1 neuter; nothing

neodrach n′o:drəx *a*1 neutral; neuter

neodracht n′o:drəxt *f* 3 neutrality

neodraigh n′o:dri: *vt* neutralize; neuter

neodrón n′o:dro:n *m*1 neutron

Neoiliteach n′o:ˌl′it′əx *a*1 Neolithic

neon n′o:n *m*1 neon

ní¹ n′i: *m*4, *pl* **nithe** thing, something; (with *neg*) nothing, *níor tharla aon* ~ nothing happened, *is mór an* ~ *é* it means a lot, ~ *nach ionadh* no wonder, (with *ba*) ~ *ba ghile ná an sneachta* whiter than snow, *níor imigh sé* ~ *ba mhó* he didn't go away any more

ní² n′i: *f* 4 (*in surnames*), *Nuala Ní Bhriain* (Miss) Nuala O'Brien, *Máire Ní Ógáin* (Miss) Mary Hogan

ní³ n'i: *f* 4 washing

ní⁴ n'i:† *neg vb particle,* ~ *fheiceann sé iad* he doesn't see them, ~ *raibh focal as* he didn't say a word, ~ *bhfaigheadh sé é* he would not get it, ~ *déarfaidh sí é* she will not say it

ní⁵ n'i: ~ *mé* I wonder

ní⁶ n'i:† : **is**

nia n'iə *m*4, *pl* ~**nna** nephew

niachas n'iəxəs *m*1 prowess; chivalry

nialas n'iələs *m*1 zero

niamh n'iəv *f*2, *gs* **néimhe** brilliance, sheen

niamhghlan 'n'iəv,ɣlan *vt* burnish

niamhrach n'iəvrəx *a*1 lustrous, resplendent

nic n'ik' (*in surnames*), *Máire N* ~ *Shuibhne* (Miss) Mary (Mc)Sweeney, *Bríd N* ~ *an Ghoill* (Miss) Brigid McGill

nicil n'ik'əl' *f*2 nickel

nicitín n'ik'ət'i:n' *m*4 nicotine

nideog n'id'o:g *f*2 niche

nigh n'iɣ' *vt & i* wash

nihileachas n'ihəl'əxəs *m*1 nihilism

níl n'i:l' *pres neg of* **bí**

nimfeach n'im'f'əx *f*2 nymph

nimh n'iv' *f*2, *pl* ~**eanna** poison; virulence, animosity, *dúil* ~ *e* extreme desire, ~ *e neanta* venomous, stinging, scalding

nimheanta n'iv'əntə *a*3 venomous, spiteful

nimhigh n'iv'i: *vt* poison, envenom

nimhíoc 'n'iv',i:k *f*2 antidote

nimhiú n'iv'u: *m*4 poisoning, ~ **bia** food poisoning

nimhiúil n'iv'u:l' *a*2 poisonous, virulent

nimhneach n'iv'n'əx *a*1 painful; hurtful; spiteful; touchy, *namhaid* ~ vindictive enemy

níochán n'i:(ə)xa:n *m*1 washing; wash, laundry

níolón n'i:lo:n *m*1 nylon

níor¹ n'i:r† *neg vb particle,* ~ *chreid sé mé* he didn't believe me, ~ *cuireadh suim ann* no notice was taken of it

níor² n'i:r† : **is**

níorbh n'i:rv† : **is**

níos n'i:s *comp adv,* *tá tú* ~ *óige ná mé* you are younger than I am, *dá mbeadh* ~ *mó airgid agam* if I had more money

níotráit n'i:tra:t' *f*2 nitrate

nithe n'ihə : **ní¹**

nithiúil n'ihu:l' *a*2 real, concrete, corporeal

nithiúlacht n'ihu:ləxt *f*3 reality, concreteness

nítrea-, nítri- n'i:t'r'ə *pref* nitr(o)-

nítrigin 'n'i:t'r'ə,g'in' *f*2 nitrogen

niúmóine ,n'u:'mo:n'ə *m*4 pneumonia

nó no: *conj* or, *dubh* ~ *bán* black or white, *ní féidir* ~ *fuair sé é* he must have got it, ~ *go* until; so that

nócha no:xə *m*, *gs* ~**d** *pl* ~**idí** *& a* ninety

nóchadú no:xədu: *m*4 *& a* ninetieth

nocht noxt *m*1 naked person *a*1, *gsm* ~, naked; exposed *vt & i* bare, uncover; expose, *dealbh a* ~ *adh* to unveil a statue, ~ *an long ag bun na spéire* the ship appeared on the horizon

nochtachas noxtəxəs *m*1 nudism

nochtacht noxtəxt *f*3 nudity

nochtadh noxtə *m*, *gs* **nochta** baring, exposure; disclosure

nod nod *m*1, *npl* ~**a** abbreviation; hint

nód no:d *m*1 node

nódaigh no:di: *vt* graft, transplant

nodaireacht nodər'əxt *f*3 notation

nódú no:du: *m*4 graft, transplant(ation)

nóibhéine ,no:'v'e:n'ə *f*4 novena

nóibhíseach no:v'i:s'əx *m*1 novice

nóiméad no:m'e:d *m*1 minute; moment

nóin no:n' *f*3, *pl* **nónta** nones; afternoon; noon

nóinín no:n'i:n' *m*4 daisy

nóinléiriú 'no:n',l'e:r'u: *m*4 matinée

nóisean no:s'ən *m*1 notion; (fanciful) idea

noitmig not'm'əg' *f*2 nutmeg

Nollaig noləg' *f*, *gs* -**ag** *pl* ~ **í** Christmas, *Oíche Nollag* Christmas Eve, *Mí na Nollag* December

normálta norəma:ltə *a*3 normal

Normannach norəmənəx *m*1 *& a*1 Norman

nós no:s *m*1, *pl* ~**anna** custom; manner, style, ~ *imeachta* procedure, *ar* ~ in the manner (of), like

nósmhaireacht no:svər'əxt *f*3 customariness, formality; politeness

nósmhar no:svər *a*1 customary; formal; polite

nósúil no:su:l' *a*2 customary; formal; polite

nósúlacht no:su:ləxt *f*3 fastidiousness; mannerism

nóta no:tə *m*4 note

nótáil no:ta:l' *vt* note

nótáilte no:ta:l't'ə *a*3 noted

nótaire no:tər'ə *m*4 notary

nua nuə *m*4 newness; new thing, *as an* ~ anew, afresh *a*3, *gsf & comp* ~**í** new; fresh, recent

nua-aimseartha 'nuə,am's'ərhə *a*3 modern

nua-aoiseach 'nuə,i:s'əx *a*1 modern

nua-aoiseachas 'nuə,i:s'əxəs *m*1 modernism

nuabheirthe 'nuə,v'erhə *a*3 new-born; (*of eggs*) new-laid

nuachar nuəxər *m*1 spouse

nuacht nuəxt *f*3 news; novelty, innovation

nuachtán nuəxta:n *m*1 newspaper, journal

nuachtánachas nuəxta:nəxəs *m*1 journalese

nuachtánaí nuəxta:ni: *m*4 newsagent

nuachtghníomhaireacht 'nuəxt,ɣ'n'i:vər'əxt *f*3 newsagency

nuachtóir nuəxto:r' *m*3 reporter, journalist

nuachtóireacht nuəxto:r'əxt *f*3 journalism

Nua-Ghaeilge 'nuə,ɣe:l'g'ə *f*4 Modern Irish

nuair nuər' *conj* when; considering that; although

nuáil nu:a:l' *f*3 innovation *vi* innovate

nuálaí nu:a:li: *m*4 innovator

nuaphósta 'nuə,fo:stə *a*3 newly-wed

nuasachán nuəsəxa:n *m*1 postulant

núicléach nu:k'l'e:x *a*1, *gsm* ~ nuclear

núicléas nu:k'l'e:s *m*1 nucleus

nuige nig'ə *adv*, *go* ~ as far as, until, even to, *go* ~ *seo* hitherto

nuinteas nin′t′əs *m*1 nuncio
núíosach 'nu:ˌi:səx *m*1 newcomer; beginner, novice
*a*1 new, unaccustomed (*ag* to); unseasoned, unlearned; strange

núíosacht 'nu:ˌi:səxt *f*3 newness; inexperience
núis nu:s′ *f*2, *pl* ~**eanna** nuisance
nús nu:s *m*1 beestings
nuta notə *m*4 stump, stub

O

ó¹ o: *m*4, *pl* **óí** *gs* **uí** *used in surnames, npl* **uí** *used in historical sept-names, gpl* ~ & *dpl* **uíbh** *used in certain place-names* grandson, grandchild; descendant, *Flann Ó Briain* Flann O'Brien, *an Dochtúir Ó hUiginn* Dr O'Higgins, *Nuala (Bean) Uí Néill* (Mrs.) Nuala O'Neill, *Uí Néill* the descendants of Niall, *Uíbh Ráthach* Iveragh

ó² o:† *prep, pron forms* **uaim** uəm′, **uait** uət′, **uaidh** uəγ′ *m*, **uaithi** uəhi *f*, **uainn** uən′, **uaibh** uəv′, **uathu** uəhu, from, *chonaic mé uaim iad* I saw them at a distance, *ó mhaidin* since morning, *níor thit siad uathu féin* they didn't fall of their own accord, *ó mo thaobhsa de* for my part, *ba mhaith uaidh é* it was good of him, *airím uaim iad* I miss them, *cad tá uait?* what do you want? *ná lig ó mhaith é* don't let it become useless, *fág uait é* leave it aside *conj, combines with* **is** *to form* **ós** since, after, *ó bhí tú anseo cheana* since you were here before, *ós agat atá an ceart* as you are in the right

ó³ o: *ó dheas, ó thuaidh* southwards, northwards
ó⁴ o: *int* o, oh, *ó, a Dhia* o God

ob ob *vt* & *i* refuse; shirk; fail, *seic a* ~*adh* to dishonour a cheque
obach obəx *a*1 refusing; shunning
obadh obə *m*, *gs* **obtha** *pl* **obthaí** refusal, rejection
obair obər′ *f*2, *gs* **oibre** *pl* **oibreacha** work; labour, task; strenuous effort, difficulty, ~ *bhaile* homework, *oibreacha uisce* waterworks, *tá an troid ar* ~ the fight has started, *ba mhór an* ~ *nár maraíodh é* it's a wonder he wasn't killed, *a leithéid d'* ~ such carry-on, *ag* ~ at work, working
Oblátach obla:təx *m*1 Oblate
óbó o:bo: *m*4, *pl* ~**nna** oboe
obrádlann obra:dlən *f*2 operating theatre
obráid obra:d′ *f*2 (surgical) operation
ócáid o:ka:d′ *f*2 occasion; incident, *níl* ~ *agam leis* I have no need for it
ócáideach o:ka:d′əx *a*1 occasional; opportune
ócar o:kər *m*1 ochre
ocastóir okəsto:r′ *m*3 huckster
ocastóireacht okəsto:r′əxt *f*3 huckstering, haggling
och ox *int* & *s* och, o, alas
ochlán oxla:n *m*1 sigh, groan; cause of sorrow
ochón o'xo:n *int* & *s* alas; wail, lament
ocht oxt *m*4, *pl* ~**anna** & *a* eight, *a h* ~ eight, *a h* ~ *déag* eighteen

ócht o:xt *f*3 virginity
ochtach oxtəx *m*1 octave
ochtagán oxtəga:n *m*1 octagon
ochtapas oxtəpəs *m*1 octopus
ochtar oxtər *m*1 eight persons
ochtó oxto: *m*, *gs* ~**d** *pl* ~**idí** & *a* eighty
ochtódú oxto:du: *m*4 & *a* eightieth
ochtú oxtu: *m*4 & *a* eighth
ocrach okrəx *m*1 hungry person *a*1 hungry; mean, *na blianta* ~*a* the lean years
ocras okrəs *m*1 hunger; poverty; meanness
ocsaíd oksi:d′ *f*2 oxide
ocsaigin 'oksəˌg′in′ *f*2 oxygen
odhar aur *a*1, *npl* **odhra** dun; dull, dark
ofráil ofra:l′ *f*3 offering; offertory; charity *vt* offer
óg o:g *m*1, *npl* ~**a** a young person, youth *a*1 young; junior; fresh
óganach o:ga:nəx *m*1 youth, young man; boyo
ógbhean 'o:g′ˌv′an *f*, *gs* & *npl* **ógmhná** *gpl* **ógbhan** young woman
ógchiontóir 'o:g′ˌx′into:r′ *m*3 juvenile delinquent
ógfhear 'o:g′ˌar *m*1 young man
ógh o: *f*2 virgin, *Muire Ó* ~ the Virgin Mary
ogham o:m *m*1 ogham (script, inscription)
óglach o:gləx *m*1 volunteer, *Óglaigh na hÉireann* the Irish Volunteers
ógra o:grə *m*4 young people, youths
oibiachtúil ob′iəxtu:l′ *a*2 objective
oibleagáid ob′l′əga:d′ *f*2 obligation, ~ *a dhéanamh do dhuine* to oblige a person
oibleagáideach ob′l′əga:d′əx *a*1 obligatory; obliging
oibre ob′r′ə, ~**acha** ob′r′əxə : **obair**
oibreachas ob′r′əxəs *m*1, *an Chúirt Oibreachais* the Labour Court
oibreoir ob′r′o:r′ *m*3 operator
oibrí ob′r′i: *m*4 worker
oibrigh ob′r′i: *vt* & *i* work, stir up, agitate; ferment, *do neart a oibriú ar rud* to use one's strength on sth, *bhí an míol mór á oibriú féin* the whale was thrashing about
oibríoch ob′r′i:(ə)x *a*1, *gsm* ~ operative
oibriú ob′r′u: *m*4 working; action, operation, agency; agitation; fermentation, ~ (*an choirp*) movement (of bowels)
oíche i:x′ə *f*4, *pl* ~**anta** night; nightfall, *bhí mé ann* ~ I was there one night, ~ *Dhomhnaigh* Sunday night, ~ *chinn féile* eve of festival, *O* ~ *Nollag* Christmas Eve

oíchí i:x'i: *a*3 nocturnal

óid o:d' *f*2, *pl* ~eanna ode

oide od'ə *m*4 tutor, teacher

oideachas od'əxəs *m*1 education

oideachasóir od'əxəso:r' *m*3 educationalist

oideachasúil od'əxəsu:l' *a*2 educational

oideam od'əm *m*1 maxim

oideas od'əs *m*1 instruction; recipe; (medical) prescription

oideolaíocht 'od',o:li:(ə)xt *f*3 pedagogy

oidhe i:γ'ə *f*4 slaying; violent death; tragedy; ill usage, *is maith an* ~ *ort é* you well deserve it

oidhre air'ə *m*4 heir, *níl aon* ~ *ar a athair ach é* he is the very image of his father

oidhreacht air'əxt *f*3 inheritance, heredity; heritage; legacy

oidhreachtúil air'əxtu:l' *a*2 hereditary

oidhrigh air'i: *vt* bequeath (*ar* to)

oifig of'əg' *f*2 office

oifigeach of'əg'əx *m*1 officer

oifigiúil of'əg'u:l' *a*2 official

óige o:g'ə *f*4 youth; young people

óigeanta o:g'əntə *a*3 youthful, young-looking

oigheann ain *m*1 oven

oighear air *m*1 ice

oighearshruth 'air,hruh *m*3, *pl* ~anna glacier

oigheartha airhə *a*3 galled, chafed, irritated

oighreach air'əx *a*1 glacial

oighreata air'ətə *a*3 icy

oighrigh air'i: *vt & i* ice, freeze, congeal

oigiséad og'əs'e:d *m*1 hogshead

oil ol' *vt* nurture, rear; educate, *bheith* ~*te ar rud* to be skilled, proficient, in sth

oilbheart 'ol',v'art *m*1, *npl* ~a evil, shameful, deed

oilbhéas 'ol',v'e:s *m*3, *gs & npl* ~a evil habit; mischievousness; viciousness

oilbhéasach 'ol',v'e:səx *a*1 mischievous, unruly; (*of animal*) vicious

oilbhéim 'ol',v'e:m' *f*2 offence, scandal

oileán ol'a:n *m*1 island

oileánach ol'a:nəx *m*1 islander *a*1 abounding in islands; insular

oileánrach ol'a:nrəx *m*1 archipelago

Oilimpeach ,o'l'im'p'əx *m*1 Olympian *a*1 Olympic

oilithreach o'l'ihr'əx *m*1 pilgrim

oilithreacht o'l'əhr'əxt *f*3 pilgrimage

oiliúint ol'u:n't' *f*3, *gs* -úna nourishment; nurture, upbringing; training

oiliúnach ol'u:nəx *a*1 nourishing; nurturing; instructive

oilte ol't'ə *a*3 skilled, proficient

oilteacht ol't'əxt *f*3 training, proficiency, skill

oilteanas ol't'ənəs *m*1 breeding, manners

oiltiúil ol't'u:l' *a*2 over-rich, cloying

óinchiste 'o:n',x'is't'ə *m*4 imprest

oineach on'əx *m*1 honour, reputation; hospitality; favour, *rúnai oinigh* honorary secretary

oineachúil on'əxu:l' *a*2 generous, good-natured

óinmhid o:n'v'əd' *f*2 simpleton; jester, buffoon

oinniún on'u:n *m*1 onion

óinseach o:n's'əx *f*2 foolish woman; fool

óinsiúil o:n's'u:l' *a*2 foolish, silly

oir or' *vi*, *vn* ~iúint suit, fit, *is é a d'* ~*feadh duit* it is just what you need

óir o:r' *conj* for, because

oirbheart or'əv'ərt *m*1, *npl* ~a wielding, casting; shift, expedient; exploit; prowess; maturity

oirbheartach or'əv'ərtəx *a*1 dexterous, skilful; valiant; mature

oirbheartaíocht or'əv'ərti:(ə)xt *f*3 (military) tactics

oirchill or'əx'əl' *f*2 preparation, readiness; expectation; treachery; ambush, *in* ~ *an bháis* in anticipation of death, *ag* ~ *an chomhraic* preparing for the encounter, *bheith in* ~ *ar dhuine* to lie in wait for a person

oirchilleach or'əx'əl'əx *a*1 ready, prepared (*ar* for); anticipatory

oirdheisceart 'or''y'es'k'ərt *m*1 south-east

oireachas or'əxəs *m*1 precedence, sovereignty; rank, status

oireachtas or'əxtəs *m*1 deliberative assembly, festival, *an tO* ~ the legislature

oiread or'əd *s*, *gs* ~ amount, quantity, number, *déanfaidh mé a* ~ *duit* I'll do as much for you, *ach* ~ no more than, either, *a* ~ *is pingin* (not) so much as a penny, *a dhá* ~ twice as much, *a* ~ *eile* as much again, *an* ~ *seo* so much, *bhí an* ~ *sin feirge orm* I was so angry, ~ *na fríde* the tiniest bit

oireas or'əs *m*1 record of events; history; certain knowledge

oirfide or'f'əd'ə *m*4 minstrelsy, music; entertainment

oirfideach or'f'əd'əx *m*1 minstrel, musician; entertainer *a*1 musical; entertaining

Oiríon or'i:n *m*4 Orion

oirirc or'ər'k' *a*1 eminent, illustrious

oirirceas or'ər'k'əs *m*1 eminence, distinction, *a O* ~ his Eminence, *a Oirircis* your Eminence

oiriseamh or'əs'əv *m*1 stay, stop; delay

oiriúint or'u:n't' *f*3, *gs* -**úna** suitability, fittingness *pl* accessories

oiriúnach or'u:nəx *a*1 suitable, fitting; ready; well-behaved

oiriúnaigh or'u:ni: *vt* fit, adapt; suit

oiriúnú or'u:nu: *m*4 adaptation, adaption

oirmhinneach or'əv'ən'əx *m*1, *a Oirmhinnigh* your Reverence, *an tO* ~ *Seoirse de Búrca* the Reverend George Burke *a*1 reverend

oirmhinnigh or'əv'ən'i: *vt* revere, reverence, honour

oirní o:rn'i: *a*3 ordained; inaugurated; eminent; ordered

oirnigh o:rn'i: *vt* ordain; inaugurate; arrange; adorn, *oirníodh ina shagart é* he was ordained priest

oirniú o:rn'u: *m*4 ordination; inauguration; arrangement

oirthear orhər *m*1 east, eastern part
oirthearach orhərəx *m*1 oriental *a*1 eastern, oriental
oirthuaisceart 'or''huəs'k'ərt *m*1 north-east
oiseoil 'os'i:n' *f*3 venison
oisín os'i:n' *m*4 fawn
oisre os'r'ə *m*4 oyster
oisteansóir os't'ənso:r' *m*3 monstrance
oistéapat 'os't'e:‚pat *m*1 osteopath
oitir ot'ər' *f*, *gs* **-treach** *pl* **-treacha** submerged sandbank, shoal; bank
ól o:l *m*1 drink, *bheith ar an* ~ to be drinking, on the booze, *teach (an) óil* public house *vt & i* drink, *bheith* ~*ta* to be drunk, *tobac a ól* to smoke tobacco
ola olə *f*4 oil, *an* ~ *dhéanach* extreme unction, ~ *mhór* paraffin
olach oləx *a*1 oily
ólachán o:ləxa:n *m*1 drink(ing)
olacheantar 'olə‚x'antər *m*1 oilfield
olagarcacht 'olə‚garkəxt *f*3 oligarchy
olagón oləgo:n *m*1 wailing; wail; lament
olagónach oləgo:nəx *a*1 wailing, lamenting
olaigh oli: *vt* oil; anoint
olaíocht oli:(ə)xt *f*3 oiliness
olanda oləndə *a*3 woolly
olann olən *f*, *gs* **olla** *npl* ~**a** *gpl* ~ wool
olannacht olənəxt *f*3 woolliness
olar olər *m*1 fat, grease; unctuousness
olartha olərhə *a*3 fat, greasy; unctuous
olc olk *m*1 evil, harm; grudge, spite, ~ *a chur ar dhuine* to incense a person, *madra oilc* mad dog *a*1, *comp* **measa** bad, evil, harmful; poor, wretched, *bheith go h*~ to be seriously ill, *más* ~ *leat é* if you do not like it, *is* ~ *a chreidim é* I hardly believe it, ~ *ná maith* not at all, *is measa liom mo chás féin* I am more concerned with my own case, *cé is measa leat?* whom do you prefer? *is measaide sibh, daoibh, é* you are the worse for it
olcas olkəs *m*1 badness, *dul in* ~ to get worse
oll- ol *pref* great, gross, total
olla olə : **olann**
ollach oləx *a*1 woolly, fleecy
ollamh oləv *m*1, *pl* **ollúna** professor
ollás 'ol‚a:s *m*1 pomp; rejoicing
ollchruinniú 'ol‚xrin'u: *m*4 mass meeting
ollghairdeas 'ol‚ɣa:rd'əs *m*1 jubilation
ollmhaitheas 'ol‚vahəs *m*3 wealth, luxury; *pl* delicacies
ollmhaithiúnas 'ol‚vahu:nəs *m*1 amnesty
ollmhargadh 'ol‚varəgə *m*1, *pl* **-aí** supermarket
ollmhór 'ol‚vo:r *a*1 huge, immense
ollphéist 'ol‚f'e:s't' *f*2, *pl* ~**eanna** serpent, monster
ollphuball 'ol‚fubəl *m*1 marquee
ollscartaire 'ol‚skartər'ə *m*4 bulldozer
ollscoil 'ol‚skol *f*2, *pl* ~**eanna** university
ollscolaíocht 'ol‚skoli:(ə)xt *f*3 university education

ollsmachtach 'ol‚smaxtəx *a*1 totalitarian
olltáirg 'ol‚ta:r'g' *vt* mass-produce
olltáirgeacht 'ol‚ta:r'g'əxt *f*3 gross product, output
olltáirgeadh 'ol‚ta:r'g'ə *m*, *gs* **-gthe** mass production
olltoghchán 'ol‚tauxa:n *m*1 general election
ollúnacht olu:nəxt *f*3 professorship
ológ olo:g *f*2 olive
óltach o:ltəx *a*1 addicted to drink; intoxicated; absorbent
óltóir o:lto:r' *m*3 drinker
olúil olu:l' *a*2 oily, oleaginous
ómós o:mo:s *m*1 homage; reverence, respect, *in* ~ in honour of, in return for
ómósach o:mo:səx *a*1 reverential, respectful
ómra o:mrə *m*4 amber
ómrach o:mrəx *a*1 amber (-coloured)
onamataipé 'onə‚matə'p'e: *f*4 onomatopoeia
onfais onfəs' *f*2 diving, dive; tumbling, floundering
onfaiseoir onfəs'o:r' *m*3 diver
onnmhaire 'on‚var'ə *f*4 exported article, export
onnmhaireoir 'on‚var'o:r' *m*4 exporter
onnmhairigh 'on‚var'i: *vt* export
onnmhairiú 'on‚var'u: *m*4 exportation
onóir ono:r' *f*3, *pl* **-óracha** honour, *príosúnach ar a* ~ prisoner on parole, *cúrsa onóracha* honours course, *ag seasamh na honóra* keeping up appearances
onórach ono:rəx *a*1 honourable, upright; esteemed; honorary
onóraigh ono:ri: *vt* honour
ópal o:pəl *m*1 opal
optach optəx *a*1 optic
optaic optək' *f*2 optics
ór o:r *m*1 gold, ~ *Muire* marigold
oracal orəkəl *m*1 oracle
oraibh orəv' : **ar**[1]
óráid o:ra:d' *f*2 oration, speech
óráideach o:ra:d'əx *a*1 oratorical, declamatory
óráidí o:ra:d'i: *m*4 orator
óráidíocht o:ra:d'i:(ə)xt *f*3 oratory
óraigh o:ri: *vt* gild
orainn orən' : **ar**[1]
óráiste ora:s't'ə *m*4 orange
Oráisteach ora:s't'əx *m*1 Orangeman *a*1, *an tOrd O* ~ the Orange Order
órang-útan 'o:raŋ'u:tən *m*1 orang-utan
oratóir orəto:r' *m*3 oratorio
ord[1] o:rd *m*1 sledge-hammer
ord[2] o:rd *m*1 order; sequence, arrangement
ordaigh o:rdi: *vt & i* order; command, prescribe, *mar a d'* ~ *Dia* as God ordained
ordaitheach o:rdihəx *m*1 & *a*1, *(grammar)* imperative
ordanás o:rdəna:s *m*1 ordnance
órdhonn 'o:r‚ɣon *a*1 auburn
ordóg o:rdo:g *f*2 thumb, ~ *(coise)* big toe, ~ *gliomaigh* claw of lobster

ordú o:rdu: *m*4 order; command; injunction
ordúil o:rdu:l′ *a*2 orderly, neat; ordered
orduimhir ′o:rd͵iv′ər′ *f*, *gs* **-mhreach** *pl* **-mhreacha** ordinal (number)
ordúlacht o:rdu:ləxt *f*3 orderliness, tidiness
órga o:rgə *a*3 golden
orgán orəga:n *m*1 organ
orgánach orəga:nəx *m*1 organism *a*1 organic
orgánaí orəga:ni: *m*4 organist
orla o:rlə *m*4 vomit(ing)
orlach o:rləx *m*1, *pl* **-aí** inch, *níl tusa ~ níos fearr ná é* you are not one bit better than he is
orm orəm : **ar**[1]
ornáid o:rna:d′ *f*2 ornament
ornáideach o:rna:d′əx *a*1 ornamental; ornate
ornáidigh o:rna:d′i: *vt* ornament
órnite ′o:r͵n′it′ə *a*3 gilded, gilt
oró oro: *int* oh, oho
órshúlach ′o:r͵hu:ləx *m*1 golden syrup
ort ort : **ar**[1]
órscoth ′o:r͵skoh *f*3, *pl* **~anna** chrysanthemum
ortaipéideach ′ortə͵p′e:d′əx *a*1 orthopaedic
ortha orhə *f*4 incantation, spell, charm
orthu orhu : **ar**[1]
os[1] os *prep* over, above, ~ *cionn* over, above; more than; in charge of; hanging over, ~ *comhair*, ~ *coinne* in front of, opposite
os-[2] os *pref* over, above; super-, supra-
ósais o:səs′ *f*2 oasis
osán osa:n *m*1, ~ (*briste*), leg of trousers *pl* hose
osánacht osa:nəxt *f*3 hosiery
oscail oskəl′ *vt & i*, *pres* **-claíonn** open
oscailt oskəl′t′ *f*2 opening, *ar* ~ open
oscailte oskəl′t′ə *a*3 open
oscailteach oskəl′t′əx *a*1 open, frank; open-handed
oscartha oskərhə *a*3 strong; lithe, agile
osclóir osklo:r′ *m*3 opener
osna osnə *f*4 sigh
osnádúrtha ′os′na:du:rhə *a*3 supernatural
osnaíl osni:l′ *f*3 sighing, ~ *ghoil* sobbing
óspairt o:spərt′ *f*2 mishap, injury
ospidéal osp′əd′e:l *m*1 hospital
osréalachas ′os′re:ləxəs *m*1 surrealism
ósta o:stə *m*4 lodging, ~, *teach* ~ inn; public house
óstach o:stəx *m*1 host, hostess
óstaíocht o:sti:(ə)xt *f*3 lodging, entertainment, for travellers
óstlann o:stlən *f*2 hotel
óstlannaí o:stləni: *m*4 hotelier
óstóir o:sto:r′ *m*3 innkeeper; publican
ostrais ostrəs′ *f*2 ostrich
otair otər′ *a*1, *gsf*, *npl & comp* **otra** filthy; vulgar; obese
oth oh *s* (used with *is*) *is* ~ *liom* (*go*) I regret (that), *is* ~ *liom do chás* I am sorry for your trouble
othar ohər *m*1 invalid, patient; sickness, wound, *ag déanamh othair* festering
otharcharr ′ohər͵xa:r *m*1, *pl* **~anna** ambulance
otharlann ohərlən *f*2 infirmary
othras ohrəs *m*1 sickness; ulcer
othrasach ohrəsəx *a*1 sick, wounded; ulcerous
otrach otrəx *m*1 dung, ordure; dunghill
otracht otrəxt *f*3 grossness, filthiness; obesity
otrann otrən *f*2 dungyard, farmyard
ózón o:zo:n *m*1 ozone

P

pá pa: *m*4 pay, wages
pábháil pa:va:l′ *f*3 paving, pavement *vt* pave
paca pakə *m*4 pack
pacáil paka:l′ *f*3 packing *vt & i* pack
pacáiste paka:s′t′ə *m*4 package
pacálaí paka:li: *m*4 packer
pachaille paxəl′ə *f*4 bunion
padhsán paisa:n *m*1 delicate, complaining, person
pádhuille ′pa:͵ɣil′ə *m*4 pay-sheet
páganach pa:ga:nəx *m*1 pagan, heathen
páganta pa:ga:ntə *a*3 pagan, heathen
págántacht pa:ga:ntəxt *f*3 paganism
paicéad pak′e:d *m*1 packet
paidhc paik′ *f*2, *pl* **~eanna** (turn)pike
paidir pad′ər′ *f*2, *gs* **-dre** *pl* **-dreacha** paternoster; prayer, *ná déan* ~ *chapaill de* don't make a long-drawn-out story of it
paidreoireacht pad′r′o:r′əxt *f*3 praying; incessant prayer
paidrín pad′r′i:n′ *m*4 rosary; rosary beads, *an p* ~ *páirteach* the family rosary
páil pa:l′ *f*2, *pl* **~eacha** paling, stakes, *an Pháil* the Pale
pailé(a)-, pailé(i)- pal′e: *pref* palae(o)-
pailéad pal′e:d *m*1 palette
pailin pal′ən′ *f*2 pollen
pailis pal′əs′ *f*2 palisade; fortress; palace
pailliún pal′u:n *m*1 pavilion
pailm pal′əm′ *f*2, *pl* **~eacha** palm
pailnigh pal′n′i: *vt* pollinate
paimfléad pam′f′l′e:d *m*1 pamphlet
paincréas paŋ′k′r′e:s *m*1 pancreas
painéal pan′e:l *m*1 & *vt* panel
painnéar pan′e:r *m*1 pannier
páinteach pa:n′t′əx *m*1 plump creature *a* plump
paintéar pan′t′e:r *m*1 trap, snare
páipéar pa:p′e:r *m*1 paper, ~ *nuachta* newspaper
páipéarachas pa:p′e:rəxəs *m*1 stationery

páipéaraí pa:p'e:ri: *m*4 stationer

páipéaróir pa:p'e:ro:r' *m*3 paper-hanger

páirc pa:r'k' *f*2, *pl* ~**eanna** field, park

páirceáil pa:r'k'a:l' *vt* park

páircíneach pa:r'k'i:n'əx *a*1, (*of cloth*) checked

pairifín par'əf'i:n' *m*4 paraffin

pairilis par'əl'əs' *f*2 paralysis

páirín pa:r'i:n' *m*4 sandpaper

páirt[1] pa:rt' *f*2, *pl* ~**eanna** part, portion; partnership; fellowship, *tá sé i b* ~ *le gach duine* he is well-liked by everybody, *i b* ~ *an airgi*d with regard to the money, *i b* ~ *mhaitheasa* well-meant

páirt-[2] pa:rt' *pref* part-, partial

páirtaimseartha 'pa:rt',am's'ərhə *a*3 part-time

páirteach pa:rt'əx *a*1 participating, sharing; sympathetic; partial

páirteachas pa:rt'əxəs *m*1 participation

páirteagal pa:rt'əgəl *m*1, (*grammar*) particle

páirtí pa:rt'i: *m*4 party; associates; partner; well-wisher

páirtíneach pa:rt'i:n'əx *m*1 partisan

páirtíocht pa:rt'i:(ə)xt *f*3 partnership; fellowship, association, *i b* ~ *liomsa de* as far as I am concerned

páirtiseán pa:rt'əs'a:n *m*1 partisan

páis pa:s' *f*2 passion, suffering, *Domhnach na Páise* Passion Sunday

Páiseadóir pa:s'ədo:r' *m*3 Passionist

paisean pas'ən *m*1 passion, strong emotion, anger

paiseanta pas'əntə *a*3 passionate; angry, hot-tempered

paisinéir pas'ən'e:r' *m*3 passenger

paisinéireacht pas'ən'e:r'əxt *f*3 passage (on boat); passage money

paiste pas't'ə *m*4 patch; portion; place, ~ *oibre* spell of work

páiste pa:s't'ə *m*4 child

paisteáil pas't'a:l' *f*3 patching *vt* & *i* patch

paistéar pas't'e:r *vt* pasteurize

paistéarachán pas't'e:rəxa:n *m*1 pasteurization

paistil pas't'əl' *f*2 pastille

páistiúil pa:s't'u:l' *a*2 childlike, childish

páistiúlacht pa:s't'u:ləxt *f*3 childishness

paiteana pat'ənə *m*4 paten

paiteanta pat'əntə *a*3 patent, clear; neat, exact

paiteog pat'o:g *f*2 pat; plumb creature

paiteolaíocht 'pat',o:li:(ə)xt *f*3 pathology

paitinn pat'ən' *f*2 patent

paitinnigh pat'ən'i: *vt* patent

pálás pa:la:s *m*1 palace

paltóg palto:g *f*2 blow, wallop

pámháistir 'pa:,va:s't'ər *m*4, *pl* **-strí** paymaster

pampúta ,pam'pu:tə *m*4 pampootie

pán pa:n *m*1 pawnshop

pána pa:nə *m*4 pane

pánaí pa:ni: *m*4 plump creature

pánáil pa:na:l' *vt* pawn

pancóg paŋko:g *f*2 pancake

panda pandə *m*4 panda

panna panə *m*4 pan

pantaimím 'pantə,m'i:m' *f*2 pantomime

pantalún pantəlu:n *m*1 pantaloon

pantar pantər *m*1 panther

pantrach pantrəx *f*2 pantry

paor pi:r *m*4 laughing-stock; grudge

pápa pa:pə *m*4 pope

pápach pa:pəx *a*1 papal

pápacht pa:pəxt *f*3 papacy

pápaire pa:pər'ə *m*4 papist

pár pa:r *m*1 parchment

para(i)- parə *pref* para-

parabal parəbəl *m*1 parable

paradacsa 'parə,daksə *m*4 paradox

paragraf 'parə,graf *m*1 paragraph

paráid para:d' *f*2 parade

páráil pa:ra:l' *vt* pare

parailéal 'parə,l'e:l *m*1 parallel

parailéalach 'parə,l'e:ləx *a*1 parallel

paraisít 'parə,s'i:t' *f*2 parasite

paraisiút 'parə,s'u:t *m*1 parachute

paranóia 'parə,no:iə *f*4 paranoia

parasól 'parə,so:l *m*1 parasol; umbrella

paratrúipéir 'parə,tru:p'e:r' *m*3 paratrooper

pardóg pa:rdo:g *f*2 (harness) pad; pannier

pardún pa:rdu:n *m*1 pardon, *gabhaim* ~ *agat* I beg your pardon

parlaimint pa:rləm'ən't' *f*2 parliament

parlaiminteach pa:rləm'ən't'əx *a*1 parliamentary

parlús pa:rlu:s *m*1 parlour, sitting-room

paróiste paro:s't'ə *m*4 parish

paróisteach paro:s't'əx *m*1 parishioner *a*1 parochial

párpháipéar 'pa:r,fa:p'e:r *m*1 vellum

parsáil parsa:l' *vt* parse

parthas parhəs *m*1 paradise, *Gairdín Pharthais* the Garden of Eden

parúl paru:l *m*1 parole; injunction

pas pas *m*4, *pl* ~**anna** pass; passage; written permission; passport, ~ *beag fuar* a little bit cold

pasáil[1] pasa:l' *vt* press down, trample

pasáil[2] pasa:l' *vt* & *i* (*of examination, etc*) pass

pasáiste pasa:s't'ə *m*4 passage, sea-crossing; passage-money; corridor

pastae paste: *m*4, *pl* ~**tha** pasty, pie; pastry

pastal pastəl *m*1 pastel

patachán patəxa:n *m*1 leveret; plump creature

pataraisc patrəs'k' *f*2 partridge

patrarc 'pat,rark *m*4 patriarch

patról patro:l *m*1 patrol

patrún patru:n *m*1 pattern

pátrún pa:tru:n *m*1 patron; (religious) pattern

pátrúnacht pa:tru:nəxt *f*3 patronage

patuaire 'pat,uər'ə *f*4 tepidity; apathy

patuar 'pat,uər *a*1 lukewarm; apathetic

pé p'e: *pron & a & conj* whoever; whatever; whichever; whether, ~ *scéal é* anyhow, ~ *hé féin* whoever he is, ~, ~ *ar bith, duine* whatever person, ~ *áit a bhfuil sí* wherever she is, ~ *acu againn* whichever of us, ~ *olc maith leat é* whether you like it or not

péac p'e:k *f*2 peak, point; sprout; thrust, prod, *thugamar* ~ *faoin obair* we had a go at the work, *tá sé i ndeireadh na péice* he is at his last gasp *vt & i* sprout, germinate; prod, thrust at

peaca p'akə *m*4 sin, ~ *an tsinsir* original sin, *is mór an* ~ *é* it's a great pity

peacach p'akəx *m*1 sinner

péacach p'e:kəx *a*1 peaked, pointed; showy, gaily-dressed

péacadh p'e:kə *m, gs* **-ctha** germination

peacaigh p'aki: *vi* sin

péacán p'e:ka:n *m*1 sprout, shoot

péacóg p'e:ko:g *f*2 peacock, peafowl

péacógach p'e:ko:gəx *a*1 showily dressed; vain

peacúil p'aku:l' *a*2 sinful

peadairín p'adər'i:n' *m*4, ~ *na stoirme* storm petrel

peaindí p'an'd'i: *m*4 tin mug; mashed potatoes (with milk and butter)

peann p'an *m*1 pen, ~ *luaidhe* pencil

peannaid p'anəd' *f*2 penance; expiation; torment; punishment

peannaideach p'anəd'əx *a*1 penal; painful

peannaireacht p'anər'əxt *f*3 penmanship

péarla p'e:rlə *m*4 pearl

pearóid p'aro:d' *f*2 parrot

pearsa p'arsə *f, gs & gpl* ~**n** *npl* ~**na** person, ~ *eaglaise* churchman, *na* ~*na sa dráma* the characters in the play

pearsanaigh p'arsəni: *vt & i* personate, impersonate

pearsanra p'arsənrə *m*4 personnel

pearsanta p'arsəntə *a*3 personal; personable

pearsantacht p'arsəntəxt *f*3 personality

pearsantaigh p'arsənti: *vt* personify

pearsantú p'arsəntu: *m*4 personification

péarsla p'e:rslə *m*4 warble (in animals)

péas p'e:s *m*4, *pl* ~ peace-officer, policeman; *pl* police

peasghadaí 'p'as,ɣadi: *m*4 pickpocket

peata p'atə *m*4 pet

peataireacht p'atər'əxt *f*3 petting; childish behaviour

péatar p'e:tər *m*1 pewter

peic p'ek' *f*2, *pl* ~**eanna** peck; considerable amount; shallow tub

peictin p'ek't'ən' *f*2 pectin

peidléir p'ed'l'e:r' *m*3 pedlar

peig p'eg' *f*2, *pl* ~**eanna** peg

peil p'el' *f*2 football

peilbheas p'el'əv'əs *m*1 pelvis

peileacán p'el'əka:n *m*1 pelican

peileadóir p'el'ədo:r' *m*3 footballer

péindlí 'p'e:n',d'l'i: *m*4, *pl* ~**the** penal law

péine[1] p'e:n'ə *m*4 pine, *crann* ~ pine-tree

péine[2] p'e:n'ə : **pian**

péineas p'e:n'əs *m*1 penis

peinicillin 'p'en'ə,k'il'ən' *f*2 penicillin

péint p'e:n't' *f*2, *pl* ~**eanna** paint

peinteagán p'en't'əga:n *m*1 pentagon

péinteáil p'e:n't'a:l' *f*3 painting, paint-work *vt & i* paint

péintéir p'e:n't'e:r' *m*3 painter

péintéireacht p'e:n't'e:r'əxt *f*3 painting

peipteach p'ep't'əx *a*1 peptic

péire p'e:r'ə *m*4 pair

péireáil p'e:r'a:l' *vt* pair

peireascóp 'p'er'ə,sko:p *m*1 periscope

peireatóiníteas 'p'er'ə,to:'n'i:t'əs *m*1 peritonitis

peirigí p'er'əg'i: *m*4 perigee

peiriméadar 'p'er'ə,m'e:dər *m*1 perimeter

peiriúic p'er'u:k' *f*2 peruke, periwig

péirse[1] p'e:rs'ə *f*4, (*fish*) perch

péirse[2] p'e:rs'ə *m*4, (*measure*) perch, pole

peirsil p'ers'əl' *f*2 parsley

peirspictíocht ,p'er''sp'ik't'i:(ə)xt *f*3 perspective

péist p'e:s't' *f*2, *pl* ~**eanna** reptile, monster; worm, ~ *chabáiste* caterpillar (of large white butterfly)

peiteal p'et'əl *m*1 petal

peitreal p'et'r'əl *m*1 petrol

peitriliam ,p'e't'r'il'iəm *m*4 petroleum

péitse p'e:t's'ə *m*4 page; errand-boy

péitseog p'e:t's'o:g *f*2 peach

piachán p'iəxa:n *m*1 hoarseness

piachánach p'iəxa:nəx *a*1 hoarse, throaty

pian p'iən *f*2, *gs* **péine** *pl* ~**ta** pain *vt* pain; punish

pianadh p'iənə *m, gs* **-nta** torture; punishment

pianmhar p'iənvər *a*1 painful

pianmhúchán 'p'iən,vu:xa:n *m*1 pain-killer

pianó ,p'i'ano: *m*4, *pl* ~**nna** piano, pianoforte

pianódóir ,p'i'ano:do:r' *m*3 pianist

pianpháis 'p'iən,fa:s' *f*2 anguish; agony

pianseirbhís 'p'iən',s'er'əv'i:s' *f*2 penal servitude

pianúil p'iənu:l' *a*2 punitive, penal

piara[1] p'iərə *m*4 peer

piara[2] p'iərə *m*4 pier

piardáil p'iərda:l' *vt & i* ransack, rummage

piardóg p'iərdo:g *f*2 crawfish

piasún p'iəsu:n *m*1 pheasant

píb p'i:b' *f*2, *npl* **píoba,** *gpl* **píob** pipe; ~ (*mhála*) bagpipe; windpipe; neck, ~ *uilleann* uilleann pipe(s)

pic p'ik' *f*2 pitch, *chomh dubh le* ~ pitch-black

píce p'i:k'ə *m*4 pike; fork; peak

picéad p'ik'e:d *m*1 picket

picéadaigh p'ik'e:di: *vt* picket

píceáil[1] p'i:k'a:l' *vt & i* pike; fork, *seol a phiceáil* to peak a sail

píceáil[2] p'i:k'a:l' *vi* peek

picil p'ik'əl' *f*2 & *vt* pickle

picnic p'ik'n'ək' *f*2 picnic

pictiúr p'ik't'u:r *m*1 picture, *dul chuig* ~ to go to a film

pictiúrlann p'ik't'u:rlən *f*2 picture-house, cinema

pictiúrtha p'ik't'u:rhə *a*3 pictorial; picturesque

pigín p'ig'i:n' *m*4 piggin, pail

pigmí p'ig'm'i: *m*4 pigmy

píle p'i:l'ə *m*4 pile

piléar[1] p'il'e:r *m*1 bullet

piléar[2] p'il'e:r *m*1 pillar

pílear p'i:l'ər *m*1 'peeler', policeman

piléarlann p'il'e:rlən *f*2 magazine (of gun)

Pilib p'il'əb' *m*4, ~ *an gheataire* daddy-longlegs

pilibín p'il'əb'i:n' *m*4 plover, ~ *miog* lapwing

piliúr p'il'u:r *m*1 pillow

pillín p'il'i:n' *m*4 pillion; pad

pinc p'iŋ'k' *m*4 & *a*1 pink

pincín p'iŋ'k'i:n' *m*4 'pinkeen', minnow

pingin p'iŋ'ən' ~ p'i:n' *f*2, *pl* ~**e** *with numerals* penny, ~ *mhaith* (*airgid*) a nice sum of money

pinniún p'in'u:n *m*1 pinion

pinniúr p'in'u:r *m*1 gable(-end); ball-alley

pinse p'in's'ə *m*4 pinch (of snuff, etc)

pinsean p'in's'ən *m*1 pension, *dul* (*amach*) *ar* ~ to retire on pension

pinsinéir p'in's'ən'e:r' *m*3 pensioner

píob p'i:b *vt* hoarsen, *tá mé* ~ *tha ag an slaghdán* I am choked with a cold

píobaire p'i:bər'ə *m*4 piper

píobaireacht p'i:bər'əxt *f*3 piping, playing on bagpipes; bagpipe music

píobán p'i:ba:n *m*1 pipe, tube; windpipe; neck *pl* bronchial tubes, ~ *gairdín* garden-hose

piobar p'ibər *m*1 pepper

piobarán p'ibəra:n *m*1 pepper castor

píobarnach p'i:bərnəx *f*2 wheezing; buzz (in ears)

píoblach p'i:bləx *m*1 pip (in fowl); squeak in voice

pioc[1] p'ik *m*4 bit, jot, *níl* ~ *aige* he has nothing

pioc[2] p'ik *vt* & *i* pick; select, *ag* ~ *adh ar an mbia* nibbling at the food

piocadh p'ikə *m*, *gs* -**ctha** pick(ing), ~ *na circe* moss-stitch

piocarsach p'ikərsəx *m*1 scanty pasture; gleanings, pickings

piochán p'ixa:n *m*1 pore (of skin)

piocóid p'iko:d' *f*2 pickaxe

pioctha p'ikə *a*3 neat, spruce

píóg p'i:o:g *f*2 pie

piollaire p'ilər'ə *m*4 pill; pellet; bung, stopper

piolóid p'ilo:d' *f*2 pillory; torment

piolón p'ilo:n *m*1 pylon

píolóta p'i:lo:tə *m*4 pilot

píolótaigh p'i:lo:ti: *vt* pilot

pioncás p'iŋka:s *m*1, *pl* ~**anna** pincushion

piongain p'iŋgən' *f*2 penguin

pionna p'inə *m*4 pin, peg

pionós p'ino:s *m*1 penalty, punishment

pionósach p'ino:səx *a*1 punitive

pionsa p'insə *m*4 fence, fencing; fencing sword

pionsail p'insəl' *m*4 pencil

pionsóir p'inso:r' *m*3 fencer, swordsman

pionsóireacht p'inso:r'əxt *f*3 fencing

pionsúirín p'insu:r'i:n' *m*4 tweezers

pionsúr p'insu:r *m*1 pincers

pionta p'intə *m*4 pint

píopa p'i:pə *m*4 pipe

píopáil p'i:pa:l' *f*3 wheezing; choking

píoráid p'i:ra:d' *m*4 pirate

piorra p'irə *m*4 pear

piorróg p'iro:g *f*2 pear-tree

píosa p'i:sə *m*4 piece, bit; patch, ~ *deich bpingine* tenpenny piece, *amach as an b* ~ brand-new, *tríd an b* ~ on the whole

píosáil p'i:sa:l' *vt* piece together, patch

pioscas p'iskəs *m*1 pyx

piostal p'istəl *m*1 pistol

píotón p'i:to:n *m*1 python

pirea-, piri- p'ir'ə *pref* pyr(o)-

piréis p'ir'e:s' *f*2 pyrex

pirimid p'ir'əm'əd' *f*2 pyramid

pis p'is' *f*2, *pl* ~**eanna** pea(-plant); peas; roe (of fish), ~ *talún* peanut, ~ *chumhra* sweetpea

piscín p'is'k'i:n' *m*4 kitten

piseánach p'is'a:nəx *m*1 peas, lentils *a*1 leguminous

piseog p'is'o:g *f*2 charm, spell; superstition

piseogach p'is'o:gəx *a*1 superstitious

pistil p'is't'əl' *f*2 pistil

pit p'it' *f*2, *pl* ~**eanna** vulva

piteog p'it'o:g *f*2 effeminate man, sissy

piteogach p'it'o:gəx *a*1 effeminate

pitseáil p'it's'a:l' *vt* pitch

pitseámaí p'it's'a:mi: *m*4 pyjamas

pitséar p'it's'e:r *m*1 pitcher

piúratánach p'u:rəta:nəx *m*1 puritan *a*1 puritanical

plá pla: *f*4, *pl* ~**nna** plague, pestilence

plab plab *m*4 & *vt* & *i* plop, splash; slam

plac plak *vt* & *i* eat greedily, gobble

placaint plakən't' *f*2 placenta

plaic[1] plak' *f*2, *pl* ~**eanna** plaque

plaic[2] plak' *f*2, *pl* ~**eanna** large bite, mouthful

pláigh pla:γ' *vt* plague; pester

pláinéad pla:n'e:d *m*1 planet, ~ *a bheith anuas ort* to be ill-starred

plaisteach plas't'əx *m*1 & *a*1 plastic

pláistéir pla:s't'e:r' *m*3 plasterer

pláistéireacht pla:s't'e:r'əxt *f*3 plaster-work

plait plat' *f*2, *pl* ~**eanna** bare patch; bald head; scalp

plaiteach plat'əx *a*1 patchy, bald

pláitín pla:t'i:n' *m*4 small plate; knee-cap

plámás pla:ma:s *m*1 flattery; cajolery, *ag* ~ *le duine* trying to soft-sawder a person

plámásach pla:ma:səx *a*1 flattering; cajoling

plámásaí pla:ma:si: *m*4 flatterer, cajoler

plán pla:n *m*1, *pl* ~**ta** plain

plána pla:nə *m*4, (*tool*) plane; flat surface, plane

plánáil pla:na:l' *vt* plane

planc plaŋk *vt* beat , pommel, *rud a phlancadh* (*síos*) to plank down sth

plancadh plaŋkǝ *m, gs* **-ctha** beating, trouncing

plancstaí plaŋksti: *m*4 planxty

planctón plaŋkto:n *m*1 plankton

planda plandǝ *m*4 plant; scion

plandaigh plandi: *vt* plant

plandáil planda:l′ *f*3 plantation, *P* ~ *Uladh* the Plantation of Ulster *vt* plant, settle as colony

plandóir plando:r′ *m*3 planter

plandúil plandu:l′ *a*2 vegetable

plapa plapǝ *m*4 flap

plás¹ pla:s *m*1 level place; smooth patch; floating patch; place

plás² pla:s *m*1 plaice

plásánta pla:sa:ntǝ *a*3 bland, plausible

plásántacht pla:sa:ntǝxt *f*3 blandness, smoothness

plasma plasmǝ *m*4 plasma

plásóg pla:so:g *f*2 level spot, lawn, green

plastaicín plastǝk′i:n′ *m*4 plasticine

plástar pla:stǝr *m*1 plaster

plástráil pla:stra:l′ *vt & i* plaster

pláta pla:tǝ *m*4 plate

plátáil pla:ta:l′ *f*3 plating, sheeting, armour *vt* plate, sheet, armour

platanam platǝnǝm *m*1 platinum

platónach plato:nǝx *a*1 platonic

plé p′l′e: *m*4 discussion; dealings, *ná bíodh aon phlé agat leo* have nothing to do with them

pléadáil p′l′e:da:l′ *f*3 plea; disputation *vt & i* plead; dispute

plean p′l′an *m*4, *pl* ~**anna** plan

pleanáil p′l′ana:l′ *vt & i* plan, scheme

pleanálaí p′l′ana:li: *m*4 planner

pléaráca ˌp′l′e:ˈra:kǝ *m*4 revelry, high jinks; reveller

pléasc p′l′e:sk *f*2, *pl* ~**anna** explosion; bang, report *vt & i* explode; burst, shatter; bang

pléascach p′l′e:skǝx *m*1 explosive *a*1 explosive; flashy; (*of eyes*) protruding

pléascán p′l′e:ska:n *m*1 explosive, explosive shell

pléascánta p′l′e:ska:ntǝ *a*3 breezy, exuberant

pléascóg p′l′e:sko:g *f*2 cracker

pléata p′l′e:tǝ *m*4 pleat, fold (in cloth), ~ *talún* strip of land

pléatach p′l′e:tǝx *a*1 pleated

pléatáil p′l′e:ta:l′ *vt* pleat

pleidhce p′l′aik′ǝ *m*4 simpleton, fool

pleidhcíocht p′l′aik′i:(ǝ)xt *f*3 fooling; tomfoolery

pleidhciúil p′l′aik′u:l′ *a*2 silly, stupid

pléigh p′l′e:γ′ *vt & i* plead; discuss; dispute; (with *le*) deal with, occupy oneself with

pléineáilte p′l′e:nˈa:l′t′ǝ *a*3 plain

pléireacht p′l′e:r′ǝxt *f*3 gallivanting, revelry

pléiseam ˌp′l′e:ˈs′am *m*4 foolery; fool

pléisiúr p′l′e:s′u:r *m*1 pleasure, enjoyment

pléisiúrtha p′l′e:s′u:rhǝ *a*3 pleasurable, enjoyable; pleasant, agreeable

pleist p′l′es′t′ *f*2, *pl* ~**eanna** flop, flopping sound; limp object

pléite p′l′e:t′ǝ *a*3 played out, exhausted

pleota p′l′o:tǝ *m*4 stupid person, fool

plimp p′l′im′p′ *f*2, *pl* ~**eanna** sudden fall; crash, ~ *thoirní* thunder-clap

pliúraisí p′l′u:rǝs′i: *m*4 pleurisy

plobaire plobǝr′ǝ *m*4 babbler; flabby person

plobaireacht plobǝr′ǝxt *f*3 blubbering; babbling, incoherent speech

plobarnach plobǝrnǝx *f*2 bubbling, gurgling, splashing

plocóid ploko:d′ *f*2 plug, bung

plód plo:d *m*1 crowd, throng

plódaigh plo:di: *vt & i* crowd, throng

plota plotǝ *m*4 plot; conspiracy, ~ *scéil* plot of story

pluais pluǝs′ *f*2, *pl* ~**eanna** cave, den

pluc pluk *f*2 (round) cheek; mouthful; bulge; pucker *vt & i* puff out, bulge; cram

plucach plukǝx *a*1 chubby; large-cheeked; puckered

plucáil ploka:l′ *vt* pluck; swindle, despoil

plucamas plukǝmǝs *m*1 mumps

plúch plu:x *vt & i* smother, stifle; throng, *ag* ~ *adh sneachta* snowing heavily

plúchadh plu:xǝ *m, gs* **-chta** suffocation; heavy downfall; asthma

plúchtach plu:xtǝx *a*1 suffocating, stuffy

pluda pludǝ *m*4 mud, slush

pludach pludǝx *a*1 muddy; slushy

pludchlár ˈpludˌxla:r *m*1 dash-board

pludgharda ˈpludˌγa:rdǝ *m*4 mudguard

pluga plogǝ *m*4 plug

pluid plid′ *f*2, *pl* ~**eanna** blanket

pluiméir plim′e:r′ *m*3 plumber

pluiméireacht plim′e:r′ǝxt *f*3 plumbing

plúirín plu:r′i:n′ *m*4 little flower, ~ *sneachta*, snowdrop

pluis plis′ *f*2 plush

pluma¹ plomǝ *m*4 plum

pluma² plomǝ *m*4 plumb, plummet

plúr plu:r *m*1 flour; flower

plúrach plu:rǝx *a*1 floury; flower-like, pretty

plus plos *adv & m*4, *pl* ~**anna** plus

plútacratachas ˈplu:tǝˌkratǝxǝs *m*1 plutocracy

plútóiniam ˌplu:ˈto:n′iǝm *m*4 plutonium

Plútón plu:to:n *m*1 Pluto

pobal pobǝl *m*1 people; community; parish; congregation, ~ *na tíre* the population of the country

pobalbhreith ˈpobǝlˌv′r′eh *f*2, *pl* ~**eanna** plebiscite

pobalscoil ˈpobǝlˌskol′ *f*2, *pl* ~**eanna** community school

poblacht poblǝxt *f*3 republic

poblachtach poblǝxtǝx *m*1 *& a*1 republican

poblachtachas poblǝxtǝxǝs *m*1 republicanism

poc pok *m*1, (*of deer, goat*) buck; butt; 'puck' (in games), ∼ *tinnis* bout of illness, ∼ *mearaidh* touch of insanity

póca po:kə *m*4 pocket

pocadán pokədɑ:n *m*1 beagle

pocáil pokɑ:l′ *vt* & *i* butt; 'puck', strike (with hurley)

pocán pokɑ:n *m*1 he-goat

pócar po:kər *m*1, (*cards*) poker

pocléimneach 'pokˌl′e:m′n′əx *f*2 buck-jumping; frolicking

póg po:g *f*2 & *vt* & *i* kiss

poibleog pob′l′o:g *f*2 poplar

poiblí pob′l′i: *a*3 public

poibligh pob′l′i: *vt* make public, publish

poiblíocht pob′l′i:(ə)xt *f*3 publicity

poiblitheoir pob′l′iho:r′ *m*3 publicist

póicéad po:k′e:d *m*1 pocket, dark recess; poky place

poigheachán paixɑ:n *m*1 shell (of snail)

póilín po:l′i:n′ *m*4 policeman

póilínigh po:l′i:n′i: *vt* police

poimp pom′p′ *f*2 pomp

poimpéis pom′p′e:s′ *f*2 pomposity

poimpéiseach pom′p′e:s′əx *a*1 pompous

pointe pon′t′ə *m*4 point, dot, *ar an b* ∼ *boise* instantly, *ag na pointí deiridh* in the last extremities, *as gach uile phointe* from all parts

pointeáil pon′t′ɑ:l′ *vt* point; aim; appoint; clean, spruce up, titivate

pointeáilte pon′t′ɑ:l′t′ə *a*3 well-kept, tidy, smart; exact, punctual

pointeáilteacht pon′t′ɑ:l′t′əxt *f*3 neatness; punctiliousness; punctuality

pointiúil pon′t′u:l′ *a*2 punctual

poipín pop′i:n′ *m*4 poppy

poiplín pop′l′i:n′ *m*4 poplin

póir po:r′ *f*2, *pl* ∼eanna pore

poirceallán por′k′əlɑ:n *m*1 porcelain

póirín po:r′i:n′ *m*4 small potato; pebble

póiriúil po:r′u:l′ *a*2 porous

póirse po:rs′ə *m*4 porch; lobby; passage; closet

póirseáil po:rs′ɑ:l′ *f*3 rummaging, searching, groping

póirtéir po:rt′e:r′ *m*3, (*person*) porter

poit pot′ *f*2, *pl* ∼eanna poke, nudge *vt* poke

póit po:t′ *f*2, *pl* ∼eanna drinking-bout; hangover

poitigéir pot′əg′e:r′ *m*3 chemist

poitín pot′i:n′ *m*4 poteen

póitseálaí po:t′s′a:li: *m*4 poacher

pol pol *m*1 pole

pola(i)- polə *pref* poly-

polagamas 'poləˌgaməs *m*1 polygamy

polagán poləgɑ:n *m*1 polygon

polaimiailíteas 'poləˌm′iəˈl′i:t′əs *m*1 poliomyelitis

polaitéin polət′e:n′ *f*2 polythene

polaiteoir polət′o:r′ *m*3 politician

polaitíocht polət′i:(ə)xt *f*3 politics

polaitiúil polət′u:l′ *a*2 political

polaraigh poləri: *vt* & *i* polarize

polaróideach poləro:d′əx *m*1 & *a*1 polaroid

polasaí poləsi: *m*4 policy

polca polkə *m*4, (*dance*) polka

poll pol *m*1 hole; pit; burrow; shaft; aperture; orifice; perforation, ∼ *aeir* air-vent, ∼ *uisce* pool of water, ∼ *slogaide* swallow-hole, ∼ *sróine* nostril, *dul go tóin poill* to go to the bottom of the sea, *chuireamar* ∼ *san obair* we did a good bit of work *vt* & *i* hole; pierce, perforate, *bonn a pholladh* to puncture a tyre

polla polə *m*4 pole, pillar

polladh polə *m*, *gs* **-llta** boring, perforation, penetration

polláire polɑ:r′ə *m*4 nostril; button-hole

pollóg polo:g *f*2 pollock

polltach poltəx *a*1 piercing, penetrating

póló po:lo: *m*4 polo

pomagránait 'poməˌgra:nət′ *f*2 pomegranate

póna po:nə *m*4 (cattle-)pound

pónaí po:ni: *m*4 pony

pónaire po:nər′ə *f*4 bean

ponc poŋk *m*1, *pl* ∼**anna** point; dot; full stop; detail, *duine a chur i b* ∼ to put a person in a fix

poncaigh poŋki: *vt* point, punctuate; dot

poncaíocht poŋki:(ə)xt *f*3 punctuation

Poncán poŋkɑ:n *m*1 Yankee

poncloisc 'poŋkˌlos′k′ *vt*, *vn*-**oscadh** cauterize

poncúil poŋku:l′ *a*2 punctual

poncúlacht poŋku:ləxt *f*3 punctuality

pontaif pontəf′ *m*4 pontiff

pontaifiúil pontəf′u:l′ *a*2 pontifical

pontún pontu:n *m*1 pontoon

popcheol 'popˌx′o:l *m*1 pop-music

pór po:r *m*1, *pl* ∼**tha** seed; breed, off-spring; newly-sprung seed

póraigh po:ri: *vt* & *i* propagate, breed

porainséar porən′s′e:r *m*1 porringer

pornagrafaíocht 'po:rnəˌgrafi:(ə)xt *f*3 pornography

port[1] port *m*1 tune; jig, *tá a phort seinnte* it is all up with him

port[2] port *m*1 landing-place; harbour; river-bank; mound; haven; strong-hold; seat, centre, ∼ *na bpeacach* refuge of sinners, ∼ *cabhlaigh* naval station, ∼ (*coisithe*) street, traffic, island

pórt po:rt *m*1 port (wine)

portach portəx *m*1 bog; turf-bank

portaigh porti: *vt* steep

portaireacht portər′əxt *f*3 lilting

portán portɑ:n *m*1 crab, *an Portán* Cancer

pórtar po:rtər *m*1, (*beer*) porter

portfheadaíl 'portˌadi:l′ *f*3 whistling a tune

pórtheastas 'po:rˌhastəs *m*1 pedigree

portráid portra:d′ *f*2 portrait

portráidí portra:d′i: *m*4 portrait-painter

portús portu:s *m*1 breviary
pórú po:ru: *m*4 breeding, propagation
pós po:s *vt* & *i* marry
pósadh po:sə *m*, *gs* -sta *pl* -staí wedding, marriage, matrimony
pósae po:se: *m*4, *pl* ~tha posy, flower
post[1] post *m*1 (letter) post
post[2] post *m*1 post; job
pósta po:stə *a*3 married
póstaer po:ste:r *m*1 poster
postaigh posti: *vt* post, appoint
postáil posta:l' *vt* post, mail
postas postəs *m*1 postage
postluí 'post,li: *m*4 poste restante
postúil postu:l' *a*2 self-important, conceited
postúlacht postu:ləxt *f*3 self-importance, conceit
pota potə *m*4 pot
potaire potər'ə *m*4 potter
pótaire po:tər'ə *m*4 drunkard
potaireacht potər'əxt *f*3 pottery
potais potəs' *f*2 potash
potaisiam ,po'tas'iəm *m*4 potassium
pothrais pohrəs' *f*2 fricassée
potrálaí potra:li: *m*4 potterer; quack doctor
prabhait praut' *f*2 pulp, mess
prácás pra:ka:s *m*1 hotchpotch; medley; mess
prae pre: *f*4 prey; acquisition, *ní mór an phrae dom é* it is not much use to me
praghas prais *m*1, *pl* -ghsanna price
praghsáil praisa:l' *f*3 pricing, bidding
pragmatach pragmətəx *m*1 pragmatist *a*1 pragmatic(al)
práibeach pra:b'əx *a*1 soft, mushy
práinn pra:n' *f*2, *pl* ~eacha hurry, rush; urgency
práinneach pra:n'əx *a*1 urgent; pressing, pressed
práiscín pra:s'k'i:n' *m*4 apron of coarse fabric
praiseach pras'əx *f*2 pottage; (thin) porridge; (wild) cabbage, kale, ~ *a dhéanamh de rud* to make a mess of sth
praiticiúil prat'ək'u:l' *a*2 practical, practicable
praitinn prat'ən' *f*2 parchment
praitinniúil prat'ən'u:l' *a*2 astute; wise, sensible
pram pram *m*4, *pl* ~anna pram
pramsa pramsə *m*4 prance
pramsach pramsəx *f*2 prancing *a*1 prancing; frolicsome
pramsáil pramsa:l' *vi* prance, caper, frolic
prap prap *a*1 prompt, sudden
prapaireacht prapər'əxt *f*3 uppishness, insolence
prapanta prapəntə *a*3 pert, insolent
pras pras *a*1 quick, prompt
prás pra:s *m*1 brass
prásach pra:səx *a*1 brassy, brazen
prásaí pra:si: *m*4, (*person*) brazier
prásáil pra:sa:l' *vt* & *i* braze
praslacha 'pras,laxə *f*, *gs* & *gpl* ~n *npl* ~in teal
prásóg pra:so:g *f*2 marzipan
práta pra:tə *m*4 potato

preab p'r'ab *f*2 start; bounce; throb; liveliness; sod turned by spade, spadeful (of earth), *de phreab* suddenly, *tá sé i ndeireadh na preibe* he is at his last gasp, *ag cur preab san ól* drinking with gusto *vi* start; bounce; throb; twitch
preabach p'r'abəx *a*1 jumping; bouncing; jerky; flickering, throbbing
preabadh p'r'abə *m*, *gs* -btha jump, start; throb
preabaire p'r'abər'ə *m*4, ~ *linbh* bouncing baby, ~ *na mbánta* magpie
preabaireacht p'r'abər'əxt *f*3 jumping, bouncing; liveliness
preabán p'r'aba:n *m*1 patch
preabanta p'r'abəntə *a*3 quick, lively
preabarnach p'r'abərnəx *f*2 jumping, throbbing
preabúil p'r'abu:l' *a*2 lively; prompt; generous
préach p'r'e:x *vt* perish (with cold), *bhíomar* ~ *ta* we were perished
préachán p'r'e:xa:n *m*1 crow, rook
preafáid p'r'afa:d' *f*2 preface (of Mass)
prealáid p'r'ala:d' *f*2 prelate
preas p'r'as *m*3, *pl* ~anna (printing-) press
preasagallamh 'p'r'as,agələv *m*1 press conference
preasáil[1] p'r'asa:l' *vt* press, iron
preasáil[2] p'r'asa:l' *f*3 & *vt* press, *buíon phreasála* press gang
preiceall p'r'ek'əl *f*2 dewlap; double chin
preicleach p'r'ek'l'əx *a*1 double-chinned
préimh p'r'e:v' *f*2 premium
Preispitéireach p'r'es'p'ət'e:r'əx *m*1 & *a*1 Presbyterian
priacal p'r'iəkəl *m*1 peril, risk
priaclach p'r'iəkləx *a*1 perilous, risky; troubled, anxious
pribhéad p'r'iv'e:d *m*1 privet
pribhléid p'r'iv'l'e:d' *f*2 privilege
pribhléideach p'r'iv'l'e:d'əx *a*1 privileged; articulate; forward
primeáil p'r'i:m'a:l' *vt* prime
priméar p'r'im'e:r *m*1 primer
princeam p'r'iŋ'k'əm *m*1 gambolling, frolicking
printéir p'r'in't'e:r' *m*3 printer
printéireacht p'r'in't'e:r'əxt *f*3 printing
printíseach p'r'in't'i:s'əx *m*1 apprentice
printíseacht p'r'in't'i:s'əxt *f*3 apprenticeship
príobháid p'r'i:va:d' *f*2 privacy; private place
príobháideach p'r'i:va:d'əx *a*1 private
prioc p'r'ik *vt* & *i* prick, prod, goad
priocadh p'r'ikə *m*, *gs* -ctha prick, prod, sting
priocaire p'r'ikər'ə *m*4, (*tool*) poker; small pointed knife
prióir p'r'i:o:r' *m*3 prior
prióireacht p'r'i:o:r'əxt *f*3 priory
príomh- p'r'i:v'[†] *pref* prime, principal, major, cardinal
príomha p'r'i:və *a*3 prime, primary
príomhach p'r'i:vəx *m*1, (*animal*) primate
príomháidh 'p'r'i:v'a:γ' *m*4, *pl* -ithe primate (of church)

príomh-aire 'p'r'i:v'ar'ə *m*4 prime minister

príomhalt 'p'r'i:v'alt *m*1 leading article, editorial

príomhchathair 'p'r'i:v'xahər' *f*, *gs* **-thrach** *pl* -**thracha** capital city

príomhoide 'p'r'i:v'od'ə *m*4 principal (teacher)

príomhúil p'r'i:vu:l' *a*2 primary

priompallán p'r'impəla:n *m*1 dung beetle

prionsa p'r'insə *m*4 prince

prionsabal p'r'insəbəl *m*1 principle

prionsabálta p'r'insəba:ltə *a*3 high-principled; punctilious; dogmatic

prionsabáltacht p'r'insəba:ltəxt *f*3 moral principles; punctiliousness

prionsacht p'r'insəxt *f*3 principality

prionta p'r'intə *m*4 print

priontáil p'r'inta:l' *vt* & *i* print

prios p'r'is *m*3, *pl* ~**anna** press, cupboard

priosla p'r'islə *m*4 dribble, slobber

priosma p'r'ismə *m*4 prism

priosmach p'r'ismmax *a*1 prismatic

príosún p'r'i:su:n *m*1 prison, ~ *bliana* a year's imprisonment

príosúnach p'r'i:su:nəx *m*1 prisoner

príosúnacht p'r'i:su:nəxt *f*3 imprisonment

prislín p'r'is'l'i:n' *m*4 dribble (at mouth)

probháid prova:d' *f*2 probate

próca pro:kə *m*4 crock; urn, jar

prócáil pro:ka:l' *f*3 poking, probing

prócar pro:kər *m*1 crop; craw

prochóg proxo:g *f*2 den; hovel

profa profə *m*4 (printer's) proof

prognóis progno:s' *f*2 prognosis

proibhinse prov'ən's'ə *f*4 province

proibhinseal ‚pro'v'in's'əl *m*1 provincial (of religious order)

proifid prof'əd' *f*2 profit

próifíl pro:f'i:l' *f*2 profile

proifisiún ‚pro'f'is'u:n *m*1 profession

proifisiúnta ‚pro'f'is'u:ntə *a*3 professional

proinn pron' *f*2, *pl* ~**te** meal

proinnseomra 'pron'‚s'o:mrə *m*4 dining-room

proinnteach 'pron'‚t'ax *m*, *gs* **-tí** *pl* **-tithe** refectory; restaurant

Proinsiasach pron's'iəsəx *m*1 & *a*1 Franciscan

próis pro:s' *f*2, *pl* ~**eanna** process

próiseáil pro:s'a:l' *vt* process

próiseálaí pro:s'a:li: *m*4 processor

próiseas pro:s'əs *m*1 process

próiste pro:s't'ə *m*4 spindle

próitéin pro:t'e:n' *f*2 protein

prólatáireach 'pro:lə‚ta:r'əx *m*1 & *a*1 proletarian

prólatáireacht 'pro:lə‚ta:r'əxt *f*3 proletariat(e)

promanád proməna:d *m*1 promenade

promh prov *vt* prove, test

promhadán provəda:n *m*1 test-tube

promhadh provə *m*1 proof, test, *bheith ar* ~ to be on probation

promhaire provər'ə *m*4 tester

prompa prompə *m*4 rump

propán propa:n *m*1 propane

propast propəst *m*1 provost

prós pro:s *m*1 prose

prósach pro:səx *a*1 prosaic, prosy

prosóid proso:d' *f*2 prosody

próstatach pro:stətəx *a*1 prostate

Protastúnach protəstu:nəx *m*1 & *a*1 Protestant

Protastúnachas protəstu:nəxəs *m*1 Protestantism

prúna pru:nə *m*4 prune

puball pubəl *m*1 tent

púbasach pu:bəsəx *a*1 pubic

púca pu:kə *m*4 hobgoblin; pooka, ~ *peill* toadstool, ~ *na n-adharc* bugbear, pet hate

púcán pu:ka:n *m*1 (kind of) open boat, fishing smack

puchán puxa:n *m*1 fluke; *pl* swollen glands, swellings under eyes

puchóid puxo:d' *f*2 pustule

púdal pu:dəl *m*1 poodle

púdar pu:dər *m*1 powder; dust

púdrach pu:drəx *a*1 powdery; powdered

púdraigh pu:dri: *vt* pulverize

púdráil pu:dra:l' *vt* powder

púic pu:k' *f*2, *pl* ~**eanna** blindfold, mask; covering; moroseness; frown, ~ *tae* tea cosy

púiceach pu:k'əx *a*1 morose; frowning

púicín pu:k'i:n' *m*4 blindfold, mask; blinkers; frown; cote, ~ *a chur ar dhuine* to hoodwink a person

púiciúil pu:k'u:l' *a*2 gloomy; sullen

puifín pif'i:n' *m*4 puffin

puilín pil'i:n' *m*4 pulley

puilpid pil'p'əd' *f*2 pulpit

puimcín pim'k'i:n' *m*4 pumpkin

puinn pin' *s*, *níl* ~ *céille aige* he hasn't much sense, *an bhfuil* ~ *airgid agat?* have you much money?

puins pin's' *m*4, *pl* ~**eanna** punch

puinseáil pin's'a:l' *vt* punch (with tool)

puipéad pip'e:d *m*1 puppet

púir[1] pu:r' *f*2 loss, tragedy

púir[2] pu:r' *f*2, *pl* ~**eanna** flue, ~ *dheataigh* stream of smoke, ~ *beach* swarm of bees

púirín pu:r'i:n' *m*4 cote; hut, hovel; kiln flue

puisín[1] pis'i:n' *m*4 pussy-cat; kitten

puisín[2] pis'i:n' *m*4 lip; calf's muzzle

puiteach pit'əx *m*1 boggy ground, mire

puití pit'i: *m*4 putty

púitse pu:t's'ə *m*4 pouch

pulc pulk *vt* & *i* stuff, gorge; crowd

pulcadh pulkə *m*, *gs* **-ctha** crush, throng; large mass

púma pu:mə *m*4 puma

pumpa pompə *m*4 pump

pumpáil pompa:l' *vt* & *i* pump

punann punən *f*2 sheaf

punt punt *m*1 pound, ~ *ime* pound of butter, *nóta puint* pound note

punta pontə *m*4 punt

pupa pupə *m*4 pupa
púrach pu:rəx *a*1 tragic, calamitous; grief-stricken
púráil pu:ra:l' *f*3 beating, trouncing
purgadóir purəgədo:r' *f*3 purgatory
purgadóireacht purəgədo:r'əxt *f*3 purgatorial pains
purgaigh purəgi: *vt* purge
purgóid purəgo:d' *f*2 purgative; drench, ~ *aisig* emetic
purgóideach purəgo:d'əx *a*1 purgative
purláin pu:rla:n' *mpl* precincts

púróg pu:ro:g *f*2 round stone, pebble; bead
pus pus *m*1, *npl* ~ **a** mouth; sulky expression; snout
pusach pusəx *a*1 pouting, sulky, in a huff; whimpering
púscán pu:ska:n *m*1 ooze
puslach pusləx *m*1 muzzle
puth puh *f*2 puff, whiff, *níl ann ach an phuth* he is barely alive
puthaíl puhi:l' *f*3 puffing
putóg puto:g *f*2 gut, intestine; pudding

Q

quinín kwin'i:n' *m*4 quinine

R

rá ra: *m*4, *pl* ~**ite** saying, utterance, ~ *béil* verbal statement, *fuair sé* ~ *a bhéil orthu* he got what he asked for them
rábach ra:bəx *a*1 bold, dashing; reckless, *fás* ~ rank growth, *go* ~ easily
rábaire ra:bər'ə *m*4 active person; dashing fellow
rabairne rabərn'ə *m*4 prodigality, extravagance
rabairneach rabərn'əx *a*1 prodigal, extravagant
rábálaí ra:ba:li: *m*4 fast unmethodical worker; sprinter
rabhadh rauə *m*1 warning, forewarning
rabhán¹ raua:n *m*1 spasm, fit (of coughing), ~ *cainte* burst of talk
rabhán² raua:n *m*1 thrift (plant)
rabharta raurtə *m*4 spring tide; flood, torrent; superabundance, ~ *feirge* surge of anger
rabhcán rauka:n *m*1 simple song, ditty, ~ *maraí* shanty
rabhchán rauxa:n *m*1 warning signal, beacon
rabhlaer raule:r *m*1 overall
rabhlóg raulo:g *f*2 tongue-twister
rabhnáilte rauna:l't'ə *a*3 round
raca¹ rakə *m*4 rack; bench, settle
raca² rakə *m*4 (rack-)comb
ráca ra:kə *m*4 rake
rácáil ra:ka:l' *vt* & *i* rake
racán raka:n *m*1 racket, brawl; uproar
racánach raka:nəx *a*1 rowdy; riotous
racánaíocht raka:ni:(ə)xt *f*3 rowdyism
rachadh raxəx *cond* of **téigh²**
rachaidh raxi: *fut* of **téigh²**
ráchairt ra:xərt' *f*2 run, ~ *ar rud* demand for sth
rachmas raxməs *m*1 wealth, abundance; capital
rachmasach raxməsəx *a*1 wealthy

rachmasaí raxməsi: *m*4 wealthy person; capitalist
racht raxt *m*3, *pl* ~**anna** pent-up, violent, emotion; fit; outburst, *do* ~ *a ligean* to give vent to ones feelings
rachta raxtə *m*4 rafter; beam
rachtán raxta:n *m*1 chevron
rachtúil raxtu:l' *a*2 emotional, vehement; hearty
racún ˌra'ku:n *m*1 racoon
rad rad *vt* & *i* throw; (*of horse, etc*) fling, kick; caper
rada(i)- radə *pref* radio-
radacach radəkəx *m*1 & *a*1 radical
radacachas radəkəxəs *m*1 radicalism
radachur 'radəˌxur *m*1 (radio-active) fall-out
radadh radə *m*, *gs* **radta** pelting; (*of horse, etc*) fling, kick
radaighníomhaíocht 'radəˌγ'n'i:vi:(ə)xt *f*3 radio-activity
radagrafaíocht 'radəˌgrafi:(ə)xt *f*3 radiography
radaíocht radi:(ə)xt *f*3 radiation
radaireacht radər'əxt *f*3 ranting; revelling; flirting
radaitheoir radiho:r' *m*3 radiator
radar radər *m*1 radar
radharc rairk *m*1 sight; range of vision; look; view; (theatrical) scene, *fad mo radhairc uaim* as far as I could see
radharcach rairkəx *a*1 seeing, viewing; visual, optical
radharceolaí 'rairkˌo:li: *m*4 optician
radharcra rairkrə *m*4 (theatrical) scenery
radúil radu:l' *a*2 radial
rafar rafər *a*1 prosperous; thriving; prolific
ráfla ra:flə *m*4 rumour
rafta raftə *m*4 raft

ragairne ragərn'ə *m*4 revelling; roistering; dissipation

ragairneach ragərn'əx *a*1 revelling, roistering, rakish

ragairneálaí ragərn'a:li: *m*4 reveller; wastrel

ragobair 'rag,obər' *f*2, *gs* **-oibre** overtime (work)

ragús ragu:s *m*1 urge, desire; fit

ráib ra:b' *f*2, *pl* ∼**eanna** dash, sprint

raibh rev' *p dep & pres subj of* **bí**

raibí rab'i: *m*4 rabbi

Raibiléiseach rab'əl'e:s'əx *a*1 Rabelaisian

raic[1] rak' *f*2 wreck, wreckage, ∼ (*mhara*) flotsam and jetsam

raic[2] rak' *f*2, *pl* ∼**eanna** ruction, uproar

raicéad rak'e:d *m*1 (sports) racket

raiceáil rak'a:l' *f*3 & *vt* wreck

raicíteas ˌra'k'i:t'əs *m*1 rickets

raid- rad' *pref* radio-

raideog rad'o:g *f*2 bog-myrtle

raideolaíocht 'rad',o:li:(ə)xt *f*3 radiology

raidhfil raif'əl' *m*4 rifle

raidhse rais'ə *f*4 abundance

raidhsiúil rais'u:l' *a*2 abundant

raidiam rad'iəm *m*4 radium

raidió rad'i:o: *m*4 radio

raidis rad'əs' *f*2 radish

raifil raf'əl' *m*4 raffle

raifleáil raf'l'a:l' *vt* raffle

ráig ra:g' *f*2, *pl* ∼**eanna** sudden rush; sudden outbreak; fit, attack

ráille ra:l'ə *m*4 rail; railing

raiméis ram'e:s' *f*2 nonsense, rigmarole

raimhre rav'r'ə *f*4 thickness, fatness

raimsce ram's'k'ə *m*4 scapegrace, scamp

ráineach ra:n'əx *m*1 hinny

raingléis raŋ'l'e:s' *f*2, ∼ *tí* ramshackle house

ráinigh ra:n'i: *defective v* reach, arrive, ∼ *leis é a dhéanamh* he managed to do it, ∼ *sé ann* he happened to be there

rainse ran's'ə *m*4 ranch

rainseoir ran's'o:r' *m*3 rancher

ráipéar ra:p'e:r *m*1 rapier

raispín ras'p'i:n' *m*4 brat, rascal; wretch

ráite[1] ra:t'ə *conj* considering, in view of

ráite[2] ra:t'ə *pp of* **abair**

ráiteachas ra:t'əxəs *m*1 utterance; saying, report

ráiteas ra:t'əs *m*1 statement

ráithe ra:hə *f*4 three-month period, quarter, season

ráitheachán ra:həxa:n *m*1 quarterly (publication)

ráithiúil ra:hu:l' *a*2 quarterly

raithneach rahn'əx *f*2 fern, bracken

ramallach ramələx *a*1 slimy

ramallae raməle: *m*4 slime

rámh ra:v *m*3 oar

rámhaí ra:vi: *m*4 oarsman

rámhaigh ra:vi: *vt & i* row

rámhaille ra:vəl'ə *f*4 raving, delirium; fancies, ∼ *óil, phóite* delirium tremens

rámhailleach ra:vəl'əx *a*1 raving, delirious; fanciful

rámhainn ra:vən' *f*2 spade

rámhaíocht ra:vi:(ə)xt *f*3 rowing; oarsmanship

ramhar raur *a*1, *gsf & comp* **raimhre** *npl* **-mhra** fat, thick, ∼ *le* thickly covered with, full of, *súil* ∼ full eye

rámhlong 'ra:v,loŋ *f*2 galley

ramhraigh rauri: *vt & i* fatten; thicken, *éadach a ramhrú* to full cloth

rampar rampər *m*1 rampart

rancás raŋka:s *m*1 frolicking; high jinks

rancásach raŋka:səx *a*1 frolicsome, frisky

rang raŋ *m*3, *pl* ∼**anna** rank, line, row; order; (school-)class

rangabháil raŋgəva:l' *f*3 participle

rangaigh raŋgi: *vt* classify; grade

rangalam raŋgələm *m*1 rigmarole

rangú raŋgu: *m*4 classification; grading

rann[1] ran *m*1 quatrain; verse, *rainn pháistí* nursery rhymes

rann[2] ran, ∼**a** ranə : **roinn**

rannach ranəx *a*1 departmental

rannaireacht ranər'əxt *f*3 composing verses; versification

rannán rana:n *m*1 (army) division

ranníocach 'ran,i:kəx *a*1 contributory

rannóg rano:g *f*2 section

rannpháirt 'ran,fa:rt' *f*2 participation, part, share

rannpháirteach 'ran,fa:rt'əx *a*1 participating, partaking

rannta rantə : **roinnt**

ransaigh ransi: *vt & i* ransack, rummage, search

raon ri:n *m*1, *pl* ∼**ta** way, route; range, ∼ *rásaí* race-track, ∼ *cluas* earshot, ∼ *maidhme* rout, headlong flight

rapáil rapa:l' *vt & i* rap

rapsóid rapso:d' *f*2 rhapsody

rás ra:s *m*3 race

rásaíocht ra:si:(ə)xt *f*3 racing

rascail raskəl' *m*4 rascal

raspa raspə *m*4 rasp, coarse file

raspáil raspa:l' *vt & i* rasp

rásúr ra:su:r *m*1 razor

ráta ra:tə *m*4 rate, *faoi* ∼ at a discount; not in demand

rátáil ra:ta:l' *vt* rate

rátaithe ra:tihə *a*3 rated

rath rah *m*3 prosperity; abundance; usefulness, good, *faoi* ∼ succeeding, prospering, ∼ *Dé ort* God prosper you, *chuaigh siad ó* ∼ *orm* they went to loss on me

ráth[1] ra: *m*3, *pl* ∼**anna** earthen rampart; ring-fort; rath; layer, ∼ *sneachta* snow-drift

ráth[2] ra: *f*3, *pl* ∼**anna** shoal (of fish)

rathaigh rahi: *vt & i* prosper, succeed; make successful

ráthaigh¹ ra:hi: *vt* guarantee
ráthaigh² ra:hi: *vi*, *vn* -**aíocht** (*of fish*) shoal
ráthaíocht ra:hi:(ə)xt *f* 3 guarantee
ráthóir ra:ho:r′ *m* 3 guarantor
rathúil rahu:l′ *a* 2 prosperous, successful; fortunate
rathúnas rahu:nəs *m* 1 prosperity; plenty
ré¹ re: *f* 4, *pl* ∼**anna** moon; period, age, era, *lán na* ∼ the full moon, *le mo* ∼ during my lifetime, *roimh* ∼ in advance, beforehand
ré² re: *f* 4, *pl* ∼**ite** stretch of ground; level ground
ré-³ re: *pref* level, smooth; easy; moderately
réab re:b *vt & i* tear, rip up; shatter; violate
réablach re:bləx *f* 2 rush, surge, ∼*a gaoithe* tearing gusts of wind
réabhlóid re:vlo:d′ *f* 2 revolution
réabhlóideach re:vlo:d′əx *a* 1 revolutionary
réabhlóidí re:vlo:d′i: *m* 4 revolutionary
réabóir re:bo:r′ *m* 3 violator
reacaire rakər′ə *m* 4 seller; crier of wares; reciter of poems; ranter; newsmonger
reacaireacht rakər′əxt *f* 3 selling, offering for sale; reciting; ranting; gossiping
reacht raxt *m* 3, *pl* ∼**anna** law; statute; accepted rule
reachta raxtə : **riocht**
reachtach raxtəx *a* 1 legislative
reachtaigh raxti: *vt & i* legislate; enact, decree
reáchtáil ra:xta:l′ *f* 3 running, *damhsa a* ∼ to run a dance
reachtaíocht raxti:(ə)xt *f* 3 legislation
reachtaire raxtər′ə *m* 4 administrator, steward; rector; auditor (*of society*); master of ceremonies
reachtas raxtəs *m* 1 administration, stewardship, *talamh reachtais* conacre
reachtmhar raxtvər *a* 1 lawful, legitimate
reachtóir raxto:r′ *m* 3 lawgiver, legislator
reachtúil raxtu:l′ *a* 2 statutory, statute
réadach re:dəx *a* 1 real; objective
réadaigh re:di: *vt* make real, realize, *sócmhainní a réadú* to realize assets
réadán re:da:n *m* 1 woodworm
réadlann re:dlən *f* 2 observatory
réadúil re:du:l′ *a* 2 real, realistic
réal¹ re:l *m* 1, *pl* ∼**acha** (old) sixpence; sixpenny bit
réal² re:l *vt* make clear, manifest, (*of photograph*) develop
réalachas re:ləxəs *m* 1 realism
réalaí re:li: *m* 4 realist
réalt- re:lt *pref* star-, astro-
réalta re:ltə *f* 4 star; asterisk, ∼ *eireaball* comet, ∼ *eolais* guiding star, ∼ *reatha* shooting star
réaltach re:ltəx *a* 1 starry; astral; beautiful
réaltbhuíon ′re:lt,vi:n *f* 2, *pl* ∼**ta** constellation
réalteolaíocht ′re:lt,o:li:(ə)xt *f* 3 astronomy
réaltóg re:lto:g *f* 2 (small) star
réaltógach re:lto:gəx *a* 1 starry, starred
réaltra re:ltrə *m* 4 galaxy

réam re:m *m* 3, *pl* ∼**anna** ream
réama re:mə *m* 4 rheum; phlegm, catarrh
réamach re:məx *a* 1 rheumy; phlegmy, catarrhal; (*of fish*) slimy
réamh- re:v *pref* ante-, pre-, fore-, introductory, preliminary
réamhaisnéis ′re:v,as′n′e:s′ *f* 2 forecast
réamhaisnéiseoir ′re:v,as′n′e:s′o:r′ *m* 3 forecaster
réamhaithris ′re:v,ahr′əs′ *f* 2 prediction *vt & i* predict, foretell
réamhcheol ′re:v,x′o:l *m* 1, *pl* ∼**ta** overture
réamhchlaonadh ′re:v,xli:nə *m*, *gs* -**nta** prejudice
réamhchlaonta ′re:v,xli:ntə *a* 3 prejudiced
réamhchúram ′re:v,xu:rəm *m* 1, *pl* -**aimí** precaution
réamheolaire ′re:v,o:lər′ə *m* 4 prospectus
réamhfhocal ′re:v,okəl *m* 1 preposition
réamhghabháil ′re:v,γava:l′ *f* 3 anticipation
réamhimeachtaí ′re:v,im′əxti: *spl* preliminaries
réamhléiriú ′re:v,l′e:r′u: *m* 4 rehearsal (*of play*)
réamhrá ′re:v,ra: *m* 4, *pl* ∼**ite** introduction; preface
réamhráite ′re:v,ra:t′ə *a* 3 aforesaid, aforementioned
réamhshampla ′re:v,hamplə *m* 4 precedent
réamhstairiúil ′re:v,star′u:l′ *a* 2 prehistoric
réamhth.eachtach ′re:v,haxtəx *a* 1 precursory; antecedent
réamhtheachtaí ′re:v,haxti: *m* 4 precursor, predecessor, antecedent
réamhtheachtaire ′re:v,haxtər′ə *m* 4 forerunner, harbinger
reangach¹ raŋgəx *a* 1 welted, scarred; creased
reangach² raŋgəx *a* 1 stringy, wiry; lanky, scrawny
reann ran, ∼ *a* ranə : **rinn**¹,²
réasún re:su:n *m* 1 reason, sense; justification, motive, *luíonn sé le* ∼ it stands to reason
réasúnach re:su:nəx *a* 1 reasoning, rational
réasúnachas re:su:nəxəs *m* 1 rationalism
réasúnaigh re:su:ni: *vt & i* reason, rationalize
réasúnta re:su:ntə *a* 3 reasonable; sane, sensible; fair, moderate
reatha rahə : **rith**
reathach rahəx *a* 1 running, cursive
reathaí rahi: *m* 4 runner
réchaite ′re:,xat′ə *a* 3 half-worn; partly worn away
réchas ′re:,xas *vt & i* twist, turn, slowly; (*of engine*) tick over, idle
réchnocach ′re:,xnokəx *a* 1, (*of country*) low-hilled, rolling
réchúiseach ′re:,xu:s′əx *a* 1 easy-going; unconcerned
rédhorcha ′re:,γorəxə *a* 3 moonless
réibhe re:v′ə : **riabh**
reic rek′ *m* 3, *pl* ∼**eanna** sale; public recital; gossip; lavish spending *vt & i* sell; trade, peddle; recite; proclaim; betray; squander
réice re:k′ə *m* 4 rake, rover
réiciúil re:k′u:l′ *a* 2 rakish
réidh re:γ′ *a* 1 smooth, level; easy; free; ready, prepared; finished, *fána* ∼ gentle declivity, *bheith* ∼ *i rud* to be indifferent to sth

réidhe re:γ'ə *f* 4 smoothness, levelness; easiness, readiness; indifference

reifreann ref'r'ən *m* 1 referendum

réigiún re:g'u:n *m* 1 region

réigiúnach re:g'u:nəx *a* 1 regional

réileán re:l'a:n *m* 1 level space; sports green; expanse

reilig rel'əg' *f* 2 graveyard

reiligire rel'əg'ər'ə *m* 4 sexton; grave-digger

reiligiún rel'əg'u:n *m* 1 religion

reiligiúnach rel'əg'u:nəx *a* 1 religious

réiltín re:l't'i:n' *m* 4 (small) star; asterisk

réim re:m' *f* 2, *pl* ~**eanna** course, career; succession; range; regimen, *bheith i* ~ to be in power, *nós atá faoi* ~ a custom that prevails

réimeas re:m'əs *m* 1 reign, sway; era; span of life

réimír 're:ˌm'i:r' *f* 2, *pl* ~**eanna** prefix

réimnigh re:m'n'i: *vt & i* advance; range; grade; conjugate

réimse re:m's'ə *m* 4 stretch, tract; range, ~ *radhairc* field of vision

réinfhia 're:n'ˌiə *m* 4, *pl* ~**nna** reindeer

réir re:r' *f* 2 will, wish; command, *bheith faoi* ~ *duine* to be at a person's service, *de* ~ in accordance with, according to, *de* ~ *a chéile* by degrees, gradually, *faoi* ~ free, available; ready

réisc re:s'k' : **riasc**

réise re:s'ə *f* 4 span

reisimint res'əm'ən't' *f* 2 regiment

réiteach re:t'əx *m* 1 clearance; clearing, level space; preparation; disentanglement; settlement; agreement, *bord réitigh* conciliation board

réiteoir re:t'o:r' *m* 3 arbitrator; conciliator; referee

reithe rehə *m* 4 ram, *an Reithe* Aries, ~ *cogaidh* battering-ram

réitigh re:t'i: *vt* level, smooth; clear; unravel; free; arrange; solve, *réiteach le duine* to settle with a person, to make peace with a person, *ní réitíonn sé liom* it dosen't agree with me

reitine ret'ən'ə *f* 4 retina

reitric ret'r'ək' *f* 2 rhetoric

reitriciúil ret'r'ək'u:l' *a* 2 rhetorical

reo ro: *m* 4 frost

reoán ro:a:n *m* 1 icing (on cake)

reoch ro:x *a* 1, *gsm* ~ frosty

reodóg ro:do:g *f* 2 icicle

reoigh ro:γ' *vt & i* freeze; congeal, solidify

reoiteach ro:t'əx *a* 1 frosty; chilling

reoiteog ro:t'o:g *f* 2 ice-cream

reomhar ro:vər *a* 1 frigid

réón re:o:n *m* 1 rayon

rériomhaire 're:ˌr'i:vər'ə *m* 4 ready reckoner

réscaip 're:ˌskap' *vt & i*, (*of light*) diffuse

rí¹ ri: *m* 4, *pl* ~**the** king, (*an*) ~ *rua* chaffinch

rí² ri: *f* 4, *pl* ~**theacha** forearm

rí-³ ri: *pref* royal, kingly; exceedingly, very, ultra-

riabh riəv *f* 2, *gs* **réibhe** stripe, streak

riabhach riəvəx *a* 1 streaked, striped, brindled; drab; gloomy, dismal

riabhóg riəvo:g *f* 2 pipit

riach riəx *m* 1 , *téigh sa* ~ go to the dickens, *is cuma sa* ~ it doesn't matter a damn

riachtanach riəxtənəx *a* 1 necessary

riachtanas riəxtənəs *m* 1 necessity, need

riail riəl' *f*, *gs* **-alach** *pl* **-alacha** rule, regulation; authority; ruler

riailbhéas 'riəl'ˌv'e:s *m* 3, *gs & npl* ~**a** regular habit, discipline

rialachán riələxa:n *m* 1 regulation

rialaigh riəli: *vt & i* rule; control; regulate; line (paper)

rialaitheoir riəliho:r' *m* 3, (*device*) control

rialóir riəlo:r' *m* 3, (*implement*) ruler

rialta riəltə *a* 3 regular; habitual, *ord* ~ religious order

rialtacht riəltəxt *f* 3 regularity; religious life

rialtán riəlta:n *m* 1 regulator

rialtas riəltəs *m* 1 government

rialtóir riəlto:r' *m* 3, (*person*) ruler

rialú riəlu: *m* 4, rule, regulation; government

riamh riəv *adv* ever; never, *bhí sé* ~ *cointinneach* he was always quarrelsome, *go raibh tú* ~ *amhlaidh* may you be ever thus, *anois nó* ~ now or never, *gach aon duine* ~ *agaibh* every single one of you

rian riən *m* 1, *pl* ~**ta** course, path; mark, trace; vigour, *fear cinn riain* pace-maker, leader, *tá a* ~ *air* he looks it; 'signs on it'

rianaigh riəni: *vt* mark out, trace; gauge

rianaire riənər'ə *m* 4 marking-tool, gauge, tracer

rianta riəntə *a* 3 marked out; prepared; accomplished

rianúil riənu:l' *a* 2 orderly, methodical

riar riər *m* 4 administration, management; provision; distribution; share, supply, sufficiency, *cuireadh* ~ *maith orainn* we were well looked after, *tá* ~ *a gcáis acu* they have enough for their needs *vt* administer, manage; distribute, supply; serve, ~ *ar mhuirín* to provide for a family

riarachán riərəxa:n *m* 1 administration

riaráiste riəra:s't'ə *m* 4 arrears, backlog

riarthach riərhəx *a* 1 administrative; distributive, dispensing

riarthóir riərho:r' *m* 3 administrator; dispenser

riasc riəsk *m* 1, *gs* **réisc** *npl* ~**a** marsh; moor

riascach riəskəx *a* 1 marshy; moorish

riast riəst *m* 3 welt; streak, stripe

riastach riəstəx *a* 1 welted; streaked, striped

riastáil riəsta:l' *vt & i* welt; score, furrow

riastradh riəstrə *m*, *gs* **-tartha** contortion

rib rib' *vt* snare, *iasc a* ~**eadh** to snatch a fish

ribe rib'ə *m* 4 hair, bristle, ~ *féir* blade of grass, *ná cuir* ~ *air* don't raise his hackles, *tá* ~ (*fuar*) *ar an lá* the day is bitingly cold, ~ *róibéis* shrimp; prawn

ribeach rib'əx *a*1 hairy, bristly; bladed; tattered; (*of weather*) bitingly cold

ribeadach rib'ədəx *a*1, (*of tube*) capillary

ribeadán rib'əda:n *m*1 capillary

ribín rib'i:n' *m*4 ribbon; band, tape, string

ríchathaoir 'ri:ˌxahi:r' *f*, *gs* ~each *pl* ~eacha throne

ricne rik'n'ə *s*, *ola* ~ castor oil

rídhamhna 'ri:ˌγ aunə *m*4 royal heir

ridire rid'ər'ə *m*4 knight

ridireacht rid'ər'əxt *f*3 knighthood; chivalry

rige rig'ə *m*4, ~ola oil rig

rigeáil rig'a:l' *vt* rig (ship)

righ riγ' *vt*, *vn* **ríochan** stretch, tauten

righin ri:n' *a*1, *gsf*, *npl* & *comp* -ghne tough; tenacious, stubborn; slow, lingering; viscous

righneáil ri:n'a:l' *f*2 lingering, loitering

righneas ri:n'əs *m*1 toughness, tenacity, stubbornness; tardiness; viscosity

righnigh ri:n'i: *vt* & *i* toughen; persevere; delay, linger; become viscous

rigín rig'i:n' *m*4 rigging (of ship); (*knitting*) ribbing

ríl ri:l' *f*2, *pl* ~eanna, (*dance*) reel

rill ril' *vt* riddle, sieve, *ag* ~eadh báistí pouring rain

rilleadh ril'ə *m*, *gs* -llte flood, torrent, downpour

rilleán ril'a:n *m*1 riddle, coarse sieve

rím ri:m' *f*2, *pl* ~eanna rhyme

ríméad ri:m'e:d *m*1 gladness; joyous pride

ríméadach ri:m'e:dəx *a*1 jubilant, proud

rinc¹ riŋ'k' *f*2, *pl* ~eanna rink

rinc² riŋ'k' *vt* & *i* dance

rince riŋ'k'ə *m*4 dance

rinceoir riŋ'k'o:r' *m*3 dancer

ringear riŋ'g'ər *m*1 crow-bar

rinn¹ rin' *f*2, *npl* **reanna** *gpl* **reann** point, tip; top, apex, ~ (*tíre*) cape, promontory

rinn² rin' *m*3, *gs* & *npl* **reanna** *gpl* **reann** star, planet

rinne rin'ə *p* of **déan²**

rinneach rin'əx *a*1 pointed; sharp; biting

rinnfheitheamh 'rin'ˌehəv *m*1 contemplation

rinse rin's'ə *m*4 wrench

rinseáil rin's'a:l' *f*3 & *vt* rinse

ríochan ri:(ə)xən *f*3 stretching; tautness; restraint, control

ríochas ri:(ə)xəs *m*1 royalty

riocht rixt *m*3, *gs* **reachta** form, shape, guise; state, plight; *an fhírinne a chur as a* ~ to distort the truth, *dul thar do* ~ *le rud* to exceed one's capacity for sth, *i* ~ *pléascadh* ready to explode, *i* ~ (*agus*) *go* in such a way that, so that

ríocht ri:(ə)xt *f*3 kingdom

ríochtán rixta:n *m*1 (dressmaker's) dummy

ríog ri:g *f*2 fit, spasm; impulse

ríoga ri:gə *a*3 regal, royal

ríogach ri:gəx *a*1 spasmodic, impulsive

ríogaí ri:gi: *m*4 royalist

ríomh ri:v *m*3 enumeration; calculation; narration *vt* count; reckon, compute, calculate; narrate

ríomhaire ri:vər'ə *m*4 counter; calculator; computer

ríomhaireacht ri:vər'əxt *f*3 counting; calculation; computation

ríomhchláraitheoir 'ri:vˌxla:riho:r' *m*3 computer programmer

ríomhchlárú 'ri:vˌxla:ru: *m*4 computer programming

ríon ri:n *f*3, *pl* ~acha queen; noble lady

ríora ri:rə *m*4 royalty, dynasty

ríoraíoch ri:ri:(ə)x *a*1, *gsm* ~ dynastic

riosól riso:l *m*1 rissole

riospráid rispra:d' *f*2 respiration

rírá 'ri:'ra: *m*4 hubbub, uproar

ris ris' *adv* bare, uncovered, exposed

rís ri:s' *f*2 rice

ríshlat 'ri:ˌhlat *f*2 sceptre

ríshliocht 'ri:ˌhl'ixt *m*, *gs* & *pl* -shleachta royal line, dynasty

rísín ri:s'i:n' *m*4 raisin

ríste ri:s't'ə *m*4 idler, lounger

rístíocht ri:s't'i:(ə)xt *f*3 idling, lounging

rite¹ rit'ə *a*3 taut, tense; sharp, steep, ~ *le gaoth* exposed to the wind, ~ *chun oibre* eager for work, *chuaigh sé* ~ *leis é a dhéanamh* he barely managed to do it

rite² rit'ə *a*3 exhausted, extinct, ~ *anuas*, *síos* run down (in health)

riteoga rit'o:gə *fpl*, *gpl* **riteog** tights

rith rih *m*3, *gs* **reatha** *pl* **rití** run; course, career; rapid flow; enactment, ~ *croí* palpitation, ~ *focail* slip of the tongue, ~ *tinnis*, spell of sickness, *i* ~ in the course of , throughout, *i* ~ *an ama* all the time, *cuairt reatha* fleeting visit, *cuntas reatha* current account *vt* & *i* run; control, manage; pass, enact, ~*sé liom* (*go*) it occurred to me that, ~ *an t-ádh liom* I was very lucky, *rún a* ~ to pass a resolution, *má* ~*eann leat* if you get away with it, succeed

rítheaghlach 'ri:ˌhailəx *m*1 royal household

rithim rihəm' *f*2 rhythm

rithimeach rihəm'əx *a*1 rhythmic(al)

ríúil ri:u:l' *a*2 kingly, splendid

ró¹ ro: *m*4 prosperity; mildness, ~ *samh* heat haze

ró-² ro:† *pref* too, most, very; over-; excessive

róba ro:bə *m*4 robe

robáil roba:l' *f*3 robbery *vt* & *i* rob

robálaí roba:li: *m*4 robber

róbat ro:bət *m*1 robot

roc¹ rok *m*1, (*fish*) ray

roc² rok *m*1 wrinkle, crease, pucker *vt* & *i* wrinkle, crease; corrugate

rocach rokəx *a*1 wrinkled, creased, *iarann* ~ corrugated iron

róchuma 'ro:ˌxumə *s*, *is* ~ *liom* I couldn't care less, *níl aon* ~ *air* it doesn't look too good

ród¹ ro:d *m*1 road; roadstead

ród² ro:d *m*1 rood
ródadh ro:də *m, gs* **ródta** leeway
ródaidéandrón 'ro:dəˌdʹeːndroːn *m*1 rhododendron
ródaíocht ro:diː(ə)xt *f*3 wayfaring, travelling; riding at anchor
rodta rotə *a*3 (dry-)rotted; (*of drink*) flat, stale
rógaire ro:gərʹə *m*4 rogue
rógaireacht ro:gərʹəxt *f*3 roguery
rógánta ro:ga:ntə *a*3 roguish
rogha rau *f*4 choice, selection; alternative; the best, *de* ~ *air* in preference to, *is* ~ *liom imeacht anois* I prefer to go now, *do* ~ *rud* anything you like
roghnach raunəx *a*1 optional
roghnachas raunəxəs *m*1 choice; preference
roghnaigh rauni: *vt* choose, select
roghnóir rauno:rʹ *m*3 selector
roghnú raunu: *m*4 choice, selection
roicéad rokʹeːd *m*1 rocket
roilleach rolʹəx *m*1 oyster-catcher
roillic rolʹəkʹ *f*2 rowlock
roimh rivʹ *prep, pron forms* **romham** ro:m, **romhat** ro:t, **roimhe** rivʹə *m*, **roimpi** rimʹpʹi *f*, **romhainn** ro:nʹ, **romhaibh** ro:vʹ, **rompu** rompu, before, in front of, *bhí sé ag siúl* ~ *e* he was walking along, *ní ag teacht romhat é* pardon my interrupting you, *fáiltiú* ~ *dhuine* to welcome a person, *eagla a bheith ort* ~ *rud* to be afraid of sth
roimhe¹ rivʹə *adv* before, ~ *seo* formerly
roimhe² rivʹə : **roimh**
roimpi rimʹpʹi : **roimh**
roinn ronʹ *f, gs & npl* **ranna** *gpl* **rann** share, portion; dealing, trading; department, *níl cuid ranna ann* it is not worth dividing, *an* ~ *seo tíre* this part of the country, *ranna stáit* government departments, *ranna cainte* parts of speech *vt & i* divide, share; deal, distribute, *tá trioblóid ag* ~ *t leis* it involves trouble
roinnt ronʹtʹ *f*2, *pl* **rannta** division; dealing, distribution, ~ *airgid* some money, *tá sé* ~ *fuar* it is somewhat cold
roinnteach ronʹtʹəx *a*1 distributive
roinnteoir ronʹtʹo:rʹ *m*3 divider; dispenser
rois¹ rosʹ *f*2, *pl* ~ **eanna** volley; blast, ~ *toirní* thunder-clap, ~ *chainte* burst of talk
rois² rosʹ *vt & i* unravel; rip, tear, *ag* ~ *eadh bréag* spouting lies
roiseadh rosʹə *m, gs* **-ste** *pl* **-stí** rip, tear; rush, spate
roisín rosʹiːnʹ *m*4 resin
róiste ro:sʹtʹə *m*4 roach
roithleagadh roˌlʹagə *m, gs* **-gtha** rolling, revolving, twirling
roithleán rohlʹaːn *m*1 wheel; roller, pulley; (fishing) reel; whirling motion
roithleánach rohlʹaːnəx *a*1 revolving, whirling
ról ro:l *m*1 role
roll rol *m*4 & *vt & i* roll

rolla rolə *m*4 roll; official record, register
rollach roləx *a*1 rolling
rollaigh roli: *vt* enrol
rollán rola:n *m*1 roll; small cylinder, roller
rollóg rolo:g *f*2 (small) roll, ~ *a deataigh* spirals of smoke
rollóir rolo:rʹ *m*3 (mechanical) roller; child's hoop
rómánsach ro:ma:nsəx *a*1 romantic, *teangacha Rómánsacha* Romance Languages
rómánsaíocht ro:ma:nsiː(ə)xt *f*3 romanticism; romancing
romhaibh ro:vʹ : **roimh**
romhainn ro:nʹ : **roimh**
rómhair ro:vərʹ *vt & i, pres* **-mhraíonn** dig
romham ro:m : **roimh**
Rómhánach ro:va:nəx *m*1 & *a*1 Roman
rómhar ro:vər *m*1 digging
romhat ro:t : **roimh**
rompu rompu : **roimh**
rón ro:n *m*1, *pl* ~ **ta** seal, ~ *mór* sea-lion
rondáil ronda:lʹ *f*3 rundale, runrig
ronna ronə *m*4 dribble; mucus
ronnach¹ ronəx *m*1 mackerel
ronnach² ronəx *a*1 dribbling; mucous
rop rop *m*3 & *vt & i* thrust, stab; dart, dash
rópa ro:pə *m*4 rope
ropadh ropə *m, gs* **-ptha** thrust, stab; rush, dash; fracas
ropaire ropərʹə *m*4 stabber; robber; scoundrel; rapparee
ropaireacht ropərʹəxt *f*3 stabbing, violence; thieving; villainy
ros¹ ros *m*1 linseed, flax-seed
ros² ros *m*3 wood; headland, promontory
rós ro:s *m*1, *pl* ~ **anna** rose
rosach rosəx *a*1 rough, horny
rósach ro:səx *a*1 rosy; roseate
rosaid rosədʹ *f*2 whitlow
rosc¹ rosk *m*1 eye
rosc² rosk *m*1 rhetorical composition, ~ *catha* war-cry, ~ (*ceoil*) rhapsody
rosca roskə *m*4 rusk
roscach roskəx *a*1 rhetorical, declamatory
rósóg ro:so:g *f*2 rose-tree
róst ro:st *vt & i* roast
rosta rostə *m*4 wrist
rósta ro:stə *m*4 roast
róstadh ro:stə *m, gs* **rósta** roast(ing)
rosualt ˌroˈsuəlt *m*1 walrus
rótachartaire 'ro:təˌxartərʹə *m*4 rotovator
roth roh *m*3 wheel
rothaí rohi: *m*1 cyclist
rothaigh rohi: *vi* cycle
rothaíocht rohi:(ə)xt *f*3 cycling
rothalchleas 'rohəlˌxʹlʹas *m*1, *npl* ~ **a** cartwheel (turn)
rothán roha:n *m*1 small wheel, castor; loop, hank
rothánach roha:nəx *a*1 circulating

rothar rohər *m*1 bicycle
rótharraingt 'ro:ˌharən't' *f, gs* **-gthe** overdraft
rothlach rohləx *a*1 rotating, rotary
rothlaigh rohli: *vt & i* rotate, gyrate; whirl, spin
rothlú rohlu: *m*4 rotation, gyration; whirl, spin
rua ruə *a*3 red(-haired); reddish-brown, russet; wild, fierce
ruacan ruəkən *m*1 cockle
ruachan ruəxən *m*3 reddening
ruacht ruəxt *f*3 redness (of hair)
ruachtach ruəxtəx *f*2 erysipelas
ruadhóigh 'ruəˌɣo:ɣ' *vt & i* scorch
ruaig ruəg' *f*2, *pl* ~**eanna** chase, rout; foray; hurried visit, ~ *thinnis* attack of sickness *vt* chase, put to flight
ruaigh ruəɣ' *vt & i* redden
ruaille ruəl'ə *s,* ~ *buaille* commotion, tumult
ruaim[1] ruəm' *f*2 red dye; dye-wood; reddish scum, ~ *feirge* flush of anger
ruaim[2] ruəm' *f*2, *pl* ~**eanna** fishing-line
ruaimneach ruəm'n'əx *a*1 red, russet; (*of water*) discoloured
ruaimneacht ruəm'n'əxt *f*3 discolouration
ruaimnigh ruəm'n'i: *vt & i* dye red; flush; discolour
ruainne ruən'ə *m*4 (single) hair; fibre, thread; shred, ~ *tobac* little bit of tobacco
ruainneach ruən'əx *f*2 horse-hair
rualoisc 'ruəˌlos'k' *vt, vn* **-oscadh** scorch
ruán ru:a:n *m*1 rudd, ~ *aille* sparrow-hawk
ruaphoc 'ruəˌfok *m*1 roebuck
ruathar ruəhər *m*1 rush, onset, attack
ruatharach ruəhərəx *m*1 rushing, milling about *a*1 rushing, charging; impulsive
rúbal ru:bəl *m*1 rouble
rubar robər *m*1 rubber
rúbarb ru:bərb *m*4 rhubarb
rud rud *m*3 thing; matter, circumstance, *na* ~*aí beaga* the little ones, *ós* ~ *é go* since it happens that, ~ *eile de* furthermore, ~ *beag fuar* a little bit cold, ~ *a dhéanamh ar dhuine* to obey a person, *ná bíodh* ~ *ort faoi* don't grieve over it
rufa rufə *m*4 ruff; frill
rufach rufəx *a*1 ruffed, frilled
rug rug *p of* **beir**
ruga rogə *m*4 rug
rugbaí rogbi: *m*4 rugby
ruibh[1] riv' *f*2 sulphur
ruibh[2] riv' *f*2 venom, sting; eagerness
ruibhchloch 'riv'ˌxlox *f*2 brimstone

ruibheach riv'əx *a*1 suphuric
ruibheanta riv'əntə *a*3 venomous, sharp-tongued
ruibhiúil riv'u:l' *a*2 sulphurous
rúibín ru:b'i:n' *m*4 ruby
rúibric ru:b'r'ək' *f*2 rubric
rúid ru:d' *f*2, *pl* ~**eanna** spurt, sprint
rúidbhealach 'ru:d'ˌv'aləx *m*1, *pl* **-aí** runway
ruifíneach rif'i:n'əx *m*1 ruffian
rúiléid ru:l'e:d' *f*2 roulette
rúipí ru:p'i: *m*4 rupee
ruipleog rip'l'o:g *f*2 tripe
rúisc ru:s'k' *f*2, *pl* ~**eanna** discharge, volley; loud report *vt & i, vn* **rúscadh** strip, shell; stir, poke, shake; trounce
ruithne rihn'ə *f*4 radiance, glitter, ray of light
ruithneach rihn'əx *a*1 radiant, gleaming
rúitín ru:t'i:n' *m*4 ankle; fetlock
rum rom *m*4 rum
rún ru:n *m*1 mystery; secret; intention, purpose; (formal) resolution, *faoi* ~ in confidence, ~ *díoltais* design of vengeance, ~ *buíochais* vote of thanks, *a* ~ my dear
rúnaí ru:ni: *m*4 secretary
rúnaíocht ru:ni:(ə)xt *f*3 secretarial work; secretariat
rúnchara 'ru:nˌxarə *m, gs* ~**d** *pl* **-chairde** confidant(e)
rúnda ru:ndə *a*3 mysterious; secret, confidential
rúndacht ru:ndəxt *f*3 secrecy
rúndaingean 'ru:nˌdaŋ'g'ən *a*1, *gsf, npl & comp* **-gne** strongminded, resolute
rúndiamhair 'ru:n'ˌd'iəvər' *f*2, *pl* **-mhra** (religious) mystery *a*1, *npl* **-mhra** mystical, mysterious
runga ruŋgə *m*4 rung
rúnmhar ru:nvər *a*1 close, secretive
rúnpháirteach 'ru:nˌfa:rt'əx *a*1 initiate, initiatory
rúnpháirtí 'ru:nˌfa:rt'i: *m*4 initiate
rúnscríbhinn 'ru:n'ˌs'k'r'i:v'ən *f*2 secret writing, cipher
ruóg ru:o:g *f*2 cord, twine
Rúraíocht ru:ri:(ə)xt *f*3 Ulster epic cycle
rúsc ru:sk *m*1 bark (of tree)
rúscadh ru:skə *m, gs* **rúiscthe** decortication; stirring, shaking; trouncing
rúta ru:tə *m*4 root; stump, stock
ruthag ruhəg *m*1 run, sprint, dash, *cuar ruthaig* trajectory curve (of bullet, etc), *thar mo* ~ beyond my means

S

sa[1] sə : **i**
-sa[2] sə *emphatic suff, seo mo pheannsa* this is my pen, *m'iníon ógsa* my young daughter, *fansa anseo* you stay here, *an liomsa nó leatsa é?* is it mine or yours?

sá sa: *m*4, *pl* ~**ite** *gs as vn* ~**ite** thrust, stab; push; dart, lunge, ~*ite ciseáin* stakes of basket
sabaitéir sabət'e:r' *m*3 saboteur
sabaitéireacht sabət'e:r'əxt *f*3 sabotage
sábh sa:v *m*1, *npl* ~**a** (*of tool*) saw *vt & i* saw

sábháil sa:va:l′ *f* 3 saving; rescue; security, *tá sé ar lámh shábhála* it is in safe keeping *vt & i* save; rescue; preserve; harvest
sábháilte sa:va:l′t′ə *a* 3 safe
sábháilteacht sa:va:l′t′əxt *f* 3 safety
sabhaircín saur′k′i:n′ *m* 4 primrose
sábhálach sa:va:ləx *a* 1 saving, thrifty
sabhall saul *m* 1 barn
sabhdán sauda:n *m* 1 sultan
sabhdánach sauda:nəx *m* 1, (*raisin*) sultana
sabhran savrən *m* 1, (*money*) sovereign
sabóid sabo:d′ *f* 2 sabbath
sabóideach sabo:d′əx *a* 1 sabbatic(al)
sac sak *m* 1 sack *vt* put in sack, pack; cram; thrust
sacáil saka:l′ *vt* sack (from job)
sacán saka:n *m* 1 fieldfare
sacar sakər *m* 1 soccer
sacéadach 'sak‚e:dəx *m* 1 sackcloth
sách sa:x *m* 1 well-fed person *a* 1 full, sated, ~ *láidir* strong enough, ~ *fuar* rather cold
sácráil sa:kra:l′ *f* 3 consecration
sacrailéid sakrəl′e:d′ *f* 2 sacrilege
sacrailéideach sakrəl′e:d′əx *a* 1 sacrilegious
sácráilteacht sa:kra:l′t′əxt *f* 3 ease, self-indulgence
sacraimint sakrəm′ən′t′ *f* 2 sacrament
sacraimintiúil sakrəm′ən′t′u:l′ *a* 2 sacramental
sacraisteoir sakrəs′t′o:r′ *m* 3 sacristan
sacraistí sakrəs′t′i: *m* 4 sacristy
sacsafón 'saksə‚fo:n *m* 1 saxophone
sádach sa:dəx *m* 1 sadist *a* 1 sadistic
sádar sa:dər *m* 1 solder
sadhlann sailən *f* 2 silo
sadhlas sailəs *m* 1 silage
sádráil sa:dra:l′ *vt & i* solder
sáfach sa:fəx *f* 2 handle (of implement); shaft; battle-axe
ság sa:g *m* 1 sago
sága sa:gə *m* 4 saga
sagart sagərt *m* 1 priest, *hata an tsagairt* sea-anemone
sagartacht sagərtəxt *f* 3 priesthood
sagartúil sagərtu:l′ *a* 2 priestly
saghas sais *m* 1, *pl* **-ghsanna** kind, sort, ~ *fuar* somewhat cold
saibhir sev′ər′ *m* 4, *pl* **-bhre** rich person *a* 1, *gsf, npl & comp* **-bhre** rich
saibhreas sev′r′əs *m* 1 riches, wealth; richness
saibhrigh sev′r′i: *vt* enrich
sáible sa:b′l′ə *m* 4 sable
saicín sak′i:n′ *m* 4 vesicle; sachet
saidhbhéar saiv′e:r *m* 1 kittiwake
saidléir sad′l′e:r′ *m* 3 saddler
saifír saf′i:r′ *f* 2 sapphire
sáigh sa:γ′ *vt & i* thrust; stab; push; lunge, *sáite i leabhar* engrossed in a book
saighdeadh said′ə *m, gs* **-ghdte** incitement
saighdeoir said′o:r′ *m* 3 archer; inciter, *An Saighdeoir* Sagittarius

saighdeoireacht said′o:r′əxt *f* 3 archery
saighdiúir said′u:r′ *m* 3 soldier
saighdiúireacht said′u:r′əxt *f* 3 soldiering; military service; courage, endurance
saighdiúrtha said′u:rhə *a* 3 soldierly
saighead said *f* 2, *gs* **-ghde** arrow; bolt; pang, ~ *reatha* stitch in side from running
saighean sain *f* 2, *gs* **-ghne** *pl* **-ghní** seine (-net)
saighid said′ *vt & i, pres* **-ghdeann** incite, provoke; pierce
saighneáil sain′a:l′ *vt & i* sign
saighneán sain′a:n *m* 1 lightning; flash of light; blast, *na Saighneáin* the Northern Lights
saighneoireacht sain′o:r′əxt *f* 3 seine-fishing
sail[1] sal′ *f, gs & gpl* ~**each** *npl* ~**eacha** willow (-tree)
sail[2] sal′ *f* 2, *pl* ~**eanna** beam; cudgel; prop
sail[3] sal′ *f* 2 dirt, dross; stain, ~ *chluaise* ear-wax, ~ *chnis* dandruff
sáil[1] sa:l′ *f* 2, *npl* **sála** *gpl* **sál** heel; heeltap, ~ *sléibhe* spur of mountain, ~ *cairte* tail of cart, *ar shála a chéile* in rapid succession, *thug sé na sála leis* he managed to escape
sáil[2] sa:l′ *a* 1 easy, restful; self-indulgent
sailchearnach 'sal′'x′a:rnəx *f* 2 pussy-willow
sailchuach 'sal′'xuəx *f* 2 violet
sáile[1] sa:l′ə *m* 4 sea-water; brine
sáile[2] sa:l′ə *f* 4 ease, comfort; self-indulgence; luxuriant growth
saileach sal′əx *f* 2 willow, *slat sailí* osier
sailéad sal′e:d *m* 1 salad
Sailéiseach sal′e:s′əx *m* 1 & *a* 1 Salesian
sáilín sa:l′i:n′ *m* 4 little heel; spur; small projection; small remnant, ~ *cairte* heel of cart-shaft
saill sal′ *f* 2 salted meat; fat (meat) *vt & i* salt, cure
sailleach sal′əx *a* 1 fatty, adipose
sailleadh sal′ə *m, gs* **-llte** salting, curing, *ar* ~ in pickle
sailpítear 'sal′‚p′i:t′ər *m* 1 saltpetre
sáiltéar sa:l′t′e:r *m* 1 salt-cellar
sáimhe sa:v′ə *f* 4 peacefulness, tranquillity
sáimhín sa:v′i:n′ *m* 4, *bheith ar do sháimhín só* to feel happy
sáimhrigh sa:v′r′i: *vt* quieten, soothe; make drowsy
sain- san′ *pref* special, particular, specific, characteristic
sainchreideamh 'san′‚x′r′ed′əv *m* 1 (religious) denomination
saineolaí 'san′‚o:li: *m* 4 specialist, expert
saineolaíocht 'san′‚o:li:(ə)xt *f* 3 specialization
sainigh san′i: *vt* state expressly; define
sainiúil san′u:l′ *a* 2 specific; distinctive; special
sainmharc 'san′‚vark *m* 1, *pl* ~**anna** hallmark
sainmhíniú 'san′‚v′i:n′u: *m* 4 definition
sáinn sa:n′ *f* 2, *pl* ~**eacha** nook; trap, predicament
sáinnigh sa:n′i: *vt* corner, put in a fix; (*chess*) check
sainordú 'san′‚o:rdu: *m* 4 mandate
saint san′t′ *f* 2 greed, covetousness; great desire

saíocht si:(ə)xt *f* 3 learning, erudition
sairdín sa:rd'i:n' *m* 4 sardine
sáirsint sa:rs'ən't' *m* 4 sergeant
sais sas' *f* 2, *pl* ~**eanna** sash
sáiste sa:s't'ə *f* 4, (*herb*) sage
sáiteach sa:t'əx *a* 1 thrusting, stabbing; intrusive; nagging
sáiteán sa:t'a:n *m* 1 stake; (*of plant*) set; jibe
sáith sa: *f* 2 feed, fill; enough
saithe sahə *f* 4 swarm (of bees, etc)
sáithigh sa:hi: *vt* sate, satiate
salach saləx *a* 1 dirty; sordid; obscene, *gort* ~ weedy field, *farraige shalach* choppy sea, *teacht* ~ *ar dhuine* to fall foul of a person
salachar saləxər *m* 1 dirt; ordure; sordidness; obscenity; weeds, ~ *craicinn* skin eruption
salaigh sali: *vt* & *i* dirty, defile, *shalaigh an aimsir* the weather became foul
salán sala:n *m* 1 sprat
salanda saləndə *a* 3 saline
salann salən *m* 1 salt
sall sal *adv* to the far side, over, across
salm saləm *m* 1 psalm
salmaireacht saləmər'əxt *f* 3 psalm-singing; prating
salón salo:n *m* 1 salon
saltair saltər' *f*, *gs* -**trach**, *pl* -**tracha** psalter
salún sə'lu:n *m* 1 saloon
sámh sa:v *f* 2 tranquillity; rest *a* 1 tranquil; restful; pleasant
samhadh sauə *m* 1 sorrel
samhail saul' *f* 3, *gs* -**mhla** *pl* -**mhlacha** likeness; image, model; spectre, ~ *a thabhairt do rud* to imagine what sth is like, to liken sth to sth else *slán an t* ~ God save the mark
samhailchomhartha 'saul',xo:rhə *m* 4 symbol
samhailteach saul't'əx *a* 1 imaginary
Samhain saun' *f* 3, *gs* -**mhna** *pl* -**mhnacha** November, *Oíche Shamhna* Hallowe'en
samhalta saultə *a* 3 visionary, fanciful, unreal
samhaltach saultəx *a* 1 symbolic
samhaltán saulta:n *m* 1 emblem, symbol
sámhán sa:va:n *m* 1 nap, doze
sámhas sa:vəs *m* 1 voluptuousness
samhlachúil sauləxu:l' *a* 2 typical
samhlaigh sauli: *vt* & *i* imagine, *samhlaítear dom* (*go*) it appears to me (that), *rud a shamhlú le rud eile* to liken sth to sth else, *ní shamhlóinn rud mar sin leis* I'd never expect anything like that of him
samhlaíoch sauli:(ə)x *a* 1, *gsm* ~ imaginative
samhlaíocht sauli:(ə)xt *f* 3 imagination
samhlaoid sauli:d' *f* 2 figurative illustration *pl* imagery
samhnas saunəs *m* 1 nausea; disgust
sámhnas sa:vnəs *m* 1 ease, respite; lull
samhnasach saunəsəx *a* 1 nauseating, disgusting; queasy, squeamish

samhradh saurə *m* 1, *pl* -**aí** summer; summer garland
samhrata saurətə *a* 3 summery
sampla samplə *m* 4 example; sample; portent; wretch
samplach sampləx *a* 1 exemplifying, typical
San[1] san *s*, ~ *Nioclás* St. Nicholas, Santa Claus, ~ *Doiminic* St. Dominic
-san[2] sən *emphatic suff*, *a theachsan* his house, *a dteachsan* their house, *a mhac mórsan* his grown-up son, *rinneadarsan an obair* it was they who did the work, *dósan a thug mé é* it was to him I gave it
san[3] sən[†] : **i**
sanas sanəs *m* 1 whisper; hint, suggestion; glossary
sanasaíocht sanəsi:(ə)xt *f* 3 etymology
sanasán sanəsa:n *m* 1 glossary
sanatóir sanəto:r' *m* 3 sanatorium
sanctóir saŋkto:r' *m* 3 sanctuary (of church)
sann san *vt* assign
santach santəx *a* 1 greedy, covetous, avaricious; intensely eager
santaigh santi: *vt* covet, desire
saobh si:v *a* 1 slanted, twisted; askew; capricious; perverse *vt* slant, twist; lead astray; pervert
saobhadh si:və *m*, *gs* -**ofa** distraction, distortion, perversion
saobhnós 'si:v,no:s *m* 1 distraction, infatuation, folly
saochan si:xən *m*, ~ *céille* mental aberration
saofa si:fə *a* 3 warped, perverted, misled
saofacht si:fəxt *f* 3 waywardness, aberration; perversity
saoi si: *m* 4 wise, learned, man; master, expert; eminent person
saoire si:r'ə *f* 4 feast, church festival; vacation, holidays
saoirse si:rs'ə *f* 4 freedom, liberty; exemption; cheapness
saoirseacht si:rs'əxt *f* 3 craftsmanship, *ag* ~ working as mason; working in building materials
saoirsigh si:rs'i: *vt* & *i* cheapen; become cheaper
saoiste si:s't'ə *m* 4 roll; roller, wave; boss, ganger
saoisteog si:s't'o:g *f* 2 low soft seat, pouf
saoithín si:hi:n' *m* 4 pedant, prig
saoithiúil si:hu:l' *a* 2 learned, wise; accomplished; entertaining; peculiar
saoithiúlacht si:hu:ləxt *f* 3 learning, wisdom
saol si:l *m* 1, *pl* ~**ta** life, time, world, *le* ~ *na* ~ world without end, *an* ~ *mór* everybody, *os comhair an tsaoil* publicly, *tar éis an tsaoil* after all
saolach si:ləx *a* 1 long-lived
saolaigh si:li: *vt* be born; deliver, *go saolai Dia thú* God grant you long life
saolré 'si:l,re: *f* 4 life cycle
saolta si:ltə *a* 3 worldly, mundane; lay, secular; respectable, *gráin shaolta* utter loathing
saoltacht si:ltəxt *f* 3 worldly matters; worldliness

saolú si:lu: *m*4 birth, nativity
saonta si:ntə *a*3 naive, gullible
saontacht si:ntəxt *f*3 naivety, gullibility
saor[1] si:r *m*1 craftsman; mason, ~ *báid* shipwright
saor[2] si:r *m*1 free person, freeman *a*1 free, independent; cheap, *briathar* ~ autonomous verb *vt* free, liberate; save; exonerate; exempt
saoráid si:ra:d′ *f*2 ease, facility; freedom from constraint
saoráideach si:ra:d′əx *a*1 easy, facile
saorálaí si:ra:li: *m*4 volunteer
saoránach si:ra:nəx *m*1 citizen
saoránacht si:ra:nəxt *f*3 citizenship
saorealaíona 'si:r,ali:nə *spl, gpl* **saorealaíon** liberal arts
saorga si:rgə *a*3 artificial, manmade
saorshealbhóir 'si:r,haləvo:r′ *m*3 freeholder
saorsheilbh 'si:r,hel′əv′ *f*2 freehold
saorstát 'si:r,sta:t *m*1 (*politics*) free state
saorthuras 'si:r,hurəs *m*1 excursion
saoth si:h *s* (used with *is*) *is* ~ *linn an gníomh* we deplore the deed
saothar si:hər *m*1 work, labour; exertion; achievement; literary or artistic composition, ~ *anála* laboured breathing, *bhí* ~ *air* he was panting
saotharlann si:hərlən *f*2 laboratory
saothrach si:hrəx *a*1 laborious; laboured; industrious
saothraí si:hri: *m*4 labourer; bread-winner
saothraigh si:hri: *vt & i* labour, toil; cultivate; earn, *ag saothrú an bháis* in the throes of death
saothrú si:hru: *m*4 cultivation; earnings
sár[1] sa:r *m*1 czar
sár-[2] sa:r *pref* exceeding, surpassing; excellent; ultra-, most
sáraigh sa:ri: *vt & i* violate; infringe; frustrate; harass; exhaust, beat, surpass, *duine a shárú* to get the better of a person, *tá an leathchéad sáraithe aige* he has passed the fifty(-year) mark, *sháraigh an obair orm* the work was too much for me, *deacrachtaí a shárú* to surmount difficulties
sáraíocht sa:ri:(ə)xt *f*3 contending; disputation, argument
saraiste sarəs′t′ə *f*4 serge
saranáid sarəna:d′ *f*2 serenade
sárchéim 'sa:r,x′e:m′ *f*2, (*grammar*) superlative
sármhaith 'sa:r′vah *a*1 excellent
sárocsaíd 'sa:r′oksi:d′ *f*2 peroxide
sárú sa:ru: *m*4 violation; infringement; frustration; exhaustion, ~ *argóinte* overcoming, refutation, of argument, *níl a* ~ *le fáil* there is nothing to beat them
sás sa:s *m*1, *pl* ~**anna** snare, trap; device, apparatus, *is é* ~ *a dhéanta é* he is the very man to do it
sásaigh sa:si: *vt* satisfy, please
sásamh sa:səv *m*1 satisfaction; reparation, ~ *a bhaint as duine* to get even with a person

sásar sa:sər *m*1 saucer
sáslach sa:sləx *m*1 mechanism, machinery
sáspan sa:spən *m*1 saucepan; tin mug
sásta sa:stə *a*3 satisfied; willing; handy, easy to handle, *go* ~ easily
sástacht sa:stəxt *f*3 satisfaction, ease; willingness; handiness
sásúil sa:su:l′ *a*2 satisfying, satisfactory
satail satəl′ *vt & i, pres* **-tlaíonn** tread, tramp (*ar* on); trample
satailít satəl′i:t′ *f*2 satellite
satailt satəl′t′ *f*2 tread, tramp
satair satər′ *m*4 satyr
Satarn satərn *m*1 Saturn
sathaoide sahi:d′ə *f*4 (fire-)damper
Satharn sahərn *m*1 Saturday
scaball skabəl *m*1 scapular; breastplate
scabhaitéir skaut′e:r′ *m*3 blackguard
scabhat skaut *m*1 gap, defile; alley
scabhtáil skauta:l′ *f*3 scouting
scadán skada:n *m*1 herring
scafa skafə *a*3 eager, avid (*chun ruda* for sth)
scafaire skafər′ə *m*4 strapping fellow
scafall skafəl *m*1 scaffolding, staging
scafánta skafa:ntə *a*3 tall and vigorous, strapping
scáfar ska:fər *a*1 frightful; timid
scag skag *vt & i* strain, filter; refine; sift, screen
scagach skagəx *a*1 permeable, porous; flimsy
scagadh skagə *m, gs* **-gtha** filtration; refinement; critical examination
scagaire skagər′ə *m*4 filter, screen; filterman; refiner
scaglann skaglən *f*2 refinery
scaibéis skab′e:s′ *f*2 scabies
scaif skaf′ *f*2, *pl* ~**eanna** scarf
scáil ska:l′ *f*2, *pl* ~**eanna** shadow; shade, darkness; reflection; gleam; ghost
scáileán ska:l′a:n *m*1 (*of cinema, etc*) screen
scaileáthan skal′e:hən *m*1 exaggeration; excitement
scailliún skal′u:n *m*1 scallion
scailp skal′p′ *f*2, *pl* ~**eanna** cleft, fissure; den; layer of earth, sod, ~ *cheo* bank of fog, ~ *chodlata* spell of sleep
scailtín skal′t′i:n′ *m*4 whiskey punch
scaimh skav′ *f*2 shavings, filings; snarl
scáin ska:n′ *vt & i* split; thin out; scatter; wear thin
scaineagán skan′əga:n *m*1 shingle
scáinne ska:n′ə *f*4 skein
scáinte ska:n′t′ə *a*3 thin, sparse; threadbare
scaip skap′ *vt & i* scatter; spread; dissipate; disperse
scaipeach skap′əx *a*1 scattered; squandering; confused
scaipeadh skap′ə *m, gs* **-pthe** dissemination, dissipation, dispersion
scaipthe skap′ə *a*3 scattered; scatter-brained; (*of ideas, etc*) confused
scair skar′ *f*2, *pl* ~**eanna** share; layer, stratum, *tá* ~ *ag na leacáin ar a chéile* the tiles overlap

scairbh skar'əv' f2, pl ~**eacha** shallow; reef
scaird ska:rd' f2, pl ~**eanna** squirt, jet, gush vt &
i squirt, gush; pour rapidly
scairdeán ska:rd'a:n m1 jet, spout, cascade
scairdeitleán 'ska:rd',et'əl'a:n m1 jet plane
scairp skar'p' f2 , pl ~**eanna** scorpion, an Scairp
Scorpio
scairt[1] skart' f2, pl ~**eacha** caul; diaphragm;
thicket, covert pl lungs
scairt[2] skart' f2, pl ~**eanna** shout; call, summons
vt & i shout, call; burst out, ~ an coileach the
cock crew
scairteach skart'əx f2 shouting, calling a1 shout-
ing, clamorous
scaitheamh skahəv m1, pl -**ití** while, spell, téim ann
scaití I go there at times
scal skal f2 burst, flash, blast vi burst out, flash
scála[1] ska:lə m4 basin, bowl pl scales
scála[2] ska:lə m4, (of grading, etc) scale
scalán skala:n m1 burst, flash; panic
scall skal vt scald; scold, ubh a ~adh to poach an
egg
scalladh skalə m, gs -**llta** scald; scolding, abuse
scallamán skaləma:n m1 fledgling, nestling
scalltach skaltəx a1 scalding, boiling hot
scalltán skalta:n m1 fledgling, nestling
scamall skaməl m1 cloud; web (joining bird's toes)
scamallach skamələx a1 cloudy, clouded; webbed
scamh skav vt & i peel, scale, lay bare; pare, plane
down; fray, ravel, na fiacla a ~adh to bare the
teeth
scamhadh skauə m, gs **scafa** shavings, filings, ~
iongan agnail
scamhard skauərd m1 nutriment, nourishment
scamhardach skauərdəx a1 nutritious, nourishing
scamhóg skavo:g f2 lung
scan skan vt scan
scanadh skanə m, gs -**nta** scansion
scannal skanəl m1 scandal
scannalach skanələx a1 scandalous
scannalaigh skanəli: vt scandalize
scannán skana:n m1 membrane; film, ~ lánfhada
feature film
scannánaíocht skana:ni:(ə)xt f3 filming
scanóir skano:r' m3 scanner
scanradh skanrə m1 fright; terror
scanraigh skanri: vt & i frighten; take fright
scanrúil skanru:l' a2 frightening, frightful; easily
frightened
scaob ski:b f2 scoop: shovelful vt scoop
scaoil ski:l' vt & i loose(n), release; unfasten,
slacken; spread, unfurl; disperse; dissolve, fadhb
a ~eadh to solve a problem, urchar a ~eadh to
fire a shot, ualach a ~eadh anuas to set down a
load, ~eadh faoi rud to set about sth, rud a
~eadh tharat to let sth pass; to ignore sth
scaoileadh ski:l'ə m, gs -**lte** loosening; release;
spreading; dispersal; solution, ~ urchar the
firing of shots

scaoilte ski:l't'ə a3 loose; free; loose-limbed
scaoilteach ski:l't'əx a1 loose; dispersed; loose-
tongued; dissolute; laxative
scaoilteacht ski:l't'əxt f3 looseness; laxity; di-
arrhoea
scaoll ski:l m1 panic; fright
scaollmhar ski:lvər a1 panicky
scaoth ski: f2 swarm
scaothaire ski:hər'ə m4 bombastic talker, windbag
scaothaireacht ski:hər'əxt f3 bombast
scar skar vt & i part, separate; spread
scaradh skarə m, gs -**rtha** separation; spreading, ar
~ gabhail astride
scaraoid skari:d' f2 table-cloth, ~ leapa bed-
spread
scarbháil skarəva:l' f3 hardening, drying, crusta-
tion vi crust, harden, dry
scarlóid ska:rlo:d' f2 scarlet
scarlóideach ska:rlo:d'əx a1 scarlet
scata skatə m4 crowd, group; drove, pack, ~
leabhar a large number of books
scáta ska:tə m4 skate, ~i rothacha roller-skates
scátáil ska:ta:l' vi skate
scátálaí ska:ta:li: m4 skater
scáth ska: m3, pl ~**anna** shade, shadow; cover,
screen; fear; bashfulness, ~ fearthainne um-
brella, ar ~ ar miste liom for all I care
scáthaigh ska:hi: vt & i shade, obscure; screen,
protect
scáthán ska:ha:n m1 mirror
scáthbhrat 'ska:,vrat m1 awning
scáthchruth 'ska:,xruh m3, pl ~**anna** silhouette
scáthlán ska:hla:n m1 shelter; screen; open-ended
shed, ~ lampa lampshade
sceabha s'k'au m4 skew, slant, ar ~ slantwise
sceach s'k'ax f2 thornbush; bramble, ~ (gheal)
whitethorn, hawthorn
sceachóir s'k'axo:r' m3 haw
scead s'k'ad f2 blaze (on animal, tree); (light,
bald) patch
sceadach s'k'adəx a1 blazed; patchy, scant, balding
sceadamán s'k'adəma:n m1 throat
scéal s'k'e:l m1, pl ~**ta** story, tale; account, report,
~ scéil hearsay, seo mar atá an ~ this is how
the matter stands
scéala s'k'e:lə m4 news, tidings; message, ~ a
dhéanamh ar dhuine to tell on, inform against, a
person
scéalach s'k'e:ləx a1 news-bearing, gossiping
scéalaí s'k'e:li: m4 story-teller; bearer of news
scéalaíocht s'k'e:li:(ə)xt f3 story-telling; tale-bear-
ing
sceallán s'k'ala:n m1 potato set; small potato
sceallóg s'k'alo:g f2 chip; thin slice
scealp s'k'alp f2 splinter vt & i splinter; chip, flake
sceamh s'k'av f2 & vi yelp, squeal
sceamhaíl s'k'avi:l' f3 yelping, squealing
scean s'k'an vt knife, stab; cut up

sceanairt s'k'anərt' *f* 2 cuttings, peelings, parings; (surgical) operation

sceanra s'k'anrə *m* 4 knives, cutlery

sceanúil s'k'anu:l' *a* 2 sharp, biting; (*of sea*) angry, choppy

sceart s'k'art *f* 2 pot-belly

sceartán s'k'arta:n *m* 1 tick

sceathrach s'k'ahrəx *f* 2 vomit(ing); spawn(ing)

sceideal s'k'ed'əl *m* 1 schedule

sceidealta s'k'ed'əltə *a* 3 scheduled

sceidín s'k'ed'i:n' *m* 4 skim milk

sceilg s'k'el'əg' *f* 2, *npl* -ealga *gpl* -ealg steep rock, crag

sceilp s'k'el'p' *f* 2, *pl* ~eanna skelp, slap

scéim s'k'e:m' *f* 2, *pl* ~eanna scheme, plan; design

scéiméir s'k'e:m'e:r' *m* 3 schemer, intriguer

scéimh¹ s'k'e:v' *f* 2 beauty; appearance

scéimh² s'k'e:v' *f* 2, *pl* ~eanna overhang; edge

sceimheal s'k'ev'əl *f* 2, *gs* -mhle *pl* -mhleacha eaves; flange; wall, rampart

sceimhle s'k'ev'l'ə *m* 4, *pl* ~acha terror

sceimhligh s'k'ev'l'i: *vt & i* terrify; terrorize; take fright

sceimhlitheoir s'k'ev'l'iho:r' *m* 3 terrorist

scéin s'k'e:n' *f* 2 fright; wild look; wildness

scéiniúil s'k'e:n'u:l' *a* 2 frightened-looking; (*of eyes*) glaring; garish

sceipteach s'k'ep't'əx *m* 1 sceptic

sceiptiúil s'k'ep't'u:l' *a* 2 sceptical

sceir s'k'er' *f* 2, *pl* ~eacha low rocky island or reef

sceird s'k'e:rd' *f* 2, *pl* ~eanna bleak, windswept, place

sceirdiúil s'k'e:rd'u:l' *a* 2 bleak, windswept

sceireog s'k'er'o:g *f* 2 fib

sceiteach s'k'et'əx *a* 1 crumbling, brittle

sceith s'k'eh *f* 2 vomit; spawn(ing); overflow; discharge, ~ *aille* crumbling of cliff, *tá sé ina* ~ *bhéil* he has become a byword, *vt & i* vomit; spawn; overflow; discharge; burst open; peel off; fray; crumble, *rún a* ~*eadh* to divulge a secret

scéithe s'k'e:hə : **sciath**

sceithire s'k'ehər'ə *m* 4 telltale, tattler

sceithphíopa 's'k'e,f'i:pə *m* 4 exhaust-pipe

sceitimíní s'k'et'əm'i:n'i: *spl* excitement, raptures, ecstasies

sceitse s'k'et's'ə *m* 4 sketch

sceitseáil s'k'et's'a:l' *vt & i* sketch

scí s'k'i: *m* 4, *pl* ~onna ski

sciáil s'k'i:a:l' *vi* ski

sciaitíce ,s'k'i:'at'i:k'ə *f* 4 sciatica

sciamhach s'k'iəvəx *a* 1 beautiful

scian s'k'iən *f* 2, *gs* -ine *pl* sceana knife, *dul faoi* ~ (*dochtúra*) to undergo an operation

sciar s'k'iər *m* 4, *pl* ~tha share

sciata s'k'iətə *m* 4 (*fish*) skate

sciath s'k'iə *f* 2, *gs* scéithe shield

sciathán s'k'iəha:n *m* 1 wing; side, extension; part; arm, ~ *leathair* bat

scibhéar s'k'iv'e:r *m* 1 skewer

scidil s'k'id'əl' *f* 2 skittle

scigaithris 's'k'ig',ahr'əs' *f* 2 parody(ing), burlesque

scigdhráma 's'k'ig',γra:mə *m* 4 farce

scige s'k'ig'ə *f* 4 giggling; jeering; derision

scigiúil s'k'ig'u:l' *a* 2 giggling; derisive

scigmhagadh 's'k'ig',vagə *m* 1 jeering; derision

scigphictiúr 's'k'ig',f'ik'tu:r *m* 1 caricature

scil¹ s'k'il' *f* 2, *pl* -eanna skill

scil² s'k'il' *vt & i* shell, hull; flake; prate, divulge

scilléad s'k'il'e:d *m* 1 skillet

scillig s'k'il'əg' *vt & i* shell, husk; slice, shred; prattle

scilling s'k'il'əŋ' *f* 2, *pl* ~e *with numerals* shilling

scim s'k'im' *f* 2 film, thin coating; concern, *rud a bheith ag déanamh* ~*e duit* to be anxious about sth

scimeáil s'k'im'a:l' *vt & i* skim

scine s'k'in'ə : **scian**

scinn s'k'in' *vi* start, spring; dart; gush forth; glance off, ~ *an focal uaim* the word escaped my lips

scinnideach s'k'in'əd'əx *a* 1 nervous, timid; flighty

sciob s'k'ib *vt & i* snatch

sciobalta s'k'ibəltə *a* 3 smart, spruce; prompt

sciobas s'k'i:bəs *m* 1 sup, sip; squeeze

scioból s'k'ibo:l *m* 1 barn

sciobtha s'k'ipə *a* 3 fast, prompt

sciodar s'k'idər *m* 1 slurry; scour

sciodarnach s'k'idərnəx *f* 2 scour (in cattle)

scioll s'k'il' *vt & i* scold, rate

sciolladh s'k'ilə *m*, *gs* -llta, ~ (*teanga*) scolding, abuse

sciomair s'k'imər' *vt & i*, *pres* -mraíonn scour, scrub; polish

sciomradh s'k'imrə *m*, *gs* -martha *pl* -marthaí scrubbing, burnishing; scrub, polish

scíontachán s'k'i:ntəxa:n *m* 1 straggler

sciorr s'k'ir *vi* slip, slide, skid

sciorrach s'k'irəx *a* 1 slippery

sciorradh s'k'irə *m*, *gs* -rrtha *pl* -rrthaí slip, slide, skid

sciorta s'k'irtə *m* 4 skirt; border; piece, patch, *bhí* ~ *den ádh ort* you had a slice of luck

sciot s'k'it *m* 3, *pl* ~anna scut, snippet *vt* lop off; prune; clip, crop

sciotach s'k'itəx *a* 1 lopped, clipped; skimpy

sciotaíl s'k'iti:l' *f* 3 tittering, giggling

sciotán s'k'ita:n *m* 1, ~ (*eireaball*) stump (of tail), *de* ~ suddenly

scipéad s'k'ip'e:d *m* 1 skippet; drawer, cash register

scipeáil s'k'ip'a:l' *vi* skip

scipéir s'k'ip'e:r' *m* 3 skipper

scíth s'k'i: *f* 2 tiredness, fatigue; rest

scítheach s'k'i:həx *a* 1 tired, weary

scitsifréine 's'k'it's'ə,f'r'e:n'ə *f* 4 schizophrenia

sciúch s'k'u:x *f* 2 windpipe, throat; voice *vt* throttle

sciuird s'k'u:rd' *f* 2, *pl* ~eanna rush, dash; flying visit

sciúirse s'k'u:rs'ə *m*4 scourge

sciúr s'k'u:r *vt & i* scour, scrub; polish; trounce

sciúradh s'k'u:rə *m, gs* -rtha scour, scrub; trouncing

sciurd s'k'u:rd *vi* rush, dash, hurry

sciúrsáil s'k'u:rsa:l' *f*3 scourging; affliction *vt* scourge, flog

sciútam s'k'u:təm *m*1 scramble

sclábhaí skla:vi: *m*4 slave; drudge; labourer

sclábhaíocht skla:vi:(ə)xt *f*3 slavery; drudgery; labour

sclábhánta skla:va:ntə *a*3 slavish, servile, subservient

sclábhúil skla:vu:l' *a*2 laborious

sclamh sklav *f*2, *pl* ~anna bite, nip, snap *vt & i* snap at, abuse

sclár skla:r *vt* cut up, tear, lacerate

scláradh skla:rə *m, gs* -rtha laceration

scláta skla:tə *m*4 slate; thin slab, tile

scléaróis s'k'l'e:ro:s' *f*2 sclerosis

scléip s'k'l'e:p' *f*2, *pl* ~eanna ostentation; gaiety, sport; row, scrap

scléipeach s'k'l'e:p'əx *a*1 ostentatious; festive, sportive

scleondar s'k'l'o:ndər *m*1 elation, high spirits

scleondrach s'k'l'o:ndrəx *a*1 elated

sclimpíní s'k'l'im'p'i:n'i: *spl* dazzlement

scliúchas s'k'l'u:xəs *m*1 brawl, rumpus

sclog sklog *vt & i* gulp, gasp, choke, *ag* ~adh *gáire* chuckling

sclóin sklo:n' *f*2, *pl* ~te swivel

sclotrach sklotrəx *a*1 emaciated

scód sko:d *m*1 (*sailing*) sheet; free scope

scodal skodəl *m*1 scamper

scóid sko:d' *f*2 showiness, gaudiness

scóig sko:g' *f*2, *pl* ~eanna neck; throttle (of engine)

scoil skol' *f*2, *pl* ~eanna school, ~ *éisc* shoal of fish

scoilt skol't' *f*2, *pl* ~eanna split, crack, fissure; parting; crease; breach of relations *vt & i* split, crack; part; divide

scoilteach skol't'əx *f*2 acute pain *pl* rheumatics

scoilteadh skol't'ə *m, gs* scoilte fission, scission

scoiltire skol't'ər'ə *m*4 cleaver, chopper

scóip sko:p' *f*2 scope; ambition; eagerness; elation

scóipiúil sko:p'u:l' *a*2 wide, spacious; loose-limbed; eager; joyous

scoir skor' *vt & i, vn* -or unyoke; disconnect; take apart; dismiss; terminate, stop

scoirneach sko:rn'əx *m*1 (*fish*) smooth hound

scoite skot'ə *a*3 severed; disconnected; separated, isolated

scoiteach skot'əx *f*2 dispersal, flight, scattering

scoith skoh *vt & i* cut off, lop; break apart; pull up; wean; isolate, ~ *an capall crú* the horse shed a shoe, *duine a* ~*eadh i rás* to outrun a person in a race

scol skol *m*3, *gs & npl* ~a high-pitched note, call, shout

scól sko:l *vt & i* scald; torment; warp

scóladh sko:lə *m, gs* -lta scalding; torment; abuse, scolding

scolaí skoli: *m*4 schoolman, scholastic

scolaíoch skoli:(ə)x *a*1, *gsm* ~ scholastic

scolaíocht skoli:(ə)xt *f*3 schooling, school education

scoláire skola:r'ə *m*4 scholar, learned person; school-child

scoláireacht skola:r'əxt *f*3 scholarship, learning; student grant

scolardach 'skol'a:rdəx *m*1 pundit

scolártha skola:rhə *a*3 scholarly

scolb skoləb *m*1 indentation, scallop; "scollop," splinter; nick, chip

scolbánta skoləba:ntə *a*3 wiry, lithe, strapping

scolfairt skolfərt' *f*2 shouting, guffawing; (loud) bird-song

scolgarnach skoləgərnəx *f*2 cackling

scolgháire 'skol,ɣa:r'ə *m*4 loud laugh, guffaw

scológ skolo:g *f*2 farmer; hard-working young man

sconna skonə *m*4 spout; (water-)tap; rapid flow

sconnóg skono:g *f*2 squirt, splash

sconsa skonsə *m*4 fence; drain, ditch

scor[1] skor *m*1 unyoking; disconnection; dismissal; termination, cessation of work, retirement, *an buille scoir* the finishing stroke

scor[2] skor *s, ar* ~ *ar bith* in any case, at any rate

scor[3] skor *vt & i* cut, slash; score, notch

scór[1] sko:r *m*1 notch; tally; (*in games*) score

scór[2] sko:r *m*1, *pl* ~tha twenty, score

scorach skorəx *m*1 stripling, youth

scóráil sko:ra:l' *vt & i* score (a goal, etc)

scoraíocht skori:(ə)xt *f*3 social evening

scorán skora:n *m*1 pin, toggle, key

scorn sko:rn *m*1 scorn, disdain, *níor* ~ *leis é* he made no scruple about it

scornach sko:rnəx *f*2 throat

scornúil sko:rnu:l' *a*2 guttural

scot skot *m*1 scot, reckoning

scoth[1] skoh *f*3, *pl* ~anna flower; pick, choice; tuft, bunch; arrangement, style, ~ *na bhfear* the best of men, *den chéad* ~ of the first quality

scoth[2] skoh *f*3, *pl* ~anna point, tip; reef; splinter (of rock)

scoth-[3] skoh ~ sko† *pref* semi-, medium-; fairly, middling

scoth-[4] skoh ~ sko† *pref* tufted

scothán skoha:n *m*1 bushy top, bush; (*pl*) clippings; bushy tail

scothmheáchan 'sko,v'a:xən *m*1 light heavyweight

scothóg skoho:g *f*2 tassel

scothúil skohu:l' *a*2 beautiful, choice

scrábach skra:bəx *a*1 scratchy, scrawly; untidy, *aimsir* ~ broken weather

scrábáil skra:ba:l′ *f* 3 scribble, scrawl

scrabh skrav *vt & i* scratch, scrape, score

scrabha skrau *m*4, *pl* ~**nna** scratch, scrape, score

scragall skragəl *m*1 foil, ~ *stáin* tinfoil

scráib skra:b′ *f* 2, *pl* ~**eacha** scrape, scratch; scrap

scraiste skras′t′ə *m*4 loafer, layabout

scraith skrah *f* 2, *pl* ~**eanna** scraw, sod; layer, coating, ~ *ghlugair* quagmire

scraithín skrahi:n′ *m*4 clod, divot

scréach s′k′r′e:x *f* 2 *& vi, vn* ~**ach** screech, shriek

scréachóg s′k′r′e:xo:g *f* 2, ~ *choille* jay, ~ *reilige* barn owl

scread s′k′r′ad *f* 3, *pl* ~**anna** scream *vi* scream, screech

screadach s′k′r′adəx *f* 2 scream(ing)

screamh s′k′r′av *f* 2 coating, crust, scum

screamhóg s′k′r′avo:g *f* 2 crust, flake

screathan s′k′r′ahən *m*1 scree

scríbhinn s′k′r′i:v′ən′ *f* 2 writing; written document; inscription

scríbhneoir s′k′r′i:v′n′o:r′ *m*3 writer; author

scríbhneoireacht s′k′r′i:v′n′o:r′əxt *f* 3 writing; literary work

scrimisc s′k′r′im′əs′k′ *f* 2 scrimmage

scrín s′k′r′i:n′ *f* 2, *pl* ~**te** shrine

scríob s′k′r′i:b *f* 2 scrape, scratch, score; effort, spell; dash, swoop, *ceann scríbe* finishing-point, destination *vt & i* scrape, scratch, grate

scríobach s′k′r′i:bəx *m*1 abrasive *a*1 scraping, scratching, scratchy

scríobadh s′k′r′i:bə *m*, *gs* -**btha** scrape; scrapings

scríobán s′k′r′i:ba:n *m*1 grater

scríobh s′k′r′i:v *m*, *gs* -**ofa** (hand)writing *vt & i* write

scríobhaí s′k′r′i:vi: *m*4 scribe

scriobláil s′k′r′ibla:l′ *f* 3 scribble, scribbling

scríoblíne ′s′k′r′i:b,l′i:n′ə *f* 4, *pl* -**nte** *ar an* ~ at scratch

scrioptúr s′k′r′iptu:r *m*1 scripture

scrios s′k′r′is *m*, *gs* ~**ta** destruction, ruin; scrapings, parings *vt & i* scrape, tear, off; delete; destroy, ruin

scriosach s′k′r′isəx *a*1 destructive, ruinous

scriosán s′k′r′isa:n *m*1 eraser

scriostóir s′k′r′isto:r′ *m*3 destroyer; devastator

script s′k′r′ip′t′ *f* 2, *pl* ~**eanna** script

scriú s′k′r′u: *m*4, *pl* ~**nna** screw

scriúáil s′k′r′u:a:l′ *vt & i* screw

scriúire s′k′r′u:r′ə *m*4 screwdriver

scrobanta skrobəntə *a*3 scrubby, undersized

scrobarnach skrobərnəx *f* 2 brushwood, undergrowth

scrobh skrov *vt* scramble (eggs)

scroblach skrobləx *m*1 remnants (of food), refuse; rabble

scroblachóir skrobləxo:r′ *m*3 scavenger

scrofa skrofə *a*3, *ubh* ~ scrambled egg

scrogall skrogəl *m*1 long thin neck

scroidchuntar ′skrod′,xuntər *m*1 snackbar

scroigeach skrog′əx *a*1 scraggy

scrolla skrolə *m*4 scroll

scrúd skru:d *vt* try severely, test, ~ *ta ag an ocras* tormented with hunger

scrúdaigh skru:di: *vt* examine

scrúdaitheoir skru:diho:r′ *m*3 examiner

scrúdú skru:du: *m*4 examination, ~ *iarbháis* postmortem

scrupall skrupəl *m*1 scruple; compunction; pity

scrupallach skrupələx *a*1 scrupulous

scuab skuəb *f* 2 broom, brush; sheaf; bundle *vt & i* sweep

scuabach skuəbəx *a*1 sweeping, flowing

scuabáil skuəba:l′ *f* 3 shuffling

scuabgheall ′skuəb,γ′al *m*1, *pl* ~**ta** sweepstake

scuad skuəd *m*1 squad; swarm

scuadrún skuədru:n *m*1 squadron

scuaid skuəd′ *f* 2, *pl* ~**eanna** spatter, splash; diarrhoea

scuaine skuən′ə *f* 4 drove, flock; train; queue

scuais skuəs′ *f* 2 squash(-rackets)

scubaid skubəd′ *f* 2 hussy

sculcaireacht skolkər′əxt *f* 3 skulking

scun skun *s*, ~ *scan* outright, completely

scúnar sku:nər *m*1 schooner

scúnc sku:ŋk *m*1 skunk

scúp sku:p *m*1 scoop

scútar sku:tər *m*1 scooter

-se s′ə *emphatic suff*, *mo chuidse is do chuidse* my share and your share, *ach táimse go maith* but I am well, *sibhse a dúirt é* it was you who said it, *uaimse nó uaitse* from me or you

sé[1] s′e: 3 *sg m pron* he; it

sé[2] s′e: *m*4, *pl* ~**anna** *& a, a* ~**six**, *a* ~ *déag* sixteen

sea[1] s′a *m*4 turn; time, course, *gach re* ~ turn about

sea[2] s′a *m*4 strength, vigour, heed; regard

sea[3] s′a = **is ea**

seabhac s′auk *m*1 hawk, falcon

seabhrán s′aura:n *m*1 dizziness; buzz; whirr, whizz

séabra s′e:brə *m*4 zebra

seac s′ak *m*1 (*implement*) jack

seaca s′akə : **sioc**

Seacaibíteach s′akəb′i:t′əx *m*1 *& a*1 Jacobite

seacain s′akən′ *f* 2 sequin

seacál s′aka:l *m*1 jackal

seach[1] s′ax *s*, *faoi* ~ in turn; occasionally; respectively

seach[2] s′ax *prep*, *lit*, *pron forms*, **seacham** s′axəm, **seachad** s′axəd, **seacha** s′axə, **seachainn** s′axən′, **seachaibh** s′axəv′, **seacha** s′axə, by, past, beyond, other than, *peann seach an ceann seo* a pen other than this one, *eisean seach duine ar bith*, he of all people

seacha s′axə : **seach**[2]

seachad s′axəd : **seach**[2]

seachadadh s'axədə *m, gs* **-chadta,** *pl* **-chadtaí** delivery; hand-out, tip

seachaibh s'axəv' : **seach²**

seachaid s'axəd' *vt, pres* **-adann** deliver; hand over, present, *an liathróid a sheachadadh* to pass the ball

seachain s'axən' *vt & i, pres* **-chnaíonn** avoid; shun; take care, guard (*ar* against)

seachainn s'axən' : **seach²**

seachaint s'axən't' *f* 3 avoidance; evasion, guardedness

seacham s'axəm : **seach²**

seachantach s'axəntəx *a* 1 evasive, elusive; distant, diffident

seachas s'axəs *prep* besides, other than, rather than; compared to

seachfhocal 's'ax‚okəl *m* 1 aside

seachghalar 's'ax‚γalər *m* 1 complication

seachghlórtha 's'ax‚γlo:rhə *spl* sound effects

seachmall s'axməl *m* 1 aberration, abstraction; illusion

seachrán s'axra:n *m* 1 straying; error; delusion; derangement

seachránaí s'axra:ni: *m* 4 wanderer, strayer

seachród 's'ax‚ro:d *m* 1 by-road, by-pass

seacht s'axt *m* 4, *pl* ~**anna** & *a* seven, *a* ~ seven, *a* ~ *déag* seventeen, *mo sheacht ndícheall* my very best

seachtain s'axtən' *f* 2, *pl* ~**e** *with numerals* week

seachtainiúil s'axtən'u:l' *a* 2 weekly

seachtanán s'axtəna:n *m* 1 weekly (magazine)

seachtar s'axtər *m* 1 seven persons

seachtháirge 's'ax‚ha:r'g'ə *m* 4 by-product

seachtó s'axto: *m, gs* ~**d** *pl* ~**idí** & *a* seventy

seachtódú s'axto:du: *m* 4 & *a* seventieth

seachtrach s'axtrəx *a* 1 external, exterior

seachtú s'axtu: *m* 4 & *a* seventh

séacla s'e:klə *m* 4 emaciated person; shrimp

seacláid s'akla:d' *f* 2 chocolate

sead¹ s'ad *f* 2 nest

sead² s'ad *f* 2 shad

sead³ s'ad *vt & i* blow; eject

seadaigh s'adi: *vt & i* settle; remain, linger

séadaire s'e:dər'ə *m* 4 pace-maker

seadán s'ada:n *m* 1 parasite

séadchomhartha 's'e:d‚xo:rhə *m* 4 monument

seadóg s'ado:g *f* 2 grapefruit

seafaid s'afəd' *f* 2 heifer

seafóid s'afo:d' *f* 2 nonsense

seafóideach s'afo:d'əx *a* 1 nonsensical, silly

seafta s'aftə *m* 4 shaft (of vehicle)

seaga s'agə *m* 4 shag

seagal s'agəl *m* 1 rye

seagalach s'agələx *f* 2 ryegrass

seaghais s'ais' *f* 2 pleasure, delight

seaghsach s'aisəx *a* 1 pleasant, joyful

seaicéad s'ak'e:d *m* 1 jacket

seaimpéin s'am'p'e:n' *m* 4 champagne

seal s'al *m* 3, *pl* ~**anna** turn; while, spell; period

seál s'a:l *m* 1, *pl* ~**ta** shawl

séala s'e:lə *m* 4 seal, *ar shéala* about to; purporting to

sealad s'aləd *m* 1 turn, while, space of time

sealadach s'alədəx *a* 1 temporary, provisional

séalaigh s'e:li: *vt* seal

sealaíocht s'ali:(ə)xt *f* 3 alternating, taking turns; alternation

sealán s'ala:n *m* 1 noose; loop, ring

sealbhach s'aləvəx *m* 1 & *a* 1 (*grammar*) possessive

sealbhaigh s'aləvi: *vt & i* possess; gain (possession of)

sealbhaíocht s'aləvi:(ə)xt *f* 3 possession, tenure

sealbhán s'aləva:n *m* 1 flock, herd

sealbhóir s'aləvo:r' *m* 3 occupier; possessor, holder

sealgaire s'aləgər'ə *m* 4 hunter, huntsman; forager

sealgaireacht s'aləgər'əxt *f* 3 hunting; foraging

sealla s'alə *m* 4 chalet

seallóid s'alo:d' *f* 2 shallot

sealúchas s'alu:xəs *m* 1 possession; possessions, property

seam s'am *m* 3, *pl* ~**anna** rivet

seamaí s'ami: *m* 4 chamois(-leather), shammy

seamaide s'amə'də *m* 4 blade, sprig, frond

seamaigh s'ami: *vt* rivet

seamair s'amər' *f* 2, *gs* **seimre** *npl* **-mra** *gpl* **-ar** clover

seamhan s'aun *m* 1 semen

seamhrach s'aurəx *a* 1 vigorous, hale, hearty

seamlas s'amləs *m* 1 shambles, slaughter-house

seampú ‚s'am'pu: *m* 4, *pl* ~**anna** shampoo

seamróg s'amro:g *f* 2 shamrock

seamsán s'amsa:n *m* 1 drone, hum, monotonous sound, ~ *a dhéanamh de rud* to make a song about sth

sean¹ s'an *m* 4, *gs & gpl* ~ *npl* ~**a** senior, ancestor; oldness; old thing *a* 1, *comp* **sine** old; mature

sean-² s'an *pref* old; senior; mature; old-fashioned; great, exceeding; over-

-sean s'ən *emphatic suff, a chuidsean agus a gcuidsean* his share and their share, *ceannaidís-sean é* let them buy it, *dóibhsean is measa é* it will be, is, the worse for them

séan¹ s'e:n *m* 1, *npl* ~**a** sign, omen; good luck, prosperity

séan² s'e:n *vt & i* deny, repudiate; (with *ar*) refuse

seanad s'anəd *m* 1 senate

seanadóir s'anədo:r' *m* 3 senator

seanaimseartha 's'an‚am's'ərhə *a* 3 old-fashioned; old

seanaois 's'an‚i:s' *f* 2 old age

séanas s'e:nəs *m* 1 gap between front teeth; harelip

seanascal s'anəskəl *m* 1 seneschal

seanathair 's'an‚ahər' *m, gs* **-ar** *pl* **-naithreacha** grandfather

seanbhlas s'an‚vlas *m* 1 stale taste; disregard, contempt

seanchaí s'anəxi: *m* 4 traditional story-teller

seanchairteacha 's'an,xart'əxə *fpl*, ~ *a tharraingt ort* to rake up the past

seanchaite 's'an,xat'ə *a3* worn-out; obsolete; trite

seanchas s'anəxəs *m1* lore, tradition; story-telling; chatting

seanchríonna 's'an,x'r'i:nə *a3* precocious; wise; old and experienced

seanda s'andə *a3* aged; ancient; stale

seandacht s'andəxt *f3* antiquity *pl* antiques

seandálaí 's'an,da:li: *m4* archaeologist

seandálaíocht 's'an,da:li:(ə)xt *f3* archaeology

seanduine 's'an,din'ə *m4*, *pl* **-daoine** old person; ancient, sage

seanfhaiseanta 's'an,as'əntə *a3* old-fashioned

seanfhocal 's'an,okəl *m1* old saying, proverb

seanfhondúir 's'an,ondu:r' *m3* old inhabitant; old-timer

seang s'aŋ *a1*, *gsm* ~ slender, slim; lean, meagre

seangán s'aŋga:n *m1* ant

seanléim 's'an',l'e:m' *f2*, *bheith ar do sheanléim* to be back to one's old self, recovered

séanmhar s'e:nvər *a1* lucky, prosperous

seanmháthair 's'an,va:hər' *f*, *gs* **-ar** *pl* **-áithreacha** grandmother

seanmóir s'anəmo:r' *f3* sermon; homily

seanmóireacht s'anəmo:r'əxt *f3* preaching; sermonizing

seanmóirí s'anəmo:r'i: *m4* preacher; sermonizer

sean-nós 's'a(n),no:s *m1*, *pl* ~ **anna** old custom, *amhránaíocht ar an* ~ traditional singing

seanóir s'ano:r' *m3* old person; senior, elder

seanphinsean 's'an,f'in's'ən *m1* old-age pension

seans s'ans *m4*, *pl* ~ **anna** chance; luck

séans s'e:(ə)ns *m4*, *pl* ~ **anna** seance

seansáil s'ansa:l' *vt* chance, risk

seansailéir s'ansəl'e:r' *m3* chancellor

seansúil s'ansu:l' *a2* chancy, risky; lucky

séantach s'e:ntəx *a1* denying, disclaiming

seantán s'anta:n *m1* shanty, shack

Sean-Tiomna 's'an',t'imnə *m4*, *an* ~ the Old Testament

séantóir s'e:nto:r' *m3* denier; apostate, renegade

seáp s'a:p *m4*, *pl* ~ **anna** dash, rush

séarach s'e:rəx *m1* sewer

séarachas s'e:rəxəs *m1* sewerage

searbh s'arəv *m1* acid *a1*, *gsm* ~ bitter, sour, acid

searbhán s'arəva:n *m1* bitter person

searbhánta s'arəva:ntə *a3* acrid

searbhas s'arəvəs *m1* bitterness, sourness, *le* ~ *a dúirt sé é* he was being sarcastic about it

searbhasach s'arəvəsəx *a1* bitter, acrimonious

searbhónta s'arəvo:ntə *m4* servant

searc s'ark *f2* love; beloved one

searg s'arəg *vt & i* waste, wither; shrivel; decline

seargán s'arəga:n *m1* mummy

searmanas s'arəmənəs *m1* ceremony

searr s'a:r *vt* stretch, extend

searrach s'arəx *m1* foal

searradh s'arə *m*, *gs* **-rrtha** stretching of limbs, ~ *a bhaint asat féin* to stretch oneself

seas¹ s'as *m3*, *pl* ~ **anna** thwart (of boat)

seas² s'as *vt & i* stand; stop, stay; withstand, endure, *má sheasann an aimsir* if the weather holds up, ~ *ar* depend, rely, on, ~ *aim air* (*go*) I maintain (that)

seasamh s'asəv *m1* stand(ing), upright position; stationary position, wait; defence, *tá* ~ *maith ann*, it is really durable, *tá* ~ *na tíre orthu* the country is depending on them

seasc s'ask *a1*, *gsm* ~ barren; sapless *bó sheasc* dry cow

seasca s'askə *m*, *gs* ~ **d** *pl* ~ **idí** & *a* sixty

seascacht s'askəxt *f3* barrenness; dryness (of cattle)

seascadú s'askədu: *m4* & *a* sixtieth

seascair s'askər' *a1* snug; comfortably off

seascaireacht s'askər'əxt *f3* snugness, *bheith ar do sheascaireacht* to be comfortably off, *cuir* ~ *ort féin* put on warm clothes

seascann s'askən *m1* sedgy bog; marsh

seasmain s'asmən' *f2* jasmine

seasmhach s'asvəx *a1* steadfast, firm, constant

seasmhacht s'asvəxt *f3* steadfastness; firmness, constancy

seasta s'astə *a3* standing, supporting; permanent, regular

seastán s'asta:n *m1* stand

séasúr s'e:su:r *m1* season; seasoning, *breac breá séasúir* fine juicy trout

séasúrach s'e:su:rəx *a1* seasonable, seasonal; seasoned

seatnaí s'atni: *m4* chutney

seic¹ s'ek' *m4*, *pl* ~ **eanna** cheque

seic² s'ek' *m4*, *pl* ~ **eanna** check (cloth)

seiceadóir s'ek'ədo:r' *m3* executor; warden, watchman; wretch

seiceáil s'ek'a:l' *vt & i* check, test

seiceamar s'ek'əmər *m1* sycamore

seicear s'ek'ər *m4* chequer *a1* chequered

seicheamh s'ex'əv *m1* sequence

seicin s'ek'ən' *f2*, *gs* **-cne** integument, membrane

seict s'ek't' *f2*, *pl* ~ **eanna** sect

seicteach s'ek't'əx *a1* sectarian

seicteachas s'ek't'əxəs *m1* sectarianism

séid s'e:d' *vt & i* blow; inflate; puff, pant; (swell and) inflame, *ag* ~ *eadh fola* gushing blood, ~ *eadh faoi dhuine* to incite a person; to needle a person

séideadh s'e:d'ə *m*, *gs* **-idte** blowing, draught; inflation; inflammation

séideán s'e:d'a:n *m1* gust; blown matter; puff, pant

séideog s'e:d'o:g *f2* puff; sniff, snort

seift s'ef't' *f2*, *pl* ~ **eanna** shift, device, expedient, resource

seifteoir s'ef't'o:r' *m3* provider; resourceful person

seiftigh s'ef't'i: *vt & i* devise; procure, provide

seiftiú sʹefʹtʹu: *m*4 provision; improvisation
seiftiúil sʹefʹtʹu:lʹ *a*2 resourceful
seilbh sʹelʹəvʹ *f*2, *npl* **sealbha** *gpl* **sealbh** occupancy, possession; property, estate
seile sʹelʹə *f*4 spit; saliva
seileadán sʹelʹəda:n *m*1 spittoon
séiléir sʹe:lʹe:rʹ *m*3 gaoler
seilf sʹelʹfʹ *f*2, *pl* ∼**eanna** shelf
seilg sʹelʹəgʹ *f*2 hunt, chase; game, quarry; foraging *vt & i* hunt, chase; forage
seilide sʹelʹədʹə *m*4 snail; slug
seiligh sʹelʹi: *vi* spit
séimeantaic ˌsʹe:ʹmʹantəkʹ *f*2 semantics
séimh sʹe:vʹ *a*1 mild, gentle, placid
séimhigh sʹe:vʹi: *vt & i* make, become, mild; mellow; lenite
séimhiú sʹe:vʹu: *m*4 mellowing; lenition
seimre sʹemʹrʹə : **seamair**
seimide sʹemʹədʹə *m*4 ram, rammer
seimilín sʹemʹəlʹi:nʹ *m*4 semolina
seimineár sʹemʹənʹa:r *m*1 seminar
séine sʹe:nʹə : **sian**
seinge sʹenʹgʹə *f*4 slimness, slenderness
seinm sʹenʹəmʹ *f*3 playing of musical instrument; warbling, chattering
seinn sʹenʹ *vt & i* play (music, musical instrument); sing, warble, chatter
séinne sʹe:nʹə *m*4 senna
seinnteoir sʹenʹtʹo:rʹ *m*3 player, performer (of music), ∼ *ceirníní* record-player
séipéal sʹe:pʹe:l *m*1 chapel; church
séiplíneach sʹe:pʹlʹi:nʹəx *m*1 chaplain; curate
seipteach sʹepʹtʹəx *a*1 septic
seir sʹerʹ *f*2, *pl* ∼**eacha** hough
seirbhe sʹerʹəvʹə *f*4 bitterness, sourness, acidity
seirbheáil sʹerʹəvʹa:lʹ *f*3 service; provision *vt* serve
seirbhís sʹerʹəvʹi:sʹ *f*2 service
seirbhíseach sʹerʹəvʹi:sʹəx *m*1 servant
seircín sʹerʹkʹi:nʹ *m*4 jerkin
seirdín sʹe:rdʹi:nʹ *m*4 pilchard
séire sʹe:rʹə *m*4 meal, repast
séiream sʹe:rʹəm *m*1 serum
seirfeach sʹerʹfʹəx *m*1 serf
seirfean sʹerʹəfʹən *m*1 bitterness, indignation
seirglí ˈsʹerʹəgʹˌlʹi: *m*4 bedridden state, decline
seiris sʹerʹəsʹ *f*2 sherry
séirse sʹe:rsʹə *m*4 charge; rush, dash, *ar* ∼, *faoi shéirse* charging, rushing
séis sʹe:sʹ *f*2, *pl* ∼**eanna** melody; chat
seiseamhán sʹesʹəva:n *m*1 sextant
seisean sʹesʹən 3 *sg m emphatic pron* he, *a chuid* ∼ *den obair* his share of the work
seisear sʹesʹər *m*1 six persons, *col seisir* second cousin
seisiún sʹesʹu:n *m*1 session; (social) gathering
seismeach sʹesʹmʹəx *a*1 seismic
seisreach sʹesʹrʹəx *f*2 plough-team; plough; ploughland; *an tSeisreach*, the Plough

seit sʹetʹ *m*4, *pl* ∼**eanna** (*dance*) set
séitéireacht sʹe:tʹe:rʹəxt *f*3 cheating
seitgháire ˈsʹetʹˌɣa:rʹə *m*4 derisive laugh, snigger
seithe sʹehə *f*4 skin, hide
seitheadóir sʹehədo:rʹ *m*3 taxidermist
seitreach sʹetʹrʹəx *f*2 neigh(ing), whinny; snort
seitríl sʹetʹrʹi:lʹ *f*3 sniggering
seo sʹo *dem pron & a & adv* this; these, *ól* ∼ drink this, ∼ *an áit* this is the place, *idir* ∼ *agus Nollaig* between now and Christmas, *ó* ∼ *go Doire* from here to Derry, *go dtí* ∼ up to now, *an cailín* ∼ this girl, *tá sé* ∼ *ag imeacht* this person is leaving, *faoi* ∼ by now, *as* ∼ *amach* from now on, ∼ *is siúd* this and that, *a bhean* ∼ my dear woman, *an teach* ∼ *agamsa* my house, *an bhliain* ∼ *chugainn* next year, *an mhí* ∼ *caite* last month, ∼ *dhuit* (*é*) here, take it, ∼ *leat* come on, ∼ *chuige* let us set to it
seó sʹo: *m*4, *pl* ∼**nna** show, spectacle; fun, *bhí* ∼ *daoine ann* there was a huge crowd of people there
seobhaineachas sʹo:vənʹəxəs *m*1 chauvinism
seodóir sʹo:do:rʹ *m*3 jeweller
seodóireacht sʹo:do:rʹəxt *f*3 jewelling; jewellery (business)
seodra sʹo:drə *m*4 jewelry
seoid sʹo:dʹ *f*2, *npl* **-oda** *gpl* **-od** jewel; precious object, ∼ *chuimhne* souvenir
seoigh sʹo:ɣ *a*1 wonderful
seoinín sʹo:nʹi:nʹ *m*4 shoneen; flunkey, toady
Seoirseach sʹo:rsʹəx *a*1 Georgian
seoithín sʹo:hi:nʹ *m*4 sough, whispering sound, ∼, ∼ *seó*, ∼ *seothó* lullaby
seol[1] sʹo:l *m*1, *pl* ∼**ta** sail; trend; course *vt & i* sail; send; direct, conduct, *litir a sheoladh chuig duine* to address a letter to a person
seol[2] sʹo:l *m*1, *pl* ∼**ta** loom
seol[3] sʹo:l *m*1, *luí seoil* lying-in, *bean seoil* woman in childbirth
seoladán sʹo:lədə:n *m*1 conduit
seoladh sʹo:lə *m*, *gs* **-lta** *pl* **-ltaí** sail(ing); course, direction; instigation; address
seolaí sʹo:li: *m*4 addressee
seolta sʹo:ltə *a*3 well-directed; smooth-running; graceful, ∼ *ar rud* adept at sth
seoltóir[1] sʹo:lto:rʹ *m*3 sailor; sender, remitter; drover
seoltóir[2] sʹo:lto:rʹ *m*3 basking-shark
seoltóireacht sʹo:lto:rʹəxt *f*3 sailing
seomra sʹo:mrə *m*4 chamber, room
seomradóir sʹo:mrədo:rʹ *m*3 chamberlain
seordán sʹo:rdə:n *m*1 rustling sound; wheeze
séú sʹe:u *m*4 & *a* sixth
sfagnam sfagnəm *m*1 sphagnum
sféar sfʹe:r *m*1 sphere
sféarúil sfʹe:ru:lʹ *a*2 spherical
sfioncs sfʹiŋks *m*4, *pl* ∼**anna** sphinx

sí¹ s'i: *m*4, *pl* ~**the** the fairy mound *a* fairy; enchanting; delusive

sí² s'i: *m*4, ~ *gaoithe* whirlwind

sí³ s'i: 3 *sg f pron* she; it

sia s'iə *comp a* longer, farther, *an chuimhne is* ~ *siar i mo cheann* my earliest recollection

siabhrán s'iəvra:n *m*1 slight derangement, delusion; mental confusion

siad¹ s'iəd *m*3 growth, swelling

siad² s'iəd 3 *pl pron* they

siamsa s'iəmsə *m*4 (musical) entertainment; amusement

sian s'iən *f*2, *gs* **séine** *pl* ~**ta** whistling, plaintive, sound; squeal, whine; hum of voices

sianaíl s'iəni:l' *f*3 whining, squealing

siansa s'iənsə *m*4 strain, melody

siansach s'iənsəx *m*1 ringing sound *a*1 melodious, harmonious, symphonic

siar s'iər *adv & prep & a* to the west, westwards; back, ~ *ó thuaidh* to the northwest, *ná bí* ~ *is aniar leis* don't shilly-shally about it, *ól* ~ *é* drink it down, ~ *go maith san oíche* well on in the night, *baineadh* ~ *asam* I was taken aback

sibh s'iv' 2 *pl pron* you

sibhialta s'iv'iəltə *a*3 civil; polite

sibhialtach s'iv'iəltəx *m*1 & *a*1 civilian

sibhialtacht s'iv'iəltəxt *f*3 civilization; civility

síbín s'i:b'i:n' *m*4 illicit whiskey; shebeen, speakeasy

síc s'i:k' *m*4, *pl* ~**eanna** sheik

síceach s'i:k'əx *a*1 psychic(al)

síceapatach 's'i:k'ə,patəx *m*1 psychopath *a*1 psychopathic

síceolaí 's'i:k',o:li *m*4 psychologist

síceolaíocht 's'i:k',o:li:(ə)xt *f*3 psychology

síciatracht 's'i:k',iətrəxt *f*3 psychiatry

síciatraí 's'i:k',iətri: *m*4 psychiatrist

sicín s'ik'i:n' *m*4 chicken

sifilis s'if'əl'əs' *f*2 syphilis

sifín s'if'i:n' *m*4 stem, stalk, straw

sil s'il' *vt & i* drip, trickle; shed; drain; hang down, (with *ar*) fall, descend, on, *aimsir shilte* depressing weather, *an dream bocht* ~ *te* the poor spiritless lot

síl s'i:l' *vt & i* think, consider; intend

sileadh s'il'ə *m*1 drip, discharge; pus; hang, droop

sileáil s'i:l'a:l' *f*3 ceiling; wainscotting; partition (in house, etc)

siléar s'il'e:r *m*1 cellar

siléig s'il'e:g' *f*2 dilatoriness, procrastination, neglect

silín¹ s'il'i:n' *m*4 cherry

silín² s'il'i:n' *m*4 little drop, trickle; pendent object

silíneach s'il'i:n'əx *a*1 cerise

silleadh s'il'ə *m*, *gs* **-llte** look, glance

sil-leagan 's'i(l'),l'agən *m*1, *pl* ~**acha** (geological, etc) deposit

silteach s'il't'əx *a*1 dripping, trickling; fluid; hanging, flowing, *duine* ~ spendthrift

silteán s'il't'a:n *m*1 small drain, channel; rivulet

siméadrach s'im'e:drəx *a*1 symmetrical

siméadracht s'im'e:drəxt *f*3 symmetry

simléar s'im'l'e:r *m*1 chimney

simpeansaí 's'im',p'ansi: *m*4 chimpanzee

simpleoir s'im'p'l'o:r' *m*3 simpleton

simplí s'im'p'l'i: *a*3 simple; simple-minded

simpligh s'im'p'l'i: *vt* simplify

simplíocht s'im'p'l'i:(ə)xt *f*3 simplicity; simple-mindedness

sin s'in' *dem pron & a & adv* that, those, *ná habair* ~ don't say that, ~ ~ that's that, *mar* ~ *de* in that case, therefore, *agus mar* ~ *de* and so on, *a mhac* ~ that man's son, *faoi* ~ by then, *fada ó shin* long ago, *bliain ó shin* a year ago, *an fear* ~ that man, *ní raibh a fhios agam go raibh siad chomh daor* ~ I didn't know they were so dear

sín s'i:n' *vt & i* stretch; hold out; lengthen; extend; (with *le*) lay, lie, along, *nach é an gasúr sin atá ag* ~ *eadh*! isn't that boy growing fast!

sinc s'iŋk' *f*2 zinc

sincigh s'iŋk'i: *vt* galvanize

sindeacáit s'in'd'əka:t' *f*2 syndicate

sindeacáitigh s'in'd'əka:t'i: *vt* syndicate

sine¹ s'in'ə *f*4 nipple, teat, ~ *siain* uvula

sine² s'in'ə : **sean¹**

sineach s'in'əx *f*2 mammal

síneadh s'i:n'ə *m*1, *pl* **-ntí** stretch(ing); extension, ~ *láimhe* stretching out of hand; gratuity, tip, ~ *fada* length accent

singil s'iŋg'əl' *a*1 single; slender; tenuous; meagre, *saighdiúir* ~ private

singléad s'iŋ'l'e:d *m*1 singlet

sínigh s'i:n'i: *vt & i* sign

sínitheoir s'i:n'iho:r' *m*3 signatory

síniú s'i:n'u: *m*4 signature

sinn s'in' 1 *pl pron* we, us

sinne s'in'ə 1 *pl emphatic pron* we, us, *ár gcuid* ~ our portion

sin-seanathair 's'in''s'an,ahər' *m*, *gs* **-ar** *pl* **-naithreacha** great-grandfather

sin-seanmháthair 's'in''s'an,va:hər' *f*, *gs* **-ar** *pl* **-áithreacha** great-grandmother

sinsear s'in's'ər *m*1 senior, elder; ancestor

sinséar s'in's'e:r *m*1 ginger

sinsearach s'in's'ərəx *m*1 senior person; ancestor *a*1 senior; ancestral

sinsearacht s'in's'ərəxt *f*3 seniority; ancestry

sinseartha s'in's'ərhə *a*3 ancestral

sínteach s'i:n't'əx *a*1 stretching, extending; drawnout; liberal

sínteán s'i:n't'a:n *m*1 stretcher

sintéis s'in't'e:s' *f*2 synthesis

sintéiseach s'in't'e:s'əx *a*1 synthetic

sínteoireacht s'i:n't'o:r'əxt *f*3 stretching; lolling, lazing, ~ *aimsire* procrastination

síntiús s'i:n't'u:s *m*1 donation, subscription

síntiúsóir s'i:n't'u:so:r' *m*3 subscriber

síob s'i:b *f*2 drift; gust; ride, lift *vt & i* blow (away), drive (along); blow up; drift

síobadh s'i:bə *m, gs* -btha blow, drift, ~ sneachta blizzard

síobaire s'i:bər'ə *m*4 hitch-hiker

síobhas s'i:vəs *m*1 chive

sioc s'ik *m*3, *gs* seaca frost *vt & i* freeze; congeal, set; stiffen

siocair s'ikər' *f, gs* -crach *pl* -cracha (immediate) cause, occasion; pretext, (*as, ar*) ~ go because

siocaire s'ikər'ə *m*4 chicory

siocán s'ika:n *m*1 frost; chilly substance; frozen person

síocanailís 's'i:k,anəl'i:s' *f*2 psychoanalysis

siocánta s'ika:ntə *a*3 frosted, chilled; congealed, stiff

siocdhó 's'ik,ɣo: *m*4 frostbite

síocháin s'i:xa:n' *f*3 peace

síochánachas s'i:xa:nəxəs *m*1 pacifism

síochánta s'i:xa:ntə *a*3 peaceful; pacific

síocúil s'iku:l' *a*2 frosty

siod s'id *dem pron* this, ~ é an leabhar this is the book

síoda s'i:də *m*4 silk

síodúil s'i:du:l' *a*2 silky; urbane; courteous

siofón s'ifo:n *m*1 & *vt & i* siphon

síofra s'i:frə *m*4 sprite; changeling; precocious child

sióg s'i:o:g *f*2 fairy

síog s'i:g *f*2 streak; seam, lode *vt* streak; stroke out, cancel

síogaí s'i:gi: *m*4 elf, fairy; weakling; know-all, gossip

siogairlín s'igərl'i:n' *m*4 hanging ornament, pendant *pl* pendulous flowers

siogairlíneach s'igərl'i:n'əx *a*1 pendent, tasselled

síol s'i:l *m*1, *pl* ~ ta seed; offspring, progeny

síoladóir s'i:lədo:r' *m*3 sower

síolchur 's'i:l,xur *m*1 propagation; propaganda

siolla s'ilə *m*4 syllable, ~ ceoil note of music

siollabas s'iləbəs *m*1 syllabus

siollach s'iləx *a*1 syllabic

síolann s'i:lən *f*2 ovary

siollóg s'ilo:g *f*2 boast, níl ann ach an t ~ , he's only a braggart

síolmhar s'i:lvər *a*1 fertile, fruitful

siolp s'ilp *vt & i* suck; milk dry; drain

siolpaire s'ilpər'ə *m*4 suckling

síolphlanda 's'i:l,flandə *m*4 seedling

síolrach s'i:lrəx *m*1 breed, progeny

síolraigh s'i:lri: *vt & i* breed, propagate, siolrú ó dhuine to be a descendant of a person

síolrú s'i:lru: *m*4, propagation, reproduction; descent (ó from)

síolta s'iltə *m*4 silt

siombail s'imbəl' *f*2 symbol

siombalach s'imbələx *a*1 symbolic

síomóntacht s'i:mo:ntəxt *f*3 simony

siompóisiam s'impo:s'iəm *m*4 symposium

síon s'i:n *f*2, *pl* ~ ta weather (usually bad, stormy), lá idir dhá shíon pet day

sionad s'inəd *m*1 synod

sionagóg s'inəgo:g *f*2 synagogue

síonchaite 's'i:n,xat'ə *a*3 weather-worn, weathered

sioncrónaigh 's'iŋ,kro:ni: *vt* synchronize

siondróm s'indro:m *m*1 syndrome

sionnach s'inəx *m*1 fox

sionnachúil s'inəxu:l' *a*2 foxy, cunning

sions s'ins *m*4, *pl* ~ anna chintz

siopa s'ipə *m*4 shop

siopadóir s'ipədo:r' *m*3 shopkeeper

siopadóireacht s'ipədo:r'əxt *f*3 shopping

síor[1] s'i:r *a*1 eternal, perpetual, continual, de shíor for ever, constantly

síor-[2] s'i:r† *pref* perpetual, continual; eversíoráf ,s'i'ra:f *m*1 giraffe

síoraí s'i:ri: *a*3 eternal; perpetual; continual; constant, go ~ for ever

síoraíocht s'i:ri:(ə)xt *f*3 eternity; permanence; constancy

siorc s'irk *m*3, *pl* ~ anna shark

síorghnách 's'i:r,ɣna:x *a*1, *gsm* ~ commonplace, humdrum

síoróip s'i:ro:p' *f*2 syrup

siorradh s'irə *m*1, *pl* -aí blast, draught

siortaigh s'irti: *vt & i* rummage; search, forage (for)

síos s'i:s *adv & prep & a* down; hanging down; trailing, ~ leat down you go, ~ go Cúige Uladh north to Ulster, ag seo ~ an óráid a rinne sé the following is the oration he gave, na bailte síos the lower townlands

siosach s'isəx *m*1 sibilant *a*1 hissing, sibilant

siosarnach s'isərnəx *f*2 hissing; whispering, rustling

sioscadh s'iskə *m, gs* -ctha fizz, sizzle; whisper, rustle, ~ cainte buzz of talk

siosma s'ismə *m*4 schism; dissension; wrangle

siosmach s'isməx *m*1 schismatic *a*1 schismatic; dissenting; quarrelling; noisy

siosúr s'isu:r *m*1 scissors

siota s'itə *m*4 gust; rush, dart

siota s'i:tə *m*4 cheetah

síothaigh s'i:hi: *vt* pacify

síothlaigh s'i:hli: *vt & i* filter; drain away; subside; expire

síothlán s'i:hla:n *m*1 strainer, filter, colander

síothlú s'i:hlu: *m*4 filtration; subsidence; expiry

síothmhaor 's'i:,vi:r *m*1 peace officer

síothóilte s'i:ho:l't'ə *a*3 settled, peaceful

síothú s'i:hu: *m*4, pacification

sip s'ip' *f*2, *pl* ~ eanna zip

sipéir s'i:p'e:r' *m*3 shepherd; sheep-dog, collie

sipris s'i:p'r'əs' *f*2 crape

síprisin s'i:p'r'əs'i:n' *m*4 crepe-de-chine

siringe s'ə'r'iŋ'g'ə *f*4 syringa

sirriam s'ir'iəm *m*4 sheriff

sirtheach s'ir'həx *a* 1 seeking; beseeching; begging, importunate

sirtheoir s'ir'ho:r' *m*3 seeker; petitioner; beggar; prowler; prospector

sirtheoireacht s'ir'ho:r'əxt *f* 3 seeking; begging; prowling; prospecting

sise s'is'ə 3 *sg f emphatic pron* she, *a cuid* ~ her share

siseal s'is'əl *m* 1 sisal

siséal s'is'e:l *m* 1 & *vt* & *i* chisel

sistéal s'is't'e:l *m* 1 cistern

síth s'i: *f* 2 peace

sítheach s'i:həx *a* 1 peaceful, harmonious

sítheadh s'ihə *m* 1, *pl* -**thí** rush; onrush, swoop

siúcra s'u:krə *m* 4 sugar

siúcraigh s'u:kri: *vt* sugar

siúcrúil s'u:kru:l' *a* 2 sugary

siúd s'u:d *dem pron* & *adv* that, yon; those, *ná creid* ~ don't believe that, ~ *é an t-oileán* yonder is the island, *go dtí* ~ up to then, *a leithéidí* ~ the likes of them, *a theach* ~ that man's house, ~ *chun siúil iad* off they went, ~ *ort* here's to you, ~ *is go* even though

siúicrín s'u:k'r'i:n' *m* 4 saccharine

siúil s'u:l' *vt* & *i, pres* -**úlann** walk; travel, *tá an mí-ádh ag siúl leis* he is dogged by ill luck, ~ *uait* step out

siúil s'i:u:l' *a* 2 fairy-like, elfin; weird

siúinéir s'u:n'e:r' *m* 3 joiner; carpenter

siúinéireacht s'u:n'e:r'əxt *f* 3 joinery; carpentry

siúl s'u:l *m* 1, *pl* ~**ta** walk; movement; speed; travel, journey, *lucht siúil* itinerants, travellers, *ar* ~ going on, in progress, *ar shiúl* gone; away

siúlach s'u:ləx *a* 1 inclined to travel; moving, fleet

siúlóid s'u:lo:d' *f* 2 walk(ing), stroll

siúlóir s'u:lo:r' *m* 3 walker; itinerant, wanderer

siúnt s'u:nt *vt* & *i* shunt

siúnta s'u:ntə *m* 4 joint, seam; cleft, crevice

siúntaigh s'u:nti: *vt* joint

siúr s'u:r *f, gs* ~**ach** *pl* ~**acha** sister, kinswoman, *an tS* ~ *Máire* Sister Mary

siúráilte s'u:ra:l't'ə *a* 3 sure, certain, (*go*) ~ certainly

slaba slabə *m* 4 slob; mud, ooze

slabhra slaurə *m* 4 chain

slabhrúil slauru:l' *a* 2 chain(-like)

slac slak *vt* & *i* bat

slacaí slaki: *m* 4 batsman

slacán slaka:n *m* 1 bat

slacht slaxt *m* 3 finish, good appearance, tidiness

slachtmhar slaxtvər *a* 1 well-finished, tidy

slad slad *m* 3 plunder, loot; devastation *vt* & *i* plunder, loot; devastate

sladmhargadh 'slad,varəgə *m* 1, *pl* -**aí** cheap bargain

slaghdán slaida:n *m* 1 cold, ~ *teaspaigh* hay fever

slaig slag' *f* 2 slag

slaimice slam'ək'ə *m* 4 soft lump; hunk, chunk; tatter

slaimiceáil slam'ək'a:l' *f* 3 messing; gobbling

sláine sla:n'ə *f* 4 wholeness; healthiness

sláinte sla:n't'ə *f* 4 health, (*drink*) toast

sláinteach sla:n't'əx *a* 1 hygienic

sláinteachas sla:n't'əxəs *m* 1 hygiene

sláintíocht sla:n't'i:(ə)xt *f* 3 sanitation

sláintiúil sla:n't'u:l' *a* 2 healthy; wholesome

slám[1] sla:m *m* 4, *pl* ~**anna** lock, tuft; handful; quantity, ~ *ceo* wisp of fog

slám[2] sla:m *vt* & *i* tease (wool)

slán sla:n *m* 1, *npl* ~**a** healthy person; health; farewell; challenge, ~ *agat*, ~ *leat* good-bye *a* 1 healthy; safe; complete, intact; exempt

slánaigh sla:ni: *vt* & *i* make whole, save; heal, *aois áirithe a shlánú* to attain a certain age, *conradh a shlánú* to complete a contract, *duine a shlánú ar rud* to indemnify a person against sth, *úd a shlánú* to convert a try

slánaíocht sla:ni:(ə)xt *f* 3 indemnity, guarantee

slánaitheoir sla:niho:r' *m* 3 redeemer, saviour

Slánaitheorach sla:niho:rəx *m* 1 & *a* 1 Redemptorist

slándáil sla:nda:l' *f* 3 security

slánlus 'sla:n,lus *m* 3 (ribwort) plantain

slánú sla:nu: *m* 4 salvation; healing; completion; indemnity; after-birth

slánuimhir 'sla:n,iv'ər' *f, gs* -**mhreach** *pl* -**mhreacha** whole number

slaod sli:d *m* 3, *pl* ~**anna** swath, layer; raft, ~*anna gruaige* flowing masses of hair, ~ *tinnis* prostrating bout of illness *vt* & *i* mow down, lay low; (*of hair*) flow; drag; trudge

slapach slapəx *a* 1 sloppy, slovenly

slapar slapər *m* 1 loose garment; ~ *bó* dewlap of cow, *tá sé ina shlapar i do dhiaidh* it is trailing behind you

slaparnach slapərnəx *f* 2 splashing; lapping

slat slat *f* 2 rod; cane; rail; (*measure*) yard; penis, ~ *draíochta* magic wand, ~ *tomhais* criterion, ~ *bhéil*, ~ *bhoird* gunwale, ~ *droma* backbone, ~ *an Rí* belt of Orion

slatbhalla 'slat,valə *m* 4 parapet

sláthach sla:həx *m* 1 oozy mud, slime

sleá s'l'a: *f* 4, *pl* ~**nna** spear, javelin; large splinter

sleabhac s'l'auk *m* 1 droop, slouch; slant *vi pres* -**bhcann** droop, wilt; (*of corn*) lodge

sléacht[1] s'l'e:xt *m* 3, *pl* ~**anna** slaughter; destruction

sléacht[2] s'l'e:xt *vi* kneel, genuflect; bow down

sleádóir s'l'a:do:r' *m* 3 spearman; turf-cutter

sleamchúis 's'l'am,xu:s' *f* 2 remissness, negligence

sleamchúiseach 's'l'am,xu:s'əx *a* 1 remiss

sleamhain s'l'aun' *a* 1, *npl* -**mhna** smooth, slippery; sleek; sly

sleamhnaigh s'l'auni: *vt* & *i* slide, slip; smooth

sleamhnán[1] s'l'auna:n *m* 1 slide; slip (-way); chute

sleamhnán[2] s'l'auna:n *m* 1 sty (on eye)

sleán s'l'a:n *m* 1, *pl* ~**ta** turf-spade, slane

sleasach s'l'asəx *a* 1 many-sided; faceted; lateral

sléibhín s'l'e:v'i:n' *m*4 black-headed gull
sléibhteánach s'l'e:v't'a:nəx *m*1 mountain-dweller
sléibhteoir s'l'e:v't'o:r' *m*3 mountaineer
sléibhteoireacht s'l'e:v't'o:r'əxt *f*3 mountaineering
sléibhtiúil s'l'e:v't'u:l' *a*2 mountainous; hilly
slí s'l'i: *f*4, *pl* **slite** way; road; direction; space, *tá sé mile* ~ *as seo* it is a mile from here, *rud a dhéanamh as an t* ~ to do sth wrong, ~ (*bheatha*) means of living, livelihood, *tá* ~ *mhaith aige* he is well off, *ar shlí* in a way, *ar aon* ~ in any event, *ar shlí go, i* ~ *is go* in such a way that, *tá siad ar shlí na fírinne* they are gone to their eternal reward
sliabh s'l'iəv *m, gs* **sléibhe** *pl* **sléibhte** mountain; moor
sliasaid s'l'iəsəd' *f*2, *pl* **-sta** thigh; side; ledge
slíbhín s'l'i:v'i:n' *m*4 sly person
slige s'l'ig'ə *m*4 shell; shard; cresset
sligreach s'l'ig'r'əx *f*2 shells, shards, fragments; (*of snake*) rattles *a*1 shelled, encrusted with shells
slim s'l'im' *a*1 smooth, sleek; slim; sly; weak
slinn s'l'in' *f*2, *pl* ~**te** shingle; flat stone; slate
slinneán s'l'in'a:n *m*1 shoulder-blade
slinneánach s'l'in'a:nəx *a*1 broad-shouldered
slíob s'l'i:b *vt & i* rub, smooth, polish
slíoc s'l'i:k *vt & i* sleek, stroke; blandish, *shlíoc sé leis* he slunk away
sliocht s'l'ixt *m*3, *gs & pl* **sleachta** mark, trace; offspring; posterity; passage, extract, *tá a shliocht air* "signs on it," it is borne out by the result
slíoctha s'l'i:kə *a*3 sleek, plausible
slíodóir s'l'i:(ə)do:r' *m*3 sly person, sneak
slíodóireacht s'l'i:(ə)do:r'əxt *f*3 sneaking, slyness
sliogán s'l'iga:n *m*1 shell; shellfish
sliogánach s'l'iga:nəx *a*1 shelled; dappled, mottled
slíogart s'l'i:gərt *m*1 pumice(-stone)
slíom s'l'i:m *vt & i* smooth, polish
slíomadóir s'l'i:mədo:r' *m*3 smooth, hypocritically friendly, person
slíomadóireacht s'l'i:mədo:r'əxt *f*3 smoothness, flattery, dissimulation
sliopach s'l'ipəx *a*1 slippery; butter-fingered, awkward
slios s'l'is *m*3, *gs & pl* **sleasa** side; slope; (marginal) strip
sliospholl 's'l'is,fol *m*1 porthole
sliotán s'l'ita:n *m*1 slot
sliotar s'l'itər *m*1 hurley ball
slipéar s'l'ip'e:r *m*1 slipper
slis s'l'is' *f*2, *pl* ~**eanna** chip, shaving; sliver, slice; lath; beetle *vt & i* beetle; beat; (*of ball*) cut; (*of oar*) feather
slisín s'l'is'i:n' *m*4 rasher
slisne s'l'is'n'ə *m*4 cut, section
slisneach s'l'is'n'əx *m*1 chips, shavings; slivers; laths
slisneoir s'l'is'n'o:r' *m*3 slicer
slítheánta s'l'i:ha:ntə *a*3 sly, ingratiating; sneaking
sloc slok *m*1 pit, shaft; groove; cavity

slocach slokəx *a*1 pitted; rutted
slocán sloka:n *m*1 socket
slócht slo:xt *m*3 hoarseness *vt & i* hoarsen
slóchtach slo:xtəx *a*1 hoarse
slog slog *m*1, *pl* ~**anna** gulp, swallow; swig *vt & i* swallow; engulf; recede, *bhí siad ag* ~*adh* (*isteach*) *a chuid cainte* they were drinking in his words
slóg slo:g *vt & i* mobilize
slogadh slogə *m*1, *gs* **-gtha** swallow
slógadh slo:gə *m*1, *pl* **-aí** mobilization, hosting, gathering
slogaide slogəd'ə *f*4 swallow-hole; gullet
slogóg slogo:g *f*2 gulp, swig, draught
sloinn slon' *vt* tell, express; state name; (sur)name
sloinne slon'ə *m*4, *pl* **-nnte** family name, surname
sloinnteoir slon't'o:r' *m*3 genealogist
slua sluə *m*4, *pl* ~**ite** host, army; crowd, ~ *muirí* naval force
sluaíocht sluəi:(ə)xt *f*3 (military) expedition
sluaisteáil sluəs't'a:l' *vt & i* shovel; scoop
sluaistrigh sluəs't'r'i: *vt & i* earth, mould
sluasaid sluəsəd' *f*2, *gs* **-uaiste** *pl* **-uaistí** shovel; shovelful
sluga slogə *m*4 slug (for gun)
sluma slomə *m*4 slum
slúpa slu:pə *m*4 sloop
slusaí slusi: *m*4 dissembler; toady
smacht smaxt *m*3, *npl* ~**a** rule; control, discipline, *tír a chur faoi* ~ to subjugate a country
smachtaí smaxti: *m*4 disciplinarian
smachtaigh smaxti: *vt* control, discipline; subdue
smachtbhanna 'smaxt,vanə *m*4 sanction
smachtín smaxt'i:n' *m*4 cudgel
smachtúil smaxtu:l' *a*2 controlling, disciplinary; repressive
smailc smal'k' *f*2, *pl* ~**eacha** mouthful; puff *vt & i* gobble; puff
smailleac smal'ək *f*2 smack
smál¹ sma:l *m*1 stain; smudge; cloud; gloom, misfortune, ~ *grís* coating of ash; blotch on skin
smál² sma:l smalt, *chomh gorm le* ~ as blue as can be
smaoineamh smi:n'əv *m*1, *pl* **-nte** thought; idea
smaoinigh smi:n'i: *vt & i* think; consider; recollect
smaointeach smi:n't'əx *a*1 thoughtful, pensive
smaointeoir smi:n't'o:r' *m*3 thinker
smaoisíl smi:s'i:l' *f*3 snivelling
smaragaid smarəgəd' *f*2 emerald
smeach sm'ax *m*3, *pl* ~**anna** flick; snap (of fingers); click (of tongue); smack (of lips); gasp *vt & i* flick; click; smack; gasp
smeachaíl sm'axi:l' *f*3 clicking (of tongue); smacking (of lips)
smeachán sm'axa:n *m*1 nip, small amount
smeachóid sm'axo:d' *f*2 live coal, ember
smeachstoda 'sm'ax,stodə *m*4 press-stud
smeadar sm'adər *m*1 smear; paste; smattering
smeámh sm'a:v *m*1 breath, puff

smear sm'ar *vt* smear; smudge; grease; thrash
sméar sm'e:r *f* 2 (black)berry, ~ *mhullaigh an chnuasaigh* the pick of the bunch
smearadh sm'arə *m* 1, *pl* -**rthaí** smear; grease; polish; smattering; thrashing
sméaróid sm'e:ro:d' *f* 2 live coal, ember, ~ *chéille* spark of sense
sméid sm'e:d' *vt & i* wink, nod; signal, ~ *anall air* beckon him to come over
sméideadh sm'e:d'ə *m, gs & pl* -**dte** wink, nod, beckoning sign
smid sm'id' *f* 2, *pl* ~**eanna** breath, puff; word
smideadh sm'id'ə *m* 1 make-up
smidiríní sm'id'ər'i:n'i: *spl* smithereens
smig sm'ig' *f* 2, *pl* ~**eanna** chin
smionagar sm'inəgər *m* 1 shattered pieces, fragments
smior sm'ir *m* 3, *gs* **smeara** marrow; pith, quintessence
smiot sm'it *vt* hit, strike; chop; whittle
smiota sm'itə *s*, ~ *gáire* snigger
smist sm'i:s't' *vt* pound, trounce
smíste sm'i:s't'ə *m* 4 pestle; cudgel; heavy blow, ~ *a dhéanamh de dhuine* to flatten a person
smitín sm'it'i:n' *m* 4 rap, tap
smocáil smoka:l' *vt & i* smock
smoirt smort' *f* 2 rust (on grain crops)
smol smol *m* 3 blight, decay *vt & i* blight; wither
smól smo:l *m* 1 live coal, ember; charred object
smólach smo:ləx *m* 1 thrush
smolchaite 'smol,xat'ə *a* 3 threadbare, shabby; (*of fire*) smouldering
smúdáil smu:da:l' *vt & i* iron (clothes)
smúdar smu:dər *m* 1 dust, mould, ~ *guail* slack, ~ *móna* turf mould
smuga smugə *m* 4 mucus; snot
smugairle smugərl'ə *m* 4 thick spittle, ~ *róin* jellyfish
smuigleáil smig'l'a:l' *vt & i* smuggle
smuigléir smig'l'e:r' *m* 3 smuggler
smuigléireacht smig'l'e:r'əxt *f* 3 smuggling
smuilc smil'k' *f* 2, *pl* ~**eanna** snout; surly expression
smuilceach smil'k'əx *a* 1 surly; sulky
smúit smu:t' *f* 2 smoke; mist; gloom; dust
smúiteán smu:t'a:n *m* 1 cloud of smoke or dust; smudge, smut
smúitiúil smu:t'u:l' *a* 2 smoky; misty; murky; gloomy; oppressive
smúr¹ smu:r *m* 1 ash, dust; rust; soot, grime
smúr² smu:r *vt & i* sniff
smúrach smu:rəx *a* 1 dusty, sooty, grimy
smúránta smu:ra:ntə *a* 3, (*of weather*) dull, hazy
smúrthacht smu:rhəxt *f* 3 nosing, sniffing; prowling, *ag* ~ *romhat* feeling one's way
smúsach smu:səx *m* 1 (red) marrow; pith, pulp
smut smut *m* 1 stump, stub; snout; sulky expression *vt* truncate, shorten

smutach smutəx *a* 1 stumpy, short; sulky
smután smuta:n *m* 1 stump; chunk of wood
sna snə : **i**
snab snab *m* 3, *pl* ~**anna** stub, *an* ~ *a bhaint de choinneal* to snuff a candle
snag¹ snag *m* 3, *pl* ~**anna** gasp, catch (in breath); sob; hiccup; lull
snag² snag *m* 3, *pl* ~**anna** ~ *darach* woodpecker, ~ *breac* magpie
snagach snagəx *a* 1 gasping, sobbing; hiccuping, (*of style*) staccato
snagaireacht snagər'əxt *f* 3 gasping, sobbing; stammering; hiccuping; tippling
snagcheol 'snag,x'o:l *m* 1 syncopated music; jazz
snaidhm snaim' ~ sni:m' *f* 2, *pl* ~**eanna** knot; bond; (physical) constriction; tie, brace; difficulty, problem *vt & i* knot; bind, entwine; unite, (*of bone*) knit; brace
snáith sna: *vt, vn* -**áthadh** sip, take as relish (*le* with)
snáithe sna:hə *m* 4 (single) thread; stitch; grain, fibre, ~ *an droma* the spinal cord, *ba é lán a shnáithe é* it was as much as he could do
snáitheach sna:həx *a* 1 grained, fibrous
snáithín sna:hi:n' *m* 4 filament, fibre
snáithíneach sna:hi:n'əx *a* 1 fibrous, stringy
snamh snav *ml* bark; skin, complexion *vt & i* decorticate, peel
snámh sna:v *m* 3 swim(ming); swimming-stroke; (*of ship*) draught; crawl, ~ *abhann* swimming-place, fish-pool, in river, *amuigh ar an* ~ out in deep water *vt & i* swim; float; crawl; dawdle
snámhach sna:vəx *a* 1 floating, buoyant; (*of water*) flowing; crawling; dawdling; sneaky
snámhacht sna:vəxt *f* 3 buoyancy
snámhaí sna:vi: *m* 4 crawler; dawdler; sneak
snámhaíocht sna:vi:(ə)xt *f* 3 crawling, creeping, dawdling
snámhán sna:va:n *m* 1 float
snámhóir sna:vo:r' *m* 3 swimmer
snámhraic sna:vrək' *f* 2 flotsam
snaoisín sni:s'i:n' *m* 4 snuff
snap snap *m* 4, *pl* ~**anna** snap; catch; short spell; wrench *vt & i* snap; catch
snas snas *m* 3 polish, good appearance; accent; lisp, ~ *liath* blue mould
snasaigh snasi: *vt* polish
snasán snasa:n *m* 1 polish
snaschraiceann 'snas,xrak'ən *m* 1 veneer
snasleathar 'snas',l'ahər *m* 1 patent leather
snasta snastə *a* 3 finished, polished, glossy
snáth sna: *m* 3, *pl* ~**anna** thread, yarn; web, ~ *mara* (line of seaweed, etc. indicating) high-water mark
snáthadán sna:hə da:n *m* 1 netting-needle, ~ (*cogaidh*) crane-fly, daddy-longlegs
snáthaid sna:həd' *f* 2 needle; indicator, ~ *mhór* dragonfly
sneachta s'n'axtə *m* 4 snow

sneachtúil s'n'axtu:l' a2 snowy

sní s'n'i: f 4 flow; pouring; permeation

snigh s'n'iɣ' vi pour (down), flow; filter through; crawl

sniodh s'n'i f, gs & pl **sneá** nit

sniog s'n'ig f 2 drop vt milk dry, drain completely

sníomh s'n'i:v m3 spinning; twisting, twining; strain; anxiety vt & i spin; turn; twist, twine; strain; (with le) struggle with

sníomhaí s'n'i:vi: m4 spinner

snítheach s'n'i:hǝx a1 flowing, coursing, gliding smoothly

snoí sni: m4 cutting, carving; refining; wearing away

snoigh snoɣ' vt & i cut, carve; shape; refine; wear down, waste away

snoíodóir sni:(ǝ)do:r' m3 cutter, carver, sculptor

snoíodóireacht sni:(ǝ)do:r'ǝxt f 3 cutting, carving, sculpturing

snoite snot'ǝ a3 thin, emaciated; refined

snoiteacht snot'ǝxt f 3, (of shape, figure) cleanness, refinement; emaciation

snua snuǝ m4, pl ~nna complexion; colour, appearance

snuaphúdar 'snuǝˌfu:dǝr m1 face-powder

snúcar snu:kǝr m1 snooker

snúda snu:dǝ m4 snood

snúúil snu:u:l' a2 of good complexion, healthy-looking

so- so⁺ pref easy to; good

só so: m4 comfort, ease; enjoyment; luxury; prosperity

so-adhainte ˌso'ain't'ǝ a3 inflammable

sobal sobǝl m1 foam, froth; lather

sobhriste ˌso'v'r'is't'ǝ a3 fragile, brittle

sóbráilte so:bra:l't'ǝ a3 sober

soc sok m1 nose; nozzle; (of animal) muzzle, ~ céachta ploughshare

socadán sokǝda:n m1 busybody

socair sokǝr' a1, gsf, npl & comp -**cra** quiet, still; calm, steady; settled

sócamas so:kǝmǝs m1 confection pl delicacies, confectionery

sóch so:x a1, gsm ~ comfortable; luxurious

sochaí soxi: f 4 multitude; social community, society

sochaideartha ˌso'xad'ǝrhǝ a3 approachable, sociable

sochar soxǝr m1 benefit, profit; advantage; produce

sóchas so:xǝs m1 comfort, pleasure

socheolaíocht 'soxˌo:li:(ǝ)xt f 3 sociology

sochma soxmǝ a3 soft, easy-going, placid

sochomhairleach ˌso'xo:rl'ǝx a1 docile; tractable

sochorraithe ˌso'xorihǝ a3 easily moved, excitable

sochraid soxrǝd' f 2 funeral; cortege

sochraideach soxrǝd'ǝx m1 funeral-goer; mourner

sochreidte ˌso'x'r'et'ǝ a3 credible

sócmhainn so:kvǝn' f 2 asset

sócmhainneach so:kvǝn'ǝx a1 solvent

sócmhainneacht so:kvǝn'ǝxt f 3 solvency

socracht sokrǝxt f 3 quietness, calmness; ease, rest

socraigh sokri: vt & i settle; calm; arrange, socrú ar rud a dhéanamh to decide to do sth

socrú sokru: m4 settlement; arrangement

sócúl so:ku:l m1 ease, comfort

sócúlach so:ku:lǝx a1 easy, comfortable

sodamacht sodǝmǝxt f 3 sodomy

sodar sodǝr m1 trot(ting)

sodóg sodo:g f 2 soda-cake; buxom girl

sofaisticiúil sofǝs't'ǝk'u:l' a2 sophisticated

sofheicthe ˌso'ek'ǝ a3 visible; manifest, obvious

sofhriotal ˌso'r'itǝl m1 euphemism

sofhulaingthe ˌso'ulǝŋ'hǝ a3 bearable, endurable

soghluaiste ˌso'ɣluǝs't'ǝ a3 mobile; inconstant; accessible; responsive; tractable

soghluaisteacht ˌso'ɣluǝs't'ǝxt f 3 mobility; transience; accessibility; responsiveness, tractableness

soghonta ˌso'ɣontǝ a3 vulnerable

soibealta sob'ǝltǝ a3 impudent, saucy

soicéad sok'e:d m1 socket

soicind sok'ǝn'd' m4 second

sóid so:d' f 2 soda

sóidiam so:d'iǝm m4 sodium

soighe soɣ'ǝ m4 soya

soilbhir sol'ǝv'ǝr' a1, gsf, npl & comp -**bhre** pleasant, cheerful; merry; well-spoken

soilbhreas sol'ǝv'r'ǝs m1 pleasantness, cheerfulness; merriment

soiléir sol'e:r' a1 clear, distinct; obvious

soiléireacht sol'e:r'ǝxt f 3 clarity, distinctness; obviousness

soiléirigh sol'e:r'i: vt clarify, manifest

soiléirse sol'e:rs'ǝ f 4 axiom

soilíos sol'i:s m1 contentment, pleasure; ease; benefit, favour

soilíosach sol'i:sǝx a1 obliging

soilire sol'ǝr'ǝ m4 celery

soilse sol's'ǝ f 4 brightness, light; flash of lightning, a Shoilse his Excellency; your Excellency

soilseach sol's'ǝx a1 bright

soilseán sol's'a:n m1 light, torch

soilsigh sol's'i: vt & i shine; illuminate; enlighten; reveal

soilsiú sol's'u: m4 lighting, illumination; enlightenment

soinéad son'e:d m1 sonnet

soineann son'ǝn f 2 calmness, fair weather; serenity (of expression); guilelessness

soineanta son'ǝntǝ a3 (of weather) calm, fair; (of expression) pleasant; guileless

soinneán son'a:n m1, ~ (gaoithe) blast (of wind)

sóinseáil so:n's'a:l' f 3 & vt & i change

soiprigh sop'r'i: *vt* nestle, snuggle, down
soir sor' *adv & prep & a* to the east, eastward, ~
lámh ó thuaidh (to) east by north
soirbhigh sor'əv'i: *vt & i* make easy, pleasant (*do*
for); prosper, *go soirbhí Dia duit* I wish you
godspeed
soirbhíoch sor'əv'i:(ə)x *m*1 optimist
soirbhíochas sor'əv'i:(ə)xəs *m*1 optimism
soiscéal sos'k'e:l *m*1 gospel
soiscéalach sos'k'e:ləx *a*1 evangelic(al)
soiscéalaí sos'k'e:li: *m*4 evangelist; preacher
sóisear so:s'ər *m*1 junior
sóisearach so:s'ərəx *a*1 junior
sóisialach so:s'iələx *a*1 socialist
sóisialachas so:s'iələxəs *m*1 socialism
sóisialaí so:s'iəli: *m*4 socialist
sóisialta so:s'iəltə *a*3 social
soith soh *f*2, *pl* ~**eanna** bitch
soitheach sohəx *m*1, *pl* -**thí** vessel; container, dish;
ship
sóivéadach so:v'e:dəx *a*1 soviet
sól so:l *m*1, (*fish*) sole
solabhartha ,so'laurhə *a*3 affable; eloquent
solad soləd *m*1 solid
soláimhsithe ,so'la:v's'ihə *a*3 easily handled, man-
ageable
sólaisteoir so:ləs't'o:r' *m*3 confectioner
sólaistí so:ləs't'i: *spl* dainties, delicacies
solamar soləmər *m*1 rich food; good things; profit
solámhach ,so'la:vəx *a*1 deft, dexterous
solaoid soli:d' *f*2 illustration, example
solas soləs *m*1, *pl* **soilse** light, brightness; lamp;
flame; enlightenment, *le mo sholas* as long as I
live
sólás so:la:s *m*1 consolation; comfort
sólásach so:la:səx *a*1 consoling; comfortable
sólásaí so:la:si: *m*4 consoler, comforter
solasmhar soləsvər *a*1 bright; clear
solathach soləhəx *a*1 venial
soláthair sola:hər' *vt & i*, *pres* -**thraíonn** gather,
procure; provide
soláthar sola:hər *m*1, *pl* -**airtí** collection; supply,
provision
soláthraí sola:hri: *m*4 gatherer, provider; industri-
ous person
soléite ,so'l'e:t'ə *a*3 readable; legible
sollúnaigh solu:ni: *vt* solemnize, celebrate
sollúnta solu:ntə *a*3 solemn
sollúntacht solu:ntəxt *f*3 solemnity
solúbtha ,so'lu:pə *a*3 flexible, pliable, adaptable
sómas so:məs *m*1 ease, comfort
sómasach so:məsəx *a*1 easy, comfortable; easy-go-
ing
sómhar so:vər *a*1 comfortable, luxurious
somheanmnach ,so'v'anəmnəx *a*1 in good spirits,
cheerful
somhúinte ,so'vu:n't'ə *a*3 easily taught, docile

son son *s*, *ar* ~ for the sake of, on behalf of, *ar* ~
grinn a bhí mé I was only joking, *ar a shon go*
notwithstanding, even though, *sin a bhfuil ar a*
shon agam that is all I have to show for it
sona sonə *a*3 happy; fortunate
sonach sonəx *a*1 sonic
sonáid sona:d' *f*2 sonata
sonas sonəs *m*1 happiness; good fortune, ~ *ort*
thank you
sonasach sonəsəx *a*1 happy; fortunate
sonc soŋk *m*4, *pl* ~**anna** poke, nudge
sonda sondə *a*3 sonorous
sondas sondəs *m*1 sonorousness, sonority
sonite ,so'n'it'ə *a*3 washable
sonnach sonəx *m*1 paling, palisade, stockade
sonóg sono:g *f*2 mascot
sonra sonrə *m*4 characteristic; detail; apparition,
shape, *próiseáil* ~ *í* data processing
sonrach sonrəx *a*1 particular, specific
sonraigh sonri: *vt & i* particularize; specify, define;
perceive, distinguish
sonraíoch sonri:(ə)x *a*1, *gsm* ~ noticeable; pecu-
liar; abnormal
sonraíocht sonri:(ə)xt *f*3 specification; remark-
ableness; peculiarity, abnormality
sonrasc sonrəsk *m*1 invoice
sonrú sonru: *m*4 specification; notice, perception
sonuachar ,so'nuəxər *m*1 spouse
sop sop *m*1 wisp, small bundle (of straw, etc);
straw bedding
soprán sopra:n *m*1 soprano
sor sor *m*1 animal louse, tick
során sora:n *m*1 wireworm
so-ranna ,so'ranə *a*3 easy to get on with; sociable,
companionable
sorcas sorkəs *m*1 circus
sorcha sorxə *f*4 brightness *a*3 bright; cheerful
sorchaigh sorəxi: *vt* enlighten, illuminate
sorcóir sorko:r' *m*3 cylinder
sorn so:rn *m*1 furnace
sornóg so:rno:g *f*2 stove, range
sórt so:rt *m*1, *pl* ~**anna** sort; kind, variety, ~
amaideach somewhat foolish
sórtáil so:rta:l' *vt & i* sort (letters, etc)
sos sos *m*3, *pl* ~**anna** pause, interval; respite; (*of*
shift, supply, etc) relief, ~ *cogaidh* truce, ~
lámhaigh cease-fire
sotal sotəl *m*1 arrogance; impudence, *gan bheith*
faoi shotal do dhuine, not to be subservient to a
person
sotalach sotələx *a*1 arrogant; impudent
sotar sotər *m*1 (*dog*) setter
sothuigthe ,so'hik'ə *a*3 easily understood; compre-
hensible, simple
sóúil so:u:l' *a*2 comfortable, luxurious; (*of food,*
etc) delicious
spá spa: *m*4, *pl* ~**nna** spa
spád spa:d *f*2 spade

spadach spadəx *a*1 heavy and wet

spadalach spadələx *m*1 sodden, soggy, substance

spadánta spada:ntə *a*3 sluggish, lethargic

spadhar spair *m*1 (temperamental) fit, *bhuail* ~ *é* he got into a passion

spadhrúil spairu:l′ *a*2 temperamental

spág spa:g *f*2 big, clumsy, foot

spaga spagə *m*4 pouch, purse

spágach spa:gəx *a*1 flat-footed, clumsy

spágáil spa:ga:l′ *vt* shamble, trudge

spaic spak′ *f*2, *pl* ~**eanna** crooked stick, makeshift hurley

spaigití ˌspa′g′it′i: *m*4 spaghetti

spailp spal′p′ *f*2, *pl* ~**eanna** spell; bout, turn

spailpín spal′p′i:n′ *m*4 migratory farm labourer; scamp

spáinnéar spa:n′e:r *m*1 spaniel

spairn spa:rn′ *f*2 fight, struggle, contention *vt & i* fight, contend (*le* with)

spairt spart′ *f*2, *pl* ~**eanna** wet clod; soggy thing; inert body; clot

spaisteoireacht spas′t′o:r′əxt *f*3 strolling, sauntering

spall spal *vt & i* scorch, parch, shrivel

spalla spalə *m*4 gallet, spall; chip, pebble; slice

spalladh spalə *m*, *gs* **-llta** scorching, parching; drought, ~ *náire* acute embarrassment

spallaíocht spali:(ə)xt *f*3 flirting, philandering; bickering, ~ *léinn* smattering of learning

spalp spalp *vt & i* burst forth; pour out, *ag* ~ *adh bréag* lying profusely

spalpadh spalpə *m*, *gs* **-ptha** burst, eruption, outpouring

spalptha spalpə *a*3 parched

spanla spanlə *m*4 shank; shin

spáráil spa:ra:l′ *f*3 sparing, economy *vt & i* spare

spárálach spa:ra:ləx *a*1 sparing, frugal

sparán spara:n *m*1 purse

sparánacht spara:nəxt *f*3 bursary

sparánaí spara:ni: *m*4 bursar, treasurer

sparra sparə *m*4 spar; bar; spike; barred gate

spártha spa:rhə *a*3 spare, left over

spás spa:s *m*1, *pl* ~**anna** space; room; interval of time, period of grace

spásáil spa:sa:l′ *f*3 spacing *vt* space

spásaire spa:sər′ə *m*4 spacer; astronaut

spasmach spasməx *m*1 *& a* spastic

spásmhar spa:svər *a*1 spacious

spáslong ˈspa:sˌloŋ *f*2 spaceship

spaspas spaspəs *m*1 spasm, convulsion

speabhraíd sp′auri:d′ *f*2 hallucination *pl* illusions, ravings

speach sp′ax *f*2 (*of animal*) kick; (*of gun*) recoil *vi* recoil

spéacla sp′e:klə *m*4 eye-glass *pl* spectacles

spéacláireacht sp′e:kla:r′əxt *f*3 speculation

speal sp′al *f*2 scythe *vt & i* mow; shell, scatter, squander; grow thin, decline

spealadóir sp′alədo:r′ *m*3 scytheman, mower

speár sp′a:r *m*4, *pl* ~**anna** spar, bout of sparring

speic sp′ek′ *f*2, *pl* ~**eanna** peak (of cap); inclination, slant; sidelong glance

speiceas sp′ek′əs *m*1 species

speictreach sp′ek′t′r′əx *a*1 (*of colours*) spectral

speictream sp′ek′t′r′əm *m*1 spectrum

speir sp′er′ *f*2, *pl* ~**eacha** hough; shank, shin; spur (of mountain) *vt & i* hough, hamstring

spéir sp′e:r′ *f*2, *pl* **-éartha** sky; air; airiness; brightness

spéirbhean ˈsp′e:r′ˌv′an *f*, *gs & npl* **-mhná** *gpl* **-bhan** beautiful woman

spéireata sp′e:r′ətə *m*4 (*cards*) spade

spéirghealach ˈsp′e:r′ˌγ′aləx *f*2, *oíche spéirghealaí* starlit night

spéiriúil sp′e:r′u:l′ *a*2 airy; bright; cheerful; beautiful

spéirléas ˈsp′e:r′ˌl′e:s *m*1, *pl* ~**acha** skylight

spéirling sp′e:rl′əŋ′ *f*2 (thunder-)storm; violence, strife

spéirlint sp′e:rl′ən′t′ *f*2 sand-eel, ~ (*mhara, fharraige*) garfish

spéis sp′e:s′ *f*2 interest; affection

speisialach sp′es′ialəx *m*1 special (constable)

speisialaigh sp′es′iəli: *vt & i* specialize

speisialta sp′es′iəltə *a*3 special

speisialtacht sp′es′iəltəxt *f*3 speciality

speisialtóir sp′es′iəlto:r′ *m*3 specialist

spéisiúil sp′e:s′u:l′ *a*2 interesting; neat and clean; attractive

spiacánach sp′iəka:nəx *a*1 jagged, spiky

spiagaí sp′iəgi: *a*3 flashy, gaudy

spiaire sp′iər′ə *m*4 spy; informer

spiaireacht sp′iər′əxt *f*3 spying, espionage; informing (*ar* against)

spice sp′i:k′ə *m*4 spike, ~ *solais* thin ray of light

spíceach sp′i:k′əx *a*1 spiky, spicate

spíd sp′i:d′ *f*2 aspersion, detraction, slander

spideog sp′id′o:g *f*2 robin

spídigh sp′i:d′i: *vt* revile, slander

spídiúchán sp′i:d′u:xa:n *m*1 slandering; disparagement, abuse

spídiúil sp′i:d′u:l′ *a*2 disparaging, vituperative, abusive

spiléireacht sp′il′e:r′əxt *f*3 fishing with trawl-line

spinéar sp′in′e:r *m*1, (*fishing*) spinner

spinéireacht sp′in′e:r′əxt *f*3 spinning (for fish)

spiogóid sp′igo:d′ *f*2 spigot

spíon[1] sp′i:n *f*2, *pl* ~**ta** spine, thorn; thorns

spíon[2] sp′i:n *vt & i* tease, comb; search; exhaust

spíonach sp′i:nəx *a*1 spiny, thorny

spionáiste sp′ina:s′t′ə *m*4 spinach

spíonán sp′i:na:n *m*1 gooseberry

spíonlach sp′i:nləx *m*1 spines, thorns, ~ *giúise* pine-needles

spionnadh sp′inə *m*1 vigour; animation

spior sp'ír *s*, ~ *spear a dhéanamh de rud* to make light of, to pooh-pooh, sth
spiora sp'irə *m4* sharp projection; slender branch
spiorad sp'irəd *m1* spirit; courage, *an S* ~ *Naomh* the Holy Spirit
spioradachas sp'irədəxəs *m1* spiritism; spiritualism
spioradálta sp'irədа:ltə *a3* spiritual
spioradáltacht sp'irədа:ltəxt *f3* spirituality
spioradúil sp'irədu:l' *a2* spirited, courageous
spióróg sp'iro:g *f2* sparrow-hawk
spíosra sp'i:srə *m4* spice(s); flavouring; sweetmeats
spíosrach sp'i:srəx *a1* spicy, aromatic
spladhas splais *m1*, *pl* **-dhsanna** splice
spladhsáil splaisa:l' *vt* splice
splanc splaŋk *f2*, *pl* ~ **acha** flash, spark, *níl* ~ *chéille aige* he hasn't an ounce of sense *vi* flash, spark; blaze
spleách sp'l'a:x *a1*, *gsm* ~ dependent, subservient (*ar* to); obsequious (*le* towards); sly
spléachadh sp'l'e:xə *m1* glance, glimpse
spleáchas sp'l'a:xəs *m1* dependence, subservience; flattery
spleodar sp'l'o:dər *m1* cheerfulness, vivacity; exuberance
spleodrach sp'l'o:drəx *a1* cheerful, vivacious; exuberant
splinc sp'l'iŋ'k' *f2*, *pl* ~ **eacha** pinnacle
splinceáil sp'l'iŋ'k'a:l' *f3* squinting
splíontaíocht sp'l'i:nti:(ə)xt *f3* maltreatment; hardship
spóca spo:kə *m4* spoke of wheel
spoch spox *vt* & *i* castrate; expurgate, *ag* ~*adh as* teasing him
spochán spoxa:n *m1* crop; craw
spól spo:l *m1* spool, reel
spóla spo:lə *m4* joint (of meat)
sponc spoŋk *m1* coltsfoot; tinder; spirit, courage
sponcán spoŋka:n *m1* tinder
sponcúil spoŋku:l' *a2* spunky, courageous
spor spor *m1* & *vt* & *i* spur
spór spo:r *m1* spore
spórt spo:rt *m1* sport; diversion, fun
sportha sporhə *a3* exhausted; broke
spórtúil spo:rtu:l' *a2* sportive, amusing
spota spotə *m4* spot; stain, blemish; particular place
sprae spre: *m4* spray
spraeáil spre:a:l' *vt* & *i* spray
spraeire spre:ər'ə *m4* sprayer
spraic sprak' *f2*, *pl* ~ **eanna** address, reprimand
sprais spras' *f2*, *pl* ~ **teacha** spattering, splash; shower
spraíúil spri:u:l' *a2* playful, sportive, amusing
sprang spraŋ *f2* four-pronged fork
spraoi spri: *m4*, *pl* ~ **aíonna** fun, sport; spree
spré¹ sp'r'e: *f4* cattle; property, wealth; dowry
spré² sp'r'e: *f4*, *pl* ~ **acha** spark
spré³ sp'r'e: *m*, *gs* ~ **ite** spread, splay

spreab sp'r'ab *f2* spadeful
spreacadh sp'r'akə *m*, *gs* **-ctha** vigour, forcefulness
spréach sp'r'e:x *f2* spark; fire, spirit *vt* & *i* spark; sputter; spray, spread, spatter; lash out, *duine a* ~ *adh* to infuriate a person
spréacharnach sp'r'e:xərnəx *f2* sparkling, sparkle
spreacúil sp'r'aku:l' *a2* vigorous, forceful
spreag sp'r'ag *vt* incite; arouse, inspire, *ag* ~ *adh Béarla* rattling away in English
spreagadh sp'r'agə *m*, *gs* **-gtha** *pl* **-gthaí** incitement; encouragement, stimulus
spreagthóir sp'r'ako:r' *m3* inciter, prompter; stimulant
spreagúil sp'r'agu:l' *a2* rousing, encouraging; spirited
spreang sp'r'aŋ *m3* jump, bound; impulse; fit
spreangach sp'r'aŋgəx *a1* impulsive; quick-tempered
spreangadh sp'r'aŋgə *m1* wrench, sprain
spreasán sp'r'asa:n *m1* twig; worthless person
spreasánta sp'r'asa:ntə *a3* good-for-nothing, worthless
spréigh sp'r'e:γ' *vt* & *i* spread; spatter
spréire sp'r'e:ər'ə *m4* sprinkler
spréite sp'r'e:t'ə *a3* full-blown, *sciorta* ~ flared skirt
spréiteoir sp'r'e:t'o:r' *m3* spreader
spreota sp'r'o:tə *m4* length of timber; chop; slice
spreotáil sp'r'o:ta:l' *f3* hacking; chipping; messing, *ná bí ag* ~ *mar sin* don't beat about the bush like that
sprid sp'r'id' *f2*, *pl* ~ **eanna** spirit, ghost; courage, morale
spridiúil sp'r'id'u:l' *a2* courageous; high-spirited
sprinlín sp'r'in'l'i:n' *m4* scintilla, spark
sprioc¹ sp'r'ik *f2*, *pl* ~ **anna** mark, target; landmark; point of time, *súil sprice* bull's-eye, *nuair a tháinig sé go dtí an* ~ when it came to the point, *ceann sprice a bhaint amach* to reach one's goal, one's destination *vt* & *i* mark out, stake; fix, arrange
sprioc-² sp'r'ik *pref* fixed, appointed
spriocúlacht sp'r'iku:ləxt *f3* promptness, punctuality
spriolladh sp'r'ilə *m1* spirit, spunk
sprionga sp'r'iŋgə *m4* (mechanical) spring
sprionlaithe sp'r'inlihə *a3* mean, miserly
sprionlaitheacht sp'r'inlihəxt *f3* meanness, miserliness
sprionlóir sp'r'inlo:r' *m3* miser, skinflint
spriúch sp'r'u:x *vi*, (*of animal*) lash out, kick; fly into a rage; sputter
sprochaille sproxəl'ə *f4* wattle; dewlap; double chin, *sprochailli faoi na súile* bags under the eyes
spruadar spruədər *m1* crumbled matter, bits, ~ *móna* turf mould
sprúille spru:l'ə *m4* crumb, fragment
sprús spru:s *m1* spruce

spruschaint 'sprus,xan't' *f* 2 small-talk, chatter
spuaic spuək' *f* 2, *pl* ~**eanna** blister; pinnacle; huff; spell, ~ *eaglaise* church steeple
spuaiceach spuək'əx *a* 1 blistered; pinnacled; huffed
spúinse spu:n's'ə *m* 4 sponge
spúinseáil spu:n's'a:l' *vt* sponge
spúinsiúil spu:ns'u:l' *a* 2 spongy
spuirse spirs'ə *f* 4 spurge
spúnóg spu:no:g *f* 2 spoon(ful)
srac¹ srak *vt & i* pull, tear; drag; struggle
srac-² srak *pref* cursory, sketchy, slight
sracadh srakə *m* 1, *pl* -**aí** pull, jerk; drag; spell, portion; extortion, ~ *talún* strip of land, *fear a bhfuil* ~ *ann* a man of mettle
sracúil sraku:l' *a* 2 strong and spirited
sráid sra:d' *f* 2, *pl* ~**eanna** street; level ground around house; village
sráidbhaile 'sra:d',val'ə *m* 4, *pl* -**lte** village
sráideog sra:d'o:g *f* 2 shake-down, pallet
sraith srah *f* 2, *pl* ~**eanna** swath; course, layer; series; row; rate, tax, *comórtas* ~*e* league competition
sraithadhmad 'srah,aiməd *m* 1 plywood
sraithchomórtas 'sra,xomo:rtəs *m* 1 (*sport*) league
sram sram *m* 3, *pl* ~**aí** (*of eyes*) gum; rheum, slaver, slime *vt & i* (*of eyes*) become blear; discharge mucus; besmear
sramach sraməx *a* 1 (*of eyes*) bleary; rheumy; slimy; (*of weather*) clammy, damp; mean, shoddy
srann sran *f* 2 snore; snort; humming sound *vi* snore; snort; wheeze
sraoill¹ sri:l' *f* 2, *pl* ~**eanna** slattern, ~ *deataigh* trail of smoke
sraoill² sri:l' *vt & i* tear apart; drag, trail; trudge
sraoilleach sri:l'əx *a* 1 tattered; trailing; slatternly
sraoilleán sri:l'a:n *m* 1 trailing thing; streamer
sraoillín sri:l'i:n' *m* 4 file, train, ragged line
sraon sri:n *vt & i* pull, drag; struggle along; deflect
sraoth sri: *m* 3, *pl* ~**anna** sneeze; snort
sraothartach sri:hərtəx *f* 2 sneezing; snorting
srathach srahəx *a* 1 layered; tiered; serial
srathaigh srahi: *vt & i* stratify; serialize; levy
srathair srahər' *f*, *gs* -**thrach** *pl* -**thracha** straddle
srathnaigh srahni: *vt & i* spread, stretch out
sreabh srav *f* 2 stream; flow; trickle, ~ *chodlata* spell of sleep *vi* flow
sreabhach sraux *a* 1 streaming, flowing; fluid
sreabhann sraun *m* 1 membrane; chiffon
sreabhnach sraunəx *a* 1 membranous; fine, filmy
sreang sraŋ *f* 2 string; wire, cord
sreangach sraŋgəx *a* 1 stringed; stringy; (*of eye*) bloodshot
sreangadh sraŋgə *m*, *gs* -**gtha** pull, wrench
sreangaigh sraŋgi: *vt* wire
sreangán sraŋga:n *m* 1 string; cord, twine
sreangánach sraŋga:nəx *a* 1 stringy; fibrous
sreangscéal 'sraŋ,s'k'e:l *m* 1, *pl* ~**ta** telegram

sreangshúil 'sraŋ,hu:l' *f* 2, *gpl* -**úl** bloodshot eye
srian sriən *m* 1, *pl* ~**ta** bridle; restraint; rein *vt* bridle, restrain
srianta sriəntə *a* 3 restrained, controlled, restricted
sroich srox' *vt & i* reach, attain, achieve
sról sro:l *m* 1 satin
srón sro:n *f* 2 nose; prow; projection
srónach sro:nəx *a* 1 nasal; nosy, inquisitive
srónaíl sro:ni:l' *f* 3 nasality; nasalization; inquisitiveness; snuggling
srónbheannach 'sro:n,v'anəx *m* 1 rhinoceros
srubh sruv *f* 2 snout, ~ *lao* snapdragon
srúill sru:l' *f* 2 river, stream; current; tidal flow
sruithléann 'sru,l'e:n *m* 1, *an* ~ the humanities
sruth sruh *m* 3, *pl* ~**anna** stream; current, flow
sruthaigh sruhi: *vi* stream, flow
sruthán sruha:n *m* 1 stream, rivulet; flow
sruthlaigh sruhli: *vt* rinse; wash out, flush
sruthlam sruhləm *m* 1 turbulence (in sea, etc)
sruthlíneach 'sru,l'i:n'əx *a* 1 streamlined
sruthlíon 'sru,l'i:n *m* 1, *pl* ~**ta** drift-net
sruthshoilseach 'sru,hol's'əx *a* 1 fluorescent
sruthshoilsiú 'sru,hol's'u: *m* 4 fluorescent lighting
stá sta: *m* 4 good appearance, bloom
stábla sta:blə *m* 4 stable *pl* mews
stáca sta:kə *m* 4 stake, post; stack, rick
stacán staka:n *m* 1 pale, stake; stump
stad stad *m* 4, *pl* ~**anna** stop, halt; impediment (of speech), *baineadh* ~ *asam* I was taken aback *vt & i* stop, halt, cease; stay
stadach stadəx *a* 1 faltering, stammering; staccato
stádar sta:dər *m* 1, *ar* ~ on beat
stádas sta:dəs *m* 1 status
staic stak' *f* 2, *pl* ~**eanna** stake, post; stump, *fágadh ina* ~ *é* he was left rooted to the spot, ~ *mhagaidh* laughing-stock
staid¹ stad' *f* 2, *pl* ~**eanna** stadium; furlong
staid² stad' *f* 2, *pl* ~**eanna** state, condition
stáidbhean 'sta:d',v'an *f*, *gs & npl* -**dmhná** *gpl* -**dbhan** stately woman
staidéar stad'e:r *m* 1 study; steadiness, level-headedness; station; habitat
staidéarach stad'e:rəx *a* 1 studious; steady, level-headed
stáidiúil sta:d'u:l' *a* 2 stately; pompous
staidiúir stad'u:r' *f* 2 pose, posture
staidreamh stad'r'əv *m* 1 statistics
staighre stair'ə *m* 4 stair(s); storey, ~ *beo* escalator
stail stal' *f* 2, *pl* ~**eanna** stallion
stailc¹ stal'k' *f* 2, *pl* ~**eanna** sulk, sulkiness; strike
stáilc² sta:l'k' *f* 2 starch
stailceoir stal'k'o:r' *m* 3 striker
staimín stam'i:n' *m* 4 stamen
stainc stan'k' *f* 2 huffiness, pique, spite
stainceach staŋ'k'əx *a* 1 huffy, petulant
stainnín stan'i:n' *m* 4 stand, stall, booth
stair star' *f* 2, *pl* -**artha** history; account, story

stáir sta:r' *f* 2, *pl* **-ártha** spell, stretch; dash; fit, *ar na stártha* blind drunk

stairiúil star'u:l' *a* 2 historic(al); storied

stáirse sta:rs'ə *m* 4 starch

stáirseáil sta:rs'a:l' *vt* starch

stáisiún sta:s'u:n *m* 1 station

staitistic ˌsta't'is't'ək' *f* 2 statistic(s)

staitistiúil ˌsta't'is't'u:l' *a* 2 statistical

stáitse sta:t's'ə *m* 4 stage, platform; vantage-point

stáitsigh sta:t's'i: *vt* stage

stáitsiúil sta:t's'u:l' *a* 2 histrionic

stálaigh sta:li: *vt & i* stale; season, toughen

stálaithe sta:lihə *a* 3 stale; stiff, obstinate; tough

stalc stalk *vt & i* set, harden, stiffen; stuff

stalcach stalkəx *a* 1 stubborn, sulky; stiff, stodgy

stalcacht stalkəxt *f* 3 stubbornness, sulkiness; stiffness, stodginess

stalla stalə *m* 4 stall

stamhlaí stauli: *a* 3 blustery

stampa stampə *m* 4 stamp

stampáil stampa:l' *vt & i* stamp

stán[1] sta:n *m* 1 tin; tin vessel

stán[2] sta:n *vi* stare

stánadh sta:nə *m* 1 stare

stánaigh sta:ni: *vt* coat with tin; pack in tins

stang[1] staŋ *f* 2 pin, peg; dowel; rood *vt* dowel; peg out, stake out; charge, load; stuff

stang[2] staŋ *vt & i* sag; warp; lag

stangadh staŋgə *m*, *gs* **-gtha** sag; warp; wrench, *baineadh ~ asam* I was taken aback, disconcerted

stangaire staŋgər'ə *m* 4 astounded, dumbfounded, person

stangaireacht staŋgər'əxt *f* 3 haggling; quibbling; shirking, idling

stánúil sta:nu:l' *a* 2 tinny; stannous

staon sti:n *vi* stop, desist; abstain; flinch

staonadh sti:nə *m*, *gs* **-nta** abstention; cessation; restraint

staonaire sti:nər'ə *m* 4 total abstainer, teetotaller

staontach sti:ntəx *a* 1 abstinent, teetotal

stápla sta:plə *m* 4 staple

stápláil sta:pla:l' *vt* staple

staraí stari: *m* 4 historian; story-teller; gossip

staróg staro:g *f* 2 anecdote, yarn

starr[1] sta:r *f* 3, *pl* **~tha** prominence, projection

starr-[2] sta:r *pref* projecting, prominent

starrach starəx *a* 1 projecting; rugged; uncouth

starragán starəga:n *m* 1 projection; obstacle, *bhain ~ dó* he stumbled

starraic starək' *f* 2 peak, prominence; pinnacle (of rock)

starraiceach starək'əx *a* 1 peaked, prominent; tufted, crested

starrfhiacail ˌsta:rˌiəkəl' *f* 2, *pl* **-cla** prominent tooth; fang, tusk

stát sta:t *m* 1 (political) state; dignity

statach statəx *a* 1 static

státaire sta:tər'ə *m* 4 statesman

státaireacht sta:tər'əxt *f* 3 statesmanship

státchiste ˈsta:tˌx'is't'ə *m* 4 exchequer

státseirbhís ˈsta:t'ˌs'er'əv'i:s' *f* 2 civil service

státúil sta:tu:l' *a* 2 stately, dignified

státurraithe ˈsta:tˌurihə *a* 3 state-sponsored

steall s't'al *f* 2, *pl* **~ta** splash; dash; gush; spell *vt & i* splash; spout, pour; dash, bash

stealladh s't'alə *m* 1, *pl* **-aí** outpouring, downpour; bashing; squabble, *ar steallaí meisce* raging drunk

steallaire s't'alər'ə *m* 4 syringe

steanc s't'aŋk *m* 4 & *vt & i* squirt; splash

stéig s't'e:g' *f* 2, *pl* **~eacha** slice; strip; steak; intestine

stéigeach s't'e:g'əx *a* 1 intestinal

steillbheatha ˈs't'el'ˌv'ahə *s*, *ina ~* as large as life

steip s't'ep' *f* 2, *pl* **~eanna** steppe

steiréafón ˈs't'er'e:ˌfo:n *m* 1 stereo(phone)

steiriligh s't'er'əl'i: *vt* sterilize

steiteascóp ˈs't'et'əˌsko:p *m* 1 stethoscope

stiall s't'iəl *f* 2, *gs* **stéille** *pl* **~acha** strip, slice; piece; stroke, lash *vt* cut in strips; tear; lash, wound; criticize

stiallach s't'iələx *a* 1 torn, tattered

stialladh s't'iələ *m*, *gs* **-llta** laceration

stiallbhratacha ˈs't'iəlˌvratəxə *spl*, *gpl* **stiallbhratach** bunting

stíbheadóir s't'i:v'ə do:r' *m* 3 stevedore

stibhín s't'iv'i:n' *m* 4 dibble

stil s't'il' *f* 2, *pl* **~eanna** still

stíl s't'i:l' *f* 2, *pl* **~eanna** (artistic) style

stíleach s't'i:l'əx *a* 1 stylistic

stiléir s't'il'e:r' *m* 3 distiller

stiléireacht s't'il'e:r'əxt *f* 3 distilling; poteen-making

stílí s't'i:l'i: *m* 4 stylist

stíobhard s't'i:vərd *m* 1 steward

stiogma s't'igmə *m* 4 stigma

stionsal s't'insəl *m* 1 stencil

stíoróip s't'i:ro:p' *f* 2 stirrup

stiúg s't'u:g *vi* expire, perish

stiúideo s't'u:d'o: *m* 4, *pl* **~nna** studio

stiúir s't'u:r' *f*, *gs* **-úrach** *pl* **-úracha** rudder; control; set, posture, *fear stiúrach* helmsman, *tá ~ nimhe air* he has a venomous expression *vt & i*, *pres* **-úrann** steer; guide, control

stiúradh s't'u:rə *m*, *gs* **-rtha** steering; guidance, control

stiúrthóir s't'u:rho:r' *m* 3 steersman; conductor; director, controller

stiúsaí s't'u:si: *m* 4 hussy

stobh stov *vt* stew

stobhach stovəx *m* 1 stew

stoc[1] stok *m* 1 stock, *~ crainn* trunk of tree, *~ daoine* race of people

stoc[2] stok *m* 1 bugle, trumpet, *~ fógartha* megaphone

stoca stokə *m* 4 stocking, *~ gearr* sock

stócach sto:kəx *m*1 young (unmarried) man; youth, *tá* ~ *aici* she has a boyfriend

stócáil sto:ka:l′ *f*3 preparation(s) *vt & i* stoke; make preparations

stocaire stokər′ə *m*4 trumpeter; odd man out; gate-crasher; scrounger

stocaireacht stokər′əxt *f*3 trumpeting; blowing one's own trumpet; gate-crashing; scrounging

stocáireamh ′stok‚a:r′əv *m*1 stocktaking

stócálaí sto:ka:li: *m*4 stoker

stóch sto:x *m*1 stoic

stóchas sto:xəs *m*1 stoicism

stoda stodə *m*4 stud; stump; stake

stoidiaca stod′iəkə *m*4 zodiac

stoil stol′ *f*2, *pl* ~**eacha** stole

stóinsithe sto:n′s′ihə *a*3 solidly built; stubborn, tough

stóinsitheacht sto:n′s′ihəxt *f*3 stubbornness, toughness

stoirm stor′əm′ *f*2, *pl* ~**eacha** storm; bluster, rage

stoirmeach stor′əm′əx *a*1 stormy, tempestuous

stoith stoh *vt* pull, pluck, uproot

stoitheadh stohə *m*, *gs* -**ite** pull, extraction

stoithneach stohn′əx *a*1 shock-haired, tousled

stól sto:l *m*1, *pl* ~**ta** stool

stoll stol *vt & i* tear, rend

stolla stolə *m*4, ~ (*cloiche*) pinnacle (of rock); standing-stone

stolladh stolə *m*, *gs* -**llta** tear, laceration, ~ *gaoithe* blustery wind

stollaire stolər′ə *m*4 strapping person; stolid, obstinate person or beast; standing-stone

stolp stolp *m*1 stodge; caked substance *vi* become stodgy; harden, stiffen

stolpach stolpəx *a*1 stodgy, stiff; constipating

stop stop *m*4 stop *vt & i* stop; stay, lodge

stopadh stopə *m*, *gs* -**ptha** stop, stoppage, cessation

stopainn stopən′ *f*2 stóppage, obstruction

stopallán stopəla:n *m*1 stopper, plug

stór[1] sto:r *m*1, *pl* ~**tha** store; stock, provision; abundance; wealth, *a* ~ darling

stór[2] sto:r *m*1, *pl* ~**tha** storey

stóráil sto:ra:l′ *f*3 storage *vt* store

stóras sto:rəs *m*1 storehouse, storeroom; stores; riches

storrúil storu:l′ *a*2 strong, vigorous; determined; stirring

stórthóir sto:rho:r′ *m*3 warehouseman

stoth stoh *m*1, *pl* ~**anna** mop, shock, tuft

stothach stohəx *a*1 (*of hair*) bushy, unkempt

strabhas straus *m*1 grimace

strácáil stra:ka:l′ *f*3 striving, struggling

stradúsach stradu:səx *a*1 cocky, cocksure

strae stre: *m*4 straying, *ar* ~ astray

straeire stre:ər′ə *m*4 strayer, wanderer

straibhéis strav′e:s′ *f*2 ostentation, show

straibhéiseach strav′e:s′əx *a*1 ostentatious, showy

stráice stra:k′ə *m*4 strip; strake; flamboyance, conceit

straidhn strain′ *f*2 strain; frenzy, fury

straigléir strag′l′e:r′ *m*3 straggler

stráinín stra:n′i:n′ *m*4 strainer, colander

strainséartha stran′s′e:rhə *a*3 strange

strainséarthacht stran′s′e:rhəxt *f*3 strangeness; reserve, shyness

strainséir stran′s′e:r′ *m*3 stranger

stráisiúnta stra:s′u:ntə *a*3 bumptious, cheeky

straitéis strat′e:s′ *f*2 strategy

straitéiseach strat′e:s′əx *a*1 strategic

strambánaí stramba:ni: *m*4 long-winded speaker; slow person; late-comer

straois stri:s′ *f*2, *pl* ~**eanna** grin, grimace

strapa[1] strapə *m*4 strap, strop

strapa[2] strapə *m*4 cliff-path, climb; stile

strapaire strapər′ə *m*4 strapping person

strataisféar ′stratə‚sf′e:r *m*1 stratosphere

streachail s′t′r′axəl′ *vt & i, pres* -**chlaíonn** pull, drag; strive, struggle

streachailt s′t′r′axəl′t′ *f*2 struggle against difficulties

streachlánach s′t′r′axla:nəx *a*1 straggling, trailing

streancán s′t′r′aŋka:n *m*1 strain of music, strum;′ air, tune

streancánacht s′t′r′aŋka:nəxt *f*3 strumming, scraping

streill s′t′r′el′ *f*2 foolish grin; simper, smirk

striapach s′t′r′iəpəx *f*2 harlot

striapachas s′t′r′iəpəxəs *m*1 harlotry, fornication

stricnín s′t′r′ik′n′i:n′ *m*4 strychnine

stríoc s′t′r′i:k *f*2 streak, stripe; stroke; parting (in hair) *vt & i* lower, strike; reach; yield, surrender

stríocach s′t′r′i:kəx *a*1 streaky, striped; lined; submissive

stríocadh s′t′r′i:kə *m*, *gs* -**ctha** submission

stró stro: *m*4 stress, exertion; delay; wealth; ostentation; elation

stróc stro:k *m*4 (paralytic) stroke

stróic stro:k′ *f*2, *pl* ~**eacha** stroke; tear, tatter; strip *vt & i* tear; wrench, *tá sé ag* ~*eadh leis* he is working away as fast as he can

stroighin strain′ *f*2, *gs* -**ghne** cement

stroighnigh strain′i: *vt* cement

stróinéiseach stro:n′e:s′əx *a*1 pushful; overbearing

stromp stromp *vt* stiffen, harden, ~ *tha le fuacht* stiff with cold

stróúil stro:u:l′ *a*2 ostentatious; conceited; elated

struchtúr struxtu:r *m*1 structure

struipeáil strip′a:l′ *vt & i* strip

strus strus *m*1 stress, strain; wealth, means

stua stuə *m*4, *pl* ~**nna** arch; arc, ~ *ceatha* rainbow

stuacach stuəkəx *a*1 pointed, peaked; sulky, stubborn

stuacacht stuəkəxt *f*3 sulkiness, stubbornness

stuach stuəx *a*1, *gsm* ~ arched

stuaic stuǝk′ *f* 2, *pl* ~**eanna** peak, tip; spire; inclination of head; sullen appearance, sulk

stuáil stu:a:l′ *f* 3 stowage; stuffing, padding; storage *vt* & *i* stow; stuff, pad; store

stuaim stuǝm′ *f* 2 self-control, good sense, prudence; ingenuity, *as a* ~ *féin a rinne sé é* he did it on his own initiative

stuaire stuǝr′ǝ *f* 4 handsome woman

stuama stuǝmǝ *a* 3 sensible, prudent; skilful, steady

stuamaigh stuǝmi: *vt* calm down, steady

stuara stuǝrǝ *m* 4 arcade

stuca stukǝ *m* 4 stook (of corn)

stuif stif′ *m* 4, *pl* ~**eanna** stuff, material

stuifín stif′i:n′ *m* 4 sprat, fry

stuimine stim′ǝn′ǝ *m* 4 stem (of boat)

stumpa stumpǝ *m* 4 stump

sú¹ su: *m* 4 juice; sap; energy; nourishment; soup

sú² su: *f* 4, *pl* ~**tha**, ~ *craobh* raspberry, ~ *talún* strawberry

sú³ su: *m* 4 absorption, suction

suáilce su:a:l′k′ǝ *f* 4 virtue; efficacy; joy, pleasure

suáilceach su:a:l′k′ǝx *a* 1 virtuous; joyful, pleasant

suáilceas su:a:l′k′ǝs *m* 1 virtuousness; pleasantness, happiness

suaill suǝl′ *f* 2 (sea-)swell

suaimhneach suǝ(v′)n′ǝx *a* 1 peaceful, tranquil; easy

suaimhneas suǝ(v′)n′ǝs *m* 1 peace, tranquillity; rest

suaimhneasach suǝ(v′)n′ǝsǝx *a* 1 soothing, tranquillizing, sedative

suaimhneasán suǝ(v′)n′ǝsa:n *m* 1 sedative, tranquillizer

suaimhnigh suǝ(v′)n′i: *vt* & *i* quiet, pacify; calm

suairc suǝr′k′ *a* 1 pleasant, agreeable; cheerful

suairceas suǝr′k′ǝs *m* 1 pleasantness, agreeableness; cheerfulness

suaite suǝt′ǝ *a* 3 mixed; exhausted; agitated

suaiteacht suǝt′ǝxt *f* 3 confusion, agitation; exhaustion

suaiteoir suǝt′o:r′ *m* 3 mixer; agitator, disturber

suaith suǝ *vt* & *i* mix, knead; exercise; tire; agitate, confuse; discuss

suaitheadh suǝhǝ *m*, *gs* -**ite** mix; confusion, agitation; weariness; discussion

suaitheantas suǝhǝntǝs *m* 1 badge, emblem; crest, flag; display, show

suaithinseach suǝhǝn′s′ǝx *a* 1 remarkable, distinctive; special

suaithne suǝhn′ǝ *m* 4 cord, string

suaithní suǝhn′i: *a* 3 remarkable; queer

suan suǝn *m* 1 sleep

suanach suǝnǝx *a* 1 lethargic, apathetic; dormant

suanbhruith ′suǝn,vrih *vt* & *i*, *vn* ~ simmer

suanchógas ′suǝn,xo:gǝs *m* 1 soporific

suanlaíoch suǝnli:(ǝ)x *a* 1, *gsm* ~ soporific

suanlios ′suǝn′,l′is *m* 3, *gs* -**leasa** *pl* ~**anna** dormitory

suanmhaireacht suǝnvǝr′ǝxt *f* 3 sleepiness, drowsiness, somnolence

suanmhar suǝnvǝr *a* 1 sleepy, drowsy, somnolent

suantraí suǝntri: *f* 4 lullaby

suarach suǝrǝx *a* 1 petty; mean; frivolous

suarachán suǝrǝxa:n *m* 1 petty, mean, person

suarachas suǝrǝxǝs *m* 1 pettiness; meanness

suas suǝs *adv* & *prep* & *a* up, ~ *go Corcaigh* south to Cork, *an t-aos óg atá* ~ *anois* the young people who are going now

suathaireacht suǝhǝr′ǝxt *f* 3 massage

subh suv *f* 2 jam

subhach su:ǝx *a* 1 glad, joyful; cheerful

subhachas su:ǝxǝs *m* 1 gladness, joyfulness; cheerfulness

substaint substǝn′t′ *f* 2 substance; solid worth; property, wealth

substainteach substǝn′t′ǝx *a* 1 substantial, solid, well-to-do

substaintiúil substǝn′t′u:l′ *a* 2 substantial

súchaite ′su:,xat′ǝ *a* 3 sapless; trite

súdaire su:dǝr′ǝ *m* 4 tanner

súdaireacht¹ su:dǝr′ǝxt *f* 3 tanning

súdaireacht² su:dǝr′ǝxt *f* 3 cajoling; toadyism

sufraigéid sofrǝg′e:d′ *f* 2 suffragette

súgach su:gǝx *a* 1 merry, tipsy

súgán su:ga:n *m* 1 straw-rope; straw-mat

súgrach su:grǝx *a* 1 playful, sportive

súgradh su:grǝ *m*, *gs* -**gartha** playing, sporting; fun

suí si: *m* 4, *pl* ~**onna** sitting (position); location; situation, position, *bí i do shuí* be seated, *tá siad ina* ~ *go luath* they are up early *tá an urchóid ina* ~ there is mischief afoot, *tá siad ina* ~ *go te* they are well off

suibiachtúil sib′iǝxtu:l′ *a* 2 subjective

súiche su:x′ǝ *m* 4 soot

súicheach su:x′ǝx *a* 1 sooty; dirty

suigh siγ′ *vt* & *i* sit; let, rent; seat; locate; arrange, *suí ar thalamh duine eile* to squat on someone else's land

súigh su:γ′ *vt* absorb, suck

súil su:l′ *f* 2, *gs* & *npl* ~**e** *gpl* **súl** eye; expectation, hope; opening, mouth, *rud a chur ar a shúile do dhuine* to make a person aware of sth, *rinne sé mo shúile dom* it opened my eyes for me, *ag* ~ *le rud* expecting sth, ~ *droichid* archway of bridge, ~ *ribe* snare, *seoladh i* ~ *na gaoithe* to sail close to the wind

súilaithne ′su:l′,ahn′ǝ *f* 4, *tá* ~ *agam uirthi* I know her to see

súilfhéachaint ′su:l′,e:xǝn′t′ *f* 3, *gs* -**ana** glance

suilfíd sil′f′i:d′ *f* 2 sulphide

súilín su:l′i:n′ *m* 4 eyelet; bead, bubble, globule

súil-lia ′su:(l′),l′iǝ *m* 4, *pl* ~**nna** oculist

suim sim′ *f* 2, *pl* ~**eanna** sum, amount; account; extent, number; summary; interest, regard

suimigh sim′i: *vt* & *i* add

súimín su:m′i:n′ *m* 4 sip, sup

suimint sim′ǝn′t′ *f* 2 cement

suimiú sim′u: *m* 4 addition

suimiúchán sim'u:xa:n *m*1 summation
suimiúil sim'u:l' *a*2 interesting; considerable; conceited
suíochán si:(ə)xa:n *m*1 seat; sitting, session, *rud a chur ar* ~, *i* ~ to set sth in position; to let sth settle; to establish sth
suíomh si:v *m*1 site, location; arrangement
suipéar sip'e:r *m*1 supper
suirbhé sir'əv'e: *m*4 survey
suirbhéir sir'əv'e:r' *m*3 surveyor
suirbhéireacht sir'əv'e:r'əxt *f*3 survey(-ing)
suirí sir'i: *f*4 wooing, courting
suiríoch sir'i:(ə)x *m*1 wooer, suitor
suirplís sir'p'l'i:s' *f*2 surplice
súisín su:s'i:n' *m*4 coverlet
súiste su:s't'ə *m*4 flail
súisteáil su:s't'a:l' *f*3 flailing, threshing; beating *vt & i* flail, thresh; trounce
suite sit'ə *a*3 situated; fixed; certain
súiteach su:t'əx *a*1 absorbent
súiteán[1] su:t'a:n *m*1 suction, absorption; undertow; blotting-pad
súiteán[2] su:t'a:n *m*1 juiciness, succulence
sula sulə *conj & prep* before, lest, ~ *mbíonn an ghrian ina suí* before the sun has risen, ~*r casadh orm é* before I met him
súlach su:ləx *m*1 sap, juice; gravy
sulfáit solfa:t' *f*2 sulphate
sulfar solfər *m*1 sulphur
sult sult *m*1 satisfaction; pleasure; fun

sultmhar sultvər *a*1 satisfying; pleasant, enjoyable
súmadóir su:mədo:r' *m*3 tadpole
súmaire su:mər'ə *m*4 blood-sucker, leech; vampire; scrounger; swallow-hole; whirlpool
súmhar su:vər *a*1 sappy, juicy, succulent
súmóg su:mo:g *f*2 sip, draught
suncáil suŋka:l' *vt & i* sink; invest (money)
sunda sundə *m*4 sound, strait
suntas suntəs *m*1 notice, attention
suntasach suntəsəx *a*1 noticeable, remarkable; distinctive
súp su:p *m*1 soup
súrac su:rək *m*1 suction, *poll súraic* swallow-hole; whirlpool, *gaineamh súraic* quicksand
súraic su:rək' *vt & i* suck
súram su:rəm *m*1 liquid extract, ~ *mairteola* beef-tea
sursaing sursəŋ' *f*2 surcingle, girdle
súsa su:sə *m*4 covering, rug, blanket
súsán su:sa:n *m*1 sphagnum, peat-moss
sútán ˌsu:'ta:n *m*1 soutane
suth suh *m*3, *pl* ~**anna** produce; progeny; foetus, embryo
suthach suhəx *a*1 fruitful, productive; embryonic
suthain suhən' *a*1 perpetual, eternal
suthaire suhər'ə *m*4 glutton
suthaireacht suhər'əxt *f*3 guzzling, gluttony
svae swe: *m*4 sway, victory
svaeid[1] swe:d' *m*4, *pl* ~**eanna** swede (turnip)
svaeid[2] swe:d' *f*2 suede

T

tá ta: *pres of* **bí**
tábhacht ta:vəxt *f*3 importance; substance
tábhachtach ta:vəxtəx *a*1 important; substantial
tabhaigh taui *vt* earn, deserve
tabhair tu:r' ~ *taur'* ~ to:r' *vt & i* give, grant; assign; give way, fail; take, remove; bring; cause, *mionn a thabhairt* to take an oath, *thug an fiabhras a bhás* the fever caused his death, *ná bí ag* ~*t amach mar sin* don't be giving out like that, *cath a thabhairt* to engage in battle, *thug sé rúid orm* he made a rush at me, *thug sé amadán orm* he called me a fool, ~ *orthu suí síos* make them sit down, *thug sé an sliabh air féin* he took to the mountain, *thug an misneach air* his courage failed him, ~*t faoi rud a dhéanamh* to set about doing sth, *thug sé fúm* he attacked me, *failli a thabhairt i rud* to neglect sth, *thug sé a bheo leis* he escaped with his life, *thug an balla uaidh* the wall collapsed
tábhairne ta:vərn'ə *m*4 tavern, *teach* ~ public-house
tábhairneoir ta:vərn'o:r' *m*3 tavern-keeper, publican

tabhairt tu:rt' ~ *taurt'* ~ to:rt' *f*3, *gs* **-artha** grant, delivery, yield, ~ *amach* issue; display, demonstration, ~ *faoi* subsidence, ~ *suas* surrender; upbringing
tabhall[1] taul *m*1 sling (for casting)
tabhall[2] taul *m*1, *pl* **taibhle** (writing-) tablet
tabharfaidh tu:rhi ~ *taurhi* ~ to:rhi *fut of* **tabhair**
tabhartas tu:rtəs ~ *taurtəs* ~ to:rtəs *m*1 gift, donation
tabhartasach tu:rtəsəx ~ *taurtəsəx* ~ to:rtəsəx *a*1 generous
tabharthach taurhəx ~ to:rhəx *m*1 & *a*1 dative
tabharthóir taurho:r' ~ to:rho:r' *m*3 giver, donor
tábla ta:blə *m*4 table
táblaigh ta:bli *vt* tabulate
tábló tablo: *m*4, *pl* ~**nna** tableau
taca takə *m*4 prop, support; point of time, ~, *fear* ~ supporter, second, *an* ~ *seo den bhliain* at this time of year, *do chosa a chur i d* ~ to plant one's feet firmly; to refuse to budge, *i d* ~ *le* as regards *i d* ~ *le holc* all things considered

tacaí taki: *m*4 supporter; second

tacaigh taki: *vt* support, back

tacaíocht taki:(ə)xt *f*3 support, backing

tacar takər *m*1, *ábhar tacair* ersatz material, *marmar tacair* imitation marble

tacas takəs *m*1 easel

tachrán taxra:n *m*1 small child

tacht taxt *vt* & *i* choke; suffocate, strangle

tachtach taxtəx *a*1 choking

tachtaire taxtər'ə *m*4 strangler; choke (of engine)

tácla ta:klə *m*4 tackle *pl* trappings, harness; rigging (of ship)

tacóid tako:d' *f*2 tack, ~ *ordóige* drawing-pin, ~ (*ghaoithe*) (aromatic) clove

tacsaí taksi: *m*4 taxi

tacúil taku:l' *a*2 supporting; solid, reliable; sturdy; timely

tadhaill tail' *vt* & *i*, *pres* **-dhlaíonn** touch, contact

tadhall tail *m*1 touch, contact

tadhlach tailəx *a*1 touching, adjoining; tactile

tadhlaí taili: *m*4 tangent

tae te: *m*4 tea

tafann tafən *m*1 bark(ing)

tafata tafətə *m*4 taffeta

tagair tagər' *vt* & *i*, *pres* **-graíonn** refer, allude (*do* to); mention

tagairt tagərt' *f*3, *gs* **-artha** *pl* ~**í** reference, allusion

tagann tagən *pres of* **tar**[1]

taghd taid *m*1, *pl* ~**anna** fit, impulse

taghdach taidəx *a*1 impulsive, quicktempered; capricious

tagrach tagrəx *a*1 allusive; impertinent

tagtha takə *pp of* **tar**[1]

taibearnacal tab'ərnəkəl *m*1 tabernacle

taibhdhearc 'tav',γ'ark *f*2, *T* ~ *na Gaillimhe* the Galway theatre

táibhle ta:v'l'ə *spl* battlements

taibhreamh tav'r'əv *m*1 dream; vision

taibhrigh tav'r'i: *vt* & *i* dream; manifest

taibhriúil tav'r'u:l' *a*2 imaginary

taibhse tav's'ə *f*4 ghost, apparition; appearance; ostentation

taibhseach tav's'əx *a*1 showy; ostentatious; pretentious

taibhsigh tav's'i: *vi* loom; seem, *taibhsítear dom* (*go*) I have a presentiment (that)

taibhsiúil tav's'u:l' *a*2 ghostly, spectral

táibléad ta:b'l'e:d *m*1 tablet

taidhiúir taiu:r' *a*1 tearful; plaintive; sad; melodious

taidhleoir tail'o:r' *m*3 diplomat, diplomatist

taidhleoireacht tail'o:r'əxt *f*3 diplomacy

taifead taf'əd *m*1 & *vt* record

taifeadadh taf'ədə *m*, *gs* **-eadta** *pl* **-eadtaí** recording

taifeadán taf'əda:n *m*1, (*apparatus*) recorder

taifí taf'i: *m*4 toffee

taighd taid' *vt* & *i* poke, probe; research

taighde taid'ə *m*4 research

taighdeoir taid'o:r' *m*3 researcher

táille ta:l'ə *f*4 tally, charge; fee; rate; fare

táilliúir ta:l'u:r' *m*3 tailor

táilliúrtha ta:l'u:rhə *a*3 tailored

tailm tal'əm' *f*2, *pl* ~**eacha** thump, bang

táimhe ta:v'ə *f*4 torpidity; lethargy

táin ta:n' *f*3, *pl* ~**te** herd, flock; great number, *chosain sé na* ~ *te* it cost a great deal of money

tainnin tan'ən' *f*2 tannin

táinrith 'ta:n',rih *m*3, *gs* **-reatha** *pl* **-ití** stampede

táinséirín ta:n's'e:r'i:n' *m*4 tangerine

taipéis tap'e:s' *f*2 tapestry

taipióca tap'i:o:kə *m*4 tapioca

táiplis ta:p'l'əs' *f*2 backgammon-board, ~ (*bheag*) draughts, ~ *mhór* back-gammon

táir ta:r' *a*1 mean, vile, wretched *vt* demean, degrade

tairbhe tar'əv'ə *f*2 benefit, profit, *de thairbhe* by virtue of, as a result of, as regards

tairbheach tar'əv'əx *a*1 beneficial, profitable

tairbhí tar'əv'i: *m*4 beneficiary

tairbhigh tar'əv'i: *vt* & *i* benefit, profit

táire ta:r'ə *f*4 meanness, sordidness

táireach ta:r'əx *a*1 degrading

tairg tar'əg' *vt* & *i* offer; attempt

táirg ta:r'g' *vt* produce, manufacture

táirge ta:r'g'ə *m*4 product

táirgeadh ta:r'g'ə *m*, *gs* **-gthe** production, output

táirgeoir tar'əg'o:r' *m*3 offerer, bidder

táirgeoir ta:r'g'o:r' *m*3 producer

táirgiúil ta:r'g'u:l' *a*2 productive

táirgiúlacht ta:r'g'u:ləxt *f*3 productivity

tairiscint tar'əs'k'ən't' *f*3, *gs* **-ceana** *pl* ~**í** offer, bid

tairise tar'əs'ə *f*4 loyalty; reliability

tairiseach tar'əs'əx *a*1 loyal; reliable

táiriúil ta:r'u:l' *a*2 base, vile

tairne ta:rn'ə *m*4 nail

tairneáil ta:rn'a:l' *vt* & *i* nail

tairngeartach tarəŋ'g'ərtəx *a*1 prophetic

tairngir tarəŋ'g'ər' *vt* & *i*, *pres* **-gríonn** foretell, prophesy

tairngire tarəŋ'g'ər'ə *m*4 prophet; sage

tairngreacht tarəŋ'g'ər'əxt *f*3 prophecy

tairseach tars'əx *f*2 threshold, ~ *fuinneoige* window-sill, ~ *bus* platform of bus

tais tas' *a*1 damp, moist, humid; soft; gentle, compassionate, *ní* ~ *e domsa é* it is the same with me

taisc tas'k' *vt* & *i* store; hoard, *airgead a thaisceadh in Oifig an Phoist* to deposit money in the Post-Office

taisce tas'k'ə *f*4 store, treasure, hoard; treasury, ~ *bainc* bank deposit, *a thaisce* my dear

taisceadán tas'k'əda:n *m*1 depository; locker, safe

taisceal tas'k'e:l *vt* & *i* explore, examine; reconnoitre, *ag* ~*adh óir* prospecting for gold

taiscéalaí tas'k'e:li: *m*4 explorer; prospector

taiscéalaíocht tas'k'e:li:(ə)xt *f*3 reconnoitring; exploration, reconnaissance

taisceoir tas'k'o:r' *m*3 saver, hoarder; depositor

taiscthéitheoir 'tas'k',he:ho:r' *m*3 storage heater

taiscumar 'tas'k',umər *m*1 reservoir

taise[1] tas'ə *f*4 dampness, humidity; tenderness, mildness; compassion

taise[2] tas'ə *f*4 wraith; apparition *pl* relics

taiséadach 'tas',e:dəx *m*1, *pl* **-aí** shroud, winding-sheet

taiseagán tas'əga:n *m*1 reliquary

taisleach tas'l'əx *m*1 damp, moisture

taisléine 'tas',l'e:n'ə *f*4, *pl* **-nte** shroud

taisme tas'm'ə *f*4 accident, mishap, *de thaisme* by chance

taismeach tas'm'əx *m*1 casualty *a*1 accidental; tragic

taispeáin tas'p'a:n' *vt, pres* **-ánann** show, exhibit, reveal; indicate, *airm a thaispeáint* to port arms

taispeáint tas'p'a:n't' *f*3, *gs* **-ána** show, exhibition

taispeánadh tas'p'a:nə *m, gs* **-nta** *pl* **-ntaí** revelation, apparition; demonstration

taispeántach tas'p'a:ntəx *a*1 demonstrative; showy

taispeántas tas'p'a:ntəs *m*1 show, exhibition; indication

taisrigh tas'r'i: *vt & i* damp, moisten; (*of walls*) sweat

taisteal tas't'əl *m*1 travel

taistealaí tas't'əli: *m*4 traveller

taistil tas't'əl' *vt & i, pres* **-tealaíonn** travel

taithí tahi: *f*4 frequentation; practice, habit; experience

taithigh tahi: *vt & i* frequent, resort to; experience, practise, *taithí le duine* to consort with a person

táithín ta:hi:n' *m*4 wisp, tuft

taithíoch tahi:(ə)x *a*1, *gsm* ~ accustomed, familiar (*ar* to, with)

taithíocht tahi:(ə)xt *f*3 familiarity, intimacy

taitin tat'ən' *vt & i, pres* **-tníonn** shine; (with *le*) please, *taitníonn sí liom* I like her

taitneamh tat'n'əv *m*1 shine, brightness; liking, enjoyment

taitneamhach tat'n'əvəx *a*1 bright, shining; likeable, enjoyable

tál ta:l *m*1 lactation, yield (of milk); secretion *vt & i* yield (milk); shed; secrete

tálach ta:ləx *m*1 cramp in wrist

talamh taləv *m, gs* **-aimh** *f, gs* **talún** *pl* **tailte** earth, ground, land, *ar* ~ on earth, *ní fheadar ó thalamh an domhain* I haven't a notion, *ar thalamh slán* on safe ground, ~ *slán a dhéanamh de rud* to take sth for granted

talamhiata 'taləv,iətə *a*3 landlocked

talcam talkəm *m*1 talcum

tallann talən *f*2 talent, gift; impulse, fit, ~ *óir* gold talent

tallannach talənəx *a*1 talented; fitful, impulsive

talmhaí[1] taləvi: *m*4 agriculturist; husbandman

talmhaí[2] taləvi: *a*3 earthly; worldly; thick-set

talmhaigh taləvi: *vt & i* dig (oneself) in; earth (cable, etc); (*rugby*) touch down

talmhaíocht taləvi:(ə)xt *f*3 agriculture

támáilte ta:ma:l't'ə *a*3 sluggish; (*of soil, etc*) heavy; shy

tamall taməl *m*1 while, spell, *thug sé* ~ *den leabhar dom* he let me have the book for a while, ~ *den bhóthar* a bit of the road

tambóirín tambo:r'i:n' *m*4 tambourine

támh ta:v *f*2 trance; stupor, lethargy, ~ (*chodlata*) doze, nap *a*1 inert, passive

támhach ta:vəx *a*1 lethargic, torpid, inert

tamhan taun *m*1 trunk; stock, stem

támhnéal 'ta:v,n'e:l *m*1, *pl* ~**ta** swoon, trance

tanaí[1] tani: *f*4, *pl* ~**ocha** shallow water

tanaí[2] tani: *a*3 thin, *uisce* ~ shallow water

tanaigh tani: *vt & i* thin, slim; dilute, *tá an pobal ag tanú* the population is dwindling

tanaíocht tani:(ə)xt *f*3 thinness, sparseness; shallowness

tánaiste ta:nəs't'ə *m*4 tanist, heir presumptive; deputy prime minister, *i d* ~ *do* next to, almost, *rith sé i d* ~ *a anama* he ran for dear life

tánaisteach ta:nəs't'əx *a*1 secondary

tanalacht tanələxt *f*3 shallow, shallowness

tanc taŋk *m*4, *pl* ~**anna** (military) tank

tancaer taŋke:r *m*1 tanker

tancard taŋkərd *m*1 tankard

tangant taŋgənt *m*1 tangent

tanú tanu: *m*4 attenuation, dilution, rarefaction

tanúchán tanu:xa:n *m*1 thinning; attenuation

taobh ti:v *m*1, *pl* ~**anna** side, flank, ~ *tíre* countryside, *ó mo thaobh féin de* for my part, *bheith i d* ~ *le rud* to be relying on sth, *i d* ~ *ruda* concerning sth, *cad ina thaobh*? why? *le* ~ compared with; besides, *fá d* ~ *de* about, concerning, ~ *amuigh de sin* apart from that, ~ *thiar den chnoc* on the west side of the hill; behind the hill, *i d* ~ (*is*) *go* because, *d'aon* ~ united

taobhach ti:vəx *a*1 lateral; partial, biased

taobhaí ti:vi: *m*4 companion; adherent, supporter

taobhaigh ti:vi: *vt* draw near, approach; side with; have recourse to; rely on

taobhaitheoir ti:viho:r' *m*3 supporter, sympathizer

taobhán ti:va:n *m*1 purlin; stave

taobhlach ti:vləx *m*1 (railway) siding

taobhthrom 'ti:v,hrom *a*1 heavy-sided, lop-sided; heavy with child

taoibhín ti:v'i:n' *m*4 side-patch

taoide ti:d'ə *f*4 tide

taoidmhear ti:d'v'ər *a*1 tidal

taoisc ti:s'k' *f*2, *pl* ~**eanna** gush; downpour

taoiseach ti:s'əx *m*1 chief, ruler; prime minister

taom[1] ti:m *m*3, *pl* ~**anna** fit, paroxysm

taom[2] ti:m *vt & i* empty of water, bail

taomach ti:məx *a*1 fitful, spasmodic; moody

taos ti:s *m*1 dough; paste

taosc ti:sk *vt* & *i* bail; drain, *ag* ~*adh fola* pouring with blood, *ag* ~*adh créafóige* shovelling clay

taoscach ti:skəx *a*1 gushing, overflowing

taoscadh ti:skə *m, gs* -**ctha** bailing, pumping; drainage

taoscán ti:ska:n *m*1 dash, drop, of liquid

taosmhar ti:svər *a*1 heavy; substantial

taosrán ti:sra:n *m*1 pastry

tapa tapə *m*4 quickness, readiness, vigour, *de thapa na huaire* by chance *a*3 quick, ready, active

tapaigean tapəg'ən *m*1 start, spring; mishap

tapaigh tapi: *vt* quicken; grasp, ~ *do dheis* seize your opportunity

tapóg tapo:g *f*2 nerviness; sudden impulse

tapúil tapu:l' *a*2 speedy, active

tapúlacht tapu:ləxt *f*3 speediness

tar[1] tar *vt* & *i, vn* **teacht** come, approach; move towards; reach, *tháinig trua agam dóibh* I took pity on them, ~ *ar* come on, find; fall to, devolve on, *má thagann ort* if you must, if you find yourself in difficulty, *ná* ~ *salach air* don't fall foul of him, ~ *as* escape, recover, from, *tháinig as an éadach* the material stretched, *tá sé ag teacht chuige féin* he is recovering, *thiocfadh dó* that may be, *teacht gan rud* to do without sth, *ó tháinig ann (dó)* since he grew to manhood, *teacht isteach ar rud* to get the hang of sth, *teacht le duine ar rud* to agree with a person about sth, *tiocfaidh mé leis* I'll do with it, *ní thiocfadh liom é a dhéanamh* I couldn't do it, *tiocfaidh tú uaidh* you'll get over it, *ná bí ag teacht romham ar gach focal* don't anticipate every word I say, *ag teacht suas leis an obair* catching up on the work, *teacht thar scéal* to refer to a matter

tar-[2] tar *pref* over-, trans-

tarae tare: *m*4, *pl* ~**nna** mill-race

taraif tarif *f*2 tariff

tarathar tarəhər *m*1 auger

tarbh tarəv *m*1 bull, *an Tarbh* Taurus

tarbhadóir tarəvədo:r' *m*3 toreador

tarbhánta tarəva:ntə *a*3 bull-like; powerful

tarbhealach 'tar,v'aləx *m*1, *pl* -**aí** viaduct

tarcaisne tarkəs'n'ə *f*4 contempt; insult

tarcaisneach tarkəs'n'əx *a*1 contemptuous; insulting, *obair tharcaisneach* degrading work

tarcaisnigh tarkəs'n'i: *vt* scorn; insult

tarchuir 'tar,xir' *vt* remit, refer, transmit

tarchur 'tar,xur *m*1 remittal; transmission, ~ *chun eadrána* reference to arbitration

targaid tarəgəd' *f*2 target

tarlaigh[1] ta:rli: *vi, p* **tharla** happen, occur

tarlaigh[2] ta:rli: *vt* & *i* haul, *an fómhar a tharlú* to gather in the harvest

tarlú ta:rlu: *m*4 incident, occurrence

tarnocht 'ta:r,noxt *a*1, *gsm* ~ (stark) naked

tarpól tarpo:l *m*1 tarpaulin

tarr ta:r *m*1 belly, *aorta tairr* ventral aorta

tarra tarə *m*4 tar

tarracóir tarəko:r' *m*3 tractor

tarraiceán tarək'a:n *m*1, (*furniture*) drawer

tarráil tara:l' *vt* tar

tarraing tarəŋ' *vt* & *i, pres* ~**íonn** pull, draw, drag; attract, *achrann a tharraingt* to cause strife, *anáil a tharraingt* to breathe, *scéal a tharraingt anuas* to broach a subject, *ag* ~*t ar an aonach* making for the fair, *tá siad ag* ~*t go maith le chéile* they are getting on well, *ag* ~*t ar a trí a chlog* getting on for three o'clock, *focal a tharraingt siar* to withdraw a statement

tarraingeoireacht tarəŋ'o:r'əxt *f*3 drawing, illustration

tarraingt tarən't' *f, gs* -**gthe** *pl* ~**í** pull, tug, drag; extraction; suction, suck; attraction, ~ *na téide* tug-of-war, ~ *fola* blood-letting, *bain do tharraingt as* to take what you want of it, *tiocfaidh* ~ *as* it will stretch, *tá* ~ *na dúiche ar an siopa sin* everybody in the locality goes to that shop, *tá* ~ *ar shiúcra inniu* there is a demand for sugar today, ~ *tríd* confusion

tarraingteach tarən't'əx *a*1 attractive

tarraingteacht tarən't'əxt *f*3 attractiveness, appeal

tarramhacadam ,tarəvə'kadəm *m*1 tarmacadam

tarrghad 'ta:r,γad *m*1 belly-band

tarrtháil ta:rha:l' *f*3 rescue; help; deliverance; salvage *vt* rescue; save, deliver; salvage

tarrthálaí ta:rha:li: *m*4 rescuer

tarsann tarsən *m*1 seasoning, condiment

tart tart *m*3 thirst

tartmhar tartvər *a*1 thirsty; thirstprovoking

tasc task *m*1, *pl* ~**anna** task; piecework

tásc ta:sk *m*1, *npl* ~**a** report of death; death; tidings; fame

táscach ta:skəx *m*1 & *a*1, (*grammar*) indicative

táscaire ta:skər'ə *m*4 indicator

táscmhar ta:skvər *a*1 famous, renowned

tascobair 'task,obər' *f*2, *gs* -**oibre** piecework

tascóireacht tasko:r'əxt *f*3 piecework

tástáil ta:sta:l' *f*3 taste, sample; test, trial *vt* taste; test, try

tátal ta:təl *m*1 inference, deduction

táth ta: *m*3, *pl* ~**anna** tuft, bunch, ~ *gruaige* lock of hair

tathag tahəg *m*1 solidity, substance; fullness, body

tathagach tahəgəx *a*1 solid, substantial

táthaigh ta:hi: *vt* & *i* weld, solder, bind, *tá an chnámh ag táthú* the bone is knitting

tathant tahənt *m*3 incitement, exhortation

tathantaigh tahənti: *vt* & *i* urge, incite

táthar ta:hər *pres aut of* **bí**

táthchuid 'ta:,xid' *f*3, *gs* -**choda** *pl* -**chodanna** ingredient

táthfhéithleann 'ta:h,e:hl'ən *m*1 woodbine, honeysuckle

te t'e *a*3, *npl* & *comp* **teo** hot, warm

té t'e: *indefinite pers pron* the person (who), *an* ~ *a dúirt é* the person who said it

téac t'e:k *f* 2 teak

teach t'ax *m, gs* **tí** *pl* **tithe** *ds in certain phrases* **tigh** house, habitation, *dul i dtigh diabhail* to go to blazes, ~ *solais* lighthouse, ~ *gealt* asylum, ~ *pobail* chapel, church, ~ *spéire* skyscraper

teachín t'axi:n' *m*4 small house, cottage

teacht t'axt *m*3 approach, arrival; growth; access; reach, ~ *an earraigh* the coming of spring, ~ *amach* issue, appearance, ~ *aniar* stamina, durability, *teacht ar aghaidh, chun cinn* progress, ~ *isteach* income, ~ *le chéile* concord, harmony

téacht t'e:xt *vt & i* freeze; congeal; set, solidify

teachta t'axtə *m*4 messenger; envoy, ~ *Dála* Dáil deputy

téachtadh t'e:xtə *m, gs* **téachta** congealment; solidification

teachtaire t'axtər'ə *m*4 messenger

teachtaireacht t'axtər'əxt *f* 3 message, errand, ~ *an Aingil* the Annunciation

téachtán t'e:xta:n *m*1 clot (of blood)

teachtmhar t'axtvər *a*1 suitable, convenient

téacs t'e:ks *m*4, *pl* ~**anna** text; citation, verse

téacsach t'e:ksəx *a*1 textual

téad t'e:d *f* 2 rope; (*music*) string, chord, ~*a damháin alla* cobwebs

téadach t'e:dəx *a*1 stringed

téadán t'e:da:n *m*1 short rope; string, line

téadléimneach 't'e:d',l'e:m'n'əx *f* 2 skipping

téagar t'e:gər *m*1 substance, bulk; shelter, comfort

téagartha t'e:gərhə *a*3 substantial, bulky; sheltered, comfortable

teagasc t'agəsk *m*1, *npl* ~**a** teaching, instruction; doctrine *vt & i* teach, instruct

teagascach t'agəskəx *a*1 didactic

teagascóir t'agəsko:r' *m*3 tutor, instructor

teaghlach t'ailəx *m*1 household, family

teaghlachas t'ailəxəs *m*1 domestic economy, housekeeping

teaghrán t'aira:n *m*1 tether, rope

teaglaim t'agləm' *f* 3 collection, gathering; combination

teagmhaigh t'agvi: *vi* chance, happen; (with *ar, do, le*) meet with, encounter; make contact with

teagmháil t'agva:l' *f* 3 meeting, encounter; communication; contact

teagmhálaí t'agva:li: *m*4 person encountered; go-between; meddler; opponent

teagmhas t'agvəs *m*1 occurrence, incident, contingency

teagmhasach t'agvəsəx *a*1 accidental, incidental, contingent

teallach t'aləx *m*1 fire-place, hearth

téaltaigh t'e:lti: *vi* go furtively, slink

téama t'e:mə *m*4 theme

téamh t'e:v *m*1 heating, warming

teamhair t'aur' *f, gs* **-mhrach** *pl* **-mhracha** hill, eminence

teampall t'ampəl *m*1 temple; (medieval) church; Protestant church; churchyard

teamparálta t'ampəra:ltə *a*3 temporal

teamplóir t'amplo:r' *m*3 templar

téana t'e:nə *defective v* come, go, ~ *ort* come along, ~*m abhaile* let's go home

teanchair t'anəxər' *f* 2 tongs; pincers; pliers, forceps

teanga t'angə *f* 4, *pl* ~**cha** tongue; language, ~ *liom leat* double-talk; double-dealer, ~ *labhartha* spokesman; interpreter, ~ *cloig* clapper of bell

teangaire t'angər'ə *m*4 interpreter

teangeolaíocht 't'an,go:li:(ə)xt *f* 3 linguistics

teann t'an *m*3, *gs & npl* ~**a** *gpl* ~ strength, force; stress; support; assurance, *teacht i d* ~ to come to power, *tá sé ar theann a dhíchill* he is doing his very best, *le* ~ *nirt* by sheer strength *a*1, *gsm* ~ tight, taut; distended; firm, solid, *ag obair go* ~ working strenuously *vt & i* tighten, tauten; distend, inflate; press; make fast, *tá an geimhreadh ag* ~*adh linn* winter is close at hand, ~*aigí leis an obair* get on with the work

teannadh t'anə *m*1 tightening; pressure; stress

teannaire t'anər'ə *m*4 inflator, pump

teannán t'ana:n *m*1 tendon

teannas t'anəs *m*1 tautness; tension

teannóg t'ano:g *f* 2 tendril

teannta t'antə *m*4 difficulty, predicament, prop, support, *i d* ~ along with, in addition to

teanntaigh t'anti: *vt & i* hem in, corner; put in a fix; prop, support

teanntaíocht t'anti:(ə)xt *f* 3 grant-in-aid, subvention

teanntán t'anta:n *m*1 brace, clamp

teanntás t'anta:s *m*1 assurance; forwardness, audacity; familiarity

teanntásach t'anta:səx *a*1 assured; forward, audacious; familiar

teanór t'ano:r *m*1 tenor

tearc t'ark *a*1, *gsm* ~ few, scarce, scanty; sparse

tearcamas t'arkəməs *m*1 scarcity

téarma t'e:rmə *m*4 term; period

téarmach t'e:rməx *a*1 terminal

téarmaíocht t'e:rmi:(ə)xt *f* 3 terminology

tearmann t'arəmən *m*1 sanctuary, place of refuge; refuge; protection

téarnaigh t'e:rni: *vi* escape; recover; return; come to an end; die

téarnamh t'e:rnəv *m*1 escape; recovery; departure; death, *teach téarnaimh* convalescent home

téarnamhach t'e:rnəvəx *a*1 convalescent

teas t'as *m*3 heat, warmth; feverishness; passion

teasaí t'asi: *a*3 hot, ardent, fiery; feverish; hot-tempered

teasaíocht t'asi:(ə)xt *f* 3 heat, warmth; passion; hot temper; feverishness

teasairg t'asər'(ə)g' *vt, pres* **-argann** save, rescue

teasargan t'asər(ə)gən *m*1 deliverance, rescue; intervention, peacemaking

teasc[1] t'ask *f*2 disc; discus

teasc[2] t'ask *vt* cut off; lop; amputate, sever, hack, hew

teascán t'aska:n *m*1 section, segment

teascóg t'asko:g *f*2 sector

teasdíon 't'as',d'i:n *vt* insulate (against heat)

teaspach t'aspəx *m*1 sultriness; hot weather; comfort; exuberance

teaspúil t'aspu:l' *a*2 well off; exuberant; wanton

teastaigh t'asti: *vi, vn* **-táil** be wanted, needed (*ó* by), *an dteastaíonn uait labhairt leis?* do you want to speak to him?

téastar t'e:stər *m*1 tester, bed-canopy; pelmet

teastas t'astəs *m*1 testimonial, certificate; reputation

téatar t'e:tər *m*1 theatre

teibí t'eb'i: *a*3 abstract

teibíocht t'eb'i:(ə)xt *f*3 abstract quality, abstraction

teicneoir t'ek'n'o:r' *m*3 technician

teicneolaíocht 't'ek',n'o:li:(ə)xt *f*3 technology

teicníc t'ek'n'i:k' *f*2 technique

teicníocht t'ek'n'i:(ə)xt *f*3 technique

teicniúil t'ek'n'u:l' *a*2 technical

teicniúlacht t'ek'n'u:ləxt *f*3 technicality

teideal t'ed'əl *m*1 title, entitlement, *bheith i d~ ruda* to be entitled to sth

teidealach t'ed'ələx *a*1 titular; titled; haughty

teidhe t'ai(ə) *m*4, *pl* ~**anna** notion, whim

teidheach t'ai(ə)x *a*1 whimsical; crotchety

teifeach t'ef'əx *m*1 & *a*1 fugitive, refugee

téigh[1] t'e:γ' *vt* & *i, vn* **téamh** heat, warm; inflame

téigh[2] t'e:γ' *vt* & *i, vn* **dul** go, move; reach, ~ *ag* succeed, prevail, *chuaigh agam é a dhéanamh* I managed to do it, *ní rachaidh an saol amach air* nobody could fathom him, *is daor a chuaigh sé orm* it cost me dear, *chuaigh an lá orainn* the day went against us, *tá sí ag dul as go mór* she is getting very frail, *ní dheachaigh an bia do mo ghoile* the food did not agree with my stomach, *chuaigh díom é a dhéanamh* I failed to do it, *tá an ghrian ag dul faoi* the sun is setting, *rachaidh mé faoi duit* (*go*) I'll warrant you (that), *dul i gcomhairle le duine* to consult a person, *chuaigh san éadach* the cloth shrank, *dul i neart* to grow strong, *chuaigh sí lena máthair* she took after her mother, *dul le polaitíocht* to engage in politics, *ní rachaidh leat an iarraidh seo* you won't succeed this time, *dul trí thine* to go on fire, *ní rachadh sé thar a fhocal* he wouldn't break his word

téigle t'e:g'l'ə *f*4 calmness, stillness

téiglí t'e:g'l'i: *a*3 calm; languid

teile t'el'ə *f*4 lime, linden

teiléacs t'el'e:ks *m*4 telex

teileafón 't'el'ə,fo:n *m*1 telephone

teileafónaí 't'el'ə,fo:ni: *m*4 telephonist

teileagraf 't'el'ə,graf *m*1 telegraph

teileagram 't'el'ə,gram *m*1 telegram

teileapaite 't'el'ə,pat'ə *f*4 telepathy

teileascóp 't'el'ə,sko:p *m*1 telescope

teilg t'el'əg' *vt* & *i* cast, throw, *éadach ag* ~*ean* cloth fading, *miotal a theilgean* to cast metal, *aol a theilgean* to slake lime

teilgcheárta 't'el'əg',x'a:rtə *f*4 foundry

teilgean t'el'əg'ən *m*1 cast, throw, ~ *pictiúir ar scáileán* projection of picture on screen, ~ *cainte* idiom, ~ *a bhaint as rud* to make sth last

teilgeoir t'el'əg'o:r' *m*3 thrower; pitcher, ~ *scannán* cine-projector

teilifís 't'el'ə,f'i:s' *f*2 television

teilifiseán 't'el'ə,f'i:s'a:n *m*1 television set

teilifisigh 't'el'ə,f'i:s'i: *vt* televise

teimheal t'ev'əl *m*1 darkness; stain; trace, sign

teimhleach t'ev'l'əx *a*1 dark; stained

teimhligh t'ev'l'i: *vt* & *i* darken; tarnish, stain

teimhneach t'ev'n'əx *a*1 dark, opaque

teinne t'en'ə *f*4 tightness, rigidity; solidity; hardness

teip t'ep' *f*2 failure *vi* fail

téip t'e:p' *f*2, *pl* ~**eanna** tape

téipthaifeadán 't'e:p',haf'ədə:n *m*1 tape-recorder

teirce t'er'k'ə *f*4 scarcity; sparseness; lack

teiriléin t'er'əl'e:n' *f*2 terylene

téirim t'e:r'əm' *f*2 urgency, haste

teiripe t'er'əp'ə *f*4 therapy

teiripeach t'er'əp'əx *m*1 therapist *a*1 therapeutic

teirmeach t'er'əm'əx *a*1 thermal

teirmeastat 't'er'əm'ə,stat *m*1 thermostat

teirmiméadar 't'er'əm'ə,m'e:dər *m*1 thermometer

teirminéal t'er'əm'ən'e:l *m*1, (*electricity*) terminal

téis t'e:s' *f*2, *pl* ~**eanna** thesis

teiscinn t'es'k'ən' *f*2 open sea

téisclim t'e:s'k'l'əm' *f*2 preparing; preparations

téisclimí t'e:s'k'l'əm'i: *m*4 pioneer

téisiúil t'e:s'u:l' *a*2 forward, shameless

teist[1] t'es't' *f*2, *pl* ~**eanna** testimony; report; reputation

teist[2] t'es't' *f*2, *pl* ~**eanna** test

teisteán t'es't'a:n *m*1 decanter

teistiméireacht t'es't'əm'e:r'əxt *f*3 testimony; testimonial, reference; certificate

teiteanas t'et'ənəs *m*1 tetanus

teith t'eh *vi* run away, flee, *ag* ~*eadh romhainn* avoiding us

teitheadh t'ehə *m, gs* **-ite** flight; evasion

téitheoir t'e:ho:r' *m*3 heater

teo- t'o: *pref* hot, warm

teochreasach 't'o:,x'r'asəx *a*1 tropical

teochrios 't'o:,x'r'is *m*3, *gs* **-reasa** *pl* ~**anna** tropical zone, tropics

teocht t'o:xt *f*3 warmth, heat; temperature

teoiric t'o:r'ək' *f*2 theory

teoiriciúil t'o:r'ək'u:l' *a*2 theoretical
teoirim t'o:r'əm' *f* 2 theorem
teolaí t'o:li: *a*3 warm, comfortable; fond of comfort; delicate
teorainn t'o:rən' *f, gs* -**ann** *pl* ~**eacha** boundary, limit, border
teorannaigh t'o:rəni: *vt* limit, restrict
teoranta t'o:rəntə *a*3 limited, restricted
teorantach t'o:rəntəx *a*1 restrictive; bordering
thagadh hagəx *p hab of* **tar**[1]
tháinig ha:n'əg' *p of* **tar**[1]
thairis har'əs' : **thar**
thairsti hars't'i : **thar**
thall hal *adv & a* over, beyond, *breith* ~ *ar dhuine* to catch a person unawares, *an taobh* ~ *den ghleann* the far side of the glen
tUángthas ha:nəkəs *p aut of* **tar**[1]
thar har *prep, pron forms* ~**am** harəm, ~**at** harət, **thairis** har'əs' *m,* **thairsti** hars't'i *f,* ~**ainn** harən', ~**aibh** harəv', ~**stu** harstu, over, across; by, past; beyond, ~ *sáile,* ~ *lear,* overseas, *níl dul thairis agat,* you can't evade it, ~ *barr* tip-top, *scéal thairis anois é* it is over and done with now, *tá mé* ~ *m'eolas anseo* I don't know where I am here, *tá sé* ~ *a bheith maith* it is exceedingly good, *thairis sin* moreover, ~ *a bhfaca tú riamh* for all the world
tharaibh harəv' : **thar**
tharainn harən' : **thar**
tharam harəm : **thar**
tharat harət : **thar**
tharla ha:rlə *p of* **tarlaigh**
tharstu harstu : **thar**
thart hart *adv & prep* round, about; by, past
théadh he:x *p hab of* **téigh**[2]
theas has *adv & a* (in the) south
thiar hiər *adv & a* (in the) west; back, at the rear, *tráthnóna* ~ late in the evening, *tá* ~ *orm le mo chuid oibre* I am behind with my work
thiocfadh hikəx *cond of* **tar**[1]
thíos hi:s *adv & a* down, *an ceann* ~ *den bhord* the lower end of the table, *mar atá ráite* ~ as stated below, *mise a bhí* ~ *leis* I had to bear the consequences
thoir hor' *adv & a* (in the) east
thú hu: : **tú**
thuaidh huəγ' *adv & a* (in the) north, *ó* ~ to the north, northwards
thuas huəs *adv & a* up, *beidh tú* ~ *leis* you will gain by it, ~ *i gCúige Mumhan* south in Munster
thug hug *p of* **tabhair**
thusa husə : **tusa**
tí[1] t'i: *f* 4, *ar* ~ in pursuit of; on the point of, about to
tí[2] t'i: *m*4, *pl* ~**onna** tee
tí[3] t'i: : **teach**
tiachóg t'iəxo:g *f* 2 wallet, satchel

tiara t'iərə *m*4 tiara
tiarach t'iərəx *f* 2 crupper
tiaráil t'iəra:l' *f* 3 toiling, slogging; laborious work
tiarcais t'iərkəs' *s, a thiarcais* my goodness
tiargáil t'iərga:l' *f* 3 preparing; preparatory work
tiarna t'iərnə *m*4 lord; peer, ~ *talún* landlord
tiarnas t'iərnəs *m*1 lordship, rule; dominion
tiarnúil t'iərnu:l' *a*2 lordly; overbearing, domineering
tiarpa t'iərpə *m*4 posterior, buttocks
ticéad t'ik'e:d *m*1 ticket
ticeáil t'ik'a:l' *vt & i* tick; tick off
tífeas t'i:f'əs *m*1 typhus
tig t'ig' *pres of* **tar**[1]
tíl t'i:l' *f* 2, *pl* ~**eanna** tile
tim- t'im' *pref* about, around
tím t'i:m' *f* 2 thyme
timbléar t'im'b'l'e:r *m*1 tumbler
time t'im'ə *f* 4 tenderness; weakness
timire t'im'ər'ə *m*4 attendant, messenger, ~ *Gaeilge* Irish language organizer
timireacht t'im'ər'əxt *f* 3 doing odd jobs; chores
timpeall t'im'p'əl *m*1 round, circuit, roundabout; circumference, *sheas siad ina thimpeall* they stood around him, *ag dul* ~ going round, ~ *na Nollag* around Christmas, ~ *(is) fiche bliain ó shin* about twenty years ago
timpeallacht t'im'p'ələxt *f* 3 surroundings, environment
timpeallaigh t'im'p'əli: *vt* go round; encircle; circumvent
timpeallán t'im'p'əla:n *m*1 roundabout
timpeallghearr 't'im'p'əl,γ'a:r *vt* circumcise
timpireach t'im'p'ər'əx *a*1 anal
timpireacht t'im'p'ər'əxt *f* 3 anus
timpiste t'im'p'əs't'ə *f* 4 accident, mishap
timpisteach t'im'p'əs't'əx *a*1 accidental
tincéir t'iŋ'k'e:r' *m*3 tinker
tincéireacht t'iŋ'k'e:r'əxt *f* 3 tinkering
tine t'in'ə *f* 4, *pl* -**nte** fire; glow; firing of guns, *tine chnámh* bonfire
tiníl t'in'i:l' *f, gs* ~**each** *pl* ~**eacha** limekiln
tinn t'in' *a*1 sore; distressing; sick
tinneall t'in'əl *s, ar* ~ set, ready, *tá a chorp ar* ~ his body is tense
tinneas t'in'əs *m*1 soreness, sickness; pain, distress, *bean i d* ~ *clainne* woman in labour, *ní hé atá ag déanamh tinnis dom* that is not what troubles me
tinreamh t'in'r'əv *m*1 service, attendance
tinsil t'in's'əl' *m*4 tinsel
tinteán t'in't'a:n *m*1 fire-place, hearth
tintiúr t'in't'u:r *m*1 tincture
tintreach t'in't'r'əx *f* 2 lightning *pl* flashes, sparks
tintrí t'in't'r'i: *a*3 fiery, hot-tempered; flashing
tintríocht t'in't'r'i:(ə)xt *f* 3 fieriness, hot temper
tiocfaidh t'iki: *fut of* **tar**[1]
tíofóideach t'i:fo:d'əx *m*1 & *a*1 typhoid
tíofún t'i:fu:n *m*1 typhoon

tíogar t′i:gər *m*1 tiger

tíolacadh t′i:ləkə *m*, *gs* **-ctha** *pl* **-cthaí** grant, bestowal, ~ *ó Dhia* gift from God

tíolaic t′i:lək′ *vt & i*, *pres* **-acann** bestow; dedicate; convey

tiomáin t′ima:n′ *vt & i* drive, urge along, ~ *leat* carry on

tiomáint t′ima:n′t′ *f*3, *gs* **-ána** driving, drive; rush, bustle

tiomairg t′imər′(ə)g′ *vt & i*, *pres* **-argann** gather, collect

tiománaí t′ima:ni: *m*4 driver

tiomanta t′iməntə *a*3 sworn; set, determined

tiomna t′imnə *m*4 will, testament

tiomnaigh t′imni: *vt & i* bequeath; enjoin; commend; dedicate; delegate

tiomnóir t′imno:r′ *m*3 testator

tiomnú t′imnu: *m*4 bequeathal; enjoyment; dedication (of church, etc.); delegation

tiompán t′impa:n *m*1 tympan, drum; ear-drum; tambourine; kettledrum

tiomsaigh t′imsi: *vt & i* collect; compile; assemble; ransack

tiomsaitheach t′imsihəx *a*1 collective, accumulative

tiomsú t′imsu: *m*4 collection; compilation; assembly

tionchar t′inəxər *m*1 influence

tionlacaí t′inləki: *m*4 accompanist

tionlacan t′inləkən *m*1 accompaniment; escort; convoy

tionlaic t′inlək′ *vt*, *pres* **-acann** *vn* **-acan** accompany; escort; convoy

tionóil t′ino:l′ *vt & i*, *pres* **-ólann** collect, gather; assemble, convene

tionóisc t′ino:s′k′ *f*2 accident, mishap

tionól t′ino:l *m*1 gathering, assembly

tionónta t′ino:ntə *m*4 tenant

tionóntacht t′ino:ntəxt *f*3 tenancy

tionóntán t′ino:nta:n *m*1 tenement

tionscadal t′inskədəl *m*1 contrivance, project

tionscain t′inskən′ *vt & i*, *pres* **-cnaíonn** begin; initiate; establish; contrive, attempt

tionscal t′inskəl *m*1 industry

tionscantach t′inskəntəx *a*1 initial, original; possessing initiative, enterprising

tionsclach t′inskləx *a*1 industrious

tionsclaí t′inskli: *m*4 industrialist

tionsclaigh t′inskli: *vt* industrialize

tionsclaíoch t′inskli:(ə)x *a*1, *gsm* ~ industrial

tionsclaíocht t′inskli:(ə)xt *f*3 industrialism

tionscnamh t′insknəv *m*1 origin; initiation; institution

tionscnóir t′inskno:r′ *m*3 beginner; originator; promoter

tiontaigh t′inti: *vt & i* turn, return; revolve; translate

tiontú t′intu: *m*4 turn(ing), ~ *focal* translation of words

tionúr t′inu:r *m*1 tenon

tíor t′i:r *vt* dry up, parch; scorch, singe

tíoránach t′i:ra:nəx *m*1 tyrant; bully

tíoránta t′i:ra:ntə *a*3 tyrannical, oppressive

tíorántacht t′i:ra:ntəxt *f*3 tyranny, oppression

tíoróideach t′i:ro:d′əx *m*1 *& a*1 thyroid

tíos t′i:s *m*1 housekeeping; domestic economy; thrift, *dul i d* ~ to set up house, to marry and settle down

tíosach t′i:səx *m*1 householder; housekeeper; host *a*1 economical, thrifty; hospitable

tipiciúil t′ip′ək′u:l′ *a*2 typical

tír t′i:r′ *f*2, *pl* **tíortha** country, land; state, nation; region; rural district(s), *dul i d* ~ to go ashore, *teacht i d* ~ *ar rud* to make a living out of sth, ~ *mór* mainland, *ceol tíre* folk music

tírdhreach t′i:r′,γ′r′ax *m*3, *gs & npl* ~**a** landscape

tíreachas t′i:r′əxəs *m*1 domesticity

tíreolaíocht t′i:r′,o:li(ə)xt *f*3 geography

tírghrá t′i:r′,γra: *m*4 patriotism

tírghrách t′i:r′,γra:x *a*1, *gsm* ~ patriotic

tírghráthóir t′i:r′,γra:ho:r′ *m*3 patriot

tirim t′ir′əm′ *a*1 dry; parched, *airgead* ~ hard, ready, cash

tíriúil t′i:r′u:l′ *a*2 homely, sociable

tíriúlacht t′i:r′u:ləxt *f*3 homeliness, sociability

tír-raon t′i:(r′),ri:n *m*1, *pl* ~**ta** terrain

tit t′it′ *vi* fall, decline; collapse; deteriorate, *thit siad amach le chéile* they quarrelled, *cad é a thit amach?* what happened? *ag* ~*im chun feola* getting fat, *thit néal orm* I dozed off, *b'fhéidir gur leat a thitfeadh an áit* you might be the one to inherit the place, *thit sé le m'intinn (go)* it occurred to me (that)

tithe t′ihə : **teach**

tithíocht t′ihi:(ə)xt *f*3 housing, house-building

titim t′it′əm′ *f*2 fall, ~ *aille* slope of cliff, ~ *cainte* expression, idiom, ~ *amach* quarrel

titimeas t′it′əm′əs *m*1 epilepsy

tiúb t′u:b *f*2, *pl* ~**anna** tube

tiúbar t′u:bər *m*1 tuber

tiubh t′uv *m*4 thick part; throng *a*, *gsm* ~ *gsf & comp* **tibhe** thick, dense; fast, *ag cur go* ~ raining heavily

tiubhaigh t′uvi: ~ t′iu:i: *vt & i*, *vn* **tiúchan** thicken

tiúilip t′u:l′əp′ *f*2 tulip

tiúin t′u:n′ *f*2, *pl* ~**eanna** tune; mood *vt & i*, *pres* **-únann** tune

tiús t′u:s *m*1 thickness, closeness, density

tláith tla: *a*1 weak, wan; tender, gentle

tláithíneach tla:hi:n′əx *a*1 soft-spoken; wheedling

tláithínteacht tla:hi:n′t′əxt *f*3 soft-spokenness; wheedling

tlás tla:s *m*1 feebleness; gentleness

tlú tlu: *m*4, *pl* ~**nna** tongs

tnáite tna:t′ə *a*3 jaded, exhausted

tnáith tna: *vt* wear down, exhaust

tnúth tnu: *m*3 envy; expectation, longing *vt & i* envy; long for, desire

tnúthach tnu:həx *a*1 envious

tnúthán tnu:ha:n *m*1 expectancy, yearning, *ag* ~ *le rud* hankering after sth

tnúthánach tnu:ha:nəx *a*1 yearning

tobac tə'bak *m*4 tobacco

tobacadóir tə'bakədo:r′ *m*3 tobacconist

tobainne tobən'ə *f*4 suddenness, unexpectedness; hastiness

tobairín tobər′i:n′ *m*4 dimple

tobán toba:n *m*1 tub

tobann tobən *a*1 sudden, unexpected; hasty, impulsive; quick-tempered

tobar tobər *m*1, *pl* **toibreacha** well; fountain, source

tobhach taux *m*1 levy, exaction

tóch to:x *vt & i*, *vn* ~ dig, root

tochail toxəl′ *vt & i*, *pres* **-chlaíonn** dig, excavate; root, burrow

tochailt toxəl′t′ *f*2 digging, excavation; uprooting

tochais toxəs′ *vt & i*, *pres* **-asann** scratch

tochaltach toxəltəx *a*1 digging, excavating; rooting; burrowing

tochaltán toxəlta:n *m*1 dig, excavation

tochaltóir toxəlto:r′ *m*3 digger, excavator; burrower

tóchar to:xər *m*1 causeway; culvert

tochard toxərd *m*1 capstan

tochas toxəs *m*1 itch

tochrais toxrəs′ *vt & i* wind

tochras toxrəs *m*1 winding

tocht[1] toxt *m*3, *pl* ~**anna** mattress

tocht[2] toxt *m*3 deep emotion; (intestinal) obstruction

tochta toxtə *m*4 thwart (of boat)

tochtán toxta:n *m*1 hoarseness; croup

tochtmhar toxtvər *a*1 deeply emotional

tocsaineach toksən′əx *a*1 toxic

todhchaí tauxi: *f*4 future, *sa* ~ in the future

todóg todo:g *f*2 cigar

tofa tofə *a*3 choice; elect

tóg to:g *vt & i*, *vn* ~**áil** lift, raise; take up, take; build; rear, *cuaille a thógáil* to erect a pole, *an áit ar* ~*adh mé* where I was brought up, *bhí a chuid fola* ~ *tha* his blood was up, *cnoc a thógáil* to ascend a hill, *cíos a thógáil* to collect rent, *ná* ~ *orm é* don't blame me for it, *rud a thógáil chugat féin* to take sth personally

tógáil to:ga:l′ *f*3 lifting, raising, taking, ~ *tithe* construction of houses, ~ *teaghlaigh* rearing of family

tógaíocht to:gi:(ə)xt *f*3 excitement; notions

togair togər′ *vt & i*, *pres* **-graíonn** *vn* **-gradh** wish, choose; attempt

tógálach to:ga:ləx *a*1 infectious, catching; (*of person*) touchy

tógálaí to:ga:li: *m*4 raiser; builder, ~*stoc* stockbreeder

togh tau *vt & i* choose, select; elect

togha tau *m*4 pick, choice, ~ *fir* bravo

toghadh tauə *m*, *gs* **tofa** choice, selection; election

toghair 'to,γar′ *vt* summon; invoke

toghairm 'to,γar′əm′ *f*2, *pl* ~**eacha** summons

toghán tauə:n *m*1 polecat

toghchán tauxa:n *m*1 election

toghchánaíocht tauxa:ni:(ə)xt *f*3 electioneering

toghlach tauləx *m*1 constituency

toghroinn 'tau,ron′ *f*2, *npl* **-ranna** *gpl* **-rann** electoral division

toghthóir tauho:r′ *m*3 elector

toghthóireacht tauho:r′əxt *f*3 electorate

tograch togrəx *a*1 ready, eager; tending (*do* to)

togradh togrə *m*, *gs* **-gartha** will, inclination

toibhigh tov′i: *vt*, *vn* **tobhach** levy, exact

toice[1] tok′ə *f*4 wealth, prosperity

toice[2] tok′ə *f*4 hussy, wench

toicí tok′i: *m*4 wealthy person

toiciúil tok′u:l′ *a*2 wealthy, prosperous

toighis tais′ *f*2, *gs* **-ghse** taste, fancy

toil tol′ *f*3 will; inclination, desire, *le do thoil*, *más é do thoil é* (if you) please, *dá mbeadh an teanga ar mo thoil agam* if I were fluent in the language, *thug mé* ~ *don cheol* I liked the music

toiligh tol′i: *vt & i* will, consent, agree

toilíocht tol′i:(ə)xt *f*3 willingness, consent

toiliú tol′u: *m*4 volition; consent

toiliúil tol′u:l′ *a*2 wilful, intentional

toill tol′ *vi* fit, find room (*i*, *ar* in, on)

toilleadh tol′ə *m*, *gs* **-llte** capacity

toilteanach tol′t′ənəx *a*1 willing, voluntary

toilteanas tol′t′ənəs *m*1 willingness

toimhde tov′d′ə *f*, *gs* ~**an** supposition, presumption

toimhdigh tov′d′i: *vi* think, presume

tóin to:n′ *f*3, *pl* ~**eanna** bottom; backside, posterior

tóineáil to:n′a:l′ *f*3 rearing (on hind legs)

toinníteas ,to'n′i:t′əs *m*1 conjunctivitis

tointe ton′t′ə *m*4 thread; strand, stitch

tointeáil ton′t′a:l′ *f*3 shuttling, *seirbhís tointeála* shuttle service

tóir to:r′ *f*3, *pl* ~**eacha** pursuit, chase; search

toirbheartach tor′əv′ərtəx *a*1 open-handed, generous

toirbheartas tor′əv′ərtəs *m*1 presentation, gift; generosity

toirbhir tor′əv′ər′ *vt & i*, *pres* **-bhríonn** deliver; give, present; dedicate

toirbhirt tor′əv′ərt′ *f*3, *gs* **-bhearta** delivery, presentation; offering; dedication

toirceoil 'tor′k′,o:l′ *f*3 boar's flesh, brawn

toircheas tor′əx′əs *m*1 pregnancy; off-spring

toircheasach tor′əx′əsəx *a*1 pregnant

toirchigh tor′əx′i: *vt* fertilize, impregnate

toirchim tor'əx'əm' *f* 2 heavy sleep; torpidity

toirchiú tor'əx'u: *m* 4 fertilization, impregnation

tóireadóir to:r'ədo:r' *m* 3 probe

toireasc tor'əsk *m* 1 saw

toirm tor'əm' *f* 2 tumult, tramp

toirmeasc tor'əm'əsk *m* 1 prohibition; prevention; mischief; mishap

toirmeascach tor'əm'əskəx *a* 1 prohibitive; preventive; mischievous; accidental

toirmisc tor'əm'əs'k' *vt* & *i* prohibit; prevent, hinder

toirneach to:rn'əx *f* 2 thunder

toirnéis to:rn'e:s' *f* 2 noise, commotion

toirniúil to:rn'u:l' *a* 2 thundery; noisy

toirpéad tor'p'e:d *m* 1 torpedo

toirpín tor'p'i:n' *m* 4 porpoise

tóirse to:rs'ə *m* 4 torch

tóirsholas 'to:r',holəs *m* 1, *pl* **-oilse** searchlight

toirsiún tors'u:n *m* 1 torsion

toirt tort' *f* 2, *pl* ~**eanna** mass, volume; size; shape, *ar an* ~ on the spot, immediately

toirtéis tort'e:s' *f* 2 haughtiness, self-importance; pride

toirtéiseach tort'e:s'əx *a* 1 haughty, self-important; proud

toirtín tort'i:n' *m* 4 tart, cake

toirtís tort'i:s' *f* 2 tortoise

toirtiúil tort'u:l' *a* 2 bulky

toirtiúlacht tort'u:ləxt *f* 3 bulkiness

toisc tos'k' *f* 2, *pl* **tosca** errand, purpose; circumstance, ~, *de thoisc* because, on account of, *d'aon* ~ on purpose

toise tos'ə *m* 4 dimension, measurement

toistiún tos't'u:n *m* 1 fourpenny piece; fourpence (old money)

toit tot' *f* 2 smoke; vapour

toitcheo 'tot',x'o: *m* 4 smog

toiteach tot'əx *a* 1 smoky

toitín tot'i:n' *m* 4 cigarette

toitrigh tot'r'i: *vt* smoke, fumigate

tólamh to:ləv *s, i d* ~ always, all the time

tolg[1] toləg *m* 1 couch, sofa

tolg[2] toləg *m* 1 attack; force; gap, rent *vt* & *i* attack; buffet; contract, catch (illness), *tá sé ag* ~*adh stoirme* there is a storm brewing, *tá an chneá ag* ~*adh* the wound is gathering to a head

tolgach toləgəx *a* 1 violent, buffeting

tolgadh toləgə *m, gs* **-gtha** gathering (of storm); contraction (of disease)

tolglann toləglən *f* 2 lounge (of bar, etc)

toll[1] tol *m* 1 hole, hollow; buttocks, *rudaí a chur i d* ~ *a chéile* to put things together

toll[2] tol *a* 1 perforated; hollow, empty, (*of sound, voice*) deep *vt* & *i* bore, pierce, perforate

tolladh tolə *m, gs* **-llta** boring, perforation

tollán tola:n *m* 1 tunnel

tolltach toltəx *a* 1 piercing, penetrating

tom tom *m* 1 bush, shrub; clump, tuft

tomhail to:l' *vt* & *i* eat, consume

tomhailt to:l't' *f* 2 consumption (of food, drink)

tomhais to:s' *vt* & *i* measure; weigh, gauge, estimate; guess

tomhaisín to:s'i:n' *m* 4 small measure; (paper) poke

tomhaisiúil to:s'u:l' *a* 2, (*of garment*) well-fitting

tomhaiste to:s't'ə *a* 3 measured

tomhaltóir to:lto:r' *m* 3 consumer; big eater

tomhas to:s *m* 1 measure, gauge; guess, riddle

ton ton *m* 1, (*of music, colour*) tone

tona tonə *m* 4 tonne

tónacán to:nəka:n *m* 1 moving on one's bottom

tonach tonəx *a* 1 tonic

tónáiste to:na:s't'ə *m* 4, (*tax*) tonnage; imposition; hardship

tónáisteach to:na:s't'əx *a* 1 burdensome

tondath 'ton,dah *m* 3 timbre

tonn[1] ton *f* 2, *pl* ~ **ta** *ds* **toinn** & *gpl* ~ *in certain phrases* wave, *thar toinn* overseas, ~ *teasa, teaspaigh* heat-wave, *tá* ~ *mhaith aoise aige* he is getting on in years, ~ *ar bogadh,* ~ *chrithir* quaking sod

tonn[2] ton *vt* & *i* surge; pour; undulate

tonna tonə *m* 4 ton

tonnadh tonə *m, gs* **-nnta** *pl* **-nntaí** wave, surge; wave (in hair)

tonnadóir tonədo:r' *m* 3 tundish, funnel

tonnail toni:l' *f* 3 waving, rippling; undulation

tonnáiste tona:s't'ə *m* 4 tonnage

tonnán tona:n *m* 1 wavelet, ripple

tonnaois 'ton,i:s' *f* 2 fairly advanced age

tonnaosta ton,i:stə *a* 3 getting on in years

tonnchosc 'ton,xosk *m* 1, *pl* ~ **anna** breakwater

tonnchreathach 'ton,x'r'ahəx *a* 1 vibrating, vibrant

tonnchrith 'ton,x'r'ih *m* 3, *gs* **-reatha** *pl* **-reathanna** vibration *vi* vibrate, quiver

tonnmhar tonvər *a* 1 billowy

tonntaoscadh 'ton,ti:skə *m, gs* **-ctha** sudden vomiting

tonnúil tonu:l' *a* 2 wavy, undulating

tonnús tonu:s *m* 1 tannery

tonóg tono:g *a* 2 duck

tonúil tonu:l' *a* 2 tonal

topagrafaíocht 'topə,grafi:(ə)xt *f* 3 topography

tópás to:pas *m* 1 topaz

tor tor *m* 1 bush, shrub; clump, tuft, ~ *cabáiste* head of cabbage

tóracs to:raks *m* 4, *pl* ~ **anna** thorax

toradh torə *m* 1, *pl* **-rthaí** fruit; product; result, heed, attention

tóraí to:ri: *m* 4 pursuer; seeker; robber; outlaw, *T* ~ Conservative

tóraigh to:ri: *vt* & *i* pursue; seek, search for

tóraíocht to:ri:(ə)xt *f* 3 pursuit; hunt, search

torann torən *m* 1 noise

torannach torənəx *a* 1 noisy

torathar torəhər *m* 1 ogre, monster

torbán torəba:n *m* 1 tadpole

torc¹ tork *m*1 boar
torc² tork *m*1 torque
torcán torka:n *m*1, ~ *craobhach* porcupine
tórmach to:rmǝx *m*1 gathering, swelling; increase, *bó thórmaigh* springing heifer
tormáil torǝma:l′ *f*3 rumble
tormán torǝma:n *m*1 noise
tormánach torǝma:nǝx *a*1 noisy, resounding
tormas torǝmǝs *m*1 carping, grumbling; sulking
tornádó ‚to:r′na:do: *m*4, *pl* ~**nna** tornado
tornapa tornǝpǝ *m*4 turnip
tornóg to:rno:g *f*2 kiln
torpa torpǝ *m*4 clump, clod
torpánta torpa:ntǝ *a*3 pot-bellied; sluggish
torrach torǝx *a*1 pregnant
tórraigh to:ri: *vt* hold obsequies of, wake
tórramh to:rǝv *m*1 wake; funeral
tortaobh ′tor‚ti:v *s*, *i d* ~ *le* depending solely on
torthaigh torhi: *vi* fruit, fructify
torthóir torhor′ *m*3 fruiterer
torthúil torhu:l′ *a*2 fruitful, fertile, rich
torthúlacht torhu:lǝxt *f*3 fruitfulness, fertility, richness
tortóg torto:g *f*2 hummock, tussock
tosach tosǝx *m*1 beginning; front; leading position; sole (of boot, etc), *i d* ~ at first, *chun tosaigh ar* ahead of, ~ *a thabhairt do dhuine* to give precedence to a person; to give a start to a person (in competition), *roth tosaigh* front wheel
tosaí tosi: *m*4 forward
tosaigh tosi: *vt & i* begin, start
tosaíocht tosi:(ǝ)xt *f*3 precedence, priority
tosaitheoir tosiho:r′ *m*3 beginner
toscaire toskǝr′ǝ *m*4 delegate, deputy
toscaireacht toskǝr′ǝxt *f*3 delegation, deputation
tost tost *m*3 silence, *bí i do thost* be silent, shut up *vi* become silent
tósta to:stǝ *m*4, (*of bread*) toast
tostach tostǝx *a*1 taciturn
tóstaer to:ste:r *m*1 toaster
tostaíl tosti:l′ *f*3 silence, taciturnity
tóstáil to:sta:l′ *vt* toast
tóstal to:stǝl *m*1 assembly, muster; pageant
tóstalach to:stǝlǝx *a*1 arrogant, conceited
tostóir tosto:r′ *m*3 silencer
tosú tosu: *m*4 beginning, commencement, start
tothlaigh tohli: *vt* desire, crave
trá¹ tra: *f*4, *pl* ~**nna** strand, beach, *tá sé ina thrá* (*mhara*) the tide is out
trá² tra: *m*4 ebb; subsidence, decline
trácht¹ tra:xt *m*3, *pl* ~**anna** sole (of foot); instep; tread (of tyre); base; dimension
trácht² tra:xt *m*3 travelling; journey; traffic *vt & i* journey, travel
trácht³ tra:xt *m*3 discourse, comment, ~ *ar* mention of, *vt & i* discuss, comment on; relate, ~ *ar rud* to mention sth
tráchtáil tra:xta:l′ *f*3 trade, commerce

tráchtaire tra:xtǝr′ǝ *m*4 commentator
tráchtaireacht tra:xtǝr′ǝxt *f*3 commenting; commentary
tráchtálaí tra:xta:li: *m*4 trader
tráchtas tra:xtǝs *m*1 treatise, dissertation; thesis
tráchtearra ′tra:xt‚arǝ *m*4 commodity
trádáil tra:da:l′ *f*3 trade
trádálach tra:da:lǝx *a*1 commercial
trádálaí tra:da:li: *m*4 trader
trae tre: *m*4, *pl* ~**nna** tray
traein tre:n′ *f*, *gs* -aenach *pl* -aenacha train
traenáil tre:na:l′ *f*3 training *vt & i* train
traenálaí tre:na:li: *m*4 trainer
tragóid trago:d′ *f*2 tragedy
tragóideach trago:d′ǝx *a*1 tragic
traidhfil traif′ǝl′ *f*4 trifle
traidín trad′i:n′ *m*4 bundle, load, carried on back
tráidire tra:d′ǝr′ǝ *m*4 tray
traidisiún ‚tra′d′is′u:n *m*1 tradition
traidisiúnta ‚tra′d′is′u:ntǝ *a*3 traditional
traigéide trag′e:d′ǝ *f*4, (*theatre*) tragedy
tráigh tra:γ′ *vt & i* ebb; abate, recede, decline
tráill tra:l′ *f*2, *pl* ~**eanna** thrall, slave; wretch
traimil tram′ǝl′ *f*2, *gs* -mle *pl* -mlí trammel(-net)
traipisí trap′ǝs′i: *spl* personal belongings, *caite i d* ~ scrapped, discarded
tráiteoir tra:t′o:r′ *m*3 beachcomber
tráithnín tra:hn′i:n′ *m*4 dry grass-stalk, *ní fiú* ~ *é* it's not worth a straw
trál tra:l *m*1 trawl(-net)
trálaeireacht tra:le:r′ǝxt *f*3 trawling
trálaer tra:le:r *m*1 trawler
tralaí trali: *m*4 trolley
tram tram *m*4, *pl* ~**anna** tram(-car)
tranglam traŋlǝm *m*1 confusion, disorder, clutter
traoch tri:x *vt* overcome; wear out, exhaust
traochadh tri:xǝ *m*, *gs* -chta exhaustion
traochta tri:xtǝ *a*3 exhausted, worn out
traoith tri: *vt & i* abate, subside; reduce; waste, consume
traonach tri:nǝx *m*1 corncrake
Trapach trapǝx *m*1 *& a*1 Trappist
tras- tras *pref* cross-, trans-
trasna trasnǝ *prep*, *adv*, *a & s* across; cross, transverse; width, *dul* ~ *na habhann* to go across the river, *trí troithe* ~ three feet across, *teacht* ~ *ar dhuine* to cross, contradict a person, *barra* ~ cross-bar, *ar a thrasna* along its breadth, crosswise
trasnaigh trasni: *vt & i* cross; traverse, intersect; contradict; heckle
trasnáil trasna:l′ *f*3 crossing, traversing; contradicting, interrupting
trasnaíocht trasni:(ǝ)xt *f*3 contradiction, interference
trasnálaí trasna:li: *m*4 heckler
trasnán trasna:n *m*1 cross-piece; cross-bar
trasnánach trasna:nǝx *a*1 crosswise; diagonal

trasraitheoir trasriho:r′ *m*3 transistor

trasrian 'tras͵riən *m*1, *pl* ~**ta** ~*coisithe* pedestrian crossing

trastomhas 'tras͵to:s *m*1 diameter

trasuigh 'tra͵siγ′ *vt* transpose

tráta tra:tə *m*4 tomato

tráth tra: *m*3, *pl* ~**anna** *npl* ~**a** & *gpl* ~ *in certain phrases* hour; time; day, period, *na cairde a bhí againn* ~ the friends we once had, ~ *is go bhfuil sé anseo* since he is here, *i d* ~ *a na Nollag* around Christmas

tráthchlár 'tra:͵xla:r *m*1 timetable

tráthnóna ͵tra:'no:nə *m*4, *pl* -**nta** afternoon, evening

tráthrialta ͵tra:'riəltə *adv*, *go* ~ regularly; punctually

tráthúil tra:hu:l′ *a*2 timely, opportune; apt; witty

tráthúlacht tra:hu:ləxt *f*3 timeliness, opportuneness; aptness, wittiness

tré- t′r′e: *pref* through-

treabh t′r′av *vt* & *i* plough, *níl siad ag* ~*adh le chéile* they don't get along

treabhadh t′r′auə *m*, *gs* -**eafa** ploughing

treabhchas t′r′auxəs *m*1 tribe, people

treabhdóir t′r′audo:r′ *m*1 ploughman

treabhsar t′r′ausər *m*1 (pair of) trousers

treacha t′r′axə : **triuch**

tréad t′r′e:d *m*3, *gs* & *npl* ~**a** flock, herd; congregation; community

tréadach t′r′e:dəx *a*1 pastoral

tréadaí t′r′e:di: *m*4 shepherd; pastor

tréadaíocht t′r′e:di:(ə)xt *f*3 herding

tréadlitir 't′r′e:d͵l′it′ər′ *f*, *gs* -**treach** *pl* -**treacha** pastoral (letter)

tréadúil t′r′e:du:l′ *a*2 gregarious

treaghdán t′r′aida:n *m*1 nit

treáigh t′r′a:γ′ *vt* pierce, penetrate

treáire t′r′a:r′ə *m*4 piercer, borer

treáiteach t′r′a:t′əx *a*1 piercing, penetrating

trealamh t′r′aləv *m*1 equipment, gear

treall t′r′al *m*3, *pl* ~**anna** short period, spell; fit, caprice; streak, patch

treallach t′r′aləx *a*1 fitful; capricious; streaky, patchy

treallús t′r′alu:s *m*1 industriousness, enterprise; assertiveness, forwardness

treallúsach t′r′alu:səx *a*1 industrious, enterprising; assertive, forward

trealmhaigh t′r′aləvi: *vt* fit out, equip

tréan t′r′e:n *m*1 strong man, warrior; strength, intensity; abundance, *le* ~ *a nirt* by dint of his strength, *tá* ~ *airgid acu* they have plenty of money *a*1, *comp* **treise** & **tréine** strong, powerful; intense, violent

tréanas t′r′e:nəs *m*1 abstinence from flesh meat

treas[1] t′r′as *m*3, *gs* & *npl* ~**a** line, file

treas[2] t′r′as *m*3, *gs* & *npl* ~**a** combat, battle

treas[3] t′r′as *num* a third

tréas t′r′e:s *m*3 treason; disloyalty

tréasach t′r′e:səx *a*1 treasonable

treascair t′r′askər′ *vt* & *i*, *pres* -**craíonn** knock down, overthrow

treascairt t′r′askərt′ *f*3, *gs* -**artha** knock-down, overthrow, defeat

treascrach t′r′askrəx *a*1 overpowering; prostrating

tréaslaigh t′r′e:sli: *vt*, *rud a thréaslú do dhuine* to congratulate a person on sth

tréaslú t′r′e:slu: *m*4 congratulation

treaspás t′r′aspa:s *m*1 trespass

tréasúil t′r′e:su:l′ *a*2 rebellious; outrageous

tréatúir t′r′e:tu:r′ *m*3 traitor

tréatúrtha t′r′e:tu:rhə *a*3 traitorous, treacherous

trébhealach 't′r′e:͵v′aləx *m*1, *pl* -**aí** throughway

trébhliantúil 't′r′e:͵v′l′iəntu:l′ *a*2 perennial

trédhearcach 't′r′e:͵γ′arkəx *a*1 transparent; diaphanous

treibh t′r′ev′ *f*2, *pl* ~**eanna** house, household, family; tribe, people

treibheach t′r′ev′əx *a*1 tribal

Tréidín t′r′e:d′i:n′ *m*4, *an* ~ the Pleiades

tréidlia 't′r′e:d͵l′iə *m*4, *pl* ~**nna** veterinary surgeon

tréig t′r′e:g′ *vt* & *i* abandon, desert, forsake; fade; fail

tréigean t′r′e:g′ən *m*1 desertion, abandonment; fading

treighid t′r′aid′ *f*2, *gs* -**ghde** *pl* -**ghdeanna** pang; gripes

tréigtheach t′r′e:k′əx *a*1 deserting, forsaking; inclined to fade

tréigtheoir t′r′e:k′o:r′ *m*3 deserter

tréimhse t′r′e:v′s′ə *f*4 period, term

tréimhseachán t′r′e:v′s′əxa:n *m*1 periodical

tréimhsiúil t′r′e:v′s′u:l′ *a*2 periodical

tréine t′r′e:n′ə *f*4 strength, power; intensity

treis t′r′es′ *s*, *i d* ~ in power; in conflict; at issue; involved, *teacht i d* ~ to attain power; to grow strong; to flourish, *i d* ~ *leis an namhaid* in conflict with the enemy, *an rud atá i d* ~ *eadrainn* what is at issue between us

treise t′r′es′ə *f*4 strength, dominance; force, emphasis, ~ *leat!* more power to you!

treisigh t′r′es′i: *vt* & *i* strengthen, reinforce; gather strength

treisiúil t′r′es′u:l′ *a*2 strong, vigorous

tréith[1] t′r′e: *f*2, *gs* & *pl* ~**e** trait, quality; accomplishment; achievement; trick, prank

tréith[2] t′r′e: *a*1 weak, feeble

tréitheach t′r′e:həx *a*1 accomplished, talented; promising; playful; characteristic

tréithlag 't′r′e:͵lag *a*1 enervated, exhausted

tréithrigh t′r′e:hr′i: *vt* characterize

tréithriú t′r′e:hr′u: *m*4 characterization

treo t′r′o: *m*4, *pl* ~**nna** direction, way; trend, drift, *i d* ~ (*is*) *go* in such a way that, so that, *i d* ~ (*do*) close to, along with, *i d* ~ *an mheán oíche* towards midnight, *táimid i d* ~ *a chéile ó mhaidin* we have been together all day

treoch t′r′o:x *a*1 directional

treodóireacht t'r'o:do:r'əxt *f* 3 orienteering

treoir t'r'o:r' *f, gs* **-orach** *pl* **-oracha** guidance, direction; indicator, index; progress; effort, strength, *duine a bhaint dá threoir* to confuse a person, to lead a person astray, *i d*~ in order, ready, *ó threoir* out of action, in disrepair

treorach t'r'o:rəx *a*1 guiding, directive; strong, vigorous

treoraí t'r'o:ri: *m*4 guide, leader

treoraigh t'r'o:ri: *vt & i* guide, lead, direct

treorán t'r'o:ra:n *m*1 index

treoshuíomh 't'r'o:ˌhi:v *m*1 orientation

tréscaoilteach 't'r'e:ˌski:l't'əx *a*1 permeable

tréshoilseach 't'r'e:ˌhol's'əx *a*1 translucent

trí[1] t'r'i: *m*4, *pl* ~**onna** *& a* three, ~ *déag* thirteen

trí[2] t'r'i: *prep, pron forms* ~**om** t'r'i:m, ~**ot** t'r'i:t, ~**d** t'r'i:d' *m*, ~**thi** t'r'i:hi *f*, ~**nn** t'r'i:n', ~**bh** t'r'i:v', ~**othu** t'r'i:hu, through; among, throughout, *cuir ola* ~*d* mix it with oil, *chuir tú* ~*na chuntas é* you put him out in his count, *tá sé i bhfad* ~*d* he is far gone, ~*d síos* right through, on the whole, ~*d is* ~*d* through and through, in the main, ~ *chéile*, ~*na chéile* mixed-up, confused

triacla t'r'iəklə *m*4 treacle

triail t'r'iəl' *f, gs* **-alach** *pl* **-alacha** trial, test *vt & i* try, test

triaileadán t'r'iəl'əda:n *m*1 test-tube

trialach t'r'iələx *a*1 trial, experimental, tentative

triall t'r'iəl *m*3, *pl* ~**ta** journey, expedition, *cá bhfuil do thriall?* where are you going? *vt & i* journey, travel

trian t'r'iən *m*1, *pl* ~**ta** third

triantán t'r'iənta:n *m*1 triangle

triantánach t'r'iənta:nəx *a*1 triangular

triantánacht t'r'iənta:nəxt *f* 3 trigonometry

triarach t'r'iərəx *a*1 triple, triplicate

tríbh t'r'i:v' : **trí**[2]

tric t'r'ik' *a*1 quick, sudden, frequent

tríd t'r'i:d' : **trí**[2]

trilis t'r'il'əs' *f* 2, *gs & pl* **-lse** tress

trillín t'r'il'i:n' *m*4 burden, encumbrance

trilseach t'r'il's'əx *a*1 braided, plaited; bright

trilseán t'r'il's'a:n *m*1 tress, plait; torch, ~ *oinniún* string of onions

trilsigh t'r'il's'i: *vt & i* braid, plait; sparkle

trilsín t'r'il's'i:n' *m*4 string (of pearls, etc)

trínn t'r'i:n' : **trí**[2]

trinse t'r'in's'ə *m*4 trench

trioblóid t'r'iblo:d' *f* 2 trouble, affliction

trioblóideach t'r'iblo:d'əx *a*1 troublesome

trioc t'r'ik *m*4 furniture

tríocha t'r'i:xə *m, gs* ~**d** *pl* ~**idí** *& a* thirty

tríochadú t'r'i:xədu: *m*4 *& a* thirtieth

triológ t'r'ilo:g *f* 2 trilogy

tríom t'r'i:m : **trí**[2]

triomach t'r'iməx *m*1 dry weather, drought

triomacht t'r'iməxt *f* 3 dryness, aridity

triomadóir t'r'imədo:r' *m*3 dryer

triomaigh t'r'imi: *vt & i* dry

Tríonóid t'r'i:no:d' *f* 2 Trinity

triopall t'r'ipəl *m*1 cluster, bunch; festoon, ~ *treapall* disorder, confusion

triopallach t'r'ipələx *a*1 clustered; neatly gathered; tidy

tríopas t'r'i:pəs *m*1 tripe

tríot t'r'i:t : **trí**[2]

tríothu t'r'i:hu : **trí**[2]

trípéad t'r'i:p'e:d *m*1 tripod, trivet

triptic t'r'ip't'ək' *f* 2 triptych; triptique

tríréad t'r'i:r'e:d *m*1, *(music)* trio

trírín t'r'i:r'i:n' *m*4 triplet

trírothach 't'r'i:ˌrohəx *m*1 tricycle

tritheamh t'r'ihəv *m*1, *pl* **-thí** fit, paroxysm

tríthi t'r'i:hi : **trí**[2]

tríthoiseach 't'r'i:ˌhos'əx *a*1 three-dimensional

tríú t'r'i:u: *m*4 *& a* third

triuch t'r'ux *m*3, *gs* **treacha** whooping-cough

triuf t'r'uf *m*4, *pl* ~**anna** *(cards)* club

triúr t'r'u:r *m*1 three persons

triús t'r'u:s *m*1 trousers

trócaire tro:kər'ə *f* 4 mercy; leniency, compassion

trócaireach tro:kər'əx *a*1 merciful; lenient, compassionate

troch trox *m*3, *gs & npl* ~**a** wretch

trochailte troxəl't'ə *a*3 run down, enfeebled, in wretched state

trochlú troxlu: *m*4 deterioration, decay; defilement

trodach trodəx *a*1 combative, pugnacious, quarrelsome

trodaí trodi: *m*4 fighter, combatant; brawler

tródam tro:dəm *m*1 cordon

trodán troda:n *m*1 file (for papers)

troid trod' *f* 3 *& vt & i* fight, quarrel

troigh troγ' *f* 2, *pl* **-ithe** foot; step

troime trom'ə *f* 4 heaviness, weightiness

troimpéad trom'p'e:d *m*1 trumpet

troisc tros'k' *vi, vn* **-oscadh** fast

troitheach trohəx *m*1 foot-soldier; pedestrian

troitheán troha:n *m*4 pedal; treadle

troithín trohi:n' *m*4 tread (of spade)

trom[1] trom *m*1 elder(-tree)

trom[2] trom *m*4 weight; burden; oppression; bulk; importance; blame

trom[3] trom *a*1, *gsm* ~ heavy; laborious; severe, harsh; profound; important

tromaí tromi: *a*3 weighty; grave; heavy-hearted

tromaigh tromi: *vt & i* become heavier; add weight to; intensify; deepen; oppress

tromaíocht tromi:(ə)xt *f* 3 condemnation, censure, ~ *a dhéanamh ar dhuine faoi rud* to blame a person wrongly, unduly, for sth

tromán troma:n *m*1 weight, ~ *(dorú)* sinker

trombóis trombo:s' *f* 2 thrombosis

trombón trombo:n *m*1 trombone

tromchúis 'trom͵xu:s' *f* 2, *pl* ~**eanna** grave matter; gravity, importance

tromchúiseach 'trom͵xu:s'əx *a* 1 grave, important; (*of person*) self-important

tromlach tromləx *m* 1 greater part, majority

tromluí 'trom͵li: *m* 4 nightmare

trom-mheáchan 'trom͵v'a:xən *m* 1 heavyweight

trópaic tro:pək' *f* 2 tropic

trópaiceach tro:pək'əx *a* 1 tropical

trosc trosk *m* 1 cod

troscach troskəx *a* 1 fasting

troscadh troskə *m* 1 fast, *bheith i do throscadh* to be fasting

troscán troska:n *m* 1 furniture

trostal trostəl *m* 1 tramp (of feet), thud (of hooves)

trua trua *f* 4 pity, sympathy, compassion; wretch; lean meat, *mo thrua* alas *a* 3 pitiable, miserable; lean; emaciated, *is* ~ (*go*) it is a pity (that)

truacánta truəka:ntə *a* 3 piteous, plaintive

truaill truəl' *f* 2 sheath; covering, case

truaillí truəl'i: *a* 3 corrupt, contaminated; vile; miserly

truailligh truəl'i: *vt* corrupt, contaminate; desecrate

truaillitheach truəl'ihəx *a* 1 corrupting, contaminating, polluting

truailliú truəl'u: *m* 4 corruption, contamination, pollution

truaillmheasc 'truəl͵v'ask *vt* adulterate

truaínteacht truəi:n't'əxt *f* 3 talking piteously, making a poor mouth

truamhéala 'truə͵v'e:lə *f* 4 plaintiveness; pity, compassion

truamhéalach 'truə͵v'e:ləx *a* 1 piteous, plaintive; pathetic

truán tru:a:n *m* 1 miserable person, wretch

truas truəs *m* 1, (*of meat*) leanness

trucaid trukəd' *f* 2 kit-bag

trucail trukəl' *f* 2 truck, trolley; cart *pl* belongings

truflais trufləs' *f* 2 rubbish, trash

truicear trik'ər *m* 1 trigger

trúig tru:g' *f* 2 cause, occasion

truip trip' *f* 2, *pl* ~**eanna** trip; journey

trúipéir tru:p'e:r' *m* 3 trooper

trumpa trompə *m* 4 trumpet; Jew's harp

trumpadóir trompədo:r' *m* 3 trumpeter

trunc troŋk *m* 3 trunk

trup trup *m* 4, *pl* ~**anna** tramp; noise, din

trúpa tru:pə *m* 4 troop

truslóg truslo:g *f* 2 hop; long stride, lope

tú tu: 2 *sg pron* you

tua tuə *f* 4, *pl* ~**nna** axe; hatchet

tuadóir tuədo:r' *m* 3 axe-man, hewer

tuaileas tuəl'əs *m* 1 presentiment

tuáille tu:a:l'ə *m* 4 towel

tuailm tuəl'm' *f* 2 (mechanical) spring

tuaiplis tuəp'l'əs' *f* 2 blunder

tuaiplisiúil tuəp'l'əs'u:l' *a* 2 blundering

tuairgneach tuər'g'n'əx *a* 1 beating, pounding, pummelling

tuairgnín tuər'g'n'i:n' *m* 4 beetle; pestle

tuairim tuər'əm' *f* 2 opinion, ~ *an ama sin* about that time, ~ *ar chéad, is céad* about a hundred, *faoi thuairim* to, towards, for, for the purpose of,

tuairimeach tuər'əm'əx *a* 1 speculative; discerning

tuairimigh tuər'əm'i: *vt & i* opine, conjecture

tuairimíocht tuər'əm'i:(ə)xt *f* 3 guessing; guesswork, speculation

tuairín tuər'i:n' *m* 4 grassy plot; bleaching-green

tuairisc tuər'əs'k' *f* 2 information, tidings; account (of whereabouts); report, ~ *duine a chur* to inquire for, about, a person

tuairisceoir tuər'əs'k'o:r' *m* 3 reporter, correspondent

tuairiscigh tuər'əs'k'i: *vt* report

tuairisciúil tuər'əs'k'u:l' *a* 2 descriptive

tuairt tuərt' *f* 2, *pl* ~**eanna** thud, crash

tuairteáil tuərt'a:l' *vt* pound, thump, buffet

tuairteálach tuərt'a:ləx *a* 1 pounding, buffeting; bumpy

tuairteoir tuərt'o:r' *m* 3 bumper (of car)

tuaisceart tuəs'k'ərt *m* 1 north, northern part

tuaisceartach tuəs'k'ərtəx *m* 1 northerner *a* 1 northern; surly

tuama tuəmə *m* 4 tomb; tombstone

tuar[1] tuər *m* 1, *pl* ~**tha** sign, omen, ~ *ceatha, báistí* rainbow *vt* augur, forbode; deserve

tuar[2] tuər *vt & i* bleach; whiten; season; inure, *tá mé* ~ *tha den bhia seo* I have had enough of this kind of food

tuarascáil tuərəska:l' *f* 3, *pl* -**álacha** account, report, description

tuarascálaí tuərəska:li: *m* 4 reporter

tuarastal tuərəstəl *m* 1 salary, wages

tuargain tuərgən' *vt*, *pres* **tuairgníonn** pound; batter; thump

tuargaint tuərgən't' *f* 3, *gs* -**ana** pounding, battering

tuarúil tuəru:l' *a* 2 presaging; portentous

tuaslagadh tuəsləgə *m*, *gs* -**gtha** solution, resolution (of problem, etc); solution, dissolution (in liquid)

tuaslagán tuəsləga:n *m* 1 (chemical) solution

tuaslagóir tuəsləgo:r' *m* 3 solvent

tuaslaig tuəsləg' *vt*, *pres* -**agann** solve, dissolve

tuata tuətə *m* 4 layman; non-professional person *a* 3 lay, secular

tuath tuə *f* 2 country, territory; laity; rural districts

tuathaigh tuəhi: *vt* laicize

tuathal tuəhəl *m* 1 & *adv* direction against the sun, wrong direction; blunder, *an taobh tuathail* the left-hand side; the wrong side

tuathalach tuəhələx *a* 1 towards the left, anti-clockwise; awkward

tuathánach tuəha:nəx *m* 1 countryman, rustic

tuatheolaíocht 'tuəh͵o:li:(ə)xt *f* 3 rural science

tuathghríosóir 'tuə͵γ'r'i:so:r' *m* 3 demagogue

tuathúil tuəhu:l' *a* 2 rustic

tubaiste tubəs't'ə *f* 4 calamity, disaster
tubaisteach tubəs't'əx *a* 1 calamitous, disastrous
Túdarach tu:dərəx *m* 1 & *a* 1 Tudor
tufar tufər *a* 1 malodorous
tuga tugə *m* 4 tug, trace (of harness); tug-boat
tugann tugən *pres of* **tabhair**
tugtha tukə *a* 3 spent, exhausted, ~ *do* given to, prone to
tuí ti: *f* 4 thatch; straw
tuig tig' *vt* & *i, vn* **tuiscint** understand; realize, ~ *eadh dom go mbeadh do chuidiú againn* I got the idea that we would have your help
tuil til' *vt* & *i* flood, flow; fill to overflowing
tuile til'ə *f* 4, *pl* **-lte** flood, flow
tuill til' *vt* earn, deserve
tuilleadh til'ə *m* 1 addition, increase; more, *a thuilleadh eolais* additional information, *ní raibh eagla uirthi a thuilleadh* she was no longer afraid, ~ *ar, le, agus* more than
tuilleamaí til'əmi: *m* 4 dependence, *bheith i d* ~ *duine* to be dependent on a person
tuilleamaíoch til'əmi:(ə)x *a* 1, *gsm* ~ dependent
tuilleamh til'əv *m* 1 earning; merit; wages
tuillmheach til'əv'əx *a* 1 productive, profitable
tuillteanach til't'ənəx *a* 1 deserving
tuillteanas til't'ənəs *m* 1 merit, desert
tuilsoilsigh 'til,sol's'i: *vt* flood-light
tuilsolas 'til,soləs *m* 1, *pl* **-oilse** flood-light
tuilteach til't'əx *a* 1 flooding, overflowing
tuin tin' *f* 2, *pl* ~**eacha** tone, accent
tuineach tin'əx *f* 2 tunic
tuineanta tin'əntə *a* 3 pressing, persistent
tuíodóir ti:(ə)do:r' *m* 3 thatcher
tuirbín tir'əb'i:n' *m* 4 turbine
tuire tir'ə *f* 4 dryness, aridity; dullness
tuireamh tir'əv *m* 1 dirge, lament
túirín[1] tu:r'i:n' *m* 4 turret
túirín[2] tu:r'i:n' *m* 4 tureen
tuirling tu:rl'əŋ' *vi, pres* ~**íonn** descend, alight
tuirlingt tu:rl'ən't' *f* 2, *gs* **-gthe** descent, landing
tuirne tu:rn'ə *m* 4 spinning-wheel
tuirpintín tir'p'ən't'i:n' *m* 4 turpentine
tuirse tirs'ə *f* 4 tiredness, fatigue; sorrow
tuirseach tirs'əx *a* 1 tired, weary; sorrowful
tuirsigh tirs'i: *vt* & *i* tire, weary
tuirsiúil tirs'u:l' *a* 2 tiring, fatiguing
túis tu:s' *f* 2 incense
túisce tu:s'k'ə *comp a* & *adv* sooner, rather; first, *an té is* ~ *a labhair* the person who spoke first, *ní* ~ *thoir ná thiar iad* they are no sooner here than there, *ba thúisce liom suí ná seasamh* I'd rather sit than stand, *an* ~ *is féidir* as soon as possible
tuisceanach tis'k'ənəx *a* 1 understanding; wise; considerate
tuiscint tis'k'ən't' *f* 3, *gs* **-ceana** understanding; wisdom; consideration

tuiseal tis'əl *m* 1, (*grammar*) case
túiseán tu:s'a:n *m* 1 censer, thurible
tuisle[1] tis'l'ə *m* 4 fall, stumble; trip; blunder, mishap
tuisle[2] tis'l'ə *m* 4 hinge
tuisleach tis'l'əx *a* 1 stumbling; faltering
tuisligh tis'l'i: *vi* stumble; falter, stagger
tuismeá 'tis',m'a: *f* 4 horoscope
tuismigh tis'm'i: *vt* & *i* beget, procreate; produce; bring about; originate
tuismitheoir tis'm'iho:r' *m* 3 parent
tulach tuləx *f* 2 low hill; mound
tulán tula:n *m* 1 protuberance; mound, hillock
túlán tu:la:n *m* 1 kettle
tulca tulkə *m* 4 flood, deluge; wave; gust
tulcach tulkəx *a* 1 flooding, gushing
tulchach tuləxəx *a* 1 hilly
tulgharda 'tul,ɣa:rdə *m* 4 advance-guard
tulmhaisiú 'tul,vas'u: *m* 4 frontispiece
tum tum *vt* & *i* dip, immerse; plunge, dive
tumadh tumə *m, gs* **-mtha** *pl* **-mthaí** dip, immersion; plunge, dive
tumadóir tumədo:r' *m* 3 diver
tumaire tumər'ə *m* 4 dipper, diver; plunger
tur tur *a* 1 dry, arid; cold, unsympathetic; dull, uninteresting, *bia* ~ food without condiment, ~ *te* at once, immediately
túr tu:r *m* 1 tower
turadh turə *m* 1 cessation of rain
turas turəs *m* 1 journey; pilgrimage; time, occasion, ~ *na Croise* the Stations of the Cross, *d'aon* ~ on purpose; in jest
turasóir turəso:r' *m* 3 tourist
turasóireacht turəso:r'əxt *f* 3 journeying; touring; tourism
turban torəbən *m* 1 turban
turbard torəbərd *m* 1 turbot
turcaí torki: *m* 4 turkey
turcaid turkəd' *f* 2 turquoise
turgnamh turəgnəv *m* 1 experiment
turnaimint tu:rnəm'ən't' *f* 2 tournament
turnamh tu:rnəv *m* 1 descent, fall, decline
turraing turəŋ' *f* 2 rush, dash; attack; thrust; lurch; fall; grief; (electric) shock
turraingeach turəŋ'əx *a* 1 thrusting, violent
turtar tortər *m* 1 turtle
tús tu:s *m* 1 beginning, start, origin; precedence; van, *ar d* ~ at first, ~ *áite* pride of place
tusa tusə 2 *sg, emphatic pron* you
tútach tu:təx *a* 1 crude, awkward; stupid; churlish
tútachas tu:təxəs *m* 1 clumsiness, awkwardness; churlishness
tuth tuh *f* 2 odour, stench
tuthóg tuho:g *f* 2 puff, fart
tuthógach tuho:gəx *a* 1 puffing, farting; malodorous

uabhar uəvər *m*1 pride, arrogance, *tháinig* ~ *uirthi* she was offended

uachais uəxəs′ *f*2 burrow; den

uacht uəxt *f*3, *pl* ~**anna** will, testament, *fágaim le h* ~ (*go*) I solemnly declare (that), *bheith in* ~ *an bháis* to be preparing for death, in the last extremity

uachtaigh uəxti: *vt* will, bequeath; declare

uachtar uəxtər *m*1 top, upper part, ~ (*bainne*) cream, ~ *reoite* ice-cream, *ar* ~ *an uisce* on the surface of the water, *an lámh in* ~, *an lámh uachtair, a fháil ar dhuine,* to get the upper hand of a person

uachtarach uəxtərəx *a*1 upper, top, *talamh* ~ upland, *oifigeach* ~ superior officer

uachtarán uəxtəra:n *m*1 president; head, superior

uachtaránacht uəxtəra:nəxt *f*3 presidency; authority, power

uachtarlann uəxtərlən *f*2 creamery

uachtarúil uəxtəru:l′ *a*2 creamy

uachtóir uəxto:r′ *m*3 testator

uafar uəfər *a*1 dreadful, horrible

uafás uəfa:s *m*1 horror, terror, *is mór an t-* ~ *é* it is most astounding, *tá an t-* ~ *airgid aige* he has a vast amount of money

uafásach uəfa:səx *a*1 horrible, terrible; astonishing, *tá neart* ~ *ann* he has terrific strength

uaibh uəv′ : **ó²**

uaibhreach uəv′r′əx *a*1 proud, arrogant; spirited; very emotional, *bia* ~ rich food

uaidh uəγ′ : **ó²**

uaiféalta uəf′e:ltə *a*3 awful

uaigh uəγ′ *f*2, *pl* ~**eanna** grave

uaigneach uəg′n′əx *a*1 lonely; lonesome, eerie, *díthreabhach* ~ solitary hermit, *tá méin* ~ *aige* he is of a retiring disposition, *peaca* ~ secret sin

uaigneas uəg′n′əs *m*1 loneliness, solitude; eeriness; privacy

uail uəl′ *f*2 group, flock

uaill uəl′ *f*2, *pl* ~**eacha** wail; howl

uaillbhreas 'uəl′,v′r′as *m*3, *gs & npl* ~**a** exclamation

uaillmhian 'uəl′,v′iən *f*2, *gs* -**mhéine** *pl* ~**t.** ambition

uaillmhianach 'uəl′,v′iənəx *a*1 ambitious

uaim¹ uəm′ *f*3, *pl* **uamanna** seam (in cloth); joint (in book-binding); alliteration *vt, pres* **uamann** *vn* **uamadh** join together, unite

uaim² uəm′ : **ó²**

uaimh uəv′ *f*2, *pl* ~**eanna** cave; underground chamber

uaimheadóireacht uəv′ədo:r′əxt *f*3 exploration of caves; potholing

uaimheolaíocht 'uəv′,o:li:(ə)xt *f*3 speleology

uain uən′ *f*2, *pl* ~**eacha** opportune time; occasion; opportunity, *ba ghearr a h* ~ *ar an saol* her span

of life was short, *is é m'* ~ *é* it is my turn, *bhí an* ~ *go hálainn* the weather was beautiful

uainchlár 'uən′,xla:r *m*1 roster, rota

uaine uən′ə *f*4 (vivid) green; verdure *a*3 (vivid) green; verdant

uaineadh uən′ə *m*1 interval between showers

uaineoil 'uən′,o:l′ *f*3, (*meat*) lamb

uainíocht uən′i:(ə)xt *f*3 alternation; rotation, *bhí siad ag* ~ *ar a chéile* they were taking turns

uainn uən′ : **ó²**

uair uər′ *f*2, *pl* ~**eanta,** ~**e** *with numerals* hour; time, season, *ar feadh* ~*e* for an hour, *ar* ~ *an mheán lae* at the hour of midday, *baois na huaire* the folly of the times, *den chéad* ~ for the first time, *cá h* ~? *cén* ~? when? ~ *sa bhliain* once a year, ~ *nó dhó* once or twice, *seacht n-uaire níos fearr* seven times better, ~*eanta* sometimes, *ar* ~*ibh* occasionally

uaireadóir uər′ədo:r′ *m*3 watch

uaisle uəs′l′ə : **uasal**

uaisleacht uəs′l′əxt *f*3 nobility, gentility

uaisligh uəs′l′i: *vt* ennoble; elevate; exalt

uait uət′ : **ó²**

uaithi uəhi : **ó²**

ualach uələx *m*1, *pl* -**aí** load, burden

ualaigh uəli: *vt* load; burden

uallach uələx *a*1 giddy; excitable; vain

uallachas uələxəs *m*1 giddiness; excitement; vanity, vainglory

uallfairt uəlfərt′ *f*2 howl, yell; grunt

uallfartach uəlfərtəx *f*2 howling, yelling

uamach uəməx *a*1 alliterative

uamhan uəvən *m*1, *npl* ~**hna** fear; dread; object of terror, ~ *clóis* claustrophobia

uamhnach uəvnəx *a*1 dreadful, terrifying; timorous

uan uən *m*1 lamb

uanach ∩nəx *a*1 frothy, foaming

uanán uəna:n *m*1 froth

uas- uəs *pref* top, maximum

uasaicme 'uəs,ak′m′ə *f*4 upper class, aristocracy

uasal uəsəl *m*1, *pl* **uaisle** nobleman, gentleman, *uaisle na tíre* the nobility of the country, *an tU* ~ Mr *a*1, *gsf, npl & comp* **uaisle** noble; gentle; precious, fine, *fear* ~ gentleman, *a dhuine uasail* (dear) sir, *a dhaoine uaisle* ladies and gentlemen, *Brian U* ~ *Bairéid* Mr Brian Barrett

uasalathair 'uəsəl,ahər′ *m, gs* -**thar** *pl* -**laithreacha** patriarch

uasalathartha 'uəsəl,ahərhə *a*3 patriarchal

uascán uəska:n *m*1 hogget

uascánta uəska:ntə *a*3 sheepish; simple-minded

uaschamóg 'uəs,xamo:g *f*2 apostrophe

uaschúirt 'uəs,xu:rt′ *f*2 superior court

uaslathach 'uəs,lahəx *a*1 aristocratic

uaslathaí 'uəs,lahi: *m*4 aristocrat

uaslathas 'uəs,lahəs *m*1 aristocracy
uasta uəstə *a*3 highest, maximum
uath- uəh ~ uə† *pref* auto-; spontaneous
uatha uəhə *m*4 & *a*3, (*grammar*) singular
uathdhó 'uə,ɣo: *m*4 spontaneous combustion
uathfheidhmeach 'uəh,aim'əx *a*1 automatic
uathlathach 'uə,lahəx *a*1 autocratic
uathlathas 'uə,lahəs *m*1 autocracy
uathoibreán 'uəh,ob'r'a:n *m*1 automaton
uathoibríoch 'uəh,ob'r'i:(ə)x *a*1, *gsm* ~ automatic
uathoibriú 'uəh,ob'r'u: *m*4 automation
uathu uəhu : **ó²**
uathúil uəhu:l' *a*2 unique
ubh uv *f*2, *pl* **uibheacha, uibhe** *with numerals* egg
ubhach uvəx *a*1 oval
ubhagán uvəga:n *m*1 ovary
úbhal u:vəl *m*1 uvula
ubhán uva:n *m*1 ovum
ubhchruthach 'uv,xruhəx *a*1 oval
ubhchupán 'uv,xopa:n *m*1 egg-cup
ubhsceitheadh 'uv,s'k'ehə *m*, *gs* **-ite** ovulation
úc u:k *vt* full, tuck
úcaire u:kər'ə *m*4 fuller; three-spined stickleback
ucht uxt *m*3, *pl* ~**anna** chest; breast; lap, ~ *an aird* the slope of the hillock, *as* ~ for the sake of, on behalf of, in return for, *as* ~ *go* because
uchtach¹ uxtəx *m*1 breastplate
uchtach² uxtəx *m*1 courage; hope, ~ *cainte* vigour of speech
uchtaigh uxti: *vt* adopt
uchtbhalla 'uxt,valə *m*4 parapet
uchtleanbh 'uxt,l'anəv *m*1, *pl* **-naí** adopted child
uchtóg uxto:g *f*2 armful; small heap; bump
uchtú uxtu: *m*4 adoption
uchtúil uxtu:l' *a*2 full-chested; courageous
úd¹ u:d *a* yon, yonder, *an cnoc* ~ *thall* that hill over there, *ná bac leis an diúlach* ~ don't mind that fellow
úd² u:d *m*1 (*rugby*) try
údar u:dər *m*1 author; origin; writer; expert, *ní mé is* ~ *leis* I am not the person who started it, *na húdair mhóra* the great authors, *tá* ~ *maith agam leis* I have it on good authority, *bhí* ~ *gearáin aici* she had cause for complaint
údarach u:dərəx *a*1 authentic
údaracht u:dərəxt *f*3 authenticity
údaraigh u:dəri: *vt* authorize; originate, cause
údarás u:dəra:s *m*1 authority, ~ *áitiúil* local authority, *na húdaráis* the authorities, *scéal gan* ~ unauthenticated story
údarásach u:dəra:səx *a*1 authoritative; dictatorial
ugach ugəx *m*1 encouragement; confidence, courage
Úgónach u:go:nəx *m*1 & *a*1 Huguenot
uí i: : **ó¹**
uibheacha iv'əxə : **ubh**
uibheagán iv'əga:n *m*1 omelette

uige ig'ə *f*4 woven fabric, web, ~ *chadáis* cotton tissue, ~ *mhiotail* metal gauze
uigeach ig'əx *a*1 web-like; gauzy
Uigingeach ig'əŋ'əx *m*1 & *a*1 Viking
uile il'ə *a* & *s* & *adv* all, every, *gach* ~ *dhuine* everybody, *an scéal* ~ the whole story, *an* ~ all, all things, *bhí mo chuid éadaigh fliuch* ~ my clothes were all wet, *a theaghlach go h* ~ his entire family
uilechumhachtach 'il'ə'xu:əxtəx *a*1 omnipotent, almighty
uilefheasach 'il'ə'asəx *a*1 omniscient
uileghabhálach 'il'ə'ɣava:ləx *a*1 comprehensive, exhaustive
uileláithreach 'il'ə'la:hr'əx *a*1 omni-present, ubiquitous
uileloscadh 'il'ə'loskə *m*, *gs* **-oiscthe** *pl* **-oiscthí** holocaust
uilíoch il'i:(ə)x *a*1, *gsm* ~ universal
uilíocht il'i:(ə)xt *f*3 universality
uiliteach 'il''it'əx *a*1 omnivorous
uiliteoir 'il''it'o:r' *m*3 omnivore
uilleach il'əx *a*1 angular
uillinn il'ən' *f*2, *pl* ~**eacha** *gs* & *gpl* **-lleann** *in certain phrases* elbow; corner, angle, ~ *ar* ~ arm in arm, *cathaoir uilleann* armchair
uillinntomhas 'il'ən',to:s *m*1 protractor
úim u:m' *f*3, *pl* **úmacha** harness; gear, tackle *pl* panniers *vt*, *vn* **úmadh** harness
uime im'ə : **um**
uimhearthacht iv'ərhəxt *f*3 numeracy
uimhir iv'ər' *f*, *gs* **-mhreach** *pl* **-mhreacha** number; numeral, figure, ~ *de pháipéar nuachta* edition of a newspaper
uimhrigh iv'r'i: *vt* & *i* number
uimhríocht iv'r'i:(ə)xt *f*3 arithmetic
uimhríochtúil iv'r'i:(ə)xtu:l' *a*2 arithmetical
uimhriú iv'r'u: *m*4 numbering, numeration; (*of music*) figuring
uimhriúil iv'r'u:l' *a*2 numerical
uimpi im'p'i : **um**
úinéir u:n'e:r' *m*3 owner, proprietor
úinéireacht u:n'e:r'əxt *f*3 ownership, proprietorship
uinge iŋ'g'ə *f*4, ~ *óir, airgid* ounce of gold, of silver
Uinseannach in's'ənəx *m*1 & *a*1 Vincentian
úir u:r' *f*2 earth, soil, *dul san* ~ to be laid in earth, buried
uirbeach ir'əb'əx *a*1 urban
úire u:r'ə *f*4 freshness, newness, *déan as* ~ *é* do it all over again, *tá* ~ *oinigh ann* he is lavish of his hospitality
uireasa ir'əsə *f*4 lack, deficiency, absence, *d'* ~ *cúnaimh* for want of help, *d'* ~ *a bheith ag caint leatsa* besides talking to you
uireasach ir'əsəx *a*1 lacking; deficient

uiríseal 'ir,i:s'əl *a*1, *gsf, npl & comp* **-sle** lowly, humble; base, servile

uirísle 'ir,i:s'l'ə *f*4 lowliness, humility; baseness, servility

uirísligh 'ir,i:s'l'i: *vt* humble; abase, humiliate

uirísliú 'ir,i:s'l'u: *m*4 abasement, humiliation

uirlis u:rl'əs' *f*2 tool, implement

uirthi erhi : **ar**[1]

uisce is'k'ə *m*4 water; body of water, ~ *beatha* whiskey, *idir dhá* ~ partly submerged, water-logged, ~ *faoi thalamh* underground water; intrigue

uisceadán is'k'əda:n *m*1 aquarium

Uisceadóir is'k'ado:r' *m*3, *an t* ~ Aquarius

uiscealach is'k'ələx *m*1 weak drink

uiscedhíonach 'is'k'ə,γ'i:nəx *a*1 waterproof

uiscerian 'is'k'ə,riən *m*1, *pl* ~**ta** aqueduct

uiscigh is'k'i: *vt* water, irrigate

uisciú is'k'u: *m*4 irrigation

uisciúil is'k'u:l' *a*2 watery

uisciúlacht is'k'u:ləxt *f*3 wateriness

uiséir is'e:r' *m*3 usher

uisinn is'ən' *f*2, (*of head*) temple

úisiúil u:s'u:l' *a*2 fulsome

úithín u:hi:n' *m*4 cyst

ula ulə *f*4, *pl* ~**cha** sepulchre; charnel-house; penitential station, ~ *mhagaidh* object of ridicule

ulán ula:n *m*1 block of stone, boulder

ulcha uləxə *f*4 beard

ulchabhán uləxəva:n *m*1 owl

ulchach uləxəx *a*1 bearded

úll u:l *m*1, *npl* ~**a** apple; ball-joint; globular object, ball, ~ *caithne* arbutus-berry, ~ *gráin-neach* pomegranate, ~ *na haithne* the forbidden fruit, ~ *na brád, na scornaí* Adam's apple

úllagán u:ləga:n *m*1 dumpling

ullamh uləv *a*1 ready, willing, prompt, *bí* ~ be prepared, ~ *chun trioblóide* ready to cause trouble, *an bhfuil tú* ~ *leis sin fós*? have you finished with that yet?

ullmhaigh uləvi: *vt & i* make ready, prepare

ullmhóid uləvo:d' *f*2 preparation

ullmhúchán uləvu:xa:n *m*1 preparation, *coláiste ullmhúcháin* preparatory college

úllóg u:lo:g *f*2 apple charlotte

úllord 'u:l,o:rd *m*1 orchard

ulóg ulo:g *f*2 pulley

ulpóg ulpo:g *f*2 (bout of) infectious disease

ultach ultəx *m*1 armful; load, burden

ultra- ultrə *pref* ultra-

um um *prep, pron forms* **umam** uməm, **umat** umət, **uime** im'ə *m*, **uimpi** im'p'i *f*, **umainn** umən', **umaibh** uməv', **umpu** umpu, about, at; round, on, *um thráthnóna* in the evening, *um Cháisc* at Easter, *tá sé ag cur uime* he is dressing himself

úmacha u:məxə : **úim**

umaibh uməv' : **um**

umainn umən' : **um**

umam uməm : **um**

úmadóir u:mədo:r' *m*3 harness-maker

umar umər *m*1 trough; vat; sink, ~ *baiste* baptismal font, ~ *peitril* petrol-tank, ~ *ola* oil-sump

umat umət : **um**

umha u:ə *m*4 copper; copper alloy, bronze

umhal u:əl *a*1, *npl* **umhla** humble, submissive, obedient, *an méid atá* ~ *dó* all who are subject to him, *capall* ~ willing horse, *tá sé* ~ *sna cosa* he has supple legs

umhlaigh u:li: *vt & i* humble; bow, genuflect, *umhlú do thoil duine* to bow to a person's will

umhlaíocht u:li:(ə)xt *f*3 humility; obedience, ~ *do na sinsir* respect for one's elders

umhlóid u:lo:d' *f*2 submission; lowly service; ministration; suppleness, ~ *slaite* pliancy of rod, *ag* ~, *ag déanamh* ~*e* exercising the body

umhlú u:lu: *m*4 genuflection, obeisance; curtsey; submission

umpu umpu : **um**

uncail uŋkəl' *m*4 uncle

únfairt u:nfərt' *f*2 wallowing; rolling about, *ag* ~ *le rudaí* messing about with things

ung uŋ *vt* anoint

ungadh uŋgə *m*, *gs* **-gtha** *pl* **-gthaí** ointment; unguent, salve, ~ (*éadain*) (face) cream

ungthach[1] uŋhəx *m*1 anointed person

ungthach[2] uŋhəx *a*1 unctuous

unlas unləs *m*1 windlass, winch

unsa unsə *m*4 ounce

upa upə *f*4 love-charm, philtre

ur- ur *pref* before, ante-, pro-; very

úr u:r *m*1 anything fresh or new, ~ *olla* wool-grease *a*1 fresh, new

úrach[1] u:rəx *m*1 green timber

úrach[2] u:rəx *a*1 uric

uraiceacht urək'əxt *m*3 first instruction; elements, ~ *léinn* rudiments of learning

uraigh uri: *vt* eclipse

úraigh u:ri: *vt & i* freshen; scour, *tá an talamh ag úrú* the ground is getting damp

úráiniam ,u:'ra:n'iəm *m*4 uranium

Úránas ,u:'ra:nəs *m*1 Uranus

urbholg 'ur,voləg *m*1 pot-belly

urchall urəxəl *m*1 spancel

urchar urəxər *m*1 cast, shot, ~ *a scaoileadh* to fire a shot, *d'imigh sé d'urchar* he went off like a shot

urchóid urəxo:d' *f*2 harm, iniquity, *le teann* ~*e* out of sheer mischief, *tá* ~ *sa chneá sin* that wound is malignant

urchóideach urəxo:d'əx *a*1 harmful, malignant

urchomhaireach 'ur,xo:r'əx *a*1 opposite

urchuil 'ur,xil' *f*2, *pl* ~**eanna** (house-) cricket

urdhún 'ur,γu:n *m*1, *pl* ~**ta** bastion

urghabháil 'ur,γava:l' *f*3 seizure (of property)

urghaire urγər'ə *f*4 injunction; interdict

urgharda 'ur͵γa:rdə *m*4 vanguard
urghnách 'ur͵γna:x *a*1, (*of meetings, etc*) extraordinary
urghránna 'ur͵γra:nə *a*3 hideous, ghastly
urla u:rlə *m*4 lock of hair, forelock; butt; handle, ~ *tí* eaves of house
urlabhra 'ur͵laurə *f*4 faculty of speech; utterance; diction
urlabhraí 'ur͵lauri: *m*4 spokesman
urlabhraíocht 'ur͵lauri:(ə)xt *f*3 articulation
urlacan u:rləkən *m*1 vomit
urlaic u:rlək' *vt* & *i, pres* -**acann** vomit
urlámhas 'ur͵la:vəs *m*1 control: jurisdiction, authority
urlár u:rla:r' *m*1 floor; level surface, *teach aon urláir* one-storey house
úrleathar 'u:r͵l'ahər *m*1 untanned leather
urlios 'ur͵l'is *m*3, *gs* -**leasa** forecourt, front enclosure
urnaí u:rni: *f*4 prayer, *ag* ~ praying
urnaitheach u:rnihəx *a*1 prayerful; devout
úrnua 'u:r͵nuə *a*3 brand-new; fresh, *go h* ~ afresh, all over again
úrnuacht 'u:r͵nuəxt *f*3 freshness, novelty
urphost 'ur͵fost *m*1 outpost
urra urə *m*4 gaurantor, surety; guarantee, *faoi* ~ warranted, *ceann* ~ head, chief, *tá* ~ *maith agam leis* I have it on good authority, ~ *coirp* strength of body
urraigh uri: *vt* go surety for, secure
urraim urəm' *f*2 respect, esteem
urraíocht uri:(ə)xt *f*3 suretyship
urramach urəməx *m*1, *an tU* ~ *Mac Dónaill* the Reverend Mr MacDonald *a*1 respectful, reverential; respected, reverend
urramacht urəməxt *f*3 respectfulness, reverence
urramaigh urəmi: *vt* respect, revere, *cúnant a urramú* to observe a covenant
urrann urən *f*2 compartment
urróg uro:g *f*2 heave, jerk

urrúnta uru:ntə *a*3 strong, robust
urrúntacht uru:ntəxt *f*3 strength, robustness
urrús uru:s *m*1 security, guarantee; strength; confidence; forwardness
urrúsach uru:səx *a*1 strong; confident; forward
ursain ursən' *f*2, *pl* ~**eacha** door-post, jamb
ursal ursəl *m*1 fire-tongs
Ursalach ursələx *m*1 & *a*1 Ursuline
urscaoil 'ur͵ski:l' *vt* discharge
úrscéal 'u:r͵s'k'e:l *m*1, *pl* ~**ta** novel
úrscéalaí 'u:r͵s'k'e:li: *m*4 novelist
úrscéalaíocht 'u:r͵s'k'e:li:(ə)xt *f*3 novel-writing; novel genre
urthrá 'ur͵hra: *f*4 foreshore
urtlach urtləx *m*1 apron-bag
urú uru: *m*4 eclipse; eclipsis
úrú u:ru: *m*4 refreshment, refection, (*of cloth*) scour
ús u:s *m*1 interest (on money)
úsáid u:sa:d' *f*2 use, usage *vt* use
úsáideach u:sa:d'əx *a*1 useful
úsáideoir u:sa:d'o:r' *m*3 user, consumer
úsaire u:sər'ə *m*4 usurer
úsaireacht u:sər'əxt *f*3 usury
úsc u:sk *m*1 oily, greasy, substance; fat; exudation, ~ *éisc* fish-oil, ~ *olla* wool-fat, lanolin, ~ *na heorna* the juice of the barley *vt* & *i* ooze, exude; extract
úscach u:skəx *a*1 oily, fatty; sappy
úscadh u:skə *m, gs* -**ctha** *pl* -**cthaí** exudation
úscra u:skrə *m*4 extract, essence
úspháirtí 'u:s͵fa:rt'i: *m*4 sleeping partner
útamáil u:təma:l' *f*3 fumbling, groping; pottering, *ag* ~ *thart* groping around; pottering about, ~ *chainte* bumbling talk
útamálaí u:təma:li: *m*4 fumbler, bungler; potterer
útaras u:tərəs *m*1 uterus
úth u: *m*3, *pl* ~**anna** udder
úthach u:həx *m*1, ~ (*tarta*) devouring thirst
Útóipeach ͵u:'to:p'əx *a*1 Utopian

V

vác va:k *m*4, *pl* ~**anna** quack (of duck)
vácarnach va:kərnəx *f*2 quacking
vacsaín vaksi:n' *f*2 vaccine
vacsaínigh vaksi:n'i: *vt* vaccinate
vacsaíniú vaksi:n'u: *m*4 vaccination
vaidhtéir vait'e:r' *m*3 groomsman; coastguard
vaigín vag'i:n' *m*4 waggon
vailintín val'ən't'i:n' *m*4 valentine
vaimpír vam'p'i:r' *f*2 vampire
valbaí valəbi: *m*4 wallaby
válcaeireacht va:lke:r'əxt *f*3 walking, strolling
vallait valət' *f*2 wallet

válsa va:lsə *m*4 waltz
válsáil va:lsa:l' *vi* waltz
vardrús va:rdru:s *m*1 wardrobe
vása va:sə *m*4 vase
vasáilleach vasa:l'əx *m*1 vassal
vásta va:stə *m*4 waste
vástáil va:sta:l' *vt* waste
vástchóta 'va:st͵xo:tə *m*4 waistcoat
vata vatə *m*4 watt
vatacht vatəxt *f*3 wattage
veain v'an' *f*4, *pl* ~**eanna** van
vearanda v'ə'randə *m*4 verandah

vearnais vʲaːrnəsʲ *f* 2 varnish
véarsa vʲeːrsə *m* 4 verse; stanza
véarsaíocht vʲeːrsiː(ə)xt *f* 3 versification; verse
veasailín vʲasəlʲiːnʲ *m* 4 vaseline
veidhleadóir vʲailʲədoːrʲ *m* 3 violinist
veidhleadóireacht vʲailʲədoːrʲəxt *f* 3 playing the violin
veidhlín vʲailʲiːnʲ *m* 4 violin
veigeatóir vʲegʲətoːrʲ *m* 3 vegetarian
veilbhit vʲelʲəvʲətʲ *f* 2 velvet
veilbhitín vʲelʲəvʲətʲiːnʲ *m* 4 velveteen
veiliúr vʲelʲuːr *m* 1 velour
Véineas vʲeːnʲəs *f* 4 Venus
veirteabrach vʲertʲəbrəx *m* 1 & *a* 1 vertebrate
veist vʲesʲtʲ *f* 2, *pl* ~**eanna** vest, waist-coat

Victeoiriach vʲikʲtʲoːrʲiəx *m* 1 & *a* 1 Victorian
vinil vʲinʲəlʲ *f* 2 vinyl
vióla ˌvʲiːˈoːlə *f* 4 viola
víosa vʲiːsə *f* 4 visa
víreas vʲiːrəs *m* 1 virus
vitimín vʲitʲəmʲiːnʲ *m* 4 vitamin
vitrial vʲitʲrʲiəl *m* 1 vitriol
voil volʲ *f* 2 voile
vól voːl *m* 1 vole
volta voltə *m* 4 volt
voltas voltəs *m* 1 voltage
vóta voːtə *m* 4 vote
vótáil voːtaːlʲ *f* 3 voting, poll *vt* & *i* vote
vótálaí voːtaːliː *m* 4 voter
vuinsciú vinʲsʲkʲuː *m* 4 coping; wainscot

W

wigwam ˈwigˌwam *m* 4, *pl* ~**anna** wigwam

X

x-gha ˈekʲsˌɣa *m* 4, *pl* ~**thanna** x-ray
x-ghathaigh ˈekʲsˌɣahi: *vt* x-ray

x-ghathú ˈekʲsˌɣahu: *m* 4 x-ray (photograph)
xileafón ˈzʲilʲəˌfoːn *m* 1 xylophone

Y

yóyó ˈɣoːˌɣʲoː *m* 4, *pl* ~**nna** yo-yo

Z

zó(i)- zoː *pref* zoo-, zo-
zó-eolaíocht ˈzoːˌoːliː(ə)xt *f* 3 zoology

zú zuː *m* 4, *pl* ~**nna** zoo

GEOGRAPHICAL NAMES

Afghanistan	An Afganastáin *f* 2	Cardiff	Caerdydd
Africa	An Afraic *f* 2	Caribbean Sea	Muir Chairib
Albania	An Albáin *f* 2	Caspian Sea	Muir Chaisp
Algeria	An Ailgéir *f* 2	Catalonia	An Chatalóin *f* 2
Alps	Na hAlpa *mpl, gpl* na	Celtic Sea	An Mhuir *f* 3 Cheilteach
	nAlp	Channel Islands	Oileáin Mhuir nIocht
Amazon	An Amasóin *f* 2	Chile	An tSile *f* 4
America	Meiriceá	China	An tSín *f* 2
Amsterdam	Amstardam	Columbia	An Cholóim *f* 2
Andes	Na hAindéis *mpl, gpl* na	Congo	An Congó *m* 4
	nAindéas	Copenhagen	Cóbanhávan
Antarctic	An tAntartach *m* 1, ~	Cork	Corcaigh *f, gs* Chorcaí
	Ocean an tAigéan *m* 1	Cornwall	Corn na Breataine
	Antartach	Corsica	An Chorsaic *f* 2
Appenines	Na hAipiníní *mpl*	Costa Rica	Cósta Ríce
Aran Islands	Oileáin Árann	Crete	An Chréit *f* 2
Arctic Ocean	An tAigéan *m* 1 Artach	Cuba	Cúba
Argentina	An Airgintín *f* 2	Cyprus	An Chipir *f* 2
Armenia	An Airméin *f* 2	Czech Republic	An tSeic *f* 2
Asia	An Áise *f* 4	Danube	An Danóib *f* 2
Athens	An Aithin *f, gs* na hAithne	Dead Sea	An Mhuir *f* 3 Mharbh
Atlantic Ocean	An tAigéan *m* 1 Atlantach;	Delhi	Deilí
	An tAtlantach *m* 1	Denmark	An Danmhairg *f* 2
Australia	An Astráil *f* 2	Derry	Doire
Austria	An Ostair *f* 2	Dublin	Baile Átha Cliath
Balkans	Na Balcáin *mpl*	East Indies	Na hIndiacha *fpl* Thoir
Baltic Sea	Muir Bhailt	Ecuador	Eacuadór
Bangladesh	An Bhanglaidéis *f* 2	Edinburgh	Dún Éideann
Beijing	Péicing; Beijing	Egypt	An Éigipt *f* 2
Belarus	An Bhealarúis *f* 2	El Salvador	An tSalvadóir *f* 2
Belfast	Béal Feirste	England	Sasana
Belfast Lough	Loch Lao	English Channel	Muir nIocht
Belgium	An Bheilg *f* 2	Estonia	An Eastóin *f* 2
Belgrade	Béalgrád	Ethiopia	An Aetóip *f* 2
Bengal	Beangál	Europe	An Eoraip, *gs* na hEorpa
Berlin	Beirlín	European Union	An tAontas *m* 1 Eorpach
Bethlehem	An Bheithil *f* 2	Finland	An Fhionlainn *f* 2
Biscay, Bay of	Bá na Bioscáine	Florence	Flórans; Firenze
Black Sea	An Mhuir *f* 3 Dhubh	France	An Fhrainc *f* 2
Bolivia	An Bholaiv *f* 2	Galway	Gaillimh *f* 2
Bosnia	An Bhoisnia *f* 4	Ganges	An Ghainséis *f* 2
Boston	Bostún	Gaul	An Ghaill *f* 2
Brazil	An Bhrasaíl *f* 2	Geneva	An Ghinéiv *f* 2
Bristol	Briostó	Genoa	Genova
Britain	An Bhreatain *f* 2 (Mhór)	Georgia	An tSeoirsia *f* 4
Brittany	An Bhriotáin *f* 2	Germany	An Ghearmáin *f* 2
Brussels	An Bhruiséil *f* 2	Ghana	Gána
Bulgaria	An Bhulgáir *f* 2	Glasgow	Glaschú
Bucharest	Búcairist	Greece	An Ghréig *f* 2
Burma	Burma	Greenland	An Ghraonlainn *f* 2
Budapest	Búdaipeist	Guatemala	Guatamala
Byzantium	An Bhiosáint *f* 2	Guinea	An Ghuine *f* 4
Cairo	Caireo	Gulf of Mexico	Murascaill Mheicsiceo
Calcutta	Calcúta	Guyana	An Ghuáin *f* 2
Cameroon	Camarún *m* 1	Hague, the	An Háig *f* 2
Canada	Ceanada	Haiti	Háítí
Canary Islands	Na hOileáin *mpl*	Hebrides	Inse Ghall
	Chanáracha	Helsinki	Heilsincí
		Himalayas	Na Himiléithe

Holland	An Ollainn f 2	Moscow	Moscó
Holy Land	An Tír f 2 Bheannaithe;	Mozambique	Mósaimbíc f 2
	an Talamh m1 Naofa	Nazareth	Nasaireit
Hungary	An Ungáir f 2	Nepal	Neipeál
Iberia	An Ibéir f 2	Netherlands	An Ísiltír f 2
Iceland	An Íoslainn f 2	Newfoundland	Talamh an Éisc
India	An India f 4	New Guinea	An Nua-Ghuine f 4
Indian Ocean	An tAigéan m1 Indiach	New York	Nua-Eabhrac
Indonesia	An Indinéis f 2	New Zealand	An Nua-Shéalainn f 2
Iran	An Iaráin f 2	Nicaragua	Nicearagua
Iraq	An Iaráic f 2	Niger	(1) An Nígir f 2 (2)
Ireland	Éire f, gs na hÉireann		Abhainn na Nígire
Irish Sea	Muir Éireann;	Nigeria	An Nigéir f 2
	Muir Meann	Nile	An Níl f 2
Israel	Iosrael	North Channel	Sruth na Maoile
Istanbul	Iostanbúl	North Sea	An Mhuir f 3 Thuaidh
Italy	An Iodáil f 2	Norway	An Iorua f 4
Jamaica	Iamáice	Nova Scotia	Albain Nua, gs na
Japan	An tSeapáin f 2		hAlban Nua
Jerusalem	Iarúsailéim f 2	Orkneys	Inse Orc
Jordan	An Iordáin f 2	Oslo	Osló
Kenya	An Chéinia f 4	Pacific Ocean	An tAigéan m1 Ciúin
Korea	An Chóiré f 4	Pakistan	An Phacastáin f 2
Kuwait	Cuáit	Palestine	An Phalaistín f 2
Lagan	Abhainn an Lagáin	Paraguay	Paragua
Latin America	Meiriceá m4 Laidineach	Paris	Páras
Latvia	An Laitvia f 4	Peking	Péicing; Beijing
Lebanon	An Liobáin f 2	Persian Gulf	Murascaill na Peirse
Lee	An Laoi f 4	Peru	Peiriú
Libya	An Libia f 4	Philippines	Na hOileáin mpl
Liffey	An Life f 4		Fhilipíneacha
Limerick	Luimneach m1	Poland	An Pholainn f 2
Lisbon	Liospóin f 2	Portugal	An Phortaingéil f 2
Lithuania	An Liotuáin f 2	Prague	Prág
Liverpool	Learpholl m1	Pyrenees	Na Piréiní mpl
London	Londain f, gs Londan	Red Sea	An Mhuir f 3 Rua
Lough Derg	(1) Loch Dearg (2)	Rhine	An Réin f 2
	Loch Deirgeirt	Rome	An Róimh f 2
Lough Erne	Loch Éirne	Rumania	An Rómáin f 2
Lough Neagh	Loch nEathach	Russia	An Rúis f 2
Louvain	Lováin	Sahara	An Sahára m4
Luxembourg	Lucsamburg	St George's Channel	Muir Bhreata
Madagascar	Madagascar	Sardinia	An tSairdín f 2
Madeira	Maidéara	Saudi Arabia	An Araib f 2 Shádach
Madrid	Maidrid	Scandinavia	Críoch Lochlann
Majorca	Mallarca	Scotland	Albain f, gs na hAlban
Malaysia	An Mhalaeisia f 4	Shannon	An tSionainn f 2
Malta	Málta	Shetlands	Sealtainn
Man, Isle of	Manainn f, gs Mhanann;	Siberia	An tSibéir f 2
	Oileán m1 Mhanann	Sicily	An tSicil f 2
Manchester	Manchain	Singapore	Singeapór
Mediterranean Sea	An Mheánmhuir f 3	Slovakia	An tSlóvaic f 2
Mexico	Meicsiceo	Slovenia	An tSlóvéin f 2
Moldovia	An Mholdóiv f 2	Sophia	Sóifia
Monaco	Monacó	South Africa	An Afraic f 2 Theas
Mongolia	An Mhongóil f 2	Soviet Union	Aontas na Sóivéadach
Mordovia	An Mhordóiv f 2	Spain	An Spáinn f 2
Morocco	Maracó	Sri Lanka	Srí Lanca

398

Stockholm	Stócólm	**United States of**	Stáit Aontaithe Mheiriceá
Strangford Lough	Loch Cuan	**America**	
Sudan	An tSúdáin f 2	**Uruguay**	Uragua
Sweden	An tSualainn f 2	**Uzbekistan**	Úisbéiceastáin f 2
Switzerland	An Eilvéis f 2	**Vatican City**	Cathair na Vatacáine
Syria	An tSiria f 4	**Venezuela**	Veiniséala
Tanzania	An Tansáin f 2	**Venice**	An Veinéis f 2
Tasmania	An Tasmáin f 2	**Vienna**	Vín
Thailand	An Téalainn f 2	**Vietnam**	Vítneam
Tibet	An Tibéid f 2	**Wales**	An Bhreatain f 2 Bheag
Tiber	An Tibir f 2	**Warsaw**	Vársá
Tokyo	Tóiceo	**Waterford**	Port Láirge
Tunisia	An Túinéis f 2	**West Indies**	Na hIndiacha fpl Thiar
Turkey	An Tuirc f 2	**Yemen**	Éimin
Uganda	Uganda	**York**	Eabhrac
Ukraine	An Úcráin f 2	**Yugoslavia**	An Iúgslaiv f 2
United Arab Emirates	Aontas na nÉimíríochtaí	**Zaire**	An tSáir f 2
	Arabacha	**Zambia**	An tSaimbia f 4
United Kingdom	An Ríocht f 3 Aontaithe	**Zimbabwe**	An tSiombáib f 2

LANGUAGES

Afrikaans	Afracáinis	**Hebrew**	Eabhrais
Albanian	Albáinis	**Hindi**	Hiondúis
Arabic	Araibis	**Hungarian**	Ungáiris
Aramaic	Aramais	**Icelandic**	Íoslainnis
Armenian	Airméinis	**Irish**	Gaeilge *f* 4
Basque	Bascais	**Italian**	Iodáilis
Breton	Briotáinis	**Japanese**	Seapáinis
Bulgarian	Bulgáiris	**Latin**	Laidin
Catalan	Catalóinis	**Latvian**	Laitvis
Chinese	Sínis	**Lithuanian**	Liotuáinis
Czech	Seicis	**Manx**	Manainnis
Danish	Danmhairgis	**Norwegian**	Ioruais
Dutch	Ollainnis	**Persian**	Peirsis
Egyptian	Éigiptis	**Polish**	Polainnis
English	Béarla *m* 4	**Portuguese**	Portaingéilis
Estonian	Eastóinis	**Rumanian**	Rómáinis
Finnish	Fionlainnis	**Russian**	Rúisis
Flemish	Pléimeannais	**Scots Gaelic**	Gaeilge na hAlban
French	Fraincis	**Spanish**	Spáinnis
Frisian	Freaslainnis	**Swedish**	Sualainnis
German	Gearmáinis	**Turkish**	Tuircis
Greek	Gréigis	**Welsh**	Breatnais

TABLE OF REGULAR VERBS

Verbs may be identified by 1 sg of pres or by 2 sg imperative (in brackets)

Molaim (Mol)		Brisim (Bris)	

Pres

sg	pl	sg	pl
1. molaim	molaimid	brisim	brisimid
2. molann tú	molann sibh	briseann tú	briseann sibh
3. molann sé	molann siad	briseann sé	briseann siad
aut moltar		bristear	

Past

1. mhol mé	mholamar	bhris mé	bhriseamar
2. mhol tú	mhol sibh	bhris tú	bhris sibh
3. mhol sé	mhol siad	bhris sé	bhris siad
aut moladh		briseadh	

Past hab

1. mholainn	mholaimis	bhrisinn	bhrisimis
2. mholtá	mholadh sibh	bhristeá	bhriseadh sibh
3. mholadh sé	mholaidís	bhriseadh sé	bhrisidís
aut mholtaí		bhristí	

Fut

1. molfaidh mé	molfaimid	brisfidh mé	brisfimid
2. molfaidh tú	molfaidh sibh	brisfidh tú	brisfidh sibh
3. molfaidh sé	molfaidh siad	brisfidh sé	brisfidh siad
aut molfar		brisfear	

Cond

1. mholfainn	mholfaimis	bhrisfinn	bhrisfimis
2. mholfá	mholfadh sibh	bhrisfeá	bhrisfeadh sibh
3. mholfadh sé	mholfaidís	bhrisfeadh sé	bhrisfidís
aut mholfaí		bhrisfí	

Pres subj

1. mola mé	molaimid	brise mé	brisimid
2. mola tú	mola sibh	brise tú	brise sibh
3. mola sé	mola siad	brise sé	brise siad
aut moltar		bristear	

Imperative

1. molaim	molaimis	brisim	brisimis
2. mol	molaigí	bris	brisigí
3. moladh sé	molaidís	briseadh sé	brisidís
aut moltar		bristear	

vn

moladh	briseadh

vb a

molta	briste

Sábhálaim (Sábháil) Tíolacaim (Tíolaic)

Pres

sg	pl	sg	pl
1. sábhálaim	sábhálaimid	tíolacaim	tíolacaimid
2. sábhálann tú	sábhálann sibh	tíolacann tú	tíolacann sibh
3. sábhálann sé	sábhálann siad	tíolacann sé	tíolacann siad
aut	sábháiltear		tíolactar

Past

1. shábháil mé	shábhálamar	thíolaic mé	thíolacamar
2. shábháil tú	shábháil sibh	thíolaic tú	thíolaic sibh
3. shábháil sé	shábháil siad	thíolaic sé	thíolaic siad
aut	sábháladh		tíolacadh

Past hab

1. shábhálainn	shábhálaimis	thíolacainn	thíolacaimis
2. shábháilteá	shábháladh sibh	thíolactá	thíolacadh sibh
3. shábháladh sé	shábhálaidís	thíolacadh sé	thíolacaidís
aut	shábháiltí		thíolactaí

Fut

1. sábhálfaidh mé	sábhálfaimid	tíolacfaidh mé	tíolacfaimid
2. sábhálfaidh tú	sábhálfaidh sibh	tíolacfaidh tú	tíolacfaidh sibh
3. sábhálfaidh sé	sábhálfaidh siad	tíolacfaidh sé	tíolacfaidh siad
aut	sábhálfar		tíolacfar

Cond

1. shábhálfainn	shábhálfaimis	thíolacfainn	thíolacfaimis
2. shábhálfá	shábhálfadh sibh	thíolacfá	thíolacfadh sibh
3. shábhálfadh sé	shábhálfaidís	thíolacfadh sé	thíolacfaidís
aut	shábhálfaí		thíolacfaí

Pres subj

1. sábhála mé	sábhálaimid	tíolaca mé	tíolacaimid
2. sábhála tú	sábhála sibh	tíolaca tú	tíolaca sibh
3. sábhála sé	sábhála siad	tíolaca sé	tíolaca siad
aut	sábháiltear		tíolactar

Imperative

1. sábhálaim	sábhálaimis	tíolacaim	tíolacaimis
2. sábháil	sábhálaigí	tíolaic	tíolacaigí
3. sábháladh sé	sábhálaidís	tíolacadh sé	tíolacaidís
aut	sábháiltear		tíolactar

vn

sábháil tíolacadh

vb a

sábháilte tíolactha

	Cráim(Cráigh)		Dóim(Dóigh)

Pres

sg	pl	sg	pl
1. cráim	cráimid	dóim	dóimid
2. cránn tú	cránn sibh	dónn tú	dónn sibh
3. cránn sé	cránn siad	dónn sé	dónn siad
aut	cráitear		dóitear

Past

sg	pl	sg	pl
1. chráigh mé	chrámar	dhóigh mé	dhómar
2. chráigh tú	chráigh sibh	dhóigh tú	dhóigh sibh
3. chráigh sé	chráigh siad	dhóigh sé	dhóigh siad
aut	crádh		dódh

Past hab

sg	pl	sg	pl
1. chráinn	chráimis	dhóinn	dhóimis
2. chráiteá	chrádh sibh	dhóiteá	dhódh sibh
3. chrádh sé	chráidís	dhódh sé	dhóidís
aut	chráití		dhóití

Fut

sg	pl	sg	pl
1. cráfaidh mé	cráfaimid	dófaidh mé	dófaimid
2. cráfaidh tú	cráfaidh sibh	dófaidh tú	dófaidh sibh
3. cráfaidh sé	cráfaidh siad	dófaidh sé	dófaidh siad
aut	cráfar		dófar

Cond

sg	pl	sg	pl
1. chráfainn	chráfaimis	dhófainn	dhófaimis
2. chráfá	chráfadh sibh	dhófá	dhófadh sibh
3. chráfadh sé	chráfaidís	dhófadh sé	dhófaidís
aut	chráfaí		dhófaí

Pres subj

sg	pl	sg	pl
1. crá mé	cráimid	dó mé	dóimid
2. crá tú	crá sibh	dó tú	dó sibh
3. crá sé	crá siad	dó sé	dó siad
aut	cráitear		dóitear

Imperative

sg	pl	sg	pl
1. cráim	cráimis	dóim	dóimis
2. cráigh	cráigí	dóigh	dóigí
3. crádh sé	cráidís	dódh sé	dóidís
aut	cráitear		dóitear

vn

crá | dó

vb a

cráite | dóite

Léim (Léigh) **Fím (Figh)**

Pres

sg	pl	sg	pl
1. léim	léimid	fím	fímid
2. léann tú	léann sibh	fíonn tú	fíonn sibh
3. léann sé	léann siad	fíonn sé	fíonn siad
aut	léitear		fitear

Past

1. léigh mé	léamar	d'fhigh mé	d'fhíomar
2. léigh tú	léigh sibh	d'fhigh tú	d'fhigh sibh
3. léigh sé	léigh siad	d'fhigh sé	d'fhigh siad
aut	léadh		fíodh

Past hab

1. léinn	léimis	d'fhínn	d'fhímís
2. léiteá	léadh sibh	d'fhiteá	d'fhíodh sibh
3. léadh sé	léidís	d'fhíodh sé	d'fhídís
aut	léití		d'fhití

Fut

1. léifidh mé	léifimid	fífidh mé	fífimid
2. léifidh tú	léifidh sibh	fífidh tú	fífidh sibh
3. léifidh sé	léifidh siad	fífidh sé	fífidh siad
aut	léifear		fífear

Cond

1. léifinn	léifimis	d'fhífinn	d'fhífimis
2. léifeá	léifeadh sibh	d'fhífeá	d'fhífeadh sibh
3. léifeadh sé	léifidís	d'fhífeadh sé	d'fhífidís
aut	léifí		d'fhífí

Pres subj

1. lé mé	léimid	fí mé	fímid
2. lé tú	lé sibh	fí tú	fí sibh
3. lé sé	lé siad	fí sé	fí siad
aut	léitear		fitear

Imperative

1. léim	léimis	fím	fímis
2. léigh	léigí	figh	fígí
3. léadh sé	léidís	fíodh sé	fídís
aut	léitear		fitear

vn

léamh   fí

vb a

léite   fite

Beannaím (Beannaigh)   Cruinním (Cruinnigh)

Pres

sg	pl	sg	pl
1. beannaím	beannaímid	cruinním	cruinnímid
2. beannaíonn tú	beannaíonn sibh	cruinníonn tú	cruinníonn sibh
3. beannaíonn sé	beannaíonn siad	cruinníonn sé	cruinníonn siad
aut beannaítear		cruinnítear	

Past

1. bheannaigh mé	bheannaíomar	chruinnigh mé	chruinníomar
2. bheannaigh tú	bheannaigh sibh	chruinnigh tú	chruinnigh sibh
3. bheannaigh sé	bheannaigh siad	chruinnigh sé	chruinnigh siad
aut beannaíodh		cruinníodh	

Past hab

1. bheannaínn	bheannaímis	chruinnínn	chruinnímis
2. bheannaíteá	bheannaíodh sibh	chruinníteá	chruinníodh sibh
3. bheannaíodh sé	bheannaídís	chruinníodh sé	chruinnídís
aut bheannaítí		chruinnítí	

Fut

1. beannóidh mé	beannóimid	cruinneoidh mé	cruinneoimid
2. beannóidh tú	beannóidh sibh	cruinneoidh tú	cruinneoidh sibh
3. beannóidh sé	beannóidh siad	cruinneoidh sé	cruinneoidh siad
aut beannófar		cruinneofar	

Cond

1. bheannóinn	bheannóimis	chruinneoinn	chruinneoimis
2. bheannófá	bheannódh sibh	chruinneofá	chruinneodh sibh
3. bheannódh sé	bheannóidís	chruinneodh sé	chruinneoidís
aut bheannófaí		chruinneofaí	

Pres subj

1. beannaí mé	beannaímid	cruinní mé	cruinnímid
2. beannaí tú	beannaí sibh	cruinní tú	cruinní sibh
3. beannaí sé	beannaí siad	cruinní sé	cruinní siad
aut beannaítear		cruinnítear	

Imperative

1. beannaím	beannaímis	cruinním	cruinnímis
2. beannaigh	beannaígí	cruinnigh	cruinnígí
3. beannaíodh sé	beannaídís	cruinníodh sé	cruinnídís
aut beannaítear		cruinnítear	

vn

beannú   cruinniú

vb a

beannaithe   cruinnithe

| Ceanglaím (Ceangail) | | Díbrím (díbir) | |

Pres

sg	pl	sg	pl
1. ceanglaím	ceanglaímid	díbrím	díbrímid
2. ceanglaíonn tú	ceanglaíonn sibh	díbríonn tú	díbríonn sibh
3. ceanglaíonn sé	ceanglaíonn siad	díbríonn sé	díbríonn siad
aut	ceanglaítear		díbrítear

Past

1. cheangail mé	cheanglaíomar	dhíbir mé	dhíbríomar
2. cheangail tú	cheangail sibh	dhíbir tú	dhíbir sibh
3. cheangail sé	cheangail siad	dhíbir sé	dhíbir siad
aut	ceanglaíodh		díbríodh

Past hab

1. cheanglaínn	cheanglaímis	dhíbrínn	dhíbrímis
2. cheanglaíteá	cheanglaíodh sibh	dhíbríteá	dhíbríodh sibh
3. cheanglaíodh sé	cheanglaídís	dhíbríodh sé	dhíbrídís
aut	cheanglaítí		dhíbrítí

Fut

1. ceanglóidh mé	ceanglóimid	díbreoidh mé	díbreoimid
2. ceanglóidh tú	ceanglóidh sibh	díbreoidh tú	díbreoidh sibh
3. ceanglóidh sé	ceanglóidh siad	díbreoidh sé	díbreoidh siad
aut	ceanglófar		díbreofar

Cond

1. cheanglóinn	cheanglóimis	dhíbreoinn	dhíbreoimis
2. cheanglófá	cheanglódh sibh	dhíbreofá	dhíbreodh sibh
3. cheanglódh sé	cheanglóidís	dhíbreodh sé	dhíbreoidís
aut	cheanglófaí		dhíbreofaí

Pres subj

1. ceanglaí mé	ceanglaímid	díbrí mé	díbrímid
2. ceanglaí tú	ceanglaí sibh	díbrí tú	díbrí sibh
3. ceanglaí sé	ceanglaí siad	díbrí sé	díbrí siad
aut	ceanglaítear		díbrítear

Imperative

1. ceanglaím	ceanglaímis	díbrím	díbrímis
2. ceangail	ceanglaígí	díbir	díbrígí
3. ceanglaíodh sé	ceanglaídís	díbríodh sé	díbrídís
aut	ceanglaítear		díbrítear

vn

ceangal   díbirt

vb a

ceangailte   dibeartha

THE IRREGULAR VERBS

Verbs are identified by either 1 sg pres indic or by 2 sg imperative (in brackets). Only irregular parts of the verbs are indicated below.

Beirim (Beir)

Past	Fut	Cond
rug mé, etc.	béarfaidh mé, etc.	bhéarfainn, etc.

vn breith
vb a beirthe

Cluinim (Cluin)/Cloisim (Clois)

Past
Chuala mé, etc.
aut chualathas

vn cluinstin/cloisteáil

Déanaim (Déan)

Past

(independent)	(dependent)
rinne mé, etc/dhein mé, etc.	ní dhearna mé, etc.

vn déanamh

Deirim (Abair)

Pres	Past hab	Fut	Cond
deirim, etc.	deirinn, etc.	déarfaidh mé, etc.	déarfainn, etc.

Past	Pres subj	Imperative
dúirt mé, etc.	go ndeire mé, etc.	abraim, etc.
1*pl* dúramar		2*sg* abair
aut dúradh		

vn rá
vb a ráite

Faighim (Faigh)

	Fut	
Past fuair mé, etc. *aut* fuarthas	*(independent)* gheobhaidh mé, etc. *aut* gheofar	*(dependent)* ní bhfaighidh mé, etc. *aut* ní bhfaighfear
(independent) gheobhainn, etc. 2*sg* gheofá *aut* gheofaí	*Cond*	*(dependent)* ní bhfaighinn, etc. 2*sg* ní bhfaighfeá *aut* ní bhfaighfí

vn fáil
vb a faighte

Feicim (Feic)

Past	
(independent) chonaic mé, etc. *aut* chonacthas	*(dependent)* ní fhaca mé, etc. *aut* ní fhacthas

vn feiceáil
vb a feicthe

Tagaim (Tar)

Past tháinig mé, etc. 1*pl* thángamar *aut* thángthas	*Fut* tiocfaidh mé, etc.	*Cond* thiocfainn, etc.
Pres tagaim, etc.	*Past hab* thagainn, etc.	*Pres subj* go dtaga mé, etc.
Imperative tagaim, etc. 2*sg* tar		

vn teacht
vb a tagtha

Ithim (Ith)

Fut íosfaidh mé, etc.	Cond d'íosfainn, etc.

vn ithe vb a ite

Téim (Téigh)

Past	
(independent) chuaigh mé, etc. aut chuathas	(dependent) ní dheachaigh mé, etc. 1pl ní dheachamar aut ní dheachthas

Fut rachaidh mé, etc. aut rachfar	Cond rachainn, etc. 2sg rachfá aut rachfaí

vn dul vb a dulta

Tugaim (Tabhair)

Past thug mé, etc.	Fut tabharfaidh mé, etc.	Cond thabharfainn, etc.
Pres tugaim, etc.	Past hab thugainn, etc.	Pres subj go dtuga mé, etc.
Imperative tugaim, etc. 2sg tabhair		

vn tabhairt vb a tugtha

TÁIM (BÍ)

The verb 'to be'

Pres

<table>
<tr><td colspan="2">(independent)</td><td colspan="2">(dependent)</td></tr>
<tr><td>1. táim (tá mé)</td><td>táimid</td><td>nílim (níl mé)</td><td>nílimid</td></tr>
<tr><td>2. tá tú</td><td>tá sibh</td><td>níl tú</td><td>níl sibh</td></tr>
<tr><td>3. tá sé</td><td>tá siad</td><td>níl sé</td><td>níl siad</td></tr>
<tr><td colspan="2">aut   táthar</td><td colspan="2">(go, etc., bhfuilim (bhfuil mé, etc.)
níltear, go, etc., bhfuiltear</td></tr>
</table>

Pres hab   Past hab

1. bím	bímid	bhínn	bhímis
2. bíonn tú	bíonn sibh	bhíteá	bhíodh sibh
3. bíonn sé	bíonn siad	bhíodh sé	bhídís
aut bítear		bhítí	

Past

<table>
<tr><td colspan="2">(independent)</td><td colspan="2">(dependent)</td></tr>
<tr><td>1. bhí mé</td><td>bhíomar</td><td>raibh mé</td><td>rabhamar</td></tr>
<tr><td>2. bhí tú</td><td>bhí sibh</td><td>raibh tú</td><td>raibh sibh</td></tr>
<tr><td>3. bhí sé</td><td>bhí siad</td><td>raibh sé</td><td>raibh siad</td></tr>
<tr><td colspan="2">aut   bhíothas</td><td colspan="2">rabhthas</td></tr>
</table>

Fut   Cond and Past subj

1. beidh mé	beimid	bheinn	bheimis
2. beidh tú	beidh sibh	bheifeá	bheadh sibh
3. beidh sé	beidh siad	bheadh sé	bheidís
aut beifear		bheifí	

Pres subj   Imperative

1. raibh mé	rabhaimid	bím	bímis
2. raibh tú	raibh sibh	bí	bígí
3. raibh sé	raibh siad	bíodh sé	bídís
aut rabhthar		bítear	

vn
bheith

The Copula

Pres (and Fut)

		Positive	Neg.	Interrogative Positive	Neg.
INDEPENDENT	...	is	ní	an	nach
DEPENDENT	...	gur (gurb)	nach	—	—
RELATIVE	...				
DIRECT	...	is	nach	—	—
INDIRECT	...	ar (arb)	nach	—	—

OTHER FORMS

with:—cá	do	má	mura		ó
cárb	dar (darb)	más	mura	(murab)	ós

Past and Cond

		Positive	Neg.	Interrogative Positive	Neg.
INDEPENDENT	...	ba	níor (níorbh)	ar (arbh)	nár (nárbh)
DEPENDENT	...	gur (gurbh)	nár (nárbh)	—	—
RELATIVE	...				
DIRECT	...	ba (ab)	nár (nárbh)	—	—
INDIRECT	...	ar (arbh)	nár (nárbh)	—	—

with:—cá	cé	dá	do	má	mura
cárbh	cér (cérbh)	dá mba	dar (darbh)	má ba	murar (murarbh)

THE PHONETIC SYSTEM: SUPPLEMENTARY NOTES

THE DEFINITE ARTICLE *an, na*

1. The singular form *an, an t-*
   The pronunciation of the singular form *an, an t-* varies, according to the type of consonant or vowel that precedes or follows it.
   (a) With broad *n* or *nt*
      (i) /ən/, as in *an bád, an oíche*
      (ii) /ənt/, as in *an t-uisce, an tsúil*
   (b) With slender *n* or *nt*
      (i) /ən'/, as in *an imirt*
      (ii) /ən't'/, as in *an t-iasc, an tseachtain*
   (c) With the *n* deleted
      (i)   /ə/, as in *Oifig an Phoist*
      (ii) /ət/ as in *teach an tsagairt*
      (iii) /ət'/ as in *aimsir an tsneachta*

2. The genitive singular feminine and plural form *na*
   The *na* form of the article is always pronounced as /nə/, as in *na lámha, Bord na Móna, barr na sráide, Cathair na Mart.*

3. Compound forms of prepositions with the article
   The prepositions *i, de, do, ó* and *faoi* when compounded with the article become *san, den, don, ón* and *faoin* respectively. The final *n* in these words follows the same pronounciation rules as the singular form of the article
   | With broad *n* | *san oifig* |
   | With slender *n* | *san imirt* |

THE PREPOSITION *ag* WITH THE VERBAL NOUN

The pronunciation of *ag* is determined by the initial sound of the word following it.
   (a) With broad *g* /əg/, as in *Tá siad ag ól tae*
   (b) With slender *g* /əg'/, as in *Tá siad ag ithe*
   (c) With *g* deleted /ə/, as in *Tá siad ag caint*

THE COPULA

1. Present tense forms
   The copula has a variety of forms in the present tense, which are classified below under three headings.
   (a) Declarative forms:
      (i) *Is* is normally pronounced as /is/, as in *is cuma liom, is maith liom tae*. At the beginning of a word, however, the *i* of *is* may be deleted. Thus, *is cuma liom* becomes *scuma liom* in pronunciation. Similarly, in pronunciation, *is maith liom tae* becomes *smaith liom tae*.

(ii) *Is* is pronounced as /s'/ before *é, í, iad, ea* and *éard*. Thus *is é* becomes *sé* and *is ea* becomes *sea* in pronunciation.

(iii) The negative form *ní* is always pronounced as /n'i:/, as in *Ní mé a rinne é.*

(iv) The negative *chan* (a distinctive Ulster negative form) has two pronunciations, depending on the word following it.
With broad *n*, as in *Chan mé a rinne é.*
With slender *n*, before *é, í, iad, ea* and *éard*. Thus *Chan ea* is pronounced as though it were *Cha nea*.

(b) Interrogative forms:

(i) *An* is usually pronounced with broad *n* /ən/, except before *é, í, iad* and *ea*.
With broad *n*, as in *An maith leat caife? An uisce maith é?*
With slender *n*, as in *An é a bhí ann?*

(ii) The negative interrogative *nach* is pronounced as /nax/, as in *Nach breá an aimsir í?*

(c) Reported or indirect speech forms:
The indirect speech forms are *gur, gurb* and *nach*.

(i) *gur* is always pronounced as /gər/, as in *Dúirt sé gur maith leis caife.*

(ii) The *b* of *gurb* is broad, except before words beginning with *e, i, fhe* and *fhi*, where it becomes slender. Note that the *b* is pronounced as though it were attached to the initial vowel of the following word.
With broad *b Dúirt sé gurb olc an scéal é*, pronounced as though *gurb olc* were written *gur bolc*.
With slender *b Shíl sí gurb ea*, pronounced as though *gurb ea* were written *gur bea*.

(iii) The indirect form *nach* is also pronounced /nax/, as in *Dúirt sé nach maith leis é.*

2. Past tense and conditional forms

(a) Declarative and interrogative forms:

(i) In the past tense and conditional mood, the forms of the copula are determined by the initial sound of the following word. Before consonants, *ba* and the forms ending in *r* are used. They are pronounced more or less as written, as in
Ba mhaith leis imeacht.
Níor mhaith leis fanacht.
Ar mhian leis teacht?
Nár cheart dó labhairt?

The abbreviated form of *ba*, which is *b'* is used before words beginning with a vowel or *fh* followed by a vowel.
With broad *b*
B'olc an scéal é.
B'fhusa fanacht.
With slender *b*
B'fhearr dó imeacht.
B'in é. B'fhiú é.
B'iontach an lá é.

Ba is written before *é*, *i*, *iad* and *éard*. This *b* is broad when the *a* of *ba* is retained in pronunciation. However, the *b* becomes slender when the *a* is deleted in pronunciation.

> *Ba é a bhí ann.*
> *Ba iad a rinne é.*

(ii) *Forms ending in 'bh':*

The forms ending in '*bh*' are the negative '*níorbh*' and the question forms '*arbh?*' and '*nárbh?*'. They are used before words beginning with a vowel or '*fh*' followed by a vowel. The '*bh*' is pronounced as a broad /v/ except before words beginning with '*e*', '*i*', '*fhe*' and '*fhi*' where it becomes slender /v'/.

> *Níorbh fhada gur tháinig siad.*
> *Arbh éigean di fanacht?*
> *Nárbh í a bhí ann?*

(b) Reported and Indirect Speech Forms:

The indirect speech forms are '*gur*', '*nár*', '*gurbh*' and '*nárbh*'. The forms '*gur*' and '*nár*' are used before words beginning with a consonant as in:-

> *Dúirt sí gur mhaith léi imeacht.*
> *Shílfeá nár chuala siad an scéal.*

'*gurbh*' and '*nárbh*' are used before words beginning with a vowel or '*fh*' followed by a vowel. Again the '*bh*' is a broad /v/ except before words beginning with '*e*', '*i*', '*fhe*' and '*fhi*' where it becomes slender /v'/.

> *Dúirt sé gurbh é a rinne é.*
> *Shíl sé nárbh fhéidir a dhéanamh.*
> *Dúradh nárbh fhada go dtiocfadh sí.*

VERBAL PARTICLES

Verbal particles, when used, always precede the main verb in a sentence and are normally unstressed. They are divided into two groups.

GROUP 1. *an, cha, chan, go, nach* and *ní*

Cha, go, nach and *ní* are pronounced /xa/, /gə/, /nax/ and /n'i:/, more or less as written but *an* and *chan* vary in their pronunciation, as explained below.

The particle *an*

(i) /ə/ before consonants   *An bhfuil Seán anseo?*
(ii) /ən/ before the vowels *a, o* and *u*   *An ólann tú bainne?*
(iii) /ən'/ before the vowels *i* and *e*   *An itheann tú feoil?*

The particle *chan*

Chan, a distinctive Ulster negative form, is used before vowels or *fh* followed by a vowel.

(i)   With broad *n* before *a, o, u* and *fh* followed by *a, o, u*.
      Chan ólann sé.
      Chan fhuair sé duais.
(ii) With slender *n* before *i* or *e* and before *fhi* or *fhe*
      Chan itheann sé feoil.
      Chan fheiceann sé thú.

GROUP 2. Verbal particles ending in *r*
(*ar, char, gur, nár* and *níor*)

The *r* is broad, except before verbs beginning with *i, e, fhi* or *fhe*, where it may be broad or slender.

(i)   With broad *r*
      Ar chuala tú an scéal?
      Níor fhan siad ach seachtain.
(ii) With broad or slender *r*
      Níor éist sé liom.
      Ar imigh sé abhaile?

OTHER PARTICLES

(i)   The vocative particle (a^1) = /ə/, except before vowels, where it is not pronounced.
      A chairde
but *A Éamainn* becomes simply *Éamainn*, when pronounced.
(ii) The numeral particle (a^2) = /ə/, except after vowels, where it is not pronounced.
      a haon
      a dó
but *fiche a trí* becomes *fiche trí* /fʹixʹə tʹrʹiː/, when pronounced.
(iii) The *a* with the verbal noun (a^3) = /ə/, except before or after a vowel, where it is not pronounced.
      litir a scríobh
but *deoch uisce a ól* becomes *deoch uisce ól* when pronounced.
(iv) The relative particle (a^5) = /ə/, except before or after a vowel, where it is not pronounced.
      an fear a tháinig.
but *an lá a thit sé* becomes *an lá thit sé* in pronunciation.
(v)   The relative particle *ar* (ar^3). The *r* is broad, except before written *i, e, fhi* and *fhe* where it may be broad or slender
      With broad *r*
      an lá ar tháinig sé.
      With broad or slender *r*
      an lá ar imigh sí.

THE CONJUNCTION *agus*

Agus may always be pronounced as /agəs/, more or less as written, but it is often reduced to /əs/ or simply /s/.

For example, /agəs/ or /əs/ *Seán agus Pádraig*

/agəs/ or /s/ *lá agus bliain*

STRESS IN COMPOUND WORDS

The following is a general guide. Certain individual compound words may constitute exceptions as illustrated in the main section of the dictionary. Generally speaking, in relation to stress, prefixes may be divided into four groups.

1. The major group take primary stress, with secondary stress on the following element in the word.

2. The following prefixes take secondary stress, with primary stress on the element following:

do- as in *dothuigthe*

so- as in *sodhéanta*

in- (possible) as in *inchaite*

Note, however, that *in-* "in, into" is in the group 1 (Primary/Secondary) category.

3. The following prefixes take primary stress, with another primary stress on the element following:

an- (intensive)	as in *an-mhaith*
bith- (perpetual)	as in *bithbhuan*
colg-	as in *colgsheasamh*
comh-	as in *comhbhrón*
dian-	as in *dianchúram*
glan-	as in *glanmheabhair*
gnáth-	as in *gnátháit*
lán-	as in *lánseol*
príomh-	as in *príomhoide*

Note that *an-*, "in-, un-", etc, and *bith-* "bio-" are in the group 1 (Primary/Secondary) Category.

4. A fourth group may have different combinations of the above stress patterns. Generally speaking, the following prefixes fall into this category:

ard-: *dearg-*: *droch-*: *fíor-*: *iar-*: *ró-*: *síor-*

The following variations may occur:

(i) Variation from Primary/Primary to Primary/Secondary stress. Whereas in words such as *Fíor-Dhia*, the second element has primary stress, in *fíoruisce*, the stress on the second element is a secondary one.

(ii) Variation from Primary/Secondary to Primary/Zero stress.

Many words originally perceived as compounds are no longer regarded as such, and the original stress pattern may have changed. An example of such words would be *goltraí* and *suantraí*.

(iii) In some cases, the same prefix will take one stress pattern when the second element in the compound is a noun and a different stress pattern when the second element is an adjective.

droch-, with following primary stress, as in *droch-dhuine*; with following secondary stress, as in *drochbhéasach*
Ard-Easpag and *ardnósach* follow the same pattern.

ASSIMILATION OF PREFIXES

In compound words, the end consonant of a prefix is pronounced as written, except in the following cases:
(i) A broad *single d, n, t, l* or *s* becomes slender before slender *d, n, t, l* or *s*.
as in   *bánliath*
but note   *foltliath* (where the double consonant "*lt*" remains broad)
(ii) The prefix *in-* meaning 'possible, capable of', has broad *n* except before *i, e, fhi* and *fhe* (and slender *d, n, t, l,* or *s*)
With broad *n*   *inráite*   With slender *n*   *inite*
                  inólta   *infheicthe*
                  indóite   *indéanta*
(Note however that the prefix *in-* meaning 'in, into' follows the normal pattern)
(iii) The *l* of *il-* is slender except before broad *d, n, t, l, s*.
With broad *l*   *ildathach*
With slender *l*   *ilchodach*
(iv) When identical consonants come together, the first need not be pronounced, e.g.
droch-chaint
neamhbhuan
(v) Final *th* in prefixes is pronounced, except preceding a consonant.
Pronounced   *atheagrán*
                 leathuair
                 gnátháit
Not pronounced   *athdhéanamh*
                 leathchos

PRONUNCIATION OF 'CHUIG'

The preposition 'chuig' and its pronominal forms may be pronounced with initial *x* or *h*;
i.e.

chuig	*xig'*	or	*hig'*
chugam	*xugəm*	or	*hugəm*
chugat	*xugət*	or	*hugət*
chuige	*xig'ə*	or	*hig'ə*
chuici	*xik'i*	or	*hik'i*
chugainn	*xugən'*	or	*hugən'*
chugaibh	*xugəv'*	or	*hugəv'*
chucu	*xuku*	or	*huku*